# 한국현대장편소설사전 1917-1950

한국현대장편소설사전

# 한국현대장편소설사전
## 1917-1950

송하춘 편저

고려대학교출판부
KOREA UNIVERSITY PRESS

이 저서는 2008년도 정부(교육과학기술부)의 재원으로
한국연구재단의 지원을 받아 연구되었음.〔NRF-2008-322-A00069〕

# 머리말

대학에서 소설론을 가르치고 또 연구하는 사람으로서, 우리나라 소설을 한자리에 다 모아 보고 싶다는 생각을 갖지 않은 사람이 누가 있을까. 이 책은 이와 같이 아주 소박한 발상으로부터 시작되었지만, 그거야말로 학문하는 사람 본연의 욕심이 아니겠는가 생각된다.

때마침 대학원에서는 나와 함께 소설을 공부하겠다는 학생들이 많아졌고, 이 많은 제자들과 함께할 수 있는 보람된 연구가 무엇일까 궁리하지 않을 수 없었는데, 소설사전 편찬은 그렇게 기획된 내 공부의 한 방편이기도 하다. 우리는 천천히 그러나 쉬지 않고 작품을 수집하고, 자료를 확인하고, 목록을 작성하고, 그것들을 읽어 나갔다. 소설을 가르치고 연구하는 일은 내 평생의 업이다. 소설사전 편찬은 내 생업을 원활하게 수행하기 위한 준비 자업이고, 그 과정에서 얻어진 수확일 것이므로, 정년 퇴직할 때까지는 이 작업을 계속해야지, 퇴직을 하면 그때는 완성이 되겠지, 그렇게 마음먹고 편하게 진행하였다.

모든 우리나라의 소설을 다 찾아내어 일렬로 세워 보겠다는 나의 작업은, 가령 나의 사전에 게재할 모든 작품들을 미리 확정하고 그것들을 찾아 나선다는 말과 의미가 다르다. 이번 나의 작업은 그렇게 어디 가서 어떤 작품을 찾아오는 일이 아니라, 가령 어디 가면 어떤 새로운 작품이 있는지를 알아내는, 말하자면 작품 발굴의 의미를 지닌 것이다. 나아가 작품을 수집하고 그것들을 어떤 식으로든지 한 줄에 꿴다는 뜻은, 그것들을 일일이 내 손으로 만져 보고, 내 눈으로 읽고, 내용을 정리하고, 그리하여 내 나름의 설명을 덧붙이는 작업까지를 의미한다.

그러나 일단 그렇게 하기로 마음먹고 작업을 시작하였을 때, 그것이 한 권의 완성된 사전이 되려면 거기에 따르는 몇 가지 범례와 조건이 필요하다는 걸 알았고, 그때마다 우리는 가능한 방법을 찾아 오래 고심하였다. 그렇게 오랜 시간을 두고 우리의 작업은 한 발짝씩 구체화되어 오늘의 모습을 갖추기에 이르렀는데, 나는 여기 그동안 내 생각이 거쳐 온 과정을 밝힘으로써 이 책이 어떻게 구성되었는지를 대신 말하고자 한다.

시기를 구분하자면 이 책은 현대소설사전이다. 나는 대학에서 현대소설을 연구하며 가르치는 사람이고, 그만큼 고전소설은 그것만을 따로 연구하는 학자들이 아주 많으니까, 나는 내가 할 수 있는 일만을 책임지자, 손쉽게 범위를 제한하였다.

현대소설의 시기는 어디서부터 어디까지인가. 모든 역사 기술에서 근대와 현대의 적절한 쓰임새 구분도 쉽지만은 않은 일이다. 일단 우리의 작업과 관련해서는, 이광수의 「무정」을 한국 현대소설의 효시로 보아 별 문제가 없을 테니 일단 그 소설이 발표된 1917년 이후를 탐사대상으로 하여 이 책 『한국현대장편소설사전』을 내기로 했다. 그리고 다음 작업은 「무정」 이전의 근대개화기 소설을 대상으로 이어질 텐데, 아마 '한국근대장편소설사전'이라는 제목으로 엮어질 것이다.

공통의 출발점은 1917년인데, 각기 어느 시점까지 올라가고 내려오는가? 근대소설사전은 고전소설이 나타날 때까지 거슬러올라가면 될 것이다. 그렇다면 현대소설은? 일반의 사용례에서 현대라는 단어는 상당 부분 '동시대'를 의미한다는 점에서 다소간 혼선의 여지도 있지만, 일단 1950년 6·25 발발 직전까지를 탐사 기간으로 잡았다. 문학사의 영역에서 우리의 역량은 우선은 거기까지 미친 셈이다.

장르를 구별하자면 이 책은 장편소설사전이다. 이 말은 단편소설을 제외했다는 말의 다른 표현이기도 하다. 이 책은 단편소설을 제외한 모든 이야기를 다 포함한다. 근대개화기소설은 가령 《매일신보》에 연재된 이야기나 단행본으로 출간된 딱지본이나 이야기의 속성상 장·단편의 구분이 없는 것이 특징이다. 그래도 이 책은 그것들을 다 장편소설이란 이름으로 수록하였다. 그런가 하면 우리 소설사에 장·단편의 구분이 생긴 것은 「무정」 이후부터인데, 이때도 중편소설이란 개념은 확실하지 않았다. 장편소설과 중편소설과의 구분도 그렇거니와 중편소설과 단편소설과의 구분도 애매하였다. 결국 여기 수록된 중편소설은 중·장편의 구분 없이 장편소설로 처리하였음을 밝혀 둔다.

단편소설을 제외한 모든 장편소설이라고 말은 그렇게 하면서도, 실제로 그것이 장편소설인지 아닌지, 중편소설인지 아닌지를 결정하기란 그다지 쉬운 일이 아니었다. 이 시기 작품 발표는 대부분 신문이나 잡지에 연재되는 형식이고, 처음부터 단행본으로 출간된 예는 드물었다. 그 때문에 모든 작품은 신문이나 잡지를 통해 확인하는 수밖에 없었는데, 그때마다 '장편소설' 혹은 '중편소설' 표기가 되어 있으면 다행이지만, 만일 그렇지 않으면 일일이 작품의 분량이나 이야기의 성격에 따라 결정할 수밖에 없었다. 더구나 이 시기는 출판 상황이 여간 열악하지 않은 때인지라, 자칫하면 '장편소설 연재 1회' 혹은 '2회' 미완으로 중단되는 경우가 참 많았다. 이 경우도 물론 장편소설로 수록하였다. 왜냐하면 그런 작품도 언젠가는 나도 모르는 어딘가에 다시 재개되었거나, 여기저기 옮겨 다니다가 언젠가는 완성되었거나, 아니면 단행본으로 출간되었거나 하는 경우가 대부분이며, 만일 그렇지 못하고 설령 미완인 채 확인이 불가능하더라도 그것은 그 자체로 사전적인 자료가 될 것이라고 판단했기 때문이다.

해당 시기가 일제 식민지시대와 겹치는 만큼 이번 작업에서는 일본과 관련된 부분을 정리하는 문제가 가장 어려웠다. 작품을 확인하는 문제도 어렵거니와, 수록대상 작가와 작품을 선별하는 문제도 여간 복잡하지 않았다. 한국에서 발표된 일본어 소설, 일본에서 발표된 일본어 소설, 한국 출신 작가가 쓴 일본어 소설, 일본으로 귀화하여 일본에서 발표한 일본어 소설, 심지어는 일본의 출판사에서 출간된 작품까지, 그것들을 가능한 한 많이 수록하고자 노력하였으며, 표기 문제에 있어서도 일본어 표기를 병기하였다. 그러나 줄거리는 생략하였다.

자료 조사에 대해서인데, 이번 작업은 이 시기에 해당되는 모든 신문과 잡지를 섭렵하는 일로부터 시작되었다. 국내 각 대학 도서관, 국립중앙도서관, 국회도서관을 방문하여 소장된 신문과 잡지 목록을 샅샅이 훑어보고 또 장편소설 단행본으로는 무엇이 숨어 있는지 낱낱이 파헤쳐야 했다. 그리고 작업이 웬만큼 진척되었다고 판단했을 때 우리는 외국의 유명 대학 도서관을 찾아 나섰다. 대상이 현대소설인 만큼 주로 동북아시아의 주요 대학 도서관들을 집중적으로 조사하였는데, 일본에서는 덴리(天理) 대학, 리츠메이칸(立命館) 대학, 와세나 대학, 규슈 대학 도서관을 방문 조사하였고, 중국에서는 베에징 대학 인문학도서관과 홍콩의 시립대학 도서관, 미국에서는 하버드 대학교 연경도서관, 러시아에서는 상트페테르부르크 국립대학 도서관을 방문하여 다른 주요 대학 도서관과 연결하였다. 이번 작업의 특수성은 내가 찾고자 하는 작품을 미리 파악해 가지고 가서 거기 그것이 있는지 없는지를 확인하는 것이 아니라, 완전 백지상태에서 거기 가면 과연 어떤 장편소설이 있는지를 확인하는 일이기 때문에 비유하자면 마치 먼 바다 위에 외줄낚시를 하나 드리우는 만큼이나 막막한 작업이었다.

무엇보다도 지금은 전 세계적으로 온라인 시스템이 잘 구축되고, 특히 국내 각 도서관에서는 각기 소장하고 있는 도서들을 전산 처리하여 온라인 선상에 띄우는 등 그동안 휴면 상태에 있던 도서들을 일깨우는 작업이 한창이다. 이에 따라 최근에는 현지까지 직접 달려가지 않아도 앉은 자리에서 작품의 소재를 파악할 수 있고, 심지어 경상대학교 도서관, 영남대학교 도서관, 한국현대문학관 같은 경우에는 우리가 의뢰한 도서를 직접 소포로 보내 주기까지 하여 편의를 도모하였다. 그 고마움을 지금도 잊지 못한다고 전하고 싶다.

그러고도 앞으로 언제, 어디서, 또 어떤 작품이 우리의 손길을 기다리고 있다가 불쑥 튀어나올지, 자료 조사의 철저성에 대해서라면 나는 절대로 장담할 수 없다는 말씀을 남길 수밖에 없다. 더구나 방금 설명한 바와 같이 최근 각 대학 도서관에서는 각기 소장하고 있는 도서들을 전산처리하여 온라인 선상에 띄우는 작업이 활발하게 이루어지고 있는지라, 앞으로 얼마나 더 많은 자료들이 어떻게 쏟아져 나와 우리를 기쁘게 할지는 아무도 예측할 수 없기 때문이다. 따라서 오늘 나는 이 책이 지금까지 우리가 모은 작품들을 일단 엮어내는 것일 뿐 이것으로 나의 작업이 완벽하게 끝났다는 말은 절대로 하지 않을 것이며, 앞으로도 나의 작업은 계속될 것임을 약속하는 바이다.

이상, 나의 이번 작업이 학문하는 사람 본연의 원천적인 욕심으로부터 출발하였다고는 하지만, 그러나 이 사전이 완성되는 것을 계기로 우리의 현대소설연구는 한층 더 체계적이면서도 광범위하게 연구의 영역이 확대될 것을 기대하여 마지않는다. 그동안 우리 현대소설연구는 연구대상으로서의 작가나 작품에 있어서 몹시 제한된 범주 안에서만 반복되어 온 것이 사실이다. 그리고 그것은 선학들의 문학사나 소설사 또는 작가작품론에서 선점한 작가와 작품을 뛰어넘지 못한 채 기왕의 인기작품, 기왕의 유명작가에만 집착하여 그것들을 반복적으로 거론해 온 결과라 하지 않을 수 없다. 이러한 제한된 범주의 관습적인 연구 풍토는 현대소설의 장르별 연구에서도 예외는 아니라고 본다. 그동안의 우리 현대소설연구는 순수소설, 경향소설, 대중소설, 통속소설, 애정소설 등등 매우 불필요한 개념에 갇혀 있지나 않았던가 반성해 볼 일이다. 나아가 순수소설이 아니면 다른 관점에서는 연구조차 하려 하지 않는 풍토가 지배적이었음을 우리는 잘 알고 있다. 이번 작업은 무엇보다도 그와 같은 불필요한 장르 개념에서 벗어나 자유롭게 모든 장편소설을 다 포함하고자 노력하였음을 자랑하고 싶다.

그렇게 십 년도 넘는 세월을 소설사전과 함께 보내다 보니, 나는 어느덧 정년퇴직을 눈앞에 두었고, 나의 사전도 겨우 윤곽이 잡혀 가기 시작했다. 이제는 완성을 위해 박차를 가할 때가 임박했구나, 그렇게 산처럼 쌓인 자료 더미를 눈앞에 두고 당황스럽던 무렵 다행스럽게도 한국연구재단으로부터 연구비를 받았다. 나는 그동안 함께 작업해 온 대학원생들을 불러 모아 새롭게 연구진을 편성하였다.

연구책임자: 송하춘
공동연구원: 신종곤·문한별·박영준
전임연구원: 황경·최성윤·김영애
연구원: 곽승숙·김준현·김휘열·양윤의·이수현·장혜련·조경덕·허연실·황징헌·황태묵

재단의 연구비에 힘입어 나는 오로지 사전을 편찬하는 일에만 전념할 수 있었다. 그동안 함께 동고동락해 온 연구원들의 노고에 깊이 감사하며, 이 작업을 끝까지 잘 마무리할 수 있도록 도와주신 한국연구재단에 다시 한 번 감사의 인사를 드린다.

송하춘

# 일러두기

이 사전의 구성 체제는 표제어 및 서지, 내용, 참고의 차례로 이루어져 있다. 표제어의 순서는 가나다순으로 하였다. 권말에 '작품 목록', '연도별 작품 목록', '작가별 작품 목록', '작가 간략 소개'를 부록으로 수록해 두었다.

**1. 표제어 및 서지**

1) 표제어는 작품의 제목이다. 현대어 표기를 먼저 쓰고 '/' 뒤에 발표 당시의 표기를 부기하였다. 따라서 해당 작품의 원제목은 빗금 뒤의 것이다. 2) 작가명은 확인되는 한 발표 당시의 것을 따랐으며 한글로만 제시했다. 한자 이름이나 본명, 필명 등의 상세한 정보는 참고를 통해 보충 설명하였다. 3) 신문이나 잡지 등의 지면에 수록된 작품의 경우 해당 매체명과 발표 연월일을 밝혔다. 연재물일 경우 연재 시작과 종료 시점, 연재 횟수와 완결 여부를 표기했다. 단행본의 경우 출판사 및 발행 연도를 제시하였다. 자료의 미비나 유실·훼손으로 정확한 서지 확정이 어려운 경우, '서지 불명'의 경우, '미발표'의 경우에는 확인된 사항을 우선 기록하고, 그 사유를 참고에서 설명하였다. 4) 1950년 6월 이전의 판본만을 정리하여 간행 연도순으로 나열했다. 본 사전의 대상 시기 이후에 출판된 것은 참고에 기록해 두었다. 같은 출판사에서 여러 번 판·쇄를 거듭한 경우는 초판의 정보만을 수록했다.

**2. 내용**

1) 내용은 소설의 줄거리이다. 지면을 고려하여 길고 상세한 정보를 수록하지 못하였다. 원칙적으로 작품의 서사를 시간순으로 정리하였다. 2) 내용의 인명과 지명은 발표 당시의 표기를 따랐다. 참고에서는 현대어 표기로 바꾸었다. 원칙적으로 내용은 한글로만 정리하였고, 불가피한 경우 한자를 괄호 안에 병기하였다. 3) 작품의 제목을 바꾸어 다른 매체에 수록한 경우 내용 정리를 생략하고 원작품의 표제 항목을 참조할 수 있도록 안내했다. 이 외에도 연작, 부분 출간 등의 이유로 동일 내용이 복수의 표제 항목에 중복될 경우 참고를 통해 설명하고 참조가 가능한 표제 항목을 제시했다. 4) 잘 알려진 역사적 인물이나 사건을 다루어 제목만으로 줄거리 유추가 가능한 작품은 내용 정리를 생략하였다. 《매일신보》에 연재한 이보상의 한문현토소설도 사정상 일괄적으로 내용 정리를 생략하였다. 이 외에 자료가 유실된 경우, 자료에의 접근이 불가능한 경우, 해독이 불가능할 정도로 자료의 상태가 좋지 않은 경우도 내용을 정리하지 않았다.

**3. 참고**

1) 참고는 서지사항과 내용 외에 해당 작가와 작품이 갖고 있는 다양한 특징을 서술했다. 게재 지면이나 단행본 등에 나타나는 제목 및 작가 표기 정보 등을 가능한 한 상세히 기록했다. 작품의 소재가 불분명한 경우에는 당시의 다른 매체에 수록된 신간 광고 등 2차 자료에서 채록한 정보를 상세히 제시했다. 2) 기존의 연구나 연보에서 채록한 표제 작품의 실물을 확인하지 못한 경우 '미확인' 사유를 기술하였다. 부득이하게 당시의 원본 자료가 아닌 1950년대 이후의 판본을 참고하였을 경우 내용 정리에 참고한 서적을 밝혔다. 3) 무서명 작품이나 미확인 필명으로 발표된 작품은 사전 편찬 과정에서 원저자를 고증하기 위해 수집한 여러 정보 중 긴요한 단서가 될 만한 것들을 빠짐없이 기록해 두었다. 특히 무수한 불법 복제본이 존재하는 해방기의 텍스트를 정리할 때는 해적판과 원본의 관계를 명시하고 출간 당시의 정황을 설명했다. 4) 서지에서 충분히 제시하지 못한 아호, 필명 등 작가에 관한 정보와 확증할 수 없는 연재, 출판 등의 발행 정보는 참고에서 상세한 설명을 덧붙였다.

**4. 부록**

1) '작품 목록'은 작품 제목과 작가, 최초 서지를 밝혀 작품 제목의 가나다순으로 정렬하였다. 2) '연도별 작품 목록'은 수록 작품을 1917년부터 1950년까지 발표 시기에 따라 나누고, 해당 연도 안에서 작품 제목의 가나다순으로 정렬하였다. 3) '작가별 작품 목록'은 수록 작품의 모든 작가를 작가명의 가나다순으로 정렬한 후, 해당 작가의 작품을 다시 작품 제목의 가나다순으로 정렬하였다. 4) '작가 간략 소개'에서는 본편에 수록된 작가의 '이름/한자: 생몰년, 아호' 순으로 기본 정보를 제시했다. 아호는 여럿 가운데 대표적인 것 하나만 적었다. 그 아랫줄에 출생지와 데뷔(문학적 출발) 정보를 기술하고 해당 작가의 작품을 단편작품(1940년대로 제한) 위주로 소개했다. 본편에 수록한 장편소설 작품은 소개에서 제외했다.

**5. 기타**

1) 작품명은 「」, 단행본은 『』, 신문, 잡지 등 연속간행물은 《 》로 묶었다.

# 차례

# ㄱ

—118—

假面行進曲(中篇)

盧春城

## 가면행진곡/假面行進曲

**노춘성. 신인문학1934.12-1935.1(2회 미완).**

**【내용】** 시인 김명수(나)는 성북동의 집을 팔고 성 안으로 이사한다. '나'의 집을 산 사람은 부유한 신사 김성구이다. '나'는 숭인동으로 이사한 뒤 산책을 나선 길에 우연히 성구 부부를 만나 그들의 집을 방문한다. '나'는 성구의 서가에 있는 책을 보면서 그의 교양 수준에 놀란다. 성구는 자신은 배운 것이 없는 사람이나 아내는 진명학교를 졸업하고 동경에 다녀온 사람이라며 그들 부부가 '나'의 시를 많이 읽었다고 이야기한다. 어느 날 처가를 방문한 '나'는 구걸하러 온 걸인이 성구임을 알고 놀란다. '나'는 궁금증을 풀기 위해 성구를 찾아갔다가 그에게 이야기를 듣는다. 어렸을 때 거지 생활을 했던 성구는 성공한 뒤에도 일 년에 한두 번씩 구걸을 나가는 취미가 있다고 말한다. 성구는 걸인으로 행세하면 사람들의 가면을 확인하기가 쉽다면서 목사인 '나'의 장인이 가장 위선적인 인물이라고 이야기한다. '나'는 장인의 인색한 성격을 알고 있기에 그의 말에 반박하지 못하고, 성구는 장인이 때려서 생긴 팔목의 상처를 '나'에게 보여 준다.

**【참고】** 《신인문학》 1934년 12월호, 1935년 1월호에 2회 연재된 미완의 중편소설이다. 발표 당시 지면에 '假面行進曲(中篇) 盧春城' 이라고 표기되어 있다. 2회 연재 끝부분에 계속된다는 표시가 있으나 《신인문학》 1935년 2월호에 작품이 연재되지 않았고 이후로도 연재 사실이 확인되지 않는다.

## 가상 범인/假想犯人 : 김래성. 조선일보1937.2.13-3.21(32회 완).

**【내용】** 유명 극단 해왕좌의 좌장 박영민이 자신의 서재에서 권총에 맞아 살해된 채로 발견된

다. 유력한 피의자로 영민의 아내이자 해왕좌의 여배우인 이몽란이 지목되어 구속된다. 사건의 해결을 위해서 몽란의 예전 애인이자 유명한 탐정소설가인 유불란이 사건을 극화하여 연극으로 공연한다. 연극에서는 몽란을 짝사랑하던 해왕좌의 단원인 라용귀가 몽란에게 자신의 사랑이 거부당하고 영민에게 모욕을 받자 영민을 살해한 것으로 설정된다. 연극이 공연되던 중 용귀가 자신이 범인이라고 고백하여 몽란은 경찰서에서 풀려나온다. 한편 불란은 사건을 해결했다는 생각에 긴장이 풀어지고 몽란과 함께 술을 마신 뒤 집으로 돌아가다가 우연히 서점에서 수상한 신사를 발견한다. 그의 뒤를 좇아간 곳에서 불란은 비밀 단체의 회합에 참가한다. 모두 가면을 쓰고 있던 그곳에서 살인유희가 벌어지고 불란이 살인해야 할 사람으로 뽑힌다. 불란은 이를 거부하나 무리의 좌장의 위협을 받아 어쩔 수 없이 한 여자를 칼로 찔러 살해한다. 살인죄로 경찰에 잡혀 온 불란은 자신이 죽인 사람이 몽란이었다는 사실을 알고 좌절한다. 한편 임 경부는 한 장의 사진을 발견한 뒤 그 사진이 용귀의 알리바이를 증명한다고 보고 용귀를 풀어 주려 한다. 그러나 백 검사는 용귀의 알리바이를 증명하는 사진이 살인 사건이 일어난 이후에 찍힌 것임을 사진 속 금붕어의 유무를 통해 밝혀낸다. 아울러 불란이 몽란을 죽이게 된 것 역시 용귀의 계략에 의한 것임이 밝혀진다. 모든 사실이 드러나자 용귀는 조사받던 경찰서의 창문 밖으로 투신하여 자살한다.

**【참고】** 김래성이 일본에서 발표한 단편 「탐정소설가의 살인」(프로필1935.12)을 개작한 작품이다. 《조선일보》 연재 시 분량을 늘려 중편으로 발표하였다. 김래성은 이 작품을 조선에서의 첫 작품으로 발표한 뒤 한국 탐정소설의 효시라고 밝혔다. 그러나 작품이 발표된 당시 안회남은 《조선일보》에 '탐정소설론'을 실으며 이 작품이 본격적인 탐정소설이라고 간주할 수 없어 유감이라고 평가하고 있다. 김래성은 이 소설 이후 탐정 유불란이 주인공으로 등장하는 본격 탐정소설을 창작하였다. 《신세기》 1940년 4월호에 「가상 범인」이 『탐정괴기소설집』에 수록되었다는 광고가 실렸다.

## 가족/家族 : 이주홍. 여성공론1946(3회 중단),대중일보1948(54회 완).

**【내용】** 손 과부는 스물다섯 살에 남편과 사별하고 아들 칠성이를 홀로 키우며 살아왔다. 손 과부는 억척스럽게 일을 하여 먹고사는 데 지장이 없을 정도로 재산을 모았으나 칠성이 때문에 속을 끓인다. 칠성은 스무 살이 넘도록 제대로 된 일을 하지 못한다. 보다 못한 손 과부는 자신의 집에서 하숙을 하고 있는 군청의 이 주사를 통해 칠성이를 군청 사방사업소(砂防事業所)에 취직시킨다. 그러나 취직을 하고 결혼한 뒤로 칠성이는 더욱 게을러져 결국 일자리를 잃는다. 한편 손 과부는 다정한 아들 내외의 모습을 보고는 며느리의 흠을 잡으려 한다. 손 과부는 며느리가 게으르고, 살림 솜씨가 없다고 구박하면서 동시에 동네 사람들에게도 며느리의 흉을 본다. 이에 칠성은 어머니에게 대들어 결국 모자는 싸움을 벌인다. 손 과부의 집은 다툼이 끊이질 않고 며느리가 친정으로 갔다가 되돌아오기를 반복한다. 어느 날 손 과부는 바깥사돈이 명산에 몰래 암장하는 것을 목격하고 그 일을 소문낸다. 이 일로 바깥

사돈과 며느리의 친척에게 구타를 당한 손 과부는 창피함과 분노 때문에 가출한다. 손 과부는 젊은 시절 자신을 짝사랑하여 보쌈하려던 머슴 배성팔을 몇 년 전에 우연하게 만났을 때, 성공한 그가 자신에게 명함을 주었던 것을 떠올려 가출을 결심한 것이다. 그러나 손 과부는 칠성을 찾아가려다가 다시 집으로 돌아오는데, 아들이 일본으로 떠난 것을 알게 된다. 칠성이 떠난 후 며느리와 손 과부는 오히려 고부간의 갈등을 줄이고 생활한다. 며느리가 손주를 낳자 손 과부는 더할 나위 없이 행복해하고, 마침내 일본으로 떠났던 칠성이가 고향으로 돌아온다.

**【참고】** 이주홍의 중편소설이다. 가족 내에서의 모자 갈등, 고부 갈등을 다루고 있다. 갈등 상황이 가족의 해체라는 파국으로 이어지지 않고, 등장인물들의 화해로 마무리되면서 가족애를 강조하고 있다. 연재 자료를 확인할 수 없어 『이주홍 소설전집 2』(세종출판사2006)에 수록된 텍스트를 기초로 내용을 정리했다.

## 각선화/脚線禍 : 이기백. 매일신보1931.9.2-9.27(21회 완).

**【내용】** 최는 상처한 뒤 두 아이를 데리고 산다. 최는 자신의 아이들을 돌봐 주는 유치원 보모 순희를 재혼 상대로 여긴다. 순희는 최의 아이들을 가엾게 여기지만 재혼을 결심하기가 쉽지 않다. 순희는 결혼을 승낙할 때까지 최에게 기다려 달라고 말한다. 그동안 최는 카페의 여급인 애경과 교류한다. 애경은 최와 결혼할 기대를 하지만 최는 순희의 대답을 기다리면서 애경과 결혼할 생각이 없다. 마침내 애경은 최의 마음을 알게 되고, 이에 과도로 자신의 다리에 상처를 내면서 울분을 표출한다. 애경은 병원에 입원하고, 최의 집에 전화를 걸었다가 순희가 받자 놀란다. 순희 역시 애경의 전화를 받고 불쾌해한다.

脚線禍

**【참고】** 《매일신보》에 21회 연재로 완료되었으며, 지면에 '短篇小說'이라고 표기되어 있다.

## 감정의 풍속/感情의風俗 : 임서하. 동방문화사1948(86면).

**【내용】** 정훈은 회사 동료 희숙을 좋아한다. 그러나 정훈의 집안은 가난하고 희숙의 집안은 부유하여 현실적인 장벽이 높다. 정훈의 집에서는 친척이 소개한 여자를 만나 보라고 성화다. 결국 정훈은 고민 끝에 고향으로 내려가 순경과 선을 본다. 확답을 내리지 않은 채 서울

로 돌아온 정훈에게 히숙의 편지가 도착한다. 히숙의 집안에서도 대학생과 결혼하라고 강요한다는 것이다. 둘은 서로의 미래를 걱정하지만 마땅한 해결책을 찾지 못한다. 순경의 동생 서용길이 서울로 올라와 순경과의 결혼을 재촉하자 정훈은 결국 결혼을 승낙한다. 그러나 서울에서 순경과 함께 생활하려는 정훈의 뜻을 순경과 처가가 반대하여, 정훈은 홀로 서울에서 살아간다. 정훈은 히숙에게 마음이 가지만 이미 결혼한 순경을 버리지 못하고 갈등한다. 히숙이 찾아와 정훈에게 자신의 결혼식 예정을 알리고, 이때 두 사람이 같이 있는 모습을 본 용길은 이들을 오해하고 처가에 잘못된 사실을 퍼뜨린다. 정훈은 오해를 풀기 위해 남천으로 내려가나 매몰차게 대하는 처가 식구들의 마음을 돌리지 못하고 도로 서울로 올라온다. 일본의 징병과 공출이 심각해지는 상황에서 히숙의 남편과 용길은 징병되어 일본으로 간다. 남편이 떠난 후 히숙은 정훈에게 지나치게 의지하려 하고, 정훈은 그녀에게 남편을 버리지 말라고 타이른다. 히숙은 작별 편지를 남긴 뒤 정훈을 떠나고, 얼마 뒤 순경이 새로운 출발을 다짐하며 서울로 올라와 정훈과 함께 생활한다. 해방이 된 이후 정훈은 징병에서 돌아오는 용길을 마중 나갔다가 한쪽 다리를 잃은 남자의 손목을 잡아 주는 히숙을 본다.

**【참고】** 작품 말미에 '1945년' 이라고 표기되어 있으며, 동방문화사에서 출판된 창작집의 후기에 "「감정의 풍속」은 8·15 직전 강화도에서 초고가 된 것으로 평범한 애정의 세계에서 청춘의 서정을 회상한 것이다"라고 기록되어 있어 해방 후에 결말 부분을 덧붙여 발표한 작품인 것을 알 수 있다. 1941년 《문장》에 「덕성」을 발표하여 등단한 임서하는 8·15 이후 활발하게 활동하다가 6·25 때 월북하였다. 『감정의 풍속』은 월북하기 전 남긴 유일한 창작집이다.

## 강감찬전/姜邯贊傳 : 이보상. 매일신보1935.4.11-1936.1.10(214회).

**【내용】** 내용 생략.

**【참고】** 이보상의 한문현토체 소설이다.

## 개간/開墾 : 장혁주. 中央公論社(日)1943(347면).

**【내용】** 내용 생략.

**【참고】** '萬寶山 사건' 을 다룬 일본어 소설이다. '만보산 부락 건설기(萬寶山部落建設記)' 라는 부제가 붙어 있다. 총 11장으로 구성되어 있으며 1931년 7월 2일 중국 길림성(吉林省) 만보산 지역에서 한국과 중국 두 나라 농민 사이에 일어났던 분쟁인 만보산 사건을 다루었다. 1920년대부터 1936년에 이르는 시기를 배경으로, 한국인 주민, 중국인 지주와 당국자, 현지 농민, 일본 영사와 경찰관 등 다채로운 인물군이 등장한다. 일본 측의 보호를 받으며 중국 동북 지방에서 일방적으로 개간을 강행하는 한국인 이주민들과 현지 주민들 사이의 갈등과 충돌이 소설의 중심 내용이다. 특히 중국과 일본 간의 정치 역학 사이에서 현주민과 마찰을 일으키며 살 수밖에 없었던 한국 농민의 모습이 중

점적으로 묘사되어 있다. 작품 후기에서 작가는 '만주 건설 후의 밝은 건설의 모습'과 '오족협화(五族協和)'의 서술에 주목했다고 적고 있다. 또한 만보산 부락과 개척지 시찰에 편의를 제공해 준 조선총독부와 신경(新京)의 일본대사관에 감사드린다는 인사의 말이 부기되어 있다. 2001년 ゆまに書房에서 白川豊이 편찬한 『일본식민지문학정선집』 조선편 3권에 수록되어 있다.

## 개동/開東 : 염상섭(서지불명).

**【내용】** 미확인 작품.

**【참고】** 염상섭의 장편소설 중 작품을 구할 수 없는 것 중의 하나이다. 《만선일보》에 게재된 것으로 보는 연구(김종균, 「염상섭 연구」, 고려대1974)가 있으나 서지사항을 확인할 수 없다. 1937년 3월 염상섭이 《만선일보》 편집국장으로 초빙되어 가고, 1939년 6월 편집국장 자리에서 물러나 귀국한 것으로 미루어 볼 때 아마도 이 시기에 《만선일보》에 발표한 것이 아닌가 추측된다. 염상섭은 1948년 장편 「효풍(曉風)」을 펴내는데, 이때 '작자의 말'에서 오랜만에 '개동'이란 말을 다시 쓴 적이 있다. '새벽바람은 모질고 어지럽되 개동의 여명은 희망의 빛이요'에서 보듯 '개동'은 결국 '효풍'과 같은 의미로 쓰이지 않았나 추측할 수 있다. 「효풍」은 1947년 당시 극심했던 좌우 합작과 대립의 문제를 희망적인 시선으로 다루고 있는 작품이다. 마찬가지로 「개동」 또한 1937년 당시 시대상황과 대립의 문제를 희망적으로 다룬 작품일 가능성이 있다.

## 개척자/開拓者

**이광수. 매일신보1917.11.10-1918.3.15(76회 완) ; 흥문당서점1922 ; 회동서관1922.**

**【내용】** 김성재는 동경의 고등 공업학교를 졸업하고 귀국한 뒤 7년여를 연구에 몰두하고 있는 화학자이다. 성재는 경성 공업전문학교와 연희 전문학교에서 교수로 초빙되었나 거부하고 오로지 화학 실험에만 열중한다. 여동생 김성순은 성재를 이해하여 그의 보조자로서의 역할을 도맡는다. 연이은 화학 실험의 실패로 가산을 탕진하고 담보로 잡혔던 집마저 빼앗기게 될 형편에 놓이자 성재는 채권자인 함 사과를 찾아간다. 함 사과는 과거에 성재의 부친 김 참서의 도움으로 부자가 된 인물이나 성재의 부탁을 냉정히 거절한다. 김 참서는 집이 가차압되자 충격을 받아 갑자기 사망한다. 성재는 어쩔 수 없이 연구를 중단하고 가족의 생계를 위해 육체적 노동을 찾아 전전한다. 성재는 나날이 쇠약해져 가고, 이때 성순과 결혼할 기회를 노리던 성재의 유학 동기생 변성일이 경제적인 도움을 준다. 이에 성재와 어머니는 성순의 의사를 무시한 채 두 사람의 결혼을 허락한다. 그러나 성순은 성재의 친구인 화가 민은식과 연인 사이이다. 성순은 은식을 사랑한다고 고백하지만 성재와 어머니는 성일과의 결혼을 강요하면서 성순과 은식의 관계를 인정하지 않는다. 성재는 은식이 가난한 유부남이라는 이유를 들면서 그와 헤어지라고 종용하나 성순은 오히려 영원한 사랑을 다짐한다. 은식도 자신의 의지대로 살아나가야 한다며 성순을 독려한다. 성순은 결혼 날짜를 연기하면

서까지 성일과의 결혼을 피하려 버티다가 가족과 다투고 음독하여 자살한다.

**【참고】** 이광수의 두 번째 장편소설이다. 과학, 예술, 자유연애의 개척자를 세 명의 등장인물로 형상화하고 있다. 이광수는 연재 이후 이 작품을 회고하는 글에서, 자신의 사상을 당대 지식 청년 계층에게 선전하기 위해 「개척자」를 집필했다고 밝히고 있다. 최초 단행본은 흥문당서점에서 1922년에 출간되었으며, 해방 이후 최초로 「개척자」를 수록한 단행본은 1962년 삼중당 간행 『이광수 전집』 1권이다.

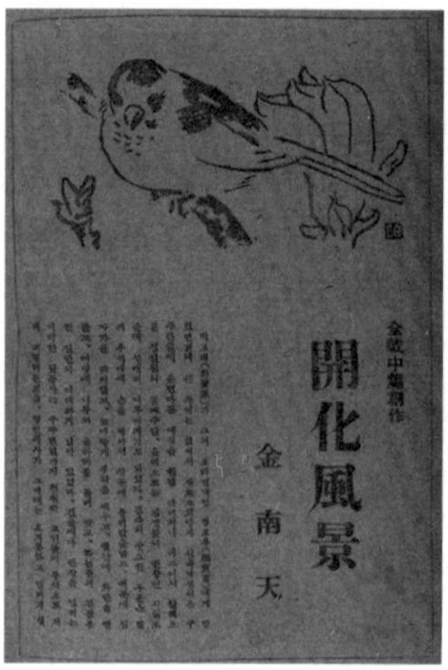

## 개화풍경/開化風景 : 김남천. 조광1941.5.

**【내용】** 천도교도 홍영구는 장로교회당의 신축 낙성식에 연설자로 초대된다. 낙성식은 많은 사람들의 참여 속에 성대하게 치러진다. 먼저 연단에 오른 기독교 측 연사 이태식이 개화의 필요성과 기독교의 우수성에 대해 역설한다. 영구는 태식의 연설을 들으며 그의 박식함에 감탄한다. 그러나 태식이 천도교의 미개함에 대해 비난하자 영구는 분노한다. 결국 영구는 연단에 올라 처음 계획했던 연설과는 다르게 기독교에 대해 격렬히 비난한다. 태식은 영구의 연설에 청중들이 열광하자 당황한다. 영구는 연설을 마친 후 자신의 행동에 대하여 후회한다. 그 또한 천도교의 미개함을 고민하고 있었기 때문이다. 연설이 끝난 후 태식은 영구가 개화에 반대하는 사람이라 비난하며 일행들과 함께 그를 구타한다. 아들이 부상을 당했다는 소식을 듣고 온 영구의 모친은 그를 붙들고 통곡한다.

**【참고】** 게재 지면에 '全載中篇創作 開化風景 金南天'이라고 표기되어 있다. 「대하」의 2부인 '동맥'의 일절에 해당한다. 개화 초기 선교 과정에 있던 기독교와 토착 종교인 천도교 사이의 대립을 다루었다.

## 거리의 목가/거리의牧歌 : 이효석. 여성1937.10-1938.4(7회 완).

**【내용】** 임영옥은 어머니의 강권에 의해 애정이 없는 사람과 결혼한다. 그러나 결혼한 지 세 달 만에 남편이 죽자 영옥은 음악가의 꿈을 이루기 위해 서울로 향한다. 정식으로 음악 교육을 받지 못한 영옥은 음악가가 될 수 없다는 사실을 깨닫자 유행 가수가 되어 성공하기로 결심한다. 신문사에 다니는 친구 애란의 소개로 영옥은 음악비평가 민수, 성악가 명호와 교류한다. 영옥은 명호에게 성악의 기본을 배우고, 민수를 통해 음악계에서 일하는 사람들을 알게 된다. 영옥은 명호와 민수에게서 구애를 받지만 그녀의 마음은 소설가 순도에게로 향해 있다. 순도 역시 영옥을 사랑하고 있으나 유행 가수에 대한 편견을 드러내며 영옥의 꿈을 인정하지 않는다. 영옥은 순도의 반대를 무릅쓰고 라디오에서 신인을 발굴하는 대회에 나간

다. 영옥은 성공적으로 데뷔하고 레코드 회사 문예 부장 윤주에게서 전속 가수의 제의를 받는다. 그날 밤 영옥은 노래에 대한 평가를 듣기 위해 민수를 따라갔다가 추행을 당할 위기에 처한다. 그 순간 민수의 예전 애인이 등장하여 영옥은 간신히 빠져나온다. 한편 영옥에게 흑심을 품은 윤주는 민수와 함께 모략을 꾸민다. 윤주는 민수에게 문예 부장 자리와 영옥을 교환하자고 제의한다. 민수는 영옥에게 앙심을 품고 있다가 윤주의 제의를 받자 영옥을 속여 윤주에게 데려간다. 영옥은 윤주에게 겁탈을 당하고 절망에 빠진다. 죄책감에 빠진 민수가 순도를 찾아가 사건의 전말을 알려 준다. 이에 순도는 영옥을 찾아가 모든 것을 이해한다며 사랑을 고백한다. 순도와 영옥은 새로운 생활을 찾아 서울을 떠난다.

**【참고】** 연재 당시 지면에 '中篇小說'이라고 표기되어 있다. 애정 획득을 위한 인물 간의 갈등이 주를 이루고 있는 작품이다. 자신의 욕망을 성취하기 위한 남성 인물들의 극단적인 모략과 다툼, 이로 인한 여성 인물의 좌절이 묘사되어 있다.

## 거목이 넘어질 때/巨木이넘어질때 : 김동인. 매일신보1936.1.1-2.7(22회 미완).

**【내용】** 백제 궁녀 관주는 신라와 당나라 연합군을 피해 대왕포 벼랑 위에서 자살하려고 한다. 그러나 다른 궁녀들이 의자왕의 아이를 잉태한 관주를 만류하여, 관주는 도망가서 몰래 아이를 낳는다. 백제가 멸망한 지 이백여 년이 지나고, 신라는 안일함과 권태로 물들어 간다. 어느 날 하늘에서 별이 하나 떨어져 바위의 정남향에 한 개의 구멍이 뚫리는 사건이 일어난다. 이 장면을 목격한 노인의 집에서는 손자가 태어난다. 아기는 여느 아이들과 달리 기운이 세고 비범한 면모를 드러낸다. 아이는 일곱 살 때 스스로 자기의 이름을 견훤이라 정하고 또래 아이들과 어울리지 않는다. 할아버지가 죽자 아이의 아버지 아자개는 자신의 집안이 백제 왕족의 후손임을 알려 준다. 이에 견훤은 원수를 갚겠다면서 집을 떠난다. 견훤은 떠돌아다니던 중에 애꾸눈 소년을 우연히 만난다. 그는 미륵이라는 이름의 소년으로, 신라 경문왕의 아들이다. 미륵의 어머니 설씨는 경문왕은 왕위에 오르기 전에 사랑하던 사람

이다. 경문왕이 왕이 된 뒤 설씨를 후궁으로 들여서 미륵을 낳는다. 그러나 이를 시기한 경문왕의 두 아내가 설씨를 모함하여 미륵은 간신히 궁궐을 빠져 나온 것이다.

**[참고]** 미완의 소설로, 연재된 부분은 장편소설 「견훤」의 내용과 비슷하다.

## 거인은 움직이다/巨人은음즈기다 : 김동인. 개벽1935.1–3(2회 미완).

**[내용]** 「대수양」 참조.

**[참고]** 1935년 《개벽》에 '巨人은 음즈기다'로 2회 연재 후 '대수양(大首陽)'으로 개제하여 《조광》(제7권 2호–12호)에 처음부터 다시 연재되었다. 2회 연재분 제목이 목차에 '巨人은 움즉인다'로, 본문에 '巨人'으로 각각 다르게 표기되어 있으며 제목 앞에 '中篇'이라고 표기되어 있다. 2회까지의 내용은 「대수양」의 전반부 중 병약한 문종의 건강이 악화되고 수양이 어린 세자를 보살피는 부분까지이다.

## 건설/建設 : 정인택. 半島の光1943.10–1944.3(5회 미완).

**[내용]** 서울에서 공부를 하다 고향에 돌아온 봉주는 고향 사람들에게 일본어를 가르치면서 삶의 보람을 얻는다.

**[참고]** 5회로 연재 중단된 소설이다. 지식인 주인공이 고향에 돌아가 일본어 보급에 앞장선다는 내용의 소설이다.

## 검사와 여선생/檢事와女先生 : 김춘광. 한흥출판사1947.

**[내용]** 민장손은 부모를 잃고 병든 조모와 사는 열세 살의 소년이다. 담임 박양춘은 그를 친부모처럼 돌보아 준다. 얼마 후 장손은 소학교를 졸업하고, 양춘은 결혼한 후 교사직을 그만두어 서로 연락이 끊긴다. 장손은 스승의 은혜에 감사하며 열심히 노력하여 법률 공부를 마치고 검사가 된다. 한편 양춘은 회사원 박상태와 결혼하여 행복하게 살아간다. 상태가 지방으로 출장을 간 어느 날 탈옥수 김철수가 양춘의 집에 침입한다. 철수는 양춘에게 어린 딸 애순이 보고 싶어 도망쳤다며 숨겨 달라고 애원한다. 양춘은 그를 동정하여 숨겨 주고, 딸을 데려와 만나게 해 준다. 그러나 철수는 형사들에게 발각되어 다시 잡혀가고, 양춘은 홀로 남은 애순을 양녀로 삼는다. 이로 인해 양춘은 동리 사람들에게 철수와 부정한 관계라는 의심을 받는다. 출장에서 돌아온 상태는 이 소문을 듣고 분노하여 아내에게 총을 겨누다 오발 사고로 사망한다. 양춘은 남편 살해범으로 몰려 체포된다. 검사가 된 장손이 이 사건을 담당한다. 재판정에서 장손은 자기를 돌봐 준 양춘의 덕행을 설명하고, 인자한 그녀가 살인

을 저질렀을 리 없으니 검사로서 논고를 포기한다고 말한다. 감동한 판사는 무죄 판결을 내리고, 재회한 스승과 제자는 감격의 눈물을 흘린다.

**【참고】** 표지에 '檢事와 女先生', 속표지에 '눈물의 名篇 檢事와 女先生'이라 표기되어 있다. 머리말에 '본래 유명한 동명의 연극 대본을 소설책으로 출판한다'라고 밝히고 있다. 《중앙신문》 1947년 8월 19일자 광고에 '김춘광 원작, X원규 편술, 이승철 장정, 130면. 유길서점, 일성당서점, 영인서점'이라고 소개되어 있다. 1948년 윤대룡 감독에 의해 영화화되기도 했다.

## 격랑/激浪 : 김영석. 조선중앙일보1948.2.17-4.15(34회 미완).

**【내용】** 동양인쇄공장에는 200여 명의 공원이 근무하고 있다. 8·12 사건으로 건영을 위시한 열한 명의 직공이 요주의 인물로 찍힌다. 공장 관리인 심 씨는 공원 네 명을 해직하고, 남은 일곱 명을 회유한다. 건영, 경섭, 창남은 운동을 계속하려 하나 남은 동료들은 복직을 원한다. 홀어머니를 모시고 어렵게 살아가는 여공 박인애 또한 복직은 했으나 계속되는 생활난으로 인해 이북으로 가고 싶어 한다. 인애는 건영에게 의논하지만 건영은 뚜렷하게 답하지 못한다. 건영, 경섭, 창남은 빨갱이로 몰리고, 분회간부로 지목받아 무자비한 폭행을 당한다. 이 와중에 창남이 크게 다치고, 건영 또한 부상을 입는다. 건영은 사흘 후 자리에서 일어나지만, 이미 동료들은 등을 돌린 상태이다. 인애는 앓던 어머니가 죽자 이북행을 결심하나 건영은 그녀가 공장에 남아 같이 투쟁하기를 바란다. 인애는 마침내 건영과 남겠다고 결심한다. 분회 책임자였던 김상규가 출감하자 조직을 정비할 기회가 마련되나, 건영은 상규로부터 자신이 조직에서 제명되었음을 통고받고 실의에 빠진다.

**【참고】** 제목 앞에 '連載小說'이라고 표기되어 있다. "작자의 부득이한 사정이 있아와 이 소설을 끊겠습니다. 신문사와 독자 여러분께 사과하는 동시 머지않는 장래에 '동양인쇄공장'의 전모를 여러분께 보여드릴 것을 약속하겠습니다"라는 작자의 부기가 있고, 소설은 4장에서 비완으로 끝난다. 일제 말에 등단하여 소시민의 생활을 풍자한 단편들을 발표한 김영석은 해방 후 인천동양방직, 경성전기회사 등의 노동자 투쟁을 다룬 단편들을 발표한다. 1948년 이후 지하 활동을 벌이다 투옥되었던 작가는 6·25를 감옥에서 맞고 이후 월북하였다. 2·7 구국 투쟁을 그린 「격랑」은 《조선중앙일보》에 연재하다 중단되었으나, 작가가 월북 후 가필하여 장편소설 『격랑』(조선작가동맹출판사1956)으로 발표하였다. 장편에서는 동양인쇄공장의 주조공 운영이 조직에서 제명된 후의 활약상을 그리고 있다. 유엔조선위원단의 환영을 반대하는 '삐라'를 제작하여 운반하던 운영은 연락 장소에 경섭이 형사와 함께 나와 있는 것을 보고 그가 배신한 사실을 알게 된다. 이후 운영은 총파업 데모 중 붙잡혀 서대문감옥으로 이송된다. 함께 붙잡힌 경섭은 전향서를 쓰고 출옥하지만 운영은 감옥 안에서 인민공화국의 선포 소식을 듣고 앞날에 희망을 갖는다는 내용이다. 작가의 자전적 체험이 반영된 소설은 노동운동과 조직 내의 분열, 좌우대립으로 갈라선 운동가들의 고뇌를 진지하게 그리고 있는 작품으로 평가받고 있다.

## 견훤/甄萱 : 김동인. 박문서관1940.

**【내용】**「제성대」 참조.

**【참고】**《조광》에 '제성대(帝星臺)' 라는 제목으로 9회 연재 완료(1938.5-1939.4)한 후 '견훤'으로 개제하여 1940년 박문서관에서 단행본으로 출간하였다. 「제성대」는 1936년 《매일신보》에 22회로 연재 중단한 「거목이 넘어질 때」와 내용상 연결된다. 김동인은 주인공 견훤을 영웅으로 만들고자 이 작품을 썼다고 밝히고 있는데, 이를 위해 견훤을 고귀한 집안의 장자로 설정하여 그의 후백제 건국에 정당성을 부여하였다. 역사를 기존의 시각과 다르게 해석하려는 작가의 의식이 드러난 소설로, 이광수의 「마의태자」와 대척점에 서 있는 작품으로 평가된다. 『박문서관 역사소설전집』의 제4권으로 발행되었다는 기록이 있다.

## 결혼 전후/結婚前後 : 방인근. 영창서관1939.

**【내용】** 미확인 작품.

**【참고】** 1939년 『영창서관 명작전집』 6권으로 출판되었다는 기록이 있으나 확인할 수 없다. 영창서관의 광고에 따르면 『조선작가명작선집』 10권으로 출판되었다고 하나 이 역시 확인할 수 없다. 민중서관의 『한국문학전집』 7권(방인근·최독견 편,1959) 연보에 따르면, 1929년 기독신보사에 입사 후 장편 「새나라를 찾아서(結婚前夜)」를 발표했다고 기록되어 있다. 그러나 1929년 《기독신보》 연재작 「새나라를 차저서」에 '결혼 전야' 혹은 '결혼 전후' 라는 부제는 발견되지 않는다.

## 경영/經營 : 김남천. 문장1940.10.

**【내용】** 과부의 무남독녀로 곱게 자란 최무경은 사상 사건으로 수감 중인 평양 출신의 애인 오시형(24세)의 뒷바라지에 나선다. 무경은 애인의 차입을 대기 위해 아파트 관리사무원으로 취업하고, 돌아올 그를 위해 아파트 한 칸도 마련한다. 한편 시형은 옥중에 있는 동안 영웅의식의 소멸과 고독감의 증대로 심경의 변화를 일으키고 사상 전향을 하게 된다. 무경의 헌신적인 희생의 결과로 시형은 2년 만에 보석으로 풀려나 아파트에 들어온다. 출소 후, 그는 무경과의 대화를 통해 자신이 전향한 사실을 우회적으로 설명하면서 그 이유로 다원사관과 동양학을 제시한다. 한편 그의 사상이나 이념 변화가 그리 중요하지 않은 무경은 그저 시형이 옆에 있어 주기만을 바란다. 그녀는 부친에게 전보로 출감 소식을 전해 달라는 시형의 일을 처리한 후에 모친이 기다리고 있는 경성호텔로 향한다. 그런데 그곳에서 그녀는 정일수라는 사람과 재혼 의사를 밝히는 어머니를 대하고 잠시 충격에 빠진다. 하지만 20년을 함께 살아온 어머

니가 아닌 한 여성으로서의 삶을 생각하고는 이내 모친의 뜻을 받아들인다. 얼마 지나지 않아 무경은 뜻밖의 또 다른 사건을 겪는다. 시형이 사상적으로 대립해 있던 부친과 타협한 후, 고향의 명망가 집안의 딸과 혼인시키고자 하는 부친을 따라 떠나 버린 것이다. 그녀는 애인과 어머니로부터 동시에 혼자 남겨진 자신을 발견하고 이제는 방도 직업도 자신을 위하여 가져야겠다고 되뇌인다.

**【참고】** 연재 지면에 '經營 金南天'이라고 표기되어 있다. 「낭비」(인문평론1940.2-1941.2. 11회 미완), 「맥」(춘추1941.2)과 연작 관계에 있는 중편소설이다. 전향을 거쳐 친일로 나아갈 것임을 암시하는 오시형이라는 인물을 통해 일제 말 전향자의 세계를 본격적으로 다루고 있다. '예술성과 통속성이 혼탁되어 있다'는 부정적 평가와 한국문학에서 '유일하게 사상 문제를 다룬 전향소설의 최고봉'이라는 긍정적 평가가 있다.

겻쇠 (六)
丹頂鶴
二十三 林間의銃聲

## 겯쇠/겻쇠 : 단정학. 신민1929.11-1932.6(13회 미완).

**【내용】** H지방 G은행 금고에 있던 돈 오천 원이 사라지는 도난 사건이 일어난다. 이 사건 이후 은행의 지배인 대리 P씨의 부인 김자경이 밤중에 산속에서 변사체로 발견된다. 경찰은 자경의 일기에서 괴상한 숫자를 발견하나 의미를 알지 못한다. 얼마 후에 자경의 동생인 김영석이라는 청년도 귀가 하나 없는 사체로 발견된다. 얼마 후 경부선 열차가 전복되면서 그 안에 실렸던, 파손된 우편물 더미에서 영석의 귀와 함께 '19, 111, 119의 복수'라고 적혀 있는 메모가 발견된다. 경찰이 사건을 해결하지 못하자 일본 유학 시절부터 밀정으로 활동하던 손우건이 사건을 해결하기 위해 등장한다. 우건은 암호 '19, 111, 119'가 알파벳의 순서를 의미하는 것으로 보고 암호의 내용을 1=A·9=I, 11=K·1=A, 11=K·9=I라고 풀었다. 이는 '아이가기(AIKAKI)'로 일본어 'あいかき', 즉 겯쇠를 뜻한다. 우건은 이 사건이 XX단체와 관련이 있다는 사실을 알게 되고, 이 단체의 근거지인 상해로 간다. 우건은 위장을 하고 떠났지만 그를 알아본 XX단에 의해 납치되고 만다.

**【참고】** 미완의 추리소설이다. 연재 시 지면에 '探偵小說 겻쇠'라고 표기되어 있다. 《신민》 1929.11-1932.6까지 13회 연재 후 중단되었다. 표제어인 '겻쇠(겯쇠)'는 자물쇠의 제짝이 아닌 열쇠를 뜻하는 고유어이다. 단정학(丹頂鶴)이 누구인지는 밝혀지지 않았다.

## 계절/季節 : 안회남. 동아일보1939.5.24-1939.6.14(24회 완).

**【내용】** 수나는 소학교 교원으로, 수업료를 내지 못한 아이를 닦달하면서 양심의 가책을 느낀

다. 창근은 다방에서 수나를 기다리며 웨이트리스와 수작을 한다. 창근은 돈 많은 한량이자 유부남이다. 수나는 히스테리를 부리면서도 창근과의 만남을 이어 간다. 약속 장소에 수나 대신 그녀의 친구 문순이 와서 수나가 아파서 오지 못한다는 말을 전하고는, 둘 사이에 관해 충고를 늘어놓는다. 수나는 문순을 보내 만남을 거절한 뒤에도 다시 창근을 만나는 변덕을 부린다. 창근은 아내와 이혼하겠다는 결심을 전하고, 수나는 남의 가정을 깨고 자기 꿈을 이뤄야 하는 처지를 한탄한다. 그녀는 자신의 히스테리가 때가 되면 돌아오는 계절과 같은 것이라 생각한다.

**【참고】** 발표 당시 '短篇小說'이라고 표기되어 있다.

## 고독한 혼/孤獨なる魂 : 장혁주. 三崎書房(日)1942(326면).

**【내용】**「인왕동 시대」 참조.

**【참고】** 일본어 소설이다. 전체 33장으로 구성되어 있으며 14장까지는 장혁주의 또 다른 소설 「인왕동 시대」와 거의 같은 내용으로 전개된다. 「인왕동 시대」는 '靈と肉'이라는 제목으로 1934년 11월부터 잡지 《兒童》에 5회에 걸쳐 연재된 작품이다. 장혁주는 자전적인 소설을 많이 쓴 작가로 알려져 있으며, 「고독한 혼」은 그의 유년 시절부터 청소년기를 다룬 작품이다. 뼈대 있는 양반 가문의 장남과 기생 사이에서 태어난 주인공이 억지로 생부의 집에 들어가 살면서 겪는 차별과 고통을 그린 전반부는 「인왕동 시대」의 내용과 같다. 이에 덧붙여, 철이 들 무렵 생모 곁으로 돌아간 주인공이 겪는 갈등과 생모를 향한 애증의 감정이 심도 있게 그려진다. 허구화되어 있지만, 작가 자신의 이야기를 집요하게 그린 소설로 평가된다.

## 고민/苦悶 : 엄흥섭. 신동아1935.2-8(6회 완).

**【내용】** 종만의 아버지는 경주에서 유명한 한문학자 김명세다. 종만은 자유연애를 원하지만 보수적인 아버지는 그것을 용납하지 않아 서로 충돌하는데, 결혼만 하면 대학에 보내 주겠다는 어머니의 말에 집에서 소개해 준 여자와 결혼하게 된다. 대학에 입학한 종만은 보통학교를 마친 것이 교육의 전부인 아내와 말이 통하지 않는다 여겨 애정이 생기지 않는다. 그는 서울로 가는 기차 안에서 우연히 만난 손보라와 가까워진다. 종만은 보육원에서 일하는 보라가 그의 중학교 친구 손보혁의 여동생임을 알게 된다. 종만은 자신이 피해를 입을 것을 두려워해 사회주의 운동에 열심이던 보혁을 멀리했었고, 보혁이 감옥에 간 이후 서로 소식이 끊어졌던 것이다. 대학을 졸업한 종만은 자신에게 영어를 배우러 오는 경옥의 유혹에 넘어가 하룻밤을 같이 보낸다. 한편 보라는 자신이 근무하는 보육원의 원장 백관철에게 강제로 정조를 빼앗긴 후 종만을 찾아가나 문밖에 놓인 경옥의 신발을 발견하고 돌아선다. 이후에

종만은 보라가 능욕당했다는 이야기를 듣고 관철을 찾아가 폭행한다. 대학까지 졸업했지만 취업도 못한 채로 미래가 어두운 종만에게, 고향의 아내는 애정 없는 결혼 생활을 끝내고 제힘으로 먹고 살겠다는 편지를 보낸다. 종만은 여성들의 의식이 변하는 것을 느끼며, 다시 그를 찾아온 보라를 돌려보낸다. 그는 사랑보다 더 중요한 일이 있다고 느낀다.

**【참고】** 엄흥섭 최초의 장편소설로, 1939년 광한서림에서 '世紀의 愛人'으로 개제하여 단행본으로 출간하였다. 작가는 단행본에 수록된 소감에서, 연재 당시는 장편소설이라 했지만 분량상으로 중편이며 통속물이라 밝히고 있다. 이 작품은 통속적인 소재를 다루고 있으나 이념과 현실 사이에서 방황하는 지식인의 단면을 드러내고자 하는 시도 또한 엿보인다.

## 고아/孤兒 : 윤증남. 백두산1930.10,1931.2,1931.5·6합본(6회 미완).

**【내용】** '나(데빗트)'는 어머니와 유모와 함께 산다. 어머니가 재혼한 마-도스톤과 그의 누이는 '나'를 미워하여 서당에 보낸다. 어느 날 '나'는 새아버지에게 매를 맞다가 목이 졸린다. '나'는 당황하여 새아버지의 손을 물어 그 벌로 집을 떠나 론돈에 있는 기숙학교로 보내진다. 기숙학교의 쿠리-쿨 선생님은 '나'를 비롯한 학생들에게 늘 매질을 하여 아이들은 모두 그를 두려워한다. 유모의 오빠인 페고테 아저씨와 아저씨의 아들 안이 '나'를 면회하러 온다. '나'는 그들에게 기숙학교의 환경과 선생님들의 매질에 대해서 이야기하지 않는다.

**【참고】** 발표 당시 지면에 '長篇小說 孤兒 尹증남'이라고 표기되어 있어서 장편소설로 기획된 작품임을 알 수 있다. 그러나 1회, 3회, 6회 연재만 확인할 수 있을 뿐 이후의 내용은 자료를 찾을 수 없다. 작중인물의 이름과 지명이 외국어로 된 점으로 미루어 번안이 아닌가 여겨진다.

## 고아/孤兒 : 이마무라 에이지. 新天地(신경)1939.4,5,7(3회 완).

**【내용】** 박영식은 열세 살의 고아 소년이다. 그의 아비지는 조선XX군에 나가 돌아오지 않고 어머니는 가난에 못 이겨 영식을 먼 친척에게 맡기고 재가했다. 친척집에서 괄시를 받던 영식은 어머니를 그리워하는 마음으로 어머니와 살던 옛집을 찾는다. 집은 텅 비었고 길 잃은 고양이만 살고 있다. 영식은 고양이를 친구 삼아 그 집에 사는데 어느 날 중국인 아이가 영식을 놀리고 고양이를 잔인하게 죽인다. 영식은 슬퍼하며 어머니가 돌아오기를 두 손 모아 빈다.

**【참고】** 이마무라 에이지(今村榮治)는 만주에서 주로 활동하면서 일본어로 소설을 쓴 작가로 알려져 있다. 장(張)씨 성을 가졌다는 것 외에 확실한 본명은 밝혀져 있지 않다. 《신경일일신문(新京日日新聞)》에 단편소설 「악몽」을 발표하면서 창작 활동을 시작하여, 신경의 일본인 문인들이 조직한 《문학지대》의 동인, 신경만일문화협회 촉탁, 만주문화회(滿洲文話會) 사무 등을 맡은 일이 있다. 창작 초기에는 주로 청춘 남녀들의 사랑을 제재로 한 소설들을 쓰다가 1938년 단편소설 「동행자(同行者)」를 발표하면서 사회성과 정치성을 띤 제재들을 다루기 시작한다. 특히 「동행자」는 조선인과 일본인 사이에서 그 어느 쪽에도 속하지 못하고 좌충우돌하는 조선인 주인공의 심리 상태를 섬세하게 포착한

작품으로 평가된다. 《신천지》에 3회 연재되었던 「고아」는 어려서 부모를 잃고 남의 집에서 외롭게 살아야 했던 박영식이라는 소년의 이야기이다. 이 소설은 조선군에 가담하여 어린 아들을 두고 집을 나간 영식의 아버지를 '불령선인'으로 묘사함으로써, 일제의 국책선양에 순응하는 식민문학적 경향을 드러낸다. 1940년대 초까지 발표된 그의 작품 대부분은 이처럼 일제의 식민문학에 협력하는 내용을 주로 담고 있다. 「新胎」(만주행정1938.12-1939.1), 「출세」(宣撫月報1939.12) 등의 단편소설과 희곡 「비바람이 지나간 후(雨風ノアト)」(宣撫月報1939.4) 등이 알려져 있다. 이상, 김장선의 『만주문학연구』(역락) 가운데 '이마무라 에이지 연구' 조항 참조.

## 고아들/孤兒たち : 장혁주. 萬里閣(日)1946(276면).

**【내용】** 패전 직후 일본 도쿄의 궁핍한 생활상을 그린 일본어 소설이다. 내용 생략.

**【참고】** 일제의 패전 직후 발표된 작품이다. 패전 직후의 혼란한 도쿄 도심에서 끼니를 구걸하며 거리를 배회하는 전쟁 고아들과 유랑자들의 기아와 비참한 생활에 대한 연민의 감정을 담아내고 있다. 더불어 전쟁을 일으키고 패전 이후의 궁핍 속에서 구호 물자를 횡령하는 위정자 및 군국주의자를 비판하는 내용도 그려져 있다. 한편 적극적이고 선량한 삶을 살아가는 재일조선인의 모습을 우호적인 시선으로 묘사함으로써, 작가의 조국 조선에 대한 동경 또한 엿보이는 소설이다. 장혁주는 작가 후기에서 전쟁 고아들의 처참한 생활을 있는 그대로 묘사하고자 했으며, 이러한 현실이 하루빨리 사라지기를 희망한다고 적고 있다. 장혁주는 등단 초기에도 기아에 내몰린 사람들을 다룬 「아귀도」라는 단편으로 호평을 받은 바 있다.

## 고요한 폭풍/靜かな嵐 : 목양. 국민문학1941.11(1부), 1942.5·6(2부), 녹기1942.11(3부 완) ; 매일신보사1943.

**【내용】** 내용 생략.

**【참고】** 일본어 소설이다. '목양(牧羊)'은 이석훈의 호이다. 《국민문학》 1941.11에 제1부가, 《국민문학》 1942.5·6 합병호에 제2부가 '夜'라는 제목으로 실렸으며, 《녹기》 1942.11에 제3부가 실렸다. 이상의 3부작을 통합하여 '靜かな嵐'라는 제목으로 매일신보사에서 간행되었다. 전시체제라는 '폭풍'을 앞에 두고 신체제에 협력해 가는 소설가의 심적 변화를 묘사한 일종의 친일 전향 소설이다. 이 소설의 주인공은 '황민화'의 시대적 조류 속에서 번민하다가, 종국에는 적극적으로 친일의 길로 나서게 된다. 이 작품은 발표 당시 화제를 모았고, 최재서는 「국민문학의 작가들(國民文學の作家たち)」(국민문학1942.2)이라는 글에서 국민문학에서 '첫 번째로 거론되어야 할 작가는 마키 히로시(牧羊)일 것이다'라고 강조하기도 했다. 임종국은 『친일문학론』에서 이 소설이 시국에 각성하는 문인과 세칭 친일파들의 노선이 옳다는 것을 주장한 작품이라고 평가했다. 매일신보사에서 발간한 창작집 『靜かな嵐』에는 「永遠の女」를 비롯한 9편의 소설이 실렸다. 2000년 ゆまに書房에서 白川豊이

편찬한 『일본식민지문학정선집』 조선편 4권으로 발간되었다.

## 고운/孤雲 : 양백화. 중앙1936.3-4(2회 완).

**【내용】** 장전지는 친구 동관삼의 부채에 시를 쓴 고운이라는 인물에 대해 호기심을 느낀다. 이에 관삼이 전지에게 고운의 내력을 이야기한다. 고운은 한씨 성을 가진 사람으로 해문이 고향이다. 고운은 어렸을 때 글 선생인 삼촌을 따라서 글방에서 밥을 지어 주며 틈틈이 글을 익혀 그 이름이 널리 알려진다. 고운은 여러 사람들의 막하로 있다가 마침내 관삼 부대의 하사로 오고, 관삼은 고운의 글 실력을 알게 되어 고운을 인정한다. 전지는 관삼을 통해 고운을 소개받아 세 사람은 친분을 나눈다. 고향을 떠나 친구의 집에 머물던 전지는 신문의 극장 광고란에서 출연하는 배우들 중에서 고운의 이름을 발견하여 그에게 편지를 보낸다. 곧 고운이 전지를 찾아와 배우를 그만두었다면서 전지와 함께 지낸다. 청나라 조정의 정세가 변하자 고운은 날로 침울해지면서 이상한 행동을 보이다가 실종된다. 전지가 고운을 찾기 위해 수소문하던 어느 날 부영선이라는 여자가 나타나서 고운의 행방을 찾아 달라고 부탁하나 전지는 도움을 줄 수 없다. 고운을 찾지 못한 전지는 황산에서 유람을 다니던 중 우연히 영선을 다시 만난다. 이에 영선은 고운과 자신의 과거를 이야기한다. 집안이 몰락하자 영선의 삼촌은 그녀를 유곽에 팔려 하고, 영선은 삼촌을 피해 평소 사모하던 고운에게 의탁하고자 한다. 영선의 삼촌이 고운과 영선을 관가로 데려가나 관의 지사는 영선의 이야기를 듣고 영선과 고운을 혼인시킨다. 그러나 고운은 영선에게 자신은 이미 정혼한 사람이 있었으며, 그 사람이 죽은 뒤에 다시 결혼할 생각이 없다는 말을 남기고 영선을 떠난다. 영선은 고운의 뒤를 따라다니며 멀리서 지켜보다가 마침내 고운이 실종되자 전지를 찾아온 것이다. 전지는 계속 유랑 생활을 하다 한 스님을 통해 고운이 머물고 있는 동굴을 찾아간다. 오랜만에 만난 고운은 깨달은 바가 있어서 해골을 들고 동굴 속에서만 생활한다고 말한다. 전지가 영선의 일을 이야기하자 고운은 영선에게 해골을 전해 달라면서 그 해골을 자신처럼 여기라고 말한다. 전지는 스님이 된 영선에게 해골을 전해 주려 하나 해골이 사라졌으며 영선 역시 종적을 감췄음을 알게 된다.

**【참고】** 연재 지면에 '中篇野談' 이라고 표기되어 있다. 중국을 배경으로 하여 고운이라는 중국인의 기이한 행적을 담고 있는 작품이다. 작품 곳곳에 한시가 원문으로 제시되어 있다. 양백화의 창작이라기보다는 중국 고전을 번역한 작품으로 추정되나 연재본만으로는 단정할 수 없으며 따라서 원작자 및 원작에 대해서도 그 근거를 찾을 수 없다.

## 고원/故苑 : 정비석. 정양사1946 ; 백민문화사1946.

**【내용】** '나'는 동경 유학을 마친 뒤 고향에 돌아가지 않고 경성에서 교원으로 일한다. 고향에

있는 세 살 연상의 아내와 가정에 '나'는 마음을 두지 못하고 방황한다. '나'는 삼일운동에 가담하여 수감 생활을 하나 고향으로 돌아가지 않고 친구 오현우의 집에 머문다. '나'는 그곳에서 현우의 아내 채옥과 사촌여동생 영주를 만난다. 채옥은 육감적인 매력이 뛰어난 인물이며, 영주는 정신적인 아름다움을 지닌 여성이다. '나'는 이미 결혼한 자신의 처지 때문에 영주에 대한 마음을 고백하지 못하고 있다. 그러던 어느 날 채옥이 '나'에게 사랑을 고백하며 자신의 집을 떠나 달라고 말한다. 이에 '나'는 만주로 가던 길에 형사에게 잡혀 신원 조회를 받고 어쩔 수 없이 신원이 확실한 현우의 이름을 댄다. 삼일운동 이후 일제의 회유에 굴복해 변절자가 된 현우 덕분에 '나'는 위기에서 벗어난다. 경찰에 붙들려 있던 '나'에게 채옥이 찾아와 변절한 현우와 함께 살 수 없다고 말하고, '나'는 그녀와 함께 만주 신흥학교의 교관으로 간다. 그러나 일본군의 습격으로 학교가 폐쇄되자 '나'는 채옥과 유랑길에 올라 갖은 고생을 한다. 우연히 '나'는 신흥농장의 총감독이 되어 안정된 생활을 시작하지만 애정이 없는 채옥과의 생활에 회의하며 영주를 그리워하다가 충동적으로 경성으로 떠난다. 그사이 채옥은 '나'가 자신을 버리고 떠난 것으로 생각하여 심신이 쇠약해져 있다. '나'는 죄책감을 느껴 그녀를 정성껏 돌보다가 폐렴에 걸린다. '나'는 채옥의 극진한 간호로 건강을 회복하고, 그녀에 대한 의무감과 동정심 때문에 함께 생활한다. 채옥은 '나'의 마음을 짐작하고 끊임없이 '나'의 사랑을 갈구하다가 '나'에게 조선으로 돌아가라는 유언을 남기고 죽는다. '나'는 불행의 원천이 육신의 욕망에 있었다는 사실을 깨닫고, 영주와 만나 정신적 사랑을 다짐하고 그녀와 헤어져 귀국길에 오른다.

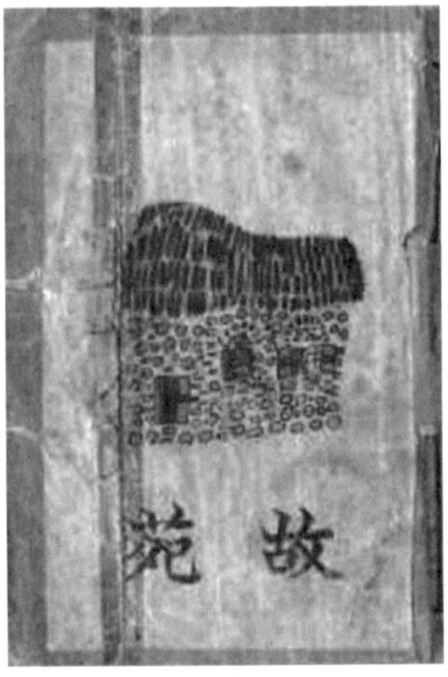


**【참고】** 초판 5,500부를 찍었을 정도로 높은 인기를 누렸던 작품이다. 1953년 정양사에서 출판된 단행본에는 '고원 — 일명 고향의 봄'이라고 표기되어 있으며, 1950년 계몽사에서 '고향의 봄' 이라는 표제로 단행본이 출간된 기록이 있다. 주인공의 만주 생활 수기 형식을 취하고 있는 작품으로, 육체적 욕망의 덧없음과 정신적 사랑의 위대함을 역설하는 내용이다.

**고향**/故鄕 : 이기영. 조선일보1933.11.15-1934.9.21(252회 완) ; 한성도서1936(상),1937(하) ; 박문서관1936(장편전집1차1권, 상),1937(1차2권, 하) ; 아문각1947(상), 1948(하).

**【내용】** 동경에서 법과를 마친 김희준은 5년 만에 고향인 원터 마을로 돌아온다. 마을에는 철도가 놓이고 제사공장이 들어섰으나 주민들은 여전히 가난을 면치 못한다. 자작농이었던 원칠이는 소작농으로 전락했고, 덕삼과 춘식이는 가난을 이기지 못해 고향을 떠난다. 마을 사람들은 유학까지 다녀온 희준의 행색이 초라한 것에 실망하지만 그는 이에 개의치 않고 자신이 공부를 하러 떠났던 오륙 년 전보다도 더 황폐해진 고향에서 농민들을 깨우치고 살

것을 다짐한다. 희준은 소작인으로 농사를 짓는 한편, 농민을 위한 계몽 활동을 벌인다. 희준을 중심으로 한 소작인들은 마름 안승학과 갈등을 빚는다. 승학은 지주의 지적도를 변적하는 수법으로 이전 마름을 몰아내고 대신 그 자리에 앉은 교활한 인물이다. 자식의 교육까지도 돈을 쉽게 벌 수 있으리라는 계산에서 시키고 있는 그는 본부인을 서울로 보내 자식들을 교육시키도록 하고 자신은 첩 숙자와 함께 산다. 여자고보에 다니는 승학의 큰딸 갑숙이 요양 차 고향에 내려온다. 고향에서 옛 소꿉동무인 희준을 본 갑숙은 묘한 감정을 느끼지만, 자신이 이미 읍내 상인 권상필의 아들 경호에게 몸을 허락한 것과 희준이 유부남이라는 사실에 괴로워한다. 승학과 숙자는 갑숙이를 이씨 문중으로 시집보내려 한다. 그 와중에 승학은 갑숙과 경호와의 관계를 알고 앓아누웠다가 경호가 상필의 친자가 아니라는 것을 알게 된다. 승학은 상필을 협박해 위자료를 뜯어내려 한다. 갑숙은 부친의 행동에 반감을 품고 가출하여 '옥희'라는 가명으로 공장에 취직한다. 경호 또한 집을 나와 생부를 찾고 공장 직공이 된다. 갑숙은 그곳에서 여직공들에게 노동자의 권리를 알리기 위한 노력을 하며, 공장 사무원으로 취직한 경호를 만나 그와 약혼한다. 마을에는 풍년이 드나 소작농에게 돌아오는 것은 거의 없다. 설상가상으로 마을에 수재가 나 집들이 무너지고 농민들은 가난에 허덕인다. 희준을 중심으로 농민들은 승학에게 소작료 감면을 요구하나 거절당한다. 공장에서 갑숙을 중심으로 노동쟁의가 벌어지자 희준은 그녀를 돕는다. 희준의 행동에 감명받은 갑숙은 부친에 반대하여 이들과 힘을 합쳐 투쟁한다. 그러는 사이 희준과 갑숙은 서로에게 애정을 느낀다. 희준이 승학을 찾아가 상필에게 비열한 행동을 한 것을 들먹이자 승학은 마지못해 소작농의 요구를 들어준다. 희준과 갑숙은 함께 기뻐하며 깊은 동지애를 느낀다.

**【참고】**《삼천리문학》(1938.1)에 실린『현대조신징편소설전집』광고에 '현대조선문학의 세계적 수준을 능가하는 작품' 이라고 소개되었다. 등장인물들의 개성이 뚜렷하고 서사 구성이 치밀하며 농촌의 실상이 비교적 잘 묘사되고 있다. 경향소설의 가장 큰 문제점으로 지적받았던 관념성과 도식성을 극복함으로써 프로문학의 최대 성과로 평가된다. 해방 후 소비에트에서 번역되었다는 기록이 있다. 高秀明이 일본 잡지《文學案内》3권 1호-4호(1937.1-4)에 일본어로 번역하여 연재하였다.

## 고향 없는 사람들/고향업난사람들

**박화성. 신한민보1937.2.11-4.1(7회 완) ; 중앙문화보급사1948.**

**【내용】** 오삼룡네 가족을 비롯한 아홉 가구는 고향에서 살기가 어려워지자 평남 강서 농장으

로 이주하기로 결정한다. 떠나기 전날 삼룡의 친구 강판옥의 집에서 송별회가 열리고, 이 자리에 모인 사람들이 이민을 떠나는 사람들에게 쌀을 모아 선물로 준다. 판옥은 삼룡이 떠난 지 한 달 만에 강서 농장에서의 생활이 매우 어렵다는 내용의 편지를 받는다. 삼룡을 비롯한 이주민들은 고향을 그리워하다가 흉년이 들자 회사 측에 귀향을 요구하고, 이들의 요구가 받아들여져 고향으로 돌아가기로 결정한다. 그러나 떠나기 사흘 전에 도착한 판옥의 편지에는 고향에도 가뭄이 들어 타관으로 떠나는 사람들이 많고, 자신도 노동하러 나진으로 떠난다는 내용이 담겨 있다. 삼룡을 비롯한 사람들은 강서 농장에 새로운 고향을 만들기로 다짐한다.

소설
고향떠난사람들
문답란

**【참고】** 주간 신문인 《신한민보》에 7회 연재된 단편 분량의 작품이다. 일제가 시행한 강제 이주정책을 제재로 다루고 있는 소설이다. 1948년 중앙문화보급사에서 발행된 창작집에 수록되었다. 《조선중앙일보》 1948년 4월 8일자에 창작집의 3판 발매 광고가 실렸다.

## 고향의 봄 : 정비석. 계몽사1950.

**【내용】** 「고원(故苑)」 참조.

**【참고】** 『해방기 간행도서 총목록』(소명출판2009)에서 채록하였으나 실전은 확인되지 않는다. 정비석 「고원」의 부제로 보이며, 1950년 계몽사에서 간행되었음은 앞서 밝힌 바 있다.

## 곡간의 정열/谷間의情熱 : 장혁주. 사해공론1936.1-9(9회 완).

**【내용】** '나'는 과거에 XX운동을 한 혐의로 투옥되었다가 폐병에 걸린다. 출감한 뒤에도 병이 낫지 않자 친구 우식의 권유로 '나'는 그의 고향 감천에 머물며 요양한다. '나'는 감천에서 우

연히 만난 한 처녀에게 첫눈에 반하지만 그녀에 대해 알지 못한 채 그리워만 한다. 건강이 점차 회복되자 '나'는 감천 근방의 대추골 사립학교에 교사로 취직한다. 새로운 생활을 위해 '나'는 하숙을 옮기고, 그리워하던 그 처녀가 하숙집 주인의 딸 귀매임을 알게 된다. 귀매를 짝사랑하며 애를 태우던 어느 날, '나'는 귀매가 결혼한다는 이야기를 듣고 무작정 그녀에게 사랑을 고백한다. 뜻밖에도 귀매 역시 '나'를 사랑한다고 말하고, 이에 '나'는 함께 도망가자고 한다. 그러나 귀매는 자신의 부모가 난처해질 것을 염려하면서 결혼식을 치른 뒤에 도망가자고 한다. '나'는 귀매의 뜻에 따르지만 그녀가 결혼식을 올리는 장면을 보고는 화를 참지 못해 고향으로 돌아간다. 한편 고향의 어머니는 '나'에게 여학생과의 결혼을 권유한다. '나'는 마음이 흔들려 귀매와 헤어지려고 다시 대추골로 돌아가나 귀매의 열정적인 사랑에 감동하여 그녀와의 관계를 지속한다. 결국 '나'와 귀매와의 관계가 동리에 알려지면서 '나'는 학교를 그만두고 고향에 돌아와 결혼한다. 몇 년의 세월이 흐른 뒤 '나'는 귀매가 '나'를 잊지 못하여 강에 투신했다는 우식의 편지를 받는다. '나'는 참회의 눈물을 흘린다.

**【참고】** 주인공의 과거가 고백체로 제시되는 중편소설이다. 현재 시점에서 과거를 회상하고 다시 현재로 돌아오는 역순행의 방식으로 구성되어 있다. 연애를 모티프로 하고 있으나 연애담은 연재 중반부 이후 전개된다. 본격적인 이야기가 전개될 것이니 기대하라는 편집자의 후기가 4회 연재분부터 등장한다.

## 곡마단 : 이동규. 신소년1931.1-5(3회 완).

**【내용】** 내용 생략.

**【참고】** '李東珪' 라고 작가 표기가 되어 있다. 총 3회로 언새 완료되었으며, 2회분은 4월호에 실려 있다. '長篇少年小說' 이라고 표기되어 있다.

## 골목 안 : 박태원. 문장1939.7.

**【내용】** 정동 골목 안 막다른 집에 순이네 가족이 살고 있다. 예순일곱이 된 순이네 영감은 손님 없는 복덕방을 지키며 자신의 신세를 한탄한다. 맏아들 인섭은 가족을 버리고 다른 여자와 눈이 맞아 집을 나간 지 7년째 소식이 없고, 그 일로 며느리도 집을 나갔다. 둘째 아들 충섭은 툭 하면 싸움질을 하더니 권투 선수를 하겠다며 나서지만 경기로 벌어들이는 몇 푼 수익은 모두 탕진하고 집에 내놓지도 않는다. 그나마 희망을 갖는 셋째 아들 효섭은 중학교 시험에 낙방하여 고등소학교를 다시 다녀야 한다. 집안의 생계를 책임지는 이는 카페 여급으

로 나가는 큰딸 정이이다. 영감은 그런 딸이 안쓰럽지만 다른 도리가 없다. 둘째 딸 순이는 부잣집 아들 문주와 사귀지만 자신의 집이 문주네 집보다 기울어 걱정뿐이다. 가난한 순이네 사정을 아는 문주는 순이를 책임지려 하지만 이를 안 문주의 아버지는 그들의 교제를 허락하지 않는다. 문주의 집안일을 봐주는 김 서방이 문주를 시골로 내려 보낸 후 설득시키자며 꾀를 낸다. 문주가 시골로 내려간 사이 김 서방이 영감을 찾아와 딸 단속을 잘 시키라며 협박을 하고 간다. 영감은 카페 여급인 정이가 아닌 순이의 행실이 사람들의 입에 오르내리자 망연자실한다. 효섭의 고등소학교 입학식 날, 아이들의 진학 걱정을 하는 학부형들이 말쑥하게 차려입은 영감에게 아이들을 어떻게 키웠냐고 물어본다. 영감은 얼마 전 복덕방에서 들었던 어느 노인의 이야기를 마치 자신의 이야기인 양 둘러댄다. 영감은 속으로는 하나같이 말썽인 자식들을 걱정하면서 큰아들은 의학전문학교를 나와 대구의 도립병원 의사로 있고, 둘째 아들은 고등공업학교를 나와 광산기수를 하는데 이번에 막내아들이 소학교에 입학한다며 씁쓸하게 웃는다.

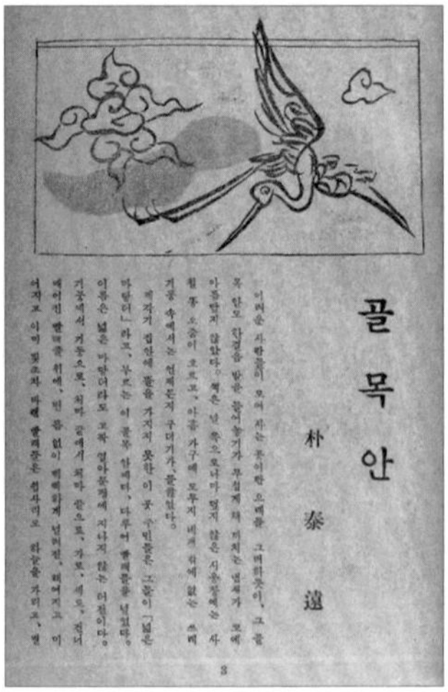
골목 안
朴泰遠

**【참고】** 목차에 '300매 전재 소설'로 소개되어 있다. 임화는 1939년 7월 21일 《조선일보》 4면 「7월 창작평」에서 '力作 「골목 안」의 가치'라 하여 이 작품에 대해 호평하였다. 그는 「천변풍경」으로부터 시작된 태원의 문장은 '묘사되는 세계의 특이함'에 가치를 두고 있다며 이 특이함은 단순해 세태 풍자를 넘어 '엘레지'를 보여 주는 것이라고 평하였다. 이 작품은 「천변풍경」과 더불어 근대적 질서에 편입하지 못하고 소외되어 가는 가난한 사람들의 일상을 세태 묘사한 작품으로 평가받고 있다.

## 공민왕/恭愍王 : 이광수. 조선일보1937.5.28-31(4회 미완).

**【내용】** 공민왕과 노국공주의 사랑이야기.

**【참고】** 수양 동우회 사건으로 작가가 피검되면서 4회로 연재가 중단되었다. 이광수가 12월에 병보석으로 출감하였으나 병원에 입원하면서 이후로 연재가 재기되지 않았다. 공민왕과 노국공주의 사랑을 다룬 이야기인데, 공민왕의 일대기는 김동인에 의해 1935년 「낙왕성추야담」으로 시도되고, 1941년 '왕부의 낙조'로 개제하여 나왔으므로, 이와 중복을 피하기 위하여 춘원은 더 이상 이 문제를 다루지 않았던 것 같다.

## 공장가/工場街 : 이북명. 중앙1935.4(1회).

**【내용】** 홍남 공장지대 인부공동숙박소에 머물고 있는 '나(창수)'는 집주인으로부터 밥값 독촉을 받고 집을 나선다. 고향을 떠나온 지 3주가 지났지만 '나'는 여전히 공장에 취직을 하지

못하고 있다. 질소비료공장에 이력서를 들고 찾아간 나는 아무 일이라도 좋으니 시켜만 달라고 애걸하지만 집에 가서 기다리라는 말만 듣는다. 낙심해 있는 '나'를 같은 숙박소에 있는 공장 노동자 한철모가 위로를 한다. 철모는 조실부모한 후 광산과 공장지대를 떠돌아다니며 거칠게 살아온 자신의 과거를 들려준다. 철모의 이야기를 들으며 '나'는 고향에 두고 온 어머니와 누이동생을 생각한다. 며칠 후 '나'는 누이동생 순임의 편지를 받는다. 하루빨리 오빠가 성공하기만을 바라는 순임의 편지를 읽으며 '나'는 한숨을 쉰다. 그러던 어느 날 '나'에게 질소비료공장으로부터 채용통지서가 날아온다. 꿈에 그리던 채용통지서를 손에 쥔 '나'는 순임에게 편지를 쓰면서 벅찬 기쁨을 느낀다.

**【참고】** 제목 앞에 '全篇揭載 特別長篇小說' 이라고 표기되어 있으나 단편 분량이다. 가난 때문에 상경한 주인공이 공장에 취업하기 위해 갖은 고생을 하는 내용이 그려진다. 1회 연재 끝에 다음과 같은 부기가 있다. "이 小說은 第一部 '求職篇' 第二部 '工場篇' 第三部 '鬪爭篇' 으로 되어 잇다. 이 「工場街」는 그中 第一部 「求職篇」이다. 그러나 第一部만으로서도 完全한 短篇小說이 되리라고 생각한다." 부기의 내용으로 보아 3부작으로 구상된 장편소설 중 1부만 게재한 것임을 알 수 있다. 이후 2, 3부는 더 이상 연재되지 않았다.

## 과도기/過渡期 : 채만식. 1923(미발표).

**【내용】** 동경 상과대학 예과에 재학 중인 봉우는 귀국할 때마다 열네 살 때 조혼한 아내와 이혼하려 한다. 봉우는 구식 아내가 아닌 신지식을 가진 신여성과의 연애를 꿈꾸고 있기에 아내를 더욱 미워한다. 그러던 어느 날 봉우는 아내가 간질 발작을 일으키는 것을 목격하고, 자신을 죽이려 한다고 오해한다. 절망한 봉우의 아내는 양잿물을 마시고 자살하고, 봉우는 아내가 죽자 자유를 느낀다. 봉우는 영순 부모의 부탁으로 홀로 경도에 있는 영순을 만난 뒤 그녀에게 반한다. 영순은 '화친회'라는 단체에서 매달 60원씩 학비를 타서 공부하고 있는데, 그 단체에서 활동하고 있는 서대문의 도움을 받고 있다. 봉우는 서태문이 서병우이라는 친일파이며, 일선융화를 노력하다가 조선 유학들에게 들켜 경도로 쫓겨 온 파렴치범이자 전과자라는 사실을 밝힌 뒤 영순에게 그 사실을 알린다. 서태문의 내막을 알게 된 영순은 그 돈으로 공부해야 하는 것이 싫지만 고학을 할 수 없기에 학비 지원을 계속 받는다. 이 일을 계기로 봉우와 영순은 편지를 주고받으며 교류한다. 경응대학 의과에 다니는 형식은 고향에 아내와 네 살 된 딸이 있으나 일본 여자 문자와 동거한다. 형식은 고향의 아내에 대해 애정도 미움도 없는 상태이지만 문자의 적극적인 애정 공세에 그녀와 사랑에 빠진다. 그러나 문자의 어머니는 외동딸인 문자와 결혼하는 남자는 그 집안의 양자로 들어와야 한다는 조건을 내세워 두 사람의 결혼을 반대한다. 조선인으로서 일본 사람의 양자가 될 수 없다는 형식의 주장에 따라 문자는 집을 나와 형식과 동거 생활을 시작한다. 조도전대학 문과에 재학 중인 정수 역시 고향에 있는 아내와 이혼할 생각을 한다. 정수는 일본인 친구 평야의 동생

영자를 사랑하면서도 그녀의 사랑을 거부한다. 정수는 자신의 집에서 봉우, 형식, 문자와 함께 생활하면서 문자에 대한 애욕을 느낀다. 문자 역시 정수에게 사랑의 감정을 느낀다. 갈등하던 정수는 방학이 시작되자 서둘러 귀국한다.

**【참고】** 채만식의 처녀작으로, 이 작품은 1923년경 탈고 후 발표되지 않고 있다가 1973년 채만식의 아들이 공개하여 《문학사상》에 2회(1973.8-9) 분재되었다. 이 소설의 원본은 원고지 총 405매로 첫 페이지가 누락되어 있으며, 원고의 끝부분도 누락되어 정확한 결말을 알 수 없다. 《문학사상》에 발표된 것은 원문이 아닌 현대역 형태로 표기되어 있고, 검열에 의해 삭제 판정을 받은 부분이 괄호 처리된 상태로 밑줄과 함께 제시되어 있다. 이 소설이 출판되지 못한 경위에 대해 채만식은 「잃어버린 십 년」(조선일보1938.2.24)이라는 회고에서 다음과 같이 소상히 밝힌 바 있다. 채만식은 동경에서 하던 공부를 못하게 되자 문학이라도 해야겠다고 생각하고 '성능 시험'으로 장편 「과도기」를 썼다. 이 작품을 가지고 모 선배를 찾아가 작품을 보여 주고 평을 청하니 좋다면서 출판하라는 격려를 받았다. 이에 채만식은 한성도서주식회사에 재직하고 있던 중학 선배에게 작품을 보냈으나 출판을 사절하는 회신을 받았으며, 이로써 「과도기」의 단행본 출판을 통해 등단하고자 했던 꿈이 좌절되었다고 한다.

## 과도기 /過渡期 : 만년설. 조선지광1929.4.

**【내용】** 창선은 4년 동안 간도에 있다 중국인 등쌀에 고향으로 돌아온다. 아내 순남과 자식을 데리고 돌아온 고향은 이전과는 딴판이다. 창선과 순남의 추억이 담긴 포구에 어선들이 사라지고 공장과 벽돌집들이 가득하다. 그는 지나가는 사람에게 물어 창리에 있던 어촌이 구룡리로 옮겨 갔음을 알게 된다. 이사 간 형의 집을 물어물어 찾아간 창선은 어머니와의 대화를 통해 조선의 사정도 간도만큼이나 안 좋다는 사실을 깨닫는다. 창선은 동생 창룡에게서 동네가 이주한 이유를 듣는다. 회사가 큰 포구를 지어 준다며 창리 사람들을 구룡리로 이주시켜 놓고 창리에 공장을 지어 버린 것이다. 창룡은 약속을 지키지 않는 회사에 항의하러 다니지만 소용이 없다. 너무 달라진 현실에 번민하던 창선은 상투를 자르고 공장노동자가 되어 콘크리트를 반죽한다.

**【참고】** 한설야가 '만년설(萬年雪)'이라는 필명으로 발표한 작품이다. 작품 말미에 '1929. 1. 22'라고 탈고 일자가 표기되어 있다. 《조선지광》 1929년 8월호에 실린 「씨름」이 이 작품의 속편 격이라고 작자는 언급하고 있다. 두 작품에 등장하는 인물들은 다르지만 함경도 창리라는 동일한 지역을 배경으로 삼았다. 4년 만에 가서 보는 고향 어촌의 산업화되어 가는 풍경은 당시의 변모 상황을 인상적으로 제시한다. 임화는 이 작품을 현실체험의 세계와 문학 세계를 접목시킨 새로운 프로문학의 한 지점이라고 평가하였다.

## 과도기 /過渡期 : 전무길. 조선일보1932.4.12-5.27(34회 미완).

**【내용】** 최은순은 조실부모한 뒤 형제들과도 헤어져 홀로 B여자학원에 다니고 있다. 은순의

미모에 반한 남자들이 그녀에게 경제적인 도움을 주면서 정조를 유린하려고 하지만 은순은 결혼할 사람을 찾을 때까지 자신의 정조를 지키고자 한다. 마침 김영식이라는 인물이 나타나 은순을 유혹한다. 은순은 G전문학교 문과 학생인 영식이 백만장자의 맏아들이라는 이유로 그와 애인 사이가 된다. 영식은 미모의 여자들을 유혹하여 육체관계를 맺은 뒤 버리는 방탕한 생활을 일삼는 인물이다. 은순이 영식을 기다리고 있던 어느 날 은순에게 김국이 찾아온다. 국은 은순과 같은 고향 사람으로, 은순에게 학비를 대어 주며 지도자의 역할을 했던 인물이다. 국은 '대중당'이라는 비밀결사를 조직하여 좌익 운동을 하다 수감되었는데, 풀려나자마자 은순을 찾아온 것이다. 은순은 국의 검정 두루마기와 자신의 비단옷을 비교하며 부끄러움을 느끼고, 국 역시 화려하게 변한 은순의 모습을 보고 그녀의 생활을 짐작한 뒤 실망하며 돌아간다. 국이 다녀간 뒤로 은순은 영식의 돈과 국의 인격 사이에서 갈등한다. 그러나 은순은 돈이 없는 인격자는 현실에서 절름발이에 지나지 않는다고 생각하며 영식을 선택하고 결국 그에게 정조를 허락한다. 영식은 명예욕에 사로잡혀 '신사회'라는 잡지를 창간하고 은순의 부탁에 따라 국에게 원고를 청탁한다. 국의 원고는 검열에 따라 삭제되고 잡지사마저 감시를 받게 된다. 은순은 메이데이 성대한 결혼식을 올리고 국은 거리에서 노동자들과 함께 행진을 하다가 경찰에 붙잡혀 간다. 결혼식을 마치고 술에 취한 영식이 탄 자동차에 흥분한 군중이 모여들어 사람들을 폭행한다. 결혼 첫날 영식의 소식을 듣고 병원으로 향하면서 은순은 남편에 대한 걱정보다는 국의 의로운 행동에 감동한다. 은순은 영식의 병문안을 다니면서 한편으로는 감옥에 갇힌 국의 옥바라지를 하며 국에 대한 사랑을 간직한다. 영식은 심각하지 않은 상처가 회복된 뒤에도 병원에 머물며 일본인 간호사를 유혹한다. 영식은 간호사의 정조를 빼앗은 뒤 그녀에게 정조의 대가로 30원을 주고 퇴원한다.

**【참고】**《조선일보》에 34회 연재 후 미완인 상태로 중단된 작품이다. 연재된 부분까지의 내용은 신여성과 모던 보이, 민족주의자 세 인물의 사랑과 갈등을 다루고 있다. 전무길은 1930년대 《조선지광》과 《대조》에 주로 단편을 발표하였는데, 이 시기 카프의 조직과 직접 연관되지는 않았으나 경향적인 작품을 주로 썼다.

## 광명을 찾아서 : 현덕. 동지사아동원1949.

**【내용】** 내용 생략.

**【참고】**《어린이나라》 1949년 1월호에 "이미 여러분들은 현덕 선생님의 「집을 나간 소년」을 많이 읽으셨을 줄 믿습니다. 그 「집을 나간 소년」을 내이신 현덕 선생님께서 해방 후에 처음 써 내신 장편 소년소녀소설 「광명을 찾아서」를 지금 우리 사에서 내이기에 바쁜 중입니다. 슬픔 속에서 용기와 희망을 붇돋아주는 이 책을, 우리는 어서 나올 날을 손꼽아 기다립시다" 하는 광고 기사가 실려 있다.

## 광명한 세계에/光明한世界에 : 동원. 매일신보1921.10.7-1922.1.9(51회 미완).

**【내용】** 정동매화학당 학생인 김혜순은 편모슬하에서 어려운 생활을 한다. 어느 날 모친이 병으로 쓰러지자 그녀는 약값을 마련하려 어느 부자에게 돈을 빌린다. 애쓴 보람도 없이 모친은 세상을 떠나고, 혜순은 빚 때문에 유곽에 팔려 간다. 매화학당 사감 윤마리는 혜순이 미도리란 이름으로 유곽에서 일한다는 사실을 알고, 이를 동료 선생 이갑선에게 말한다. 갑선은 혜순을 찾아가 그간의 사정을 듣고, 그녀를 구하겠다고 결심한다. 그는 자신의 친구인 신문기자 유동하에게 혜순의 사정을 신문기사로 써 달라고 한다. 이 기사가 신문에 실리자, 많은 독자들이 그녀를 돕고자 성금을 보낸다. 한편 매화학당에서는 기사의 내용이 기독교와 학교를 모욕하는 것이라며 갑선을 문책한다. 그는 어떤 어려움이 있더라도 혜순을 구하겠다고 결의를 다진다. 마침내 몸값이 마련되자 갑선과 동하는 유곽 주인을 찾아가 혜순을 풀어 달라고 한다.

**【참고】** 지면에 '小說 光明한 世界에 東園'이라고 표기되어 있다. 동원(東園)의 본명은 이일(李一)이다. 1922년 1월 9일 연재분 끝에 '본 소설은 형편상 此에 止한다'는 말이 적혀 있다. 등장인물의 언행에 기독교도의 표리부동함을 질책하는 내용이 반영되어 있다.

## 광분/狂奔 : 염상섭. 조선일보1929.10.3-1930.8.2(231회 완).

**【내용】** 민경옥은 동경에서 음악학교를 졸업한 미모의 신여성이다. 경옥은 극단 적성좌를 운영하는 연극배우 주정방과 연인이 되면서 계모 최숙정과 갈등하기 시작한다. 숙정은 우연히 알게 된 정방에게 애욕을 느껴 남편을 설득해 적성좌를 후원하는 등 정방을 유혹하려는 중에 경옥과 정방의 관계를 알게 되자 경옥을 질투한다. 숙정은 사업가인 남편 민병천의 재산 분배 문제와 정방에 대한 애욕 때문에 경옥을 자신의 인척과 결혼시키려 한다. 숙정의 방해에도 불구하고 경옥과 정방의 관계가 더욱 깊어지자 숙정은 친정에서 차인으로 있는 변원량과 불륜 관계를 맺으며 음모를 꾸민다. 경옥은 부모의 반대로 배우 활동이 무산되자 잠시 일본으로 떠난다. 그사이 정방이 이진태와 함께 투옥된다. 병천 친구의 아들인 진태는 부모를 잃은 뒤 병천의 집에서 생활하는 경성제대 의학생인데, 경옥을 짝사랑하고 있다. 진태는 박람회장에서 학생의거를 알리는 유인물을 살포하려다가 체포된다. 정방 또한 박람회장에서 공연을 하던 중 누군가 공연장 안에 뿌린 유인물 때문에 체포되고, 그가 이끄는 적성

좌마저 그들과 연관이 있는 일본의 소극장이 사회주의 단체라는 이유로 해체된다. 한편 병천은 경옥을 찾아 동경에 갔다가 숙정과 원량의 사이가 의심스럽다는 암시를 받은 뒤 숙정에게 냉정히 대하며 첩살림을 시작한다. 숙정은 병천이 첩에게서 아들을 얻게 될 것을 두려워하며 경옥을 죽이려는 원량의 계획을 방조한다. 이에 원량은 경옥을 자신의 첩 집으로 유인해 와 교살한다. 병천은 경옥이 실종되자 경찰에 수사를 의뢰하고, 경찰은 경옥의 시신을 집 안에서 발견한다. 하녀 을순의 취조를 통해 원량과 숙정의 불륜 관계, 경옥과 숙정의 갈등 내막이 드러난다. 이를 근거로 원량과 숙정이 경옥의 살해범이라는 사실이 밝혀진다. 경옥의 죽음과 함께 기울어 가던 병천의 사업도 파산한다.

**【참고】** 소설의 전반부는 애정과 돈 문제를 중심으로 형성된 갈등 관계가 그려져 있으며, 후반부는 인물의 실종과 그 해결을 위한 추리소설적인 면모가 드러난다. 후반부의 추리소설적인 구성이 작품의 이원화를 초래했다는 평가를 받기도 한다. 《조선일보》 1929년 10월 2일 게재 광고에 실린 "작자는 이제 인생의 큰 문뎨의 하나인 성욕 문뎨(性慾問題)를 중심으로 하야 인생의 한 구절을 그려 보랴 합니다. 인생의 모든 일이 어느 것이나 깁이 캐어 보면 먹는 문뎨와 성욕 문뎨 아님이 업고, 또 소설은 인생의 형자를 그리는 것임으로 이 두 가지 범위에서 벗어나지 못하는 것이라 하야도 과언이 아니라 할 것"이라는 작가의 말에 의하면 당대 사회 현실을 돈과 성을 둘러싼 갈등으로 형상화하고 있는 작품으로 볼 수 있다.

## 광산촌/鑛山村 : 이기영. 매일신보1943.9.23-11.5(36회 완) ; 성문당1944.

**【내용】** 충청도 시골 출신의 형규는 중학 과정을 마치고 어려운 집안 형편 때문에 학업을 포기한다. 그는 부모님의 만류에도 불구하고 광산 징용에 자원하여 강원도 오동으로 떠난다. '글방도령'이라는 별명답게 학식도 있고 성실한 형규는 곧 항내 작업을 할 정도의 지위에 오른다. 그리고 감독의 신임을 얻어 그의 집에 하숙을 하며 호형호제하는 사이가 된다. 형규는 광부 일을 한갓 품팔이로만 생각하며 주색에 빠져 있는 동료들을 안타까워한다. 그는 '광부가 곧 산업전사'라는 자부심을 갖고 동료들에게 광부에 대한 새로운 인식을 심어 주려고 노력한다. 그러나 형규의 충고를 무시한 동료들은 못된 짓을 계속하다가 처녀 희롱죄로 주재소에 갇히게 된다. 형규와 감독 덕분에 풀려난 동료들은 전과를 뉘우치고 형규의 말을 따르며 열심히 일한다. 어느 날 형규는 감독을 통해 을남이라는 여성을 알게 된다. 농부의 딸

인 을남은 광산공으로 일하는 여성인데, 형규의 똑똑하고 준수한 외모에 곧 호감을 느낀다. 형규는 문맹인 을남을 야학으로 인도하고, 을남은 그곳에서 열심히 공부하여 글을 깨친다. 을남은 형규를 남몰래 자신의 미래 남편감으로 생각하고, 형규 또한 을남에게 관심을 갖게 된다. 그러나 2년간의 징용 연한이 끝나 형규는 새로운 미래를 위해 광산을 떠나고, 을남은 홀로 남아 형규를 그리워한다.

**【참고】** 「동천홍」의 후편에 해당하는 작품이다. 광산업이 전장에 나가 싸우는 것과 동등하게 중요한 일이며, 대동아공영권의 중요한 기지임을 강조하는 서술에서 작가의 친일적 성향을 엿볼 수 있다.

## 광야에 외치다/曠野에웨치다 : 장덕조. 주간서울1947.?-1948.?

**【내용】** 김종한은 정거장에서 쓰러져 거의 죽게 된 노파를 구호병원으로 데리고 와 간호한다. 노파는 딸을 찾으러 서울로 왔다가 사고를 당한 것이다. 노파의 손에는 젊은 여인이 찍힌 사진이 들려 있고 그 사진 뒷면에는 '신설정 옥화 유치원 내 문은숙'이라고 적혀 있다. 종한은 급히 문은숙을 찾아오라고 최군에게 말한다. 바삐 병원으로 온 은숙은 죽어 가는 어머니를 보고 눈물을 흘리고 은숙의 어머니는 종한에게 자신의 딸을 잘 보살펴 달라는 말을 남기고 죽는다.

**【참고】** 《주간서울》 영인본에서 연재 3회만 확인할 수 있는 작품이다. 3회가 실린 지면의 날짜는 확인되지 않는다. 이 3회분은 《주간서울》의 창간호인 1947년 8월 5일자와 5호인 1948년 1월 24일 사이의 호에 실린 것으로 추정된다. 《주간서울》 1948년 1월 24일자 5호에는 "謝 : 連載中이던 長篇小說 「曠野에 웨치다」는 作者 張德祚氏 事情에 依하야 이번 號에는 不得已 休載합니다"라는 사고(社告)가 실려 있다. 김종한이라는 인물과 어머니를 잃은 유치원 교사 문은숙의 사랑 이야기를 담은 작품이다.

## 광야의 처녀/曠野の乙女 : 장은. 南方書院(日)1941(329면).

**【내용】** 만주 이주 조선인들의 애환을 그린 일본어 소설이다. 내용 생략.

**【참고】** '장은' 은 장혁주의 필명이다. 간도 한국인 이민촌의 처녀를 주인공으로 한 장편이다. 부모를 따라 간도로 이주한 금란(今蘭)이라는 16세 소녀와 그녀의 부모들이 겪는 고난을 통해 만주 이주 조선인들의 애환을 그렸다. 작가 후기에 '장작림(張作霖)과 장학량(張学良) 정권 당시에 만주로 이민 온 반도인을 취재한 것' 을 작품화하였고, 이주 조선인 간의 갈등을 그려 내는 데 주목했다고 밝혔다. 창락(昌洛)이라는 인물을 중심으로 한 민족독립 진영 수십여 마을과 공산주의자 적구(赤丘)를 중심으로 한 마제촌(馬蹄村)이라는 마을이 주된 공간적 배경이다. 소설은 마적단의 횡행과 간도 지방 특유의 자연재해보다도 창락과 적구의 대립에 의한 이주민의 피해가 더 크고 심각하다는 것을 그려 내는 데 치중한다. 대동아공영이라는 일본제국주의의 계획에 걸림돌이 되는 민족독립운동 진영과 공산혁명 세력을 부정적으로 그림으로써, 일제의 만주 지배를 합리화하고 조선인의 황민화를 부추

긴 소설로 평가받기도 한다. 국립중앙도서관에 소장되어 있다.

## 괴시체/怪屍體 : 방인근. 영인서관1946 ; 중앙출판사1950.

**【내용】** 탐정 장비호는 휴양차 온천에 가던 중 기차 안에서 미모의 여인을 만난다. 그녀는 부호의 딸 오영실로, 비호는 그녀에게 친밀감을 느끼고 함께 온천을 즐긴다. 영실이 들어간 욕탕에서 의문의 시체가 발견되고, 비호는 백 형사에게 의뢰해 죽은 사람이 나윤석이라는 부호의 첩 엄숙자임을 밝힌다. 영실은 욕실에서 죽은 사람이 자신과 같은 동네에 사는 숙자라는 말을 듣고 놀란다. 비호가 사건을 조사하던 중 윤석이 시체로 발견된다. 비호는 윤석의 몸값을 요구하는 협박 편지를 받았다는 가족들의 진술을 바탕으로 주변인들을 탐색한다. 어느 날 영실이 괴한들에게 납치되어 행방불명 된다. 숙자와 윤석을 죽인 용팔과 운길이 유일한 목격자인 영실을 납치한 것이다. 용팔과 운길은 영실의 가족에게 그녀의 몸값을 요구하는 협박 편지를 보낸다. 비호는 숙자와 내연의 관계인 용팔의 존재를 알게 되고, 그가 영실의 납치범 중 한 명임을 직감한다. 비호는 영실의 몸값을 가져다 놓기로 약속한 장소에 잠복했다 그들의 뒤를 밟아 영실을 구출한다. 비호의 뛰어난 추리력과 용감한 태도에 감복한 영실은 그에게 청혼한다.

**【참고】** 영인서관본 표지에 '探偵小說 怪死體', 속지와 본문 첫 장에는 '探偵小說 怪屍體'라고 표기되어 있다. 《영화시대》 1949년 6월호에 게재된 탐정소설 「그 여자를 누가 죽였나?」에 '原名 怪屍體'라는 부제가 붙어 있는 것으로 보아 개작이 이루어졌음을 알 수 있다. 탐정 장비호가 등장하는 작가의 다른 작품들('「殺人魔」, 「國寶와 怪敵」 參照')을 직접 언급하고 있어 소설 속 상황이 실제 사건인 듯한 인상을 준다. 방인근의 작품은 대체로 심미적 가치나 사회성보다는 대중적이고 통속적인 면이 두드러진다는 평가를 받는다. 이 작품 역시 살인 사건의 잔인함보다는 남녀가 함께 온천을 즐기는 장면의 선정성이 두드러진다는 점에서 통속적인 작품이라는 평가도 있다.

## 괴인/怪人 : 김운정. 중앙1933.11-1935.1(15회 완).

**【내용】** 최각은 매일 새벽이면 공원 혹은 여학교의 운동장 같은 곳을 돌아다니며 여자들이 떨어뜨린 물건을 수집하러 다니는 일종의 변태 성욕자이다. 그러던 어느 날 각은 장춘단 공원에서 여자의 댕기를 주워들다가 강석이라는 형사에게 발각되어 간신히 자신의 집으로 돌아온다. 강 형사는 진날 일이난 살인 사건 때문에 공원에서 잠복하고 있다가 수상한 행동을 하는 각을 목격하고 그의 뒤를 좇아 집까지 따라온다. 각은 '최후의 가방'이라고 이름 붙여 놓은 가방 안에 준비해 놓은 언청이 가면을 쓰고 변장한 뒤 가까스로 도망간다. 강 형사는 각

의 집에서 여자들의 물건과 살해당한 여자의 사진을 발견하고 각을 살해범이라고 단정한다. 살해당한 여자는 과거에 각의 애인이었던 리숙이다. 그녀는 각에게서 벗어나기 위해 강에 뛰어들었다가 뱃사공들에게 구출되어 강화의 색주가집으로 팔려 간다. 그녀는 그곳에서 만난 곽 의관의 첩이 된 뒤 리화자라고 이름을 바꾸고 살다가 살해당한다. 한편 강 형사의 추적을 따돌린 각은 이후로도 청인 야채상, 만두 장사, 동냥 다니는 중으로 변신하여 도망 생활을 한다. 어느 날 각은 자신이 탄 배의 사공인 한공삼의 잠꼬대를 우연히 듣고 그가 리화자를 죽인 범인임을 알고 탈출한다. 공삼은 자신의 범행을 숨기기 위해 각의 뒤를 쫓는다. 탐문 중이던 강 형사가 각과 공삼의 일행을 우연히 목격하고 유곽을 급습하여 이들을 체포한다. 조사 끝에 공삼이 범인이라는 사실이 밝혀지자 각은 풀려나온다.

**【참고】** 1933년 《중앙》 연재 당시 제목 앞에 '大衆小說', '連載大衆小說' 이라고 표기되어 있다. 인물의 변장술, 도주, 변신 과정 등을 상세히 묘사하면서 소설의 중반까지 등장인물을 '괴인' 으로 그리는 데 초점을 맞추고 있기 때문에 용의자와 형사의 대립으로 인한 긴박감이나 뒤쫓는 형사의 활약이 거의 드러나지 않는다. 김운정(金雲汀)의 본명은 金井鎭이다.

## 괴적인왕산 : 유한수. 아동구락부1950.6(1회 미완).

**【내용】** 내용 생략.

**【참고】** '장편과학탐정소설' 이라고 표기되어 있다. 잡지 《아동구락부》는 1949년 창간한 《진달래》가 제호를 바꾼 것인데, 1950년 6월까지 발행되었다.

## 괴청년怪靑年 : 방인근. 동아일보1931.10.8.-10.27(18회 미완).

**【내용】** 내용 생략.

**【참고】** 연재 중 사상불온의 이유로 일제경무국에 의해 중지된 작품이다.

## 구름을 잡으려고 : 주요섭. 동아일보1935.2.17-8.4(156회 완).

**【내용】** 박준식은 서른 살이 될 때까지 고향에서 농사를 짓다가 돈을 벌기 위해 상경한다. 준식은 우연히 알게 된 '개발회사'를 통해 미국행 배에 오른다. 뜻밖에도 준식이 도착한 곳은 미국이 아닌 멕시코의 목화 농장이다. '개발회사'는 미국 이민을 내세워 노동자를 모집한 뒤 지원한 사람들을 속여 멕시코의 농장으로 보낸 것이다. 준식은 몸에 종의 낙인을 찍은 채 사년 동안 노예와도 같은 생활을 한다. 그러던 어느 날 준식은 독사에 물린 멕시코 홍인종을 구해 주고 그의 도움으로 멕시코 국경을 넘어 미국으로 간다. 잠자리를 찾아 들어간 기차가

밤사이에 로스앤젤레스에서 산간으로 이동하여 준식은 산에서 벌목꾼으로 일하게 된다. 이후 준식은 억척같이 일을 하여 로스앤젤레스 차이나타운에 가게를 차린다. 그러나 귀국을 며칠 앞두고 일어난 지진으로 준식은 모든 재산을 잃는다. 절망에 빠져 술, 여자, 도박에 탐닉하던 준식은 조선에서 온 선생님에게 감화되어 새로운 생활을 설계한다. 준식은 새로운 생활을 위해 조선의 처녀와 사진을 교환한 뒤 처녀를 데려오는 사진 결혼을 한다. 다뉴바의 포도원에서 고된 고용살이를 하면서도 준식과 아내 순애의 신혼 생활은 평화롭다. 순애가 다른 남자의 아이를 낳은 뒤에도 준식은 가정을 지키기 위해 아내를 용서한다. 순애가 유학생을 따라 전 재산을 가지고 사라지자 준식은 또다시 절망하지만 아들 지미를 위해 살아가기로 결심한다. 준식은 어린 지미를 다른 사람에게 맡겨 놓은 뒤 십여 년을 노동자로 떠돌며 산다. 점차 노동이 힘에 부치자 준식은 자신이 늙었다는 사실을 깨닫는다. 건강한 청년으로 자란 지미에게 희망을 걸고 살아가던 중에 준식은 교통사고를 당한다. 준식이 눈앞에서 가물거리는 구름을 보고 손을 뻗는 순간 그것은 멕시코 농장에서 찍혔던 종의 낙인으로 변한다. 그 환영을 바라보며 준식은 빈주먹을 쥔 채 눈을 감는다.

**【참고】** 주요섭의 첫 장편소설로, 미국 이주노동자의 일대기를 그린 작품이다. 이민 1세대의 고난과 약소민족으로서의 회한을 형상화한 작품으로 평가된다. 작가의 회고에 의하면, 이 작품은 미국에 사는 교포들의 경험담과 자신의 미국 유학 체험을 토대로 한 일종의 다큐멘터리 소설이다.

長篇小說
구름이말하기를
—第五回—
金南天
六, 빛있는곳을向하여

## 구름이 말하기를 : 김남천. 조광1942.6-11(6회 미완).

**【내용】** 옹호는 일찍 부친을 여읜 뒤 계부 밑에서 자란다. 지독한 아편중독자인 계부의 약값을 대느라 여동생은 기생이 되고, 옹호는 보통학교 졸업 후 우편국에 근무하다 상경한다. 그는 동향 출신의 성공한 실업가 박홍식의 집에 기거하며 우편국 일을 다시 시작한다. 기생이 된 옛 애인 경수를 떠올리며 번민하던 그는 두 편의 옛 이야기를 연상한다. 자신의 몸을 던져 늙은 범을 구원한 마가살타의 이야기와 일체의 오욕을 버리고 별을 바라보는 천문학으로 깨끗한 마음을 얻게 되었다는 에티오피아의 젊은 왕의 이야기가 그것이다. 실의에 빠져 있던 그는 이 이야기들에 담긴 교훈에 따라 일의 귀천을 가리지 않고 정신과 육체를 수련하기로 결심하고 우편국을 그만둔다. 옹호는 친구의 주선으로 '기타가와 백라이트 공업소'에 취직하여 조선에서 제일 훌륭한 사람이 되겠다는 의지를 다진다.

**【참고】** 연재 지면에 '連載小說 구름이 말하기를 金南天'이라고 표기되어 있다. 애초 장편으로 계획되었으나 연재 6회로 중단되었으며, 소제목이 있다. 시골에서 상경한 청년이 서울에서 성공하는 이야기를 그리고자 함이 본래 취지였던 것으로 추측되나 미완의 사유는 분명치 않다. 식민지 말 일제의 산

업에 기여하는 기술인을 새시대의 전형으로 제시하는 것에 대한 고민과 회의의 일단으로 추정된다.

## 구부러진 평행선/꾸부러진平行線 : 이무영. 동아일보1935.3.20-4.14(19회 완).

**【내용】** 김세원은 어렸을 때 부모를 여읜 뒤 백부의 집에 살면서 부모와 형제의 사랑을 그리워한다. 그러던 어느 날 세원은 자신이 다니는 Y여고보 박 선생의 도움으로 오빠를 찾게 된다. 박 선생은 Y여고보와 Y고보에서 시간 선생을 하면서 세원과 같이 세자 돌림을 쓰는 세설이라는 학생을 알게 된다. 박 선생이 세설의 내력을 추적한 결과, 세설은 세원의 아버지인 김교삼과 기생 월향 사이에서 태어난 아들이었다. 자신과 세설이 남매 사이라는 것을 백부가 인정하지 않자 세원은 백부의 집을 나온다. 세원은 세설, 세설을 키워 준 소향과 함께 살림을 시작한다. 행복했던 시간도 잠시, 세원은 세설이 친오빠가 아니라는 사실을 알게 된다. 세원은 아버지의 유산을 나눠 주기 싫은 백부의 음모라고 생각하지만, 소향을 통해서 세설이 광대 박만재의 아들이라는 것을 확인한다. 과거 월향은 박만재의 아이를 낳은 뒤, 아이의 미래를 위해 교삼의 아들인 것처럼 꾸민 것이다. 이 사실을 알게 된 세설은 집을 떠나고, 세원은 다시 백부의 집으로 들어간다. 세원은 세설에 대한 그리움이 오빠에 대한 사랑이 아니라 이성에 대한 연정이었다는 것을 뒤늦게 깨닫는다. 동경 유학을 결심한 세원은 동경으로 떠나기 전에 세설을 만나기 위해 노력한다. 동경으로 떠나기 이틀 전 세원은 우연히 세설과 자신의 친구 인숙이 다정하게 함께 있는 모습을 목격한다. 이에 세원은 절망하여 다음 날 바로 동경으로 떠난다.

**【참고】** 연재 지면에 '꾸부러진 平行線 李無影 作'이라고 표기되어 있다. 중편 분량의 소설이다. 마지막 연재분에서 작가는, 이 소설이 어떤 장편소설의 첫머리이며 다음 기회에 계속 쓸 것임을 밝히고 있다. 그러나 기존의 이무영 장편소설에서 이 소설이 서두로 제시된 작품을 찾을 수 없다.

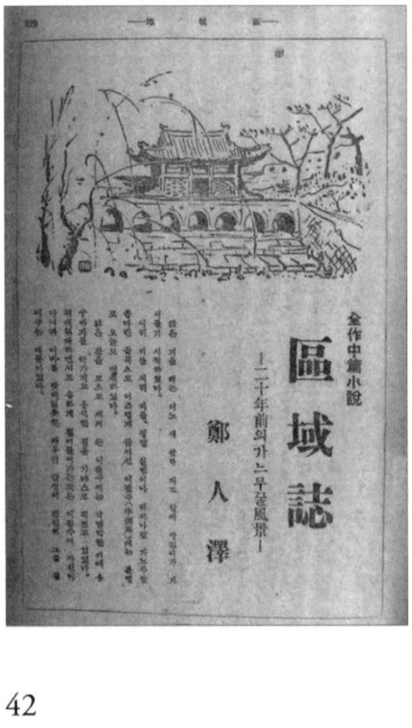
全作中篇小說

區域誌

—二十年前의 가느무꿀風景—

鄭人澤

## 구역지/區域誌 : 정인택. 조광1941.4.

**【내용】** 가느무꿀 마을에는 이필주와 막둥네 부부가 산다. 필주는 청운의 뜻을 품고 공부를 했으나 시대가 바뀌어 학문과는 거리가 먼 도배장이 따위의 일을 하게 되었고, 일이 끝나면 신세를 한탄하며 술독에 빠져 있기 일쑤다. 그의 아내 막둥네는 무능한 남편을 대신해 생계를 잇기 위해 뚜쟁이 노릇을 한다. 그의 아들들은 아버지가 챙겨 올 술안주며 음식을 기다린다. 채향은 이 주사의 작은집으로 들어갔던 사람으로, 서른 줄에 들어선 후 살림을 차리고 싶은 마음에 동년배인 천 서방과 만난다. 천 서방이 채향의 방에서 나오는 장면을 목격한 이 주사

가 발길을 끊자 채향은 불편한 마음에 그에게 사정 설명을 한다. 이 주사는 채향에게 상당한 금액의 돈을 남기고 떠난다.

**【참고】** 소설 서두에 '全作中篇小說 區域誌 — 二十年前의 가느무꿀 風景'이라고 표기되어 있다. 중편 분량으로, 가느무꿀의 다양한 인물들이 겪는 평범한 일상을 묘사하였다. 정인택은 《매일신보》와 《문장》에서 기자로 근무하며 「우울증」과 「촉루」 같은 작품을 통해 일상을 살아가는 인간의 내면 세계를 주로 다루었다. 이후 발표한 「검은 흙과 흰 얼굴」, 「색상자」, 「해변」 등의 작품은 친일적 색채가 강한 것으로 알려져 있다.

## 구원의 여상/久遠의女像 : 이태준. 신여성1931.1–1932.8 (18회 완) ; 태양사1937(256면) ; 영창서관1948.

**【내용】** 이인애와 김명도는 서울 전문학교 여학생들로 함께 기숙사 생활을 하는 친구 사이이다. 부유한 집안에서 쾌활하고 개방적인 성격으로 자란 명도에 비해 인애는 어려서 부모를 여의고 외삼촌 집에서 자란 탓에 우울하고 소극적이다. 인애는 외삼촌 집 가정교사였던 고학생 손영조를 연모한다. 영조는 봉변당할 위기에 처한 인애를 도와준 인연이 있다. 인애는 삯바느질을 해서 모은 돈으로 영조의 동경 유학 자금을 댈 정도이지만 사람들의 이목 때문에 그와 남매 사이인 척한다. 귀국한 영조는 인애에게 금반지를 건네며 애정을 표현하나 인애는 정조를 지키려고 애쓴다. 명도가 적극적으로 영조에게 접근하자 인애는 질투심을 느끼면서도 영조와의 관계를 고백하지 못한다. 영조와 관계를 맺은 명도는 그에게 청혼하지만 영조는 애인이 아닌 동지로 남겠다면서 거절한다. 어느 날 영조는 급히 몸을 피하라는 연락을 받고 돌연 잠적한 후 명도에게 동경에 있다는 편지를 보낸다. 뒤늦게 영조의 아이를 가진 사실을 안 명도는 퇴학당한 후 갈 곳이 없자 인애에게 도움을 청하나 인애는 폐병에 걸려 입원 중이다. 명도는 동경으로 영조를 찾아가나 만나지 못하고, 그녀의 미모에 반한 김기석의 도움으로 동경 생활에 적응한다. 갑작스럽게 유산한 명도는 기석과 동거하면서 영조를 잊기로 마음먹는다. 병세가 호전된 인애는 영조가 서대문 형무소에 수감되었다는 소식을 듣고 그를 찾아간다. 영조는 인애에게 용서를 구하고 인애는 그의 옥바라지를 한다. 그러던 중 영조가 탈옥하고 일본 순사가 인애를 찾아와 영조의 행방을 추궁한다. 병세가 급격하게 악화되자 인애는 명도에게 전보를 치고, 귀국한 명도는 의식불명 상태의 인애를 보고 눈물을 흘린다. 인애가 이태원 묘지 한구석에 묻힌 후 명도는 그녀를 위한 묘비명을 남긴다.

**【참고】** 이태준의 첫 장편소설이다. 소설의 말미에 '一九三二.七.七.'이라고 탈고 일자가 기록되어 있다. 《신여성》 연재 당시 지면에 '長篇小說'이라고 표기되어 있다. 연재분에는 죽은 친구를 위한 묘비

명이 직접 서술되는 데 비해 단행본에서는 생략되었다. 1937년 태양사, 1948년 영창서관에서 간행된 창작집 『久遠의 女像』에 수록되었다.

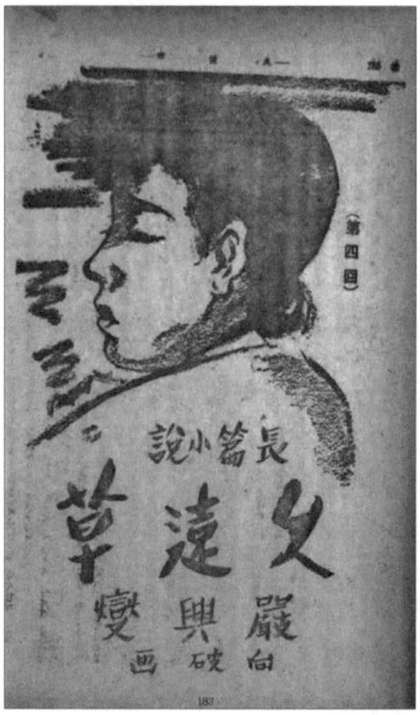


## 구원초/久遠草 : 엄흥섭. 사해공론1936.10-1939.1(미완).

**【내용】** 전문학교 교사를 하고 있는 '박'의 하숙에 뜻밖에 성장한 미모의 여성이 찾아온다. 그는 옛날 박이 모 여자전문학교 문예부 주도인 「파랑새」 공연의 연출을 보아 주었을 때 배역을 맡았던 연경이었다. 그는 인텔리 여성이나 남자의 꾐에 빠져 아이를 낳고 그 아이가 죽자 기생이 되었다. 박은 자신을 자주 찾는 연경에게 연모를 느낀다. 그러나 끝내 마음을 드러내지 못하고 연경은 다른 남자를 만나다 버림받는다. 박은 온양온천의 여관에서 한 여성이 자살을 기도했다는 기사를 보고 그것이 연경이 아닌가 걱정한다. 그러나 《인민공론》의 여기자 해선에게 그것은 연경이 아닌 다른 여자라는 소식을 듣는다.

**【참고】** 인텔리 출신 기생과 전문학교 선생 사이의 애정을 소재로 하여 당시 자유연애와 신분 문제의 양상을 다루고 있다. 《사해공론》은 1939년 11월까지 통권 55호가 발행되었으나, 보존 상태가 좋지 않아 많은 호가 유실된 상태이다. 이 작품도 완결 여부와 온전한 내용을 확인할 수 없다.

## 국보와 괴적/國寶와怪賊 : 방인근. 1948(발행소불명).

**【내용】** 명탐정 장비호는 우연히 한 남자가 독약을 먹고 죽은 사건 현장을 목격한다. 죽은 사람은 금은 세공을 하는 김선국이다. 독약 자살이라는 경찰의 의견과 달리 사건 현장을 둘러본 비호는 살인 사건이라고 생각한다. 비호는 선국의 아내를 친정으로 보내고, 행랑방 내외를 집 밖으로 불러낸 사람이 범인이라고 추리한다. 선국의 장례식 날 비호는 조수 모돌이와 함께 변장한 채 장례식에 참석해 사람들을 관찰한다. 비호는 피달수라는 신사가 내민 부의금 봉투의 글씨가 선국의 아내를 친정으로 유인한 편지의 글씨와 같은 것을 보고 달수를 용의자로 생각한다. 모돌이의 활약으로 비호는 달수의 집에서 댄스 교습을 하는 매희와 친분을 쌓고, 그녀와 함께 달수의 집에 간다. 비호는 그곳에서 달수의 장인 함구진과 달수의 아내를 만난다. 원래 일본인인 구진은 조선에서 사십 년 동안 살면서 조선인으로 행세하고 있으나, 비호는 첫눈에 그가 일본인임을 알아챘다. 비호는 달수와 구진을 정탐하기 위해 한밤중에 몰래 달수의 집에 침입하였다가 잡히고, 그들이 살인한 이유를 알게 된다. 구진과 달수는 조선의 국보인 고구려의 금 귀고리와 신라의 금관을 훔쳐서 외국에 팔기 위해 박물관

에 진품 대신 놓을 모조품을 만들어 달라고 선국에게 부탁한다. 그러나 뒤늦게 양심의 가책을 받은 선국이 국보를 되돌려 놓으라고 하자 그를 살해한 것이다. 비호는 구진의 조선인 아내 월파의 도움으로 탈출한 뒤 경찰과 함께 달수의 집을 급습하나 구진, 달수, 달수의 아내는 도망간 뒤이다. 이에 비호는 구진의 고향인 동경으로 백 형사와 함께 몰래 떠난다. 그러나 달수의 아내인 아야꼬만 동경에 있다는 사실을 알게 되자 편지로 아야꼬를 유인하여 납치한다. 아야꼬를 납치한 비호는 그녀를 찾아온 구진과 달수를 잡는다. 범인들이 숨겨 놓은 국보 역시 비호의 활약으로 되찾는다.

**【참고】** 1948년 단행본으로 출간되었다는 기록이 있으나 확인할 수 없어 평범사본(1952, 331면)으로 정리하였다. 탐정 장비호는 방인근의 다른 소설에 반복적으로 등장하면서 김래성의 유불란 탐정과 함께 당대 추리소설 독자들에게 인기를 얻은 인물이다. 1962년 진문출판사본에 수록된 머리말은 다음과 같다. "얼마 전 「살인마」라는 탐정소설을 썼더니 또 다른 걸 하나 쓰라고 해서 붓을 들고 보니 해외소설을 번안하는 것보다 우리나라에서도 창작 탐정소설이 있어야겠다는 생각에서 이것을 써 본 것이다. 이 나라에서 탐정소설을 쓰려면 발딱한 좁은 천지에 그 환경과 재료에 난관이 많은 것이다. 이것을 극복하면서 쓰는 작자의 고충만 알아준다면 이 소설의 미비된 점을 양해할 줄 안다. 이번에도 탐정가 장비호(張飛虎) 군을 내세웠다. 요전보다 그 활약과 지능이 훨씬 발달된 것을 엿볼 수 있는데 요 다음번에는 좀더 진보될 것으로 믿고 기대하여 주길 바란다. '샬록 홈쓰' 나 '룩콕' 에 인물이 되도록 할 것이다. 이 「국보와 괴적」에서 그는 벌써 일본과 중국에까지 손을 벌리어 동양에 그 명성이 떨치게쯤 되었다."

## 국제 살인 사건 / 國際殺人事件 : 이우영. 보문서관·우신상사출판부1946.

**【내용】** 「국제 살인 사건」: 만몽비료회사 전무 김영진이 만주에서 조선으로 오는 배 안에서 살해당한다. 탐정소설가 유성준은 현장에서 발견된 커다랗고 검은 나비가 사건과 연관되어 있을 것이라 짐작한다. 영진은 몸이 시퍼렇게 부풀고 땀을 잔뜩 흘린 채로 숙었는데, 성순은 이를 청사병이라 이름 붙인다. 인천에서 전치호라는 사람이 영진과 동일한 증상을 보인 후 죽자 성준은 이 사건에 더 깊이 파고든다. 성준은 검은 나비의 이름이 '촉해접'이며 이것이 만주 독거미의 독을 품고 있음을 발견하고, 나비를 통한 독살이라는 결론을 내린다. 전 만주국 경리부 고문관 화승태가 죽음으로써 세 번째 살인이 발생한다. 성준은 범죄자 집단의 수괴가 룽림덕임을 알고 만주로 가 다섯 마리의 나비에 거미독을 이접한 당사자인 소홍령을 만난다. 그의 도움으로 성준은 사건을 해결하고 범인들을 일망타진한다. 치호와 영진은 만주국에 군수품 회사를 세우려 했는데 룽림덕이 군수품의 설계서를 훔치려 살인을 계획했던 것이다. 이후 성준은 영진의 사업을 이어받는다. **「인조인간 사건」**: 신문기자 박창식은 인자라는 여인이 싼타마리아 병원 내과의 쭈에게 자신의 남편이 죽었다고 이야기하는 장면을 목격한다. 인조인간을 연구하는 인자의 남편 윤 박사는 머리가 짓이겨진 시체로 발견된다. 수사 과정에 동참한 창식은 인조인간의 주먹에 피가 묻어 있는 것을 본다. 윤 박사

의 조카 태윤은 박사의 조수로 박사 부인을 연모하다가 연구소에서 쫓겨난 과거가 있다. 그는 죄를 추궁당하자 살인이 일어나던 시간에 라디오방송 연출을 담당하고 있었다고 알리바이를 댄다. 수사팀은 인조인간이 어떤 단어를 신호로 인식하여 행동한다는 사실을 알고 창식은 태윤이 연출한 방송극의 대사가 그 신호임을 깨닫는다. 태윤은 인자의 사랑을 얻기 위해 범행을 저지른 것이다. 태윤이 붙잡히자 인자는 사라지고 인조인간은 감금된다.

**【참고】** '국제 살인 사건' 이라는 표제 아래 「국제 살인 사건」, 「인조인간 사건」 두 편의 이야기가 수록되어 있는데, 두 작품은 전혀 다른 인물과 사건으로 구성되어 있다. 내용은 추리소설·공상과학소설에 해당한다.

## 군맹/群盲 : 현덕. 매일신보1940.2.2-3.29(29회 완).

**【내용】** 만성과 만수 형제가 사는 빈민촌은 무허가 판자촌의 땅주인이 바뀌면서 모두 헐릴 위기에 처한다. 자신의 이익만 챙기는 데 급급한 만성은 원래 땅주인이었던 김 주사와 친분이 있다는 이유로 동네 사람들의 형편에는 아랑곳하지 않는다. 그에 비해 만수는 생계에는 관심이 없고 외모만 꾸미고 다닌다. 만성은 생계의 터전을 잃게 된 마을 사람들에게 관심이 없을 뿐 아니라 주민의 대표인 최 의사마저 매수하려 든다. 만성은 동생의 애인인 덕만의 딸 점숙을 색주가에 팔아넘길 계획을 세운다. 계약까지 마친 점숙은 어느 날 만수와 함께 야반도주를 한다.

**【참고】** 현덕이 일제 시대에 마지막으로 남긴 중편이다. 현덕이 발표한 다른 작품들과는 달리 어린아이의 관찰자적 시선과 서정적인 분위기가 거의 사라졌다. 이 작품은 일제 식민지 치하 빈민들의 생활고를 보여 준다. 빈민촌의 토막민 형성과 관련하여 식민지 수탈이라는 사회적 모순을 반영하고 있다. 제목인 '군맹(群盲)' 은 어리석은 군중을 뜻하는데 이는 속악한 인물의 계략에 속고 마는 사람들과 무기력한 지식인층 모두를 가리킨다고 할 수 있다.

## 군상/群像 : 이광수. 한성도서주식회사1939.

**【내용】** 「혁명가의 아내」, 「사랑의 다각형」, 「삼봉이네 집」 참조.

**【참고】** 이광수가 1930년대 발표한 「혁명가의 아내」, 「사랑의 다각형」, 「삼봉이네 집」을 '군상(群像) 3부작' 으로 일컫는다. 이광수가 인식하고 기록한 1930년대 조선의 모습이다. 1939년 한성도서주

식회사에서 『군상(群像)』이 발간되었는데, 여기에는 '군상 3부작' 중 「사랑의 다각형」만 실려 있다.

## 군상/群像 : 박태원. 조선일보1949.6.15-1950.2.2(193회 미완).

**【내용】** 안동 김 씨의 세도 정치가 득세하던 철종 5년, 신부성(신 서방)은 재혼한 아내 표 씨의 꼬임으로 열다섯 살 된 전실 딸 귀순이를 종으로 판다. 귀순의 동생 돌석은 귀순에게 함께 서울로 도망가자고 하나 귀순이 거절하자 아버지를 원망하면서 가출한다. 신 서방은 딸을 팔았다는 죄책감에 괴로워하던 중 집에 도둑이 들어 돈을 모두 잃자 표 씨와 헤어진 뒤 아들을 찾아 서울로 간다. 신 서방이 서울로 떠난 다음 날 임손이가 찾아온다. 임손이는 신 서방이 나주 옥동에 살 때의 이웃으로, 귀순이를 좋아하는 스물네 살 총각이다. 임손이는 기운이 천하장사이고 걸음이 빨라 하루 삼사백 리를 걷는다고 하여 별명이 '장다리'이다. 임손이는 전 감역의 하인이 횡포를 부리자 그를 혼내 주려다가 그만 살인을 저지르고 만다. 전 감역은 당시의 세도가 김좌근의 애첩 나주 양 씨(나합)의 오촌외숙이다. 임손이는 전 감역을 피해 어머니를 업고 신 서방이 사는 보은으로 도망친다. 신 서방이 서울로 떠났기 때문에 그를 만나지 못한 임손이는 속리산에서 소리 공부하는 주덕기를 만나 그와 의형제를 맺는다. 임손이는 덕기가 써 준 편지를 가지고 서울로 도피하는 길에 화적에게 잡힌 서 진사를 구한다. 서 진사의 도움으로 임손이는 무사히 서울에 도착하여 돌석이, 신 서방과 함께 새로운 생활을 시작한다. 임손이는 악정을 일삼는 이 참판 집에 하인으로 들어간다. 귀순이를 찾으려 동분서주하던 중 임손이는 우연히 서 진사를 만난다. 임손이는 서 진사의 말을 듣고 권력의 하수인으로 살지 않을 것을 다짐하며 이 참판의 집에서 나올 것을 결심한다.

**【참고】** 박태원이 월북하기 전에 발표한 마지막 작품으로, 1부만 발표된 미완의 소설이다. 《조선일보》 1950년 2월 3일자 염상섭의 「난류」 연재 예고란에는 「군상」이 1부로 연재를 마치며 이후는 작가의 사정으로 연재하지 못한다는 내용이 서술되어 있다. 김좌근, 이하응, 김병기, 김삿갓, 정도령, 주덕기 등 실존 인물이 지배층과 민중 계층의 인물로 등장고, 여러 가지 에피소드가 제시되는 광범위한 소설이다.

## 귀향/歸鄉 : 한설야. 야담1939.2-1939.7(5회 완) ; 광한서림1939.

**【내용】** 유단천은 문벌 가문의 후손으로 조선 말엽 현감까지 지낸 인물이다. 그는 기울어 가는 가문을 일으키려는 욕심으로 몇 차례 사업에 손을 댔으나 모두 실패하고 만다. 단천은 쇠락한 가문을 일으키고자 큰아들 기덕에게 희망을 걸어 보지만 마음처럼 잘되지 않는다. 왜냐하면 단천은 법률을 공부한 아들이 공직에 나가기를 바라는 데 반해 기덕은 사회운동에 관심이 있었기 때문이다. 집안에서 정한 누이의 약혼을 반대하기까지 하자, 단천은 기덕과 의절하게 된다. 이후 기덕은 조강지처를 내쫓고 신여성과 재혼한 뒤 사회운동을 계속하다

결국 감옥에 간다. 집안은 완전히 몰락하고 단천은 가문 부흥의 의지를 상실한다. 그로부터 몇 년 후, 유단천 내외는 신문을 읽다가 기덕이 풀려났다는 사실을 접한다. 그러나 며칠 전에 석방되었다는 아들 기덕에게선 아무런 소식도 없다. 단천은 연락조차 없는 기덕이 야속하게만 느껴진다. 비록 기덕이 제발로 뛰쳐나간 집이었지만, 단천은 아들이 마음을 돌려 돌아와 주기를 바라고 있었기 때문이다. 기덕이 서울 친구 집에 있다는 소식을 들은 단천의 아내는 허전해 하는 남편을 보면서 아들을 설득해 고향으로 데려오겠다고 말한다. 그 말을 들은 단천은 겉으론 냉담하게 반응하면서도 노자까지 쥐어 주며 아내를 서울로 올려 보낸다. 서울에서 아들을 만난 단천의 아내는 고향으로 같이 내려가자고 말하지만 기덕은 마음의 결정을 쉽게 내리지 못한다. 죽은 동생 기복과 남겨 둔 처자식에 대한 여러 가지 생각들로 혼란스럽기 때문이다. 그러나 기덕은 어머니의 간곡한 설득에 못이겨 고향이로 내려온다. 몇 년 만에 만난 아들과 아버지는 풀리지 않는 마음속의 앙금 때문에 서먹하기만 하다. 며칠을 고민하던 단천은 이제 기덕에 대한 부질없는 기대를 버리기로 마음먹는다. 결국 단천과 기덕은 이야기를 나누면서 희미하나마 끊이지 않은 부자지간의 정을 확인하다. 단천은 아들을 받아들이는 의미로 기덕의 아내와 자식까지 집으로 데려오도록 허락한다. 기덕의 귀향으로 단천의 집안에는 희망이 되살아는 듯하다. 그러나 빚 독촉에 시달리던 단천은 아들과 재회하고 오래지 않아 감기로 앓다가 갑자기 세상을 떠난다.

**【참고】** 이 작품은 전주에서 일어난 KAPF의 2차 검거 사건을 경험한 작가의 자전적 체험이 상당 부분 반영된 것으로 보인다. 작품 내에서 벌어지는 기덕과 유단천의 직업관·문화관 등의 갈등은 다양한 가치관들이 뒤섞이는 혼란스러운 당대 사회상의 일면을 잘 보여 준다. 「그 전후」나 「탑」과 같은 작품에서 반복적으로 드러나는 이러한 부자간, 즉 신구 세대 간의 대립은 한설야 문학의 일부를 형성하고 있다.

## 귀향/歸鄕 : 이동규. 명문당1945.

**【내용】** 영철은 동네에서 예쁘기로 소문난 처녀 윤옥과 사랑하는 사이이다. 그러나 윤옥의 집이 가난하여 부모는 그를 동네의 부자인 김 주사의 첩으로 보내려고 한다. 영철은 윤옥과 도망을 갈까도 생각했으나, 부귀영화에 마음이 이끌린 윤옥을 보고 크게 낙심하여 서울로 향한다. 서울에서 열심히 일해 사십 원을 벌었으나, 자전거 사고를 당해 치료비로 탕진한 영철은 결국 5년 후 귀향한다. 그는 귀향하여 서울에서 배운 지식을 이용해 농촌계몽운동에 매진한다. 윤옥은 김 주사와 사는 것에 염증을 느끼던 차에 영철이 귀향한 것을 알고 자신의 행동을 뉘우친다. 윤옥의 사죄와 구애를 영철은 처음에 외면하지만, 결국 그도 미련을 못 버리고 밀회를 하게 된다. 그 소식이 김 주사의 귀에 들어가고, 윤옥은 결국 그의 구박을 이기지 못하고 밥에 양잿물을 타서 그를 독살하고 만다. 윤옥은 중형을 선고받고, 그 모습을 지켜본 영철은 자신의 행동을 후회하며 정거장으로 발길을 돌린다.

**【참고】** 1945년 명문당에서 발행한 『낙랑공주』에 수록되었다. 결혼을 약속했던 애인을 동네 부자의 첩으로 빼앗긴 청년이 서울로 가서 실력을 기른 후 농촌계몽에 매진하는 모티프를 취하고 있다. 그러나 윤옥과 영철의 애정사에 서술의 초점이 맞추어져 있어 당대의 농촌 상이나 농촌 운동의 구체적인 과정이 그려지는 데까지는 나아가지 못했다.

## 그날 밤 : 목성. 개벽1920.12-1921.2(3회 완).

**【내용】** '나(최영식)'는 어느 날 편지 한 통을 받는다. 발신인 허정숙은 뛰어난 미모와 단정한 품행으로 유명한 여학생이다. 정숙은 편지 속에 '나'에 대한 호감을 드러내고, '나'는 이에 답장을 하면서 편지를 주고받는다. 서로에 대한 사랑을 키워 가던 중 정숙은 '나'에게 이미 정혼한 사람이 있다는 사실을 알게 된다. 이에 '나'는 부모가 정해 준 것이라며 곧 파혼을 하겠다면서 정숙을 안심시킨다. '나'는 정숙과 정신적인 사랑을 추구하지만 충동을 이기지 못하여 육체적 관계를 맺는다. 그러던 어느 날 '나'의 아버지가 정숙이 '나'에게 보낸 편지를 발견한다. 아버지는 트레머리를 하고 예수교를 믿는 여학생과 교제를 끊으라며 '나'에게 화를 낸다. '나'는 저항해 보지만 아버지의 완강한 뜻을 꺾을 수 없어 고민한다. 이 사실이 정숙의 귀에 들어가면서 정숙은 '나'의 행복을 위해 자신이 희생하겠다는 내용의 편지를 보낸다. 오랜만에 다시 만난 정숙은 자신 역시 집안에서 미국 유학생과의 혼담이 있다며 이를 거부하겠다고 '나'에게 다짐한다. '나'는 정숙의 의지에 감동하여 함께 도망갈 방법을 궁리하나 돈을 마련할 수 없어 괴로워한다. 정숙의 결혼식 날 '나'는 근처에 나갔다가 결혼식을 마치고 나온 정숙 부부와 전차 안에서 만난다. 절망한 '나'는 그날 밤의 일을 떠올리면서 세상의 여자들을 믿지 못하겠다고 생각한다. 정혼녀에 대한 불신, 주변에 보이는 여자들에 대한 불신 때문에 '나'는 괴로움을 참지 못한다. 이에 나는 친구에게 내 심경을 밝히는 편지를 보내고 자살하기 위해 바닷가로 향한다.

**【참고】** 방정환이 '牧星' 이라는 필명으로 《개벽》에 발표한 작품이다. 애정 추구에 적극적인 신여성과 지식인의 사랑을 다루고 있으나 구습에 적극적으로 항거하지 못해 파국을 맞는 인물의 모습이 그려져 있다. 3회 연재되었으나 단편소설 분량의 작품이다.

## 그늘진 기록/그늘진記錄 : 박영호. 신여성1934.1-3(2회 완).

**【내용】** 아라사 내각의 붕괴로 목숨이 위태로워진 니콜라이 소위는 아내와 딸 셋을 데리고 간도 용정으로 피신해 온다. 니콜라이는 요행히 그곳에서 기관차 수리공의 일을 얻지만 기계를 고치다 다쳐 한동안 누워 지내는 신세가 된다. 이 일로 니콜라이의 슬픔은 날로 늘어 간다. 이때 니콜라이의 아내 나타샤는 아라사 장교 출신으로 룡정에서 시계포를 운영하는 카우즈키와 어울리다 둘째와 젖먹이를 데리고 카우즈키의 다락방으로 들어간다. 니콜라이는

맏딸 웨라와 서로를 위로하며 힘겨운 시간을 보낸다. 그러던 어느 날 니콜라이는 나타샤와 카우즈키가 자신의 집으로 옮겨 와 향락을 즐기는 행태를 목격하고 분노에 휩싸인다. 이튿날 밤 니콜라이는 나타샤와 카우즈키가 잠든 사이, 방에 몰래 들어가 그들을 향해 칼을 던진다. 얼마 후 니콜라이는 카우즈키의 시체를 차고 일어서면서 창밖으로 수없이 떨어지는 빗방울을 바라본다.

**【참고】** 목차에 '長篇讀物(中篇) 朴英鎬', 연재 지면에 '그늘진 記錄 朴英鎬'이라고 표기되어 있다. 본문 말미에 '1934.1.12 밤'에 탈고했다는 기록이 나와 있다. 이 작품은 등장인물의 이름 및 시·공간 배경, 사건의 구성 면으로 볼 때 외국 작가의 번안소설일 가능성이 있으나 원작과 원작자는 확인되지 않는다. 아내의 부정한 행동으로 살인까지 하게 된 한 남자의 이야기를 다루고 있다.

## 그들은 어디로/그들은어대로 : 이성해. 매일신보1931.10.3–1932.9.29(278회 완).

**【내용】** 동경에서 유학 중인 김혜영은 아버지 김영한의 전보를 받고 귀국한다. 혜영은 어머니의 병이 위중해진 것으로 판단하고 귀국하지만 실은 혜영을 결혼시키기 위한 아버지의 계책임을 알고 정략결혼을 하지 않겠다는 의사를 밝힌다. 영한은 사업을 더 확장하기 위해 은행에서 대출을 받아 간척지 사업을 시작한다. 영한은 사업에 실패하면서 형편이 어려워지던 중 대출받은 은행의 전무인 이춘식이 혜영에게 청혼하자 혜영을 결혼시키기 위해 계략을 꾸민 것이다. 그러나 혜영은 귀국길에 우연히 동행하게 된 김병호에게 호감을 느끼고 있다. 병호는 동경에서 유학하고 경성으로 돌아온 뒤 친구 춘호가 검거당하자 춘호 대신에 동방시론사에 들어가 일을 한다. 한편 혜영은 아버지의 강요를 견디다 못해 춘식의 청혼을 거절하고 병호에게는 다시 떠난다는 소식만을 전한 채 동경으로 간다. 혜영이 떠난 뒤 춘식은 혜영의 집을 비롯한 전 재산을 차압한다. 혜영은 동경에서 지내다 시름에 빠진 부모를 위해 다시 귀국한다. 혜영은 어려워진 집안 형편과 병호에게 애인이 생겼다는 소문에 가슴 아파한다. 춘식이 병문안을 구실 삼아 병석에 누워 있던 혜영의 아버지를 찾아온 날, 아버지 영한은 세상을 떠난다. 병호가 부음을 듣고 혜영의 집을 찾아와서 오랜만에 두 사람은 재회한다. 혜영은 정규 교육을 받지 못하는 여자들에게 배움의 기회를 주는 극성학원에 취직한다. 병호는 직장을 그만두고 이상을 실현할 수 있는 농촌으로 내려가자고 혜영에게 제안한다. 병호는 혜영의 아버지가 남긴 간척지 개간 사업을 추진하려고 후원자를 찾아다니나 쉽

그들은어대로

지 않다. 그러던 어느 날 혜영은 친구 영숙의 간청을 듣고 극장 구경을 가고, 그곳에서 병호와 춘식을 모두 만난다. 불편한 자리였으나 병호를 믿고 혜영은 극에 몰입한다. 연극은 농촌 현실과 개혁에 관한 이야기이다.

**【참고】** 이익상이 '이성해(李星海)' 라는 필명으로 발표한 소설이다. 지식인들의 이상 실현 공간으로 농촌이 제시되고 있다. 제목에서 드러나는 것과 같이 사건이 해결되지 않고 끝을 맺으며 여운을 남기는 결말로 처리된다.

## 그들의 사랑 : 이광수. 신시대1941.1-3(3회 미완).

**【내용】** 니시모도 박사는 가솔린을 대체할 수 있는 액체 연료가 개발되었다는 내용의 신문 기사를 읽다가 개발자가 이학 박사 리원구라는 사실을 알고 놀란다. 원구는 과거에 니시모도의 집에서 살다가 박사의 딸 미찌꼬를 유혹했다는 이유로 쫓겨난 인물이다. 니시모도는 독일에 유학 다녀온 의사로, 국수주의적 경향이 농후한 국학자이며 한학자이다. 조선인에 대한 편견이 심한 니시모도의 집에 원구가 머무를 수 있었던 것은 니시모도의 아들이자 원구의 경성제대 예과 동창인 다다시 덕분이다. 다다시는 아버지가 사망하여 학업을 중단할 처지에 놓인 원구에게 동생의 가정교사 자리를 권유하여 자신의 집에서 머물게 한다. 원구는 자신 때문에 조선 사람의 명예를 훼손할 수 없다고 결심한 뒤 아침이면 일어나 '주인집'을 위해 청소를 하고, 빨래도 스스로 몰래 한다. 이와 같은 원구를 보고 니시모도와 가족들은 점차 그를 가족처럼 대한다. 원구는 니시모도의 집에서 일본인의 근면함과 성실함에 감동한다. 니시모도 일가 역시 원구를 통해 조선인에 대한 인식을 다시 하게 된다. 그러던 어느 날 원구는 경성제대의 동창생들에게 스파이 혹은 반역자라는 이야기를 듣고, 자신의 입장을 고백한다. 원구는 일본이 조국인 것을 깨달았기에 일본을 위해 충성을 다하겠다고 말한다. 이에 동창들은 격분하여 원구를 습격하고, 큰 혼란이 일어난다.

**【참고】** 일본인이, 훌륭한 황국신민으로 거듭난 이원구라는 조선인을 회상하는 구조로 이루어진 미완의 소설이다. 연재가 중단되기 전까지의 내용은 조선인이 황국신민으로 거듭나야 한다는 것과 일본인은 조선인을 평등하게 대해야 한다는 것이다.

## 그림자를 밟는 사람들/影お踏む人々

**전동림. 文園社(日)1941 ; 四條書房(日)1941(230면).**

**【내용】** 일본을 배경으로 하여 청춘 남녀의 사랑을 그린 일본어 소설이다. 내용 생략.

**【참고】** 「影お踏む人々」, 「静技の表情」, 「春の流れ」라는 세 편의 소설로 구성되어 있는 작품집이다. 특히 「그림자를 밟는 사람들」은 일본을 배경으로 일본 청춘 남녀의 사랑 이야기를 그린 소설로 당시의 조선과는 별 다른 연관이 없는 작품으로 읽힌다. 작가 전동림에 관한 정보는 거의 알려져 있지 않

다. 불경 및 유언비어 유포 혐의로 1942년 11월 21일에 동경구치소에 수용된 적이 있다는 기록이 『독립운동사자료집』에 조사되어 있을 뿐이다. 국립중앙도서관에 文園社판이 소장되어 있다.

## 그 여자를 누가 죽였나 : 방인근. 영화시대1949.6(1회 미완).

**【내용】**「괴시체」 참조.

**【참고】** 1946년 영인서관에서 단행본으로 출간된 장편 탐정소설 『괴시체』의 개작이다. 《영화시대》 1949년 6월호부터 방인근이 연재한 탐정소설 「그 여자를 누가 죽였나?」에 '原名 怪屍體' 라는 부제가 붙어 있다. 《영화시대》의 영인본 결호로 인해 1회만 확인된다. 1회 연재 말미에 '이하는 차호' 라고 표기되어 있다.

## 그 여자의 사랑/그女子의사랑 : 방인근. 동명문화사1950.

**【내용】** 미확인 작품.

**【참고】**『해방기 간행도서 총목록』(소명출판2009)에서 채록하였으나, 현재 동명문화사본은 확인할 수 없다. 판권지가 훼손된 대지판 1950년대본이 존재함을 사진 자료로만 확인할 수 있다.

## 그 여자의 운명/그女子의運命 : 염상섭. 중앙1935.2.

**【내용】** 김명례는 은행원이던 두 번째 남편이 횡령죄로 구치소에 수감되어 홀로 아이를 낳는다. 명례는 자신의 처지로는 아이를 키울 수 없다고 생각하고 아이를 시댁으로 보낸다. 명례의 첫 번째 남편은 명례를 이용해 금 밀수출을 하다가 적발되자 만주에 있는 애인에게 달아나 이혼을 통보한다. 명례는 어쩔 수 없이 카페에 나가고 그곳에서 은행원인 두 번째 남편을 만난다. 그런데 두 번째 남편마저 수감되자 명례는 살 길을 찾아 댄스 강사로 있는 친오빠를 찾아 동경으로 향한다. 그러나 오빠는 결혼하여 만주로 떠난 뒤이다. 막막해하던 명례는 댄서로 일하는 조선 여성 아사꼬를 보면서 자신도 댄서가 되고자 한다. 그러나 오빠를 좋아했던 아사꼬는 명례에게 적대적으로 대하고 명례는 점점 더 어려움에 빠진다. 그때 오빠의 친구이자 댄스 강사인 송천의 도움으로 명례는 춤을 배워 동경에서 댄서로 생활하기 시작한다. 아사꼬가 좋아하는 남자 최영식이 명례에게 구애하면서 명례에

대한 아사꼬의 적대심은 더욱 심해진다. 영식은 동경에서 대학을 졸업한 후 고등문관 시험을 준비하면서 댄스홀에 드나드는 인물이다. 결국 명례와 영식은 아사꼬의 방해를 피해 함께 만주로 떠나 동거 생활을 시작한다. 명례는 만주에서 오빠 내외를 만나고 영식의 아이를 임신하는 등 안정된 생활을 이어 간다. 그런데 영식이 고향에서 귀국을 종용하는 편지를 받은 후 명례와의 생활에 대해 회의하기 시작하고, 아사꼬까지 두 사람을 찾아서 만주로 오면서 명례의 생활은 불안해진다. 그러던 어느 날 밤 아사꼬가 칼로 명례를 찌르려 하고, 명례의 비명소리를 들은 영식이 아사꼬에게 총을 쏜다. 아사꼬가 죽자 영식은 과잉 대응으로 수감된다. 병원에 옮겨진 명례는 큰 부상은 없지만 화장대 서랍 속에 남겨진, 영식에게 전하려는 명례의 편지를 읽은 경찰들이 그녀의 자살을 염려하며 엄중하게 감시한다.

**【참고】** 1935년 《중앙》에 발표 시 '전편 게재 특별 장편소설(全篇揭載特別長篇小說)'로 표기되어 있으나 실제 분량은 200자 원고지 200매 내외로 장편 분량에 미치지 못한다. 여성 인물의 기구한 운명보다는 무분별한 애정 행각을 강조하는 통속소설의 성격이 강하다.

## 그 여자의 일생/그女子의一生

**춘원. 조선일보1934.2.18–1935.9.26(217회 완) ; 삼천리사1935.**

**【내용】** 호색한인 아버지와 기생 출신의 어머니를 둔 이금봉은 미모와 재주를 갖추었지만 불행한 유년 시절을 보낸다. 물욕과 색욕밖에 모르는 아버지는 첩을 두기 위해 아내를 내쫓고, 금봉의 어머니는 우물에 빠져 자살하고 만다. 어머니의 죽음, 아버지의 첩살림 등으로 불우하게 자란 금봉은 아버지가 정해 준 혼처를 뿌리치고 일본 유학길에 오른다. 금봉의 미모를 탐하던 학교 선생 손명규가 금봉에게 학비를 대주겠다며 동경 유학을 권한 것이다. 동경에서 금봉은 처음 접하는 교회 학교의 엄숙하고 종교적인 분위기에 마음을 빼앗긴다. 그리고 우연한 기회에 청년 운동가 임학재를 만나 종교적 동정과도 같은 사랑에 빠진다. 인생의 향락을 단념하고 조선을 위해 헌신하겠다는 학재의 뜻에 따라 금봉은 자신도 조선을 위해 일생을 바칠 것을 다짐한다. 그러나 학재가 비밀결사 활동으로 체포되어 감옥에 가자 금봉은 자신에게 구애를 펼치는 심상태에게 마음이 흔들린다. 잘생긴 외모에 매너까지 갖춘 심상태의 유혹에 금봉은 갈등하지만 종교적 감화를 통해 초심으로 돌이키고자 한다. 하지만 이내 돈을 내세워 자신에게 접근하는 손명규와

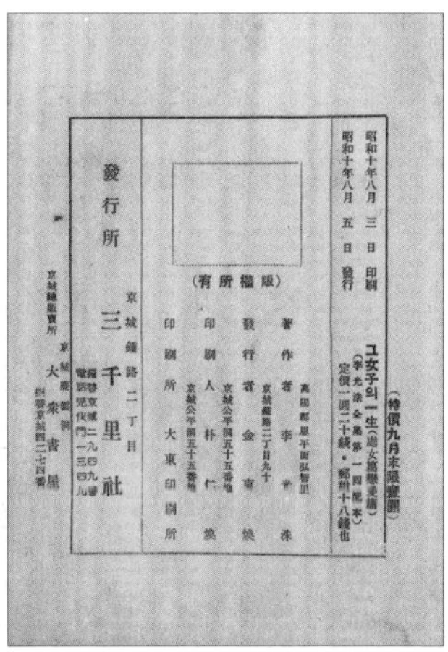

결혼을 함으로써 금봉은 타락의 길을 걷게 된다. 사업을 운영하던 명규는 파산 위기에 처하자 금봉을 귀족 재산가인 김광진에게 보낸다. 금봉은 명규가 자신의 미모를 이용하고 있음을 알면서도 김광진에게 새로운 유혹을 느낀다. 이후 타락하는 자신에 대한 혐오감 속에서 금봉은 김광진과 명규, 명규의 공판을 계기로 왕래가 생긴 심상태 등에게 몸을 허락한다. 자포자기의 심정으로 타락의 길을 걷던 금봉은 자신의 불륜을 빌미로 사업자금을 뜯어내려는 명규의 간계에 의해 파멸에 이르게 된다. 그동안의 과오를 돌이키기에 너무 멀리 와버린 것을 깨달은 금봉은 결국 머리를 깎고 불도에 귀의한다.

**【참고】** 연재 지면에 '그 女子의 一生 春園 作'이라고 표기되어 있다. 《조선일보》에 1934년 2월 18일부터 5월 13일(81회)까지 연재된 후 작가가 조선일보사를 사직하면서 중단되었다가 1935년 4월 19일에 82회부터 연재가 재개되었다. 연재 재개에 앞서 1935년 4월 16일부터 4월 18일까지는 '지나간 八十一回의 대강'이라는 이름으로 3회에 걸쳐 1차 연재분의 줄거리가 소개되고 있다. 1935년 삼천리사에서 단행본으로 출간되었으며, 1954년 영창서관에서 전반부 「처녀편」, 「연애편」이 상권으로, 후반부 「혼인편」, 「방랑편」, 「동광편」이 하권으로 발행되었다. 1957년 광영사에서 출간된 『춘원 선집』에서 작가는 이 작품이 '처녀, 애인, 아내, 어머니 그리고 죄에 앓고 광명을 찾는 한 여자의 영혼의 괴로움과 슬픔을 그리려 한 작품'이라고 설명하고 있다.

## 그와 감방/그와監房 : 나일. 동아일보1929.10.22-11.16(24회 완).

**【내용】** 그는 경찰서의 유치장에서 지내면서 형무소로 가는 날을 기다린다. 그는 여러 사람들에게 전해 들었던 옥중 생활을 자신도 체험하게 된 것을 기쁘게 생각하면서 유치장에서 지낸 열흘 동안의 일을 회고한다. 아침에는 간수의 기상 소리를 듣고 일어나 담요를 정리하여 간수에게 준다. 아침밥은 간수가 인원수대로 나눠준 '벤또'이다. 식사 뒤에는 간수들이 교련하는 모습을 유치장 창살 너머로 구경한다. 유치장 입구가 소란해질 때면 새로운 수감자가 들어오는 것이다. 수감자가 새로 들어오면 절도 전과자가 나서서 유치장 생활에 대해서 가르쳐 준다. 절도 전과자의 행동은 호의에서 나온 것이 아니라 새 수감자의 저녁을 대신 먹으려는 의도에서이다. 저녁 여덟 시, 취침 시간이 되면 냄새나는 담요가 들어온다. 조금이라도 더 좋은 것을 고르려는 수감자들의 쟁탈전이 벌어진다. 그는 푹신한 침대와 베개를 놓고 자던 것보다도 감옥 안에서 자는 것에서 위안을 느낀다. 감옥 안에 골계와 구경거리와 촌철적 독서와 웃음이 있다고 생각하기 때문이다. 그렇지만 빈대의 공격에는 그도 당할 수 없다. 재판소에서 재판을 받고 형무소로 갈 때 순사 중 한 사람이 제의하여 돈을 걷어 자동차를 타고 간다. 감옥에 도착한 그는 '고등 하숙'에 머무는 것으로 생각하며 수형 생활을 시작한다.

**【참고】** 《동아일보》 연재분 가운데 4, 6, 10, 13, 20, 23회는 확인되지 않는다. 연재될 당시 지면에 '創作 그와 監房 羅一'이라고 표기되어 있고, 3인칭 전지적 작가 시점으로 서술되어 있지만, 소설이라기보다는 수필의 형식에 가깝다. 유치장, 재판소, 감옥의 풍경과 생활이 상세히 묘사되어 있는 작품이다.

## 그의 자서전/그의自敍傳 : 장백산인. 조선일보1936.12.22-1937.5.1(128회 완).

**【내용】** '나(남궁석)'는 호열자로 부모를 여의고 친척집을 전전하다가 동학 두령인 박 대령의 밑에서 생활한다. 박 대령의 비서 노릇을 먼저 하고 있던 운현은 박 대령이 딸 예옥을 장차 '나'와 혼인시키려 하자 헌병대에 동학을 밀고한다. '나'는 헌병대를 피해 서울로 가서 두 해 뒤 열네 살에 동경 유학을 떠난다. 동경에서 '나'가 다닌 M학교는 장로교 계통의 미션스쿨로, '나'는 중학 시절에 기독교인이 된다. '나'는 고향에 돌아와 K학교에서 학생들을 가르친다. 그러나 애정이 없는 가정 생활과 교회와 학교에서 모함하는 사람들을 피해 고향을 떠나 해삼위를 거쳐 미국으로 가려 한다. 미국행이 좌절되어 '나'는 시베리아의 치따에서 정교보라는 조선 잡지 일을 맡아본다. 어느 날 조선 사람인 꼰스탄틴 니콜라에비치 R이라는 육군 기병 소위가 아내와 누이동생을 '나'에게 맡기고 서부전선으로 나간다. '나'는 R의 아내 마가렐과 누이동생 엘렌을 데리고 북간도로 향하고, 그곳에서 교사로 일하나 두 여자와 함께 사는 '나'를 모함하는 사람들 때문에 괴로워한다. 그러던 중 R군이 전사했다는 기별을 받고 마가렐과 엘렌을 데리고 아국 공사관이 있는 북경에 가서 유족구휼금을 기다린다. 유족구휼금을 기다리면서 '나'는 셋방을 얻어 북경 생활을 시작하고, 개학을 했는데 북간도로 돌아가지 못해 결국 학교에서 해직당한다. 유족구휼금이 나오지 않자 '나'는 생계를 위해 '진정'이라는 제목의 장편소설을 서울의 정부 기관지 M신문에 필명으로 연재한다. '나는 북경에서도 여러 가지 소문에 시달다가 조선 사람들에게 폭행을 당하는 등 어려움을 겪는다. '나'가 사경을 헤매면서 완성한 '젊은 同胞에게 고함'이라는 글이 반향을 일으켜 '나'는 명예를 회복하고 치료비와 학자금 지원을 받는다. 이에 '나'는 연경대학 영문과에 입학했다가 다시 동경으로 가서 두 번째 유학 생활을 한다. 이 시기 동안 '나'는 신앙을 잃고 매음굴을 찾아가는 등 방황하다가 곧 자신의 생활을 반성한다. 그러던 중 Y라는 학생의 부탁으로 알게 된 Y의 애인 C를 좋아하게 되고, C 역시 '나'에게 사랑을 고백한다. '나'를 오해한 Y는 동경에서 나프를 성토하고 다니나 '나'는 변명하지 않고 모든 일을 그만두고 동경을 떠나 다시 방랑길에 오른다. 그로부터 십여 년이 지나서 '나'를 찾아온 Y는 자신의 오해를 사죄하고 곁에 있던 나'의 아내가 미소 짓는다.

**【참고】** 연재 지면에 '長篇小說 그의 自敍傳 長白山人 作' 이라고 표기되어 있다. 이광수가 '장백산인(長白山人)' 이라는 필명으로 연재 발표한 작품이다. 이광수는 작가의 말에서 아들 봉근의 죽음으로 자신의 지나온 삶을 돌아보게 되었으며, 이 소설이 자신의 과거에 대한 참회록임을 밝히고 있다. 주인공 남궁석의 행적은 이광수의 삶과 겹치는 부분이 많으며 작품 곳곳에 자신의 심정을 직설적으로 토로하고 있는 부분이 많아서 자전소설적인 면모가 드러난 작품이다. 서른 살 정도까지 삶의 행적을 시간순으로 나열하고 있어서 문학적 완성도가 떨어지는 작품이라는 평가를 받기도 한다.

## 금강석/金剛石 : 박은파. 조선일보1921.4.24-5.12(19회 미완).

**【내용】** 봉천의 요리점 남만루에서 일하는 심뎡희는 돈과 명예로 자신을 유혹하려는 남자들을 거부하며 정조를 지키고 있다. 청나라 사람으로 봉천시에서 가장 큰 대상인 진 서방은 남만루의 주인 김월당에게 뎡희를 팔라고 조른다. 이에 월당은 뎡희를 돈 삼천 원에 팔려 하고, 뎡희는 귀족의 딸인 자신이 청나라 사람의 첩이 될 수 없다며 애원한다. 월당이 억지로 뎡희를 팔아넘기려 할 때 갑자기 청년 화가 변영이 끼어든다. 변영은 명치대 법학과를 졸업한 뒤 북경대 영문과를 졸업한 지식인이다. 변영은 북경대학에서 개최한 미술전람회에서 그림을 팔고 받은 돈 이천삼백 환과 처남인 리세영에게 빌린 돈을 합쳐 뎡희를 노파에게서 구출한다. 세영은 대천마라는 마술단의 단장이고, 변영의 동생인 텬마양은 유명한 마술사로 부부는 봉천에 공연 온 길에 변영을 만난다. 변영은 뎡희를 동생 부부에게 맡기고 안심한다. 그러나 세영과 텬마양은 변영의 기대와 달리 뎡희를 이용해 돈벌이를 할 계략을 꾸민다.

**【참고】** 연재 지면에 '金剛石 朴隱坡 作' 이라고 표기되어 있다. 박용환이 '박은파(朴隱坡)' 라는 필명으로 발표한 미완의 작품이다. 매회 소제목이 달려 있다. 박용환은 당대 신인들의 집단이었던 '희극좌' 의 배우로 활동하면서, 간간이 창작 및 번안, 번역에도 임했던 것으로 보인다.

## 금단의 유역/禁斷의流域 : 정비석. 조광1939.7-12(6회 완).

**【내용】** 칠순이 넘은 노 화백 추강 홍시현은 미모의 미망이자 독실한 기독교인인 김순경을 모델로 하여 십 년 전에 죽은 아내의 환상을 그리려 한다. 아내와 사별한 이후 창작 의지를 잃었던 시현은 십 년 만에 붓을 든다. 순경은 시현의 애제자인 최승조가 연모하는 여자인데 시현은 순경의 고전적인 아름다움에 매혹되어 그녀에게 애정을 느낀다. 시현은 순경에 대한 애정 때문에 더 이상 그림을 그릴 수 없게 되자 승조에게 함께 그림을 그리자고 제안한다. 한편 승조를 연모해 오던 시현의 외동딸 영옥은 잠시 시골에 내려가 있는 승조에게 매일 구애의 편지를 보내나 회답이 없어 실망한다. 영옥은 홧김에 자신을 좋아하는 신문기자 조창건을 찾아가다가 우연히 순경의 오빠인 시인 김순환을 만나고 그에게 신선한 인상을 느낀다. 영옥은 귀가하여 순경과 승조가 마주 앉아 있는 것을 보자 승조가 자신에게 냉담한 이유가 순경에게 있다고 여겨 질투한다. 이에 영옥은 순경을 찾아가 승조에 대한 문제를 매듭지으려 한다. 그러나 영옥은 점점 순환에게 애정을 느끼고 순환으로부터 사모의 시를 받자 승조에 대한 감정이 사그라진다. 어느 날 창건은 영옥에게 순경과 승조의 비밀을 알려 주겠다며 한강으로 유인하여 겁탈하려 한다. 영옥은 이를 피하다 물에 빠져 죽고, 그 충격으로 시현 역시 죽는다.

**【참고】** 예술에 대한 번뇌와 성적 욕망에 대한 갈등이 한 예술가의 삶을 파괴하는 과정을 그리고 있는 중편소설이다. 애정 갈등과 암투를 통해 예술과 욕망의 문제가 동시에 제기되고 있다.

## 금삼의 피/錦衫의피

박종화. 매일신보1936.3.20-12.29(234회 완) ; 박문서관1938 ; 을유문화사1949.

**【내용】** 성종의 왕비 하씨가 죽자 연산을 낳은 후궁 윤씨가 왕비로 책봉된다. 윤비는 후궁 정씨와 엄씨의 주술로 연산이 병에 걸렸다고 생각하고 후궁을 저주하는 굿을 벌이다 성종에게 발각된다. 게다가 성종의 얼굴에 손톱자국을 내는 일을 계기로 폐위되어 사약을 받는다. 윤비는 죽기 전에 자신의 피눈물을 닦은 비단 적삼을 어머니 신씨에게 전한다. 한편 연산은 계비를 친모로 알고 자라다 우연히 생모에 대해 알게 되고, 죄인의 아들이라는 생각에 괴로워하며 어린 시절을 보낸다. 왕이 된 뒤 연산은 어머니를 복위시키는 일에 착수하여 어머니의 묘를 이장한 뒤 그곳에서 친제를 지내겠다고 주장하나 대왕대비와 대신들의 제지를 받는다. 이 사건 이후 연산은 정사를 돌보지 않으며 황음무도한 생활을 지속한다. 무오사화를 계기로 국정은 어지러워지고 백성들의 원성도 높아진다. 그러나 연산은 제안대군의 여종인 장녹수를 비롯하여 채홍사를 통해 각지에서 뽑은 여자들을 입궐시킨 뒤 주색에 빠져 세월을 보낸다. 어느 날 연산은 장녹수를 통해 윤비의 피 묻은 금삼을 받고 외조모 신씨를 만나 윤비의 억울한 죽음에 대해 알게 된다. 마침내 연산의 광기는 극에 달해 윤비의 죽음과 관련된 인물을 모두 처형하는 등 폭정이 날로 심해진다. 이에 박원종 일파가 반정을 일으켜 연산은 폐위된다.

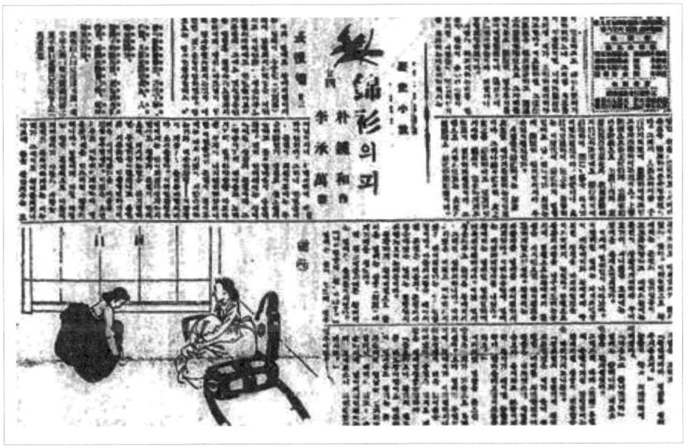

**【참고】** 연재 지면에 '歷史小說 錦衫의 피 朴鍾和 作'이라고 표기되어 있다. 연산군의 광기를 어머니의 죽음과 관련하여 파악한 뒤 그를 낭만적 인물로 형상화한 소설이다. 실존했던 인물을 다루면서 사회적, 정치적 의미를 배제한 채 인물의 심리적 변화에 따라 역사를 자의적으로 해석했다는 평가를 받기도 한다. 1937년에 『박문서관 장편전집』 2차 5권(상), 6권(하)으로 발행되었다는 기록이 있으나 1937년 발행 단행본은 확인되지 않는다.

## 금십자가/金十字架 : 이광수. 동아일보1924.3.22-5.12(49회 미완).

**【내용】** '나'는 북한산에 올라갔다가 우연히 머물게 된 집의 주인에게 흥미를 느껴 그의 내력에 대해 듣고자 한다. 노인의 이름은 충직이로, 젊은 시절에 종이었던 사람이다. 충직의 상전인 홍 승지가 제주도로 귀향을 떠나자 충직과 그의 부모도 함께 제주도로 간다. 홍 승지 일가를 대신하여 생계를 부양하느라 고된 노동에 시달리던 어느 날 충직은 로 신부를 만난다. 로 신부는 법국에서 온 사제로 조선에서 삼십 년 동안 전도 활동을 하다가 천주교도 학

살이 심해지자 피난하던 도중에 배가 난파하여 제주도에 도착한 것이다. 충직은 로 신부를 홍 승지의 집으로 데려오고, 홍 승지는 로 신부를 친구이자 의원으로 환영한다. 로 신부에게 감복한 동네 사람들이 천주교를 믿게 되고, 충직과 홍 승지의 딸 한나 역시 피엘과 마리아라는 이름으로 세례를 받는다. 그러나 마을 안에 천주학과 관련된 흉흉한 소문이 퍼지고 홍역이 유행하면서 동네 사람들의 박해가 심해져 로 신부와 홍 승지 일가는 서울로 떠난다. 서울에서 신분을 감추고 살고 있는 덕혜 옹주 이 부인의 집에 머물며 로 신부와 충직의 힘으로 생활한다. 홍 승지가 죽고 그 아들 승학이 이 부인의 딸 엘렌에게 청혼하였다가 거절당하자 충직, 이 부인, 엘렌을 칼로 찌르고 그 죄를 충직에게 덮어씌운다. 이 부인의 힘으로 충직은 풀려나오나 그사이 홍 승지 가족과 충직의 어머니는 다른 곳으로 떠난다. 이후로 승학은 대과에 급제하여 세도 있는 대감의 사위가 된다. 마리아 역시 부유한 집으로 시집을 가나 남편과 시아버지의 복잡한 여자관계를 목격하고 친정으로 돌아온다. 한편 천주교 신자 김만량이 엘렌에게 구애하였다가 거절당하자 원한을 품고 나졸들을 데려온다. 이에 충직은 만량과 나졸들을 물리친 뒤, 어머니와 마리아를 데리고 도망간다.

**【참고】** 화자인 '나'가 우연히 만난 노인에게 이야기를 전해 듣는 액자 소설이다. 천주교도의 박해와 관련된 사건이 본격적으로 전개될 것처럼 보이나 49회 이후 연재가 중단되어 전체적인 내용을 파악할 수 없다.

## 금은탑/金銀塔 : 박태원. 한성도서주식회사1949(391면).

**【내용】** 「우맹(愚氓)」 참조.

**【참고】** 이 작품은 본래 1938년 4월 7일부터 1939년 2월 24일까지 219회에 걸쳐 《조선일보》에 '우맹'이라는 제목으로 연재되었던 것인데, 1949년에 이르러 '금은탑(金銀塔)'으로 개제하고 내용을 일부 수정하여 한성도서주식회사에서 단행본으로 출간했다.

## 금의 정열/金의情熱 : 채만식. 매일신보1939.6.19-11.19(152회 완) ; 영창서관1941.

**【내용】** 주상문은 금광 개발이 활발하던 시기에 금광 사업에 뛰어들어 재산을 모은 인물이다. 상문의 주변에는 금을 매개로 하여 다양한 사람들이 공존한다. 상문의 죽마고우인 서순범은 고학으로 동경에서 대학을 졸업하고 귀국한 뒤 뚜렷한 직업 없이 상문의 도움으로 살고 있다. 순범은 자신의 학위가 '매약 광고의 효능서' 이상의 평가를 받지 못하는 식민지의 현실에 환멸을 느낀다. 순범은 상문에게 기생하여 생활하지만 근대의 학문을 배웠다는 자부심으로 다른 사람들에게 우대받는 상문에게도 비판적인 태도를 견지한다. 그러나 변호사나

의사와 같은 친구들까지 금광 개발에 투신하는 것을 보고 순범도 금광 사업에 나서려 한다. 한편 일제가 금 해외 밀반출을 차단하기 위해 강제로 금을 매입하겠다고 공표하자 강화 아씨 등 방물장수들은 시골로 돌아다니며 금을 무상으로 공출할 것이라는 왜곡된 정보를 알려 시골 사람들에게 금을 사서 되팔며 차익을 도모한다. 상문 역시 김봉식이 소유한 황룡 금광을 헐가에 매입하면서 여러 가지 술수를 벌인다. 성 주사는 상문이 소유한 남택 금광의 분광권을 전 서방에게 알선하는 과정에서 거짓말을 한다. 전 서방은 상문으로부터 성실성과 보링 기술력을 인정받아 그 보상으로 청주 남택광의 천여 평 정도의 분광권을 확보하게 된다. 전 서방은 금광 개발에 필요한 자본금 2천여 원을 변통하는 과정에서 부친 전 선달을 설득하여 유일한 재산인 선산을 저당잡힌 후 개발에 착수하나 사기를 당해 파멸한다. 한편 상문은 죽은 아내의 먼 친척 동생인 봉아를 좋아하나, 그녀에게 자신의 마음을 표현하지 못한다. 봉아는 상문의 아내가 죽기 전부터 돌봐 주던 친척 동생으로, 상문은 아내가 죽자 아내의 뒤를 따라 봉아를 돌봐 준다. 순범은 봉아에 대한 상문의 마음을 짐작하고 짐짓 놀려 대기도 하나 순범 역시 봉아가 상문에게 좋은 아내가 될 것이라 생각한다. 그러나 봉아는 상문이 출장 간 사이 병이 나고, 출장에서 돌아온 상문을 보지 못하고 죽는다.

**[참고]** 연재 지면에 '長篇小說 金의 情熱 蔡萬植 作'이라고 표기되어 있다. '황금광 시대'라 불렸던 1930년대 금광열을 소재로 삼은 작품으로, 작가의 자전적 체험을 토대로 창작되었다. 주인공 주상문의 좌우명인 '황금의 패권론'이 일제의 대동아공영권을 합리화하는 논리로 적용될 수 있다는 점, 과거 사회주의자이면서 금광 열풍에 뛰어드는 서순범의 교묘한 자기합리화가 채만식의 자기변호를 투영한 것일 수도 있다는 점에서 비판받기도 한다. 1939년 『영창서관 명작전집』 5권으로 발행되었다는 기록이 있으나 1939년 발행 단행본은 확인되지 않는다.

## 금척의 꿈/金尺의꿈 : 조일재. 매일신보1934.7.23-1935.12.28(216회 완) ; 박문서관1940.

**[내용]** 신돈은 노국공주가 죽은 뒤 슬픔에 빠져 있는 공민왕에게 자신의 첩 반야와 관계를 맺게 한다. 오랫동안 후사가 없어 걱정하던 공민왕은 반야가 아들을 낳았다는 소식을 듣고 기뻐한다. 그러나 신돈이 역적으로 몰려 강화도에서 죽자 반야는 아들 무니노와 함께 시골에 숨어 지낸다. 왕이 갑작스럽게 죽자 태후와 신하들은 반야의 아들 무니노를 궁중으로 불러들이면서 반야가 아니라 후궁 한씨를 왕자의 어머니라고 속인다. 반야는 아들을 그리워하다 궁중에 침입하나 발각되어 감금된다. 심문을 받은 반야는 임진강에서 자살한다. 한편

성장한 무니노는 왕위에 오르지만 성정이 유약하고 어리다는 이유로 신하들과 태후에게 간섭을 받으며 괴로워한다. 그러던 어느 날 무니노의 꿈에 친모인 반야의 귀신이 나타나고, 이를 이상하게 여긴 무니노는 유모를 불러 자초지종을 물어본다. 한편 이성계는 꿈속에서 자신이 왕이 될 것임을 암시하는 선인을 보고 잠에서 깬다. 이때 아들 이방원이 이성계를 찾아와 혁명을 모의하고 있다고 밝히고, 아버지의 의중을 물어본다. 이성계는 혁명 세력의 조급함을 탓하면서 군신의 도를 강조한다. 이성계는 전쟁을 승리로 이끌면서 그 이름이 날로 높아지고, 승리를 축하하는 자리에서 모든 사람들에게 칭송을 받는다. 그러나 이성계는 자신을 대신들이 견제하고 왕이 의심하자 스스로 자리에서 물러난다. 왕은 시중의 자리를 정몽주에게 맡긴다. 이성계와 그 부하들이 나라를 어지럽힐 것이라고 생각한 정몽주는 정도전, 조준 등 이성계의 심복들을 귀양 보내고, 조정의 위세를 다시 세우고자 한다. 이 사이 이방원은 은밀히 정몽주를 해칠 계획을 세운다. 정몽주도 불길한 예감을 가지고 있던 중 선죽교에서 죽음을 맞이한다. 이방원은 정몽주를 없앤 후 조정을 다시 장악하려고 한다. 결국 조정을 장악한 이방원과 그 일당들은 왕대비를 협박하여 왕을 몰아내고, 이성계를 왕으로 추대한다.

**【참고】** 연재 지면에 '歷史小說 金尺의 꿈 趙一齋 作'이라고 표기되어 있다. 고려의 멸망과 조선의 건국이라는 역사적 사건이 작품의 전면에 등장하는 전형적인 역사소설의 구조를 취하고 있다. '몽금척(夢金尺)' 설화에서 제목과 모티프를 딴 작품으로, '금척'은 이성계의 꿈에 비친 신물(神物)이다.

## 기계/機械 : 최명익. 조선문학1947.12, 문학예술1948.4(2회 미완).

**【내용】** 일본 고주파 중공업 성진공장이 있는 쌍포 시는 사람의 발길이 끊기고 거래가 사라져 이발소만 남아 있다. 공장에서는 조선의 전력과 일본군의 총, 기관총, 대포, 탄환, 군함, 전차, 비행기 등의 재료와 사무라이 칼이 만들어진다. 이에 소모되는 자원과 투입되는 인력은 대부분 조선에서 충당된다. 어느 날 공장 내부에 설치된 밀차 레일 위에서 일하던 조선인이 지나가던 밀차에 치여 죽는다. 사고 현장에 몰려든 노동자들에게 일본인 십장의 채찍이 날아든다. 일본인 십장은 삼봉에게 죽은 사람 대신 밀차를 밀라고 한다. 삼봉은 밀차를 미는 일이 위험하여 자못 걱정했으나 동료들의 도움으로 무사히 일을 마친다. 잔무 시간에 삼봉은 공장을 싸리비로 청소하는 잔업을 맡는다. 싸리기둥골의 화전민 출신인 삼봉은 빗자루

에서 나는 싸리나무 향기에 고향을 떠올린다. 갑자기 공습경보가 울리고 다들 방공호로 숨어들어간다. 헌병대 쪽에서 총소리가 들리고 공습경보가 해제된다. 그때 삼봉은 금룡이라는 이름의 젊은 노동자를 만난다.

**【참고】** 1회는 《조선문학》 1947년 12월호에, 2회는 1948년 4월 《문학예술》 창간호에 수록되었으며 전체 2회로 중단되었다. 2회 연재분은 '解放前' 이라는 소제목으로 시작하여 4장부터 6장까지 실려 있으며, 말미에 '解放前-6끝' 이라고 표기되어 있다. 이 작품은 장편으로 기획되었으나 연재가 계속되지 못하고 중단된 것이라는 연구가 있다.

## 기우/杞憂 : 박연빙. 일심사1949(157면).

**【내용】** 내용 생략.

**【참고】** '老大匠님께 들이는 말씀' 이라는 부제가 붙어 있다. 연세대 국학자료실 소장.

## 길은 멀다 : 홍구범. 협동1950.1-5(4회 미완).

**【내용】** 보통학교 교사인 이애지와 금융조합에서 일하는 진녹은 서로 사랑하는 사이다. 애지의 어머니 강 씨는 애지가 일곱 살 때 남편을 잃은 후 정성을 다해 딸을 교육시켰다. 애지의 아버지는 산판에서 고리대금업으로 재산을 축적한 일본인 가와사끼로서 어머니 강 씨의 두 번째 남편이다. 강 씨가 천치였던 첫 번째 남편을 버리고 술장사를 하다 만난 것이다. 강 씨는 애지가 결혼하겠다고 데려온 진녹이 병약함을 보고 결혼을 반대한다. 애지가 아버지 가와사끼처럼 근력이 좋고 생활력 강한 남자와 결혼하기를 바랐기 때문이다. 진녹은 홀아버지 밑에서 가난하게 자랐다. 그는 고학 끝에 상업학교를 졸업하고 금융조합에 취직했으나 결핵에 걸리고 만다. 그는 정양도 하고 직장 생활도 계속하기 위해 시골 금융조합으로 전근 왔다가 애지를 만났다. 따뜻한 봄날, 애지와 진녹은 등산을 한다. 애지가 알고 있는 청향사 위 샘터에서 조촐하게 약혼을 하기 위해서다. 샘터에서 행복한 시간을 보내는 중, 두 사람은 한 소년이 울부짖는 소리를 듣는다. 일본인 군청 산감이 나무를 도적질했다고 조선인 소년을 때리고 있었던 것이다. 진녹은 의분에 차 술 취한 군청 산감 일행을 제압하고 소년을 구한다. 진녹은 통쾌하게 일을 마무리하고 애지에게 돌아왔지만, 홍분이 폐를 자극해 잦은 기침을 해 대며 애지 옆에 눕는다.

**【참고】** 《협동》 자료 유실로 1950년 5월호 이후의 연재본은 확인되지 않는 장편소설이다. 일제 시대를 배경으로 일본인 아버지와 조선인 어머니를 둔 여자와 천민 출신 남자의 사랑을 다루었다. 애지와 진녹이 애틋하게 데이트를 하는 장면과 애지의 어머니 강 씨가 '고노야로' 를 연발하며 돼지를 접붙이는 장면이 작품 서두에 제시된다. 이 작품의 1회는 《부인》 1950년 4월호에 '어머니와 딸' 이라는 제목으로 다시 실렸다.

## 김연실전/金姸實傳 : 김동인. 문장1939.3,5,1941.2(3회 완) ; 금룡도서1946(155면).

**【내용】** 연실의 아버지 김영찰은 옛날 감영의 이속으로 양반 없는 평양에서 행세하던 사람이다. 연실은 부계로는 맏딸이지만 소실의 소생이다. 연실은 생모가 죽자 김영찰 정실의 맏딸로 민적에 오르게 되지만 적모(嫡母)는 매사에 연실을 꾸짖는다. 개화기 초 곳곳에 사립학교가 설립되는데, 신학문에 재미를 느끼던 연실은 냉락(冷落)한 가정을 벗어나고자 하는 마음에 기생학교라고 무시당하던 진명여학교에 입학한다. 어느 날 동무들과 싸우고 집에 왔는데 마침 대청소를 하던 적모는 늦게 온 연실을 꾸짖는다. 마침 잔뜩 독이 올라 있던 연실은 꾸짖는 적모에게 미친 듯 대든다. 평소와 다른 연실의 태도에 겁을 먹은 적모는 이후로 연실을 멀리하게 된다. 가득 독이 오른 상태에서 매를 맞은 연실은 울며, 첩살림을 하던 아버지의 집을 찾아간다. 그곳에서 연실은 자신이 잠들어 버린 줄 알고 벌인 아버지와 첩의 천박한 성교 장면을 목격하게 된다. 이후 연실은 모든 일에 정서적 감동을 느끼지 못하는 냉담한 성격의 소유자가 된다. 그러던 중 진명학교 때 동창이 동경 유학을 떠났다는 소식을 듣고 새로운 목표를 갖게 된 연실은 일본어 공부를 시작한다. 연실은 일본어 선생에게 순결을 잃지만 일찍이 아버지와 첩의 행태를 목격했던 영향으로 아무런 고통이나 감동을 느끼지 않는다. 일본어를 배우는 동안 집안에 돈 거간이 출입하는 것을 살피던 연실은 어느 날 돈뭉치를 빼내어 무작정 동경으로 떠난다. 정신적인 불감증의 시대를 보내던 연실은 동경 유학생 친목회를 통해 조선 여성의 선각자가 되리라는, 여류 문학가가 되어 우매한 조선 여성계를 깨우치자는 생각을 한다. 그러나 자유연애와 자유결혼을 여성해방이라 생각한 연실은 실제로 연애를 하길 원했고 우연한 기회에 만난 농과대 학생 이창수라는 학생을 점찍는다. 학교를 음악학교로 옮기고 잡지사에 글을 보내고 있던 중 연실은 어느 잡지에서 음탕한 여자라는 비난을 받는데, 고민 끝에 자신에게 여러 문학 서적을 빌려주고 연애의 여러 면모를 가르쳐 주었던 친구를 찾아간다. 친구의 조언대로 자신을 비난했던 맹호덕을 찾아간 연실은 그를 유혹하고 결국 또 한 명의 연애 상대로 만들어 버린다. 그녀는 자신이 진정한 연애를 하는 조선 여성계의 선구자라고 자부하는 한편 아버지를 알 수 없는 아이를 낳아 키우다 남에게 맡긴 뒤 귀국한다. 연실은 선배 명애의 집에 머무르며 문학청년들과 교류하던 중 동경미술학교를 졸업한 부호의 아들 김류봉과 사귄다. 그러나 류봉이 명애와 살림을 차렸다는 사실을 안 그녀는 기자인 J와 동거 생활을 한다. J와 헤어진 연실은 셋방을 얻으러 간 복덕방에서 예

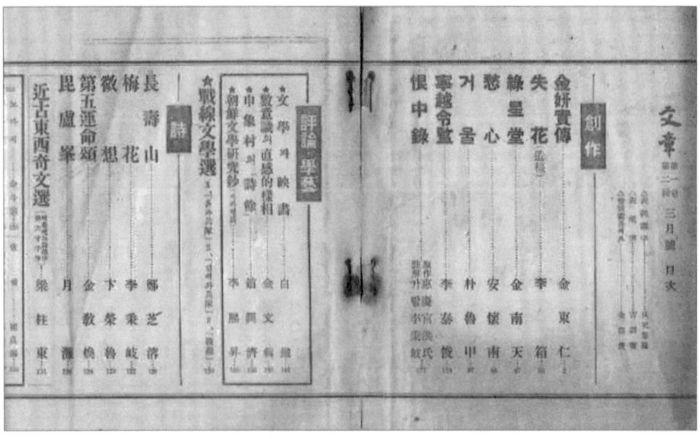

전 일본어 선생을 만난다.

**【참고】** 작가는《문장》1939년 3월「김연실전」의 말미에 "이 소설을 이것으로 일단락을 맺는다. 이 갸륵한 선구녀가 장차 어떤 인생행로를 밟을지 후일담이 무론 있을 것이다. 약속한 지면도 다하고 편집 기일도 지나고 붓도 피곤하여 이 선구녀가 자기의 인격을 완성하는 기회로서 일단락을 맺는 것"이라는 후기를 적어 후일담을 예고한 뒤,《문장》에 1939년 5월「先驅女(上)」을, 같은 잡지에 1941년 2월「집주름」을 발표하였다. 1946년 세 편의 작품을 묶어 '소설 金姸實傳'이라는 제목의 단행본으로 출간하였다. 작가의 야유적 어조가 등장인물을 넘어 신여성 전체를 희화화하고 있다는 점, 실존 인물을 소문에 근거하여 그렸다는 점, 성을 통속적으로 묘사한 점 등이 한계로 지적된다.

## 김유신/金庾信 : 윤승한. 야담사1941. 숭문사1947·1948.

**【내용】**「만고명장 김유신」참조.

**【참고】** '(만고명장) 김유신'으로 서명이 표기되어 있다. 숭문사 1948년본에는 '김유신(하)'로 되어 있다. 하권의 면수는 야담사본과 동일하나 숭문사 1947년본을 상권으로 볼 근거는 없다. 책을 확인하지 않는 이상, 상·하권의 실체를 파악할 수 없다. 하권이 영남대 소장이다.

## 김유신/金庾信 : 이동규. 명문당1944.

**【내용】** 내용 생략.

**【참고】** 한국현대문학관 소장본을 참고하였다.

## 김유신/KIM YUSIN : 주요섭. The Mutual Publishers·상호출판사1947(110면).

**【내용】** 내용 생략.

**【참고】** 'YOSUP CHU(주요섭)'이 영어로 쓴 김유신 전기이다. 김유신의 소년 시절부터 죽을 때까지의 일대기를 담았다. 부제는 'The Romances of a Korean Warrior of 7th Century'이며 한국에서 출판되었다.

## 김일성 장군/金日成將軍 : 한설야. 신생사1947(110면).

**【내용】** 내용 생략.

**【참고】**『해방기 간행도서 총목록』(소명출판2009)에서 채록하였으나, 현재 작품을 확인할 수 없다.

## 깨어진 물동이/깨여진물동이 : 김동인. 대중서옥1936(79면).

**【내용】** 우하형은 말직에 있는 무사이다. 하형은 가세가 빈한하고, 벼슬이 보잘것없어 서른이 넘도록 결혼을 하지 못한 상태이다. 하형은 우연히 냇가에서 빨래하는 처녀를 보고 그녀에게 반해 청혼한다. 그녀는 속량한 종의 자식이었으므로 정실로 삼을 수는 없지만 하형은 그녀를 정실로 여기면서 가정 생활을 지속한다. 하형의 임기가 끝나자 아내는 하형 홀로 서울로 떠나게 한다. 그러나 서울로 떠난 하형이 자신을 그리워하자 아내는 남편의 성공을 위해 스스로 늙은 영리의 소실로 들어간다. 배신감을 느낀 하형은 공부에 몰두하여 태수가 되어 예전 아내가 살고 있는 곳으로 부임한다. 아내는 태수로 부임한 하형을 찾아 자초지종을 이야기한다. 이에 감동한 하형은 그녀를 다시 아내로 삼고, 사별한 정실부인이 낳은 자식들에게 그녀를 서모로 대접하라고 당부한다. 하형은 칠십까지 부귀를 누리다가 죽고, 아내는 남편이 세상을 뜨자 단식하여 남편의 뒤를 따른다.

**【참고】** 단편 분량의 소설이다. 1936년 대중서옥에서 출간된 야담집 『깨여진 물동이』에는 「깨여진 물동이」, 「佐平成忠」, 「片舟의 가는 곳」 세 편의 단편소설이 실려 있다.

## 꽃과 뱀 : 김말봉. 문연사1949.

**【내용】** 통도사 승려인 혜남은 어느 날 진달래꽃 무더기 속에 똬리를 튼 뱀이 미녀로 변하는 꿈을 꾼 뒤, 꿈속의 미녀를 잊지 못해 번뇌에 시달린다. 그는 초파일 행사에서 우연히 꿈속 미녀를 만나 그녀에게 미혹하여 민관우로 개명하고 친구 묘운과 더불어 환속한다. 보통학교 교사가 된 관우는 자신이 가르치는 학생의 집에서 다시 꿈속의 미녀 진화와 만난다. 진화는 동경 미술대학에서 동양화를 전공한 화가이다. 관우는 그녀를 '살아 있는 관세음보살'이라 여긴다. 묘운은 진화에게서 좋지 않은 기운을 느끼고, 관우에게 그녀를 멀리할 것을 주장하나 관우의 마음은 변함이 없다. 폐결핵을 앓는 관우를 치료하기 위해 집을 저당 잡힌 진화는 가세가 기울자 부모의 강권으로 '노랑수염쟁이 영감'에게 시집을 가야 하는 위기에 처한다. 사랑을 지키기 위해 삭발을 하고 관우와의 정사(情死)를 시도하다 실패한 진화는 결국 부모의 권유를 받아들인다. 세월이 흘러 객지를 떠돌던 관우는 다시 진화를 만나 서로의 사랑을 확인하나, 진화의 남편에게 발각되어 헤어진다. 관우는 진화의 소개로 젊은 처녀와 혼인을 하고, 노랑수염쟁이 영감이 불륜으로 낳아 버린, 한쪽 귀가 잘린 아들을 거두어 기른다.

**【참고】** 단행본 출간 전에 연재되었다는 기록이 있으나, 연재 지면이 어디인지 구체적인 시기가 언제인지 확인되지 않는다. 설화적 모티프와 가학적, 피학적 사랑 등은 김말봉의 작품 세계를 통틀어 상당히 예외적이라 할 만하다. 초반부의 인물 설정이나 스토리는 '조신몽' 설화를 연상케 한다. 주인공의 가학적, 피학적 사랑이 묘사되어 있으며, 이러한 사랑을 통한 종교적 구원의 문제를 다루고 있다. 문연사에서 1949년에 출간된 단행본에는 장편 「꽃과 뱀」 이외에 단편 「女賊」이 함께 수록되어

있다. 간기에 1949년 초판 발행, 1957년 15판 발행이라고 표기되어 있다.

## 꽃피는 고향/꽃피는故鄕 : 최병화. 박문출판사1949.

**【내용】** 승렬과 승애는 부모를 모두 여의고 할아버지 밑에서 어렵게 지낸다. 국민학교를 우등 성적으로 졸업한 승렬(15세)은 가난한 집안 형편 때문에 상급 학교 진학을 포기하였고, 6학년인 여동생 승애 또한 졸업 후 일거리를 찾아야 한다. 그들에게는 간난이라는 눈먼 친구가 있다. 어느 날 승애의 외삼촌이라는 자가 찾아와 승애를 서울로 데려가 아버지를 만나게 해 주겠다고 한다. 할아버지는 승렬에게 승애가 진짜 여동생이 아니라는 사실을 밝힌다. 할아버지는 13년 전 어느 눈 오는 밤 길거리에 쓰러져 있던 승애의 어머니를 구하였으나 승애를 낳고 얼마 되지 않아 어머니가 죽자 연락 없는 가족을 대신하여 승애를 키워 온 것이다. 할아버지는 또한 승렬의 어머니가 죽은 것이 아니라 집을 나간 후 소식이 끊겼다는 것을 알려 준다. 할아버지와 승렬은 승애가 새로운 생활을 시작하길 바라며 서울로 보낸다. 할아버지는 승애에게 어머니가 마지막 남긴 반지를 건네주며 잘 지낼 것을 당부한다. 그러나 승애의 외삼촌 행세를 하던 정사진은 협잡꾼이다. 한편 만주에 있던 외삼촌 우윤성은 해방이 되자 서울로 돌아오다가 강도를 만나 중상을 입는다. 그는 자신을 돌봐 주던 정사진에게 수원에 있는 조카딸을 찾아 친아버지인 김중호에게 데려가 달라고 부탁하고는 죽는다. 정사진은 김중호의 재산을 가로챌 요량으로 김중호에게는 자신의 딸 영순을 데려다 주고, 승애를 중국인들에게 팔려고 부산으로 데려온다. 낯선 집에 갇혀 있던 승애는 벙어리 소녀의 도움으로 간신히 탈출하여 길거리를 헤매다 우연히 학교 은사인 한 선생을 만난다. 승애를 거두게 된 한 선생은 할아버지께 편지를 드린 후 서울에서 공부를 계속 해 보라고 권한다. 승애는 한 선생의 도움으로 김중호의 딸 정란의 가정교사로 들어가게 된다. 김중호는 말썽만 피우던 정란이 자신의 딸이 아니며, 어머니의 반지를 끼고 있던 승애가 진짜 자신의 딸이라는 것을 알게 된다. 승애는 이름을 경란으로 바꾸고, 중학교에 입학하여 학업을 계속한다. 한편 할아버지가 돌아가시자 시골에 홀로 남게 된 승렬은 서울로 올라와 회춘당 약국의 사무원으로 취직한다. 그는 그곳에서 박학순이라는 작가를 만나 그의 밑에서 고학을 한다. 어느 날 간난이가 후원자를 만나 독창회를 하게 되었다는 소식을 라디오에서 들은 승렬은 그녀와 재회하여 승애의 소식을 듣게 된다. 그는 곧 승애를 찾지만 승애가 행방불명 되었다는 소식을 듣는다. 간난이가 독창회에서 승렬을 만났다는 소식을 들은 승애는 오빠를 찾으려 나왔다가 괴한에게 납치되었던 것이다. 그녀는 탈출하던 끝에 정신을 잃고 인천 시립병원에 입원한다. 승애는 기억을 잠시 잊어버리고 있다가 마침 옆에 입원 중이던 승렬의 친어머니를 만나 기억을 되살린다. 승애는 곧 서울로 올라와 승렬과 재회하고, 승렬은 그간 소식을 알 수 없었던 어머니와 만난다. 그사이 수술을 받아 눈을 뜨게 된 간난이는 이들의 만남을 기뻐하며 눈물을 흘린다.

**【참고】** 작가의 서문이 1949년 4월에 작성되었다. 1949년 박문출판사에서 단행본이 발행된 기록이 있으나 원본이 확인되지 않아 1976년 교학사본을 텍스트로 내용을 정리했다. 최병화는 아동잡지 《별나라》 편집동인으로 활동하며 아동예술연구 단체 '호동원(好童園)'과 아동극단 '호동(好童)'을 조직하였다. 또한 《소년》, 《어린이》, 《별나라》, 《아이생활》 등을 통해 활발한 작품 활동을 한 아동문학가이다.

## 꽃피는 시절 /꽃피는時節 : 이종실. 학생월보?-1950.2(2회 미완).

**【내용】** 어느 저녁 현수의 하숙집에 친구 송인식이 찾아온다. 인식은 현수에게 홍룡사 벚꽃이 활짝 피었다며 산책을 가자고 한다. 홍룡사 계단을 오르던 현수는 문득 이태 전 문이와 처음 만나던 때를 떠올린다. 아름답고 여성스러운 문이에게 호감을 느꼈던 현수는 풋풋했던 시절을 떠올리며 미소를 짓는다. 인식과 산책을 하면서도 현수는 혹시 문이가 하숙집에 와 있지 않을까 하는 생각을 한다. 현수는 문이에게 줄 꽃을 꺾다가 그만 눈을 다친다. 하숙집에 돌아와 보니 문이가 친구 갑순과 함께 와 있다. 갑순은 그깟 꽃 때문에 눈을 다쳤냐며 현수에게 핀잔을 주지만 문이는 그런 현수가 고맙기만 하다. 현수는 문이, 갑순과 함께 외국 시집을 읽으며 즐거운 시간을 보낸다.

**【참고】** 제목 앞에 '連載小說'이라고 표기되어 있다. 李鐘實 작이다. 《학생월보》 제2권 2호(1950.2)에 2회가 실려 있으나 잡지 유실로 1회분을 찾을 수 없다. 1947년 창간된 《학생월보》는 현재 국립중앙도서관과 서강대 도서관에 일부 자료가 마이크로필름으로 보관되어 있다(1947.4-10, 1950.2). 2회 연재 끝에 '次號 계속'이라고 표기되어 있으나 이후 원본 자료 유실로 본문을 확인할 수 없다.

## 꽃피는 처녀 /쏫피는處女 : 노자영. 청조사1925.

**【내용】** 여고에 다니는 박영숙은 음악과 문예에 재주가 있는 20세 여성이다. 그녀는 친구 정애네 집에 놀러 갔다가 우연히 시인 김명선을 만나 호감을 느낀다. 영숙은 집에 돌아온 후에도 계속 명선을 생각한다. 며칠 후, 명선은 원산해수욕장으로 피서를 떠나고, 피서지에서 영숙에게 편지를 띄운다. 두 사람은 편지 왕래를 통해 애정을 키워 간다. 명선은 영숙에게 원산으로 오라고 조르고, 영숙은 그의 청을 받아들인다.

**【참고】** 노자영이 1925년 청조사에서 출간한 단행본 『무한애의 금상』 103-188면에 수록된 작품이다. 작품 말미에 '一九二四, 七, 一二, 元山 松樹園에서'라고 표기되어 있다. 이성에게 연정을 느끼는 젊은 여성의 심리를 묘사한 작품이다.

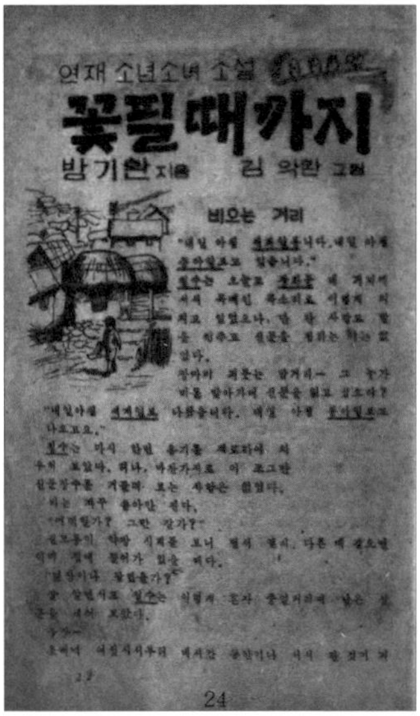
연재 소년소녀 소설
꽃필 때까지
방기환 지음 김 의환 그림
비오는 거리
24

## 꽃필 때까지 : 방기환. 소년1948.8-1949.11(16회 완).

**【내용】** 철수는 부모님을 여의고 학교를 그만둔 채 신문팔이로 어렵게 생활하는 소년이다. 그에게는 영애라는 아픈 여동생이 있는데 병원비를 구하지 못해 치료조차 못 하고 있다. 어느 날 광화문 네거리에서 신문을 팔던 철수는 같은 반이었던 혜정을 우연히 만나지만 아는 척하지 못한다. 혜정은 자신을 피하는 철수를 몰래 따라갔다가 그의 어려운 형편을 목격하게 된다. 이후 혜정은 철수의 집을 찾아 자신이 모은 용돈을 놓고 오곤 한다. 그러한 혜정의 뒷모습을 보게 된 철수는 그의 뒤를 쫓아갔다가 혜정이 아버지의 원수인 배영문의 딸이라는 것을 알게 된다. 사업을 크게 하던 아버지가 배영문 때문에 파산하고, 이후 실의에 빠져 지내다 일찍 죽었기 때문이다. 철수는 혜정이 놓고 간 돈을 돌려주며 배영문에게 복수를 하리라 다짐한다. 3년이 지난 후 철수는 여전히 가난에 찌들려 살고 있다. 집세조차 내지 못해 쫓겨나게 된 철수는 답답한 마음에 영애와 함께 뒷산에 올랐다가 우연히 혜정과 그의 오빠 종구를 만나지만 차마 도와 달라 하지 못한다. 막막한 마음으로 산을 내려오던 중 철수는 길가에 떨어진 가방을 발견하고 이를 경찰서에 넘겨준다. 그런데 우연하게도 그 가방 주인이 철수의 아버지 밑에서 일하던 차 서방으로 밝혀진다. 파산한 회사를 떠나 중국 상해에 들어가 돈을 벌어 나온 차 서방은 그간의 철수 사정을 듣고, 철수와 영애를 자신의 집에 머물게 한다. 그렇게 다시 학교를 다니게 된 철수는 신문에서 종구가 T대학의 대표로 각종 마라톤 대회에서 신기록을 세우고 있다는 소식을 접한다. 종구를 이기고 말겠다는 굳은 결심으로 혹독하게 마라톤 연습을 하던 철수는 길거리에서 쓰러지고 지나가던 종구가 그를 병원으로 데리고 간다. 같이 있던 혜정은 철수가 쓰러지는 것에 놀라 차에서 뛰어내리다가 다리를 다쳐 철수가 입원한 병원에 입원하게 된다. 철수는 이를 알지 못한 채 퇴원하고 뒤늦게 영애가 혜정을 찾아와 철수가 마라톤 대회에서 지고 실의에 빠져 지난다고 알려 준다. 그렇게 얼마간의 시간이 흐른 후 혜정은 퇴원하고, 뒷산에 올랐던 철수가 혜정의 집에 불이 난 것을 발견한다. 철수는 불길 속에서 혜정과 배영문을 구하지만 배영문은 끝내 목숨을 잃고 만다. 혜정은 일전에 다친 다리의 상처가 덧나 온전히 걸을 수 없다는 진단을 받는다. 혼자 남은 여동생을 위해 종구는 파리에서 열리는 세계 마라톤 대회에 참가하여 우승을 하게 된다. 병실에서 이를 전해 들은 혜정과 철수는 기쁨을 참지 못한다. 철수는 혜정의 다리를 고칠 수 있는 의사가 되고자 다짐한다.

**【참고】** 제목 앞에 '연재소년소녀소설'이라고 표기되어 있다. 1948년 8월 《소년》의 창간호에 연재되었으며, 간기에 창간호의 발행월이 7월로 표기되어 있다. 고난에 빠진 소년이 불굴의 의지와 선인의 도움으로 역경을 딛고 행복하게 산다는 소년 소설의 전형적인 스토리를 보여 주고 있다.

## 꿀벌 마아야의 모험 : 조우조. 주간소학생1949.9.2(6회)-23(9회).

**【내용】** 미확인 작품.

**【참고】** '장편과학동화' 라고 표기되어 있다. 아동잡지 《주간소학생》의 현전 자료에서 6회분부터 9회분까지 확인할 수 있다(9일자 7회, 16일자 8회).

## 꿈 : 이광수. 면학서포1947 ; 문선사1955.

**【내용】** 승려 조신(調信)은 세달사 농장을 관리하던 중 꽃놀이를 나온 진골 김 태수(太守)의 딸 달례(月禮, 15-16세)에게 반해 석벽에 핀 철쭉 한 포기를 꺾어 그녀에게 준다. 이후에도 그는 달례를 잊지 못해 고민하다 낙산사 용선대사를 찾아가 참회한다. 용선대사는 그에게 그저 관세음보살을 외라 할 뿐이다. 일 년 후 김 태수 일가가 불공을 드리러 낙산사에 오고, 달례와 재회한 조신은 그녀가 곧 모례라는 남자에게 시집간다는 사실을 듣는다. 낙망한 조신은 용선대사에게 달례와 연을 맺게 해 달라고 간청한다. 용선대사는 그에게 사흘 동안 법당에 들어가 참선하라고 명한다. 참선을 하다 잠깐 잠이 든 조신은 문 두드리는 소리에 놀라 일어난다. 놀랍게도 달례가 그를 찾아와 자신과 함께 달아나 주기를 청한다. 조신은 곧 그녀를 데리고 태백산 깊숙한 곳에 터를 잡는다. 2남 2녀를 낳고 단란하게 살던 중 낙산사 승려 평목이 나타나 그들을 협박하자 조신은 그를 목 졸라 죽이고 시체를 동굴에 유기한다. 후일 모례가 태수의 안내로 사냥을 오게 되어 조신이 그 안내를 맡는다. 모례가 쏜 화살에 맞은 사슴이 동굴로 들어가는 바람에 평목의 시체가 발견되어 조신은 교수형을 당한다. 조신이 살려 달라고 고함을 치는데, 누군가가 엉덩이를 차는 바람에 눈을 떠보니 용선대사가 웃으며 서 있고, 관음보살이 미소를 짓고 있었다. 조신은 달례에 대한 자신의 욕망이 덧없음을 깨닫고 다시 불도에 정진하여 대사가 된다.

**【참고】** 1939년 8월 《문장》에 1회 게재한 동명의 단편과 유사한 모티프를 취하고 있으나 다른 작품이다. 조신 설화를 모티프로 한 작품으로, 단편 「꿈」과 동일하게 '악몽'을 주요 모티프로 삼고 있다. 김동인 또한 「조신의 꿈」이라는 표제로 《월간야담》(1935.6)에 동일한 소재의 작품을 발표한 바 있다. 1947년 면학서포에서 단행본으로 출간되었다는 기록이 있으나 현재 확인되지 않는다. 국립중앙도서관 소장 문선사본(1955, 182면)을 텍스트로 내용을 정리했다.

## 꿈에 다니는 길 : 정인택. 어린이나라1949.9-1950.3(6회 미완).

**【내용】** 내용 생략.

**【참고】** '장편소년소설' 이라고 표기되어 있다. 《어린이나라》 1950년 3월호 6회 연재 후 4월호와 5월호에는 작가 사정으로 쉰다는 공지가 있었으나, 이후 잡지가 발행되지 않은 것으로 보인다.

## 꿈에 보는 얼굴 : 최병화. 새동무1947.7호(4회)-9호(6회 미완).

**【내용】** 내용 생략.

**【참고】** '장편소설' 이라고 표기되어 있고, '崔秉和' 라고 작가 표기를 하고 있다. 1945년 12월에 창간한 잡지 《새동무》의 현재 남아 있는 자료 7호와 9호에서 4, 6회분만을 확인할 수 있다. 정기적으로 발행된 잡지가 아닌 것으로 판단되며, 따라서 7호 및 9호의 정확한 발행월은 알 수 없다. 창간호 외에 1946년 4월에 2호가, 1947년 11월에 11호가 발행된 것을 확인할 수 있다. 최병화는 해방 이전 '꿈에 보이는 얼굴' 이라는 표제로 연재 소년소설을 발표한 적이 있다. 두 텍스트 사이의 관련성은 상세하게 살펴볼 여지가 있다.

## 꿈에 보이는 얼굴 : 최병화. 소년1940.9-12(4회 미완).

**【내용】** 어려서 부모를 여읜 경호는 동생 옥희와 함께 인천 외삼촌 집에서 살고 있다. 경호는 이른 아침마다 소에게 먹일 꼴을 베러 송도 유원지가 내려다보이는 산에 오른다. 어느 날 우연히 서울 경자집의 둘째 아가씨 성애를 만난 경호는 그녀에게 백합화를 꺾어 준다. 다음 날 동생 옥희가 경자집의 첫째 아가씨 성희의 반지를 훔쳐 갔다는 누명을 쓴다. 성국, 성희는 교만하고 버릇없는 성격으로 평소 동네 사람들을 무시하고 깔보기 일쑤다. 옥희의 이야기를 들은 경호는 성희를 만나 동생의 누명을 벗기기로 한다. 그러나 성희는 경호에게 거짓말을 하고 그를 무시해 버린다. 성희와는 달리 착한 성품을 지닌 성애가 그녀의 행동을 나무라지만 소용이 없다. 성희가 잃어버렸다던 반지는 필통 속에서 발견된다. 성애는 언니 대신 경호 남매에게 사과하기로 하고 언덕 위에서 경호를 기다리지만 어쩐 일인지 경호는 며칠째 나타나지 않는다. 전에 경호를 만났던 외소나무 아래에서 경호가 쓰다 만 편지를 발견한 성애는 경호가 그림에 천재적 소질이 있어 서울에 가서 공부하기를 원하나 집안 형편 때문에 그것을 포기했음을 알게 된다. 한편 물이 불어난 강에서 수영을 하던 성희가 물에 빠지고 우연히 근처를 지나던 경호가 이를 발견하고 그녀를 구해 준다. 성희의 부모는 고마움의 표시로 경호에게 서울 유학을 지원하겠다고 하나 경호는 이를 거절한다. 여름이 끝나자 성애는 다시 서울로 돌아간다. 경호는 일 년 전 소학교에 다닐 때 만난 정유선 선생님으로부터 서울에 가정교사 자리가 났으니 올라와서 공부를 계속하라는 편지를 받는다. 경호의 꿈은 밀레와 같은 농민화가가 되는 것이다. 경호는 점점 가세가 기울어 힘든 외삼촌과 홀로 남을 옥희를 걱정하면서도 서울에 가서 잃어버린 누나 은희를 찾고 미술 공부를 해 자리를 잡아 동생을 부르리라 다짐한다.

**【참고】** 제목 앞에 '連載小說(1회)', '長篇小說(2회)', '少年小說(3회)' 라고 표기되어 있다. 정현웅의 삽화가 함께 실려 있다. 《소년》지 1940년 12월호 4회 연재분까지 확인할 수 있으며, 4회 연재 말미에 '계속' 이라고 부기되어 있다. 그러나 《소년》지 차호를 확인할 수 없어 완결 여부 및 결말을 알 수 없다. 최병화는 아동잡지 《별나라》 편집동인으로 활동하며 아동예술 연구 단체 '호동원(好童園)' 과

아동극단 ‘호동(好童)’을 조직하였다. 또한 《소년》, 《어린이》, 《별나라》, 《아이생활》 등을 통해 활발한 작품 활동을 한 아동문학가이다.

## 꿈은 아니언만 : 유엽. 신민1927.6-9(4회 완).

**【내용】** 동경 W대학 문과에 다니는 정인호는 열일곱 살에 조혼한 아내 선희와 불행한 결혼 생활을 한다. 인호는 선희에게 서로 애정을 갖기 위해 노력하자고 하나 구식 여성인 선희는 인호의 의사를 따르지 않는다. 이에 인호는 애정이 있는 가정 생활을 포기하고 동경에서 학업에만 몰두한다. 어느 날 인호가 묵고 있는 하숙집의 딸 미네꼬가 인호에게 사랑을 고백하고, 인호는 미네꼬의 사랑을 받아들일 수 없다면서 친구 서익환의 집으로 하숙을 옮긴다. 인호는 조선 유학생들이 모여서 만든 T회의 조선 방문 순회 극단에 들어가 연극의 주연으로 활동한다. 극단에서 인호는 은경을 만나 사랑에 빠진다. 은경은 인호가 이미 결혼한 것을 알고 괴로워하지만 인호의 애인으로서 일생을 보낼 것을 결심한다. 한편 인호는 부호인 영철에게 은경과 자신이 사랑하는 사이이며 자신이 이혼하는 대로 은경과 결혼할 것이라는 이야기를 듣는다. 인호는 배신감을 느끼지만 은경에 대한 사랑으로 그녀를 이해하려 한다. 어린 시절 부모를 여의고 이모의 집에서 자란 은경은 외로운 처지에 경제적으로도 어려워 여러 명의 남자들과 교제하면서 결혼 상대를 고른다. 은경은 인호의 순직한 성격, 잘생긴 외모, 그의 비범한 총명함을 사랑하지만 인호를 결혼 상대자로 여기지 않는다. 아내와 이혼한 인호는 은경의 마음을 알고 방랑의 길을 떠난다. 은경은 인호를 붙잡기 위해 편지를 보내고 동경에 되돌아온 인호와 재회하여 순결한 사랑을 약속한다. 그러나 은경은 여전히 인호의 열정과 영철의 돈, 그리고 W대학 전문부 학생인 신상현의 늠름하고 건강한 모습 사이에서 갈등한다. 그러던 어느 날 인호는 은경의 정조를 뺏고, 이후로 두 사람은 동거한다. 은경은 사랑만으로 살 수 없다고 생각하여 인호 몰래 상현과 교제를 지속한다. 결국 이 사실을 알게 된 인호는 은경을 감시하면서 괴로워하다가 은경을 떠난다. 뒤늦게야 인호에 대한 사랑을 깨달은 은경이 인호의 고향으로 찾아와 두 사람은 결혼한다. 인호는 농사를 지으며 농촌 활동을 하고, 은경은 교육 사업에 종사하며 고향에서 생활한다.

**【참고】** 유춘섭(柳春燮)이 ‘柳葉’이라는 필명으로 발표한 작품이다. 작가가 1927년 《신민》에 연재한 소설에 그 이후 인물들의 이야기를 덧붙여 1953년 단행본(덕흥서림, 384면)으로 출간하였다. 단행본의 서문에서 작가는, 이 소설이 최독견의 집에 있을 때인 열세 해 전에 썼던 것을 다시 쓴 것임을 밝히고 있다. 《신민》 연재 당시 4회 말미에 완료 표기가 있으나, 작가가 이후 이야기를 덧붙여 단행본으로 출간하였다. 《신민》에 연재된 부분은 은경과의 사랑을 포기한 인호가 방랑을 시작하는 데서 끝난다. 단행본에는 재회한 인호와 은경의 사랑, 이별, 재회 및 주변인들과의 애정 갈등이 상세히 묘사되어 있다. 작가의 말을 참조하면, ‘시대가 바뀌어도 변함이 없고 지역이 달라져도 옮기지 아니하여 영웅의 눈물을 자아내고 시인의 피를 끓게’ 하는 ‘애정’을 그린 장편소설이다.

# ㄴ

## 나 : 이광수. 생활사1947.

**【내용】** '나(김도경)'는 쇠락한 나라, 쇠락한 가문의 장손으로 태어난다. 집안이 점점 가난해지자 부친은 늘 술에 취해 있다. 잔병치레가 많은 '나'는 신동 소리를 들을 만큼 글재주가 뛰어나 부모의 기대 속에 성장한다. 두 여동생이 태어나면서 식구가 늘자 부친은 돈을 벌 요량으로 여러 가지 일을 시작하지만 뜻대로 되지 않아 좌절한다. 부친은 콜레라에 걸려 눈을 감고, 얼마 뒤 모친과 막냇동생까지 세상을 떠난다. '나'는 어렵사리 동경 유학을 떠나지만, 그 사이 '나'의 첫사랑 실단은 다른 남자와 결혼한다. '나'는 가난 때문에 학업을 중단하고 귀국하여 교사로 취직한다. '나'는 생각했던 일들이 모두 실패로 돌아가자 절망에 빠지고, 그런 '나'를 친구인 문의 이복누이가 따뜻하게 감싸 준다. 이후 '나'는 문의 누님 소개로 그녀의 외사촌과 혼인을 하지만 애정 없는 결혼 생활에 무미건조함을 느낀다. 그러던 중 '나'는 부인이 친정에 간 사이 문의 누이를 계획적으로 범한다. 여러 가지 상황이 뜻대로 되지 않아 '나'는 점차 무기력하고 쓸쓸한 사람이 되어 간다.

**【참고】** 고려대 도서관 소장 생활사본 표지의 제목은 '나' 이지만 작품의 말미에 '소년편 終' 이라고 표기되어 있다. 자전적 성격이 강한 작품으로, 작가의 서문과 작품 내용으로 보아 다음 해에 발표된 『스므살 고개—나:청춘편』(생활사1948)의 전편에 해당된다. 이후 이광수 전집이나 선집에는 모두 '나' 라는 표제로 두 작품이 묶여 실렸다.

## 나그네 : 김일평. 매일신보1937.6.23-7.16(21회 완).

**【내용】** 한태호는 고향 개성에 가족을 두고 홀로 서울에서 교사로 일하고 있다. 태호의 소원은 '위대한 작가'가 되는 것으로, 서울의 '중앙 문단'에 진출하고 싶은 것이 그의 바람이다. 그러나 상경한 태호는 생계를 위해 교사로 일하느라 창작에 골두할 시간이 없다. 태호는 소학교가 아닌 학원에서 건강상의 이유로 쉬고 있는 교사의 대리 교사로 일한다. 태호는 불성실한 학생들, 동료 교사와의 불화, 교장과의 갈등 등 악조건 속에서 자신의 현재와 미래에 대

해 고민한다. 그러던 중 고향 친구 방 군의 소개로 태호는 영화 촬영감독의 조수가 될 기회를 얻어 다른 생활을 꿈꾼다. 그러나 태호는 촬영감독의 조수가 되지 못한다. 이에 실망한 태호는 서울에서 아는 사람들을 찾아다니면서 다른 직업을 얻고자 하나 여의치 않다. 마침 고향의 아내에게서 어머니의 병이 위중하다는 편지를 받고 고향으로 돌아가기로 결정한다. 태호는 서울에서 이루지 못한 자신의 꿈을 떠올리면서 씁쓸하게 귀향한다.

**【참고】** 21회 연재되었으나 연재 당시 지면에 '短篇小說'이라고 표기되어 있다. 주인공의 좌절, 회의 등 심리적인 면이 상세히 서술되어 있는 작품이다.

## 나는 기생년이야요/나는긔생년이야요 : 순산초부. 신흥영화1932.6(1회 미완).

**【내용】** 경성의 시구문 근처에 있는 술집 화월루에는 작부 월화가 있다. 얼굴이 예쁘고 소리를 잘하는 월화를 보기 위해 술꾼들은 화월루로 모여든다. 월화는 술집에 매여 있는 몸이지만 정식으로 혼인하여 다른 남자의 아내가 되고 싶은 소망이 있다. 그러나 화월루의 주인인 춘삼은 월화의 몸을 유린하면서 월화에게 몸을 팔도록 강권한다. 월화는 죽기를 결심하고 이를 거부한다.

**【참고】** 1회 연재 당시 '영화소설(映畵小說)'이라고 표기되어 있으며, 작품의 끝에 '쏘잇소'라며 이후로도 연재될 것임을 밝히고 있지만 《신흥영화》가 창간호 발간 이후 폐간되어 미완으로 남은 작품이다. '순산초부(郇山樵夫)'가 누구인지는 확인되지 않는다.

## 나라 없는 사랑 : 김광주. 선문사1947.

**【내용】** 미확인 작품.

**【참고】** 1947년 5월 21일 《중외신보》 광고에 제목과 서지가 소개되었으나, 현재 작품을 확인할 수 없다.

## 낙왕성추야담/落王城秋夜譚 : 김동인. 중앙1935.1(1회 완).

**【내용】** 고려 말 공민왕은 왕비 노국공주의 병세가 호전되지 않자 애를 태운다. 그는 승려 편

조를 침전에 불러 왕비의 회복을 염원하는 기도를 올린다. 그러나 왕의 지극한 정성에도 불구하고 왕비는 사경을 헤매다 결국 숨을 거두고 만다. 실의에 빠진 왕은 정사를 돌보기는 커녕 만사에 의욕을 잃어버린 채 왕비의 시신 곁을 떠나지 않는다. 이런 왕에게 승려 편조는 백성을 위하여 그만 왕비를 잊어버리라고 권하지만 아무런 소용이 없다. 왕은 편조를 시켜 죽은 사람의 영혼을 불러온다는 반혼법을 통해 왕비의 영혼이라도 붙잡기 위해 안간힘을 쓴다. 며칠이 지나 왕비의 시신이 있는 빈전에서 고약한 냄새가 나자 신하들은 왕비의 시신 안치를 강력하게 요청한다. 이에 따라 왕비의 시신은 정릉에 안치되지만, 이후에도 공민왕은 왕비를 잊지 못하고 반혼법에만 매달린다. 이를 참다 못한 편조는 왕을 속이고 왕비를 닮은 여인을 구해와 그와 동침케 하는 등 갖은 방법을 써 보지만 소용이 없다. 그러는 동안 왕은 편조를 신임하게 되고 그를 중용하게 된다. 편조는 이름을 신돈으로 바꾸고 정치에 본격적으로 뛰어든다. 유신들의 파벌과 무관한 신돈은 거리낌 없이 정치개혁을 단행하고, 그러는 동안 왕은 정사를 등한시하고 왕비를 기리는 사당을 짓는 데 몰두한다. 왕은 좀더 아름답고 화려하게 사당을 꾸며 왕비의 아름다운 모습을 영원히 간직하고 싶어 한다. 그러는 과정에서 점점 그는 히스테릭한 성격으로 변모하고 급기야는 변태적인 행동을 보이기까지 한다. 그리고 사당을 더 웅장하게 지으라는 자신의 명을 신돈이 행하지 않자 그를 파직하고 유배 보낸다. 이상심리를 보이며 실정을 계속하던 왕은 결국 후궁 익비를 범한 자제위 소속 홍륜에 의해 살해되고 만다.

**【참고】**《중앙》에 1회 전재한 '三百枚長篇歷史小說'이다. 작품이 끝나는 부분에서 다음 호에는 염상섭의 「그 女子의 運命」이 실릴 것이라는 예고가 있다. 김동인이 하룻밤 사이에 써냈다고 알려진 작품으로, 1941년 '왕부의 낙조(王府의 落照)'로 개제하여 매일신보사에서 단행본으로 출간하였다. 왕비를 잃은 공민왕이 그 충격으로 이상심리를 보여 실정하기에 이르고, 끝내 자제위의 홍륜에게 피살되기까지의 과정이 하강적 구조로 그려진다. 왕권을 둘러싼 궁중의 난륜이 그려지기는 하지만 부차적인 사건에 머물고 있으며, 사랑하는 여인을 잃은 공민왕의 슬픔과 번민에 초점을 맞추고 있다. 왕비에 대한 공민왕의 집착과도 같은 사랑이 비정상적으로 그려진다는 점에서 탐미주의적 성향을 엿볼 수 있다.

## 낙원/樂園 : 광산신월. 호남평론1936.8-1937.1(6회 완).

**【내용】** 리선경은 은행 업무가 끝나면 술을 마시거나 기생과 어울리는 생활을 한다. 선경의 아내 김 씨는 가정을 돌보라고 이야기하지만 선경은 아내의 말을 듣지 않는다. 선경은 자신의 사회적 명예 때문에 첩을 들이지 못하나 실제로 기생 명월에게 생활비를 주면서 명월의 집을 드나들고 있다. 그러던 어느 날 선경은 명월이 자신을 배반했다고 오해하고 명월의 집에 가지 않는다. 선경은 종교학교 교사인 친구 김종렬이 경성에 오자 그를 환영하는 자리에서 종렬과 논쟁을 벌인다. 선경은 축첩과 술의 필요성을 주장하는 반면에 종렬은 축첩과 술

의 해악에 대해 이야기한다. 한편 선경의 아내 김 씨는 자살을 결심하고 한강으로 가다가 남편의 친한 친구의 아내인 박 선생 부인을 만난다. 박 선생 부인은 김 씨에게 남편에게 화내고 짜증을 내는 대신 남편을 공경하라고 알려 준다. 김 씨는 박 선생 부인의 말대로 실행하고, 아내의 바뀐 모습에 선경은 자신의 잘못을 반성하고 새로운 생활을 설계한다. 김 씨와 선경의 가정에는 평화가 깃든다.

**【참고】** 단편 분량으로 《호남평론》에 6회 연재되었다. 연재 당시 지면에 제목은 '家庭小說 樂園'이며, 작자가 '廣山新月'이라고 표기되어 있다. 연재 마지막 회에서 '신월'이 '최춘렬'임을 밝히고 있다.

## 낙조/落照 : 방인근. 조선일보1930.9.18-10.28(29회 완).

**【내용】** 동경 K대학 유학생인 강명호는 아버지의 병이 위중하다는 전보를 받고 귀국길에 오른다. 그는 기차 안에서 음악학교 여학생 애주를 만나고, 그녀의 동창생 리숙희를 알게 된다. 명호와 숙희는 짧은 여정 속에서 사랑의 감정을 느낀다. 명호는 숙희와 헤어지기 아쉬워하지만 병중인 아버지를 생각하고 숙희와 주소를 교환한 뒤 고향으로 향한다. 명호가 고향에 도착한 뒤 명호의 집은 명호의 부친에게 앙심을 품은 소작인들이 불을 질러 모두 탄다. 게다가 아버지마저 충격을 받아 사망하자 명호는 서울의 숙희를 찾아가지 못한다. 간신히 숙희를 찾은 명호는 청혼을 하면서 아버지의 일 년 상이 지날 때까지 기다려 달라고 한다. 그러나 숙희는 양어머니 때문에 명호와의 약속을 지킬 수 없다. 숙희의 양어머니 금파는 원래 기생이었던 사람으로, 어린 숙희의 얼굴이 예쁜 것을 보고 그녀를 기생으로 만들려 한다. 그러나 숙희가 저항하면서 음악학교에 들어가자 신식 기생으로 만들 수 있다며 학비를 대 준다. 금파는 귀국한 숙희에게 여학교의 음악선생이 될 것을 강권하는데, 이는 신여성 숙희를 부호의 첩으로 만들기 위해서이다. 숙희는 금파와 김 자작의 계략에 빠져 결국 김 자작의 첩이 된다. 한편 숙희의 일을 알게 된 명호는 좌절하여 방탕한 생활을 하며 재산을 모두 잃는다. 이때 명호의 친구인 C군이 나타나 명호에게 새로운 생활을 제의하고, 명호는 그와 함께 3·1운동에 가담하였다가 투옥된다. 숙희는 김 자작과의 생활에 환멸을 느끼다가 명호의 소식을 듣고 그의 옥바라지를 한다. 숙희는 김 자작과의 생활을 정리하고 친구의 집에 머물면서 명호가 나오기를 기다린다. 마침내 명호가 투옥된 지 한 달도 못 되어 건강이 악화되어 석방되자, 숙희는 그를 맞이한다. 명호는 숙희를 거부하다가 그녀를 용서하고 죽는다.

**【참고】** 단편 분량이다. 당대의 역사적 상황을 곁들인 남녀간의 애정사가 비극적 결말에 이르기까지 숨가쁘게 전개된다.

## 낙조/落照 : 박태원. 매일신보1933.12.8-12.29(22회 완).

**【내용】** 최 주사는 젊은 시절 대한제국 경무청의 순검이었다가 관비 유학생으로 선발되어 박영효의 인솔 아래 동경 유학을 다녀온 인물이다. 최 주사는 경응의숙에서 계몽 사상가 후쿠자와 유키치(福澤諭吉)를 만나는 등 유학 생활을 하지만 을미사변이 일어나자 자진하여 유학을 그만두고 귀국한다. 이후 최 주사는 순검, 감옥 간수 등을 거쳐 독립문, 마포, 아현동 일대를 돌며 싸구려 약을 팔러 다니는 행상을 하고 있다. 육순이 넘은 나이에도 최 주사는 아내가 죽은 뒤 딸 내외와 함께 살던 집을 나와 약방에서 숙식을 해결하면서 어렵게 생활한다. 약방의 젊은 주인을 비롯한 주변 사람들은 최 주사를 안타까이 여겨 온정을 베풀지만 최 주사는 최소한의 것만을 받아들인다. 최 주사는 양심적이고 강직한 성격 때문에 주위에 폐를 끼치지 않기 위해 극도로 노력한다. 그는 머물고 있는 약방에서 대접하는 밥을 마다하고 빌린 돈은 반드시 갚는 등 스스로 세운 원칙을 지키며 살아간다. 최 주사는 오로지 자신이 좋아하는 막걸리를 실컷 마시지 못한다는 것과 아들이 없다는 것을 아쉬워하면서 자신의 생활에 충실하다. 그러던 어느 날 최 주사는 싸전을 하다가 낙향한 친구 윤수경이 심장마비로 죽었다는 소식을 듣고 망연자실한다. 최 주사는 자신에게도 죽음이 멀지 않음을 느끼고 비로소 자신이 늙었다는 것을 자각한다. 길거리에서 아이들에게 괴롭힘을 당하는 늙은 개를 보고 최 주사는 마치 자신의 모습을 보는 것 같아 괴로워한다. 최 주사의 만류에도 불구하고 아이들은 계속하여 개를 괴롭히고, 이에 최 주사는 자신의 힘으로 아이들을 말릴 수 없음을 깨닫고 행상 길을 다시 떠난다.

**【참고】** 중편소설이다. 구한말 최초의 관비 유학생으로 나라의 정세와 더불어 몰락한 인물의 삶이 회고적 어조로 제시되어 있다. 작품의 중반 이후에는 주인공에 대한 연민이 젊은 서술자의 시선으로 드러나 있기도 하다. 「천편풍경」이나 「소설가 구보 씨의 일일」처럼 당대 서울의 구체적 장소가 제시되어 있으며, 서울 사람들의 삶이 사실적으로 묘사되어 있다.

## 낙조/落照 : 김사량. 조광1940.2-1941.1(11회 미완).

**【내용】** 수일은 어머니와 함께 평양에서 살다가 일곱 살이 되어 서울의 아버지 집으로 온다. 수일의 어머니 산월은 평양에서 유명한 기생이었는데, 그녀의 나이 열일곱 살에 신관 사또의 아들 윤성효의 눈에 띄어 수일을 임신하게 된다. 그러나 성효의 부친 윤 대감이 친일과

합방에 앞장선 대가로 남작위를 받은 뒤 친청파에게 살해당하자 성효는 매달리는 산월을 버려둔 채 서울로 간다. 산월은 홀로 아들 수일을 낳아 키우며 기생 생활을 한다. 그러던 어느 날 성효는 장성한 아들이 일본에서 죽자 후계를 잇기 위해 평양에서 산월과 수일을 데려온다. 성효의 집에는 김천집과 해주집 두 사람의 첩과 그들의 소생인 귀애와 옥기가 있고, 성효에게 돈을 우려내려는 무리들이 사랑을 차지하고 있으며, 협잡과 시기와 간통 등 온갖 악행들이 벌어지고 있다. 성효의 집에서 수일 모자를 환영하는 것은 김천집과 그녀의 딸 귀애뿐이다. 김천집은 해주집을 경계하기 위해 수일 모자를 환대하나 해주집과 그녀의 딸 옥기는 수일을 눈엣가시처럼 여긴다. 김천집의 딸 귀애는 원래 김천집의 전 남편의 자식으로, 누나처럼 수일을 돌봐 수일 역시 귀애를 따르며 생활한다. 그러나 산월은 평양으로 돌아가고 싶어 하며 신경증에 시달리는데, 해주집의 비방과 계략으로 병적인 상태가 심각해진다. 게다가 해외에서 독립투사가 성효를 암살하려다가 성효의 매제인 박 대감을 죽이자 산월은 윤 씨 집안의 후손인 수일에게도 좋지 않은 일이 일어날 것을 염려하며 끊임없이 수일에게 '무서운 후손'임을 주지시킨다. 이러한 영향을 받은 수일은 우유부단한 성격을 갖게 되는데, 학교 친구 석순철을 통해 사회의식을 성장시킨다. 그러나 독립투사의 아들인 순철이 평양으로 떠나자 수일은 귀애만을 의지하게 된다. 그러던 어느 날 숙부의 집에서 생활하던 수일은 어머니가 아버지의 집에 불을 지르고 사망했다는 충격적인 사실을 듣게 된다. 수일은 의지하던 귀애마저도 집을 떠나자 절망적인 상태에 빠져 있다가 아버지의 뜻에 따라 결혼하게 된다.

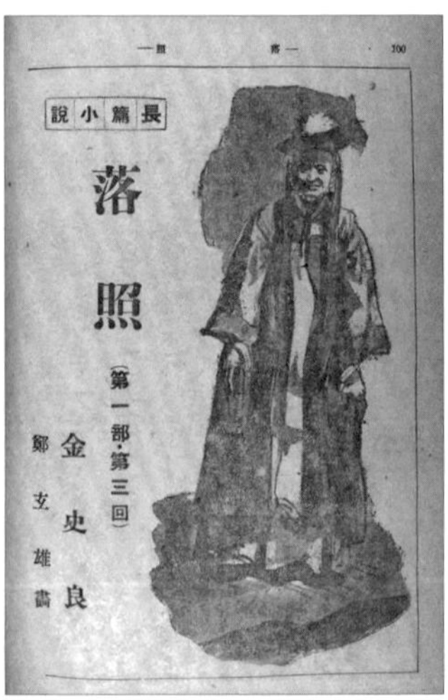


**【참고】** 연재 지면에 '長篇小說 落照 金史良'이라고 표기되어 있으며, 정현웅이 삽화를 그렸다. 1941년 1월 연재분 제목 뒤에 '第一部·終回'라고 부기되어 있으며, 연재 마지막에 '第一部 尹氏네사람들 終'이라 표기된 것으로 보아 연작의 형태로 창작될 작품의 일부임을 알 수 있다. 민중들에게 지탄받는 친일파 집안의 타락과 그 속에서 희생되는 주인공의 비극적 성장 과정을 그리고 있다. 《조광》 연재분은 장편소설의 제1부에 해당하며 이후 연재가 중단되어 작품의 전모를 파악할 수 없다. 김사량이 한글로 발표한 최초의 장편소설이다.

## 낙타/駱駝 : 안회남. 신천지1947.7(1회 미완).

**【내용】** 안은 문학가 동맹 회관에서 서기장인 여천을 만나 술자리를 가진다. 여천은 술을 더 먹기를 원하나 안은 서원에 있는 집으로 돌아갈 생각에 거절한다. 그는 진고개에서 아이들의 선물을 산 다음 서원 가는 기차에 오른다. 그러나 물난리가 나서 기차는 수원에서 멈추어 버린다. 그는 할 수 없이 기차에서 내려 처음 보는 노인과 술을 마신다. 다음 날 아침 큰 물

난리로 대부분의 기차의 운행이 중단되어 있다. 평택 근방에 큰 홍수가 났다는 소식이 들려와 사람들은 긴장한다. 안은 평택 근방인 서원의 상태가 어떨지 걱정이지만 알아볼 방법이 없다. 물난리 중에 아이를 잃은 부모의 모습을 보고 그의 불안은 더 심해진다.

**【참고】** '니히리즘의 극복' 이라는 부제가 붙어 있다. 《신천지》 지면에 연재소설이라고 표기되었으나 1회로 중단되었다. 주인공에 대한 지인의 호칭이 '안' 인 것으로 보아 작가 안회남의 자전적 요소가 투영된 작품임을 짐작할 수 있다. 주인공의 심리묘사에 많은 지면을 할애하고 있는 것이 서술상의 특징이나, 서사의 줄기를 파악할 정도로 이야기가 진행되기 전에 연재가 중단되어 버려 전체적인 내용을 알 수 없다.

## 난영/亂影 : 최독견. 조선일보1927.9.30-1928.3.7(121회 완).

**【내용】** 1926년 융희황제 순종의 인산일 군중 속에서 총소리가 들리고 장홍준이라는 부호가 살해되는 사건이 일어난다. 경찰은 홍준의 아내 민혜원의 옷에서 탄환 구멍이 발견되자 혹시 범인이 혜원을 노린 것은 아닐까 의심한다. 사건 현장에서 최일청이라는 남자가 혜원에게 쓴 편지가 발견된다. 편지에 따르면, 5년 전 혜원은 일청을 버리고 리용구라는 남자를 선택했다가, 다시 용구와 헤어지고 부호인 홍준과 결혼한다. 이에 배신감을 느낀 일청이 돈이 얼마나 허망한 것인지 혜원에게 보여 주기 위해 홍준을 살해하겠노라 편지를 쓴 것이다. 이 편지를 증거로 일청은 체포되어 사형을 선고받는다. 이때 혜원의 옛 애인인 용구의 누이동생 충자가 나타난다. 오랫동안 일청을 연모해 온 충자는 그가 사형을 선고받고도 변호를 거절하는 등 이상한 행동을 보이자 의문을 품고 사건의 진상을 밝히기로 결심한다. 충자는 사건의 전후 상황을 조사하면서 점차 혜원이 사건의 열쇠를 쥐고 있다고 판단, 그녀를 집요하게 추적한다. 그 결과 혜원이 혼전에 용구의 아이를 임신했고, 이를 은폐하기 위해 홍준을 살해했음을 알게 된다. 하지만 충자는 행여 오빠가 사건에 연루되어 중죄를 받을지 모르고, 일청이 진짜 무죄로 풀러날 수 있을지 판단이 서지 않아 진범을 공개하지 못한다. 한편, 혜원은 재산상속에 방해가 되는 시어머니를 독살하고, 시어머니와 불륜 관계에 있는 주치의 현 의사를 범인으로 몰기 위해 계략을 꾸민다. 이 과정에서 혜원은 예전부터 자신을 짝사랑해 온 맹왈득의 협박을 받는다. 혜원에 대한 애욕으로 가득 찬 왈득은 그녀가 홍준을 죽이는 것을 목격한 뒤 이를 발설하겠다는 협박하에 지속적으로 성관계를 요구한다. 왈득의 협박에 따른 공포감, 살인을 하면서 점차 광폭해지는 자신에 대한 절망감 등으로 혜원은 자포자기의 심정이 된다. 혜원은 왈득의 협박에 못 이겨 결국 용구까지 살해하게 되고, 유서를 남긴 채 기차에 뛰어들어 자살한다.

**【참고】** 연재 완료 후 단행본으로 출간된 기록이 없다. 추리소설에 대한 최독견의 관심이 본격적으로 투영된 작품으로 평가된다. 의문의 살인 사건이 발생하고 명쾌한 해결사가 등장하여 진범을 밝혀내는 중반부까지는 전형적인 추리소설의 구조를 따르고 있다. 범인이 밝혀진 중반부 이후에는 연쇄살

인 사건에 따른 공포 분위기 조성과 범인의 심리적 갈등이 긴장감 있게 그려지면서 독자의 흥미를 유발한다. 『청춘의 정사』(대성서림1936) 뒷면 광고에 수록된 것으로 보아 비슷한 시기 대성서림에서 단행본으로 출간되었을 가능성이 높으나 단행본은 현재 확인되지 않는다.

## 남녀전/男女戰 : 방인근. 월간매신1934.2-7(6회 완).

**【내용】** 종태와 애련은 부부이다. 한 고향에 살았던 두 사람은 고향을 떠나 경성에서 함께 살고 있다. 그러나 생활이 어려워 결혼식을 올리지 못한 상태이다. 어느 날 종태는 숙자를 만나 그녀의 오빠 명수의 회사에 간다. 종태는 명수의 친구이고, 숙자는 애련의 친구로 네 사람은 고향이 같다. 종태를 좋아하는 숙자는 오빠 명수의 회사에 종태를 취직시킨다. 한편 애련은 자신에게 청혼했던 명수의 회사에 종태가 취직한 것이 탐탁지 않지만 생활을 위해 어쩔 수 없다고 생각하고 자신도 백화점에 취직한다. 종태와 애련은 각자 열심히 돈을 벌어 결혼식을 올리기로 약속한다. 그러나 숙자가 종태에게 애정 공세를 퍼붓고, 종태는 숙자의 미모와 재력에 반해 점점 애련에게 싫증을 낸다. 마침내 종태는 애련에게 편지로 이별을 선언하고, 숙자와 결혼한다. 뒤늦게야 이 사실을 알게 된 애련은 복수를 결심한다. 애련은 자신에게 호감을 보이는 명수에게 세 가지 조건을 제시한 뒤 결혼한다. 첫째는 명수의 재산 중 삼분의 일을 자신에게 줄 것, 둘째는 명수의 여동생 숙자에게 생활비를 지급하지 말 것, 셋째는 결혼하고 석 달이 지날 때까지 동침하지 말자는 내용이다. 명수가 조건을 받아들여 두 사람은 결혼하고, 애련은 경제권을 갖고 숙자와 종태 부부의 생활을 경제적으로 압박한다. 종태가 생활비를 얻으러 왔다가 명수와 다툰 날, 애련은 종태에게 돈을 뿌린다. 모욕을 느낀 종태가 자리를 박차고 나가자 애련은 자신의 복수를 마치기로 결심하고 그날 밤 권총으로 자살한다.

**【참고】** 매일신보사에서 발행한 잡지 《月刊每申》 1934년 4월호부터 7월호에 3회부터 6회까지 총 4회 연재되었다. 이전 연재분은 잡지를 찾을 수 없어서 확인할 수 없다. 다만 《월간매신》이 1934년 2월에 창간된 잡지라는 점과 이 작품이 동년 7월호까지 6회로 연재 완료된 점을 고려할 때 2월에 연재가 시작되었을 가능성이 높다. 연재된 부분의 내용은 연인 관계에 있던 남녀 주인공의 사랑과 배신, 복수, 파국으로 이루어져 있다.

## 남매/男妹 : 승효탄. 신소년1933.3(2회)-3(3회 미완).

**【내용】** 내용 생략.

**【참고】** '長篇連載少年小說' 이라고 표기되어 있으며 '昇曉灘' 이라고 작가 표기가 되어 있다. 해당 잡지의 1933년 1월호와 4월호가 발견되지 않아 작품의 전모를 알 수 없다.

## 남충서/南忠緖 : 염상섭. 동광1927.1-2(2회 완).

**【내용】** 일본인 기생 출신의 미좌서는 조선인 남상철의 종첩 중 하나이다. 그녀는 하나뿐인 아들 충서가 일본인 처녀 팔중자와 파혼하고 정희라는 조선 여인과 결혼하자 이를 못마땅해한다. 다른 조선인 첩들과의 경쟁에서 이겨 상철의 민적에 오르기 위해서는 조선 여인을 며느리로 보는 것이 여러모로 불리하기 때문이다. 미좌서는 죽은 본처의 여동생이 갑자기 집에 자주 드나들자 불안해한다. 그녀는 상철이 처제와 결혼하여 자신이 민적에 오르지 못할까 봐 불안해하며 이러한 심정을 편지에 써서 아들 충서에게 보낸다. 하지만 충서는 어머니가 신경과민이라고 생각하고 이를 상철에게 알린다. 이 일로 미좌서는 상철에게 싫은 소리를 듣고 결국 집을 나와 홀로 생활한다. 충서는 어머니를 생각해서 아버지의 뜻대로 정희와의 결혼을 결정하지만, 오히려 미좌서는 충서가 자신을 따돌린다고 오해한다. 이 일로 모자 사이는 멀어지고 두 사람의 대화는 항상 다툼으로 끝나는 상황이 이어진다. 충서는 미좌서에게 집으로 들어오라고 설득하지만, 그녀는 여기에 대답을 하지 않고 대신 조선에서 살아온 순탄치 않았던 자신의 삶을 털어놓는다. 어머니의 말을 들으며 충서는 마음속으로 일본인도, 조선인도 아닌 자신보다는 그래도 어머니의 삶이 낫다고 생각한다.

**【참고】** 《동광》 1927년 1-2월(통권9호-10호)에 상·하 편으로 나뉘어 연재되었다. 작품이 끝난 후 "이것은 長編의 性質을 가진 題材의 一點을 擇하여 縱斷面으로 描出함임을 注意 기픈 讀者에게 特히 一言하여 둔다"는 '作者 附言'이 서술되어 있다. 일본인과 조선인 사이에서 태어난 주인공이 어느 편에도 속하지 못하는 자신의 위치에 대해 고민하는 모습을 통해 식민지 현실을 반영하고 있다.

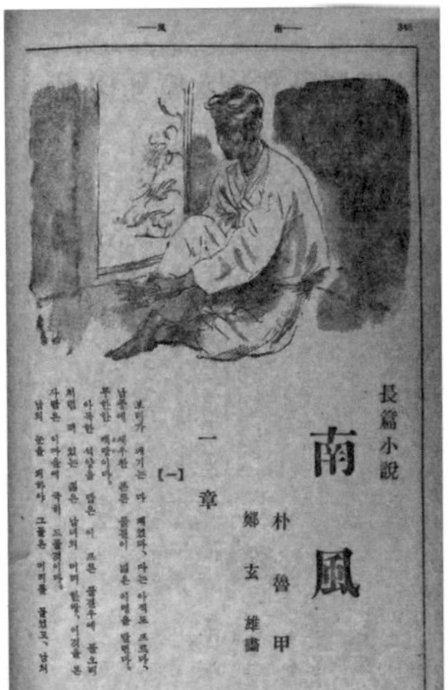
長篇小說
南風
朴魯甲
鄭玄雄畵
一章
【一】

## 남풍/南風 : 박노갑. 조광1939.1-6(6회 완).

**【내용】** 강창재와 이순숙은 서로 사랑하는 사이이다. 그러나 순숙의 집에서 강말 김 씨에게 순숙을 시집보내려 하는 것을 알고 둘은 안타까워한다. 김 씨는 나이 사십에 재취이지만 순숙의 집에서는 그만하면 좋은 자리라 하여 만족한다. 창재는 마름 일을 하던 아버지가 일이 끊기고 술병을 앓다 병이 도져 죽자 젊은 나이에 아버지가 남긴 빚을 떠안는다. 겨우 집을 팔아 빚을 갚고 품을 팔아 생계를 유지하던 창재는 결국 순숙을 얻지 못하고, 순숙은 강말로 떠난다. 창재는 순숙을 잊지 못하고, 강말로 이사하여 순숙의 집 주위를 맴돈다. 순숙은 그가 이사하였다는 소식을 뒤늦게 듣지만 이제 어쩔 수 없는 도리라 생각한다. 김 씨는 젊고 아름다운 부인에게 푹 빠져 시도 때도 없이 잠자리를 갖고, 급기야 기력이 쇠하여 이른 죽음을 맞는다. 시어머니는 순숙이 아들을 죽였다며 닦달을 하고, 순숙은 이를 견디지 못해 어떻게 할지 궁리한다. 순숙은 창재를 생각해 보지만 누군가와 다

시 결혼하여 얽매이는 삶이 싫어 서울에서 침모를 산다는 정숙을 찾아가 보리라 마음먹는다. 정숙이 술집에 나간다는 것을 알고 순숙은 당황했지만 목로주점을 같이 차리자는 정숙의 제안을 받아들여 돈을 보탠다. 순숙의 행박을 수소문하고 다니던 창재는 순숙을 찾아 서울로 올라온다. 그사이 목로주점 백년옥은 사람들로 북적이고 제법 장사가 잘되어 단골들이 생긴다. 회사 공금으로 술집을 드나들던 이정열이라는 자는 순숙에게 적극적으로 구애를 하지만 순숙은 그의 속셈을 빤히 들여다보고는 술값만 우려낼 뿐이다. 그러던 어느 날 정열이 자신을 받아들여 주지 않는 순숙을 칼로 찔러 중태에 빠트리고, 자살하는 사건이 생긴다. 순숙의 마지막 임종을 지켜본 창재는 쓸쓸한 남풍을 맞으며 고향으로 내려온다.

**【참고】** 제목 앞에 '長篇小說'이라고 표기되어 있으나, 원고지 300매 분량의 중편이다. 청춘 남녀의 애정사를 통속적으로 그리고 있는 작품이다. 모든 남성들에게 사랑받는 미모의 순숙이 남편을 여의고 서울로 올라와 술집을 차리며, 급기야 손님에게 살해되기까지의 내용 전개에 개연성이 부족하다는 평가가 있다. 순숙을 잊지 못해 그의 주위를 맴도는 창재라는 인물의 행보 또한 설득력이 떨어진다.

## 남한산성/南漢山城 : 임경일. 한풍출판사1942 ; 백민문화사1946.

**【내용】** 서인의 정권 퇴진과 더불어, 남북인의 전성 시대가 열리며, 이후 유성용의 퇴진으로 10년간 북인은 정권을 독점한다. 북인의 독점 시대 이후, 북인의 당론은 분열되기 시작한다. 이산해를 중심으로 한 대북파와, 유영경을 중심으로 한 소북파로 분열된 것이다. 다시 대북은 육파와 골파로 나뉘어지고, 소북은 유당과 남당으로 나뉘어진다. 광해군 시대에는 북인, 특히 정인홍, 이이첨 등 대북파가 정권을 장악한다. 따라서 서인이나 남인은 정치에서 배제되었다. 정권에서 배제되어 있던 서인은 광해군의 중립외교 정책에 반발하여 인조반정을 일으킨다. 인조반정 이후에는 서인들의 집권이 계속된다. 후금에서 국호를 바꾼 청나라는 정묘약조의 내용을 폐지하고 군신관계를 맺어 공물과 군사 3만을 지원하라고 한다. 조선이 이 제의를 거부하자 청은 12만 군사를 이끌고 조선을 침략한다. 조선군은 대군에 밀려 남한산성에 고립되고 시간이 흘러가면서 식량 고갈로 인해 군사들은 굶어 죽어 간다. 결국 인조는 항복을 선언한다.

**【참고】** 고려대 도서관 소장 백민문화사본(1946)을 텍스트로 내용을 정리했다. 인조반정 이후의 각 당의 세력 관계와 만주국의 2차 침입까지의 역사를 다룬 역사소설이다. 《동아일보》 1946년 2월 8일자 광고에 소개되었다. 「四忠書院」과 합본되어 있다. 「南漢山城」이 112면에서 끝나며 「四忠書院」은 205면에서 286면까지 할애되어 있다. 그 중간에는 어떤 작품이 있었는지 알 수 없다. '四忠書院'은 후에 영조가 될 왕세자의 책봉 문제로 죽은 노론 대신 김창집, 리이명, 조태채, 리건명을 기리기 위

해 1725년 과천에 지은 서원으로, 이 작품은 네 대신에 관한 이야기를 다루었다.

## 낭랑/浪浪 : 박노갑. 동아일보1940.6.5-8.7(30회 완).

**【내용】** 문호는 첩의 아들이라는 이유로 번번이 혼담이 깨지는 굴욕을 겪는다. 몇 번의 부침 끝에 자신보다 여섯 살이나 많은 부인을 맞지만 문호는 그에게 관심을 두지 않는다. 그러던 어느 날 문호는 집안의 돈을 훔쳐 서울로 와 학교에 들어간다. 그러나 돈이 떨어지자 그만 공부도 포기해 버리고 다시 고향으로 내려온다. 천한 자식이 무슨 공부냐는 큰댁 어머니의 말에 분개한 문호는 큰집의 살림을 모조리 때려 부수고는 몰래 소를 팔아 아예 동경으로 떠나 버린다. 그러나 이마저 얼마 가지 않아 모두 탕진해 버리고, 아내에게서 돈을 얻어 신영사에 밥집을 연다. 밥집이 잘되지 않고, 동생 난희마저 남의 집 첩으로 보낸 문호는 모든 것을 정리한 후 고향으로 돌아오고 만다. 아버지의 상을 치른 문호는 동지회를 조직하여 마을의 청년들과 어울리며 시국에 대해 논하다가 급기야 검거되어 삼 년 동안 형무소 생활하게 된다. 감옥에서 풀려난 문호는 술장사에 손을 대지만 이마저 망하고, 자성교라는 종교에 빠진다. 그러나 얼마 후 피를 쏟는 불치병에 걸린 것을 알게 된다. 문호는 자신의 신변을 걱정하는 항로의 편지를 받고는 동경의 신영사에서 만났던 친구들을 하나하나 떠올린다. 항로는 문호의 동생 난희와 서로 사귄다는 소문이 있었지만 가난한 처지 때문에 스스로 난희 앞에서 물러났던 친구이고, 신영사에 다니며 첩을 얻었던 유부남 재철, 자신의 여동생 난희를 첩으로 들인 길량, 자신의 앞날만을 생각하던 운용, 조강지처를 버리고 부잣집 딸과 결혼한 한주, 친구들에게서 교복까지 물려 입을 정도로 가난하였던 민웅, 노동 운동에 관심이 많았지만 결국 만주에서 객사하고 만 남주 등을 회상하던 문호는 고란사 옆 백마강의 물결을 비감 어린 표정으로 바라본다. 그리고 항로에게 자신은 이제 세상에 없을 것이라는 답장을 한다. 편지를 받은 항로가 급히 그를 찾아가지만 그의 소식을 알 길이 없다.

**【참고】** 소설의 서두에 문호를 걱정하는 항로의 편지가, 마지막에 문호의 답장이 배치되어 있다. 문호가 동경에서 만났던 친구들의 이름을 소제목으로 하여 3인칭 회상 형식으로 구성되어 있으며, '나' 라는 소제목으로 문호 자신에 대한 이야기가 전개되고 있다.

## 낭비/浪費 : 김남천. 인문평론1940.2-1941.2(11회 미완).

**【내용】** 경성제국대학 대학원에서 영문학을 전공한 이관형은 강사 임용을 앞두고 논문을 쓰기 위해 원산 피서지에 머문다. 논문의 제목은 '文學(문학)에 있어서의 不在意識(부재의식)' 이며, 소제목은 '헨리·젬스에 있어서의 心理主義(심리주의)와 인터내슈널·시튜에-숀(國際的舞臺)'이다. 관형은 논문을 쓰면서 자신의 운명과 헨리 제임스의 운명을 '부재의식'이라는

정신적 위기의 측면에서 동일시하며 괴로워한다. 유명한 무역상인 부친 이규식 소유의 별장에는 관형과 영화회사 중역인 외삼촌 윤갑수, 관형의 여동생 이관덕, 관덕의 친구 김연, 관형의 남동생 이관국이 머물고 있다. 관형의 별장 옆에는 동양은행 본점의 지배인의 첩 최옥엽과 옥엽의 친구인 청의 양장점 주인 문난주가 있다. 옥엽과 난주가 관형의 집으로 찾아오면서 세 사람은 알게 되는데, 미망인인 난주가 관형에게 관심을 보이고 관형을 유혹하려 한다. 그러나 관형은 관덕의 친구인 연을 동경하면서 난주는 성욕의 대상이며 연이는 애정의 대상이라고 생각한다. 한편 관국은 원산에 피서 온 소설가 한영숙과 사랑에 빠진다. 유부녀인 영숙은 관국의 애정을 부담스러워하다가 결국에는 불륜에 빠진다. 옥엽은 호색한 갑수와 불륜을 맺는다. 이러한 상황에서 관형은 연이 관국을 사랑한다는 사실을 알게 되고 논문 집필에 진척이 없자, 원산을 떠나 양덕으로 간다. 관형은 논문을 마무리하고 상경하는 길에 우연히 연과 그녀의 약혼자를 만나게 되고, 연에 대한 감정을 정리한다. 논문을 제출하고 심사를 기다리던 어느 날 관형은 지도 교수의 집에 초대를 받아 간다.

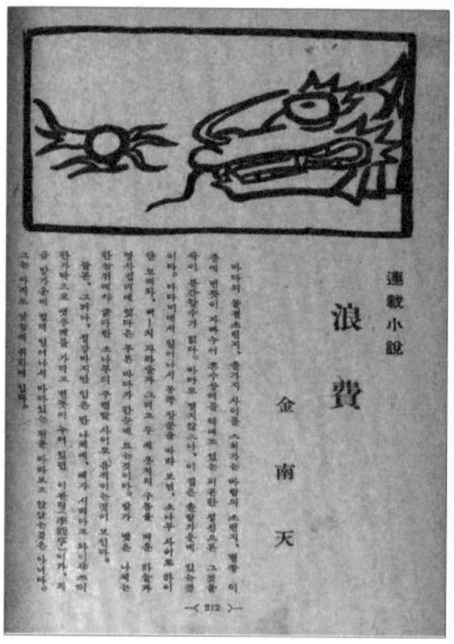
連載小說

浪費

金南天

**【참고】** 「경영」(문장1940.1), 「맥」(춘추1941.2)과 연작 관계에 있는 작품으로, 김남천의 대표적 전향소설로 평가된다. 미완의 장편소설로 「맥」의 앞부분에 해당하는 이야기이다. '예술성과 통속성이 혼탁되어 있다'는 부정적 평가와 한국문학에서 '유일하게 사상 문제를 다룬 전향소설의 최고봉'이라는 긍정적 평가가 있다.

## 내가 가는 길 : 양기철. 매일신보1939.1.10-4.8(74회 완).

**【내용】** 상해에서 댄서로 일하던 로-스는 중일전쟁이 일어나자 조선으로 돌아온다. 로-스는 부여의 고향집으로 향하던 중 경부선 열차 속에서 에레나라는 카페 여급을 알게 되어 대천의 해수욕장에서 만날 것을 약속한다. 로-스는 옛집을 찾아갔으나 부모가 어딘가로 떠났다는 이야기를 듣고 실망하여 대천으로 간다. 그러나 에레나는 대전으로 떠난 뒤였고, 로-스는 에레나를 따라 대전의 카페 화이트로스에서 여급으로 일한다. 로-스는 이곳에서 광산을 경영하는 부호 김상덕과 XX일보 대전지국 기자인 허욱을 만난다. 상덕은 로-스를 돈으로 유혹하려 하나 로-스는 욱에게 애정을 느끼고 여러 가지로 도움을 준다. 로-스는 욱과 함께 과거를 청산하고 새생활을 시작하려 한다. 로-스의 생일에 욱은 그녀에게 줄 약혼반지를 가지고 카페로 향하다가 사건을 취재하기 위해 발길을 돌린다. 기다리던 욱이 오지 않자 로-스는 홧김에 상덕이 권한 술을 마시고 쓰러진다. 상덕이 로-스를 유성호텔로 데리고 들어갔을 때 로-스가 깨어나고, 그 순간 순사가 방에 들어와 두 사람을 체포한다. 욱은 경찰서에서 우연히 로-스와 상덕이 잡혀 왔다는 이야기를 듣고 사건의 전말을 오해한 뒤 기사로 쓴다.

유치장에서 나온 로-스는 욱에게서 절연한다는 편지를 받고 그를 찾아가나 외면당하자 상덕에게 복수를 결심한다. 상덕과 욱이 기사 문제로 다투고 있을 때, 로-스가 등장하여 상덕에게 총을 쏜다. 법정에 선 로-스는 자신이 매음을 한 것이 아니고, 자신에게서 나온 돈 이백 원은 카페에서 일하며 모은 것이라고 한다. 상덕이 술에 취한 로-스를 억지로 끌고 갔다가 순찰 나온 순사에게 잡힌 것이라며 당시의 일을 증언한다. 로-스는 마지막 진술에서 상덕을 죽이는 것이 '내가 가는 길'이었다고 말하며, 욱과 상덕이 다툰 일에 대해서는 진술하지 않으면서 욱을 보호하려 한다. 이때 오해를 푼 욱이 등장하여 로-스가 자신에게 보냈던 편지를 판사에게 주고, 약혼반지를 보여 준다. 로-스의 공판일이 다시 정해지고, 자동차를 타고 경관과 떠나는 로-스를 욱이 바라본다.

入選映畵小說
내가가는길
(1)

**【참고】** 연재 당시 지면에 '入選映畵小說'이라고 표기되어 있다. 댄서와 카페 여급의 생활이 구체적으로 묘사되어 있으며, 소설 중간에 음향이나 카메라 기법 등 영상 처리에 관한 지문이 제시되어 있다.

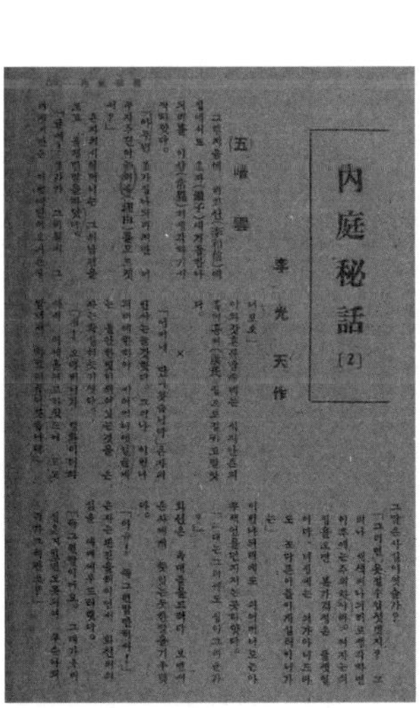
內庭秘話 (2)
李光天 作

## 내정비화/內庭秘話 : 이광천. 신민1930.5-11(5회 완).

**【내용】** 다방골 부자 홍경삼은 빈한한 양반 가문의 후손이었으나 고용살이로 시작하여 대무역상으로 성공한 인물이다. 그는 슬하에 삼남 이녀를 두고 있다. 경삼은 매우 근면 성실한 데 반해, 그의 자손들은 온갖 말썽을 일으킨다. 경삼의 아들들은 축첩을 일삼고, 세 며느리들은 사이비 승려에게 혹하여 재산을 탕진한다. 경삼의 맏며느리는 승려와 간통한 뒤 죄가 탄로 날까 두려워 강물에 투신자살한다. 맏손녀는 노비와 정을 통하여 사생아를 낳은 후 어느 부자의 첩이 된다. 맏손자는 일찍부터 기생과 놀아나는 등 여색을 탐하더니 장가 든 후에 는 부친의 재물을 빼돌려 아편 구입에 쓰다 사기죄로 감옥에 간다. 사람들은 모두 경삼의 집안이 망했다고 수군댄다.

**【참고】** 연재 지면에 '創作 內庭秘話 李光天 作'이라고 표기되어 있다. 가정 내에서 일어난 치정 사건을 중심으로 통속적 흥미를 유발하는 데 치중한 작품이다.

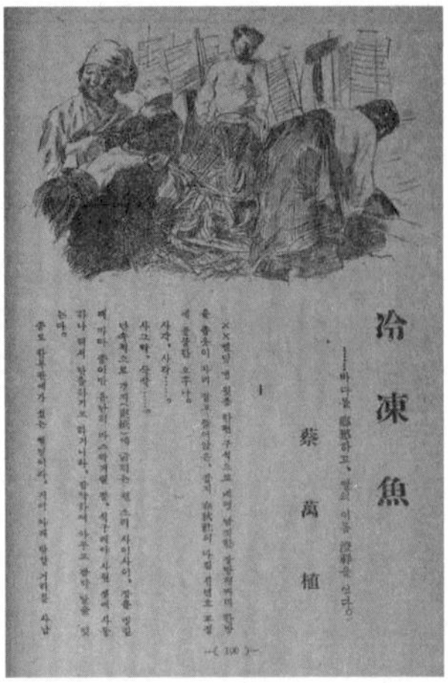

冷凍魚

蔡萬植

## 냉동어/冷凍魚 : 채만식. 인문평론1940.4-5(2회 완).

**【내용】** 문대영은 《춘추사》의 기자이자 소설가이다. 그는 창작 의욕을 잃고 무료한 나날을 보내던 중 스미꼬라는 일본 여성을 만난다. 대영은 스미꼬의 부탁으로 서울 곳곳을 안내하면서 점차 그녀와 가까워진다. 대영은 아내가 딸을 낳았다는 소식을 듣고도 바로 집으로 가는 대신 스미꼬와 시간을 보낸다. 스미꼬는 대영에게 처자를 버리고 함께 일본으로 가자고 부탁한다. 대영은 이를 승낙하고 그녀와 선착장에서 만나기로 했으나 동료들과 술을 마시며 우물쭈물하다 결국 약속장소로 나가지 않는다. 그는 스미꼬로부터 새로운 생활을 찾아 홀로 중국으로 떠난다는 내용의 편지를 받는다. 대영은 그녀의 편지를 읽으며, 자신이 현실에서 답답함과 암울함을 느끼면서도, 새로운 생활을 시작할 열정이 없음을 느낀다. 그는 스미꼬의 이름을 따서 딸의 이름을 지으며 탄식한다.

**【참고】** 《인문평론》 1940년 5월호에 '딸의 이름'이라는 부제가 딸려 있다. 식민지 지식인의 무기력하고 불안한 내면을 표현한 작품으로 평가된다. 냉동어가 바다를 그리워한다는 것의 상징성, 자신이 사랑한 일본 여자의 이름을 딸의 이름으로 지은 것 등으로 미루어 식민지 체제에 순응하는 모습을 보인다고 평가되기도 한다.

## 너희들은 무엇을 얻었느냐/너희들은무엇을어덧느냐

**염상섭. 동아일보1923.8.27-1924.2.5(129회 완).**

**【내용】** 사고무친의 가난한 덕순은 여학교를 간신히 마친 후 나이 많은 응화의 후실로 들어간다. 그녀는 응화의 후원으로 잡지 《탈각》을 발행하면서 자유연애를 옹호하는 글을 기고한다. 그녀는 일본 유학을 가기 전 주변의 젊은 사람들을 집으로 초대한다. 덕순의 집에 기거하는 여학생 경애, 경애의 애인 한규, 여학교 선생 마리아, 순수연애론을 주장하는 명수, 신문기자 중환, 서양화가 남편을 두고 있는 정옥 등이 모인다. 이들은 이상적인 결혼관과 인생의 성공, 신지식과 자유연애 등에 관해 각자의 생각을 나누며 열띤 토론을 벌인다. 모임에 참석한 대부분의 사람들이 자유연애를 희구하고 미래에 대해 낙관적인 생각을 하고 있는 데 반해, 중환은 냉소적인 말만 늘어놓으며 비관적인 태도를 보인다. 부유한 석태는 교회에서 신망이 두텁지만 실은 탐욕과 애욕으로 가득 찬 인물이다. 그는 아이가 있는 유부남이면서 마리아와 사귀고 있다. 일본으로 유학을 떠난 덕순은 현실의 벽에 부딪혀 방황하다 때마침 경애와 함께 일본에 온 한규에게 빠져 그와 애정행각을 벌인다. 덕순과 한규의 관계를 알게 된 경애는 홀로 귀국한다. 마리아는 명수의 순수연애론에 끌려 갈등하지만 명수의 모호한 태도 때문에 그의 곁을 떠나 석태와 결혼한다. 명수 역시 기생 도홍과 사랑에 빠지

지만 그녀가 다른 남자와 함께 있는 것을 보고 돌아선다. 정옥은 자신을 돌보지 않고 오직 남편의 내조에만 열중한다. 중환은 이들 모두의 좌절과 실패를 바라보며 조소의 눈빛을 보낸다.

**【참고】** 염상섭의 본격적인 첫 장편소설로, 상편(1-44회), 중편(45-100회), 하편(100-129회)으로 구성되어 있다. 특정한 주인공 없이 지식인층이라 할 수 있는 젊은 남녀의 얽히고설킨 자유연애가 이야기의 주된 골격이다. 작가의 분신으로 평가되는 신문기자 중환은 젊은 남녀의 연애에도 자본이 크게 작용하고 있음을 깨닫고, '요새 연애는 미두와 다를 것이 없다' 고 말한다. 이는 1920년대 성숙되지 않은 근대의식 속에서 자유연애를 외치는 젊은이들에 대한 작가의 비판의식이라고 볼 수 있다. 연재 이후 단행본으로 출판되지 않고 『廉想涉全集』(민음사1987)에 최초로 수록되었다.

## 네거리의 순이/네거리의順伊 : 김영수. 소년1939.8-1940.8(10회 완).

**【내용】** 열네 살 순이는 고아로, 우연히 만난 할아버지, 거북이와 함께 산다. 할아버지는 깡깡이를 켜고 순이는 카페를 드나들며 꽃을 판다. 어느 날 순이는 카페 손님의 지갑을 훔친 도둑으로 오해받아 경찰서에 잡혀 간다. 할아버지는 순이를 풀려나게 하기 위해 자신이 대신 유치장에 들어간다. 경찰서 밖 종로 네거리에서 할아버지를 기다리던 순이는 낯선 여자에게 끌려간다. 이 여자는 여자아이들을 잡아다가 외국에 팔아버리는 인신매매단의 일원이다. 순이는 탈출을 시도하지만 번번이 붙잡힌다. 경찰서에서 나온 할아버지와 거북이는 순이의 행방을 찾아 헤맨다. 거북이는 순이가 인신매매단에 끌려갔을 것이라 짐작하고 조사를 시작한다. 거북이와 할아버지의 활약, 그리고 순이와 함께 붙잡혀 있던 영옥의 도움으로 순이는 무사히 도망친다. 함께 도망친 영옥까지 합류하여 네 사람은 종로에서 악기를 연주하고 꽃을 팔며 즐겁게 살아간다.

**【참고】** 연재 지면에 '長篇少女小說 네거리의 順伊 金永壽 作' 이라 표기되어 있다. 순이가 낯선 사람에게 붙잡혀 감금당한 후 탈출하는 일련의 사건을 통해, 아동 인신매매가 성행했던 당대의 시대상을 담아내고 있다.

## 노동일가/勞動一家 : 이북명. 조선문학1947.9.

**【내용】** 내용 생략.

**【참고】** 연재 지면 제목 뒤에 '(轉載)' 라고 표기되어 있다. 《조선문학》 창간호에 실린 작품으로서 연재 당시의 지면으로 91면 정도 분량의 작품이다. 1947년 북한의 인민경제계획 실시를 배경으로 하여 당내 북한 사회와 노동자 계급 각성을 목적으로 창작되었다. 이 작품은 도덕적 품성을 지닌 김진구와 그렇지 못한 리달호를 대비시켜 모범적인 사회주의적 인간상으로 제시하고 있다.

## 노래를 잊어버린 이들/노래를이저버린이들

**전영택. 조선일보1933.12.7-1934.1.31(32회 완).**

**【내용】** '나'는 시골 학교로 부임하여 목사직과 교장직을 겸하고 있다. 학교 측에서는 수업료를 내지 못한 학생들을 정학시키라고 지시하지만 교사들은 이에 동의할 수가 없다. 특히 성격이 곧은 이 선생은 학교의 처사에 강하게 반발한다. 순길은 어머니를 여의고 아버지와 할머니를 모시고 사는 가난한 소년이다. 순길은 수업료를 내지 못해 정학을 당하고 만다. 순길의 급우 윤찬 역시 가난한 집안 형편 때문에 정학당할 처지이다. 학생들의 처지를 아는 '나'는 끼니를 굶어 가며 학생들의 월사금을 대신 내준다. 그러던 중 순길과 윤찬은 뜻하지 않는 사건에 휘말려 구치소에 수감된다. 두 사람은 어두운 밤 빛나는 별을 보며 희망을 버리지 않기로 결심한다. 이 선생과 '나'는 학교 측의 지시에 따르지 않았다는 이유로 해직된다. 이 선생은 학생들에게 자신을 용서하라는 편지를 보낸다.

**【참고】** 제목 앞에 '小年小說'이라고 표기되어 있다. 작가는 '머리말'을 통해 자신이 몇 해 전 시골에 내려가 목사직을 맡아 교장, 교감, 교사까지 겸하면서 만난 아이들에 대해서 적겠다고 밝히고 있다. '동무', '새벽별', '이 선생' 세 편의 이야기가 연결되고 있는 중편소설이다.

## 노마만리/駑馬萬里 : 김사량. 민성1946.1-1947.7(9회 미완) ; 양서각1947.

**【내용】** 1945년 5월 7일 '나(김사량)'는 국민총력조선연맹 병사후원부의 강권에 따라 시인 R(노천명) 등과 함께 조선인 학도병을 위문하기 위해 평양을 떠나 북경으로 간다. '나'는 조선을 떠날 때부터 항일운동에 참가할 생각을 했기에 위문단 임무를 마친 뒤에도 연안으로 안내해 줄 사람을 찾으면서 북경반점에 머무른다. '나'는 우연히 화북조선독립동맹과 관계하고 있는 Y(이영선)를 만나 연안행을 결정한 뒤 조선에 있는 아내와 아이들에게 편지와 선물을 보내고 5월 29일 길을 떠난다. '나'는 안내원, 공작원 등과 함께 순덕(형대)을 거쳐 일본 관동군의 봉쇄선을 뚫고 6월 2일 조선의용군의 전초 지대에 이른 뒤 6월 9일 태항산 남장촌에 도착한다. '나'는 조선의용군, 팔로군을 만나 그들의 투쟁을 보고 들으면서 항일 의지를 굳건히 한다. 북경에서 태항산에 이르는 행로에서 '나'는 장개석에 맞서는 동시에 일본과 대결하면서 해방구를 건설해 가는 중국공산당의 활약상에 감동한다.

**【참고】** 김사량이 평양을 떠나 항일 근거지 태항산 남장촌에 도착하기까지의 과정을 그린 여행기이다. 단행본 발표 전 김사량은 연안으로의 탈출 과정을 그린 「연안망명기—산채기」와 「노마만리—연안망명기」를 발표한다. 「연안망명기—산채기」는 《민성》 1946년 1월호와 2월호에 「종이 소동」과 '담배와 불'이라는 제목으로 실렸다. 「노마만리—연안망명기」는 《민성》에 1946년 3월부터 1947년 7월까지 7회에 걸쳐 연재된 작품으로, '나'가 연맹본부로 이동하는 도중 폭격으로 교량이 파괴되어 석가장에 머무는 장면에서 연재가 중단되었다. 1947년 10월 평양 양서각에서 출간된 단행본 『노마만리』는 《민성》 연재본과 동일하게 평양에서부터 태항산 남장촌까지의 여정을 담았다.

이 단행본은 현재 구할 수 없고 1955년 국립출판사에서 간행된 『김사량 선집』에 실린 「노마만리」를 통해 그 내용을 확인할 수 있다. 김사량은 1947년 출간된 『노마만리』 서문에서 이 단행본이 '탈출노상기', '산채생활기', '귀국일록' 중에서 '탈출노상기' 만을 담고 있다고 밝히면서 출간된 책이 「노마만리」 상편에 해당한다고 이야기하고 있다.

## 노선생 /老先生 : 박일 외. 별나라1933.6-1934.2(6회).

**【내용】** 내용 생략.

**【참고】** '連作小說' 이라고 표기되어 있다. 《별나라》 1933년 4·5합호에 '大連作小說 「老先生」이 4월에 실리게 되어 있었으나 6월호부터 실리게 되었다' 는 '社告' 를 게재했다. 1, 2회는 자료 유실로 확인할 수 없으며, 8월호의 3회는 박일(朴一)이 맡아 연재했다. 8월호의 연재 예고에 4회는 엄흥섭이 맡아 집필하기로 했다는 기록이 있으나 확인할 수 없다. 1934년 1월호에는 민촌생(民村生)의 5회, 1934년 2월호에는 박세영(朴世永)의 6회가 이어졌다.

## 녹기연맹 /綠旗聯盟 : 김성민. 羽田書店(日)1940(419면).

**【내용】** 조선의 유서 깊은 명문 출신으로 일본육군사관학교의 생도인 남명철(南明哲)은 일본 명가(名家) 출신의 사관학교 친구의 여동생과 연애를 하게 되고, 그 과정에서 남명철의 여동생은 또한 그 일본 명가의 장남과 연애에 빠져 주위의 반대를 무릅쓰고 결혼한다. 명철의 연애는 잠시 좌절되기도 하나 중일전쟁이 발발하고 주변 상황이 급변하면서 두 사람의 관계는 다시 회복된다. 그러나 명철은 연애도 결혼도 뒤로 미룬 채 전쟁터를 향해 떠난다.

**【참고】** 한국과 일본 남녀 사이의 내선결혼 문제를 다룬 일본어 소설이다. 내선연애와 내선결혼의 문제는 당시 시류적인 테마의 하나였고, 「녹기연맹」은 그러한 소재를 다룬 전형적인 작품이다. 이 소설은 표면적으로 민족을 초월한 내선연애와 결혼의 문제를 통속적이고 대중적인 측면에서 다루고 있지만, 이면적으로는 일제의 정치적이고 국책적인 논리를 강조한 작품이라 할 수 있다. 김성민은 '작가의 말' 에서 "국책문학이 논의되고 있는 때에, 그러한 의도하에 쓰인 이 소설이 내지(内地)와 반도 사람들의 정신생활에 다소나마 영향을 미쳐 국가를 위해 공헌할 수 있다면, 기대 이상의 기쁨일 것"이라고 밝히고 있다. 덧붙여 '녹기' 는 '일본문화와 일본정신이 반도의 대지에 뿌리를 내린' '초록빛 젊은 나무' 를 상징한다고 적고 있다. '현해탄을 넘어서(玄海を越ゆ)' 와 '아세아의 백성(亜細亜の民)' 이라는 두 개의 장으로 구분되어 있다. 2001년 ゆまに書房에서 白川豊이 편찬한 『일본식민지문학정선집』 조선편 10권에 수록되었다.

## 녹두장군 : 이성표. 어린이1949.6-12(4회 미완).

**【내용】** 열일곱 살 소년 녹두는 어려서 모친을 잃고 부친과 단둘이 살고 있다. 녹두의 본명은

전봉준인데, 키가 유난히 작아 녹두알갱이 같다 하여 마을 사람들이 녹두라는 별명을 지어 준 것이다. 녹두는 마을에서 왕처럼 구는 최 진사댁 일을 하여 생계를 이어 가지만 야학에 나가 훌륭한 사람이 되겠다는 꿈을 버리지 않는다. 어느 날 마음씨 고약한 최 진사네 하인 홍 서방이 괜한 트집을 잡자 화가 난 녹두는 그에게 잘못을 따진다. 이 일로 녹두의 부친은 도둑 누명을 쓰고 녹두와 함께 끌려가 몰매를 맞는다. 이웃 먹보 할아버지가 홍 서방과 뒷거래를 하여 녹두와 그의 부친을 구한다. 먹보 할아버지는 녹두와 정혼한 옥분의 할아버지인데, 홍 서방의 바보 아들과 옥분의 결혼을 담보로 녹두 부자를 구한 것이다. 이 사실을 안 옥분은 녹두를 만나 울음을 터트리고 녹두는 옥분을 진정시켜 집으로 돌려보낸다.

**【참고】**《어린이》에 1949년 6, 7, 10, 12월(통권134호-137호)까지 4회 연재 중단된 작품으로, 동학농민운동을 일으킨 전봉준의 이야기를 소설화한 것이다. 소학교 어린이를 독자로 하는 잡지의 성격상 어린이들의 눈높이에 맞게 쉬운 문체를 구사하고 있으며 삽화도 자주 등장한다. 4회를 끝으로 연재가 중단되어 이후 줄거리는 확인할 수 없다. 회차 정보는 표기되지 않았으며, 매회 연재가 시작될 때마다 전 회의 줄거리가 소개되어 있다.

## 녹색의 탑/緑の搭 : 이효석. 국민신보1940.1.7-4.28(15회 완).

**【내용】** 내용 생략.

**【참고】** 경성제국대학을 배경으로 식민자와 피식민자, 즉 조선인과 일본인 사이의 사랑과 내선일체 문제를 다룬 소설이다. 일본인 여성 요코(洋子)를 사랑하는 경성제국대학의 조선인 학자 안영민과 일본인 학자 하나이(花井)의 갈등과 화해가 소설의 중심 내용이다. 이효석은 '학문의 세계에 있어서 피도 물도 없는 법' 이며 교수 임용에서 중요한 것은 일본인이냐 조선인이냐 하는 논의가 아니라 '실력 제일주의' 임을 내세우면서, 조선인 남성과 일본인 여성 사이의 연애와 사랑 또한 '피' 의 문제가 아니라는 논리로써 내선일체에 접근한다. 2003년 창미사에서 발간한 『이효석 전집』 4권에 '푸른 탑' 이라는 제명으로 번역되어 실렸다.

## 녹성좌/綠星座 : 현덕. 조선일보1939.6.16-1939.7.26(35회 완).

**【내용】** 박동민은 경선전차 감독을 하는 형의 도움으로 사진기를 장만하여 동네에서 사진사를 하고 있다. 그의 형과 형수는 돈 벌 의욕이 없는 동민을 못마땅해한다. 그러던 어느 날 친구인 김기환이 그를 찾아온다. 기환은 자신이 녹성좌라는 극단을 만들어 문화 사업을 하고 있는 중이라며 동료인 이재수를 소개해 준다. 그들은 남자 주인공의 풍채에 동민이 어울리겠다며 바람을 넣고는 동민에게 사진기를 빌려간다. 기환의 소개로 녹성좌의 단원들을 만난 동민은 여주인공을 맡은 최명히에게 관심을 갖는다. 그는 애틋하게 생긴 최명히에게 점점 마음이 끌리지만 연습실에 갈 때마다 어울리지 않는 자리에 자신이 있는 것 같은 어색함

을 느낀다. 동민이 연극 일로 분주히 오가는 사이 형과 형수는 영업 수단인 사진기를 어찌했냐며 동민을 닦달한다. 동민은 형이 자신을 이해하지 못한다며 집을 뛰쳐나온다. 길에서 최명히를 만나 위로를 받은 것도 잠시, 기환에게서 이재수와 최명히가 동거하는 사이라는 것을 듣고 크게 낙담한다. 한편 녹성좌의 공연이 지지부진 미뤄지고, 단원들은 돈을 마련해 보겠다는 기환의 말을 더 이상 믿지 못하겠다며 동요한다. 녹성좌의 공연은 기약을 할 수 없게 되고, 동민의 사진기 또한 돌려받는 것이 요원해진다. 그간 심드렁하게 연습실을 오가던 동민은 단원들에게 단 한 번의 실패를 무서워할 것이 무엇이냐, 오늘은 실패했지만 일을 계속해 보자며 설득한다.

**【참고】** 연재 지면에 '短篇小說 綠星座 玄德 作'이라고 표기되어 있다. 김남천, 「바다로 간다」의 뒤를 이어 연재된 단편소설이다. 작품 연재에 앞서 《조선일보》 편집부는 "현 씨는 이미 그 풍부한 사조와 신선한 감각과 투철한 묘사력과 또 건실한 구성 등 특이한 작품을 가지고 본사 작년 신춘문예에 표연히 등장한 후 벌써 문단에 움직일 수 없는 환호한 지보를 쌓아 놓은 작가"라고 소개하고 있다. 창작집 『남생이』(아문각1947)의 발문에서 김남천은 이 작품이 연재 도중 중단되었다고 언급하였으나, 실제 연재 35회 말미에 '끗' 표기가 있다.

## 논개의 환생/論介의還生 : 김동인. 동광1932.5-8(4회 미완).

**【내용】** 진주 기생 논개는 일본군이 쳐들어와 아군을 몰살시키자 일본군에 대한 복수를 결심한다. 그녀는 적장을 유혹하여 끌어안고 강물에 투신한다. 죽은 논개의 혼은 천국과 지옥 어느 쪽에도 속하지 못하고 떠도는 신세가 된다. 논개는 중간계에서 떠도는 것에 염증을 느낀 나머지 인간으로 환생하게 해 달라고 빈다. 천제가 논개의 소원을 들어 주어 그녀는 20세기 경성의 기생 이패연으로 환생한다. 이후 패연의 육신 안에는 논개의 자아와 패연의 자아가 공존하면서 갈등한다. 논개의 자아는 조선 기생의 자존심을 지키려 하고, 패연의 자아는 배금주의가 만연한 시류에 맞추어 행동하려 한다.

**【참고】** 연재 지면에 '論介의還生 金東仁'이라 표기되어 있다. 4회 연재 후 작가의 뜻에 의해 중단된 작품이다. 1회 '投身篇', 2회 '還生篇', 3, 4회 '在世篇'이라는 부제가 붙어 있으며, 4회 연재 말미에 '次號續'이라 표기되어 있다. 그러나 다음 회는 연재되지 않고, 대신 「論介의 還生, 중단하는 까닭」(동광1932.9)이라는 글이 실렸다. 김동인은 이 글을 통해 "환생한 논개가 1932년 경성의 정경을 비판케 하려는 의도에서 이 작품을 기획했으나, 시대적 상황 때문에 마음먹은 바를 글로 발표하는 것이 불가능하다고 판단되어 집필을 중단한다"고 밝히고 있다. 또한 1, 2회는 계획대로 썼으나 3, 4회는 그렇시 못했기에 "본지 칠월 팔월 두 달의 계속까지 아울러 취소한다"고 밝히고 있다. 《부인》 1946년 2월 11일자 광고에 장편으로 소개되었다.

## 농막 선생/農幕先生 : 이기영. 조소문화협회중앙본부1950.

**【내용】** 박철은 사상 사건에 연루되어 수감되었다가 풀려난다. 그는 창씨개명을 하지 않고 반회 참석도 회피하는 등 일제에 협력하기를 거부하나, 아내와 아이들은 편하게 사는 길을 택하자고 조른다. 그는 계속 서울에 머문다면 자신의 신념이 무너질 것이라 여겨, 일제의 감시가 덜하다는 시골로 내려가기로 한다. 마침 친구 이군이 그에게 농지를 줄 테니 농사를 지어 보라고 권한다. 철은 농민이 되어 노동을 몸소 실천하기로 하고, 국말이라는 곳으로 내려가 농사를 시작한다. 그의 아내는 남편의 결정을 이해하지 못해 불만스러워한다. 마을 사람들은 철이 지식인인 데다 서울에서 내려왔다는 사실을 알고 거리를 두지만, 그의 진심을 알고는 마음의 벽을 허문다. 날이 갈수록 일제의 탄압은 가혹해지고, 주민들은 징용과 공출, 지주의 착취 때문에 고통 받는다. 마을 사람들은 거의 소작농이어서, 열심히 농사를 지어도 소출의 대부분을 지주에게 빼앗기고 정작 자신들은 가난에 허덕인다. 철은 잘못된 세상을 하루빨리 바로잡아 마을 사람들과 같은 생산자가 잘살 수 있어야 한다고 생각한다. 어느 날 일제가 패망하자 북조선에는 북조선 임시인민위원회가 수립되고, 토지개혁 등 새로운 정책이 실시된다. 철은 면 인민위원회에 들어가 활동하고, 국말 농민들 역시 새로운 사회 건설에 적극적으로 참여한다. 남편을 이해하지 못했던 철의 아내도 깨달음을 얻고 농사를 짓는 한편 부락여맹에서 활동한다.

**【참고】** 표지에 '短篇集 農幕先生 李箕永 著 朝蘇文化協會中央本部' 라고 표기되어 있다. 국립중앙도서관에 전자 자료 형태로 소장되어 있다. 국립중앙도서관 소장 자료 상세 정보에 따르면, 이 전자 자료는 미국 국립문서기록관리청 소장 자료를 2009년도에 영인한 것이다. 단행본의 표제는 '농막 선생' 이고, 「轉變」, 「農幕先生」, 「開闢」 세 편이 수록되어 있다. 전체 340면 중 「농막 선생」은 79면부터 271면까지이다. 농민의 궁핍한 생활상에 대한 서술을 통해, 소수의 지주가 토지를 독점한 사회구조를 강하게 비판하고 있다. 작중인물의 언행을 통해 1945년 광복 이후 북한에서 실시된 토지개혁 정책의 당위성을 주장하고 있는 작품이다. 1945년 10월 5일자 《신조선보》 광고에 소개되었다.

## 농민의 비애/農民의悲哀 : 안회남. 문학1948.4.

**【내용】** 서대응 노인은 오십 호가량의 산촌에서 손녀와 함께 살고 있다. 아들은 일제 때 강제징용 가서 돌아오지 않고, 기다리다 못해 며느리도 집을 나간 것이다. 겨울이라 식량을 조달할 길이 막막하다. 공출로 쌀 남은 집이 얼마 없고 배급도 끊겼다. 노인은 몇 마지기 논을 가진 마을의 부자 이 선달의 집에서 소작을 얻을 희망을 갖고 있다. 조식이나 얻어먹을까 하여 이 선달 집의 눈을 치워 주었으나 아무런 성과도 보지 못한다. 평소 가깝게 지내는 최만돌네 집에 가 보니 호박죽이라고 호박국에 쌀알 몇 개 탄 것을 내 준다. 국을 죽이라고 부르는 것을 보고 노인은 괜스레 부아가 치민다. 마침 만돌의 아내는 구장네서 밥을 얻어오다가 노인네가 와 있는 것을 보고는 숨겨 어색한 분위기가 흐른다. 며느리가 딸을 데려가려고 쌀

을 꾸어 돌아왔을 때는 이미 노인이 노루를 잡으려 설치했던 올가미로 목을 매어 자살한 후이다. 겨울이 가고 노인의 며느리가 새 남편을 얻어서 돌아왔다. 이 선달 집에서 소작을 얻을 수 있을 거라는 기대 때문이다. 그러나 이 선달은 노인과 만돌이 거름을 붓던 땅을 팔아버린다. 마을 창고의 쌀마저 공출되고, 그것을 막으려는 마을 사람이 마차 앞에서 드러눕는다. 마을 사람들이 노루를 잡는데, 총에 맞은 노루가 하필 노인이 남기고 간 빗자루와 나막신 앞에 꺼꾸러진다.

**【참고】** 조선문학가동맹의 기관지였던 《문학》에 게재된 중편이다. '8·15 이후 남조선 문학의 최대 수확' 이라는 수식어로 김동석이나 백철 등 당대 리얼리즘 계열 평자들에게 극찬 받았다. 해방 이후 농민들이 겪어야 했던 극빈한 상황을 동학혁명부터 연원을 짚어 서술하는 작품이다. 동학혁명 이후로 나라 팔아먹은 인간들이 일제로부터 귀족 칭호를 얻고, 선량한 농민들의 삶은 더 피폐해졌음을 직접적으로 서술한 것이 작품의 약점으로 꼽히기도 한다. 아버지가 동학당으로 몰려 죽은 이후 가난과 기아의 굴레에서 벗어날 수 없었던 서대응 노인의 비극적 삶을 형상화하였다. 해방 이후 농민들의 피폐한 모습을 실감나게 담아내고 있고, 특히 식량 문제로 겪는 어려움에 대한 형상화가 탁월하다고 평가받는다. '조선 민족의 해방과 독립을 위하야 싸우는 여러분께 삼가 이 일편을 바친다. 1948년 봄날' 이라고 작품 말미에 표기되어 있다.

## 농촌행진곡/農村行進曲 : 김홍희. 실생활1932.1-8(5회 미완).

**【내용】** 이윤주는 서울에서 학교를 다니는 오 년 동안 신문사에서 신문 접는 일을 하면서 학비를 충당한다. 그는 신문사에서 오십 원의 위로금을 받아 고향으로 내려가 야학을 만들기로 한다. 동향 출신의 서정화 또한 윤주를 따른다. 동네 청년들은 고등 교육을 받은 윤주가 농사일을 하겠다고 하자 면서기같이 월급 받는 편한 일을 하라고 조언한다. 윤주는 농사꾼들이 농사를 천한 일로 여기는 현실을 안타까워하면서 청년들에게 농사의 가치를 역설한다. 윤주는 위로금을 털어 야학을 세울 궁리를 한다.

**【참고】** 《실생활》 1932년 1-3월, 7, 8월호에 5회를 끝으로 연재가 중단되어 이후의 내용은 알 수 없다. 당대 농촌 사람들의 의식과 그 변화상을 제시하고 있다.

## 농토/農土 : 이태준. 삼성문화사1948(205면).

**【내용】** 윤 판서 댁 며느리의 출산 날 노비 억쇠의 어미가 죽는다. 천돌과 억쇠는 황해도 배천 가재울에 있는 윤 판서의 집으로 들어간다. 윤 판서 가문은 많은 소작농을 거느리고 농사를 짓는 부호이다. 억쇠 부자는 윤 판서의 신뢰를 받아 마름 행세를 하면서 땅에 대한 애착을 갖는다. 윤 판서 집안이 몰락하자 면천한 억쇠는 소작농이 된다. 그는 최성필을 만나 지주와 동양척식사업의 수탈 과정, 일본의 압제와 지주와 소작인의 관계, 농민의 해방운동 등에

대해 듣는다. 억쇠는 농민이 지주와 일제에 대항해야 한다는 사실을 자각하지만, 얼마 후 농업요원이 되어 종살이를 한다. 천돌은 보국대라는 강제 노동에 동원되어 철도 공사장으로 끌려갔다가 병에 걸려 죽는다. 분노한 억쇠는 사랑하는 분이를 데리고 가재울을 떠난다. 이듬해 해방이 되자 다시 가재울로 돌아온 억쇠는 토지 개혁에 적극 참여하여 농민대회에 앞장선다. 억쇠와 분이는 생흙을 밟고 결혼식을 올린다.

**【참고】** 이태준이 월북 이후 처음으로 발표한 작품이다. 1946년 3월 5일 발표된 '북조선 토지개혁에 관한 법령'을 제재로 광복 이후 황해도 농촌에서 벌어지는 변화를 그리고 있다. 전체 17장 중, 1-12장까지는 8년 정도의 일제 말기의 상황을 서술하고 13-17장까지는 해방 직후의 상황을 다룬다. 노비였던 억쇠가 봉건적인 습속을 극복하고 근대적 개인으로 성장하는 과정을 밀도 있게 형상화하고 있다는 점과, 1946년 북한에서 실시된 토지개혁을 다루었다는 점에서 이 작품은 이태준 문학의 중요한 전환점으로 평가된다. 작품 말미에 '1947年 六月'이라고 탈고 일자가 명기되어 있다.

## 누나를 찾아서 : 방기환. 문화당1948.

**【내용】** 미확인 작품.

**【참고】** 『해방기 간행도서 총목록』(소명출판2009)에서 채록하였다. 1948년 7월 17일 《동아일보》 광고에서도 발견되나 현재 작품을 확인할 수 없다.

## 눈물에 젖는 사람들/눈물에젓는사람들

**이서구. 매일신보1927.11.24-1928.2.16(78회 완).**

**【내용】** 미국 유학을 마치고 돌아온 신학박사 김용규는 기생이 되어 있는 여동생 화숙과 만난다. 용규가 미국에 간 사이 그의 가족은 생활고 때문에 간도로 이주하고 화숙은 기생으로 팔려 온 것이다. 용규는 간도에서 부친이 돌아가시고 남은 가족들이 고생하고 있다는 화숙의 말에 괴로워한다. 화숙에게 흑심을 품은 김석황은 용규에게 돈을 주며 화숙과 살림을 차리겠다고 하지만 이내 거절당한다. 이에 앙심을 품은 석황은 신문사 기자에게 용규와 화숙의 관계를 기삿거리로 제공한다. 용규는 친구 박홍식의 추천으로 서울대 교수가 되지만 여동생이 기생이라는 사실이 기사를 통해 알려지는 바람에 학교를 그만둔다. 폐렴에 걸린 용규는 홍식의 집에 머물면서 홍식의 누이 은주와 사랑하는 사이가 된다. 용규는 경성 생활을 접고 시골로 내려가 예배당을 세우기로 결심하고 은주와 약혼한다. 그리고 주변의 도움으로 화류계에서 화숙을 빼내 온다. 한편, 배우 리병천과 애인 사이인 화숙은 이를 알리지 못한

채, 용규와 함께 가족을 만나러 간도로 떠난다. 두 사람은 도중에 청인에게 핍박을 받는 조선인의 참상을 목격하고, 간도에서 지옥과도 같은 생활을 하고 있는 가족과 상봉한다. 용규는 돈 대신 중국인에게 끌려간 여동생 인숙을 구하려고 갖은 노력을 하지만, 끝내 인숙은 싸늘한 주검으로 돌아온다. 용정촌의 예배당에서 장례를 마친 용규는 인숙의 유골함을 가지고 가족과 함께 경성으로 돌아온다. 임신 사실을 알게 된 화숙은 병천을 만나지만, 그는 동료 여배우와 가까워진 상태다. 그러나 병천은 곧 자신의 행동을 뉘우치고 화숙과 결혼하기로 약속한다. 용규 또한 예배당을 지은 후 은주와 함께 결혼식을 올리기로 한다.

**【참고】** 일제 강점기 가난으로 인해 간도로 이주한 조선인들의 비참한 생활상이 그려진다. 소설의 전반부는 용규, 화숙 남매의 애정 서사가 주를 이루고, 후반부는 간도에서 일어나는 비극적 사건이 주로 다루어진다.

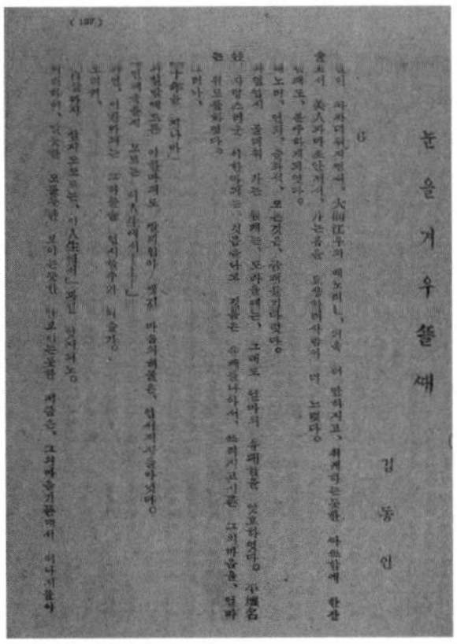

## 눈을 겨우 뜰 때/눈을겨우쓸쌔

**김동인. 개벽1923.7-11(4회 완).**

**【내용】** 평양의 일류 기생 금패는 자신의 미모와 명성에 자부심을 갖고 있다. 그러나 자신을 쫓아다니던 한 손님의 죽음을 계기로 그는 기생의 존재 의미와 산다는 것, 특히 죽음에 대해 깊이 고민하기 시작한다. 삶의 슬픔과 두려움을 느끼고 생각하게 된 금패는 겨우 세상에 대해 눈을 뜨지만, 단옷날 그네를 뛰다 떨어져 절명한다.

**【참고】** 연재 지면에 '눈을 겨우 쓸 쌔 김동인'이라 표기되어 있다. 작품 말미에, '본편은 다음 기회에 쓰기로 하고 서편을 마친다'는 작가의 언급이 있다. 금패의 성격 변화를 통해, 인생을 지배하는 것이 '운명'과 '죽음'이라는 생각을 담아냈다.

## 늙은 절도범/늙은竊盜犯 : 이광수. 신세기1939.2-1940.4(10회 미완).

**【내용】** 병감에 있던 '나'는 새로 들어온 한 노인을 만난다. 사람들은 부유해 보이는 그에게 갖

은 환대를 베풀며 그의 환심을 사려 한다. 그러나 그가 엿장수의 돈 5원을 훔친 절도범이라는 간부의 말에 사람들은 그에 대한 태도를 바꾼다. 그러나 '나'는 그에게 평소와 같이 대했고, 그는 '나'에게 자신의 이야기를 들려준다. 전라도에 있을 때 폭설을 피해 들어간 집에서 송장을 치우지 못하고 있던 과부와 딸을 도와주고 그들과 살게 된 사연, 친분이 있던 홍 참의에게 도박 단속을 귀띔해 주고 그 대가로 돈 2천 원을 받은 것으로 그의 이야기는 시작된다. 2천 원을 갖고 목포로 간 그는 장홍집이라는 과부가 운영하는 여관에서 생활하다 거문도의 한 부잣집 딸을 소개받아 그녀와 결혼한다. 이후 장홍집에서 계속 기별이 오자 그는 급기야 두 집 살림을 차린다. 이를 알게 된 부인이 친정으로 돌아가자 그는 술에 취해 계집종을 겁탈한다. 다음 날 계집종이 자살하자 그는 쫓기는 몸이 되어 순천으로 도망간다. 그는 집 나간 남편을 찾아다니는 여인을 만나 동거를 하기도 하고, 우연히 들른 술집에서 자신의 아들을 만나기도 한다. 아들로부터 엄마가 다른 남자와 살고 있다는 말을 들은 그는 흥분한 마음에 아내의 남자를 찾아가 그를 살해한다. 그는 아내가 준 돈을 가지고 도망치던 도중 술집 여자들과 어울려 돈을 다 써 버린다. 그는 여러 여인과 관계를 맺거나 돈 때문에 살인을 하는 등 타락한 생활을 이어 간다.

**【참고】**《신세기》 연재 당시 제목 앞에 '連載小說', '連載長篇', '連載長篇小說' 등으로 표기되어 있다. 2회부터 매회 '늙은 竊盜犯 前號까지의 槪要' 라는 제목으로 이전 줄거리가 소개되어 있다. '주막집—늙은 竊盜犯(二)', '因果의 邂逅—늙은 竊盜犯(五)' 등으로 연재 초반에는 '늙은 절도범' 이 부제로 사용되다가 1940년 3월호부터는 부제 없이 '늙은 竊盜犯' 이 제목으로 사용되었다. 1940년 3월호와 4월호에 모두 '늙은 竊盜犯(第十回)' 라고 표기되어 있으나, 《신세기》 결호가 많아 전체 10회 미완인지 11회 미완인지는 확실치 않다. 『이광수 문학사전』(고려대출판부2002)에는 이 작품이 10회 미완이며, '주막집', '女難', '惡因緣', '因果의 邂逅', '運命의 惡戱', '惡業', '鬼責' 등의 제목이 붙어 있다고 설명되어 있다. 후일에 나온 『이광수 전집』에는 모두 '늙은 竊盜犯' 이라는 제목으로 작품이 소개되고 있다. 《신세기》 발행인의 아들이 결호 2권(1939년 2월, 12월호)을 공개한 《동아일보》 기사에 따르면, 결호 2권에 '늙은 竊盜犯' 과 '鬼責' 이 실려 있다(동아일보2008.8.16). 화자이자 관찰자인 '나' 가 병감에서 만난 한 늙은이로부터 그의 과거를 듣는 형식의 액자소설이다.

# ㄷ

## 다각애/多角愛 : 이상수. 정문사1925.

**【내용】** 마산에 사는 구옥희는 음악에 취미가 있는 여학생으로, 같은 학교에 다니는 옥렬과 친구 사이다. 옥렬은 교회에서 알게 된 김준원을 옥희에게 소개하고, 세 사람은 자주 어울린다. 준원은 평양 S대를 졸업하고 교사 생활을 하는 인물로, 교회의 유력한 장로의 아들이다. 옥희는 노골적으로 사랑을 고백하는 준원에게 이끌려 그에게 정조를 바친다. 하지만 준원은 점점 옥희를 멀리하는 대신 옥렬과 가까워진다. 준원과 옥희의 관계를 모르는 옥렬은 부모님의 승낙을 받아 준원과 결혼을 준비한다. 그러는 사이, 준원은 대구로 발령을 받아 그곳으로 거처를 옮긴다. 한편, 경주 출신의 김순희는 대구로 올라와 소학교 교사가 되고 그곳에서 준원을 알게 된다. 순희는 사랑을 고백하며 접근하는 준원에게 정조를 빼앗긴 후 버림받는다. 준원과 옥렬이 결혼식을 올리자 옥희는 상심하여 병을 얻고, 요양을 위해 가덕도로 떠난다. 가덕도 정양원에서 일하는 장보은은 옥희에게 호감을 느끼지만 남자를 불신하는 옥희는 마음의 문을 닫는다. 건강을 회복한 옥희는 복수를 위해 대구로 올라오지만 친구 옥렬 때문에 망설인다. 준원과 옥희의 관계를 알게 된 옥렬은 준원을 믿지 못하고 미워한다. 옥희는 우연히 순희를 만나 동병상련을 느끼고 옥렬을 불러내 준원에게 복수를 결의하는 삼각동맹을 맺는다. 하지만 옥희는 준원을 죽이자고 하고 순희는 법에 호소하자고 하는 등 세 사람은 구체적인 방법에서 충돌을 일으킨다. 그러는 동안 준원은 양심의 가책을 느껴 스스로 속죄의 길을 가겠다며 집을 나와 금강산으로 들어간다. 이후 옥희는 보은의 마음을 받아들이고, 순희 또한 새로운 사람을 만나 결혼한다. 준원의 아이를 낳은 옥렬은 남편을 용서하기로 하고 금강산으로 떠난다.

**【참고】** 고려대 도서관 소장 정문사본 제목 앞에 '創作小說'이라고 표기되어 있다. 전체 8장으로 이루어져 있으며, 옥희가 복수를 위해 준원을 찾아오는 장면으로 시작되는 역전 구성을 보인다. 여러 여자를 농락하는 남주인공과 이를 응징하려는 여성 인물들의 동맹이 그려진다.

## 다난보/多難譜 : 최정희. 매일신보1933.10.10-11.25(45회 완).

**【내용】** '나(정아)'는 북만주 할빈에서 댄서로 일한다. 어느 날 연인이었던 영수가 총상을 입고 '나'의 집에 뛰어든다. '나'와 영수는 서로 사랑했으나, 가난한 영수의 처지 때문에 결혼을 하지 못한다. '나'의 부친과 계모는 '나'를 돈 많은 난봉꾼에게 시집보내려 한다. '나'는 영수와 함께 서울로 도망치기로 하지만, 길이 엇갈려 홀로 상경한다. '나'는 친구 나미의 도움으로 백화점에 취직한 후 고향에 있던 언니를 불러 함께 살면서 영수의 행방을 수소문한다. 어느 날 '나'는 백화점 지배인에게 겁탈당한다. 게다가 영수가 이미 결혼했다는 사실을 알고 자살을 결심한다. 그러던 중 '주의자'로 수감되었던 형부가 출감한다는 소식이 전해지고, 형부의 동지 훈이 찾아온다. '나'는 나미와 훈의 대화를 듣고 자신의 심약함을 깨닫는다. '나'는 자살하려던 생각을 바꿔 북으로 향하는 기차를 탄다.

**【참고】** 연재 지면에 '多難譜 崔貞熙 作'이라 표기되어 있다. 최정희의 등단작이다. 《매일신보》 45회 연재 말미에 '작가의 말'을 덧붙여, 이 작품은 상중하 세 편인데 이번에 연재된 것은 상편이며 나머지는 다음 기회로 미룬다는 말이 실려 있다. 본래 더 긴 작품으로 구상되었기 때문인지, 작품 서두에 제시된 '나'와 영수의 재회에 얽힌 인과관계가 서술되지 않은 채 끝나고 있다. 부모의 강압에 의한 혼인 등, 여성을 억압하는 사회적 인습에 대한 비판적 시각이 반영되어 있다.

## 다정불심/多情佛心

**박종화. 매일신보1940.11.16-1941.7.23(200회 완) ; 박문서관1942(하) ; 을유문화사1950.**

**【내용】** 공민왕은 원나라에 볼모로 가 있던 중 노국공주와 사랑에 빠진다. 공주를 향한 그의 절대적인 사랑은 결실을 이루어 두 사람은 성대한 결혼식을 올린다. 지혜로운 노국공주의 노력으로 공민왕은 원순제의 칙명에 따라 고려로 돌아와 임금이 된다. 공민왕은 노국공주의 조언에 따라 정치체제 전반을 개편하고 신돈을 기용하여 집권체제를 강화하는 등 정치개혁을 실시한다. 하지만 갑자기 노국공주가 병사하면서 공민왕은 큰 충격에 빠진다. 그는 식음을 전폐하고 승려를 시켜 노국공주의 영혼을 불러내 혼인식을 올리는 반혼법을 실행한다. 또한 가난에 허덕이는 백성들을 동원하여 노국공주의 영전을 짓도록 명령한다. 정사를 돌보지 않고 오로지 노국공주의 영혼에만 매달리는 공민왕 때문에 백성과 신하의 원성은 날로 높아져만 간다. 그사이 공민왕이 실행하려고 했던 정치개혁은 빛을 잃고, 백성들은 궁

핍한 생활에서 벗어나지 못한다. 신하들의 잇따른 간언에도 불구하고 공민왕은 호화로운 영전 짓기에만 몰두하며 병적인 슬픔에서 헤어나지 못한다. 옳고 그름의 분별력이 사라진 그는 급기야 노국공주의 영전에 대해 참언을 올리는 신돈을 처형하기에 이른다. 이후 공민왕은 깊은 허무감에 빠져 어린아이를 추행하는 등 변태적인 행동을 보인다. 이러한 상황은 결국 고려의 멸망을 초래하고, 공민왕은 홍륜 등으로부터 죽임을 당한다.

多情佛心

**【참고】**「금삼의 피」와 더불어 박종화의 대표적인 역사소설로 꼽히는 작품이다. 노국공주를 향한 공민왕의 맹목적인 사랑으로 인해 고려가 망국에 이르는 과정이 그려진다. 실존 인물이 주인공으로 등장하지만, 역사적 사실에 대한 서술보다는 주인공의 사랑을 낭만적으로 그리는 데 주력하였다. 공민왕은 모성애가 결핍된 유약한 인물로 묘사되고, 노국공주는 남편을 왕으로 만드는 지혜롭고 명민한 여장부로 그려진다. 기존 정사에서 국정을 그르친 것으로 평가되었던 신돈을 진보적이고 개혁적인 인물로 묘사하고 있다. 현재 확인되는 단행본은 국립중앙도서관에 소장된 1942년 박문서관본 『다정불심(下)』뿐이다.

## 단종사화/端宗史話 : 오상근. 영창서관1938(334면).

**【내용】** 세종대왕은 아들 문종이 아들을 낳기를 학수고대한다. 문종의 첫째, 둘째 부인인 휘빈과 순빈은 왕실의 품위를 해쳤다 하여 차례로 폐위되고 문종은 세 번째 맞은 현덕왕후와의 사이에서 경혜 공주와 단종을 낳는다. 세종대왕이 승하하고 문종대왕은 그 뒤를 잇는다. 문종은 삼십구 세, 등극한 지 이 년 되던 해에 신숙주, 성삼문 등의 신하에게 세자를 잘 보필해 달라고 유언한 후 승하한다. 한편, 문종의 아우 수양대군은 심복 권람을 통해 개성의 경덕궁직으로 있는 한명회를 천거받는다. 수양대군은 한명회를 만난 후, 본격적으로 자신의 세를 규합한다. 단종이 누이 경혜 공주의 생일을 맞아 교동에 있는 공주궁에 드는 날, 수양대군은 눈엣가시인 김종서에게 모반 혐의를 씌워 죽인다. 이후 수양대군은 영의정이 되고 수양대군의 수하인 정린지와 한확은 각각 좌의정과 우의정이 된다. 정린지는 수양대군의 묵인 아래 단종에게 역모를 꾀한 안평대군을 참할 것을 아뢰고 나아가 수양대군에게 왕위를 양위할 것을 건의한다. 이에 주위 신하들은 공분하고 단종은 그 건의를 거절하나, 결국 단종은 왕위를 수양대군에게 물려주고 만다. 수양대군은 못이기는 척 왕위에 앉고 단종은 상왕이 되어 창덕궁으로 거처를 옮긴다. 성삼문은 울분을 참지 못하고 세조와 그의 세자를 죽이려는 계획을 세우다 발각되어 박팽년, 유응부, 리개, 하위지 등과 함께 처형당한다. 단

종은 로산군으로 강봉되어 영월에 내려간다. 경기도 양성군에 사는 차성복은 도중에 단종 일행을 만나, 단종에게 원산에서 가지고 온 대구포를 헌사한다. 한편, 순흥으로 유배되었던 금성대군은 순흥 부사 리보흠과 함께 로산군의 복위를 꾀하다가 실패한다. 세조는 반역의 책임을 물어 로산군을 사형에 처한다. 어느 날, 차성복은 꿈에서 자신에게 의탁하러 왔다는 단종을 보고, 그때부터 단종의 제사를 지낸다. 오랜 세월이 흘러 숙종의 치세가 되자, 숙종은 단종을 복위시킨 후, 차성복의 후손들이 대대로 행했던 로산군의 제사를 그만두라고 명한다.

**【참고】** 속표지에 '笑堂 吳祥根 著 端宗史話 永昌書館 版' 이라고 표기되어 있다. 단종의 사적을 소설로 옮긴 작품이다. 단종의 폐위를 '지극히 원통하고 참혹하고 전율할 애사(哀史)' 로 여기고 단종을 뒤따른 사육신(死六臣)과 생육신(生六臣)의 충절을 기리는 시각을 드러낸다. 서문에서 이 작품은 이미 발행했던 「단종대왕」을 수정하여 다시 내놓은 것이라 밝히고 있으나, 현재 「단종대왕」은 확인되지 않는다. 서문 말미에 '昭和 十九年一月 大山治永' 이라고 기재되어 있다. '大山治永' 은 저작 겸 발행자인 강의영의 창씨명이다. 발행 연도는 단행본에서 확인할 수 없다. 서울대 도서관의 서지사항에는 이 책을 1938년도에 발행된 것으로 기재해 놓고 있다. 저자 오상근은 『조선야담대해』(영창서관 1941)를 쓸 정도록 역사와 야사에 해박한 지식을 가진 이로서, 「단종사화」 또한 이름 그대로 사화적 성격이 강할 것은 물론 이밖에도 「단종애화」, 「단종애사」 등 다양한 이름의 단종 관련 이야기가 많으나 모두 동일한 책의 해적판일 가능성이 높다.

## 단종애사/端宗哀史 : 이광수. 동아일보1928.11.30-1929.12.11(217회 완) ; 박문서관1935.

**【내용】** 단종이 태어나자 세종은 신숙주, 성삼문에게 자신의 사후에도 세자에게 충성할 것을 부탁한다. 세자 문종이 왕위에 오른 후 집현전 학자들에게 잔치를 베풀어 어린 세자를 잘 보필할 것을 부탁하자 세자의 삼촌인 수양대군은 이를 못마땅하게 여긴다. 문종이 승하하고 어린 세자가 단종이 되자, 수양대군은 분통을 터뜨린다. 이때 권람이 수양대군이 권력을 장악하게 할 심산으로 한명회와 정인지를 추천한다. 수양대군은 한명회를 신임하여 참모로 기용한 뒤 서서히 자신의 세력을 만들고, 김종서를 위시한 반대파를 숙청한다. 순식간에 권력을 잡은 수양대군은 영의정에 올라 권세를 휘두른다. 이에 성삼문, 박팽년, 유성원 등 여섯 명의 충신들이 모여 훗날을 기약한다. 수양대군은 동생 안평대군을 죽임으로써 반대 세력을 모두 없앤다. 그는 단종이 성장하여 권세를 잡기 전에 자신이 왕위에 오를 계획을 세

단종애사 端宗哀史 (1)

운다. 한명회와 정인지 등은 단종에게 왕위에서 물러날 것을 종용하고, 결국 단종은 왕위를 수양대군에게 넘긴다. 성삼문, 박팽년, 유성원 등은 수양대군의 척결을 계획하나 실패하여 죽임을 당한다. 단종은 영월로 유배를 떠난 후 그곳에서 수양대군 무리에 의해 죽음을 맞고, 영월 호장 엄흥도가 그의 시신을 몰래 거둔다.

**【참고】** '고명편', '실국편', '충의편', '혈루편'의 기승전결 방식으로 구성되어 있다. 수양대군의 왕위 찬탈을 소재로 한 작품으로, 《동아일보》에 연재될 당시 독자들로부터 수천 통의 편지를 받을 정도로 인기가 대단했다. 이광수의 투병으로 인해 무려 십여 차례나 연재가 중단되기도 했으며, 그가 병상에서도 집필을 계속할 정도로 심혈을 기울인 작품이기도 하다. 제목에서 볼 수 있는 바와 같이 단종의 억울한 죽음에 초점을 맞추고 있다. 후에 발표된 김동인의 「대수양」과 달리, 수양대군을 가해자로 그려 그의 잔혹한 성격을 부각시킨 점이 특징이다. 이광수 본인도 이 작품에서 수양대군을 너무 악인으로만 묘사했다고 하여, 10여 년 후 같은 소재로 「세조대왕」을 집필하기도 하였다. 박문서관에서 1942년, 1950년에 지속적으로 발행된 것을 확인할 수 있다.

## 단종혈사/端宗血史 : 현병주. 거문당·삼문사1936(286면) ; 덕흥서림1936.

**【내용】** 병약한 문종은 나이 어린 세자의 앞날을 걱정하여 황보인, 김종서, 성삼문, 박팽년, 신숙주 등에게 세자의 보필을 부탁한다. 문종이 세상을 떠나자 어린 세자가 왕위에 올라 단종이 된다. 1453년 단종의 숙부인 수양대군에 의해 계유정란이 일어나 황보인, 김종서 등이 무참하게 살해된다. 이후 수양대군은 실질적인 권세를 장악한다. 한명회, 권람 등은 수양대군에게 왕위를 물려주라며 단종을 종용하고, 결국 단종이 물러남에 따라 수양대군이 상왕이 된다. 성삼문, 박팽년, 하위지 등 살아남은 몇몇 충신들이 문종의 유지를 받들어 단종의 복위를 꾀하다 발각되어 모두 처형된다. 상왕에서 노산군으로 강등된 단종은 다시 영월로 유배를 떠난다. 수양대군의 동생이자 노산군의 숙부인 금성대군이 또다시 단종의 복위를 도모한다. 그러나 이 역시 수양대군에게 발각되고 금성대군 또한 사사된다. 단종은 노산군에서 다시 서인으로 강등된다. 수양대군은 복위를 도모하려는 무리를 없애기 위해 단종에게 사약을 내린다. 이로써 단종은 영월에서 짧고 한 많은 생을 마감한다.

**【참고】** 국립중앙도서관 소장 거문당·삼문사본 간기에 '著作 兼 發行者 玄丙周'라고 표기되어 있다. '저자의 말'에서, 이 작품이 '예전에 기획한 것을 십 년 후 다시 기술하여 탈고한 것'이라고 소개하고 있다. 또한 작품을 창작함에 있어서 「국조보감」, 「문헌비고」, 「문헌록」, 「동국통감」 등 수많은 자료를 참고했음을 밝히고 있다. "단종대왕을 다룬 다른 저서와 다른 점으로, 첫째 어린 단종대왕이 숙부에게 왕위를 빼앗기고 죽임을 당했다는 사실을 도덕적인 측면에서 다루지 않고 왕권 세습 과정에 있을 수 있는 정치적 사건의 측면에서 바라보았으며, 둘째 과학적 근거가 부족한 것은 피하였다"고 밝히고 있다. 총 49회로 이루어져 있다. 작품의 말미에 "단종의 시체를 강에 띄우자 궁녀들이 뒤따라 떨어져 죽은 바위를 일컬어 락화암이라 부르고, 열흘 동안 떠 있던 단종의 시체를 엄흥도가 건져 내 평토장을 지냈다"는 등의 내용이 부기되어 있다.

## 닭이가리 : 한수한. 신동아1933.3-5(3회 완).

**【내용】** 삼월의 따스한 봄날, 마흔이 넘은 사내는 뒤늦게 얻은 자식 당손이와 함께 마당을 서성이고 있다. 방 안에서 아기 울음소리가 나자 사내는 뜨거운 물을 가지고 방으로 들어간다. 둘째 아이를 출산한 아내가 누워 있고 장모가 아이를 돌보고 있다. 당손이 호들갑스럽게 들어오자 사내는 떠들지 말라고 이르며 집을 나와 주막으로 향한다. 사내는 당손에 이어 또 하나의 핏줄이 생긴 것이 부담되기도 하지만, 이런 것이 삶의 즐거움이 아닌가 하며 마음을 다진다. 조금은 모자란 듯한 사내와 불 같은 성격의 장모는 사이가 그다지 좋지 않다. 장모는 금지옥엽으로 키운 딸이 덜 떨어진 사내와 결혼한 것이 못마땅하기만 하다. 그래서 딸이 제 서방 칭찬이라도 하면 핀잔을 주기도 하고, 사내가 눈 밖에 나는 행동을 하면 죽일 것처럼 그를 다그친다. 그럼에도 불구하고 사내는 읍내 사람들과 함께 술 회사를 차리느니, 염색공장을 시작하느니 하며 일을 벌여서 장모의 화를 산다. 어느 날 장모는 사내가 기생집에 드나든다는 것을 알고는 칼을 들고 사내에게 달려든다. 간신히 딸이 뜯어말려 상황은 정리되었고 사내는 장모에게 손이 발이 되도록 싹싹 빈다. 세월은 흘러 둘째 아이의 돌이 다가온다. 사내는 두 아이를 위해 묘목을 구해 와 마당에 심는다. 그리고 당손이와 둘째 아이가 나무들처럼 아무 탈 없이 무럭무럭 자랐으면 좋겠다고 생각한다.

**【참고】** 제목 앞에 '長篇小說'이라고 표기되어 있으나 분량상 중편에 해당한다. 본문이 시작되기에 앞서 "닭이가리는 병아리의 집이다. 수수깜사대를 골라 역근 닭이가리에서 애병아리는 첫세상의 봄을 나는 것이다. 횃대똥과 잡터릭이 잇서 더욱이 아담한 그네들의 집이다"라고 서술되어 있다. '닭이가리'라는 제목처럼 넉넉지 않은 소박한 집에서 아이들이 자라나는 삶의 모습을 잔잔하게 그리고 있는 작품이다. 등장인물들의 평안도 방언이 토속적인 색채를 드러낸다.

## 당산제/堂山祭 : 이근영. 비판1939.1.

**【내용】** 덕봉이는 아버지 송 진사와 여동생 수봉, 계봉을 데리고 윤 참판의 논을 부쳐 먹고 산다. 윤 참판은 수전노였으나 동리의 당산제에는 백 원을 쾌척한 인물이다. 그러나 그것은 어디까지나 자기의 이익을 위한 것으로, 동리 사람들은 곧 그가 사람들에게 백 원 이상을 더 요구할 거라고 생각하고 있다. 덕봉이는 구청이 권하는 대로 이모작 할 방법을 강구하여 윤 참판에게 아뢰었으나 구청 땅이나 부쳐 먹으라는 말로 야박하게 거절만 당한다. 그는 홀로 사는 아버지의 후처감을 구해 데리고 오나 송 진사는 도지를 얻어 쓰는 처지에 사람을 더 들일 수 없다며 거절한다. 하루는 도주하는 강도를 잡고 보니 자기와 혼인하기로 한 순님의 오빠이다. 그런 줄 알았다면 강도를 잡지 않았을 것이라고 덕봉이는 후회한다. 순님의 아버지는 생활고를 못 이겨 결국 딸을 팔아먹기로 결심하고, 덕봉은 그 몸값을 벌기 위해 노름판에 나갔다가 돈을 탕진하고 행패를 부리다가 체포당한다. 다음 해 또 당산제가 열리고, 윤 참판은 백 원을 쾌척한다.

**【참고】**《비판》에 발표된 중편소설이다. 농민들의 비참한 삶을 담담한 필체로 그리고 있다. 당산제의 묘사에서부터 시작해서 다음 해 당산제의 묘사로 끝나는 수미쌍관법을 사용하고 있다. 당산제의 풍경은 변화가 없고 지주의 마음 씀씀이도 변화가 없으나 그 이면에는 농민 계급의 비참한 몰락 과정이 숨어 있음을 묘파한 작품이다.

## 대도전/大盜傳

**윤백남. 동아일보1930.1.16-3.24(전편 63회 완),1931.1.1-7.13(후편 182회 완) ; 태화서관1931.**

**【내용】** 장백산맥의 이황산 기슭에 산채를 꾸민 마적 맹학은 청년 무룡을 신임하여 딸 난영과 결혼시키고자 한다. 무룡과 난영 또한 서로 좋아하는 사이이다. 그러나 어느 날 무룡은 자신을 키워 준 권 노인에게서 맹학이 자신의 부친을 죽인 자라는 것을 듣게 된다. 원나라의 신임을 받던 기 씨 집안을 못마땅하게 여기던 공민왕은 기 씨 형제를 참할 것을 결심하고, 형 기철은 죽이는데 둘째 기주는 놓치고 만다. 기주는 고려를 탈출하여 동녕부를 지나던 중 무촌에서 맹학의 공격을 받아 죽고, 권 노인이 그의 어린 아들 무룡을 거둬 맹학의 산채에서 키운 것이다. 무룡은 자신의 가문을 멸족시킨 공민왕에게 분노를 느끼고, 맹학에게 복수를 다짐한다. 이 사실을 난영에게 털어놓자 난영은 복수를 허락한다. 무룡은 마침내 맹학을 죽이고, 난영과 산채를 내려와 안동 방면으로 가는 배를 탄다. 그러나 압록강에서 배가 해적들에게 납치되어 무룡은 바다에 던져지고, 난영은 인질로 '고산이' 섬까지 끌려간다. 난영은 이황산 맹 두목의 딸이라는 것을 알아본 호일걸의 도움으로 목숨을 구하고, 고산이 무리의 두목이 된다. 바다에 던져진 무룡은 우 노인의 아들 인범에게 구출되어 내동이란 곳에 머물게 된다. 무룡은 그곳에서 우 노인에게 비술을 배운다. 아내를 찾아 서울로 가던 무룡은 곽철이라는 사냥꾼을 만나 그와 동행하게 된다. 고산이 무리의 신임을 받은 난영은 함안호를 탈취하나가 우인범을 만나 무룡의 소식을 전해 듣는다. 난영은 고산이를 떠나 남편의 원수를 갚겠다며 길을 나서는데 패거리들이 그녀를 따라나선다. 무룡은 개경 일대에서 악덕 부호들의 집을 털어 사람들에게 의적 대접을 받는다. 이때 고려 북변을 습격하려는 기세인 첨목아의 군정 급보를 받은 조정은 이성계를 보내 동녕부를 치게 한다. 난영은 고려의 이 장군이 동녕부에서 기병한 기씨 유족을 치러 온다는 말을 듣고 기씨라 하면 남편의 일족이요, 또 고려 군사는 남편의 원수라 생각하고 이성계 진영을 습격하지만 생포되고 만다. 홍국사 암자에 머물고 있던 무룡과 곽철은 난영이 이성계에 붙잡혔다는 소식을 듣는

다. 무룡은 이성계의 군막에 약을 탄 술을 들고 찾아가 군졸들을 유인하여 난영을 탈출시킨다. 난영을 구하려던 고산이 무리와 만난 무룡은 자신의 가문을 멸문시킨 공민왕에 대한 복수를 결심하고, 우인범, 곽철, 호일걸 등과 함께 일당을 규합한다. 이들은 나라를 어지럽힌 신돈을 살해하고, 공민왕을 시해하지만 궁중에서는 한낱 도적의 손에 왕이 죽었다는 것이 알려지면 그 책임을 질 것을 두려워하여 최만생과 홍륜 등을 시군한 역적으로 내세운다. 원수를 갚은 무룡은 무리를 이끌고 이황산 기슭으로 들어간다.

**【참고】**《동아일보》에 전, 후편으로 245회 연재 완료되었다. 고려 말 공민왕이 시해된 역사적 사실을 소재로, 허구적 인물과 야사적인 성격을 가미하여 재구성한 흥미 본위의 역사소설이다. 주인공 기무룡이 아버지의 원수를 갚는 여정은 고대소설에 등장하는 영웅의 일대기와 흡사하다. 그의 공민왕 시해는 개인적 복수의 의미를 넘어 백성을 도탄에 빠뜨린 집권세력에 대한 응징이라는 사회적 정당성을 획득한다. 《동아일보》 1931년 11월 19일 5면 '신간소개' 란에 태화서관에서 단행본이 발행되었음을 알리는 광고가 실렸으며 단행본의 가격은 2원으로 나와 있으나 현재 확인되지 않는다. 한림대학교 도서관에 소장되어 있는 태화서관본은 1936년 발행본이다.

## 대륙/大陸 : 한설야. 국민신보1939.6.4-9.24(17회 완).

**【내용】** 내용 생략.

**【참고】** '만주사변' 직후 중국 동북 지방의 도시와 농촌을 배경으로 만주 개척을 다룬 일본어 소설이다. 만주국의 수도 신경에서 벌어지는 만주국 지지파와 저항파들의 움직임을 위시하여 농촌의 마적단에 이르기까지 폭넓게 만주를 재현하고 있다. 한국 근대문학에서 이처럼 만주사변 직후의 만주 현실을 다층적으로 보여 주는 경우는 찾기 어려우며, 그런 점에서 이 작품은 한국 근대문학에서의 만주 재현이라는 각별한 의미를 갖는 것으로 평가된다. 당시 만주를 배경으로 한 작품들이 대부분 이주한 조선 농민의 삶을 다루고 있는 데 비해, 이 작품에는 일본인과 중국인이 주요 인물로 나오고 정작 조선인이 거의 등장하지 않는다는 점 또한 특징으로 거론된다. 한자 전부에 루비를 달고 있는데 이는 소설을 통한 국민문학의 보급을 겨냥한 형식으로 해석되기도 한다. 이 작품의 중심인물들인 일본과 만주의 청춘 남녀들을 이끄는 것은 자기희생의 이타적 정신, 약한 존재를 위하는 마음, 아름다움, 민족과 나라를 넘어서는 사랑 등이다. 한편으로 그것들을 통섭하는 그들 청춘 남녀의 절대가치는 역경을 이겨 내고 '대륙을 밝히는 등대가 되고자 하는 꿈' 을 만주의 대륙에 실현하는 것이다. 이 작품을 일제에 대한 협력의 측면이 아니라 저항의 측면에서, 즉 일본제국주의가 내세운 만주국의 건국이념인 '오족협화' 의 허구성을 밝혀내고 만주국의 실제적인 모습을 그려 낸 작품으로 해석하는 논자도 있다.

## 대수양/大首陽 : 김동인. 조광1941.2-12(11회 완) ; 남창서관1943(580면).

**【내용】** 세종은 많은 아들 중 세자와 둘째 왕자 수양을 걱정한다. 세자는 한 나라의 주군이 되기에는 몸과 마음이 약한 반면, 수양은 사람됨이 과하여 재상감보다는 왕에 적합한 인물이

기 때문이다. 세자는 열등감으로 인해 수양을 질투하고 자신의 아들에게까지 그를 경계하라고 당부한다. 세종이 승하하고, 세자가 왕위에 올라 문종이 된다. 병약한 문종은 얼마 되지 않아 죽음을 눈앞에 둔다. 문종은 죽기 직전 대신들을 불러 세자를 보호해 줄 것을 당부한다. 문종이 승하하고, 어린 세자가 왕위에 올라 단종이 된다. 단종은 수양의 한결같은 충성에 마음을 열고 그를 전적으로 신뢰한다. 수양은 아우인 안평대군이 김종서 등과 모의하여 왕좌를 노리고 있음을 알고, 안평대군을 강화로 유배 보내고 김종서 일당을 숙청한다. 어린 단종이 국정에 관심을 보이지 않자, 수양은 왕이 장성할 때까지 나라를 부강하게 만들어야겠다는 충정 어린 결심을 한다. 그러나 그의 뜻을 오해하는 사람들 사이에서 그가 왕좌를 노린다는 풍문이 돌기 시작한다. 수양은 단종에게 왕비를 들여 안정된 생활과 국가의 기틀을 다지라고 조언한다. 그러나 왕비를 들인 후 단종은 더욱 왕의 책무를 귀찮아한다. 상왕이 되면 더욱 호화롭고 편한 생활을 할 수 있다고 생각한 단종은 급기야 수양에게 왕위를 넘기기로 결심한다. 수양은 주변 대신들의 조언에 따라 왕위를 이어받아 나라를 잘 다스리고 상왕을 잘 모실 것을 다짐한다.

**【참고】**《개벽》 1935년 1월에 '巨人은 움즈기다' 로 발표되었다가 2회로 중단된 작품을 '대수양' 으로 개제하여 《조광》에 처음부터 다시 연재한 작품이다(제7권 2호-12호). 제목 앞에 '歷史小說' 이라고 표기되어 있으며, 전체 37장으로 구성되어 있다. 수양대군이 왕위에 오르기까지의 과정을 철저히 수양대군의 입장에서 그리며 그 정당성을 드러내고자 한 작품이다. 이 작품은 동일한 역사적 사건을 소재로 하고 있다는 점에서 이광수의 「단종애사」와 자주 비교된다. 「단종애사」에서 수양대군은 야욕이 넘치는 왕위 찬탈자로 그려지고 있지만, 「대수양」에서는 정치적 역량이 풍부하고 신념이 있는 통치자로서 긍정적으로 묘사된다. 기존 역사서에서 부정적으로 그려졌던 인물을 새롭게 해석하려는 김동인의 시각이 뚜렷하게 드러난 작품으로 평가되고 있다. 1948년에 숭문사에서 '수양대군' 으로 제목을 바꾸어 단행본으로 출간하였다.

## 대원군/大院君 : 윤승한. 삼중당1942.

**【내용】**「석양홍」 참조.

**【참고】** 1939년 《동아일보》에 '석양홍(夕陽虹)' 이라는 제목으로 215회 연재하였던 것을 단행본 출간 시 '대원군' 으로 개제하였다. 제목 앞에 '歷史小說', 속표지에 '역사소설 대원군(夕陽虹改題)' 이라고 표기되어 있다. 전편과 후편으로 나뉘어 단행본으로 출간되었다.

## 대지의 아들/大地의아들 : 이기영. 조선일보1939.10.12-1940.6.1(155회 완).

**【내용】** 황소라는 별명을 가진 황건오는 어려서 부친을 잃은 뒤 끼니를 걱정하며 근근이 살아간다. 건오가 차츰 자라며 삯품으로 오막살이도 마련하지만 남의 집 일로는 앞날이 막막하다. 그러던 중 친구인 김병호가 집안을 정리하여 간도로 들어가자 건오도 만주행을 결심한다. 만주사변 직후 건오는 병호의 소개로 만주의 개양둔에 정착하게 된다. 개양둔은 김시중이라는 노인이 십여 호의 조선인들을 데리고 들어와 저습지를 개척하여 농장을 건설한 곳이다. 조선인들은 만인들의 폭행과 학대, 습격 등을 극복하고 어렵게 땅을 개간하지만 김노인이 죽고 지도자를 잃게 되자 아편과 노름에 빠져 세월을 보낸다. 김 노인이 죽고 이삼년 뒤 강직한 인품을 지닌 강 주사가 들어오고, 한약 장사를 하며 떠돌던 홍승구가 부락장을 맡으면서 두 인물은 마을의 중심적 역할을 맡게 된다. 건오는 성실한 강 주사에게 영향을 받는다. 건오의 아들 덕성과 한 마을에 사는 귀순이는 서로 약혼한 사이이다. 귀순 어미는 XX도에 홍수가 나자 전작을 모두 잃고, 고향을 떠나 건오의 권유로 만주에 들어온다. 이들 사이에 홍승구의 아들 황식이가 끼어들어 귀순이를 덕성에게서 빼앗으려고 한다. 말이 많고 탐욕적인 귀순 어미는 승구의 집에서 비단과 소작지를 받으면서 마음이 기울어져 귀순을 덕성과 파혼시키고 황식이와 약혼시킨다. 한편 강 주사는 추석에 농악놀이를 마련하여 오락거리가 없는 농촌에서 젊은 사람들이 놀 수 있도록 마음을 쓰고, 신학생인 서치달은 전도대회와 농사 강습회 등을 열어 마을 사람들을 계몽시킨다. 그러던 중 개양둔 사람들은 극심한 가뭄에 농사를 망칠 위기에 처한다. 건오는 강줄기가 심하게 마르자 마을 사람들이 비아냥거리는 것에도 불구하고 그 진상을 조사한다. 마침내 건오는 윗마을에서 물길을 막은 것을 확인한다. 마을 사람들은 강 주사와 건오를 앞세워 현청에 진정서를 내고 호소하지만 시일이 오래 걸리자 행동대를 조직한다. 윗마을에서 막았던 물길을 튼 마을 사람들은 사정이 어려운 윗마을 사람들이 개양둔으로 이사 오는 것을 허락한다. 가을 추수가 시작될 무렵 윗동네 사람들이 개양둔으로 모두 이사를 오고, 황식이와 귀순이의 결혼식도 진행된다. 그러나 결혼이 있던 날 새벽 귀순이는 덕성이 학교를 다니고 있는 봉천으로 도망간다. 귀순 어미는 돈에 눈이 멀어 딸의 앞길을 막았던 것을 반성하고, 건오는 이들의 결혼을 허락하기 위해 봉천으로 길을 재촉한다.

**【참고】** 제목 앞에 '滿洲開拓民小說'이라고 표기되어 있다. 작가의 만주 시찰 경험을 바탕으로 한 작품으로, 만주 개척민의 투쟁과 갈등을 그리고 있다. 일제의 만주 이주 정책을 적극적으로 수용하고, 이주 과정에서 발생한 동족 간의 갈등을 부정적으로 묘사하고 있어 친일 성향의 작품으로 논의된다. 연재가 끝난 후 단행본으로 출간된 기록이 없다.

대춘부/待春賦 : 박종화. 매일신보1937.12.1-1938.12.25 (294회 완) ; 1941(후편, 발행소불명) ; 을유문화사1949.

**【내용】** 정묘호란 이래 조선과 형제의 관계를 유지해 오던 후금은 국호를 '청'으로 바꾸고 '군신지의'를 강요하면서 조선에게 복종을 요구한다. 척화론이 우세한 조선의 조정에서 이를 거부하자, 인조 14년, 청은 임경업이 수호하고 있는 백마산성을 피해 곧장 서울로 침략해 온다. 인조는 강화도로 피신하려 하지만 여의치 않자 신하들과 함께 남한산성으로 피한다. 그러나 강화가 함락되고 기다리던 구원병마저 도착하지 않자, 인조는 최명길 등 주화파의 권고에 따라 청 진영에 나아가 굴욕적인 항복을 하고 만다. 그 결과 봉림대군을 포함한 척화파 신하들이 청에 볼모로 잡혀가고 일부는 죽임을 당한다. 이렇게 병자호란이 조선의 굴욕적인 패배로 끝나게 되자, 백마산성을 지키고 있던 임경업은 국치의 수모를 씻어 보겠다고 다짐한다. 그는 병자호란이 패배로 끝나가는 것을 보고도 수하에 병력이 없어 어찌할 수 없었던 것을 회상하며 분통을 터뜨린다. 이에 임경업은 영의정 최명길의 동조를 얻어내고, 그의 비호 아래 독보라는 중을 통해서 명과의 관계를 부활시키고자 노력한다. 하지만 몰락해 가는 명과 동맹하여 청을 치려던 임경업의 계획은 홍승주에 의해 발각되고 만다. 임경업은 명으로 탈출해 후일을 기약하려 하지만, 결국 청의 포로가 되고 김자점의 모함을 받아 처형당한다. 한편, 병자호란 때 청에 인질로 잡혀 갔던 봉림대군은 조선으로 돌아와 왕위에 올라 효종이 된다. 효종은 청에 머무르는 동안 겪었던 갖은 고초를 떠올리며 반드시 자력으로 국토를 수호하리라 다짐한다. 그는 이완 같은 무장과 송시열 같은 문관을 인재로 발탁하고 군량을 확보하는 등 군대를 증강하여 북벌을 시도한다. 하지만 효종은 얼굴에 난 작은 종기로 인해 어이없는 죽음을 맞게 되고, 이로써 그의 원대한 북벌 계획은 마침내 수포로 돌아가고 만다.

**【참고】** 한국사에서 가장 굴욕적인 패배로 기록된 병자호란을 배경으로 민족의 수난과 항쟁을 그린 작품이다. 야사가 아닌 정사를 바탕으로 정확한 시대적 배경을 드러내는 등 박종화 역사소설의 실증주의적 세계관이 잘 드러난 작품으로 평가된다. 병자호란의 비극적인 수난사를 다루면서도 절망만을 보여 주는 데 그치지 않고, 수난을 극복하고 국토를 수호하려는 효종과 장수들의 애국적인 모습 또한 그리고 있다. 군왕을 주인공으로 하는 작가의 다른 역사소설에 비해, 이 작품은 민족적 항쟁을 보여 주는 인물들을 두루 다루고 있다는 점에서도 변별된다. 《매일신보》 연재본 외에 발행소 불명의 단행본 후편과 을유문화사본을 확인할 수 있다. 『박문서관 역사소설전집』 1, 2권에 전, 후편이 나뉘어 발행되었다는 기록이 있다.

## 대탕지 아주머니/大湯地아주머니 : 김동인. 여성1938.10-11(2회 완).

**【내용】** 카페 여급인 다부꼬는 뚱뚱하여 별명이 부다꼬이다. 평안남도 순천군의 가난한 농가에서 13남매 중 열한 번째로 태어난 다부꼬는 친구를 따라 카페 여급이 된다. 여급으로 일한 지 3년째, 다부꼬는 여름을 양덕에서 나기로 하고 여관에 든다. 온천에 머물며 드나드는 손님을 물주로 잡아 보려는 심사이다. 그러나 일지사변의 영향과 보도연맹의 활동으로 예년보다 손님이 적어, 그녀는 돈을 구하지 못해 난처해한다. 그녀는 온천 이곳저곳을 돌아다니며 노래도 하고, 수다도 떨며 여행객들의 흥을 돋우어 '대탕지아주머니'라는 별명을 갖게 된다. 그녀는 넙적이라는 사내와 연분을 쌓기도 하고, 양복쟁이 젊은 청년과 눈이 맞아 지내기도 하지만 그들은 곧 떠나 버린다. 그녀는 젊은 소방수와 만나기도 하지만 이내 갈 곳 없는 처량한 신세가 된다.

**【참고】** 제목 앞에 '中篇小說' 이라고 표기되어 있다. 소설 앞에 "대관절 남의 일인 듯이 초연한 방관적 태도로 이런 소리를 쓰고 있는 나부터가 역시 지구에 사는 한 개 범인의 예에 벗어나지 못하여 소위 소설이라고 쓰는 것이 20년 전 것이다. 십 년 전 것이나 지금 것이나 모도다 비슷비슷한 소리를 소설에 나오는 인물들의 이름만 다르게 하여 가지고 좋다고 스스로 코를 버룩거리니 이것은 모도 우리의 숙명이라 어찌할 수가 없는 가부다. 하여간 기위 잡은 붓이니 비슷비슷한 소리건 어쩌건 쓰려는 이야기를 하나 써 보자. 같은 소리밖에 내지 못하는 레코-드를 틀어놓고도 매일 그만치 좋다고 덤비어 대는 이 세상에서 소설쟁이라고 꼭 매번 색다른 이야기만을 쓰라는 법도 없겠지"라는 작가의 말이 붙어 있다.

## 대하/大河 : 김남천. 인문사1939 ; 백양당1947(396면).

**【내용】** 박성권은 동학농민운동 당시 군대를 따라다니며 장사를 해 돈을 모은 뒤 성천 마을에 정착한다. 그는 토지 매매와 고리대금으로 막대한 부를 쌓아 마을 사람들에게 박 참봉이라 불린다. 그에게는 형준, 형선, 형걸, 형식의 네 아들과 딸 보패가 있는데 이 중 형걸은 형선과 동갑내기이며 첩의 자식이다. 형걸은 자신이 짝사랑하던 정보부가 적자 형선과 결혼하자, 서자라는 자신의 처지에 절망한다. 방황하던 그는 여종 쌍네와 관계를 맺는데, 쌍네를 넘보던 형준에게 발각된다. 형준의 고자질로 이 사건을 알게 된 형걸의 생모 윤 씨와 성권은 형걸의 혼사를 서두른다. 한편 형걸은 동명학교 교사로 부임한 문우성을 추종하고, 그의 영향으로 기독교에 관심을 갖는다. 형걸은 전도하러 들른 곳에서 기생 부용을 만나 그녀와 사랑에 빠진다. 형준은 쌍네를 다시 찾아갔다가 박대를 당하자 그 남편 두칠에게 쌍네와 형걸의 관계를 폭로한다. 두칠이 성권의 집을 떠나기로 하자 쌍네는 남편을 따를 것인지, 새로운 생활을 시작할 것인지 고민하다 형걸을 찾아간다. 그러

나 부용과 사랑에 빠진 형걸이 자신을 무심하게 대하자, 쌍네는 죽을 결심을 하고 강으로 간다. 고민에 빠진 형걸은 부용의 집을 지나다 성권이 부용에게 치근대는 것을 본다. 부용이 형걸과의 관계를 실토하자 성권은 화를 내며 부용의 집을 나간다. 형걸은 새로운 삶을 위해 그날 밤 고향을 떠날 것을 결심하고 우성을 찾아간다.

**【참고】** 김남천의 첫 번째 장편소설로, 1939년 인문사에서 기획한 전작 장편소설 1권으로 출간되었다. 카프 해체 이후 새로운 창작 방법론을 모색한 김남천이 내세운 '로만개조론'의 성과로 평가된다. 작가가 '풍속을 들고 가족사로 들어가되 그 가운데 연대기를 현현시켜 보자'고 주장한 대로 소설 속에는 박성권 일가의 연대기를 중심으로 혼례, 단오 등의 풍속뿐만 아니라 농촌의 경제와 교통체제의 변화 등이 세밀하게 묘사되어 있다. 원래 후속편까지 예정되어 있었으나, 1부만 발표된 작품이다. 1941년 《조광》에 '개화풍경'이라는 이름으로, 1946년 《신문예》, 1947년 《노동》에 '동맥(動脈)'이라는 제목으로 2부의 일부가 발표되었으나 완결되지 못했다.

## 대호전/大豪傳 : 윤백남. 대성당서점1940(상권:583면), 세창서관1941(하권:491면).

**【내용】** 고려 공민왕 때 원나라로 망명한 기주의 증손 기성룡은 부친의 유언에 따라 사하성주가 된다. 만주에서 세력을 키운 성룡은 의도치 않게 몽고군과의 전쟁에 휘말리게 된다. 성룡의 아들 자룡은 도움을 요청하기 위해 송을성에 도착하지만 성주인 장박이 백성들의 인심을 잃은 것을 보고 발길을 돌린다. 녕안성에 도착한 자룡은 사하성의 전멸과 부친의 사망 소식을 접한다. 녕안성주는 기개가 넘치는 자룡을 곁에 누는데, 자룡은 녕안성주 역시 악덕 성주임을 알게 된다. 자룡은 옛 송을성주의 충신 관우충을 만나 뜻을 함께 하기로 결의하고 녕안성주를 물리친 후 새로운 성주가 된다. 그리고 송을성주 장박 또한 물리치고 세력을 키운다. 우충은 옛 송을성주의 딸 매랑이 자룡의 배필로 어울린다고 생각하고 행방불명 된 그녀를 찾아 길을 떠난다. 산적에게 붙잡혀 있는 매랑을 발견한 우충은 누루하찌라는 무예가 뛰어난 장수의 도움으로 매랑을 구한다. 그러나 탈출 과정에서 우충은 부상을 입고 죽음을 맞는다. 여진족 출신의 누루하찌는 부친의 유언을 받들어 새로운 나라를 건설하려는 꿈

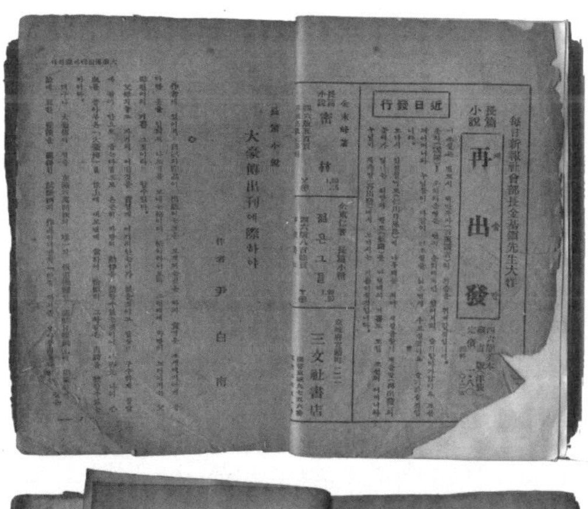

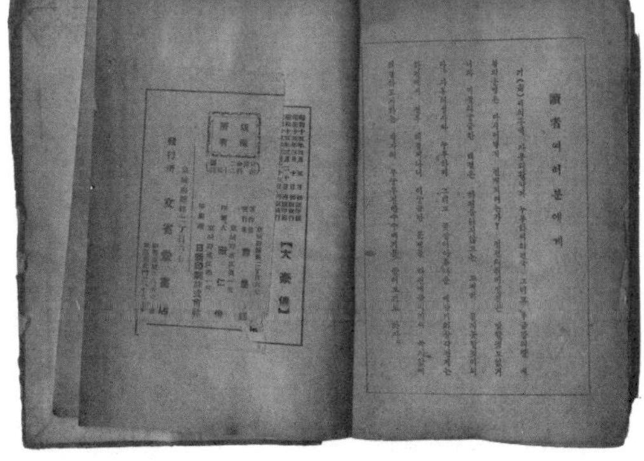

을 가지고 있다. 매랑은 자신을 돌봐 준 누루하찌에게 마음이 가지만 우충의 유언에 따라 자룡을 만나기 위해 길을 떠난다. 누루하찌는 만주에 산재한 여진족의 대동단결을 도모하는 데 온 힘을 쏟는다. 그 무렵 조선 장수 김홍립이 대군을 이끌고 쳐들어오고, 누루하찌는 자룡을 찾아가 그의 조력을 받아 김홍립을 물리친다. 자룡은 누루하찌의 담대한 모습을 보고 그가 만주를 통일할 사람이라는 확신을 갖는다. 한편, 길을 떠난 매랑은 도중에 기인을 만나 무예를 익힌다. 매랑은 부친의 원수 장박에게 붙잡히지만 뛰어난 지략과 무예로 그를 죽이고 무리를 이끄는 지도자가 된다. 우연히 조선 장수 임경업을 만난 매랑은 그에게서 죽은 우충을 떠올린다. 매랑은 만주와 합심하여 명을 물리치고 새로운 나라를 건설하자며 임경업을 설득시켜 누루하찌와 자룡에게 데려간다. 후금국의 왕이 된 누루하찌는 매랑을 왕비로 맞이하고 자룡과 임경업의 도움을 얻어 새로운 나라를 건설한다.

**【참고】** 상권 본문에 '大豪傳(前篇)-[原名八豪奇說]', 하권 본문에 '長篇小說 大豪傳(後篇)-[原名八豪奇說]' 이라고 표기되어 있다. 상·하권으로 나뉘어 각각 대성당서점과 세창서관에서 단행본으로 출간되었으며, 상권은 19장, 하권은 18장으로 구성되어 있다. 본문이 시작되기에 앞서 '長篇小說 大豪傳出刊에際하야' 라는 서문격의 글이 실려 있다. 작가는 이 글에서 "大豪傳이 일즉 在滿百萬同族의 唯一의 報道機關인 滿鮮日報紙上에 揭載되어 年餘에 亘한 愛讀을 贏得한 試驗濟의 作品"이며, "無名有名의 英士들이 全國發祥의 歷史裏面에 있어서 어떠한 奇蹟的行動을 거듭하였는가. 그것을 그리어 본 것이 이 大豪傳이다"라며 작품에 대한 설명을 하고 있다. 《만선일보》에 연재되었던 정보는 확인할 수 없다. 하권 본문 끝에 "滿洲事變十週年紀念出版으로 大豪傳下卷을 興亞의 젊은이들에게 받치나이다"라고 표기되어 있다. 중국을 배경으로 누루하찌와 기자룡, 매랑 등 세 남녀 주인공의 용맹스러운 모습이 그려진다. 캐릭터에 대한 설명보다는 다양한 사건이 끊이지 않고 전개됨으로써 독자의 흥미를 유발하고 있는 점이 특징이다. 고려대 도서관에 소장되어 있다.

## 도깨비감투 : 김래성. 어린이신문1946.1-9 ; 어린이세계1947.4·5 ; 백조사1947.

**【내용】** 내용 생략.

**【참고】** 아동잡지 《어린이세계》 1947년 4·5월 어린이날 특집 합호의 「도깨비감투」 제2부 1회 연재 지면에 '長篇冒險探偵小說' 이라고 표기되어 있다. 같은 지면의 '소개의 말' 에 "이달부터 金來成 선생님이 써 주시는 이 아슬아슬하게 재미있는 '도깨비감투' 이야기는 1946년 1월부터 9월까지 아홉달 동안에 걸쳐 '어린이신문' 에 제일부를 실려서 어린이 여러분에게 대단히 환영을 받은 무척 재미있는 모험탐정소설이에요. 그런 것을 이번에 우리 '어린이세계' 에서 제이부를 계속하여 써 주시기로 되었는데, 이제 제일부의 이야기를 간단히 말씀드리고 제이부에 들어가겠어요"라고 서술하고 있다. 제1부 자료와 2부의 2회 이하는 확인되지 않는다. 오영식의 『해방기 간행도서 총목록』(소명출판2009)에 의하면 1947년 백조사에서 단행본으로 출간되었다고 하나 현재 확인되지 않는다. 현재 한국전통문화학교에 한진출판사본(1978)이 소장되어 있다. 상·하권 분책이다.

## 도박/賭博 : 이기영. 동광당서점1937.

**【내용】** 또순이는 양반집 규수로 어려움 없이 살아왔으나 결혼한 지 얼마 안 되어 청상과부가 된다. 그는 남편과 같이 수학했던 김명수와 통정하여 보통이를 들고 야반도주한다. 그러나 생활력이 없는 그들은 곧 궁핍한 생활로 떨어질 수밖에 없다. 반반한 또순의 인물을 본 뚜쟁이 노파는 그녀를 부잣집 셋째 첩으로 소개시키려고 한다. 궁핍한 생활을 견디지 못했던 또순이는 승낙을 하고 백 원을 받아다가 아이들에게 고기와 두부로 국을 끓여 먹인다. 그리고 꿈을 꾸는데, 부잣집 첩으로서의 자유 없는 삶을 견딜 수 없어 남편 명수를 데리고 와 동침을 하고 일부러 발각되어 쫓겨나는 작전을 세우는 내용이었다. 꿈에서 깬 그는 깨닫는 바가 있어 비단옷을 전당 잡히고 꾼 돈으로 모자란 돈을 보충하여 뚜쟁이 노파에게 던져 준 후 약속을 파기한다.

**【참고】** 중·단편집 『서화』(동광당서점1937)에 수록된 중편소설이다. 가난에 못 이겨 아내를 파는 매처(賣妻) 모티프를 사용하고 있으나 자유로운 생활이 더 소중함을 깨닫고 마음을 고쳐먹는 내용을 희화적으로 그리고 있다.

## 도회의 정열/都會의情熱 : 정비석. 신인1947.10·11합본(4회).

**【내용】** XX데파-트에 근무하는 한혜련과 최국희는 창밖을 지나가는 오하림에게 동시에 매력을 느낀다. 오하림은 미국에서 자란 모던 보이로, 현대적인 교양과 매너를 지녀 신여성들의 마음을 사로잡기에 충분한 인물이다. 혜련과 국희는 하림에 대한 정보를 모으고 우연한 기회를 가장하여 그에게 다가선다. 세 사람은 만남의 기회를 자주 갖고 금세 친밀한 관계가 된다. 혜련과 국희는 하림의 세련된 매너에 반해 동시에 그를 사랑하게 되고, 하림 역시 두 여인 모두를 갖고 싶은 욕망에 사로잡힌다. 혜련은 장완기라는 건실한 성격의 약혼자가 있음에도 불구하고 점점 더 하림에게 빠져든다. 급기야 그녀는 완기에게 자유연애를 선언하며 파혼을 통보한다. 진심으로 한 여인을 사랑할 줄 모르는 하림은 육체적 욕망 때문에 혜련과 국희를 번갈아 가며 농락한다. 하지만 이내 하림의 애정행각은 탄로 나고, 그의 비열한 태도에 실망한 국희는 하림의 곁을 떠난다. 한편, 하림의 아이를 갖게 된 혜련은 임신을 구실로 그에게 매달린다. 그러나 이미 혜련에게 싫증을 느낀 하림은 그녀를 낙태시키기 위해 방법을 모색한다. 하림은 혜련의 몸을 함부로 다루고 그녀를 태운 자동차를 심하게 모는 등 갖은 방법을 쓰다가 모두 실패하자 미국으로 도망친다. 이후 혜련과 만난 국희는 연애는 함부로 할 것이 아니라는 교훈을 새삼 깨닫는다.

**【참고】** 제목 앞에 '戀愛小說'이라고 표기되어 있다. 도회적 공간인 백화점을 배경으로 하여 젊은 남

녀의 비뚤어진 애정행각을 다룬 작품이다. 1947년 청년문화지 《신인》에 연재되었으며, 고려대 도서관 소장 자료 중 현재 확인이 가능한 부분은 10·11월 합호에 실린 '제4회' 뿐이다. 자세한 연재 정보 및 대체적인 경개를 파악하기 어렵다.

## 독방/獨房 : 박영희. 1935(미발표 유고).

**【내용】** '나'는 예술동맹 사건으로 체포되어 미결감에 갇힌다. 미결감에는 '나'와 함께 수감된 스물세 명의 동지들 외에도 순덕, 춘식 등 다른 죄수들이 있다. 각자 독방에 갇혀 있어 서로 얼굴을 보지는 못하지만, 죄수들은 벽을 두드리는 신호를 통해 비밀 대화를 나눈다. '나'는 죄수들과 대화하며 감옥 생활에 대한 정보를 얻기도 하고, 죄수들 간의 동료애와 시기, 질투 등 인간 내면에 대해 생각하기도 한다. '나'는 열악한 수감 환경 때문에 폐병에 걸린 동료 죄수들을 보며 자신이 출옥하는 날까지 버틸 수 있을지 두려움을 느낀다. 그러나 한편으로 '나'는 그럴수록 더욱 살아남아야겠다는 투지를 불태운다. 지루한 감옥 생활에서 '나'는 성경을 진지하게 읽으며 삶과 죽음에 대해 생각한다.

**【참고】** 《현대문학》 연재 지면에 '未發表長篇手記 獨房' 이라고 표기되어 있다. 《현대문학》 편집자의 '소개의 말' 에 따르면, 이 수기는 박영희가 카프 제2차 검거 때 일제에 피검되었던 경험을 기록한 것으로 1935년 작성되었으며, 박영희의 납북 이후 그의 장남 박기원이 원고를 보관했다. '10회로 연재할 계획' 이라는 언급이 있으나 실제로는 1958년 10월부터 1959년 7월까지 8회 연재되었다. 7월호 마지막에 '계속' 이라는 표시와 달리 이후 연재된 바 없다.

## 독와사/毒瓦斯 : 김운정. 매일신보1932.12.13–1933.5.30(162회 완).

**【내용】** 한치각은 부유한 양반 출신으로, 미국 유학까지 다녀와 기생집이나 드나드는 한량이다. 그는 자신의 비위를 잘 맞추는 퇴락한 양반들과 어울려 방탕한 생활을 일삼는다. 어느 날 치각의 친구 강현필이 병든 아들의 치료비를 융통하러 그를 찾아온다. 하지만 치각은 매몰차게 거절하고, 결국 현필의 아들은 세상을 떠나고 만다. 치각은 또한 지인 리민영이 군자금 마련을 위해 돈을 부탁하자 이를 냉정히 거절한다. 그는 연인 관계인 안나가 자신의 무관심 때문에 자살을 시도했음에도 불구하고, 숙자라는 여학생에게 흑심을 품는다. 숙자는 치각의 딸 복희의 동창이지만, 호색한인 그는 개의치 않고 숙자를 꾀어내 정조를 유린한다.

그러던 어느 날 치각은 술에 취해 불량배들로부터 뭇매를 맞고 길에 쓰러진다. 때마침 길을 지나던 현필에게 구조된 치각은 금시계와 지갑이 없어졌다며 오히려 현필을 경찰서에 신고한다. 취조를 받던 현필은 다행히 진범이 잡히면서 무죄방면 된다. 한편, 치각은 민영의 사상이 불순하다며 그를 경찰서에 신고하여 체포되게 만든다. 민영의 친구 곽호는 신문 기사를 통해 이 사실을 알고, 치각을 산속 외딴곳으로 유인하여 감금한다. 치각은 그곳에서 곽호의 통제 아래 고된 노동과 수양을 한다. 치각은 곽호의 지시에 따라 경찰서에 탄원서를 보내 민영을 풀려나게 한다. 한편, 성병에 걸린 숙자는 복희의 도움으로 수술을 받지만, 임신을 할 수 없는 몸이 된다. 숙자는 세상 모든 남자들에게 복수를 다짐하고 카페 여급이 된다. 자살을 시도했던 안나 역시 후유증으로 정신 이상을 일으켜 불행한 삶을 살아간다. 산속에서 고된 노동을 하던 치각은 차츰 과거를 반성하기에 이르고, 곽호는 그제야 치각을 감금에서 풀어 준다. 그러나 안나가 치각의 집에 방화를 하고, 이 사건으로 한 승지가 불에 타 죽는다. 치각은 한순간에 잿더미가 된 집과 부친의 죽음 앞에서 참회의 눈물을 흘린다.

**【참고】** 김우진과 더불어 희곡 분야의 양대 산맥으로 불리는 극작가 김정진(金井鎭)의 장편소설로, '김운정(金雲汀)' 이라는 필명으로 연재되었다. 그의 작품세계는 주로 천박한 식민지 자본주의에 대한 비판적 시각을 풍자적으로 그려냈다는 평가를 받는다. 제목 '독와사' 는 '독가스' 의 당시 음역어인데, 병적인 여성편력과 극단적 이기심으로 여러 인물들을 파멸의 구렁텅이에 빠뜨리는 주인공을 빗대어 표현한 것이다.

## 돌쇠/乭釗 : 이기영. 형상1934.2-4(2회 미완).

**【내용】** 구장댁에 모인 동리 젊은이들은 문명개화에 대해서 이야기한다. 개명이 되면 삼강오륜은 어떻게 하냐고 묻는 구장의 말에 모든 사람이 교육의 혜택을 입게 되면 문제가 될 것이 없다고 젊은이가 답한다. 돌쇠는 자신을 도와주었던 정광조에게 정신적으로 의지하게 되어 그가 가르치고 전도하는 주일학교에 아들 돌이를 모자 씌워 보낸다.

**【참고】** 《조선일보》에 1933년 연재되었던 「서화」의 속편이다. 《형상》의 편자에 의하면, 이기영은 「서화」를 장편의 일부라고 생각했기에 이 작품에 쏟아지는 찬사와 비판에 대해 침묵으로 일관해 왔고, 「돌쇠」의 총 분량은 480자 원고지 150매 정도라고 한다. 그러나 《형상》이 폐간되면서 원고까지 분실되었다고 이기영이 1937년 동광당서점에서 발행한 단행본 『서화』의 서문에서 밝히고 있다. 본격적인 사건이 전개되기 이전에 연재가 끝나버렸다.

## 돌아오는 인생/도라오는人生 : 현경준. 만선일보1941.11.1-1942.3.3(94회 완).

**【내용】** 위만주국 정부가 조선인의 계도를 위한 정부 시책을 발표한다. 그들은 재만 조선인들을 인생의 행로에서 탈선한 대상으로 인식한다. 연애에 실패하고 만주에 들어와 아편중독자가 된 명우는 하루하루 무기력하게 살아가던 중 만주국 정부의 '아편금연' 국책을 설교하는 보도소장에게 감화된다. 그는 아편을 끊고 부락의 학교에서 교편을 잡은 후, 보도소장의 권유에 따라 그의 양딸 순녀와 결혼하고 조선에서 어머니를 모셔온다. 아편 중독자였던 인규 또한 보도소장의 인간적인 노력에 차츰 감화된다. 이들과 달리 규선과 병철, 득수 등은 보도소에서 탈출을 시도한다. 한때 정치운동의 선봉에 나섰던 경험이 있는 규선은 이제 아편 중독자로서 비루한 삶을 살아갈 뿐이다. 그는 개심을 충고하는 명우에게 앞날에 대한 희망이 없는 상태에서 할 수 있는 일은 과거를 꿈꾸는 것뿐이라 말한다. 밀수업자와 부정업자로 살아가던 병철과 득수는 보도소장의 설교에도 불구하고 틈만 나면 탈출을 시도한다. 갖은 수단과 방법으로 이들을 교화하려는 보도소장의 노력에도 불구하고, 보도소는 아편에 미쳐 있는 중독자들과 일확천금의 꿈을 버리지 못하는 밀수업자들로 넘쳐난다. 결국 규선과 병철은 탈출에 실패하여 다시 구류소로 들어가고, 규선의 처는 목을 매 자살한다.

**【참고】** 《인문평론》에 게재(1940.7-8)되고, 재만조선인작품집 『싹트는 대지』(1941)에 재수록된 작가의 중편소설 「유맹」을 수정·확대한 작품이다. 이 작품은 이후에 발표된 중편소설 「마음의 금선」과 더불어 「유맹」과 상호텍스트성을 지니는 것으로 평가된다. 현재 국내에서 확인할 수 있는 자료는 없고, 23회(1941.11.1)부터 94회(1942.3.3)까지의 연재분이 중국에 소장되어 있다. 이 중 10회분은 누락된 상태이며, 1회부터 22회까지의 연재분은 아직까지 미발굴된 상태이다. 23회의 소제목이 '양심의 잔편' 인데, 그 내용이 「유맹」, 「마음의 금선」과 일치한다. 연구자에 따라서 이 작품을 「유맹」의 개작으로 보기도 하고, 미완으로 끝난 「유맹」의 내용이 이 작품을 통해 비로소 완성되었다고 평가하기도 한다. 조선인 이주민들의 만주 정착사의 한 단면이 그려지며, 대체로 현실부응의 친일적 성향을 보인다고 평가된다.

## 동맥/動脈 : 이동규. 신소년1934.2-?

**【내용】** 내용 생략.

**【참고】** 아동잡지 《신소년》 1934년 2월호에 '自由連作長篇小說' 이라는 기획으로 이동규가 첫 회를 집필한 것이다. "이 소설은 여러분에게 가장 친한 작가의 한 분인 李東珪 氏가 여러분이 연작하시기 쉬웁게 첫 회를 쓴 것입니다. 이 소설이 앞흐로 재미스럽게 계속하야 나가는 것은 모다 여러분의 힘으로 될 줄 압니다. 우리는 여러분의 상상력과 글의 숙열을 위하여 이런 것을 발표하는 것입니다. 이 소설에 연작을 쓸 권리는 누구에게나 다 잇습니다. 그러나 앞흐로의 이야기의 발전을 위하야 우리는 여러분이 주신 글 가운데서 골나서 한 달에 두 편씩 실니겟습니다. 그리하여 가部와 나部로 쪽이겟습니다. 마음대로 어느 部에나 쓰십시오. 매수는 十九字十行 稿紙 십오 매로 합니다. 개제하는 글에는 薄謝를 드리겟습니다. 만히 만히 써 주십시오. 編輯部"라고 공지하였으나 이후의 연재 기록은

확인되지 않는다.

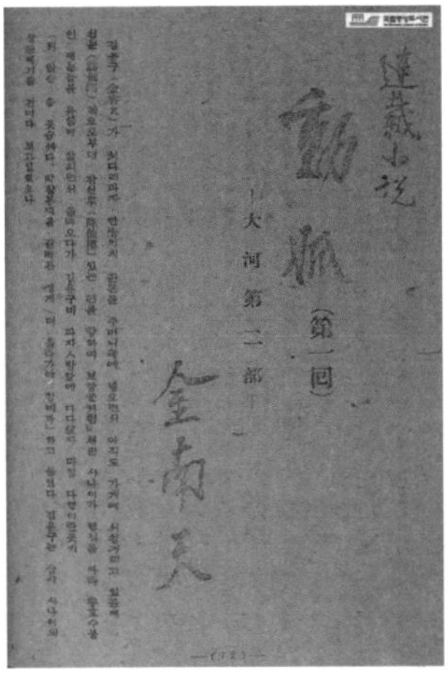

連載小說
動脈 (第一回)
—大河第二部—
金南天

## 동맥 /動脈

**김남천. 신문예1946.7,10(2회 미완), 노동1947.2-6(4회 미완).**

**【내용】** 쌍네를 데리고 원산으로 떠났던 두칠은 부두 노동이 힘에 부치고 생활고에 시달리자 이 년 만에 박 참봉네 집으로 돌아온다. 박 참봉은 박리균이 내놓은 읍내 객줏집 동명여관의 경영을 두칠에게 맡기고 자수성가의 터를 잡도록 이른다. 두칠은 유랑하는 동안 쌍네가 죽은 아이를 낳은 일을 떠올리고 새로운 소식이 있기를 고대한다. 박 참봉은 이 년 전 집을 나간 형걸과 혼사를 맺기로 한 최 초시가 편지를 보내와 난감해하던 중 천도교 교령이 된 처남 최관술이 포덕을 전할 겸 최 초시에게 다녀오겠다는 말에 반색하며 교당 건축비로 은 다섯 주머니를 내놓는다. 박 참봉은 홀가분한 마음으로 두문골 형걸의 모친 윤 씨 집으로 돌아가고, 관술은 청수를 모셔 놓고 고요히 주문을 외기 시작한다.

**【참고】** 《신문예》 연재 지면에 '連載小說 動脈 「대하」 제2부' 라고 표기되어 있다. 1941년 《조광》에 발표한 중편 「개화풍경」에 이어지는 작품으로, 《신문예》와 《노동》(1947.2, 3, 5, 6)에 6회 연재 후 중단되었다. 서출 형걸이 가출한 이후 박 참봉 일가의 삶이 그려져 있지만 미완으로 끝나 전모를 알기는 어렵다.

## 동무 : 김동인. 동화1936.5-11(5회 완).

**【내용】** 내용 생략.

**【참고】** '少年小說' 이라고 표기되어 있고, '金東仁' 이라고 작가 표기가 되어 있다. 김동인은 같은 잡지 《동화》 창간호에 '歷史少年小說' 「勇敢한 少年」을 발표하기도 했다.

## 동방 /東方 : 장본시화. 기독교신문1942.11.11-1943.8.25(29회 미완).

**【내용】** 목사 전영일과 간호부 전영애는 남매이다. 영일은 신학교를 졸업한 뒤 일본에서 사회사업을 공부하고 조선에 돌아와 사회사업기관인 애인사를 만들어 백여 명의 고아를 돌보고 있다. 영애는 신학교를 마치고 간호부양성소에 들어갔다가 중일전쟁이 일어나자 일본적십자사의 백의봉공단(白衣奉公團)에 지원하여 일본인 전촌애자, 중국인 왕백난과 함께 전선으로 간다. 영일은 영애와 편지를 주고받으며 사람들이 전선에 있는 간호부 봉공단을 '백의천

사, 백의용사, 전지봉공단, 순애의 천사'라고 호칭한다면서 격려한다. 어느 날 이들이 있는 상해의 야전 병원으로 전촌애자의 약혼자인 육군중좌 송전신의가 위독한 상태로 실려 온다. 전촌애자를 비롯하여 영애와 백난은 송전신의를 헌신적으로 간호한다. 한편 백난의 오빠 왕낙도도 이들이 있는 야전 병원으로 후송되었다가 백난이 일본적십자사의 봉공단으로 온 것을 알자 그녀에게 칼을 휘두른다. 그 칼에 백난 대신 영애가 부상을 입는다. 낙도는 실명한 뒤 송전신의와 같은 병실을 사용하면서 그에게 감화되어 기독교 신자가 된다. 봉천 지역 부흥 목사로 초빙을 받은 영일은 그 길에 영애를 보러 와서 이들과 만난다. 송전신의는 영일에게 자신이 죽은 뒤 전촌애자와 결혼해 달라고 부탁한다.

**【참고】** 연재 당시 지면에 '長篇宗教小說 東方 張本時華 作'이라고 표기되어 있다. 11월 4일 《기독교신문》 지면에 소설의 연재 예고를 알리면서 장본시화를 혜성과 같이 나타난 신진 청년작가라고 소개하고 있으나 본명은 확인되지 않는다. 작가는 작가의 말에서 "제일차전지간호부봉공단 제1반, 21명의 주인공으로 전지에까지 나가서 '순애'로써 국가에 봉공하는 것이다. 전선과 총후에 얼기설기 얼크러진 넓은 무대에서 많은 등장인물들이 힘있게 이러나 대동아공영권 건설하는 것은 이곳에서 찾어보기로 하자"라고 밝히고 있다. 기독교의 박애정신으로 대동아공영권을 건설하자는 친일 성향의 미완 작품이다.

## 동방의 새봄/東方의새봄 : 방인근. 조선공업도서출판사1949 ; 보문서관1949(540면).

**【내용】**「동방춘」 참조.

**【참고】** 1942년 《매일신보》에 128회 연재한 「동방춘(東方春)」을 개제한 작품이다. 서문에서 작가는, 대동아전쟁이 한창일 때 지원병을 다룬 소설을 써 달라는 일본 정부의 요청을 받고 집필한 것임을 밝히고 있다. 그러나 실제 내용을 보면 지원병에 대한 이야기는 매우 소략하고, 다양한 남녀들의 얽히고설킨 애정담이 중심서사를 이루고 있다. 상·하권으로 나뉘어 출간되었다. 《조선중앙일보》 1949년 4월 16일자에 보문서관 단행본 출판 광고가 실렸다.

## 동방의 애인/東方의愛人 : 심훈. 조선일보1930.10.29-12.10(39회 미완).

**【내용】** 중학교 때부터 막역한 사이인 이동렬과 박진은 학교를 졸업하던 무렵 3·1운동에 가담했다가 발각되어 왜경에 붙잡힌다. 감옥으로 호송되던 중 동렬은 시위운동에 참여해 붙잡힌 강세정이라는 여학생을 만난다. 1년간의 옥고를 치르고 나온 동렬과 진은 독립운동의 정신을 계승하여 좀더 넓은 뜻을 펼치기 위해 상해로 떠난다. 어려운 여건 속에서도 열심히 생활하던 동렬과 진은 선배의 집에서 뜻이 있는 여러 동지들을 만난다. 그러던 중 진은 야학에서 만난 영숙에게 연정을 품게 된다. 한편, 동렬의 편지를 받은 세정은 그와 뜻을 함께 하기로 결심하고 상해로 찾아온다. 세정은 동렬의 일을 도우면서 차츰 그와 동지애적 사랑에 빠

지게 된다. 얼마 후 동렬과 진, 세정은 X씨가 주도하는 ○○당 XX부에 입당하여 모두 능력을 인정받는다. 동렬 또한 세정과 함께 활동하면서 그녀에게 연정을 느끼게 되고, 이를 눈치챈 X는 두 사람의 혼인을 적극 주선하겠다고 말한다. 한편, X씨의 소개로 ○○군관학교에 입학하게 된 진은 용기를 내 영숙에게 데이트를 신청하며 한층 가까워진다. 마침내 X씨의 주선으로 동렬과 세정의 결혼식이 진행되고, 해외에서 활동하는 동지들은 모처럼 한자리에 모여 망국의 한을 달랜다. 결혼식이 끝난 후 집으로 돌아온 영숙은 그곳에서 자신을 기다리고 있는 조상호와 마주친다. 상호는 평소 영숙을 짝사랑하던 사람인데 결혼식이 끝난 후부터 줄곧 그녀를 따라왔던 것이다. 하지만 진이를 좋아하는 영숙은 상호의 고백을 거절한다. 흥분한 상호가 영숙을 겁탈하려는 순간 뒤따라온 진이 나타나 상호를 물리친다. 진과 영숙은 서로의 사랑을 확인하며 함께 밤을 보내고 결혼을 약속한다. 삼 년 후 영숙은 진의 아이를 임신하고, 진은 군관학교의 촉망받는 학생으로 졸업을 목전에 두고 있다. 동렬은 국제당 청년회의 참석을 위해 모스크바를 방문하여 견식을 넓히고 상해로 돌아온다.

**【참고】** 지식인들의 사회주의 투쟁을 전면에 내세운 작품으로, 일제의 검열에 의해 연재가 중단되었다. 지명이나 단체명과 같은 고유명사가 복자로 처리되어 있다. 작품의 서두는 XX단의 지령을 받은 박진이 검문을 피해 경성에 도착해 이동렬, 강세정과 감격적인 상봉을 하는 것으로 시작된다. 이후 동렬과 진의 과거 이야기가 전개되는 서술의 역전 구조를 보이는데, 연재가 중단되어 주인공들이 국내로 들어와 사회주의 운동을 어떻게 전개하는지에 대한 구체적인 내용을 확인할 수 없다. 사회주의 운동 외에도 박진과 이동렬을 사랑하는 강세정과 영숙의 이야기가 함께 다루어진다. 이동렬과 세정의 사랑이 동지애적인 것으로 그려지는 반면, 박진과 영숙의 사랑은 조상호라는 악인의 설정에 따라 삼각관계를 형성함으로써 독자의 흥미를 유발하고 있다.

## 동방의 애인/東方의愛人 : 김남천. 예술통신1946.11.5(34회)-1946.12.14(55회 미완).

**【내용】** 방혜련은 1939년 중일전쟁이 발발할 무렵 문수철 군수가 마련한 유학생 간담회에 가는 길에 안영남을 만난다. 영남은 혜련보다 대여섯 살 어린 소년이었지만 조선이 처한 현실에 대해 울분을 간직한 의기 넘치는 남아다. 하지만 혜련은 영남의 의기에 감탄만 할 뿐, 정작 그의 생각에 깊은 동조는 하지 않았다. 일본 정부에 반지빠르게 협조했던 문 군수는 본부 사무관으로 영전되고 그의 중매로 혜련은 서울에서 재벌로 이름이 높은 나병국과 결혼한다. 해방 이후에도 일제 치하 못지않게 기세등등하게 살던 병국은 1946년 3월 초순 삼일절 기념이 지나 얼마 후 검사국에 인치된다. 그리고 병국의 집에 가택수사를 하기 위해 검사국 직원이 들이닥친다. 병국의 부인 방혜련은 남편이 걱정되는 한편 영남의 비밀 서류 봉투가 발각될까 노심초사한다. 학병 거부로 형무소에 끌려갔던 영남이 해방 이후 출소해 혜련에

게 비밀 서류 봉투를 맡겼던 것이다. 다행히 영남의 서류는 발견되지 않는다. 비밀히 반정부 운동을 하는 영남은 혜련의 배려로 현저동 저택 안에 있는 외딴방에 은신한다. 혜련은 남편의 일로 불안한 가운데 영남에게 예전에는 없던 감정을 갖고 있음을 느낀다.

**【참고】**「사랑의 수족관」,「1945년 8·15」 등과 함께 일제에 적극 협조한 실존 인물 박흥식과 그의 일가를 그린 연작소설로 판단되는 작품이다. 현재 남아 있는 《일간 예술통신》은 1946년 11월 5일자부터이므로 해당 일자에 실린 연재분 34회부터 자세한 작품 내용을 확인할 수 있다. 한편 34회 연재본에 이전의 줄거리가 소개된 것으로 보아 한동안 연재가 중단되었다가 1946년 11월 5일자에 새롭게 게재되었거나 다른 매체에 실렸다가 해당 일자 《일간 예술통신》에 옮겨 게재된 것으로 추측된다.

## 동방춘/東方春 : 방인근. 매일신보1942.7.11-11.20(128회 완).

**【내용】** 광님과 애선은 서울 소재 전문학교에 유학하여 함께 기숙사에 기거하는 친구 사이다. 광님은 종종 애선과 함께 애인 민우를 만났고, 그러는 동안 민우는 애선에게 호감을 느끼게 된다. 애선은 민우가 사랑을 고백하자 이를 피해서 동창생 미라와 함께 고향(부여)으로 내려간다. 미라의 부친은 동양방직 사장 유석조인데, 애선의 부친과는 지주와 마름 사이다. 애선의 부모는 지주의 딸인 미라에게 공대하지만 애선의 큰오빠 태철은 그녀를 평범하게 대한다. 태철은 어려운 가정 형편으로 학업을 중단했지만 농촌계몽에 뜻이 있는 건실한 청년이다. 그에게는 결혼을 약속한 김형숙이 있지만, 형숙의 부친은 둘의 결혼을 반대한다. 미라는 약혼자 민완준이 있음에도 불구하고 점차 태철에게 마음이 끌린다. 결국 미라는 태철에게 사랑을 고백하는데, 이 광경을 목격한 형숙은 집을 나가 버린다. 한편, 애선은 민우가 계속 구애를 해 오자 결국 그의 사랑을 받아들이게 된다. 후에 이 사실을 알게 된 광님은 두 사람의 사랑을 용인하고, 애선과 민우는 결혼식을 올린다. 하지만 애선은 생활력 없는 민우가 바람까지 피우자 불행한 결혼 생활에 속을 태운다. 한편, 서울로 돌아온 미라는 부모에게 태철을 사랑한다고 말한다. 애선의 졸업식 때문에 서울에 온 태철은 미라의 부탁을 받고 그녀의 아버지 석조를 만난다. 태철의 인물됨을 흡족히 여긴 석조는 미라와 결혼하라고 말하지만, 태철은 행방이 묘연한 형숙이 맘에 걸려 시간을 달라고 말한다. 집은 나온 형

東方春

숙은 석조의 방직 공장에서 일하고 있던 중 상처한 오 전무로부터 청혼을 받는다. 아직 태철을 마음에 두고 있던 형숙은 갈등 끝에 오 전무와 결혼한다. 미라를 통해 형숙의 소식을 전해 들은 태철은 그제야 미라와 결혼하고, 농촌을 위해 살겠다는 뜻에 따라 고향으로 내려간다. 민우 또한 마음을 고쳐먹고 태철이 있는 시골에 가서 그의 일도 도우며 글을 쓰기로 한다.

**【참고】** 1949년 조선공업도서출판사에서 '동방의 새봄'으로 개제하여 상·하권으로 출간되었다. 특정한 주인공 없이 다양한 남녀들의 얽히고설킨 애정 서사가 중심을 이루고 있다. 서로 갈등을 겪으면서도 종국에는 농촌계몽에 뜻을 같이 하는 등장인물의 모습에서 미래에 대한 낙관적 전망이 드러난다.

## 동생을 찾으려/동생을차즈려 : 북극성. 어린이1925.1-10(10회 완).

**【내용】** 창호의 누이동생 순희가 학교에서 집으로 돌아오던 중 실종된다. 순희를 찾으려고 애쓰는 가족들에게 주소 불명의 편지 한 통이 배달된다. 편지는 순희로부터 온 것인데, 하굣길에 어떤 여인에게 납치되어 모르는 곳에 왔으며, 그 여인이 자신을 청나라로 끌고 가려고 한다는 내용이 담겨 있다. 창호는 동생 순희를 찾기 위해 무작정 집을 나서 청나라 사람들이 사는 덕수궁 근방으로 향한다. 어느 집에서 소녀의 울음소리를 들은 창호는 그 소리의 주인공이 순희라고 확신하고 담을 넘어 집 안으로 들어간다. 하지만 창호는 집 안에 있던 청나라 사람들에게 붙잡혀서 순희와 함께 팔려갈 위기에 처한다. 가까스로 탈출에 성공한 창호는 경찰서로 달려가 그간의 사정을 이야기하지만 순사들은 태평스럽기만 하다. 그때 창호는 경찰서로 자신을 찾으러 온 아버지를 만나고, 마침내 아버지와 순사들을 데리고 순희가 감금되어 있는 집으로 향한다. 집 안팎을 수색했지만 순희는 온데간데없이 사라져버린 후다. 낙담한 창호는 학교의 최 선생에게 도움을 요청하고, 정류장에서 청나라 사람들이 지나가기를 기다린다. 다행히 청나라 사람들을 만난 창호는 최 선생과 학교 친구들의 도움으로 인천의 중국인 거리까지 그들을 따라오게 만든다. 드디어 중국인 거리에서 마주친 청나라 사람들과 창호 일행은 격투를 벌인다. 가까스로 그곳을 벗어난 창호는 인천의 소년회 회원들과 함께 다시 청나라 사람들을 찾아가 붙잡고, 아울러 순희와 함께 잡혀 있던 다른 두 소녀까지 구출한다.

**【참고】** 방정환이 '북극성(北極星)'이라는 필명으로 《어린이》 제3권 1호-10호에 연재한 작품이다. 제목 앞에 '탐정소설'이라고 표기되어 있으며, 전체 18장으로 구성되어 있다. 청나라 사람들에게 납치된 여동생을 구하려는 오빠의 용감한 추적 활동을 그리고 있는 작품이다. 용감하고 진취적인 소년을 주인공으로 하여 소년 독자들에게 스스로 운명을 타개해 나가야 함을 역설한다.

## 동양 여걸 서태후/東洋女傑西太后 : 비백산인. 매일신보1935.9.6-1936.7.11(246회 완).

**【내용】** 청 건국 당시 청이 명을 멸하자, 명의 마지막 황제는 모든 명의 백성은 단 한 사람이라도 살아남는 한 청을 멸할 것이라는 저주를 남기고 죽는다. 이를 안 청의 황제는 명의 후손에게는 벼슬을 주지 말고 여자는 황후나 왕비가 될 수 없게 하라는 명을 내린다. 명의 후손으로 한미한 집안 출신인 란아는 아버지가 사망하여 집안이 몰락한 후 우연히 왕을 만난다. 궁녀가 된 그녀는 자신의 미모와 기지, 계략을 동원하여 여러 사람들을 자기편으로 만든다. 황제의 아들을 낳아 세력을 더욱 공고히 한 그녀는, 마침내 황제의 모후가 되어 서태후라는 칭호를 얻는다. 그녀는 명의 후손임에도 불구하고 청의 최고 권력자가 되어 일생을 마친다.

西太后

**【참고】** 연재 지면에 '東洋女傑 西太后 鼻白山人 著' 라고 표기되어 있다. 서태후를 '역사적 대여걸' 이라고 평하는 서술자의 논평으로 시작되는 작품이다. 그러나 실제 작품은 서태후를 역사적 입장에서 조명하기보다는 그를 중심으로 한 각종 비화들을 연대순으로 나열하는 식으로 되어 있다. 명나라와 청나라의 교체기를 배경으로 한 전설을 서두에 삽입하여, 서태후의 등장과 집권을 비범한 것으로 부각시키는 효과를 거두고 있다.

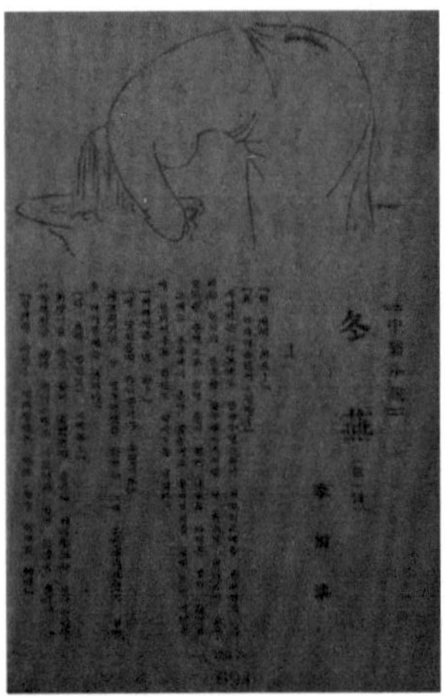
冬 燕

## 동연/冬燕 : 이주홍. 비판1938.8-1939.2(7회 완).

**【내용】** 서울서 고등학교를 졸업한 유정님은 비록 홀어머니 슬하에서 자랐지만 유복한 생활을 한 인텔리 여성이다. 막연히 스포츠맨 타입의 남성을 선망하던 그녀는 우연히 강필구라는 시골 출신 청년을 알게 되고, 그의 호쾌한 면에 끌려 그와 결혼한다. 그러나 정님은 결혼 후 남편이 처가살이를 하면서도 무례하게 굴며 허세를 부리는 것을 보고, 그가 자신이 생각하던 것과 같은 사내가 아니라는 것을 깨닫는다. 남편이 혼자 낙향한 후 소식이 없자, 정님은 그를 찾아 시골로 내려간다. 시골에 간 정님은 시가의 살림이 끼니를 잇기 어려울 정도로 가난한 것을 보고 놀란다. 정님은 야학에 나가 아이들을 가르치는 등 시골 생활에 마음을 붙여 보려 하지만, 끼니도 못 잇는 처지에 허세만 부리고 폭력을 일삼는 남편 때문에 하루도 마음 편할 날이 없

다. 정님은 자신의 형편이 어려워질수록 자존심 때문에 친정을 멀리한다. 정님의 남편은 공금 횡령으로 면서기 직에서 쫓겨난 후 빚을 얻어 이런저런 사업에 손을 대지만 모두 실패한다. 정님은 남편이 스미꼬라는 술집 여급과 외도한다는 사실을 알게 되지만 아이 때문에 헤어지지 못한다. 그러던 중, 이웃 마을의 부유한 남자가 스미꼬와 친밀하게 지낸다는 것을 안 정님의 남편은 격분하여 그 남자를 칼로 찌른다. 남편은 체포되고, 아이와 단 둘이 남겨진 정님은 절망한다.

**【참고】** 연재 지면에 '中篇小說 冬燕 李周洪'이라고 표기되어 있다. 당대의 인텔리 여성인 주인공이 현실감각을 갖지 못하고 낭만적 사랑에 빠져 연애를 하면서 불행이 시작된다. 주인공은 자신의 막연하고 낭만적인 동경의 대상을 현실에서 선택했고, 그것이 허위로 판명된 순간 불행해진다. 지독하게 궁핍한 현실 속에서도 지적 허영심을 만족시키기 위해 야학을 하는 정님이나, 자기 돈은 한 푼도 없으면서 빚을 얻어 사업을 벌이는 남편의 행동은 비현실적이고 허위로 가득하다는 점에서 닮아 있다. 정님은 결혼에 대해 환멸만 느끼면서도 자존심 때문에 친정을 멀리하고 맹목적으로 시어머니를 따른다. 이러한 정님의 모습은 당대의 결혼관에 부합하는 것이지만, 무비판적이고 순종적이어서 현실을 극복할 힘을 갖지 못하는 것으로 그려져 있다.

動搖

鄭人澤

第一章

第二章

## 동요/動搖 : 정인택. 문장1939.7(임시증간호).

**【내용】** 작부인 순자는 남편이 자주 집을 비워 걱정을 한다. 그러던 어느 날 달포 동안이나 집을 비운 남편이 돌아와서 헤어지자고 한다. 남편은 따로 방을 구해서 나가고, 비가 많이 내리는 날 순자는 그의 기처를 찾아가 하룻밤을 보낸다. 남편은 순자의 이러한 행동 때문에 진정으로 헤어지기 힘들다고 말하고, 순자는 술에 취해 정처 없이 기리를 헤맨다.

**【참고】** 《문장》 임시증간호 창작 32인집에 실려 있는 작품이다. 총 3장으로 나뉘어 있으나 분량은 단편 분량이다. 당대의 암울한 지식인의 모습과 남편에게서 버림받은 작부의 모습이 겹쳐지는 지점을 소설화했다.

## 동정의 탄식/동정의탄식同情의嘆息 : 목양싱. 청년1922.3-4.

**【내용】** 「애의 승리」 참조.

**【참고】** 《청년》에 2회까지 연재되다가 3회부터는 '애의 승리'로 제목이 바뀌어 연재된 작품이다.

## 동지사비화/冬之司秘話 : 조일재. 매일신보1940.5.22-11.15(173회 완).

**【내용】** 동짓달이 되어 청나라로 떠나는 동지사 일행이 의주에 도착한다. 동지사 일행을 구경하는 젊은 여인에게 시선을 주던 박 역관은 그녀와 정을 통해 아들 룡복을 낳는다. 자식이 없던 역관 부인은 룡복을 친자식 이상으로 정성껏 기른다. 세월이 흘러 박 역관이 세상을 떠난 후 룡복은 이름 모를 병에 걸려 시름시름 앓는다. 이때 룡복의 친모가 나타나 수혈을 해 준 덕분에 룡복은 건강을 회복한다. 이를 계기로 룡복은 친모의 존재를 알게 되지만 행방을 찾을 수 없어 단념하고 만다. 수년 후 룡복은 역관 부인이 정해 준 여인과 결혼한 후 일본으로 건너가 사업에 뛰어든다. 룡복은 도미꼬라는 여인의 유혹을 받으면서 한편으로 초자라는 여인과 사랑에 빠진다. 자신의 아이를 가졌다는 도미꼬의 말을 믿지 못한 룡복은 초자와 함께 조선으로 돌아온다. 룡복은 역관 부인에게 초자를 사랑하는 여인이라고 소개한다. 역관 부인은 일본 여인을 며느리로 맞을 수 없다고 말하며 룡복 처를 데리고 의주로 내려간다. 역관 부인을 만나러 의주로 내려간 룡복은 친모의 존재를 떠올리고 행방을 찾지만 이미 세상을 떠났다는 소식을 듣는다. 룡복은 친모가 남긴 거울을 보며 자신의 행동을 뒤돌아본다. 서울로 올라온 룡봉은 초자에게 이별을 고하고 피폐한 조선을 위해 살아갈 것을 다짐하며 기차에 오른다.

冬至使秘話

**【참고】**《매일신보》 연재 시 '삼오야화(三五夜話)' 라는 제목 아래 「안동의기(安東義妓)」(1-179회, 1939.11.20-1940.5.21)의 뒤를 이어 '삼오야화 180회' 로 시작된 작품이다. 「안동의기」와 「동지사비화」 모두 조일재의 작품이며, 두 작품은 내용상 전혀 관련이 없다. '동지사비화' 라는 제목과 달리 동지사에 관련된 이야기는 아니고 남주인공의 연애담을 중심으로 이야기가 전개된다.

## 동천홍/東天紅 : 이기영. 춘추1942.2-1943.3(13회 완) ; 조선출판사1943(378면).

**【내용】** 장일훈은 일본에서 신문을 배달하고 공장에 다니며 대학 공부를 마치고 귀국한다. 그러나 급격하게 기울어진 가세와 자신의 결혼을 걱정하는 어머니를 대면하며 암담함을 느낀다. 그는 어서 장가를 들어 집안을 일으키라는 부모의 채근에 시달리지만 소학교를 막 졸업한 아이들이 조혼하는 풍습과 허위에 가득 찬 도시인들을 비판하며 새로운 출발을 다짐한다. 그는 친구 윤걸이 서기로 있는 옥림 광산에 일자리를 찾아 나선다. 광산 인근에서 기생으로 팔려 가는 유금남을 만난 일훈은 자신의 돈을 털어 백춘호의 손아귀에서 그녀를 구해

준다. 광부가 되기로 결심한 일훈은 옥림 광산에서 윤걸의 주선으로 김사문을 만난다. 그는 자신이 제대로 된 노동자가 될 수 없으리라는 주위의 우려를 불식시키고 광부로 훌륭하게 적응한다. 또한 절주운동, 저축조합, 야학운동 등을 전개하며 노동 환경을 개선시키고자 노력한다. 처음에는 이를 반대하던 광부들도 차차 적극적으로 동참하게 된다. 그러나 광산 안에서 지식인으로 대접받던 정생원이 일훈을 시기하여 조합의 저금통을 훔치려는 음모를 꾸민다. 금남이 우연히 생원의 음모를 눈치채고 일훈에게 알린다. 일훈은 조합 돈에 손을 대던 생원을 잡는다. 생원에게서 자백을 받은 일훈은 그를 용서하고, 옥림 광산은 모범적인 광산으로 거듭난다. 그 공로로 일훈은 표창장까지 받게 되지만 불의의 사고로 몸을 다쳐 서울로 올라오게 된다. 광산주인 고산은 일훈의 노고를 치하하고자 위로금을 주지만 일훈은 이마저 금남을 위해 쓴다. 병실에서 외롭게 지내던 일훈에게 금남이 찾아와 농촌으로 들어가 공부를 해 보자고 권유한다. 집으로 돌아온 일훈은 떠오르는 태양을 보며 미래에 대한 희망을 품는다.

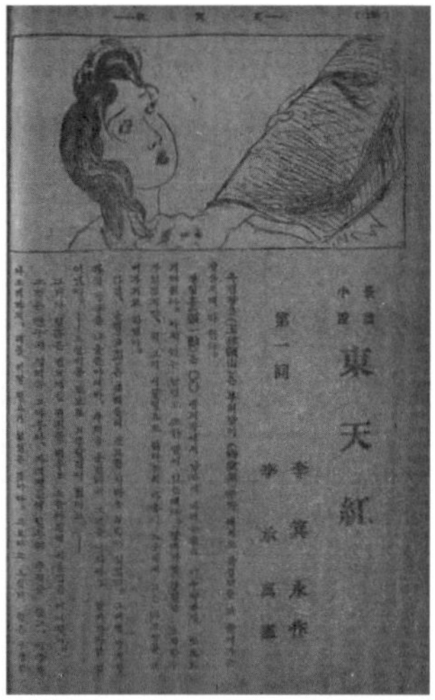
東天紅

**【참고】**「광산촌」의 전편에 해당하는 작품이다. 역경을 극복하고 희망을 일궈 나가는 장일훈은 사회주의 리얼리즘의 전형적인 인물로 형상화되어 있다. 그러나 광산촌에 뛰어든 한 지식인이 노동자가 되는 과정을 우연히 만난 여성과의 연애담에 결부시켜 그렸다는 점에서 통속성이 지적되기도 한다. 또한 일본인 금광주에 대한 우호적인 묘사나 제목이 상기하는 일장기 이미지로 인해 친일 성향의 작품으로 논의되기도 한다.

童話

## 동화/童話 : 채만식. 여성1938.3.

**【내용】** 업순은 외동딸이다. 그녀의 부모는 딸을 남의 집 며느리로 일찍 시집보냈다가는 고생만 할 것이라는 생각에 결혼도 시키지 않고 열일곱이 될 때까지 곁에 둔다. 없는 살림에 읍내 보통학교까지 다녔으나 농촌에서 업순이 할 수 있는 일은 거의 없다. 어느 날 그녀가 서울에 있는 비단 공장에 취직해 돈을 많이 벌어오겠다는 말을 꺼낸다. 비단을 입어 본 적 없는 그녀는, 자기 손으로 비단을 짤 수 있다는 이유만으로 공장에 들어가는 일이 설레고 즐겁다. 부모는 업순이 공장 월급으로 시집 밑천을 마련할 수 있으리라 여겨 기뻐한다. 그들은 마을에 흉년이 들자 공장에 가서 끼니라도 잘 챙겨 먹으라는 마음에 딸을 서울에 보내기로 결정한다. 업순보다 한 살 어린 옆집 새댁은 결혼만

하지 않았다면 직공이 되었을 것이라며 그녀를 부러워한다. 다음 날 업순은 서울로 떠난다.

**【참고】** 연재 당시 지면에 '短篇小說 童話 蔡萬植' 이라고 표기되어 있다. 「보리방아」, 「동화」, 「병이 낫거든」은 '보리방아' 연작으로 불린다. 내용상 「동화」는 「보리방아」를 축소한 이야기로 보인다. 업순이 여공이 된 이후의 이야기는 「병이 낫거든」에 담겨 있다. 특히 '업순이' 라는 동명의 주인공이 등장한다는 점에서 「동화」는 「병이 낫거든」의 전편(前篇)이라고 할 수 있다. 이 작품들을 연작으로 간주할 때 그 전체는 순진한 농촌 여성들이 공장에 팔려 가서 겪는 고통을 그린 작품으로 설명될 수 있다. 「동화」의 도입부는 "그날까지가 '동화' 고, 그래서 업순은 글러루 떠났다"는 서술로 시작한다. 열일곱 살 업순의 동화는 공장 생활이 시작되기 전에 끝이 나고, 그녀는 전혀 예상치 못했던 불행한 미래를 맞게 된다.

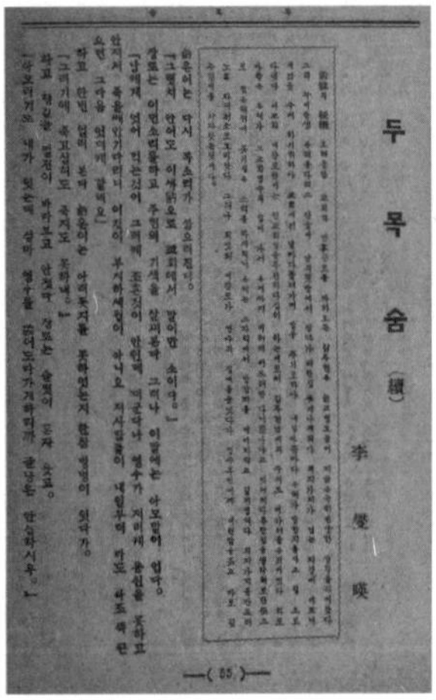
두 목숨 (續)

李暎燮

—( 85 )—

## 두 목숨 : 이영섭. 진생1928.9-1929.6(9회 완).

**【내용】** 김주현은 젊었을 적 전 재산을 교회에 바치고 힘겹게 생활한다. 그에게는 누이동생 은혜가 있다. 남매는 곁방살이하던 집에서마저 쫓겨나 공동묘지 근처의 움막으로 옮긴다. 교회 사람들이 돌아가며 밥을 거둬 주지만 점점 싫은 내색을 비친다. 이 장로는 남매에게 대단한 선심을 쓰듯 거들먹거리고, 교회의 유지인 김영수는 은혜에게 구걸하지 말고 기생이나 되어 보라 권한다. 은혜는 교회 사람들에게 밥 얻어 오기를 그만둔다. 앉아서 굶고 있던 남매에게 문 서방이라는 사내가 찾아와 이웃이라며 인사를 청한다. 은혜는 문 서방이 남의 고구마 밭을 터는 것을 얼결에 도와주고, 그에게 겁탈까지 당한다. 다음 날 문 서방이 밭주인에게 잡히고, 은혜도 서에 끌려간다. 심방을 왔던 교회 사람들이 이를 지켜본다. 이 장로와 영수는 취조 중에 자신들의 이름이 거론될 것을 염려한다. 그들은 다시는 남매를 아는 척 않기로 한다. 굶주리던 주현은 동냥을 나갔다 빈손으로 돌아온다. 그날 밤 장맛비가 움막을 덮치고, 주현은 움막 구덩이에서 허우적거리다 익사한다. 서에서 풀려난 은혜가 공동묘지로 돌아오지만 움막은 흔적조차 보이지 않는다. 은혜는 움막이 있던 자리의 물웅덩이에서 주현의 시체를 발견하고 'XXXX 다 죽어라' 울부짖으며 오열한다.

**【참고】** '李暎燮' 이라고 작가 표기가 되어 있으며 작품 말미에 '1928.2.28' 이라 부기하여 탈고 날짜를 알 수 있다. 《진생》은 '기독청년면려회(基督青年勉勵會)' 에서 발행한 기관지이다. 기독청년면려회는 주로 전도 활동과 교육사업, 독립운동 등을 하였다. 작품은 위선에 찬 일부 기독교인의 비인간적인 행태를 고발하고 있다.

## 두 사람 : 경식. 신여성1926.8-10(3회 미완).

**【내용】** 경진은 히스테릭한 성격의 잡지 기자이다. 회사원인 중구는 수개월 전 상처하고 혼자 지낸다. 둘은 고리대금업자 민 씨의 둘째 딸인 희숙이 이혼하고 금강산 근처에서 산다는 소문을 듣는다. 희숙이 딴 남자와 바람이 나서 시댁에서 쫓겨났다는 것이다. 경진은 잔소리만 하는 아내 영선을 버리고, 희숙과 만나볼까 생각한다. 경진은 민 씨가 어려운 청년들에게 유학 자금을 대준다는 것을 알고, 그를 찾아가 유학을 가고 싶다는 의향을 비친다. 그러나 민 씨는 희숙의 남편으로 혼자 사는 중구가 적당하리라 생각한다. 민 씨는 중구에게 희숙이 잘못되지 않도록 옆에 있어 달라 부탁한다. 우연히 금강산에 들렀다 희숙을 찾아간 경진은 중구가 희숙과 같이 있는 것을 보고 질투를 느낀다.

**【참고】** 제목과 저자 서명은 '두 사람', '경식'으로 한글 표기되어 있다. 영인본의 결호로 인하여 3회 이후 연재분을 찾을 수 없다.

## 두 출발/두出發 : 염상섭. 현대평론1927.4-7(4회 완).

**【내용】** 섣달 그믐날 밤, 마을의 지주이자 양반인 안 씨가의 하인 치뎐이 죽는다. 낮에 인절미 목판을 몰래 꺼내와 이웃인 또쇠아범과 떡먹기 내기를 벌였는데 그만 탈이 난 것이다. 안 씨네 하인이자 치뎐의 친구인 원석은 괜한 떡먹기 내기를 부추겼다는 죄책감에 마음이 무겁다. 그는 겨우 돈 5원을 구해서 장례를 논의하기 위해 또쇠아범을 찾아가지만 엄살만 부리는 모습에 발길을 돌린다. 불쌍한 친구 생각에 한바탕 울고 난 원석은 치뎐의 육촌형을 찾아가 돈을 건네며 매장 신고를 부탁한다. 갑자기 안 씨집에 일본 순사가 들이닥쳐 치뎐이 먹은 떡에 독이 들었다는 신고를 받았다며 안 씨와 그의 장손인 고깔참봉을 끌고 간다. 함께 온 일본인 의사는 치뎐의 시체를 부검해야 한다며 집 안을 들쑤시고, 안 씨네 사람들은 두려움에 어쩔 줄을 몰라 한다. 고깔참봉의 아들은 이웃 마을의 칠촌숙을 찾아가 도움을 요청한다. 유학을 다녀와 개화신사라 불리는 칠촌숙은 주재소를 다녀오더니 안 씨네 일가를 모아놓고 뇌물 얘기를 꺼낸다. 주재소 사람들과 잘 지내야 한다는 칠촌숙의 말에 안 씨네 사람들 표정은 어둡기만 하다. 마침내 잡혀갔던 안 씨와 고깔참봉이 풀려나지만, 고깔참봉은 남은 조사를 위해 매일 아침 주재소에 들르라는 통보를 받는다. 고깔참봉은 원석을 불러 호되게 야단을 치며 당장 집을 떠나라고 소리친다. 칠촌숙은 일본 순사에게 뇌물을 주지 않으면 앞으로 더한 괴로움을 받게 될 것이라고 말하고, 결국 안 씨네 사람들은 뇌물로 돈을 주기로 결정한다. 치뎐의 장사를 마무리한 원석은 마을 청년들로부터 '혁진청년당의 본부' 소개장을 받는다. 새로운 삶을 살기로 결심한 원석은 이튿날 새벽 아내와 함께 서울행 기차에 몸을 싣는다.

**【참고】** 본문 말미에 '二月二十四日 於東京作'이라고 표기되어 있다. 작품의 말미에서 서술자는 '이후 고깔참봉과 원석은 어떻게 되었을까?' 라며 등장인물들의 소식을 후일담 형식으로 전하고 있다. 일제 강점기 지배 권력이 이동하는 것을 보고 새로운 처세술을 익히는 안 씨 일가를 통해 세태 비판적인 시각이 드러난다.

## 두포전 : 김유정·현덕. 소년1939.1-5(5회 완).

**【내용】** 강원도 장수꼴에 사는 심성 착하고 정직한 노부부는 자식이 없어 외로워한다. 부인이 용꿈을 꾼 후, 다. 그때 한 노승이 찾아와 시주를 부탁한다. 그 중은 삼일 동안 매일 노부부를 찾아오더니, 한 사내아기를 맡기고 사라진다. 노부부는 아기를 두포라 이름 짓고 정성을 다해 양육한다. 두포는 성장하면서 외모와 힘, 성품 등 모든 면에서 비범한 면모를 보인다. 동네 사람들은 모두 그를 칭송하지만, 단 한 사람 칠태만은 두포를 시기하고 미워한다. 칠태는 온갖 수단을 동원하여 두포를 해하려 하지만, 그때마다 두포는 술법을 부려 칠태의 손아귀를 벗어난다. 칠태가 자꾸 두포를 음해하자, 마침내 관가에서도 두포를 위험인물로 여겨 체포하려 한다. 칠태는 두포를 잡아 재물과 공명을 얻을 욕심에 눈이 어두워진다. 그는 두포가 영험한 바위를 통해 술법을 연마한다는 사실을 알아내고, 그 바위에 구멍을 뚫는다. 그 순간 칠태는 천벌을 받아 죽는다. 마을 사람들은 두포를 잡을 생각으로 두포네 집에 몰려간다. 그때 화려한 행렬이 나타나고, 옛날 노부부를 찾아와 두포를 맡겼던 노승이 나타나 두포의 내력에 대해 설명한다. 본래 두포는 이 나라의 태자이고 노승 자신은 정승인데, 십오 년 전 반역을 일으킨 무리가 있어 태자를 피신시켜 노부부에게 맡겼다는 것이다. 칠태의 방해만 아니었다면 두포는 도술에 통달한 군주가 될 수 있었겠으나, 아쉽게도 더 이상 술법은 부릴 수 없다는 것이 노승의 설명이다. 두포는 도술을 잃은 대신 한없이 착한 마음과 덕을 갖춘 성군이 된다. 두포를 양육한 노부부는 부귀를 누리며 장수한다.

**【참고】** 연재 지면에 '山中奇談 두포전 金裕貞'이라 표기되어 있다. 김유정이 집필 중 사망하자, 현덕이 나머지 부분을 썼다. '1.난데없는 업둥이' 부터 '6.이상한 노승' 까지는 김유정이 쓴 것이고, 그 이후는 현덕이 이어 완성한 것이다. 《소년》 1939년 3월호 김유정이 쓴 부분이 끝나는 곳에, '김유정이 별세하여 그의 병간호를 하면서 이야기를 끝까지 들은 현덕이 나머지 부분을 대신 쓰기로 했다' 는 기록이 있다. 때문에 《소년》 1939년 4월호와 5월호에는 「두포전」의 저자가 현덕으로 표기되어 있다. '아기장수 전설' 을 변용한 작품으로, 기존의 전설이 비극적인 결말을 맞이한 것과 달리 두포가 훌륭한 왕이 되는 행복한 결말을 취하고 있다. 김규택(金奎澤)의 삽화가 수록되어 있다.

## 등불 드는 여인/灯を持つ女 : 한무숙. 신시대1942 ; 새살림1948.2(미완).

**【내용】** 영희는 집안 어른들의 약속에 따라 N마을의 부호인 김 씨의 아들 헌영과 정혼한다. 그러나 얼마 되지 않아 시집의 가세가 기울게 되고, 설상가상으로 영희는 헌영을 흠모하던 하녀 옥분의 음모로 시집에서 쫓겨나고 만다. 오갈 데가 없는 영희는 헌영이 유학하고 있는 서울로 올라가지만, 그는 이미 하숙집 딸 연옥과 동거하고 있는 상태다. 영희는 남의 집 침모 노릇을 하며 홀로 딸 경애를 낳는다. 그러나 여자 혼자 아이를 키우는 것에 대한 주변의 따가운 눈총에 시달리던 영희는 결국 경애를 헌영에게 보내고 만다. 경애를 그리워하는 마음과 경제적으로 힘든 생활을 하던 영희는 괴로움 끝에 자살을 시도하지만 실패한다. 목숨을 건진 영희는 마음을 다잡고 새로운 삶을 살기로 결심한다. 작은 화장술 관련 사업을 시작으로 영희는 승승장구하게 되고, 드디어 주위의 존경을 받는 여성 사업가로 성장한다. 어느 날 영희는 아름다운 신부의 사진을 보게 되는데, 그 신부는 영희의 딸 경애이다. 이 사실을 모르는 영희는 경애의 결혼식 날 신부 화장을 해 주기로 한다. 영희는 경애의 남편이 경영하는 농장에 기금을 투자하고, 이를 계기로 경애의 집에 초대된다.

**【참고】** 일본어로 발표된 소설로, 1942년 잡지 《신시대》 현상 공모 당선작이자 한무숙의 등단작이다. 잡지 《새살림》 2권 1호(1948.2)에 '등잔불 드는 女人'이라는 제목으로 2회분이 실렸는데 현재 한글로 발표된 원고를 확인할 수 있는 유일한 부분이다(고려대 도서관 DB). 《신시대》가 폐간된 이후 작품 전체를 찾을 수 없었으나 작가 사후에 유품을 정리하는 과정에서 수고(手稿)가 발견되었다. 이 원고를 2000년 1월 1일 한무숙재단과 일본의 도가서방(櫂歌書房)이 공동으로 영인하여 일본어로 발행했다. 전통적인 가부장제 관습 속에서 살아온 여주인공이 자립하여 새로운 삶을 살아가는 과정을 그리고 있다. 작품 전체 원고가 발견되지 않아 결말을 정확하게 알 수는 없지만, 줄거리로 미루어 보아 주인공 영희가 헤어졌던 딸 경애와 해후하게 된다는 것을 추측할 수 있다.

## 딸 삼형제/딸三兄弟 : 이태준. 동아일보1939.2.5-7.17(133회) ; 문장사1939.

**【내용】** 한성판윤을 지낸 송승극은 세 딸을 두고 있다. 큰딸 정매는 여고보를 마친 뒤 집안의 주선으로 김오련과 결혼하나 오련이 하녀를 끌어안고 있는 장면을 목격하고 친정으로 돌아온다. 아내의 병세가 악화되었는데도 불구하고 승극은 아들을 낳기 위해 둔 첩에게 빠져 가정을 돌보지 않는다. 정매는 왕진 온 의사 차경환에게 애정을 느낀다. 그러나 어머니가 자신이 시집에서 나온 사실을 듣고 충격을 받아 뇌출혈로 죽자 죄책감을 느껴 경환에 대한 마음을 접는다. 정매는 음악과에 입학하려고 신청을 하나 결혼 경력이 있다는 이유로 거절당하자 동생들을 위해 살기로 결심한다. 정매는 동생 정란, 정국과 함께 원산에 해수욕을 갔다가 우연히 경환을 만난다. 정매는 정란이 경환을 좋아하는 사실을 알고 동생을 위해 경환을 포기한다. 한편 승극이 여자와 아편에 빠져 가산을 탕진하자 세 자매는 아버지를 금치산자로 신청하고 얼마 남지 않은 재산을 관리한다. 정국은 피아노 공부를 하러 동경 유학을 떠

나 고 정란은 경환과 결혼하여 딸을 낳는다. 정매는 취직한 회사에서 만난 남필조에게 호감을 느낀다. 회사의 사장이 정매에게 적극적으로 애정을 표현하자 필조는 회사를 그만두고 정매와 결혼한다. 정매가 아들 도윤을 낳은 지 얼마 되지 않아 회사에 새 사장으로 오련이 부임한다. 오련의 계략으로 정매는 그에게 겁탈당한다. 필조가 집을 나가자 정매는 정국과 함께 악기점을 낸 뒤 홀로 도윤을 키우며 살아간다.

**【참고】** 세 자매의 연애담을 통해 당시 변화하는 여성들의 가치관과 그로 인해 발생하는 신구 가치관의 충돌을 그린 작품이다. '삼자매'라는 표제로 문장사에서 1939년 단행본으로 출간되었다는 기록이 있으나 확인할 수 없다.

## 땅 : 이기영. 조선인민출판사1948 ; 조·쏘문화협회1949.

**【내용】** 강원도 벌말 곽바위는 여동생과 함께 홀어머니를 모시며 어린 나이에 머슴살이를 한다. 사소한 시비 끝에 일본인 관리와 싸운 그는 누명을 쓰고 6년간 감옥 생활을 한다. 그사이 모친은 죽고 아내는 개가했으며 누이동생은 제사공장에서 사고로 죽는다. 바위는 악덕 지주 고병상의 머슴으로 들어가 천덕꾸러기 생활을 한다. 일본의 패전으로 조선은 해방을 맞고, 이듬해 3월 소련 군정과 함께 토지개혁이 실시된다. 농촌위원회 위원으로 참여하게 된 바위는 주인 병상의 땅을 분배받는다. 그는 면 위원장 강균의 지도 아래 벌말 개간 사업을 창안하는 등 농토를 늘리고자 노력한다. 바위와 균은 한때 악덕지주였던 무리들의 반대에 부딪쳐 어려움을 겪기도 하지만, 마을 주민들의 적극적인 지지를 얻어 자신들의 계획을 실행해 나간다. 개간 사업이 마무리되자 바위는 두레를 조직하여 개간한 땅에서 풍성한 수확의 기쁨을 맛본다. 그러는 동안 바위는 천대받던 머슴에서 마을 주민들의 신뢰를 얻는 지도적 인물로 변모한다. 그는 과거 머슴 시절에 알고 지냈던 동리 처녀 전순옥과 부부의 연을 맺는다. 사랑하는 아내와 행복한 가정을 꾸린 그는 농업 진흥 사업에 매진하고, 순옥 역시 남편의 뜻에 따라 야학을 운영한다. 바위는 마을 주민들의 압도적인 지지를 받아 도 인민위원회의 대의원으로 추천된다. 그는 조선 전체를 평등하고 살기 좋은 나라로 만들겠다는 새로운 희망을 품고 마을로 돌아온다.

**【참고】** 해방 후 발표된 이기영의 첫 장편소설로, 1948년 조선인민출판사에서 나온 '개간편'과 1949년 조·쏘문화협회에서 나온 '수확편'으로 이루어져 있다. 이기영은 이를 3부작으로 확대하고자 후에 이 부분을 「땅」 1부로 하고, '조국해방전쟁편'을 「땅」 2부로 하여 1958년 발표한다. 「땅」 1부는 작

품의 연장을 위해 1960년 조선작가동맹출판사에서 발행된 『리기영 선집ㅡ땅(제1부)』에서 내용의 일부를 수정하여 발표하였다. 북한의 토지개혁 전후로 머슴이었던 주인공이 토지를 분배받아 농토를 개간하고 마침내 마을의 지도적 인물로 성장하는 과정을 그렸다. 해방기 변화를 겪는 북한사회를 다양한 인물상을 통해 그려 내고 있으며, 해방 후 북한문학의 한 특징인 역사적 시각의 과장 또한 드러내고 있다.

## 떠돌이의 하늘/さすらひの空 : 정연규. 宣傳社(日)1923(523면).

**【내용】** 고국에서 추방되는 작가 자신의 자전적 소설. 내용 생략.

**【참고】** 일본어 소설이다. 《매일신보》에 실린 작가 소개와 작품 예고에 의하면, 이 소설은 '표랑의 삼세(漂浪의三世)'로 번역된다. 조선 산천을 무대로 조선 민족 생활의 실상을 그릴 것이라는 작가의 말이 실려 있다. 정연규가 도일한 후 발표한 작품으로, 재일 조선인이 쓴 최초의 본격적인 일본어 장편소설로 알려져 있다. 소설의 내용은 쫓기는 몸으로 생활고와 사회현실에 좌절하고 번민하는 젊은 주인공의 모습을 생생하게 그리고 있다. 정연규 자신이 「혼」이라는 작품으로 곤욕을 치르면서 조선에서 체포되고 추방되는 과정을 그려 낸 자전적인 소설로 평가되기도 한다. 정연규는 이 소설을 계기로 일본 문단에 화려하게 데뷔한 조선인 작가로 부상하게 된다. 당시 일본 프롤레타리아 문학의 성장기와 맞물려, 특히 당대 프롤레타리아 작가들의 주목을 받았다. '정처 없는 하늘가'라는 제명으로 옮기기도 한다.

## 떠오르는 아침해/떠오르는아츰해 : 박백련. 중명1933.5-8(미완).

**【내용】** M백화점 양복부 점원 영애는 전문학교 학생 김용수와 동거 생활을 시작한다. 영애는 용수를 남편으로 섬기고 사랑하지만, 몇 달 못 가 용수는 화류계에 출입하면서 그녀를 거들떠보지도 않는다. 영애는 장차 태어날 아이에게 희망을 걸지만, 용수는 아이를 낳지 말라 하고 떠나 버린다. 절망한 영애는 자살하려 하지만, 자기보다 더 어려운 처지의 사람들도 아이를 키우는 것을 보고 마음을 돌려 앞날을 개척하기로 한다. 그러던 중 용수의 동창 최동일이 영애를 찾아와 마음을 고백한다. 그러나 영애는 자신이 아직도 용수의 아내라며 그의 고백을 거절한다. 집을 떠나 여관에 거처를 정한 영애는 취직을 하려 하지만 불경기라 여의치 않다. 여관 주인은 영애에게 젊고 예쁘니 시집가라고 꾄다.

**【참고】** 연재 지면에 '中篇 떠오르는아츰해 朴白蓮'이라 표기되어 있다. 저자명이 5월호에는 '박백련'으로, 8월호에는 '백련'으로 되어 있다. 현재 찾을 수 있는 잡지는 1933년 5월호, 8월호뿐이다. 8월호 연재분 첫머리에 앞부분의 줄거리가 요약되어 있고, 연재 횟수는 밝혀져 있지 않다. 연재분 끝에 '계속'이라고 쓰여 있으나 이후 잡지 유실로 인해 정확한 연재 횟수와 완결 여부를 확인할 수 없다.

## 똘똘이 : 이무영. 동아일보1936.2.9-5.20(72회 완).

**【내용】** 똘똘이는 장난과 심술로 유명하지만, 집과 학교 그리고 동네에서 사랑을 듬뿍 받는 소년이다. 어느 날 똘똘이의 여동생 금순이가 어머니와 함께 서울에 갔다가 실종되는 사건이 벌어진다. 사실 똘똘이의 집을 방문했던 방물장수 노파가 금순이를 납치한 것인데, 노파는 이런 식으로 조선 여자아이들을 납치하여 청나라 사람들에게 팔아 왔다. 똘똘이는 금순이를 찾기 위해 친구 수동이와 함께 서울로 향한다. 무일푼으로 집을 나선 똘똘이와 수동이는 버스와 배를 얻어 타면서 우여곡절 끝에 서울에 도착한다. 서울에 도착해서도 두 소년은 거지들의 소굴인 마굴에 들어가서 온갖 고생을 겪는다. 마굴의 왕초가 남의 물건을 훔쳐서라도 돈벌이 할 것을 강요하자 똘똘이와 수동이는 이를 거부하고 마굴에서 탈출한다. 배가 고파 밥을 얻으러 다니던 똘똘이는 우연히 남의 집 식모살이를 하고 있는 어머니를 만난다. 금순이를 데리고 서울에 왔던 어머니는 금순이가 납치되자 차마 집으로 돌아가지 못하고 서울에 남았던 것이다. 똘똘이는 반드시 금순이를 찾고야 말겠다고 약속하며 어머니를 안심시킨다. 한편, 똘똘이와 수동이는 행방이 묘연해진 딸 필순이를 찾아 헤매는 한 남자를 만나게 된다. 이렇게 해서 똘똘이, 수동이, 필순 아버지는 힘을 합쳐 금순이와 필순이를 찾기 시작한다. 낮에는 김을 팔고 밤에는 석탄을 팔며 금순이를 찾던 똘똘이와 수동이는 천만다행으로 방물장수 노파를 보게 되고, 조심스레 그녀를 미행하여 청나라 사람들의 집을 알게 된다. 몰래 집 안으로 들어간 똘똘이는 청나라 사람들에게 발각되지만 가까스로 집에서 탈출한다. 하지만 똘똘이는 노파의 계략에 빠져 다시 청나라 집에 갇히게 되고 금순이와 함께 죽을 위기에 처한다. 처음에 아이들을 모두 죽이려고 했던 노파는 순진무구한 똘똘이의 울음소리에 점차 가책을 느끼게 된다. 노파는 결국 청나라 사람들 몰래 아이들을 풀어 주고, 똘똘이와 수동이, 금순이, 필순이는 무사히 집으로 돌아온다. 이후 똘똘이와 수동이의 이야기가 신문에 실리면서 둘은 용감한 소년들로 유명해진다.

똘똘이

**【참고】** 제목 옆에 '소년장편소설'이라고 표기되어 있다. 밝고 명랑한 소년들이 벌이는 다양한 모험담을 그리고 있다. 방정환이 1925년 《어린이》에 연재한 「동생을 차즈려」와 비슷한 인물 구성과 서사 구조를 보인다.

# ㅁ

## 마도의 향불/魔都의香불

**방인근. 동아일보1932.11.4-1933.6.12(154회 미완) ; 계명사1934 ; 남창서관·덕흥서림·영창서관1947 ; 덕흥서림1950.**

**【내용】** 고무공장 사장인 재력가 김국현은 본처와 사별한 후, 첩이었던 정숙경을 후처로 맞이한다. 숙경은 겉으로는 남편을 위하는 척하지만 그의 재산을 탐낼 뿐, 젊은 남자들을 유혹하는 요부이다. 본래 강택수와 결혼했던 숙경은 택수가 감옥에 간 사이 국현을 만났고, 국현의 부인이 된 지금도 택수와 내연의 관계를 유지하고 있다. 그녀는 택수를 통해 알게 된 불량 청년 이달까지 유혹하여 자기 편으로 만든다. 숙경은 재산을 차지하는 데 걸림돌이 되는 전처 소생의 자식 애희와 소희 자매를 눈엣가시처럼 여긴다. 장성한 애희 역시 계모인 숙경을 싫어한다. 애희는 전문학교 학생으로, 옆집 사는 소방수 장윤보의 아들이자 경성세내 법학과 학생인 장영철과 사랑하는 사이이다. 숙경은 영철이 애희의 애인인 것을 알면서도 노골적으로 영철을 유혹한다. 애희는 영철에 대한 숙경의 태도를 의심하면서도 애써 모른 척한다. 숙경은 애희를 제거하고 재산을 차지하려고 이달을 사주하여 애희를 겁탈하도록 한다. 숙경과 이달의 음모에 걸려든 애희는 칼로 이달을 찌르려 하지만 실패하고 변을 당한다. 사건 현장에 나타난 영철은 애희가 변심했다고 오해하여 그녀를 비난하고, 애희는 변명하는 대신 집을 나가 자취를 감춘다. 변성명한 애희는 여러 차례 구직에 실패한 끝에 어느 집 가정교사로 취직한다. 한편 애희를 내쫓은 숙경은 택수와 이달을 사주하여 국현을 독살하고 방화 살인으로 위장한다. 그러나 경찰의 조사 과정에서 숙경은 용의자로 지목되어 죄를 추궁당하고, 범죄를 저지른 것이 발각되어 죗값을 치르기에 이른다. 숙경의 처벌 후 애희는 아버지의 유산을 상속받고, 가정교사로 있던 집 사람들의 도움으로 영철과 재회한다. 애희는 영철과 결혼한 후 불우이웃돕기에 나선다.

**【참고】** 1932년부터 《동아일보》에 연재되었으나 중단되었다. 《동아일보》 1934년 4월 5일자 「문단

소식」 란에 이 작품이 완결되어 계명사에서 단행본으로 출간되었다는 내용이 실려 있으나, 현재 계명사판 단행본은 발견되지 않는다. 현재 확인할 수 있는 가장 오래된 판본은 남창서관·덕흥서림·영창서관본(1947)이다. 1958년에 영화화된 바 있다. 악한 계모의 전형이자 요부인 숙경이 벌을 받고 고결하고 정숙한 애희가 행복을 찾는 권선징악적 구조를 통해, 당대 독자가 기대하는 윤리적 당위성에 부합하는 결말을 취하고 있다. 연애, 치정, 방화, 살인 등 자극적인 사건들이 계속되는 통속성 강한 작품이다.

## 마을의 이동/마을의移動 : 박노갑. 조선중앙일보1936.1.31-4.10(33회 완).

**【내용】** 한 마을에 사는 소작농 상순, 성삼, 동명, 종천, 춘명, 덕천 등은 밤마다 상순네 집에 모여 잡담을 나눈다. 늘 궁핍함에 허덕이는 이들은 논의 소작권을 조금이라도 더 얻어 보려 한다. 이들 중 성삼이 마름의 눈에 들어 대부분의 소작권을 차지하자, 상순과 성삼은 사이가 틀어진다. 상순은 생각다 못해 종천과 함께 석유장사에 나서지만, 석유 매출의 차이 때문에 두 사람 역시 어색한 사이가 된다. 이들은 읍내 사는 첨지 집에서 날품을 팔기도 하고, 부인들을 떡장수로 내보내는 등 생계를 잇기 위해 갖은 일을 다한다. 그러나 어떤 일을 해도 이웃끼리 의만 상할 뿐 가난에서 벗어나지 못한다. 설상가상으로 큰 홍수가 나자 소작농들은 농사를 모두 망친다. 살 길이 막막해진 이들은 결국 다시 한데 모여 앞일을 의논한다. 이들은 목숨을 걸고 금광의 광부로 취직할 결심을 하고, 일제히 마을을 떠난다.

**【참고】** 연재 지면에 '中篇小說 마을의 移動 作 朴魯甲'이라 표기되어 있다. 생계 문제 때문에 고향을 떠나 위험하고 낯선 일에 투신하는 소작농의 모습을 통해, 비참하고 절망적인 식민지 농촌의 현실을 사실적으로 묘사한 작품이다.

## 마음의 금선/마음의琴線 : 현경준. 홍문서관1944.

**【내용】** 1936년 일본은 만주를 점령하고 한민부락에 자위단을 만든다. 부락민들은 교육자나 예술가, 정치인이었으나 대부분 아편에 빠진 사람들이다. 아편 소지 혐의가 있는 부락민을 폭행하는 단장에게 명우가 나서서 항의를 한다. 명우는 구류소에 끌려가고, 소장과 단장은 아편 중독을 치유한다는 명목하에 사람들을 독려한다. 득수와 명보는 아편을 구하기 위해 순녀를 팔아넘기려 한다. 구류소에서 돌아온 명우가 이들과 싸우고, 득수와 명보는 자위대

에 끌려간다. 소장은 명우의 친구 인규에게 아이들 교육을 부탁하지만 인규는 거절한다. 명우는 자신이 과거의 꿈을 위해 아편을 하는 것이며, 인규가 교육을 재개하는 것이 과거의 꿈을 되찾는 것이라고 생각한다. 소장은 과거보다 현재가 중요한 것이라며, 명우에게 인규가 교사 일을 하도록 설득하고, 자기 딸과 결혼하여 고향의 어머니를 모셔올 것을 당부한다. 명우는 소장의 제안을 받아들인다.

**【참고】**《인문평론》(1940.7-8)에 수록되고, 재만조선인작품집 『싹트는 대지』(1941)에 재수록된 「유맹」의 일부 내용을 개작한 작품이다. 「유맹」의 목차 중에서 '5.마음의 琴線' 부분의 내용을 3배 이상 늘려 개작하여 새로운 인물도 상당수 등장하고 있다. 또한 「유맹」은 1941년 《만선일보》에 '도라오는 인생'이라는 표제로 수정·확대되어 개작되었다. 이 때문에 「유맹」, 「도라오는 인생」, 「마음의 금선」 세 작품은 상호텍스트성을 지니는 것으로 평가된다. 연구자에 따라서는 「도라오는 인생」을 「유맹」의 개작으로 보기도 하고, 미완이었던 「유맹」이 「도라오는 인생」에 이르러 완결된 것으로 보기도 한다. 「마음의 금선」은 「유맹」의 개작으로 상당 부분의 내용이 「도라오는 인생」에 수록되어 있기도 하다. 홍문서관본의 작품 말미에 "中毒者—얼마나 서글픈 일흠이냐? 社會의 맨 밑바닥에서 산송장의 生을 僅僅히 이어오는 그들. 그들에게는 明日이라고는 털끝만큼도 없다. 다만 現在와 過去밖에는 없다. (…) 幸으로 이 한 篇이 그들의 生活에 얼마만큼이라도 보탬이 되고 또 滿洲國 政府의 原義의 一片이나마 엿보게 할 수가 있다면 作者의 所願은 이에서 긇친다. 讀者諸賢의 鞭撻과 指導를 바라며 筆한다. 昭和十八年五月 於노들江邊"이라는 작가의 부기가 있다. 홍문서관본에는 이 작품 외에도 미발표 중편 「인생좌」가 함께 실려 있다.

## 마음의 봄 : 최상덕. 매일신보1934.12.20-1935.7.18(200회 완).

**【내용】** 윤미렴은 빚 때문에 기생으로 팔려 갈 처지에 놓이나 부유하고 명망 있는 횡대선의 도움으로 위기를 면한다. 대선의 처가 죽자 미렴은 대선과 결혼하여 삼남매를 두지만 결혼생활에 만족하지 못하고 혼자 해외 유학을 떠난다. 대선은 병에 걸리고 재산마저 탕진하여 비참한 처지에 놓인다. 6년 후 미렴은 박사 학위를 받고 귀국하여 재력가 유부남 강필구와 동거한다. 그녀는 가족들과 인연을 끊고 자유롭게 살아가려 한다. 미렴은 필구와 함께 대미협회 회원으로 활발히 활동하며 유명한 연설가가 된다. 미렴의 큰딸 안나는 직장 생활을 하며 가족의 생계를 책임진다. 변심한 애인 때문에 절망하던 중 사장 김종대가 청혼하고, 안나 역시 그에게 호감을 느낀다. 그러나 안나의 동생 윤나가 끼어들자 종대는 윤나의 명랑함에 매료되어 안나를 멀리한다. 윤나는 종대에게 큰돈을 얻어내 다른 청년과 동경으로 가 버

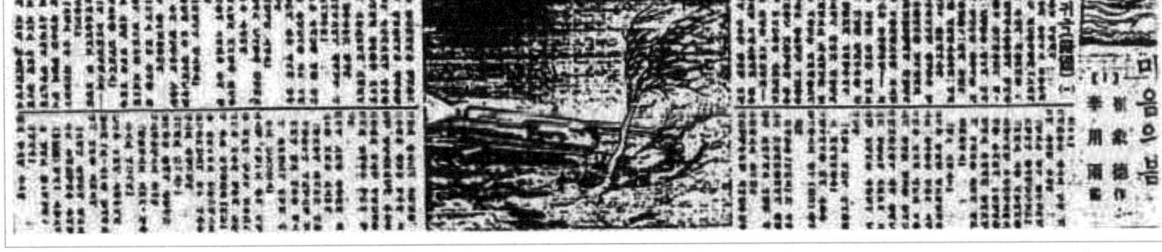
마음의 봄

린다. 안나는 직장을 그만두고 종대와의 관계도 정리한다. 미렴은 필구와의 불륜 관계가 협회에 알려져 쫓겨날 위기에 처한다. 필구는 자신의 명예를 위해 미렴을 사랑한 적 없다고 발뺌하고, 이에 실망한 그녀는 필구와 헤어진 후 대선과 딸들이 있는 집으로 들어간다. 대선은 미렴을 용서하지 않은 채 숨을 거두고, 안나는 모친을 봉양하기 위해 직장을 찾아 헤맨다.

**【참고】** '최독견' 이란 필명으로 더 널리 알려진 최상덕이 본명으로 발표한 작품이다. 200회로 분량이 긴 편이지만, 단행본으로 출간된 적은 없는 것으로 보인다. 소설의 전반부에서는 인텔리 여성 미렴의 행동을 중심으로 사건이 전개되지만, 후반부로 갈수록 미렴의 딸 안나를 중심으로 서사가 진행된다. '신여성의 자아 찾기' 로 시작된 사건이 '구시대적 미덕을 갖춘 여성의 희생' 으로 마무리되지만, 사건 중심의 이동이나 인물 성격의 변화 과정에 개연성이 부족하여 작품의 완성도를 저해하는 요소가 되고 있다.

## 마음의 태양/마음의太陽 : 현경준. 조선일보1934.5.28-9.15(93회 완).

**【내용】** 평양참의원이었던 김두식의 서자로 태어난 경호는 이복형 태호와 그의 모친으로부터 구박을 받고 자란다. 어릴 적부터 미적 재능이 남달랐던 경호는 동경에서 미술을 공부하지만 사상 문제에 연루되어 중도 귀국하게 된다. 가세도 기울어 집안 경제는 늙은 김두식의 손을 떠나 태호에 의해 운영되고 있다. 경호는 재산 상속권 문제로 태호와 그의 모친이 꾸민 계략에 휘말려 집에서 쫓겨나게 된다. 오갈 데 없는 경호는 유학 시절 친구인 승우의 집(경성)에 기숙하며 반도극장의 간판을 그리는 일로 생계를 유지한다. 경호와 승우는 경제적으로 힘들 때마다 서로에게 힘이 되어 주며 생활한다. 그러는 동안 승우의 동생 승옥은 경호에게 사랑의 감정을 품게 된다. 경호 또한 승옥의 마음을 알지만 예전부터 사모했던 계순 생각에 그녀의 마음을 받아들이지 못한다. 경호를 찾아 경성으로 올라온 계순은 우연히 경호의 생모 숙희를 만나게 된다. 다섯 살 때 헤어진 경호를 못 잊어 하던 숙희는 계순과 함께 경호를 찾기 위해 갖은 애를 쓴다. 한편, 반도극장에서는 급료감하 사건이 일어나고 직원들은 모두 불만을 토로한다. 경호는 미술전시회에 출품할 작품을 끝내고 파업의 주모자로 나서지만, 극장주의 딸과 연애 중이던 승우는 파업에 참여하지 않는다. 일본 순사에게 쫓기던 경호는 극적으로 계순 일행과 마주치게 된다. 계순 일행은 미술전시회에 출품한 경호의 작품을 보고 그를 찾아왔던 것이다. 생모와 연인을 만난다는 기쁨도 잠시, 경호는 순사에게 체포되어 옥에 갇힌다. 수감 중 경호의 작품이 당선되지만, 경호는 과도한 작업의 후유증으로 시력을 잃는다. 면회 간 승옥은 '마음의 태양까지 잃어서는 안 된다'고 말하고, 경호는 그녀의 충고를 진심으로 받아들인다.

**【참고】** 현경준의 등단작으로, 《조선일보》의 '천원현상장편소설' 공모에서 가작 2석(현상금 이백오십원)으로 뽑힌 작품이다. 제목 앞에 '顯賞當選小說' 이라고 표기되어 있다. 적서 차별이라는 가정 내 모순과 계급적 투쟁에 따른 사회구조적 문제를 동시에 다루고 있다. 파업의 실패와 육체적 장애 속

에서도 희망을 잃지 않는 주인공의 태도에서 미래에 대한 작가의 긍정적인 시각을 엿볼 수 있다. 계급 갈등을 집단행동으로 해결하려는 의지에서 현경준의 경향의식을 잘 드러내고 있는 작품이다.

## 마음의 향촌/마음의鄕村 : 한설야. 동아일보1939.7.19-12.7(140회 완).

**【내용】** 사생아 이선영은 일곱 살에 모친을 여의고 이복오빠 민상기와 함께 외가에서 성장한다. 이복오빠 상기가 큰 뜻을 품고 상해로 떠나고, 얼마 후 외조부마저 죽자 선영은 혈혈단신이 된다. 선영은 외조부의 의붓아들 영진을 따라 송도원으로 피서를 갔다가 그의 친구 김삼철에게 겁탈을 당한다. 그녀는 그 충격으로 바다에 몸을 던지지만 때마침 지나가던 어선에 의해 구조된다. 선영은 오빠의 주소와 사진만 가지고 상해로 향하지만 오빠의 행방을 알아내는 데 실패한다. 그녀는 상해에서 만난 이우식에게 영어와 사교춤을 배우고, 정향이란 여자에게 가야금과 조선 소리를 익힌 후 서울로 돌아와 기생 초향이 된다. 초향은 빼어난 미모에 출중한 재주로 남성들의 인기를 독차지한다. 어느 날 초향은 권이라는 사람이 보낸 서편을 통해 자신의 출생에 관한 비밀을 알게 된다. 초향은 망설이다 늙고 병든 생부를 찾지만 자신을 인정하지 않는 부친의 모습에 실망하여 되돌아온다. 초향은 타락하고 속물적인 인물들과 대비되는 권의 모습에 반해 그에 대한 사랑을 키워 간다. 권의 국내 잠입을 알게 된 경찰이 초향을 호출한다. 초향은 경찰이 제시한 사진에서 권과 오빠의 모습을 발견하고 비로소 권의 신분을 알게 된다. 권은 초향에게 독립운동 자금의 필요성을 역설하고 오빠가 있는 상해의 주소를 가르쳐 준다. 초향은 자신을 탐내는 자본가들로부터 오빠와 권이 필요로 하는 자금을 마련한다. 그녀는 어머니 무덤에 하직 인사를 한 후 오빠와 권을 찾아 상해로 떠난다.

**【참고】** 《동아일보》 연재 완료 후 1941년 박문서관 단행본 출간 시 '草鄕'으로 개제되었다. 1958년 4월 10일 조선작가동맹출판사에서 재간행되면서 일부 개작되었다. 개작본에서는 일본 경찰에 대한 비판적 서술을 보완하여 반일의식을 강화하고, 초향의 오빠인 상기의 항일운동을 김일성과 연계시키는 한편 그녀의 아버지인 '이후작'을 '리판서'로 고치는 등의 변화가 나타난다.

## 마음이 옅은 자여/마음이여튼자여 : 김동인. 창조1919.12-1920.5(4회 완).

**【내용】** '나(K)'는 아내와 자식이 있음에도 불구하고 여교사 Y와 사랑에 빠진다. '나'는 지금까지 한 번도 경험하지 못한 육체적 쾌락에 탐닉하고 그것이 진정한 사랑이라 여긴다. Y에게는 이미 부모가 정한 혼처가 있다. 'Y'가 '나'에게 괴로움을 토로하자 '나'는 그녀에게 '마음이 옅은 자'라고 비난하며 그녀가 봉건적 악습에서 벗어나지 못했다고 나무란다. '나' 또한 내면적 괴로움과 갈등을 겪기는 마찬가지여서, '나'는 C형에게 이러한 심경을 담은 편지를 보낸다. Y는 예정대로 결혼을 하고, '나'는 금강산 여행을 떠난다. 그곳에서 '나'는 사랑의 허망함

을 느끼면서 아내와 아들을 생각한다. 그길로 '나'는 함종에 있는 가족들을 찾아가지만 이미 아내와 아들은 죽고 없다. '나'는 가족들의 무덤 앞에서 자신이 그들을 불쌍하게 만들었음을 깨닫는다. '나'는 자신이야말로 '마음이 옅은 자'라고 생각하고 이제부터는 '참삶'을 살겠노라고 결심한다.

**【참고】** 김동인이 《창조》에 4회 연재한 작품으로, 이 중 3회가 두 번에 걸쳐 분재되었다. 이 작품은 '나(K)'가 C형에게 보낸 9월 21일자 편지와 그 속에 '나'의 일기가 들어 있는 형식으로 이루어진다. 주인공 '나(K)'가 연애를 통해 얻게 된 감상과 그로 인한 각성을 주제로 삼는다는 점에서 「약한 자의 슬픔」과 함께 논의되는 작품이다. 두 작품은 참사랑이라는 관념을 추구하는 남녀 주인공의 심리묘사를 통해 지식인의 분열된 자의식을 심층적으로 보여 주었다는 평가를 받는다. 특히 작품 속 주인공의 내면은 성과 사랑, 제도로서의 결혼을 둘러싼 갈등을 보여 주는데 그 속에는 전근대적 애정윤리와 근대적 애정윤리가 모순적으로 결합해 있다.

**마의태자/麻衣太子 : 이광수. 동아일보1926.5.10-10.2(상편 142회), 1926.10.11-1927.1.9(하편 86회) ; 박문서관1928.**

**【내용】** 애꾸 소년 미륵은 어느 날 유모로부터 자신의 출생에 관한 비밀을 듣는다. 자신이 신라 경문왕의 아들이며, 자신의 어머니 설부인은 경문왕의 왕후에게 살해당했다는 것이다. 미륵은 모친의 원수 갚기를 결심하고 신라 궁으로 들어가나 발각되어 쫓긴다. 태백산으로 도망친 그는 승려 선종이 된다. 서른 살 되던 해 다시 속세로 내려와 세력을 키운 그는 궁예란 이름으로 태봉국을 세우고 왕이 된다. 그러나 신하 왕건이 반역을 일으키고 궁예는 사망한다. 고려라는 국호를 정하고 왕이 된 왕건은 전쟁 없이 삼국을 통일하고자 한다. 한편 신라에서는 경순왕이 등극하지만, 귀족들의 세력 다툼에 국력은 점점 약화되어 간다. 왕건은 딸 낙랑 공주를 경순왕의 아들 김충과 결혼시키기로 하고 딸을 신라로 보낸다. 낙랑 공주는 김충의 의로운 마음에 탄복하여 그를 사랑하게 된다. 그러나 김충은 공주와 결혼하기를 거부한다. 경순왕은 신라를 다스릴 힘이 없자 고려에 항복하고, 낙랑 공주는 경순왕과 결혼한다. 나라가 망하자 김충은 베옷을 입고 금강산에 들어가 은거한다. 어느 날 왕건과 낙랑 공주가 금강산에 온다. 낙랑 공주는 깨달은 바 있어 출가하고, 중이 되어 김충과 재회한다. 왕건은 김충을 마주치자 용서를 빌고, 김충은 왕건을 용서한 후 홀연히 사라진다.

**【참고】** 이광수가 《동아일보》 편집국장으로 재직하던 시절에 창작한 역사소설이다. 이 작품은 크게 상편과 하편으로 나뉘는데, 상편에서는 궁예를 중심으로 한 사건이 전개되고, 하편에서는 왕건을 중심으로 한 삼국통일 과정이 상세히 그려진다. 작품 제목으로 보아서는 '마의태자'를 중심으로 한 사건이 전개되어야 하나, 실제 작품에서는 궁예를 중심으로 한 신라 말년의 정치상에 대한 서술이

대부분을 차지한다. 이러한 점은 김동인 이후 많은 평자들에 의해 구성상의 약점으로 지적되어 왔다. 또한 대부분의 인물이 권선징악적인 도덕성에 의해 지배되어 선악의 이분법적 대립을 보이고, 인물 성격의 변화 과정과 사건 전개의 필연성이 부족하다는 평을 받고 있다.

마인/魔人 : 김래성. 조선일보1939.2.14-10.14(171회 완) ; 조광사1939 ; 해왕사1948,1949.

**【내용】** 엄여분과 백문호는 서로 사랑하는 사이이나, 두 사람의 집안은 대대로 원수지간이다. 문호의 사촌동생 영호는 재산을 가로채려는 야심에 여분을 강간하고 문호를 살해한다. 여분은 문호의 아이인 쌍둥이 딸을 낳고 죽는데, 그중 한 아이가 주택서의 양녀 은몽이 된다. 은몽은 성장하여 공작부인이라는 애칭의 일류 무용가가 된다. 그녀는 어머니의 유언에 따라 복수를 계획하고, 백만장자이자 미술연구가가 된 영호를 유혹하여 그와 약혼한다. 그녀의 연인인 청년 화가 김수일은 그녀를 만류하지만 소용없다. 은몽은 약혼 발표 후 가장무도회를 열고, 참석자들 앞에서 마치 자신이 살해 위협을 받는 듯한 자작극을 벌인다. 두 사람의 결혼식에서도 살해 위협은 계속되고, 사람들은 일련의 사건들이 그녀를 향한 애정 범죄라고 생각한다. 현장에 있던 수일은 자신의 정체를 밝히고 사건을 수사하겠다고 선언한다. 그는 본래 명탐정으로 유명한 유불란으로, 은몽과 사귀기 위해 신분을 위장했던 것이다. 한편 영호의 아들이자 탐정소설가인 남수와, 영호의 딸 정란의 전 애인이었던 변호사 오상억은 이 사건에 의문을 품는다. 남수는 일련의 사건들이 은몽을 노린 것이 아니라 영호에 대한 복수라는 점을 알아낸다. 그는 이 사실을 밝히려다 은몽의 총에 맞아 죽는다. 은몽을 좇던 오상억은 그녀의 복수 계획을 간파하지만, 그녀에 대한 애욕과 재산에 대한 탐욕 때문에 범죄에 동참한다. 상억은 영호의 재산을 탐내 정란을 죽이고 정란의 약혼사 문학수에게 죄를 뒤집어씌운 후 그 역시 살해한다. 상억은 은몽의 여동생 예쁜이마저 죽인다. 유불란은 이 모든 것이 은몽의 복수 계획에서 비롯된 것이며, 상억이 사건 후반부에 끼어들어 여러 악행을 벌였음을 밝혀낸다. 유불란이 진상을 밝히자 상억은 자살한다. 유불란은 은몽의 아버지 백문호가 죽지 않고 황세민이라는 이름으로 살아 있음을 알아내고, 그와 함께 은몽을 찾아간다. 그러나 은몽은 유불란에게 유서를 남긴 후 자살하고, 유불란은 탐정 폐업을 선언한다.

**【참고】** 연재 지면에 '長篇探偵小說 魔人 金來成 作' 이라 표기되어 있다. 김래성의 첫 장편으로, 연재 당시 대중의 큰 관심을 얻은 작품이다. 이 소설은 사건이 처음에 제시되고, 범인을 탐색하는 방식으로 줄거리가 전개된다는 점에서는 추리소설적 구조를 띠고 있다. 해왕사본은 1948년 '탐정편' 과 1949년 '범죄편' 으로 나뉘어 출간되었다.

## 마적굴의 조선소년/馬賊窟의朝鮮少年 : 박계주. 소년1940.3-1940.12(10회 미완).

**【내용】** 열두 살 소년 김인선은 북간도 명성촌에서 가난하지만 행복하게 산다. 어느 날 마적이 마을을 습격하고, 인선은 마적에게 인질로 잡혀 갖은 고초를 겪게 된다. 그는 마적의 소굴에서 조선인 동포 유성준을 만난다. 성준은 마적 소굴을 탈출하려 하지만, 도로 붙잡혀 잔인하게 살해된다. 인선 아버지의 집에는 마적들의 사자가 찾아온다.

**【참고】** 연재 지면에 '事實小說 馬賊窟의朝鮮少年 朴啓周 作'이라고 표기되어 있다. '序言'에서 작가는 자신이 15세 때 실제로 목격한 사건을 소설화한 것이라고 밝히면서, 당시 만주에 사는 동포들이 겪는 비극을 고국에 알리고자 한다는 창작 의도를 강조하고 있다. 잡지의 폐간으로 인해 본격적으로 사건이 전개되려는 부분에서 중단되었다.

## 마지막 노래 : 홍구. 문학월보1933.9-?

**【내용】** 미확인 작품.

**【참고】** 아동잡지 《신소년》 1933년 8월호에 《문학월보》 1933년 9월 창간호의 광고를 게재하였는데, '長篇小說 마지막 노래 洪九'라는 목차 정보를 확인할 수 있다. 자료 미비로 작품 원문은 확인할 수 없다.

## 만가의 집/輓歌의집 : 강노향. 중앙1935.6-7(2회 완).

**【내용】** 1934년 1월 15일 상해, 백발노인 시몬손은 제정 시대 모스코 거리를 거닐던 한때를 떠올리며 회상에 젖는다. 그러나 이도 잠시 이국의 땅 할빈에서 백색왕국 재건을 도모하는 코삭크단장으로 그는 긴장을 늦추지 않는다. 독일 정권 장악 이후 히틀러는 극단의 대외정책으로 베르사유 조약의 개정을 기도하고, 불란서는 이를 견제하며 싸베-트 로시아와의 접촉을 시도한다. 이러한 분위기에 따라 불란서 조계 공부국으로부터 코삭크단의 해산 명령이 떨어지자 그는 고심한다. 단원인 푸론스타인도 그를 찾아와 대책 마련에 부심한다. 젊은 사람들 중에는 고국으로 돌아가려는 이들이 있는데 시몬손은 이를 배신이라 생각한다. 고국으로 돌아가려는 축에는 그의 아들 렐루몬토프도 끼어 있다. 푸론스타인은 배신자를 처단해야 된다며 이를 갈고, 시몬손은 렐루몬토프가 모스코로 가겠다는 것을 막아 보고자 한다. 그러나 렐루몬토프는 사랑하는 나타-샤를 찾아 마지막 인사를 전하고 귀국하려는 동지들과 연락한다. 시몬손은 총을 겨누며 아들의 모스코행을 말리지만 아들이 말을 듣지 않자 총으로 쏴 죽이고

만다. 시몬손의 딸인 뵤도샤가 이를 지켜보고 비명을 지른다. 다음 날 코삭크단의 집회에 모인 단원들이 습격을 받아 부상을 입는 사건이 벌어진다. 일의 배후를 조사하던 시몬손은 보됴사가 코삭크단의 원적인 게페우 상해특별대의 대장과 어울려 다녔다는 것을 알게 된다. 그는 보됴사가 코삭크단의 집회를 밀고하였다는 것을 알고, 그녀를 사살한다. 그는 아들, 딸 모두를 자신의 손으로 처단한 회한을 안고 상해를 떠난다.

**【참고】** 제목 앞에 '대중연재소설'이라고 표기되어 있다. 베르사유 조약 이후 급변한 유럽의 정세와 상해를 배경으로 코사크인들의 민족 투쟁을 그려 보려 했으나 중편이 채 되지 않는 분량으로 심도 있는 묘사에는 이르지 못했다.

## 만고명장 김유신/萬古名將金庾信 : 윤승한. 숭문사1948.

**【내용】** 재주와 용모가 모두 빼어난 약관의 청년 김유신은 동료들과 함께 유곽에 들렀다가 기녀 춘선을 만나 사랑에 빠진다. 여자에 빠져 공부를 소홀히 하는 상황에서 가세가 기울고 어머니가 병환을 얻는다. 그는 번민하다가 자신의 미래를 걱정하는 어머니의 진심 어린 훈계를 받아들여 춘선을 만나지 않기로 결심한다. 어느 날 유신이 조는 사이, 그를 태운 말이 춘선의 집 앞으로 그를 데려가자, 유신은 자신의 결심을 다지기 위해 말을 죽인다. 버림받은 춘선은 불교에 귀의하고 천관이라는 법명을 받는다. 마음을 다잡은 유신은 으뜸가는 화랑이 되어 고구려, 백제와 벌인 전투에서 공을 얻는다. 그리고 왕손 춘추와 나라를 함께 걱정하며 가깝게 지낸다. 한편 춘주는 유신의 동생인 문희와 사랑이 싹튼다. 춘추와 집안의 차이 때문에 인연을 맺기 어려워, 유신은 문희를 위해 꾀를 낸다. 진평왕이 행차하는 때를 맞춰 동생 문희를 처녀 신분으로 외간남자를 만났다는 죄목으로 화형시키는 시늉을 한 것이다. 진평왕은 자초지종을 살핀 후 춘추에게 문희와 결혼할 것을 명령한다. 결국 문희는 춘추의 아내가 된다. 진평왕이 죽고 선덕여왕이 즉위한 후, 국제정세는 날로 변화한다. 여왕을 얕본 백제와 고구려는 계속해서 신라를 공격한다. 이에 춘추와 유신은 여왕을 도와 나라를 지키다가, 춘추는 혼자서 백제를 칠 목적으로 고구려에 원병을 청하러 간다. 그런데 오히려 고구려왕은 신라가 과거에 빼어간 땅을 내놓으라고 요구하고, 춘추는 고구려 땅에서 꼼짝 못하는 상황에 이른다. 이에 유신은 고구려로 쳐들어가고 신라군의 공세에 놀란 고구려에서는 춘추를 풀어 준다. 춘추는 당나라로 건너가 백제를 공격할 원병을 청한다. 당 황제는 춘추의 언변에 설득되어 소정방을 원수로 하여 군사를 파병한다. 신라는 당의 군사와 함께 백제를 공격한다. 그 와중에 진덕여왕이 세상을 떠나고 춘추가 왕위를 이어받아 무열왕이 된다. 신라군은 잇달아 백제와 고구려를 물리치고 마침내 삼국을 통일한다. 뜻을 이룬 유신은 자신이 일으킨 사업 때문에 희생한 사람

들이 적지 않다는 생각에 마음 아파한다. 그래서 천관사를 세우고, 불경을 연구하는 것으로서 만년을 보낸다.

**【참고】** 이 작품은 신라의 명장 김유신의 일대기를 담은 역사소설이다. 출세편, 구국편, 득지편의 3부로 구성되어 있다. 김춘추가 고구려에 잡혀 있을 때 구토지설을 들려주며 지혜를 빌려준 선도해가 이 작품에서는 '국히부인' 이라는 가공의 여성 인물로 바뀌는 등 정사를 그대로 서술하기보다는 작가가 일정 부분 윤색한 소설이다.

## 만세전/萬歲前

**염상섭. 신생활1922.7-8(2회 미완) ; 시대일보1924.4.6-6.7(59회 완) ; 수선사1948.**

**【내용】** 조선에 만세 운동이 일어나기 전 해 겨울, 동경에서 유학 중이던 '나'는 아내가 위독하다는 전보를 받고 귀국길에 오른다. 출발 전 자주 가던 카페에 들러 친분이 있던 여급 정자를 만난다. 정자는 편지를 주고, '나'는 기차가 출발한 후 그 편지를 읽고 자신과 그녀의 관계에 대해 생각한다. 다음 날 신호에 도착한 '나'는 친밀한 관계에 있던 을라라는 여자를 만나 이야기를 나누고 헤어진다. 하관에 도착한 '나'는 형사들에게 검문을 받는다. '나'는 자신이 일본어를 유창하게 할지언정 조선인이라는 사실을 새삼 깨닫는다. 관부 연락선에 탄 후, '나'는 목욕탕에서 일본인들이 조선 노동자를 멸시하는 말을 듣고 분노를 느끼는 한편, 자신이 조선인이라는 점을 점점 더 강하게 자각하고 자신이 해 온 일과 해야 할 일에 대해 생각한다. 조선인이라는 이유로 배 안에서 재차 수색을 당한 '나'는 개인과 집단의 관계에 대해 혼란을 느끼는 한편 일본인에 대해 분개한다. 부산에 도착한 후 '나'는 다시 막연한 불안감을 느끼며 검문을 받는다. 파출소를 나온 후 부산 거리를 돌아다니다 김천으로 향한다. 김천에 도착하자 형이 마중 나와 있다. 형은 총독부 법에 의해 공동묘지밖에 쓸 수 없게 되었다며 묏자리 걱정을 한다. '나'는 조선 전체가 묘지 같은데 그런 걱정을 하는 형을 한심하게 생각한다. 서울에 도착하자 아내는 이미 빈사 상태에 이르러 있다. 간단한 수술로 나을 수 있는 병이지만, 부친의 고집 때문에 한약으로만 치료하다 돌이킬 수 없게 된 것이다. 결국 아내는 세상을 떠난다. 장례를 치른 후 '나'는 질식할 것 같은 집을 떠나 다시 일본으로 가는 길에 오른다.

萬歲前

**【참고】** 이 작품은 1922년 '묘지(墓地)' 라는 표제로 《신생활》 7, 8월호에 2회 연재된 후 3회는 검열에 의해 삭제당했다. 이로 인해 잡지가 폐간되자, 1924년

《시대일보》로 옮겨 '만세전'이라는 제목으로 다시 연재되었다. 1948년 수선사에서 출간한 단행본 『만세전』을 통해 개작이 이루어진 바 있다. '나'의 여로를 따라 사건이 전개되며, 새로운 장소로 이동할 때마다 주인공의 의식이 변화한다. 1인칭 주인공 시점에서 서술되고 있지만, '나'라는 개인의 운명을 중시하기보다는 식민지 조선 사회의 모습을 '무덤'에 비유하면서 비판적 시선으로 형상화하는 데 중점을 두고 있다.

## 만향/晩香 : 복면자. 동아일보1937.12.1-1938.7.19(210회 완) ; 보성서관1939.

**【내용】** 조선 후기, 정조는 왕비가 왕자를 낳지 못하자 여러 명의 빈을 들인다. 비빈들은 모두 성품이 온화하여 서로 잘 지내지만, 새로이 왕실의 외척이 된 사람들은 권력과 재물을 이용하여 백성을 괴롭힌다. 시골 청년 차대복은 한 번은 금순과, 한 번은 점순과 정혼하지만, 번번이 왕실 외척을 등에 업은 자들에게 정혼자를 빼앗긴다. 대복은 크게 분노하여 자신의 정혼자를 빼앗은 자들을 처치한 후 떠돌이가 된다. 정조가 승하하고 순조, 헌종, 철종, 고종이 차례로 즉위하지만, 외척들의 횡포는 줄어들지 않는다. 철종 즉위 후 외척인 안동 김씨의 횡포는 극에 달하고 안동 김씨에 빌붙어 권세를 누리는 자들도 속출한다. 황해도 사는 유 감역은 안동 김씨에게 아부하여 감역이란 벼슬을 얻은 후 여러 비복을 거느리고 거들먹거리며 살아간다. 그의 아들 학진은 종 삼월에게 반해 그녀를 손에 넣는다. 학진이 집을 비운 사이, 삼월은 학진과의 관계를 유 감역 부인에게 들켜 고문당한다. 억울함을 이기지 못한 삼월은 자결하고, 이로 인해 비복들은 주인에게 반기를 들려 하나 유 감역이 관청에 신고하여 이들을 모조리 죽인다. 삼월의 동생 향련은 홀로 살아남아 서울로 올라가고, 김 정승의 애첩 나합의 도움을 얻어 유 감역 집안을 모조리 처형한다. 향련은 세속을 떠나 원적법사라는 도승 밑에 들어가 법련행이라는 비구니가 된다. 세월이 흘러 고종이 즉위하고 홍선대원군이 세력을 잡는다. 법련행은 스승의 심부름으로 혜운이라는 비구를 데리러 갔다가 그와 정을 통한다. 원적법사는 이것이 그들의 인연이라 말한다. 알고 보니 혜운은 유 감역의 아들 학진이었던 것이다. 원적법사는 자신이 젊은 시절 차대복이란 이름으로 세상을 떠돌았다며, 모든 것은 불가의 인연이란 말을 남기고 입적한다.

**【참고】** 연재 지면에 '歷史小說 晩香 覆面子 作'이라 표기되어 있다. 윤승한이 '복면자(覆面子)'라는 필명으로 발표한 작품이다. 정조부터 고종까지 다섯 명의 왕이 통치하는 시대를 배경으로, 청춘 남녀의 혼사 장애 사건들을 시대순으로 나열하고 있다. 혼사 장애의 주원인이 왕실 외척의 횡포라는 공통점과, 차대복이라는 인물이 소설 초반에 등장해서 결말 부분에 다시 등장한다는 점을 제외한다면, 각각의 인물들과 사건은 서로 연관성이 매우 희박하다.

## 망부석/望夫石 : 김웅초. 조선일보1935.5.3-7.12(58회 완) ; 경향출판사1948.

**【내용】** 명례는 평소 남편 재호와 사사건건 말다툼을 벌인다. 사소한 일도 꼬치꼬치 따지는 명례와 이를 귀찮아하며 손찌검을 하는 재호 사이의 싸움은 개와 고양이의 그것과도 같다. 어느 날, 재호는 월급을 받아 집으로 가지 않고 친구 백조와 함께 술집에 간다. 그곳에서 마담과 함께 재호는 맥주와 양주를 마시며 월급을 전부 써 버린다. 만취한 재호는 택시를 타고 집으로 돌아오는데 방 안에는 명례가 쓰러져 있다. 월급을 타서 집에 들어오지 않는 재호를 골탕 먹이고자 명례가 죽은 척 위장을 한 것이다. 재호는 아내가 약을 먹었다고 오해하고 겁에 질려 사실을 고백한 후 용서를 구한다. 며칠 후, 재호는 백조로부터 유나라는 여인을 소개받는다. 세련된 단발과 양장 차림의 유나를 보며 재호는 명례와 외모는 비슷하지만 분위기는 전혀 다르다고 생각한다. 유나를 만나면서 재호는 점점 초라한 아내와 세련된 그녀를 비교하기 시작한다. 유나와 재호는 관악산에 놀러갔다가 뜻밖에 비를 만나 하룻밤을 지새운다. 다음 날 집으로 돌아온 재호에게 명례는 바람난 사실을 알고 있다며 화를 내고 급기야 편지를 남긴 채 가출하고 만다. 텅 빈 집에서 멍하니 있던 재호에게 백조와 유나가 찾아온다. 그런데 자세히 보니 유나는 바로 명례였던 것이다. 그제야 모든 것이 명례의 연극이었음을 알게 된 재호는 허탈한 웃음을 짓고 자신의 행동을 뉘우친다. 이듬해 봄 명례와 재호는 아들을 낳고 행복하게 살아간다.

**【참고】** 만화가 웅초(熊超) 김규택의 작품으로, 자신이 직접 만화를 그려 넣었다. 제목 앞에 '유-모어小說', '金熊超 作, 畵'라고 표기되어 있다. 툭 하면 손찌검을 하는 바람둥이 남편을 아내가 길들이는 과정이 그려진다. 개와 고양이의 싸움에 부부의 싸움을 빗대고 있으며, 이러한 모습이 만화로 표현되어 있다.

## 매국노/賣國奴 : 김래성. 신시대1943.7-1944.4(10회 미완).

**【내용】** 허상철은 반도제약회사의 사원이다. 그는 주식으로 전 재산을 탕진하자 자살을 결심하고 월미도로 간다. 죽으려던 찰나, 그는 금발의 서양 미인 엘리자를 만나 목숨을 건진다. 그녀는 이태리 출신의 성악가로 위장하고 있지만, 실제로는 제국의 군사기밀을 알아내기 위해 잠입한 미국 스파이이다. 엘리자는 상철에게 반도제약회사에서 세균전에 대비하여 개발한 신약의 출처를 알아내면 큰돈을 주겠다고 제안한다. 엘리자를 비롯한 적성국의 스파이들은 활동을 개시하고, 조선의 탐정 유불란과 의문에 싸인 인물 흰독수리가 이에 맞선다.

**【참고】** 연재 지면에 '防諜小說 賣國奴 金來成 作'이라고 표기되어 있다. 적국 스파이의 첩보 활동 등 비밀전에 대항하는 작중인물들의 활약을 통해 '방첩사상의 기본강령'을 제시하고 방첩 활동의 중요성을 강조함으로써, 당시 일제가 강조했던 '방첩사상'을 홍보하는 성격을 띠고 있다. 1944년 4월호에 10회가 연재된 후 별다른 공지 없이 중단되었다.

## 매국노 암살 사건/賣國奴暗殺事件 : 이원규. 한흥출판사·영인서관1946 ; 영보서관1946.

**【내용】** 일인 검객들이 궁내대신 이경직을 죽이고 궐내를 침범해 명성왕후를 암살한다. 친일파 우범선이 사관생도들을 시켜 왕후의 시체를 건청궁 연못가에서 화장한다. 윤효정은 국사범일파의 일원으로 일본에 망명하여 매필로 연명하고 있었는데 사변 후 국내의 물의를 피해 일본에서 망명하던 우범선을 만난다. 범선이 왕후 암살을 사주한 것이 자신임을 밝히자 효정은 친지 고영근과 의논하여 그를 살해하려다 실패한다. 효정은 영근이 자신의 계획을 범선의 훈련대장 시절 동료 이두황과 황철에게 발설했음을 알고 그를 박대하나, 영근은 모든 것이 범선을 죽이기 위한 일이었음을 고백한다. 영근은 효정 대신 자신이 범선을 죽이겠다고 하며 고국에 있는 그의 칠십 노모를 부탁한다. 영근은 범선을 살해한 후 자수하고 효정의 도움으로 형을 경감 받는다.

**【참고】** 탐정소설이라기보다는 여왕 암살을 주도한 우범선이 고영근에게 살해당한, 실제 있었던 사건을 기록한 글에 가깝다. 한흥출판사·영인서관 발행본 겉표지에 '白岳親日派와 民族叛逆者의 運命은 明若觀火 探偵實話 恐怖! 戰慄 賣國奴暗殺事件'이라고 표기되어 있고 속표지에 '探偵實話大活劇 賣國奴暗殺事件(一名·親日派의悲命)'이라고 표기되어 있다. 영보서관본 표지에는 '민중전 참살 후일담 한말 비화 매국노 암살 사건'이라고 표기되어 있다. 부록으로 친일파 이완용의 행태와 김상옥, 강우규, 이준, 안중근 의사의 활약상이 붙어 있다. 국립중앙도서관에 두 가지 판본이 있는데 하나는 한흥출판사·영인서관 발행본이고 다른 하나는 영보서관 발행본이다. 영보서관 발행본은 판권지가 훼손되어 있고 인쇄 상태도 좋지 않다.

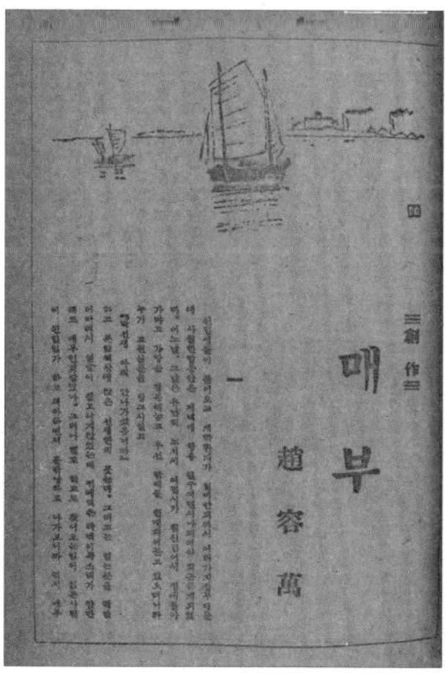
創作
매부
趙容萬

## 매부 : 조용만. 조광1941.10(1회 완).

**【내용】** 퇴근 무렵 박 선생의 매부가 학교로 그를 찾아온다. 경성에서 유명한 병원의 서기인 매부는 박 선생에게 병원을 그만두었다고 말한다. 박 선생은 실수로 병원에서 쫓겨난 매부를 보며 오남매와 함께 가난한 살림을 꾸려가게 될 누이를 걱정한다. 다음 날 누이가 찾아와 매부가 약방을 낼 수 있도록 도와 달라고 하지만 박 선생은 이를 피한다. 돈이 없어 거절은 했지만 마음에 걸렸던 박 선생은 퇴근 후 누이 집을 찾아간다. 매부는 박 선생에게 제약회사에 취직을 하게 되었다고 말하고 박 선생은 그제야 마음을 놓는다. 박 선생은 매부가 곧 취직할 것이라며 퇴직금을 함부로 쓰는 누이에게 충고하지만 되레 핀잔을 듣는다. 며칠 후 박 선생을 찾아온 매부는 제약회사에 갈 수 없게 되었다며 약방 투자금을 요청한다. 그만한 돈이 없다는 박 선생의 말에 매부는 화를 내며 돌아간다. 박 선생은 금융회사에 다니는 친구에게 문의하지만 친구는 경기가 좋지 않으니 장사는 단념하라고 말한다. 며칠이 지난 후 다시 박 선생

을 찾아온 매부는 북경 의료기관에 추천을 받아 가게 되었다고 말한다. 오랜만에 매부와 누이의 얼굴에 웃음꽃이 피는 것을 보며 박 선생은 안심한다. 그러나 한참이 지나도 매부가 떠날 생각을 안 하자 박 선생은 매부를 추천한 사람을 직접 만난다. 박 선생은 추천인으로부터, 매부가 사정해서 겨우 의료기관에 추천했으나 거절당했다는 사실을 듣게 된다. 집에 돌아온 박 선생은 술에 취해 여전히 큰소리치는 매부를 씁쓸하게 바라본다.

**【참고】**《조광》 1941년 10월호 목차에 '中篇全載'라고 표기되어 있고, 본문에는 '創作'이라고 표기되어 있다. 실수로 직장을 잃고 번번이 취직에 실패하는 매부를 통해 가난한 소시민의 비애를 그린 작품이다. 회차 표기는 없다.

## 맥/麥 : 김남천. 춘추1941.2 ; 을유문화사1947.

**【내용】** 모친이 결혼한 후 무경은 집을 팔고 아파트로 들어온다. 시형은 부친을 따라 고향으로 내려간 뒤 무경에게 편지 한 통을 보낸 후 소식을 끊는다. 무경은 시형이 남긴 책을 보며 철학을 공부하기로 결심한다. 시형의 전향이 서양학에서 동양학으로 관심이 전이된 때문이라고 생각했기 때문이다. 그녀는 부르주아 가정에서 태어나 영문학을 전공한 대학 강사 이관형을 만난다. 관형은 교내 파벌과 학벌 싸움에 희생되어 실직당한 후 허무주의에 빠져 문난주와 같은 퇴폐적 여인과 관계를 맺는다. 무경은 관형을 만나 동양학의 가능성을 묻고 관형은 이를 철저히 부정하며 일본의 서구 지향과 조선의 문화, 정신을 비판한다. 그는 반 고흐의 말을 인용하여 자신은 빵가루가 되기보다 흙 속에 묻혀 있기를 희망하는지도 모른다고 말한다. 무경은 가루가 되기보다 흙에 묻혀 꽃을 피워보자고 말한다.

**【참고】** 연재 지면에 '麥 金南天'이라고 표기되어 있다. 미완의 장편소설 「낭비」(인문평론1940.2-41.2), 「경영」(문장1940.10)과 연작관계에 있는 중편소설이다. 회의론자 이관형과 최무경을 매개로 하여 오시형이 떠난 후 8개월 뒤에 일어나는 이야기를 담고 있다. '예술성과 통속성이 혼탁되어 있다'는 부정적 평가와 한국문학에서 '유일하게 사상 문제를 다룬 전향소설의 최고봉'이라는 긍정적 평가가 있다. 1947년 을유문화사에서 출간된 창작집 『맥』에 수록되었다.

## 맥추/麥秋 : 이기영. 조광1937.1-2.

**【내용】** T촌은 메마르기로 유명하다. T촌의 소작인들은 올해도 늦게 찾아온 가뭄 때문에 모를 심지 못하고 있다. T촌의 지주는 원래 김 승지였으나 그가 죽은 후 외아들이 십 년 만에

주색잡기로 재산을 탕진하여 서울 사람이 땅을 샀다. 지주가 땅을 살 때에 홍정을 붙여 주고 마름이 된 유 주사는 개화벼슬을 한, '머리 깎고 글 잘하는 양반'이다. 유 주사는 T촌으로 이사 온 뒤로 지주보다 더한 횡포를 일삼는다. 오랜 가뭄 끝에 아침부터 비가 오는 날 저녁, 유 주사 집 머슴 성백이가 마을을 돌아다니며 내일 모내기에 부역을 나오라고 이른다. 내일 모를 심으려고 소까지 빌린 박 첨지는 제 대신 아들 점돌이에게 부역을 나가라고 한다. 그날 밤, 마실을 가던 점돌이는 수천이 집으로 흰 옷을 입은 사람이 들어가는 것을 목격한다. 뒤따라 수천의 집으로 들어간 점돌이는 그가 유 주사의 아들 영호인 것을 발견한다. 영호는 점돌이와 함께 읍내 보통학교를 다닌 친구이다. 보통학교를 졸업하고 서울로 공부하러 간 영호는 그해 여학생을 데리고 귀향한 후, 계속해서 첩을 바꿔들이고 있다. 또한 영호는 금융조합 돈과 은행 돈을 얻어다가 소작인들을 상대로 고리대금업을 하고 있다. 그 밤 수천의 아내를 농락하려던 영호는 현장을 들켰는데도 오히려 당당하다. 분노한 점돌이는 영호를 폭행하고 매를 맞던 영호는 도망친다. 자신에게 매달리는 수천의 아내를 밀치고 밖으로 나서던 점돌이는 마침 집으로 들어서는 수천이와 마주친다. 점돌이에게서 사정을 들은 수천이는 통곡한다. 다음 날 유 주사의 논에는 수천이도 부역을 나와 있다. 이 모습을 본 점돌이는 수천에게, 고소를 하기는커녕 오히려 안팎으로 부역을 해서 땅을 더 얻으려고 하냐고 화를 낸다. 점돌이는 모내기 장소에 영호가 나오지 않는 것을 궁금해하는 일꾼들에게 어젯밤의 일을 얘기한다. 부역에 불만을 가지고 있던 소작인들은 영호의 일을 계기로 합심하여 점심때까지만 일을 하기로 약속한다. 점심을 먹고 난 소작인들은 군필이, 광삼이, 치순이를 대표로 내세워 유 주사의 집으로 몰려간다. 집에서 시회(詩會)를 벌이고 있던 유 주사는 소작인들의 행동에 화를 내지만 자신의 아들을 고소하겠다는 소리에 아무 말도 하지 못한다. 시회가 끝난 뒤 유 주사는 이 기회에 아들로부터 돈을 얻어내려고 하나 아내로부터 영호가 알아서 해결할 것이라는 얘기를 듣고 낙심한다. 한편 영호는 수천이를 찾아가 협박과 회유를 한다. 자신을 고소하면 수천의 아내도 함께 벌을 받게 되고 그러면 수천이가 장가를 또 들 수도 없으며 아이가 불쌍해지는 것 아니냐는 것이다. 자신을 고소하지 않는다면 이듬해에는 좋은 땅을 소작하게 해 준다는 거짓말도 덧붙인다. 영호의 말을 들은 수천은 고소를 하지 않겠다고 약속하고 그날 밤 영호로부터 술을 얻어먹는다. 수천이 영호를 용서했다는 사실을 안 소작인들은 어이없어 하면서 영호의 교활함에 한층 분노를 느낀다. 보리타작을 할 시기, 영호는 직접 소작인들의 집을 돌아다니며 부역을 나오라고 한다. 점돌이와 소작인들은 영호와 언쟁을 벌이고, 영호는 점돌이에게 두고 보자며 돌아간다. 다음 날, 보리타작에 나간 사람은 소작인 중에 수천이밖에 없다. 수천이를 제외한 소작인들은 부역을 나가는 대신 힘을 합쳐 보리타작을 하면서 공동 작업에서 생기는 능률을 체험한다. 그날 저녁 보리타작을 하고 돌아온 점돌이는 동생 분이와 어머니에게 가난하게 살면서 고생하더라도 옳은 행동을 하고 살자며 말하며 농촌 운동에 투신할 것을 다짐한다.

**[참고]** 제목 앞에 '中篇小說'이라고 표기되어 있다. 이 작품은 평범한 주인공 점돌이가 소작인으로서의 자신의 부당한 처지를 자각하는 과정을 그리고 있다. 그러나 오로지 옳은 도리로 살아야 한다는 점돌의 다짐으로 끝나는 결말은 소작 제도의 모순을 실질적으로 해결할 수 없는 추상적인 전망이라는 한계를 드러낸다.

## 먼동이 틀 때 : 이무영. 동아일보1935.8.6-12.30(133회 완) ; 영창서관1949.

**[내용]** 인쇄소 직공 김일도는 지식 청년으로, 농촌계몽, 특히 야학에 대한 열의를 가지고 있다. 이화여전을 졸업한 숙정은 일도를 사랑한다. 숙정의 적극적인 구애로 두 사람은 약혼하지만, 일도는 그녀가 자신의 사업을 이해할지 확신하지 못한다. 약혼 후, 그의 여동생 여옥과 그녀의 직장 상사이자 일도의 친구인 인화, 숙정의 이복동생 숙자가 둘 사이에 끼어든다. 인화는 숙정을 사랑하여 그 부모에게 승낙을 받으려 하고, 여옥은 인화를 짝사랑하여 숙정과 오빠의 결혼을 서둘러 추진하려 하며, 숙자는 언니에게 지기 싫은 마음에 일도를 유혹하려 한다. 일도는 숙정에게 집으로 찾아가 정식으로 청혼하겠다고 약속하지만, 동지의 일을 돌보다 검거되어 약속을 지키지 못한다. 그가 체포된 사이 인화는 숙정의 부모로부터 결혼 승낙을 얻고, 숙정은 일도가 자신과의 약속을 지키지 않은 것을 서운하게 여겨 인화와의 결혼을 그대로 추진한다. 며칠 뒤 풀려난 일도는 숙정의 약혼 소식을 듣고 진심으로 축하한다. 그는 야학에 대한 열의를 실행하기 위해 시골로 떠난다. 숙정의 결혼식 전날 밤, 숙정이 갑작스레 여옥을 찾아온다. 그녀는 인화와의 약혼을 파기하고 일도를 찾아 떠난다며 여옥을 데려간다. 여옥은 숙정의 적극적인 행동에 감격한다. 한편 일도는 출근하는 길에 숙정에게 축전을 치겠다고 생각한다.

먼동이 틀때 (1)
作 李無影
畵 李靑駒

**[참고]** 연재 지면에 '먼동이 틀 때 作 李無影'이라고 표기되어 있다. 《동아일보》 1935년 8월 4일 연재 예고에는 1935년 8월 5일부터 연재를 시작한다고 되어 있으나, 실제 연재 시작은 8월 6일이다. 《동아일보》 연재 후 1939년 『영창서관 명작전집』 1권으로 간행되었다는 기록이 있으나, 현재 확인할 수 없다. 중심인물 일도는 지식인의 역할에 대해 고민하는 청년으로 설정되어 있지만, 지식인의 사회적 역할이나 활동에 대한 서술은 미미하다. 작품의 중심을 이루는 사건은 다섯 명의 청년 남녀가 벌이는 애정 갈등에 있어, 통속적 요소가 다분한 소설이다.

## 명랑한 전망/明朗한展望 : 박태원. 매일신보1938.4.5-5.21(30회 완).

**【내용】** 희재와 혜경은 약혼한 사이이다. 혜경은 자유연애를 신봉하는 개방적인 여성이다. 그녀는 희재와 만나기로 약속한 날 아무런 연락 없이 난봉꾼 김영호와 온천 여행을 떠난다. 뒤늦게 이 사실을 안 희재는 충격과 분노로 혜경에게 파혼을 선언하고, 만취한 상태에서 평소 자신을 연모하던 카페 여급 애자와 정사를 벌인다. 애자가 임신을 하자, 희재는 갈등하다가 그녀와 동거한다. 혜경은 영호와 결혼하나 시골에 영호의 처자가 있다는 사실이 밝혀지면서 곧 파경을 맞는다. 희재는 실직을 당하고 퇴직금으로 궁핍하게 살면서 취직을 시도하지만 번번이 실패한다. 애자는 다시 카페 여급으로 나간다. 희재의 부친은 희재와 애자를 헤어지게 할 목적으로 혜경의 부친에게 아들의 취직을 부탁하고, 애자는 위자료를 받은 후 희재와 헤어진다. 희재와 혜경은 재결합하여 경제적, 사회적 안정을 보장받는다.

明朗한展望

**【참고】** 제목 앞에 '短篇小說'이라고 표기되어 있다. 이 소설은 자유분방한 여주인공 혜경과 혜경의 약혼자인 희재의 애정 성취를 둘러싼 시련과 갈등을 주된 내용으로 하고 있다.

## 명암/明暗 : 현경준. 조선일보1935.4.17-5.5(15회 완).

**【내용】** 김 좌수의 집안은 한때 명문가였으나 갈수록 가세가 기운다. 일본 유학을 미친 큰아들 진규는 방탕한 생활에 빠져 있고, 진규를 못마땅해 하는 동생 성규는 함부로 주먹을 휘두르며 싸움을 일삼는다. 셋째 관규는 사회운동을 하다가 옥살이를 한 적이 있다. 딸 순옥은 제지공장에 취직해 기술을 배우기로 결심하고 집을 나간다. 관규는 서울에서 여학교를 다니는 경숙과 가깝게 지내는데, 그녀는 소문난 재력가 박 서방의 외동딸이다. 김 좌수는 몰락해 가는 가문을 일으키기 위해 관규와 경숙을 혼인시키기로 마음먹는다. 관규는 부친의 마음을 이해하면서도, 결혼은 타의가 아닌 자신의 신념으로 결정해야 할 사안이라고 생각하고, 경숙을 통해 안정적인 생활을 보장 받기를 포기한다. 경숙은 순옥을 만나러 떠나는 관규를 찾아와 그에게 여비를 건넨다.

**【참고】** 단편 분량의 작품이다. 작품 속에 등장하는 세 아들 중에서 사회운동에 대한 의지를 품고 있는 관규를 중심으로 서사가 진행된다. 소신을 중요하게 여기는 관규와 자신의 신념을 실천에 옮긴 누이동생을 통해 현실 개척의 의지와 그 가능성을 보여 주고 있다.

(中篇小說)

明暗譜 (二)

嚴興燮

崔根培 畫

## 명암보/明暗譜 : 엄흥섭. 조광1938.3-8(6회 완).

**【내용】** H학원의 교사인 김영세와 채선혜는 서로 사랑하는 사이다. 두 사람은 H학원 수업 이외에도 야학을 하며 성실한 교육자로 살아간다. 영세는 사환 문 서방의 도움을 받으면서 숙직실에서 숙식을 해결한다. 그는 아이들의 환경과 개성을 중시하는 교육의 필요성을 느끼며, 실제 생활에 도움이 되는 강의를 하기 위해 노력한다. H학원의 박 원장은 교육보다는 물질적인 이익을 중시하는 인물로, 그는 미두와 중석광으로 졸부가 된 홍철진을 회유하여 거액의 기부를 종용한다. 철진은 동경대학을 졸업한 청년 실업가이다. 한편, 철진이 채 선생을 마음에 두고 있음을 눈치챈 박 원장은 채 선생을 위기에 빠뜨려 철진으로 하여금 그녀를 겁간하도록 이끈다. 이렇게 홍철진과 박 원장의 간계에 넘어간 채 선생은 영세와의 관계에도 회의하기 시작하면서 학교를 그만두기로 결심한다. 박 원장의 간계로 영세와 문 서방은 학원 신축과 동시에 학교에서 쫓겨나 서울로 향한다.

**【참고】** 《조광》 1936년 11월호부터 1937년 2월호까지 연재되었던 「정열기」의 속편이다. 이 두 작품이 합쳐져 단행본 『정열기』로 발행되었다. 1950년 한성도서에서 간행된 단행본에서는 채선혜의 이름이 채영으로 바뀌었다. 마지막 회 말미에 다음과 같은 부기가 있다. "이것으로써 작년에 본지에 발표한 「정열기」의 제2부를 마칩니다." 투철한 사명의식을 가진 두 명의 선생이 속물적 인물들의 계략을 이겨 내지 못해 좌절하고 마는 당대의 현실을 투영하고 있는 작품이다.

## 명일/明日 : 최독견. 조선일보1932.11.23-1933.3.4(80회 미완).

**【내용】** 황해도 시골 출신인 영식과 복실은 고향을 떠나 상경한다. 이들의 고향 마을은 비옥한 농토로 이루어져 있으나, 마을 사람 대부분은 소작농이어서 가난을 면치 못하는 신세이기 때문이다. 두 사람은 서울에서 부부처럼 서로를 의지하며 살아간다. 영식이 취직하지 못하여 생활고를 겪자, 복실이 부잣집의 식모로 들어간다. 그녀는 뛰어난 미모를 지니고 있어 병찬이라는 청년의 사랑을 받는다. 병찬은 그녀에게 고가의 시계를 선물하고, 복실은 영식과 병찬 사이에서 갈등한다. 한편 영식은 신철이라는 인물을 알게 된 뒤, 무명회라는 조직에 들어간다. 무명회는 시대에 부응하는 사상을 키우는 조직이다.

**【참고】** 연재 지면에 '明日 崔獨鵑 作'이라고 표기되어 있다. 영식과 복실이라는 소년소녀가 상경한 뒤 여러 사건을 겪으며 현실을 깨달아 가는, 일종의 성장소설적 구조를 가지고 있다. 《조선일보》는 1933년 3월 5일부터 3월 14일까지 결호이며, 3월15일 이후 발행 지면에는 작품이 연재되지 않았다. 이후 다른 지면 혹은 단행본을 통해 완결되었다는 기록도 찾을 수 없다.

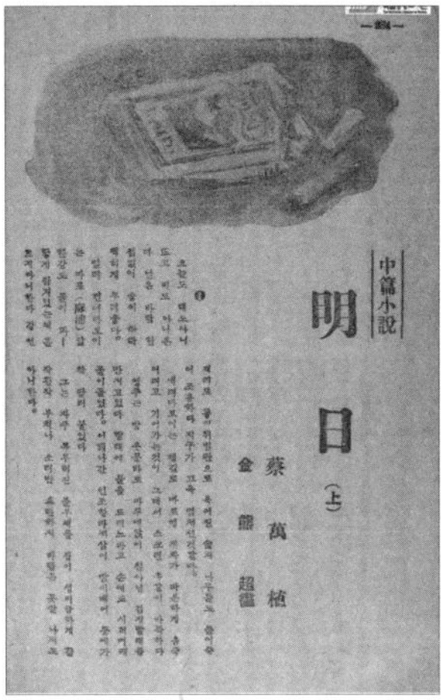

中篇小說

明日 (上)

蔡萬植

# 명일/明日 : 채만식. 조광1936.10-12(3회 완).

**【내용】** 범수는 대학을 졸업한 인텔리지만 실직 상태이다. 아내 영주 역시 고등보통학교를 졸업했지만, 생계를 잇기 위해 남의 눈치를 보아 가며 삯바느질을 하는 형편이다. 범수는 현재의 사회에서는 학문을 익혀 봐야 쓸 데가 없다고 판단하고 자식들을 기술자로 만들려 한다. 반면 영주는 고등 교육을 받아야 그나마 돈벌이를 하고 살 수 있다고 주장하며, 자기 남편이 대학을 졸업하고도 무위도식하는 이유는 성미가 유별나 세상에 융화되지 못했기 때문이라 여긴다. 범수는 아내가 끼니 걱정을 하는 것을 보고 거리로 나선다. 그는 거리를 배회하다 도둑질이라도 해야겠다고 생각하지만, 번번이 망설이다 실행에 옮기지 못한다. 그는 집으로 돌아오는 길에 자동차 서비스 공장을 운영하는 지인을 찾아가 자기 맏아들을 맡아 기술을 가르쳐 달라고 부탁해 둔다. 그가 외출한 사이, 아들 형제가 배고픔을 참지 못하고 두부 한 모를 훔쳐먹어 큰 소란이 일어난다. 범수는 귀가한 후 이 사실을 알고 '제 아비보다는 낫다'고 자조한다. 다음날, 아내는 둘째 아들을 학교에 입학시킨다. 범수는 맏아들을 자동차 공장에 데려가며 누구 방침이 옳은지 두고 보자고 생각한다.

**【참고】** 연재 지면에 '中篇小說 明日 蔡萬植'이라고 표기되어 있다. 상, 중, 하로 나누어 연재했다. 일제 식민치하에서 설 자리를 잃은 식민지 지식인의 자조적 모습을 통해 식민지 사회에 대한 비판을 담아낸 작품이다.

# 명일의 포도/明日의鋪道 : 이무영. 동아일보1937.6.3-12.25(145회 완) ; 영창서관·삼문사1938.

**【내용】** 이종구와 김낙중은 모종의 운동을 함께 하다 붙잡혀 사형에 처해진다. 죽기 전, 두 사람은 아이들이 태어나면 의형제 또는 부부의 연을 맺어 주자고 약속한다. 종구의 아들 건혁과 낙중의 아들 일구는 의형제를 맺고, 청년이 되어 어떤 일을 함께 계획한다. 그러나 도중에 발각되어 둘 다 징역에 처해진다. 세월이 흐르고, 건혁은 신념을 고수한 채 만신창이로 가석방된다. 반면 일구는 건혁을 배신하고 친일 분자가 되어 큰 재산을 모은 지 오래이다. 건혁은 끝내 아내와 딸 영주를 남긴 채 세상을 뜬다. 영주는 부친을 따르고 보살폈던 상훈이

長篇小說

明日의 鋪道

란 청년과 연인 사이가 된다. 그런데 건혁의 유서를 통해 옛날 건혁과 일구가 자식들을 정혼시켰다는 사실이 밝혀진다. 일구의 아들 한승이 영주를 찾아오자, 그녀는 상훈에 대한 사랑과 한승에 대한 의리 사이에서 고민한다. 상훈은 재산가의 아들인 한승과 결혼하는 것이 영주에게 더 나으리라 판단하고, 그녀를 설득해 한승과 함께 일본에 유학 가도록 한다. 영주가 집을 떠나 있는 동안, 일구가 영주의 모친을 찾아온다. 그는 애욕밖에 모르는 자로, 영주 모친을 겁탈한다. 이 일로 영주의 모친은 자결한다. 이 사실을 알게 된 한승은 부친 대신 용서를 비는 한편, 영주를 사랑하는 자신의 마음을 접고 그녀의 후견인이 되어 상훈과 영주를 맺어 준다.

**【참고】** 연재 지면에 '長篇小說 明日의鋪道 李無影 作'이라 표기되어 있다. 중심인물들의 조부와 부친이 모종의 운동을 함께한 동지로 설정되어 있으나, 이는 단지 인물의 가족 사항을 설명하는 데 그칠 뿐으로, 당대의 사회상이나 현실 문제와는 아무런 연관이 없다. 삼대에 걸친 인연의 중첩과 세 젊은이들의 애정 갈등을 장황하게 서술한, 통속성 강한 작품이다.

## 모란꽃 필 때/모란꼿필때 : 염상섭. 매일신보1934.2.1–7.8(153회 완) ; 한성도서1948.

**【내용】** 여학교에 다니고 있는 박신성은 부유한 상인의 딸이다. 그녀는 진영식이란 청년과 약혼한 사이이다. 영식의 부친은 신성 부친의 포목점 점원으로 시작하여 자수성가한 부자이다. 영식의 집안이 신흥 부자가 된 데 반해, 신성의 부친은 파산한다. 그러자 영식과 그의 가족들은 신성과의 혼인을 꺼린다. 그러던 어느 날, 영식은 김진호라는 청년 화가가 신성을 짝사랑하여 보낸 편지를 발견하고, 신성을 의심한다. 신성의 외사촌오빠 원석이 오해를 풀려 노력하지만 수포로 돌아간다. 결국 신성과 영식은 파혼한다. 그 후 영식은 세력가의 딸이자 신성의 동창인 문자와 동경에 살림을 차린다. 문자는 일본 귀족 아버지와 조선인 모친 사이에서 태어난 여성으로, 아름다운 외모와 부유한 집안을 이용하여 사치와 방탕을 일삼는다. 문자의 이러한 태도 때문에 영식과 문자는 불화를 겪는다. 한편 신성은 장학금을 얻어 동경의 고등사범에 입학한다. 유학 도중 부친이 사망하나, 그녀는 손수 학비를 벌어 가며 공부를 계속한다. 신성의 처지를 알게 된 진호는 자신의 스승 방천추수 화백을 그녀에게 소개하고, 화백의 도움으로 그녀는 일본 청년 미우라의 집에 가정교사로 들어간다. 신성은 미우라의 집에서 문자와 영식을 우연히 만난다. 미우라가 신성을 연모하자 문자는 이를

모란꼿필때

질투하여 그녀를 중상모략한다. 방천추수 화백은 아메리카니즘과 오리엔탈리즘을 상징하는 모델로 문자와 신성을 각각 선정하고 둘의 초상을 그려 전람회에 출품한다. 진호 역시 전람회에 작품을 내어 특선에 선정된다. 진호는 시상식에 참여하기 위해 일본으로 와, 신성을 찾아간다. 문자의 방해에도 불구하고 두 사람은 약혼하고, 함께 공부를 계속하기로 한다. 영식은 자신이 그동안 신성을 오해했음을 깨닫고, 사죄의 의미로 그녀의 초상을 사서 진호에게 선물로 남기고 떠난다.

**【참고】** 연재 지면에 '모란꽃 필 때 廉想涉 作'이라고 표기되어 있다. 물질적 조건과 오해, 중상모략 등으로 인한 남녀간의 결합과 이별을 다루고 있는 통속적 성격이 강한 소설이다. 이 작품에서 문자와 신성은 각기 아메리카니즘과 오리엔탈리즘을 대표하는 인물로 표현된다. 일본 혼혈인인 문자는 서구적 근대화의 부정적 측면을 대표하는 인물로 묘사되며, 조선인인 신성은 이와 대비되는 동양적 미덕, 순종과 순결을 대표하는 여성으로 그려진다. 이러한 대비는 조선 민족의 정체성을 찾으려는 시도로 이해되기도 하지만, 한편으로는 민족적 정체성을 수동성과 나약함으로 묘사하여 일제 식민주의 논리인 오리엔탈리즘에 포섭될 위험을 지닌 것이라고 비판받기도 한다.

## 모색/摸索 : 한설야. 인문평론1940.3.

**【내용】** 소설가 남식은 결단력이 없는 나약한 성격의 소유자이다. 그래서 늘 자신과 반대인 다부진 성격의 아내를 부러워한다. 그는 항상 무시당하거나 따돌림당할 때마다 자책을 한다. 하지만 벌써 생활의 흥미와 긴장을 잃어버린 탓에 매사가 피곤하기만 하다. 남식은 오늘 아침도 모진 아내의 잔소리를 들으며 일찍 집을 나선다. 그는 딱히 갈 곳이 없는 길 위에서 어린 후진들에 밀려 아직도 신문이나 잡지의 조그만 이름들 틈에 박혀 글을 쓰는 자신의 처지를 생각하고 부끄러움을 느낀다. 그는 길에서 한때 절친했던 K군을 만나지만 먼저 못 본 척 고개를 돌리고 저편 길가로 지나쳐 버린다. K를 지나친 남식은 영화관으로 향한다. 그런데, 마침 공휴일인 데다가 입장료가 싸서 그런지 극장 안에는 관객들이 만원이다. 얼마 뒤 그는 누군지도 모르는 사람에게 잔등이를 짓눌리며 시달리다 결국 영화가 끝나기도 전에 먼저 나와 버린다. C잡지사에 들렀다가 집으로 돌아오니 아내가 매우 만족한 얼굴로 반긴다. 원고료 이십 원이 우편으로 와 있었던 것이다. 이튿날 남식은 우편국에 가서 돈을 찾아가지고 아내와 함께 값싸고 좋은 물건이 많기로 유명한 H부 공급소에 간다. 그런데 그만 그곳에서 홀대가 심한 직원과 아내 간의 싸움이 발생한다. 아내는 고래고래 소리를 지르지만, 그는 한마디 거들지 못하고 그냥 있을 뿐이다. 남식은 아내와 귀가하면서 사람이 산다는 게 얼마나 어려운 일인가를 다시금 생각한다.

**【참고】** 수록 지면에 '摸索 韓雪野' 라고 표기되어 있다. 작중인물을 둘러싼 현실세계의 문제보다는 주인공 남식의 생활과 성격, 이에 대비되는 아내의 대찬 성격이 중심 이야기를 이루고 있다. 한설야가 전향 후 쓰기 시작한 신변소설로 평가되는 작품이다.

蒙喪錄 (一)
金東仁

## 몽상록/蒙喪錄 : 김동인. 조선중앙일보1934.11.5-12.16(18회 완).

**【내용】** 평양 출신 소설가인 '나'는 방탕한 생활과 파산으로 인하여 어머니의 재산을 축내게 한 바 있다. '나'는 분가하여 서울에 살면서, 돈을 벌어 생활이 안정되면 어머니를 편안히 모시겠다고 생각하지만 실천에 옮길 날은 멀기만 하다. 그러던 어느 날 평양에 있는 어머니가 위독하다는 전보가 온다. '나'는 평양으로 내려가 정성껏 어머니를 간호한다. 병상의 어머니는 정신이 혼미한 와중에도 '나'의 집안 형편이 어려운 것을 짐작하고 돈과 금가락지를 내어 주려 한다. 어머니의 병세에는 별다른 변화가 없이 수 일이 흐른다. 그러던 중 어머니의 주치의가 서양 여자로 바뀌고, 치료 방법도 달라진다. 그런데 '나'가 알아본 바 달라진 치료 방식은 어머니에게 적합하지 않은 것이다. '나'는 주치의의 무지한 처방에 화를 내지만 당장 병원을 옮길 수도 없어 고민할 뿐이다. 결국 무리한 주사제 처방이 원인이 되어, 어머니는 '나'에게 금가락지를 주라는 말을 남기고 세상을 떠난다. 수년이 흐른 후, '나'는 어머니를 떠올리며, 잘 모시고 싶어도 더 이상 그럴 수 없다는 사실에 슬퍼한다.

**【참고】** 연재 지면에 '蒙喪錄 金東仁' 이라 표기되어 있다. 작가의 자전적 체험이 반영된 소설이다. 이 소설에서 어머니는 자식에 대한 자기희생의 표상으로 묘사되고 있다.

## 몽중록/夢中錄

**다몽생. 조선중앙일보1947.12.10-1948.2.15(51회 완) ; 조선중앙일보사출판부1948(123면).**

**【내용】** '나'는 세계 곳곳을 다니면서 역사적 인물을 만나기도 하고, 주변 사람들과 그들에 관해 평가를 나눈다. 천국과 지옥세계를 경험하면서 '나'는 세계의 혁명가들을 여러 모로 생각해 본다.

**【참고】** 사회주의 운동가이자 좌익 정치가인 온낙중(溫樂中)이 '多夢生' 이라는 필명으로 《조선중앙일보》에 연재한 작품이다. 연재가 끝난 후 곧바로 조선중앙일보사출판부에서 단행본으로 출간되었다. 단행본에는 저자가 '온낙중' 으로 표기되어 있다. 신문 연재 시 내용에 따라 소제목이 붙어 있었는데 단행본에서도 이 소제목이 그대로 목차가 되고 있다. 목차는 다음과 같다. "意外에 汪精衛와 會

見/히틀러의 消息/忠武公을 뵈옵고/李完用 面會記/寸鬼의 邂逅/鄭壽童老人과 同行/航時機上의 朝鮮/루즈벨트 大統領과 會見/루 大統領의 路線/뉴띨의 世界化/天道는 無私/또다시 地獄 求景/天國의 壯景/네 사람의 愛國論/金玉均 先生과 會見.” 작가가 생각하는 역사적 인물에 대한 내용이 소설적 형식을 빌려 나열되고 있어 순수 창작이라기보다는 정치평론에 가까운 작품이다. 고려대 도서관 소장 조선중앙일보사출판부본을 텍스트로 내용을 정리했다.

## 묘지/墓地 : 염상섭. 신생활1922.7-8(2회 미완).

**【내용】**「만세전」 참조.

**【참고】** 1922년 《신생활》에 연재를 시작하였으나, 2회 연재 후 3회는 검열에 의해 삭제당했다. 이로 인해 《신생활》이 폐간되자, 1924년 《시대일보》로 옮겨 ‘만세전’이라는 제목으로 개제 후 다시 연재하였다. 1948년 수선사에서 출간한 단행본 『만세전』을 통해 개작이 이루어진 바 있다.

## 무궁화/無窮花 : 월파. 중앙출판사1949.

**【내용】** 호조 판서를 역임한 김 판서는 자신의 딸을 리 승지의 아들과 정혼시킨다. 리 승지가 죽자 그의 아들 긔호는 김 판서의 도움으로 공부하여 동경 명치대학 의과를 졸업하고 김 판서의 딸 송자와 결혼한다. 결혼 후 얼마 되지 않아 김 판서 내외와 긔호의 모친은 병마로 죽는다. 송자는 아들 샹진을 낳지만, 긔호는 기생 월랑에 빠져 집안을 등한시한다. 연정을 담은 편지가 송자에게 우송되자 긔호는 그것을 빌미로 송자를 집에서 내쫓는다. 송자는 낙심하여 자살을 결심하나 예전 유모에게 발견되어 유모와 함께 지낸다. 그녀는 이종사촌 류종렬을 만나 강릉에 내려가 산다. 송자를 쫓아

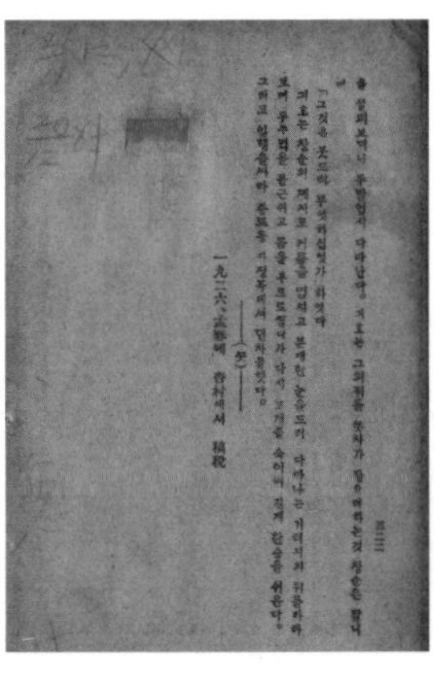

낸 긔호는 월랑을 집안으로 들인다. 송자에게 연서를 보냈던 정상오는 자신의 공을 내세워 월랑에게 돈을 뜯어내고, 급기야 긔호마저 내쫓고 월랑과 함께 살 궁리를 한다. 상오의 계략으로 긔호는 칠 년 징역을 살고, 상오는 월랑과 함께 긔호의 재산을 탈취하여 도망한다. 송자는 낙산사에서 다시 자살을 시도하나 어느 승려에게 구조된다. 그 승려는 송자

의 조카 안창순이다. 그는 월랑에게 박대당하는 샹진을 데리고 집을 나와 부호 한긔정 집 문 앞에 두고, 자신은 승려가 되어 떠돌고 있는 중이다. 송자는 자신도 승려가 되어 창순과 함께 아들 샹진을 찾으러 다니기로 한다. 샹진은 한긔정의 아들이 되어 동경 명치대학 문과를 졸업하고 유학 중 만난 류종렬의 딸 정애와 결혼한다. 그는 금강산 신혼여행에서 송자와 창순을 만나 모든 사실을 전해 듣는다. 그들은 함께 서울로 돌아와 긔호를 만난다. 송자는 자신의 죄를 뉘우치고 떠돌이 약장수로 살고 있는 긔호를 용서한다.

**【참고】**월파는 김상용의 호이다. 표지에 '悲戀活劇'이라고 표기되어 있다. 작품 말미에 '一九二六 孟春에 漢陽杏村에서 月波 識'이라고 적혀 있어, 창작 시기를 짐작할 수 있다. 작가는 '小叙'에서 서로 진심을 모르고 외적 조건만 보고 결혼하는 당대의 풍속을 비판하면서, 부부간의 화목과 가정에 도움이 되기를 바라는 마음으로 이 작품을 창작했다고 밝히고 있다. 사건 서술 시간의 역전이 없으며, 세태와 인정에 관한 편집자적 논평이 빈번하게 삽입된다. 국립중앙도서관 소장본은 154면 이후로 유실되어 결말을 알 수 없다. 1934년 박문서관에서 출간된 『청춘의 화몽(靑春의花夢)』과 동일작이다. 『청춘의 화몽』은 전체 322면이다. 「청춘의 화몽」의 작가는 '月坡'로 표기되어 있어 「무궁화」의 작가 '月波'와 표기상 차이를 보인다.

## 무기 없는 민족/武器없는民族 : 김송. 백민문화사1947.

**【내용】** 미확인 작품.

**【참고】**《백민》 1947년 1월호 신간 광고에 '중편소설'로 소개되어 있다. "三十六年 동안 우리 民族은 日帝의 총칼에 압박을 받으면서도 항상 獨立을 念願했으며, 그럴 때마다 武器 없는 民族의 悲哀가 가슴속에 사모쳤다"라고 서술되어 있다.

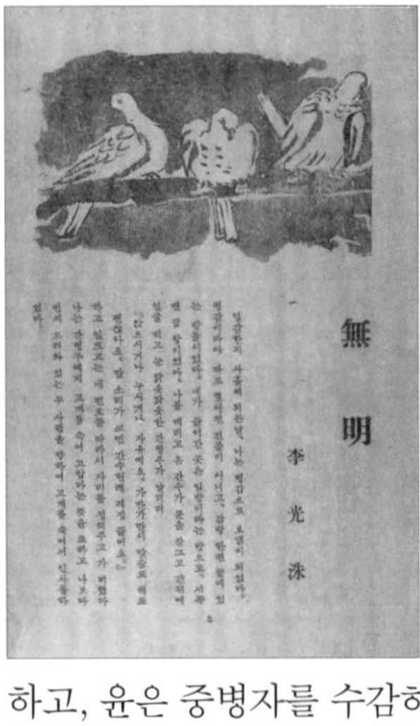


## 무명/無明 : 이광수. 문장1939.2.

**【내용】** '나'는 수감된 지 사흘째 되던 날 병감으로 옮겨진다. 그곳에는 윤과 민이라는 수감자가 있다. 이 둘은 '나'가 차입해 먹는 사식을 탐내어 비굴하게 군다. 윤이 식탐 때문에 건강을 해치자, '나'는 사식을 중단한다. 윤은 늘 민을 못살게 군다. 어느 날 민이 다른 감방으로 가고 정이라는 사내가 대신 들어온다. 정은 간병부에게 떡을 뇌물로 바치는데, 윤이 이를 못마땅하게 여겨 방해한다. 이 일로 윤과 정은 앙숙이 된다. '나'와 윤, 정은 감방을 옮기고, 거기서 다시 민을 만난다. 윤과 정은 강이라는 수감자를 만난 후 기가 죽는다. 얼마 후 민은 병보석으로 출감하고, 윤은 중병자를 수감하는 독방으로 옮겨간다. 이십 일쯤 후 '나'는 감옥 마당에서 윤을

만난다. 병색이 짙어진 윤은 염불을 외면 사후에 극락으로 가느냐고 묻는다. '나'는 그를 위해 그렇다고 대답해 준다. 시간이 흘러 출옥한 '나'는 윤과 민은 죽고, 강은 목수가 되었으며, 정은 병이 악화되었다는 이야기를 간병부에게 듣는다.

**【참고】** 연재 지면에 '無明 李光洙'라고 표기되어 있다. 중편 전재로, 이광수가 수양동우회 사건 이후 처음으로 발표한 작품이다. 작가가 병상에서 구술한 것을 박정호가 받아쓴 것이라고 한다. 창작 당시의 제목은 '박복한 무리들'이었으나, 《문장》 창간호에 발표될 때 이광수 자신이 '무명'으로 고쳤다. 후에 김사량이 일어로 번역하여, 동경에서 제정된 제1회 조선예술상을 수상하기도 했다. 작중 서술자인 '나'가 관찰한 여러 수감자를 통해 인간의 이기심과 탐욕을 치밀하고 사실적으로 묘사하고 있다. 서술자 '나'는 작가의 자전적 모습을 반영하고 있지만, 초기의 이광수 소설과 달리 계몽적 성격을 직접 드러내기보다는 다른 인물들의 언행을 세심히 관찰하고 전달하고 있다. 계몽의식을 생경하게 전면에 드러내는 단점을 극복하고 사실성을 높였으며 인간 본질을 묘사하는 데 근접했다는 점 때문에 이광수의 작품 중에서 문학적 완성도가 뛰어나다고 평가된다.

無名氏傳
A의 略歷 (一)

## 무명씨전/無名氏傳 : 이광수. 동광1931.3-6(4회 미완).

**【내용】** A는 탐관오리의 전횡에 분개하여 일본으로 건너가 육군사관학교에 입학한다. 그곳에서 권력자들에게 억울한 일을 당한 동료들을 만나면서, 그는 천하를 경륜할 큰 뜻을 품는다. 그는 졸업 후 일로전쟁에 참여하여 일본군의 '충용'을 배우고자 한다. 세월이 흘러 A는 귀국하여 '효충회'를 조직하고 신진 무관을 중심으로 한 혁명을 계획하다. 그러나 갑작스럽게 군대가 해산된다. 분개한 효충회 회원들은 총리대신을 만나 군대 해산에 대해 항의한다.

**【참고】** 연제 지면에 '無名氏傳 A氏 略歷 春園'이라 표기되어 있다. 추정 이갑의 생애를 모델로 한 작품이다. 이갑은 도산 안창호와 함께 활동했던 사람으로, 이광수는 청년 시절 외국에 체류 중인 이갑을 만난 적이 있으며, 장편 「유정」에도 그를 등장시켰다. 본래 이 작품은 이갑의 전기적 사실을 중심으로 하여 연재할 계획이었으나 4회 연재 후 당국의 저지로 중단되었다.

## 무명조의 노래/無名鳥의노래 : 방춘해. 기독신보1932.10.26-1933.7.19(37회 미완).

**【내용】** K는 등산을 하던 중 박광호라는 소년을 알게 된다. 광호는 출판사를 운영하는 K에게 자신의 경험을 쓴 것이라며 단편소설을 건넨다. '무명조의 노래'라는 이름의 소설 내용은 이렇다. 술장사를 하는 어머니와 노름꾼 아버지를 둔 '나'는 누나를 의지하며 생활한다. 어느 날 어머니가 병으로 돌아가사 아버지는 누나를 기생집에 팔아 버린다. '나'는 누나와 중국으로 도망갈 것을 결심하고 어렵사리 돈을 구해 만주로 향한다. 만주에 도착한 '나'와 누나는 여관에서 생활하지만 살 길이 막막하다. 그러던 어느 날 누나는 잠깐 다녀올 데가 있다며 외

출하여 돌아오지 않는다. 몇 달 후 '나'는 누나의 편지를 받고 기생집을 찾아가 누나를 만난다. 알고 보니 누나는 여관 주인에게 속아 기생으로 팔려 가서 '무명조'라는 이름으로 노래를 부르고 있었던 것이다. 때마침 기생집에 살인 사건이 일어나고 혼란한 틈을 타 '나'와 누나는 그곳에서 빠져나온다. 하지만 누나는 곧 순사에게 붙잡히고 '나'는 홀로 밤거리를 헤맨다. 소설 '무명조의 노래'는 여기에서 끝난다. K가 후일담을 묻자 광호는 K를 자신의 집으로 데려간다. 그곳에는 독실한 기독교인이 된 광호의 부친이 있다. 광호의 부친은 자식들이 집을 나간 후 폐인으로 살다가 기독교를 만나 참회하고 새사람이 되었다는 말을 한다. 광호 또한 만주에서 방황하다 조선으로 돌아와 아버지를 만나고 전도받아 기독교인이 된다. 공장에 취직하여 열심히 살아가던 광호는 공장업주가 노동자들의 돈을 가로챈 후 부도를 내려 한다는 사실을 알고 어떻게 해야 할지 고민에 빠진다.

**【참고】** 방인근이 '방춘해(方春海)' 라는 필명으로 연재하였다. 방인근의 장편소설 「혁명」이 연재 중단된 후 곧바로 이 작품이 연재되었다. 1회 본문 말미에 「혁명」의 연재 중단을 알리는 내용과 함께 다음과 같은 작가의 말이 실려 있다. "그동안 변변치 아니한 「革命」을 애독하여 주신 것을 감사합니다. 그러나 이번 부득이한 사정으로 갑자기 중지하게 된 것을 미안하게 생각합니다. 그 부득이라는 사정은 여기에 말하고 십지 아니합니다. 이번 「無名鳥의 노래」라는 단편소설을 대신 실게 되엿습니다. 앞으로는 두달 혹은 석달에 끝마추는 단편소설이나 외국의 짤막한 종교소설을 번역하여 실리려고 합니다." '단편소설' 이라고 언급하고 있지만 분량으로 보아 중편에 해당한다. 액자소설의 형식을 취하고 있다. 연재 도중 남주인공의 이름이 '영찬' 에서 '광호' 로, 남주인공 누나의 이름이 '정숙' 에서 '명주' 로 바뀌었다. 37회를 끝으로 미완인 상태에서 연재가 중단되었는데 중단 이유를 알 수 없다.

## 무사/無邪 : 이무영. 민성1948.5.

**【내용】** 박사 할아버지는 민촌의 「쥐 이야기」에 나오는 어미 쥐의 일백팔대손이다. 그는 노환으로 임종이 가까워오자 자손들을 모아놓고 가문의 내력을 이야기한다. 그의 집안은 대대로 의협심 강한 서족(鼠族)으로, 조상 하나가 수돌이라는 소작인 집안을 돌보기 시작하면서 인연이 시작된다. 수돌은 소작인을 착취하는 지주와 대립하고 공출에 반대하다 검거될 위기에 처하자 쥐들의 도움으로 도망친다. 이후 수돌의 행방은 묘연하다. 박사 할아버지는 자손들에게 앞으로도 수돌네를 돌보라 당부한다. 이후 일본이 항복하자 수돌은 집으로 돌아온다. 쥐 가문은 수돌의 원수를 갚은 것과 조선이 해방된 것, 수돌이 돌아온 것을 조상께 고하는 제사를 지낸다. 박사 할아버지는 반가운 마음에 수돌을 보러 간다. 그는 감격을 억누르지 못하고 수돌 앞에 뛰어나가지만, 그의 마음을 알 리 없는 수돌은 그를 잡아 버린다.

**【참고】** 연재 지면에 '李無影 作 全載中篇 無邪'라 표기되어 있다. 작중인물을 이기영의 「쥐이야기」에 등장하는 쥐의 후손으로 설정하고, 쥐들이 겪은 사건 역시 「쥐 이야기」와 관련지어 놓았다. 쥐의 말을 빌려 소작인을 착취하는 지주를 비판하고 조선이 일본의 식민지가 된 이유를 분석하는 등, 현실 비판적 성격이 강한 작품이다.

## 무엇이 그 여자를 그렇게 만들었나/무엇이그여자를그럿케맨들엇나?

**박루월(서지불명).**

**【내용】** 미확인 작품.

**【참고】** 박루월(朴淚月)의 영화소설이다. 《영화시대》 1932년 2월호 광고에 다음과 같이 소개되었다. "이것은 푸로레타리아의 한 女子가 無數한 運命에 시달이여서 那終에는 고만 放火를 犯하기까지에 일은 經路를 克明히 描寫한 로맨쓰다. 조선의 無產靑年男女아! 全 푸로레타리아에 課한 重大한 問題를 惹起한 이 巨篇을 읽으라." 현재 작품에 관한 구체적 정보와 실체를 확인할 수 없다.

## 무영탑/無影塔 : 현진건. 동아일보1938.7.20-1939.2.7(164회 완).

**【내용】** 신라 경덕왕 시절, 나라에서는 불국사를 건축하면서 석탑을 세우려 한다. 이 석탑을 맡을 자로 부여의 아사달이 선발된다. 그는 스승의 딸이자 아내인 아사녀를 홀로 남겨 둔 채 서라벌로 온다. 열심히 탑을 조각하던 아사달은 어느 날 밤 탑돌이를 하다 주만이라는 여성을 만난다. 주만은 귀족의 딸인 데다 용모가 아름다워 귀족 청년 금성의 구애를 받지만 아사달의 재주와 인품에 반해 금성을 거들떠보지도 않는다. 주만의 부친은 사치스럽고 방탕한 데다 사대주의에 물든 금성을 못마땅하게 여기고, 당에 대항하여 신라 국선도의 부흥을 꿈꾸는 경신이라는 귀족 청년을 딸의 약혼자로 정한다. 그러나 아사달을 사랑하는 주만의 마음은 변치 않는다. 아사달을 질투한 금성은 아사달을 괴롭히지만 경신에게 크게 혼이 난다. 주만은 자신의 진심을 경신에게 고백하고, 경신은 그녀의 마음을 이해하여 남몰래 파혼해 준다. 한편 홀로 남은 아사녀에게 부친의 제자이자 아사달의 경쟁자였던 팽개가 접근한다. 그는 아사달이 신라 귀족 여성과 결혼했다고 거짓말하며 자신과 결혼하자고 행패를 부린다. 신변의 위협을 느낀 아사녀는 남편을 찾아 서라벌로 떠난다. 온갖 위험을 극복하고

無影塔

서라벌에 도착한 그녀는 탑이 완성될 때까지 남편을 만날 수 없다는 말을 듣고, 무작정 남편을 기다린다. 지쳐 쓰러진 그녀는 콩콩할멈에게 구조되지만, 뚜쟁이인 콩콩할멈은 아사녀를 매음굴에 팔려 한다. 아사녀는 콩콩할멈을 피해 도망치던 중 주만 일행과 마주친다. 그녀는 아사달을 사모한다는 주만의 말을 우연히 듣고는 아사달이 신라 귀족의 딸과 결혼한 것이 사실이라 믿고 상심하여 연못에 투신한다. 아사녀가 죽은 시각, 아사달은 마침내 탑의 조각을 마친다. 그는 아내가 기다리는 부여로 돌아가려 하지만, 아내가 이미 죽었다는 소식을 듣는다. 한편 주만의 아버지는 금성의 고자질로 딸이 아사달과 함께 부여로 가려는 것을 알고 딸을 붙잡아 화형에 처한다. 경신은 그녀를 구출하지만 때가 늦어 주만은 죽는다. 주만이 죽었다는 소식을 들은 아사달은 아내와 주만의 모습을 떠올리며 불상을 조각한 후, 영지에 뛰어든다.

**【참고】** 연재 지면에 '無影塔 玄鎭健 作'이라 표기되어 있다. 이 소설은 1930년대 역사소설 창작이 활발했던 시기에 발표되었다. 일제의 탄압이 심해져 현실을 직접적으로 묘사하는 것이 어려워지자 작가들은 역사적 사실을 빌려 민족의 정체성을 찾는 작업에 몰두했고, 그 결과 역사소설에 관심을 가졌다. 「무영탑」 역시 이러한 시대적 영향 아래서 창작되었다. 이 작품은 '불국사의 석탑'이라는 문화재 창조에 얽힌 전설을 소설적으로 형상화하면서 한민족의 문화적 전통과 정신을 찾으려 했다는 평가를 받고 있다. 또한 문화와 역사 창조의 주체를 아사달이라는 평민으로 설정함으로써, 민중을 주체로 한 역사의식을 보여 주고 있다는 평가를 받고 있다. 『박문서관 역사소설전집』 3권으로 발행되었다는 기록이 있다.

## 무정/無情

**이광수. 매일신보1917.1.1-6.14(126회 완) ; 신문관 · 동양서원1918.7.20(623면, 초판), 1920.1.11(재판) ; 광익서관1922.2.20(559면, 3판) ; 광익서관 · 회동서관1922.5.5(4판), 1924.1.24(5판) ; 회동서관·흥문당서점1925.12.25(559면, 6판), 1934.8.30(7판) ; 박문서관1938.11.25(559면, 8판).**

**【내용】** 이형식은 경성학교 영어 교사이다. 그는 평안남도 안주 출생으로 어려서 부모를 잃고 전국을 떠돌다 박응진이라는 사람의 눈에 띄어, 그가 설립한 학교에서 신학문을 접한다. 박응진은 형식을 아껴 자신의 딸 영채와 맺어 주려 한다. 그러나 박응진의 집안은 풍비박산 나고, 형식은 다시 떠돌이가 되어 고학으로 학교를 마친 후 교사가 된다. 조선 청년 교육에 뜻을 두고 있는 그는 개화사상과 서양문물을 받아들일 것을 주장한다. 형식은 부호 김 장로의 딸 선형의 영어 과외 교습을 맡는다. 형식을 인품을 좋게 본 김 장로는 그를 사위로 삼아 딸과 함께 미국 유학을 보내려 한다. 형식이 미국 유학의 꿈이 들떠 있을 때 영채가 그를 찾아온다. 형식은 옛정과 영채의 미모에 마음이 흔들리지만, 영채가 부친을 구하기 위해 기생이 되었다는 사실을 알게 된다. 형식은 모든 조건을 완벽하게 갖춘 선형에 대한 선망과 은사의 딸이자 지난날 장래를 약속했던 영채와의 의무 사이에서 갈등한다. 어느 날 경성학교 학생들이 형식을 찾아와 배 학감을 몰아내기 위해 동맹휴학을 일으키게 된 것을 알린다. 평소에

학생들이 형식을 존경하는 것에 질투를 느끼던 배 학감은 형식이 학생들을 사주하여 동맹휴학이 일어났다는 오해를 한다. 이 와중에 형식은 배 학감이 영채에게 야욕을 품고 있음을 알게 된다. 영채를 만나기 위해 다방골로 간 형식은 영채가 배 학감과 부호 청년 김현수에 끌려간 것을 알고 친구 신우선과 경찰을 대동하여 다급하게 추적한다. 그러나 사건 현장에서 형식은 옷이 찢긴 채 피를 흘리고 있는 영채의 모습을 보고 절망한다. 영채는 자살을 결심하고 평양으로 간다. 형식은 영채의 유서를 보고 놀라 뒤쫓아 가지만 그녀를 만나지 못한다. 형식은 영채를 찾는 일을 단념하고 병욱을 따라가 음악과 무용 공부를 하며 자신을 위한 삶을 살기로 한다. 형식과 선형, 병욱과 영채는 각자 유학을 떠나던 도중 부산으로 가는 기차 안에서 마주친다. 그들이 어색한 동행을 하고 있을 때 갑자기 삼랑진에 홍수가 나서 기차가 멈춘다. 수많은 수재민이 발생한 것을 본 영채는 그들을 돕기 위한 음악회를 제안하고, 즉석에서 자선공연이 열린다. 이를 계기로 그들 간에 가로놓였던 갈등은 해소되고, 함께 모인 자리에서 모두가 조선의 장래에 보탬이 되는 일꾼이 되기를 다짐한다. 세월이 흘러 그들은 모두 훌륭히 공부를 마치고 귀국한다.

**【참고】** 연재 지면에 '無情 春園'이라고 표기되어 있다. 1917년 《매일신보》 연재 후 1918년 신문관, 동양서원에서 초판 단행본이 출간된 이래 지속적으로 출판되었다. 『무정』의 초판본은 그동안 소재 불명으로 알려져 왔으나, 한국현대문학관에 소장 중인 판본이 초판본이라는 견해가 있다. 현재 초판본은 복사본 형태로 존재한다. 이후 현전하는 가장 오래된 판본은 3판본으로서 남가주대학 도서관(University of Southern California의 East Asian Library)에 소장되어 있다. 이 판본은 1922년 2월 20일에 광익서관에서 발행하였으며 판권지에 1918년에 초판, 1920년에 재판을 발행했다는 사실이 기록되어 있다. 그리고 3판 발행 후 3개월여 만인 1922년 5월 5일에 발행된 4판본은 발행소가 광익서관·회동서관이며 동경외국어대학 도서관에 '私家本'의 형태로 소장되어 있다. 6판본은 1925년 12월 25일에 회동서관·흥문당서점에서 발행되었으며 역시 동경외국어대학 도서관이 원본을 소장하고 있다. 8판본은 박문서관에서 1938년 11월 25일에 발행되었으며 판권지에 이전의 판본 사항이 자세하게 기록되어 있다. 3판본부터 8판본까지 면수가 같은 것으로 보아 1922년 광익서관의 판본의 지형이 1938년 박문서관 판본까지 그대로 이어진 것으로 보인다. 이 작품은 우리 근대장편소설의 효시로 평가된다. 1928년 8월 2일부터 1929년 5월 9일까지 《朝鮮思想通信》(721-945号)에 이수창(李壽昌)이 일본어로 번역하여 224회 연재하였다.

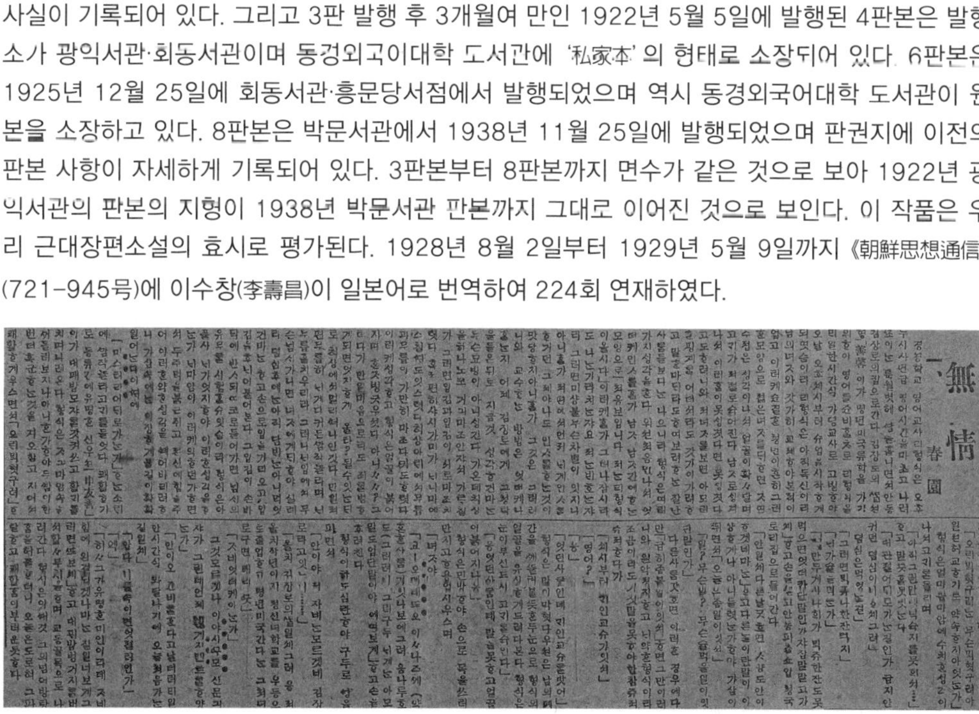
無情
春園

## 무지개 : 장혁주. 동아일보1933.9.20-1934.5.1(202회 완).

**【내용】** 이남철은 경주청년동맹에서 활동한 적이 있는 대구 보통학교 교사이다. 그는 사회를 변혁하려는 지식인으로서의 사명을 갖고 있다. 그는 '운동'을 위해 사랑하는 제자 혜영을 상해로 보내지만 도중에 발각된다. 그는 체포된 후 수개월간 옥살이를 한다. 출감한 후 남철은 고향 경북 양포에서 야학을 시작하려 하지만, 동네의 급진파 청년들이 습격하는 바람에 실패한다. 그는 하는 일마다 실패하자 자기혐오를 느낀다. 어느 날 어떤 여인이 그를 찾아와 동경으로 팔려 간 딸을 구해 달라고 부탁한다. 남철은 동경으로 건너가 부탁받은 일을 완수하기 위해 노력하지만 역시 실패한다. 그는 모든 것이 환상이었다고 깨닫고 귀국한다.

**【참고】** 연재 지면에 '무지개 張赫宙 作'이라 표기되어 있다. 지식인의 사회 변혁 의지와 그 좌절을 그린 작품이다. 주인공 이남철의 눈을 통해 조선 민족의 결점을 지적하는 한편, 일본을 거쳐 들어온 근대 문명사회의 모순 또한 비판하고 있다.

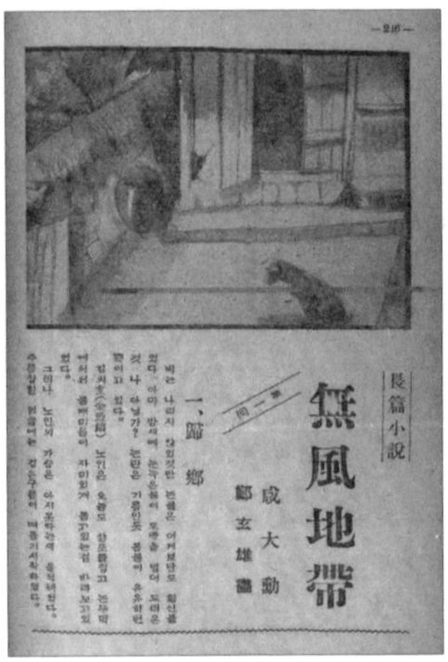


## 무풍지대/無風地帶

함대훈. 조광1937.7-1938.1(7회 완) ; 보성서관1938.

**【내용】** 동경에서 의대를 다니던 김준은 새롭게 유입된 사회주의에 경도되어 의사의 길을 포기하고 경제학부로 전과한다. 그는 학교를 졸업한 후 농촌 운동에 투신하고자 고향으로 돌아오지만 아들이 의사가 되어 집안을 일으켜 주길 바라는 아버지의 기대가 부담스러워 경성으로 올라와 버린다. 아버지의 장례를 치르기 위해 고향에 내려온 준에게 민혜경을 비롯한 친구들이 고향에서 협동조합 운동을 할 것을 권유하지만 준은 경성지부 협동조합 일을 그만둘 수 없어 다시 상경한다. 혜경은 준에게 마음이 끌려 경성으로 오지만 그가 만나는 애희를 보고 질투심을 느낀다. 괴로워하던 혜경은 준의 방에서 애희를 보게 된다. 얼마 후 준을 다시 찾지만 그가 기생 춘심과 있는 것을 보고는 준을 동지이자 선배로 생각하기로 마음먹고 고향으로 돌아간다. 그러던 중 준이 사회주의 운동에 관련되어 검거되는 사건이 발생한다. 혜경은 준의 친구인 오희영에게서 준이 곧 풀려날 것이라는 편지를 받고 준을 기다리려고 한다. 자신을 강제로 결혼시키려는 아버지를 피해 집을 나온 혜경은 희영에게 일자리를 부탁한다. 희영은 혜경에게 마음이 끌리지만 준을 기다리는 혜경 앞에 선뜻 자신의 마음을 내비치지 못한다. 혜경은 춘심이라는 여자가 준의 옥바라지를 하고 있다는 신문기사를 읽고 결국 오희영과 약혼한다. 옥에서 풀려난 준은 춘심과 결혼하고, 협동조합 일을 하기 위해 강원도로 떠난다. 희영은 혜경과 결혼한 후 준과 춘심을 본받아 강원도로 내려간다. 그들은 이상적인 농촌 건설을 위해 노력하며 협동조합 운동을 해 나간다.

**[참고]** 《인문평론》 송년 특대호(1939.12)에 실린 광고에 '농민문학의 신경지! 정력과 정열의 작자 일보의 일대 회심작!' 으로 소개되었다. 《조광》 7회 연재분 말미에 "이 소설은 이것으로 위선 끝막는다. 말하자면, 이것은 전편(前篇)에 불과한 것으로 후편은 농촌 갱생편이 될 것이다. 기회 있는 대로 다시 집필하려 한다"는 부기가 있다. 1938년 보성서관에서 발행된 단행본에는 연재분의 결말에 더해 희영과 춘심이 병사하고, 우여곡절 끝에 준이 협동조합 운동을 성공시키는 내용이 첨가되었다. 단행본의 자서에서 작가는 '기록문학적인 형식을 취' 하겠다는 의지를 밝히고 있으나, 중심 서사는 김준과 민혜경, 오희영의 삼각관계를 축으로 하고 있다.

## 무한애의 금상/無限愛의金像 : 노자영. 청조사1925.

**[내용]** 윤태순은 윤 남작의 아들로, 와세다 대학을 졸업한 수재이다. 개인의 영달만 추구하는 부친과 달리, 그는 빈민원과 음악 학교를 설립하려는 꿈을 가지고 있다. 그는 피아노와 성악을 공부한 유학생 혜정과 사랑하는 사이이다. 그러나 윤 남작은 혜정이 백정의 딸이라는 이유로 교제를 반대한다. 태순은 부친에게 반기를 들고 가출하여 혜정의 집에서 기거한다. 그러던 중 혜정의 삼촌이 전 재산을 훔쳐 상해로 도주한다. 혜정은 태순과의 결혼이 여의치 않은 데다 집안 사정마저 어려워진 것을 비관하여 음독자살한다. 태순은 계급을 따지는 사회가 혜정을 죽였다고 한탄하다 자살한다. 둘은 이태원 공동묘지에 나란히 묻힌다. 윤 남작은 자신의 완고함을 후회하며, 죽은 두 사람의 무덤에 동상을 세우라는 말을 남기고 시베리아로 떠난다. 혜정의 모친과 태순의 모친은 자식을 잃은 슬픔으로 함께 자살한다. 두 부인이 죽은 지 사흘 후, 윤 남작이 북만주 송화강에 빠져 죽었다는 기사가 《동아일보》에 게재된다. 태순 집안의 재산은 다 없어지고, 태순과 혜정의 동상만 묘지에 남는다.

**[참고]** 춘성 노자영의 작품으로, 단행본 표지에 '無限愛의 金像' 이라 표기되어 있다. 이 작품 외에 「꼿피는 處女」, 「天使」 두 편의 소설과 희곡 「죽음의 승리」가 함께 수록되어 있다. 작품 말미에 '1924, 8, 1日, 석왕사에서' 라고 표기되어 있다. 신분의 차이 때문에 사랑을 이루지 못한 젊은 남녀의 이야기를 통해, 신분을 차별하는 당대 사회의 관습을 비판한 작품이다.

## 무현금/無絃琴 : 염상섭. 개벽1934.11-1935.3(4회 미완).

**[내용]** 찬수는 한 처녀와 약혼하지만, 가난하여 예물 반지를 살 돈이 없다. 그는 반지를 사기 위해 월급을 가불하려 한다. 그는 결혼에 관한 금전 문제로 고민하다가 옛 애인 정례를 떠올린다. 당시 그는 정례와 결혼하려 했지만, 정례의 모친은 찬수가 가난한 것을 못마땅하게 여겨 딸을 돈 많은 남자에게 강제로 시집보낸 것이다.

**[참고]** 연재 지면에 '長篇 無絃琴 廉想涉' 이라고 표기되어 있다. 염상섭이 1930년대 들어 발표한 「백구」, 「모란꽃 필 때」 등 통속적 요소가 강한 소설의 계보를 잇는 작품이다. 경제적으로 무능한 인물이 물질적 조건 때문에 결혼에 곤란을 겪는 모습을 통해, 결혼에 있어 사랑이나 신뢰가 아니라 경제

력이라는 현실적인 조건이 우선시되던 당대의 세태를 비판적으로 그리고 있다.

## 무화과/無花果 : 염상섭. 매일신보1931.11.13-1932.11.12(329회 완).

**【내용】** 리원영은 인텔리 청년으로, 방탕한 부친 대신 조부의 유산을 물려받는다. 그는 신문사에 투자하는 한편, 사회주의자 김동국에게 자금을 지원한다. 신문사 회계로 있다 원영 때문에 쫓겨난 김홍근은 앙심을 품고 간계를 꾸며 원영을 신문사에서 몰아내고 파산시키려 한다. 신문사 기자 박종엽, 기생 채련 등은 원영이 기혼자임에도 불구하고 그에게 애정을 품는데, 자신들이 홍근의 계략에 이용당한다는 사실을 알고는 원영을 돕는다. 한편 원영의 누이동생 문경은 남편 한인호와 함께 동경에서 유학하다 시부모의 부름으로 귀국한다. 문경의 시부모는 거금을 요구하며 돈을 가져올 때까지 남편과 헤어져 있으라고 한다. 인호는 부모의 말에 반대하지 않고 혼자 동경으로 가 버린다. 문경은 돈밖에 모르는 남편에게 환멸을 느낀다. 그녀는 우연히 원영의 신문사 기자이자 사회주의자인 김봉익을 만나 그에게 호감을 가진다. 봉익이 장질부사에 걸리자 문경은 그를 돌본다. 봉익이 입원한 사이, 원영이 동국에게 자금을 보냈던 사실이 탄로 나 봉익, 원영, 문경 등이 모두 경찰에 소환된다. 홍근은 봉익과 문경의 관계를 시가에 알리겠다며 문경을 협박한다. 이때 동경에서 문경 부부와 함께 살았던 조정애가 귀국한다. 정애는 원영의 원조로 의학 공부를 하던 학생인데, 동국의 동생 동욱의 부탁으로 위험한 임무를 수행하기 위해 귀국한 것이다. 정애는 서울에 있는 동지에게 모종의 물건을 전달하는 한편 원영에게 자금 원조를 부탁하는 임무를 마친 뒤 경찰에 발각되어 쫓긴다. 원영의 첩이 된 채련과 그의 조카 완식의 도움으로 정애는 무사히 피신한다. 문경이 이혼을 요구하자 인호는 그 대가로 돈을 요구한다. 원영은 계속되는 자금 압박에 시달리다 결국 파산한다. 봉익은 문경을 떠나고, 문경은 미술 공부를 계속하기로 한다.

**【참고】** 연재 지면에 '無花果 廉想涉 作' 이라고 표기되어 있다. 작가는 '연재 예고' 와 '작가의 말' 을 통해, 이 작품을 「삼대」의 후속으로 썼다고 밝히고 있다. 「삼대」와 유사한 상황과 사건 전개를 보이는 작품이다. '돈의 논리' 가 지배하는 식민지 조선의 현실을 배경으로 리원영과 그의 누이 문경, 그리고 그들을 둘러싼 사람들 사이에서 벌어지는 사건을 다루고 있다. 조부에게서 재산을 물려받아 뜻

있는 사업을 해 보려던 원영이 투자 실패 등으로 급격히 몰락해 가는 과정이 중심축을 이룬다. 조부가 평생을 바쳐 이룩한 재산이 원영의 대에 와서 순식간에 탕진되는 모습을 통해, 일제에 잠식당한 식민지 조선의 경제 구조와 중산층의 몰락이라는 현실을 사실적으로 보여 준다. 또한 자신의 이익을 위해서라면 수단을 가리지 않는 홍근이나 물욕에 눈이 어두운 문경의 남편과 시부모 등 부정적인 인물을 통해, 식민지 조선의 자본주의가 가진 어두운 면을 그리고 있다.

## 미녀도/美女圖 : 박태원. 조광1939.7-12(5회 미완).

**【내용】** S여학교 보통과 육년인 남보배는 밝은 성격과 아름다운 외모로 친구들 사이에서 인기가 많다. 고등과 삼학년인 정경수는 그를 '사랑동생'으로 삼고 싶어 구애 편지를 보내지만 보배는 별 관심을 갖지 않는다. 어느 날 십수 년 동안 소식을 알지 못하던 아버지가 그를 찾아온다. 보배가 철도 들기 전에 집을 나간 아버지 때문에 어머니가 어렵게 생계를 이어 가며 보배를 학교에 보냈으나 삼 년 전 폐병으로 죽고, 보배는 오촌아저씨 댁에서 신세를 지고 있는 형편이다. 보배의 아버지는 자신이 만주에서 장사를 하고 있다며 보배를 데려가겠다고 한다. 그러나 보배 아버지가 뚜쟁이 노릇을 하며 사람들을 팔고 산다는 것을 알고 있던 오촌아저씨는 딸마저 어떻게 해 보려는 속셈을 눈치채고는 어림없는 소리라며 윽박지른다. 이후 아버지가 학교 앞에 몇 번 나타나 보배를 억지로 데려가려 한다. 보배는 그런 사람이 자신의 아버지라는 것에 절망하며 학교마저 자퇴하고 만다. 한동안 집밖을 나가지 않던 보배는 자신을 걱정하는 경수의 편지를 받고 용기 내어 그를 찾는다. 경수는 보배의 딱한 사정을 듣고는 자신에게 의지하라며 말하고, 보배는 매주 그와 만나며 정을 쌓는다. 경수는 집안에서 자신을 결혼시키려 한다며 걱정을 털어놓는다. 어느덧 서로를 아끼는 마음이 각별해진 둘은 평생 결혼하지 않고 서로 같이 의지하며 살자 다짐한다. 그러던 어느 날 오촌아저씨가 인후암으로 세상을 떠나자 보배는 막막한 앞날에 걱정이 앞선다.

**【참고】** 제목 앞에 '長篇小說'이라고 표기되어 있으나 연재가 중단되어 전체 내용을 확인할 수 없다. 동성애를 모티프로 한 소설이다.

## 미수/眉愁 : 윤백남. 동아일보1935.4.1-9.20(115회 완).

**【내용】** 남원 김 찰방의 딸 홍도는 아름다운 처녀이다. 같은 마을 정 생원의 아들 인성은 홍도를 흠모하여 그녀와 결혼한다. 얼마 후 임진왜란이 일어나자 홍도의 부친과 인성은 남원성을 지키다 전주로 탈출한다. 탈출 도중 홍도는 왜군의 총에 맞고, 명나라 장수 양원에게 구출된다. 양원은 홍도를 탐내어 계략을 꾸민다. 그는 홍도의 남편 인성을 잡아들이고, 남편을 살리려면 몸을 바치라고 홍도에게 요구한다. 홍도는 남편을 위해 그 말을 따르지만, 양원은 인성을 죽인다. 분노한 홍도는 복수를 결심하고 몰래 탈출한다. 산속으로 들어간 그녀

는 한 도사를 만나 검술과 비술을 배운다. 하산한 홍도는 도술을 부려 양원을 살해하고 복수에 성공한다. 죽은 줄 알았던 남편 인성도 살아 돌아온다.

**【참고】** 연재 지면에 '眉愁 尹白南 作'이라 표기되어 있다. 연재 종료 후 1937년 대중서옥에서 단행본으로 출간될 때 '홍도의 반생(紅桃의 半生)'으로 개제되었다. 《백민》 1949년 3월 뒤표지 광고에 "임진왜란 시대 미인 홍도를 싸고도는 이야기다. 적장의 가슴에 안기지 않으면 아니된 신세. 남편은 죽음의 길로 붙들려 갔다. 홍도와 그의 남편은 과연 어떻게 되었든가. 부부애의 최고 경지를 묘파한 작품이다"라고 소개되었다. 남편을 위해 희생을 감수하는 홍도의 모습을 통해 여성의 정절과 부덕을 강조하고 있다.

## 미완성/未完成 : 주요섭. 조광1936.9-1937.6(10회 완).

**【내용】** 가난한 화가 박병직은 고아로, 부잣집 딸 강순영과 우연히 만나 사랑하는 사이가 된다. 순영은 부친이 정한 혼처를 거부하고 병직과 결혼한다. 두 사람은 서로 사랑하나, 생활고 때문에 점차 지쳐 간다. 병직은 그림을 그리는 대신 막노동을 하여 생계를 잇고, 순영은 꿈을 포기한 남편을 보며 상심한다. 어느 날 두 사람은 순영 부친의 계략으로 인해 헤어진다. 순영은 고향으로 끌려가 강제로 부잣집에 시집간다. 병직은 아내가 가난 때문에 자신을 떠났다고 오해하고 술로 세월을 보낸다. 그러던 중 그는 성경을 접하고 새로운 깨달음을 얻는다. 그는 다시 그림을 그리려 하지만, 뜻을 이루지 못한 채 병에 걸려 죽는다. 그는 친구 곽양만에게 편지를 남겨, 순영에게 주려고 샀던 구두 한 켤레를 자신과 함께 묻어 달라고 부탁한다. 그러나 동경 유학 중이었던 양만은 병직의 임종을 지키지 못한다. 얼마 후 순영이 양만을 찾아와 자신이 병직과 헤어진 이유를 설명한다. 사연을 들은 양만은 순영에게 병직의 유품인 구두를 내어 준다. 병직의 무덤을 찾은 양만은 성묘 와 있던 순영과 한 사내아이를 본다. 양만은 그 아이가 병직의 아들임을 직감하고, 병직의 인생이 '미완성'이라고 생각한다.

**【참고】** 연재 지면에 '未完成 주요섭', 1회부터 4회까지는 제목 앞에 '中篇小說', 이후부터는 '長篇小說'이라고 표기되어 있다. 병직의 죽음을 기점으로 하여, '나(곽양만)'가 병직의 죽음과 그 이후의 일을 서술하고, 병직이 죽기 전 순영과 만나 발생한 사건은 3인칭 시점으로 서술되는 등, 일종의 액자구성을 취하고 있는 작품이다. 병직과 순영의 대화, 병직 사후 양만의 서술 등을 통해 '참된 예술이란 어떠한 것인가'에 대한 성찰을 보여 준다.

## 미정고 장편/未整稿長篇 : 나도향. 문장1940.12.

**【내용】** 이창선은 백정의 자손으로, 경성에서 의학을 공부하는 청년이다. 그는 자기 조상들이 멸시당하면서도 백정 노릇을 할 수밖에 없었던 것은 잘못된 사회 제도 탓이라 생각한다. 그의 부친은 주사 자리를 얻어 놓았으니 학업을 중단하고 고향에 내려오라는 편지를 보내지만, 창선은 신분 상승을 노리는 부친을 안타깝게 여긴다. 그는 고향으로 가지 않겠다고 결심하나 돈 때문에 고민한다. 부친이 학비를 보내 주지 않으면 생활할 방도가 없는데다, 애인 주영이 임신 중이어서 아이를 낳아 키워야 하기 때문이다. 이런 문제들을 생각하며 산책하던 그는 친구를 만나 술을 마시러 간다. 술을 마시던 창선은 옆자리 손님들이 시비를 걸어오자 싸운다. 그중 한 청년이 창선의 이름을 듣고 자신이 주영을 안다고 말한다. 그는 창선과 주영 사이를 의심하는 발언을 하며, 창선은 백정의 자식이기 때문에 사랑을 한다는 것 자체가 분수를 모르는 수작이라고 말한다. 창선은 그를 인습의 노예라 칭하지만, 그와 싸우는 일이 부질없음을 깨닫고 그 자리를 피해 나온다. 그는 좀더 큰 무엇과 싸워야 한다고 생각하며 숙소로 돌아온다.

**【참고】** 연재 지면에 '未定稿 長篇(遺稿) 羅稻香'이라 표기되어 있다. 따라서 이것은 이 작품의 제목이 아님을 밝혀 둔다. 작가 사후 오랜 시간이 지난 뒤 발견되어 《문장》에 게재된 작품이다. 같은 잡지에 실린 월탄 박종화의 「稻香의 人物과 作品—遺稿에 對하여」라는 글은 문장사가 이 작품을 발견하고 게재하게 된 경위에 대해 설명하고 있다. 제목을 짓지 않은 채 장편으로 기획하여 쓰다 만 것으로, 박종화는 작가가 이 작품을 쓰다 말고 마음에 들지 않아 버려둔 것이라 보고 있다.

## 민요/民謠 : 유진오(서지불명).

**【내용】** 미확인 작품.

**【참고】** 1939년 11월에 출간될 것으로 《인문평론》 10월호에 예고되었다. 김남천의 「대하」와 이효석의 「화분」에 이어 '전작장편소설총서' 세 번째 작품으로 기획된 것이다. 12월호에 다시 예고가 실렸고, 이듬해 2월호에 또 한 번 '2월 중순쯤 상재할 예정'이라는 언급이 있었으나, 결국 발표되지 않은 것으로 보인다. 《인문평론》 1939년 12월호의 소개 내용은 다음과 같다. "전작 장편소설 제3회작인 유진오 씨의 「민요」는 이제 대망리 연내로 배본이 완료되도록 진섭되어 있다. 인쇄 용지의 양적 감소와 질적 저하로 종전과 같은 체재의 여의한 면모는 갖추기 어려우나 작품의 내용만은 조선의 혼란과 고뇌를 씨 독특의 명철한 지성과 열렬한 휴매니즘의 정신으로써 대국적인 재단을 내릴 최고의 예술적 명작이 될 것을 확신한다." 최근 작가 유족 측에서 유고를 보관하고 있다는 사실이 확인되었다.

## 민족/民族

**박종화. 중앙신문1945.11.5-1946.7.22(205회 완) ; 예문각1947.**

**【내용】** 대원군은 외척을 견제하기 위해 민 씨의 딸을 왕비로 간택한다. 최익현이 경복궁 역사와 세금, 서원 철폐 문제 등으로 상소를 올리고 당백전과 문세 폐지를 요구하자 왕비는 그의 이름을 빌려 대원군을 비판하고 고종에게 정치를 몸소 행하라고 조언한다. 고종은 문세를 폐지하고 대원군은 의정부 별장으로 쫓겨난다. 운양호 사건을 계기로 일본이 조선과 통상조약을 맺으려 하자 대원군이 돌아와 이를 막으려다가 실패한다. 왕비가 일본 세력을 견제하기 위해 서양 열강들과 조약을 체결하는 동안 나라의 경제는 점점 악화된다. 왕비는 무당과 중들을 가까이하고, 간신들은 백성의 등골을 짜내 자신들의 배를 채운다. 일본 공사관이 세워진 뒤 별기군이라는 신식군대가 창설되어 구식군대보다 급여를 더 받는다. 이에 구식군대 군인들이 반란을 일으켜 세도가들의 집과 일본 공사를 습격한다. 내란을 진압하러 청병들이 들어오자 왕비는 내란을 조종한 자로 대원군을 지목하여 그는 청국으로 압송된다. 조선은 일본과 불리한 제물포조약을 맺고, 청나라 병정들의 행패는 갈수록 심해진다. 전라도에서는 군수 조병갑의 학정에 지친 민중들이 전봉준을 필두로 하여 동학혁명을 일으킨다. 전봉준은 전주 감영 점령을 마지막으로 붙잡혀 처형당한다. 왕비는 일인에게 살해당하고, 대원군은 연로하여 죽는다. 을사늑약이 체결되어 전국에서 의인들이 목숨을 버린다. 경술합방으로 나라가 사라지나 민족의 정기는 삼일운동과 광주학생운동으로 이어진다.

**【참고】** 「민족」은 《중앙신문》이 해방 후 창간을 기념하여 연재를 기획한 작품이다. 월탄과 상허가 각각 한 편씩의 장편소설을 담당하였는데, 공교롭게도 두 작가가 내세운 제목이 모두 '민족'으로, 신문사에서는 월탄의 「민족」을 근대편, 상허의 「민족」을 현대편이라 하여 연재 계획을 잡았다. 1945년 11월 1일, 3일, 4일 연속으로 지면에 광고할 정도로 야심찬 기획이었으나, 박종화의 「민족」만이 연재되고 이태준의 「민족」은 실리지 않았다. 박종화는 《중앙신문》 1945년 11월 4일자 작가 소감에 "사십 년 동안 잃어버린 조국을 찾기 위하여 꾸준이 불의와 싸워 온 우리 민족의 끌는 피 뛰노는 맥박을 그리여 볼가 한다"라고 창작 의도를 언급하였다. 1947년 단행본으로 출간되면서 전봉준 사후 을사조약 체결, 경술합방, 삼일 운동과 광주학생운동까지, 연재 한 회 분량이 추가되었다. 「민족」은 광복 이후 박종화가 발표한 첫 장편소설로 1940년 발표된 「전야」, 1944년 발표된 「여명」과 연작 관계에 있다. 1947년 예문각에서 전, 후편으로 나뉘어 단행본으로 출간되었다.

## 민족의 죄인/民族의罪人 : 채만식. 백민1948.10-11(2회 완).

**【내용】** 일제 말기 '나'는 독서회를 조직했다는 죄목으로 체포되었다, 친일 단체인 조선문인협회에서 활동하는 조건으로 석방된다. '나'는 일제의 정책을 합리화하는 강연을 하지만, 죄책

民族의罪人

蔡萬植

감을 느끼고 시골로 내려간다. 얼마 후 '나'는 서울에 갔다가 신문사에 들러 잠시 이야기를 나누는데, 이 대화가 일제의 식량증산운동에 '나'가 적극 협조했다는 내용으로 신문에 기사화된다. 해방 후 '나'는 친구 윤을 만난다. 전혀 친일을 한 바 없는 그는 '나'의 친일 행위를 조롱하고 멸시한다. 집으로 '나'를 찾아온 조카는 친일 경력이 있는 선생 때문에 학교에 분란이 일어나 이를 피해 왔다고 말한다. '나'는 조카에게 불의에 맞서 싸우라고 하며 위안을 느낀다.

**【참고】** 연재 지면에 '民族의罪人 蔡萬植'이라고 표기되어 있다. 채만식의 자전소설로, 자신의 친일 행위에 대해 부끄러움을 느끼는 인물의 내면을 상세히 묘사했다. 친일 행위의 불가피함을 자세히 서술한, 일종의 자기변명적 성격을 지닌 작품으로 이해되기도 한다.

## 민촌/民村

**이기영. 조선지광1925.12 ; 문예운동사1927 ; 건설출판사1946.**

**【내용】** 민촌은 상민으로 구성된 농민들이 모여 사는 작은 농촌 마을이다. 대부분 양반 출신 박 주사의 소작인이다. 양반들이 향교를 이끌어 주던 때와는 달리 신분제가 철폐된 시대에는 양반은 오직 농민들을 착취하는 존재일 뿐이다. 박 주사의 아들은 교만한 인물로 나이에 관계없이 농민들을 하대한다. 예쁜 용모를 가진 점순은 부자와 가난뱅이가 없는 세상을 만들어야 한다는 서울댁을 흠모하나, 보릿고개를 넘기지 못하고 박 주사 아들의 첩이 될 처지에 놓이고 만다. 이 제안을 들은 점순의 아버지는 충격을 받고 쓰러지고, 아버지가 죽으면 혼인에 지장이 생길까 봐 박 주사 아들은 급히 가마를 보내 점순을 데리고 가려 한다. 이에 아버지는 실성을 하고, 어머니는 기절을 하고, 서울댁은 옆에서 분개하면서 서 있을 뿐이다.

**【참고】** 작품집 『민촌』(건설출판사1925)에 수록된 민촌 이기영의 초기 중편이다. 빈농의 처녀가 가난을 견디지 못해 지주의 집에 첩으로 팔려나가는 모티프를 통해 당대 지주의 횡포를 그리고 있다. 사회주의 사상의 영향을 받은 지식인 '서울댁'이 등장하나 실제로 서사에서 아무런 역할을 못하고 있어 이 작품의 리얼리즘 소설로서의 한계로 지적된다.

**밀림**/密林 : 김말봉. 동아일보1935.9.26-1938.12.25(389회 미완) ; 삼문사1940(조선문인전6), 1941(조선문인전7) ; 영창서관1942.

**【내용】** 유동섭은 구주 대학에서 의학박사학위논문을 준비 중인 청년으로, 건축회사 사장 서정연의 외동딸 자경과 약혼한 사이이다. 그는 정연의 회사가 수주한 인천 축항 공사장에 갔다가 가난한 노동자들이 비참한 생활을 하고 있는 것을 목격한다. 이를 계기로 그는 세상의 모순을 깨닫고, 박사학위를 포기한 후 공사장에서 의료봉사를 하는 한편 야학 교사로 일한다. 자경은 동섭의 변화를 불만스럽게 생각하지만, 그녀의 친구 주인애는 자경을 나무라며 그의 행동을 칭찬한다. 동섭은 사회주의 운동가 조창수를 돕다 체포되어 수감된다. 그사이 인애의 약혼자 오상만이 자경을 겁탈한다. 동섭은 출옥한 후 자경을 찾아갔다가 상만과 대화하는 것을 듣고 그녀가 변심한 것이라고 오해한다. 좌절한 그는 자경과 헤어지기로 결심하고 인천으로 떠난다. 상만의 아이를 가진 자경은 자살을 결심하고 마지막으로 동섭을 만나려 하지만, 그가 술에 취해 다른 여자의 품에 안긴 것을 보고 자존심이 상하여 충동적으로 상만과 결혼한다. 동섭은 재차 체포되어 수감된다. 자경의 결혼 소식에 좌절한 그는 자살을 생각하지만, 마음을 돌려 빈민들을 위해 헌신하기로 결심한다. 출옥한 그는 인천 축항 공사장에 실비병원을 차리고 가난한 사람들을 돌보는 데 힘쓴다. 상만에게 버림받은 인애는 동섭의 일을 헌신적으로 도와주며 점점 그를 사랑하게 된다. 자경은 좋은 아내가 되고자 노력하지만, 남편의 방탕함과 탐욕스러움을 견디지 못하고 이혼한다. 그녀는 이후 사회주의자들을 돕지만, 밀고자로 오해받아 피격된다. 동섭은 자경의 총상을 치료하며 자신이 아직 그녀를 사랑한다는 것을 깨닫는다. 자경은 건강을 회복한 후 인애와 동섭의 결합을 바라며 멀리 떠나 수녀가 된다.

**【참고】** 연재 지면에 '密林 金末峯 作'이라고 표기되어 있다. 《동아일보》에 1935년 9월 25일부터 연재되었으나 신문 정간으로 인해 1936년 8월 27일까지 233회 게재된 후 중단되었다. 1937년 11월 1일에 '속편'이라는 단서를 붙여 연재를 재개하였으나 1938년 2월 7일 연재분을 끝으로 다시 중단된다. 1938년 7월 1일에 '후편'이라 하여 같은 해 12월 25일까지 연재되었고, 끝내 미완으로 남았다. 김말봉의 첫 장편으로, 소설가로서 그를 널리 알리는 계기가 되었다. 기이한 우연의 중첩, 남녀간의 결합과 이별, 낯선 서구 문물의 상세한 묘사 등 독자 대중의 흥미를 끌 만한 요소가 다분한 소설이다. 이 때문에 발표 당시 '순수하게 흥미 중심의 통속소설'이라는 평을 받았다. 근래에 와서는 빈민들에 대한 동섭의 인식과 태도 등을 통해 도시 노동자의 비참한 현실을 고발하는 한편, 지식인의 적극적인 사회 참여를 주장하는 작가의 인식을 보여 주고 있다는 평가를 받기도 한다.

# ㅂ

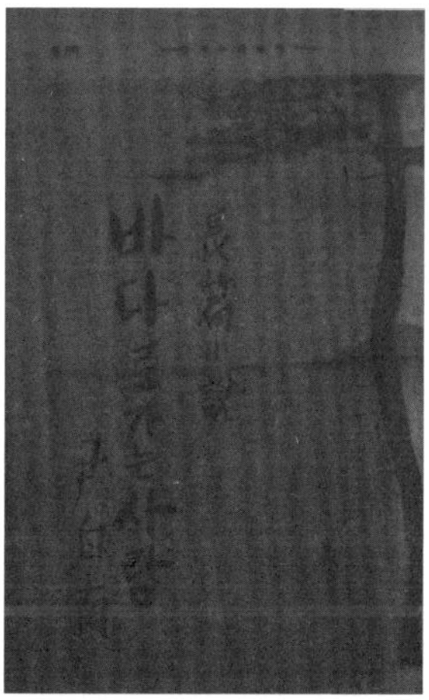

## 바다로 가는 사람

**윤백남. 사해공론1936.11-1937.1(3회 미완).**

**【내용】** 한진태는 성실한 청년으로, 경상북도 청하 어장의 선주 전유풍 밑에서 발동선 기관사로 일한다. 그는 유풍의 딸 인순을 사랑하여 그녀와 결혼하고자 한다. 그런데 권동수라는 청년이 두 사람 사이에 끼어든다. 그는 부유한 권 참봉의 아들로, 동경서 미술 공부를 하던 학생이다. 동수는 유풍이 큰 빚을 져 집과 어장을 잃을 위기에 처한 것을 보고, 대신 빚을 갚아 줄 테니 인순과 결혼시켜 달라고 한다. 유풍은 이 제안을 받아들인다. 돈 때문에 사랑하는 인순을 빼앗긴 진태는 돈을 벌어 올 테니 반년만 기다려 달라며 중국으로 떠난다. 중국으로 간 진태는 목숨을 걸고 밀무역에 가담하여 큰돈을 모은다.

**【참고】** 연재 지면에 '長篇小說 바다로 가는 사람 尹白南'이라고 표기되어 있다. 3회 연재 이후 중단되었다. 순수한 애정이 금전 문제로 깨어질 위기에 놓인 상황을 통해, 황금만능주의를 비판하고 있다.

## 바다로 간다 : **김남천. 조선일보1939.5.2-6.15(35회 완).**

**【내용】** 영화배우였던 최영자는 카페를 경영하는 33세의 독신 여성이다. 그녀의 카페는 중년 남성들로 넘쳐나는데, 이들은 사회운동가나 저명인사에서 장사치나 협잡꾼 등 각양각색이다. 강 주사는 영자에게 50대 부호의 첩으로 들어가 안락한 생활을 하라며 권유한다. 영자는 건축회사에 다니는 20대 후반의 청년 김준호와 만나 그의 젊음과 교양에 매력을 느낀다. 그녀는 준호와 같은 젊은 육체에 끌리는 욕망과, 경제적 안정 속에서 여생을 보내고 싶은 욕망 사이에서 갈등한다. 준호에게 마음이 쏠린 영자는 데이트를 하며 그의 속마음을 떠 보나 준호는 냉담하게 반응한다. 그녀는 준호의 청첩장을 받고 큰 충격에 빠져 바다로 간다. 그녀는 준호에 대한 욕망과 증오의 감정들을 던져 버리고 독립적인 삶을 살기로 결심한다.

**【참고】** 연재 지면에 '短篇小說 바다로 간다 金南天 作' 이라고 표기되어 있으나 실제로는 중편 분량의 작품이다. 1939년 5월 2일 첫 회분의 내용 앞에 '소설 연재의 변' 이 실려 있다. 「정열은 병인가」의 작가 김동인이 황군 위문차 북지로 가는 바람에 연재가 계속될 수 없어서 「바다로 간다」를 연재한다는 내용이 서술되어 있다.

## 바다에의 글/海への書

**이무영. 경성일보(석간)1944.2.29-3.9(1-9회), 경성일보(조간)1944.4.25-8.31(10-110회 완).**

**【내용】** 조선의 청년들이 일제의 지원병 제도를 현실로 받아들이는 과정을 그린 일본어 소설. 내용 생략.

**【참고】** 일제의 해군지원병 제도가 시행되어 거기에 지원하는 조선의 청년과, '관념' 을 버리고 '신념' 을 얻게 되는 그의 형에 대한 묘사를 통해, 조선의 청년들이 일본 제국주의의 지원병제를 현실로 받아들이게 되는 과정을 그리고 있다. 이 소설에서 이무영은 아무리 자식을 위해 헌신적으로 희생하는 어머니라 할지라도 그 애정도 결국 나라의 자식으로 거듭나려는 군입대 의지에 종속될 수밖에 없다는 것을 강하게 피력한다. 《경성일보》 석간에 연재되다가 석간이 폐지되면서 10회 연재분부터는 조간에 연재 재개되었다. '바다로 보내는 글' 이라는 제명으로 옮기기도 한다.

## 바다의 노래 : 김사량. 매일신보1943.12.14-1944.10.4(193회 완).

**【내용】** 신 별장이라 불리는 신태주는 본래 육지에 살다 아내와 함께 어느 작은 섬으로 이주한다. 이후 신 별장 일가는 그 섬에 터전을 잡고 살아간다. 이들은 삼대를 내려오며 미국의 셔먼호 침입 사건, 동학농민전쟁, 한일합방, 만주사변, 중일전쟁, 태평양전쟁 등을 거쳐 갖은 고난을 겪는다. 전쟁이 최고조에 달하자, 신 별장의 손자 귀동은 해군에 지원 입대하기로 결심한다.

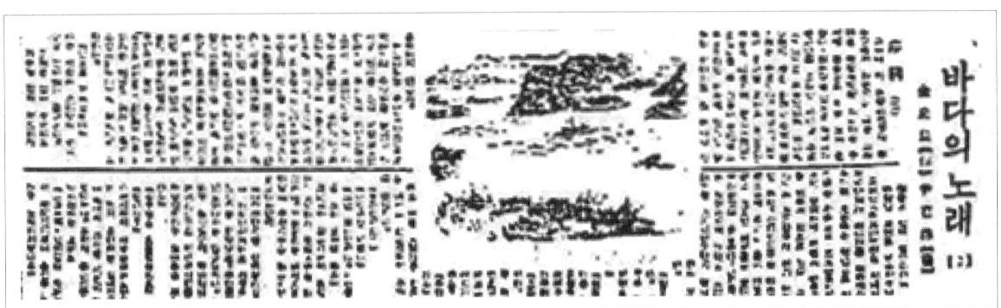

**【참고】** 연재 지면에 '바다의 노래 金史良 作' 이라고 표기되어 있다. 연구자들은 김사량이 일제의 압력에 굴복하여 친일 사상을 선전하려는 의도를 가지고 이 작품을 창작했다고 보고 있다. 일제 말기인 1943년, 김사량은 일제의 해군 사상을 보급하려는 국민총력조선연맹에 의해 해군 시찰단의 일원으로 강제 파견된다. 이후 그는 일제의 해군을 찬양하고 조선 청년의 해군 지원을 독려하는 내용의 르포 「해군행」을 《매일신보》에, 수필 「날파람」을 《신태양》에 발표한다. 「바다의 노래」 역시 같은 맥락에서 창작된 장편소설이라고 보는 것이 대다수의 견해이다. 결말 부분에서 '해군특별지원령' 이 공포되는 것과 동시에 신 별장 일가의 3대째 인물인 귀동이 해군에 지원 입대한다는 부분이 일제에 대한 조선인의 전시 협력을 강조하고

조선 청년들의 지원병 입대를 독려하는 의도를 담고 있다는 것이다. 또한 작품 전체에서 일제의 침략 행위나 식민 통치를 호의적으로 서술하고 있어 일제의 조선 통치를 긍정하는 친일적 시각을 보여 준다. 이 소설은 신 별장 가문 삼대의 인물들을 중심으로 사건이 전개되어, 일종의 가족사 소설의 형식을 띠고 있다. 한편 '序詞' 부분에 '나' 라는 인물이 등장하여, 자신이 옛날에 알고 지내던 신 별장 일가를 찾아왔다가 동네 주민으로부터 그들이 겪은 일을 담은 문서를 받고 그 내용을 소설로 재구성하기로 했다는 서술을 하고 있어, 일종의 액자소설 형식을 취하고 있다고 볼 수 있다.

## 바닷가의 농촌/바다ㅅ가의農村 : 윤철. 신소년1932.6(2회).

**【내용】** 내용 생략.

**【참고】** 《신소년》 1932년 6월호의 2회 연재 지면에 '長篇小說' 이라고 표기되어 있고, "第一回는 事情으로 못 실니게 되어 作者와 著者들에게 미안한 말 이로 측냥업다(記者)" 라는 공지가 붙어 있다. 7월호에는 목차에 작품 제목이 발견되지 작품이 수록되지 않았고, 8월호에는 7면에 '尹鐵, 長篇「바다ㅅ가의 農村」發表中止' 라고 공지되어 있다.

## 바보 길동/바보吉童 : 안준식. 별나라1933.2(2회)–4·5(4회).

**【내용】** 내용 생략.

**【참고】** '長篇童話' 라고 표기되어 있으며, '安俊植' 이라고 작가 표기가 되어 있다. 자료 유실로 2회, 4회 연재분만을 확인할 수 있다.

## 박명/薄命 : 백대진. 매일신보1919.11.21–1920.1.25(51회 완) ; 신명서림1921(136면).

**【내용】** 김문희는 여류 작가이자 히동방적주식회샤의 여사원이다. 그는 항상 희망이 없는 월급쟁이 신세를 한탄한다. 원래 문희의 집안은 부유했으나 아버지가 미두로 재산을 날리고 화병으로 죽고 난 이후로는 궁벽한 신세가 되었다. 문희는 윤긔세란 얌전한 청년과 결혼하였다. 집안에 남자가 없는 것을 걱정한 어머니가 윤긔세를 데릴사위로 들인 것이다. 그런데 긔세는 결혼 후 점점 폭력적인 사내가 되더니 급기야 친구의 꾀임에 빠져 사기횡령죄로 징역을 살게 된다. 남자에게 진저리가 난 문희는 재혼할 생각을 하지 않고 이혼녀로 살아간다. 회사에서는 이혼녀 문희에 대한 시선이 곱지 않다. 특히 뎡문화란 이가 치근대며 문희를 못살게 군다. 다행히 일 잘하고 성품이 온화한 김긔지가 문희를 잘 다독이고 도와준다. 그리고 긔지는 동료 직원들과 힘을 모아, 일은 안 하고 여사원 꽁무니만 쫓아다니는 뎡문화를 회사에서 내보낸다. 한편 청년문학자 강슌희는 문희에게 청혼을 한다. 그러나 문희는, 슌희는 총각임에 반해 자신은 이혼녀임을 들어 청혼을 물리친다. 또한 서울에서 첫째로 꼽

을 만한 부자인 류경상도 문희에게 청혼을 한다. 경상은 재혼인 데다 재산가여서 문희는 마음이 기운다. 문희가 경상의 청혼을 받아들일 즈음에 뎡문화가 혼담에 헤살을 놓는다. 문희와 관련된 안 좋은 소문들을 경상에게는 물론 회사에도 흘린 것이다. 이에 결혼은 흐지부지되고 문희는 회사마저 그만두게 된다. 다행히 문희는 긔직의 소개로 동양염직회사에 여사무원으로 입사한다. 어느 눈이 오는 날, 문희는 종로에서 죄수복을 입고 눈을 치우고 있는 긔세를 목격한다. 연민의 마음이 생긴 문희는 긔세가 출옥할 때까지 기다리겠다는 편지를 보낸다. 편지를 받은 긔세는 감격하나 몸이 쇠약해져 얼마 지나지 않아 세상과 이별을 고하고 만다. 긔세의 소식을 전해 들은 문희는 다시 외롭고 적막한 신세가 된다. 문희는 자신과 긔세의 외로운 영혼을 위로하고자 예수교 신자가 되어 나머지 반생을 산다.

**【참고】** 표지에 '家庭小說 薄命', 본문 첫 장에 '家庭小說 薄命 雪園 白大鎭 著' 라고 표기되어 있다. 방직공장의 풍경이 자세하게 묘사되어 있다. 지식인이자 이혼 경력이 있는 여성의 파란만장한 삶을 통해 여성의 자립이 어려웠던 근대적 풍경을 보여 주고 있다. 한용운이 1938년 《조선일보》에 연재한 동명이작(同名異作)이 있다.

## 박명/薄命 : 한용운. 조선일보1938.5.18-1939.3.12(223회 완).

**【내용】** 총명하고 착한 장순영은 설악산 어귀에서 부모를 잃고 계모의 학대를 받으며 살고 있다. 그녀는 친구 운옥과 인신매매업자 송 씨의 유혹에 빠져 가출한다. 서울로 가던 중 순영은 물에 빠져 죽을 위기에 처하는데, 대철이라는 청년이 그녀를 구한다. 한 여승이 순영에게 다가와 돈을 주며 치료하라고 당부한다. 서울에 도착한 순영은 강제로 기생 수업을 받는다. 그녀는 인천으로 팔려 가 기생 노릇을 하며 동료 기생들의 질투로 누명을 쓰는 등 고난을 겪지만, 불심으로 어려움을 극복해 나간다. 그러던 중 순영은 우연히 대철과 재회하고, 보은의 마음으로 그와 결혼하여 아들 수복을 낳는다. 대철은 금광 사업을 한다며 순영이 기생 노릇해서 번 돈을 빼앗고, 돈이 떨어지자 그녀에게 이혼을 요구한다. 대철과 헤어진 순영은 어린 아들을 병으로 잃고, 삯바느질로 생계를 잇는다. 어느 날 그녀는 아편에 빠져 걸인이 된 대철과 재회한다. 순영은 그를 불쌍히 여겨 극진히 돌본다. 신교육을 받은 여성 해방론자들은 순영을 비난하지만, 그녀는 생명의 은인에게 보답하는 것이라며 대철을 끝까지 보살핀다. 그러던 중 한 여자 걸인이 순영을 찾아온다. 그녀는 자신이 운옥이라 밝히고, 순영이 기생이 된 것과 대철과 이혼한 것이 모두 자기 때문이라고 고백하고 죽는다. 순영은 운옥을 원망하지 않고 이 모든 일이 자기의 선택에서 비롯된 것이라 생각한다. 대철은 죽기 전, 자신이 순영을 구했던 것은 어느 여승이 준 돈 때문이었다고 고백한다. 순영은 출가를 결심하고 여승 정공선사를 찾아가나 그녀는 이미 타계한 후이다. 순영은 정공선사의 49재 때 선행이란 법명을 받고 출가한다.

**【참고】** 1936년 《조선중앙일보》에 '후회' 라는 제목으로 연재하던 중 신문 폐간으로 중단되었다가

이후 《조선일보》에 '박명'이라고 개제하여 연재 완료한 작품으로, 한용운의 마지막 장편소설이다. 1930년대 소설 전반에 비해 선악의 대립과 권선징악적 주제의식, 사건 전개의 우연성 등 전근대적 요소가 담겨 있다. 그러나 이러한 요소는 대중에게 널리 읽힐 만한 소설을 만드는 데 기여하여 작품의 주제를 대중에게 좀더 널리 알리는 효과를 부여한다고 평가되기도 한다. 여성 인물 순영의 행위를 통해, 불교의 보살행을 형상화한 종교문학의 성격을 가진 작품이다.

## 박복한 무리들 : 이광수.

**【내용】**「무명」 참조.

**【참고】** 이광수의 중편 「무명」의 창작 당시 제목이다. 작가가 병상에서 구술한 것을 박정호가 받아쓴 것으로, 창작 당시에는 '박복한 무리들'이라는 제목을 붙였으나 후에 《문장》 창간호(1939.2)에 발표될 때 이광수 자신이 '무명'으로 고쳤다. 「무명」은 이광수가 수양동우회 사건 이후 처음으로 발표한 작품이다.

## 박쥐우산 : 작자미상. 조선일보1920.7.14-9.5(43회 미완).

**【내용】** 박 진사의 재산 관리인 황만수가 난자당한 시체로 발견된다. 마침 인천에 들어온 군함을 구경하러 온 탐정 변동식과 오창걸이 사건 현장에 온다. 동식은 박 진사의 둘째 아들 영진이 부친 사후 재산 분할과 관련하여 황만수와 분쟁이 있었음을 알아내고 그를 용의자로 체포한다. 창걸은 황만수와 채무관계에 있던 추지엽을 또 다른 용의자로 체포한다. 그러나 연진과 지엽은 알리바이를 입증하여 무죄를 밝힌다. 사건이 미궁에 빠지자 탐정들은 다시 조사를 시작하고, 이 과정에서 박 진사의 첫째 아들 영로의 혐의가 드러난다. 영로는 박 진사의 친자가 아니라 업둥이이며, 박 진사는 영로가 사악한 성품을 지녔음을 알아채고 재산을 둘째 아들 영진에게 남기는 유서를 작성하여 황만수에게 맡긴 것이다. 박 진사가 죽자 영로는 유산을 차지하기 위해 걸림돌인 황만수를 살해했다는 점이 밝혀진다.

**【참고】** 연재 지면에 '뎡탐소설 박쥐우산'이라고 표기되어 있으며 작자는 미상이다. 연재가 끝나지 않은 상태에서 1920년 9월 5일 《조선일보》가 2차 정간되었으나, 정간 직전 발표된 43회에서 진범과 범행 동기가 어느 정도 밝혀져 있어 전체 줄거리를 파악하는 것이 가능하다. 사건 현장의 증거를 수집하고 범죄를 재구성하며, 피해자의 행적을 조사하는 등, 사건의 수사 과정을 정교하고 치밀하게 서술하는 추리소설적 면모를 지니고 있다.

## 박 첨지의 죽음/박첨지의죽엄 : 김동인. 삼천리1931.10(1회 미완).

**【내용】** 박 첨지는 가난하고 배운 것 없지만 근면하게 살아가는 지게꾼이다. 박 첨지는 슬하에 여섯 자식을 두었으나, 전염병으로 모두 잃는다. 오랫동안 쓸쓸히 지내던 박 첨지 내외

는 나이 마흔다섯에 아들 만득을 얻어 애지중지 키운다. 그런데 만득이 스물다섯 살 되던 해 갑자기 병을 얻어 죽자 박 첨지 내외는 크게 상심한다.

**[참고]** 연재 지면에 '박 첨지의 죽엄 김동인'이라 표기되어 있다. 1회 연재분 끝에 '次回續'이라 되어 있으나, 1회로 중단되어 장편인지 단편인지 알 수 없다. 죽음이라는 운명 앞에 무기력한 인간의 모습을 냉정하고 객관적인 문체로 그려 내고 있다.

## 반년간/半年間 : 박태원. 동아일보1933.6.15-8.21(57회 미완).

**[내용]** 동경 유학생 김철수는 주인집 딸 스미에에게 영어 과외를 해 준다. 어느 날 그는 순간의 욕정을 참지 못하고 그녀와 입맞춤을 한다. 자신의 행동에 당황한 철수는 집을 뛰쳐나와 거리를 배회한다. 사랑하지도 않는 여자의 입술을 탐한 자신의 행동을 자책하던 그는 우연히 친구 최준호를 만나 카페 오모이데에 들어간다. 미모의 조선인 여종업 미사꼬에게 첫눈에 반한 철수는 그 뒤 자주 카페를 드나들며 미사꼬와 사귀게 된다. 그러나 철수는 카페 여급과 다니는 것이 부끄러워 친구들을 피해 다닌다. 또 다른 친구인 황인식은 철수가 카페 여급과 사귄다며 비꼬듯 준호에게 말한다. 준호는 철수의 행동에 의아스러움을 느낀다. 그러던 어느 날 황인식이 철수에게 돈을 꿔 달라고 청한다. 철수는 마작 구락부를 운영하는 조숙희에게 황을 대신하여 돈을 변통해 준다. 어느 날 미사꼬가 철수에게 신은숙이라는 본명으로 만나자는 엽서를 보내온다. 역 앞에서 미사꼬와 만난 철수는 우연히 준호와 마주쳐 당황한다. 준호는 황의 일이라며 이십 원을 꿔 달라고 한다. 철수는 우선 십 원을 내주며 저녁에 다시 만나자고 했으나 미사꼬와 '땐스홀'에 갔다가 준호와의 약속을 저버린다. 집에 돌아온 준호는 아내에게서 인식이 경찰서에 유치되었다는 소식을 전해 듣는다. 주인집 책 등을 몰래 잡혀 먹어 고소당했던 인식을 구제하기 위해 여기저기 돈을 변통하러 다녔던 준호는 황

半年間
朴泰遠 作

망해한다. 조숙희가 준호를 찾아왔다가 인식의 사정을 듣고는 친구들을 두고 돈을 훔친 변변치 못한 위인이라며 투덜거린다.

**[참고]** '만화 토-키-영화 믹키-마우쓰의 모험'을 보는 장면이 등장하는 등 문화 생활을 즐기며 동경을 배회하는 근대 초창기 유학생들의 일면이 소개되고 있다. 연재 중단으로 전체 내용을 확인할 수 없다.

## 반도의 독수리 다케야마 대위/半島の陸鷲武山大尉

정인택. 매일신보사1944(350면).

**【내용】** 내용 생략.

**【참고】** 조선 청년 최명하의 전사를 다룬 일본어 전기소설이다. 다케야마(최명하)는 최초의 조선인 출신 육군비행장교로서 일제의 인도네시아 수마트라섬 공격 중에 큰 부상을 입는다. 그는 뒤따라올 조선 청소년 지원병의 선각자로 명예롭게 죽기로 결심하고 적과 교전한 후 자결한다. 정인택은 매일신보사로부터 전기 집필 의뢰를 받아 이 작품을 집필했던 것으로 알려져 있으며 치밀한 취재를 거쳐 주인공의 어린 시절부터 자결하기까지의 일생을 소설화한 것으로 평가된다. 일제의 침략 전쟁을 옹호하고 조선지원병 제도를 선전하는 친일적 국책 문학의 성격이 강하다. '매신황민총서(毎新皇民叢書)' 제2편이다. 정인택은 이 작품과 창작집『청량리계외』로 1944년도의 제3회 '국어문학총독상'을 수상하였다. 정인택의 단편「붕익(鵬翼)」(조광1944.6)도 무산대위의 전사를 소재로 한 한국어 소설이다.

## 반려/伴侶 : 박영희. 삼천리1936.11(2회), 1937.1(3회).

**【내용】** 혜경은 보통학교 졸업하고 광명학교 2년까지 다니다가 생활난을 못 이겨 초련이라는 이름의 기생이 된다. 재산을 많이 모은 대신 폐병이 생겨 남자들이 모두 떠난다. 우연히 만난 광명학교 시절의 선생인 정철은 초련에게 김영기란 남자를 소개해 준다. 초련은 영기를 사랑하여 부부가 되고자 하지만, 그는 부정한 연애로 인해 교사로 재직 중이던 학교에서 쫓겨난 자이다. 영기는 초련의 애정을 이용해 돈을 요구하고, 초련은 그를 사랑하는 마음에 집을 저당 잡혀 돈을 마련해 준다. 그러나 영기는 돈을 받은 후 사라진다. 마음에 상처를 받은 초련에게 철이 접근한다. 철은 초련을 출판회사 기자로 채용하겠다며, 돈을 요구한다. 그러나 그 역시 초련을 이용만 한 채 버린다. 초련 자신은 중학 과정을 다닌 인텔리라는 자긍심을 가지고 있었지만, 철은 초련을 한낱 기생으로 취급하고 버린 것이다. 초련은 그동안 철에게 품었던 존경심을 모두 버린 채, 철을 이용하여 돈을 벌어 보겠다고 생각한다. 오랜만에 찾아온 친구 도화와 함께 영화를 보러 간 초련은 우연히 영기를 목격한다. 초련은 상영 도중 극장을 나와 예전 영기와 자주 갔던 술집에 간다. 그녀는 그곳에서 대학생인 듯한 청년에게 호감을 느낀다. 그 청년이 신청한 음악을 들으며 눈물을 글썽인다. 이런 초련을 보자 도화는 음악을 끄라고 소리 지르고, 청년은 화를 낸다. 초련은 청년에게 사과하러 다가간다.

**【참고】**《삼천리》1936년 11월호 연재 지면에 '伴侶 長篇連載第二回' 라 표기되어 있다. 현재 확인되는 분량은 상기한 것 외에 같은 잡지 1937년 1월호의 '其三' 이라 표기된 연재분, 단 두 회뿐이다. 나머지는 잡지가 유실되어 확인할 길이 없다.

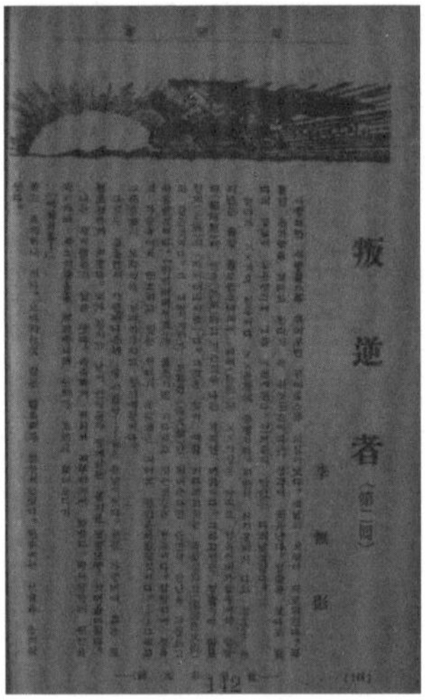
叛逆者

# 반역자/叛逆者 : 이무영.

**조선일보1931.5.8-22(6회 미완) ; 비판1931.12-32.12(6회 완).**

**【내용】** 리상수는 XX주의자인 리철마, 장정옥과 친밀하게 지낸다. 철마는 어릴 적부터 알고 지내던 정옥을 동지로 만드는 한편 그녀와 사귄다. 상수는 철마와 친하게 지내면서도 정옥을 사랑하게 되고, 위험이 따르는 XX주의 운동에 가담하기보다는 그녀와 결혼하여 안락한 생활을 누리고 싶다고 생각한다. 그러던 어느 날 철마는 정옥과 약속한 대로 그녀의 집에 청혼하러 가다 형사에게 붙잡혀 약속을 지키지 못한다. 공교롭게도 상수 역시 비슷한 시각에 정옥의 부모를 찾아가 청혼하고, 정옥은 청혼한 사람이 철마인 줄 알고 허혼한다. 얼마 뒤 그녀는 사건의 진상을 알게 되지만 체념하고 상수와 결혼한다. 상수는 아내를 매우 사랑하지만, 혹시 그녀가 철마의 생각을 하는 것이 아닌지 의심과 질투에 사로잡힌다. 몇 년 후, 철마가 죽었다는 기사가 신문에 난다. 상수와 정옥은 훌륭한 XX주의자였던 그의 죽음을 애통해한다. 이후 상수는 아내가 철마를 생각하지나 않을까 하는 걱정을 더 이상 하지 않는다. 그러던 어느 날, 상수의 집에 죽은 줄 알았던 철마가 찾아온다. 그는 모종의 사건을 일으킨 후 경관의 추격을 피해 도망치는 중이다. 상수는 철마를 숨겨 줌으로써 XX주의와 친구를 모두 배신했던 자신의 죗값을 치르려고 하지만, 철마와 정옥은 싸늘한 반응을 보인다. 얼마 후 경관이 상수의 집을 수색하지만, 정옥은 기지를 발휘하여 위기에서 벗어난다. 경관이 돌아간 후, 그녀는 남편을 버리고 철마를 따라 가출한다. 상수는 아내의 뒤를 쫓지만, 정옥은 XX주의 운동에 투신하겠다며 남편에게 결별을 선언한다. 홀로 남은 상수는 자괴감을 느끼면서도 두 사람의 건투를 빈다.

**【참고】** 연재 지면에 '叛逆者 李無影'이라 표기되어 있다. 《조선일보》에 앞부분을 발표한 후, 《비판》에 재발표하고 뒷부분을 완성하여 연재한 작품이다. 《조선일보》에 연재된 기간은 길지만 실제 연재된 횟수는 6회에 불과하다. 《조선일보》 연재분은 《비판》 2회까지의 내용에 해당된다. 《비판》에는 1931년 12월과 1932년 1월에 《조선일보》 연재분에 해당되는 내용을 2회에 걸쳐 재수록한 후 이어지는 내용을 실었다. 1932년 2, 3월호 《비판》은 결호이나, 같은 해 4, 5, 6월호에는 이 작품이 수록된 바 없고, 7월 연재분에 '제5회' 라고 표기되어 있는 것으로 보아 1932년 2, 3월호에 각각 3, 4회가 실린 것으로 보인다. 마지막 6회는 1932년 12월호에 게재되었다. 1인칭 서술자 시점으로 쓰인 작품이다. '나(리상수)'는 한때 사회주의 운동에 가담하였으나 동지를 버리고 안락한 생활을 택한 인물로, 그가 느끼는 죄책감과 자괴감, 허무함이 작품의 주된 내용을 이루고 있다.

## 반항/反抗 : 춘성. 신민공론사1923.

**【내용】** 김경순은 소설가이자 H학교 역사 교사이며 《신인》이라는 잡자의 문예부장으로 있다. 그는 자기와 같은 생각을 공유하며 청춘을 보낼 수 있는 사람은 성악가이자, 여자고등보통학교 교사인 박혜자밖에 없다고 생각한다. 그런데 혜자는 이미 경성은행 전무인 한영준과 결혼한 유부녀이다. 혜자는 동경음학학교에서 공부한 재원이지만 문학이나 사상 공부는 하지 않아 삶의 의미에 대해서는 진지하게 생각해 본 적이 없다. 그래서 학교 졸업 후 돈 많은 남자와 서둘러 결혼을 하였다. 혜자는 애정 없이 결혼을 한 것에 대해 후회하며 부지런히 문학과 사상을 공부한다. 그리고 여자도 사람이라는 것을 자각하고 여자를 무시하는 남편하게 반항한다. 또한 진정한 삶을 산다는 자각 아래 경순의 구애를 받아들인다. 경순과 혜자는 동대문 우선각에 딸린 방에서 종일 이야기를 나누기도 하고 밤 열시 넘어 한강에서 보트를 타며 데이트를 하기도 한다. 그러던 어느 날, 영준은 아내 혜자의 불륜 사실을 알아내고, 그녀를 추궁한다. 영준과 헤어질 결심을 한 혜자는 이혼을 요구하지만, 영준은 불같이 화를 내며 혜자를 마구 때린다. 혜자는 여성의 인격을 무시하는 영준에게 분노를 느끼고 피스톨로 영준을 쏘아 죽인다. 그리고 경순에게 그 사실을 알린 후 경성역에서 봉천행 열차를 잡아 함께 떠난다. 둘은 경찰의 눈을 피해 불란서 남쪽 지방인 니스까지 도망하는 데 성공한다. 그들은 파란 지중해의 물결과 감람나무 그늘이 있는 곳에 터를 마련하고 새로운 삶을 시작한다.

**【참고】** 고려대 소장 신민공론사본 표지와 본문 첫 장에 '反抗 春城 作'이라고 표기되어 있다. '자유연애'의 관점에서 한 청년과 유부녀의 사랑을 조명한 작품이다. 청춘 시절의 연애에 대한 찬사와 여성의 권리에 대한 요구가 작품 전면에 두드러지게 드러나 있다. 78면에 「반항」이 끝나고, 이후부터 105면까지 '깨여진 愛의 花環'이라는 제목의 연애 서간집이 합본되어 있다.

## 밥 : 박승극. 남선경제신문1948.10.1-11.6(19회 완).

**【내용】** 이태선은 가난한 소작농이다. 그의 맏딸 정숙은 총명하고 아름다운 처녀로, 서울의 공장 직공으로 일하다 모친의 병환 소식을 듣고 귀향한다. 정숙은 같은 동네의 건실한 청년 김용창과 사랑하는 사이다. 용창은 야학을 운영하며 마을의 발전을 위해 노력한다. 주재소 순사 최선화는 정숙에게 반해 그녀를 첩으로 삼으려 한다. 마을 유지 안창섭은 순사의 환심을 사기 위해 중매를 자청한다. 정숙이 이를 거부하자 창섭은 앙심을 품는다. 얼마 후 마을에 소작권 문제가 생기고, 창섭의 농간으로 태선은 소작지를 얻지 못한다. 설상가상으로 태섭의 가족은 면 단위로 모집한 만주이민단으로 차출당한다. 정숙과 용창은 이 모든 것이 창섭의 음모요, 근본적으로는 일본제국주의 탓이라고 분개하지만 별다른 대책을 찾지 못한다. 정숙만 남겨 두고 태섭의 가족은 만주로 떠나고, 이듬해 봄 용창마저 지원병으로 나간

다. 용창은 정숙에게 공장 동료들과 함께 뜻을 굽히지 말라고 당부한다. 정숙은 꿋꿋이 자신의 길을 가겠노라 다짐한다.

**【참고】** 박승극이 1948년 8월 월북한 이후 발표한 첫 작품으로 추정된다. 정숙과 용창의 대화를 통해 일제와 조선인 앞잡이에 대한 비판을 직접 서술하고 있다. 중편 분량이며, 《남선경제신문》의 해당 부분은 현재 국내에서 찾을 수 없다. 국립중앙도서관에는 1950년 이후의 자료만이 소장되어 있다. 『박승극 전집』 수록분과 전집의 연보, 기타 연구 자료에 언급된 바를 참고하여 서지와 내용을 정리했다.

## 방랑의 가인/放浪의歌人 : 방인근. 매일신보1933.6.10-11.17(155회 완) ; 계몽사서점1950.

**【내용】** 강의관의 딸 화숙은 부유한 집 딸로, 서울여자음악학교의 촉망받는 성악과 학생이다. 그녀는 자유분방한 연애관을 가지고 여러 청년과 어울리지만, 그중에서도 세계적인 성악가이자 스승인 윤광우에게 가장 큰 애정을 느낀다. 광우의 처 임정애는 화숙을 친동기간처럼 아껴 주지만, 화숙은 정애를 아랑곳하지 않고 광우에 대한 애정을 키운다. 광우는 기혼자임에도 불구하고 화숙을 비롯하여 뭇 여학생들의 적극적인 구애를 받는다. 처음에는 관심을 두지 않던 광우도 화숙이 끈질기게 구애하자 점차 그녀에게 끌린다. 화숙의 어머니가 병사하고 정애 역시 지병이 깊어지자, 광우와 화숙의 관계는 급진전한다. 그러던 어느 날, 광우와 화숙은 평양에서 열리는 음악회에 참석한다. 돌아오는 길에 폭설로 기차가 멈추자 이들은 여관에 함께 투숙하고, 이후 두 사람은 불륜 관계를 맺는다. 이때 거부이자 귀족인 남편을 둔 김보패라는 여성이 광우에게 반해 동반 해외 탈출을 제의한다. 광우는 보패의 제안을 거절하지만, 이를 계기로 해외에 가겠다고 결심한다. 마침내 그는 처자식을 버리고 화숙과 함께 해외로 떠난다. 두 사람은 외국 곳곳을 유람한 끝에 이태리에 정착하여 함께 산다. 십년의 세월이 흐르고 광우는 병들어 오페라 극장의 삼류 가수로 전락한다. 화숙은 병든 광우에게 더 이상 매력을 느끼지 못하고, 주변의 다른 청년들과 어울린다. 화숙은 이태리 주재 중국외교관인 오봉상과도 관계를 맺는데, 알고 보니 그는 보패의 현재 남편으로 보패 역시 이태리에 와 있다. 화숙에게 버림받은 광우는 병들어 극장에서도 쫓겨나 빈민가를 떠돈다. 여전히 광우에 대한 애정을 가진 보패는 그를 진심으로 돌보지만, 광우는 삶의 의욕을 잃은 채 점점 더 비참한 처지로 전락한다. 보패는 화숙과 봉상의 밀회를 목격하고, 분노하여 화숙을 칼로 찌른다. 화숙은 광우에게 용서를 빌며 죽는다. 광우는 화숙을 묻으며 자신의 과

거를 뉘우친다. 그러던 중 그의 딸 순복이 세계적인 음악가가 되어 공연차 이태리에 온다. 순복은 아직도 정애를 비롯한 가족과 친구들이 그를 기다린다고 전한다. 이 말에 광우는 오랜 방랑을 청산하고 귀국한다.

**【참고】** 연재 지면에 '放浪의歌人 方仁根 作'이라 표기되어 있다. 당시 유명한 성악가였던 안기영과 그의 제자 김현순의 연애 사건을 소재로 한 작품이다. 이화전문 음악과 교수였던 안기영과 부호 김태상의 딸 김현순은 사제 관계로 출발하여 연인이 되었는데, 안기영이 기혼자였기 때문에 이들의 연애는 불륜이 되었고, 당대 사회의 이목을 끌었다. 방인근은 훗날 이 작품의 창작 동기를 술회하면서 자신이 안기영의 친구였기 때문에 사건의 당사자를 가까이서 지켜보고 소재를 얻었다고 밝힌 바 있다. 그러나 실제 인물 안기영과 김현순이 끝까지 연인 관계를 유지했던 것과 달리, 작중인물 광우와 화숙의 연애는 비극으로 끝난다. 이러한 결말은 당대 사회의 독자 대중이 옹호한 도덕률을 따른 것으로 보인다.

## 방랑자/放浪者 : 이광수. 중앙출판사1949.

**【내용】** 「삼봉이네 집」 참조.

**【참고】** 1930년 《동아일보》에 연재 후 1941년 영창서관에서 단행본으로 출간한 『삼봉이네 집』을 개제한 작품이다. 개제의 이유는 밝혀진 바 없다. 해방기에 간행된 이광수의 저서 중 『방랑자』를 포함한 『혁명가의 안해』, 『이순신』, 『이차돈의 사』 등 8권의 판권지에는 이광수의 저작 표시가 기재되어 있지 않다. 그를 제외한 나머지 저서는 모두 식민지 시대 출간되었던 서적들로서 저작자가 이광수로 기재되어 있다. 식민지 시대 저작 표시의 관행에 근거한다면 8권의 저서는 이광수가 저작권을 가지고 있지 않은 것으로, 작가의 뜻과는 상관없이 출판업자의 요구에 의해 출간된 것으로 추정된다. 「방랑자」와 「삼봉이네 집」은 전체적인 내용에는 큰 차이가 없으며 마지막 문장만 다르다. 영창서관 1941년본 「삼봉이네 집」의 마지막 문장은 "이 일이 있은 후 김삼봉은 가족들의 원조로 순경청을 탈출하게 되어 새로운 결심을 하고 새살림을 하게 되었다"이다. 그와는 달리 「방랑자」의 마지막 문장은 "이 일이 있은 후 김삼봉은 가족들의 원조로 순경청을 탈출하여 정처 없는 방랑 생활을 하였다"이다. 식민지 시기에 발표되었던 장편소설들이 해방 후 개제 출판된 경우가 종종 있는데, 채만식의 『황금광 시대』(중앙출판사1949, 「태평천하」의 개제), 이기영의 『정열기』(성문당1948, 「생활의 윤리」의 개제) 등이 대표적이다.

## 방물장수 늙은이/박물장사늙은이 : 이태준. 신가정1934.2-7(5회 완).

**【내용】** 박물장수 노파는 젊은 시절 첩을 들인 남편에게 소박맞은 이후로 물건을 팔러 다니며 생계를 꾸려 간다. 그녀는 비록 자신은 호강하지 못했지만 딸은 잘살기를 바라며 장사로 번 돈을 딸네 집에 쓴다. 그녀는 자신이 박물장수라서 여러 여인들을 쉽게 만날 수 있다는 점을 이용하여, 사위가 소작하는 땅의 주인집 아들이 여학생 첩을 여럿 들이는 데 중매쟁이 노릇을 하기도 하고, 수절 과부를 꾀어 호색한 영감에게 넘겨주는 등 뚜쟁이 노릇을 하고 다닌

다. 사람들이 자신의 계교에 속아 넘어가자 그녀는 세상살이는 우스운 것이라 생각하게 된다. 그러던 중 노파의 딸이 남편에게 소박을 맞는다. 그녀는 딸 역시 자기와 같은 신세가 되었다는 점에 분노하지만, 딸에 대한 애착이 자기 괴로움의 근원이라는 점을 깨닫는다. 며칠 후, 노파가 훼절하도록 꾀어 냈던 과부가 자결한다. 노파는 죄책감을 느끼고 물욕을 버린다. 그녀는 인생은 외로운 것이라 깨닫고 과부의 명복을 빌며 딸의 집을 떠난다.

**【참고】** 연재 지면에 '박물장사 늙은이 李泰俊 作'이라 표기되어 있다. 도시를 배경으로, '돈'과 '허영'을 중심으로 한 인간의 물질적 욕망을 적나라하게 서술한 작품이다. 박물장수 노파는 자신의 물욕을 위해 남을 속이고 이용하며, 그를 둘러싼 주변 인물들 모두 자신의 욕망을 채우는 데 여념이 없다. 그러나 작품 말미에 이르면 노파는 자신의 잘못을 깨닫는다. 작중인물의 이러한 심리 변화를 통해 물질이 지배하는 사회에서 삶의 진정한 가치란 무엇인가 하는 물음에 이르고 있다.

## 방파제/防波堤 : 함대훈. 광업조선1937.12-1938.1(2회 미완) ; 조광1938.12-1939.11(12회 미완).

**【내용】** 김영수는 보통학교를 졸업하고 상급 학교로 진학하고자 하였으나 아버지의 반대로 장사를 배우게 된다. 영수는 같은 학교에 다니던 혜선과 좋아하는 사이이다. 혜선은 집안 사정상 공장에 다니게 된 자신의 처지를 생각하며 영수에게 계속 공부하라고 권한다. 같은 학교에 다니다 상급 학교로 진학한 고경구가 혜선에게 관심을 보이며 접근한다. 혜선은 잠시 갈등하는데 마침 영수가 집안에서 정해준 강 초시 딸과 결혼하리라는 소문을 듣는다. 영수는 이를 부인하지만 심경이 복잡해진 혜선은 고학이라도 해 볼 양으로 서울로 떠난다. 혜선이 서울의 근화학교에 입학하여 잘 지낸다는 편지를 받은 영수는 마음이 다급해진다. 영수는 가출하여 형이 다니는 C고등보통학교의 3학년으로 편입한다. 영수를 찾아온 아버지가 결혼만이라도 하라고 사정하지만 영수는 이를 듣지 않는다. 한편 혜선은 학교를 다닌 지 채 일 년도 되지 못해 그만둘 위기에 처하지만 학교 선생의 도움으로 그 집에 머물게 된다. 영수는 뜻밖에도 형이 경찰에 잡혀갔다는 말을 듣고 고향으로 내려간다. 형의 일로 어머니가 쓰러져 반신불수가 되고, 아버지마저 드러눕자 영수는 어쩔 수 없이 자신보다 나이가 많은 강 초시의 딸과 결혼한다. 고향에서 서울로 돌아온 영수는 혜선에게 자신이 결혼했다는 말은 차마 하지 못하고, 그와 영원한 사랑을 맹세한다. 영수의 아이를 낳은 강 씨 부인은 자신에게 마음이 없는 남편 때문에 애를 태운다. 아버지의 사업을 잇기 위해 학교를 잠시 쉬기로 한 영수는 혜선과 사랑을 속삭이며 하룻밤을 같이 보낸다. 그러나 강 씨 부인이 혜선을 찾아와 남편을 빼앗았다며 하소연한다. 혜선은 영수를 쫓아와 왜 자신을 속였냐며 원망한다. 영수는 괴로워하다 강 씨와 이혼할 것을 결심한

다. 집에 내려갔던 영수가 돌아와 혜선을 찾지만 혜선이 학교를 그만두고 서울로 떠났다는 말만 전해 듣는다. 그는 망연하여 하숙집으로 돌아오는데 그 방에 혜선이 앉아 울고 있다. 재회한 영수와 혜선은 영원한 사랑을 다짐한다.

**【참고】** 제목 앞에 '長篇小說'이라 표기되어 있다. 1939년 11월 발표된 12회 말미에 '次回完'이라 표기되어 있어 13회 완결된 것으로 추정되나 13회 연재 자료를 찾을 수 없다. 연재된 부분만으로도 전체 내용을 어느 정도 파악할 수 있다. 《조광》에 연재되기 이전 《광업조선》에 먼저 연재되었으나 그 일부분만 확인된다. 《광업조선》 1937년 12월호에 1회, 1938년 1월호에 2회가 부분 누락되어 게재되었으나, 《광업조선》의 앞뒤 호에서 「방파제」가 게재된 것은 더 이상 확인되지 않는다. 1, 2회의 내용은 《조광》 1, 2회의 내용과 동일하다. 원치 않는 조혼으로 인한 갈등을 통속적으로 그리고 있는 애정소설이다.

## 방화 살인 사건/放火殺人事件 : 방인근. 호남문화사1949.

**【내용】** 파리 접경 지역 소도시에 사는 구 백작 부부는 금슬 좋기로 유명하다. 미모의 백작부인은 남편보다 삼십 세 정도 연하로, 정숙하다고 소문나 있지만 사실은 귀족 청년 장보국과 사랑하는 사이이다. 보국은 백작부인을 사랑하지만, 정숙이라는 여성을 만난 후로 부인과의 관계를 청산하려 한다. 그는 부인을 마지막으로 만나 작별인사를 한다. 바로 그 시각, 구 백작 저택에 불이 나고 백작은 총상을 입는다. 경찰은 이 화재가 백작의 목숨을 노린 것이라 여겨 수사를 시작하고, 고공루라는 목격자의 진술을 확보한다. 고공루는 지능이 부족한 자임에도 불구하고 보국이 범인이라고 단언한다. 보국은 사건 당시 백작부인과 밀회하고 있었기 때문에 자신의 알리바이를 밝히지 못한다. 정숙과 변호사 복기호, 마극로는 보국의 누명을 벗기기 위하여 갖은 애를 쓰지만 번번이 실패한다. 그들은 마침내 명탐정 공우탁에게 사건을 의뢰한다. 공우탁은 고공루에게 접근하여 그가 진범임을 알아낸다. 평소 백작 부인의 보살핌을 받아 온 고공루는, 백작부인이 보국에게 남편만 없다면 함께 살 수 있다고 한 말을 엿듣고 백작을 없애려 한 것이다. 이후 백작부인은 자취를 감추고, 보국은 정숙과 결혼한다.

**【참고】** 표지에 '(探偵小說) 放火殺人事件'이라고 표기되어 있다. 등장인물의 누명이 벗겨지고 의외의 인물이 범인으로 밝혀지는 서사 구조를 가지고 있다. 그러나 사건을 해결하는 역할을 맡은 탐정이 작품의 후반부에 등장하는 데다, 해결 과정 또한 논리적 추리를 기반으로 하기보다는 우연에 의존하고 있어 본격적인 추리소설의 구조라 보기는 어렵다. 단행본에는 이 작품 외에 「인도의 보물」이라는 소설이 함께 수록되어 있다. 「인도의 보물」은 내용으로 보아 코난 도일의 작품 「네 개의 서명」을 번역한 것이지만, 저자와 역자에 대한 정보가 전혀 표기되어 있지 않다.

## 밭 가는 사람들/耕す人々の群 : 청목홍. 第一書房(日)1941(303면).

**【내용】** 내용 생략.

**【참고】** 청목홍(青木洪)의 본명은 홍종우이다. 「밭 가는 사람들」은 그의 나이 33세에 일본에서 간행된 최초의 작품이다. 이 소설은 애초에 세 권으로 구상되었으나, 나머지 두 권은 쓰지 못한 것으로 알려져 있다. 홍종우는 정규 문학 교육을 받지 못했으나, 낮에는 고된 육체노동을 하고 밤에는 소설 창작에 매진하면서 「밭 가는 사람들」을 완성했다고 한다. 이 소설은 당시 일본 문단에서 제창하고 있던 국민문학론과 관련해서, '국민문학의 기본 조건을 생각하는 데 최상의 전거가 될 수 있는 위대한 문학의 제일보' 라는 극찬을 받기도 했다. 국토에 밀착해서 국민 생활을 구체적으로 파악하고 묘파함으로써, 침략 전쟁을 찬양하는 국책적인 국민문학과는 확연하게 다른 진정한 국민문학의 방향을 제시한 작품이라는 이유에서였다. 일본에서 활동하던 홍종우는 1942년 《중앙공론》 2월호에 「미인 며느리」를 발표하고, 고향인 황해도로 돌아갔다. 그 후 《국민문학》에 「처의 고향」(1942.4), 「고향의 누이」(1942.10) 등의 단편을 발표했다.

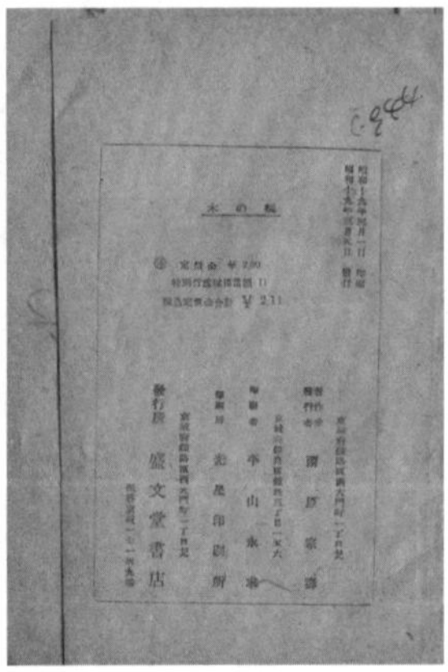

## 배나무/梨の木

최병일. 성문당서점1944.

**【내용】** 권인봉 씨는 부자는 아니지만 원주에서 읍회 회원, 경방단 부단장, 소방 조장, 학교협의회 위원, 정미소조합 이사 등의 직함을 가지고 있는 지방 유지이다. 그는 보통학교를 졸업하고 군청 직원이 되었지만 학력 때문에 승진이 되지 않아 퇴직했다. 그래서 그는 변호사가 되고자 하는 이루어지지 않을 꿈을 위해 항상 육법전서를 끼고 산다. 이에 비해 김만복 씨는 하층계급 출신으로 전쟁에 출정한 프랑스 선교사로부터 위탁받은 교회 재산을 유용하여 고리대로 재산을 모은, 읍에서 최고 가는 부자이다. 신사, 소방단, 농학교는 물론 관청에도 기부하는 등 마을에서 없어서는 안 될 존재이다. 이 두 사람 사이에 담장을 넘어온 배나무 가지를 둘러싸고 크게 싸움이 벌어진다. 이 두 사람의 싸움을 중재하고자 하는 일본인 서장의 노력에도 불구하고, 법률만을 믿고 의지하는 권인봉 씨는 김만복 씨를 고소한다. 그러던 중 김만복 씨 집에서 화재가 나고, 미처 빠져나오지 못한 김만복 씨의 아내를 권인봉 씨가 구한다. 이 사건을 계기로 두 사람은 화해한다.

**【참고】** 일본어 중편소설이다. 전반부가 대립의 과정을 그리고 있다면 후반부는 화해의 과정을 그리고 있다. 두 사람의 싸움은 그저 이웃 간의 싸움이지만, 그 과정에는 식민지적 질서가 깊숙이 개입되어 있다. 권인봉 씨가 지식인의 측면에서 식민지 엘리트라고 한다면, 김만복 씨는 경제적인 측면에서 식민지 엘리트라고 할 수 있다. 그들은 식민지적 지식 체계나 식민지의 경제 체제를 이용하

여 엘리트의 위치를 구축한 사람들이라고 할 수 있다. 창작집 『배나무』에는 「梨の木」, 「安書房」, 「村の人」, 「啞」, 「旅人」, 「風景畵」, 「童話」 등 7편의 작품이 실려 있다.

## 백가면/白假面 : 김래성. 소년1937.6-1938.5(12회 완) ; 한성도서1938 ; 조선출판사1946(206면).

**【내용】** 백가면은 세계 각국을 돌아다니며 귀중품을 훔치는 도둑이다. 그는 조선에 와 조선 제일의 발명가 강영제 박사를 납치한다. 박사의 아들 수길과 그의 친구 박대준은 탐정소설가 유불란 선생의 도움을 받아 백가면을 쫓는다. 수길 일행은 백가면을 쫓던 중 놀라운 사실을 알게 된다. 백가면은 강영제 박사를 납치한 것이 아니라, 박사의 발명품인 기계를 노리는 외국인들로부터 박사를 보호하기 위해 안전한 곳에 피신시킨 것이며, 백가면의 정체는 오래전 바다에 나가 행방불명 되었던 대준의 아버지라는 사실이다. 수길 일행은 외국인들을 물리친 뒤 부친과 재회한다.

**【참고】** 연재 지면에 '探偵冒險小說탐정모험소설 白假面백가면 金來成'이라 표기되어 있다. 《소년》 1938년 5월호는, 잡지 유실로 확인할 수 없다. 그러나 전월호 연재분 말미에 '계속'이라고 표기되어 있고, 1938년 6월호부터는 이 작품이 실려 있지 않은 것으로 보아, 5월에 연재 종료했을 것으로 추정된다. 이후 완결된 내용의 단행본으로 발간되었다. 1951년 평범사에서 출간된 개작본 서문에서 작가는 이 작품을 《소년》에 1년 3개월 동안 연재했다고 밝히고 있으나, 이는 작가의 착각일 가능성이 크다. 연재분 제목 옆에 '探偵冒險小說'이라 표기되어 있다. 이 작품은 김래성이 처음 쓰기 시작한 장편으로, 김래성은 이 작품의 연재 도중인 1937년, 유불란 탐정이 등장하는 「황금굴」을 《동아일보》에 발표하기도 했다. 두 작품을 묶어 1938년 한성도서에서 단행본 『백가면과 황금굴』을 출간했다.

## 백가면과 황금굴/白假面과黃金窟 : 김래성. 한성도서1938.

**【내용】** 「백가면」, 「황금굴」 참조.

**【참고】** 김래성이 1937년 《소년》에 연재한 「백가면」과 동년 《동아일보》에 연재한 「황금굴」을 묶어 1938년 한성도서에서 단행본으로 출간한 책이다.

## 백구/白鳩 : 염상섭. 조선중앙일보1932.10.31-1933.6.13(189회 완).

**【내용】** 박영식은 보통학교 교원으로, 그에게는 백화점 점원인 원랑이라는 애인이 있다. 돈에 눈이 먼 원랑의 모친은 딸을 마흔 살 은행과장 리형식의 첩으로 보내려 한다. 원랑은 수차례

영식을 찾아가 자신을 의탁하려 하지만, 영식은 자신에게 경제적 능력이 없는 데다 소학교 교원으로서 남과 혼담이 진행 중인 여자와 결혼하는 것은 불명예라 하여 거절한다. 원랑은 형식과 결혼하고, 영식은 춘홍이라는 여성과 만나 애정을 느낀다. 춘홍은 수년간 형식의 첩이었으나, 형식이 원랑과 결혼하자 위자료로 집 한 채를 받고 헤어진다. 영식은 원랑의 외종오빠 종호를 통해 알게 된 김혜숙, 혜숙이 따라다니는 극단 운영자 유경호 등과 교제한다. 경호 일파의 접근은 사전에 계획된 것으로, 이들은 형식이 금광 사업을 하면서 금을 밀수출해 취한 폭리를 빼앗아 자기들이 하는 운동의 자금으로 쓰려고 영식에게 접근한 것이다. 나중에 이 계획을 안 영식은 발을 빼려 하지만, 경호 일파에게 납치와 회유를 당하자 결국 형식과 경호 일파의 대면을 주선한다. 형식이 자금을 내놓으려 하지 않자, 경호 일파는 원랑을 유인하여 허위 유서를 쓰게 한 뒤 자살 소동을 일으켜 형식의 집을 비운 후, 금고에서 소절수를 탈취한다. 형식은 자신의 죄가 드러날까 보아 이 사건을 경찰에 고발하지 못한다. 이후 영식과 춘홍이 사라지자 원랑은 그들의 행방을 궁금해한다.

白鳩

**【참고】**《조선중앙일보》 자료 유실로 연재 시작 일자를 직접 확인할 수 없다. 염상섭 작품 연보와 여러 연구서들에 따르면, 이 작품의 연재 시작은 1932년 10월 31일이다. 이 작품이 염상섭의 작품 세계에서 차지하는 위치에 대한 연구자들의 견해는 크게 두 갈래로 나눌 수 있다. 염상섭이 「삼대」를 삼부작으로 기획했다고 밝힌 바 있기 때문에, 「무화과」에 이어 발표된 이 작품을 삼부작의 완결편으로 보는 견해가 있다. 그러나 최근에는 이 작품이 「삼대」, 「무화과」와 연속선상에 놓여 있다고 보기 어렵다는 의견이 제기되기도 한다.

## 백년연운/百年煙雲 : 이보상. 매일신보1938.10.22-1939.8.28(247회).

**【내용】** 내용 생략.

**【참고】** 이보상의 한문현토체 소설이다.

百年烟雲

## 백두산의 보굴/白頭山의寶窟 : 계영철. 소년1940.1-8(6회 완).

**【내용】** 현리, 권대, 문성, 윤해, 성구 다섯 명은 친구 사이이다. 현리는 친구들과 함께 그의 동생을 찾아 나선다. 현리의 동생은 오 년 전에 현리와 크게 다툰 후 집을 나가, 여태껏 가족에게 연락을 않고 있다. 현리 일행은 수소문 끝에 그의 동생이 일확천금의 꿈을 안고 함경도 나진으로 떠났다는 것을 알아낸다. 나진으로 간 현리 일행은 동생이 백두산의 보굴을 찾으러 갔다는 이야기를 전해 듣고 무기를 챙겨 백두산으로 들어간다. 이들은 산속에서 누군가가 쓴 유서를 발견한다. 그 유서는 백두산을 무사히 넘는 자가 백두왕의 보굴을 차지할 것이요, 요사스러운 노파에게 속는 자는 목숨을 잃을 것이라는 경고를 담고 있다. 현리 일행은 백두산에서 삼백 년 전에 죽은 사체들을 발견한다. 그러던 중 표범의 가죽을 걸친 한 무리의 '적동생 인간'들을 만난다. 그들은 언청이 군대를 거느리고 있는 검은 인종의 사람들이다. 현리와 친구들은 그들에게 사정을 말하고, 그들의 안내를 받아 백두왕을 만난다. 현리 일행은 백두왕이 데려온 군대를 물리친다. 이때 한 노파가 나타나 현리 일행을 함정에 빠뜨리려 하지만 그들은 노파의 간계에서 벗어난다. 현리 일행은 노파를 앞세워 보굴 입구로 들어가는데, 이들이 금은보화에 현혹된 틈을 타 노파는 보굴의 입구를 막고 도망친다. 현리 일행은 보물을 모두 버리고 힘을 합쳐 보굴을 탈출한다. 그 후 현리와 친구들은 현리의 동생과 극적으로 상봉한다.

**【참고】** '冒險探偵連載小說 白頭山의寶窟' 이라고 표기되어 있다. 다섯 명의 용감한 젊은이들이 친구의 동생을 찾기 위해 여행하면서 우여곡절을 겪는 모험담이다. 보물에 눈이 어두워서 목숨을 잃을 뻔했다는 내용의 우화를 통해 탐욕을 절제해야 한다는 교훈을 강조하고 있다.

## 백련유전기/白蓮流轉記 : 윤백남. 동아일보1936.2.22-8.28(154회) ; 한성도서주식회사1938.

**【내용】** 사내들에게 화를 당할 위기에 처한 백련을 방영백이 나서서 구해 준다. 이를 계기로 둘은 사랑에 빠지고 결혼을 약속한다. 마을에 미국 상선 셔먼호가 정박하면서 선원들이 마을을 습격하여 백련을 납치한다. 가까스로 탈출한 백련이 무사히 귀향하지만, 그녀가 배 안에서 봉욕을 당했다는 이야기가 퍼진다. 소문을 들은 영백의 모친이 가짜 편지를 써서 둘 사이를 갈라놓고, 영백을 조건 좋은 혼처로 장가보낸다. 그 후 백련은 객주업을 하는 부호 조만수의 세 번째 아내가 되지만 영백을 잊지 못하고, 어느 날 칠불사에서 열리는 제를 구경 갔다가 삼보에게 겁탈당한다. 백련과 삼보가 부정한 관계라는 소문이 퍼지자 만수는 백련을 내쫓는다. 환멸을 느낀 백련은 뛰어난 미색을 이용해 유명한 기생이 된다. 부패한 관리에게 독설을 던지는 호탕함까지 지닌 그녀는 뭇사람들의 찬탄을 받지만, 백련의 미모에 반한 탐욕스러운 관리 이중군에게 저항하다가 대동강 물에 빠져 죽을 위기에 처한다. 기절한 채로 강 하구까지 떠내려 온 백련을 세 명의 뱃사공이 구해 주지만, 그들 역시 그녀를 차지하려고 몸싸움을 벌인다. 마침 칠불사의 삼보가 나타나 그녀를 구해 주는데, 도적이 괴수가

된 그는 칠보스님이라는 이름으로 불리고 있다. 백련은 도둑 무리의 우두머리가 된다는 조건으로 칠보의 아내가 된다. 백련 무리는 못된 양반들과 포악한 관리들을 벌한다. 한편 모친의 계략으로 백련을 잃었다는 사실을 알게 된 영백은 오랜 세월 방황하며 지내던 중 구월산에서 혁명을 일으키기 위해 모인 사람들을 만나 산당에 가입한다. 영백 무리는 자신들과 뜻을 같이하는 김옥균을 만나고 은밀하게 사변을 준비한다. 한편 백련은 삼보의 곁을 떠나 영백을 찾아나서고 극적으로 조우한다. 백련을 되찾기 위한 삼보의 계략으로 영백은 죽을 고비를 맞지만, 백련의 기지로 모면한다. 백련은 부정한 관료에게서 빼앗은 돈으로 영백의 정치자금을 마련한다. 김옥균의 계획은 실패로 끝나고 백련은 절도죄로 관가에 끌려간다. 목숨이 위태로운 영백은 어쩔 수 없이 일본 망명길에 오르는데. 그의 일행이 탄 배 위에서 뜻밖에도 감옥에서 탈출한 백련과 상봉한다.

**【참고】** 희곡작가이자 소설가인 윤백남의 역사소설이다. 윤백남은 역사적인 사건을 배경으로 삼되 허구의 주인공을 등장시킴으로써 정사를 야담화하여 민중의식을 드러내고자 하는, 이른바 '야담작가' 로 불린다. 「백련유전기」 외에도 같은 시기에 신문에 연재된 「대도전」(1930), 「해조곡」(1931), 「흑두건」(1934), 「야화」(1934) 등의 장편소설은 하층민 혹은 소외된 계층의 활약상을 다룬다는 내용상의 공통점이 있다. 이 작품들은 주인공이 도적이 되어 타락한 관료와 부패한 부호를 벌하고 폭력적인 사회를 교정하려고 노력한다는 점에서 「홍길동전」의 의적 모티프를 차용한 것으로 해석된다. 「백련유전기」에서는 남성 주인공뿐 아니라 여성 주인공 역시 도적의 괴수가 되는데 남성 인물을 위험에서 구하는 여성 인물의 영웅적인 면모가 두드러지는 작품이다. 한성도서에서 1950년까지 발행되었다는 기록이 있다. 서강대 도서관 소장 한성도서주식회사본을 참조하였다. 표지에 '長篇小說 白蓮流轉記' 라고 표기되어 있다.

## 백마강/白馬江 : 김동인. 매일신보1941.7.24-1942.1.30(158회 완) ; 남창서관1944(485면)

**【내용】** 봉니수는 백제 의자왕의 오촌조카딸이자 풍 왕자의 육촌누이이다. 그녀는 일본 유학 중 부친 복신의 부름을 받아 야마도인 오리메와 함께 귀국한다. 의자왕이 왕후를 잃은 뒤 주색에 빠져 국정을 돌보지 않자 나라에 간신배가 들끓는다. 어느 날 왕이 베푼 연회자리에서 충신 성좌평이 왕의 횡포를 막으려다 쫓겨난다. 왕의 불손한 행동을 가로막은 성좌평은 감옥에서 혈서를 쓰고 자결한다. 의자왕은 복신의 며느리를 궁으로 불러들인 후 궁옥에 감금한다. 신라는 백제를 물리치기 위해 당과 협력하여 군사훈련을 시작한다. 계백 장군은 좌평의 혈서를 읽고 복신을 찾아가 나라를 지킬 방법을 의논한다. 봉니수의 오빠 집기가 아내를 찾기 위해 집을 나간 뒤 궁에 괴한이 침입해 왕에게 충언을 남기고 홀연히 사라진다. 이후로 의자왕은 국정에 관심을 쏟기 시작한다. 그 괴한이 집기임이 밝혀지지만 풍 왕자의 중재로 용서받는다. 집기 부부가 무사히 집에 돌아오자 그의 모친은 크게 기뻐하지만 갑자기 병세가 악화되어 숨을 거둔다. 복신은 아내가 죽자 중이 되어 신라 정세를 살피고 오겠다며 길을 떠난다. 복신을 대신해 집기가 왕을 모시게 되지만 왕의 둘째 아들 태 왕자와 간신배 술

歷史小說 白馬江 【1】 金東仁 作 李承萬 畫

비에게 권리를 모두 빼앗기고 만다. 태 왕자는 봉니수를 두 번째 부인으로 삼고 싶다고 청한다. 봉니수는 집기의 벗 왜인 소가를 마음에 품고 있었으나 왕명을 받아들여 태 왕자의 부인이 된다. 얼마 후 오리메는 소가와 결혼한다. 황산벌 전투에서 계백장군과 오천 명의 군사가 나당 연합군에게 몰살당한 후 백제의 주류성이 함락되고 의자왕은 신라에 항복한다. 집기 부부와 소가 부부, 봉니수가 백성들과 함께 주류성을 지키고 있을 때, 복신이 왜국 원정군과 함께 달려온다.

**【참고】** 이 작품은 백제 종실 가문의 딸 봉니수의 삶을 통해 의자왕 시대의 정치적 상황을 재구성한 역사 장편소설이다. 의자왕이 나당연합군에 항복한 상태에서 봉니수의 아버지와 백제 왕자 풍이 왜국에서 원정군을 이끌고 부여의 주류성으로 진격해 오는 것을 결말로 삼고 있다. 작가는 1941년 7월 23일자 광고를 통해 '백제를 배경으로 신체제에 적응하여 역사소설의 신기원을 만들'자고 말하면서 '백제의 문화는 오늘의 대일본제국을 이룩하는 초석이 되었다'고 밝힌 바 있다.

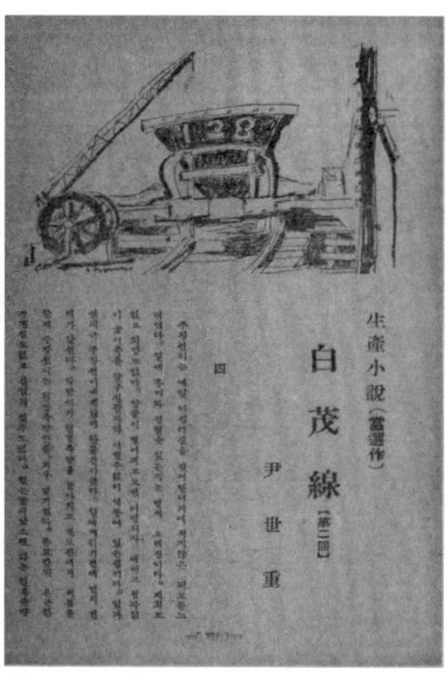

生産小說(當選作) 白茂線 【第二回】 尹世重

## 백무선/白茂線 : 윤세중. 인문평론1940.11-1941.4(4회 미완).

**【내용】** 경편철도 백무선은 백암역을 기점으로 험난한 산악 지대를 지나 동북쪽을 연결한다. 기공식이 화려하게 열릴 즈음 촌전조의 조장인 촌전은 조원들을 모아놓고 요리를 대접한다. 최대한 많은 작업을 따서 한몫 보려는 포부이다. 전택은 돈을 벌 욕심으로 촌전조에 들어와 모자란 일손을 보충하기 위해 닥치는 대로 사람을 모집한다. 기공식이 성대하게 거행되고, 전택은 주창선과 함께 많은 조원들을 거느리는 주임이 된다. 박달과 창결은 돈을 벌기 위해 촌전조에 속했으나, 생각 이상으로 일은 고되기 그지없다. 그 와중에 창결은 창선의 소원으로 옮기라는 명령에 불복하여 서울로 올라가기 위해 역으로 나섰으나 박달 등의 설득에 등을 돌린다.

**【참고】**《인문평론》 창간 1주년 기념상 모집 응모에 당선된 작품이다. '생산소설' 이라는 부제가 달려 있다. '백무선을 쓰고' 라는 제목이 붙은 당선 소감에서 윤세중은 실제로 백무선 공사에 삼 개월 참여했다가 서울로 돌아왔으며, 이 경험을 바탕으로 소설을 창작했다고 밝히고 있다. "작품의 무대와 인물은 내가 보고 듣고 또 직접 체험한 것을 되도록 사실적으로 그렸다. 다만 그 호흡만은 내 도마 위에 올려놓고 내 마음대로 난도질을 해 보느라고 했다"고 서술했다. 백무선의 공사 경위와 인부들의 삶이 자세하게 묘사되어 있다. 잡지의 폐간으로 연재가 완료되지 못했다.

## 백의인/白衣人 : 이경손. 조선일보1927.1.20-4.27(70회 완) ; 영창서관1931(319면).

**【내용】** 김긔호는 신문사 편집기자이다. 그의 집은 본래 부유했으나, 그의 학비를 대느라 토지를 모두 팔아 버리고 현재는 그의 월급으로 온 가족이 생활하고 있다. 긔호의 여동생 정애는 서울 기숙학교에 다니고, 남동생 긔영은 노모와 함께 고향 개성에 있다. 긔영이 서울 중학교에 다니고 싶어 하자, 긔호는 차마 형편이 어렵다는 말을 하지 못하고 그 청을 들어준다. 정애는 법학전문학교 학생 경식과 사랑하는 사이지만, 그가 기혼자인 줄은 모른다. 경식의 처가 남편과 사이가 멀어진 것을 비관하여 자살하자, 정애는 비로소 경식과 헤어진다. 정애는 연극배우 제의를 받고 활동하다 경식과 재회한다. 긔호는 한 여성을 만나 사랑에 빠지지만, 가난하여 둘의 사랑은 순탄치 못하다. 병약한 그녀는 돈이 없어 치료를 포기하고 말없이 긔호를 떠난다. 긔호는 어떤 사건에 휘말리는데, 그 과정에서 향녀라는 여성을 만난다. 그녀는 고무공장 직공으로, 애인이 청국 노동자와 싸우다 죽은 슬픈 과거를 갖고 있다. 긔호는 그녀와 함께 외국으로 가기로 하고 배를 탄다.

**【참고】** 연재 지면에 '映畵小說 白衣人 李慶孫 作'이라 표기되어 있다. 이 작품은 연재 당시 문단과 독자 대중으로부터 별다른 관심을 받지 못했다. 그러나 1964년 12월《신동아》에 실린「무성영화 시대의 자전」이라는 이경손(李慶孫)의 회고담에 따르면, 군산 경찰서의 '中村'이란 소위가 이 작품을 불온하게 여겨 작가의 주위 사람들을 단속했다고 한다. 사회운동을 하는 젊은 지식인들의 문제를 담은 소설로, 항일작품이라 하여 일제의 탄압을 받기도 한 작품으로 알려진다. 이경손은 이 작품을 가리켜 '전형적인 어느 부호 토족의 몰락'을 그린 것으로, '우리나라 사회 질서의 파괴 과정을 일일이 파헤치고, 그 저류로 흘러드는 기독교의 모습까지 비판해 보려고 했다' 고 말한 바 있다.

## 백일몽과 선가/白日夢과船歌 : 강노향. 조광1936.6.

**【내용】** 배의 선장은 상해로 향하는 배 위에서 창준과 창준의 아내 서애, 그리고 그녀의 모친을 바라본다. 창준 일가족은 서해의 대촌에서 살던 사람들이다. 창준은 어릴 적 고아가 되어 이웃인 서애의 부모에게 마음을 의지하며 지냈다. 창준과 서애는 야학에서 함께 공부하면서 가족처럼 지내다가 장성하여 혼인을 했다. 그러던 중 뱃사람인 서애의 부친이 바다에

빠져 죽자 위령제를 지낸 뒤 세 사람은 섬을 떠난 것이다. 이들은 새로운 삶을 시작할 꿈을 안고 상해로 향한다.

**【참고】** 「백일몽과 선가」는 「불란서 전야제」, 「저무는 고향」 연작 중 첫 번째로 발표된 작품이다. '바다와 슬픈 전설과 그들'이라는 부제가 붙어 있다. 작가는 연재 지면에, 세 편의 단편이 연작이라는 내용의 '작가의 말'을 부기하였다. 《조광》의 목차에는 제목 앞에 '中篇小說'이라고 표기되어 있다. 이 소설은 가난하고 고통스러운 고향을 떠나 새로운 공간에서 새 삶을 키우고자 하는 이주민의 꿈을 보여 준다. 연작의 첫 번째 작품은 인물들이 희망을 가지고 새로운 보금자리를 찾아 상해로 떠나는 것으로 마무리된다. 「불란서 전야제」에서는 그러한 꿈이 좌절되는 과정을 보여 줌으로써 이주민들이 경험한 정착의 어려움을 드러내었다. 「저무는 고향」에서는 이주민들이 더 큰 상처를 안고 고향으로 돌아오는 과정을 보여 준다.

## 백일의 길 /白日の路 : 장혁주. 南方書院(日)1941(267면).

**【내용】** 내용 생략.

**【참고】** 일본어 소설이다. 「백일의 길」은 1937년 6월 16일에서 11월 6일까지 《福岡日日新聞》에 연재되었던 장편 「치인정토(痴人浄土)」를 개작한 작품이다. 작품의 내용에 약간 차이가 있을 뿐 거의 동일한 작품이라고 할 수 있다. 이 소설집에는 「백일의 길」 외에 「어떤 비밀 이야기(ある打明話)」라는 단편이 함께 실려 있다.

## 백장미 /白薔薇 : 함대훈. 사해공론1936.10(1회 미완).

**【내용】** '나'는 '집씨의 노래'라는 책을 쓴 작가이다. 어느 날 '나'는 산책길에서 우연히 만난 송혜경이 자신의 열렬한 애독자라는 것을 알게 된다. 늑막염을 앓고 있는 혜경은 하나뿐인 오빠 송강경이 북쪽으로 간 지 15년 만에 소만 국경에서 죽었다는 소식을 들었다며 '나'에게 그 시체나마 수습해 달라고 부탁한다. '나'는 국경지대의 험난한 분위기 때문에 망설이다가 국경으로 떠난다. 그러나 도착하자마자 '나'는 밀정이라는 누명을 쓰고 러시아병에게 잡힌다. 한 달 동안 옥에 갇혀 있던 '나'는 우연히 다른 곳에서 호송되어 오던 송혜경을 만난다.

**【참고】** 목차에 '純情 中篇小說', 연재 지면에 '中篇小說', '咸大勳 作'이라고 표기되어 있다. 작품의 말미에 '次號完'이라 하여 총 2회 완료를 기획한 듯하나, 이후 잡지에서 연재분을 찾을 수 없다.

## 백장미 부인/白薔薇夫人 : 이석훈. 조광1940.1-1940.6(6회 완).

**【내용】** 윤장식은 신문사에 취직해 취재를 간 강원도 이민촌에서 미인주점 여급 백장화를 만난다. 그는 그녀에게 반해 그녀와 함께 살고 싶어 하나, 회사 중역인 부친은 그녀와의 관계를 허락하지 않는다. 장식은 장사를 한다고 속이고 돈을 마련해 장화를 만나러 가지만 약속한 날짜가 지나 만나지 못한다. 음악에 소질이 있는 그는 일본에 가서 성악을 배우고 일본 음악경연대회에서 일등으로 입선한다. 한국에 돌아온 그는 넓은 세상을 경험하기 위해 미국 유학을 준비하고 경성 부민관에서 도미 고별 음악회를 연다. 장식은 공연 중에 관객들 속에서 장화의 모습을 발견하고 놀라 기절한다. 가벼운 뇌일혈로 병원에 입원한 장식에게 장화가 찾아와 자신이 금광 사업을 하는 건달패 곽기서의 첩으로 들어갔다는 얘기를 전한다. 그는 장화의 마음이 변치 않았음을 알고 미국행을 포기한다. 그는 기서를 피해 장화를 데리고 도망치고, 이 사건이 온 세상에 알려져 모든 명예와 지위를 잃는다. 두 사람은 가진 돈을 다 써 버리고 벌이를 찾아보지만 일자리가 없다. 장화는 귀금속을 팔러 서울에 갔다가 안승구라는 자에게 돈을 빌리는 대가로 육체적 관계를 맺는다. 그 사실을 알게 된 장식은 승구를 죽이고 자수한 뒤 15년 형을 받고 서대문경찰서에서 복역하던 중 이 년 만에 폐병으로 죽는다. 그 소식을 들은 장화는 대동강에 뛰어들어 자살한다.

**【참고】** 연재 지면에 '長篇小說 白薔薇夫人'이라고 표기되어 있다. 최목랑이 삽화를 그렸다. 친구 '윤장식'의 사망 후 발견된 소설을 고친 이야기라는 겉 이야기를 덧붙여 액자소설의 형식을 취한 작품이다.

## 백정의 아들/白丁의子 : 마황촌. 신흥영화1932.6(1회 미완).

**【내용】** 추운 겨울날, 한 청년이 남루한 노동복을 입고 돌아다니다가 서럽게 흐느낀다. 청년은 그러다가 갑자기 울음을 그치고 다리골이란 동네를 찾아 다시 걸어간다. 한참을 걸어서 청년은 다리골을 찾고, 행인에게 권 판서의 집을 묻는다. 청년은 권 판서의 집 앞에서 자신의 행색 때문에 들어가기를 꺼려하나 용기를 내어 들어가기로 마음먹는다. 그러나 청년은 권 판서의 집 앞에서 그만 쓰러지고 만다.

**【참고】** 연재 당시 지면에 '장편소설(長篇小說) 白丁의 아들(子)'이라고 표기되어 있고, 작품 말미에 이후로 연재가 계속될 것이라고 밝히고 있으나, 《신흥영화》가 창간호 이래로 발간되지 않아 1회로 중단된 작품이다. 마황촌(馬篁村)이 누구의 필명인지 알 수 없다.

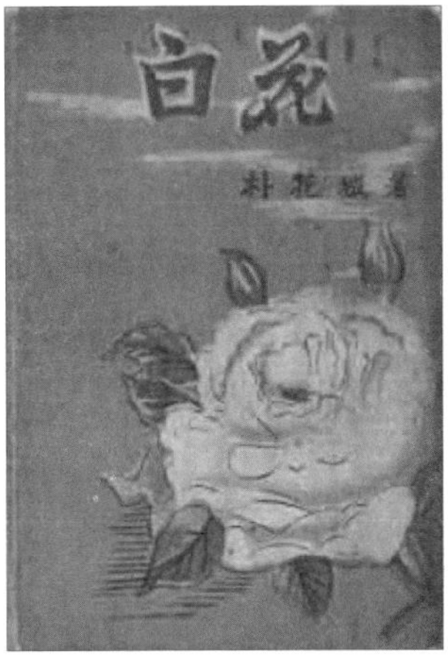


## 백화/白花

박화성. 동아일보1932.6.7-1932.11.22(166회 완) ; 덕흥서림1949.

**【내용】** 송악산 임 처사는 여섯 살 난 딸 일주, 제자 왕생과 살고 있다. 일주는 어린 나이에도 불구하고 미색이 뛰어나고 총명하여 주변의 부러움을 독차지한다. 왕생은 고려 28대 충혜왕의 서자로, 원나라 황제가 충혜왕의 방탕한 생활을 보다 못해 그를 데리고 간 뒤 고아 신세가 된 것이다. 왕생과 일주는 글동무가 되어 서로에게 의지하며 성장한다. 신돈의 횡포가 점점 심해지자 임 처사는 공민왕에게 그를 탄핵하라는 상소를 올리나 공민왕은 오히려 임 처사를 하옥한다. 임 처사는 방물장수 황파에게 일주를 부탁하나, 황파는 일주의 미모를 이용해 돈을 벌기 위해 그녀를 서경으로 데려간다. 일주는 황파의 학대를 참지 못하고 '백화'라는 기생이 된다. 백화는 명기가 되어 그 이름이 온 나라에 퍼진다. 어느 날 한 행객이 백화를 찾는데 그녀는 그 문장을 보고 그가 왕생임을 알아차린다. 왕생은 단오에 다시 돌아와 백화를 구출하겠다고 약조하고 길을 떠난다. 왕생을 기다리던 그녀는 서경에 온 우왕의 시중을 들게 된다. 백화는 우왕에게 부친의 억울한 죽음과 황파의 횡포, 왕의 주색에 대한 비난을 쏟아낸다. 백화는 우왕이 처소에 들라 명하자 단오에 수청을 들겠다고 응수한다. 단오가 되어 왕생이 오지 않자 백화는 자결하려 강물에 뛰어들고, 그것을 목격한 왕생이 그녀를 구출한다. 백화가 사라진 후 우왕은 더욱 난폭해지고 정국이 어지러운 틈을 타 내침을 당해 결국 공양왕이 즉위한다. 백화는 왕생과 혼인한 뒤 종적을 감춘다.

**【참고】** 박화성은 이광수의 추천으로 1925년 《조선문단》에 단편 「추석 전야」를 발표하면서 등단한 여성작가이다. 「백화」는 당시 여성 작가의 작품으로는 처음 시도된 신문연재장편이다. 발표 당시 박화성은 작품의 방대한 규모 때문에 작가가 여성일 리 없다는 시비에 휘말리기도 했다고 한다. 이 작품은 고려 말엽 시경의 명기인 '백화' 가 시련을 견뎌 고고하고 기품 있는 명기가 되고, 종국에는 행복한 가정을 이루는 과정을 그린 장편역사소설이다.

## 법은 그렇지만/法은그러치만 : 이태준. 신여성1933.3-1934.4(11회 완).

**【내용】** 섬마을 처녀 서운은 도시를 동경한다. 그녀는 같은 마을의 친구 경남과 결혼하기로 했지만 원산에 가서 돈 많은 남자와 결혼하고 싶다는 생각을 버리지 못한다. 서운은 정기선을 타고 원산으로 나가고, 그 뒤를 쫓은 경남은 선장 남가에게 겁탈당할 위기에 처한 그녀를 구한다. 원산에서 경남과 함께 생활하며 어렵게 지내던 어느 날 서운은 서울에서 공부를 시켜 주겠다는 화가 심우경의 꾐에 빠져 그를 따라간다. 서운은 경남이 걱정되었지만 서울로 가는 기회를 포기하지 못한다. 그녀는 우경의 애인 겸 누드모델이 되는데, 그녀의 풋

풋한 매력에 끌린 우경의 친구에게 유혹을 받기도 하며 이전까지 겪어 보지 못한 도시의 생활을 경험한다. 우경의 부인이 두 사람의 묘한 관계를 알고 나타나 그녀를 폭행하고 쫓아내고, 잠옷 바람에 쫓겨난 서운은 우경을 찾아갔다가 그가 부인과 끌어안고 잠자는 모습을 보고 분노하여 그의 집에 불을 지른다. 서운의 방화를 목격한 이근철은 그 사실을 눈감아 주는 것을 빌미로 그녀를 데리고 산다. 근철은 마약 혐의로 경찰에게 조사를 받게 되고 서운도 덩달아 취조를 받는데, 자초지종을 모르는 그녀는 자신의 방화 사실을 실토한다. 일 년 육 개월을 복역한 후 그녀는 서울에서 버스걸이 된다. 버스 안에서 우연히 경남을 만난 서운은 경남의 주소를 알아내 그를 찾아가는데, 그곳에 근철이 찾아온다. 서운은 경남을 위협하는 근철을 칼로 찔러 죽인 뒤 십 년 형을 받고, 경남은 그녀를 기다린다.

**【참고】** 순박한 시골처녀가 자신의 욕망을 쫓아가는 구조는 「오몽녀」와 유사하지만, 그 욕망이 도시문명에 대한 것인 점이 특징이다. 《신여성》에 연재 당시, 1933년 10월, 1934년 2, 3월호에서 휴재되어 일 년 일 개월 동안 총 11회로 연재 완료되었다. 중편 분량의 작품이다. 11회 말미에 '1934년 3월 24일'이라고 표기되어 탈고일을 짐작할 수 있다. 단행본 출판에 대한 기록은 찾을 수 없다.

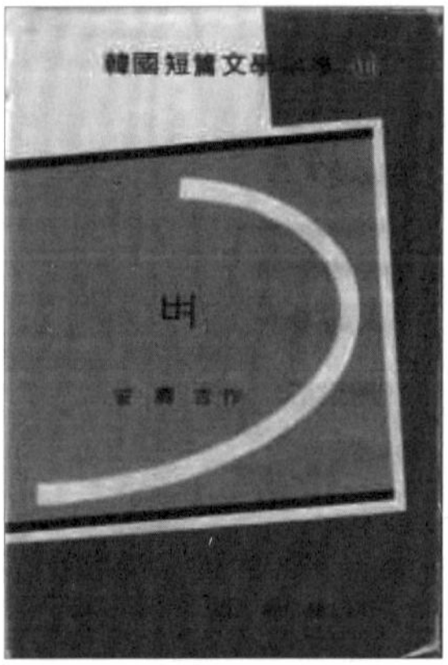


**벼** : 안수길. 만선일보1941.11.15-12.25(38회 완) ; 예문당1944.

**【내용】** 홍덕호는 길림성 조선인 이주민 마을인 매봉둔 부락 개척의 선구자이다. 덕호는 경작할 땅을 마련한 뒤 고향 응봉리에 살던 사돈 박 첨지와 마을 주민들을 만주로 불러들인다. 원주민의 습격을 받아 박 첨지의 큰아들 익수가 죽자 조선인 이주민들은 더욱 정착 의지를 다진다. 조선인들은 벼농사에 성공하고 후대를 위한 학교 건립에 착수한다. 일본 유학을 마치고 돌아온 박 첨지의 둘째 아들 찬수는 학교 건립을 주관하고 교원으로 일한다. 이 과정에서 그는 일본인 사업가 나까모도의 도움을 받는다. 반일사상으로 무장한 새로운 현장이 부임하면서 이주민들은 본국으로 돌아가거나 다른 곳으로 이주하라는 통첩을 받는다. 허가를 기다리던 학교가 불타 버리자, 찬수는 나까모도를 통해 일본 영사관에 도움을 청하고 마을 사람들과 함께 중국 육군과 대치한다. 조선인들은 피땀 흘려 개척한 매봉둔을 떠나지 않으리라 다짐하면서, 육군들의 총 앞에 벼 포기를 움켜쥐고 대항한다.

**【참고】** 안수길은 대표적인 만주 유이민 작가이다. 이 작품은 1929년에서 1931년에 걸쳐 만주를 배경으로 삼고 있으며 1931년 발생한 만보산 사건을 중심 소재로 삼는다. 만보산 사건은 일제의 술책으로 조선인 농민과 중국인 농민이 벌인 유혈 사태를 말한다. 이 소설은 전장과 후장으로 이루어져 있는데, 전장에서는 1920년대 말 조선인 이주민들이 매봉둔이라는 촌락을 이루고 그곳에 정

착하는 과정에서 겪게 되는 시련을 주로 다룬다. 소설의 뒷부분에서는 1930년대 초 학교를 세우는 과정을 중심으로 이주민들과 중국 관헌과의 마찰을 중점적으로 다룬다. 이를 통해 조선인 이주민들이 경험한 만주 정착의 어려움을 보여 준다. 해방 전에 발표된 이 작품은 해방 이후 1965년에 정음사에서 다시 출간되면서 상당 부분 수정된 것으로 알려진다. 가령 일본식 연호 표기를 고치거나 만주국 건립을 옹호하는 서술을 삭제함으로써 국책에 협력하는 부분이 수정된 것이다. 이를 근거로, 개작의 주된 동기를 '국책의 흔적 지우기'로 보는 평가도 있다. 정음사 1965년본을 찾을 수 없고 줄거리는 연재 자료를 토대로 정리하였다. 이 작품은 예문당에서 1944년 출간된 『북원』이라는 작품집에 수록되어 있다.

## 벽공무한/碧空無限 : 이효석. 박문서관1941.

**【내용】** 「창공」 참조.

**【참고】** 1940년 《매일신보》에 '창공'이라는 제목으로 148회 연재 완료한 후 1941년 박문서관에서 단행본으로 출간될 때 '벽공무한'으로 개제했다. 애정의 성취를 목적으로 한 인물 사이의 갈등이 주된 서사를 이루는 작품이다. 작품 곳곳에 등장인물들이 관람한 영화에 대한 요약 서술이 있다.

## 별과 같이 살다 : 황순원. 정음사1950.

**【내용】** 대구 샘마을 곰이네는 성실하고 일 잘하기로 소문난 농부이다. 그는 배나뭇골 할머니가 데리고 사는 처녀와 결혼하여 딸 곰녀를 낳는다. 곰이네는 마을 지주 김 만장네 일을 돕다가, 많은 돈을 벌 수 있다는 말을 듣고 일본 탄광으로 간다. 그는 열악한 작업 환경 속에서 고생만 하다 결국 사고로 목숨을 잃는다. 곰녀의 모친은 주변사람들의 권유로, 한 농부와 개가하여 사내아이를 낳은 뒤 시름시름 앓다가 죽는다. 곰녀의 양부는 곰녀를 배나뭇골 할머니네로 돌려보내고, 남은 식솔들을 데리고 집을 떠난다. 곰녀는 배나뭇집 할머니를 도우며 근근이 생활한다. 열두 살 되던 해 그녀는 김 만장의 집에 들어가 잔일을 돕다 그에게 순결을 빼앗기고 쫓겨난다. 무작정 상경한 그녀는 오갈 데 없이 방황하다 낯선 사나이의 꼬임에 빠져 작부가 된다. 평양으로 팔려 간 곰녀는 유곽에서 몸을 팔며 불행한 생활을 하다 해방을 맞는다. 곰녀는 평상시 자신에게 잘해 주던 늙은 서사의 소실이 되지만 결국 그에게도 버림을 받는다. 그녀는 구호 활동을 하는 민호단에 들어가 가난한 사람들을 위해 일하기로 결심한다.

**【참고】** 황순원의 첫 번째 장편소설이다. 이 작품은 해방 직후인 1946년 11월에 씌어졌으나 1947년에 여러 번에 걸쳐 단편의 형식으로 발표(「암콤」, 백제1947.1, 「곰」, 협동1947.3, 「곰녀」, 대호1949.7)한 것을 1950년 2월 정음사에서 단행본으로 출간했다. 이 작품은 유곽에서 몸을 팔며 살 수밖에 없는 여인의 수난사와 함께 2대에 걸친 가난과 빈곤을 형상화하였다. 또한 식민지 시대로부터 해방 직후까지를 배경으로 가난한 농민과 매춘부의 처참한 실상을 보여 주는 작품으로 평가된다.

## 별과 달의 우정 : 정비석. 민교사1949.

**【내용】** 미확인 작품.

**【참고】** 아동잡지 《진달래》 1949년 5월호의 '새로 나올 책' 지면에 소년장편소설 전집 기획을 소개하고, "정비석 선생님의 '별과 달의 우정' 을 기다립시시오—발행소 민교사"라고 광고하고 있다. 단행본은 현재 확인되지 않는다.

## 별은 창마다/별은窓마다 : 이태준. 신시대1942.1-1943.6(18회 완) ; 박문서관(1945).

**【내용】** 부유한 집안의 딸 한정은은 동경에서 피아노를 전공하고 있는 유학생이다. 아직은 나이가 어려 순수를 동경하고, 아름다운 사랑에 대한 환상이 있다. 정은의 아버지는 한성피혁회사의 사장님이다. 정은은 아버지 회사의 동경지점 지점장인 윤 씨에게 금전적인 모든 것을 부탁하고는 윤 씨는 부족함 없이 모든 것을 해결해 준다. 그러던 어느 날 정은 앞에 동경지점에서 아르바이트를 하는 어하영이라는 청년이 나타난다. 하영은 정은의 집안과 서로 교류가 있을 정도로 상류층이었지만, 사업보증을 잘못 서 집안이 망하는 바람에 고학을 해야 하는 처지가 되어 있다. 정은은 자신보다 서너 살 많은, 목표와 신념이 강한 청년 하영에게 마음을 빼앗긴다. 동시에 정은은 오빠 정관의 가정교사였던 주익형의 선심에도 은근히 신경을 쓴다. 익형은 정은의 집에 가정교사로 들어가 아버지의 대를 이어 비서 노릇을 하며, 돈 관리도 도맡고 있는 위인이다. 지난날 익형에게 그저 어린애로 비칠 뿐이었던 정은이 점점 성장하면서 여자로 느껴지는 것이다. 갑작스러운 어하영의 등장으로 익형은 조바심을 내다 못해 사랑을 고백하지만, 정은의 마음은 하영에게 향해 있다. 익형은 하영에게 정은을 포기하라는 협박을 한다. 한편 정은의 집안에서는 익형이 탐탁스러울 리 없지만, 그래도 하영보다는 낫다고 생각한다. 뒤이어 정은의 어머니는 딸로 하여금 조건을 구비한 서재선이라는 남자와 선을 보게 하는데, 재선은 정은을 마음에 들어 하지만 정은은 정중히 거절한다. 여러 가지 문제로 정은이 힘들어할 때, 지점장 윤 씨는 정은과 하영이 보통 사이가 아니라는 것을 눈치챈다. 둘을 만나게 한 것이 자신의 탓이라 느낀 윤 씨는 하영과 정은을 동시에 설득하여 두 사람을 헤어지도록 유도한다. 세월이 흘러 정은은 결혼을 미룬 채 동경에서 공부를 계속하고, 하영은 학교를 마친 후 취업하여 가정을 이룬다. 1년이 훨씬 지나 정은과 하영은 우연히 만난다. 정은은 다시 만난 하영에게 애정의 감정보다는 지난날 뜻이 맞았던 건축에 대한 꿈을 펼쳐 보고 싶은 마음을 내비친다. 정은은 그에게 사업 계획을 보여주면서 함께 조선의 건축 문화를 실현시키자고 말한다. 두 사람은 하영이 그린 신도시 설계도를 들고 함께 부산으로 간다.

**【참고】** 제목 앞에 '連載長篇小說'이라고 표기되어 있다. 젊은 남녀의 연애가 서사의 뼈대를 이루고 있으나 말미로 갈수록 우정과 동료애를 강조하는 주제로 전환된다. 동경이라는 공간이 주인공이 정신적인 성숙을 이루는 곳으로 설정되어 있다. 유학생 남녀가 현대적인 취향을 공유하면서 신도

시 건축의 꿈을 실현시키려고 노력한다는 주제는 작가의 현대성 탐구에 대한 관심을 보여 주는 지점으로 평가된다. 건축 문화에 대한 인물들의 관심과 열의는, 전쟁으로 파괴된 도시를 되살리자는 재건 의지의 발로라고 말할 수 있다. 그러한 소설적 설정을 둘러싸고 당시 일본에서 주장한 대동아공영권 건설 계획과 주제적 연관성을 갖는다는 견해가 있다.

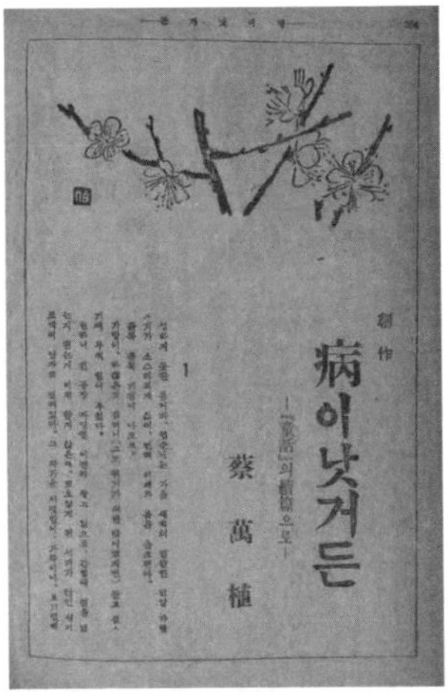


## 병이 낫거든/病이낫거든 : 채만식. 조광1941.7.

**【내용】** 업순은 농투성이 집안의 외동딸이다. 업순의 부모는 딸의 복스러운 얼굴을 보고 삼신님이 업을 점지해 주셨다 여겨 '업순'이라는 이름을 지어 준다. 열일곱 살 되던 해 업순은 가뭄과 연이은 흉년으로 살기 힘든 농촌을 떠나 전주에 있는 큰 공장의 직공으로 취직한다. 그러나 도회지에서의 고단한 생활로 인해 업순은 여러 가지 병을 얻게 된다. 월급을 차곡차곡 모아 좀더 나은 삶을 살고자 하는 희망과 달리, 업순은 점차 약값을 대기도 힘든 지경에 이른다. 업순은 할 수 없이 고향으로 돌아와 의사에게 진찰을 받고, 원기가 허하니 약을 쓰면 낫는다는 말을 듣는다. 업순의 가족들은 돈을 모아 딸의 약값을 대고, 부친은 그녀에게 병이 낫거든 그만 시집이나 가라고 타이른다.

**【참고】** 전작 중편소설이다. 목차에는 '中篇全載 病이 낫거든' 이라고 소개하고 있다. 본문 첫 장에는 '創作 病이 낫거든' 이라고 표기되어 있으며 '童話의 續篇으로' 라는 부제가 달려 있다. 「보리방아」, 「동화」, 「병이 낫거든」은 내용의 유사성 때문에 '보리방아 연작' 으로 불린다. 작가는 「보리방아」에서 중단된 내용을 「동화」(여성1938.3)를 통해 이어나갔고, 그로부터 3년 후 「병이 낫거든」(조광1941.7)을 통해 반복한다. 나이 어린 농촌 여성들이 적은 돈에 공장 노동자로 팔려 갔다가 그 후 병들어 버림받는 과정이 형상화되어 있다. 순진한 농촌 출신의 여성들이 자본의 질서 안에서 철저하게 도구화되고 소모되는 모습을 날카롭게 풍자한 작품으로 평가받는다.

## 보리방아 : 채만식. 조선일보1936.7.4-18(13회 미완).

**【내용】** 가난한 농사꾼의 딸 용히는 보통학교를 졸업하고 집안일을 열심히 돕는다. 그러나 집안 형편은 좀처럼 나아지지 않는다. 용히의 부친 태호는 양식을 얻고자 여기저기 뛰어다닌다. 태호는 자작농창정제(自作農創定制)의 자금을 받아 약간의 땅을 마련하고자 노력하지만, 사사건건 면장과 대립하면서 어려움을 겪는다. 용히는 시집갈 밑천을 스스로 장만하려는 생각으로 제사공장에 들어갈 결심을 한다.

**【참고】** 연재 지면에 '短篇小說 보리방아 蔡萬植' 이라고 표기되어 있다. 「보리방아」는 13회에서 연재

가 중단되어 미완으로 그친 작품이다. 이 작품은 이후 발표된 작품들의 서두 역할을 한다고 평가된다. 「보리방아」, 「동화」, 「병이 낫거든」은 내용의 유사성 때문에 '보리방아 연작'으로 불린다. 작가는 「보리방아」에서 중단된 내용을 「동화」(여성1938.3)를 통해 이어나갔고, 그로부터 3년 후 「병이 낫거든」(조광1941.7)을 통해 반복한다. 수필 「귀향 도중」(매일신보1941.5.15-18)과 유고작 「차중에서」에도 유사한 내용이 나타난다. 가난한 농민의 열악한 경제 사정을 형상화한 작품들이다.

## 복수/復讐 : 방인근. 문운당1948.

**【내용】** 하르빈에 사는 주화실과 백명호는 결혼을 약속한 사이다. 서울에 사는 화실은 백만장자의 딸로서 보기 드문 미인이지만 소문난 요부이다. 명호는 남경에서 대학을 마친 후 조선독립운동에 참여한다. 화실이 부잣집 딸이라는 사실을 알고 권철이란 자가 그녀에게 접근하고, 화실은 사내다운 그에게 마음을 빼앗긴다. 화실은 철과 모략하여 정혼자 명호를 송화강에 밀어넣고 조선에 들어와 혼인한다. 명호는 어부에게 가까스로 구조되어 화를 면하고 복수를 결심한다. 여성적인 외모를 가진 명호는 진미랑이라고 이름을 바꾸어 여자 행세를 하며 돈을 모은다. 조선에 들어갈 자금을 확보하는 동시에 독립운동가로 조선에 알려진 자신의 신분을 숨기기 위해서이다. 미랑은 여류 명사가 되어 서울에 도착한다. 그는 화실의 동생 인실에게 접근하여 교분을 나눈다. 미랑은 인실과 함께 그녀의 집에 기거하면서 생활하는 한편, 따로 집을 얻어서 독립운동가들을 만나는 거점으로 삼는다. 한편 철은 아내 몰래 화류계에 빠져서 가사를 탕진한다. 어느 날 철과 화실은 이상한 편지를 받는다. 철과 화실이 살인을 했으며, 철이 이중 살림을 차리고 있다는 것을 폭로하는 내용이다. 화실과 철은 두려움에 떨며 편지를 보낸 자를 찾아 나선다. 그리고 미랑이 죽은 줄 알았던 명호라는 사실을 알아낸다. 죄를 뉘우치는 화실은 명호를 죽이려고 하는 철을 죽인 후 자살한다. 명호는 인실에게 남자임을 고백하고 그녀와 결혼을 약속한다. 화실이 죽은 후 여덟 달 만에 조선은 해방을 맞는다. 인실과 명호는 성대한 결혼식을 올린다. 그들은 홍콩과 상해를 돌며 무역업으로 돈을 벌어 건국 사업에 보탠다.

**【참고】** 방인근은 '장비호 탐정'이라는 허구의 인물을 만들어 추리소설 작가로 이름을 알렸다. 그의 작품은 대체로 심미적 가치나 사회성보다는 대중적이고 통속적인 면이 두드러진다는 평가를 받는다. 이 작품 역시 남녀의 연애를 중심으로 서사가 진행된다. 특이한 것은 연애의 성공이 가정을 이루는 과정으로 이어지는 것이 아니라 국익 사업에 참여하는 계기가 된다는 점이다. 이 때문에 개인의 복수극이 서사의 핵심이 아니라 해방 이후 건국 사업의 문제가 중심에 놓인다고 평가받기도 한다.

## 봄 : 이기영.

**동아일보1940.6.11-8.10(59회 미완), 인문평론1940.10-1941.2(4회 완) ; 박문서관 · 대동출판사1942.**

**【내용】** 무과급제로 선달이 된 유춘화는 서울 신 판서 집에 머물며 관립무관학교에 입학한다. 보름 후 아내의 부고를 받은 춘화는 고향 방깨울로 내려간다. 그는 매가의 마름 일을 봐 주기로 하고 민촌에 정착한다. 마을 사람들의 인심을 얻어 지도자로 부상한 춘화는 인물이 교태가 흘러 각시난봉으로 소문난 남술의 처를 후취로 맞는다. 춘화의 아들 석림은 모친을 여의고 오랫동안 외지에 나가 있던 아버지에게 정을 느끼지 못한 채 외롭게 지낸다. 석림은 이웃에 사는 국실에게 애정을 느끼지만 국실이 금점꾼 오인호와 잘 지내는 것을 지켜보다가 부친의 성화에 못 이겨 조혼한다. 사립 광명학교에 입학한 석림은 중산 선생을 만나 근대적 합리성을 주장하는 그의 시각에 동화된다. 언문을 배우고 신문물을 접하면서 석림은 점차 개화에 눈을 뜬다. 금전이 터진 방깨울은 홍청망청 소란한 마을로 변하고, 급기야 마을 청년 창길이 노름판에서 딴 돈 때문에 살해되는 일이 벌어진다. 춘화는 창길의 장례를 성대히 치러 주고 미풍양속을 해치는 금전꾼들을 성토한다. 그러나 아들의 혼인 비용과 사립 광명학교 설립 기부금을 변통한 것이 빚이 되자 춘화는 사금광에 손을 대었다가 파산하기에 이른다. 아버지를 따라 가코지 큰고모 집으로 이사한 석림은 고학을 하면서 미래를 설계하는 청년으로 성장한다.

**【참고】** 1940년 8월 《동아일보》가 정간됨에 따라 제1부로 연재가 중단되었다가 1940년 10월부터 《인문평론》에 다시 연재되었다. 연재가 재개되기에 앞서 다음과 같은 설명이 실려 있다. "동아일보 지상에 금년 팔월 십일까지 오십구 회를 발표하고 동보의 폐간과 동시에 중단되었던 것이다. 그것을 본지 시월 호부터 계속 연재케 되었다." 구한말에서 일제 강점기로 이어지는 시기를 배경으로 한 소년이 성장기에 맞춰 봉건적 사회구조가 무너지고 새로운 질서가 확립되는 과정을 그리고 있다. 이기영의 자전적 면모가 강하게 반영된 작품으로 평가된다.

## 봄의 노래 : 향산광랑. 신시대1941.9-1942.6(9회 미완).

**【내용】** 명년 봄 지원병으로 들어가게 된 요시오는 석수장이 딸 도시꼬와 사랑에 빠진다. 어느 날 요시오의 집에 구장이 찾아온다. 구장은 근본이 보잘것없는 사람이지만 동네에서 제일 가는 부자이다. 요시오네 또한 구장에게 많은 빚을 지고 있다. 구장은 요시오를 딸 후미꼬와 이어줄 욕심으로 그의 부친을 조른다. 병에 걸린 요시오의 부친은 빚을 갚을 수 없어 아들이 구장의 뜻을 받아들이길 원한다. 요시오의 모친은 구장이 양반이 아니라는 이유로 혼인을 반대하다가 빚 때문에 별 도리가 없음을 깨닫는다. 결국 요시오는 후미꼬와 혼인하

고 지원병 훈련소에 입소하여 다섯 달 참전하였다가 휴가를 나온다. 요시오가 훈련을 받는 동안 부친이 죽고, 도시꼬가 그의 누이동생 일을 돕고 있다. 요시오는 도시꼬를 보면서 결혼을 후회한다. 구장을 찾아간 요시오는 장모로부터 후미꼬가 희귀한 병에 걸려 해주 도립병원에 수술을 받으러 갔다는 말을 듣는다. 그러나 후미꼬는 혼인 전부터 만나온 동네 청년의 아이를 임신한 것이다. 이 사실을 알게 된 요시오는 집으로 돌아와 누이동생, 도시꼬와 함께 농사일에 전념한다. 그는 사람들이 땅을 가지면 모두 평화롭게 살 수 있을 것이라 생각한다.

**【참고】** 이광수가 '香山光郎' 이라는 창씨명으로 연재한 소설이다. 연재 첫 회에는 '新連載長篇小說 봄의 노래', 2회부터는 '現代長篇小說 봄의 노래' 라고 표기되어 있다. 1946년 6월 《신시대》 목차에 10회 대신 '本月休載' 라고 밝히고 있다. 이후의 연재 내용을 확인할 수 없는데 중단된 것으로 판단된다. 잡지 《신시대》는 한국어와 일본어가 혼용되어 있는데, 이 작품은 순한국어로 표기되었다. 연재 첫머리에 실린 편집자 서문을 보면 '춘원이 심혈을 경주한 불세출의 대작이요, 방황한 조선의 문학을 국민문학의 정도에로 인도하는 첫소리' 라고 소개하고 있다. 또한 '작가의 국민적 열정은 봄의 노래를 타고 반도 천지' 를 머리 숙이게 한다고 평가한다.

## 봄의 노래 : 정인택. 소학생1948.7(3회)-12(7회 완) ; 동지사아동원1949.

**【내용】** 내용 생략.

**【참고】** 아동잡지 《소학생》 59호(1948.7)에 3회 연재분이 수록되어 있고 63호(1948.12)에 7회 연재분이 수록되어 있다. 《어린이나라》 1949년 1월호의 '동지사아동원' 신간 광고에 "잡지 《소학생》에 연재되어 독자들을 열광케 한 정인택 선생님의 「봄의 노래」는 이번에 우리 사에서 예쁜 한 권 책으로 되어 나오기로 되었습니다. 잡지로 한 번 읽으신 분이나 아직 안 읽으신 분은 꼭 한 번 읽으시기 바랍니다" 하는 소개의 글이 수록되어 있다.

## 봄이 오면 : 안회남. 정음사1948.

**【내용】** 미확인 작품.

**【참고】** 오영식의 『해방기 간행도서 총목록』(소명출판2009)에서 서지와 제목을 채록하였다. 현재 작품은 확인되지 않는다. 안회남 창작집 『田園』(고려문화사1946)의 권말에 작가의 기존 간행물을 소개하고 있는데, 「兄」, 「病院」, 「벼」, 「病든少女」, 「다음에 오는 것」, 「愛人」, 「濁流를 헤치고」, 「動物集」, 「어둠 속에서」, 「少年」과 함께 창작집 『탁류를 헤치고』에 수록된 것으로 기록되어 있다.

## 봉도물어/蓬島物語 : 목양. 국민문학1943.9 ; 보문사1945.

**【내용】** 동경에서 대학을 다니던 김린(金麟)은 학업에 열중하다가 건강을 해쳐 신경쇠약으로 봉도(蓬島)로 귀향한다. 이곳에서 김린은 섬 아가씨 보패와 교류하기도 하고, 동경대학을 중퇴한 친구 함태식을 만나 섬을 변화시키기 위한 의견을 나누기도 한다. 태식은 섬의 급진적 개혁을 지향하는 청년으로 미신 타파를 주장하며 성황당을 없애야 한다고 말하지만, 김린은 새로운 신사를 세워 섬사람들의 의식을 높여야 한다고 주장한다. 신사는 새로 조직된 청년단의 힘으로 한 달 만에 건립되고, 김린을 중심으로 섬에 나무를 심고 야학을 하는 등 여러 가지 활동이 이루어진다.

**【참고】** 일본어 소설이다. 목양(牧羊)의 본명은 이석훈이다. 한국어 중편 「황혼의 노래」(1933)를 개작하고 일본어로 번역하여 《국민문학》에 실었다. 이석훈은 한 좌담회에서 이 작품에 대해 살벌해지기 쉬운 전쟁 시기에 소박하고 원시적인 인간 생활을 그리고자 하며, 가공의 생활이 아닌 본래의 인간이 생활하는 모습을 쓸 것이라고 밝힌 바 있다. 이 소설이 일제의 시국 정책에 부응하여 이른바 '황도정신'을 고취하는 작품이라는 것은 부정하기 어렵다. 「봉도물어」 1회 제1부 제1장이 《국민문학》에 실렸으나, 작가의 병으로 일회 연재의 미완으로 끝난다. 후에 가필되어 보문사에서 발간한 작품집에 수록된다. 작품집 『봉도물어』의 발문에 의하면 3부까지 이어지는 규모가 큰 작품으로 기획된 듯하나 미완으로 끝난다.

## 봉뚝섬 : 김복진. 소년1937.8-12(5회 완).

**【내용】** 아홉 살 소녀 음전은 봉뚝섬에서 어머니와 가난하게 살고 있다. 그녀는 다른 동무들처럼 학교에 다니고 싶지만 형편이 어려워 포기하고 남의 집 심부름을 하며 생활한다. 이를 딱히 여긴 전숙자 선생은 음전을 서울로 보내 공부시키기로 결심하고, 음전의 어머니에게 이를 제안한다. 음전은 서울에서 온 손님을 따라 봉뚝섬을 떠나지만, 손님의 계략으로 인천의 한 기생집으로 팔려 간다. 음전은 간신히 기생집을 도망쳐 나오지만 곡마단에 붙잡혀 줄타는 신세가 된다. 음전의 어머니는 딸이 서울로 간 후 행방이 묘연하자 전 선생을 따라 서울로 올라온다. 그녀는 갖은 노력을 하지만 음전을 찾지 못한다. 삼 년 후 줄을 타다 떨어진 음전은 곡마단 주인에게 매를 맞고 마구간에 갇힌다. 때마침 곡마단 구경을 온 전 선생과 음전의 어머니는 곡마단원에게 이 같은 이야기를 전해 듣고 음전을 구출한다.

**【참고】** 제목 앞에 '소녀소설(少女小說)'이라고 표기되어 있다. 현재 확인 가능한 연재분은 1937년 8, 9, 10, 12월호 게재 자료뿐이다. 《소년》 1937년 11월호는 확인되지 않는다. 아동문학가 김복진(金福鎭)의 작품으로, 순수한 섬 소녀가 도시에 와 겪는 고난을 통해 도시문명의 황폐함을 비판하고 있다. 정현웅이 삽화를 그렸다. 단행본 정보는 확인되지 않는다.

봉선화/鳳仙花 : 방기환. 문화당1948.

**【내용】** 미확인 작품.

**【참고】** 《동아일보》 1948년 7월 17일자 광고에서 제목과 서지를 채록하였으나, 현재 작품은 확인되지 않는다.

봉화/烽火 : 윤백남. 동아일보1933.8.25-1934.4.18(228회 완) ; 박문서관1936 ; 성문당서점1949.

**【내용】** 삼국이 대립하던 시절 고구려의 홍안태자가 백제를 염탐하러 몸소 적진에 잠입한다. 그곳에서 홍안태자는 우연히 한주라는 처녀를 만나 그녀에게 마음을 빼앗긴다. 홍안태자는 신분을 숨기고 한주와 사랑에 빠지는데, 마을에 두 사람의 소문이 퍼지기 시작한다. 홍안태자는 임무를 완수한 뒤 말없이 고구려로 돌아간다. 그 뒤 홍안태자의 신분이 알려지자 한주는 고구려 첩자로 몰려 다맛이라는 곳에서 옥살이를 한다. 한주의 미모에 반한 현감이 한주의 수청을 요구하자 그녀는 목숨을 걸고 저항한다. 고초를 겪던 한주는 병사를 이끌고 그녀를 구하러 온 홍안태자와 조우한다.

**【참고】** 삼국시대를 배경으로 젊은 남녀의 사랑을 그린 윤백남의 장편소설이다. 1933년 8월 23일자 《동아일보》에 '三國時代再現 新小說 烽火'라는 광고가 실려 있다. 작가는 '충(忠)과 의(義)와 애(愛)'를 보여 주는 인물의 행동을 여실히 묘사하는 데 힘을 기울였다고 설명한다. 역사적인 상황보다는 남녀의 연애가 서사의 주를 이룬다. 여자 주인공이 정인과의 사랑을 위해 정절을 지키고 고위관직의 수청을 거절하는 고소설 「춘향전」의 모티프를 차용한 작품이라는 견해도 있다.

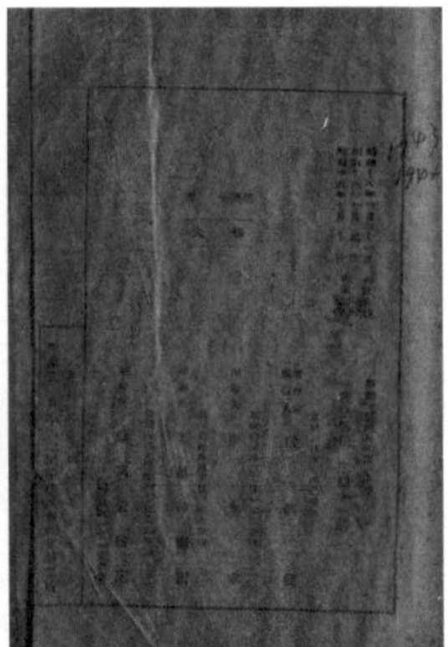

봉화/烽火 : 엄흥섭. 성문당서점1943 (573면) ; 성문당서점1948(상), 1949(하).

**【내용】** 변영조는 동경에서 농과대학을 졸업한 후 친구 김은식과 함께, 은식의 고향인 동광리로 내려가 농촌 운동을 하기로 결심한다. 그는 농촌학술강습소, 부인 야학, 탁아소, 공동 작업 등의 사업을 하며 마을 사람들의 신임을 얻는다. 은식은 자신의 누이동생 은주를 영조와 맺어 주고 싶어 하나, 영조는 옛 애인 채영희를 만나 마음이 흔들린다. 영희는 은식의 거짓말

때문에 영조와 헤어진 뒤 젊은 사업가 만수와 결혼하였으나, 만수에게 본처가 있다는 사실을 알고 이혼한 후, 의사로 일하면서 홀로 지내고 있다. 그녀는 영조와 재회한 후 그에 대한 애정이 되살아나 갈등한다. 그 외에도 마을 처녀 금순, 임야 채벌권 문제로 알게 된 별장집 딸 김종애 등이 영조와 얽힌다. 영희의 전 남편 만수는 영희가 영조를 좋아하는 것을 알고 둘 사이를 방해하지만, 결국 자신의 잘못을 뉘우치고 그녀를 놓아준다. 영조를 연모하는 여성들은 한자리에 모여 그의 사업에 방해가 되지 말자고 약속한다. 그러나 염문이 거듭되자 마을 사람들은 영조를 불신한다. 영조는 마을 사람들의 태도에 실망하지만, 굴하지 않고 다른 곳으로 가서 농촌 운동을 새로이 시작하기로 결심한다. 그는 오지인 함경도 갑산으로 떠나는데, 영희가 의사로서 봉사하겠다며 그와 동행한다.

**【참고】** 표지에 '長篇小說 烽火 嚴興燮 著' 라 표기되어 있다. 151개의 소절로 구성되어 있다. 중심인물인 영조의 직업이 농촌운동가로 설정되어 있기는 하나, 영조를 중심으로 한 복잡한 애정 관계를 그려 내는 데 치중한 작품이다.

## 부역/賦役 : 한설야. 조선문학1937.6.

**【내용】** 홍수가 난 후 조선인 지주 김갑산은 그 땅을 팔아 볼 욕심에 작인들을 동원하여 무너진 방축을 쌓는다. 김갑산동에서 소작을 하는 젊은이들은 지주로부터 돈 한 푼 받지 못하는 부역에 반대하나 마을의 늙은이들이 앞장서서 일을 하는 바람에 어쩔 수 없이 참여한다. 기술은 아버지의 숙명론적 사고와 미신 신봉에 대해 불만을 갖지만, 부역이 끝나가면서 점차 아버지에 대한 감정이 풀린다. 기술은 일을 마치고 돌아오는 길에 학교 동창 문근으로부터 곧 김갑산동의 땅이 일본인 교장의 소유가 되고, 조선인 소작인들은 일본인 모범 농민과 학교 졸업생에 의해 쫓겨난다는 이야기를 듣는다. 기술은 사사끼에 대한 두려움과 미래에 대한 불안을 느낀다.

**【참고】** 게재 지면에 '부역 韓雪野' 라고 표기되어 있다. 「부역」은 「홍수」, 「산촌」과 더불어 한설야의 '탁류 3부작' 이라고 불리는 연작소설의 2부이다. 부역에서의 노소(老少) 갈등과 새 지주가 될 사사끼에 대한 농민들의 불안이 묘사되고 있다. '탁류' 의 1부 「홍수」는 1936년 5월 《조선문학》에 발표되었으며, 3부 「산촌」은 1938년 11월 《조광》에 발표되었다.

## 부침/浮き沈み : 장혁주. 河出書房(日)1943(351면).

**【내용】** 내용 생략.

**【참고】** 코니시 유키나가(小西行長)를 중심인물로 다룬 일본어 소설이다. 장혁주는 「칠 년의 폭풍(七年

の嵐)」을 비롯하여 임진왜란을 소재로 여러 편의 작품을 썼고, 「浮き沈み」은 특히 도요토미 히데요시(豊臣秀吉)의 부하인 코니시 유키나가를 중심인물로 다룬 소설이다. 코니시 유키나가가 부산진을 시작으로 조선을 침략하는 과정과 정유재란의 발발, 도요토미 히데요시의 죽음으로 인한 철군의 상황까지를 그렸다. 「칠 년의 폭풍」의 제2부에 해당하는 작품인 「화전 어느 쪽도 불사하다」도 코니시 유키나가를 주인공으로 임진왜란을 다룬 작품이다. 작품의 집필 목적은 「화전 어느 쪽도 불사하다」와 마찬가지로 전쟁보다는 강화를 위해 노력하는 코니시 유키나가의 모습을 통해 그의 인간적인 매력을 형상화하는 데 있다고 할 수 있다.

## 북국낙화/北國落花 : 김철주. 해동공론1946.12(1회 미완).

**【내용】** 안성은 만주에서 서른두 해 동안 독립운동을 하다가 귀국한다. 그는 독립된 조국이 미국과 소련의 사이에서 또다시 점령될 것을 염려한다.

**【참고】** 《해동공론》 발표 지면에 '連載小說 北國落花 銕舟'라고 표기되어 있다. 작품의 말미에 '미완'이라는 표기가 있다. 현재 《해동공론》은 1946년 12월호만 확인할 수 있어 이후 연재 상황을 알 수 없다.

## 북국에 봄이 오면/北國에봄이오면 : 박루월. 어린이1931.8-9(2회 미완).

**【내용】** 조선 북쪽에 위치한 웅기항 바닷가에 봄이 찾아온다. 모범 소녀 리옥희는 오늘도 오빠 일성의 소식을 고대하며 바다를 하염없이 바라본다. 칠 년 전 열여섯 살이던 일성은 원대한 꿈을 가지고 고향을 떠나 서울로 올라간다. 보통학교를 우수한 성적으로 졸업했지만 서울로 유학 갈 형편이 안 되자 일성은 고학을 결심한 것이다. 부모의 허락을 받아 서울로 떠난 일성은 고향 친구 김병수의 하숙집을 찾아간다. 낯선 길을 물어물어 어렵사리 찾아갔지만 병수는 이미 하숙을 옮긴 상태다. 할 수 없이 일성은 다음 날 병수의 학교로 찾아가기로 하고 근처 여관으로 들어간다. 여관 주인이 내어놓은 설렁탕을 깨끗이 비운 병수는 피곤한 탓인지 스르르 눈을 감는다.

**【참고】** 잡지 목차에 '長篇映畵小說', 본문 앞에 '少年映畵小說'이라고 표기되어 있다. 본문이 시작되기에 앞서 "지금 이 한 편의 애닯흔 이야기의 실마리를 조선에서도 북국 — 북국에서도 웅기(雄基) 이곳 한 못통이에서 붓섯을 움즉이여 보기로 하자"라는 서술이 있다. '영화소설'이라는 타이틀에 맞게 내용 중간에 '보이는 곳은 조선에도 북쪽 웅긔항의 바다ㅅ가', '바다ㅅ가에 나와서 옵바를 고대하는 한 소녀', '옥희의 옵빠 일성이는', '그리하야 그는 최후로 고학을 결심하고' 등의 문구가 큰 글씨로 삽입되어 있다. 2회 끝에 "과연 일성의 운명은 엇더케 전개되려는지? 독자 제씨와 필자는 다가티 궁금한 마음으로 이 다음 호에서… (一九三一·八·二五日 映畵時代社)에서"라는 서술이 있으나 이후 더 이상 연재되지 않았다.

# 북국의 여명/北國의黎明 : 박화성. 조선중앙일보1935.4.1-12.4(208회 완).

**【내용】** 백효순은 오빠 남혁의 친구 최진의 후원을 받으며 동경 유학을 한다. 진은 효순이 공립보통학교 교사로 있을 때 만난 동료이기도 하다. 진은 교사 시절 효순에게 청혼했다가 거절당한 적이 있다. 어느 날 겨울방학을 맞아 진이 동경으로 효순을 찾아온다. 마침 효순이 몹시 앓는 바람에 진은 밤새워 그녀를 간호한다. 효순은 남녀가 하룻밤을 같이 보내면 반드시 결혼해야 한다는 가치관을 가지고 있기 때문에 진을 사랑하지는 않지만 그와 약혼을 결심한다. 효순은 전선에 나가 실천운동을 하는 친구들을 만나 이야기를 나누며 자신의 정조에 대한 의식이 관념적인 것임을 깨닫는다. 효순은 진과 헤어지고 열렬한 '주의자'인 김준호와 결혼한다. 남혁은 적극적인 사회주의자로, 일본인 여자 기미꼬와 내연의 관계를 맺고 있다. 기미꼬는 부모를 위해 몸을 팔며 살아온 여인이다. 남혁은 기미꼬의 처지를 이해하고 그녀에게 동정심을 갖는다. 준호는 사회주의 활동을 하면서 일본과 조선에서 여러 차례 감옥살이를 한다. 딸을 낳은 효순은 힘든 상황에서도 꿋꿋이 준호의 옥바라지를 한다. 일제의 탄압을 견디지 못한 준호가 사상 전환을 하고 출옥하자, 효순은 그의 행동에 배신감을 느끼고 혼자 북국으로 떠난다.

北國의黎明

**【참고】** 이 작품은 작가의 자전적 기록이 상당 부분 반영된 소설로 평가된다. 연재가 시작되는 날 '한 여자의 반생을 소개하겠다'는 '작가의 말'이 담긴 '新長篇廣告'가 《조선중앙일보》에 실렸다. 여주인공의 민족의식이 어떻게 싹트고 성장하는가에 초점을 맞추고 있어 최초로 근대 여성 지식인의 탄생을 보여 주는 작품으로 평가된다. 남성 인물들이 조력지니 방해지로 등장하지만 여주인공이 이들에게 의지하지 않고 주체적으로 행동한다는 점에서 이상적인 지식인 여성상을 제시한다고 볼 수 있다.

# 북국의 여인/北國의女人 : 지봉문. 조선문학1937.1-6(5회 완).

**【내용】** 가난한 한 부부가 좀더 나은 생활을 꿈꾸며 간도로 떠난다. 그러나 기대와 달리 간도에서의 생활은 궁핍하기만 하다. 어쩔 수 없이 남편은 소금 밀매를 하여 힘들게 생계를 꾸린다. 그러던 중 남편이 사고로 다쳐 밀매를 그만두자 생활은 더욱 곤궁해진다. 어느 날 남편이 쓰레기통을 뒤져서 가져온 생선 내장을 먹고 아들 재훈이 죽는다. 부부는 슬픔을 견디며 살아남기 위해 애를 쓰지만 생활은 좀처럼 나아지지 않는다. 어느 날 철용이라는 남자가 나타나 이들 부부에게 경제적인 도움을 준다. 철용 덕분에 남편은 장사를 시작하는데, 그가

출타한 틈을 타 철용은 부인을 겁탈한다. 아내는 겁탈당한 사실을 남편에게 고백하고 두 사람은 K촌으로 떠나 농사를 시작한다. 중국인 지주에게 땅과 양식을 꾸어 농사를 짓고 대풍을 거두지만 빚을 갚기에는 턱없이 부족하다. 결국 부부는 수확물을 모두 지주에게 빼앗긴다. 밀린 도지를 다 받지 못한 지주는 남편을 총살하고 그 죄를 여인에게 뒤집어씌우려 한다. 가까스로 무죄가 입증되어 풀려난 여인은 자신을 찾아온 오빠에게 그간의 사정을 말한다.

**【참고】** 간도에서 남편과 자식을 모두 잃은 한 여인이 오빠에게 지난 일을 고백하는 편지 형식의 소설이다. 1930년대 간도 이주민들의 고통과 절망을 그리고 있을 뿐 아니라 여성의 고통을 중점적으로 보여 주는 작품이다.

## 북풍의 정열 /北風의情熱 : 함대훈. 조선출판사1943(392면).

**【내용】** 잡지사 편집차장인 인동철과 자선병원 의사인 김순영은 결혼을 약속한 사이이다. 그러나 둘은 사소한 오해로 인해 헤어지고 만다. 동철은 순영에 대한 복수심으로 다른 여자와 결혼해 버리지만 1년 만에 사별한다. 순영과 다시 만난 동철은 그간의 오해를 풀지만 순영은 집안에서 권하던 남자와 결혼한다. 그녀는 집안을 일으키기 위해 애정 없이 한 결혼에 대해 회의를 느끼며 동철에 대한 마음은 정리하지 못한다. 동철은 그런 순영에게 애증을 느낀다. 만주 특집호 건으로 만주를 방문하게 된 동철은 만주 개척 사업에 매진하고 있는 친구 사공진의 열정에 동요된다. 사공진은 동철에게 만주 개척 사업에 동참할 것을 권유한다. 만주에서 돌아온 동철을 환영하는 술자리에서 동철은 여기자인 연정현에게 마음이 흔들린다. 정현 또한 동철에게 마음이 끌린다. 그녀는 순영에게 질투심을 느끼지만 넓은 마음으로 모든 것을 이해하여 준다. 동철을 잊지 못하던 순영은 결국 집을 나와 동철을 찾지만 그에게서 집으로 돌아가라는 말만 듣는다. 순영은 자살을 결심하였다가 뱃속의 아이를 생각하고는 마음을 고쳐먹는다. 그녀는 조그만 병원을 하며 아이를 키우리라 다짐하고 고향으로 내려간다. 동철은 순영을 보낸 것이 자신의 올바른 선택이었다고 생각하며 정현과 결혼한다. 한편 동철의 친구인 이구는 R여전 교수 직을 그만두고 극단 국민극장을 만들어 연극운동에 나선다. 그는 자신이 만드는 극단이 당국의 대대적인 후원과 총독부, 도 보안과, 경찰서, 보호관찰소 등 각종 관공서와 협조하여 새로운 연극 운동을 하게 될 것이라 설명하며 도움을 청한다. 동철은 이구와 함께 연극운동을 펼치며 조선인의 황국신민화를 위해 일할 것을 다짐한다. 한편 순영은 남편에게 아이를 빼앗기고 음독자살을 시도한다. 동철은 사공진을 만나 순영의 앞날을 위해 투자할 것을 권하고, 병원에 입원한 그녀를 찾아 황국 의사로서 시국을 위해 기여할 수 있도록 용기를 북돋아준다. 동철이 집으로 돌아와 정현과의 사이에서 낳은 아이를 안았을 때 진주만 폭격 소식이 전해진다.

**【참고】** 만주사변으로부터 태평양전쟁 발발까지를 배경으로, 조선인의 황국신민화에 적극적으로 참

여하는 인물들을 그리고 있다. 서사 중간에 당시 시국에 관한 자세한 설명을 덧붙여 일제의 대동아 공영권을 옹호하고 있으며, 진주만 폭격 소식을 감격스러운 어조로 전하면서 끝을 맺고 있다. 현대 극장 부설 기관인 국민연극연구소의 소장을 역임하는 등 국민연극론의 수립에 앞장섰던 작가의 이력과 경험이 작품에 반영되었다. 연재 기록이 없는 것으로 보아 전작 장편으로 추정된다.

## 북향보/北鄕譜 : 안수길. 만선일보1944.12.1-1945.4.7(139회 완).

**【내용】** 정학도는 교직에서 물러난 뒤 주주들을 모아 만주 마가둔에 북향목장을 세우고 학교를 경영한다. 그는 삼 년간 목장을 경영했으나 자연재해 등 예기치 않은 원인으로 적자를 본다. 학도는 병든 몸으로 목장을 살리기 위해 노력하지만 실패하자 제자 찬구에게 목장과 딸 애라를 부탁하고 숨을 거둔다. 애라는 부친의 장례가 끝난 후 음악 공부를 위해 덕화전문학교에 들어간다. 그러는 동안 주주 박병익이 목장을 은행에 저당 잡히고 탄광에 투자하려고 한다. 하지만 은행 거래 부정이 탄로 나는 바람에 박병익은 경찰에 검거되고 목장은 경매 처분 위기에 처한다. 찬구는 신문사 기자 마준영, 농민소설가 현암, 교사 석순임, 귀농지식인 한명식, 동생 찬이의 도움을 받아 목장 재건에 온 힘을 쏟고, 목장은 위기에서 벗어난다. 상황이 안정되자 찬구는 준영을 시켜 애라의 행방을 수소문한다. 준영은 윤혜순이라는 유령가수의 목소리를 들으면서 애라를 떠올린다. 준영은 애라가 다니는 학교를 찾아갔다가 그녀가 유행가수 일을 그만두지 않아 퇴학당했음을 알게 된다. 애라가 목장의 재건기금에 큰 도움을 준 익명의 기부자임을 알게 된 준영은 고맙게 생각하면서도 마음이 편치 않다. 애라를 찾아낸 준영은 그녀에게 가수 일을 그만두라고 충고한다. 애라는 자식의 도리를 다했다고 말한 뒤 눈물을 흘리며 어둠속으로 사라진다.

**【참고】** 안수길의 첫 번째 장편소설이다. 연재 당시 "만주 조선인 문단 유일한 보배인 안수길(安壽吉) 씨의 「북향보(北鄕譜)」를 싣게 되었습니다. 작가와 작품에 대하여는 긴 설명을 피하거니와 작가는 만주 선계(鮮系) 문학인으로서 불우한 환경, 어려운 처지에서 단 한 사람 외로이 꾸준히 또 진실히 문학을 해 오는 만큼 무엇보다도 이 작품에는 역시 진실을 탐색하고 진실을 파악하려는 열의와 노력이 있어 반드시 독자의 가슴을 감격케 하고 심금을 울리게 하는 바가 있을 것을 확신합니다"라는 광고가 실렸다. 같은 지면에 "나는 이 작품에서 이 고장에 아름다운 고향을 만들지 안해서는 안 된다는 것을 기초삼아 이야기를 전개시켜 보려는 것입니다. 만주를 고향을 삼고 여기에 뿌리를 깊이 박자. 이것이 현 시국의 요청이기도 합니다"라는 작가의 설명이 있다. 총 19장으로 이루어진 이 작품은 안수길이 1943년 4월 《춘추》에 발표한 단편소설 「목축기」의 후속편으로 보는 견해가 일반적이다. 소설 속에서 주인공들이 건설하고자 하는 '북향농장'은 만주에 '아름다운 고향'을 세우고자 노력하는 만주 이주민들의 '북향정신'을 담고 있다. 요컨대 이 작품은 일제 강점기 농민들의 만주 정착기로, 만주를 자손들과 함께 생활할 제2의 고향으로 만들고자 하는 이들의 노력을 보여 준다.

## 분토/糞土 : 김동인. 신천지1946.5–7,9(4회 미완).

**【내용】**「을지문덕」 참조.

**【참고】** 1944년 7월 《조광》에 발표된 후 총독부 검열로 중단된 「분토의 주인(糞土의主人)」, 1948년 《태양신문》에 연재 중단된 「을지문덕」과 하나의 계열체를 이루는 작품이다. 연재 첫 회에 '몇 해 전 모지에 연재하려다가 총독부 당국의 금지로 뜻을 이루지 못했던 것을 다시 착수하게 된 것' 이라는 작가의 진술이 나와 있다. 소제목을 붙여 가며 연파대와 을지문덕, 한족 여성 국향에 관한 이야기를 토막으로 나누어 소개하고 있다. 《신천지》본 참조.

## 분토의 주인/糞土의主人 : 김동인. 조광1944.7.

**【내용】**「을지문덕」 참조.

**【참고】** 1944년 7월 《조광》에 발표 후 총독부 검열로 중단되었다가 이후 '분토' 로 개제하여 《신천지》에 1946년 5월부터 9월까지 4회 연재하고 다시 중단되었다. 1948년 다시 '을지문덕' 으로 개제하여 《태양신문》에 연재하였으나 작가의 신병인 뇌막염으로 인해 완성되지 못했다. 김동인의 마지막 작품이다.

## 불그림자 : 홍구범. 혜성1959.1–5(3회).

**【내용】** 소설가 진수와 무대예술가 영란은 해방과 더불어 결혼했다. 영란의 제안으로 두 사람은 결혼에 대한 계약서를 작성한다. 내용은 평등한 부부가 될 것, 비밀을 갖지 말 것, 다른 이성을 만나지 않을 것 등이다. 어느 날 영란이 진수의 제자 숙경에게서 온 편지를 내놓는다. 병실에 누워 있는 숙경이 죽기 전에 진수를 한 번 보고 싶다는 내용이었다. 그런데 숙경의 진수에 대한 호칭이 문제가 된다. 마치 사랑하는 사람에게 하는 것처럼 당신이라고 부른 것이다. 영란은 계약서를 꺼내 보이며 진수에게 약속을 어겼다고 화를 낸다. 진수는 억울했지만 끝내 오해를 풀지는 못하고, 걱정스러운 마음으로 숙경의 병실을 찾아간다. 그럴수록 진수와 여란의 관계는 점점 금이 간다.

**【참고】** 현재 《혜성》 1950년 1월호(1회), 5월호(3회) 연재분만 확인할 수 있다. 지식인이자 예술가인 남녀가 부부가 된 후 겪게 되는 결혼 생활의 균열을 다루었다.

## 불란서 전야제/佛蘭西前夜祭 : 강노향. 조광1936.7.

**【내용】** 창준, 서애 부부는 모친을 모시고 고향을 떠나 상해로 간다. 상해에서 창준이 일자리를 구하지 못하자 서애는 술집에서 노래를 부르며 생계를 잇는다. 그녀는 남자들 틈에서 노

래를 부르는 자신의 현실이 지옥처럼 느껴지지만 가족을 생각하며 견딘다. 불란서 혁명 기념일 전날 밤 미국 신사가 서애를 탐하려 들자 그녀는 간신히 도망친다. 창준은 서애가 돈 많은 외국인들과 어울려 다닌다고 오해하고 그녀를 미워하나 곧 자신의 무능함을 탓한다. 창준은 배를 타고 필리핀으로 돈벌이를 나서나 이마저도 여의치 않자 낙담한다. 그는 가족을 그리워하며 가난해도 함께 의지하자는 내용의 편지를 보낸다. 그러나 창준은 돌아오는 배 안에서 내출혈로 급사하고, 서애는 타국에서 남편을 잃은 고통에 절망한다.

**【참고】** 목차에 '中篇小說'이라고 표기되어 있다. 「불란서 전야제」는 「백일몽과 선가」, 「저무는 고향」 등 연작 중에서 두 번째로 발표된 작품이다. 세 편이 연속적인 작품임을 '작가의 말'을 통해 밝히고 있다. 고향을 떠나 상해에 정착하고자 했던 이주민의 고통스러운 현실을 그린 작품이다. 전작 「백일몽과 선가」가 희망을 안고 이주를 감행하기까지의 상황을 구체적으로 보여 준다면, 「불란서 전야제」는 희망이 좌절된 것에 따른 고통의 실상이 고스란히 드러난다.

## 불멸의 함성/不滅의喊聲 : 이태준. 조선중앙일보1934.5.15-1935.3.30(259회 완).

**【내용】** 월사금을 내지 못한다 해서 선생님과 다투고 급기야 학교에서 쫓겨나게 된 어용은 같은 반 학생 친구인 두영에게 자신의 범행을 도와 달라는 청을 한다. 그러나 두영은 약속 장소에 나가지 않는다. 혼자서 범행을 시도한 어용은 붙잡히고 두영은 자신의 탓이라 여겨 가슴 아파한다. 한편 두영이 하숙하고 있는 집에는 원옥과 형옥이라는 두 자매가 살고 있는데, 어느 날 두영은 원옥과 형옥 자매가 모두 자신을 좋아하고 있음을 눈치챈다. 두영의 마음은 원옥에게 더 끌리고 있다. 원옥이 인천 학교에서 집으로 돌아온 날 두 사람은 서로의 감정을 확인한다. 언니 원옥을 질투하고 있던 형옥은 자신의 고민을 친구인 정길에게 털어놓는다. 형옥의 고민을 들은 정길은 두영을 만나 보기로 결심하는데, 정길 역시 두영에게 반하고, 역시 고민에 빠지고 만다. 한편 원옥과 같은 학교 교원인 천오상은 원옥과 사상적인 사제 관계를 맺고 있다. 두영은 오상과 원옥의 관계에 조비심을 느낀다. 미침 정길은 형옥의 집에서 하숙생활을 시작한다. 원옥은 오상과 두영이라는 두 남자 사이에서 고민을 하다가, 두영에게는 사랑의 감정을 느끼고 있지만 오상에게 느끼는 감정은 존경의 감정일 뿐이라고 스스로 결론 내린다. 그러나 오상은 원옥에게 더욱 깊은 관계를 요구하고 끝내 두 사람은 동거 생활을 시작한다. 원옥의 집에서는 아버지에 의한 일방적인 혼담이 오가고 있었는데 원옥은 두영을 향한 마음을 꺾지 않고, 이를 눈치챈 오상은 원옥을 협박한다. 자신이 오상의 아이를 가졌음을 알게 된 원옥은 두영과의 관계를 더욱 확실히 해 두려 마음먹는다. 한편 원옥을 포기하지 못하고 있던 오상은 급기야 자신과 원옥의 관계를 편지로 알리고, 편지를 받은 두영은 믿지 않으려 하였지만 원옥에게서 모든 사실을 확인한다. 두영과의 결혼 준비를 하고 있던 원옥은 사상 관련 사건으로 체포된 오상으로 인해 결혼식 당일 경찰서로 연행되고 재판에서 아이의 아버지가 오상이라는 것을 밝힌다. 재판에서 방면된 원옥은 두

영에게 헤어지자고 말하고, 어떻게든 원옥을 감싸주려던 두영은 원옥의 냉담한 반응에 그만 정이 떨어지고 만다. 원옥은 두영과 자신의 관계를 정리하기 위해 평소 두영을 흠모하던 정길에게 편지를 한다. 원옥의 편지로 인해 두영과 정길은 다시 만난다. 두영과 정길은 서로 마음이 통하지만 관계는 지속되지 않는다. 두영은 한 신부님의 도움으로 미국으로 유학을 가고, 미국에서 여러 동포들을 만나며 유학 준비를 한다. 뻰험 광산에서 어느 정도 돈을 번 두영은 쫀스합킨스 대학 입학시험을 무사히 통과하여 유학 생활을 시작한다. 유학 생활 중 고국의 어머니와 정길을 떠올린 두영은 방학을 맞아 귀국하기로 결심하는데, 돌아온 고향에 어머니가 계시지 않은 걸 보고 원옥의 집을 찾아간다. 원옥이 어머니를 모시고 있음을 알게 된 두영은 그 간교함에 분개하며 정길을 만나러 간다. 두영과의 관계로 인해 학교에서 퇴학 처분을 받게 된 정길은 일본으로 건너가 간호학을 배우고 싶다는 뜻을 밝히고, 두영은 원옥에게 돌아가야 하며 자신과는 친구 사이로 남자고 말한 후 일본으로 떠난다. 정길과 헤어진 두영은 원옥에게로 돌아간다. 그러나 두 사람은 끝내 화해하지 못하고, 두영은 고향 밀양을 떠나 서울로 의학 공부를 하러 떠난다. 그 후 동경으로 간 두영은 영어 학교를 다니면서 미국으로 건너가 의학 공부를 다시 시작하기로 결심한다. 두영은 동경 학생 강연단을 구성하여 '불멸의 함성'이라는 제목으로 강연을 한다.

**【참고】** 세 겹의 애정 삼각관계를 통해 젊은이들이 방황을 청산하고 민족적 지식인으로 다시 태어나는 과정을 그린 장편소설이다. 이태준의 계몽주의적 작가 의식은, 이념적 지향점이 현실의 패배를 전제한다는 모순을 인식하는 데에서 출발한다. 남녀 인물 간의 갈등 구조가 '유학' 이라는 계기를 통해 해소된다는 설정은 현실적 포기를 감내하는 지식인적 사명감의 중요성을 부각시키는 서사 구조이다.

## 불사조/不死鳥 : 심훈. 조선일보1931.8.16-12.29(112회 미완) ; 정음사1950.

**【내용】** 조선이 낳은 천재 바이올리니스트 김계훈의 귀국 독주회 막이 오른다. 음악회가 성황리에 끝나고 계훈은 독일 유학 시절에 만난 주리아와 함께 호텔로 돌아온다. 일 년 전 그는 유부남임을 숨기고 주리아와 결혼했다. 계훈의 아내 정희는 영문도 모르고 집에서 쫓겨나는 바람에 아들 영호와 생이별을 했다. 주리아는 뒤늦게 영호의 존재를 알고 계훈에게 배신감을 갖는다. 계훈은 한 잡지사에서 주최한 음악회에 출연했다가 관객들의 재청을 무시하

여 야유를 받는다. 청중 속에 있던 홍룡이 소동을 수습하려는 경찰에게 붙잡혀 조직원 혐의를 받는다. 홍룡은 정희를 기른 유모의 아들로, 인쇄 직공 동맹에 참여한 젊은 인쇄공이다. 수사가 진행되는 동안 홍룡은 연인 덕순에게 비밀 명부를 맡긴다. 계훈은 집 나간 주리아를 찾아 강제로 데려오기 위해 몸싸움을 하다가 실수로 피스톨을 당겨 팔에 총상을 입는다. 덕순은 홍룡의 노모를 보살피며 지내던 중 우연히 정희를 알게 된다. 병원에서 돌아온 계훈은 더 이상 바이올린 연주를 하지 못하게 된 자신의 처지를 비관하여 방탕한 생활을 한다. 홍룡은 다리 불구가 되어 출옥한 뒤 정희가 변통해 준 돈으로 덕순과 살림을 차린다. 결국 계훈은 파산하기에 이르고, 정희는 영호를 데리고 새로운 삶을 계획한다. 영호가 유치원을 졸업하는 날 밤에 정희는 천사의 날개를 가진 불사조가 날아오르는 꿈을 꾼다.

**【참고】** 심훈의 「직녀성」 전편에 해당하는 소설이다. 서사의 전반부는 남녀간의 애정 관계가 주를 이루지만, 후반부로 갈수록 사회주의 계급사상을 실천하기 위한 인물들의 노력이 부각된다. 일제의 검열에 의해 완결을 보지 못하고 미완에 그친 작품이다. 타락한 지주계층과 대비되는 노동자들의 사랑을 강조함으로써 식민지하 민족의식을 지켜 나간 노동자 계층을 긍정적으로 그리고 있다.

## 불사조/不死鳥 : 이태준. 현대일보1946.3.28-7.27(95회 미완).

**【내용】** 여고 동창인 옥만과 여란은 친구 사이이다. 옥만은 동경 유학을 마치고 귀국한 오빠 창만을 여란에게 소개한다. 여란은 창만을 만나러 갔다가 우연히 화가 김정업을 만난다. 여란은 모친이 살아 있을 때 공원에서 그림을 그리는 정업을 본 적이 있다. 심한 폐병을 앓고 있는 정업은 여란에게 반해 구애하나, 그녀는 그의 적극적인 태도에 부담을 느낀다. 어느 날 여란은 아버지가 젊은 여인과 재혼할 계획을 세우고 있다는 사실을 알고 상처를 받는다. 부친이 재혼 준비에 한창인 것을 본 여란은 외로운 마음에 정업을 찾아간다. 정업은 여란의 죽은 모친의 얼굴을 그리고 있었고, 여란은 감격하여 그와 함께 밤을 보낸다. 자괴감에 빠진 여란은 소학교 교사로 취직하여 개성으로 떠난다. 창만이 여란을 찾아와 구혼하지만 여란은 이를 거절한다. 그녀는 그곳에서 조선의 아이들이 겪는 차별을 목격하고 고통스러워한다. 자신이 정업의 아이를 임신했음을 알게 된 여란은 서울로 돌아오나 이미 정업은 병으로 죽고 없다. 여란은 다시 개성으로 돌아와 옥만의 도움으로 순산한다. 여란의 아이는 윤득손이라는 이름으로 입양되고, 여란은 유치원 보모가 되어 멀리서나마 득손을 보살핀다. 그녀는 조선인 아이들이 차별받는 현실을 개탄하면서 아이들을 올바르게 키워야 할 책임감을 느낀다.

**【참고】** 1947년 3월 27일자 《현대일보》에 작가의 말이 실렸다. 이태준은 해방의 감격을 토로하면서 '새 건국의 초석' 이 된 '거룩한 청준이야기' 이자 '民族敍事詩 長篇小說 不死鳥' 를 연재하겠다고 예고했다. 그러나 연재 도중 작가가 월북하면서 이 작품은 미완의 상태로 중단되었다. 여주인공이 교양 있는 지식인 남성과 만남으로써 인식의 변화를 겪는 과정과 홀로 자식을 낳아 키우는 모습을 통

해 이태준이 다른 작품에서도 견지하였던 '강인한 여성상'을 강조하고 있는 작품이다.

## 불여의/不如意 : 홍일오. 중외일보1930.1.24-5.31(98회 미완).

**【내용】** 주일우는 가난한 고학생으로, 우연히 석필한이라는 사회주의 운동가를 만나 그의 집에 들어간다. 필한은 홀어머니와 여동생 명선과 함께 산다. 일우는 인력거를 끌면서 공부하는 한편 명선을 친동생처럼 아끼고 돌본다. 몇 년 후 일우는 애정 없는 결혼을 하고 딸 영자를 낳는다. 그는 뒤늦게 명선을 향한 자신의 마음을 깨닫게 되고, 명선 또한 일우를 사랑하여 독신으로 지낸다. 일우는 아내와의 불화를 견디지 못해 홀로 고향 대구로 내려간 후 그곳에서 친구 채군오, 지문진 등과 어울린다. 문진은 명선의 친구 강희경과 정혼하였으나, 희경이 자신의 마음을 헤아려 주지 않아 갈등한다. 희경은 문진이 아닌 일우에게 호감을 느낀다. 영자가 일우를 찾아오자 희경은 그를 도와 아이를 정성껏 보살핀다. 일우는 옛 친구 김진수의 집에 갔다가 영자의 생모가 그와 함께 살고 있는 것을 본다. 결혼에 실패한 진수가 자신과 처지가 비슷한 영자 생모와 새살림을 차린 것이다. 명선은 자신이 영자를 키우겠다고 말하지만 일우는 그녀의 마음을 받아들이지 못한다. 어느 날 희경과 문진, 일우와 영자는 기차 안에서 전통 혼례와 신식 결혼에 관한 대화를 나눈다.

不如意

**【참고】** 1930년 1월 24일자 《중외일보》에는 '창작장편소설 불여의'가 '우리 생활의 모든 방면 날카로운 비판을 던져줄 것'이라는 광고가 실려 있다. 표제인 '불여의(不如意)'가 의미하는 것처럼 자신의 뜻대로 되지 않는 연애와 복잡다단한 인간관계를 보여 주는 작품이다. 소설이 미완 상태에서 중

단되었기 때문에 전체적인 내용을 알 수 없다. 단행본 발행 정보 또한 찾을 수 없다.

## 불연속선/不連續線 : 염상섭. 매일신보1936.5.18-12.30(196회 완).

**【내용】** 송경희는 서울에서 '폼페이'라는 카페를 운영하고 있다. 그녀는 동경 유학을 다녀온 인텔리로 주식투자 등 이재에 밝다. 김진수는 일본에서 비행사 자격증을 땄으나 택시운전으로 겨우 연명하고 있다. 진수의 이복동생 정임은 진수의 고등보통학교 동창이자 이혼남인 최영호와 만난다. 정임의 친구 종옥은 진수와 사귀었으나 직업이 변변치 않다는 이유로 그와 헤어진다. 정임의 모친은 영호가 사윗감으로 손색없다고 여기지만, 진수는 정임의 방종을 묵인하는 모친이 못마땅하다. 홧김에 술을 마시고 운전하던 진수는 사고를 내고, 이를 계기로 경희를 만난다. 경희는 과거 애인 강종묵을 통해 사회주의를 후원했으나 종묵의 동료 창식의 배신으로 그 뜻이 좌절된 적이 있다. 창식에게 성적으로 유린당한 후 경희는 본능적으로 남성들에게 경계심을 품는다. 그러나 진수를 만나 그를 후원하게 되면서 그녀는 다시 자신의 뜻을 펴고자 한다. 경희는 식민지 서울에서 자신의 뜻을 관철할 수 있는 힘이 자본에 있음을 깨닫는다. 금광으로 큰돈을 번 진수의 부친 김 참의는 진수에게 부르주아들과 교제하라고 종용하나 진수는 그럴 뜻이 없다. 영호는 정임을 임신시켜 결혼한 뒤 사업을 한다는 명목으로 김 참의가 번 돈을 끌어다 모두 탕진한다. 김 참의의 일을 봐주던 이 변호사는 자신의 딸 영옥을 진수와 결혼시키려다 진수의 부친이 파산하자 이를 그만둔다. 진수는 경희, 영옥, 누이 정숙과 함께 동경으로 유학을 떠난다. 이들은 동경에서 이 변호사의 처조카 조만성을 만난다. 조만성은 고등문관 시험에 합격하여 변호사가 된 후, 정숙과 결혼한다. 진수와 경희도 결합하여 미래를 약속한다.

不連續線

**【참고】** 경성의 근대적 풍경을 배경으로, 당시 유행한 미두와 주식, 금광 열풍을 소재로 하여 식민지 조선에 급속도로 퍼진 자본주의적인 경제관이나 연애풍속을 보여 주는 작품이다. 주제나 구성 면에서 「삼대」와 연관지어 논의되는 경우가 많다. 「삼대」에 등장하는 조덕기가 조상훈의 타락한 삶을 동정하거나 비판하면서도 자신의 삶을 발전적으로 책임지려고 노력하는 것처럼, 「불연속선」의 김진수 역시 부친의 권위에서 벗어나 자신의 선택을 고수하려는 의지를 드러낸다.

## 불탄 촌/불탄村 : 태영선 외. 신소년1930.5-8(3회 완).

**【내용】** 내용 생략.

**【참고】** 아동잡지 《신소년》에 연재된 연작소설이다. 1930년 5월호의 1회는 태영선(太英善)이, 6월호의 2회는 이동규(李東珪)가, 8월호의 3회는 성경린(成慶麟)이 각각 나누어 집필했다.

## 비둘기 : 민소천. 경향출판사1948(186면).

**【내용】** 신혜선은 M대학 의과생 화라와 유미에게 방을 빌려준다. 혜선의 오빠 철민은 S대학 공과 강사이다. 그는 혜선의 집에서 화라를 보고 마음을 고백하지만 화라는 부친과 한 약속 때문에 선뜻 그의 마음을 받아들이지 못한다. 그 약속은 의사로 반드시 성공할 것과 혼인 문제는 그 후에 부모의 뜻에 따른다는 것이다. 한편 철민을 짝사랑하던 유미는 화라가 숨겨 둔 철민의 편지를 발견하고 질투를 느낀다. 어느 날 밤중에 취객이 화라에게 시비를 걸고 그때 철민이 나타나 구해 준다. 그 일을 계기로 철민과 화라는 한층 더 가까워진다. 철민은 화라가 자신의 마음을 받아주지 않는 이유가 유미와의 우정 때문이라 생각하여, 유미가 자신에게 보냈던 편지를 보여준다. 유미의 편지에는 철민에 대한 사랑의 고백과 화라에 대한 비난이 담겨 있어 화라는 배신감을 느끼지만, 사랑을 얻지 못하는 유미에게 동정심도 느낀다. 철민의 부친 신영호는 서울의 유명한 내과의로 장차 정계에 진출하려 한다. 그는 자신의 후배이자 외과의인 방 박사와 정계 진출 건으로 갈등이 심해지자 매일 폭음을 한다. 그런 영호에게 화라가 충심어린 조언을 하여 영호는 마음을 다잡는다. 이때 방 박사의 딸 신인이 어떤 남자와 함께 걷는 화라를 보고 혜선에게 알린다. 혜선은 화라가 철민이 아닌 외간 남자를 만나고 다닌다며 유미, 신인과 함께 그녀를 따돌리고 욕한다. 억울한 누명에 답답해하던 화라는 앓아눕는다. 이후 유미는 신인과 갈등이 생겨 그녀와의 우정을 재고하게 되고, 화라에 대한 잘못을 깨닫는다. 자신의 못된 행동에도 예전과 다름없이 항상 친절하게 대하는 화라의 태도에 유미는 부끄러움을 느끼며 자살을 결심하고 유서를 남긴다. 유서를 발견한 화라는 사람들을 모아 유미를 구출한다. 강에 뛰어든 유미는 신속한 치료를 받아 목숨을 건진다.

**【참고】** 민소천(閔素泉)은 1943년 「촛불」이라는 친일적인 내용의 희곡을 발표하였고, 해방 이후 「양산도」, 「비둘기」 등의 통속소설을 발표하였다. 복잡다단하게 얽힌 인물들을 비둘기에 빗대어 묘사하며, 등장인물들이 자신의 처지나 감정을 비둘기와 연관 짓는 장면이 자주 등장한다. 소설이 끝나고 에필로그를 덧붙여 이후 인물들에게 펼쳐질 일을 작가가 직접 서술하였다.

## 비련/悲戀 : 방인근. 중앙1936.7-9(3회 미완).

**【내용】** 전라도에 사는 최 감역의 딸 정란은 서울에서 전문학교를 다니다가 학업을 중단하고 고향에 내려온다. 정란의 오빠가 중국 유학 중 병을 얻어 죽자 부친이 그녀를 불러들인 것이다. 최 감역 내외는 정란을 젊고 유능한 의사 허윤종과 결혼시키려 하지만 정란은 애인 관호를 생각하며 쉽게 결정을 내리지 못한다. 한편 간호부 영희와 동거하던 허윤종은 마을의 갑부인 최 감역이 자신을 사윗감으로 생각하고 있자 내심 기뻐한다. 윤종은 영희에게 헤어지자고 말하며 돈 오백 원을 건넨다. 윤종이 자신을 사랑한다고 믿었던 영희는 배신을 느끼고 돈을 뿌리친다. 윤종은 자신과 정란의 결혼을 방해하면 가만두지 않겠다며 영희를 협박한다. 영희는 사랑을 이유로 쉽게 윤종에게 순결을 바친 자신의 행동을 후회한다. 시간이 흘러 정란과 윤종의 결혼식이 진행된다. 기뻐하는 윤종과 달리 정란은 관호 생각에 심란하기만 하다. 멀리서 두 사람의 결혼식을 바라보던 영희는 마음을 접고 서울로 올라와 산파 공부를 시작한다. 그 후 2년의 세월이 흐른다. 서울에서 윤종과 애정 없는 결혼 생활을 하는 정란은 자신의 삶이 무기력하다고 생각한다. 그러던 어느 날 영희가 정란을 찾아오고 두 사람은 허심탄회한 대화를 나눈다. 이미 영희와 윤종의 소문을 알고 있던 정란은 영희를 좋게 생각하고 영희 또한 정란에게 측은지심을 갖는다. 깊은 대화를 나눈 두 사람은 다음을 기약하며 헤어진다. 어느 날 정란은 친구 경숙으로부터 서울에서 우연히 관호를 보았다는 얘기를 듣는다. 관호가 서울에 있다는 생각에 정란은 반갑기도 하지만 한편으로 왠지 모를 서글픔을 느낀다.

**【참고】**《중앙》 게재 연재 1회분의 제목 앞에 '新連載長篇小說 第一回' 라고 표기되어 있다. '장편연재' 라고 되어 있으나 3회를 끝으로 연재가 중단되었다. 기회주의적인 남성에게 사랑을 이용당한 두 여성이 서로 만나 각자의 삶을 긍정적으로 인식하는 내용을 통해 스스로의 삶을 개척해 나가는 여성상을 제시하고 있다.

## 비밀의 문/秘密의門 : 김래성. 해왕사1949.

**【내용】** 내용 생략.

**【참고】** 한국현대문학관 소장 단행본을 확인하여 참고사항을 정리하였다. 해왕사에서 1949년에 발행되었다는 기록이 있으나, 한국현대문학관 소장본의 판권지가 누락되어 해당 판본인지는 확인할 수 없다. 표지에 '探偵小說 秘密의 門'이라고 표기되어 있다. 「秘密의 門」은 50여 페이지의 중편 분량 작품이며, 「異端者의 사랑」, 「惡魔派」, 「白蛇圖」, 「罰妻記」와 함께 수록되어 있다. 권말에 「探偵文學小論」이 수록되어 있다. 본문 222면 이후 낙

장으로 내용을 확인할 수 없다.

## 비시의 화/非時の花 : 석전경조. 국민문학1944.5-8(4회 완).

**【내용】** 당군(唐軍)과의 접전이 위급할 때마다 출현하여 당군을 무찌르고 사라져 버리는 복면의 기사는 앞서 자비령에서 패전한 원술이다. 그는 국가에 죄를 범하고 부모에게 용납되지 않는 몸이다. 원술은 仕官하라는 왕의 분부까지 물리친다. 임해전(臨海殿) 잔칫날 쓸쓸히 못가에서 서성거리는 원술 앞으로 남해공주가 나타났다. 원술은 가을에 피는 살구꽃이란 비시(非時)의 꽃, 열매 맺을 수 없는 헛된 꽃이라고 하면서 '역시 그 꽃잎들처럼, 봄에 피어났다가 봄에 지고 싶었다'고 말한다. 공주는 비통해한다. 의상(義湘)대사가 계신 태백산 부석사로 들어가서 불법에 귀의하는 길이 오랜 방랑에 지친 원술의 마지막 길이다. 공주는 비구니가 되어 그리운 이의 뒤를 따른다.

**【참고】** 石田耕造는 최재서의 창씨명이다. 「非時の花」는 삼국통일 전후의 신라 역사와 원술(元述)의 애화 등을 취급한 일본어 소설이다. 무사에게 죽을 기회란 단 한 번밖에 주어지지 않는 것임에도 불구하고 그 기회를 놓쳐 버리고 세상을 떠나 사는 화랑 원술의 돌이킬 수 없는 후회는, 대일 협력의 길로 빠져 들어가 벗어나지 못했던 작가의 심정이 투영된 것으로 해석되기도 한다.

## 비오는 밤 : 홍구범. 여성1949.10-?

**【내용】** 미확인 작품.

**【참고】** 《문예》 1949년 10월호의 《여성》 창간호 광고 지면에 목차가 실려 있는데, 여기에 '連載小說'이라고 소개된 작품이다. 현재 《여성》지 자료는 확인할 수 없다.

## 비탈 : 박화성. 신가정1933.8-12(3회 완).

**【내용】** 신경쇠약에 시달리는 수옥은 의사의 권유로 시골에서 요양을 하고 있다. 그녀는 애인 정찬으로부터 현대 여성은 자신의 삶을 찾기 위해 노력해야 한다는 말을 듣는다. 법대생인 찬은 농촌계몽운동에 관심이 있다. 수옥은 건강 때문에 운동에 투신하지 못하는 자신의 처지를 비관한다. 김 부자의 딸 수진, 주희 남매는 동경 유학을 마치고 고향으로 돌아온다. 수옥은 의욕적이고 건강미 넘치는 주희를 부러워한다. 김 부자는 수옥의 부친 류 생원의 땅을 사들여 부자가 된 인물이다. 류 생원은 성실하게 농사를 지어도 오히려 빚만 늘어나는 현실에 분노가 치민다. 그해 여름 수해로 온 마을이 발칵 뒤집히자 찬은 복구를 위해 힘쓰는 한편 주희와 뜻을 합쳐 마을에 야학을 세운다. 찬이 주희와 함께 계몽운동에 앞장서자 수옥은

그들의 관계를 오해한다. 그 즈음 유부남 철주가 수옥에게 끊임없이 구애하나 그녀는 받아들이지 않는다. 어느 날 수옥은 찬과 주희가 이야기 나누는 장면을 목격하고 놀라 절벽 비탈길로 떨어져 죽는다. 철주는 수옥의 무덤 앞에서 계몽운동에 동참할 것을 맹세한다.

**【참고】** 제목 앞에 '長篇小說'이라 표기되어 있다. 남녀간의 동지애를 주요 모티프로 하여 농민 계몽운동에 적극적으로 참여하는 젊은 지식인들의 의지와 열정을 그린 작품이다. 여성 인물이 남성 조력자의 도움을 통해 인식적 각성을 얻는 데 성공하는 것이 아니라 불의의 사고로 갑작스럽게 죽음을 맞이하여 비극적인 결말을 맺고 있다. 이러한 여성 인물의 갑작스러운 죽음은 계몽 운동의 선두를 자처했던 젊은이들의 의지와 실천 사이의 갈등 관계, 그리고 그 한계성을 상징적으로 보여 주는 것으로 해석된다.

비 탈 길
崔貞熙

## 비탈길 : 최정희. 문예1949.8-9(2회 미완).

**【내용】** '나(무순)'는 소학교 교사 최영종을 사랑하여 그와 결혼하려 하나, 조부와 부모의 반대에 부딪힌다. 영종의 집안이 쇠락했다는 것이 반대의 이유이다. 조부는 본래 능직 출신으로, 아들을 양반 가문의 처자와 혼인시킴으로써 양반으로 승격했다. '나'는 영종과의 사랑을 이루기 위해 그와 동경으로 떠난다. 동경 유학 중 영종은 관동대지진으로 사망하고, 그의 아이를 임신한 '나'는 고향으로 돌아와 아들 승복을 낳는다. '나'는 승복을 영종의 분신으로 여기며 훌륭히 양육하고자 하나 조부는 '나'가 유복자를 낳음으로써 집안의 명예를 실추시켰다며 '나'에게 고향을 떠나라고 종용한다. '나'는 이에 굴하지 않고 승복의 교육에 전념한다. 승복은 공부를 잘하여 서울의 유수 학교에 진학한다. 그는 창씨개명과 같은 역사적 사건에 대해 비판적 시각을 드러내며 '나'의 기대에 어긋나지 않게 성장한다.

**【참고】** 《문예》 1949년 9월 연재분 말미에 '次號에 完'이라고 표기되어 있으나, 이후 연재분을 찾을 수 없다. 단행본으로 출간된 기록 또한 없다. 여성 인물의 사랑과 수난을 중심으로 한 이야기라는 점에서 '三脈 연작'의 연장선상에 놓이는 작품이다.

## 비화원/秘花苑 : 김문집. 국민신보1939.5.21(1회), 1939.5.28(후편 완).

**【내용】** '나'는 부잣집 아들로, 일본 유학 등의 이력을 가지고 있다. '나'는 몇 번의 연애에 실패하면서, 여자의 조리를 수집하는 버릇이 생긴다. '나'는 상점에 진열되어 있는 여자의 조리에는 관심이 없고 남의 집 현관에 놓여 있는 미지의 여자 조리에서 '병적인 아름다움'을 느낀다. '나'의 수집벽은 남의 집에 몰래 들어가 여자 조리를 훔치는 도착적 행위로 이어진다.

**【참고】** 이 작품은 여자의 조리에 집착하는 특이한 수집벽을 지닌 남자의 이야기를 다룬 일본어 소설이다. 도착적 페티시즘이라는 특이한 소재를 다루고 있다는 점에서 김문집의 또 다른 소설 「아리랑 고개」와 유사하다.

瀕死의白鳥

## 빈사의 백조/瀕死의白鳥 : 함대훈. 여성1936.4-9(6회 미완).

**【내용】** 김상수는 기생 란심의 도움으로 공부를 마치고 XX여전 강사가 된다. 둘은 서로 사랑하는 사이였으나, 신분 상승을 이룬 상수는 곧 변심하여 란심에게 이별의 편지를 보낸다. 상수는 R전문학교 조수 송혜영과 연애를 시작한다. 그러던 중 혜영이 상수와 란심의 관계를 알게 되고, 그 충격으로 차에 치이는 사건이 생긴다. 이 일로 혜영은 병원에 입원하는데 공교롭게도 옆 병실에 란심이 입원해 있다. 실의에 빠져 시름시름 죽어 가던 란심은 혜영을 문병 온 상수를 보고, 그를 원망하다 결국 자살한다.

**【참고】** 표제 앞에 '長篇小說'이라고 표기되어 있다. 1936년 9월호의 6회 말미에 '十九頁로 계속'이라 부기되어 있으나, 이후 연재분을 찾을 수 없다. 여주인공의 자살로 마무리되는 6회의 내용으로 미루어 완결된 것으로 볼 수 있다. 대학 강사인 주인공이 신분상승을 위해 자신을 도와준 기생을 버리고 여교수인 새 애인을 선택한다는 통속소설이다.

# ㅅ

## 사냐 생이냐/死냐生이냐 : 고도. 대성서림1924,1928(123면).

**【내용】** '나(김홍○)'는 북행 열차에서 김○임을 만난다. 김○임은 서북 지방에서 교편을 잡고 있는 '나'의 스승이다. 연인 사이인 '나'와 김○임은 결혼을 원하지만, '나'가 이미 결혼한 몸이기에 김○임의 부모가 완강하게 결혼을 반대한다. '나'는 자유연애가 가능한 세상으로 도망가고 싶지만 용기가 부족하여 김○임과 헤어진다. 그 후 '나'는 기독교에 귀의하고 헤어진 연인을 생각하며 조선의 여권 신장 운동에 투신한다. 김○임은 집에서 온갖 풍설을 들으며 불행한 삶을 살아간다. '나'는 학생 선동 혐의로 감옥에 갇혔다가 풀려난 후 김○임을 향한 마음을 정리하기 위해 편지를 쓴다.

**【참고】** 1인칭 주인공 시점으로 서술된 서간체 소설이다. 사랑하는 여인과 주변 상황에 따른 주인공의 갈등 심리가 상세하게 드러난다. 당시 유행한 자유연애의 풍조를 반영한 작품으로 평가되며, 저자 '고도(孤島)' 에 대해서는 알려진 정보가 없다.

## 사라진 무지개 : 계훈. 중앙1935.4-7(4회 완).

**【내용】** 영명여학교를 나온 옥주는 동경음악학교에 진학하고자 하나 홀어머니의 반대로 포기하고 만다. 홀어머니는 집안 형편이 어렵다며 옥주를 시집보내려 한다. 강제로 선 자리에 나간 옥주는 상대자인 정섭 또한 자신과 같은 처지임을 알고 씁쓸해한다. 그러나 둘은 서로 좋아하게 되어 결혼을 한다. 살 길이 막막하던 정섭은 동경에 와 취직 운동을 하라는 선배의 말을 믿고 옥주네 집을 처분하여 돈을 마련해가지고 동경으로 떠나 버린다. 집세 갚을 도리가 없어 옥주는 급기야 카페의 여급으로 일하며 돈을 벌기 시작한다. 그러던 어느 날 옥주는 우연히 김팔용이라는 자를 만난다. 그는 다름아닌 영명여학교 시절 친구였던 철자와 약혼했던 자로 정섭과 철자가 은밀한 관계였다는 것을 알고 파혼한 상태이다. 옥주는 믿었던 정섭이 자신의 친구와 그런 사이였다는 것에 충격을 받는다. 그녀는 소식도 없는 정섭을 원망하며 이왕 이렇게 된 것 돈이라도 벌어야겠다는 결심을 한다. 카페에 찾아온 최승삼에게 하

룻밤을 허락한 옥주는 그 대가로 받은 돈으로 김팔용과 함께 동경으로 향한다. 옥주는 정섭에게 팔용과 같이 있는 자신의 모습을 보여 복수하고자 한다. 우연히 역 앞에서 정섭과 마주친 옥주는 팔용에게 철자의 애인이었던 그 사람이라며 정섭을 소개한다. 정섭은 팔용과 같이 있는 옥주의 모습에 망연해하며 바늘방석 같은 자리를 떠난다. 만평호텔에 방을 잡은 팔용과 옥주는 동경의 은좌를 구경하러 나온다. 그러나 팔용은 복잡한 밤거리에서 옥주를 잃고, 급하게 호텔로 다시 돌아온다. 호텔 방에는 자신이 팔용과 같이 보낸다면 정섭이나 철자와 다를 바가 없다며 '무지개와 같이 사라지는 계집의 내일도 모르는 생을 축복해 달라'는 옥주의 편지만 놓여 있다.

**【참고】** 제목 앞에 '連載長篇事實小說 사라진무지개 桂薰'이라고 표기되어 있다. 작가 '桂薰'에 대해서는 알려진 정보가 없다. 희망에 찬 내일을 꿈꾸던 신여성이 믿었던 남자에게 배신을 당하고 세속의 풍파에 휘둘린다는 흥미 위주의 작품이다.

## 사랑 : 이광수. 박문서관1938(상),1939(하) ; 박문출판사1950(상·하).

**【내용】** 스물셋의 석순옥은 종교적 신념이 강하고 순정을 지닌 여성이다. 그녀는 여학교 선생이었으나, 어릴 적 의사 안빈의 글을 읽고 감명을 받아 그의 곁에서 간호부로 지낸다. 안빈은 모든 중생은 한마음이라는 불교적 사상을 지닌 인물이다. 그는 순옥이 간호부로 들어왔을 때 잠깐 동안 그녀에게 감정의 동요를 느낀다. 안빈을 사모하는 순옥은 그의 의학 연구에 보탬이 되기 위해 헌신한다. 순옥의 도움으로 안빈의 연구는 성공하고 그는 사회에서 주목을 받는다. 안빈의 아내가 병들자 순옥은 그의 아이들을 돌보면서 집안일을 한다. 몇 년 후 안빈의 아내가 죽고, 순옥은 고민 끝에 자신을 사모해 온 시인 허영과 결혼을 결심한다. 그러나 허영은 방탕하고 무절제한 생활로 가산을 탕진한다. 뿐만 아니라 결혼 전 그가 이귀남이라는 여자와 아들을 낳고 살았으며, 양육비를 지급해 온 사실이 뒤늦게 밝혀진다. 의사가 된 순옥은 허영과 그의 아들까지 부양한다. 순옥은 허영과 갈등이 생길 때마다 안빈을 찾아가 하소연하고, 그때마다 안빈은 그녀에게 자비를 베풀라고 말한다. 순옥은 허영을 보살피지만, 허영은 순옥과 안빈의 정신적 사랑을 이해하지 못한다. 그는 연길에서 병으로 죽을 때까지 그들의 관계를 의심한다. 허영이 죽자 순옥은 안빈의 곁에서 정신적인 평화를 누린다.

**【참고】** 이광수가 1938년 수양동우회 사건으로 종로서에 들어갔다가 병보석으로 출감한 후 창작한 소설이다. 이 작품을 쓸 때 이광수는 입원 중이었으며, 글을 쓸 기력이 없어 박정호에게 대필을 시켰다고 전해진다. 서사의 기본 틀은 애정의 삼각 구도이나 정신적 사랑을 강조하고 종교적 사상을 강하게 반영한 작품이다. 박문서관에서 1938년 「사랑」 상권을, 1939년 하권을 간행하였고, 1950년에 박문출판사에서 상·하권을 출간하였다. 「사랑」을 집필하기 전부터 「법화경」 한글 번역을 시작했다는 점에서 이광수가 불교 사상에 심취해 있었음을 알 수 있다. 때문에 이 작품의 종교적 사상을 불교 사상과 연관시켜 평가하는 경우가 많다. 이광수는 「사랑」을 집필하기 전 1937년부터 조선총

독부로부터 친일 정책에 동참하라는 종용을 받았으며, 작품 탈고 후 1940년에는 친일 단체인 조선문인회의 회장이 되었다가 탈퇴한다. 해방을 맞아 친일파라는 비난이 쏟아지자 양주 봉선사에 들어가 수도 생활을 하기도 하였다. '愛(前, 後篇)' 라는 표제로 1940, 1941년 金逸善이 モダン日本社에서 일본어로 번역하여 출판하였다.

## 사랑과 결혼/사랑과結婚 : 방인근. 경향출판사1948.

**【내용】** 미확인 작품.

**【참고】** 민중서관의 『한국문학전집』 7권(방인근·최독견 편, 1959) 연보와 오영식의 『해방기 간행도서 총목록』(소명출판2009)에서 채록하였으나, 현재 작품을 확인할 수 없다. 그런데 1954년에 발표된 방인근의 장편소설인 「애정쌍곡선」에 '사랑과 結婚의 書' 라는 부제가 붙어 있어서 「애정쌍곡선」과 동일한 작품으로 이 소설이 출간된 것인지 확인해 볼 필요가 있다. 이대 도서관에 『애정쌍곡선—사랑과 結婚의 書』가 소장되어 있다.

## 사랑과 죄 : 염상섭. 동아일보1927.8.15-1928.5.4(257회 완) ; 박문서관1931.

**【내용】** 지덕진은 돈 벌 욕심에 이복동생인 순영을 자신이 일하는 회사의 사장 유택수의 재취로 보내려 한다. 순영은 간호부로 일하면서 화가 리해춘의 화실에서 모델 일도 겸하고 있다. 해춘은 이 판서의 아들로 이씨 왕가의 친척이자 식민지 통치자의 비호를 받는 자작이다. 순영의 생모이자 아편쟁이인 해주 댁이 해춘을 찾아와 순영을 빌미로 돈을 요구하자 순영은 해춘의 화실을 그만둔다. 어느 날 해춘은 순영의 병원에 입원한 친구 김호연을 찾아간다. 호연은 사회운동에 관심이 많은 변호사로, 해춘은 호연을 통해 순영이 여자만세사건의 중심인물과 가까운 사이임을 알고 그녀에게 관심을 보인다. 한편 덕진은 택수가 순영과의 결혼을 성사시키게 해 주면 집안을 일으켜 주겠다는 말에 순영이 결혼을 허락했다고 거짓말을 한다. 그러나 순영이 결혼을 거부하자 택수는 망신을 당했다고 생각하여 덕진을 해고한다. 해춘은 호연의 부탁으로 일본 유학생으로부터 인삼 세 근을 백 원에 구입한다. 그러

나 해춘은 인삼을 팔았던 유학생이 어떤 조직의 밀서를 가지고 있다가 붙잡히는 바람에 가택수색을 당한다. 해춘은 왕가의 자손이라는 이유로 무죄방면 된다. 호연과 가깝게 지낸 순영과 택수의 아들 진이 운동과 관련하여 공판에 선다. 순영을 향한 마음이 사랑이었음을 깨달은 해춘은 그녀를 빼내기 위해 노력하지만 큰 성과를 거두지는 못한다. 다행히 순영과 진은 택수의 힘으로 풀려난다. 택수의 정부 정마리아는 택수가 순영에게 마음을 두자 복수를 결심하고 해주 댁을 살해한다. 우여곡절 끝에 해춘과 순영은 봉천으로 떠나 새 출발을 하고, 진은 동경으로 유학을 떠난다.

**【참고】** 염상섭의 첫 번째 본격 장편소설이다. 염상섭 문학의 전반기를 집대성한 작품으로 사회 문제, 애정 문제, 인생의 여러 풍파를 집약적으로 보여 주며, 당대의 세태와 지식인들의 고민을 잘 반영하고 있다. 이 작품은 「삼대」의 모태가 되는 작품으로 꼽힐 뿐 아니라, 「광분」, 「삼대」, 「목단꽃 필 때」, 「무화과」, 「불연속선」, 「백구」 등 장편소설의 기원이 되는 작품으로 평가된다. 서사 구조와 인물 유형이 유사하다는 점에서 「삼대」, 「무화과」와 함께 삼부작으로 간주하는 견해도 있다.

## 사랑의 다각형 / 사랑의多角形

**이광수. 동아일보1930.3.27-11.2(71회 완) ; 한성도서주식회사1939.**

**【내용】** 옥귀남은 고등학교를 졸업한 뒤 평양 자혜의원의 간호원이 된다. 귀남의 부모는 그녀가 기생이 되어 집안 살림에 보탬이 되길 바라지만 귀남은 색주가의 딸이라는 태생을 감추고 싶다. 그러나 귀남은 이름난 부호 전건의 유혹에 넘어가 그의 애첩이 된다. 건은 동경 유학을 보내 준다고 귀남을 꼬여 농락한 뒤 중국으로 떠나 버린다. 그 후 귀남은 다시 김만식이라는 자에게 팔려 가 아들 관희를 낳는다. 만식의 학대가 계속되자 그녀는 집을 나와 해주 폐병요양원으로 간다. 요양원에서 그녀는 폐병 환자 한은교를 만난다. 은교는 소학교 선생이었는데, 미국으로 유학 간 애인 송신희가 부유한 유학생과 결혼한 후 폐병에 걸려 요양원에 온 것이다. 귀남은 은교에게 호감을 느껴 그를 극진히 간호하고, 은교는 귀남의 정성스러운 간호에 감동받는다. 한편 은희로 개명한 신희는 결혼 생활에 싫증을 느끼고 은교를 그리워한다. 그녀는 유성온천에 갔다가 병색이 짙은 은교를 만나 그의 곁에 머문다. 이 사실을 안 은희의 남편이 찾아와 소동을 벌이고, 은교와의 관계가 들통난 귀남은 요양원에서 해고된다. 그 후 은교와 귀남은 결혼을 하고, 은희는 두 사람에게 용서를 빌고 자살한다.

**【참고】** 이광수가 1930년대 발표한 「혁명가의 아내」, 「사랑의 다각형」, 「삼봉이네 집」은 '군상(群像) 3부작'으로 일컬어진다. 그중 「사랑의 다각형」은 두 번째 작품이다. 1939년 한성도서주식회사에서 『군상』이 발간되었는데, 여기에는 '군상 3부작' 중 「사랑의 다각형」만 실려 있다. 「사랑의 다각형」은 인물들의 연애를 서사의 중심축에 두고 있는데 이들의 연애관계는 대개 파국으로 치닫는다. 작가는 사랑의 다양한 양상을 보여 주려 했다고 말하지만, 소설에서는 희생적인 사랑이라는 한 가지 양상만 드러난다. 인물의 선악 구도가 분명하다는 점에서 인물 형상화가 도식적이라는 비판적 견해도 있다.

## 사랑의 수족관/사랑의水族館 : 김남천. 조선일보1939.8.1-1940.3.3(163회 완) ; 인문사1940 ; 평범사1949.

**【내용】** 김광호는 경도제국대학을 졸업한 뒤 철도 회사 니시다구미(西田組)에서 토목 기사로 일하고 있는 스물일곱 살의 청년이다. 광호가 일하는 공사장에 이경희가 방문하고, 광호는 형 김광준이 위독하다는 소식을 듣고 귀경하는 길에 경희와 동행하게 된다. 경희는 대흥콘체른 사장 이신국의 딸로, 여자대학 가정과를 나온 뒤 미국 유학을 계획하다가 사회사업으로 방향을 전환한 신여성이다. 광호와 경희는 첫 만남에서 자선사업에 대해 논쟁을 벌이며 서로에 대해 호감을 느끼다 연인 관계가 된다. 광호는 형의 입원실에서 형과 동거했던 카페의 여급 박양자와 그녀의 동생 강현순을 만난다. 현순은 광호를 짝사랑하게 되나 자신이 일하는 청의 양장점의 단골 손님 경희가 광호와 연인 관계임을 뒤늦게 깨닫고 괴로워한다. 경희가 현순에게 탁아소 일을 부탁했기 때문이다. 한편 경희는 자선 사업에 필요한 자금을 받는 대가로 아버지의 비서인 송현도와의 결혼을 강요당하나 광호에 대한 사랑을 저버리지 않는다. 현도는 대흥콘체른을 장악하기 위해 경희와의 결혼을 추진하는데, 실은 경희의 서모인 은주 부인과 불륜 관계를 맺고 있다. 은주 부인은 광호에게 반해 그를 유혹하나 거절당하자 마치 광호가 자신을 농락한 것처럼 경희에게 말한다. 현도 역시 광호와 경희를 떼어놓기 위해 현순의 먼 친척인 신일성을 신문기자로 위장 시켜서 대흥콘체른에 찾아가도록 한다. 광호를 호색한으로 오해한 경희는 소식을 끊고, 광호는 경희의 속을 모른 채 일성의 공금 횡령 모함으로 신국에 의해 만주로 전근당한다. 이때 일성과의 우연한 사건을 계기로 현순은 광호와 관련된 음모를 알게 되고 이를 경희에게 이야기한다. 경희는 자신의 오해를 깨닫고 광호를 찾아 만주로 가나 광호는 귀국한 뒤이다. 광호의 집에서 재회한 뒤, 광호는 경희에게 모든 재산을 사회에 환원하고 물질에 구애받지 않는 진정한 사랑을 하자고 제안하고, 두 사람은 결혼을 계획한다.

**【참고】** 《인문평론》 1941년 2월호의 출판부 소식에 따르면, 이 작품은 초판을 낸 지 보름 만에 매진되고 재판 또한 매진될 정도로 대중적인 인기를 얻었다고 한다. 1940년 인문사에서 단행본이 발행되었을 때 채만식과 김인택 등이 작품 평을 발표하였다. 남녀 주인공과 주변 인물들의 연애가 서사의 중심을 이루고 있어 통속적이라는 평가를 받기도 한다. 사회역사적인 부분에 적극적인 관심을 보이지는 않지만, 건실한 생활인으로서 주인공을 긍정적으로 그리고 있다는 점에서 새로운 인물형의 창조라는 견해도 있다.

## 사랑의 죄/사랑의罪 : 이광수. 문연사1950.

**【내용】** 「그의 자서전」 참조.

**【참고】** 표지에 '長篇小說 사랑의 罪 春園 作', 본문 첫 장에 '사랑의 罪 春園 李光洙'라고 표기되어 있다. 소설 중간에 낙장이 있다. 내용상 「그의 자서전」의 개작이다. 「그의 자서전」은 이광수가 1936년 12월 22일부터 1937년 5월 1일(128회)까지 《조선일보》에 '장백산인'이라는 필명으로 연재한 장편소설이다. '어린 적', '소년 시대', '방랑의 길', '북간도', '북경' 등의 소제목이 붙어 있다. 1인칭 주인공 시점으로 내면 서술이 주를 이루며, 장성한 주인공이 회상하는 방식으로 구성된다. 소설 서두에서 서술자는 이 소설을 '자서전'이라고 소개하면서, 조선의 구체적인 지명을 밝히지 않겠다고 말한다. 본문에 '지금 생각하면 내가 문학이란 것에 접촉한 것이 여기서부터'라는 표현이 있다. 주인공 '남궁석'이 문학도의 삶을 산다는 점을 볼 때, 자전적인 성격을 띠는 작품이라고 볼 수 있다. 줄거리는 연세대 소장본을 참고하여 정리하였다. 그러나 소설 말미 상당 부분이 유실되어 전체 내용을 파악하지는 못했다. 판권지 역시 확인할 수 없어 개작과 관련된 다른 정보를 알 수 없다.

## 사변 전후/事變前後 : 윤백남. 매일신보1937.1.1-1938.5.2(268회 완) ; 영창서관1940.

**【내용】** 박일만은 만주로 이주한 뒤 마약 밀매를 하여 순식간에 많은 돈을 모은다. 어느 날 한 만주인이 마약중독으로 목숨을 잃은 사건이 발생하여 일만은 경찰에 잡혀간다. 만주 정착민들이 이주민들을 몰아내려는 움직임을 보이자 조선인들은 김낙준이 돌아오기만을 바라고 있다. 낙준은 만주로 이주한 조선인 중 학식과 능력이 출중하여 마을 사람들이 의지하는 인물이다. 낙준이 집을 비운 사이 조선에서 온 농민들이 이유 없이 폭행당하고 비적들에게 습격을 당하거나 경찰서에 잡혀가 고초를 겪는다. 조선인들의 입지가 좁아진 것을 눈치챈 낙준의 아내는 집을 나가 버리고, 마을 사람들은 다른 곳으로 쫓겨날 처지에 놓인다. 낙준은 만주에서 횡포를 부리는 장학량 정권을 타도하기 위해 앞장선다. 일본군 역시 장학량 군벌을 몰아내기 위해 낙준과 함께 싸우지만 이 과정에서 농민들이 몰살당하고 만다. 동북행정위원이 여러 민족을 포용하여 만주 국가를 건설할 것에 합의하자 장학량 일파는 격분한다. 낙준은 일본인 왕명과 함께 모든 동포가 안심하고 살 수 있도록 노력하기로 결의를 다진다. 어느 날 낙준은 장학량 일파에게 잡혀갔다가 병에 걸리는데 다행히 왕명에 의해 구출된다. 병원에서 정신을 차린 낙준은 왕명과 함께 '대아세아주의 만세'를 외친다.

**【참고】** '가시덤불', '영원의 나그네' 등의 부제가 달려 있다. 지식인 주인공이 만주에 머물면서 장학량 정권에 반대하고 대동아 건설을 위해 활약하는 모습을 그린 작품이다. 조선인과 일본인이 서로를 동포로 여기고 일본인이 조선인을 보호하는 등 일본에 대한 호의적인 서술이 보인다.

## 사상의 월야/思想의月夜 : 이태준. 매일신보1941.3.4-7.5(97회 상편 완) ; 을유문화사1946.

**【내용】** 송빈의 부친은 급진 개화파의 일원으로 일본에 망명한 뒤, 간도로 이주하기 위해 일시 귀국했다가 당국에 검거되어 고문을 당한다. 그는 고초 끝에 풀려나 러시아로 망명하지만 결국 타향에서 비운의 생을 마감한다. 송빈은 여섯 살의 어린 나이에 부친을 잃고 남은

가족과 함께 귀국한다. 어렵게 생계를 꾸려가던 중 모친마저 병들어 죽자 송빈은 고아 신세가 된다. 그는 친척집에 기거하며 보통학교를 졸업하고 갖은 고생 끝에 휘문고보에 입학한다. 그러나 불합리한 규율을 강요하는 학교 측에 대항하여 동맹휴학을 주도하다가 퇴학을 당하고 만다. 송빈은 이에 좌절하지 않고 일본 유학을 위해 현해탄을 건넌다.

**【참고】**《매일신보》 연재 후 부분 개작을 거쳐 단행본으로 출간되었으나 상권만 나오고 미완에 그쳤다. 연재 당시의 원본과 내용상 차이가 있어서 선본의 문제를 제기하는 연구자도 있지만, 대체로는 을유문화사본을 연구의 대상으로 삼는다. 연재본은 주인공의 동경 유학 생활을 전반적으로 다루는 것에 반해, 단행본에서는 유학 생활 부분이 삭제되고 주인공이 현해탄을 건너는 지점에서 끝맺고 있다. 연재본은 고생 끝에 학업을 이어나가는 주인공의 성장담을 통해 오직 학문을 통해서만 꿈을 가질 수 있었던 일제 치하 막막한 젊은이의 현실을 보여 주는 데 그쳤다고 할 수 있다. 그에 비해 단행본에서는 외국인 조력자를 통해 주인공 송빈의 지사적 열정이 성취되는 지점까지 나아간다. 주인공이 추구하는 입신양명은 개인의 정신적 성장과 문명화를 상징하기도 하지만, 식민지 현실을 타계하려는 작가의 노력을 함축한 것이기도 하다. 이 작품은 이태준의 자전적 성격을 띠고 있어 작가의 이력과 사상적 특징을 확인하는 자료로 쓰인다.

## 사선을 넘어서/死線을넘어서 : 안회남. 협동1947.1-6(3회 미완).

**【내용】** 소설가 박서림은 충남 연기군의 농촌 마을에서 생활하다가 징용을 당하여 일본 북구주로 가게 된다. 노모와 아내, 그리고 아들 둘을 남겨놓고 타국으로 갈 일이 걱정되지만 달리 해결할 방도를 찾을 수 없다. 징용을 가는 농민들 틈에서 잘 어울리지 못하고 있던 서림은 얼떨결에 전의면의 반장으로 뽑히고, 연기군대의 대장인 김일룡을 만난다. 일룡은 서림에게 일본에 도착하면 함바 일을 하자는 제안을 한다.

**【참고】** 조선금융조합연합회에서 발간한 잡지 《협동》에 연재한 안회남의 장편소설이다. 해당 잡지 자료의 유실로 제1회부터 3회까지의 연재분만을 확인할 수 있다. 연재 지면에 '長篇小說 死線을 넘어서 安懷南' 이라고 표기되어 있다. 일제 말기에 있었던 작가의 징용 체험이 사실적으로 묘사된 작품이다.

## 사슬이 풀린 뒤 : 오기영. 신천지1946.3-6(4회 완) ; 성각사1948.

**【내용】** '나'는 교직자이던 부친과 함께 만세운동에 참여했다가 수감되어 갖은 고문을 당하고 풀려난다. 형 또한 독립운동에 가담했다는 이유로 수배되어 일본으로 망명한다. '나'는 신문기자가 되어 한인청년집행위원장 윤철이라는 자를 만나는데 알고 보니 일본으로 망명한 형이다. 형은 다시 종적을 감추고, '나'는 평양에서 치과의사와 결혼해 아들을 얻는다. 어느 날 누더기 차림으로 변장한 형이 '나'를 찾아와 자신이 지하 독립운동 단체에서 활동하고 있다고 말한다. 형은 '나'의 아내에게 자금을 융통해서 상해로 망명하고 그 때문에 '나'는 경찰서

에 끌려가 고문과 취조를 당한다. 그러나 결국 형은 붙잡혀 폐병으로 죽게 된다. '나'의 아내 또한 딸을 낳은 후 병에 걸려 죽고 결혼한 동생은 형의 독립운동 이력 때문에 경찰에 잡혀간다. 동생이 감옥에 갇힌 지 반년 후에 비로소 해방이 된다. '나'는 태극기를 들고 형의 무덤 앞에서 슬픔에 잠긴다.

**【참고】** 3·1 만세운동으로부터 8·15 해방을 배경으로 온 가족이 독립투쟁에 뛰어들어 싸웠던 가족사를 담은 중편소설이다. 동전(東田) 오기영은 1909년 태어나 신문기자로 활동하다가 1949년 월북한 지식인이다. 논자에 따라 이 작품을 오기영의 수기로 보는 시각도 있다. 주인공 '나'가 어머니에게 보내는 편지 형식을 취하고 있으며, 내용 중간 중간 실명이나 실제 사건이 거론되기도 한다.

## 사십 년/四十年 : 향산광랑. 국민문학1944.1-3(3회 미완).

**【내용】** 내용 생략.

**【참고】** 창씨명 '香山光郎'의 이광수가 일본어로 쓴 자서전이다. 3회 연재로 중단되었으며, '고아'라는 장으로 시작하는 3회분은 첫째 면 이후 삭제되었다. 일본의 저명한 평론가 고바야시 히데오(小林秀雄)가 자서전을 써 보라고 한 말에 대한 간접 응답이라고 알려져 있다.

## 사십 년/四十年 : 박노갑. 육문사1948.

**【내용】** 황찬의 출생은 집안의 경사였으나, 그가 태어난 해는 국권을 빼앗긴 1905년이다. 찬의 아버지는 소작농으로 전락한 양반으로, 머리를 깎고 신학문을 배우는 일이 일본에 굴복하는 것이라며 찬을 서당에 보내 한문 교육을 받게 한다. 찬은 한문 공부에 재능을 보이나, 집안 형편은 찬의 장원례를 낼 수 없을 정도로 더욱 궁핍해진다. 찬과 함께 서당에서 공부하던 친구들은 아버지의 소작이 떨어지면서 고향을 떠나 도회지로 간다. 찬은 학교에 다니는 친구 진호의 이야기를 듣고 신학문에 대한 열정을 아버지 몰래 간직하게 된다. 마을 앞으로 신작로가 나고 자동차가 생기면서 마을 사람들의 생활에도 변화가 생긴다. 읍내에 일본 사람들의 관사가 생기고 마을에 외부인들의 출입이 빈번해지는 등 개화 바람이 불기 시작한 것이다. 열일곱 살이 된 찬은 서울에서 중학교를 다니는 척질 춘수의 권유로 학교에 다니기 위해 상경한다. 찬은 강습소, 검정시험, 입학시험을 거쳐 고등보통학교에 다니게 된다. 함께 공부하던 춘수가 고향으로 돌아가고, 학교에서는 동맹휴학을 경험하면서 찬은 어렵게 고등보통학교를 졸업하고 일본 유학을 떠난다. 찬은 동경의 하숙집에서 친구의 밥을 나눠 먹을 정도로 궁핍한 생활을 인내하며 졸업하여 조선으로 돌아온다. 찬은 고향집에서 농사일을 거들다가 신문사에 취직하나 '일장기 말살 사건'으로 신문이 정간되자 출판사 편집실에 근무한다. 그러나 검거된 직원들과 함께 근무했다는 이유로 찬 역시 유치장에서 고문을 받으며 두 달을 보내고 나온다. 그 후 출판사가 해체되면서 찬은 가족을 데리고 고향에 내려

가 농사를 짓는다. 찬은 고된 농사일을 그만두고 다시 상경하여 여학원에서 교편을 잡고 있다가 광복을 맞는다. 찬은 남과 북으로 갈려 이념 대립을 펼치는 정세를 지켜보면서 통일된 조국을 세워야 한다는 신념을 갖는다.

**【참고】** 을사보호조약부터 광복에 이르기까지 40년의 일제 강점기 상황을 한 인물의 삶을 통해 그리고 있는 작품이다. 중도적 인물의 일생이 삼일운동, 동맹휴학, 동경 유학, 군정 등의 식민지 치하 속에서 연대기적으로 그려진다. 작가는 후기에서 '이 소설이 「行間行」이라는 또 하나의 제목을 가졌고, 이는 무슨 신기한 이야기를 꾸며 보자는 것이 아니라 식민지 시대 현실의 흐름을 그려 보자는 의도' 였음을 밝히고 있다. 박노갑이 남긴 마지막 소설로 자전적 성격의 작품이라는 평가를 받는다.

## 사충서원/四忠書院 : 임경일. 한풍출판사1942 ; 백민문화사1946.

**【내용】** 김창집, 리이명, 조태채, 리건명 등 네 대신에 관한 이야기. 내용 생략.

**【참고】** 고려대 도서관 소장 백민문화사본(1946)을 텍스트로 내용을 정리했다. 단행본 『南漢山城』에 「南漢山城」과 「四忠書院」이 합철되어 있다. 「南漢山城」이 112면에서 끝나고 「四忠書院」은 205면에서 286면까지이다. 그 중간에 어떤 작품이 있었는지는 알 수 없다. '四忠書院' 은 후에 영조가 될 왕세자의 책봉 문제로 죽은 노론의 대신 김창집, 리이명, 조태채, 리건명을 기리기 위해 1725년 과천에 지은 서원 이름이다. 이 작품은 네 명의 대신들에 관한 이야기를 다루었다. '경성부(京城府) 보광정(普光町)에 있는 우사단(雩祀壇)' 이란 구절로 시작한다.

## 사형제/四兄弟 : 한흑구. 농민생활1935.10-1936.6(8회 미완).

**【내용】** 한천 포구에 사는 김편은 네 명의 아들을 둔 어민이다. 세월이 흘러 어촌도 몰라보게 발전했지만 어민들의 삶은 궁핍하기만 하다. 편은 병상에 누워 십을 나간 첫째 아들 동명의 소식을 기다리다 죽는다. 부친이 죽지 남은 아들들은 깊은 절망에 빠진다. 동명을 제외한 세 형제는 집안 형편 때문에 학업을 제대로 마치지 못한 상태이다. 둘째 동철은 평양에 가서 공부를 마치고 싶은 마음이 있다. 부친이 죽은 지 한 달이 못 되어 동명의 편지가 도착한다. 편지에는 동경으로 건너간 동명이 큰 지진으로 죽을 고비를 넘겼으며, 지금은 서울에 돌아와 은행에 취직했다는 내용이 담겨 있다. 형제들은 동명의 소식에 매우 기뻐한다. 어물상에서 일을 도우며 생계를 꾸리는 동철은 동명에게 학업을 할 수 있도록 도와 달라는 내용의 편지를 보내지만 답장을 받지 못한다. 동철은 중앙고보를 졸업하고 보전(普傳)에 다니고 있으며, 넷째 동선은 고보에 다니고 있다. 동철과 정인옥, 동철의 친구 영남과 이경숙은 건전한 연인 관계를 맺고 있다.

**【참고】** 한흑구는 한세광의 필명이다. 제목 앞에 '長篇小說' 이라고 표기되어 있다. 고려대 도서관에 소장된 《농민생활》 자료로는 1, 2, 3, 8회만 확인이 가능하며 완결 여부를 알 수 없다. 단행본 출간 정

보 또한 찾을 수 없다.

## 산가/山家 : 이무영. 신동아1935.2 ; 삼중당1939 ; 민중서관1949.

**【내용】** 창건은 서울 직조공장에서 일하다 팔목이 잘려 고향인 구혈산 궁말로 돌아온다. 그는 결혼한 누이의 집에 얹혀살면서 밤에는 학생들을 가르친다. 건강 씨로 불리는 사내가 창건을 도와 야학 일을 하는데, 그는 일곱 식구의 가장이다. 창건은 가난하지만 밝고 긍정적인 건강 씨를 존경한다. 어느 날 마을에 염병이 돌아 사람들이 하나둘 죽어 나가고 건강 씨의 아내 역시 영양 결핍으로 죽는다. 건강 씨의 큰아들 문식은 모친의 상여를 들 사람조차 없다는 사실에 절망한다. 동생들이 굶어죽을 지경임에도 누구하나 식량을 나누어 주지 않자 문식은 마을 사람들에게 야속함을 느낀다. 상실감에 빠진 그는 아버지가 외출한 사이 동생들과 함께 자살을 기도한다. 이 사실을 우연히 알게 된 창건은 문식을 말린 뒤 아이들을 부둥켜안고 눈물을 흘린다.

**【참고】** 《신동아》에 1회 게재한 중편으로, 궁핍한 현실 속에서도 이상적인 세계관을 간직하고 싶어하는 인물들의 갈등과 고통을 그리고 있다.

## 산중화/山中花 : 심천풍. 매일신보1917.4.3-9.19(127회 완).

**【내용】** 영국 시골의 촌장 강슌틱의 아들 수인이 입대하여 인도의 수비대로 갔다가 전사한다. 상관 됴중화 중위는 수인의 유언대로 그의 고향에 가서 아버지와 누이를 만난다. 됴 중위는 소년의 여동생 강희뎡에게 반해 청혼하고 희뎡은 신분의 차이 때문에 주저하다가 결혼한다. 결혼한 뒤 자작 부인이 된 희뎡은 됴 자작의 영지가 있는 게인 성에서 김명희를 만난다. 명희는 됴 자작 어머니의 친정 조카로 어렸을 때부터 게인 성에서 생활하면서 됴 자작과 결혼하려던 중에 희뎡이 등장하자 그녀를 적대시한다. 귀족 사회와 문화에 익숙하지 못한 희뎡이 도움을 요청할 때마다 명희는 희뎡을 조소하고 무시한다. 그리고 자작의 모친과 자작에게 희뎡을 모함할 뿐만 아니라 희뎡과 됴 자작 사이를 이간질시킨다. 희뎡이 아들 텰호를 낳은 뒤에도 명희의 모략이 계속되어 됴 자작과 희뎡의 사이는 점점 멀어진다. 이에 희뎡은 텰호를 남겨 둔 채 시비 빅뎡즈와 함께 집을 떠난다. 뎡즈는 희뎡으로 분장하여 기차에 탔다가 충돌 사고로 사망한다. 됴 자작은 뎡즈의 시체를 가지고 희뎡의 장례식을 치르고 명희와 결혼한다. 세월이 흘러 희뎡은 게인 성 근처의 학교 교사로 돌아온다. 희뎡이 취직한 곳이 명희가 세운 학교라는 것을 알고 당황하나 아들 텰호를 가까운 곳에서 볼 수 있다는 생각

에 그곳에 머문다. 됴 자작과 명희는 과부 김뎡숙으로 변장한 희뎡을 알아보지 못하고, 텰호는 희뎡을 친어머니처럼 따른다. 희뎡은 병든 텰호의 약을 바꿔치기하다가 텰호를 간호하던 희뎡에게 들킨다. 명희는 자신이 낳은 아들 명호가 장자인 텰호 때문에 자작의 직위와 재산을 상속받지 못한다는 사실을 알고 텰호를 죽이려 한 것이다. 명희와 몸싸움을 벌이던 희뎡은 자신이 김뎡숙이 아니라 희뎡임을 밝힌다. 명희는 죄가 탄로날 것을 두려워하여 희뎡을 죽이려 하다가 오히려 자신이 마차 전복 사고로 죽는다. 희뎡은 자신의 정체를 알고 있었던 시어머니의 권유에 따라 다시 자작 부인이 되어 됴 자작, 텰호, 명호와 함께 행복하게 산다.

**【참고】** 심우섭이 '심천풍'이라는 필명으로 《매일신보》에 연재한 작품이다. 창작소설이라고 소개되어 있지만 소설의 배경이 영국, 이탈리아 등과 같은 유럽의 나라들이며 주인공 또한 유럽 귀족 계층인 것으로 보아서 번역 작품일 가능성이 있다. 평민인 희뎡이 자작 부인이 되면서 겪는 수난사와 함께 서구 귀족사회의 모습이 상세히 묘사되어 있다.

## 산촌/山村 : 한설야. 조광1938.11.

**【내용】** 기술의 집은 지주 김갑산의 땅을 소작하고 있다. 김갑산의 땅은 곧 T보통학교 교장 선생인 사사키에게 넘어가게 되어 있다. 소작인들은 지기기 부치던 땅을 잃을까 봐 전전긍긍한다. 사사키 교장이 자기 고향에서 모범농을 이주시키고 졸업생 중에서 영리한 사람을 뽑아 토지를 경작할 계획을 갖고 있기 때문이다. 기술의 부모는 기술에게 교장 선생을 찾아가 사정해 보라고 한다. 기술은 마을에서 유일하게 사사키 교장의 학교에 다닌 청년이다. 설마 제자를 모른 척하지는 않으리라는 게 기술 부모의 생각이다. 그러나 기술은 조합반에 관계한 적이 있다. 그 사건 이후로 그는 완전히 사사키 교장의 눈밖에 났다. 이를 잘 알고 있는 기술은 교장을 찾아가려 하지 않는다. 옆집 사는 복네 아버지가 찾아와 사사키를 찾아가면 자기네 사정도 말해 달라고 한다. 복네의 오빠가 수감된 후로 그녀의 집은 매우 어려운 처지에 놓여 있다. 기술은 어렸을 때부터 복네를 좋아했다. 복네 아버지의 부탁에도 교장을 찾아가지 않던 기술은, 복네가 제사 공장의 여공이 되겠다고 하자 마음을 돌린다. 복네가 여공이 되면 갖가지 나

쁜 유혹에 빠질지 모른다고 생각했기 때문이다. 기술은 사사키를 찾아가 간곡히 부탁해 보지만, 교장 선생은 현재의 소작인들은 모두 바꿀 거라며 딱 잘라 거절한다. 춘경기가 다가오자 작인들은 쫓겨나지 않으려고 미리 땅을 갈기 시작한다. 그러나 모범 농민과 모범 경작생들이 밀고 들어온다. 소작인들과 모범 농민들 사이에 충돌이 발생한다. 작인들은 어떻게든 버텨 보려고 안간힘을 쓰지만, 기술이와 몇몇 사람이 감옥에 끌려가고 마침내 작인들은 쫓겨난다. 기술은 가을이 되어서야 겨우 풀려난다. 돌아와 보니 마을 사람들의 절반 이상이 어디론가 떠난 상태다. 복네네 집도 행방이 묘연하다. 기술의 아버지는 사방공사장에서 날품팔이 일을 해서 겨우 연명하고 있다. 작인들이 떠난 마을에는 모범 경작생들이 들어와 산다. 그들은 신식 비료를 사용하여 엄청난 수확을 올린다. 그리고 사사키는 재산이 늘어나 우편소를 샀다는 소문이 퍼진다.

**【참고】** 연재 지면에 '短篇小說 山村 韓雪野 金熊超 畵' 라고 표기되어 있다. 말미에 '이것은 三部作 中篇「탁류」의 第 三部(終篇)이다. 第一部「홍수」, 第二部「부역」 모두(《朝鮮文學》 所載) 함께 읽어 주기를 바란다' 는 作家附記가 게재되어 있다. 일제 수탈 정책의 하나인 농촌진흥운동과 생산성 증대 정책으로 인한 농민들의 피해를 생생하게 묘사하고 있다. '탁류' 의 1부「홍수」와 2부「부역」은 각각 1936년 5월, 1937년 6월 《조선문학》에 발표되었다.

## 살인/殺人 : 방춘해. 조선문단1924.12-1925.3(4회 완).

**【내용】** 동경으로 떠나기 위해 기차를 탄 숙희는 은연중 옆 자리에 앉은 석찬의 행동을 주시한다. 숙희는 석찬에게 관심이 있으면서도 소극적으로 대한다. 그러는 동안 기차에 올라탄 경자가 석찬의 옆자리에 앉는다. 경자는 숙희와 달리 석찬에게 적극적으로 호감을 드러낸다. 목적지가 같은 경자와 석찬이 같은 역에서 내린다. 그들의 정다운 모습을 보고 숙희는 그들의 관계를 상상하며 질투를 느낀다. 넉 달 후 어느 날, 석찬이 숙희를 찾아와 느닷없이 사랑을 고백한다. 석찬의 태도에 감복한 숙희는 그를 받아들이고 아이까지 임신하게 된다. 그러나 숙희는 석찬이 이미 경자와 결혼한 사이이며, 그동안 자신을 속여 왔음을 알게 된다. 이에 분노한 숙희는 수소문 끝에 석찬과 경자가 살고 있는 집을 찾아가 두 사람을 칼로 찔러 죽인다.

**【참고】** 연재 시 '殺人(小說) 方春海' 라고 표기되어 있다. 방춘해는 방인근의 필명이다. 《조선문단》에는 같은 시기, '방춘해' 라는 필명으로 쓴 소설과 '방인근' 이라는 본명으로 쓴 시가 동시에 수록되어 있다. 「살인」은 연애 사건에서 배신의 주체를 남성으로 설정하고, 배신을 당한 여성이 자살이 아닌 살인을 선택한다는 점에서 일반적인 통속연애소설과는 다소 차별성을 지닌다. 하지만 이러한 새로움에도 불구하고, 사건과 여성 캐릭터를 다루는 방식은 진부하다. 고려대 도서관 소장자료로 1, 3회를, 서강대 도서관 소장자료로 2, 4회를 확인했다. 1950년 이전의 출판 정보가 없으며, 이후 전집이 발간되면서 처음 수록되었다.

## 살인마/殺人魔 : 방인근. 조선공업도서1948(371면).

**【내용】** 미확인 작품.

**【참고】**『해방기 간행도서 총목록』(소명출판2009)에서 채록하였으나, 현재 작품을 확인할 수 없다. 그런데 방인근의 작품 중에서 1957년에 출간된 「다이야몬드와 살인마」가 있는데, 같은 작품인지 확인해 볼 필요가 있다. 숙대도서관에 소장되어 있음.

## 살인예술가/殺人藝術家 : 김래성. 조광1938.3-5(3회 완).

**【내용】** 탐정소설 전문 잡지인 '괴인'의 주재자 백상몽은 현상금을 내걸고 '탐정현상모집' 공고를 낸다. 현상 모집의 내용은 십 년 전 평양에서 일어난 미제 사건인 김나미 살해 사건의 범인을 추리하라는 것이다. 김나미 살해 사건의 유력한 용의자였던 시인 유시영은 잡지에서 현상 모집 공고를 보고 분노한다. 사건이 있었던 당시에 시영은 나미의 남편인 소설가 모현철을 범인으로 생각했으나, 현철이 유서를 남기고 사라지면서 사건은 미제로 남았다. 시영은 자신의 결백을 세상에 드러낼 수 있는 기회로 여기고, 현상 모집에 응모한다. 시영은 자신과 나미가 예전에 연인 사이였음을 알게 된 현철이 질투하다가 계획적으로 나미를 살해한 것으로 추리한다. 시영은 당선자로 확정되어 친구들을 대접하는 자리를 마련한다. 그 자리에서 한 기생이 거울을 깨는 것을 본 시영은 갑자기 놀란다. 현상 모집에서 당시 사건 현장을 묘사한 부분에서는 안방에 거울이 걸려 있다고 제시되어 있기 때문이다. 사건 발생 전날 시영은 나미가 안방의 거울을 실수로 깬 장면을 목격했고, 따라서 시영은 안방에 걸렸던 거울이 깨진 것을 모르고 있을 사람은 현철일 것이라고 생각한다. 시영은 법원에 찾아가 김나미 살해 사건의 조서를 보고 당시 사건 현장에 거울이 걸려 있지 않았다는 사실을 확인한다. 시영은 당시 거울이 제 위치에 걸려 있다는 내용을 묘사한 상몽이 바로 현철이라고 확신하고 그에게 편지를 보낸다. 상몽은 시영의 편지를 받고 놀라지만 곧 자신의 심경을 고백하는 답장을 보낸다. 편지에서 상몽은 자신이 현철이라고 밝히면서 십 년 전 자살을 결심했다가 실행하지 못한 뒤 이름과 외양을 바꿔 상몽으로 살아왔다고 고백한다. 상몽은 시영에게 죗값을 치르겠다며 자살을 예고하고 떠난다.

**【참고】** 연재 지면에 '探偵小說'이라고 표기되어 있다. 상편, 중편, 하편으로 삼 회 연재되었으며, 중편소설의 분량이다. 사건 현장의 세밀한 묘사, 정교한 추리 과정, 추리를 통해 밝혀진 범인의 정체 등이 독자의 호기심을 유발하고 있다.

## 삼곡선/三曲線 : 장혁주. 동아일보1934.9.26-1935.3.2(122회 완) ; 한성도서주식회사1937.

**【내용】** 대구 여학교 가정교사 강정희는 문구점을 경영하는 유부남 이상수, 난봉꾼이지만 인심 좋은 부자 김종택으로부터 동시에 구애를 받는다. 그러나 정희는 동경 유학생 윤창진을 마음에 두고 그와 친하게 지낸다. 종택의 동생 선희 또한 창진을 연모하는데, 창진은 고보를 졸업한 동향 여성 서영주를 마음에 두고 있다. 어느 날 창진은 정희와 해운대에서 피서를 즐기다 고향 원동에 수해가 났다는 소식을 접한다. 그는 수해 지역에 있는 가족과 영주 모녀를 생각하며 한가롭게 피서를 즐기는 자신의 행동에 부끄러움을 느낀다. 고향으로 내려간 창진은 구호 활동과 농촌 계몽에 나서고 영주와 장래를 약속한다. 그러던 어느 날 창진은 계몽 사업에 필요한 자금을 마련하기 위하여 종택을 찾아갔다가 그만 선희의 유혹에 넘어가 그녀와 하룻밤을 보낸다. 그 후 창진은 선희와 결혼하고, 이에 충격을 받은 정희는 자포자기의 심정으로 상수와 관계를 갖지만 사랑 없는 인생의 허무함을 깨닫고 그와 헤어진다. 영주는 고향에서 야학을 하며 아이들의 문맹을 퇴치하는 데 청춘을 바친다.

三曲線 (1)
張赫宙 作
李馬銅 畫

**【참고】** 연재 지면에 '三曲線 張赫宙 作 李馬銅 畵'이라고 표기되어 있다. 1934년 9월 18일자 連載 豫告에 '25일 조간부터 張赫宙 氏의 長篇小說 「三曲線」을 연재한다'는 기사가 나와 있지만, 연재는 26일부터 시작되고 있다. 1937년 한성도서주식회사에서 기획한 『현대조선장편소설전집』 8권에 수록되어 단행본으로 출간되었다. "「삼곡선」은 다른 작품 「무지개」와 「여명기」 등보다는 훨씬 독자의 흥미를 위해서 집필을 시작했다. 그러나 연재하는 동안 어느덧 교훈적 필치가 들어가게 되었다"는 작가의 설명이 있다. 1988년 태학사에서 영인한 『한국근대장편소설대계』 20권의 「삼곡선」은 연재 원본을 그대로 실은 한성도서본을 재수록한 것이다. 개화기 이후 들어온 서양식 풍물과 근대적 생활양식이 몸에 밴 여섯 남녀가 만나고 헤어지는 '삼곡선'을 다루고 있다. 서구 문물을 무비판적으로 수용하는 세태 풍조의 비판을 통해 조선 민족의 결점을 구체화하였다는 평가를 받는다. 《동아일보》 연재본을 텍스트로 내용을 정리했다.

## 삼대/三代 : 염상섭. 조선일보1931.1.1-9.17(215회 완) ; 을유문화사1947(상), 1948(하).

**【내용】** 조의관은 을사조약을 전후한 사회 혼란을 틈타 이만 냥으로 의관 벼슬을 사들인다. 그는 큰돈을 들여 족보를 만들고 사당 관리에 힘쓴다. 조의관의 아들 상훈은 미국 유학을 다녀온 지식인 상훈은 교회 장로 노릇을 하면서도 술집에 드나들며 아들 덕기의 동창 홍경애

와 불륜 관계를 맺는다. 그는 부친의 족보 사업을 쓸데없는 짓이라고 비판하고 사회사업을 하기 위해 집안 돈을 갖다 쓰지만 뚜렷한 의식 없이 안일하게 살아간다. 덕기는 일본에 유학하면서 조부와 부친 사이에서 갈등을 겪는다. 그는 사회주의 사상에 빠진 친구 병화로부터 부르주아라는 핀잔을 받기도 한다. 그러다가 병화를 통해 가난한 하숙집 딸 필순을 알게 되고 그녀에게 사랑을 느낀다. 조의관은 환갑이 지난 나이에도 불구하고 아들을 얻고자 수원댁을 첩으로 들인다. 사회주의 활동가 피혁은 경애의 집에 숨어 지내며 탈출을 계획한다. 그는 자신을 대신해 국내 활동을 할 병화와 접촉한 뒤 국외로 탈출하고, 덕기는 조부의 급환으로 서둘러 귀국한다. 조의관은 덕기에게 유학을 포기하고 가문을 돌볼 것을 당부하면서 금고 열쇠를 건네준다. 조의관은 병이 악화되어 수술을 받지만 비소 중독으로 사망한다. 병화는 혁이 준 돈으로 경애와 살고자 하지만 사회주의 운동가 무리의 습격을 당한다. 상훈은 방탕한 생활에 빠져 본처를 내쫓고 노름과 사치로 가산을 탕진한다. 어느 날 조의관의 죽음과 관련하여 병화와 덕기 등이 일본 경찰에 검거된다. 덕기는 조부의 죽음이나 사상 관계에서 무혐의를 인정받아 감옥에서 풀려난다. 다른 사람들 역시 일제와 타협하여 석방되고 병화만이 감옥에 남는다.

**【참고】** 작가의 원대한 계획 아래 《조선일보》에 연재된 3부작 중 첫 편에 해당하는 작품이다. 연재가 끝난 후 여러 출판사에서 단행본으로 내려 했으나 작품이 불온하다는 이유로 실현되지 못했고, 해방 후에 을유문화사에서 단행본으로 출간되었다. 「삼대」를 3부작의 1부로, 「무화과」를 2부로, 「백구」를 3부로 보는 견해가 일반적이나, 논자에 따라 의견이 다르다. 조의관, 조상훈, 조덕기 중심의 가족사 소설로, 당대 한국 사회를 극명하게 드러내고 있다는 평가를 받는다. 삼대(三代)에 걸친 인물들의 인식과 행동은 세대 간의 세계관 차이를 뚜렷하게 보여 준다. 염상섭의 문학은 「삼대」에 와서 좀더 광범위하고 섬세한 문학적 성취를 보여 주었다는 평가가 지배적이다. 형식적 특징과 주제의 깊이를 통해 식민지 시대의 총체를 재현해 내는 데 성공했다는 점에서 1930년대 한국문학사의 리얼리즘을 확고하게 한 대표적인 작품으로 꼽힌다.

## 삼봉이네 집 : 이광수. 동아일보1930.11.29-1931.4.24(84회 완) ; 영창서관1941.

**【내용】** 집과 농토를 빼앗기고 간도로 떠나야 할 처지에 놓인 삼봉이는 큰누이 을순을 첩으로 주면 돈과 땅을 주겠다는 노 참사의 제안을 받아들인다. 노 참사가 약속을 지킬 생각을 하지 않고 삼봉이 없는 틈을 타 을순을 농락하려 들자 삼봉은 그를 폭행한 뒤 잡혀간다. 노 참사는 을순과 자신이 수없이 동침을 한 사이라고 거짓 진술한다. 을순의 정혼자 유정석의 친구 장재철이 무료 변론을 자청하고, 노 참사는 위증죄로 검거된다. 삼봉은 재철의 소개로 남만주 무순의 김문제를 찾아가 그에게 빚을 얻어 농사를 짓는다. 볏값이 폭락하자 김문제는 삼봉의 추수를 모두 차압하고, 밀린 집세를 독촉하는 한편 을순에 대한 야욕을 가지고 호시탐

탐 기회만 노린다. 삼봉은 그와 심하게 싸우고 결국 땅을 떼인다. 삼봉을 눈여겨 본 호로야가 삼봉에게 돼지몰이 일을 맡긴다. 삼봉은 봉천에서 돼지를 넘기고 돌아오는 길에 우연히 정석을 만난다. 정석은 삼봉에게 가난의 원리와 공산주의의 이상을 설명하나, 삼봉은 그것을 이해하지 못한다. 어느 날 호로야와 김문제의 집에 도둑이 들자, 삼봉이 유력한 용의자로 체포된다. 동생과 친구들의 노력으로 감옥에서 풀려난 삼봉은 조선인을 괴롭히는 자들을 처단하고 그들의 재산을 강탈하는 일을 시작한다. 삼봉의 거사가 계속될수록 무고한 조선 농민들이 압박을 당하자 삼봉은 정석에게 조언을 구한다. 정석은 개인을 넘으라는 충고를 하며, 제도 그 자체와 싸우라고 말한다. 삼봉은 정석의 말을 이해하고, 자신도 동포를 위해 일할 수 있는 길이 생겼다고 기뻐한다.

**【참고】** 이광수가 1930년대 발표한 「혁명가의 아내」, 「사랑의 다각형」, 「삼봉이네 집」은 '군상(群像) 3부작' 으로 일컬어진다. 그중 이 작품은 일제에 의해 토지를 빼앗긴 조선 농민의 만주 이주를 한국현대문학사 최초로 다뤘다는 점에서 중요한 문학사적 의미를 갖는다. 이 작품은 1930년대 이광수의 '군상 3부작' 의 하나이다. 일제 치하 이농의 문제를 민족사적인 차원에서 제기하고 있다. 동족이 동족을 배반하는 상황을 통해 일제 치하의 현실을 민족적 차원에서 극복해야 할 대상으로 설정한다. 이 작품은 《동아일보》에 연재되었지만 단행본으로 출간하려 했을 때에는 불허가 처분을 받았다. 검열 관련 정기 간행물인 《조선출판경찰월보》를 참조하면 1935년 5월의 불허가 출판물 목록에 이 작품이 거명되었다. 『群像 一 三峰의 家(삼봉이네 집)』의 '불허가 출판물 기사요지' 에는 '삼봉의 가족이 거주하는 토지에 대한 일본의 수탈과 그들의 분노' 가 표출되었기 때문이라고 명시되어 있다. 농촌 파멸과 관련된 부분이 대폭 축소되고 동포를 괴롭히는 조선인을 처단하는 연재 10회 정도 분량의 내용이 삭제된 이후, 1941년 영창서관본 『삼봉이네 집』이 출간되었다. 그것은 영창서관에서 기획한 『春園李光洙傑作選集』 5권이다. 『삼봉이네 집』은 '방랑자(放浪者)' 라는 제목으로 부분 개작되어 중앙출판사(1949)에서 출간되기도 하였다. 내용상 큰 차이는 없으나 마지막 문장이 서로 다르다. 영창서관본 『삼봉이네 집』의 마지막 문장은 '이 일이 있은 후 김삼봉은 가족들의 원조로 순경청을 탈출하게 되어 새로운 결심을 하고 새살림을 하게 되었다' 이다. 그와는 달리 중앙출판사본 『방랑자』의 마지막 문장은 '이 일이 있은 후 김삼봉은 가족들의 원조로 순경청을 탈출하여 정처 없는 방랑 생활을 하였다' 로 끝난다.

## 삼색화/三色花 : 최병화. 아이생활1940.1-1941.3(11회).

**【내용】** 내용 생략.

**【참고】** 1920년대 말부터 활동한 아동문학가 최병화(崔秉和)가 아동잡지 《아이생활》에 11회에 걸쳐 연재한 '소년소녀소설' 이다. 부드러운 필치로 평가받는 작가이지만 '인생의 길에는 맹수가 있는 험악한 산과 및 인물결이 뛰는 바다가 있을 뿐' (아이생활, 통권167호, 1948.8) 등의 작품 서술에서 볼 수 있듯 어두운 현실을 표현하는 데도 공을 들였다.

## 삼인우달/三人友達 : 이태준. 남창서관1943.

**[내용]** 「행복에의 흰손들」 참조.

**[참고]** 《조광》에 연재된 장편 연재 「幸福에의 흰손들」과 동일작일 가능성이 있으나 남창서관본이 확인인되지 않는 상태이다. 『삼인우달』(남창서관1943)이 『행복에의 흰손들』(박문서관1945)과 이름만 다른 작품이라면, 『세 동무』(범문사1946), 『신혼일기— 一名 세 동무』(광문서림1949)를 포함하여 네 작품 모두 이명동작의 관계로 정리된다.

## 상록수/常綠樹

**심훈. 동아일보1935.9.10-1936.2.15(127회 완). 한성도서1936.**

**[내용]** 수원고등농림학생 박동혁과 신학교 여학생 채영신은 여름방학을 이용해서 농촌계몽운동에 참여했다가 ○○일보사에서 주최한 보고회 겸 위로회 석상에서 만나 동지가 된다. 동혁은 가정형편이 어려워 학업을 중도에 포기하고 고향 한곡리로 가 농촌계몽운동을 한다. 영신은 기독교 청년회 농촌사업부의 특파원 자격으로 청석골로 내려온다. 그녀는 부녀회를 조직하는 한편 마을 예배당을 빌려 어린이 강습소를 운영한다. 그녀는 기부금을 얻어 새 건물을 지을 계획을 세운다. 어느 날 주재소 소장은 영신에게 강습소가 좁고 낡았으니 학생을 80명으로 제한하고 기부금을 강요하지 말라고 경고한다. 청석골에 돌아온 영신은 학생들을 내보내나 아이들이 수업을 들으려고 애쓰는 모습에 감동하여 다시 받아준다. 영신은 하루바삐 새 교실을 만들어 아이들이 자유롭게 공부할 수 있도록 해야겠다고 결심한다. 영신은 재력가의 집을 찾아가 기부금을 내줄 것을 간청하고 이로 인해 주재소 신세를 진다. 출소한 영신은 과로로 쓰러져 입원하고, 기천은 농우회원들을 매수해 진흥회로 명칭을 바꾸고 회장 직을 맡는다. 화가 난 동혁의 동생이 회관에 불을 지르고 도망가자 동혁이 동생 대신 수감된다. 영신은 동혁을 면회하며 계몽운동에 전념하기로 약속한다. 그러나 영신은 일본으로 건너가 공부를 하는 동안 병이 악화되어 청석골로 돌아온 후 얼마 되지 않아 세상을 떠난다. 영신을 장사지내고 돌아오는 길에, 동혁은 상록수를 바라보며 농민을 위해 살 것을 다짐한다.

常綠樹

**【참고】** 농촌계몽운동을 소재로 한 장편소설 현상 모집에 당선된 심훈의 대표작이다. 《동아일보》 1935년 8월 13일자에는 소설 공모의 취지와 선후평이 실려 있다. "첫째, 조선의 농·어·산촌을 배경으로 하여 조선의 독자적 색태와 정조를 가미할 것, 둘째, 인물 중에 한 사람쯤은 조선 청년으로서의 명랑하고 진취적인 성격을 설정할 것, 셋째, 신문소설이니 만치 사건을 흥미있게 전개시켜 도회인 농·어·산촌을 물론하고 열독할 것"을 강조하고 있다. 농촌계몽운동은 1931년 동아일보사가 '브나로드'('민중 속으로' 라는 뜻의 러시아어) 운동을 시행함으로써 큰 대중적 지지를 얻으며 본격화되었다. 그러나 1935년에 이르러 일제의 탄압과 규제 때문에 중단되고 만다. 「상록수」의 여주인공은 원산여고 출신의 최용신을 모델로 삼은 것으로 알려져 있다. 이 작품은 청춘 남녀의 사랑 이야기를 한 축으로 삼아, 농촌계몽운동에 헌신하는 지식인들의 모습과 당시 농촌의 실상을 그리고 있다. 심훈의 「상록수」는 1930년대 발표된 다른 작품들, 즉 이광수의 「흙」(1932), 김유정의 「봄봄」(1935), 이태준의 「농군」(1939), 박화성의 「고향 없는 사람들」(1936) 등과 함께 농민문학을 대표하는 작품 가운데 하나로 꼽힌다.

## 상사의 사/相思의死 : 김심무. 매일신보1922.2.6-5.7(75회 미완).

**【내용】** 벽성홍과 김강훈은 서로 사랑하는 사이이다. 벽성홍은 고구려의 왕녀로 가야 하는 처지이나, 그녀와 강훈이 서로 사랑하는 사이임을 안 그녀의 언니 일라연이 대신 고구려의 왕비가 된다. 일라연은 마약을 잘못 먹고 흉포한 성격으로 변한다. 그녀는 하인들에게 동생을 죽이고 그녀의 혀를 뽑아 오라고 명령하나, 하인들은 벽성홍을 불쌍히 여겨 그녀의 명을 거역한다. 벽성홍은 산속에서 우연히 강훈과 재회한다. 이들은 자신들이 처한 상황을 안타까워하면서도 변하지 않는 사랑을 다짐한다.

**【참고】** 연재 지면에 '相思의 死 金心畝 作'이라고 표기되어 있다. 정략결혼으로 인해 불행한 삶을 살게 된 기구한 여인과 이루어질 수 없는 사랑 때문에 고통 받는 남녀의 안타까운 상황을 그린 작품이다. 그러나 갈등이 본격적으로 시작되는 지점에서 연재가 중단되어 전체 내용을 확인할 수 없다. 이후의 단행본 출간 정보 또한 찾을 수 없다.

## 새나라로 : 오경호. 신소년1931.8·9(1회 미완).

**【내용】** 내용 생략.

**【참고】** '連作少年小說' 이라고 표기되어 있고, '吳庚昊' 라고 작가 표기가 되어 있다. 그러나 오경호가 쓴 1회 이후 연작이 이어지지는 않았다.

## 새나라를 찾아서 /새나라를차저서 : 방인근. 기독신보1929.9.4-1931.7.29(91회 완).

**【내용】** 민 목사의 아들 봉규는 의학전문학교를 졸업한 청년이다. 그는 신학교를 졸업한 은희와 약혼을 하지만 갑자기 경성의 유수한 부자인 조병국의 딸이자 성악가인 숙경과 결혼하게 된다. 시골에 있던 은희는 이것을 신문으로 알고 혼인예식장까지 찾아간다. 그러나 그녀는 어찌하지 못하고 한강으로 자살하러 갔다가 마침 홍수에 막혀 뜻을 이루지 못한다. 은희는 수재로 울부짖는 불쌍한 사람들을 구제하는 과정에서 큰 깨달음을 얻고 죽기를 단념한다. 그 후, 그녀는 직공 생활을 하다 우연히 알게 된 청년 창호의 도움을 받게 되고, 점차로 그와 가까워진다. 한편 봉규 부부는 신혼여행을 떠나는 기차 안에서 윤 박사 일행을 만나 함께 어울리게 되고, 그 과정에서 숙경과 윤 박사 사이에 야릇한 사랑이 싹튼다. 그런데 뜻밖에 부친이 위독하다는 전보에 숙경과 봉규는 서울로 향하고, 며칠 후 조 부자는 세상을 뜬다. 그 후, 숙경은 상속받은 재산으로 사치스러운 생활을 하며 윤 박사와 비밀연애를 지속하던 중에 미국으로 떠나고, 윤 박사는 숙경이 있는 미국으로 가기 위하여 아내와 이혼한다. 봉규는 숙경이 떠나자 점차 타락한 생활에 빠져들고, 은희를 떠올리며 자신의 잘못을 뉘우친다. 그러던 어느 날, 그는 병원에서 자살을 기도하지만 실패하자 죽기를 단념하고 방랑길에 오른다. 7년간의 방랑을 끝내고 남양군도에서 조선으로 향하던 봉규는 연락선 안에서 우연히 만난 윤 박사로부터 숙경은 방탕한 생활 끝에 화류병으로 죽고, 자신은 가족에게 돌아가는 중이라는 이야기를 듣는다. 그는 어디로 갈 것인지 물어오는 윤 박사에게 하나님의 말씀이 필요한 곳을 찾아 돌아다닐 것이라 답한다. 두 사람은 점점 가까이 보이는 고향산천이 새나라처럼 생각되는 것을 느끼며 감사의 기도를 올린다.

**【참고】** 연재 1회 지면에 '長篇小說 새나라를 차저서' 라고 표기되어 있다. 본문 중간에 동요가 삽입되어 있다. 사랑에 대한 욕망과 그에 따르는 윤리적 파탄 그리고 각성과 구원의 과정을 기독교적 관점에서 다루고 있다.

## 새 동무 : 양미림. 새동무1947.7호(4회)-9호(6회).

**【내용】** 내용 생략.

**【참고】** '장편소설' 이라고 표기되어 있고, '楊美林' 이라고 작가 표기가 되어 있다. 1945년 12월에 창간한 잡지 《새동무》의 현재 남아 있는 자료 7호와 9호에서 4, 6회분만을 확인할 수 있다. 정기적으로 발행된 잡지가 아닌 것으로 판단되며, 따라서 7호 및 9호의 정확한 발행월은 알 수 없다. 창간

호 외에 1946년 4월에 2호가, 1947년 11월에 11호가 발행된 것을 확인할 수 있다.

## 새로운 생활/새로운生活 : 김우철. 우리들1934.1-2(2회 미완).

**【내용】** 내용 생략.

**【참고】** '長篇少年小說'이라고 표기되어 있고, '金友哲'이라고 작가 표기가 되어 있다. 2회 연재 후 미완 상태에서 중단되었다.

## 새로운 성/새로운城

박영만. 학예사1948(상) ; 금룡도서1949(하).

**【내용】** 청하가 아끼며 돌보는 처조카 순옥은 서형수와 사랑하는 사이다. 형수는 조선의 독립을 목표로 여러 가지 활동을 한다. 청하의 부하 태규 역시 독립운동을 하는 사람으로, 일본 경찰에게 쫓기는 몸이 되어 생사를 알 길이 없다. 태규의 아내는 남편의 생존을 바라면서도 슬픔에 빠진다. 형수는 독립운동 때문에 사랑하는 순옥과 오래 헤어져 온갖 고초를 겪는다. 순옥은 형수에 대한 믿음으로 참고 기다린다. 마침내 재회한 두 사람은 결혼식을 올리지만, 얼마 안 되어 형수는 신문기사에 불온한 사상을 담았다는 이유로 투옥된다. 15년 형을 받은 형수는 굴욕적인 수감 생활 대신 자결을 택한다. 충격을 받은 순옥도 곧 죽음에 이른다. 이 모든 일을 지켜본 청하는 마음 아파하면서도 어쩔 수 없는 자신의 무력함을 느낀다. 태규나 형수 등의 사건을 보고 들으며 자란 청하의 아들 철은 점차 반일 감정을 갖게 되고, 부친의 만류에도 불구하고 문학을 통해 태규와 형수의 행적을 널리 알리려는 생각을 품는다. 그러나 우연히 만난 독립군 병사의 말을 들은 철은 직접 무기를 들고 싸우기로 결심하고 부모 몰래 서울을 떠난다.

**【참고】** 이 작품은 상권이 발간된 후 이듬해 하권이 발간되었다. 작가 박영만(朴英晩)은 식민지 시대의 문인이자 광복군으로, 『조선전래동화집』(1937)을 저술한 바 있다. 그는 이광수, 최재서 등의 친일문인들을 공격하는 유인물을 배포하다가 발각되자 중국으로 망명하여 광복군에 입대한 것으로 알려져 있다. 1943년에는 광복군가를 작곡하기도 하였다. 식민지 시대를 배경으로, 청하 일가와 그의 부하들을 중심으로 한 독립운동 과정과 이로 인한 희생을 그리고 있다. 헤이그 밀사 특파 사건이나 송병준, 이완용 등의 매국 행위 등 당시의 정치적 사건이 상세히 서술되었다.

## 새벽 : 안수길. 만선일보1941.2.1-3.1(23회 완).

**【내용】** 함경남도 H읍에서 간도 M골로 이사를 온 '나'의 식구들은 호가네 지팡살이를 한다. '나'의 가족은 빈손으로 이곳에 이주하여 정착하느라 많은 빚을 진다. 호가네 농사를 지어주는 것만으로는 빚을 갚으며 먹고 살아가기에 턱없이 부족하다. 때문에 '나'의 아버지는 목숨을 걸고 소금 밀수를 시작한다. 이런 사실을 지팡 관리인 박치만이 눈치채고 간계를 부린다. 그 통에 오히려 빚이 늘어난다. 치만은 만주 여자를 아내로 두었다는 이유로 사람들에게 얼되놈으로 불리는 자이다. 치만은 '나'의 집이 빚으로 옴짝달싹 못하게 되자 빚을 담보로 '나'의 누이 복동예를 첩으로 두려고 한다. 윤가네 지팡의 아들 삼손이와 연애하던 누이는 이런 사실을 알고는 스스로 목숨을 끊는다. 누이가 자결한 사실을 모르는 치만은 누이를 데리러 '나'의 집을 찾고, '나'의 아버지는 그를 죽이겠다고 덤빈다. 그러나 아버지는 오히려 치만이 데려온 패거리에게 맞아 실신한다. 어머니는 실성을 해서 소리를 지른다. '나'는 치만을 요절 내겠다고 소리치며 그에게 달려간다.

**【참고】** 연재 지면에 '中篇小說 새벽 安壽吉 作'이라고 표기되어 있다. 이 소설은 간도에서 정착하는 과정의 이주민들이 어떠한 고난을 겪는가를 사실적으로 형상화한 작품이다. 같은 동족이면서 중국인 지주의 관리인인 치만의 비인간적 횡포를 농민의 시점에서 묘사하고 있다. 작가는 연재를 시작하면서(1941.2.1) '이 小說은 滿洲建國 되기 훨씬 전'에 쓰여진 '靑年의 手記'라고 밝히고 있다. 1935년작인 「호가(胡歌)네 지팡」이 활자화되지 못한 채 이어지다가, '새벽'이라는 제목으로 《만선일보》에 연재되어 세상에 알려지게 된 것이다. 이 작품은 1941년 『싹트는 대지』에 재수록되는데, 그 당시 표기 방식 등의 수정을 거쳐 일부분 개작되었다. 「새벽」은 장편소설인 「북간도」와 비교되기도 한다. 「북간도」의 복동예는 돈에 팔려 가 아편쟁이로 타락하고, 「새벽」의 복동예는 자살을 감행한다. 이를 통해 함경도 출신의 유이민 일가가 뿌리박기를 시도하는 과정에서 맞닥뜨리게 되는 온갖 박해와 수난을 더욱 강조한다는 평가를 받는다. '얼되놈' 박치만의 횡포로 인한 고통이 가장 가혹하게 그려진다. 그럼에도 불구하고 작가는 작품 말미에 '새벽' 이전의 '어둠'인 것을 강조하였다. 이들의 고통은 새 세상을 맞기 위한 일송의 산고라는 것이다. 안수길은 해방 직전(1944년) 첫 창작집 『북원』을 간행하면서 독자들에게 '「새벽」에서 「새마을」, 「벼」, 「원각촌」, 「투성」, 「목축기」의 순서대로' 읽어 줄 것을 당부한 바 있다.

## 새벽 : 최상덕. 서울신문1949.12.15-1950.4.6(62회 미완).

**【내용】** 한영택은 반전운동에 가담한 혐의로 감옥에 간힌다. 그사이 친구 명순이 영택의 아내 혜주를 빼앗는다. 영택은 출감한 이후 실의에 빠져 낙향하였다가 독립 소식을 듣고 서울로 올라온다. 서울에서 새로운 삶의 의미를 찾은 영택은 건국 운동에 참여한다. 혜주는 병으로 아이를 모두 잃고 명순에게 버림받는다. 그녀는 생계가 어려워지자 화류계에 발을 들이기 시작한다.

**【참고】** 이 작품은 지식인 인물을 통해 광복 직후의 혼란한 사회상을 그려 내고 있다. 연재가 중단되

어 전체 내용을 확인할 수 없으며, 단행본 출간 정보 또한 찾을 수 없다.

## 새벽길 : 구름. 신한민보1934.1.11-6.21(22회 미완).

**【내용】** 철원에서 교직 생활을 하고 있는 김광호의 하숙집에 친구 박철수가 칠 년 만에 찾아온다. 오 년 전 중국으로 건너간 철수는 사회주의와 민족주의를 공부하고 조선의 희망은 조선 민중으로부터 시작된다는 깨달음을 얻고 귀국한 것이다. 귀국 후 철수는 신문사에 들어가지만 집안은 몰락하고 아내 은순마저 친정으로 가 버린다. 중학생 시절 처음 만난 첫사랑 은순이 자신을 버리자 철수는 상심한 끝에 광호를 찾아온 것이다. 광호는 철수를 데리고 학교와 교회로 다니면서 그에게 용기를 주려 한다. 철수는 연설을 하는 동안 조선에서 가장 필요한 것이 교육이라고 생각하고, 광호의 권유를 받아들여 철원에서 교직 생활을 시작한다. 시간이 지날수록 철수는 마을 사람들로부터 존경을 받게 되지만 마음속으로는 은순을 향한 집착 때문에 괴로워한다. 한편 여교사 정심은 당당한 철수의 모습에 호감을 갖게 되고, 그가 은순에게 버림을 받았다는 사실을 알고 나서는 그를 사랑하게 된다. 철수는 정심의 마음을 알지만 은순을 향한 집념 때문에 정심을 받아들이지 못한다.

**【참고】** 《신한민보》는 미국에서 우리 교민들이 발행한 교민신문이다. 연재 지면에 '미쉬칸 구름'이라고 작가가 표기되어 있는 걸 보면 미시간 주에 거주하는 것 우리 교민일 텐데 본명을 확인할 수 없다. 회차 정보가 잘못 표기되어 있다. 6월 21일자에 마지막으로 연재된 횟수는 20회가 아닌 22회이다. 22회 연재 끝에 '계속' 표기가 되어 있으나 이후 더 이상 연재되지 않았다. 사회주의, 민족주의에 대한 주인공의 신념이 서술되지만 작품의 중심서사는 남녀간 애정 문제다.

## 새벽길 : 방인근. 매일신보1938.6.4-10.29(140회 완) ; 평문사1939.

**【내용】** 동경에서 대학을 졸업하고 귀국하던 태웅은 배 안에서 우연히 보영을 만난다. 이들은 동경에서 몇 번 만난 것을 인연으로 가까워진 사이다. 보영은 태웅과 헤어지면서 자신을 찾아오면 일자리를 알선해 주겠다고 말한다. 태웅은 고향에 머물다가 일자리를 찾기 위해 서울로 올라와 보영을 찾아간다. 보영은 자신의 부친이 사장으로 있는 무역회사에 그를 취직시킨다. 태웅은 점차 보영에게 마음을 빼앗기나, 그에게는 여학교 사감으로 일하는 약혼녀 진숙이 있다. 태웅과 보영은 함께 여행을 떠나 서로의 사랑을 확인하고 결혼을 약속한다. 여행에서 돌아오던 중 태웅은 모친의 병 때문에 평양에 온 진숙과 우연히 마주친다. 태웅은 진숙에게 이별 통보를 하고, 진숙은 태웅이 자신을 배반했다는 사실에 분노와 상실감을 느껴 자살을 결심한다. 태웅은 보영의 사치스러운 태도와 허영심에 실망하여 진숙을 그리워한다. 진숙과 태웅은 서로를 완전히 잊지 못하였으나 그 속내를 서로에게 전하지 못하고 헤

어진다. 진숙은 정처 없이 헤매다 스승 형국의 집을 찾아간다. 형국은 아내가 죽은 후 시골에서 아이들과 함께 평화롭게 살고 있다. 진숙은 형국 일가를 바라보면서 가족의 정을 느끼고 인간적인 위안을 받는다.

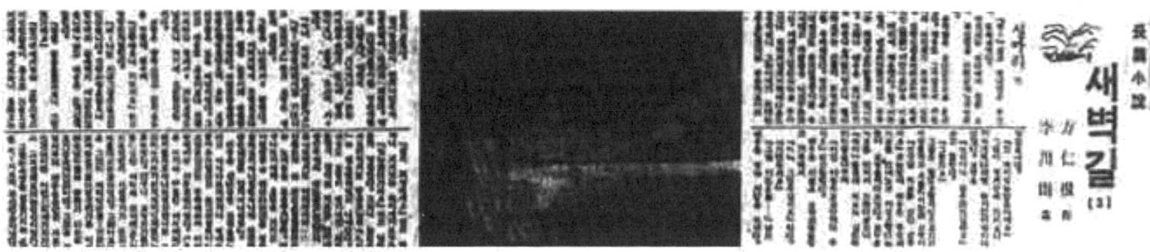
長篇小說
새벽길
(3)

**【참고】** 젊은 남녀의 엇갈린 연애와 결혼을 그린 작품이다. 애인의 배신으로 인해 상처받은 주인공이 가족을 통해 위안을 받게 된다. 순간적인 연애 감정이 남녀간의 갈등을 유발하지만 가족애를 통해 극복할 수 있다는 주제를 담고 있다. 이 작품은 1967년 이혁수 감독에 의해서 영화화되기도 하였다. 영화 「새벽길」은 정통 멜로드라마라는 평가를 받으며 신성일, 남정임, 고은아가 주연을 맡아 인기를 얻었다. 1939년 1월 평문사(平文社)에서 단행본으로 출간되었다는 기록이 있으나 원본 자료는 현재 확인되지 않는다.

## 새벽바람 : 김영수. 조선일보1940.6.4-8.10(47회 완).

**【내용】** 재력가 필구는 여급 은희와 살림을 차리고 싶어 하나 은희는 그럴 마음이 없다. 그녀는 화가 환에게 마음을 빼앗긴 후 여급 신분이 부끄러워 술집을 그만둔다. 환을 잊지 못한 은희는 술에 취해 그의 집을 찾아가 그와 동침한다. 다음 날 환은 은희에게 자신이 유부남임을 고백한다. 동료 여급 아야라가 은희를 찾아와, 필구가 자신과 살림을 차렸으면서도 여전히 은희와 함께 살 계획을 가지고 있다고 하소연한다. 심지어 그녀는 필구에게 불평을 했다는 이유로 심한 구타를 당한다. 필구를 응징하기로 마음먹은 은희는 그에게 몰래 약을 먹인 후 자신도 그 약을 먹는다. 깨어난 필구는 간밤에 일어난 일들을 기억하지 못한다. 기차역에서 은희는 우연히 환을 만나, 아내와 이혼하겠다는 그를 말린다. 어느 날 새벽 은희는 떠날 채비를 하고 경성역으로 나간다.

**【참고】** 제목 앞에 '중편소설'이라고 표기되어 있다. 주인공은 비록 여급 생활로 생계를 유지하고 있으나 자신의 순정을 지키기 위해 노력하는 열정적인 인물이다. 연애에는 실패하지만 새로운 삶을 찾아 나선 주인공의 의지가 강하게 드러나는 작품이다. 연재 초기에는 '은이'로 표기되던 인물의 이름이 연재 중반부터 '은희'로 바뀌었다.

## 새 생명/새生命 : 민태원. 매일신보1934.4.24-6.22(49회 미완).

**【내용】** 응삼은 아내를 잃고 목장에서 일하며 아들 달호를 혼자 키우고 있다. 응삼의 아내는 응삼의 병구완을 하느라 고생만 하다 폐병에 걸려 달호가 젖먹이 때 세상을 떠났다. 응삼은 같은 목장에서 일하는 춘보와 사이가 매우 좋지 않다. 어느 날 달호가 던진 공에 맞은 것을 빌미로 춘보가 달호를 노골적으로 미워하자 응삼은 달호 신변에 위협을 느끼고 같은 목장에서 일하는 숙자에게 달호를 맡긴다. 달호는 점차 자라 학교에 입학한다. 달호는 가난한 처지에도 주눅 들지 않고 공부와 운동 양쪽에서 두각을 나타낸다.

**【참고】** 가난한 생계를 꾸려 나가면서도 희망을 잃지 않는 사람들의 모습을 그리고 있다. 49회를 끝으로 연재가 중단되어 전체 내용은 알 수 없다.

## 새 세상 사람들 : 유엽. 조선일보1927.7.20-1928.5.9(191회 미완).

**【내용】** 태호의 부친은 한학과 유교사상을 공부한 선비이고, 모친은 교회를 다니면서 가부장적인 허례허식을 비판하는 신여성이다. 태호는 성장하면서 부친의 고압적인 태도에 불만을 느낀다. 태호는 집안일을 돕는 황서방의 딸 복주에게 호감을 갖는다. 그는 천시당하고 궁핍한 생활을 하는 복주를 보호하려고 애쓴다. 태호와 복주가 가까워지는 것을 염려한 태호의 부친은 복주 일가를 집에서 내보낸다. 뒤늦게 그 사실을 들은 태호는 부친을 원망하면서 괴로워한다. 얼마 후 복주가 쇠돌이라는 자에게 죽임을 당했다는 소문이 퍼진다. 슬픔에 빠진 태호는 부친의 벗이자 명망 있는 선비인 몽세 선생을 찾아가, 조선인으로서 어떻게 살아야 하는지를 묻는다. 얼마 후 태호는 몽세 선생의 딸 기원과 혼인한다. 어느 날, 죽은 줄 알았던 복주가 살아 돌아온다. 그녀는 태호의 결혼 사실을 듣고 충격에 빠진다. 그녀는 평생을 기독교에 봉사하며 살기로 결심하나, 번뇌에서 벗어날 수 없어 괴로워한다.

**【참고】** 《조선일보》 연재 지면에 '새 세상 사람들 柳葉 作'이라고 표기되어 있다. 신문학 초기 문인이자 편집인인 유춘섭(柳春燮)이 '柳葉'이라는 필명으로 발표한 소설이다. 유춘섭은 양주동, 백기만, 손진태 등의 일본 유학생들이 중심이 되어 1923년 창간한 시 전문 동인지 《금성(金星)》의 편집자 겸 동인이기도 하다. 이 작품은 연재 마지막에 완결 표시 없이 중단되었다. 1928년 5월 10일 이후 《조선일보》가 결호라 연재 상황을 확인할 길이 없다. 내용상 완결되었다고 보기는 어렵고 결말을 단정적으로 예측할 수 없다. 이 작품의 연재 직전(1927.7.19), 《조선일보》 '小說豫告'란에는 "신선한 필치와 독특한 구상과 열정 있는 인생 관조들을 「새 세상 사람들」이란 작품을 통하여 넉넉히 볼 수 있습니다"라는 광고가 실렸다. 그와 더불어 "인생은 제각기 인생을 통하여 반드시 작품 하나만은 남겨 놓는다. 그러나 그 작품이 걸작이건 졸작이건 그것은 전혀 운명적이다. 그것은 즉 각 개인의 생활을 말함이다. (…) 나는 이 작품으로써 우리 조선의 유교 시대로부터 예수교의 시대로 들어가는, '르네상스' 시대의 이태리와 같은 새생활을 구하여 나가려는 젊은 조선의 혼의 생장의 역사를 쓰려고 노력하였다"라는 '작가의 말'이 실려 있다. 젊은이들의 연애담이 서사의 기본축을 이루지만, 서사의 진행은 인물 간의 내적 갈등보다는 구사상과 신문물 간의 대립 구도를 중심으로 이루

어진다. 단행본 정보를 찾을 수 없고 신문 결호와 관련된 구체적인 정보 또한 찾을 수 없다.

## 새 주인/새主人 : 추호. 조선일보1934.4.3-6.9(55회 완).

**【내용】** 강원도에 사는 예성은 보통학교를 우수한 성적으로 졸업하고 주재소에 취직해 성실하게 일하지만, 그를 모함하는 사람들 때문에 서장에게 오해를 사 직장을 잃는다. 고향으로 돌아와 야학에서 학생들을 가르치던 그는 수상한 내용을 가르친다는 혐의로 일본순사에게 끌려가 조사를 받고 야학을 떠난다. 같은 동네의 길순 부친이 딸을 예성에게 맡긴다는 유언을 남기고 죽자 예성은 길순과 결혼하여 마을 사람들을 돕는 데 앞장선다. 예성이 다시 주재소에 취직하자 사람들은 그를 선생으로 대접한다. 어느 날 예성이 이장의 집에 불을 냈다는 누명을 쓰고 경찰서에 끌려간다. 풀려난 예성은 자신을 고발한 사람을 원망하지 않고 다시 야학에 힘을 쏟는다. 예성의 노력 덕분에 마을 사람들의 생활이 넉넉해진다. 어느 날 예성은 불량배들에게 변을 당할 위험에 처한 학생을 구하려다 크게 다친다. 그는 자신을 해친 이들을 용서하라는 말을 남기고 죽는다. 이후 마을에는 술집들이 사라지고 그 자리에 '새 주인'을 추모하는 예성학교와 예성기념교회가 세워진다.

**【참고】** 연재 지면에 '少年小說 새 主人 秋湖'라고 표기되어 있다. 이 작품은 전영택이 '추호(秋湖)'라는 필명으로 1934년 《조선일보》에 연재한 소설이다. 이 소설은 헌신적인 삶을 살았던 주인공을 추모하는 내용을 담고 있다. 종교적 이념을 전면에 내세우기보다는 인정 어린 태도로 일관하는 작가의 특징이 잘 드러난다. 연재 첫 회에 "내가 이제 하려고 하는 이야기는 본시 내 친구 방철원군의 창안으로 (…) 가엽은 자최를 기념하기 위하여 한 번 썼던 것을 군의 부탁으로 개작한 것이라는 것을 말해둔다"는 작가의 밀이 함께 실려 있다.

## 새 출발 : 방인근. 남창서관1942 ; 근흥인서관1946(전편) ; 평범사1948.

**【내용】** 찬호는 집안이 가난하여 소학교만 마치고 점원으로 취직한다. 그는 소학교 동창회에서 동급생 우혁, 은라, 운희, 경수 등과 재회한다. 우혁은 금광 개발업자로 호쾌한 풍모의 청년이고, 운희는 상급학교를 마치고 서울의 회사에 다닌다. 은라는 운희와 함께 서울에서 살며 학업을 계속하고 있다. 경수는 부잣집 아들로 은라와 혼담이 오가는 사이이다. 동창회 후 찬호는 장래 문제로 고심하다 고학을 하기로 결심하고 서울로 간다. 은라는 찬호에게 애정 어린 관심을 쏟지만, 그녀가 경수를 좋아한다고 여긴 찬호는 냉담하다. 열심히 공부하여 대학생이 된 찬호는 부호 김도영의 집에 가정교사로 들어가는데, 그의 맏딸 영란이 찬호에게 관심을 보인다. 영란은 찬호에게 결혼하자고 제안하고, 찬호는 그녀의 제안을 거절한다. 그는

우연히 마주친 은라에게 사랑을 고백하고, 두 사람은 결혼을 약속한다. 영란은 찬호를 붙잡고 싶은 마음에 은라에게 거짓말을 하고, 은라는 거기에 속아 넘어간다. 우혁은 금광을 발견하여 부자가 된 후 찬호에게 함께 사회사업을 하자고 제안한다. 운희는 경수의 친구 진구와 결혼했으나, 그가 이미 부인이 있는 데다 난봉꾼인 것을 알고 동경으로 도망한다. 동경에 온 운희는 생계를 꾸릴 길이 없어 카페 여급이 된다. 동경에서 우연히 운희를 만난 우혁은 여급 생활을 청산하고 새사람이 되라고 그녀를 설득하고 그녀에게 청혼한다. 다시 만난 은라와 찬호는 서로의 오해를 풀고, 네 사람은 행복한 미래를 약속한다. 폐병에 걸린 영란은 죄를 뉘우치고, 찬호에게 자신의 재산을 사회사업을 위해 써 달라고 부탁한 뒤 죽는다. 고향으로 돌아온 찬호와 은라, 우혁과 은희는 각각 결혼하여 행복한 가정을 꾸리는 한편, 교육과 경제를 발전시키는 데 힘쓴다.

**【참고】** 방인근의 장편소설에서 자주 등장하는 삼각 구도를 서사의 틀로 삼고 있는 작품이다. 이 작품은 젊은 남녀의 연애와 이별을 그린 연애소설이다. 인물들의 연애가 성공하면서 새로운 삶의 각오를 다지게 되는데 이를 통해 교훈적인 주제의식을 부각하고 있다. 연재 정보가 확인되지 않으며, 전작 장편인 것으로 추정된다.

## 색시 : 강노향. 조선중앙일보1935.11.5-12.24(26회 완).

**【내용】** 조선우선회사에 다니는 '나(미정)'는 상해에서 산홍이라는 조선인 댄서를 만난다. '나'는 댄스홀에 갔다가 '미스 로즈'라는 여인을 만나는데, 그녀는 희민이라는 이름을 부르며 '나'의 품에 쓰러진다. '미스 로즈'는 경상도 악양 출신의 처녀 인애로, 가난 때문에 북간도로 이주한 뒤 부친의 아편장사 밑천을 마련하기 위해 매음녀가 되었다. 그녀는 한 영국신사의 구애를 거절하여 위험에 처하고, 희민이라는 함경도 출신의 사상운동가에게 구출되는데, 인애는 그와 가정을 꾸리기를 꿈꾸나 희민은 운동에 투신하기 위해 상해로 떠났다. 인애도 그를 찾아 상해로 간다. 이후 '나'는 중국인 문인 라훈을 만나 고위인사들이 출입하는 연회장에 가서 미스 로즈와 재회한다. '나'는 그녀와 가까워지고 그녀는 '나'에게 자신의 과거사를 털어놓는다. 그녀는 '나'에게 호감을 표하지만 '나'는 남매처럼 가까운 사이로 지내자고 말한다. 그녀는 여러 외국인들과 번갈아 살림을 차리며 방탕하게 살던 중 한 외국인이 쏜 총에 맞아 죽는다.

**【참고】** 제목 앞에 '中篇小說' 이라고 표기되어 있다. 미정이라는 남성 인물을 중심으로 1인칭 주인공 시점에서 서술되고 있다. 후반부로 갈수록 서사의 인과성이 확연히 떨어지는데, 그 이유는 작가가 갑작스럽게 연재를 종료했기 때문이다. 작가는 마지막 연재를 마친 후, 부득이한 사정으로 갑자기 끝을 맺게 되었다는 내용의 부기를 달았다. 작가는 훗날 이 작품을 다시 완성하겠다는 의지를 밝히면서 '薔薇색시' 로 작품의 제목을 바꾸겠다고 밝혔으나, '색시' 나 '장미색시' 라는 표제어로 출간된 단행본에 대한 정보는 찾을 수 없다.

## 생명선/生命線 : 이기영. 家庭の友1941.3-8(6회 완).

**【내용】** 인쇄소 교정공 권형태는 고지식한 인물로, 중학을 졸업하고 남희를 만나 결혼한다. 둘은 아이를 낳고 만족스러운 가정을 꾸려나가나 점차 형태의 눈에 남희는 돈만 밝히는 속물로 비친다. 형태는 고된 노동의 고통보다 물질만을 선호하는 아내의 천박한 가치관 때문에 괴롭다. 그는 경제적인 안정보다는 문학에 대한 열정을 추구하며 살기를 원한다. 어느 날 그는 문학 공부를 하면서 돈을 벌겠다는 결심으로 무작정 상경한다. 그는 하루 10시간 이상 일하지만 형편없이 적은 임금 때문에 부엌도 없는 단칸방에서 근근이 살아간다. 그는 돈을 잘 버는 외판원 죠상을 찾아가 돈 버는 방법에 대한 조언을 듣지만, 외판원으로 사는 것은 자신의 성격과 맞지 않음을 깨닫는다. 아이의 폐렴 치료비 때문에 빚을 진 그는 앞길이 막막하다. 게다가 아내마저 도시 생활에 물들어 더욱 세속적으로 변하자 결국 그는 더 이상 도시에서 버틸 수 없다고 판단하고 농사를 짓기 위해 낙향한다.

**【참고】** 제목 앞에 '現代小說'이라고 표기되어 있다. 이상을 추구하지만 현실에서는 무기력한 인물의 좌절을 그린 작품이다. 생명선으로서의 농민의 삶을 강조함으로써 그것을 천직으로 삼아 농촌 계발에 힘써야 한다는 작가의 문학론이 드러난다.

## 생명의 봄/生命의봄 : 늘봄. 창조1920.3-7(3회 완).

**【내용】** 독실한 기독교 신자 영순은 담임 목사의 장례식을 진행하면서 슬픔을 참지 못한다. 영순은 평양 감옥에 수감된 아내 영선을 떠올리고 곧장 그녀의 면회를 간다. 아내의 얼굴은 심하게 야위고 창백하다. 영순은 아내를 위로한 뒤 힘없이 집으로 돌아온다. 영순은 아내의 여동생 은순을 만나 영선이 곧 죽을 것 같다며 슬퍼한다. 은순은 영순을 위로하면서 어둠이 지나간 뒤 생명의 봄이 올 것이라는 내용의 희망찬 시를 읊는다. 영선은 유행성 감기에 걸려 병원으로 후송되나 악화되어 폐렴으로 전이된다. 영순은 막연하게 생각해 왔던 아내의 죽음이 현실로 되는 것 같아 두려움을 느낀다. 영순은 아내를 극진히 간호하고, 이에 영선은 무사히 퇴원하여 집으로 돌아온다. 그 후 영순이 종교에 쏟았던 열정은 조금씩 문학에 대한 관심으로 옮아간다. 영선은 영순의 변화를 걱정하면서도 그의 신앙심에 대한 신뢰를 버리지 않는다. 며칠 뒤 영순은 자신의 소설을 완성하기 위해 집을 떠난다.

**【참고】** 전영택이 '늘봄'이라는 필명으로 발표한 작품이다. 본문의 서두에 '솔노몬의 노래 2:8-14'라고 적힌 한 편의 시가 붙어 있다. 전영택은 평양 대성중학교를 마치고 일본으로 건너가 동경 청산학원 신학부를 마치고 목사가 된 기독교인이자 소설가이다. 전영택은 신학부에 입학한 1918년부터 1930년대 미국 태평양 신학교로 유학가기 전까지의 시기에 가장 활발하게 창작 활동을 하였는데 1920년대 신학부 재학 시절에 집필한 대표적인 작품으로 「생명의 봄」과 「화수분」을 꼽을 수 있다. 이 작품은 작가의 전기적 요소가 반영된 것으로, 암울한 현실을 종교적 믿음과 문학적 의지로 승화하려는 노력을 보여 준다. 단행본 정보를 확인할 수 없으며 중편 분량이다.

## 생의 반려/生의伴侶 : 김유정. 중앙1936.8-9(2회 미완).

**【내용】** '나'와 명렬은 친구 사이이다. 명렬은 부잣집 아들로 태어났지만 부모를 일찍 잃고 형이 가산을 탕진하자 이혼한 누나의 집에 얹혀살고 있다. 명렬은 구박 속에서 점차 과묵한 성격이 되어 사람들을 두려워하는 지경에 이른다. 그러는 와중에 명렬은 서른 살이 넘은 기생을 연모하여 편지를 쓰고, '나'는 그 편지를 전달해 주는데, 답장은 단 한 번도 돌아오지 않는다. 그러던 중 명렬이 갑자기 '나'의 집을 찾아온다.

**【참고】** 이 작품은 김유정의 유작이다. 1인칭 시점으로 서술되지만 서술자가 친구의 이야기를 전달하는 액자 형식을 취하고 있다. 총 2회로 연재가 중단되어 전체 내용을 파악할 수는 없다. 김유정은 이 작품을 연재하던 도중 병으로 세상을 떠났다.

## 생의 비극/生의悲劇 : 방인근. 문운당1949.

**【내용】** 극작가 서호는 훌륭한 작품을 발표하면서도 생활고에 시달린다. 그는 시골에 갔다가 우경순이라는 여자를 만난다. 경순은 남편을 버리고 서호의 첩이 된다. 그러나 서울에 온 경순은 첫사랑을 만나 그와 밀회를 시작하고, 이를 알게 된 서호는 경순과 헤어진다. 극단 여배우 화영은 오랫동안 만나지 못했던 딸 연랑을 찾는다. 화영은 젊은 시절 부자와 결혼했으나 남편의 난봉으로 인해 어린 딸을 두고 집을 나와 배우가 되었던 것이다. 연랑은 어머니를 닮아 연극에 재능을 보인다. 화영은 연랑이 불량한 배우 백파와 사귀는 것을 막기 위해 그녀에게 자신이 친모임을 밝힌다. 이후 연랑은 교제 중이던 차 선생의 아이를 임신하는데, 그가 자신의 친구와 결혼하자 충격에 빠진다. 연랑은 자살하려다 마음을 고쳐먹고 혼자 아이를 낳아 키우기로 한다. 화영은 병에 걸려 죽어 가던 중 병문안을 온 서호에게 사랑을 고백한다. 서호 역시 화영을 마음에 품어 왔다고 말한다. 화영은 서호에게 그가 창작하는 작품 속에서 자신이 늘 살아 있게 해 줄 것과 딸 연랑을 돌보아 줄 것을 부탁하고 눈을 감는다. 아이를 낳은 연랑은 서호의 후원으로 배우가 되고 '그 여자의 비극'이라는 연극으로 데뷔한다.

**【참고】** '비련소설' 이라고 표기되어 있다. 《주간서울》 1949년 4월 4일자에는 '長篇小說 生의 悲劇' 이라고 하여 문운당본 「생의 비극」 광고가 실렸다. '이것은 方仁根 先生의 最近力作이다. 解放後에 쓴 것으로 가장 傑作' 이며, '女俳優, 劇作家, 女學生, 先生, 謀利輩, 女給, 農夫들 사이에 벌어진 슬픈 이야기' 라고 이 작품을 소개하고 있다. 1930년대 이후에 발표된 그의 작품들은 대체로 심미적 가치나 사

회성보다는 대중적이고 통속적인 면이 두드러진다는 평가를 받는다. 이 작품 역시 극작가와 여배우의 연애를 다룬 통속적 장편소설이다.

## 생활의 윤리/生活의倫理 : 이기영. 성문당서점1942.

**【내용】** 서울에서 고등학교를 다니는 석웅주는 방학을 맞아 고향에 내려온다. 그녀는 졸업 후 공부를 더 하고 싶지만 집안 형편 때문에 취직하려 한다. 부모는 그녀에게 좋은 혼처가 있다며 부자의 재취 자리를 권한다. 웅주는 결혼할 마음이 없음을 분명히 밝히지만 부모를 설득하기가 쉽지 않다. 그녀는 친구 일찌의 가정교사 겸 약혼자인 이준구를 알게 되어, 셋이 함께 사냥을 하는 등 자주 어울린다. 일찌는 준구가 사냥에 집착하는 것을 보고, 시골 출신인 웅주처럼 준구도 세련되지 못하다고 생각한다. 웅주는 개학 후 서울로 올라와 일찌의 집에 갔다가 준구와 그의 동창 박달을 만난다. 과묵하고 진득한 준구와 달리, 박달은 유쾌하고 재치 있는 언동으로 대화를 이끌어 나간다. 웅주는 졸업 후 양품부에 취직한다. 어느 날 준구가 웅주를 직장으로 만나러 온다. 이 사실을 안 일찌는 두 사람을 오해해 준구와 파혼한다. 이후 준구와 웅주는 우연히 같은 하숙집에 머물고 서로에게 호감을 느끼나 일찌 때문에 서로에게 가까이 다가가지 못한다. 어느 날 웅주의 부친이 병태라는 남자와 함께 그녀를 찾아온다. 동향 출신인 병태는 웅주를 손에 넣으려는 심산으로 갖은 계략을 꾸며 그녀를 괴롭힌다. 준구는 주위 시선 때문에 하숙을 옮기고, 웅주는 병태의 계략에 빠졌다 간신히 위기를 넘긴다. 쇠약해진 일찌는 입원해 있는 동안 박달과 가까워져 그의 아이를 가진다. 박달은 일찌에게 자신이 유부남임을 속여 오다 종적을 감춘다. 웅주와 준구는 신념을 가지고 사회 활동을 하기로 결심한다.

**【참고】** 태학사에서 영인한 성문당서전 1944년 재판본(515면, 300원)을 텍스트로 내용을 정리했다. 모두 17장으로 구성된 전작 장편이다. 애정의 삼각 구도를 축으로 네 젊은이들의 엇갈린 사랑 이야기가 중심서사를 이루는 통속적 연애소설에 속한다. 부모가 정해 준 강제적 결혼에 대항하여 자신의 운명을 개척하려는 여주인공을 통해 진취적인 여성상을 엿볼 수 있다. 긍정적으로 그려지는 인물이 반도회적이며 시골 태생이라는 점에서 도시와 시골을 '히스테리'와 '건강'으로 구분하는 작가의 이항대립적 시각이 드러난다. 1949년 성문당서점에서 간행된 『정열기』는 『생활의 윤리』 17장 가운데 9장까지의 내용을 수록한 것이다.

## 서라벌/徐羅伐 : 김동인. 1948(발행소불명).

**【내용】** 동부여에서 천제의 손자이자 해모수의 아들 고주몽이 태어난다. 주몽은 하백의 딸 유화와 부여 금와왕의 보살핌을 받는다. 그는 어려서부터 활을 잘 쏘고 지략이 출중하여 주위 사람들의 사랑을 독차지한다. 그는 예씨와 혼인한 후 건국의 뜻을 실행하기 위해 길을 떠나

스물두 살에 졸본에 자리를 잡고 고구려를 세운다. 그는 비류왕의 제안을 받아들여 비류의 공주 소서노와 결혼한다. 고구려는 더욱 부강한 나라로 성장하여 천하태평을 이룬다. 소서노는 비류를 낳고 다음 해에 온조를 낳는다. 어느 날 예씨가 낳은 아들 유리가 주몽을 찾아온다. 주몽은 유리를 태자로 책봉하고 마흔 살의 나이로 죽는다. 유리가 왕이 되자 소서노와 비류, 온조는 남방으로 떠난다. 온조는 위례를 수도 삼아 백제를 건국하고, 건국 첫 해에 동명왕 묘를 세워 해마다 제사를 지낸다. 그는 낙랑에 사신을 보내 친선을 맺는 한편, 위례성을 포위한 말갈족을 물리친다. 온조왕 26년 마한이 백제에 흡수된 후 그는 아들에게 왕위를 물려주고 승하한다. 한편 고구려에서는 유리왕 14년 부여의 대소가 5만 대군을 이끌고 고구려를 침공하나 폭설이 내려 부여군의 절반 이상이 죽고 퇴각한다. 이후 유리왕이 사냥에 빠져 국사를 멀리하자 원로대신들은 노여워한다. 이에 무휼왕이 고구려 3대 왕위를 계승하고 많은 업적을 남긴다. 고구려가 북쪽에서 단군의 업을 물려받는 동안 남쪽에서는 박혁거세가 서라벌을 건국한다.

**【참고】** 고구려, 백제, 신라 등 삼국의 건국 초기 일화를 서술하려 한 것으로 보이나, 신라 부분이 시작되자마자 중단되어 미완으로 남은 역사소설이다. 주몽의 고구려 건국, 온조의 백제 건국과 주몽의 뒤를 이은 유리왕과 무휼의 왕위 계승에 이르기까지 역사적 사건을 토대로 하여 서사를 재구성하고 있다. 신라 건국에 대한 서술이 시작되는 부분에서 내용이 중단되어 결말을 확인할 수 없다. 출판사 불명의 1948년본에 대한 기록(김윤식, 『김동인 연구』)이 있으나 원본 자료를 찾을 수 없다. 태극사본(1953)을 텍스트로 내용을 정리했다.

## 서울 : 이광수. 태양신문1950(연재일자불명).

**【내용】** 예배당에 다니는 인순은 S대학 법과생으로, 크리스마스 파티에서 서울의 이름난 건달들과 춤을 춘다. 해방을 맞은 서울의 풍경은 서구 문물을 받아들인 서양식 분위기를 풍긴다. 그곳에서 함께 춤을 추는 인물 중 서병달은 상해에 있다가 해방이 되자 귀국한 인물이다. 그는 천진에서 애국투사의 아들로 태어나 일찍이 중국공산당 간부가 된 공산주의자로, 임무를 띠고 서울로 침투한 간첩이다. 인순은 병달에게 마음을 빼앗겨 그를 향한 열정에 사로잡힌다.

**【참고】** 1950년 《태양신문》에 연재했던 장편 「서울」은 연재 이후 한 달 만에 신문사로부터 게재 중지 처분을 받았다. 신문 제작 태도가 좌익 편향이던 신문사 간부들의 압력이 있었다고 전해진다. 따라서 전체적인 내용은 파악할 수 없다. 《태양신문》이 소장되어 있는 곳은 연세대학교인데 1954-1955년 사이에 간행된 자료밖에 확인되지 않는다. 《태양신문》 연재 사항 및 연재 횟수를 확인할

수 없다. 『이광수 전집』(우신사1979)을 참고하여 내용을 정리했다.

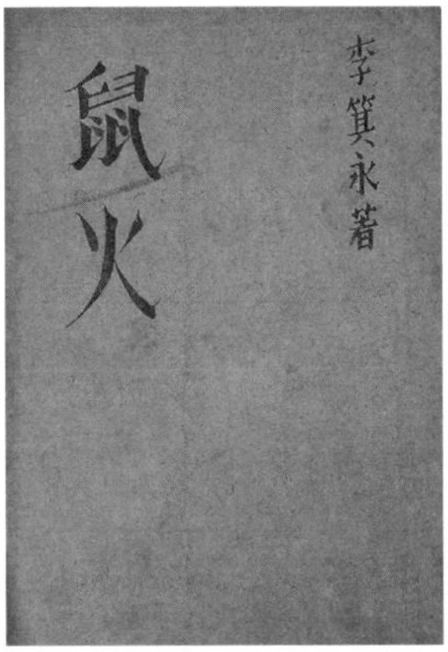


## 서화/鼠火

**이기영. 조선일보1933.5.30-6.30(23회) ; 동광당서점1937.**

**【내용】** 반개울 마을 앞에서는 정초에 쥐불놀이를 벌인다. 돌쇠는 쥐불싸움에 신나게 뛰어들지만 곧 끝나고 만다. 돌쇠는 먹고 사는 일이 힘들어지면 해마다 쥐불놀이가 시들해진다고 생각한다. 그는 응삼이를 꾀어내 성선이, 완득이와 함께 노름판을 벌인다. 바보 응삼이는 소 판 돈을 모두 돌쇠에게 잃는다. 그 돈으로 자기 가족의 양식을 마련한 돌쇠에게 돌쇠 아버지는 역정을 낸다. 돌쇠가 이웃들을 상대로 한 노름판에서 번 돈임을 알았기 때문이다. 그러나 그 돈이 가난한 집안 형편에 요긴하게 쓰일 것을 아는 아버지는 더 이상 말을 하지 못한다. 바보 남편에게 불만을 가진 응삼이의 처 이쁜이는 돌쇠의 남성다움에 이끌려서 그의 정부가 되어 있다. 면서기 원준이 역시 이쁜이의 외모에 흑심을 품고 돈을 잃은 응삼이를 동정하는 척하면서 응삼이 집을 자주 출입한다. 돌쇠가 이쁜이를 만나서 응삼이와 노름한 것에 대해 사과하면서 노름이라도 하지 않으면 먹고 살 수 없음을 고백하던 날, 둘의 모습을 원준이는 몰래 지켜본다. 원준이는 혼자 집을 보는 이쁜이에게 추근대면서 협박까지 하지만 이쁜이는 완강히 저항한다. 결국 이쁜이에게 봉변을 당한 원준이가 구장을 부추겨 동네 집회를 열도록 한다. 원준이는 그 집회에서 도박과 가정의 풍기문란 문제를 거론하며 돌쇠를 궁지에 몰아넣는다. 이때 동경 유학생 정광조가 나서서 강제 결혼과 조혼의 문제점에 대해 이야기한다. 광조의 발언에 힘입은 돌쇠는 생계를 위해 불가피하게 노름했던 이유와 이쁜이와의 관계에 대한 자기 입장을 밝힌다. 그리고 이쁜이에게 욕심을 채우려 했던 자가 원준이였음을 폭로한다. 돌쇠는 이쁜이와 함께 집으로 돌아오는 길에 정광조의 합리적인 사리 판단에 감탄하면서 그가 말한 별세상을 동경한다.

**【참고】**《조선일보》에서 1933년 6월 30일까지 23회 연재되고, 7월 1일에 '조만간 「돌쇠」로 재개하겠다' 는 내용의 연재 종료 중단 공지가 나왔다. 동광당서점에서 발행된 작품집 『서화』에서 이 작품이 자신의 첫 중편으로서의 시험이라고 밝히고 있다. 장편 「고향」을 이 작품의 속편으로 하고 싶었으나 여러 가지 사정으로 인해 그러지 못했다고도 서술하고 있다. 속편에 해당하는 「돌쇠」는 《형상》지에 일부가 실렸으나 잡지의 폐간으로 그 원고까지 유실되었다고 한다. 주인공 돌쇠는 노름을 하여 동료의 돈을 빼앗고 그 처와도 정분을 통하는 인물로, 일반적인 농촌 리얼리즘 소설의 주인공과는 다른 성격을 지닌다. 이러한 성격이 오히려 리얼리즘적 핍진성을 갖춘 것으로 임화와 같은 당대 비평가들에게 고평받기도 했고, 이에 대해 김남천이 비판하는 등 논생의 단초를 마련하기도 했다.

## 석양홍/夕陽虹 : 윤승한. 동아일보1939.2.21-10.24(215회 완).

**【내용】** 이하응은 영조의 현손 남연군의 넷째 아들이다. 하응이 태어나던 해 남연군은 벼슬이 올라 태평성대를 누렸으나 몇 년 후 조정의 내분으로 파직당한다. 하응은 자라면서 글과 그림에 능하고 범상치 않은 면모를 드러낸다. 조정에서는 영의정과 부원군을 겸한 김조순이 세자를 보필하며 권세를 누린다. 세월이 흘러 김조순이 죽고 하응이 홍선군에 봉해진다. 12세에 모친을 여윈 홍선군은 17세에 남연군이 세상을 떠나자 사고무친이 된다. 그는 술과 기생에 빠져 불우한 청년기를 보낸다. 그는 시정인과 어울려 지내면서 서민 생활을 체험하고 백성의 염원이 무엇인지를 깨닫는다. 국정을 다스릴 식견을 지닌 홍선군은 궁궐 내 최고 어른인 조 대비와 연을 맺고 조 대비로 하여금 후계자 없는 철종의 왕위 계승자로 자신의 둘째 아들 명복을 지명하도록 만든다. 철종이 사망하자 홍선군의 아들 명복이 왕위에 올라 고종이 된다. 12세인 고종을 대신하여 홍선군은 수렴청정으로 국정을 돌보고, 대비로부터 홍선대원군으로 봉해진다. 대원군은 민치구의 딸을 왕비로 맞아 고종과 혼인시킨다. 서양문물에 관심이 많은 민비는 궁궐에 서양 문화를 들여오는 등의 행동으로 대원군과 대립한다. 대원군은 점차 민비의 기세가 등등해지자 홀로 씁쓸해한다.

**【참고】** 제목 앞에 '歷史小說'이라고 표기되어 있다. 1939년 2월 19일자 《동아일보》에 '歷史小說 新長篇連載'라는 제목으로 작품을 소개하는 광고가 실렸다. '紹介의 말'에서 "여러분에게 열광에 가까운 절찬을 받던 「만향(晩香)」의 작자 윤승한(尹昇漢) 씨 작품명은 「석양홍(夕陽虹)」입니다. (…) 작자말에 잇듯이 이 「석양홍」은 조선 말련의 경이적인 존재인 대원왕(大院王)을 그리는데 그 사생활을 중심으로 방계인물을 그려가며 풍운이 자심턴 이조말련의 사회상을 그리려는 것"이라고 작품에 대해 설명하고 있다. 1942년 삼중당에서 '대원군(大院君)'으로 개제하여 단행본 전편, 후편으로 출간하였다.

## 선구 시대/先驅時代 : 현경준. 만선일보1939.5.12-12.1(195회).

**【내용】** 만주 이주민 정착 과정을 그린 이야기. 내용 생략.

**【참고】** 《조선문학》 1939년 7월호에 발표한 5월 15일의 일기에 이 작품에 대한 언급이 있다. '장편 「선구 시대」는 昨日로서 三回分이 났다', '군데군데 傷處가 있다지만 처음 一, 二回보다는 났다', '活字化된 것을 보니 도모지 生覺에 어울리지 안는 場面이 들어나 보인다', '앞으로 쓰는 것은 좀더 가다듬어 써야겠다', '그리고 人物의 性格을 確實히 또두라지게 그려야겠다.' 5월 12일 전후부터 이 소설이 연재되기 시작했다고 하나 현재 구해 볼 수 있는 것은 《만선일보》 1939년 12월 1일 제195회 연재분인 '望鄕(十)'뿐으로 10매 정도이다. 안수길의 장편 「북향보」가 이주민 정착 문제를 다룬 것으로 널리 알려져 있는데, 이 작품은 그보다 5년 앞서 같은 문제를 다루고 있어 주목된다. 이 소설은 왕덕삼이라는 한족 지주와의 모순과 갈등을 통해 이주민들의 어려운 정착 과정을 다루면서 이 만주땅에 새로운 고향을 건설해야 한다는 주제를 표현했다. 따라서 이 소설은 지금까지 발굴된 조선인 장편소설 가운데 제일 먼저 현실 제재로 민족 정착사를 다룬 장편소설이다.

## 선도자/先導者 : 장백산인. 동아일보1923.3.27-7.17(111회 상·중편 완) ; 태극서관1948.

**【내용】** 이항목은 평안도 작은 마을의 가난한 집 셋째 아들로 태어난다. 그는 평양에서 공부를 하며 독립협회에 가입하여 부패 관료들을 비판하는 연설을 한다. 그는 이로 인해 옥살이를 하는데, 그곳에서 서양 선교사의 도움으로 새로운 문명을 접한다. 항목은 서재필과 함께 십 년간 선진문명을 수학하러 미국으로 떠난다. 귀국 후 그는 뜻이 맞는 청년들과 함께 비밀단체 백령회를 결성하여 구국운동을 전개한다. 그는 특히 교육 문제에 중점을 두고 나라를 구할 수 있는 인재를 육성하는 데 힘을 다한다. 나라는 점점 더 위태로워지고 전국에서 여러 지사들이 들고 일어나는 가운데, 백령회도 내부적으로 급진론과 신중론의 극한 대립을 겪는다. 이완용 내각이 성립되자 백산학교가 수색을 당하고 백령회 회원들이 구금된다. 항목은 살아남아 애국자의 직무를 다할 것을 결심하면서 다시 조선을 떠난다.

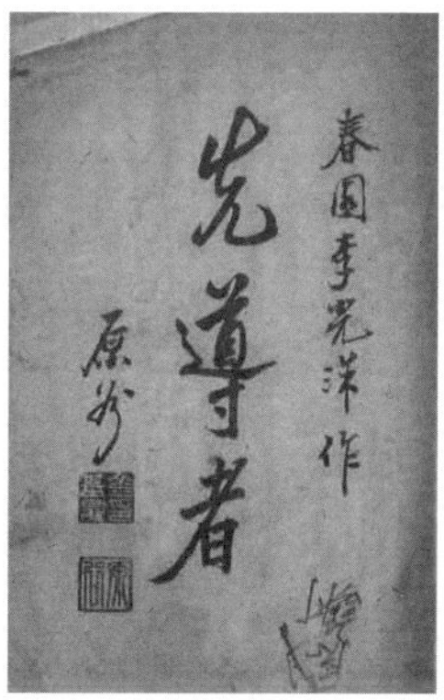


**【참고】** 이광수가 '장백산인(長白山人)'이라는 필명으로 연재한 장편소설로, 도산 안창호 선생을 소재로 한 작품이다. 당시 일제 검열로 인해 연재가 중단되어서 상, 중편만 확인할 수 있으며 전체 내용을 파악하기는 어렵다. 이광수가 끝맺지 못한 내용을 안창호 선생의 전기적 행적과 역사적 사건을 토대로 추측할 수 있다는 견해도 있다. 연재된 내용만으로 평가하는 것은 무리가 있으나, 소설 속에 등장하는 '조선 민족의 지도자 이항목'은 이광수가 바라본 바람직한 지도자상으로서 도산의 모습을 담고 있는 것으로 평가된다. 이광수는 1947년 안창호의 전기문 「도산 안창호」를 집필하였는데, 이를 1920년대 미완으로 그친 「선도자」의 완결판이라고 평가하기도 한다.

## 선악 일대 : 윤백남. 만선일보1940.11.1-1941.3.25(132회).

**【내용】** 미확인 작품.

**【참고】** 윤백남이 「팔호기설」에 이어 두 번째로 연재한 작품이라고 알려져 있는데, 신문 망실로 인하여 작품을 확인할 수 없다.

## 선풍 시대/旋風時代 : 한인택. 조선일보1931.11.7-1932.4.23(160회 완) ; 한성도서1934.

**【내용】** 철하와 명순은 동경 유학 중에 만나 연인이 된다. 귀국 후 철하는 서울의 성우사에, 명순은 배영학원에 취직한다. 배영학원은 호일고무공장 사장 아들 변원식이 운영하는 재단이다. 성우사의 사장이기도 한 원식은 소년문예운동을 한다지만 실상 치부에만 관심이 있

는 난봉꾼이다. 철하의 동생 복섬이는 원식 부친의 아이를 임신한 뒤 독약을 마시고 자살한다. 철하와 친구 수길은 호일고무공장 동맹파업을 감행한 후 투옥된다. 한편 명순의 친구 연순은 철하를 짝사랑하여 그를 독차지하기 위한 음모를 꾸미고 명순은 연순의 사촌오빠 창선에게 겁탈을 당한다. 명순은 철하를 볼 면목이 없다고 번민을 거듭한다. 때마침 원식이 빌려준 돈을 핑계로 결혼을 강요하자 그녀는 배영학원을 그만둔다. 어느 날 원식이 괴한에게 폭행을 당한다. 그 후 명순은 ST라는 인물로부터 편지를 받고, 편지를 보낸 인물이 명순을 지켜 주려 원식을 폭행한 사실을 알게 된다. 그녀는 수원으로 가서 아기를 낳아 여인숙의 일꾼에게 맡기고 상경한다. 명순은 돈 때문에 어쩔 수 없이 원식과 결혼한다. 한편 철하는 수감 생활 동안 폐병을 얻는다. 그는 출옥 후 연순의 간호를 받고, 이 때문에 명순과의 오해는 깊어진다. 명순은 원식에게서 도망친 후 카페 여급이 된다. 연순은 철하의 감화를 받아 계급운동에 나선다. 원식이 명순을 인신매매 시장에 팔아넘기려 하자 철하와 원식 사이에 싸움이 벌어진다. 철하가 수세에 몰리자, 어디선가 한 사내가 나타나 원식을 칼로 찔러 죽인다. 이후 명순은 그 사내가 ST이며, 바로 창선이라는 사실을 알게 된다. 창선은 명순에게 저질렀던 잘못을 뉘우치며 익명으로 명순의 곁을 지켜 왔던 것이다. 모든 사실을 안 명순은 독약을 먹고 자살하고, 철하는 그녀의 무덤 위에 피를 토하며 쓰러진다.

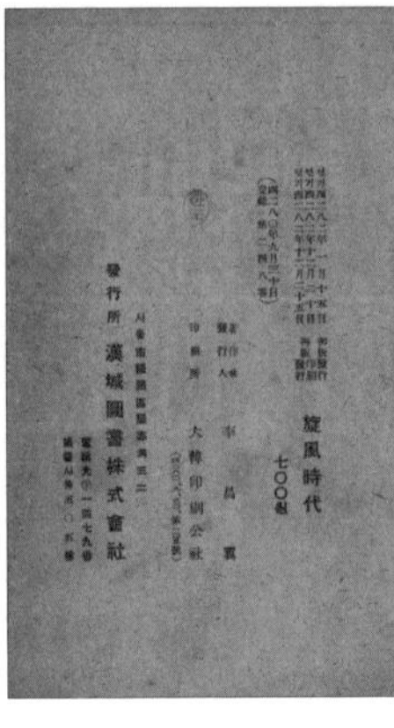

**【참고】** 1931년 《조선일보》 현상공모 일등 당선 장편소설이다. 삼백 원의 상금을 받았다. 당시 이등 수상작은 김은경의 「제힘」과 전명선의 「풍년토」이다. 이등은 각 백 원의 상금을 받았다. 1931년 4월 28일에 탈고하였다고 1949년판 단행본 말미에 기록되어 있다. 1936년 재판과 이후 1949년 판본이 한성도서주식회사 출판인 것으로 보아 1934년 초판본도 같은 곳 출판이라 추정하였다. 내용 중 '(중략)'이라고 표시된 부분이 많다. 《조선일보》에는 159회 연재라고 되어 있으나 실제 확인한 결과 160회 연재되었다. 연재 당시 21장으로 나뉘었고 단행본으로 발행되면서 22장으로 바뀌었으나 내용상 변화가 없다. 황금이 지배하는 현실과 배금주의에 대한 문제의식을 다룬 작품이다.

## 선풍 이후/旋風以後 : 한인택. 신동아1935.4-?

**【내용】** 칠남이와 필수는 어려서부터 친한 친구 사이였으나 갑자기 필수는 명확한 이유를 밝히지 않고 칠남이를 미워하기 시작한다. 두 사람의 사이가 나빠지자, 마을의 화합에도 문제가 생긴다. 마을 사람들이 필수를 미워하게 되면서 필수는 고향인 진재골을 떠나 이웃 마을인 물건너 마을로 떠난다. 한편 칠남이는 친구와 함께 면사무소에 다녀오던 중 물건너 마을

을 지나다가 필수를 비롯한 물건너 마을 청년들에게 몰매를 맞는다. 이 사건이 계기가 되어 진재골 청년들과 물건너 마을 청년들 사이의 패싸움이 벌어지고 싸움의 주모자들이 순사에게 잡혀간다. 두 마을 청년들 사이의 갈등이 지속되던 어느 날, 칠남이는 필수가 술값이 없다는 이유로 술집 주인에게 폭행당하는 장면을 목격한다. 칠남이는 그대로 지나가지 못하고 술집 주인을 말리다가 자신 역시 싸움에 휘말리게 된다. 이 싸움을 계기로 칠남이와 필수는 함께 유치장에 갇히고, 필수는 자신의 잘못을 사과한다. 필수가 칠남이를 미워하게 된 계기는 칠남의 아내가 처녀였을 때, 자신이 그녀를 짝사랑했는데도 불구하고 사랑을 고백하지 못한 채로 칠남의 아내가 되었기 때문에 칠남이를 미워하게 되었다는 것이다. 이러한 고백 뒤에 칠남과 필수는 다시 예전의 친구 관계를 회복한다.

**【참고】** 「선풍 시대」의 후속작이다. 농촌 청년들의 사랑과 갈등, 아픔을 다루고 있는 소설이다.

長篇小說

鮮血

(第一回)

方仁根 作

鄭玄雄 畫

## 선혈/鮮血 : 방인근. 조광1937.12–1938.3(4회 완).

**【내용】** 준철은 현저동 친구 집을 방문하다가 길을 묻는 진봉호라는 젊은이를 친절히 안내해 준다. 명함을 받고 보니 봉호는 동경대학 경제과에 다니는 학생이다. 2년 후 바닷가에서 둘은 재회한다. 봉호는 애선이라는 여성을 아내라고 준철에게 소개해 준다. 현저동에서 준철이 안내한 집이 바로 애선의 집이었다는 것이다. 다시 1년 후 석왕사에 기거하던 중 준철은 산책을 하다가 산속에서 홀로 울고 있는 애선과 재회한다. 사실 봉호는 아내가 있는 몸으로 애선을 속여 능욕한 것에 불과했다는 것이다. 준철은 애선을 위로하다가 그를 사랑하게 된다. 그러나 준철도 어릴 때 이미 혼인한 몸이었고, 사랑을 고백하는 애선의 편지를 본 준철의 아내가 찾아와 따지는 바람에 애선은 절망하고 고향으로 내려간다. 고향에서 폐병에 걸린 애선은 부모에게 자신의 처지를 털어놓지 못하고 준철에게 편지를 써 남편인 척 연극을 해 달라고 부탁한다. 며칠 후 준철이 찾아와 애선을 향한 열정을 다시 한 번 확인하지만, 애선은 자신의 죽음을 확신하고 준철을 서울로 돌려보낸다. 배웅하고 오는 길에 흰 눈밭에 애선은 선혈을 토한다.

**【참고】** 연재 지면에 '長篇小說 鮮血'이라고 쓰여 있다. 길이나 구성을 볼 때 장편소설이라고 보기 어렵다. 이와 관련하여 당시의 연애관과 금전관이 등장인물들 간의 대화를 통해 간간이 드러나나 당대의 세태를 그렸다기보다는 연애 통속소설 쪽에 가깝다.

## 선화공주/善花公主 : 현진건. 춘추1941.4-9(6회 미완).

**【내용】** 진평왕은 덕만, 달만, 선화 세 공주를 두었는데, 그중 막내 선화공주는 재색을 겸비하여 뭇 남성들의 사랑을 받는다. 선화공주를 흠모한 세 청년이 있으니, 상대등 노리부(鷺里夫)의 아들 칠부, 화랑 출신 눌문, 그리고 수을부(首乙夫)의 아들 수품이 그들이다. 칠부는 선화공주를 흠모하여 그의 남편이 되고자 하였으나 덕만공주의 부마가 된다. 칠부는 선화공주를 향한 마음을 포기할 수 없을 뿐 아니라, 자신의 삶이 아내의 그늘에 가린다고 여겨 좌절한다. 칠부는 백제 군사가 침공했다는 소식을 듣고 선화공주에게 작별인사를 하기 위해 궁으로 갔다 술에 취한 수품을 만난다. 수품은 그에게 선화공주를 만날 수 있도록 도와 달라고 부탁한다. 그때 한 사내가 궁장을 넘어 모퉁이로 사라지는데, 칠부와 수품은 걸음걸이를 보고 그가 눌문이라 짐작한다. 눌문은 선화공주에게 자신의 마음을 고백하고 함께 달아날 것을 제안하려 하나, 공주의 처소를 찾지 못해 결국 담 밑으로 도망 나온다.

**【참고】** 이 작품은 신라 시대 선화공주를 둘러싼 세 청년의 사랑이야기를 다루고 있으나 연재 6회 만에 중단되어 전체적인 내용을 파악할 수 없다. 현진건은 1930년대 후반에서 1940년대 초반까지 역사소설 집필에 주력한 바 있다.

## 성군/星群 : 안석영. 조선일보1932.2.19-5.31(60회 완).

**【내용】** 영애는 종호와 연인 사이지만 어려운 가정 형편으로 인해 부유한 문명철과 정혼한다. 명철은 부모로부터 받은 유산으로 방탕한 생활을 일삼는 소문난 난봉꾼이다. 종호는 영애를 사랑하면서도 자신의 처지로는 그녀를 책임질 수 없다는 사실 때문에 괴로워한다. 한편 영애의 친구 채영은 결혼을 빙자하여 접근한 명철에게 농락당한 경험이 있다. 채영은 영애에게 명철의 정체를 알려 주고 싶지만 차마 그렇게 하지 못한다. 한편 채영은 종호에게 연정을 품고 있다. 그러나 종호는 채영의 마음을 받아들일 수 없어서 괴로워하다가 결국 집주인의 딸 순분과 결혼하기로 한다.

**【참고】** 안석주(安碩柱)가 '石影'이라는 필명으로 발표한 작품이다. 꿈이 좌절되고 현실적인 이유 때문에 사랑마저 포기해야 하는 젊은이들의 모습이 묘사되어 있다.

## 성녀 씨/姓女씨 : 웅초. 조선일보1936.11.7-12.15(30회 전편 완).

**【내용】** 회사원 몽백은 직장 동료 민보의 부인을 만난 후 자신의 아내 성녀에게 불만을 느낀

다. 민보의 부인은 아름답고 유식한 신여성인데, 성녀는 살림과 육아에 찌든 데다 무식하기 때문이다. 몽백은 아내를 학교에 보내고 단장시켜 신여성으로 만들겠다고 결심한다. 그의 부모는 크게 화를 내며 이 계획에 반대하지만, 성녀는 자신도 남들처럼 교육받을 수 있다는 생각에 기뻐한다. 성녀는 학교에 다닐 꿈에 부풀어 남편과 함께 입학 준비를 한다. 그러나 다음 날 아침, 신문을 보던 몽백은 계획이 틀어졌다며 탄식한다. 성녀가 입학할 예정이던 학교에 몽백의 부모가 먼저 찾아가 입학했다는 기사가 실린 것이다.

**【참고】** 연재 지면에 '유-모어 小說 姓女 씨 金熊超'라고 표기되어 있다. 김규택(金奎澤)이 '웅초'라는 필명으로 발표한 작품이다. 1936년 12월 15일자 30회 연재분 끝에 '前編終'이라고 되어 있어 본래 전·후편으로 계획했던 것으로 보이나, 후편은 찾을 수 없다. 신여성에 대한 동경과 구시대적 풍습의 고수라는 신구 가치관의 충돌이 담긴 작품이다.

## 성모/聖母 : 이태준. 조선중앙일보1935.5.26-1936.1.20(213회 완).

**【내용】** 안순모는 친구 덕인의 집에 기거하면서 서양 부인의 도움으로 학교에 다니는 여학생이다. 같은 집에 하숙을 든 상철에게 마음이 있는 덕인은 자신보다 예쁜 순모가 연애에 대해서는 아무것도 모르는 것에 안심한다. 그러나 순모 역시 상철에게 정을 느끼고 있다. 방학이 되어 상철과 함께 귀향한 순모는 그의 열렬한 구애를 받고 마음이 동하면서도 신체적 접촉에 약간의 거부감을 갖는다. 이후 상철은 따로 방을 얻어 나가고 덕인과 순모는 상철과의 관계를 서로에게 숨긴 채 번갈아 그곳에 드나들게 된다. 순모는 거기에서 상철의 친구인 미술학도 정현을 만나고 그의 진지함과 예술에 대한 식견에 감동한다. 생활이 어려운 정현을 위해 순모는 고민하다 반나체로 졸업 작품의 모델이 되어 주는데, 정현과 순모의 관계가 가까워지는 것에 자극받은 상철이 순모에게 청혼한다. 순모는 학업이 중단될 것을 염려하면서도 이를 받아들이고 기뻐한다. 그러나 덕인의 적극적인 구애로 상철은 그녀와 통정하게 되고 둘의 관계를 수상히 여긴 순모가 그러한 광경을 목격한다. 순모는 배신에 대한 반동으로 자신에게 마음이 있음을 내비치던 정현에게 찾아가 그와 관계를 가진다. 집안을 등지고 상철마저 팽개친 순모는 정현과 살림을 차리나, 정현의 생활력 부족으로 궁핍한 생활을 면하지 못한다. 모교에서 도화 교원이 되는 것조차 좌절되자 정현은 재력 있는 부전을 마음에 두고 상철과의 관계를 빌미로 순모를 괴롭히다 부전과 동경으로 떠나 버린다. 혼자 남은 순모는 자신이 정현의 아이를 임신한 것을 알게 된다. 자신의 아이가 사생아가 될 것을 염려한 순모는 아이 낳기를 망설이지만 모성애를 느끼고 아이를 위해 충실히 살 것을 다짐한다. 상철의 계속되는 구애도 거절하고 상품진열관에 취직하여 출산을 준비하는 순모는 정현의 이별 통고와 상철 어머니의 원망에도 개의치 않고 아이만을 생각한다. 수인 할미니와 어머니의 도움으로 순모는 아들 철진을 출산하고, 그를 데려가려는 어머니를 물리친 채 육아와 교육에 온 정성을 다한다. 순모의 헌신으로 올곧게 성장한 철진은 상철의 딸 옥경과 우정 이상

의 사이가 된다. 그러나 순모는 연애보다 큰 뜻을 품을 것을 아들에게 권한다. 얼마 후, 철진은 비밀결사로 활동한 사실이 발각되어 중국으로 피신한다. 뒤에 남은 순모와 옥경은 민족의 지도자가 될 인물을 훌륭히 키워 내겠다고 다짐한다.

**【참고】** 이태준이 발표한 세 번째 장편소설로, 주인공이 훌륭한 어머니로 성장하는 과정을 그린 작품이다. 이태준은 1935년 5월 22일자《조선중앙일보》에 "소설 이름을 성모라 햇습니다. 종교사회에서 일르는 그 성모는 아니요 다만 '가장 훌륭한 어머니' 란 뜻으로 부첫습니다. 한 훌륭한 어머니, 그의 사랑이면 그의 지혜이면 그의 의지이면 모든 것을 밋고 오직 머리 숙이고 십흔 거룩한 어머니, 그런 어머니를 그리는 마음은 어느 시대에서나 어느 사회에서나 모든 사람들 가슴속에 끈히지 안을 것입니다" 라는 광고를 실었다. 속물적 연애를 비판하고 그러한 비극적인 관계의 파탄을 성장의 동력으로 삼는 강인한 모성을 보여 준 것으로 평가된다.

## 성암의 길/聖巖의길 : 김동인. 조광1944.8-4.12(4회 미완).

**【내용】** 성암은 한시에 매진하기 위해 스무 살 때 머리를 깎고 집안 재산의 상속권을 동생에게 물려준다. 그는 북산 선생 밑에서 한학을 배우고, 서른두 살 때 맞아들인 아내 홍란을 데리고 유랑을 하며 청나라 사람들과 한학자들을 두루 만나며 한시의 소양을 기른다. 막부의 야심이 천황의 권한을 위협하므로 이에 우려를 품은 그는 일본사에 관심을 갖게 된다. 아무나 권력을 잡으면 왕이 되던 중국의 역사와는 달리 일본은 하늘의 뜻을 받은 사람만이 천황이 될 수 있었다는 역사를 되새기며 일본인임을, 그리고 황국의 신민임을 자랑스럽게 여긴다. 그의 나이 44세에, 절친하게 지내던 라이산요(賴山陽)로부터 일본인의 민족의식을 운문을 통해 깨우치고 일본사를 저술하라는 유지를 이어받는다.

**【참고】** '連載小說 星巖의 길' 이라는 제목으로 연재되었다. 양천성암(梁川星巖)의 일대기를 다룬 전기체 소설이다. 소설이 시작되기 전 김동인은 '前言' 을 통해 이 소설의 주인공 성암의 생애를 자세히 설명해 주고 있다. 성암은 막부 후기에 '梁詩仙' 으로 이름 높았던 시인이었으며, 수많은 반막부 인사들의 스승격으로 추앙받던 인물이었다. 막부에서 체포령이 떨어지기 이틀 전에 천수를 다해 70세로 세상을 떠났으며, 이에 따라 'シニ上手(죽음 또는 시의 고수, 일본어로 死와 詩는 발음이 같다)' 로 불리기도 했다. 이 작품의 연재는 '작자의 사정에 의하여 이 소설은 이달 호로 중단하겠사오니 양해하시오' 라는 공지와 함께 중단된다. 연재는 성암의 40대까지 이어지며, 천황에의 충성을 맹세하며 일본사를 서술하는 의지를 굳히는 장면에서 끝이 난다. 천황에 대한 충성심을 확인하는 것을 민족의식과 동일시하는 부분에서 당시 일제의 황국신민화 정책과의 간접적 연관성을 찾을 수 있다.

## 성 이차돈의 최후/聖異次頓의最後 : 김태흡. 대중서옥1936(47면).

**【내용】** 내용 생략.

**【참고】** 표지에 '中央佛敎專門學校敎授 金泰洽 著' 라고 표기되어 있다. 부제는 '빛나는 주검' 이다. 신라

가 불교의 나라가 되어 빛나게 된 까닭은 이차돈의 순교 때문이라고 하고 이차돈의 죽음을 빛나는 죽음으로 의미화하고 있는 작품이다. 국회도서관 소장.

## 성화/聖畫

**이효석. 조선일보1935.10.11-10.31(16회 완) ; 삼문사1939.**

**【내용】** '나'는 유례를 사랑하지만 그녀는 '나'에게 마음을 열지 않고 거리를 둔다. 그녀는 사상범으로 수감된 한 남자를 사랑한다. '나'는 유례를 만나 시간을 보낸 뒤, 열정적인 작부 란야와 데이트를 즐긴다. '나'는 유례의 마음을 얻지 못하는 대신 란야와 육체적 쾌락에 탐닉한다. 이후에도 '나'는 유례를 잊지 못하고 급기야 자살을 시도하지만 그마저 실패한다. 유례는 떠나고 란야 홀로 남아 '나'의 곁을 지킨다.

**【참고】** 주인공의 비극적인 연애담을 그린 작품이다. 표제 '성화(聖畫)'는 '나'의 방에 걸려 있는 호프만의 그리스도 그림을 지칭한다. 주인공은 그 그림에 담긴 성스러운 이미지를 통해 사랑하는 여성을 은유적으로 제시한다. '나'의 비극은 성화(聖畫)의 이미지를 동경하면서도 그것에 다다르지 못하고 오히려 비천한 것 주변에 머물 수밖에 없다는 데서 온다. 여성을 향한 주인공의 심리가 잘 묘사된 중편 분량의 작품이다. 1939년 삼문사에서 출간된 작품집 『성화』에 수록되었다.

## 세기의 딸/世紀의딸

**이무영. 동아일보1939.10.10-1940.8.11(190회 미완) ; 동진문화사1949.**

**【내용】** 폴란드 바르샤바에 사는 물리학자 스크로돕스키 교수는 슬하에 오남매를 두고 있다. 스크로돕스카-집안의 아이들 모두 총명하지만, 그중 막내인 마-니야는 특히 천재라 할 만큼 다방면의 학문에 뛰어난 면모를 보인다. 마-니야는 학교 생활을 통해 학문을 연마하는 한편, 러시아의 압제에 신음하는 조국 폴란드의 현실을 깨닫고 애국심을 키워 나간다. 그러던 어느 날, 마-니야는 병으로 인해 맏언니와 어머니를 잃는 슬픔을 겪는다. 게다가 그의 부친은 러시아의 교육 정책을 따르지 않았다는 이유로 직장에서 갖은 제재를 받는다. 잇단 불행을 겪으며 마-니야는 종교를 불신하게 되고, 대신 과학에 관심을 돌린다. 최고 성적으로

고등 여학교를 졸업한 마-니야는 잠시 시골의 친척집을 방문한다. 거기서 그녀는 앙리 실크레-르라는 이름의 청년을 만난다. 그는 뜨거운 애국심을 지닌 청년으로, 마-니야는 그의 순수한 열정에 감동받는다. 바르샤바로 돌아온 후, 마-니야는 폴란드의 민족 운동을 주도하는 여성 피아세카를 알게 되고, 모임에 가담한다. 그 모임에서 마-니야는 실크레-르와 재회한다. 그 역시 피아세카가 주도하는 모임의 일원이었던 것이다. 두 사람은 서로 사랑하지만, 개인의 행복을 추구하기보다는 조국을 위해 헌신하는 게 우선이라고 생각하여 연인이 되지 않는다. 언니 부로니야가 파리 의대로 유학가자, 마-니야는 언니의 학비를 보태기 위해 가정교사 일을 한다. 그녀는 못된 고용주 때문에 곤경에 처하기도 하지만, Z씨 집에 취직한 후로는 평온한 생활을 한다. 그러던 어느 날 Z씨가 손님들을 초대한다. 손님 중에는 프랑스의 젊은 물리학자 피에-르 큐리-도 있다. 그는 비록 젊지만 뛰어난 학자이다. 마-니야는 피에-르와 이야기를 나누면서 그의 학식과 인품에 탄복한다. 그 역시 마-니야의 천재성과 성품에 매료되어, 마침내 그녀에게 청혼한다. 피에-르가 폴란드인이 아니라는 점 때문에 고민하던 마-니야는 마침내 그의 청혼을 받아들인다. 결혼한 후 어느 날 남편과 함께 국경 지방을 여행하던 마-니야는 기차 안에서 우연히 실크레-르와 재회한다.

**【참고】** 연재 지면에 '長篇小說 世紀의 딸ㅡ'큐리'夫人의 一生ㅡ李無影 作'이라고 표기되어 있다. 1940년 8월 11일 190회 말미에 '(끝)'이라고 표기되어 있으나, 내용상으로 보아 작품이 완결되었다고 볼 수 없다. 《동아일보》의 폐간으로 인해 연재를 더 이상 할 수 없었기 때문에 이렇게 표시한 것으로 보인다. 1949년 동진문화사에서 『世紀의 딸(上)』이 발간되었다. 이 단행본은 신문 연재본을 끝까지 수록한 것이 아니라, 중심인물 마-니야가 피에-르 큐리의 청혼을 거절한 부분에서 끝나 있다. 단행본 하권이 발간된 바 없고, 이후 1975년에 발간된 『이무영 대표작 선집』에도 49년 발간된 단행본과 같은 분량만 수록된 것으로 보아, 미완인 채 놓아둔 것으로 보인다. 이무영은 '「세기의 딸」 머리에'라는 글에서, 이 작품의 창작 여부와 창작 동기에 대해 밝히고 있다. 이 소설을 번역, 번안, 초역 등으로 여기는 사람이 많으나, 작자의 순수 창작물이라는 것이다. 퀴리 부인의 딸이 쓴 「매담 퀴리」라는 전기를 토대로 사건을 구성하였다고 한다. 또한 퀴리 부인의 유명세나 신문사의 요청 때문에 소설 소재로 삼은 것이 아니라, 퀴리 부인이 '약소 민족인 파란 출생인 데다 그 일생이 조국을 침해한 강대국에 대한 저항의 기록이기 때문에 우리나라의 천오백만 여성도 애국 여성을 만들자는 의도'로 소설을 썼다고 밝히고 있다. 이 서문의 끝에는 '1948.11.7 큐리 부인 기념일에 작자 記'라고 표기되어 있다. 퀴리 부인의 과학자로서의 모습을 부각시키기보다는, 조국 폴란드를 사랑하고 가난과 애정 문제 등으로 고민하는 인간적 면모에 주목한 작품이다.

## 세기의 애인/世紀의愛人 : 엄흥섭. 광한서림1939.

**【내용】**「고민」 참조.

**【참고】** 1935년 《신동아》에 6회 연재한 「고민(苦悶)」을 1939년 단행본으로 출간하면서 '세기의 애인'으로 개제하였다. 1939년 5월 22일자 《조선일보》에 권환의 감상평이 실려 있다. 광한서림 단행본 『세기의 애인』의 '소감'에서 엄흥섭은 이 작품이 자신의 첫 연재물이며, 발표 당시에 '고민'이

라는 이름의 장편소설로 발표했으나 실제 분량상으로는 중편소설에 해당한다고 밝히고 있다. 작가는 또한 이 작품이 실존인물을 모델로 했다는 소문에 대해서는 사실이 아니라고 밝힌다.

## 세기의 창 : 박계주. 신민일보1948.2.10-4.17(44회 미완).

**【내용】** 미확인 작품.

**【참고】** 1920년대 일본군에게 쫓기는 독립군에 관한 이야기를 다룬 작품이다. 연재 당시의 시점에서 과거를 회상하는 형식으로 내용이 전개된다. 《신민일보》 정간으로, 일본군에 맞서는 조선인의 최후가 그려지는 장면에서 연재가 중단되었다.

中篇小說
世紀의 花紋 (一)
金南天

## 세기의 화문/世紀의花紋 : 김남천. 여성1938.3-10(8회 완).

**【내용】** 이경희는 부유한 가정에 태어난, 아름다운 용모를 가진 여성으로, 지성을 최고의 가치로 여긴다. 지성을 존중하는 경희와 달리, 경희의 후배 하애덕은 육체적 욕망을 중시하는 자유분방한 여성이다. 애덕은 기혼자인 김남수와 연애를 하다가 헤어지고 신문사 학예부 기자인 송현도를 만난다. 한편 경희는 잡지사 문예공모에 소설을 보내지만 개요를 같이 보내라는 잡지사의 요구를 따르지 않아 당선되지 못한다. 현도는 경희에게 매력을 느껴 그녀에게 접근한다. 경희는 현도를 만나면서 점차 육체적 욕망을 긍정하고 싶다는 유혹을 느낀다. 그러다가 경희는 현도와 애덕이 함께 있는 것을 보고 질투에 사로잡혀, 전에는 동물적인 인간이라고 무시했던 박기훈을 찾는다. 그녀는 한강에서 기훈과 보트를 타며 그의 육체미에 매혹되는 동시에 자신의 육체성에 대해서도 감각하기 시작한다. 어느 날 경희는 현도가 애덕을 임신시키고 자신에게 접근했다는 사실을 알게 된다. 충격을 받은 그녀는 육체적 욕망에서 벗어나 지성을 되찾겠다고 결심한다.

**【참고】** 연재 지면에 '中篇小說 世紀의 花紋 金南天'이라고 표기되어 있다. 회상체 연재소설이다. 남녀의 애정 삼각형을 다룬 통속적 경향의 소설에 해당한다. 부르주아 가정 출신 지식인 여성이 육체와 욕망에 눈을 뜨지만 결국 그것을 거부하고 이전 상태로 다시 돌아가는 내용을 다루고 있다. 그 점에서 인물의 성격이 지극히 단순하고 도식적으로 그려져 구체적 성격화에는 실패했다는 평가를 받고 있다.

## 세 동무 : 이태준. 범문사1946.

**【내용】**「행복에의 흰손들」 참조.

**【참고】** 1942년 《조광》에 연재한 「幸福에의 흰손들」의 제목을 바꾸어 단행본으로 출간한 것이다. 『행복에의 흰손들』(박문서관1945), 『세 동무』(범문사1946), 『신혼일기(新婚日記) ― 一名 세 동무』(광문서림1949) 모두 같은 작품이다. 세 명의 여성이 서로에 대한 우정을 유지하며 자신의 인생을 개척해 나가는 과정을 그리고 있다. 화옥은 결혼 후 가정 내 구습을 깨뜨리고 삶을 개선하려는 노력을 한다. 이혼을 선택한 소춘은 사회 속 여성 문제에 눈을 뜨고, 순남은 여성들의 사회의식을 일깨우기 위해 노력한다. 작가는 세 명의 여성을 통해 가정과 사회에서 관습화된 여성의 이미지를 비판하고 주체적인 여성상을 제시하고 있다.

## 세로/世路 : 한설야. 춘추1941.4.

**【내용】** 형식이 몸담고 있는 B일보사에 내분이 일어난다. 새로 들어온 사장과 편집국장 H 사이에 갈등이 생긴 것이다. 사장은 H를 전무 자리에 앉히고 A라는 명사를 부사장 겸 편집국장에 임명한다. 총무국 차장 M과 형식을 포함한 나머지 사람들은 자신들의 장래가 불안하여 걱정한다. 그들은 사장의 의도대로 H가 A와 한패라 생각하고 H를 몰아세운다. 급기야 H는 사표를 내고, 사장은 그 책임을 M 일파에게 넘긴다. 사장은 총무국을 없애고 M을 영업부 차석으로 좌천시킨 뒤, H를 몰아세우는 데 앞장섰던 R을 편집부장에 앉힌다. 알고 보니 R은 그동안 사람들 모르게 사장과 은밀히 교류를 해 왔던 것이다. H의 송별회 자리에서 형식은 R을 폭행하고, 이 때문에 권고사직을 당한다. 형식은 가족과 시골로 내려가는 길에 R을 만난다. 형식은 자신이 만약 R의 위치라면 어떨까 하고 생각하지만, 금세 이대로가 좋다고 마음을 다잡는다.

**【참고】** M의 직책이 차장과 차석 두 가지로 혼동되어 쓰였다. H가 B로, S가 R로 잘못 표기되는 등 인물들의 이니셜과 직책이 혼동되는 부분이 많은데, 인쇄의 문제인지 작가의 실수인지는 알 수 없다. 신문사에서 높은 직책을 차지하기 위해 벌이는 지식인들의 암투가 사실적으로 표현되어 있는 작품이다. 본문 말미에 '16. 2' 라고 탈고 시기가 표기되어 있는데, 이는 '소화16년 2월' 을 뜻하는 것으로 보인다.

## 세 번째의 신호/세번재의信號 : 민우보. 매일신보1933.5.18-10.7(139회).

**【내용】** 본래 부유한 집안의 아들이었던 범수옥 대위는 일본 동경에서 공부하다가 부모의 사망 소식을 듣는다. 부모의 유산을 도박으로 탕진한 그는 만주로 건너간 뒤 호탕한 성격과 자

신감으로 몇 개의 사업을 시작한다. 하지만 마적들의 빈번한 출몰로 군인이 되고, 이로 인해 다리 하나를 잃는다. 치료차 갔던 병원에서 그는 황진주라는 여의사를 만나고 그녀의 따뜻한 성격과 아름다운 외모에 반한다. 어느 날 아침 우연히 들른 요릿집에서 어떤 이들이 황진주에 대해 음모를 꾸민다는 사실을 알게 되고 충복인 맹꽁이와 함께 황진주를 구출한다. 그녀를 구출한 후 사건을 조사하던 범 대위는 의문투성이의 삶을 사는 황진주에게 자신의 사랑을 고백한다. 그러나 황진주는 그런 그를 거절한다. 범 대위는 황진주가 갖고 있었던 진주목걸이 조각과 자신이 갖고 있는 진주 조각이 합쳐지는 기적 같은 사실을 알게 되고 이를 운명이라고 생각한다. 숙소로 돌아온 뒤 열쇠가 들어 있는 의문의 소포를 받은 그는 창밖의 불빛 신호를 보게 되고 이것이 황진주를 납치하려고 했던 일당들의 신호라는 사실을 기억해 낸다. 범 대위와 맹꽁이는 소포의 열쇠를 이용해서 일당들이 침입한 집에 숨어들어간다. 거기서 어떤 한 남자가 고문당하는 장면과 그것을 황진주가 기운 없는 모습으로 지켜보는 것을 목격한 범 대위는 충격을 받는다.

**【참고】** 우보 민태원의 장편소설이다. 연재 지면에 '세 번재 의 信號 閔牛步 作'이라고 표기되어 있다. 《매일신보》 1933년 5월 16일자와 17일자 지면에 '황금과 미인을 둘러싼 범죄와 음모를 흥미진진하게 전개' 하겠다는 요지의 연재 예고가 실려 있다.

## 세일즈걸 /셀스껄 : 호외생. 신가정1933.5-11(7회 완).

**【내용】** 경숙은 진고개에 있는 모 백화점 여직원이다. 야근을 마치고 퇴근을 하던 중에 자동차 운전수 일을 하고 있는 창제와 10년 만에 재회한다. 둘은 한 동네에 살면서 은근한 정을 느꼈던 사이이다. 열네 살 먹은 동생 경인이가 일하던 곳에서 허리를 다쳐 수술을 하지 않으면 곱사등이가 될 지경이지만 수술을 못하는 처지이다. 같은 다세대 주택에서 사는 금년은 연초공장에서 일하여 부모를 먹여 살리고 있었으나 몸을 파는 일에 재미를 붙여 사치와 허영에 빠진다. 경숙은 금년을 불러 훈계하지만, 창제의 차에서 내리는 모습이 금년의 눈에 띄어 오해를 받고, 심한 수치심을 느낀다. 금년의 아버지는 금년의 행실을 알고 그를 심하게 때린다. 금년은 집을 나가 버리고 금년의 아버지는 싸움 끝에 어머니를 찔러 죽인다. 경숙은 백화점에서 일하다가 백만장자 이태환의 눈에 들어 그와 혼인을 하게 된다. 그러나 이태환은 경숙을 한갓 장난감으로 여길 뿐이었고, 약속했던 동생의 치료도 이행할 생각이 없다. 동생 경인은 앓다가 죽고, 경숙도 태환에게 옮은 성병으로 사경을 헤매다 깨어난다. 병에서

완쾌될 무렵 같은 집에 살던 난쟁이에게 이태환의 살인을 사주한 혐의로 경숙은 체포되어 취조를 받는다. 유치장에서 친구 순희와 긴 대화를 나눈 경숙은 지난 삶을 반성하고 이태환과 같은 이들과 맞서 싸울 것을 다짐한다.

**[참고]** '쎌스껄'은 'sales girl'로, 상점 등에서 물건 파는 일에 종사하는 여성을 의미한다. 백화점 직원이었던 여주인공이 백만장자와의 혼인과 파경을 통해 계급의식을 깨우치게 되는 과정을 그리고 있다. 작품의 후반부는 검열에 의해 많은 부분이 삭제되었다. 경숙의 주변인물을 통해 당시 도시 빈민들의 비참한 삶을 그리고 있다. "그날 밤 밤새도록 순희와 경숙이 두 사람 사이에 오고간 이야기를 일일이 여기에 적을 시간도 없거니와 자유도 갖지 못했다"는 대목을 통해 작가도 검열을 의식하고 있었던 것을 볼 수 있다.

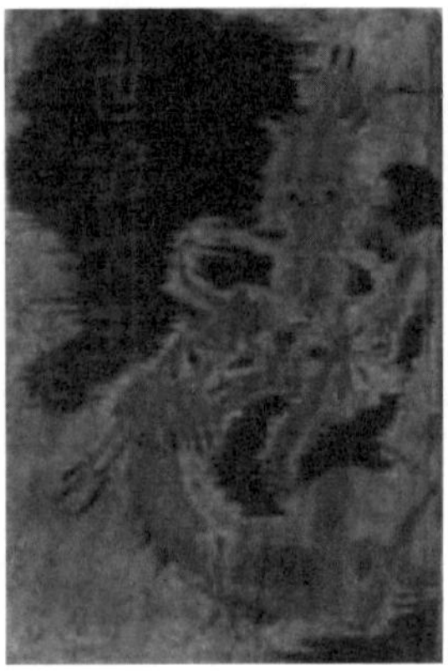

## 세조대왕/世祖大王 : 이광수. 박문서관1940(346면).

**[내용]** 세조는 즉위 후 십여 년 동안 불교에 관심을 갖고 경전 연구와 사찰 건립 등에 힘을 쓰지만, 벽불론(闢佛論)을 내세우는 정린지 이하 신하들은 이에 반대한다. 백성들은 세조가 이처럼 불교 중흥에 관심을 기울이는 것이 숙질 간에 참혹한 일을 벌이고 왕위에 오른 자신의 죄를 갚기 위해서라고 여긴다. 백성들의 말처럼 세조는 불교에 관심을 갖게 되면서 자신의 과거와 죄, 업보에 대해 깊이 생각하고 고뇌한다. 즉위한 지 이 년 만에 세자가 세상을 떠난 것이 자신이 벌인 일의 업보가 아닌가 의심이 드는 것이다. 자신이 벌인 일들이 자신만을 위한 것이 아니라 조종의 유업과 나라의 발전, 백성의 나은 삶을 위해서라고 스스로를 위로해 보지만 마음 한편이 불안해지는 것은 어쩔 수 없다. 그는 오 년 동안 몸소 공사의 전반을 지휘하여 큰 규모의 대원각사를 세운다. 세조는 대원각사 완공을 축하하는 경찬회에서 전에 자신이 사형시키거나 폐위한 단종, 안평대군, 금성대군, 사육신 등을 위로하는 재(齋)를 올리고 그들의 가족들을 복위시킬 계획을 세운다. 이를 위해 서거정에게 명하여 김시습을 법사로 초청한다. 김시습은 세조가 아닌 단종의 영을 달래기 위해 재에 참여해 설법을 펼친다. 이에 감명 받은 세조가 그를 이조판서에 제수하려 하지만 김시습은 거절한다. 김시습은 자취를 감추고 세조는 그를 찾아다니지만 만나지 못한다. 여러 가지 일로 심신이 지친 데다 명나라 사신 강옥을 맞이하기 위해 벌인 사냥에서 찬 새벽비를 맞고 건강이 악화되어 병약해진 세조는 자신의 죽음을 예감하고 세자에게 왕좌를 양위하고 상왕으로 물러난다. 세조는 자신이 존경하는 늙은 승려 신미를 불러 법문을 듣다 쓰러져 의식을 잃고 있다가 세자의 즉위례가 무사히 끝났다는 소식을 듣고 안심한 듯 세상을 떠난다.

**[참고]** 내용상으로 1928년 11월 31일부터 1929년 12월 11일까지 《동아일보》에 연재했던 작품 「단종애사」 이후의 이야기가 된다. 수양대군의 말년을 다룬 작품이다. 수양대군은 「단종애사」에서

는 탐욕적인 인물로 부정적으로 묘사되었지만, 「세조대왕」에서는 나라와 백성을 생각하며 금욕적인 생활을 하는 긍정적 인물로 묘사된다. 그가 신하와 육친을 죽인 건 사실이지만 백성들은 그가 왕권을 잡은 후 펼친 선정을 칭송하였다고 서술된다. 단종을 폐위하고 왕위에 오른 세조의 고뇌와 참회가 묘사되었으며 그 과오에 대한 반성과 불교적 해탈에 초점을 맞추고 있다. 당대로서는 드물게 단행본 전작 장편으로 출간되었다. 이 작품은 「단종애사」나 「이순신」 등 1920년대 역사소설에 비해서는 연구가 덜 이루어진 작품으로서 이광수의 후기 역사소설에 속한다.

## 소금/소곰 : 강경애. 신가정1934.5-10(6회 완).

**【내용】** 봉염이네 가족은 빚에 쫓겨서 고향을 떠나 간도의 한 마을로 이주한다. 그들은 중국인 지주 팡둥의 소작농으로 살아가지만, 중국군 자X단의 위협과 횡포로 어려움을 겪는다. 어느 날 봉염 아버지는 자X단에 쫓겨 용정에 있는 팡둥을 만나러 갔다가 공산당에게 살해된다. 장남 봉식을 찾아 용정으로 간 봉염 모녀는 팡둥의 집에 머무르며 일을 거든다. 봉염 어머니는 그곳에서 팡둥에게 겁탈당하고 그의 아이를 임신한다. 팡둥은 봉식이가 공산당으로 처형되는 것을 보았다며 봉염 모녀를 내쫓는다. 봉염 어머니는 헛간에서 해산을 한 뒤 우연히 만난 용애네의 주선으로 남의 집 유모가 된다. 유모로 있는 동안 자신의 아이들을 제대로 돌보지 못한 탓에 그녀는 봉염이와 갓난아기를 잃는다. 유모 자리마저 잃게 된 봉염 어머니는 살기 위해서 소금 밀수를 하다 순사에게 잡혀간다. 그녀는 밀수 도중 만난 한 공산당원의 말을 떠올리며 자신과 같은 사람의 편에 선 것은 공산당임을 깨닫는다.

**【참고】** 연재 지면에 '장편소설' 이라고 표기되어 있으나 중편 분량이다. 검열에 의해 마지막 10줄 정도가 먹칠로 지워졌지만, 최근 연구자들에 의해 복자 복원이 시도되었다. 경제적 이유 때문에 간도로 이주한 봉염이네의 피폐한 삶과 봉염 어머니라는 이주민 여성의 수난사를 통해 1930년대 간도 이주민의 실상을 생생하게 그리고 있다. '간도문학' 이 우리 민족에 기여할 수 있는 바의 최대치를 구현한 작품이라는 평가가 있다.

## 소년록/少年錄 : 현경준. 문장1939.7(임시증간호).

**【내용】** 인호는 일찍 생모를 여의고 계모 밑에서 자란다. 그는 작문 시간에 어머니라는 제목을 받고 우두커니 앉아 있다가 교사 남순에게 꾸지람을 듣는다. 남순은 흐느끼는 인호를 보는 순간 자신의 실수를 깨닫고 그에게 사과한다. 그 뒤로 남순은 인호에게 친절하게 대하고, 인호는 남순을 따르며 무한한 기쁨을 느낀다. 어느 날 인호는 남순이 자신의 집 반대 방향으로 하숙을 옮겨 더 이상 함께 다닐 수 없게 되자 침울해진다. 인호는 학교에 가지 않고 홀로 방황하다가 남순이 묵는 하숙집 아들 응수와 싸움을 벌인다. 부친으로부터 야단을 맞은

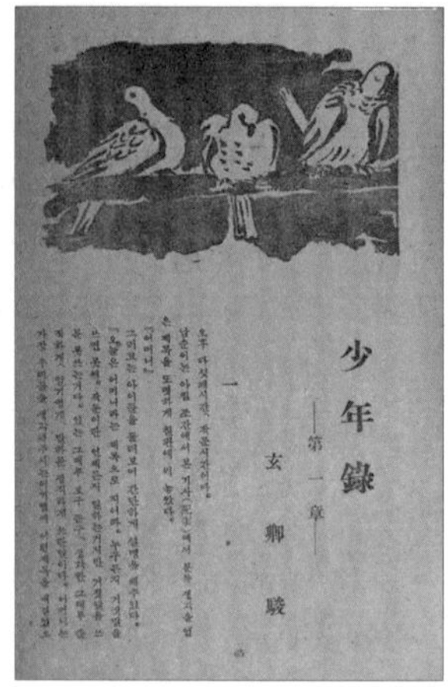


인호는 죽을 작정으로 물에 뛰어들어 병원으로 실려간다. 이 소식을 들은 남순은 급히 병원으로 와서 인호가 살아 있음을 확인하고 참았던 눈물을 흘린다. 남순은 의식을 회복한 인호에게 자신이 하숙을 옮기겠다고 말한다. 기뻐하는 인호의 모습을 보면서 남순은 다시 한 번 눈물을 흘린다.

**【참고】** 연재 지면에 '少年錄 第一章'이라고 표기되어 있다. 《문장》 1940년 9월호에 발표된 「첫사랑」의 내용과 이어지는 소년 연작소설이다. 《문장》 임시 증간호에 수록된 '창작 32인집'에 발표되었다. 주인공 '인호'의 고독과 방황 등 사춘기 소년의 성장담을 다루고 있다.

## 소년 사천왕/少年四天王 : 북극성. 어린이1929.12-1930.12(8회 미완).

**【내용】** 최상남, 류동석, 김영호와 영호의 누이동생 혜숙은 서울 보통학교에 다니며 강경흠 선생의 지도를 받는다. 네 사람은 의형제를 맺을 만큼 깊은 우정을 유지한다. 세월이 흘러 강 선생은 진남포로 전근을 가고 동석과 영호는 졸업 후 각각 다른 고등보통학교에 들어가게 된다. 그러던 어느 날 갑자기 상남의 행방이 묘연해진다. 서울 부잣집 양자인 상남에게는 양부의 기생첩이 낳은 딸 순분이라는 형제가 있다. 동석, 영호, 혜숙은 순분의 외가가 재산을 독차지할 요량으로 상남을 납치한 것이라고 판단하여 그를 구출하기로 한다. 어느 날 이들은 함부로 나서지 말라고 위협하는 익명의 편지를 받게 된다. 그러나 아이들은 편지를 무시하고 힘을 모아 상남을 찾아 나선다. 그러던 중 혜숙은 순분의 외삼촌 백명욱이 평양을 드나들며 상남 집안의 행랑어멈과 함께 일을 꾸민 사실을 알아낸다. 아이들은 평양으로 가던 도중 진남포에서 강 선생과 만나고, 강 선생은 이들을 돕기로 결심한다. 평양에서 동석의 누이를 만난 일행은 그녀가 아이들의 안전을 걱정하여 익명으로 편지를 보낸 사실을 알고 놀란다.

**【참고】** 방정환이 '북극성(北極星)'이라는 필명으로 《어린이》에 연재한 작품이다. 작가의 병환으로 연재가 중단되었다. 제목 앞에 '신탐정소설'이라고 표기되어 있다. 7회까지 연재분 말미에, 극중 편지를 보낸 인물을 알아맞히면 상금을 주겠다는 광고를 실어 홍보 효과를 노렸다.

## 소년 삼국지/少年三國志 : 박태원(서지불명)

**【내용】** 내용 생략.

**【참고】** 《동아일보》 1948년 7월 29일자 광고에 소개되었다. 소년지 《소학생》 7월호에 수록되었다고 하나 현재 작품을 확인할 수 없다.

## 소년 삼태성/少年三台星 : 북극성. 어린이1929.1(1회 미완).

**【내용】** 최인순, 김관호, 윤명식은 장국환 선생을 존경하며 따른다. 보통학교를 졸업한 후 인순은 가족을 따라 일본으로 가고, 관호는 외삼촌을 따라 평양으로 간다. 명식은 홀로 서울에 남아 고등보통학교에 다닌다. 세 사람은 헤어지면서 삼 년에 한 번씩 서울 탑골공원 앞에서 만나기로 약속한다. 삼 년이 지난 후 탑골공원 앞에서 모인 세 사람은 장 선생과 그의 딸이 괴한들에게 끌려갔다는 소식을 듣게 된다.

**【참고】** 방정환이 '북극성(北極星)'이라는 필명으로 발표했으나 1회로 중단된 작품이다. 《어린이》 1929년 9월호에 연재 중단의 이유를 다음과 같이 밝히고 있다. "그 二回 것이 전부 삭제를 당하야 책에 내지 못하게 된고로 이내 더 게속하지 못하게 되엿습니다. 고처서 써가지고는 그 본래 목뎍하든 것을 묘하게 써 나갈 수가 업는 까닭임니다. 그래서 그것은 아조 중지하야 두엇다가 다음 이다음에 다시 쓰기로 하고 이번에는 아조 생판 다른 것을 시작해 보기로 함니다." 이후 《어린이》 1929년 12월호에 「소년 사천왕(少年四天王)」이라는 제목의 새로운 작품이 연재되었다.

## 소년은 자란다 : 채만식(미발표).

**【내용】** 충청도 청주에서 살던 오 서방은 아내를 다른 남자에게 빼앗기고 새장가를 들어 간도로 이주한다. 전 아내와 낳은 아들 영만 외에 새로 영호, 영자, 영수 등 세 남매를 낳아 여섯 식구가 된다. 간도에서 오 서방은 종씨인 오 선생을 만나 가까이 지내게 된다. 오 선생은 일제에 대놓고 항거하지는 못하고 말끝마다 '제미헐'이라고 내뱉는 인물이다. 오 선생은 외지에 나갔다가 독립 소식을 듣고 마을 사람들에게 알리지만 독립군이 다 흩어진 상황에서 사람들은 그 소식을 선뜻 믿지 못한다. 맏아들 영만은 혁명군에 가담하고, 오 선생의 권유로 오 서방은 서울로 돌아온다. 그 과정에서 오 서방의 아내는 만주인의 습격을 받아 죽고 막내 영수도 배앓이를 하다 죽는다. 이승만 정권이 들어선 후 오 선생은 이북 왕래가 잦다는 이유만으로 구속을 당하고, 오 서방과 연락이 끊긴다. 오 서방은 영호, 영자와 기차를 타고 전라도로 이주하던 중 물을 마시려고 잠깐 내렸다가 기차를 놓치고 만다. 영호와 영자는 아버지 없이 고초를 겪다 근처 여관에서 일하며 기식하게 된다. 그곳에서 영호는 부당한 방법으로 부를 축적한 사람들을 보고 자신은 그렇게 살지 않겠다고 결심한다. 몇 달이 지나도 오 서방은 나타나지 않고 영호는 아버지가 죽었을 것이라고 생각한다.

**【참고】** 1972년 9월 《월간문학》에 발표된 '편집자 주'를 여기 소개한다. "「소년은 자란다」는 채만식 선생이 타계하기 전전해인 1948년 초엽, 와병 요양 중이던 이리시 고현동 백씨 댁에서 착수하여 일개 성상을 헤아리는 투병 기간에 병상에서 집필한 200자 원고지 665장에 달하는 전작 중편소설이며 또한 선생의 최후의 절품이기도 하다. 선생이 밀미에 기록해 둔 바와 같이 탈고 일자는 1949년 2월 25일, 이 작품은 선생의 차남인 채계열 씨가 한 장의 낙장과 파손됨도 없이 23년간을 소중히 보관해 온 것으로 밝혀졌다."

## 소년 임꺽정 : 이성표. 아동구락부1950.1-3(3회 미완).

**【내용】** 내용 생략.

**【참고】** 《아동구락부》는 1949년 창간한 아동잡지 《진달래》가 제호를 바꾸어 1950년 신년호부터 새로 낸 것이다. 《진달래》 1949년 12월호에 수록된 신년호 광고에서 "임꺽정은 너무나 유명한 소설입니다. 그러나 그것은 어른들의 소설이었지 여러분의 소설은 아니었습니다. 이성표 선생님은 여러분을 위하야 힘껏 붓을 잡으셨습니아"라고 하여 장편 연재의 시작을 예고하였으나 3회 연재 후 미완 상태에서 중단되었다.

## 소년 장사/少年장사 : 방인근. 동화1936.창간호-11(5회 완).

**【내용】** 내용 생략.

**【참고】** '冒險少年小說' 이라고 표기되어 있고 '方仁根' 이라고 작자 표기가 되어 있다. 정확한 발행월을 확인할 수 없는 《동화》 창간호부터 연재가 시작되었는데 다음 호인 3월호에 2회, 4월호에 3회가 실렸고, 한 호를 건너 6월호에 4회, 7·8합호, 9월호, 10월호를 건너뛰어 11월호에 최종회가 실렸다.

## 소년 탐정단 : 박태원. 소년1938.6-12(7회 완).

**【내용】** 준룡은 꾀가 많고 남의 목소리 흉내를 잘 내는 호기심 많은 소년이다. 그는 동네 친구인 씨동, 종수와 함께 놀던 중 홀아비 영감님으로부터 최 참판 댁에 든 도둑을 잡으면 상금 삼천 원을 받을 수 있다는 소식을 전해 듣는다. 그러던 중 또 다른 강도 사건이 발생하고, 그 집 앞의 쓰레기통을 뒤지던 거렁뱅이를 수상하다고 여긴 준룡 일행은 그의 뒤를 쫓아 거처를 알아낸다. 동네 의원은 운동선수 출신의 거한으로 의협심이 강한 청년이다. 준룡 일행의 대화를 우연히 듣게 된 의원은 몰래 그들의 뒤를 밟아 도둑을 잡는 데 도움을 준다.

**【참고】** 《소년》지 영인본에는 1938년 12월호가 누락되어 있어서 완결 여부를 확인할 수 없으나 이후 《소년》지에 다른 소설이 연재되어 있는 것으로 볼 때 이 소설은 연재 완료되었을 것으로 판단된다. 악한으로서의 도둑과 이에 대결하는 선한 소년의 대결 구도로 이루어진 소년소설이다.

## 소년 홍의장군 : 이성표. 어린이나라1949.9-1950.4·5(7회 미완).

**【내용】** 내용 생략.

**【참고】** '장편역사소설' 이라고 표기되어 있다. 아동잡지 《어린이나라》의 전쟁 이전 마지막 호인 1950년 4·5월 합호에 7회가 연재된 후 미완 상태에서 중단되었다.

## 소련기행/蘇聯記行 : 이태준. 문학1946. 조소문화협회및조선문학가동맹1947.

**[내용]** 내용 생략.

**[참고]** 이태준이 평양 조선문화협회 사절단의 일행으로 소련을 방문한 후 그 여정을 기록한 기행문이다. 1946년 8월 10일부터 10월 17일에 이르는 70여 일간의 여행 기간 동안 그는 모스크바와 레닌그라드, 스탈린그라드, 그루지아 공화국, 아르메니아 공화국 등을 여행했다. 여행 기록은 주로 사회주의 국가의 전범으로서의 소련 사회에 대한 견문과 찬사로 채워져 있으며 곳곳에 작품 창작에서 사상성과 예술성을 결합하는 문제에 대한 작가로서의 고민이 드러나 있다. 한편 이 작품에는 이태준이 포석 조명희의 근황을 현지에서 만난 조선인, 조선 문학 관계자에게 몇 차례 묻는 장면이 나온다. 현지인들은 조명희의 작품과 가족 근황은 이야기하나 정작 조명희의 근황에 대해서는 아는 바가 없다고 대답한다. 조명희가 소련 감옥에 수감되었다가 38년에 총살되었다는 사실에 비추어 볼 때, 소련 사회에 대한 찬사 일변도로 채워진 이 작품이 내적으로 지니고 있는 아이러니를 발견할 수 있는 대목이다.

## 소설가 구보 씨의 일일/小說家仇甫氏의一日

박태원. 조선중앙일보1934.8.1-9.19(32회 완) ; 문장사1938.

**[내용]** 구보는 동경 유학까지 다녀온 지식인이지만 직업도 구하지 못하고 장가도 들지 못한 인물이다. 그는 매일 아침 어머니의 잔소리를 뒤로 하고 정오에 집을 나선다. 천변 길의 광교, 종로 네거리를 바라보고 걷던 구보는 어디로 갈까 고민한다. 그는 길을 걷다가 자신의 앞을 가로질러 지나는 사나이와 마주칠 것 같은 착각을 느끼고, 위태롭게 걸음을 멈춘다. 그리고는 한낮에도 답답한 자기의 시력을 저주하며 신체적 불안감을 느낀다. 동대문행 전차에 오른 구보는 전차 안에서 예전에 선 본 여자를 발견한다. 그는 그녀에게 말을 걸까 말까 고민하다 그녀가 전차에서 내리자 이를 곧 후회한다. 다방으로 자리를 옮긴 구보는 여행비만 있다면 행복할 것 같다는 공상을 한다. 그는 행복감을 만끽하기 위해 경성역의 삼등 대합실로 향하지만 온정을 찾을 수 없는 사람들의 냉정한 눈길에 슬픔을 느낀다. 그러다 우연히 중학 시절 열등생이었던 동창과 마주치고, 그와 동행인 예쁜 여자를 보며 물질에 약한 여자의 허영심을 생각한다. 다방으로 돌아온 구보는 그곳에서 시인이자 사회부 기자인 친구를 만난다. 그는 친구가 돈 때문에 매일 살인강도와 방화범의 기사를 써야 한다는 사실에 안타까워하면서도 즐겁게 차를 마시는 연인들을 바라보며 질

투와 고독을 느낀다. 그는 경성 거리를 배회하며 동경에서의 옛사랑을 회상하고 그녀를 불행하게 만들었다는 죄책감을 느낀다. 또 전보 배달 차량을 보며 친구에게 편지를 받고 싶다는 생각을 떠올린다. 구보는 종로의 한 술집에서 다른 친구와 술을 마시며 세상 사람들을 모두 정신병자로 간주하고 싶은 충동을 느낀다. 그는 소복을 입은 아낙이 여급 모집에 대하여 물어 오던 일을 떠올리고, 이 모든 일이 가난 때문에 생긴 불행이라고 생각한다. 새벽 두 시의 종로 네거리, 구보는 이제 어머니의 행복을 위하여 결혼도 하고 창작에 전념할 것을 다짐하며 집으로 향한다.

**【참고】** 연재 지면에 '小說家 仇甫氏의一日 朴泰遠 作'이라고 표기되어 있다. 1934년 《조선중앙일보》 연재 완료 후 1938년 문장사에서 단행본으로 출간했다. 26세의 구보가 경성을 배회하며 느끼는 의식의 흐름을 서술한 작품이다. 플롯을 중심으로 하는 서사 구조가 약화되어 있는 반면, 과거에 대한 회상이나 의식의 추이에 대한 서술이 강화되어 있다. 1930년대 문학인의 일상사를 직접적으로 드러내고 있다는 점에서 그 당시 문학인의 의식 구조를 이해하는 데에 중요한 지표를 제공하고 있다. 또한 단편에서 보이는 인물의 심리에 대한 면밀한 탐구와 장편에 나타나는 관찰적 방법이 혼재되어 있다는 점에서 박태원 소설의 변모 과정을 이해하는 데도 중요한 작품으로 거론된다.

## 소영웅/小英雄 : 방인근. 아희생활1934.1(2회)-1935.12.

**【내용】** 최막동은 동네에서 알아주는 장난꾸러기 소년이다. 그는 친구 유돌, 명호와 함께 뒷산 굴을 탐험할 계획을 세운다. 마을 사람들은 아이들이 사라지자 크게 걱정한다. 며칠 동안 아이들이 발견되지 않자 사람들은 장례 치를 준비를 한다. 막동과 친구들이 장례를 치르기 직전 마을에 나타나자 소동은 정리된다. 막동은 여자 친구 옥순이 서울로 떠나자 자신도 서울로 가고픈 마음이 생긴다. 그런 막동에게 유돌이 용기를 준다. 막동은 서울로 가 공부할 생각으로 고등보통학교 시험에 합격한다. 그러나 학비를 마련하지 못한 데다 잘 곳 또한 마땅치 않아 고생을 한다. 어렵게 신문배달을 시작한 막동은 고학을 하며 학교를 졸업하고 마침내 미국 유학길에 오른다. 사람들은 떠나는 막동을 소영웅이라고 부르며 격려한다.

**【참고】** 연세대 도서관 소장 《아희생활》 연재 지면의 제목 앞에 '長篇冒險少年小說'이라고 표기되어 있다. 잡지의 원본 유실로 2회(1934년 1월호)부터 확인되며 중간 중간 결호나 휴재가 많아 정확한 연재 횟수를 확인하기 어렵다. 회차 확인이 가능한 것은 2회(1934.1), 5회(1934.4), 6회(1934.5), 9회(1934.9), 11회(1934.11), 12회(1934.12), 14회(1935.1), 17회(1935.5), 19회(1935.8), 20회(1935.9)이며, 1935년 12월호에 '마지막회'로 표기되어 있다. 월간 아동잡지 《아희생활》은 1926년 조선예수교서회를 발행인으로 하여 창간되었다. 1944년 4월 폐간되었다가 1952년 《새벗》으로 제호를 바꾸어 복간되었다. 전영택, 방인근 등이 편집 실무를 담당한 것으로 알려져 있다.

**속요**/俗謠 : 김남천. 광업조선1940.1-5(5회 완).

**【내용】** 과거 평론과 소설을 쓰며 이념을 좇던 김경덕은 호구지책으로 고서출판사에서 역사 속 인물에 대한 카드를 작성하는 일을 하며 생활한다. 아침부터 신문의 오락 취미란과 저명인사의 가십을 읽고, 더러운 발이 창피해 발을 씻고 목욕탕에 간다. 그의 아내 최진실은 생활고에 찌들어 있으면서도 기독교적 생활윤리나 과학지식을 철저하게 신봉한다. 두 사람은 일상의 사소한 일들마다 의견 대립을 보이고 사사건건 충돌한다. 목욕탕에 간 경덕은 누군가 자기를 부르는 소리에 무척 놀란다. 학생 시절에 사회운동을 하다가 경관에게 수색을 당한 이래 경덕은 누가 갑자기 소리를 치든가 난데없는 발자국 소리가 들리면 깜짝 놀라는 버릇이 생겼다. 목욕탕에서 만난 동경 유학 시절의 친구는 경덕에게 요즘 신문에 글이 안 나오는 이유를 묻고, 경덕은 홍순일이라는 친구로부터 들은 '논평할 시대라 아니라 관망할 시대 내지는 준비할 시대'라는 말을 한다. 목욕을 하고 나서 아내와 어머니가 예배당에 간 시간 동안 집에 있던 경덕은 머리를 깎고 찻집에 들른다. 자기를 부르는 소리에 경덕은 또 가슴이 뜨끔하다. 그는 모든 사람들이 자기를 바라보는 것 같아서 꼼짝하지 못한다. 한참 어쩔 줄을 모르고 두리번거리다가 비로소 자신을 부른 사람이 순일임을 알아본다. 과거 경덕의 동지였던 순일은 지금 두 회사의 중역을 맡고 있는 사업가이다. 그들은 찻집 한구석에서 남성이라는 친구를 발견한다. 순일은 남성을 비판하고 그에 대한 독설을 해 댄다. 남성의 아내 이정임은 십 년 전 동경에서 사회운동을 할 때 순일의 애인이었다. 경덕은 경덕대로 남성에게 좋지 못한 감정을 지니고 있다. 지금도 꾸준히 소설과 평론을 쓰고 있는 남성에게 일종의 시기심과 자격지심을 갖고 있는 것이다. 남성이 나가고 둘이 일어서려는 찰나 우연히 정임이 들어온다. 정임은 별로 놀라는 기색 없이 다가와 앉고 셋은 함께 저녁을 먹으러 간다. 순일과 정임은 그간의 격조함을 잊고 점차 예전의 감정과 정서를 느낀다. 저녁을 먹고 세 사람이 향한 술집에는 순일과 내연의 관계에 있는 양이라는 여급이 근무하고 있다. 그곳에서 순일과 정임이 다정한 모습을 보이자 질투를 느낀 양이는 경덕의 옆자리에 앉아 다정한 태도를 보이고 자기 집 주소를 가르쳐 준다. 경덕은 일행과 헤어져 집으로 가고 순일과 정임은 그날 밤 불륜의 관계를 맺는다. 그러고는 아무런 미련도 감정의 찌꺼기도 없이 헤어진다. 순일은 잠에서 깬 이후 간밤의 일을 그다지 중요하게 생각하지 않고 양이를 찾아가 화가 나 있는 그녀를 달래며 새로운 하루를 시작한다. 한편 양이와의 일을 잊지 못하던 경덕은 며칠이 지나서 순일과 점심을 먹는데, 순일은 남성이 아무 일도 모르고 있더라는 말을 한다. 경덕의 마음에는 별안간 순일에 대한 반감이 들고 그에 대한 복수심이 솟아오른다. 그는 퇴근 후 십 원을 가불하여 양이를 찾아가 순일과 정임의 일을 발설한다. 며칠 지난 일요일, 경덕은 과자를 사들고 양이의 아파트를 찾아가는데, 그 집에서 순일이 나타나자 몹시 당황해서 말도 제대로 못하고 뛰쳐나온다. 어디가 어딘지도 모르고 한참을 헤매던 경덕은 관철동 골목에서 손에 들고 있던 과자를 거지들에게 주어 버리고 휘청휘청 거리를 걷는다. 그는 순일

의 속물적인 삶을 보면서 자신은 이념적인 삶도, 생활인의 삶도 유지해 나갈 능력이 없음을 깨닫는다.

**【참고】** 연재 지면에 '中篇小說 俗謠 金南天 作' 이라고 표기되어 있다. 한때 문단을 질타하는 사상가였다가 나태하고 무의미한 생활에 빠져 있는 주인공의 의식 변화 양상을 다룬 전향 소설이다. 속물적 생활에 빠져 있는 인물들을 통해 전향한 지식인의 도덕적 타락을 고발하고 있다.

## 속천변풍경/續川邊風景

**박태원. 조광1937.1-9(9회 완) ; 박문서관1938.**

**【내용】**「천변풍경」 참조.

**【참고】**《조광》에 1936년 8월부터 10월까지 '川邊風景' 이라는 제목의 단편소설로, 1937년 '續川邊風景' 이라는 제목으로 연재되었고, 이후 두 편을 합쳐 1938년 박문서관에서 단행본으로 출간하였다.《조광》연재 마지막 회에 다음과 같은 작가의 후기가 실려 있다. "「川邊風景」 三回 十四折, 「續川邊風景」 九回 三十六折, 總十二回 五十折로 이야기를 爲先 이곳에서 끝여 둡니다. 誤記와 誤植 以外에도 作者自身 새로히 加筆하고 싶은 箇所가 적지 아니 있으나 그것은 달은 機會를 기다릴밖에 없습니다. 끝으로 오랜동안 愛讀하여 주신 여러분께 삼가 謝禮를 들입니다. 七月十二日." 1930년대 어느 해 2월부터 다음 해 정월까지 청계천변에 사는 사람들의 일상을 그리고 있는 소설로, 특별한 주인공 없이 50개의 절로 이어진 개별 삽화가 나열되고 있다. 발표 당시 작가의 주관을 배제한 채 영화의 카메라와 같이 대상 세계를 그려 내어 '리얼리즘의 확대' 를 가져온 작품이라는 평과, '세태소설' 적 경향의 정점에 있는 작품으로, '본격소설' 의 결여 형태라는 부정적 평가를 받았다.

## 수난/受難 : 전탁. 우리들1934.3(1회 미완).

**【내용】** '나'는 탁군의 빚보증을 서서 그 채무를 떠안게 된다. 좌불안석인 중에도 연극계에서 일하는 탁군의 부탁을 받아 희곡을 대필해 주고, 그의 부재중 그 어머니에게 문안을 드리기도 한다. 지방 순연으로 탁군이 인천으로 가 버린 사이, 그의 처는 아이를 버리고 도망해 버린다. 치질이 도져 닷새 문안을 못 하다 만난 탁군 어머니는 손자를 등에 업고 울며 서 있다. 아이가 죽었나 겁을 먹지만 처가 도망간 것이라는 사연을 듣고 일단 그는 가슴을 쓸어내린다.

**【참고】** 카프의 기관지였던《우리들》에 수록된 錢啄의 작품이다. 작품 말미에 '미완' 이라고 표기되어 있으나, 현재《우리들》은 1934년 2월호와 3월호만 남아 있어서 이후로 이 작품이 연재되었는지 확인할 수 없다. 빚보증을 둘러싼 당대 지식인의 불우한 삶을 섬세한 심리묘사를 통해 그려 내고 있다.

## 수난의 기록/受難의記錄

**유진오. 삼천리문학1938.1,4(2회 미완), 삼천리1938.10-12(3회 미완) ; 한성도서1940.**

**【내용】** 조교 김세민은 가난한 소설가 주애라에게 호감이 있으나, 친구 이해림과 그녀가 연인 사이라 생각하고 거리를 둔다. 사촌형 세호는 그의 귀감이 되는 사람이었으나 사회운동에 몰두하다 폐인이 되어 고향에서 아내를 고생시키고 있다. 세민의 지도교수는 교수 자리를 추천하며 그에게 좌익 사상을 버리라고 충고한다. 노력 끝에 애라는 여성작가로 등단한다. 그러나 평론가 안일수가 애라의 글을 혹평하자 몸이 약한 그녀는 스트레스로 각혈을 한다. 세민은 애라를 극진히 간호하고 이를 계기로 서로 사랑에 빠진다. 세민은 해림과 애라가 연인이 아님을 알고 그녀에게 마음을 고백한다. 그는 애라가 자신의 사랑을 받아 준다면 고향의 아내 문제를 해결하겠다고 한다. 크리스마스 이브에 두 사람의 화기애애한 분위기 속에 일수가 혹평을 사과하려고 찾아왔다는 명목으로 나타난다. 그는 세민의 눈앞에서 노골적으로 애라에 대한 흑심을 드러낸다. 이후로도 자꾸 찾아오는 일수에게 불쾌감을 느낀 세민은 일수를 강력하게 밀어내지 않는 애라에게 불만이 생긴다. 우연히 일수가 그녀에게 남긴 고백편지를 읽은 후 오해는 깊어진다. 세민은 애라에게 거리를 두고, 결국 일수가 애라를 범하는 사태가 일어난다. 그녀와의 관계를 정리하고 방황하던 세민은 애라의 독서클럽 회원이었던 지요꼬를 만난다. 매력적인 외모의 술집 여급인 지요꼬와의 육체적 쾌락에 탐닉하던 세민은 폐병에 걸리고 지요꼬의 간호를 받는다. 병이 호전된 세민은 그동안 세호가 죽고 자신의 취직 자리도 사라졌음을 알게 된다. 막막한 상황에서 그는 잡지에 실린 애라의 글에서 자신에 대한 진실한 사랑을 느끼고 그녀를 찾아간다. 그러나 투병 생활로 지친 애라는 세민을 만난 자리에서 숨을 거둔다.

**【참고】** 1938년 《삼천리문학》 2회 연재 후 잡지 폐간으로 중단되었다가 이후 《삼천리》로 지면을 옮겨 3회 연재 후 총 5회로 중단되었다. 1940년 한성도서에서 출간된 창작집 『봄』에 완결된 내용이 수록되었나. 《삼천리문학》 1938년 4월호에 실린 「수난의 기록」 2회분에 다음과 같은 부기가 있다. “이 소설의 모델이 누구라고 문제삼고 잇는 사람이 일부에 잇다. 현실의 인물에서 일부분 힌트를 얻은 것은 사실이나 이 소설에 나오는 모든 스토리는 절대로 작자의 창작이다. 이 점 오해가 업기를 바란다.” 창작집 『봄』에 실린 「수난의 기록」 말미에 ‘소화 12년 삼천리문학’ 이라고 표기되어 있다.

## 수선탁덕 김대건/首先鐸德金大建 : 유영근. 천주교회1942.

**【내용】** 김대건 신부 전기.

**【참고】** 김용더 저, 『한국전기문학론』(민족문회사1987) 참조. 실기. 연세대, 경상대, 한국학중앙연구원 소장.

## 수양대군/首陽大君 : 김동인. 숭문사1948(상권:272면, 하권:308면).

**【내용】** 「대수양」 참조.

**【참고】** 상하권 모두 제목 앞에 '歷史小說 首陽大君 上(下) 金東仁 作'이라고 표기되어 있다. 《조광》(1941.2-12)에 연재되었던 「대수양」과 동일한 작품이다. 해방 후 숭문사에서 상·하권으로 나누어 단행본으로 출간하면서 '수양대군'으로 개제하였다. 《조광》 연재 시에는 삽화가 있었으나 단행본에는 모두 빠졌다. 동일한 역사적 사건을 소재로 한 이광수의 「단종애사」와 자주 비교된다. 이광수가 수양을 왕위 찬탈자로 그리고 있는 반면, 김동인은 이 작품에서 수양을 정치적 역량이 풍부하고 신념이 강한 인물로 묘사하고 있다. 수양대군이 왕위에 오르기까지의 과정을 철저히 그의 입장에서 그림으로써 정당성을 드러내고자 하였다.

## 수우/愁雨 : 안석영. 조광1936.6-12(5회 완).

**【내용】** 박영준은 문과 출신의 가난한 청년이다. 영준은 부잣집 아들 김갑진의 혼인식에 참석하여 그곳에서 만난 심애희와 서로에 대한 애정을 확인한다. 영준은 하숙집에 기거하면서 옆집인 유아원을 구경하는 것을 즐기는데, 유아원 선생인 련옥은 그런 영준에게 연정을 품게 된다. 영준과 애희가 언약을 한 것을 모르고 련옥은 영준의 집에 찾아가 마음을 고백한다. 영준의 무릎에 엎드려 우는 련옥을 목격하고 애희는 둘의 사이를 오해한다. 집으로 돌아온 애희는 병에 걸려 드러눕게 되고, 련옥은 책임을 느끼고 애희를 찾아와 사죄하고 오해를 푼 후 출가하여 수녀가 된다. 영준과 애희는 혼인을 하지만, 영준을 회사에 천거했던 갑진의 아버지가 회사에 손해를 끼치고 물러나면서 영준도 함께 해고당하고, 몸이 약한 애희는 아들을 유산한다. 영준이 현상 문예에 당선하여 소설가로 거듭나면서 두 사람은 좌절을 딛고 다시 미래를 설계한다.

**【참고】** '映畫小說 愁雨'라는 제목으로 연재되었다. 작가 안석영이 직접 삽화를 그렸다. 안석영은 《조광》지에서 여러 작품의 삽화를 담당한 바 있다. 현상 문예 당선을 통해 젊은 지식인이 역경을 극복하는 모티프가 특징적이다.

## 수평선 : 엄흥섭. 고려시보1937.10-1939.3.

**【내용】** 해경의 부친은 여자가 교육받는 데 불만을 갖고 해경이 여학교 4학년 때 결국 해경을 퇴학시킨다. 실은 사돈을 맺기로 한 이 사과 집에서 산판과 개천둑의 밭을 얻어 부칠 심산이

다. 당장 시집을 가라는 부모의 강요에 시달리던 해경은 혼자 힘으로 공부를 계속하겠다는 결심을 하고 가출을 감행한다. 해경은 서울행 기차 안에서 윤세훈이라는 미술가와 우연히 동석하게 되는데, 그의 신사다운 배려심에 감동받는다. 세훈은 해경에게 서울의 지리를 알려주고, 경성에 있는 여학교를 소개해 준다. 그 여학교는 세훈의 죽은 누이가 다녔던 학교에다 한편 해경의 부친은 해경의 오빠 해준을 앞세워 해경을 수소문한다. 그사이 해경은 세훈이 소개해 준 학교로 전학을 하고, 경성에서 공부를 하고 있는 친구 채순을 만난다. 얼마 후 해경의 부친이 해경의 거처에 들이닥친다. 해경은 귀향하지 않겠다고 자신의 뜻을 부친에게 전하고 서울에 남게 되지만, 그 벌로 학교를 그만두게 된다. 그 후 해경은 광고를 보고 찾아간 집에서 가정교사를 맡는다. 한편 세훈은 친구 백국이 소개해 준 경성 실업가의 집에 가정교사로 일하게 된다. 세훈은 나체화를 그려서 다른 이의 이름으로 대신 미술전에 출품해 주면 큰돈을 주겠다는 제의를 받는다. 그 집의 딸 한소란은 가정교사 세훈에 대한 연정을 노골적으로 드러낸다. 한편 백군은 해경에게 호감을 품고 그녀에게 접근한다. 어느 밤, 해경의 집앞에 누군가의 발자국 소리가 들린다. 놀란 해경이 밖으로 나가서 주변을 살피지만 이미 어둠 속으로 사라지고 난 후다.

**【참고】** 제목 앞에 '長篇連載小說' 이라고 표기되어 있다. 인물들의 연애와 갈등을 그린 연애소설이다. 가부장적인 집안에서 억압적으로 자란 여자 주인공의 내적 성장의 과정과, 두 남자와의 삼각 구도를 통한 연애담이 서사의 주를 이룬다. 그러나 연재가 중단되어 자세한 내용을 확인할 수 없다. 엄흥섭은 카프에 소속된 작가였으나 1931년에 '군기 사건' 에 연루되어 카프에서 제명된, 이른바 '동반자' 작가이다. 1930년대 후반에서 1940년대 초반에 발표된 엄흥섭의 작품은 대체로 삼각 구도가 중심이 된 연애소설이 많은데, 그러한 성향은 이전의 작품 세계와 큰 차이가 있다. 엄흥섭은 1940년부터 《매일신보》의 편집기자로 활동하면서 국책문학에 동조하는 작품을 발표히었다는 점에서 비판의 대상이 되기도 하였다. 《매일신보》 1940년 1월 21일부터 연재되었다는 기존의 연보는 잘못된 것이다. 단편집 『수평선』이 출간되었다는 기록이 있으나 역시 확인되지 않는다. 최근에 연구에 의해 《고려시보》 75부터 108호까지 연재된 것이 밝혀졌다. 태학사 간 『한국근대단편소설대계』를 참고하여 내용을 정리했다.

## 수평선 너머로/水平線넘어로 : 김동인. 매일신보1934.7.10-12.19(158회) ; 영창서관1939.

**【내용】** 범죄학 박사인 서인준은 상해의 X단이라는 조직에 소속되어 있다. 윤 백작의 집에 숨겨져 있는 40만 원 상당의 공채를 노리고 경성으로 들어오는 길에 형사 이필호를 만나 통성명을 한다. 한편 LC당이라는 대규모 범죄조직 또한 공채를 노리고 대거 경성으로 숨어들어와 있었는데, LC당의 2인자인 김소춘이 이 공채의 존재를 당에 알려 일을 꾸미도록 한 것이다. 김소춘은 윤 백작의 처가 불륜으로 낳은 아들인데, 윤 백작이 친부 살해를 사주한 것에 대한 복수로 이 일을 꾸민 것이다. 원래는 윤 백작 가족을 몰살하려는 계획을 세웠으나, 자기를 버렸던 어머니가 뜨거운 눈물로 자신을 알아보는 것을 보고 마음이 풀렸고, 그의 계략

을 꿰뚫어 본 서인준의 설득에 공채만 빼 가기로 한다. 한편 인준은 LC당 당수 메켄지의 아내 미세스 메켄지의 마음을 얻는다. 그를 통해 LC당의 정체와 현황을 알아내어 경찰로 하여금 일망타진하도록 협조한 인준은, 공채를 미세스 메켄지를 통해 미리 상해로 빼돌린다. 이필호는 그를 체포할 증거를 확보할 수 없음을 깨닫고 경성역에서 상해로 가는 그를 악수로 배웅한다.

**【참고】** 1939년에 『영창서관 명작전집』 2권으로 발행되었다. 현재 확인할 수 있는 단행본은 영창서관 1949년본(466면)이다. 당시 유행하던 모험소설류의 서사를 충실히 따르고 있는 작품이다. 범죄조직 간의 암투를 그리고 있으며, 수수께끼를 푸는 정통 탐정소설과는 달리 미리 범인이 누구인지 알고 있는 상태에서 그 체포의 과정을 중점적으로 서술하는 모험소설의 전형적 수법을 보여 주고 있다.

**순애보/殉愛譜 : 박진. 매일신보1939.1.2-6.17(162회 완) ; 매일신보사1939 ; 박문출판사1949(하권).**

**【내용】** 최문선은 송도원 해수욕장에서 물에 빠진 인순을 구해 준다. 인순은 자신을 구해 준 문선에게 사랑을 느낀다. 그러나 문선은 그곳에서 어릴 적 좋아했던 명희를 만나 인순이 아닌 명희와 사랑에 빠진다. 명희는 갑자기 쓰러진 문선을 위해 자신의 피를 수혈하고 간호하는 등 극진한 애정으로 돌보고, 두 사람의 사랑은 갈수록 커진다. 그러나 인순은 자신의 사랑을 쉽게 포기하지 않는다. 문선은 야학에서 아이들에게 자신이 쓴 소설 「혈련」을 읽어 주었다가 임진왜란 때 왜장을 죽이는 내용으로 인해 경찰에 불려가 폭행을 당하고 십 개월간 복역을 한다. 인순은 매주 문선을 면회한다. 문선은 인순의 정성을 외면할 수 없어, 출소 후 그녀를 만나러 가는데 중도에 괴한에게 눈을 맞아 실명한다. 괴한은 이치한이라는 자로 인순을 강간하려다 실패하자 살해하고 도망가던 중이었다. 문선이 병원에 입원한 후, 이치한이 그를 찾아온다. 치한은 자신이 인순의 살해범이라고 고백하고 죄를 뉘우친다. 문선은 그를 용서한다. 치한은 자수하여 사형당하고, 누명을 벗은 문선은 함경도에 있는 친구 김영호의 과수원으로 가 은거 생활을 한다. 한편 명희의 친구 혜순은 남편 이철진이 친구 옥련과 통정하는 것을 알고 집을 나간다. 혜순은 철진이 차 사고로 사경을 헤매게 되자 그 사실을 알고 나타나 그에게 수혈을 해 준다. 철진은 자신의 잘못을 뉘우치고 수재민 구호에 앞장서나 불의의 사고로 죽는다. 영호는 혜순에게 문선의 소식을 전하고 혜순은 명희에게 문선의 거처를 알려 준다. 명희와 문선은 재회하여 변하지 않은 사랑을 확인하고 결혼하게 된다. 명희는 실명한 문선의 수족이 되어 보살피고 문선은 명희의 도움을 받아 '순애보'라는 장편을 완성한다.

**【참고】** 박계주가 '박진' 이라는 필명으로 쓴 소설이다. 1938년 《매일신보》의 특별현상소설 공모 당

선작이다. 최문선과 혜순 등 많은 인물들이 보이는 희생정신을 종교와 연결시켜 인간에 대한 기독교적 '순애'로 제시하고 있다. 안타까운 사랑의 엇갈림을 다양하게 표현하여 많은 대중적 인기를 누렸다. 작중에서 문선이 쓴 소설 「혈련」은 임진왜란 때 의병대장 김응서와 애인 계월향이 왜군 지휘관을 죽인 일을 편지체로 쓴 것이라고 한다. 연재 당시 《매일신보》의 구독률이 두 배 가까이 오를 정도로 인기가 좋았으며, 연극과 영화로 제작된 바 있다. 1941년 매일신보사본과 달리 1957년 성음사, 1959년 민중서관에서 출간된 『순애보』는 일본에 대한 적대적 묘사가 삽입되어 있다.

## 순정/純情 : 운정. 세창서관1941.

**【내용】** 「신개지」 참조.

**【참고】** 이기영이 1938년 《동아일보》에 연재한 「신개지」의 이본이다. 연재 종료 후 1938년 삼문사에서 동일 표제로 단행본이 출간되었다. 1941년 세창서관에서 '純情'으로 개제되어 단행본으로 출간되었으며, 1950년 3판까지 발행되었다. 세창서관본에는 저자명이 '雲汀'으로 되어 있는데 삼문사본과 동일한 판본이다. 삼문사본에는 「신개지」 외에 두 편의 단편이 붙어 있으나, 경상대학교에 소장된 세창서관본 『순정』은 580면 이후 낙장이어서 확인할 수 없다. '운정(雲汀)'이 이기영의 필명인지 확인할 수 없으며, 이에 따라 작가 자신이 「신개지」를 「순정」으로 개제한 것인지 또한 알 수 없다. 동일한 필명 '운정(雲汀)'을 사용하는 이로 극작가 김정진(金井鎭)이 있다. 이기영의 다른 작품인 「생활의 윤리」 또한 1948년 성문당서점에서 '정열기'로 개제되어 출판된 바 있다.

## 순정기/純情記 : 김송. 일성당1948.

**【내용】** 극단 '신시대좌'의 작가 유성근은 원순, 원복 누 누이와 함께 살고 있다. 총독부의 탄압에도 성근은 극단 활동을 통해 위기를 극복하고 민중의 주체성을 살리려 노력한다. 같은 극단 여배우 이옥희는 성근을 사랑하나 자신에게 애정을 드러내는 동료 배우 한일수와 가까워진다. 극단 내 연애 금지라는 규칙 때문에 일수와 옥희는 극단에서 쫓겨나고, 옥희는 카페 여급이 된다. 옥희는 성근에게 사랑을 고백하나 거절당한다. 만주를 전전하던 옥희는 중병에 걸려 산사에 머물고, 그녀의 편지를 받은 성근은 옥희를 집으로 데려온다. 원순, 원복의 극진한 간호로 호전된 옥희는 성근의 집에서 한식구처럼 생활한다. 원순은 '신시대좌'의 배우 김세진과 결혼하나 그가 유명배우 강소영과 외도하자 성근의 집으로 돌아온다. 금광 사업으로 거부가 된 일수는 옥희에게 돌아오라고 애원하나 그녀는 이를 거절하는 대신 성근의 연극 활동을 후원하라고 부탁한다. 그녀는 일수와의 관계를 의심하는 성근의 곁을 떠나 시골로 가고, 일수는 좌절하여 중이 된다. 세진은 소영과 친일 영화에 출연하여 풍족하게 살다가 그녀에게 비림받고 자신의 과오를 뉘우친다. 자금난으로 '신시대좌'가 해체 위기에 놓이자 일수가 전 재산을 기부한다. 성근은 옥희가 장마로 불어난 물에 휩쓸려 죽었다는 편지를 받고 그녀의 묘를 찾아 오열한다.

**【참고】** 1943년 3월부터 '애정'이라는 표제로 《야담》에 7회 연재 중단하였던 것을 완료하여 1948년 단행본으로 출간한 김송(金松)의 작품이다. 일성당 출판 단행본 부기에 다음과 같이 적혀 있다. "이 소설은 일제 시대에 '애정'이란 제목으로 삼판까지 내였었다. 이제 해방판으로 내여 놓음에 있어, 가혹한 일제검열로 본의 아닌 시사묘사의 불쾌한 장면을 넣었던 대목을 삭정하고, 제목도 새롭게 순정기라고 하였다. 그리고 이것은, 희곡만 써오든 내가 처음으로 붓을 대인 장편소설인 만큼, 되나 못되나 자식과 같이 사랑할 수 있는 나의 작품이다." 김송의 본명은 김현송으로 주로 희곡을 창작하다가 1943년부터 소설 창작을 시작하였다. 《백민》을 창간하고 《자유문학》의 주간을 맡았다. 1948년 일성당에서 발행된 단행본이 국립중앙도서관에 소장되어 있다는 기록이 있으나 자료 분실로 확인할 수 없고, 일성당서점 1952년본(309면)을 내용 정리의 대본으로 삼았다.

## 순정해협/純正海峽 : 함대훈.

**조광1936.1-8(8회 완) ; 한성도서주식회사1937.**

**【내용】** 부유한 집안에 동경 유학을 다녀온 리영철은 누이동생의 친구 소희를 사랑한다. 보통학교 교사인 영철의 동생 영숙은 동료 교사 준걸과 만나나 그를 진심으로 대하지 않는다. 준걸은 자신을 가볍게 여기는 영숙보다 소희에게 더 마음이 있다. 소희는 영철과 준걸 사이에서 갈등하다 영철에게 마음이 기울어 하룻밤을 보내고 그의 아이를 임신하게 된다. 그러나 소희가 다른 학교로 전임된 이후 둘 사이에 오해가 생겨 영철은 명신이라는 여자와 결혼하고 소희는 홀로 아이를 낳는다. 준걸은 독일 과학 잡지에 논문이 실려 자신의 능력을 세계적으로 인정받는다. 이후 경성사립고등보통학교 교원으로 취직한 준걸에게 영숙과 소희가 찾아온다. 소희는 백화점 점원으로 근무하면서 힘겹게 살아간다는 이야기를 전한다. 영철은 명신과 다툼이 잦아지자 소희를 그리워한다. 아내와의 다툼을 피해 도서관에 처박혀 지내던 그는 변호사 시험에 합격한다. 한편 백화점 사장 김철수의 명령으로 접대까지 하게 된 소희는 심신의 피로가 겹쳐 힘겨워하고 있는데, 학회에 참가 중이던 준걸이 일본에서 마음이 담긴 편지와 핸드백과 돈 이십 원을 소희에게 보낸다. 소희는 영철을 잊기로 하고 준걸에게 마음을 연다. 한국에 돌아온 준걸은 소희가 돌연사한 철수의 살인범이라는 혐의를 받고 있다는 기사를 보고 놀란다. 소희의 공판 날 영철은 변호사 자격으로 나타나 그녀의 혐의를 풀기 위해 노력한다. 사건이 해결되고 소희는 풀려나 준걸과 결혼하여 아들 상진과 함께 행복하게 산다.

**【참고】** 《조광》에 연재가 시작되면서 작자의 말에 '정이란 가장 높은 인생의 보물'이며 '티없는 순정일진댄 금으로도 바꿀 수 없는 최고 최귀의 것'이라는 언급과 함께 '참된 순정에서 다란한 인생항로를 걸어가는 남녀들의 모양을 그려 보려' 했다고 기록되어 있다. 마지막 회의 작자 부기에는 독자들의 열렬한 성원에 힘입어 전발성 영화로 경성촬영소에서 촬영이 개시되었으며 그해 구월에 경성

시내에서 봉절된다는 예고가 남겨져 있다. 영화의 감독은 신경균이 맡았다. 단행본으로 출판되면서 추가된 '자서'에 러시아문학의 영향을 받았다는 말이 있다. 자서 말미에 '丁丑新春'이라고 표기되어 있는 등 1937년경 초판이 발행된 것으로 보이나 당시 판본은 확인되지 않아 한성도서주식회사 1950년본을 참고하였다.

**술/酒 : 박승극. 비판1939.4-7,9, 1940.1,3(7회 미완).**

**【내용】** 홍국표의 모친 백봉 노인은 아들 국표 내외 몰래 쌀 두 가마니를 주막의 귀분에게 팔아넘긴다. 이튿날 쌀이 없어진 것을 알게 된 국표의 집에서 한바탕 소동이 인다. 국표는 물증을 찾지 못하자 용필에게 죄를 뒤집어씌운다. 용필은 본래 국표와 친하게 지내던 이웃이지만 현재는 멀어진 사이이다. 용필은 노름한 죄로 본서에 압송되었다가 국표의 모함으로 절도 혐의까지 받자 분노한다. 쌀 판 것을 들킬까 봐 노심초사하던 백봉 노인은 다행이라 생각하며 귀분에게 쌀값으로 십 원을 받아 챙긴다. 한편 용필의 아들 정중은 경찰서를 찾아 부친의 무죄를 주장하고 돌아온다. 이때 국표는 평소 안면이 있던 산림간수 천을순을 매수하여 벌목 허가를 따낸 후 돈과 운으로 출세한 지난 일을 회상하며 웃음을 짓는다. 한편 귀분의 남편 순보는 국표가 아내와 관계를 맺는 것에 굴욕감을 느끼면서도 경제적으로나 신분상으로나 어쩔 도리가 없다고 자조한다. 국표는 을순의 소개로 찾아온 보험회사 직원 정상현을 통해 가친과 아내의 생명보험을 들고서, 귀분이 자신의 아이를 낳자 출산 물품을 전해 준다. 한편 무죄로 풀려난 용필은 국표의 집에서 한바탕 난리를 피우고 다시 유치장에 감금된다. 국표는 정중이 자신의 행동을 고발하고 순보를 충동하지 않을까 늘 경계하며 지낸다. 그러던 차, 그는 부친상으로 삼천 원의 보험금을 지급받게 된다. 죽은 부친의 회갑 날 귀분이 어린 아이를 안고 찾아오자 국표의 본처 조안댁은 가는 한숨을 내쉰다. 그 이후 조안댁은 병석에 눕지만 제때 치료를 받지 못해 이내 숨을 거둔다. 국표에 대한 동리 사람들의 수근거림이 많아지자 백봉 노인은 무당을 불러 남편과 며느리 원혼을 달래는 굿을 한다. 얼마 후, 국표는 백봉 노인이 주선한 건강한 여자를 맞아 첫날밤을 보낸다.

**【참고】** 연재 지면에 '中篇小說 술(酒) 朴勝極'이라고 표기되어 있다. 1940년 3월 잡지의 폐간으로 연재 중단되어 미완으로 끝이 났다. 1회 연재 끝에 "紙面關係上 不得已 分載하게 된 것을 遺憾으로 생각한다. 그러나 앞으로 四回以內에 끝나게 될 것이니 참고 마지막까지 읽어 주기 바란다. 評은 다 읽어 본 뒤에 해도 조흘 깃이다"라는 작자 부기가 나와 있다. 1930년대 말 일제의 강압적 진시 세제하에서 일제에 기생한 지방 토호들이 농민 대중들을 착취하는 이야기를 묘사함으로써 농민문학의 한 전형을 제시한 작품으로 평가되고 있다.

## 스러지는 그림자 : 이인하. 조선도서주식회사1924.

**【내용】** 이은희는 부모를 여의고 하나뿐인 남동생 경희마저 잃자 실의에 빠진다. 그녀는 약수터에서 우연히 만난 김웅과 사랑에 빠지나 그녀가 음악 공부를 위해 일본으로 가는 바람에 연락이 끊긴다. 은희는 고학을 하면서 바이올린을 연주한다. 일본에 거주하는 김룡호는 조선인 유학생들의 어려운 사정을 알고 은희를 후원하고자 부인과 함께 그녀의 생계를 돕는다. 룡호는 점차 은희에게 연민 이상의 감정을 품고, 은희가 졸업할 무렵 자신의 마음을 고백한다. 그러나 은희는 웅을 사랑한다며 룡호의 사랑을 받아들이지 않는다. 은희는 일본인 등원의 도움으로 미국에 가서 콜롬비아 대학에 입학한다. 미국에서 은희는 헬렌으로 불린다. 졸업식 날 은희는 바이올린 공연을 보러온 쯔랭클린을 만난다. 은희는 쯔랭클린이 웅과 닮아서 끌리는 마음을 느끼지만 웅을 생각하며 그의 사랑을 받아들이지 않는다. 헬렌이 간직한 사진을 우연히 본 쯔랭클린은 그녀가 은희였음을 알게 되어 편지를 보낸다. 동경으로 돌아간 은희는 쯔랭클린의 편지를 받고 그가 바로 웅이었다는 사실을 깨닫는다. 두 사람은 조선에서 만나 결혼하고, 학생들을 가르치며 행복하게 지낸다. 그러나 웅은 병에 걸려 피를 토하고, 은희에게 학생들을 가르쳐 나라의 미래를 밝혀 달라는 부탁과 함께 죽는다.

**【참고】** 서양과 조선을 비교하며 서양의 발달한 문물을 따라가야 한다는 주제의식을 담고 있다. 내용 중에 일본인에게 도움을 받는 장면이 삽입되어 있는 등 친일적 색채를 드러낸다.

## 스무 살 고개/스므살고개 : 이광수. 생활사1948.

**【내용】** '나(김도경)'는 친구 문의 누이를 범한 후, 그 일을 잊고자 천한 계급이 사는 마을로 이사를 하고 아내에게 충실하려고 노력한다. 비록 가난한 살림이지만 '나'는 청빈한 지사로 살겠다는 다짐 속에 마을과 학교 일에 헌신적으로 임한다. 마을 교회에 새로 부임한 한 목사는 '나'를 못마땅해 하고 온갖 비방을 늘어놓는다. '나'는 새로 부임한 교주 오웬 목사에게 실력을 인정받아 교장으로 임명되고, 세례를 받는다. '나'는 전도와 민중 교화에 힘쓰지만 현실은 쉽게 변하지 않는다. 전도 여행을 떠난 '나'는 우리 민족의 삶에 깊이 뿌리박힌 사대주의를 발견하고 실망과 좌절에 빠진다. '나'는 온갖 번뇌를 씻기 위해 미륵봉을 찾아가 기도를 하고 돌아오던 중 출가한 실단을 만난다. 실단은 '나'가 어린 시절 좋아했던 첫사랑이다. 이루지 못한 사랑의 아쉬움을 형제의 정으로 대신하며 '나'는 실단과 헤어진다. 몇 년 후 '나'는 실단이 자살했다는 소식을 듣는다.

**【참고】** 고려대 도서관 소장 생활사본 표지에 '春園作 스므살 고개 나 청춘편' 이라고 표기되어 있다. 작

자의 말에 자신이 스무 살 즈음 만난 사람들과 일어난 사건들이 이후 자신의 인생에 큰 영향을 끼쳤다고 서술되어 있다. 이광수가 태어날 무렵인 1892년부터 사회적으로 명망을 얻기 직전인 1912년경까지 약 20여 년간의 이야기가 두 작품에 걸쳐 다뤄지고 있다. '四二八一, 추석 며칠 전 서울 경복궁 옆에서 쓴 사람' 이라는 표기가 있고, 소설 말미에 '나, 청춘편(一) 끝' 이라고 표기되어 있으며, 내용상 완결되지 않은 것으로 보아 이후의 내용을 더 집필하려 했던 것으로 추측할 수 있다. 그러나 이광수는 반민특위 등의 시급한 상황 앞에서 자기 해명을 위해 「나」 연작의 집필을 접고 「나의 고백」을 쓴다. 이후 1947년 생활사에서 발표된 「나ㅡ소년편」과 함께 '나' 라는 표제의 단행본으로 출간되었다.

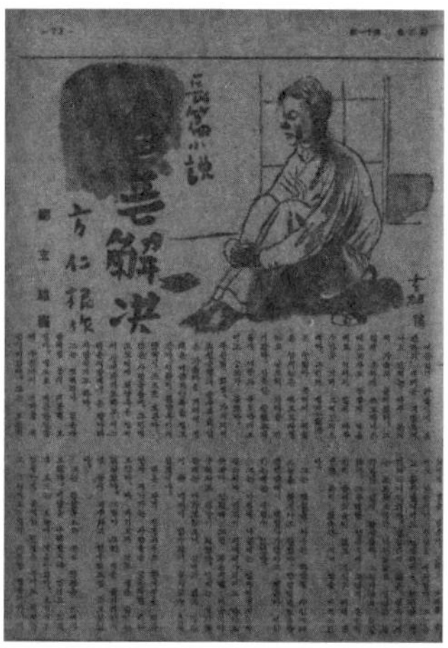

## 슬픈 해결/슬픈解決 : 방인근. 여성1938.11–1939.3(5회 완).

**【내용】** 정택은 사업을 하다 실패하고 갈 곳이 없어 떠도는 신세다. 그는 우연히 옛 은사인 제호를 만나 그의 집에 머물게 된다. 시간이 지나면서 택은 제호 집안에 커다란 불화가 있음을 알아차린다. 그 원인은 제호의 젊은 후처 영혜와 전처 소생인 명수, 옥순 남매의 사이가 좋지 않은 데 있다. 영혜는 제호의 재산을 탐내어 제호와 자식들의 사이를 갈라놓았으나, 점차 늙은 남편에게 싫증을 느낀다. 명수와 옥순은 부친이 젊은 후처의 말만 듣고 자신들을 박대하는 바람에 불행한 나날을 보내고 있다. 영혜의 친척으로 한 집에 사는 애란은 명수의 구애를 무시하고 있다. 그러던 중 영혜와 애란, 옥순이 모두 택에게 애정을 품자, 그는 매우 난처한 입장에 놓인다. 마침 일자리를 구한 택은 제호의 집을 나와 새 하숙을 얻는다. 그러나 세 여성과의 관계는 계속된다. 애란은 적극적으로 택에게 애정을 표현하지만, 그는 명수가 애란을 사랑한다는 사실을 알고 그녀를 멀리한다. 택은 옥순과 서로 사랑하는 사이가 되지만, 자신이 영혜에게도 육체적 매력을 느낀다는 사실을 깨닫고 혼란스러워한다. 그러던 중 명수와 옥순이 영혜와 크게 다투고 집을 나오는 사건이 발생한다. 이 사실을 안 택은 제호의 은혜를 갚고 명수와 옥순을 구하기 위한 해결책을 생각해 낸다. 그는 자신과 영혜가 사라져야 제호 가정의 평화가 찾아올 것이라 생각하고, 만주로 도망가자는 영혜의 제안을 수락한다. 택은 영혜에게 제호 집안의 전 재산을 현금으로 바꾸어 자신에게 맡기라고 한다. 만주행 기차를 타기 직전, 택은 명수를 만나 영혜가 가져 온 돈가방을 주고, 자신의 행동은 제호의 집안을 구하기 위한 것이라고 밝힌다. 명수와 헤어진 택은 영혜와 함께 만주행 기차를 탄 후, 사실을 밝힌다. 돈이 없어졌다는 사실을 안 영혜는 깜짝 놀라지만, 택이 그러한 행동을 한 이유를 듣고 나서는 택의 고결한 성품에 감격한다.

**【참고】** 연재 지면에 '슬픈解決 方仁根 作' 이라 표기되어 있다. 1회에는 제목 앞에 '長篇小說', 2회부터

'中篇小說' 이라고 표기되어 있다. 등장인물 간의 금전 문제와 애정 문제가 사건의 중심을 이루지만, 이러한 갈등이 어떠한 의미를 형상화하지 못한 채 단순히 흥미를 유발하는 데 그치고 있는 통속성 강한 작품이다.

## 승리자/勝利者 : 독견. 철필1937.8(1회 미완).

**【내용】** P고등학교의 쉬는 시간, 학우들인 김성택, 윤헌창, 최일환은 우정을 맹세하며 '삼각동맹'을 맺기로 결심한다. 그러나 이지적인 일환은 그러한 동맹은 여성 문제이든 사상 문제이든 제대로 못 이루어지고 깨지기 마련이라면서 회의적인 시각을 드러낸다. 그러나 그도 동맹 자체에 반대하는 것은 아니기에 세 사람 사이의 맹세는 이루어진다.

**【참고】** '獨鵑' 이라는 필명으로 발표된 최상덕의 작품이다. '연재소설 勝利者' 라고 표기되어 있다. '비평신문' 을 기치로 내걸었던 《철필》의 연재소설로 기획되었으나, 《철필》의 폐간과 작가의 사정으로 1회만 연재되는 데 그쳤다. 1회 말미에 다음과 같이 작가의 말이 수록되었다. "작자 첨언. 제2호부터 연재소설을 쓴다는 약속을 편집자와 하여 놓고 신병 때문에 실행을 못하였습니다. 아직도 신병이 완쾌가 되지 못한 데다가 여러 가지 딴 사정도 끌리어서 거듭 식언을 면하기 위하여 겨우 발단만을 써 놓고 내월부터나 양으로라도 좀 풍족히 써 보겠다는 것을 독자 제씨와 약속하여 둡니다." 첫 회는 '삼각동맹' 이라는 부제를 갖고 있는데, 학우들 간의 우정으로 맺어진 동맹이 여러 사정으로 위기를 겪게 되면서 서사가 진행되리라는 복선을 제시하는 데서 그치고 있다.

## 승방비곡/僧房悲曲

**최독견. 조선일보1927.5.10-9.11(108회 완) ; 신구서림1929**

**【내용】** 필수는 부잣집 아들로 방탕한 인물이다. 여러 여성과 관계를 맺던 그는 명숙을 농락하고, 다시 은숙이라는 여성에게 반해 그를 버린다. 명숙은 자살을 기도하다 실명한다. 명숙의 오빠 명진은 복수를 위해 필수 집에 방화를 꾀하다가 결국 체포되고 만다. 은숙은 영일을 사랑하여 필수의 구애를 외면하지만 영일은 불가에 귀의해 버린다. 필수는 은숙을 납치하여 산으로 들어가는데, 그 산에서 감옥에서 나온 명진, 그리고 영일과 마주친다. 격투 끝에 명숙과 명진, 필수가 절벽에서 떨어져 버린다. 명숙의 가련한 모습을 보고 필수는 지난 죄를 뉘우치지만, 명숙은 절명해 버리고 절에서 슬픈 종소리가 울려 퍼진다.

**【참고】** 《조선일보》 연재 당시부터 화재가 되었던 작품으로, 편집의 실험성이 눈에 띄는 작품이다. '나운규 촬영감독' 이라는 설명과 함께 삽화로 실제 촬영한 사진이 게재되었다. 각 장면 앞에 '길게 내부는 담배연기는 한숨의 그림자처럼 코의 밑에서 피어올랐다' 와 같은 장면 묘사가 박스 안에 편집되어 게재되었다. 낭만적 색채가 짙은 작품으로 최독견의 대표작으로 평가받고 있으며, 여러 번

에 걸쳐 영화로 각색되었다.

## 시월/十月 : 김남천. 광명일보1947.7.1-8.14(28회 미완).

**【내용】** 일제 말 학병으로 끌려갔던 동호는 해방 후 귀국하여 대구의대에 입학한다. 그는 어용 성향의 국립서울대 창설에 반대하는 뜻을 품고 서울로 향한다. 도중에 고향 영천에 들른 그는 순박한 고향 사람들이 식량과 공출 문제 등으로 혼란을 겪는 모습을 목격한다. 그의 여동생 동원과 친구 고봉남은 농민조합의 조직원으로 활동하고 있고, 동호의 숙부 김한영과 마을의 장로 윤기평 등은 반공 단체의 간부로 있다. 선배 박철은 동호와의 대화를 통해 사회주의 조직 내의 비민주성과 극좌주의, 섹트주의를 비판한다. 동호는 고향의 분열과 사회주의 조직 내부의 문제에 대해 고민한다. 그는 동원과 봉남이 굳건한 사상적 의지를 기반으로 온갖 비판과 힘겨운 현실에도 굴하지 않는 것을 보고 전율과 감동을 느낀다. 그는 사회주의 운동에 기여하기로 결심하고, 감옥에서 출소한 지도자 양원선을 만난다.

**【참고】** 1946년 10월 대구에서 발발한 인민항쟁을 소재로 삼아 창작되었으나, 《광명일보》의 폐간으로 연재가 중단되었다. 김남천은 이후 남로당에 대한 미군정의 압박이 심해지고 자신이 편집위원을 맡은 《문화일보》가 폐간되는 등 상황이 악화되자 그해 9월 월북하였다. 현재 확인할 수 있는 「시월」의 내용은 《광명일보》에 실린 28회분이 전부이다. 10월 항쟁의 의미를 탐색하고 사회주의 운동 내부의 분열과 섹트주의 문제를 반성하는 내용의 작품이다. 《광명일보》 1946년 6월 29일자에 연재 광고와 작자의 말이 실려 있다.

## 시의 화/時의花 : 기봉. 조선일보1923.6.27-9.5(70회 완).

**【내용】** 김긔헌은 육십 노모를 모시고 방석공장에서 일한다. 그가 하루 열두 시간 일하고 받는 일당 칠십 전은 두 식구 입에 풀칠하기에도 부족하다. 그는 친구 리됴옥과 함께 파업 계획을 세운다. 긔헌은 사장 민영극을 찾아가 요구 조건을 들어 주지 않으면 파업하겠다고 경고하나 별 소득을 얻지 못한다. 영극의 딸 뎡숙은 항의하는 긔헌의 말솜씨와 그 사상에 감동해 그를 연모한다. 파업이 시작되었으나 사측은 긔현의 요구를 들어 주지 않는다. 설상가상으로 긔현의 노모까지 죽자 뎡숙은 편지와 함께 삼백 원을 그에게 몰래 전한다. 긔현은 뎡숙의 처지가 곤란해질까 봐 답장과 함께 돈을 돌려주는데 그 편지를 영극이 가로챈다. 영극은 리 후작의 아들에게 딸을 시집보내려 하고 뎡숙은 이를 거부하다 영극에게 맞아 쓰러진다. 아버지에게서 벗어나기 위해 뎡숙은 상해로 떠나고, 그녀가 탄 배가 풍랑에 침몰하자 마침 같은 배에 타고 있던 긔현이 그녀를 구한다. 딸이 죽었다고 생각한 영극은 회사를 직공들에게 넘긴다는 유언을 남기고 자살한다. 긔현은 뎡숙과 함께 러시아로 유학을 떠난다.

**【참고】** 근대 문명사회를 이끌어 나가는 데 있어 노동자의 주도적 역할을 강조하는 작품이다. 작가

는 소설 말미에 '평등의 나라에서 그 기운을 구하고 오라' 고 말하면서 다음과 같은 후기로 끝을 맺는다. "아직도 남은 기록은 끝이 없으나 필자는 더는 쓰려고 아니합니다. 김괴현은 대장부의 의리를 가진 남아요 민뎡숙은 백전불굴하는 일편단심을 안고 있는 여자 아니냐. 이 다음 성공의 영광을 가지고 본국으로 돌아오는 날 두 사람 사이의 어떤 관계가 미칠까 하는 문제의 해석은 여러분 독자들에의 예민하신 상상에 미처 맡기고 땀의 결과라는 일편소설 비슷한 것을 여기에서 끝을 막습니다."

## 신개지/新開地

**이기영. 동아일보1938.1.19-9.8(190회 완) ; 삼문사1938(584면).**

**【내용】** 달내꼴 읍내에 철도가 개통되는 등 근대화의 바람이 불면서 장터 삼거리는 몰락의 길을 걷는다. 마을 청년 강윤수는 동리 처녀 순남과 혼약을 한 사이이다. 그러나 윤수가 물싸움에 휘말려 살인죄를 쓰고 감옥에 가 있는 동안 순남은 어려운 집안 사정 때문에 서울에 올라가 기생이 된다. 윤수는 순남을 찾아가 함께 고향으로 돌아가려 하지만 순남의 몸값을 지불할 형편이 되지 않아 혼자 되돌아온다. 한편, 장돌뱅이 출신으로 달내꼴에 정착한 하 감역과 큰아들 상호는 마을이 소도시화된 덕분에 정미업과 미곡상에 손을 대 부자가 된다. 그들은 변화하는 세상에서 제일 중요한 것은 '돈'이라고 생각한다. 달내꼴의 오랜 지주이자 양반인 유구성의 아들 경준은 게으르고 방탕하여 집안의 재산을 탕진한다. 경준은 경제적 이익을 보기 위해 딸 숙근을 하 감역의 둘째 아들 상철과 혼인시킨다. 하 감역 역시 부족한 가문을 채우기 위해 숙근을 며느리로 들이지만, 하 감역의 부인은 숙근을 못마땅해한다. 한편, 굿을 벌이면서까지 한탕을 노리던 경준은 얼마 남지 않은 재산마저 날리게 된다. 숙근은 몰락한 친정 때문에 시어머니의 눈치를 보고 상칠까지 자신에게 무관심하자 괴로워한다. 설상가상으로 남몰래 친정을 도운 것이 들통이 나서 숙근은 더욱 모진 시집살이를 한다. 이때 상칠이 카페 여급과 달아났다는 소식을 들은 숙근은 자살을 시도하는데 윤수에 의해 발견되어 다행히 목숨을 구한다. 한편 하 감역의 손녀 월숙은 고향에 내려왔다가 윤수를 알게 되고 그에게 호감을 느낀다. 윤수 또한 월숙의 활달한 성격에 마음이 끌리지만, 순덕이 생각에 적극적으로 다가가지 못한다. 하천 정리와 제방 공사가 시작되면서 달내꼴도 점차 신개지가 되어가지만, 마을 사람들의 생활은 날로 궁핍해지기만 한다. 홍등가를 전전하던 순남은 윤수에게 마지막으로 편지를 남기고 만주로 팔려 간다. 멀리 북쪽으로 떠나는 기차를 바라보며 윤수는 가슴이 뭉클해짐을 느낀다.

**【참고】** 1938년 연재 종료 후 동년 11월 삼문사에서 단행본으로 출간되었다. 이 단행본에는 장편 「신개지」 외에 단편 「나무꾼」, 「돈」이 함께 수록되어 있다. 1941년 세창서관에서 '순정' 이라는 표제로 개제되어 단행본으로 출판되었으며, 1950년 3판까지 발행되었다. 이 판본에는 저자명이 '雲汀' 으로 표기되어 있다. 저자 표기 외에 삼문사본과 세창서관본은 동일한 판본이다. 이기영의 대표

작 「고향」과 유사한 시공간을 배경으로 하고 있지만 서사 전개의 방식이나 등장인물의 갈등 양상 면에서 「고향」보다는 미흡하다는 평을 받는 작품이다. 일본의 식민지 정책에 따른 근대화의 문제를 집요하게 파헤치지는 못했지만 소도시화해 가는 농촌 현실을 생생하게 그리고 있다. 작품의 제목이기도 한 '신개지'에서 농민들을 소외시키는 모순에 찬 근대화에서 비롯된 변화와 건설이라는 점에서 작가의 비판적 시각을 엿볼 수 있다.

## 신라의 별 : 이성표. 어린이나라1941.1-8(8회 완).

**【내용】** 내용 생략.

**【참고】** 아동잡지 《어린이나라》에 8회 연재된 '장편연재소설'이다. 1949년 1월호의 제1회 연재분에 '신라의 별—소년 김유신'이라는 부제가 붙어 있다.

## 신성/新星 : 홍기원. 기독신보1921.2.23-12.21(45회 완).

**【내용】** 유부라데 강이 흘러나가는 쩨벨산 근처의 황량한 사막 가운데 희랍인 가스발, 인도인 멜기올, 애급인 발트하살, 이 세 명의 여행자들이 모인다. 그들은 자신들이 그곳에 온 이유를 각기 이야기한다. 가스발은 바다에 빠진 유대인을 구해 주었는데, 그 유대인은 예루살렘에 신이 재림할 시간이 다가온다고 했다. 가스발은 그 유대인이 신은 자기 유대인종만을 구원해 줄 것이라고 한 말 때문에 고민에 빠졌고, 신의 사랑이 그렇게 차별적인가 생각하던 중 신의 목소리를 듣고 별빛을 따라 사막으로 향했다. 멜기올은 인도에서 가장 높은 계급인 푸하마족이다. 그는 인도의 경전 '비다'가 새로운 발명과 발전을 막고 사람들을 계층으로 나누어 경전대로만 살게 하는 데 환멸을 느끼던 중, 갠지스 강 근처에서 별을 보고 신의 소리를 들었다. 발트하살은 알렉산드 지방에서 성장한 귀족으로, 종교가 타락했다는 고민을 하다가 역시 별을 발견하고 신의 음성을 듣고 사막으로 떠났던 것이다. 그들은 이야기를 마치고 유대인의 왕으로 태어난 이를 찾기 위해 예루살렘으로 향한다. 그들은 헤롯왕을 만나 자신들의 목적을 알린다. 헤롯왕은 다음 왕이 태어날 것이라는 말에 놀라 사두개교파 귀족, 바리새교 연설가, 엣세에교 철학자 등을 소집하여 회의를 연다. 헤롯왕은 세 여행자에게 자신이 새 왕에게 경배를 하고 싶으니 그를 찾으면 위치를 알려 달라고 한다. 세 여행자는 왕이 태어날 곳이 시온 궁궐이 아니라는 사실을 깨닫고 별을 따라 쎄들레헴으로 간다. 세 사람이 별이 내리비치는 한 여관으로 들어가니 마리아라는 여인이 갓 태어난 아이를 안고 있다. 세 사람은 새로운 왕을 만나 한없이 기뻐하며 신에 대한 자신들의 믿음을 더 굳게 다진다.

**【참고】** 연재 지면에 '長篇小說 신성新星 雲波 洪基援'이라 표기되어 있다. 성경의 동방박사 이야기를 바탕으로 45회 분량의 내용을 정리한 작품이다. 희랍인, 인도인, 애급인으로 다양한 인종의 동방박사가 자신들의 사회나 종교가 갖고 있는 현실에 문제의식을 느끼는 장면들이 작가에 의해 창작 삽

입되었다. 신의 사랑이 인종과 계급을 초월하는 것이라는 주제의식을 담기 위한 의도로 보인다. 내용 중에 '요셉' 과 '삼위열' 같은 성경 속 인물들도 등장하지만, 신문의 해당 부분이 유실되어 어떤 내용인지 명확히 파악할 수 없다.

## 신통여행/신통려힝神通旅行 : 동오. 긔독신보1927.1.26-6.22(15회 미완).

**【내용】** 멀고도 신비한 나라에 슌죵과 자긍이라는 아이가 살고 있다. 두 아이는 각자 여행을 떠난다. 슌죵은 굴 속에서 열 달을 머문 후 리진션 부부 집으로 들어간다. 진션 부부는 그를 사랑으로 정성껏 돌본다. 슌죵이 열두 살 되던 해 진션이 죽고 부인 량씨는 병에 걸린다. 슌죵은 량씨를 위해 약으로 쓸 고사리를 구하러 길을 떠났다가 보혜도사와 쟝슨덕의 도움으로 고사리를 구해 돌아온다. 덕택에 완쾌된 량씨는 몇 년을 더 살다가 슌죵이 스무 살 되던 해 세상을 뜬다. 한편 자긍은 굴 속에서 열 달을 보낸 후 고패덕 부부의 집으로 들어간다. 성품이 고약한 패덕 부부 밑에서 자란 자긍은 거짓말과 도둑질을 일삼는다. 자긍이 열일곱 되던 해 패덕이 죽고 삼 년 후 부인 완씨도 죽지만, 자긍은 슬퍼하지 않는다. 종교대학에서 신학을 공부하던 슌죵은 꿈에 보혜도사가 나타나 슨덕을 구하라고 말하자 깨어난 후 강도에게 당하고 있는 슨덕을 구하는데, 강도는 다름 아닌 자긍이다. 자긍은 마귀나라에 입적하여 악행을 일삼는다. 슨덕의 딸과 결혼한 슌죵은 보혜도사의 가르침대로 마귀를 토벌하는 대장이 되어 마귀나라의 왕이 내보낸 니코, 알콜 등과 대결해 치열한 싸움을 벌인다.

**【참고】** 1회-11회까지 제목 앞에 '동화(童話)' 라고 표기되다가 12회부터 '쇼셜' 로 바뀌었다. 저자 동오(東吾)에 대해서는 상세 정보를 확인할 수 없다. '긔쟈는 ᄋᆞ동에 대해 생각을 해 보려고 한다' 는 작가 서술로 이야기가 시작된다. 담배, 술 등 인간에게 해로운 대상이 의인화되어 선한 주인공과 대결을 펼치는 내용을 담고 있다. 아동을 대상으로 하여 교훈의 목적이 뚜렷하게 드러난다.

## 신혼기/新婚記 : 염상섭. 금룡도서1948.

**【내용】**「해바라기」 참조.

**【참고】**《동아일보》에 1923년 7월 18일부터 8월 26일까지 40회 연재했던 염상섭의 중편 「해바라기」의 내용을 일부 개작하여 1948년 금룡도서에서 간행된 창작집 『신혼기』에 '신혼기' 라는 제목으로 재수록하였다. 내용이 크게 달라지지는 않았으나 홍수삼을 잊고자 하는 영희의 심사가 더 강조되었다.

## 신혼일기 /新婚日記 : 이태준. 광문서림1949.

**【내용】**「행복에의 흰손들」 참조.

**【참고】** 1942년 《조광》에 연재한 「幸福에의 흰손들」의 제목을 바꾸어 단행본으로 출간한 것이다. 『행복에의 흰손들』(박문서관1945), 『세 동무(범문사1946), 『신혼일기(新婚日記) ― 一名 세 동무』(광문서림1949) 모두 같은 작품이다.

## 실명 /失明 : 엄흥섭. 백수사1948.

**【내용】** 태어날 때부터 앞을 보지 못하는 원칠이는 맹인학교 기숙사에서 8년째 살고 있다. 그는 자신을 오빠처럼 따르던 명희를 더 이상 여동생처럼 대할 수 없음을 깨닫는다. 명희는 맹인이지만 부잣집 딸로서 원장과 사감인 박 선생이 명희의 어머니에게 수고비를 받을 욕심으로 혼처를 고르고 있는 중이다. 원칠이는 밤에 명희와 밀회를 나누다가 결국 박 선생에게 발각되고 만다. 원장과 박 선생은 자신들이 소개한 혼처에 명희를 보내기 위해 교칙을 앞세워 원칠과 명희를 갈라놓으려 한다. 이에 원칠이는 심한 모멸감을 느낀다. 결국 명희는 병에 걸려 죽고, 원칠이는 학교를 나간다. 거리에서 맹인 행세를 하는 안마사를 만나 이 죄 많은 세상에서 차라리 두 눈이 없는 편이 더 낫다는 충고를 듣는다.

**【참고】** 엄흥섭의 작품집 『흘러간 마을』(백수사1948)에 수록된 중편이다. 맹인 남녀의 사랑을 모티프로 하고 있다. 맹인을 위한 복지 기관인 맹인학교의 교장과 선생이 오히려 학생들을 업신여기며 자신의 욕심을 채우기에 급급한 모습을 통해 당대의 세태를 비판적으로 그리고 있다.

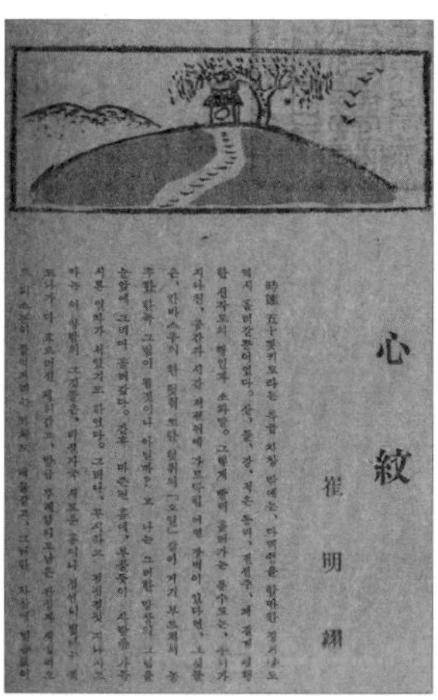


## 심문 /心紋 : 최명익.

문장1939.6 ; 한성도서주식회사1940(65면) ; 을유문화사1947.

**【내용】** 김명일은 아내 혜숙과 사별한 뒤 동경으로 미술 공부를 하러 간다. 그는 다방 마담 여옥에게서 혜숙의 모습을 발견한다. 두 사람은 사랑하는 사이가 되지만, 여옥은 명일이 자신을 전처와 동일시하는 것을 알고 그를 떠나 자취를 감춘다. 명일은 혜숙과의 사이에서 얻은 딸을 기숙학교에 보낸 뒤, 친구 이 군을 만나러 할빈으로 갔다가 여옥이 그곳에서 무희가 되어 있다는 얘기를 듣는다. 명일은 카바레에서 여옥을 만나 그녀의 집 주소를 얻는다. 그녀를 찾아간 명일은 그녀의 옛 애인 현혁과 만나는데 한때 유명한 좌익운동가였던 혁은 출소 뒤 자포자기 상태로 아편중독자가 되어 있다. 혁은 여옥이 다시 나타난 명일 때문에 자신을 떠날까 봐 전전긍긍한다. 혁은 명일에게 여옥을 사

랑한다고 확언한다면 그녀를 자유롭게 놓아주겠다고 제안한다. 다음 날 명일이 여옥과 함께 찾아가자, 혁은 여옥을 포기하겠다면서 명일에게 자신이 갖고 있던 여옥의 집 열쇠를 현금으로 사라며 돈을 요구한다. 혁은 돈과 열쇠를 교환하고 사라진다. 한때 큰 이상을 품었던 혁이 아편에 중독되어 아편을 살 돈밖에 모르는 사람이 되어 버렸다는 사실에 절망한 여옥은 유서를 남기고 자살한다.

**【참고】**《문장》1939년 6월호에 200매 전재한 중편소설로, 1930년대의 만주를 배경으로 하여, 현실의 벽에 좌절할 수밖에 없었던 식민지 시대 지식인들의 모습을 '명일'이라는 1인칭 화자의 시선으로 살펴본 작품이다. 등장인물의 갈등하는 내면을 중점적으로 조명하여, 지식인의 심리를 탁월하게 묘파하였다는 평과 우유부단한 내용이라는 상반된 평을 얻기도 하였다. 《문장》에 게재된 이후 을유문화사에서 1947년 간행된 창작집 『장삼이사』에 다른 작품들과 함께 수록되었다. 金山泉이 《モダン日本》(1940.8)에 일본어로 번역하였으며, 장혁주 편 『朝鮮文學選集』 제3권(赤塚書房1940.12)에도 실렸다.

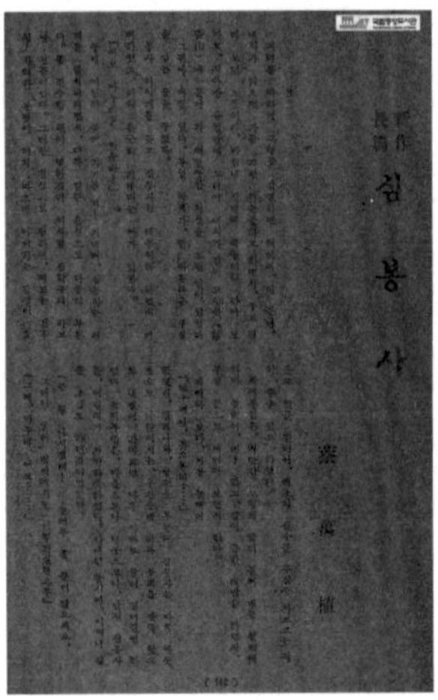

## 심봉사 : 채만식. 신시대1944.11-1945.2(4회 미완).

**【내용】** 인간 세계의 운명을 관장하는 두 신이 인간의 한계를 시험해 보고자 심학규의 운명에 장난을 건다. 고려 중엽 황해도의 선비 학규는 스무 살 때 열병을 앓은 뒤 시력을 잃는다. 그는 부인 곽 씨의 현철함으로 가난한 살림에도 궁색지 않게 살아가지만, 부인을 고생시켜 입에 풀칠한다는 것 때문에 마음이 불편하다. 그는 눈을 떠 과거시험을 보고 싶다는 마음이 간절하다. 곽 씨는 딸을 낳고 산후별증으로 세상을 떠나고, 홀로 남은 학규는 딸을 청이라 이름 짓고 젖동냥을 하며 기른다. 어느 날 낯선 나그네가 학규를 찾아온다.

**【참고】** 제목 옆에 '가정소설'이라고 표기되어 있다. 그동안 작품집에 실리지 못하다가 『채만식 전집』(창작과비평사1987-1989)에 와서야 수록되었다. 이 작품은 '비극으로 끝날 가능성만 보여 준 채 미완으로 끝난 장편', '일제 말기 작가의 심각한 내면적 갈등을 반영한 작품' 등으로 간략히 언급된다. 채만식은 '심봉사'라는 제목의 작품을 세 편 남겼다. 1936년 7막 20장의 희곡 「심봉사」, 1944년 미완성 소설 「심봉사」, 1947년 3막 6장의 희곡 「심봉사」가 그것이다. 물론 고전소설 「심청전」의 구조를 바탕으로 하였다. 세 작품 모두 내용이 유사한데 이는 미완성에서 완성으로 가는 과정에 생긴 현상이라고 추측된다.

## 심야의 태양/深夜의太陽 : 김기진. 동아일보1934.5.3-9.19(112회 완).

**【내용】** 민비의 술책으로 대원군이 실각한 이후 나라의 권력은 민씨 일족이 독점하고, 조선

사회의 기강이 뿌리 채 흔들린다. 대원군은 자신의 권력을 되찾고자 임오군란을 주도하지만 민비가 청군을 끌어들여 실패하고, 청국으로 끌려가는 신세가 된다. 이러한 난세에 나라의 기강을 바로잡고 독립성을 찾고자 하는 젊은 청년들이 한자리에 모인다. 김옥균은 자신의 현실 개혁 의지에 동조하는 박영효, 홍영식, 서영범 등을 규합하여 개혁당을 세우고 정변을 기획한다. 일본인 공사 죽첨으로부터 혁명을 적극적으로 돕겠다는 약속을 받은 개혁당은 거사를 단행하나 민비의 술수로 청나라 군사가 개입하면서 상황이 급박해진다. 김옥균은 일본 군사 이백과 조선 군사 팔백을 합하여 청나라 군사에 대항할 계획을 세운다. 그러나 죽첨은 전세가 불리해지자 말을 바꾸어 일본 군대를 철수시킨다. 그나마 궁 안에 있는 총들은 모두 녹슬어 조선 군사들은 청나라 군사와 싸워 보지도 못하고 도망간다. 혁명 실패 후 개혁당 동지들은 대부분 살해되거나 처형되고, 김옥균과 금릉위만이 살아남아 일본으로 망명한다. 동료들이 불에 타들어가는 꿈을 꾼 김옥균은 자책감에 시달린다. 그는 정변의 주된 실패 원인이 백성의 지지 없이 몇몇 소수들에 의해 위로부터 단행되었다는 것과 일본군을 너무 과신하여 외세에 의존한 것이었음을 깨닫는다. 김옥균과 금릉위는 선상에서 멀어져 가는 고국산천을 바라보며 비통함을 느끼는 동시에 재기의 의지를 다진다.

**【참고】** 연재 마지막 회 말미에 '靑年金玉均前篇終' 이라고 표기되어 있고, 작가 부기에서 「深夜의 太陽」이 「靑年金玉均」의 전편이라고 소개되어 있다. 그러나 후편 없이 전편으로 마감되어 '靑年金玉均' 이라는 제목으로 한성도서에서 1936년 단행본으로 출간되었다. 김옥균을 중심으로 하여 갑신정변을 둘러싼 이야기를 그리고 있는 작품이다. 개혁당과 민비 일행의 대립을 중심축으로 하고 있는 이 작품은 갑신정변 실패의 주된 요인으로 민비의 권력욕에 의한 방해공작을 부각시키고 있다. 1884년 11월 11일 밤부터 12월 7일까지 역사소설로는 비교적 짧은 서술 시간을 가지고 있으며 그 밖에 김옥균의 삶이나 역사 상황에 대해서는 요약적으로 서술하고 있다.

## 심연의 사람/深淵の人 : 장혁주. 文學案內(日)1936.9 ; 赤塚書房(日)1937(162면).

**【내용】** 내용 생략.

**【참고】** 일본어 소설이다. 중편 분량이다. 민족해방운동에 회의를 느끼는 지식인을 그려 낸 작품이다. 정신착란이라는 깊은 늪에서 헤어나지 못하는 문수용이라는 인물을 변호사 조훈의 시점을 통해 그려 낸 작품으로, 신간회 등의 조직에 참가하여 조국의 독립운동에 관여해 온 조훈이 점차 자신의 일에 흥미를 잃어 가는 것으로 전개된다. 이러한 등장인물의 설정과 관련하여 임전혜는 "민족주의 운동과 절연하고 소시민적 생활로 바꿔 가겠다는 선언을 거리낌없이 하고 있는 변호사의 모습은 장혁주 자신의 그것과 중첩된다"고 비판하였다. 1937년에 간행된 단행본에는 「심연의 사람」과 「あらそひ」라는 작품이 함께 실려 있다. 또한 이 소설은 장혁주의 또 다른 소설집 『愛憎の記錄』((河出書房(日)1940)에도 실렸다.

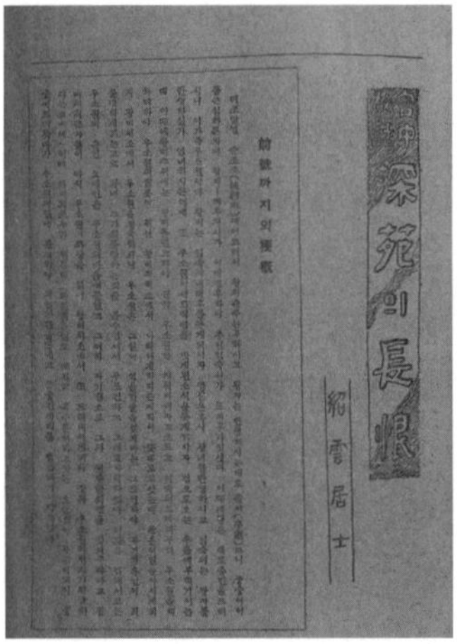
深苑의長恨
紹雲居士

## 심원의 장한/深苑의長恨

**소운거사. 월간야담1938.1-1939.11.**

**【내용】** 조선조 왕실에서 벌어진 비빈들의 암투를 다룬 이야기.

**【참고】** 윤효정이 '소운거사(紹雲居士)'라는 필명으로 발표한 작품이다. 조선 말엽 순조 때에 궁중에서 일어났던, 후세에 흔히 전해지지 않았던 사화의 한 부분을 다루고 있다. 궁중에서 왕을 중심으로 세 명의 비빈이 삼각 투쟁을 했고, 그 가운데 현숙한 이와 간악한 이와 회개한 이가 다 각각 자신들만의 방식으로 권력을 잡으려 하였다. 이들의 행실은 전적으로 당시의 세태와 권력 지향적인 풍조에 영향을 받은 것이었다. 이들 사이에서 우소원은 선함을 지키려는 사람이고, 임숙의는 회개하지 않는 자이며, 왕비는 환경의 지배를 받아 악으로 기울어지다가 또 회개하는 사람으로 등장한다. 작품은 역사의 이면에 있는 야사들을 애욕과 질투, 의협과 배신 등의 모티프로 재구성하고 있다.

## 심판/審判 : 전무길. 조선지광1929.9-1930.1(3회 완).

**【내용】** 김영진은 노동조합을 대표해 부호 리만수를 조사하러 나간다. 만수는 일손이 모자라는 농번기에도 소작인들을 시켜 자신의 송덕비를 세우도록 한다. 잘못을 추궁하는 영진에게 만수는 사람들이 자발적으로 세워 준 것이라 우기고, 소작인들은 땅을 뺏길까 두려워 사실대로 말하지 못한다. 영진은 분을 참지 못해 만수를 때려죽이고 오 년간 옥살이를 한다. 출옥한 그는 해주에 사는 친구 최치순의 집을 찾아가나 치순은 없고 집은 엉망이 되어 있다. 시내에서 그는 친구 박성근의 동생 성희를 만난다. 성희는 오빠가 'P 사건'에 관계한 것이 발각되어 고문 끝에 죽었으며 자신은 창녀가 되었다는 이야기를 전한다. 영진은 치순이 성근 일행을 신고했다는 이야기를 듣고 충격에 빠진다. 그는 이백 원을 지불하고 성희를 화류계에서 빼내 함께 지낸다. 감옥 생활로 몸이 약해진 영진은 폐병까지 도져 산골 암자로 들어간다. 'P 사건'을 신고해 부와 관직을 얻은 치순은 등산을 하다 성희와 영진을 만난다. 영진은 분노하여 치순에게 달려들고, 몸싸움 끝에 치순은 절벽에서 떨어져 죽는다.

**【참고】** 작품 말미에 '1929.12.5. 새벽 안악관락암에서 탈고'라고 적혀 있어 완성 날짜를 알 수 있다. 일제의 검열로 인해 많은 부분이 복자 처리되었다. 《조선일보》, 《조선지광》 등의 기자를 역임하였던 전무길은 당대 민감한 사안들을 소재로 하여 사회비판적 소설을 창작하였다.

## 십이월 십이일/十二月十二日 : 이상. 조선1930.2-12(9회 완).

**【내용】** X는 아내와 아이를 잃고, 모친과 함께 일본으로 건너간다. 일본에서 그는 죽마고우 M

十二月十二日

271

에게 편지로 소식을 알린다. 모친이 죽은 후 그는 명고옥이라는 식당에 요리사로 취직한다. 사고로 절뚝발이가 된 그는 치료를 위해 의학 공부를 시작한다. 그의 동생 T에게는 아들 업이 있는데 다른 아이들보다 똑똑하여 T의 둘도 없는 자랑이다. T가 애지중지 아이를 키워 업은 교만하고 방종한 성격으로 자란다. 업이 자라는 동안 애착을 갖고 학비를 지원했던 M은 업의 인간됨에 실망하여 음악학원에 진학하겠다는 그를 지원할 수 없다고 한다. 한편 일본에서 X는 그가 머무는 여관 주인과 절친한 관계가 되고, 여관 주인이 죽자 그의 재산을 물려받아 조선으로 돌아온다. 그는 동생 T와 함께 살며 가난한 동생에게 물질적 도움을 주려 하지만 그에 반감을 갖는 동생의 태도에 고독감을 느낀다. 그는 T의 집을 나와 M과 함께 병원을 개업한다. 어느 날 업이 찾아와 그가 일하는 병원의 간호부 C와 해수욕을 간다고 말한다. X는 업과 간호부 C의 관계에 질투심을 느끼며, 업의 방종을 징계한다는 명목으로 해수욕 도구들을 불태워 버린다. 업은 그 사건으로 화병이 들어 죽고, 간호부 C는 일을 그만두고 업과의 사이에서 생긴 갓난아이를 X에게 맡긴다. T는 아들이 죽자 복수심에 불타 병원에 불을 지른다. X는 불길 속에서 갓난아이를 살려 내나 온몸에 화상을 입는다. 몸과 마음이 만신창이가 된 그는 C가 탄 기차에 뛰어들어 자살하고 갓난아이는 키워 줄 사람을 잃은 채 애처롭게 운다. 날짜는 12월 12일이다.

**[참고]** 조선총독부에서 주관한 잡지 《조선》에 실린 작품이다. 이상이 국문으로 창작한 첫 장편소설로 알려져 있으나, 분량상 중편소설이라는 견해도 있다. 전반부는 친구 M에게 보내는 편지글 형식으로 되어 있으며 뒷부분은 3인칭 '그'의 고백적 서술이 이어진다. 그의 다른 작품들처럼 난해하며, 작가의 자서전적인 작품이라는 평가도 있으나 실제 내용은 작가의 행적과 일치하지 않는 부분이 많다.

## 십자로/十字路 : 장덕조. 주간서울1950.1.23(8회), 4.10(19회)-5.1(22회 미완).

**[내용]** 대학에서 어학을 공부하는 이영란은 자신의 스승인 한인준과 서로 사랑하는 사이다. 영란은 몸이 아픈 모친을 치료하던 젊은 의사 김민수로부터 구애를 받는다. 인준을 사랑하지만 그에게 약혼녀가 있다는 사실에 괴로워하던 영란은 민수의 구애를 받고 갈등한다. 고민 끝에 영란은 인준을 단념하고 민수를 만나기로 결심한다. 그러나 영란은 민수가 육체적 관계를 계속 요구해 오자 불쾌감을 느끼고 그를 멀리한다. 영란은 우연한 기회에 미국에서 건너온 최한직 전무를 알게 된다. 별명이 '미스터 민주주의'인 한직은 부인과 애정 없는 결혼 생활을 하던 중 영란에게 사랑을 느끼고 물심양면으로 그녀를 돕는다. 영란은 헌신적으

로 애정을 표현하는 한직에게 호감을 갖는다. 결국 영란은 한직을 따라 미국으로 건너가서 참된 민주주의를 공부하기로 마음먹는다. 그리고 한국 땅에 찬란한 민주주의 꽃을 피우리라 결심한다.

**【참고】** 제목 앞에 '長篇小說'이라고 표기되어 있다. 현재 확인되는 《주간서울》 영인본 자료는 8회, 19회-22회까지 총 5회 분량이다. 22회차 연재분 말미에 '次號繼續'이라고 표기되어 있으나 이후 연재물을 찾을 수 없다. 1953년 문성당에서 단행본으로 출간되었다는 정보가 있으나 원본 자료를 확인할 수 없다. 여주인공을 둘러싼 세 남자의 애정 관계가 중심 서사를 이룬다.

## 십자성의 비밀 : 최병화. 어린이나라1949.7-1950.3(9회 미완).

**【내용】** 내용 생략.

**【참고】** 아동잡지 《어린이나라》에 9회 연재된 최병화의 작품이다. '장편모험소설'이라고 표기되어 있다. 동 잡지 최종 자료인 1950년 4·5월 합호에는 수록되지 않았다.

## 쌍미합벽/雙美合璧 : 이보상. 매일신보1934.10.10-1935.4.10(154회).

**【내용】** 내용 생략.

**【참고】** 이보상의 한문현토체 소설이다.

## 쌍영/雙影 : 박영준. 만선일보1939.12.2-1940.8.17(228회 완).

**【내용】** 최혜련은 돈 때문에 김철식의 첩이 된다. 혜련은 만주에서 철식과 사별한 뒤 딸 연자와 함께 평양으로 돌아온다. 시부모가 혜련을 쫓아내자 그녀는 딸을 데리고 고향 청진으로 간다. 고향에 내려온 혜련은 교회에서 이숙희를 알게 된다. 숙희는 서울에서 신문기자로 일하는 권성구를 사랑하지만 경제적인 문제 때문에 부모가 소개한 송수만과 결혼해 함흥으로 간다. 혜련은 성모보육학교 선생으로 있는 친구 성실의 도움으로 학교를 다니게 되어 딸을 고향에 남겨 두고 서울로 상경한다. 그녀는 숙희의 소개로 성구와 친하게 지낸다. 성구는 자신의 친구 동환을 혜련에게 소개하려 한다. 동환은 부모의 소개로 아내와 애정 없는 결혼을 한 상황이다. 성구는 동환에게 이혼을 권하면서 혜련과의 만남을 주선하나, 혜련은 동환보다 성구에게 더 끌린다. 성구는 자신의 과외 학생이던 명심에게 사랑을 느끼고 그녀와 결혼한다. 혜련은 자기를 사랑하는 동환의 마음을 받아 주지 않는다. 그녀는 딸의 건강이 나쁘다는 소식을 듣고 고향으로 내려간다. 그녀는 성구의 주선으로 결핵성 골막염을 앓는 딸을

서울 S병원에서 치료한다. 동환은 많은 수술비를 감당하지 못하는 혜련을 위해 돈을 마련하려다 실패한다. 면목이 없어진 동환은 그녀를 떠나고, 혜련 앞에는 고된 현실이 기다린다.

**【참고】** 박영준이 1938년 만주로 이주하여 광복 후 서울로 돌아오기까지의 기간에 발표한 소설이다. 전·후편으로 나뉘어 1939년 12월 2일부터 1940년 8월 17일까지 전체 228회 연재 완료되었다. 1940년 3월 25일까지 99회 연재분이 전편에 해당한다. 《만선일보》 1940년 3월 26일자와 27일자에 이 작품의 후편이 28일부터 연재될 것이라는 예고가 실렸으나 실제로 후편 연재가 시작된 것은 4월 2일부터이다. 후편은 이후 1940년 8월 17일까지 129회 분이 연재되었다. 1940년 3월 26, 27일 실린 후편 예고에서는 「쌍영」이 현대인의 심리와 연애관에 대해 묘파하고 새로운 윤리관을 수립한 작품으로 소개되었다.

## 쌍홍무/雙虹舞 : 방인근. 조선일보1936.9.29–1937.4.27(170회 완).

**【내용】** 시골 보통학교 교사인 림광훈은 건실하고 총명한 청년이다. 박 면장 집에서 하숙하던 그는 주인집 딸 은명과 사랑하는 사이가 되어 결혼을 약속한다. 은명에게 흑심을 품은 방탕하고 부유한 청년 곽태식과, 광훈을 연모하는 교사 김경주는 이들의 결혼을 방해하려 한다. 그러나 광훈과 은명은 위기를 극복하고 결혼에 이른다. 태식과 경주는 홧김에 둘이 결혼한다. 그러던 어느 날, 광훈의 양부인 고지원이 찾아온다. 그는 기생으로 팔려 간 자기 딸 곱실을 찾는 중이다. 광훈은 읍내 주막의 기생 명월이 곱실이라는 것을 알아내고 부녀를 재회시킨다. 이때 경찰이 나타나, 운동에 가담했다는 혐의로 지원을 체포해 서울로 이송한다. 명월은 부친을 따라가 옥바라지하기로 한다. 서울로 간 그녀는 유행가 가수로 크게 성공한다. 한편 광훈은 지원 부녀의 일에 연루되었다는 이유로 학교에서 쫓겨난다. 그는 동경으로 가 자신이 좋아하는 곤충학을 연구하기로 한다. 광훈이 떠나고 얼마 후, 은명의 아버지가 세상을 떠난다. 홀로 남은 은명은 태식과 경주 부부의 계략으로 집을 잃고, 아들 천봉과 힘들게 살아간다. 태식은 은명을 돕는 척하며 접근한 후 겁탈한다. 소문을 통해 이 사실을 알게 된 광훈은 은명이 자신을 배신했다며 헤어지자고 한다. 은명은 괴로움에 자살하려고 하지만, 명월의 설득에 마음을 돌려 아들 천봉과 함께 서울로 간다. 명월의 권고로 유행가 가수가 된 그녀는 큰 인기를 얻는다. 세월이 흘러 광훈이 학위를 받아 대학 교수가 되어 귀국한다는 소식이 전해진다. 은명은 광훈과 재회할 수 있으리라는 일말의 희망을 갖지만, 그는 냉담할 뿐이다. 절망한 은명은 실성한다. 그제야 광훈은 그녀에 대해 연민을 느끼고 마음을 돌린다. 그는 은명을 정성껏 간호하여 병이 낫게 한다. 한편 은명을 괴롭혔던 태식은 가산을 모두 잃고 아편중독자가 된 데다, 경주와도 헤어진다. 광훈은 태식과 경주를 용서하고 그들을 도와준다. 감옥에 있던 지원이 석방되고, 명월은 애인과 결혼하는 등, 모두 행복하게 살아간다.

**【참고】** 연재 지면에 '雙虹舞 방인근 작'이라 표기되어 있다. 삼각관계의 중첩, 모략에 의한 남녀간의 이별과 고난 끝에 맞이한 재결합 등, 사건의 초점이 애정 관계에 집중되어 있는 통속성 강한 작품이다.

## 씨름 : 만년설. 조선지광1929.8.

**【내용】** 함경남도 창리가 고향인 명호는 가장 인기 있는 씨름선수이다. 그는 노동자의 '꼭지'로도 유명하다. 그는 창리에서 농사일을 하며 공부를 하다 함흥으로 와서 잡부로 시작해 지금의 목도꾼 자리에까지 오른 사람이다. 한 부자가 질소회사 땅 구만여 평을 사들여 소작료를 올리자 그는 농민회를 조직해 부자에게 준 영소작권을 조합에게 돌려 달라고 요구한다. 그는 농민회와 노동자 모임을 합친다. 그는 씨름판에서 조합 간부 춘성을 만나 그에게 소를 양보하여 조합으로 보낸다. 다음 날 상상(上上) 소가 걸린 시합이 펼쳐지고, 화춘 패거리들이 씨름판에 쳐들어와 행패를 부린다. 명호네 일파가 그들을 몰아내 시합이 재개된다. 명호가 시합에서 승리하자 화춘이 기뻐하며 손을 잡는다. 명호는 놀라면서도 같은 노동자인 화춘과 뜻을 함께하기 위해 그에게 소를 선물한다. 화춘과 그의 패거리들은 조합원이 된다.

**【참고】** 한설야가 '만년설(萬年雪)'이라는 필명으로 발표한 작품이다. 1929년 4월 《조선지광》에 발표한 「과도기」의 속편 격으로 알려져 있다. 《문예공론》에 「과도기」의 속편 격으로 「새벽」이라는 작품을 발표했으나 검열로 삭제당했으며, 그 이후에 다시 발표한 소설이 「씨름」이다. 소설 말미에 '1929. 5. 12'라고 표기되어 있어 완성 날짜를 알 수 있다. 작가는 부기에서 "이것은 「過渡期」(朝光四月號)의 續篇이다. 「過渡期」에 잇서 々筆者는 농촌의 몰락과 工業都市의 勃興 따라서 農民의 勞動者化의 過程을 그리려 하엿스나 「모럴」 小說이란 데 잡혀서 必然한 重點을 具現하지 못하엿고 表現에 잇서々도 杜撰이 적잔앗다. 그래서 藝術的良心이라 할가 곳 그 續篇인 「새벽」(文藝公論)을 스나 그만 削除를 當하고 말앗다. 누구보다도 애석히 생각하는 사람은 作者일 것이다. 그러나 그러타고 그저 잇슬 수도 업고 해서 實로 荊棘의 路를 헤치고 나가는 맘으로 머리를 썩어 가며 胎盤에서 抹殺된 「새벽」을 代身하고 中途半破의 「過渡期」를 延長(必然한 方向으로)하자는 意味에서 이 二部作 「씨름」을 쓰게 되엇다"며 그 창작 배경을 밝히고 있다.

# ㅇ

## 아기네 : 김동인. 동아일보1932.3.1-10.31(203회 완).

**【내용】** (1) 소년부장의 전사: 신라는 당의 힘을 빌려 백제를 치나 저항이 만만찮다. 흠춘과 품일의 아들 반굴과 관창의 희생으로, 분기탱천한 신라군은 백제의 수도까지 함락시킨다. (2) 의(義): 애국, 충성, 우애는 의기에서 나오는 것이며 용맹과 열정은 의를 기반해야 한다. 일생에 단 한 번 어떤 소원이든 들어준다는 '미력'에게 자신의 재산을 빼앗아 간 사람을 살려 달라고 비는 '일수'라는 노인을 통해 사람의 의협심과 동정심의 가치를 말한다. (3) 의협심: 어려운 상황에 빠진 사람을 볼 때 그를 도와주고 싶어 하는 마음이다. (4) 순교자: 토마스 신부는 자신이 죽는 그 순간까지 한국에 기독교를 보급하려 노력한다. (5) 제상(提上)의 충성: 신라 눌지왕의 동생 보해와 미해를 구출하기 위해 목숨을 바치는 박제상의 충성심에 관한 이야기이다. (6) 해적의 딸: 해적 두목의 딸 채연은 배 위에서만 살아와 육지를 동경한다. 해적두목은 채연을 달래려 뭍에서 또래 소녀 옥희를 데려오지만 결국 채연의 고집을 꺾지 못하고 옥희와 셋이 육지에서 행복하게 살게 된다. (7) 석가여래: '실달태자', 왕자로 태어나 부귀영화를 내던지고 고통을 체험하다 인생의 의미를 얻어낸다. 불교적인 의미보다도 싯다르타의 교리가 이 천 년이 지난 지금까지도 전해진다는 점을 강조한다. (8) 친구: 첫번째는 친구를 위해 대신 옥에 갇혀 사형당할 위기에 처한 상황에서도 친구가 돌아올 거라 믿는 사람의 이야기다. 두 번째는 가난한 집 아들 막동이 부잣집 아들 귀남을 불 속에서 구출해 내고 귀남 부모에게 인정받게 되는 이야기다. (9) 점순의 이야기: 알리바바와 사십 인의 도적 이야기다. 알리바바가 하 서방으로, 마르자나가 점순이로 번안되었다. (10) 천합소문의 아들: 양치기 소년 우화와, 고구려의 긴 역사가 거짓말 때문에 무너

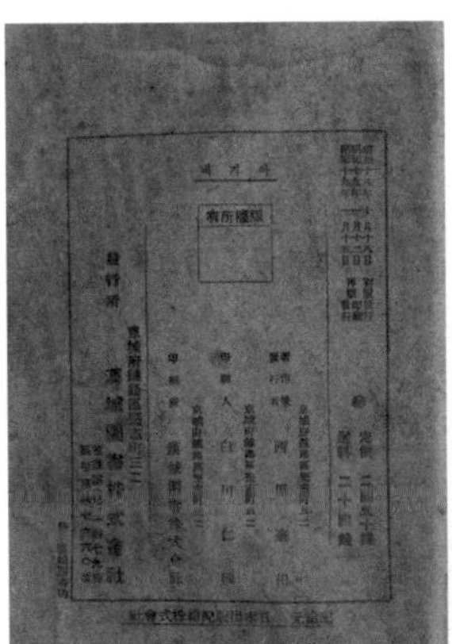

졌다는 두 가지 이야기다. 보장왕 25년 천합소문(연개소문)이 죽은 뒤 그 아들 남생, 남건, 남산이 거짓말 때문에 서로 싸우다가 고구려는 멸망한다. (11) 충언: 단말에 유혹당하지 말고 쓴말을 받아들일 줄 알아라. 의자왕은 백제 멸망 후 당나라에 잡혀가 성충의 쓴말을 무시한 것을 후회한다. (12) 초저녁의 별: 성서의 '주인과 종'이야기, 조지 워싱턴의 어렸을 적 일화, 김동인의 개인 체험, 이현수·박두식의 이야기를 통해 영리한 것보다는 고지식한 편이 낫다는 것을 가르친다. (13) 신무대왕과 궁파: 성서의 야곱과 에서, 장보고의 이야기를 통해서 고지식하지만 사려 깊을 것을 강조한다. (14) 떠오르는 해: 1-20회까지 주몽의 고구려 건설에 대한 이야기와, 21-30회까지 '아버지를 찾어서'라는 부제가 달린 류리태자 이야기로 구성되어 있다. 류리의 아버지 없는 설움과 가난한 삶 등이 구체적으로 서술되어 있다. (15) 형과 아우: 류리가 찾아온 후에 비류와 온조가 자신들의 갈 길을 찾아간다. (16) 빛나는 우물: 신라의 기원, 박혁거세 이후 신라 초기 왕조 이야기다. (17) 골육: 세상을 사랑하라, 그러기 위해서 가까운 사람부터 사랑하라. 가까운 사람을 사랑할 줄 모르는 사람의 죄후를 고구려 미천왕 을불의 이야기를 통해 전달한다. (18) 말 탄 온달: 무슨 일이든지 정성을 다하라. 일본의 소야도풍이 개구리가 수양버들 가지에 올라서기 위해 미끄러져도 포기하지 않고 여러 번 시도하는 것을 보고 자극받아 명필이 된다. 산에서 공부하다가 포기하고 내려가려던 사람이 노파가 쇠뭉치를 갈아 바늘을 만드는 것을 보고 다시 산으로 올라간다. 평강공주가 온달에게 기울인 정성이 온달을 장군으로 만든다.

**【참고】** 1932년 2월 28일자 《동아일보》에 김동인 작, 이상범 그림의 예고가 실려 있다. 그 내용은 '아동소설이라 할 만한 게 없어서 김동인이 쓰고, 이상범의 재미있는 그림을 넣을 테니 자녀들에게 읽히라'는 것이다. 2월 29일부터 연재할 것이라 예고했으나 실제로는 3월 1일부터 연재되었다. '서두'라는 소제목이 붙은 첫 삼 회는 김동인이 아들 일환에게 보내는 편지의 형식이며, 그 이후는 열세 살 난 아들을 위한 이야기와 열 살 난 딸 옥환을 위한 이야기들로 구성되고, 작가 자신이 직접 이야기의 주제와 교훈을 알려 주는 형식이다. 아동소설을 써 달라는 동아일보사의 요청을 거절하다가 계모 밑에서 자라는 자식들을 아끼는 마음과 미안함 때문에 결국 승낙했다는 사실 등이 서술되어 있다. 《동아일보》 137회분부터 '아기네'라는 제목 없이 '떠오르는 해' 등의 소제목들만 달려 연재되고 연재 횟수도 1회로 다시 시작하나, 내용으로 보아 같이 묶일 수 있는 텍스트이다. 1949년 한성도서주식회사에서 '화랑도'로 개제되어 단행본으로 출판되었다.

## 아내/안해 : 안석영. 여성1936.11-1937.4(6회 전편 완).

**【내용】** 최 씨와 리령란은 연애 끝에 결혼하여 신가정을 이룬다. 회사를 다니는 남편은 지식인 출신으로 남들에 비해 깨인 인물이나, 함께 가정을 이루며 살아 보니 당시 남성들이 가지고 있던 가부장주의와 허영에서 완전히 자유로운 인물은 아니라는 것을 알게 된다. 그러나 령란은 여기에 좌절하지 않고 희생하는 마음으로 가정을 무사히 꾸려 나간다. 최 씨가 평소 존경하던 한학자 풍원 선생이 나이가 들어 이전과 같은 기개를 보여 주지 못하는 데 두 부부

는 실망을 느낀다.

**【참고】** 지식인 남편과 함께 가정을 꾸리는 신여성 아내의 심경을 서술하는 작품이다. 남편의 외도와 같은 외부적 요인에 의한 갈등이 아니라 남편과 아내 사이의 인식 차에서 벌어지는 내적 갈등을 심리 묘사 위주로 치밀하게 서술하려는 의도를 보여 준다. 5회부터는 '이제는 남편 최 씨에 대해 서술해 보자' 라는 서술과 함께 서술의 초점이 바뀌어 풍원 선생의 이면성을 풍자하는 내용이 이어진다. '안해 전편 종료' 라는 설명과 함께 연재가 종결되었다.

## 아내/안해 : 장혁주. 신세기1940.11(2회)-1941.6(4회 미완).

**【내용】** 스물네 살의 양희는 조혼하여 일곱 살배기 딸 영조와 그 동생 영애를 두고 있다. 자신과 결혼할 때만 해도 어린 중학생이었던 남편은 학교를 졸업하자 사범학교 여생도와 눈이 맞아 바람이 나기도 했다. 양희는 자신에게는 정이 없는 남편과 시어머니의 구박으로 힘든 나날을 보낸다. 그러던 어느 날 대구에 살고 있던 양희는 어머니가 다리를 절단하여 위급하다는 연락을 받고 급히 친정인 경주로 내려간다. 고향에 내려가자 연약해 보이는 여동생 양순과 시누이가 애처롭게 그를 맞이한다. 아픈 와중에도 시누이를 구박하는 어머니를 보며 양희는 시어머니에게 구박받는 자신의 처지와 시누이의 처지가 비슷하리라 안타까운 마음이 든다. 오랜만에 고향에 온 양희에게 친구 금희가 찾아와 반가운 해후를 하고, 잇따라 친구들이 찾아온다. 말순, 용희, 신숙 등 옛 친구들과 오랜만에 만난 양희는 순탄치 않은 결혼생활 등을 이야기하며 회포를 푼다. 그는 결혼 전 용희의 오빠가 자신을 부랑배들로부터 구해 준 것을 생각하며 그와 결혼했으면 어땠을까 잠깐 생각해 보기도 한다. 친정에서 살고 있던 신숙은 남편이 가산을 탕진하니 어쩌면 좋겠냐며 눈물로 호소한다. 그렇게 밤을 보내는데 동생 양순이 어머니가 위급하다고 알린다. 숨이 곧 멎을 것 같은 어머니를 보며 양희는 장례 준비에 심란하다. 무엇보다 묘지 자리를 구하지 못한 것이 제일 마음에 걸린다.

**【참고】**《신세기》 1941년 4월호 광고에 따르면, 이 작품이 『장혁주 장편 걸작 선집』(전5권) 중 제5권으로 예정되었다고 한다. 《신세기》 결호로 인해 연재 시작을 확인할 수 없다. 《신세기》 1940년 11월호 목차에 '熱狂의 長篇 안해 第二回分 堂堂八十枚發表' 라고 되어 있다. 동지 11월호 2회 연재 말미에 "煩惱하는 當代女性의 心境을 描破하야 全女性의 눈물을 자아내게 하는 張先生의 이 流麗한 筆致, 장차 次號에는 어떠한 局面으로 發展해 나갈 것인지?" 라는 부기가 있다. 또한 '張赫宙傑作選集 第一回 配本 長篇 女人肖像 全 五冊 定價 各 一圓五十錢 十二月發賣豫定' 이라는 광고가 실려 있다. 《신세기》 1940년 11월호에 2회 및 1회 줄거리 개요 첨부, 1941년 1월호에 3회, 4월호에 3회續, 6월호에 4회 게재, 말미에 '四章未完次號續' 표기가 있으나 이후 잡지 폐간으로 중단되었다. 조혼의 폐습을 견디며 아내와 어머니로서 순응하며 살아가는 여인의 운명에 대해 그리고자 한 것으로 보이나 전체 내용을 확인할 수 없다.

## 아들의 원수 : 이광수. 신소설1929.12-1930.5(5회 미완).

**【내용】** T라는 홀아비에게는 S라는 외아들이 있다. 아들이 열여섯 살 되던 해, T는 H 아무개의 딸과 아들을 혼인시킨다. H 아무개의 딸은 촌에서는 보기 드문 미인인데 T가 천오백 냥을 주고 자기 아들과 혼인을 시킨 것이다. 어느 날 밤늦도록 아들이 귀가하지 않자 이를 이상히 여긴 T는 아들을 찾아 나서고, 누군가에게 맞아서 초죽음이 된 아들을 우물가에서 발견한다. 아들은 결국 죽고 T는 아들을 죽인 범인을 찾는 데 혈안이 된다. 그는 아들의 죽음에 며느리가 연루되었을 것이라는 심증을 갖고 여러 가지 방법으로 며느리를 시험해 보지만 결정적인 단서를 잡지 못한다. 경찰은 유력한 용의자로 며느리와 친분이 있는 양호와 미력이라는 두 사내를 잡아온다.

**【참고】** 잡지 폐간으로 5회 연재 후 중단되었다. N이라는 화자가 T라는 인물에게 일어난 일을 관찰하고 그 내용을 서술하는 방식으로 서사가 진행되었으며, 추리소설의 기법을 실험적으로 도입했다. 《신소설》의 소장처가 확인되지 않아, 『이광수문학사전』(고대출판부2002)을 참고하였다.

## 아름다운 결혼/美しき結婚 : 장혁주. 赤塚書房(日)1939.

**【내용】** 내용 생략.

**【참고】** 1930년대 한일 간의 혼혈아 문제를 다룬 일본어 소설이다. 《국민신보》에 연재되었던 「処女の倫理」를 가필하고 개고하여 단행본으로 출간한 작품이다. 1930년대의 대구를 배경으로 한·일 혼혈로 태어났거나 조선에서 성장한 일본인 여성들의 지난한 삶을 형상화하여 식민치하의 사회적 갈등 양상을 부각시킨 작품이라 할 수 있다. 이면에는 조선인과 일본인, 그리고 조선에 거주하는 일본인들의 궁극적인 화합을 호소하고 있다는 점에서 내선일체에 의한 황국식민화라는 일제의 정책을 뒷받침하는 작품임을 부정하기 어렵다.

## 아름다운 새벽

채만식. 매일신보1942.2.10-7.10(145회 완) ; 박문서관1947.

**【내용】** 소설가 준은 조혼한 연상의 아내 서 씨를 싫어하여 멀리한다. 어릴 적 동무의 거짓말에 속아 나이 많은 아내에 대한 공포심을 갖게 되었기 때문이다. 서 씨는 시어머니 강 부인과 함께 담담하게 살아간다. 가정을 내팽개친 채 밖으로 나돌던 준은 친구 오태평의 사촌누이 나미와 사랑하는 사이가 된다. 그는 나미와 서 씨 사이에서 고민하다가 결국 서 씨와 이혼할 생각을 한다. 서 씨는 이혼을 허락하고 병으로 죽는다. 모친 강 부인의 개입으로 나미와의 결혼이 무산되자 준은 좌절한다. 이때 준 앞

에 용순이 나타난다. 용순은 자신의 부친과 동갑인 홍 주사에게 속아 결혼했다가, 그 사실을 알게 된 본처에게 봉변을 당하고 집에서 내쫓겨 기생으로 전락한 인물이다. 용순은 준의 빨래를 해 주는 여인의 딸로, 금광에서 덕대 일을 하는 부친 밑에서 가난하게 성장한 여인이다. 준과 용순은 새로운 희망을 찾기 위해 함께 안양으로 가 농군이 되려는데, 마침 나미가 준의 아이를 안고 그를 찾아온다. 이를 본 용순은 자살하고 준은 죄의식에 휩싸여 홀로 길을 떠난다.

**【참고】**《매일신보》 연재 말미에 '17.7.6.새벽'이라고 표기되어 있어 이해가 소화 17년(1942)임을 알 수 있다. 1947년 박문서관에서 단행본으로 출간되었는데, 작품의 내용이 《매일신보》 1942년 4월 21일까지 연재된 68회분만 포함하고 있으며, 소설 말미에 '전편 종'이라 표기되어 있다. 따라서 일부 논문 등에서 이후의 내용이 창작되거나 발표되지 않은 것으로 오해를 불러일으켰으나 실제로는 《매일신보》에 모든 내용이 연재 완결되었다. 1987년 창작사에서 출판된 『채만식 전집』에 「아름다운 새벽」이 실려 있으나 박문서관본과 동일한 내용이며, 후편이 발표되지 않았다는 편집자의 기록이 있으나 실제로는 신문 연재본 내용 중 후반부가 출판되지 않은 것이다. 《매일신보》 1942년 2월 2일자에 연재를 예고하는 작가의 말이 실려 있는데, '새로운 생활에의 새로운 출발'을 위해 '국민문학'을 시험하려 했다고 밝혔다.

## 아름다운 새벽 : 정인택. 아동구락부1950.1-6(6회 미완).

**【내용】** 내용 생략.

**【참고】**《아동구락부》는 1949년 창간한 아동잡지 《진달래》가 제호를 바꾸어 1950년 신년호부터 새로 낸 것이다. 총 6회 발행되었는데, 발행 중지와 함께 정인택의 작품도 미완 상태에서 연재가 중단되었다.

## 아름다운 억제/美しき抑制 : 장혁주. 河出書房(日)1941(412면).

**【내용】** 내용 생략.

**【참고】** 작가의 청소년기 고뇌를 가족관계에 역점을 두어 기록한 일본어 소설이다. 이른바 장혁주의 '인간의 굴레(人間の絆) 삼부작'이라고 하는 「인간의 굴레(人間の絆)」, 「아름다운 억제(美しき抑制)」, 「푸른 북국(緑の北國)」 중에서 제2부에 해당하는 작품이다. 이 '인간의 굴레 삼부작'은 모두 「애원의 정원(哀怨の園)」을 원형으로 쓰여진 소설들로서, 한마디로 작가 장혁주의 청소년기의 정신적, 육체적 고투를 가정 환경과 가족 관계에 역점을 두어 기록하고 있다. 「美しき抑制」는 「家」와 「아름다운 억제」라는 제각기 독립된 작품을 한데 묶어 놓은 형태를 취하고 있다. 부모와의 애증 관계를 중점적으로 다루고 있으며, 전반부는 엘리트 청년이자 지주인 우신철이라는 인물을 중심으로, 후반부는 소설가이자 정년 교사인 서정영이라는 인물을 중심으로 그리고 있다. 중요 내용은 주로 후반부에 있으며, 부모와의 관계, 여교사와의 사랑 등을 주로 묘사하고 있다. 부모에 관한 이야기는 거의 다 사실에 의한 것으로, 특히 박진감 있는 묘사가 돋보인다는 평가를 받기도 한다.

## 아리랑 : 문일. 박문서관1929.

**【내용】** 최영진은 사립전문학교 2학년에 다니다가 퇴학당하고 귀향한 후 미쳐 정신이 온전치 못하다. 부친은 그의 학비를 대기 위해 지주 천상민에게 꾼 삼백 원을 갚지 못해 독촉에 시달린다. 상민의 청지기 오기호는 영진의 누이동생 영희를 자신에게 시집보내면 빚을 대신 해결해 주겠다 한다. 어느 날 영진의 친구 윤현구가 서울에서 내려온다. 영희와 현구는 서로를 마음에 두고 있다. 기호는 영진의 부친이 딸을 주지 않으려 하자 안달한다. 마을 사람들이 현구를 맞이할 준비로 분주해지자 그 틈을 타서 기호는 영희를 강제로 겁탈하려 한다. 이때 현구가 달려들어 기호와 격투를 벌인다. 이 광경을 보고 있던 영진은 기호를 낫으로 찔러 죽인다. 영진은 제정신으로 돌아오고 순사에게 잡혀간다. 아리랑 고개 너머로 끌려가는 영진을 보며 영희와 현구, 마을 사람들이 아리랑 노래를 목메어 부른다.

**【참고】** 1926년 개봉되어 선풍적인 인기를 끌었던 나운규의 「아리랑」을 저본으로 한 영화소설이다. 영화 「아리랑」의 시나리오는 나운규가 직접 쓴 것으로 알려져 있다. 소설은 시나리오를 바탕으로 단성사 변사 서상필의 도움을 받아 문일(文一)이 정리한 것이다. 영화 「아리랑」의 필름은 발견되지 않아 전체 내용이 정확하게 파악되지는 않으나, 각종 인터뷰와 박문서관본의 영화소설로 인해 그나마 대강의 내용이 전해진다. 주인공 영진 역에 나운규, 영희 역에 신일선, 현구 역에 남궁운, 오기호 역에 주인규 등이 연기하였으며 촬영은 이명우가 맡은 것으로 알려져 있다. 일제강점기 나라 잃은 백성의 통한을 영진과 영희, 현구의 아픔을 통해 표현한 영화는 아리랑 노래와 더불어 대중들에게 깊은 감동을 안겨 주었다. 당시 신파물이 대세를 이루던 영화계에 나운규의 「아리랑」은 민족의 울분을 그린 리얼리즘 계열의 작품으로 큰 반향을 일으켰다.

## 아리랑 고개/ありらん峠 : 김문집. 박문서관1938.

**【내용】** '나'는 남대문 근처에서 유서 깊은 달비집(가발 가게)을 운영하다가 몰락한 최씨가의 자손이다. 달비집은 장사를 팽개치고 동학당에 가담했던 가게 주인과 일본과 미국을 통해 일시에 밀어닥친 개화의 기운 탓으로 쇠퇴한다. '나'는 달비집 점원 신 서방과 가게 주인의 정부인 달비집 여주인과의 사이에서 태어난, 불륜의 소산이다. 동학당에 심취해 집을 나간 가게 주인은 행방불명되고, 주인의 여자를 임신시킨 신 서방은 목을 매어 자살한다. '나'의 어머니 달비집 여주인 또한 신 서방의 죽음 이후 오래 우울증을 앓다가 비상을 먹고 자살한다. 이처럼 비극적인 태생을 지닌 '나'는 고학으로 출세할 꿈을 안고 일본으로 건너간다. 어떤 계기로 '나'는 여성의 모발과 털에 집착하는 도착 증세를 갖게 되고, 수많은 여성의 모발과 털을 부도덕한 방법으로 수집하다가 전과자로 전락한다. '나'는 결국 일본 유학을 포기

하고 수천 명의 여자 털을 모은 가방만을 전 재산으로 들고 서울로 돌아온다. 우연한 기회에 술집 여급 이향의 풍성한 머리카락에 매료된 '나'는 '서울총각회관'의 바텐더가 되어, 전쟁과 이데올로기, 치부에 빠진 세상을 냉소하며 '모발미학'에 심취한다.

**【참고】**『ありらん峠』는 일본어로 쓴 창작집이다. 중편 「아리랑 고개」 외에 8편의 작품이 실려 있다. 김문집은 한국문학사에서 소설가보다는 비평가로서 주목된다. 그는 탐미주의자를 자칭하며 악마주의적 경향까지 내포하고 있는 것으로 평가된다. 그의 비평은 이론 및 분석을 거부하고 느낌과 감각에 의존하는 인상주의 비평의 성격이 강하다. 이러한 문학관을 반영하듯, 소설 「아리랑 고개」는 여자들의 모발과 털을 수집하는 변태적 페티시즘을 그린 특이한 소설이다. 이 소설에서 여성의 모발을 향한 '나'의 변태적 탐미는 '전쟁이나 돈이나 정의를 좋아하는 전 세계 속인' 들에 대한 조소와 경멸을 담은 일종의 예술적 저항처럼 묘사된다. 소설집 『ありらん峠』는 1938년 박문서관에서 발간되었고 춘원 이광수가 서문을 썼다. 작가 김문집은 1930년대 한국에서 비평가로 활동하다가 1940년 이후 일본으로 건너가 귀화했다. 1958년 동경 第二書房에서 소설집 『ありらん峠』를 다시 출간한다.

## 아사/餓死 : 이기영. 조선지광1927.2(1회 완).

**【내용】** 정 첨지는 앓아누워 있다. 병이라기보다는 계속된 굶주림으로 기력을 소진하여 몸져 누워 있는 것이다. 그런 그에게 딸 돌순을 최 주사의 첩으로 팔라는 제의가 들어온다. 그는 처음에는 완강히 거절하나 기력이 쇠하여 죽기 직전에 그것을 허락한다.

**【참고】** 단편으로, '「농부의 집」 속편' 이라고 표기되어 있다. 「농부의 집」은 1927년 1월 같은 지면에 발표된 단편이다. 「아사」와 「농부의 집」 두 편을 합하여 하나의 중편이 되었으므로 여기 수록한다 정 첨지의 병세가 심해지면서 자존심을 포기하고 딸을 팔 결심을 하는 과정이 밀도 있게 서술되어 있다.

## 아세아의 여명/亞細亞의黎明 : 박태원. 조광1941.2.

**【내용】** 남경이 일본에 함락된 후 어수선한 가운데 국민당 주석 장개석과 그 일행이 중경에 모여 회의를 한다. 무조건 전쟁에 총력을 기울여야 된다는 항전파에 맞서 부주석 왕조명이 일본과의 평화 협상을 주장한다. 항전을 주장하는 이들은 공산당의 교란 작전이 우려된다며 이를 반대하고, 왕조명은 전쟁에 피폐해진 국민들의 처지를 생각해야 된다며 화평을 역설한다. 그러나 항전파들은 뜻을 굽히지 않고, 왕조명은 국민당 내에서 자신의 입지가 불리해졌음을 깨닫는다. 그는 장개석과 인연을 끊고 동지들을 규합하여 화평구국운동에 나설 것을 결심한다. 먼저 중경을 탈출하여 운남성 곤명에 있던 주불해가 자신은 하노이로 가겠다며 기별을 해 온다. 아내 진벽군 또한 곤명에서 조명을 기다리고 있다. 왕조명은 중경 탈출을 결심하고, 동지인 증중명과 교통부차장 팽학패의 도움을 받는다. 란주에 가게 된 장개

석 일행의 마중을 핑계로 비행장에 나온 왕조명은 팽학패가 주선한 비행기를 타고 곤명으로 향한다. 때가 여의치 않아 같이 탈출하지 못했던 증중명 또한 며칠 후 곤명에서 조우하고 이들은 하노이로 간다. 주불해, 임백생, 매사평 등 동지들이 이들의 탈출을 반긴다. 왕조명이 중경을 떠난 것을 알게 된 장개석이 편지를 보내 그를 회유하려 한다. 그러나 왕조명은 일본과의 화평을 주장하는 내용의 화평통전을《남화일보》에 게재한다. 왕조명 일행을 감시하던 특무공작대 제삼처장 정묵촌은 이를 읽고 감동하여 화평파를 밀탐하던 자신의 처지를 부끄럽게 생각한다. 정묵촌은 더 이상 장개석의 인형으로 살아가지 않기로 마음먹는다. 한편 또 다른 특무공작대 제이처장 대립은 장개석의 신임을 차지하기 위해 혈안이 되어 왕조명 일행을 찾는다. 왕조명 일행이 위험에 처할 때마다 정묵촌은 음밀히 쪽지를 보내 이들을 위기에서 구해 준다. 대립의 왕조명 암살 계획을 알아챈 정묵촌은 이를 알리고, 동지들이 왕조명을 피신시킨다. 이 와중에 증중명이 총을 맞아 죽음을 맞는다. 그의 임종을 지켜본 왕조명은 구국평화 운동에 힘쓸 것을 다짐한다.

**【참고】**《조광》 표지와 목차에 '400매 전재 정치소설'로 소개되었다. 국민당 요직에 있으면서 장제스와 대립하였던 왕자오밍이 중일전쟁 이후 일본과 화친을 주장하며 난징에 친일 괴뢰정권을 수립하는 과정을 그린 작품이다. 왕자오밍 일파를 '平和救國의 雄志를 품은 憂國 熱血의 志士'로 미화하고 있어 박태원의 대표적인 친일 작품으로 거론된다.

## 악마/惡魔 : 박태원. 조광1936.3-4(2회 완).

**【내용】** 학주는 회사에 다니는 평범한 가장이다. 친구가 경영하는 약국에서 임질환자가 '노보루'라는 약을 사는 것을 보고 비웃었는데, 임질이 심해지면 임란성 결막염이 생겨 실명할 수도 있다는 친구의 설명을 듣고 웃음을 멈춘다. 회사 동료에 이끌려 유곽에 다녀온 학주는 자신이 임질에 걸릴지도 모른다는 고민에 빠진다. 요도가 아파오자 자신이 임질에 걸린 것이라고 여긴 학주는 몸을 결벽증적으로 자주 씻고, '노보루'를 습관적으로 복용한다. 타인의 병균이 자신에게 옮는 것을 상상하고 사람들이 병균을 옮기는 악마가 아닌가 생각하기까지 한다. 아이의 다래끼, 아내의 눈의 농즙이 자기의 탓이라고 자책하던 그는 고민 끝에 결국 병원을 찾게 된다.

**【참고】** '중편소설 惡魔'라는 제목으로《조광》에 상·하편으로 분재되었다. 사건 진행보다 임질이라는 질병을 둘러싼 주인공의 심리 변화를 치밀하게 묘사하는 데 치중한 실험성이 두드러진 작품이다. 소설의 창작 기법 면에서 논의될 여지가 많은 작품이지만, 당대 평단의 주목을 끌지는 못했다. 박태원은 「내 예술에 대한 항변—작품과 비평가의 책임」에서 "「악마」와 같은 작품은, 임병과 임란성 결막염을 취급한 것으로, 다른 모든 것을 제외하고라도, 이러한 방면에 새로운 제재를 구하여 보았다는 한 가지만으로도, 작자의 노력과 공부는 마땅히 문제되어야 옳을 것임에도 불구하고 내가 듣고 또 본 한도에 있어서는 한 사람도 이 작품에 의견을 말한 이가 없었다"라는 말로 이 작품에 대한 비평가들의 논의가 제대로 이루어지지 않는 것에 대해 불만을 표했다.

## 악마/惡魔 : 방인근. 문운당1949(201면).

**【내용】** 일본에 건너가 크게 성공한 무역상 김태욱은 애경이란 딸과 산다. 태욱의 집 곁채에 사는 치달은 주색을 좋아하는 불량한 성품의 사람으로, 태욱의 심부름을 해 주며 처자와 살고 있다. 태욱이 불량한 치달을 점차 불신하게 되자, 치달은 태욱을 죽이고 재산을 가로챌 계획을 세운다. 치달은 태욱을 속여 무인도로 데리고 가 절벽에서 밀어 떨어뜨려 살해한다. 혼자 돌아온 치달은 태욱의 유서를 위조해 애경에게 보내고, 사업을 정리한다는 명목으로 태욱의 재산을 가로챈다. 치달의 행태를 수상히 여긴 애경은 필적 대조 결과 그의 악행을 알게 되고, 이를 눈치챈 치달은 애경을 속여 지하실로 끌고 가 생매장하고 애경의 유서도 위조한다. 치달은 가족을 이끌고 다른 곳으로 이사한다. 한편 지하실에 갇힌 애경은 쥐구멍을 발견하고 이를 통해 구조를 요청한다. 새로 이사 온 조선인 안주석 일가가 애경을 발견하고 구조해 준다. 애경은 치달에게 복수할 것을 결심한다. 재산을 모두 빼앗긴 애경은 남장한 채로 장사를 하며 치달의 뒤를 쫓아 일본 전역을 떠돈다. 애경은 비범한 이재를 발휘하여 큰 재산을 모은다. 그러던 중 명성우라는 고학생을 만나 일체의 학비를 후원하기로 하고 친구가 된다. 학병을 피해 도망 다니는 성우와 함께 만주로 간 애경은 점차 성우에게 애정을 느끼지만, 애경이 남자인 줄로만 아는 성우는 애경의 감정을 전혀 눈치채지 못한다. 다른 여자와 연애하느라 만주에 남겠다는 성우를 뒤로한 채 애경은 홀로 조선으로 귀국한다. 애경은 서울 거리에서 8년 만에 우연히 치달을 발견한다. 애경은 복수할 계획을 세우고, 우선 치달의 뒷집으로 이사한다. 애경은 먼저 치달의 아들 부부가 파경에 이르도록 유도한다. 그리고 치달의 후처가 미신에 약하다는 점을 이용, 점쟁이로 변장하여 전 부인 소생인 치달의 아들을 독살하도록 사주한다. 그런 후 귀신으로 변장하고 치달 앞에 나타난다. 치달은 눈앞에 나타난 상대가 애경의 원혼이라고 여겨 자신의 범행 일체를 자백한다. 치달의 죽음으로 복수에 성공한 애경은 남장을 벗어 버리고 자신을 지하실에서 구해 주었던 안주석 내외를 양부모로 모시고 행복하게 산다. 어느 날 만주에서 아내와 사별한 성우가 애경을 찾아오고, 애경은 자신이 원래 여자였음을 밝힌다.

**【참고】** 문운당본 표지에 '方仁根 著 探偵小說 惡魔'라고 표기되어 있다. 직업적 탐정이 등장하지는 않고, 부친의 원수를 갚기 위한 딸의 행동이 서술된 작품이다.

## 악마의 저주/惡魔의咀呪 : 김백악. 서울1920.4 ; 한성도서1920.

**【내용】** 평안도 거부의 아들 김일성은 일본에서 대학을 졸업한 뒤 귀국한다. 그는 친구 최현

수의 소개로 이순경을 만나 결혼을 약속한다. 평양고등여학교를 졸업한 순경은 재색을 겸비한 신여성이다. 일성은 결혼을 앞두고 고적 조사위원으로 발령 받아 삼 개월 동안 조사를 하기 위해 경상도로 떠난다. 그는 경주에서 순경의 동창 최성숙을 만난다. 일성이 사고로 부상당하자, 그를 짝사랑하는 성숙은 극진히 간호한다. 일성과 순경의 사랑을 시기한 성숙은 두 사람 사이를 방해하기 위해 일성과 순경이 서로에게 보낸 편지를 중간에서 가로챈다. 일성은 성숙의 계교를 안 뒤 오히려 순경을 더욱 사랑한다. 한편 평양에 있는 순경에게 성숙의 사촌오빠 최은식이 접근한다. 그는 순진한 처녀들의 정조를 희롱하는 인물로, 우연히 본 순경의 자태에 반해 음모를 꾸민다. 은식을 친오빠처럼 따르던 순경은 어느 날 약을 탄 음료수를 마시고 정신을 잃은 상태에서 은식에게 정조를 빼앗긴다. 순경은 괴로워하며 일성과 결혼하지 않고 독신으로 살겠다고 다짐한다. 몸에 이상을 느껴 의사인 현수를 찾은 순경은 그에게 자초지종을 이야기한다. 현수는 순경에게 임신 사실을 알리는 대신 뱃속에 종양이 있다고 말한 뒤 종양 제거 수술로 가장하여 뱃속의 아이를 유산시킨다. 평양으로 돌아온 일성은 순경과 현수에게서 대강의 이야기를 들은 뒤 순경과 결혼한다. 일성은 은식이 만주에서 마적에게 살해당했다는 신문 기사를 보고 악인이 천벌을 받은 것이라 여긴다.

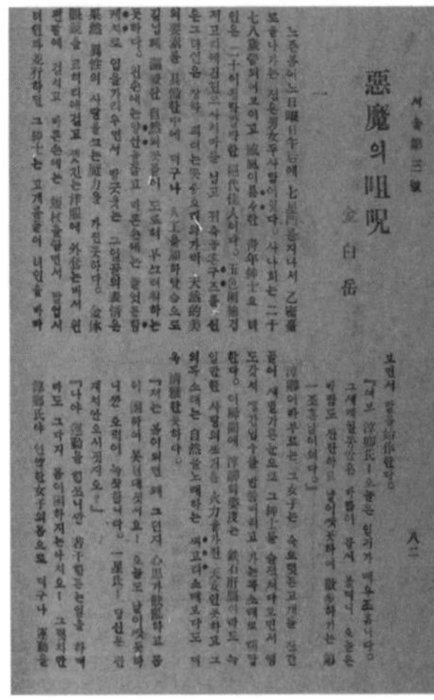


**【참고】**《서울》 3호(1920.4)에 문예 부록으로 실린 작품 중 한 편이다. 부록이 시작되는 첫 장에 '善으로 模範을 삼고 惡으로 懲戒를 삼으라' 는 구절이 있으며, '惡魔의 咀呪 金白岳' 이라고 표기되어 있다. '백악' 이라는 필명으로 발표된 김환의 작품이다. 등장인물의 말을 통해 평양의 명소에 대한 설명이 제시되어 있다. 아담과 이브, 선과 악의 문제에 대한 기독교적 관점이 드러나 있기도 하다. 이와 내용이 유사한 작품으로 박승엽의 『열정의 불길』(덕창서관1926), 백남신의 『열정』(태화서관 1926), 고유상의 『애정』(회동서관 1927) 등이 있다.

## 악몽/惡夢 : 함대훈. 한성도서주식회사1937.

**【내용】** 원철과 영자와 경숙은 세쌍둥이라 불릴 만큼 가까운 사이의 친구들이다. 영자와 애인 관계로 있던 원철은 영자가 요양 차 제주도에 일 년간 내려간 사이에 경숙과 사랑에 빠지게 된다. 영자는 계속해서 원철에서 사랑의 마음이 담긴 편지를 보내 오고 원철은 죄책감에 고민한다. 결국 원철은 경숙이 육체를 무기로 자신을 전리품처럼 다루는 데 분개하고 영자의 순수한 사랑을 진정한 것이라 생각하게 된다. 원철은 경숙과의 관계를 후회하지만, 결혼을 하게 되고야 만다. 몸이 회복되어 돌아온 영자는 그 사실을 알고 원철을 잊지 못해 괴로워한다. 일 년 후 우연히 영자를 만난 원철은 자신의 결혼을 후회하면서 영자에게 결혼해 달라고

요청한다. 영자는 고민에 빠지나 원철의 설득에 넘어가 하룻밤을 보내고 임신하게 된다. 그러나 경숙과 이별하고 영자와 살 거라던 원철은 약속을 어기고 아들 사종과 함께 경숙과의 행복한 가정을 꾸린 채로 지낸다. 영자는 배신감에 치를 떨다가 밤중에 원철의 집에 침입하여 원철의 몸에 휘발유를 뿌리고 방화를 한다. 온몸에 화상을 입은 원철은 병원에 실려가면서 헛소리를 하고 영자는 방화범으로 붙잡힌다.

**【참고】** 작가가 《조광》에 연재했던 「순정해협」을 단행본으로 간행하면서, 「순정해협」의 분량이 짧아서 추가로 삽입한 작품들 중의 하나다. 60쪽 정도로 중편에 해당하는 분량이다. 파국으로 치닫는 삼각관계를 묘사한 통속소설이다.

## 암류/暗流 : 최인준. 신동아1934.9-12(4회 완).

**【내용】** 철은 서울에서 대학을 다니다 오랜만에 고향으로 돌아온다. 부친은 철의 학비를 대느라 고생하다 일찍 죽고, 모친은 중풍에 걸려 반신불수가 되었다 혼수상태에 빠져 숨이 멎는다. 철은 훌륭한 사람이 되라는 부모의 기대를 저버리고 몇 년간 집에 찾아오지도 않은 데 죄책감을 느낀다. 철은 학비가 없어 이 년 만에 대학을 중퇴하고 백수 생활을 했던 것이다. 철은 동생 룡에게 시골에 정착할 결심을 말한다. 철은 룡과 같이 시골 일을 시작하면서 육체적 고통과 정신적 권태로 괴로워하다 지게를 지고 비탈에서 미끄러져 크게 다친다. 철의 병은 갈수록 위중해지고, 룡의 정혼자 임순은 철을 성심껏 간호한다. 그녀는 철이 자신을 바라보는 눈빛이 심상치 않음을 깨닫고, 자신을 붙드는 철의 팔을 뿌리친다. 이후 철의 병은 더 깊어지고 그는 갈수록 임순만을 찾는다. 룡은 철에게 분노하고 둘은 임순을 두고 다툰다. 철은 임순이 자신의 마음을 거절하자 자살한다.

**【참고】** 총 7장으로 구성된 작품이다. 소설 말미에서 겨울 내 흐르는 암류가 언젠가는 봄을 맞을 것이라고 희망을 예견하는 듯하다가, '봄—그러나 봄은 아직 멀다' 라고 희망이 다가오기 전의 기나긴 고통을 암시하며 글을 끝내고 있다.

## 압록강을 건너서 1/鴨綠江을건너서 : 박루월(서지불명).

**【내용】** 「압록강을 건너서 2」 참조.

**【참고】** 아래와 같은 광고가 발견되지만 작품은 확인되지 않았다. 「압녹강을 건너서 2」와 동일한 작품이 아닐까 추측되지만 확인되지 않았으므로 아직은 각각 별항으로 처리한다. 《영화시대》 1932년 2월호 광고에 다음과 같이 소개되었다. '朴淚月 作 戀愛映畵小說 鴨綠江을 건너서' "오 젊은 靑春男女들아! 그대들이 眞情한 愛를 맛보고 십거든 누구보다 長長秋夜에 등불을 동무삼아 이 册을 읽으라! 이것은 現 過渡期에 잇는 靑春男女의 自由戀愛結婚을 主唱하며 一大社會問題의 一考察을 要하는 必讀할 價値 잇는 大名篇이다."

## 압록강을 건너서 2/압녹강을건너서鴨綠江을건너서 : 작자미상(서지불명,108면).

**【내용】** 신의주에 사는 김은식과 리영숙은 서로 사랑하는 사이지만, 집안의 반대로 결혼에 어려움을 겪는다. 은식의 모친은 영숙의 아버지가 좋지 않은 사람이라는 이유로 결혼을 반대한다. 영숙의 아버지는 욕심 많은 주정뱅이로, 딸을 돈 많은 사람에게 시집보내려 한다. 어느 날 은식의 친구인 최영보란 자가 영숙을 보고 음심을 품는다. 그는 육욕만 아는 자로, 은식의 누이 은순과 결혼했으나 곧 그녀를 버리고 불행하게 만든 장본인이다. 영보는 영숙의 부친에게 돈을 줄 테니 딸을 달라고 하여 승낙받는다. 이 사실을 알게 된 은식과 영숙은 함께 도망치지만, 이내 영보에게 붙잡힌다. 영숙은 어디론가 끌려가고, 은식은 홧김에 카페를 떠돌며 술을 마신다. 그러던 중 은식은 우연히 카페 여급들로부터 영보가 영숙을 끌고 백두산 벌목장으로 갔다는 말을 듣고 그 뒤를 따른다. 한편 영숙은 백두산 벌목장의 외딴 건물에 갇힌다. 영보가 그녀를 겁탈하려는 순간, 은식이 뒤따라와 구해 준다. 두 사람은 산길로 달아나지만 다시 영보 일당에게 붙잡힐 위기에 처한다. 그들은 최후의 수단으로 강을 흐르는 뗏목에 뛰어오른다. 두 사람은 폭포에 떨어지기 직전에 맞은편 강변에 다다르지만, 추격하던 영보는 폭포를 피하지 못하고 떨어져 죽는다. 위험에서 벗어난 은식과 영숙은 기차를 타고 함께 봉천으로 떠나기로 한다.

**【참고】** 위와 같은 내용의 작품이 실재하지만, 그 밖의 서지사항이 불명한 관계로 위 「압록강을 건너서 1」과 동일한 작품인지 아닌지를 판단할 수가 없어 별항으로 처리한다. 표지에 '압녹강을건너서', 본문 첫 장에 '戀愛映畵小說 鴨綠江을 건너서(一名 汽車에 사랑을 실코)'라 표기되어 있다. 간기와 뒤표지 유실로 자세한 출판 사항은 알 수 없다. '序詞'에서 '사랑은 아름답고도 슬픈 것으로, 두 젊은이의 이야기를 소개하겠다'고 밝히고 있다. 본문은 '序詞'를 제외하고 전체 12장으로 되어 있다. 이 중 제1장은 '극즁극'이란 제목으로, 은식과 영숙이 자신들과 유사한 처지에 있는 한 쌍의 남녀가 등장하는 연극을 관람하는 것으로 상황을 설정하고, 그 연극의 내용을 서술하고 있다. 동덕여대 소장.

## 애/愛 : 방인근. 신여성1932.10,12(2회 미완).

**【내용】** K는 종로 뒷골목에서 우연히 윤호를 만난다. 윤호는 K를 보자마자 돈을 빌려 달라고 한다. K는 그의 남루한 행색을 보고 의아해한다. 동경 W대학 시절 함께 학교를 다녔던 윤호는 별안간 학교를 그만두고 이후 행방을 알 수 없었다. K는 오갈 데 없는 윤호를 집으로 데려온다. 그는 윤호가 모르히네 주사를 몰래 놓는 것을 보고 놀란다. 윤호는 대학 시절 하숙을 하던 여관에서 만난 여인 때문에 아편중독자가 되었다며 과거에 있었던 일을 고백한다. 윤호가 여관에서 하숙하며 대학에 다니던 때, 일본 대학에 다니는 M이 앵정의숙에 다니는 부인 운경과 함께 같은 여관에 투숙한다. 윤호는 같은 조선인인 두 내외와 금방 친해졌는데, 운경이 윤호에게 은근히 추파를 던졌다는 것이다. 그러던 어느 날 윤호와 운경은 여관에 둘만 남게 된다.

**【참고】**《신여성》 1932년 10월호 목차에는 '사랑(愛)', 본문에는 '愛 方仁根'이라고 제목이 표기되어 있다. 1932년 12월호 목차에는 '愛(長篇)', 본문에는 '長篇第二回「愛」方仁根'이라고 표기되었다. 이후 계속 연재되지 못하고 미완으로 중단된 작품이다.

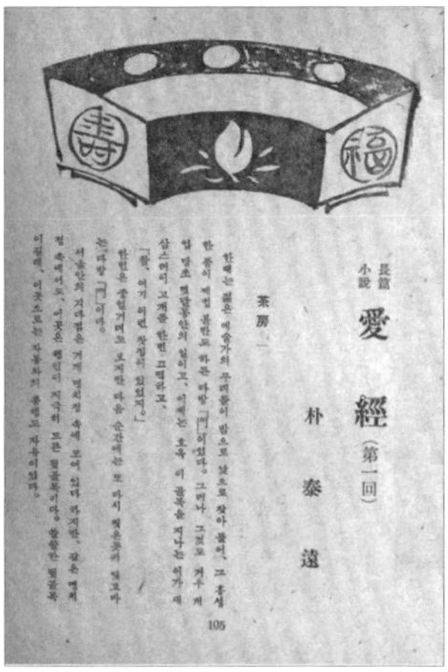

長篇小說 愛經 (第一回) 朴泰遠

茶房 一

## 애경/愛經 : 박태원. 문장1940.1-9,11(8회 미완).

**【내용】** 소설가 최신호는 숙명여고를 우등으로 졸업한 재원 정숙과 결혼한다. 두 사람은 분가하여 신접살림을 차리지만 얼마 지나지 않아 경제적인 어려움을 겪는다. 신호의 아내 정숙은 결혼 초 남편이 해 준 두루마기에 고마움을 느끼면서도 직업을 구하지 못하는 남편의 무능과 경제적 궁핍에 조금씩 지쳐 간다. 신호는 돈이 없는 자신에게 번번이 돈을 요구하는 아내의 태도에 어찌할지 몰라 난감해한다. 어느 날 그는 정숙이 자신과 사이가 원만하지 못한 큰처남에게 경제적 원조를 구하는 것을 목격하고, 심한 모욕감과 정신적 압박감을 느낀다. 그는 괴로운 마음을 달래기 위하여 친구가 묵고 있는 기생방에 놀러갔다가 옥희라는 기생을 우연히 알게 된다. 그는 사오일에 한 번씩 그녀를 찾아 산보, 영화 구경, 점심 식사 등을 하며 사랑놀음에 빠진다. 남편의 무능과 생계 곤란에 지친 정숙은 남편과 이혼할 생각으로 가출을 결행하고, 신호는 아내의 그러한 변심에 괴로워한다.

**【참고】** 연재 지면에 '長篇小說 愛經 朴泰遠'이라고 표기되어 있다. 《문장》에 1940년 1월부터 9월까지 7회(2권 1호-7호)가, 이어 1940년 11월에 8회(2권 9호)가 연재되다 중단된 미완의 작품이다. 《문장》 2권 5호의 「나의 小說修業」에서, 이 글을 쓴 현재는 '삼십 청년'이지만 내용은 모두 열일곱 때 창작한 것이라는 언급이 나온다.

## 애국자/愛國者 : 방인근. 대동신문1946.2.21-5.20(46회 미완).

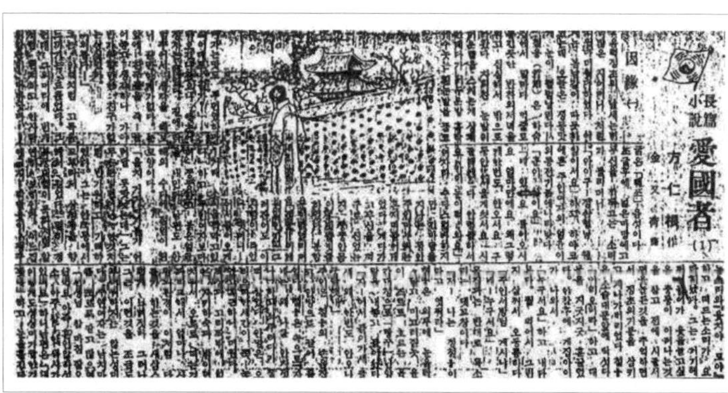

長篇小說 愛國者 (1) 方仁根 作

**【내용】** 훈과 영희 부부는 친구 정철웅에게 애경이라는 여인을 소개한다. 철웅은 첫눈에 애경에게 반하지만 김태수라는 자 역시 애경을 마음에 두고 있다는 것을 알게 된다. 애경은 고생하는 모친을 위

해 부자 태수에게 시집가려 했으나, 철웅을 만난 뒤로 그런 생각을 접는다. 큰 이상을 향해 자신의 삶을 바치는 철웅의 모습에 반한 것이다. 철웅이 활동하는 독립운동조직이 자금난을 겪고 있을 때 문매리라는 여자가 나타난다. 부친이 중국에 망명해 독립운동을 하고, 모친이 일찍 죽는 통에 혼자서 자란 매리는 결혼을 빙자하여 접근한 태수에게 속아 순결을 잃고 기생이 된다. 그녀는 철웅의 독립운동을 위해 기생일을 해서 모은 전 재산을 기부한다. 매리는 애경이 태수와 철웅 사이에서 결혼 문제로 갈등한다는 사실을 알고 그녀를 찾아가 태수의 과거를 밝힌다. 철웅은 어렵사리 애경과 결혼하나 이후 애경은 임신을 하고 생계의 곤란을 겪는다. 철웅은 독립운동에 몰두하고, 애경이 회사에 취직하여 생계를 책임진다. 태수가 애경의 회사에 새 전무로 태수가 나타나 애경을 자신의 비서로 임명한다.

**【참고】** 해방 전 조선의 암울한 현실 속에서 방랑하는 인물을 다루고 있다. 연재가 중단되어 내용의 전체적인 파악은 어려우나, 해방 전 조선 사회에서 나라의 독립을 위해 자신을 바친 사람들의 삶이 얼마나 힘겨웠는지를 중점적으로 그려 내고 있다. 1946년 2월 20일자 《대동신문》에 작품 예고와 작자의 말이 실려 있다. 조선이라는 배가 자유독립의 피안에 당도하기 위해서는 물결과 싸우고 국민들을 이끌 '애국자'라는 선장이 필요한데, 그런 '애국자'들을 소설 속에서 그리고자 하였다고 밝히고 있다.

## 애국자/愛國者 : 임서하. 어린이1949.1·2(합호)-1949.12(8회 미완).

**【내용】** 박 선생은 기미독립운동 때에 4년 옥고를 치르고 출옥한 후 왕십리 사립학교에서 선생 노릇을 한다. 그는 학예회 때 민족의식을 담은 동화를 구연한 것이 문제가 되어 학교를 그만두고 일본 동경으로 간다. 박 선생은 동경에서 동지를 모아 독립운동을 하다가 경찰에 체포되어 축출 명령을 받고 서울로 돌아온다. 그는 서울 영광학원에서 선생 노릇을 하며 천도교인 방정환 선생과 연락하여 어린이날을 만들고 기념식도 원만히 끝낸다. 그런데 그날 밤 박 선생의 하숙집 골목에서 총소리가 요란스럽게 들려온다. 잠시 뒤 방 선생이 총을 맞고 피를 흘린 채 박 선생을 찾아온다. 방 선생은 동지 강 선생과 함께 형사를 때려 주고 빼앗은 총을 박 선생에게 맡긴다. 방 선생과 강 선생은 총독부에 폭탄을 투척하고 먼저 간도로 떠난다. 그들이 떠난 뒤 박 선생은 학원을 그만두고 각처의 어린이들을 찾아 애국심을 고양시키며 진달래회 어린이들과도 만나 소년독립단을 꾸민다. 박 선생은 일본인 거부 미쓰이의 돈 십 만 원을 빼앗아 애국 단체와 어려운 사람들에게 나눠주고 순사들의 눈을 피해 가족을 남겨 둔 채 홀로 간도로 떠난다. 그곳에서 박 선생은 방 선생과 다시 만나 급히 해야 될 일에 대한 이야기를 듣는다. 수년이 흐른 후, 종적을 감추었던 박 선생이 가족에게 소식을 전한다. 학생들을 선동해 독립운동을 했다는 죄목으로 봉천 감옥에서 징역을 살다가 탈출했다는 것이다. 박 선생의 자녀 종남과 영순은 오랜만에 아버지가 돌아온다는 소식에 기뻐하지만, 일본 헌병들이 이 소식을 알고 박 선생의 아내를 괴롭힌다. 그러나 박 선생은 간도에서

알게 된 동지 마 선생의 보호 덕에 큰 피해를 입지 않는다. 박 선생은 몇 해 만에 자기 집으로 돌아와서 감춰 둔 권총을 가지고 어디론가 사라진다.

**【참고】** 아동 연재소설이며, 1950년 전쟁으로 《어린이》 잡지 발행이 중단되면서 연재도 같이 중단되었다. 박 선생의 과거 회상 장면이 진행되던 중 연재가 중단되어 박 선생이 간도에서 겪은 일을 명확히 알 수 없다. 아이들에게 민족의식을 고취하고 국가의 미래를 위해 필요한 정신이 어떤 것인지 강조하기 위해 창작된, 교훈적 성격이 강한 소설이다. 실존인물들의 이름을 등장시켜 가상의 이야기를 진행시킨 점이 특징이다.

## 애련기/哀戀記 : 정비석. 실업조선1947.1–6(4회) ; 보문서관1949.

**【내용】** 노기주와 한금옥은 서울 동아방직회사의 여직공으로 서로 친한 사이이다. 기주의 남편은 징용을 갔다가 해방 후 일 년이 지난 지금까지 돌아오지 않는다. 금옥의 가족은 해방 직후 일본에서 돌아와 고향땅에 발붙일 곳이 없다. 공장 사무원인 김태섭은 금옥을 좋아하지만, 그녀는 공장 감독 오광호와 서로 좋아하는 사이이다. 금옥은 가족이 머물 집을 마련할 돈을 벌기 위해 공장을 그만두고 취향이란 이름으로 술집에 취직한다. 광호는 술집으로 그녀를 찾아가 이유도 묻지 않고 꾸짖는다. 그는 금옥에게 실망하여, 친척 소개로 옥순이란 여성과 선을 본 후 약혼한다. 광호는 금옥이 일하는 술집에서 자신이 다니는 공장의 판매과장을 만난다. 판매과장이 금옥을 희롱하자 광호는 격분하여 그와 싸운다. 이 일로 광호는 면직당한다. 금옥이 광호의 소식을 궁금히 여기자, 태섭은 광호의 소식을 알려 주겠다고 그녀를 꾀어 내 겁탈한다. 얼마 후, 태섭과 판매과장은 경찰에 체포된다. 과거에 둘이 손잡고 불법적인 일을 벌인 것이 탄로 난 것이다. 한편 광호는 기주의 도움으로 복직된다. 광호는 옥순과 결혼하고, 금옥은 둘의 결혼을 축하하는 주례사를 들으면서 슬픔을 느낀다.

**【참고】** 1947년 《실업조선》에 '청춘의 노래'로 연재되다가 4회부터 '애련기'로 개제되었다. 1949년 보문서관에서 『애련기』로 단행본이 출간되었다. 단행본에 실린 작가의 말로는, 공장 생활을 배경으로 쉽고 재미난 이야기를 써 달라는 선배의 청탁을 받고 쓰게 된 소설이라고 한다. 《실업조선》 1947년 1월호가 결호여서 연재 시작을 확인할 수 없으나, 《실업조선》이 1947년 1월 창간되었고 같은 해 2월호에 '連載小說 青春의 노래 제2회'라 표기되어 있는 것으로 보아 1947년 1월에 연재가 시작된 것으로 판단된다. 《실업조선》 1권 4호(1947년 6월호) 제4회에 '連載小說 哀戀記(青春의 노래의 改題)'로 표기되어 있으며, 삽화가가 김웅초(金熊超)로 바뀌었다. 1권 5호에는 연재되지 않았으며, 6호부터는 자료 확인이 불가능하여 연재 종료 시점을 알 수 없다.

## 애련송/愛戀頌 : 최금동. 동아일보1937.10.5-12.14(50회).

**【내용】** 한 여인이 같은 마을에 사는 잘생긴 음악학도를 사랑한다. 그녀의 부모는 그녀의 마음과 상관없이 그녀를 정략적으로 결혼시키려고 한다. 그녀가 사랑하는 음악학도는 음악을 공부하려고 일본으로 유학을 떠난다. 그녀는 가난한 그에게 학비와 생활비를 대주기 위해 부모에게 순종하며 부모가 권하는 돈 많은 남자와 결혼하기로 결심한다. 음악학도가 유학을 마치고 귀국하는 날은 마침 그녀가 결혼하는 날이었다. 남자는 그 사실을 알고 예식장으로 정신없이 달려가지만 속수무책이다. 남자는 실의에 빠진 나날을 보내며 자신을 돌보지 않고 방황한다. 그러나 친구들의 애정 어린 설득에 남자는 마음을 잡고 귀국 음악발표회를 연다. 음악발표회장 객석에 앉아 슬프게 우는 한 여인이 있었는데 그가 사랑했던 바로 그 여인이었다.

**【참고】** 제1회 《동아일보》 '영화소설 현상공모당선작'(1937.1.1) 「환무곡(幻舞曲)」을 《동아일보》에 연재하면서 '애련송'으로 개제한 것이다. 「애련송」은 1939년 영화화되었다.

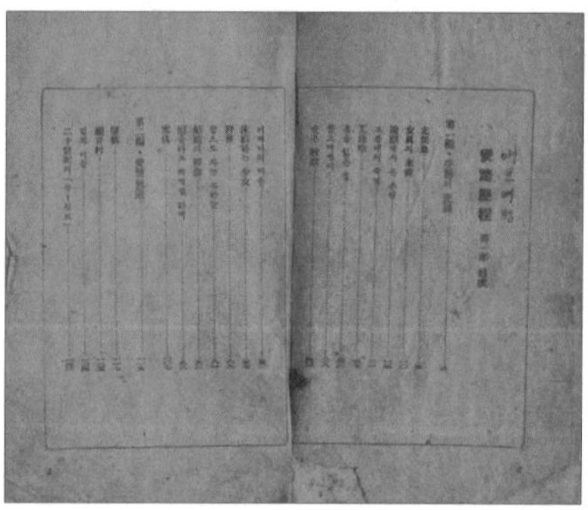

## 애로역정/愛路歷程

박계주. 매일신보사1941 ; 박문출판사1943.

**【내용】** 간도의 가난한 소작농의 아들 삼돌은 부모의 빚 때문에 중국인 지주에게 팔려 간다. 포악한 중국인 지주의 학대에 삼돌은 용정으로 도망쳐 여관의 호객꾼 노릇을 한다. 어느 날 삼돌은 다른 호객꾼과 시비가 붙어 폭행당하고, 하인리히 야곱이라는 독일인 신부에게 구원을 받는다. 신부의 후원으로 학교에 입학한 삼돌은 이름을 임철규라 바꾸고 학업에 전념한다. 그동안 철규의 모친은 중국인 지주게 맞아 죽고, 부친은 그 지주를 죽이고 감옥에 끌려간다. 철규는 학업에 열중하면서 동급생 연희에게 애정을 느낀다. 어느 날 길에서 우연히 아버지를 발견한 철규는 재회를 기뻐하지만, 아편중독자가 되어 버린 아버지는 아편을 훔치다 들켜 매를 맞고 죽는다. 야곱 신부를 따라 청도로 간 철규는 독일인 중학교에 입학한다. 동급생 중 아그네스라는 여학생은 철규에게 매우 진지한 관심과 애정을 보인다. 그러던 중 신부가 병이 나서 독일로 환국하게 된다. 함께 독일에 간 철규는 베를린 대학 철학부에 입학한다. 그는 문학부에 다니는 롯테란 여학생의 사랑을 받는다. 아그네스도 독일로 돌아와 철규를 두고 롯테와 경쟁을 벌이지만 철규는 연희 생각에 양쪽 모두를 친구로 생각할 뿐이다. 롯테가 만드는 교지에 철규는 춘향전의 개요를 독일어로 소개해 호평 받는다. 야곱 신부가 죽은 후, 철규는 신학교에 들어간다. 신학교에서 촉망받는 학생이던 철규는 한 교수와 논쟁을 벌이다 퇴학당한다. 오갈

데 없어진 철규는 아그네스에게 원조를 요청한다. 아그네스와 함께 사는 것을 보고 둘의 사이를 오해한 롯테는 절망하여 병에 걸린다. 병세가 위중해지자 롯테는 죽기 전에 철규와 만나 보기를 원하고, 이 소식을 들은 철규는 롯테를 만나러 간다. 이를 알게 된 아그네스는 롯테를 살리기 위해 눈물을 머금고 중국 청도로 철규 몰래 떠나 버린다.

**【참고】** 매일신보사에서 처음 단행본으로 간행된 장편소설이다. 박계주는 교회 개척과 선교운동에 노력했던 작가다. 당시 외국인 선교사들과 교류를 쌓았던 경험이 이 소설에 자세하게 녹아 있다. 기독교 사상에 바탕을 둔 사랑과 희생을 주된 모티프로 사용하는 작가의 개성은 이 소설에서도 아그네스의 희생을 통해 반복되고 있다. 「애로역정」의 제2부 제목이 '애정무한'이다. 그 때문인지 박계주의 작품 목록에 '애정무한'이라고 하는 표제가 종종 눈에 띄는데, 단독 작품이 아닐 가능성이 높다. 《신시대》에 1943년 3월부터 4월까지 연재되었다는 기록이 있으나 실제로 확인할 수 없다. 혹은 《부인》에 연재되었다는 기록도 있다. 그러나 《부인》에서도 이 작품은 확인되지 않는다. 다만 이러한 기록들을 통해 「애로역정」이 여러 곳에 분산 연재되었으리라는 짐작은 가능하다.

## 애생금/哀生琴 : 심숭. 신천지1946.5-1947.4 (9회 미완) ; 정음사1949(상), 1950(중).

**【내용】** 연희전문학교 문과생인 김현수는 몸이 좋지 않아 병원에 갔다가 한센병이라는 진단을 받고 절망한다. 김현수는 같은 예배당을 다니며 사랑을 쌓아 온 최선주에게 차마 병이 있다는 말을 하지 못한 채 고향을 떠난다. 'XX도'의 병원에 들어간 김현수는 열악한 환경과 환자들의 아귀다툼을 보며 환멸을 느낀다. 외부 출입이 허락되지 않는 감옥 같은 생활을 견딜 수 없던 김현수는 몇 번의 탈출을 시도하다가 마침내 성공하여 고향집으로 돌아온다. 그러나 가족들과도 제대로 접촉하지 못하며 골방에서 지내는 신세가 된다. 외롭게 지내던 김현수는 최선주를 찾아가 위로를 받는다. 병색이 더욱 완연해진 김현수는 자살을 결심하고 함께 지내던 선주 몰래 고향집을 떠난다. 방황하던 김현수는 자신과 같은 사람들이 모여 사는 공동체가 경남 거창에 있다는 말을 듣고 찾아간다. 그러나 그 공동체는 맹투구라는 자가 다스리는 거지 소굴이다. 맹투구의 협박으로 거지 소굴에 머물게 된 김현수는 그곳에서 금실을 만난다. 열네 살에 병을 얻은 금실은 갖은 치료를 받다가 차도가 없자 집을 나와 산속에서 움막 생활을 하게 된다. 그러던 중 맹투구의 부하인 창원 김샌의 유혹에 넘어가 거창의 거지 소굴까지 오게 된 것이다. 김현수는 금실의 처연한 모습에 동정을 느낀다. 어느 날 거지들이 잔칫집으로 몰려가 소굴이 비게 되자 김현수는 금실과 같이 탈출한다. 김현수는 금실을 데리고 선교사들이 XX에 차린 병원으로 찾아간다. 병원에 들어가게 된 김현수와 금실은 오누이처럼 지내며 새로운 생활을 꿈꾼다. 그러나 10여 년의 병

원 생활 동안 금실의 병은 악화되어 폐결핵으로 전이되고, 김현수 또한 온몸으로 병이 퍼져 만신창이가 된다. 금실은 폐결핵으로 다리를 절단해야 되는 수술을 앞두고 있는데 그를 찾아온 어머니는 이를 보고 오열한다. 김현수는 삶의 비애를 느끼며 모녀의 슬픔을 통감한다. 한편 최선주는 김현수가 말도 없이 떠나 버리자 그의 행방을 수소문하며 지내다 여고를 그만두고 간호사가 된다. 최선주는 여러 환자들을 돌보며 김현수를 애타게 그리워한다.

**【참고】** 심숭(沈崧)의 본명은 이은상이며, 이 작품은 그의 자전적 소설이다. 《신동아》에 '無名生'으로 발표한 「혈루록」 또한 그의 작품이라는 연구가 있으나 정확하지 않다. 단행본 『애생금』은 《신천지》에 동명으로 1946년부터 1947년까지 연재한 것을 증보하여 장편소설로 발표한 것이다. 원래는 상·중·하로 계획되었으나 하권은 발표되지 못하여 미완으로 남았다. 한센병을 본격적으로 다룬 근대소설로 「혈루록」과 더불어 초기 '나문학' 작품에 해당한다. 'XX도'의 병원과 선교사들이 만든 나환자 시설의 관료성 및 열악한 실태를 신랄하게 비판하고 있으며 작가의 자전적 체험을 바탕으로 한 것인 만큼 나환자들의 애환이 절실하게 묘사되어 있다.

## 애욕의 금렵구/愛慾의禁獵區 : 이태준. 중앙1935.3.

**【내용】** 심완호는 잡지사 현대공론의 필자이다. 그는 여기자 채남순을 좋아하는데, 잡지사 사장 박승권이 그녀에게 관심을 보이자 마음이 불편하다. 완호에게 친구 방협이 찾아와 남순의 본명이 포리나이며, 기독교인이고 자신과 알던 사이임을 알려 준다. 한편 남순은 승권에게 추행당할 위기를 모면한다. 그녀가 잡지사를 그만두자, 승권은 이것이 완호 때문이라 생각해 그를 해고한다. 어느 날 남순이 완호를 찾아온다. 완호는 협에게 들은 남순의 과거사에 대해 물어본다. 그녀는 협이 자신의 첫사랑이며 유부남인 줄 모르고 만났다고 말한다. 한편 협은 승권을 무너뜨리기 위해 현대공론사 바로 옆에 필봉사라는 잡지사를 만들고 완호와 남순을 직원으로 채용한다. 승권은 금력으로 필봉사를 압박하고, 남순은 회사를 떠나 수녀가 된다. 부친의 장례를 치르고 돌아온 협이 완호에게 현대공론사를 무너뜨릴 계획을 말한다. 현대공론사 건물을 공동소유하고 있는 사람이 금광에 빠져 빚더미에 앉았는데, 협이 그 사람으로부터 건물 소유권을 사 버린 것이다. 협과 완호는 남순을 잊고 문화 사업에 매진하기로 결의한다.

**【참고】** 《중앙》에 30면 정도의 분량으로 게재된 중편소설이다. 1부터 10까지 소제목이 달린 장으로 구분되어 있다. '대전'을 당시 지명인 '태전'으로 표기하고, '게이후센노 뎅안데스요' 같은 일본어 문장을 노출시키는 등의 방법으로 당대 분위기를 재현하고 있다. 사리사욕이 지배하는 현실에 대한 비판의식을 보이는 작품이다. 소설 말미에 '35년 1월 30일'이라고 탈고 일자가 표기되어 있다.

## 애욕의 피안/愛慾의彼岸 : 이광수. 조선일보1936.5.1-12.21(179회 완).

**【내용】** 주위로부터 존경받는 김 장로는 사실 강한 애욕을 마음속에 숨기고 사는 인물이다.

그는 자신의 문란함을 미리 알고 있던 아내가 병을 얻어 죽어도 그다지 큰 슬픔과 가책을 느끼지 않는다. 그의 딸 혜련은 청초한 외모로 뭇 남성들의 사랑을 한몸에 받는다. 설은주는 김 장로 동창의 아들로, 조실부모한 뒤 김 장로의 집에 의거하며 행랑아범처럼 자라온 인물인데, 혜련에게 정을 느껴 자신의 마음을 고백하지만 야박하게 거절당한다. 이때 김 장로는 혜련의 친구인 문임에게 욕정을 느껴 밤에 그의 방에 침입한다. 문임은 그를 피해 은주의 방으로 피신했다가 그에게 정을 느껴 혜련이 이미 다른 사람에게 마음을 허락한 상태라고 속여 그를 유혹해 동침한다. 김 장로는 문임의 마음을 얻기 위해 혜련과 문임을 원산 해수욕장으로 데리고 간다. 김 장로는 혜련에게 문임에 대한 자신의 마음을 밝히고 중매를 설 것을 제안하고, 문임은 결국 부유한 김 장로의 끈질긴 구애에 마음을 빼앗기고 만다. 이런 과정을 본 혜련은 남녀 관계에 대해 심한 염증을 느껴 자신에게 구애하는 임준상도 물리치고 만다. 그러던 중 자신의 여고 시절 담임이었던 강 선생을 우연히 만나는데, 그도 혜련에 대한 사랑을 오래 품고 있던 인물이었다. 그가 바닷가에서 혜련에 대한 사랑을 혼잣말로 고하는 것을 혜련이 우연히 듣고, 둘은 서로에 대한 애정을 확인한다. 그러나 강 선생은 자신이 혜련을 망칠까 두려워 호흡을 참는 방법을 통해 자살해 버리고 만다. 문임은 서울에 돌아와 김 장로와 혼인을 하게 되었다는 사실을 은주에게 알린다. 은주는 격분하여 문임을 죽여 버리고 경찰에 자수한다. 세상을 위해 정숙지 못한 여자를 죽였을 뿐 자신의 은인의 명예에 누를 끼치기 싫다고 김 장로를 감싸는 은주를 오히려 모함하는 아버지를 보고 혜련은 절망한다. 집안의 명예는 땅에 떨어지고, 매일 술만 먹고 방탕한 생활을 하던 아버지를 보다 못한 혜련은 아버지에게 '하나님의 길로 돌아오라'라는 유언을 남기고 목숨을 끊는다.

**【참고】** 문란한 애정 관계를 둘러싼 세태를 비판적으로 묘사하고 있는 작품이다. 혜련과 혜련 오빠의 대화를 통해 겉모습과는 달리 '문란한 생활을 하는 남자가 태반' 임을 드러내고 있다. 이러한 세태를 비판하는 기준으로 기독교의 가르침이 주로 인용되며, 그와 관련하여 혜련과 김 장로 등 주요 인물이 모두 독실한 기독교 신자로 설정되어 있다. 이러한 가운데 강 선생이 절에서 자결하는 등 불교적인 색채도 더해져 있다.

## 애욕지옥/愛慾地獄 : 이종명. 매일신보1933.12.29-1934.1.30(55회 완).

**【내용】** 김숙희는 결혼을 앞두고 폐병에 걸려 정양을 위해 산에서 머물다가 소학교 다닐 때부터 친구이며 함께 XX여자고등보통학교를 졸업한 장애라를 만난다. 조용하고 수줍음 많은 성격의 숙희와 달리 애라는 활달하고 대담한 성격의 소유자이다. 애라는 약수터에서 우연히 알게 된 의사 최영호에게 호감을 갖고, 영호 역시 애라에게 관심을 보인다. 그러던 어느 날 애라는 영호와 하룻밤을 함께 보낸 뒤 자신의 이름을 숙희라고 밝히고 상경한다. 숙희는 건강을 회복한 뒤 서울에 돌아와 약혼자인 신문기자 리석진과 결혼을 준비한다. 그러나 리석진의 당숙이 찾아와 숙희가 산에서 남자와 함께 있었다는 소문을 들었다면서 약혼을 취

소한다. 이에 숙희는 석진을 찾아가서 자신의 결백을 이야기하나 묵살당하자 자살한다. 숙희의 아버지 김유흠은 숙희의 유서를 보고 그녀의 사체를 부검하러 병원을 찾는다. 숙희의 부검을 담당한 의사는 영호로, 영호는 숙희의 얼굴과 대강의 사연을 듣자 당황한다. 영호는 자신이 산에서 만났던 사람의 이름이 숙희가 아니라는 사실을 알고 자책감을 느끼고, 애라를 찾기 위해 노력한다. 한편 애라와 석진은 숙희의 자살로 괴로워하다가 연인 사이가 된다. 양심의 가책을 느낀 애라는 석진에게 자신의 잘못을 이야기하고, 석진은 애라를 용서한다면서 애라와 약혼한다. 영호는 자신이 찾던 숙희가 애라임을 알게 되어 그녀를 찾아와 사랑을 고백한다. 영호는 애라와 만난 자리에서 다시 한 번 사랑을 고백하면서 그녀에게 덤벼들다가 그만 절벽에서 발을 헛디뎌 떨어진다. 애라는 영호의 죽음 앞에서 자신의 잘못을 반성하고, 자살한다. 석진은 동료 기자에게 남녀가 같은 장소에서 자살했다는 이야기를 듣다가 죽은 여자가 애라라는 사실을 알고 놀란다. 석진은 숙희와 애라의 자살에 대해 비탄을 느끼면서 고독하게 살아갈 것을 다짐한다.

愛慾地獄

**【참고】** 중편소설이다. 남녀 등장인물 사이의 사랑과 오해가 주된 사건으로 다뤄지고 있다. 소설의 전반부에서는 전통적인 가치관을 가진 여성 인물과 자유연애를 추구하는 여성 인물을 대조적으로 서술하고 있다. 그러나 결국 두 여성 모두 자살을 선택한다는 점에서 이 작품이 형상화한 여성은 연애와 인습의 희생자라는 의미를 가진다.

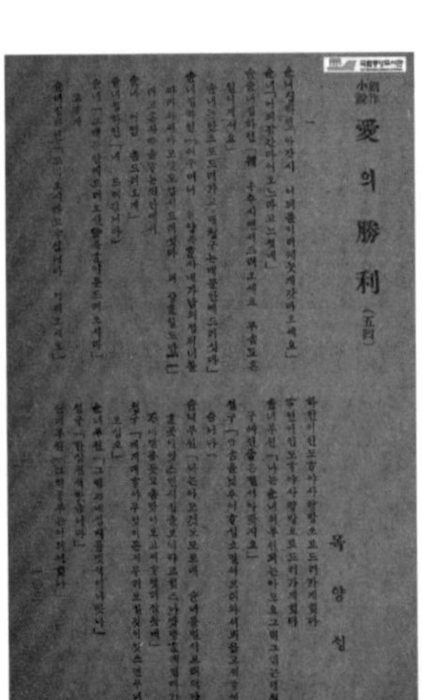
愛의勝利

목양심

## 애의 승리/愛의勝利 : 목양싱. 청년1922.5-1923.9(17회).

**【내용】** 박순녀는 여학교 출신으로서 회사에 다니고 있는 여사무원이다. 순녀는 여학교 출신 여성이 대개 그러듯 외국 유학파나 돈이 많은 사람과 결혼을 하고 싶어 한다. 그러던 중, 그녀는 외국 유학 경험이 있고 집도 부유한 뎡철구를 만나 연애하며 그와 결혼하고자 한다. 순녀의 아버지는 딸이 자유 연애하는 것이 탐탁지 않으나 사위될 사람이 돈이 많다는 사실을 알고 결혼을 승낙한다. 순녀와 같은 동네에 살 뿐만 아니라 같은 회사에 다니는 리귀식은 순녀의 결혼에 대해 걱정한다. 그는 철구와 옛 친구인데 그가 부도덕한 인물이며 이미 결혼을 하여 처와 자식이 있다

는 사실을 알기 때문이다. 귀식은 순녀에게 자신이 알고 있는 사실을 이야기하지만 결국 순녀는 철구와 결혼을 하고 만다. 철구는 고향으로 가서 자신의 본처를 버리고 아들 장길이와 어머니를 서울로 데리고 온다. 어느 날, 철구 가족은 장길의 학교 운동회에 참석한다. 그곳에서 철구는 예전 애인이었던 완희를 만난다. 완희는 철구의 아이 복동이를 데리고 있었다. 옛 애인과 자신의 아이를 본 철구는 마음이 찜찜하여 가족에게 한강 철교로 유람을 가자고 한다. 그런데 한강변에는 철구가 내쫓은 본처, 즉 장길의 어머니가 와 있었다. 약간 미친 듯 보이는 그녀는 철구의 멱살을 잡고 한강에 투신하려다 여의치 않자, 품 안에서 단도를 꺼내 철구를 찌르고 기절한다. 철구가 입은 상처는 깊지 않았지만 충격의 여파로 철구는 정신 이상이 된다. 깨어난 철구의 본처는 형사의 심문을 받는데, 자신은 사랑의 싸움에서 이겼다는 이상한 답을 한다.

**【참고】** 2회까지는 '동정의 탄식' 이라는 제목으로 연재되다가 3회부터 '애의 승리' 라는 제목으로 연재되었다. 작자는 원래 2회로 기획하였으나 기획을 수정하여 제목을 바꾸고 계속 연재하기로 했다고 밝히고 있다. 이 작품은 당시 유행하던 자유연애와 그에 따른 이혼 폐단을 비판하고 있다. 그 비판적 시각은 귀식이라는 착실한 기독교인 인물을 통해 드러냄으로써 기독교적 색채를 띠고 있다. 등장인물의 발화가 신소설 양식과 같은 형태로 표현되고 있는 것이 특징이다.

## 애인/愛人 : 안회남. 여성1938.6-1940.2(8회 완).

**【내용】** 광식은 술집 여급인 안나와 사랑에 빠진다. 그러나 둘 다 배우자와 자식을 가진 몸이다. 광식은 안나에게 자신의 마음을 고백하지만 안나는 그를 피해 여급 생활을 청산해 버리고 고향인 함흥으로 돌아가 버린다. 단념을 하고 정상적 생활로 돌아가려는 광식에게 이번에는 안나의 편지가 도착한다. 광식은 아내와 안나 사이에서 고민하다가 자신의 일신을 철저히 검토한 후 작심하고 안나를 만나러 떠난다. 그러나 안나는 몸이 좋지 않아 병석에 누운 뒤였다. 광식은 안나의 병석으로 찾아가 이런저런 대화를 나눈다. 집에서 빨리 돌아오라는 전보가 와서 광식은 서울로 돌아간다.

**【참고】** 《여성》에 연재된 장편소설이다. 장편소설로 표기되어 있지만 실제로는 짧은 중편의 분량이다. 유부남과 유부녀의 사랑을 소재로 하고, 그들이 겪는 정신적인 고뇌를 주된 내용으로 다루었다. 사건이나 갈등이 전면에 드러나기보다는 인물들의 심리묘사와 대화에 많은 지면을 할애하고 있는 소설이다. 「兄」, 「봄이 오면」, 「病院」, 「벼」, 「病든 少女」, 「다음에 오는 것」, 「濁流를 헤치고」, 「動物集」, 「어둠 속에서」, 「少年」과 함께 창작집 『탁류를 헤치고』에 수록된 것으로 기록되어 있다.

**애정**/愛情 : 김송. 야담1943.3-10(7회 미완).

**【내용】**「순정기」 참조.

**【참고】** 제목 앞에 '長篇小說'이라고 표기되어 있다. 1948년 '순정기(純情記)'로 개제하여 일성당에서 단행본으로 출간하였다. 김송(金松)의 본명은 김현송으로 주로 희곡을 창작하다가 1943년부터 소설 창작을 시작하였다. 《백민》을 창간하고 《자유문학》의 주간을 맡았다.

**애정**/愛情 : 방인근. 숭문사1947.

**【내용】** 임호는 흙을 사랑하고 농사일을 좋아해서 농부가 되었으나 아내 성애경은 농사에 전혀 관심이 없다. 슬하에 열두 살 난 딸 순과 아홉 달 된 아들 철을 둔 애경은 가사나 육아보다 외모를 화려하게 가꾸는 데 열중한다. 그녀에게는 진태라는 세 살 연하의 대학생 애인이 있다. 호는 그들의 관계를 눈치채고 애경을 추궁한다. 애경이 다른 핑계를 대고 읍내로 나간 날 그는 애경을 추적하여 읍내를 뒤진 끝에 결국 두 사람을 찾아낸다. 애경은 자식들을 생각해 한 번만 봐 달라고 사정하지만 집에서 쫓겨난다. 호는 아들을 위해 유모를 구한다. 순과 철을 친엄마처럼 보살피는 듯하던 유모는 노골적으로 호를 유혹하나 거절당하자 집안의 쓸 만한 옷가지들을 챙겨 도망친다. 한편, 애경은 진태가 얻어 준 서울의 하숙에서 생활한다. 애경과 진태의 소문을 듣고 올라온 진태의 부친은 그를 감시하고 대신 친구의 조카딸 선순을 소개해 준다. 진태는 선순의 매력에 마음이 흔들리고 애경과 멀어진다. 다음 해에 호는 딸을 서울에서 공부시키기 위해 상경하여 잡화점을 차린다. 진태는 결국 선순과 결혼한다. 쓸쓸함에 못 견디던 애경은 바에 여급으로 나가는 친구 영란을 만나 같이 바에서 일하기 시작한다. 어느 날 거리에서 우연히 딸 순을 본 애경은 순의 학교까지 따라가게 되고 학교의 위치를 알게 된 이후에는 학교 앞 먼발치에서 딸아이를 바라보는 나날을 반복한다. 학교에 애경의 소문이 파다해지고, 그것이 부끄러워진 순은 애경을 찾아가 원망을 퍼붓는다. 한편 호의 생일을 맞아 순은 담임 은희를 초대한다. 은희는 젊은 나이에 과부가 된 여자다. 서로에게 호감을 느낀 호와 은희는 곧 결혼한다. 애경은 여급을 그만두고 직업소개소를 통해 고아원에서 일한다. 그리고 원장이 병이 나 죽자 고아원을 물려받게 된다. 애경은 헌신적으로 고아원 일을 하며 사람들로부터 천사라는 칭송을 받는다. 호의 가족은 다시 고향으로 내려가고, 은희는 순과 철을 친자식처럼 사랑하며 보살핀다. 호는 그간 서울에서 번 돈으로 동네 사람들을 도와주고 학교도 세운다. 반면에 진태의 집은 진태의 방탕한 생활과 사업 실패로 몰락한다. 무리일 정도로 고아원 일에 열중하던 애경은 '발진지브쓰'에 걸리고, 위독하다는 전갈을 받

은 호와 순, 철은 그녀를 찾아간다. 그들은 애경의 임종 직전 고아원을 이어받아 아이들을 성심껏 돌보겠다는 약속을 한다.

**【참고】** 표지에 '長篇小說 愛情 方仁根 著'라고 표기되어 있으며 총 14장으로 구성되어 있다. 여러 인물의 연애와 인생 이야기가 중심 제재인 통속소설이다.

## 애정무한/愛情無限 : 박계주. 신시대1943.3-4.

**【내용】** 내용 생략.

**【참고】** 연재 지면에 '連載長篇小說 愛情無限 朴啓周' 라고 표기되어 있다 작가가 '죄의 아들들도 국민'이라는 시국 방침에 부응하여 죄를 지은 소년들의 삶을 취재한 경험을 다룬 작품이다. 원산의 한 감화원이 배경이다. 총독부 검열로 연재가 중단되었다고 한다.

## 애처의 밀계/愛妻의密計 : 최하성. 명성출판사1950.

**【내용】** 내용 생략.

**【참고】** 오영식의 『해방기 간행도서 총목록』(소명출판2009)에서 제목과 서지를 채록하였다. 현재 작품을 확인할 수 없으며, 숙명여대 도서관에 전갑석의 『애처의 밀계』(진문출판사1960)가 소장되어 있으나 이 작품이 1950년 최하성 작과 동일한 것인지는 알 수 없다. 국민대 도서관 자료는 분실되어 확인할 수 없다.

## 야광주/夜光珠 : 이기영. 중앙1936.9(1회 미완).

**【내용】** 숙희는 야학에 다니며 공부를 열심히 한다. 그의 아비지는 신여성을 경멸하여 숙희를 공부시키지 않고 빨리 시집보낼 생각이었지만, 그만 일찍 죽고 만다. 아버지를 여읜 것이 숙희에게는 슬픔이자 기쁨이 된 것이다. 숙희의 오라버니인 대수는 친구 해구에게 숙희의 혼처를 소개받고 고민에 빠진다. 재취자리긴 하지만 신랑이 거부 양반 댁 외동아들이라서 숙희를 유학 보낼 수도 있다는 것이다.

**【참고】** '신연재장편소설' 이라는 표기와 함께 연재가 시작되었으나 1회로 연재가 중단되고 말았다. 야학에서 공부하는 신여성의 삶과, 재취 자리에 대해 한결 누그러진 사회 분위기 등이 묘사되었으나, 그러한 당대의 분위기에 맞는 서사가 전개되지는 못했다.

## 야숙/野宿 : 강노향. 조광1937.7-9(2회 완).

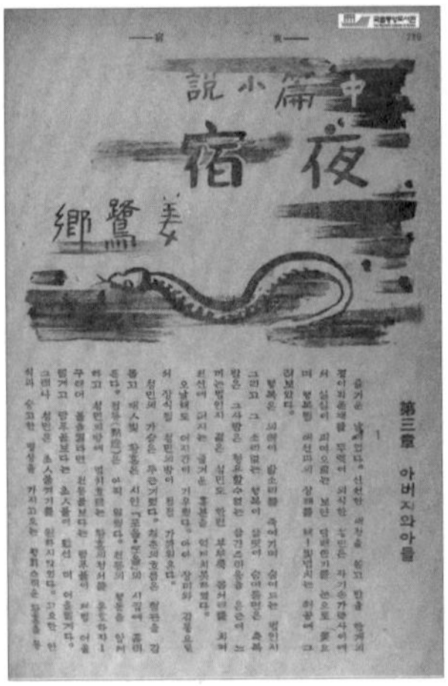
中篇小說 夜宿 姜鷺鄉

第三章 아버지와아들

**【내용】** 여관집 아들 성민은 동경 유학 중 학비가 떨어져 고향으로 돌아온다. 여관에 들어온 농부 둘이 성민에게 색시를 불러 달라고 부탁한다. 성민은 여관에 무슨 색시가 있냐며 반문하는데 농부들은 양복쟁이들에게만 색시를 불러 주는 것이냐며 화를 낸다. 성민의 부친은 매춘업으로 성민의 학비를 충당해 왔는데 상황이 어려워지자 성민을 집으로 불러들인 것이다. 성민은 자신이 불경한 돈으로 공부를 했음을 알고 괴로워한다. 그는 매춘부 애선에게 반해 걷잡을 수 없는 열정에 휩싸인다. 손님이 많아 애선이 자신을 만나 주지 않자 그는 애가 탄 나머지 그녀의 방에 몰래 들어가려다 부친에게 들켜 꾸지람을 듣는다. 그는 폭음을 하고 유곽을 드나들며 돈을 탕진한다. 며칠 만에 집으로 돌아온 그는 부친이 화대를 내지 않고 가려는 손님과 실랑이하는 것을 본다. 애선과 밤을 보낸 손님은 매춘업이 불법임을 빌미로 돈을 내지 않고 버틴다. 하는 수 없이 손님을 돌려보낸 성민의 부친은 술 취한 성민을 내쫓는다. 성민은 외톨이가 되었다는 생각에 슬픔에 잠긴다.

**【참고】** 제목 앞에 '中篇小說' 이라고 표기되어 있다. 장회 구분이 있으며 연재 끝에 '長篇 「길」에서' 라고 표기되어 있다. 중편 분량의 이 작품이 다음에 장편으로 이어질 것을 예고하는 것으로 보이지만, 장편 「길」을 찾을 수 없다. 형편이 나아질 기미가 보이지 않자 이를 타계할 방법을 찾지 않고 허무에 빠져 삶을 탕진하고 마는 젊은이들의 세태를 그린 작품이다. 고려대 소장본.

## 야한기/夜寒記 : 허준. 조선일보1938.9.3-11.11(37회 완).

**【내용】** 주인공인 '남'은 십사오 년 전에 떠났던 고향 온정으로 돌아와 결혼하여 가정을 이룬다. 그런데 딸 현이가 죽고 아내 춘자가 금융조합조합장인 민보걸과 불륜 관계에 있으면서 가정은 파탄 직전에 놓여 있다. 남은 꿈에서 아내의 품에 안겨 있는 딸 현이를 생각하며 슬퍼하지만 정작 딸이 죽었을 때는 눈물 한 방울 흘리지 않았다. 이러한 남의 냉정함은 아내의 외도에 의해 병을 얻게 된 상황에서도 별다른 반응을 보이지 않을 정도이다. 병원에 있을 때 알게 된 성군에게 편지를 받은 남은 돈 천 원을 보걸에게 빌리려고 마음먹고 답장을 보낸다. 남은 보걸의 돈을 갖고 떠나 성군과 함께 사는 것이 폐병에 걸린 성군과, 자신과 아내를 모두 살리는 것이라고 생각한다. 한편 보걸의 형인 민홍걸은 춘자와 보걸과의 관계를 알고 남을 매개로 돈을 뜯어내고자 한다. 그러나 남이 자신의 요구에 응하지 않자 홍걸은 보걸에게 찾아가 남이 자신의 아내와 보걸과 관계를 알고 흉기를 들고 찾아오고 있으니 자신에게 돈을 주면 뒤처리를 해 주겠노라 거짓말을 한다. 홍걸의 뜻대로 보걸은 돈을 주고 자리를 피

하나, 홍걸은 안심하지 못하여 남을 모함하여 유치장으로 보낸다. 보걸의 죽은 아내와 남이 불륜 관계라고 무고한 것이다. 그러나 남은 무죄로 풀려나온다.

**【참고】**《조선일보》 연재 지면에 '新人 短篇 夜寒記 許俊 作'이라고 표기되어 있다. 현실에 무기력한 인물의 내면을 자세히 묘사하고 있다.

## 야화/夜花 : 이주홍. 사해공론1936.10-1937.5(7회 미완).

**【내용】** 윤서는 어릴 때 아버지가 죽고 가세가 기울어 힘겨운 삶을 산다. 윤서는 먹고 살기 위해 상칠네서 머슴살이를 하게 되는데 굴욕감에 괴로워한다. 밥상에 오르는 반찬부터가 주인과 다르고 심지어 겸상을 할 수도 없다. 윤서는 머슴일을 그만두고 대판으로 가려 하나 실패하고 갈비장사를 하지만 벌이가 시원치 않다. 딸 금순과 아들 태성은 점점 자라고 노모와 아내와 함께 살기에 집은 좁기만 하다. 그는 불가항력의 상황에 어쩔 수 없이 박치준의 집에서 다시 머슴을 살게 된다. 이전과 달리 치준의 집에서는 머슴 대접을 꽤 잘해 준다. 윤서는 안주인의 따뜻한 성품과 친절한 대우에 호감을 느끼다가, 우연히 안주인의 나신을 보게 된 후 육체적 욕망을 느낀다. 안주인에게 다가가지 못하고 망설이는 밤이 계속되던 중 윤서는 전 주인 상칠과 그녀의 불륜 관계를 알게 된다. 마을에 금채굴 붐이 불고 윤서는 진달래를 따먹다가 우연히 금맥을 발견하지만 상칠에게 빼앗긴다. 엎친 데 덮친 격으로 여름에 가뭄이 찾아와 고생하다가 더위를 버텨 내지 못한 갓난아이를 약 한 첩 쓰지 못한 채 떠나보내는 아픔까지 겪게 된다. 윤서는 한동안 주색에 빠져 지내다가, 일본에 유학 떠났던 용호가 마을로 돌아오자 자기 딸 금순을 그와 결혼시키면 집안 형편이 나아질 것으로 기대하고 신금 30원을 받고 결혼을 준비한다. 용호와 술을 마시면서 윤서는 현실의 부조리함을 비판한다.

**【참고】** 연재된 분량으로는 200자 원고지 410매가량이다.《사해공론》 연재 당시 '장편소설'이라고 표기되어 있고, 6회분에는 '장편연재 농촌소설'이라는 부기가 붙어 있다. 연재가 중단된 작품이다. 1회에 실려 있는 '작자의 말'에 어둠 속의 벌레들처럼 꽃을 찾아서 머물 곳 없이 떠도는 고된 '머슴사리의 한 개 타입'을 그리고자 했다고 밝히고 있다. 농촌의 최하층민인 떠돌이 머슴을 통해 당시 논촌의 궁핍상과 지주의 착취와 수탈, 금광 개발의 세태와 풍속 등을 잘 보여 준다. 박치준이라는 인물의 이름이 4회에 박충곤으로 바뀌는데 이는 작가의 실수로 보인다.

## 약산과 의열단/若山과義烈團 : 박태원. 백양당1947.

**【내용】** 약산 김원봉은 1898년 3월 13일 경남 밀양의 한 농가에서 태어난다. 동화중학에 다니던 원봉은 일제에 의해 학교가 폐쇄되자 서울로 간다. 배일사상이 남다른 원봉은 여행 중 자신과 뜻을 같이한 동지들을 만난다. 세월이 지나 18세가 된 원봉은 무력만이 조국의 독립을 실현할 수 있을 것이라고 생각하고 김약수, 이여성과 함께 중국 남경으로 간다. 중국에서 동지들과 국사를 논하던 중 원봉은 3·1운동 소식을 듣고 기뻐한다. 그러나 비폭력 항쟁인 3·1운동이 성과를 거두지 못하고 끝나자 실망한다. 원봉은 무기 없는 투쟁으로 일본을 축출할 수 있을지 고민한 끝에 무력항쟁이 필요하다는 생각을 굳힌다. 조선으로 돌아가 독립운동을 하겠다는 김약수, 이여성과 달리 원봉은 그들과 헤어져 홀로 중국에 남는다. 원봉은 새로 알게 된 13명의 동지와 함께 의열단을 조직하고 단장으로 추대된다. 원봉과 의열단은 암살파괴운동을 개시하지만 사전에 계획이 노출되어 실패한다. 원봉과 의열단은 이에 굴하지 않고 지속적으로 암살파괴를 계획한 끝에 부산경찰서, 밀양경찰서, 조선총독부 등을 차례로 폭파한다. 이들은 중국에 거점을 두고 조선에 드나들면서 민중을 대상으로 자주적인 독립의지를 고취시킨다. 7년에 걸쳐 원봉과 의열단은 일제의 주요 기관과 고위 간부 등을 대상으로 수백 건의 암살파괴를 성공시킨다.

**【참고】** 일제 강점기 적극적인 항일투쟁을 벌였던 약산 김원봉의 증언을 토대로 박태원이 정리하여 해방 후 출간한 작품이다. 총 16장으로 구성되어 있으며 항일독립운동의 귀중한 자료로 평가된다. 김원봉이 의열단을 조직한 배경과 의열단이 펼치는 암살 파괴 활동이 중점적으로 다루어진다. 부산경찰서, 밀양경찰서, 조선총독부 폭탄 사건 등 의열단의 활약이 《동아일보》의 신문 기사를 통해 후일담의 형식으로 소개되고 있다. 고려대 도서관 소장 백양당본을 텍스트로 내용을 정리했다.

## 약탈자/掠奪者 : 윤일파. 조선일보1931.10.14-12.27(33회 미완).

**【내용】** 황하룡은 선원 생활도 하고 시베리아에도 다녀온 지식인으로, 조선에서 머물 수 없는 사정 때문에 동경으로 망명한다. 동경에서 그는 '노동자와 농민'이라는 잡지를 간행한다. 유학생 경희는 하룡에게 호감을 느끼지만 하룡은 사랑이 이상일 뿐이며, 계급 전선에 나서는 것이 현실이라고 생각한다. 그는 순자와 영숙이라는 두 여성을 알게 된다. 둘은 정반대의 성격을 가지고 있다. 순자는 이화여전 가사과에 다녔던 여학생으로 말이 없고 수줍음 많은 인물이다. 그에 반해 영숙은 유치사범학교에 다니는 인물로 애교도 많고 무슨 말이든지 재미있게 하는 능력을 가지고 있다. 하룡은 계급운동과 진정한 사랑을 사이에 두고 고뇌한다. 하룡과 함께 일하는 신정민은 유랑민이라는 자신의 처지를 통해서 일본에 오게 된 사연

과 조선인의 현실을 이야기한다.

**【참고】** 연재 지면에 '掠奪者 尹一波'이라고 표기되어 있다. 윤명호가 '윤일파(尹一波)'라는 필명으로 연재한 소설이다. 경희가 한 청년을 기차에서 우연히 만나는 장면에서 이야기가 중단된다. 전반적으로 이 소설은 젊은 지식인들의 시대적 고뇌와 열정, 갈등을 드러내고 있으나 구체적인 갈등이 제시되기 전에 중단되어 전체 내용을 파악하기 어렵다.

## 약탈자/掠奪者 : 박태원. 조선주보1946.1.8(7회).

**【내용】** 에스가이는 전투를 마친 후, 갓 태어난 자신의 아이가 있는 장막 안으로 들어온다. 그는 아이의 이름을 테무징으로 지었다. 테무징은 태어날 때, 바른손에 비석 모양으로 생긴 핏덩어리를 쥐고 있었다. 에스가이는 이를 기이하게 여겨 점복을 잘보는 승려에게 그 의미를 물었다. 승려는 테무징이 장차 천하를 정벌할 것이라고 예언했다.

**【참고】** 이 작품은 1945년 10월에 창간된 《朝鮮週報》에 연재되었다. 현재 연재 7회분인 1946년 1월 8일에 발행된 신년호(2권 1호)만 확인할 수 있어 해당 내용만 정리했다. 7회 연재분 말미에 '계속' 표기가 있으나 차호가 남아 있지 않아 완결 여부를 확인할 수 없다. 칭기즈칸의 이야기를 어린 시절부터 전개해 나가고 있는 작품이다.

## 약한 자의 슬픔 : 김동인. 창조1919.2-3(2회 완).

**【내용】** 여학교에 다니는 강엘니자벳트는 K 남작의 집에 가정교사로 들어갔다가 그에게 정조를 빼앗긴다. 그 후 그녀는 K 남작에게 애정을 느끼고 둘은 육체적 관계를 지속한다. 그러나 엘니자벳트가 임신을 하자 K 남작은 그녀를 집에서 쫓아낸다. 배신감을 느낀 엘니자벳트는 정조유린에 대한 배상 재판을 청구하나 재판에서 패하고 뱃속의 아이까지 유산하고 만다. 엘니자벳트는 이러한 시련이 자신의 약함에서 기인한 것임을 깨닫고 사랑을 통해 강한 자가 될 것을 결심한다.

**【참고】** 김동인의 처녀작이며 《창조》 창간호에 실린 작품이다. 기존 연구사에서 단편으로 거론되고 있으나 중편 분량의 작품이며, 장편에 어울리는 서사 구조를 갖추고 있다. 엘니자벳트라는 신여성을 중심으로 인물이 연애를 통해 얻게 된 감상과 각성을 그렸다는 점에서 김동인의 「마음이 옅은 자여」와 주제적으로 상통한다. 「약한 자의 슬픔」은 자신을 겁탈한 남성에게 사랑을 느끼면서 일탈적인 연애를 지속하는 과정을 통해 주인공이 느끼는 모순적인 감정이 집중적으로 그려진 작품이다. 근대적 연애를 지향하는 신여성의 내면에 전근대적 사랑의 관습이 뿌리박혀 있다는 역설적인 지점을 보여 준다.

## 약혼/約婚 : 팔봉. 시대일보1926.1.2-6.21(144회 미완).

**【내용】** 리명국은 장순자와 사랑하는 사이이다. 동경 유학 중에 만난 두 사람은 첫눈에 반하지만 완고하고 봉건적인 부모님의 반대에 부딪혀 결혼하지 못한다. 부모님 몰래 서울에 살림을 차린 명국과 순자는 가난한 살림으로 인해 어려움을 겪고, 순자는 임신한 상태에서 무리를 하다 병을 얻어 죽는다. 순자를 잃고 난 후 명국은 실성한 사람처럼 변해 허송세월한다. 명국의 부친 리 판서는 명국을 고향으로 불러들여 혼인할 것을 권하지만 명국은 듣지 않는다. 명국은 공호라는 청년으로부터 리 판서와 소작인들의 관계가 불합리하다는 것을 듣고 부친과 대립한다. 그는 리 판서를 설득하려 노력하지만 부친은 꿈쩍도 하지 않는다. 명국의 동창 병규, 철수, 경순 등은 경성에서 열린 십일월회 모임에 참석하기 위해 귀국한다. 병규는 명국이 술로 세월을 보낸다는 소식을 듣고 그를 찾아간다. 그는 명국에게 사회주의 사상을 설명하고 명국은 점차 그에게 동화된다. 명국은 리 판서 몰래 땅문서와 돈을 훔쳐 나와 십일월회 회원으로 활동한다. 명국은 철수의 동생이자 십일월회 회원인 신행이 자신을 좋아한다는 것을 알게 되나 죽은 순자 때문에 갈등한다.

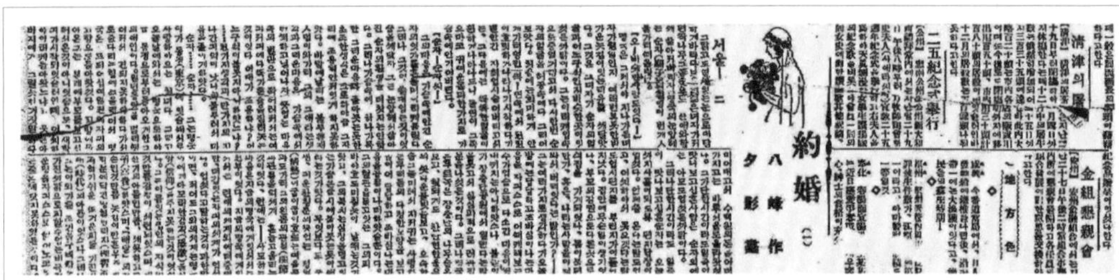

**【참고】** 김기진의 첫 장편소설이다. '팔봉'이라는 필명으로 발표되었다. 《시대일보》 1926년 1월 2일자에 '1회', 1월 3일자에 '3회'라고 표기되어 있다. 이전 날짜에는 연재된 적이 없는 것으로 보아 회차 오기로 보인다. 1926년 4월 26일자(96회) 끝 부분에 '前篇終'이라고 표기되어 있다. 기존 서지에는 1926년 6월 28일까지 연재되었다고 소개되어 있으나 자료를 확인한 결과 6월 21일(144회)을 끝으로 더 이상 연재되지 않았다. 단행본 정보는 찾을 수 없다. 1929년에는 영화로 제작되었는데, 검거 선풍이 불어 병규를 비롯한 십일월회 회원들이 잡혀가고 명국은 멀리 기차를 타고 떠나는 장면에서 끝난다.

## 약혼 전말/約婚顚末 : 이무영. 혜성1931.10-12(3회 완).

**【내용】** '나'는 미인으로 소문난 권려순과 약혼한 사이이다. 내가 독신을 고집하자 어머니는 적극적으로 려순과의 혼담을 진행시킨다. 어머니는 '나'가 극도의 신경쇠약으로 불면증에 시달리는 것이 독신 생활에서 비롯된 것으로 생각한다. '나'는 어머니를 실망시키고 싶지 않아 결혼하겠다고 말한다. 결혼식을 일주일 앞둔 어느 날 려순이 집에 다녀오겠다고 하며 사라진다. '나'는 결혼식 전날까지 려순을 기다리다가 결국 사기를 당했다는 생각에 술을 퍼마신

다. 려순에 대해 안 좋은 소문이 돌기 시작하자 '나'는 마음이 불편하다. 그러던 어느 날 려순의 친구이자 '나'의 누이동생인 진숙에게 려순의 편지가 도착한다. 편지를 뜯어 본 '나'는 려순에게 무엇인가 비밀이 있음을 알게 된다. '나'는 려순이 불행한 여자라는 생각에 약혼자로서 그녀를 지켜 줄 것을 결심한다. '나'는 진숙의 도움을 받아 려순이 있는 곳으로 간다. 려순은 '나'를 보자 눈물을 흘리며 자신이 과거에 법학전문대생인 최종석이라는 남자에게 희롱을 당했다고 고백한다. 막상 '나'는 려순의 고백을 듣자 기분이 상한다. 려순을 만나러 올 때에는 그녀의 불행까지도 사랑하리라 마음을 먹었지만 '나'는 침울한 마음을 숨길 수 없다. 려순은 조용히 밖으로 나가 죽음을 선택한다. 다음 날 '나'는 쓸쓸하게 려순의 집을 떠난다.

**【참고】** 농민, 농촌을 제재로 하지 않은 이무영의 소설로, 남녀의 애정 문제에 따른 통속성이 드러난다.

## 양귀비 /楊貴妃 : 홍효민. 삼중당1948(244면).

**【내용】** 개원 13년 가을, 현종은 왕황후를 멀리하고 측천무후의 조카딸 무혜비를 곁에 둔다. 조여비, 황보덕, 유재인 등은 왕황후의 편에 서지만, 무혜비는 왕황후가 미신을 이용하여 왕에게 저주를 내리고 있다며 그녀를 모함한다. 현종은 왕황후를 냉궁에 가두고 그녀의 오라비를 죽인다. 한편 대신들은 모두 무혜비를 황후에 올리는 것에 반대하고 나선다. 무혜비는 궁에 도둑이 들었다며 태자들을 무장시켜 궁 안으로 들여보내고, 이를 모반으로 오해한 현종은 태자들을 모두 죽인다. 무혜비는 충격을 받아 실성하고 죽음을 맞는다. 현종이 외로운 나날을 보내자 환관 고력사는 왕을 위해 미인들을 찾는다. 어느 날 온청궁에서 수왕비 양씨를 본 현종은 한눈에 그녀에게 반하고 고력사에게 그녀를 불러오라 명한다. 현종의 아들 수왕의 비인 양씨는 황후가 되고픈 야망을 품고 고력사를 따라간다. 현종은 양씨에게 귀비의 호칭을 내리고 향락에 빠진 생활을 한다. 그러던 어느 날 무장 안록산을 만난 양귀비는 그에게 호감을 갖는다. 양귀비의 세를 등에 업고 재상이 된 양국충은 안록산을 경계하며 현종에게 그의 참소를 청한다. 이에 안록산은 간신 양국충을 친다는 명목하에 반란을 일으킨다. 반란군은 양국충을 죽이고 달아나는 현종과 양귀비를 쫓는다. 현종은 양귀비를 내어 달라는 안록산에게 불복하여 양귀비에게 자진을 명한다. 양귀비는 부귀영화의 지난 생활을 한탄하며 목을 매 죽는다.

**【참고】** 제목 앞에 '歷史小說'이라고 표기되어 있다. 총 16장으로 이루어져 있으며, 역사적 사실에 근거하기보다는 현종과 양귀비의 이야기를 대중의 흥미에 맞춰 간결한 문체로 풀어 쓴 작품이다.

## 양녕과 정향/讓寧과丁香 : 김동인. 중앙1935.6(1회 완).

**【내용】** 태종대왕의 맏아들로 태어난 양녕은 부왕이 자유분방한 성격의 자신보다 성실한 됨됨이의 충녕을 마음에 두고 있음을 알게 된다. 양녕은 부왕의 마음을 헤아려서 성실한 아우 충녕이 왕위에 오르도록 돕기로 마음먹는다. 궐내에서 미친 사람으로 오인 받아 폐사 구실을 마련한 양녕은 아우가 왕위에 오르고 난 후에도 사이좋게 지낸다. 어느 날 양녕은 세종에게 주색을 금하겠다는 약속을 하고 서경으로 유람을 떠난다. 달빛 아래 산책을 하던 양녕은 정향이라는 여인의 아름다룬 노랫소리에 끌린다. 정향과 사랑을 나눈 양녕은 색을 멀리 하기로 약속한 것을 떠올리며 정향과 헤어져 돌아온다. 그러나 시간이 지날수록 정향을 향한 양녕의 마음은 깊어져만 가고, 결국 양녕은 세종에게 사실을 고하고 용서를 구한다. 세종은 오히려 자신을 용서해 달라며 정향을 불러들인다. 알고 보니 정향은 세종이 간택한 여인으로 일부러 양녕 앞에 나타났던 것이다. 모든 것이 양녕을 위해 세종이 만들어 낸 일임을 알게 된 양녕은 정향과 진실한 사랑을 이룬다.

**【참고】** 제목 앞에 '特別全載 長篇小說' 이라고 표기되어 있다. 모두 16장으로 구성되어 있으며 소제목은 달려 있지 않다. 분량으로 보아 중편이다. 본문 말미에 "巷傳에 의지하여 쓴 것이다. 그런지라 어느 年代의 事實인지 考證키 힘든다", "이 이야기는 本來의 事實에 얼마만치 덧붙이개가 잇섯슬 것으로 본다. 그러나 巷傳이 이런지라 巷傳에 딸아서 組成한 배다. 誤解를 避하기 위하여 數字 附言하는 배다" 라는 설명이 덧붙여 있다. 구전의 이야기에 작가가 상상한 내용을 덧붙여 창작한 것으로 보인다.

## 양녕대군 만유기/양영대군만유기讓寧大君漫遊記 : 유추강. 삼중당1950.

**【내용】** 태종 대왕은 장자 양영대군 대신 셋째 창령에게 왕위를 물려준다. 양영대군은 왕위에 오른 세종을 위해 북방 압록강에서 영암까지 만유하며 백성들이 사는 형편을 살피고, 그들의 어려운 일들을 도와주며 한 평생 야인으로 보낸다.

**【참고】** 표지에 '三中堂 大衆文庫 庾秋岡 著 讓寧大君漫遊記', 본문 첫 장에 '讓寧大君漫遊記양영대군만유기 庾秋岡' 이라고 표기되어 있다. 조선 시대 양녕대군의 기행과 그에 얽힌 비화를 바탕으로 한 작품이다.

## 양반전/兩班傳 : 박지원. 이석구 역. 조선금융조합연합회1947(103면).

**【내용】** 내용 생략.

**【참고】** 박지원의 한문단편소설 7편을 모은 책이다. 표지에 '兩班傳 燕巖 朴趾源 著 李奭求 譯' 이라고 표기되어 있다. 「양반전」, 「호질」, 「허생전」, 「광문자전」, 「예덕선생전」, 「마장전」, 「민옹전」 등 7편을 번역하여 묶었다. 조선금융조합연합회에서 농민의 계몽, 학문과 예술의 보편화를 꾀하기 위해 만든 협동문고(協同文庫) 3-2권이다.

## 양산도/梁山道 : 민소천. 경향출판사1947(123면).

**[내용]** 김공과 이공은 막역한 친구 사이이다. 이공은 가세가 어려워 김공의 도움으로 산다. 그래서 항상 김공에게 미안한 마음을 갖고 있다. 그러한 형편을 짐작한 김공은 이공의 미안한 마음을 덜어 줄 요량으로 하루 날 잡아 이공의 집에서 술을 마시고자 한다. 이공은 한편으로 기쁘면서도 한편으로는 걱정이다. 찬이야 없으면 그만이지만, 친구에게 술을 따라 줄 여종이 집에 없기 때문이다. 이공은 고심 끝에 아내에게 하루만 여종이 되어 줄 것을 부탁한다. 착한 아내는 남편의 말을 따른다. 술자리에서 김공은 술을 따르는 여종의 미색에 반해 연신 추파를 던진다. 급기야 이공에게 며칠 동안 여종을 자신의 집에 보내 달라고 부탁을 한다. 이공은 그 여종이 자신의 아내라고 말하고 싶지만 그러지 못하고 거절만 한다. 김공은 마음이 상해 이공과의 왕래를 끊는다. 친구도 잃고 마음도 잃은 이공은 훌쩍 여행을 떠난다. 그로부터 6년 후, 김공은 경상도 양산의 원으로 부임한다. 김공은 양산의 명기 해월에 빠져 그를 탐하나 해월은 매번 김공을 피한다. 김공은 해월의 마음을 얻고자 그의 이름을 딴 정자, 해월정을 짓고 그곳에서 율회를 연다. 마침 이공이 여행 중에 율회에 참석하나, 친구의 모습을 알아보지 못한 김공에게 박대를 당한다. 한편 그 자리에서 이공의 사람됨을 알아본 해월은 이공에게 지아비가 될 것을 청하고 이공은 그 청을 받아들인다. 그리고 해월의 바람대로 삼 년 공부를 작심하고 통도사의 홍오대사 밑에서 마음공부와 글공부를 한다. 해월은 그동안 이공의 딸 채경을 낳아 기른다. 공부를 끝낸 이공은 과거에 급제하고 김공보다 더 높은 관직에 오른다. 그리고 예전에 김공에게 멸시 받았던 것을 생각하고 그를 제주도로 정배 보낸다. 그로부터 17년이 지난 후, 이공의 딸 채경과 김공의 아들 서동은 서로 사랑하는 사이가 된다. 이공은 이 사실을 알고 서동을 죽이고자 하나 뜻을 이루지 못한다. 이에 서동은 양산도 노래를 지어 부르고 떠난다. 이공은 채경을 통도사에서 출가시킬 마음을 먹고 채경과 함께 통도사에 간다. 홍오대사는 이공에게 예전 마음공부하던 때를 상기시키고 마침 통도사를 들른 서동과 채경의 혼인을 주선한다. 이때 나물 캐는 처녀 한 떼가 양산도를 부르며 통도사 앞을 지난다.

**[참고]** 표지에 '悲戀小說 梁山道 閔素泉 作'이라고 표기되어 있다. 민요 '양산도'에 얽힌 이야기를 소설화한 작품이다. 단행본 사이사이 내용 이해를 돕는 삽화가 있다.

## 양주의 어옹/楊洲의漁翁 : 김동인. 대중서옥1937.

**[내용]** 경복궁 중건을 시찰하러 온 대원군 리하응은 수문장이 어명이라는 이유로 문을 열지 않자 당황한다. 수문장에게 호통을 치고 궁 안으로 들어온 대원군에게 도승지가 상소문을 바친다. 최익현이 쓴 상소문의 내용은 경복궁 역사를 중지하라는 것이다. 대원군은 최익현의 상소문 이면에 왕비인 민씨가 있음을 깨닫는다. 민씨는 아녀자로서 왕을 보필하는 것에

머물지 않고, 천하를 호령하고자 하는 놀라운 야심을 지닌 인물이다. 그녀는 오라비 민승호를 불러 밀의를 꾀하고 대원군에게 반감을 가진 유림들을 모아 세력을 확장해 나간다. 대원군은 민씨의 야심을 알고 있지만 왕이 있기 때문에 어쩌지도 못하고 고민에 빠진다. 그러던 중 최익현의 두 번째 상소문이 들어오고 그는 호조참판이 된다. 민씨는 왕이 후궁에게서 본 왕자를 예뻐하자 은밀하게 후궁과 왕자를 없앤다. 날이 갈수록 민씨의 횡포는 극에 달하지만 나약한 왕은 민씨에게 끌려 대원군을 외면한다. 대원군의 정치를 노골적으로 탄핵하는 최익현의 상소문이 또 올라온다. 도를 넘는 최익현의 행동에 대신들은 참형을 해야 한다고 목소리를 높인다. 그러나 왕은 민씨의 힘에 눌려 최익현을 귀양 보내는 것으로 처리한다. 왕의 행동에 실망한 대원군은 운현궁으로 돌아와 다시는 입궐하지 않는다. 이후 민씨는 대원군의 사람을 모두 파직하고 권세를 잡는다. 대원군은 서울을 떠나 양주로 가서 낚시로 여생을 보낸다.

**【참고】** 「暗雲의 松京」, 「元斗杓」, 「調信에 꿈」 등과 함께 『金東仁野談集』(대중서옥1937)에 수록되어 있다. 분량(38면)으로 보아 단편에 해당한다. 대중서옥본 뒤표지가 유실되어 연도를 확인할 수 없으나 고려대 도서관 정보에 '소화12년'이라고 표기되어 있다. 제목 다음에 '(大院君還政秘話)'라는 부제가 달려 있다. 대원군이 주인공으로 그와 대척점에 서 있는 민비를 권세에 눈이 먼 부정적인 인물로 그리고 있다. 대원군과 민비가 등장하는 김동인의 다른 역사소설과 내용이 겹치지는 않지만, 사건의 진행으로 보아 「운현궁의 봄」, 「젊은 그들」 다음 순서에 오는 작품으로 볼 수 있다.

## 어디로 갔나/어대로갓나 : 서병수. 매일신보1926.2.21(상), 3.7(중), 3.21(하), 4.4(종)(4회 완).

**【내용】** 김혜숙은 의복과 화장을 생명보다 소중히 여기는 여인이다. 화려하게 꾸미고 외출하는 것을 즐기던 혜숙이 단장을 하지도 않은 채 깊은 슬픔에 잠겨 있다. 혜숙의 애인인 CS와 사랑하는 사이라고 밝힌 어떤 여인으로부터 편지를 받은 것이다. 그 여인은 혜숙에게 자신이 어떻게 CS와 만나 사랑하고 함께 살림을 차리게 되었는지 소상하게 밝힌다. CS에게 순정을 바친 혜숙은 배신감으로 인해 어쩔 줄을 모른다. 혜숙은 CS에게 이별을 통보하는 편지를 쓰기로 결심하지만 막상 글을 쓰려고 보니 CS와 보냈던 지난날들이 떠오른다. 그림 그리기를 좋아하는 CS는 혜숙의 아름다움을 화폭에 담고 싶어 하고 그런 CS를 혜숙은 사랑스러운 눈길로 바라본다. 그러나 혜숙은 CS가 자신을 사랑하면서도 선뜻 부모에게 소개하지 못하고 망설이자 서운함을 느낀다. 부모를 생각하는 마음이 큰 CS를 이해하려고 노력하는 혜숙은 그의 고민이 깊어지자 안타

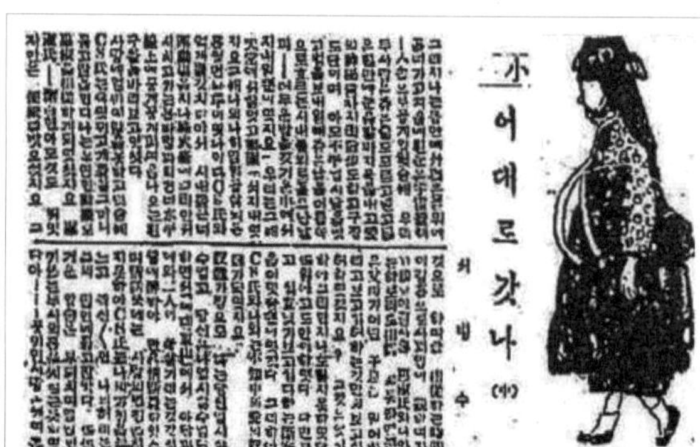
어대로갓나 (中)

서병수

까워한다. 그러던 차에 혜숙은 낯선 여인으로부터 편지를 받은 것이다. CS와의 추억을 하나 하나 떠올리던 혜숙은 그를 향한 원망의 마음을 접기로 하고 편지를 마무리한다. 의복을 차리고 밖으로 나온 혜숙은 어딘지 모를 곳을 향해 발걸음을 옮긴다.

**【참고】** 국한문 혼용체로 쓰였다. 1926년 2월 21일부터 4월 4일에 걸쳐 연재되었으나 총 연재 횟수는 4회로서 단편 분량의 작품이다. 여주인공이 받은 편지의 내용이 작품의 상당 부분을 차지한다. 사랑하는 사람으로부터 배신을 당한 여주인공의 심정을 중점적으로 다루고 있는 작품이다.

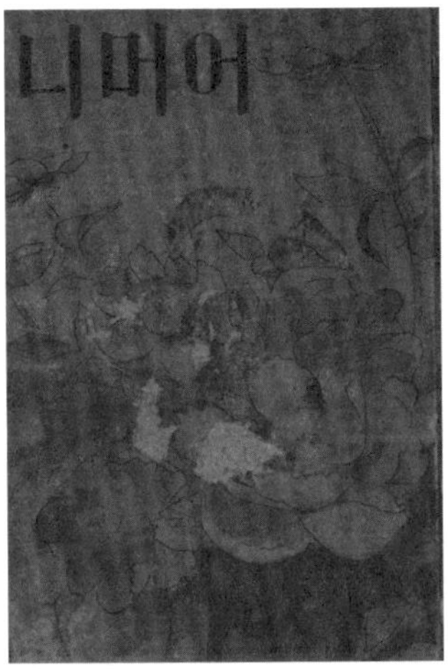


## 어머니

**나도향. 시대일보1925.1.5-4.30(90회 완) ; 박문서관1939.**

**【내용】** 영숙은 시골에서 보통학교를 졸업한 후 어머니와 상경해 곤궁하게 살아간다. 그러던 중 그녀는 돈에 눈이 먼 어머니에게 떠밀려 철수의 첩이 된다. 영숙에게 지극한 애정을 표현하는 철수의 노력에도 불구하고 영숙은 첩이라는 신분에서 오는 모멸감으로 괴로워한다. 철수는 자신의 사랑은 '참사랑'이라며 영숙을 설득하지만 그녀의 마음은 쉽게 열리지 않는다. 영숙은 우연히 고향 친구 춘우와 재회한 후 그에게 호감을 갖는다. 청량리에서 만난 영숙과 춘우는 서로에게 강하게 끌린다. 홍릉을 따라 길을 걷다가 갑작스레 춘우가 영숙에게 사랑을 고백한다. 망설이던 영숙은 춘우에게 이제야 비로소 '영(靈)의 주인'을 얻었다며 그의 사랑을 받아들인다. 자신을 본부인과 동등하게 대하는 철수와 춘우 사이에서 갈등하던 영숙은 첩이라는 굴욕적인 신분보다는 춘우와 '완전한 부부'가 되기로 결심한다. 영숙은 철수에게 이 같은 생각을 밝히고 집을 나와 춘우와 동거에 들어간다.

**【참고】** 나도향의 마지막 장편소설이다. 첩이라는 신분으로 인해 소외감을 느끼던 여주인공이 아이를 버리면서까지 가출을 감행하여 자신의 행복을 찾아가는 모습에서 첩을 바라보는 당대 사회의 비판적 인식을 엿볼 수 있다. 일부다처제의 상징적 존재인 '첩'을 주인공으로 내세워 역설적으로 여성의 지위 향상에 대한 문제를 제기했다는 점은 주목할 만하다. 1937년에 『박문서관 장편전집』 2차 8권으로 간행되었다는 기록이 있으나 확인되지 않는다.

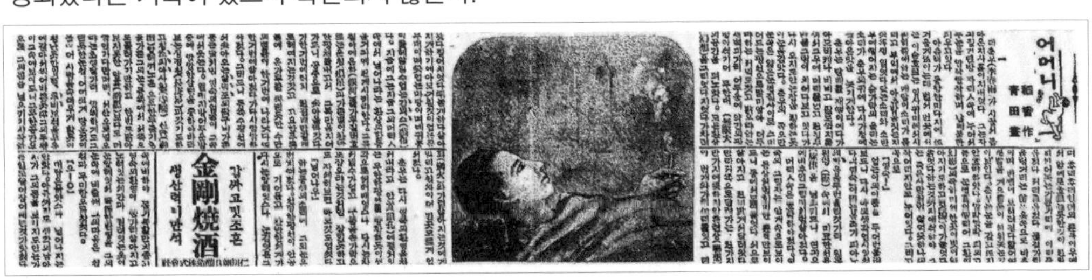

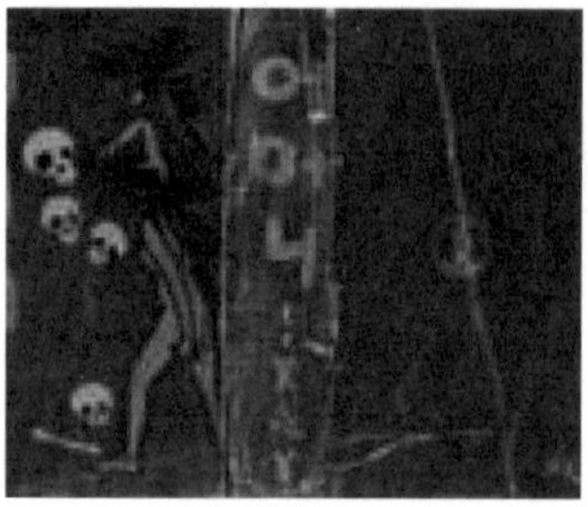

## 어머니 : 이기영.

**조선일보1937.3.30-10.11(178회 완) ; 영창서관1948(684면).**

**【내용】** 정인숙은 조혼하여 아들 덕근을 낳지만 남편이 죽자 시골에 아이를 맡기고 일자리를 구한다. 그녀는 유치원 보모로 생계를 이어 간다. 그러던 중 집주인 이창규의 유혹에 빠져 그의 아이를 갖는다. 창규는 낙태를 종용하지만 인숙은 이를 뿌리치고 아이를 낳아 윤학구의 집 앞에 버린다. 죄책감을 이기지 못한 인숙은 신분을 숨긴 채 학구의 집에 침모로 들어가 자신의 아이 진영을 키운다. 아이를 정성껏 키우던 인숙은 시골에 두고 온 덕근의 뒷바라지를 위해 3년 만에 학구의 집을 나온다. 세월이 흘러 덕근은 학구의 아들 옥영과 친구가 되고 그의 여동생 진영과 만난다. 은행 사무원인 덕근은 진영을 연모하고, 의과대학에 진학한 옥영 또한 진영이 업둥이임을 안 후 그녀를 마음에 품는다. 창규는 동경 유학 후 진영이 다니는 사립 여자 고보의 교원으로 부임한다. 진영의 담임교사가 된 창규는 진영에게 반하여 그녀를 겁탈하려다 실패하고, 진영은 이를 문제 삼아 동맹 휴학 끝에 그를 파면시킨다. 자신이 업둥이임을 알게 된 진영은 가출한 후 카페 여급으로 지낸다. 진영이 손님들에게 시달림을 당하자 덕근은 진영을 자신의 집으로 데려오고, 인숙이 진영의 유모였음을 알게 된다. 어느 화창한 날 한강변에 놀러 갔던 이들은 술에 취해 행패를 부리는 창규를 만난다. 실랑이 끝에 진영이 창규를 칼로 찌르려 하자 인숙은 모든 사실을 밝힌다. 옥영은 졸업 후 병원을 개업하고 진영과 결혼할 것을 약속한다. 인숙은 탁아소를 운영하고, 덕근은 이들과 함께 일한다.

**【참고】** 청상편, 모성편, 자녀편 세 개의 장으로 나뉘어 있으며, 주인공의 고난과 그 극복 과정을 그리고 있다. 봉건적 인습과 애정 없이 이뤄지는 조혼 제도, 남존여비 사상으로 인해 고통 받는 조선 여인의 삶에 관심을 가지고 있던 작가는 '인간의 최하층에서 이중삼중으로 학대와 고통을 받고 있는 여자의 모성애에 대한 경건한 마음'을 작품에 담고 싶었다며 그 창작 의도를 밝히고 있다. 우연적인 사건 전개와 통속적인 구성은 신문연재소설의 한계로 지적된다. 1939년에 『영창서관 명작전집』 3권으로 간행되었다는 기록이 있다.

## 어머니 : 채만식. 조광1943.3-6,8-10(7회 미완).

**【내용】** 「여자의 일생」 참조.

**【참고】** 《조광》에 7회까지 연재되다가 중단된 작품이다. 속편 격으로 《매일신보》에 1944년 10월 5일부터 1945년 5월 17일까지 「여인 전기」를 연재하였다. 「여인 전기」에서는 주인공의 이름이 '숙히'에서 '진주'로 바뀌지만, 3-5장에서 진주가 회상하는 과거의 내용이 「어머니」의 주인공 '숙히'의 삶과 일치한다는 점에서 그 연관성을 찾을 수 있다. 「어머니」는 한 여인이 결혼 후에 시어머니와 겪게 되는 갈등을 질박하게 그린 소품이나 「여인 전기」는 친일적인 성향으로 정치색을 띠고 있다. 해방 후 채만식은 「여인 전기」의 친일적 내용을 반성하는 취지에서 「어머니」의 내용에 새로이 6, 7

장을 덧붙여 '여자의 일생' 이라는 제목으로 단행본을 간행하였다.

## 어머니를 찾아서/어머니를찾어서 : 채만식. 소년1937.4-8(5회 완).

**【내용】** 부룩쇠는 윤호장이라는 영감의 집에서 궂은 일을 하며 생활하는 소년이다. 부룩쇠는 '아직 길들지 않은 송아지'라는 뜻의 '부룩송아지'에서 나온 애칭이다. 집 나간 어머니를 찾아 서울로 가던 부룩쇠는 윤 영감네에서 밥을 얻어먹은 것을 계기로 학교도 못 가고 6년째 집안일만 돕고 있다. 부룩쇠는 마을에 있는 학교 선생님에게 학고에 다니게 해 달라고 부탁하지만 부모의 허락이 있어야 한다는 말을 듣는다. 부룩쇠는 어머니가 보고 싶어 괴로워하지만 아무도 자신에게 관심을 두지 않자 서러워진다. 윤 영감네에서 나와 어머니를 찾아가야겠다고 결심한 부룩쇠는 겨우 돈을 마련해 서울로 떠난다. 하지만 막상 서울에 도착해 보니 낯선 환경에 두려워진다. 부룩쇠는 마음을 가다듬고 병원, 가게 할 것 없이 돌아다니며 사람들에게 어머니의 행방을 물어보지만 바보 취급만 당한다. 거지 아이에게 속아 가지고 있던 돈 몇 푼마저 뺏긴 그는 며칠을 굶은 채로 서울 바닥을 헤맨다. 그러던 어느 날 부룩쇠는 꿈에 그리던 어머니를 멀리서 보게 된다. 그는 기쁜 마음에 어머니에게 달려가다가 그만 전차에 부딪혀 정신을 잃는다. 병원에서 깨어난 부룩쇠 옆에는 어머니와 한 노인이 있다. 신문에서 부룩쇠의 어머니 사연을 읽고 찾아온 노인은 자신이 부룩쇠의 후원자가 되겠다고 말한다. 이후 부룩쇠는 학교에도 다니고 어머니와도 행복한 생활을 한다.

**【참고】** 제목 앞에 '소년소설(少年小說)' 이라고 표기되어 있다. 어머니를 찾아 낯선 곳을 떠돌아다니는 한 소년의 모험을 다룬 작품이다. 주인공 부룩쇠가 온갖 어려움을 겪다가 우여곡절 끝에 어머니와 든든한 후원자를 만나기까지의 과정이 흥미 있게 묘사되고 있다. 소년 독자를 대상으로 한 작품인 만큼 삽화가 많은 비중을 차지한다.

## 어머니와 딸/어머니와쌀 : 강경애. 혜성1931.8-1932.4(7회 미완), 제일선1932.7-10(10회 완).

**【내용】** 가난한 소작농인 김창문은 먹고 살기가 어려워지자 농장 일을 잃지 않기 위해 딸 옙분을 농장주 이춘식의 소실로 넘긴다. 춘식의 딸 옥이를 낳은 후 옙분은 춘식의 가족에게 딸을 빼앗기고 쫓겨날 위기에 처한다. 이때 옙분을 짝사랑한 둘째가 춘식의 집에 나타나 옙분 모녀를 구해 준다. 옙분이 딸 옥이와 함께 집으로 쫓겨 오자 창문은 농장 일을 잃는다. 그는 딸의 복수를 하기 위해 춘식을 찾아갔다 봉변을 당한 후 시름시름 앓다가 죽는다. 남편이 죽었다는 소식을 들은 창문의 아내는 어린 아들과 함께 강에 빠져 죽는다. 부모와 동생의 죽음으로 실의에 빠진 옙분은 술집 작부가 된 후 옥이를 버리고 술집에서 만난 남사와 함께 어디론가 떠나 버린다. 옥이는 자신을 데려다 길러 준 기생 산호주와 기독교도인 김영철 선생의 보호를 받으며 자란다. 그녀는 산호주의 아들 봉준과 결혼해 새로운 생활을 꿈꾼다. 옥이는

봉준이 일본 유학을 하는 동안 가정일과 학업에 열중하며 남편을 기다리지만 봉준이 이혼을 요구하자 고민에 빠진다. 일본에서 돌아온 봉준은 신여성 숙희와 결혼하기 위해 옥이를 친구인 재일에게 떠넘기려 하지만 옥이는 가정을 지키기 위해 최선을 다한다. 그녀는 거리에서 노동운동을 하다 잡혀가는 친구 영실의 오빠를 보고 자신이 살아야 할 삶을 깨닫는다. 옥이는 남편에게 이혼에 동의한다는 자신의 의사를 밝힌다.

**【참고】** 연재 지면에 '創作 어머니와 딸 姜敬愛'라고 표기되어 있다. 강경애의 첫 장편소설로, 《혜성》에 1931년 8월부터 1932년 4월까지 7회분이, 《제일선》에 1932년 7월부터 10월까지 3회분이 연재 완료되었다. 가난한 소작인 딸로 태어나 지주에게 유린당한 후 타락한 예쁜이와 그녀의 딸로 태어나 한 남편의 아내로 살다가 이혼을 결심함으로써 남성 중심적인 가정으로부터 벗어나는 옥이의 대비를 통해 여성해방 문제를 다루었다.

## 어머님의 마음 : 송창근. 신한민보1928.4.5-6.28(13회 미완).

**【내용】** 핀톤 부부는 이삭, 토마쓰, 쫀, 칠이, 리베카, 수산 등 여섯 남매를 키우고 있다. 남자 아이들은 모두 장난꾸러기로 늘 싸우며 지내는데, 특히 큰아들 이삭과 쫀은 앙숙지간이다. 세월이 흘러 리베카와 수산은 시집을 가고, 이삭은 목사가 되고, 칠이는 미술가가 되는 등 각자 출가하는데 쫀만이 여전히 부모 밑에서 지낸다. 이삭은 이런 쫀이 못마땅할 뿐이다. 그러던 어느 날 쫀은 서부 지방으로 가서 돈을 벌겠다고 결심한다. 여자 친구 이사별에게 작별인사를 하고 돌아오던 쫀은 우연히 마방에서 말을 훔치는 아버지를 보고 경악한다. 순사들에게 발각되기 전 쫀은 아버지를 피신시키고 대신 잡힌다. 그는 아버지의 죄를 뒤집어쓰고 10년 징역형을 언도받는다. 쫀의 어머니는 눈물로 세월을 보내고 아버지는 잠을 이루지 못한 채 죄책감에 시달린다. 이후 아버지는 자살하고 어머니는 형제들 집을 전전하며 지낸다. 십 년 후 석방된 쫀은 이삭을 찾아가 서부 지방에 가서 돈을 벌 동안 어머니를 잘 모셔 달라고 부탁하지만 이삭은 들은 체 만 체 한다. 서부 지방으로 건너가 고생하던 쫀은 틈틈이 은행환과 편지를 어머니 앞으로 보낸다. 그런데 이삭이 은행환을 가로채고 편지를 어머니에게 전해 주지 않는다. 이삭은 어머니를 모시려 하지 않고 마침내 어머니는 요양원으로 들어간다. 서부 지방에서 돌아온 쫀은 그간의 일을 알고는 분을 참지 못한다. 그러나 이사별의 만류로 쫀은 형에 대한 화를 삭이고, 요양원에 있는 어머니를 모시러 떠난다.

**【참고】** 13회 이후 연재가 중단된 작품이다. 13회(21장) 끝에 '다음 호에 계속'이라고 표기되어 있지만 이후 연재되지 않았다. 회차 정보는 표기되어 있지 않다. 1928년 4월 26일 4회부터 같은 내용이지만 '어머님의 마음(心)'이라고 존칭 제목을 썼다. 첫 회 작품이 시작되기 전, "이번에 내는 '어머님의 맘'도 실상 작품이 아니다. 그저 짤막한 이야기로 보아 주신다면 좋겠다", '三月一日 푸린스톤에서 필쟈 송창근'이라는 작자의 말이 실려 있다. 작가 송창근은 신학자이자 목사로 유명하며, 프린스턴과 펜실베이니아, 콜로라도 주에서 신학을 공부했다. 1937년 수양동우회 사건으로 투옥된

기록이 있고, 복역 후 태평양전쟁 동안의 친일 행적이 전한다. 1950년 한국전쟁 중 납북되었으며 1951년에 사망설이 돌았으나 현재까지 확인되지 않았다. 송창근의 호는 '만우(晩雨)' 이다.

## 어사 박문수/御史朴文秀 : 노성산인. 중외일보1927.8.1-12.30(134회 완).

**【내용】** 박문수는 어려서 부친을 여의고 편모슬하에서 가난하게 자랐으나 누구보다 의협심과 동정심이 많은 소년이다. 어엿한 선비가 된 문수는 경종 3년 증광문과에 합격하여 벼슬길에 오른다. 그는 경종이 승하한 뒤 왕위에 오른 영조로부터 큰 신임을 얻는다. 영조는 민생을 꼼꼼히 살피기를 원하는 마음에 그를 암행어사에 봉하고 전국을 시찰할 것을 명한다. 이후 박 어사는 전국 방방곡곡을 순회하며 다양한 경험을 한다. 욕정에 눈이 먼 중이 어느 대감 집 며느리를 겁탈하려다 살해한 사건, 다른 남자와 간통을 한 여인이 남편을 죽인 사건, 외간남자와 바람이 난 아낙이 돈을 훔치고 이를 엉뚱한 사람에게 덮어씌운 사건 등 박 어사는 각 지방에서 일어나는 사건의 진상을 파헤치고 진범을 찾는 데 온 힘을 기울인다. 전국을 다니며 사건을 해결하고 돌아온 박 어사는 임금으로부터 포상을 받고 큰 신임을 얻는다. 이후 박 어사는 세자 책봉 문제로 고민하는 임금에게 묘안을 내어 중국의 간섭을 물리치고 문제를 해결하는 등 혁혁한 공을 세운다.

**【참고】** 작가 노성산인(老星山人)에 대해 알려진 정보가 없으며, 단행본 정보를 찾을 수 없다. 134회 연재분 끝에 '상권 종' 이라고 표기되어 있으나 이후 더 이상 연재되지 않았다. 1927년 12월 16일(131회) 이후 며칠 연재가 중단되었다가 1927년 12월 28일(132회)부터 다시 연재가 시작되었다. 암행어사 박문수가 전국을 다니며 각 지방에서 일어나는 사건을 해결하고 착한 이에게는 상을 주고, 악한 이에게는 벌을 내린다는 내용이다.

## 억지춘향전/억지春香傳 : 김규택. 조광1941.2-7(6회 완).

**【내용】** 내용 생략.

**【참고】** 뛰어난 그림 실력으로 1930년대 만화계를 이끈 '웅초(熊超) 김규택(金奎澤)' 의 작품이다. 김규택은 《신동아》, 《별건곤》, 《조광》 등에 많은 단편 만화와 만문만화를 연재하여 세인의 눈길을 끌었다. 광복 후에는 《새한민보》에 시사만화를 싣기도 하였다. 이 작품은 희화화된 그림과 해당 장면에 등장하는 인물들의 대화로 구성된 만평 성격의 만화이다. 목차에는 제목 앞에 '漫文漫畵' 라고 표기되어 있다. 이도령이 방자에게 춘향을 데려오도록 유혹하는 과정이 억지스러운 대화체로 그려지고 있다. 방탕한 이도령을 비판하는 방자의 대사가 해학적인 문체로 씌어져 웃음을 자아낸다.

## 억지춘향전/억지春香傳 : 웅초. 주간서울1949.8.22-1950.5.1(38회 미완).

**【내용】** 남원 사또의 아들 이몽룡은 어느 날 성춘향이라는 미모의 여성을 보고 한눈에 반한다. 그는 하인 방자의 도움을 얻어 우연을 가장하고 춘향에게 접근한다. 그는 춘향과 통성명한 날 밤 집으로 찾아가 청혼하고 각서를 써 준다. 얼마 후 몽룡의 부친은 서울로 올라가고, 대신 변 씨가 남원 사또로 부임한다. 그는 여색을 밝히는 자로, 절세미인으로 유명한 춘향을 탐낸다. 변 사또는 춘향이 장래를 약속한 상대가 있다며 수청을 거절하자 못살게 군다. 한편 서울에 간 몽룡은 과거에 장원급제하고, 어명에 따라 지방 순찰을 떠난다.

**【참고】** 연재 지면에 '억지春香傳 熊超 作'이라고 표기되어 있다. 1950년 5월 1일자에 실린 38회 말미에 '차호계속'이라 표기되어 있으나 이후 연재된 사항은 발견되지 않는다. 1941년 2월부터 7월까지 《조광》에 6회 연재 후 중단되었던 작품을 처음부터 다시 연재한 후 뒷부분을 이어 쓴 것이다. 그러나 38회 연재 후 다시 중단되었고, 이후에 완결된 기록은 찾을 수 없다. 기본적인 줄거리는 고전 「춘향전」과 같으나, 작중인물의 대사와 행동에 해학적인 요소가 많다. 또한 '과학, 수학, 날틀, 만년필, 빠, 여급' 등 당대의 신식 문물이 반영되어 있다.

## 여걸 민비/女傑閔妃 : 홍효민. 삼중당1948(252면).

**【내용】** 대원군 이하응은 고민 끝에 고종의 배필로 민치록의 딸을 간택한다. 왕비 민씨는 고종과 함께 국사를 논하며 그의 마음을 얻기 위해 노력한다. 대원군은 어린 고종의 뒤에서 섭정을 하고, 민비는 오라비 민승호와 함께 왕권을 살리기 위한 방법을 모색한다. 민승호는 대원군을 경계하고 점차 자신의 세력을 확장해나간다. 이를 괘씸하게 여긴 대원군은 폭발물을 보내 민승호를 폭사시킨다. 이 사건을 계기로 민비는 대원군과 대립하고 고종에게 충언하는 등 정치에도 적극 개입한다. 운양호 사건이 터지자 민비는 일본과 통상을 하면 외세를 견제할 수 있을 것이라며 고종을 설득한다. 고종은 민비의 의견을 수렴하여 일본과 통상조약을 체결한다. 대원군은 권력을 민비에게 빼긴 후 양주에서 칩거하고, 이철구, 권정호 등 남인들이 대원군의 서자를 왕으로 천거하여 고종을 폐하려는 계획을 세우나 민비에게 발각되어 죽는다. 십여 년이 흘러 고종은 민비의 뜻에 따라 신식군대를 훈련시키는데, 신식군대와 구식 군대의 차별 문제로 임오군란이 일어난다. 피신한 민비는 밀서를 보내 청국의 도움을 요청하고, 이에 반대한 대원군은 청국에 잡혀간다. 민비는 로서아에 의지하여 이범진, 이완용, 이용익 등 친로파를 대거 등용한다. 청국에 잡혀 있던 대원군은 4년 만에 풀려나고, 고종 39년 동학란이 일어나자 일본군이 개입한다. 이후 청일전쟁이 발발하고, 민비는 일본군에 의해 잔인하게 살해된다.

**【참고】** 평론가이자 소설가로 활동한 홍효민의 역사소설이다. 어리고 나약한 고종을 대신하여 정치에 적극적으로 개입했던 민비를 '여걸'로 미화한 작품이다. 외세를 견제하는 방법으로 오히려 여러 나라의 세력을 조선에 끌어들이고자 했던 민비의 능력을 높이 평가하고 있다. 「인조반정」과 더불어

홍효민의 대표적인 역사소설의 하나로 꼽힌다. 고려대 도서관 소장 삼중당본을 텍스트로 내용을 정리했다.

## 여명/黎明 : 박종화. 매일신보1943.6.17-12.13(150회 완).

**【내용】** 정조가 죽고 벽파 서인들이 득세하자 천주교인들은 탄압을 받는다. 관기인 계섬월의 부친이 병들자 천주교 신자인 기생 초운은 서양인 선교사에게 치료를 부탁한다. 초운은 계섬월에게 천주교를 믿으라고 권하나 그녀는 받아들이지 않는다. 하응의 둘째 아들 재황이 왕위에 올라 고종이 되고, 하응은 대원군의 지위에 오른다. 대원군은 관직에 자신의 심복을 앉히는 한편 탐관오리를 몰아내고 당벌을 타파해 인재를 등용한다. 초운은 계섬월에게 대원군이 천주교를 인정하도록 이야기하길 권하고, 계섬월은 이를 마다하지 못해 말을 전하나 대원군은 받아들이지 않는다. 미국 제너럴셔먼호가 평양 감사의 지시를 무시하고 대동강으로 들어왔다가 군함이 불타고 선원들이 모두 죽는 사건이 발생한다. 이에 프랑스 군함들이 강화도로 쳐들어와 강화읍성을 함락시키나 정족산성에서 패배하고 후퇴하며 강화에서 훔친 보물과 서적들을 가져간다. 계섬월이 대원군에게 말을 전하지 않았다고 오해한 초운은 그녀를 죽이려다 마음을 돌린다. 선교사 칼레에스와 페론이 남연군의 묘를 도굴하려다 실패하고 도망친다. 대원군의 분노는 극에 달해 천주학과 관련된 사람들을 줄줄이 처형한다. 계섬월은 초운을 숨겨 주나, 초운은 남종삼의 묘지 앞에서 자살한다. 조선 군대는 미국 군함 다섯 척을 물리치고, 대원군은 조선의 여명이 찾아왔다고 생각한다.

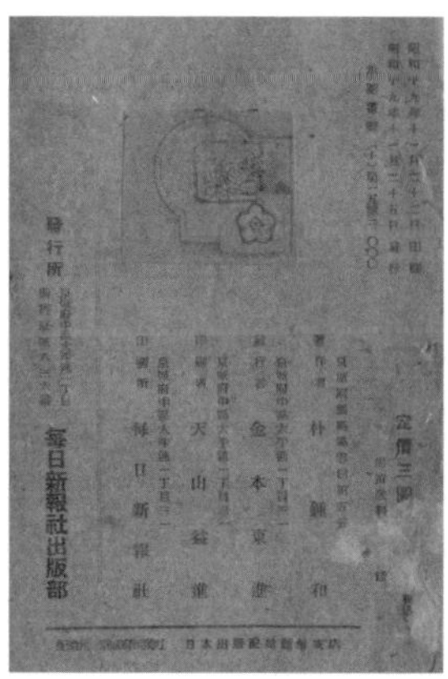


**【참고】** 「전야」, 「민족」과 연작을 이루는 작품으로, 「여명」은 그중 두 번째로 발표된 작품이다. 이 세 작품은 모두 1820년 흥선대원군 이하응의 출생부터 1910년 경술합방에 이르기까지 대원군을 중심으로 한 역사적 흐름을 그리고 있다. 「여명」은 철종 말년에서 고종 8년(1871)까지를 배경으로 하여 국내외 문제에 대한 대원군의 정책적 대응을 서술하고 있다. 특히 고종 초기 천주교 수난사가 중점적으로 제시되는데, 초운이라는 기생을 등장시켜 그녀가 탄압과 박해 속에서도 천주교를 이상적인 인간 구원의 길로 믿었다가 결국 그것이 서양인들의 침략 수단에 지나지 않음을 깨닫는 과성을 서술하였다. 외세의 침략에 강력한 의지로 맞섰던 이하응과 민초들의 각성을 통해 작가는 주체적인 민족주의를 강조하고 있다. 역사적 사실을 충실하게 묘사하는 동시에 당대 양반과 서민 사회의 모습을 폭넓게 제시하고 있는 점이 주목된다.

長篇小說豫告

黎明期

張赫宙作

鄭玄雄畫

◇新年劈頭부터連載◇

# 여명기/黎明期

장혁주. 동아일보1936.1.4–8.27(207회 미완).

**【내용】** 삼마에서 세도를 떨치는 김종한과 조훈의 두 가문은 서로 적대적이다. 두 사람은 의원직을 놓고 경쟁하고, 훈이 일본인 송본의 힘을 빌려 당선된다. 송본은 목재소를 지어 주겠다는 명목으로 마을 공유지를 매수하여 땅을 차지하려 한다. 면장 신여원은 종한과 힘을 합쳐 그에 맞서려 하나 여의치 않다. 서울에서 고등교육을 받은 여원의 딸 안라는 취객에게 봉변을 당할 위기 상황에서 종한의 둘째 아들 인철에게 구출된 이후 그에게 반하여 사랑을 고백한다. 그러나 인철은 동네 처녀 옥례를 사랑하고 있어 안라의 사랑을 받아들이지 않는다. 여원과 종한은 인철의 형과 안라를 결혼시키려 하지만 그녀는 유부남 하영과 함께 결혼식 이틀 전 고향을 떠난다. 사회운동가 윤뢰우는 송본 일파의 공유지 매수를 막기 위한 면민 대회를 개최하려다 경찰에 붙잡힌다. 종한이 죽고 송본은 공유지를 차지한다. 옥례의 부친 채상국은 늘어가는 빚 때문에 딸을 훈의 소실로 보내려 한다. 옥례는 인철에게 이 사실을 알리고 인철은 그녀를 몰래 빼돌려 웅천으로 보낸다. 인철은 뒤늦게 웅천으로 가지만 옥례의 행방이 묘연하다. 안라는 하영의 주선으로 유치원 보모가 된 후 그의 사랑을 받아들인다. 한편 옥례는 웅천행 기차에서 만난 술집 여주인의 계략에 빠져 술집에서 일한다. 옥례는 삼마에 편지를 보내고 인철을 기다리지만 그는 나타나지 않는다. 그러던 중 한 남자가 공장에 취직시켜 준다며 옥례를 범하려다가 실패하자 유곽에 팔아넘긴다. 옥례는 온갖 고생을 하다가 동료 기생의 도움으로 탈출한 뒤 한 기자를 만난다.

**【참고】** 1936년 1월 4일부터 5월 23일까지 125회로 1부 '농촌편'이, 1936년 5월 24일부터 8월 27일까지 82회로 2부 '도읍편'이 연재되었다. 1935년 12월 21일자 《동아일보》에 '長篇小說豫告' 기사가 게재되었고, '作者의 말슴'이 소개되어 있다. 작가는 농촌 조선의 참된 자태, 도회 조선의 똑똑한 현실을 알림으로써 잘못은 고치고 아름다움을 조장하고자 소설을 썼다는 창작 의도를 밝혔다. 더불어 문장에 표준어를 쓰기로 한 것, 전체를 '농촌편'과 '도회편'으로 나누어 각각 120회씩으로 끝을 맺으려 기획하고 있다는 점을 밝혔다. 그러나 2부 연재 도중 일장기 말살 사건으로 《동아일보》가 정간당하여 작품 연재가 중단되었다. 이후 단행본 출간 정보는 확인되지 않는다.

# 여승 김염주/女僧金念珠 : 방인근. 실화1939.7–9(3회 미완).

**【내용】** 진남포 항구에서 삼십 리쯤 떨어진 산촌에서 태어난 김염주는 무남독녀 외동딸로 귀여움을 독차지하고 자란다. 목사인 아버지는 신망이 두터웠고, 어머니는 온아한 분이었다.

그러던 어느 날 어머니가 돌아가시고 염주는 서울의 학당으로 공부를 하러 떠난다. 염주는 그곳에서 만난 선애와 친하게 지내게 된다. 그러나 아버지가 돌아가셨다는 소식에 염주는 급히 귀향한다. 이후 선애가 학교를 그만두고 어떤 이의 첩이 되었다는 소식을 전해 듣는다. 학교 선생이 된 염주는 이영욱이라는 교수와 혼인을 앞두고 있다. 이영욱은 미국에서 공부를 하고 돌아와 교수를 하고 있으나 다리를 한쪽 잃은 데다 염주와는 20여 년의 나이차가 나는 이였다. 염주는 우연히 길에서 선애를 만나 그의 집에 들르게 된다. 선애는 자신을 좋아해 주는 남자와 사는 것도 나쁘지 않다며 염주를 위로한다. 결혼 당일 염주는 자신과 엇비슷한 또래로 보이는 영욱의 아들 내외를 보고 당황한다. 또한 잠자리에서 영욱이 의족을 떼어 내고 눕는 모습에 놀라기까지 한다. 그러나 염주는 자신이 아니면 누가 이 사람을 돌봐줄까 하는 마음에 그를 품에 안는다.

**【참고】** 제목 앞에 '事實小說'이라고 표기되어 있다. 잡지의 결호로 3회 이후 내용 확인이 불가능하다.

## 여신/女神 : 방인근. 과학조선1940.4-6(3회 미완).

**【내용】** 장지웅은 중학교를 졸업하고 고향에 돌아와 이 년 동안 교사로 일한다. 지웅은 상급학교에 진학하고 싶었으나 아버지의 갑작스러운 죽음으로 공부를 중단하고 어머니와 두 동생을 돌보는 가장이 된다. 설상가상으로 지웅이 일하던 학교가 경영난으로 문을 닫아 그는 직업을 잃게 된다. 지웅은 학교를 떠나기 전 동료 교사 배영선과 서로에 대한 마음을 확인한다. 영선은 여학교를 졸업한 뒤 가난한 집안 형편으로 진학을 하지 못하고 교사로 일해 왔다. 지웅은 직업을 찾기 위해서 상경을 결심하고, 고향으로 돌아간 영선이 지웅과 동행하여 두 사람은 함께 서울에 온다. 그러나 서울에서 직업을 얻는 일은 쉽지 않아 지웅과 영선은 이려움을 겪는다. 그러던 중 지웅은 철공소의 직공으로, 영선은 제약회사 직공으로 취직한다. 지웅은 철공소에서 기계 돌아가는 소리, 쇠 깎는 소리, 높은 온도 등으로 고통스러워하지만 영선의 편지와 그녀와의 만남을 기대하며 생활한다. 지웅은 한 방을 쓰는 경태가 발명에 몰두한 것을 보며 호기심을 느낀다.

**【참고】**《과학조선》에 1940년 4월부터 6월까지 3회 연재된 미완의 소설이다. 1940년 7월호에 「제삼의 세계」 연재가 시작된 것으로 보아 「여신」은 연재가 중단된 것으로 추측된다. 연재 당시 지면에는 제목 앞에 '장편소설', '과학소설'이라고 표기되어 있어서 이 소설이 장편소설로 계획된 것임을 알 수 있다.

## 여심/女心 : 김영수. 조선중앙일보1935.1.22-2.17(14회 완).

**【내용】** 홀어머니 밑에서 자란 어정네는 열아홉의 나이에 고향(의정부)을 떠나 팔갑이(25세)

에게 시집간다. 무일푼의 팔갑이와 서울로 올라온 어정네는 가난으로 힘겨운 나날을 보낸다. 팔갑이는 막벌이를 전전하며 근근한 생활을 이어 가고, 그렇게 세월은 흘러 어정네는 40줄에 들어선다. 형편이 나아지지 않자 어정네는 남의 집 유모로 들어갈 생각을 한다. 남편에게 아이를 맡기고 어정네는 유모를 구하는 집으로 들어간다. 주인아씨라는 이는 의사에게 어정네를 검진케 한다. 그러더니 어정네의 젖이 자신의 아이에게 맞지 않을 것 같다며 그녀에게 돌아가라고 말한다. 어정네는 남편 잘못 만나 자신이 이런 꼴을 당하는 것이라 한탄하며 집으로 돌아온다. 돌아와 보니 남편은 아이와 몇 푼의 돈을 옆집 귀순어미에게 맡기고 광산으로 떠나고 없다. 며칠이 지나도 남편은 돌아오지 않고 어정네는 어떻게 살아가야 할지 막막하기 하다. 병까지 얻어 객혈하던 어정네는 아이를 이대로 죽일 수 없다는 생각으로 병원에 아이를 몰래 버린다. 어정네는 정신이 혼미한 상태에서 길을 걷다 차에 치어 죽는다.

佳作 短篇小說 (第二)

女心 (七)

—어떤女人의受難記—

**【참고】**《조선중앙일보》 신춘문예 가작 입선작이다. 제목 앞에 '佳作 短篇小說 (第二)' 라고 표기되어 있으며, '어떤 女人의 受難記' 라는 부제가 달려 있다. 총 14회 연재되었으며, 중편의 길이를 넘지 않는 작품이다. 가난으로 힘겨운 삶을 살다가 죽음을 맞는 한 여인의 수난사를 건조한 문체로 서술하고 있다.

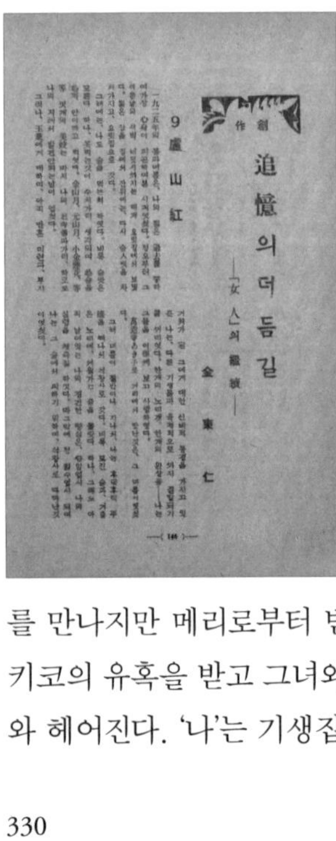
創作

追憶의더듬길

—「女人」의 續狀—

金東仁

9 盧山紅

## 여인/女人 : 김동인. 별건곤1929.12–1930.12(1–8회), 혜성1931.3–11(9–14회 완) ; 삼문사1932.

**【내용】** '나'에게는 과거에 만나 지금까지도 마음에 새긴 열 명의 여인들이 있다. 첫사랑 메리는 금발의 혼혈아이고, 중학생 시절 이웃에 살던 소녀 나카지마 요시에와 문하생 시절의 연인 만조지 아키코, 평양에서 뒤를 봐주던 기생 세미마루는 일본인이다. 나머지 여섯 명의 여인은 모두 조선인이다. 대동강 강가에서 만난 X, 유부녀 M, 기생 김옥엽, 황경옥, 김백옥, 노산홍 등이 그들이다. 메이지학원 재학 시절 '나'는 하숙집 근처에 사는 메리를 사랑하게 된다. 그러나 크리스마스를 맞아 메리 일가가 이사를 가자 '나'는 그녀와 헤어진다. '나'는 나카지마 요시에라는 소녀를 만나지만 메리로부터 받은 상처 때문에 그녀와 맺어지지 못한다. 이후 '나'는 만조지 아키코의 유혹을 받고 그녀와 깊은 관계를 맺지만, 애정과 증오가 반복되는 관계로 인해 그녀와 헤어진다. '나'는 기생집을 드나들며 방탕한 생활을 이어 간다. 세월이 흘러 상처가 어느

정도 치유된 중년의 '나'는 신문소설 집필을 위해 여행을 하던 중 예전에 기생 김백옥이 급사했다는 소식을 들은 기억을 떠올려 그녀의 무덤을 찾아간다.

**[참고]** 《별건곤》에 8회 연재되다가 이듬해 《혜성》으로 지면을 옮겨 6회 연재되어 총 14회에 걸쳐 연재 완료되었다. 《별건곤》 연재 시 제목은 '여인—추억의 더듬길'이었으며, 《혜성》 연재 시에는 '추억의 더듬길—「여인」의 계속'으로 바뀌었다. 잡지 연재가 끝난 이듬해인 1932년 삼문사에서 '여인'이라는 제목으로 단행본이 출간되었다. 잡지 연재 시에는 모두 열 명의 여성 인물이 등장하지만, 단행본으로 출간 시 내용이 약간 줄어들어 여성 인물 중 이름이 없는 'X'와 'M' 등이 삭제되었다. 일인칭 주인공 '나'가 과거에 만났던 여인들의 이야기를 회고하는 형식으로 되어 있다. 김동인은 후기에서 '자전(自傳)—그 가운데도 여인에 관한 부분을 쓰기는 힘들다'라고 밝힘으로써 이 작품에 자전적 성격이 있음을 밝히고 있다.

## 여인 명령/女人命令 : 이선희. 조선일보1937.12.18-1938.4.5(84회 완).

**[내용]** 남숙채는 여자전문학교에 다니는 학생으로, 유원과 연인 사이이다. 유원은 대학을 졸업하고 평양 어느 공장에 기사로 취직했으나, 곧 직장을 그만둔다. 이후로 유원이 무엇을 하는지 숙채는 정확히 알지 못하나, 그의 달라진 차림새와 밤 11시만 되면 관심을 갖는 행동 등에서 유원이 '운동에 뛰어든 주의자'가 되었음을 추측한다. 유원은 숙채에게 청혼하며 고향에 먼저 가 있으라고 한 뒤 자신도 뒤따라가려다 XX서원에게 검거되어 감옥에 갇힌다. 이 사실을 모르고 고향에서 유원을 기다리던 숙채는 부모의 갑작스러운 죽음과 이로 인한 일가들의 결혼 독촉을 피해 서울로 되돌아온다. 숙채는 학교를 그만둔 뒤 유원이 감옥에 있다는 것을 알게 되자, 한 집에 세 들어 사는 명자를 통해 백화점의 점원으로 일한다. 그러나 백화점 주임이 유혹하자 그만두고, 무작정 감옥에 있는 유원을 찾아가 그를 만난다. 유원은 팔 년의 형량을 받고 복역하고 있고, 숙채는 그를 만난 뒤 절망하여 돌아오는 길에 차 안에서 백화점에 손님으로 왔던 안나를 만난다. 안나와 친해진 숙채는 그녀를 의지해 살기로 결정하고, 안나의 술집에서 함께 생활한다. 안나는 김 의사와 숙채를 결혼시키려 하고, 숙채는 유원을 잊지 못해 거절한다. 그러나 안나가 갑자기 폐렴으로 사망하자, 숙채는 김 의사와 결혼한다. 아들을 낳고 행복하게 생활하던 중, 시골에 있는 남편의 아내로부터 편지가 오자 숙채는 배신감에 이혼을 결심한다. 게다가 김 의사가 학생 시절 결혼했던 본부인이 오빠와 함께 숙채의 집에 오자 숙채는 세 사람 모두 헤어질 것을 제의한다. 그러나 그날 밤 김 의사가 수면제 과도 복용으로 사망하고 본부인이 자살하자 숙채는 아이를 데리고 유원이 요양했던 섬을 찾아온다. 열병에 걸린 숙채는 유원에게 편지하여 유원을 만나 아이를 부탁한 뒤 죽는다.

**[참고]** 여학생에서 백화점 여점원, 카페 여급을 거쳐 자신도 모르게 첩이 되는 여성 주인공의 기구한 일대기가 역순행으로 구성된 소설이다. 연재 당시 '중편소설'이라고 표기되어 있었으며, 처음에

는 《조선일보》 학예면에 연재되다가 가정면으로 옮겨 연재되었다.

## 여인 성장/女人盛裝

**박태원. 매일신보1940.8.1-1942.2.9(183회 완) ; 매일신보사1942 ; 영창서관1942(574면).**

**【내용】** 촉망받는 소설가 김철수는 누이동생 명숙의 소개로 만난 이숙자와 사랑하는 사이이다. 은행 두취 최종석의 맏아들 상호는 숙자에게 반해 그녀를 유인한 후 겁탈한다. 임신한 숙자는 철수에게 이유를 밝히지 않은 채 절교를 선언하고 상호와 결혼한다. 그녀는 결혼 후에도 상호를 경멸하고 철수를 그리워한다. 철수는 옛 스승 강우식 일가가 곤경에 처했다는 이야기를 듣는다. 우식은 병으로 퇴직하고 딸 순영이 기생 노릇을 하여 생계를 꾸려 왔다고 한다. 순영은 윤기진이란 자가 결혼을 약속하며 접근하자 그의 아이까지 낳았는데, 알고 보니 그는 유부남인 데다 아이에 대한 책임까지 회피하고 있다는 것이다. 철수는 이런 사정을 알고 아이 문제를 해결하기 위해 기진의 고모부이자 상호의 부친인 종석을 찾아간다. 상호의 누이동생 숙경은 철수에게 적극적으로 호감을 표시하고 두 사람은 친밀한 사이가 된다. 숙경은 숙자와 철수가 과거 연인 사이였음을 알고 질투심에 두 사람의 관계를 의심하지만, 상호의 고백으로 모든 사실이 밝혀진다. 숙자는 자신을 진심으로 아끼는 상호를 남편으로 인정하고, 숙경은 경솔했던 행동을 뉘우치고 철수와 약혼한다. 기진은 순영에게 위자료를 주고, 아이를 입적시켜 자신이 양육하기로 한다. 철수를 연모했던 순영은 그의 약혼 소식에 슬퍼하지만, 양품점을 차려 어린 동생을 공부시키려는 희망을 품는다.

**【참고】** 1940년부터 1942년까지 《매일신보》에 연재된 후 1942년 단행본으로 출간되었다. 영창서관본 표지에 '女人盛裝' 이라고 표기되어 있다. 영창서관 단행본은 한자로 된 제목만 있을 뿐 저자명을 확인할 수 없다. 이는 책의 전반부가 유실되었기 때문이다. 본문 211쪽부터 원본을 확인할 수 있으며, 574면에는 '끗' 이라고 표시되어 있다.

## 여인애사/女人哀詞 : 김래성. 백민1947.5(1회 미완).

**【내용】** 백영민은 중학교 졸업식에서 야마모토 선생에게 아첨하는 '땅개'의 태도를 비난한다. 영민의 발언으로 인해 졸업식장이 험악한 분위기로 변하자 '대통령'이라는 별명을 가진 학생이 나서서 분위기를 가라앉힌다. 그의 재치로 학생들은 웃음을 되찾고 졸업식은 무사히 끝난다. 하숙집으로 돌아온 영민은 졸업식이 끝나면 집으로 돌아오라는 부친의 편지를 받는다. 영민의 모친과 영민의 처가 자주 다툼이 있어 빨리 내려와 정리를 하라는 것이다. 하지만 영민은 조혼한 자신의 처지가 싫어서 귀향하기를 꺼린다. 부친의 편지를 받고 마음이 무거운 영민은 자신을 찾아온 '대통령'과 함께 술을 마신다.

**【참고】** 1949년 《한국일보》의 전신인 《태양신문》에 연재된 「靑春劇場」의 전편에 해당하는 작품이다. 연재 지면에 '장편소설 女人哀詞' 라고 표기되어 있다. 「여인애사」는 「청춘극장」의 내용 중에서 주인공 백영민의 중학 졸업식과 동경 유학 전까지의 이야기가 서술되어 있다. 「청춘극장」은 식민지 말기부터 해방까지를 배경으로 한국, 일본, 만주를 넘나들며 펼쳐지는 젊은이들의 이야기를 5부에 걸쳐 그려 낸 작품이다. 전쟁 중 피난지에서 1만 부 이상 팔릴 정도로 인기가 높았으며, 1959년과 1967년 두 차례에 걸쳐서 영화화되기도 하였다.

## 여인 전기/女人戰紀 : 채만식. 매일신보1944.10.5-1945.5.17(101회 완).

**【내용】** 어린 남편 준호와 결혼한 진주는 포악한 시어머니의 구박으로 끝내 시댁에서 쫓겨난다. 그녀는 다시 시댁으로 들어가려 노력했으나 준호가 새장가를 들었다는 소식에 마음을 접고 서울로 가서 공부한다. 진주는 의사 오영달과 화가 추영산 사이에서 갈등하던 중 우연히 서울에서 하숙을 구하던 준호와 만난다. 준호와 진주는 다시 살림을 차리고 딸 문주와 아들 철을 낳는다. 이 사실을 눈치챈 시어머니가 조력을 끊고, 준호가 병을 얻어 죽자 진주는 곤란한 처지에 놓인다. 갖은 고생으로 아이들을 꿋꿋이 키운 진주는 시어머니의 임종을 지키고, 그 재산을 물려받게 된다. 의전을 다니게 된 문주는 고향으로 내려오던 길에 발을 다친 한 남자를 돕게 된다. 문주는 그 남자를 집으로 데려온다. 진주는 그를 보며 과거를 회상하고, 딸에게 자신의 이야기를 들려준다. 진주는 문주와 함께 온 남자가 자신의 부친과 일본 여자 사이에서 태어난 이복동생 무일임을 알게 된다.

女人戰紀

**【참고】** 연재 시 제목이 97회까지는 '女人戰紀' 로, 98회부터 101회까지는 '女人戰記' 로 표기되어 있다 95회와 96회의 내용은 서사의 순서가 뒤바뀌어 있는데 이는 인쇄 오류로 보인다. 1943년 《조광》에 발표한 「어머니」의 속편 격으로 논의되는 작품이지만, 상당 부분 「어머니」의 내용을 그대로 가져오고 있어 완전한 속편이라기보다는 개작에 가깝다고 보아야 할 것이다. 3-5장에서 「어머니」의 이야기가 진주의 회상 형식으로 그려지는데, 주인공의 이름이 '숙히' 에서 '진주' 로 바뀌고 독립운동가로 그려졌던 진주의 아버지 병수가 일본군 중위로 그려진다는 등의 차이가 있다. 진주의 아들 철이 나라를 위해 죽음도 불사하겠다거나 러일전쟁이 벌어진 여순에서 조선인 임 중위가 마음의 나라 일본을 위해 죽음도 각오한다는 부분 등에서 당시 전시동원 체제를 지원하는 친일적 면모를 찾을 수 있는데, 작자는 자신의 저서 『민족의 죄인』에서 이 작품을 '창녀 못지아니한 매문질' 이라고 언급하였다.

## 여인 초상/女人肖像 : 장혁주. 매일신보1940.5.13-8.15(95회 완).

**【내용】** 편모슬하에서 자란 김정옥은 자신을 기생으로 만들려는 어머니를 피해 집에서 나와 서울에 있는 여학교에 입학한다. 4년간의 고생 끝에 학업을 마치지만 현실이 막막하기만 하다. 그러던 중 정옥은 학감이 소개해 준 후작의 아들 기화와 결혼하여 아이를 낳는다. 그런데 알고 보니 기화에게는 이미 아내가 있다. 기화가 유부남이라는 사실을 뒤늦게 알게 된 정옥은 아이를 데리고 숨어 있다가 결국 혼자 생활하지 못하고 기화에게 돌아간다. 3년 뒤 정옥은 홀로 동경으로 유학을 떠난 후 양재사가 되어 귀국한다. 그러는 사이 중병에 걸려 폐인이 된 기화가 정옥을 찾아와 잘못을 빌고 숨을 거둔다. 정옥은 누구에게 의지하지 않고 스스로 삶을 개척해 나갈 것을 다짐한다.

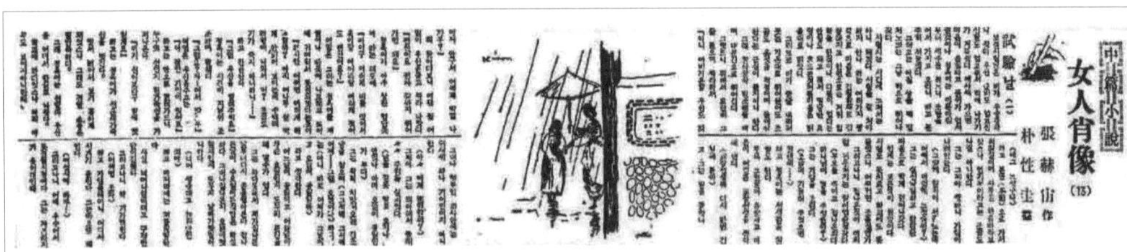
中篇小說 女人肖像 (15)
張赫宙 作
朴性圭 畫

**【참고】** 장혁주가 한국어로 쓴 마지막 작품으로 알려져 있다. 연재 당시 '중편소설'이라고 표기되어 있다. 운명에 순응하지 않고 끊임없이 자신의 삶을 개척하려고 하는 한 여성의 삶을 그리고 있다.

## 여자 대학생/女子大學生 : 방인근. 신세기사1940.

**【내용】** 미확인 작품.

**【참고】** 《신세기》 1940년 4월호 광고에 다음과 같이 소개되었다. "朝鮮文壇의 巨星春海方仁根先生의 傑作 長篇! 豪華로울 裝幀과 아울러 輕快하고 斬新한 新世代의 靑春男女의 사랑과 意圖를 말하는 方先生 一代의 名作!" 현재 작품은 확인되지 않는다.

## 여자의 길/녀자의길 : 효성. 부인1922.8(1회 미완).

**【내용】** 부산의 기차 정거장에서 일가족으로 보이는 다섯 사람의 남녀가 기차에서 내리는 사람들 속에서 누군가를 찾아다닌다.

**【참고】** 발표 당시 본문에 '장편소설 녀자의 길'이라고 표기되어 있다. 작가 '효성'의 본명은 현철이다. 《부인》 1922년 8월호에 두 페이지의 분량으로 한 회 발표되었고, 이후로는 연재되지 않았다.

## 여자의 일생/女子의一生 : 채만식. 서울타임스사1947.

**【내용】** 신부 진주는 열여덟 살이고 신랑 준호는 열두 살이다. 준호의 어머니인 박 부인은 한 번도 살갑게 아들을 대해 주지 않아 준호는 신부에게 더욱더 의지하며 지낸다. 그러나 박 부인은 머슴 용길과 며느리의 관계를 의심하여 진주를 구박한다. 억울한 진주는 그 마음을 하소연할 곳도 마땅치 않아 전전긍긍하며 지낸다. 명절날 동무 윤석과 시장 구경을 갔던 준호가 시장에서 돌아와 체기를 일으킨다. 박 부인은 진주에게 서방을 죽이려 했다는 누명을 씌워 쫓아낸다. 박 부인의 화가 누그러들길 기다렸다 찾아간 진주와 교꾼 일행은 박 부인에게 혼쭐이 나 다시 쫓겨난다. 신부가 다시는 돌아오지 않을까 두려워 쫓아온 준호를 진주는 달래어 집으로 돌려보낸다. 진주가 준호에게 돌아가겠다고 약속한 날, 박 부인의 집안은 새로 시집온다는 삼백 석 부잣집 딸을 맞을 준비에 분주하다. 화려한 신행 가마와 일행들이 박 부인 집으로 향하자 조촐히 그 집으로 향하던 또 다른 가마가 그 사실을 알고 오던 길로 돌아간다.

**【참고】** 1947년 조선타임즈사에서 간행한 『조선 대표작가 전집』 제8권에 실린 작품으로, 1943년 《조광》에 연재하다가 중단되었던 「어머니」의 뒷부분에 연재 분량의 절반 정도를 더 추가하고 '여자의 일생' 이라는 제목으로 개제하였다. 주인공 이름을 '숙히' 에서 '진주' 로 바꾸었으며 6, 7장을 덧붙였는데, 그 내용은 진주의 집안 내력에 관한 것이다. 진주의 할아버지는 개화파였으나 외세의 힘에 의지하기보다는 백성들의 힘으로써 나라를 강성하게 해야 한다고 생각해 동학봉기에 참여했다가 죽고, 아버지 병수는 독립협회 활동을 하다 죽는 등 인물들의 애국적 성격이 강조된 화소들이 삽입되었다. 「여인 전기」가 띠는 친일적 색채를 털어내려 한 작품으로 알려져 있다. 장에서 벌어지는 씨름판, 노름판의 실감나는 묘사를 통해 민중의 주체적이며 생생한 힘을 강조하였다.

## 여장 소년/女裝少年 : 양백화. 야담1937.7-1938.7(10회 완).

**【내용】** 고균거사 김옥균이 국정을 개혁하려다가 실패하고 일본에 망명하자 많은 청년들이 그를 따른다. 어느 날 김옥균에게 화전연차랑이라는 소년이 찾아와 그의 밑에서 일하고 싶다고 한다. 김옥균은 화전의 미색을 눈여겨보고는 여장을 시켜 정탐자 역할을 맡긴다. 여장을 한 화전이 청국에서 정탐 활동을 하고 돌아오던 중 김옥균의 반대파인 이지평을 만나게 된다. 화전은 자신을 김옥균에게 유린당한 여자라고 속이고는 그를 유인한다. 대판까지 그를 따라간 화전은 김옥균을 암살하려는 이지평의 계획을 눈치채고는 그를 제거한 후 전신 암호표 등 중요한 자료를 빼돌린다. 이 일로 화전은 김옥균의 신임을 얻게 된다. 김옥균은 자신의 가장 친한 벗이라며 화전에게 홍종우를 소개한다. 조선 양반이었던 홍종우는 김옥균이 일본과 결탁하였다며 그를 죽이러 일본까지 쫓아왔다가 일본의 개량 문물을 보고 마음을 돌린 자이다. 화전은 그가 김옥균를 따르는 것을 의심하며 경계한다. 박영효를 만난 김옥균은 국내 정세가 다급하게 돌아가고 있다며 화전에게는 동학당의 정세를 살피는 임무

를 맡기고, 홍종우에게는 상해의 동태를 살피라는 임무를 맡긴다. 조선으로 들어온 화전은 경성에서 잡화상을 경영하는 소전길수를 찾아가 그의 부인 행세를 하며 정탐을 시작한다. 화전은 동학당에 가입한 윤기용이라는 자를 알게 되어 그를 통해 동학당의 움직임을 전해 듣는다. 그러던 어느 날 윤기용이 데리고 온 김숙이라는 자가 경무국에서 화전의 행적을 모두 알고 있다며 조심하라고 알린다. 또한 이 모든 것이 홍종우의 소행이며 그가 김옥균을 암살하려 한다는 정보를 준다. 화전은 이를 김옥균에게 알리지만 전보가 한발 늦어 상해로 가던 김옥균은 결국 암살되고 만다. 때마침 청일전쟁이 발발하고 화전은 담배 장사꾼으로 위장하여 황해도로 피신한다. 그러나 얼마 못가 화전은 청군에게 잡히게 된다. 청군은 그를 일본인이라 의심하지만 화전은 그간 배운 한국말로 그들을 속이고 청국군의 밀서까지 훔친다. 화전이 훔친 정보를 이용하여 일본군은 황해해전에서 대승한다. 이후 화전은 중국, 한국, 일본 삼국을 오가며 밀사 노릇을 하다 고국으로 돌아가 독약을 마시고 자살한다.

**【참고】** 1회 제목 앞에 '長篇'이라고 표기되었으나, 이후부터는 '東洋風雲'이라고 표기되어 있다. 1937년 7월부터 12월까지 6회가 연재되었고, 1938년 1월, 2월, 6월, 7월에 '後篇' 4회가 연재되어 총 10회 연재로 완결되었다. 김옥균을 동경하던 미색의 일본 소년이 여장을 하고 삼국을 오가며 밀정 활동을 하는 내용을 담고 있다. 김옥균을 암살하려는 세력과 청군을 적군으로 묘사하고 있다는 점에서 친일적인 성향을 엿볼 수 있다.

## 여학생/女學生 : 강진두. 한성도서주식회사1936(259면).

**【내용】** 내용 생략.

**【참고】** 한국현대문학관 소장 한성도서주식회사본 속표지에 '女學生 春圃 姜鎭斗 作', 판권지에 '著作兼發行者 姜鎭斗'라고 표기되어 있다.

## 여학생의 정조/女學生의貞操 : 방인근. 영인서관1946 ; 한흥출판사1949.

**【내용】** 오규숙은 자유분방한 성격의 소유자로 성적 호기심이 매우 강한 여성이다. 규숙은 대학생이 되자 고등학교 시절 미술교사로 부임한 임창훈을 마음에 두고 그와 가깝게 지낸다. 그런데 창훈은 유부남인 사실을 숨기고 노처녀인 장 선생을 농락한 후에 제자인 규숙마저 탐하려 한다. 한편 이를 알 리 없는 규숙은 창훈의 집을 찾았다가 그만 그의 애욕에 넘어가 정조를 빼앗기고 만다. 그러던 어느 날, 시골에 있던 창훈의 아내가 아무런 소식이 없는 남편을 찾아 학교에 나타나고, 그녀의 등장으로 교정은 소란해진다. 과거가 들통난 창훈은 결국 학교에서 쫓겨나고, 규숙은 우연히 만난 창훈의 아내로부터 그의 난잡한 사생활을 듣고서 충격을 받는다. 한편 규숙의 부친인 오 사장의 회사가 파산함에 따라 규숙은 카페에 취업한다. 규숙은 카페에서 금자라는 예명으로 활동하면서 인기를 독차지하지만 외로움은 점

점 깊어간다. 그러던 어느 날, 그녀는 자신을 연모하는 손님인 박 교수를 마음에 두고 가깝게 지내다 한 달 후, 결혼식을 올리고, 박 교수는 그녀에게 새로운 카페 미인주점을 열어 준다. 오빠인 경식 부부와 유선온천으로 신혼여행을 떠난 규숙은 그곳 술집에서 일하던 선자를 데리고 서울로 올라온다. 얼마 지나지 않아 선자는 미인주점의 제일가는 유명 인사가 된다. 그러던 어느 날, 그녀는 취한 손님에게 겁탈당할 위기에 빠지는데, 때마침 올라온 고향 사람 만식에게 구원된다. 하지만 만식은 격투 중에 취객을 칼로 찌른 대가로 교도소에 수감된다. 선자는 은인인 만식의 뒷바라지에 나서고 자신의 정조를 그에게 바칠 것을 다짐하며 주위의 유혹을 견뎌 낸다. 만식이 출옥하자 그녀는 그를 여관으로 데려가 목욕을 시킨 후 평생 함께할 것을 약속한다. 선자와 만식은 미인주점 식구들의 배웅을 받으며 고향에 내려와 가을 추수가 끝난 날 결혼식을 올린다.

**【참고】** 속지에 '愛情小說 女學生의 貞操' 라고 표기되어 있으며, 총 28회의 목차가 수록되어 있다. 판권지에 '처음 나온 長篇小說' 이라고 표기되어 있다. 여주인공 오규숙과 주변 인물들의 애정 관계를 그린 작품이다. 1946년 영인서관과 1949년 한흥출판사에서 출간되었다는 기록이 있으나, 원본 자료를 찾을 수 없어 1965년 발행 청산문화사본을 참조하였다.

## 여화고사/**餘花故事 : 이규희. 동아일보1939.8.20-10.22(35회 완).**

**【내용】** '나'는 우연히 염면순이라는 여인의 일기장을 읽게 된다. 면순은 기생으로 생활하면서 음악선생 유기찬에게 공부를 배운다. 지적인 기찬은 면순뿐 아니라 소향과 남연이라는 기생들에게도 흠모의 대상이다. 어느 날 면순은 남연으로부터 기찬이 자신을 좋아한다는 말을 듣고 그를 찾아간다. 서로의 마음을 확인한 두 사람은 함께 밤을 보낸다. 기찬은 면순과 결혼하기 위해서는 성공을 해야 한다는 생각에 동경으로 유학을 떠나고, 면순은 기찬의 학비를 지원하면서 그를 기다린다. 한편 면순의 동생이 노름에 빠진 탓에 집안은 더욱 가난해진다. 같은 마을의 부호 김 남작이 면순에게 끊임없이 구애를 하지만 면순은 그의 호의를 거절한다. 김 남작은 면순의 가족을 매수하여 그녀와 정혼할 계획을 세운다. 그러는 동안 면순은 기찬과 연락이 두절되자 불안해지고, 남연이 기찬의 아이를 가졌다는 소문을 듣게 된다. 절망한 면순은 가족들의 권고를 이기

短篇小說
餘花故事
李圭熹

지 못하고 결국 김 남작과 결혼한다. 얼마 후 기찬의 귀국 소식이 신문에 실린다. 신문에는 면순을 향한 기찬의 사랑과 고마움이 드러나 있다. 면순은 뒤늦게 김 남작과 남연이 기찬의 편지를 가로채고 거짓 소문을 낸 것을 알게 된다. 김 남작은 면순에게 용서를 구하고 법원에 제출하지 않은 혼인 신고서를 돌려준다. 면순은 결혼 생활을 정리하고 기찬과 새 출발을 한다. 그런데 얼마 후 남연이 아비를 알 수 없는 아이를 가졌다는 소식이 들려온다. 면순은 폐결핵에 걸려 고생하지만 기찬은 오히려 남연과 가깝게 지내면서 면순을 멀리한다. 면순은 기찬의 마음이 변하는 것을 보고 한탄 속에서 숨을 거둔다. '나'는 면순의 마지막 모습을 안쓰럽게 생각한다.

**【참고】** 연재 지면에 '短篇小說 餘花故事' 라고 표기되어 있다. 서두에 '면순이의 그 불상한 얘기' 를 들려주겠다는 작가의 말이 실려 있다. '나' 가 면순이의 일기를 읽고 그녀의 이야기를 일부분 전한 후 그에 대한 평가를 덧붙이는 형식의 소설이다. 연재 도중 주인공 이름이 '면순' 에서 '명순' 으로 바뀌었지만, 연재가 시작될 때의 표기를 따라 내용을 정리했다. 제목이 상징하듯 사랑이 아름다운 결실을 맺기란 퍽 어려운 일임을 보여 주는 작품이다.

## 역사/歷史 : 석인해. 백민1946.6,1947.1(2회 분재).

**【내용】** 영주와 친구는 어릴 때부터 둘도 없는 단짝이다. 그러던 중 서울에 갔던 영주의 오빠가 행색이 초라해져서 내려온다. 오빠는 유령 같은 꼴로 사람을 피하며 방 안에 틀어박혀 넋을 잃고 누워서 세월을 보낸다. 서울에서 옥살이를 했다는 소리를 들었지만 어린 영주로서는 자세히 알 길이 없다. 아버지는 연일 술을 퍼마시고 오빠에게 폭언을 한다. 영주는 우연히 오빠가 현숙이라는 여성과 주고받은 편지를 발견한다. 그것을 통해 오빠가 그 여성과 사랑을 나누는 관계였다는 사실을 알게 된다. 그러나 오빠와 현숙의 사랑은 끝내 이루어지지 못하였던 모양이다. 영주는 친구의 오빠를 짝사랑하고 있었는데, 공교롭게도 그가 결혼하는 상대가 다름 아닌 현숙이었다는 사실에 놀란다. 마침 반갑게 인사하는 친구의 따귀를 갈기고 가 버린 후 둘은 소원한 관계가 되어 버렸다. 10년 후 둘은 우연히 만났는데, 친구가 그때를 회상하며 사연을 궁금해하자, 영주는 위의 사연을 털어놓는 긴 편지를 보낸다.

**【참고】** 주인공이자 화자인 '나(영주)' 가 친구인 '당신' 에게 보내는 서한 형식의 작품이다. "이 소설은 작자가 학병으로 끌려가기 전에 나에게 맡긴 것을 간직했다가 세상에 발표한다. 물론 일본제국주의 압정하에 쓴 것은 말할 나위가 없다"는 편집자의 소개와 함께 《백민》에 게재되었다. "사람이란 인류의 역사가 계속하는 한 언제나 미래에 대한 희생일밖에 업는 것이어니, 서로 위로 삼으며 생명의 의지에 맹종해 봅시다"는 대목에서 볼 수 있듯이 인간의 역사적 운명에 대한 호기심이 나타나 있다. 오빠의 옥살이가 현숙과의 관계를 이루지 못하게 되는 결정적인 계기였던 것으로 보이나, 그에 대한 구체적인 서술은 이루어지지 않고 있어 시대적 상황과 소설의 내용을 연결시키기는 힘들다.

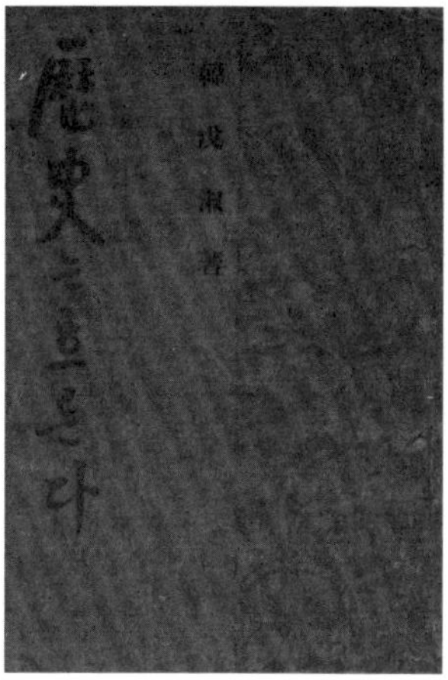

## 역사는 흐른다/歷史는흐른다

**한무숙. 국제신보1948(연재일자불명) ; 태양신문1948(연재일자불명) ; 민중서관1950 ; 정음사1950 ; 백양당1950.**

**【내용】** 구한말 풍양 조씨 일가 조동준은 동학군이 쳐들어와 무기고 열쇠를 내놓으라고 하자 이를 끝까지 거절하다 죽음을 맞는다. 조씨 가문의 유일한 어른 조황화는 협잡꾼 방 서방이 돈으로 벼슬을 산 후 입궐하기 위해 조복을 빌리러 오는 현실에 절망한다. 어린 증손자들의 교육에 전력을 기울였던 그는 결국 '차후라도 책은 읽지 말라'는 유언을 남기고 세상을 뜬다. 조황화의 죽음으로 조씨 가문의 역사는 막을 내리고 조동준의 아들 병구, 용구, 석구는 일제치하에서 각자의 삶을 살아간다. 병구는 문벌에 대한 자부심은 강하지만 현실 적응력이 없는 인물로, 마름의 꼬임으로 미두에 손을 대 재산을 탕진한다. 용구는 출세를 위해 독립운동가인 매부 이규직을 고발하는 등 친일을 하다 해방 후 소련군에게 끌려간다. 조동준의 형 조동원의 유복자 석구는 규직의 의협심에 감복하여 만주로 탈출해 광복군의 최고 지휘관으로 성장한다. 조동준과 종첩 사이에서 태어난 금년은 가출한 뒤 아펜젤러 박사의 양녀가 된다. 박옥련으로 개명한 그녀는 미국 유학을 마친 후 S여전 교장으로 부임한다. 옥련은 규직을 만나 그의 딸 갑혜를 후원하겠다고 말한다. 병구의 큰아들 남오는 마을 이장에 만족하는 평범한 농부가 되고, 둘째 아들 남창은 구시대적 사고에 갇힌 병구를 안타까워한다. 용구의 딸 유미는 일본인과 결혼하지만 일제가 패망한 후 처참한 신세로 전락한다. 한자리에 모인 석구, 옥련, 남창, 갑혜 등은 새시대를 치열하게 살 것을 다짐한다.

**【참고】**《국제신보》 장편소설 공모 당선작으로, 한국어로 표기된 한무숙의 첫 장편소설이다. 원래 제목은 '삼대'였으나 당시 국제신보사의 주간이 염상섭의 「삼대」와 겹친다는 이유로 개제를 권고하였고, 이를 한무숙이 받아들여 '역사는 흐른다'로 개제했다고 한다. 삼대에 걸친 풍양 조씨 가문이 격동하는 시대 속에서 서서히 와해되고, 하층계급의 인물들이 새로운 역사의 주역으로 성장하는 과정을 다루고 있다. 다양한 인간 군상의 흥망성쇠를 통해 구한말에서 해방 직후까지의 사회적 상황이 묘사된다. 당대의 풍속사를 풍부한 민족어로 정밀하게 형상화했다. 작품의 결말에서 조석구, 박옥련, 조남창 등과 조유미의 모습을 대조시킴으로써 서로 다른 가치의 선택이 가져온 치욕과 영광을 선명하게 드러내려는 작가의 의도를 엿볼 수 있다. 한무숙 최초의 작품인 「등불 드는 여인」이 일본어로 표기된 것 때문에, 「역사는 흐른다」는 흔히 소설가로서 한무숙의 진정한 출발을 알리는 작품으로 평가된다. 《국제신보》가 폐간된 후 《태양신문》에 연재되었다고 알려져 있으나 해당 연도(1948)의 두 신문을 찾을 수 없다. 1950년 민중서관, 정음사, 백양당에서 각각 단행본으로 출간되었다. 국립중앙도서관 소장 정음사본을 텍스트로 내용을 정리했다.

## 연산군/燕山君 : 김동인. 만선일보1937.1.1-1939.2.20.

**【내용】** 미확인 작품.

**【참고】** 부제 '시들은 서총'. 현재 《만선일보》 해당 시기 자료를 확인할 수 없으며 출간된 기록 또한 없다. 김동인의 차남 광명 씨가 2010년 봄 《대산문화》에 기고한 글에 따르면, 1937년을 전후로 《만선일보》에 약 1년 반 동안 '시들은 서총(瑞塚)' 이라는 장편소설을 연재했으나, 찾을 길이 없다고 술회한 바 있다. 결국 사실 여부를 확인할 수 없는 작품이다.

## 연안망명기/延安亡命記

**김사량. 산채기:민성1946.1-2 ; 노마만리:민성1946.3-1947.7(7회 미완).**

**【내용】** 「노마만리」 참조.

**【참고】** 김사량이 평양을 떠나 항일 근거지 태항산 남장촌에 도착하기까지의 과정을 그린 여행기이다. 단행본 발표 전 김사량은 연안으로의 탈출 과정을 그린 「연안망명기—산채기」와 「노마만리— 연안망명기」를 발표한다. 「연안망명기—산채기」는 《민성》 1946년 1월호와 2월호에 '종이 소동' 과 '담배와 불' 이라는 제목으로 실렸다. 「노마만리—연안망명기」는 《민성》에 1946년 3월부터 1947년 7월까지 7회에 걸쳐 연재된 작품으로, '나' 가 연맹본부로 이동하는 도중 폭격으로 교량이 파괴되어 석가장에 머무는 장면에서 연재가 중단되었다. 1947년 10월 평양 양서각에서 출간된 단행본 『노마만리』는 《민성》 연재본과 동일하게 평양에서부터 태항산 남장촌까지의 여정을 담았다. 이 단행본은 현재 구할 수 없고 1955년 국립출판사에서 간행된 『김사량 선집』에 실린 「노마만리」를 통해 그 내용을 확인할 수 있다. 김사량은 1947년 출간된 『노마만리』 서문에서 이 단행본이 '탈출노상기', '산채생활기', '귀국일록' 중에서 '탈출노상기' 만을 담고 있다고 밝히면서 출간된 책이 『노마만리』 상편에 해당한다고 이야기하고 있다.

## 연애비상선/戀愛非常線 : 최상덕. 조선중앙일보1935.12.7-36.5.27(110회 완).

**【내용】** 젊은 시절 상해에 머무르던 윤호는 그곳에서 만난 조선 여인과 사랑을 나누다가 갑작스레 귀국길에 오르고, 남겨진 여인은 홀로 여아를 낳는다. 세월이 흐른 뒤, 그 여인의 딸은 모친의 유골과 함께 아버지를 찾기 위해 조선행 배에 오른다. 한편 은행 두취인 윤 선생의 부탁으로 중국에 다녀오던 마석환은 배에서 '미쓰코리아'라는 별칭으로 불리는 그 여성을 보고 첫눈에 반한다. 배에서 내린 석환은 마중 나와 있던 여동생 혜순과 애인 장현경, 친구 최세진에게 그녀를 소개하고, 세진 역시 그녀에게 첫눈에 반해 버린다. 이후로, 석환과 세진은 애인인 현경과 혜순이 있음에도 그녀가 여장을 푼 조선호텔에 매일 드나들다시피 한다. 한편 윤 선생은 가깝게 지내던 석환과 세진으로부터 아름다운 여인이 있다는 소식을 듣고서 그녀를 청한다. 이를 계기로 '미쓰코리아'는 윤 선생의 집을 종종 찾고, 그는 그녀를 대할 때마다 혹 자기의 딸이 아닐까 하는 생각을 한다. 이때 중국 위조지폐를 만드는 것을 돕

기 위해 윤 선생의 집을 찾던 유부남 석호 역시 '미쓰코리아'에게 첫눈에 반하고 만다. 이 사실을 알게 된 석호의 아내 고영애는 현경과 혜순을 설득하여 '미쓰코리아'와 담판 지으러 간다. 이들은 '미쓰코리아'에게 임자 있는 남자를 유혹하지 말고, 이 땅을 떠나라고 말한다. 그러나 그녀는 남자들이 제 의사대로 자신을 좋아하는 것이지, 자기는 일호도 유혹한 적 없다면서 부친을 찾기 전까지 이 땅을 떠나지 않겠다고 당차게 의사를 밝힌다. 한편 석환은 그녀의 환심을 사기 위하여 백만장자인 부친의 도장을 위조하여 돈을 융통하고, 세진은 윤 선생이 쓰지 말라고 신신당부하였던 위조지폐를 사용한다. 그 결과로 석환과 세진은 결국 경찰에 체포되고, 이튿날 이들의 구속 기사가 신문에 실린다. 그녀는 그 기사를 보고 부친을 만나지 못했지만 조선을 떠나기로 결심한다. 그녀는 조선에 대한 감상을 묻는 석호에게 조선은 연애와 돈에 모두 용감한 곳이라고 말하고 떠난다.

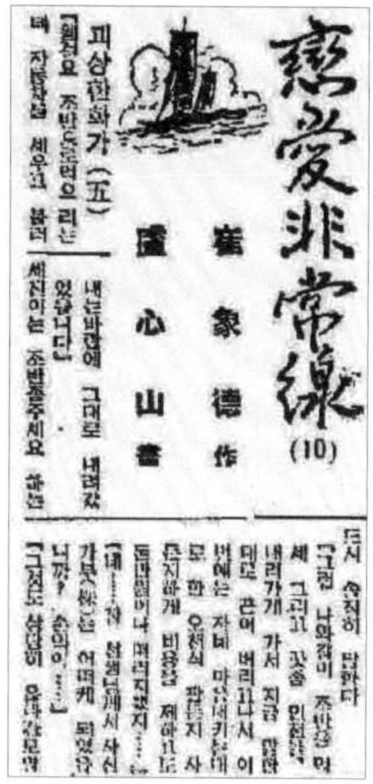
戀愛非常線 (10)
崔象德 作
盧心山 畵

**【참고】** 연재 지면에 '戀愛非常線 崔象德 作'이라고 표기되어 있다. 《조선중앙일보》 1935년 11월 14일자에 '내달 상순 연재 게재' 광고와 '어떤 男子가 戀愛를 중심으로 하야 사라나오는 그 半生을 적어 보려 하는 것이 이 小說의 骨子'라는 작자의 말이 나와 있다. 연재 중간에 身病으로 休刊을 알리는 기사가 실리기도 하였다. 아름다운 여인을 둘러싼 여러 남자들의 연애 관계가 중심을 이루는 전형적인 통속소설이다. 여기에 홍콩, 중국을 오가며 위조지폐를 제작하는 범죄 관련 서사가 부차적으로 삽입된다. 당시 조선 사회의 황금만능주의와 연애 풍속을 비판하려는 일면이 보이나, 여러 사건이 유기적으로 연결되지 못하고 난삽하게 흩어져 작품의 완성도가 미흡하다는 평가가 있다.

## 연애의 청산/戀愛의淸算 : 현진건 외. 신동아1931.11-1932.3(5회 완).

**【내용】** 고려공산청년회 사건으로 3년 동안 복역한 김형식은 출소를 앞두고 애인이자 동지인 박혜경이 면회를 오지 않아 궁금해한다. 오랜만에 형식을 찾아온 혜경은 출소 후 동지로만 지내자고 말한다. 그동안 혜경은 리풍우 동지의 애인이 된 것이다. (A)형식은 질투와 분노로 괴로워한다. 리풍우는 XX선 동맹파업을 선동한 혐의로 체포되고 혜경은 친구 집으로 피신한다. 때마침 그곳에 있던 형식은 혜경과 만나고 둘은 동지들이 있는 적선동으로 향한다. 서울로 호송되던 풍우는 같은 차에 탄 혜경과 형식을 본다. 풍우는 두 사람이 미행당하고 있음을 알게 되지만 차마 이를 알려 주지 못한다. 혜경은 형식과 헤어져서 먼저 적선동으로 온다. 뒤늦게 적선동으로 오던 형식은 혜경을 비롯하여 동지들이 체포되는 것을 본다. 다음날 XX직공 전부가 체포됐다는 기사가 실리고 신문을 보던 형식은 미소를 짓는다. (B)형식은 자신과 혜경을 이어준 한우식 동지를 찾아가 하소연한다. 정류장에서 형식은 혜경이 한

남자와 전차를 타는 것을 본다. 며칠 후 우식이 찾아와 형식에게 혜경이 스파이 최와 함께 있는 것을 보았는데 아무래도 풍우가 수상하다고 말한다. 이때 풍우가 나타나고 형식과 풍우는 몸싸움을 벌이지만, 형사가 출동해 풍우는 도망가고 형식은 체포된다. 심문을 받고 풀려난 형식은 집으로 돌아와 혜경의 편지를 본다. 혜경은 풍우의 스파이 행위를 잡기 위해 거짓으로 그의 애인이 되었던 것이다. 모든 것을 알게 된 형식에게 혜경과 우식이 나타나고 세 사람은 한바탕 웃는다.

**【참고】** 제목 앞에 '讀者共同製作小說' 이라고 표기되어 있다. 첫 회에 이어지는 내용을 독자의 투고를 받아 릴레이 형식으로 연재한 작품이다. A와 B로 나누어 두 가지 이야기가 동시에 연재되고 있는 것이 특징이다. 1회의 작가는 현진건이고, 2회부터는 투고한 독자의 이름이 표기되어 있다. 매회 연재 시작 시 이전 회 내용의 경개가 실려 있다. 또한 매회 '共同製作小說投稿規定' 이라는 제목으로 투고 규정을 실었다. 2회 이후의 작가는 다음과 같다. 2회:(A)京城 黃河淸 (B)平壤 李赤松, 3회:(A)東京 北男 (B)京城 虛濱生, 4회:(A)京城 逸湖 (B)廣州 聖湖, 5회:(A)平壤 金大鳳 (B)平壤 全鳳湖.

## 연옥순례 / 련옥순례煉獄巡禮 : 지원. 천주교회보1928.11.1-1929.9.1(10회 미완).

**【내용】** '나'는 호수텬신의 인도를 받아 연옥을 순례한다. 칠대옥, 유년옥, 미색의 옥, 교오의 옥(교만의 죄), 간린의 옥, 질투의 옥, 분로의 옥, 굴로의 옥(탐도의 죄)을 차례로 보고 그곳에 온 사람들의 이야기를 듣는다. '나'는 연옥의 모습과 그곳에 있는 사람들을 보고 회개한 뒤 자신이 보고 들은 바를 세상 사람들에게 전할 것을 다짐한다.

**【참고】** 연재 당시 지면에 '련옥순례煉獄巡禮 志園 作' 이라고 표기되어 있다. 작가는 첫 회에서 이 작품이 묵시나 현몽으로 연옥을 보고 쓴 것이 아니라 가톨릭교회의 교리에 의해 상상으로 쓴 것임을 밝히고 있다. 단테에게 시혼을 빌려 달라며 그의 길을 뒤따르겠다고 말하는 것으로 볼 때 「신곡」의 '연옥' 편을 참고한 듯하다. 연옥의 모습을 세세히 묘사하고 있으며, 그곳에 온 사람들의 말을 통해서 가톨릭에서 말하는 '죄' 를 서술하고 있다. 성서의 내용을 인용하고 기도의 내용을 적는 등 교화의 성격이 강한 작품이다. 서강대 도서관 소장 《천주교회보》의 해당 연재분을 텍스트로 내용을 정리했다.

## 열세 동무 : 노양근. 동아일보1936.7.2-8.28(47회 미완) ; 한성도서1940,1946,1947,1948(234면).

**【내용】** 시환은 자신을 포함한 신흥동 열세 명의 소학교 졸업생이 가난하여 상급 학교에 진학하지 못하는 현실에 안타까워한다. 시환은 졸업생들이 뜻을 모아 한 사람을 서울에 유학 보내자는 의견을 내고 '상조회'를 만들어 친구들의 추천에 따라 자신이 회장이 된다. 시환은 농사를 지어 얻는 수익금과 목욕탕을 지어 받는 요금으로 유학 경비를 대자고 제안한다. 제비를 뽑아 윤걸이 유학생으로 결정되고, 그는 경성중학교에 입학한다. 상조회의 첫 번

째 일로 우물을 파려 하나 몇몇 친구들이 동참하지 않아 시환이 혼자서 우물을 파다 무너져 내리는 바람에 우물 속에 갇힌다. 이 사연이 신문에 실리자 전국 각지에서 격려편지와 성금이 도착하고 시환도 건강을 회복한다. 개돌과 성집이 이사를 가 상조회가 타격을 입자 작년 졸업생들과 재학생이 자원하여 일을 거든다. 고향 친구들을 생각하여 열심히 공부하던 윤걸은 유흥 생활에 빠지고, 이 소문이 알려지자 시환은 윤걸을 찾아간다. 시환을 만난 윤걸은 반성하고, 방학마다 친구들에게 공부를 가르쳐 주기로 결심한다. 시환은 공부할 수 있는 장소를 만들고, 계속 유학생을 보내기로 결심한다.

열세동무
盧良根 作
鄭玄雄 畵
作者의 말

**【참고】** 노양근(盧良根)은 단행본 서문에서 《동아일보》의 휴간으로 연재가 중단되었던 소설을 완성하여 단행본으로 출간하였음을 밝히고 있다. 서문 앞에 전영택과 이기영이 소년 문학으로서의 이 작품의 가치를 높이 평가하는 글을 써 놓았다. 청소년들이 주인공이 되어 농촌계몽과 교육의 중요성을 강조하는 소년소설이다. 현재 확인할 수 있는 단행본은 1947년본으로, 간기에 1940년 초판, 1946년 재판 발행 기록이 있다. 가톨릭대 도서관 소장본.

## 열풍/熱風 : 한설야. 1944(미발표).

**【내용】** 상도는 3·1운동으로 옥살이를 한 뒤 북경으로 간다. 그는 손빈과 량국일을 통해 이념적으로 큰 영향을 받는다. 국일은 지금 조선인에게 필요한 것은 '붉'과 '피'라고 주장하는 열혈남아이다. 그는 민족의 원수를 물리치기 위해서는 강인한 체력이 필요하다며 꾸준히 신체를 단련한 끝에 비행기 사고에서도 살아남는다. 국일에게 감동한 상도는 뜻을 함께 하기로 하지만 시간이 지날수록 치밀하지 못한 국일의 행동에 한계를 느낀다. 상도는 모든 조선인들이 한마음 한뜻으로 뭉쳐 일제를 물리치고 자주적으로 살 수 있기를 진심으로 바란다. 그리고 프롤레타리아 계급을 중심으로 조선이 자주독립을 할 수 있다고 믿는다. 상도는 손빈의 인품과 이성적이고 사회주의적인 시각에 감화된다. 그 외에 상도는 북경에 있는 일 년 동안 다양한 지식인들을 만난다. 하지만 그는 독립운동가들이 파당을 만들어 서로 헐뜯고 일경에 밀고하는 모습을 보고 크게 실망한다. 상도는 북경에 남거나 러시아로 가는 대신 조선으로 돌아가 독립을 위해 싸울 것을 결심한다.

**【참고】** 한설야의 자전적 소설 「탑」의 후속작이다. 「탑」에서 작가의 분신이라 할 수 있는 상도가 이 작품에서도 주인공으로 등장한다. 「탑」이 전통적인 가치관에 도전하는 상도의 성장 과정을 그리고 있다면, 이 작품은 3·1운동으로 옥살이를 하고 나온 상도의 북경 체험이 중점적으로 그려진다. 계

급의식을 가능한 한 배제하고 있는 「탑」에 비해서 이 작품은 조선의 자주적 독립을 위해서 프롤레타리아 정신이 필요함을 강조하고 있다. 1944년에 탈고되었으나 일제 관헌들의 탄압에 의해 빛을 보지 못하다가, 1958년 9월 《조선문학》에 발표되었고 같은 해 조선작가동맹출판사에서 단행본으로도 출간되었다. 작가는 단행본의 '머리말'에서 이 작품이 해방 이전에 써놓은 원고에 고의로 뺀 부분을 다시 써넣고, 모호한 부분도 약간 수정했음을 밝히고 있다. 연구자에 따라서 작품 속 등장인물인 손빈이 신채호를 모델로 한 것으로 보기도 한다.

## 염마/閻魔 : 서동산. 조선일보1934.5.16-11.5(128회 완).

**【내용】** 탐정 백영호는 산책 중 마주친 미지의 여인이 갑자기 사라지자 우울함을 느낀다. 어느 날 그는 조수 오복이 가져다준 소포에서 사람의 손가락 마디를 보고 놀란다. 그는 오복으로부터 소포를 두고 간 여인의 인상착의를 듣고, 그녀가 사라진 미지의 여인임을 알게 된다. 영호는 소포의 수신인으로 되어 있는 가회동 서광옥을 찾아가지만 만나지 못한다. 그때 한 노인이 나타나 방에 묵던 손님이 갑자기 사라졌다는 말을 한다. 영호는 방에서 나온 지문과 잘린 손가락의 지문이 동일하다는 사실을 알게 된다. 며칠 후 영호는 사건에서 손을 떼라는 협박 편지를 받고 발신인을 조사하던 중 사건의 배후에 광옥, 광식 남매가 있음을 알아낸다. 손가락이 잘린 유대설의 시체가 경성역에서 발견되고, 영호는 용의자로 김대성을 잡는다. 대성은 자신이 모시던 재석의 딸 학희가 광옥, 광식 남매에게 납치된 사실을 말하며 도움을 청한다. 광식은 누이 광옥의 사주를 받아 재석을 살해하고 학희를 감금하는 등 악행을 서슴지 않는다. 영호는 친구 허철의 부친이 광식 일당에게 협박당한 사실을 알게 되고 그들을 만나러 갔다가 붙잡힌다. 광옥은 영호에게 정부였던 유대설이 자신을 배신하고 돈 많은 재석과 결혼한 사실을 말한다. 영호는 감시가 소홀해진 틈을 타 광옥, 광식 남매가 있는 소굴을 탈출한다. 그리고 광옥을 정신병자로 몰아 강제로 입원시킨 뒤 학희를 구출한다. 또한 자신을 죽이러 온 광식마저 붙잡고 광옥의 본거지를 습격한다. 영호에게 패한 광옥은 결국 독약을 먹고 자살한다.

**【참고】** 연재 지면에 '偵探小說 艶魔 徐東山 作'이라고 표기되어 있다. 《조선일보》 1934년 5월 13일자에 "다음으로 실리올 소설은 서동산(徐東山)을 펜네임으로 한 모 중견작가의 력작으로 된 탐정소설 「염마(艶魔)」입니다. 창작 탐정소설의 련재는 조선신문계에서 드물게 보는 계획이며, 탐정소설의 렵기(獵奇) 그대로 작자의 씨명은 발표치 안습니다마는 특별히 이 방면에 조예가 출중한 작가로 근래에 못볼 력작품이올시다"라는 광고가 실려 있다. 현재 서동산은 채만식의 필명으로 알려져 있다. 주목할 만한 탐정소설이지만, 범인이 종국에 가서야 밝혀지는 추리소설의 문법과 달리 중반부에 밝혀짐으로써 긴장감이 급격히 떨어지는 모습을 보인다. 또한 탐정의 보조자가 여러 명이고 등장인물이 너무 많이 나온다는 점, 사건의 전모가 탐정의 추리에 의해서가 아니라 범인의 진술로 드러난다는 점 등에서 과도기적 작품이라는 비판적 견해가 있다.

## 영원의 미소/永遠의微笑

**심훈. 조선중앙일보1933.7.10-34.1.10(171회 완) ; 한성도서주식회사1935.**

**【내용】** 동경 사립대학의 문과에 학적을 두었던 서병식은 고보를 졸업한 김수영과 함께 사상운동에 뛰어든다. 그 과정에서 병식과 수영은 최계숙을 만나는데, 계숙은 병식과 의남매를 맺고 수영에게는 사랑의 감정을 품는다. 그러던 어느 날, 세 사람은 XX만세 사건에 가담한 죄목으로 체포되어 옥살이를 하게 된다. 먼저 출감한 계숙은 수영의 옥바라지에 나서고, 후에 출옥한 병식과 수영은 생활의 문제로 이전의 투쟁적인 의지를 잃어버린다. 병식은 가족의 생계를 책임져야 하는 현실 앞에서 XX일보사의 문선공이 된다. 얼마 후, 수영은 병식의 소개로 신문배달부로 취직하고, 기생첩을 둔 아버지에 대한 반감으로 집을 나온 계숙은 백화점 점원으로 취직한다. 그러던 어느 날, 계숙은 수영이 아프다는 소식에 그의 집을 찾게 되고, 수영은 계숙에게 사랑을 고백한다. 이때 계숙의 친구이자 조 참판의 조카인 경자가 수영을 찾아온다. 그녀는 자신이 연모하는 수영과 계숙을 떼어놓기 위하여 사촌오빠인 경호와 짜고 계숙을 자신의 집으로 유인한다. 경자를 따라온 계숙은 경호에게 겁탈당할 위험에 처하나 가까스로 모면하고 시골집으로 달아난다. 한편 모친의 병환 소식에 고향을 찾은 수영은 농촌에서 자신이 할 일을 깨닫고 농촌 사업에 몰두한다. 이때 병식은 XX일보사가 사상 문제로 정간 처분을 당하자 생활고와 계숙을 수영에게 빼앗겼다는 자책에 자살한다. 병식의 죽음으로 서울에서 재회한 수영과 계숙은 그동안의 오해를 풀고, 서로의 애정을 다시 확인한다. 수영은 계숙과의 혼인을 앞두고 조 참판에게서 보복의 내용이 담긴 편지를 받는다. 이에 수영은 주종의 관계를 청산하겠다는 편지를 조 참판에게 보내고, 통쾌함을 느낀다. 며칠 뒤 수영은 계숙과 혼인하고, 마을 사람들은 두 사람의 행복을 빌어 준다.

**【참고】** 연재 지면에 '永遠의 微笑(原名:봄의 序曲) 沈熏 作'이라고 표기되어 있다. 횟수에 따라서 '原名:봄의 序曲'이 '一名:봄의 序曲'으로 표기되기도 하였다. 본문 앞에 작자의 '序詩'(1923.12)가 나와 있다. 《조선중앙일보》 1933년 7월 9일자에 '연재 예고'와 '1930년대 조선의 공기를 호흡하는 젊은 사람들의 생활과 그 입날의 동향을 써 본 것이며, 전부 완결된 뒤에 발표하는 것'이라는 작자의 말이 기록되어 있다. 주인공 남녀가 도시의 삶에 환멸을 느끼고 농촌에 정착하기까지의 과정을 그린 작품으로, 심훈의 대표작 「상록수」의 주제 의식과 닿아 있다. 《동아일보》 1935년 2월 26일자 신간 소개에 '沈熏 氏 長篇小說 永遠의 微笑 漢城圖書株式會社' 발간 광고가 나와 있다.

## 영원의 여자/永遠の女 : 목양. 경성일보(조간)1942.10.28-12.7(41회 완).

**【내용】** 내용 생략.

**【참고】** 일제 시대 연애 풍속도를 그린 일본어 소설이다. '목양(牧羊)'은 이석훈이다. 동경에서 경성으로 도피해 온 마키야마 사유리(牧山小百合)라는 여성을 중심으로 남녀간의 연애를 주로 그린 소설이다. 이에 덧붙여 오르간을 제작하는 공장주인 이준걸의 이야기와 그의 동생이 지원병으로 출정했다

가 귀환하기까지의 이야기도 다루고 있다. 시국을 반영한 통속적인 대중소설의 성격이 강하다.

## 영주화월/瀛洲花月 : 이보상. 매일신보1936.10.20-1937.2.2(56회).

**【내용】** 내용 생략.

**【참고】** 이보상의 한문현토체 소설이다.

## 영혼과 육체/靈と肉 : 장혁주. 兒童(日)1934.11-1935.3.

**【내용】** 당시 양반사회를 풍자 비판한 일본어 소설. 내용 생략.

**【참고】** 일본어 소설이다. 「靈と肉」은 1934년 11월부터 잡지 《아동》에 연재된 중편이다. '仁王洞時代' 라는 제목으로 변경되어 동경 하출서방(1935)에서 간행된 작품집에 수록되었다. 이 작품은 풍자적인 묘사로 양반 사회에 대한 신랄한 비판을 시도하였고, 작가 자신의 유년 시절을 대입시켜 자전적 요소를 내포하고 있다. 「인왕동 시대」는 다시 장편 「孤獨なる魂」으로 증보 개고되어 1942년 三崎書房에서 출간되었다.

## 오마리 : 현경준. 조선문학1939.5.

**【내용】** 함경남도 영흥만 원산에서 형보와 경덕, 병호, 종삼이, 용칠, 순동이 배를 탄다. 오마리라 불리는 이들은 오월 중순에서 하순경에 북동으로 밀려가는 정어리 떼를 좇아 닻을 올렸다가 시월 하순이나 십일월 초순경에 고향으로 돌아오곤 한다. 이들의 최종 목적지는 경흥 서수라 끝으로, 그간 이들은 난류를 따라 북동으로 이동하는 정어리 떼를 잡아서 근방 포구에 들어가 시세에 따라 팔아넘겼다. 갈마반도를 지나 마양도에 도착한 이들은 얼마 되지 않는 정어리를 팔고는 여자들을 찾아 나선다. 여자들을 잘 꾀는 경덕이 마양도에서 하룻밤 묵기를 간곡히 청하지만 고울사공으로 선장 격인 형보는 바로 마양도를 떠날 것을 결정한다. 명천바다를 지나 청진에 다다를 동안 큰 고기 떼를 계속 놓쳤던 이들은 청진에서 사흘을 묵고는 다시 닻을 올린다. 이들은 마침 큰 고기 떼를 만나지만 손이 딸려 또다시 고기 떼를 놓치고 만다. 고향을 떠난 지 석 달이 지나고, 3천 리나 떠돌았지만 돌아갈 기약조차 없어지자 이들은 크게 낙담한다. 그러나 형보는 희망을 놓지 않고 이들을 다독여 최종 목적지인 서수라에 도착한다. 고기를 푼 형보는 경덕, 순동과 함께 순동의 옛 여자를 찾아 나선다. 이들이 술집을 돌아다니며 알아낸 소식은 그녀가 어대진으로 떠났다는 것이다. 순동은 그녀가 떠난 어대진만을 생각한다. 서수라 인근에는 고기 떼가 없고, 가끔 만선을 하여 돌아오는 배들은 국경 근처에서 밀어를 해 오는 배들이다. 날마다 바다를 헤매다 못한 형보가 동료들에

게 밀어 얘기를 꺼낸다. 이를 반대하던 병호가 경덕과 싸우게 되고, 경덕이 많이 다친다. 형보는 다친 경덕을 병원에 맡기고는 출항 준비를 서두른다. 도망갔던 병호가 경덕 대신 왔다며 자신도 국경을 넘겠다고 말한다. 형보는 순동에게 병호의 일을 부탁하고 바다로 나선다.

**【참고】** 난류를 따라 이동하는 정어리 떼를 쫓아 조업을 하는 '오마리'들의 목숨을 건 생존 투쟁을 다룬 작품이다. 식민지하 어촌과 어부들의 피폐한 생활 모습이 사실감 있게 그려지고 있는 것이 특징이다. 연구된 바에 따르면 현경준은 1937년부터 1945년까지 8년 동안 만주에서 생활하였다. 그는 중국 길림성 도문시에서 4년 정도 교원 생활을 하다가 《만선일보》 도문지국 특파기자로 반년간 일한 바도 있다. 작품은 그가 만주에서 생활하던 당시 발표된 것이다.

## 오빠와 누나/옵바와누나 : 엄흥섭. 별나라1931.4-9(5회 완).

**【내용】** 내용 생략.

**【참고】** '連載小說 옵바와 누나'라고 표기되어 있고, '嚴興燮'이라고 작가 표기가 되어 있다. 카프의 아동문학 기관지로 알려진 《별나라》는 1926년 6월 창간, 1934년 12월 폐간되었는데, 엄흥섭은 1930년대 초반에 주로 참여하였다. 엄흥섭은 1945년 해방 속간호 《별나라》에 「별나라의 걸어온 길 — 별나라 略史」라는 글을 발표하기도 했다.

## 오산홍등/五山紅燈 : 이보상. 매일신보1941.6.20-1942.1.14(170회).

**【내용】** 내용 생략.

**【참고】** 이보상의 한문현토체 소설이다.

## 오색의 꼬리별/五色의꼬리별 : 계명성. 매일신보1930.10.28-1932.3.20(378회 미완).

**【내용】** 조선 청년 리철은 17세의 나이로 미국에 건너와 고학 끝에 하버드에 입학한다. 천재적 재능을 지닌 그는 재학 시절 고속도공구강이라는 강철을 발명해 카네기재단의 후원을 받는다. 우수한 성적으로 대학을 졸업한 리 박사는 7년 후 공학박사와 이학박사 학위를 동시에 받는다. 그는 카네기재단 연구소의 개인 실험실에서 전기와 자기 및 생물학과 비행기

에 관한 연구에 몰두하던 중 방독면을 만들어 연합군이 독일의 독가스 문제를 해결하는 데 공을 세운다. 리 박사는 그 능력과 공로를 인정받아 북미과학원 산하 각종 연구 단체의 위원이 된다. 다른 위원들의 모함과 견제를 받자 그는 동양의 자연과학계를 개척할 계획을 세우고, 남경대학 교수 왕총혜에게 이 계획을 전달한다. 리 박사는 경성으로 돌아와 자신의 조수 리상인과 더불어 제자들을 양성하는 한편 후원금 삼백만 원으로 경성에 연구실과 부속 공장을 짓는다. 철저한 보안 속에 연구에 몰두하던 그는 전기 발동기로 연료를 대체하는 비행기를 개발한다. 왕총혜는 중국 내에서 연구기관의 설립이 여의치 않자 리 박사에게 도움을 청하고, 리 박사 일행은 새 비행기를 타고 중국에 도착한다. 중국 육군공창기사 마정균은 리 박사가 타고 온 비행기를 보고 그의 능력에 탄복한다. 어느 날, 리 박사의 비행기가 격납고에서 감쪽같이 사라진다. 경찰은 범인 색출에 나서지만 사건은 미궁에 빠진다.

五色의 쇠리별
啓明星 作

**【참고】** 연재 지면에 '五色의 쇠리별 啓明星 作'이라고 표기되어 있다. 민태원이 '계명성(啓明星)'이라는 필명으로 발표한 작품이다. 『한국현대문학대사전』(서울대출판부2004)에는 번안 또는 번역소설로 분류되어 있다. 제목 앞에 '과학소설'이라고 표기되어 있다. 화학과 전기, 생물학, 비행기 등에 두루 능통한 조선인 리 박사가 미국의 과학 연구 단체에서 연구를 하면서 겪은 일과 비행기 개발과 관련된 음모를 그린 작품이다. '음모' 편(44회차)으로 중단되어 그 전체 내용을 파악할 수 없다.

## 오전기채/五轉奇釵 : 이보상. 매일신보1937.12.13-1938.10.21(236회).

**【내용】** 내용 생략.

**【참고】** 이보상의 한문현토체 소설이다.

五轉奇釵
(77)

## 옥랑사/玉娘詞 : 채만식. 1948(미발표).

**【내용】** 도서원 아전이던 장학수가 세납 문제로 공주 병정에게 봉변당해 죽게 되자, 그의 아들 선용은 글공부를 작파하고 농사를 지으며 살아간다. 그러던 어느 날, 선용은 불 속에 갇힌 백 진사의 딸 옥랑을 구하고, 그녀에게 청혼을 하나 신분 차이로 거절당하는 수모를 겪는다. 그 후, 같은 계층의 서 씨와 결혼을 하나 정을 붙이지 못하다가 집을 떠나 여행에 나선다. 그는 여행 중에 처가에 들러 맏동서 송 서방의 말을 듣고 동학을 난잡스러운 짓으로 여기다가 외숙이자 동학 접주인 박재춘을 만나 동학에 관한 이야기를 듣는다. 이듬해 선용은 경복궁 수비병정이 되고 일본군과 전투를 펼치나 늙은 병정의 덧없는 죽음에 자신의 일을 후회한다. 그러고는 동학 농민군에 가담하지만 그들의 전투 능력과 비조직성에 실망하고 집으로 돌아온다. 얼마 후, 선용은 동학 접주인 외숙의 의연한 죽음을 보고 재차 방랑길에 오른다. 그러다 독립협회의 관민운동회에 참여하여 보부상의 황국협회와 싸우지만 이번에도 소득 없이 귀향한다. 산막을 짓고 홀로 살아가던 선용은 옥랑이 과부가 된 것을 알고, 그녀를 보쌈하여 산막에 데려와 인연을 맺고는 돌려보낸다. 한편 옥랑은 자신의 임신 소문이 마을에 퍼지자 자청하여 시묘살이를 하다 아들 불명을 낳고 죽는다. 선용은 사랑하던 여인의 죽음에 입산하여 중이 되지만, 경술합방이 되고 아들이 죽자 수탈을 일삼는 일본인과 친일배들을 살해한 후 옥랑의 사당 앞에서 최후를 맞이한다.

**【참고】** 1948년 탈고한 것으로 알려졌으나 발표되지 못하고, 채만식 사후 《희망》에 1955년 5월부터 1956년 5월까지 13회 연재되었다. 작품 말미에 밝힌 '1948년(戊子), 1.18. 鄕第에서' 라는 부기로 탈고 시기를 추측할 수 있다. 이와 관련하여 채만식의 가까운 후배였던 장영창은 작가가 1939년경 역사소설 「옥랑사」 집필을 시작했다고 밝힌 바 있다(한국문학1974.6). 작품은 장선용이라는 중인 가문 출신의 인물이 개화기의 혼란스러운 현실에 참여하였다가 좌절하고, 결국 죽음을 맞는 이야기이다. 격변의 개화기를 배경으로 하여 역사의식을 드러내고자 한 작품으로 평가되고 있다.

## 옥토끼/玉톡기 : 이승근. 1930(서지불명).

**【내용】** 미확인 작품.

**【참고】** 《신생》 1930년 3월호 '良著紹介' 광고에 제목과 저자명(李承根), 가격(90전)이 수록되었다. 『한국근대문학의 서지연구』(깊은샘1985)에 '유년동화' 라고 기록되어 있다. 현재 작품을 확인할 수 없다.

## 옥희/玉姬 : 엄흥섭. 백수사1948.

**【내용】** 옥희는 '나'의 집에 더부살이로 들어온 여자아이이다. 그의 아버지는 주정뱅이로 툭하면 주먹질을 하는 인물이고, 병에 걸려 죽은 친모 대신 들어온 서모가 괴롭히는 통에 '나'

의 집에 식모의 처지로 위탁된 것이다. 옥희는 넉살이 좋은 아이여서 눈치를 보는 일이 없이 주인집 치약을 쓰고, '나'의 아내의 화장품을 훔쳐 쓰고, 자기를 '누나'라고 부르지 않는다고 아이를 때리는 등 말썽을 부린다. 옆집 사는 동기(童妓) 영애와 어울려 놀더니, 결국 옥희는 사춘기가 지날 무렵 한 남자에게 꼬임을 받아 집을 나가 버린다. 몇 달 후 '나'는 만주 술집으로 삼백 원에 팔려 간 옥희로부터 지난날을 후회하는 내용이 담긴 편지를 받는다. 옆집에서 영애의 수심가 연습하는 소리가 처량하게 들려온다.

**【참고】** 엄흥섭의 작품집 『흘러간 마을』(백수사1948)에 수록된 중편이다. '똑똑한 계집애 하나가 또 희생되었군! 그것이 노동자의 딸의 운명인가!' 라는 대사에서 볼 수 있듯 출신 계급의 한계를 극복하지 못하고 하층민으로 전락하는 젊은 여성의 삶을 그리고 있다. '나' 로 명명된 1인칭 서술자의 경험담처럼 서술되고 있는 작품이다.

## 와룡동/臥龍洞 : 서오봉. 신동아1934.4-9(5회 완).

**【내용】** 와룡동에 사는 갑득은 오 주사 집 비복으로 일하는 틈틈이 야학에 다니는 청년이다. 그는 오 주사의 막내딸 금순을 마음에 두고 있다. 오 주사의 맏아들 건영이 행패를 부리는 것과 달리 금순은 가난한 소작인에게도 친절을 베푸는 처녀이다. 가난한 살림과 어머니의 병구완으로 힘든 갑득에게 야학 교사 곽철은 언젠가는 남들처럼 살게 될 것이라며 그를 위로한다. 소작인들은 높은 이자를 내야 하는 장려제 때문에 가난에서 헤어나지 못한다. 곽철과 소작인들이 불리한 취리 제도를 따지러 건영을 찾아가 싸움이 일어난다. 이때 금순이 싸움을 말리고 곽철에게 사과한다. 이로 인해 곽철과 금순은 서로에게 좋은 인상을 받는다. 건영은 금순의 친구 혜원이 자신의 아이를 낳자 그녀와 아이를 데려오고, 혜원은 유부남인 건영의 아이를 낳았다는 죄책감으로 괴로워한다. 한편 금순은 건영에게 매를 맞는 갑득을 감싸다 머리를 크게 다친다. 몸을 회복한 금순은 부모로부터 독립해서 살아가겠다고 말하고 혜원, 곽철과 함께 야학을 운영하며 새 삶을 살기로 결심한다.

**【참고】** 연재 지면에 '長篇小說 二等當選' 이라고 표기되어 있다. 《신동아》의 장편소설 현상공모에서 이등에 당선된 서오봉(徐五峰)의 작품이다. 전반부는 갑득에게 초점이 맞춰져 있으나 중반부 이후부터는 금순을 위주로 이야기가 전개된다. 지주의 딸로 태어났으나 평등한 사회를 꿈꾸며 가난한 소작인들의 편에 서는 여주인공의 모습에서 작가의 사회주의적 시각을 엿볼 수 있다. 그러나 이후 작품 활동이 없어 작가에 대한 정보가 남아 있지 않다.

## 왕부의 낙조/王府의落照 : 김동인. 매일신보사1941.

**【내용】** 「낙왕성추야담」 참조.

**【참고】** 《중앙》(1935년 1월호)에 발표한 「낙왕성추야담(落王城秋夜譚)」을 1941년 '왕부의 낙조(王府

의 落照)' 로 개제하여 매일신보사에서 단행본으로 출간하였다. 김동인이 하룻밤 사이에 창작한 것으로 알려져 있는 이 작품은 왕비를 잃은 공민왕의 고뇌에 초점을 맞추고 있다. 사랑하는 여인을 잃은 공민왕이 충격으로 이상행동을 보이고 마침내 실정하기까지의 과정이 하강적 구조로 그려진다. 왕권을 둘러싸고 권력 다툼이 등장하지만 소재적 차원으로 다뤄지고 있으며, 그보다는 공민왕의 슬픔과 번뇌가 중심서사를 이루고 있다. 죽은 왕비의 아름다움에만 집착하는 공민왕의 비정상적인 행동에서 김동인 특유의 탐미주의 성향이 드러난다는 평가를 받는다. 연세대 도서관 소장 매일신보사본을 참조하였다.

## 왕자의 최후/王子의最後 : 금동. 야담1935.12(1회 미완).

**【내용】** '숙명편' : 심의겸은 영의정 윤원형의 집에 김효원의 침구가 놓인 것을 보고, 그들이 사돈지간임을 모른 채 김효원을 속물로 오해한다. 그는 김효원이 이조전랑으로 나가는 것에 적극 반대하여 이를 무산시킨다. 이를 계기로 심의겸과 김효원은 대립하고, 두 사람을 지지하는 세력이 각각 늘어나 심의겸 파 동인과 김효원 파 서인으로 분열된다. 선조 8년부터 시작된 동인과 서인의 대립은 이후 광해군, 인조, 효종, 현종 시대에 이르기까지 오랜 기간 지속된다. 숙종 대에 이르러 당쟁이 최고조에 달해 왕비 민씨가 폐출되는 일까지 벌어진다.

**【참고】**《야담》 연재 시 목차에 '長篇連載歷史小說', 본문에 '連載歷史小說' 이라고 표기되어 있다. 김동인이 '금동(琴童)' 이라는 필명으로 발표한 소설이다. '변변치 않은 일이 인생사회에 커다른 영향을 미칠 수가 있다' 는 서두의 말을 시작으로, 궁중에서 벌어지는 권력 다툼이 묘사되고 있다. 각각의 사건에는 '宿命編', '宮庭怪籍' 등의 소제목이 붙어 있으며, 역사적 사실을 바탕으로 허구적 상상력을 가미한 역사소설이라고 볼 수 있다. 고려대 도서관 소장 《야담》에는 1회 '宮庭怪籍' 의 내용부터 낙장되어 원문을 확인할 수 없고, 이후 연재분 또한 영인본의 누락으로 내용을 확인할 수 없다.

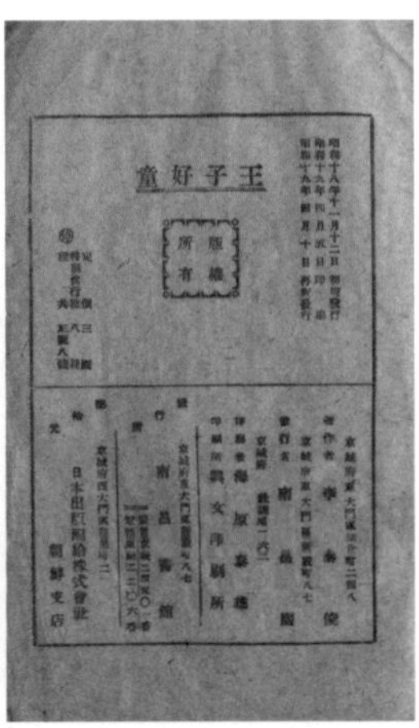


## 왕자 호동/王子好童

이태준. 매일신보1942.12.22-1943.6.16 (139회 완) ; 남창서관1943.

**【내용】** 고구려 대무신왕은 둘째 왕비에게서 호동을 얻는다. 아들이 없는 첫째 왕비는 대무신왕이 부여를 치러간 사이 시위병 강차를 시켜 둘째 왕비를 암살한다. 대무신왕은 부여 왕 대소를 전장에서 죽이나 수적 열세로 인해 퇴각한다. 대무신왕은 고구려의 땅이 척박함을 깨

닫고 남쪽 낙랑을 쳐서 옥토를 얻으려 계획한다. 호동이 성장하는 사이 첫째 왕비는 태자 해우를 낳는다. 몇 해 뒤 한나라는 대군을 일으켜 고구려를 침공하고 호동은 대무신왕과 함께 전쟁에 참가하여 적을 막아낸다. 고구려는 낙랑을 쳐서 영토를 복속시키려 하는데, 낙랑에는 자명고와 자명각이 있어 적의 침공을 예견하므로 어려움을 겪는다. 호동은 몇몇 뛰어난 장수들로 일행을 꾸려 낙랑과 접경한 옥저와 예맥을 고구려 편으로 만든다. 호동 일행은 낙랑 국경 부근을 정찰하다 낙랑의 태수 최리를 만난다. 그는 자신의 딸 낙랑을 호동과 결혼시켜 한의 영향력에서 벗어나고 고구려와도 화친하려 한다. 호동과 낙랑 공주는 최리의 주선으로 만나 사랑에 빠진다. 호동은 고구려로 돌아와 부하인 남장 무사 소읍별을 통해 낙랑 공주에게 편지를 보낸다. 공주는 호동을 사랑하는 마음에 자명고와 자명각을 부수고, 고구려는 이에 맞춰 낙랑을 친다. 낙랑 왕은 배신한 딸을 죽이고 고구려에 붙잡힌다. 이때 고구려에 붙잡힌 사람들 중 도망갔던 강차가 발견된다. 호동은 그를 알아보고 모친의 일을 심문하여 첫째 왕비의 음모를 알아낸다. 호동은 울분을 누르고 궁궐로 돌아가 낙랑 공주의 장례를 치른다. 첫째 왕비는 호동에게서 자기 목숨을 보전하기 위해 호동을 모함한다. 호동은 고구려를 위해 억울한 사연을 가슴에 안은 채 자결한다. 소읍별은 호동이 죽은 뒤 그 무덤을 꾸준히 찾아가 나라를 위한 호동의 마음을 기린다.

長篇小說
王子好童

**【참고】**《매일신보》 연재 완료 후 1943년 남창서관에서 단행본으로 출간되었다. 일제의 군국주의 지배가 막바지에 이르렀던 무렵, 절필하고 낙향하기 직전에 쓴 작품이다. 「삼국사기」에서 그 소재를 취한 것으로, 호동 왕자와 낙랑 공주의 사건을 묘사하는 데 소읍별이라는 가상인물을 등장시키며, 원비와 차비의 갈등에 얽힌 이야기를 가공하는 등 정사를 그대로 따르지 않고 흥미 위주의 사건을 추가해 넣었다.

## 외로운 사람들 : 망양초. 조선일보1924.4.20-5.31(42회 완).

**【내용】** 신여성 슌희는 뎡택과 서로 사랑하는 사이다. 뎡택은 약혼녀 장슉희가 있음에도 불구하고 슌희와 사랑에 빠진다. 두 사람은 주변 사람들의 눈을 피해서 일본으로 사랑의 도피를 떠난다. 그러나 슌희는 일본에서 또 다른 남자를 연모하게 된다. 슌희는 정신적 교감이야말로 진정한 사랑이라며 자신의 행동을 합리화한다. 뎡택으로부터 파혼을 통보받은 장슉희는 충격을 받고 자살한다. 뎡택은 죄책감에 빠지고 새로운 사랑에 빠진 슌희와도 결별한다. 한

편, 순희의 동생 순철은 열네 살 되던 해 조모의 강압에 따라 세 살 연상의 복순과 결혼한다. 순철은 여수로 공부를 하러 갔다가 그곳에서 여학교에 다니고 있는 신여성 순영을 만난다. 순영은 중국 구왕조의 왕녀였는데 국가의 패망과 가족의 몰살로 인해 조선으로 들어와 여학교에 다니고 있다. 순철은 순영에게 사랑을 느끼지만 차마 복순을 버리지 못해 괴로워한다. 갈등 끝에 순철은 복순을 동정하여 그녀의 곁에 남기로 결심한다. 그러나 순철은 자신의 미래가 불행할 것이라는 생각을 떨치지 못한다.

**[참고]** 김명순이 '망양초(望洋草)'라는 필명으로 발표한 소설이다. 김명순은 김동인의 소설 「김연실전」의 모델로 알려져 있다. 순희, 순희의 옛 애인 정택, 순희의 남동생 순철 등의 이야기가 전개되지만 중반부터는 순철의 서사가 중심이 된다. 액자소설 형식으로, 겉 이야기는 한 가족을 중심으로 전개되고 있지만 그사이에 순철의 이야기가 삽입되어 있다. 작가가 기존 작품에서 고수했던 여성 중심적 시각에서 벗어나, 남주인공 순철을 내세워 남성 중심적 시각에서 당대 지식인의 삶과 연애 문제를 다루고 있다. 작가는 순철을 통해 조혼의 폐단을 비롯한 구습에 대한 비판적 인식을 드러내고 있다.

## 요람/搖籃 : 김말봉. 신가정1935.10-1936.2(5회 미완).

**[내용]** 김준호는 빠듯한 월급으로 근근이 살아가는 회사원이다. 생활에 지친 아내는 늘 피곤한 표정이고, 준호는 무료한 일상에 지쳐만 간다. 어느 날 집으로 가던 그는 그림 집에서 우연히 동료 권영자를 만난다. 영자가 자신의 집에서 차 마시기를 권하자 그는 그녀의 집에 들른다. 영자는 준호가 미술 공부를 한 것을 알고 있다며, 그에게 자신의 선생이 되어 달라 조른다. 이후 준호는 영자와 사귀며 점차 집에 들어가는 시간이 늦어진다. 영자는 준호에게 마음이 있어 만난 것이 아니라 그림 대회에 나가기 위해 그를 이용하려는 것이다. 그녀는 철수와 사귀다 그가 배신하고 떠나자 이에 대한 복수로 준호를 만난다. 순애는 남편이 누군가를 만난다는 것을 눈치채고 마음을 졸인다. 그러나 그녀는 자신이 이 집의 가정부로 들어온 것이라 생각하자며 체념하고, 두 딸을 의지해 살고자 한다. 준호는 우연히 영자의 가방에서 그녀와 다시 만나고 싶다는 철수의 편지를 발견한다. 그는 영자가 철수의 편지에 동요하고 있다고 생각해 그녀에게 아내와 이혼할 수도 있다고 말한다. 영자는 달가워하지 않고, 그날 밤 철수를 만나러 나간다.

**[참고]** 제목 앞에 '長篇小說'이라고 표기되어 있다. 평범한 등장인물들이 모두 그림을 그렸거나 그리고 있는 사람들로 등장한다. 사랑하지 않는 남자에게 접근하여 그를 이용하여 그림 대회에 나가려는 영자와 그에게 빠져 아내와 이혼까지 하려는 준호, 그리고 남편의 불륜을 눈치채고도 모든 것을 체념한 채 모른 척하는 영자, 이 세 사람의 갈등이 흥미롭게 시작되고 있으나 5회로 연재가 중단되어 전체 내용을 파악할 수 없다.

## 우리 아버지는 장님이다 : 안운파. 별나라1931.7·8-10·11(3회 미완).

**【내용】** 내용 생략.

**【참고】** '少年少女連載小說' 이라고 표기되어 있고, '安雲波' 라고 작가 표기가 되어 있다. 운파(安雲)는 《별나라》의 발행인인 '안준식(安俊植)의 별호이다.

## 우맹/愚氓 : 박태원. 조선일보1938.4.7-1939.2.24(219회 완).

**【내용】** 김학수는 호적상 김윤옥의 아들로 되어 있으나, 실은 백백교의 교주 전영호의 아들이다. 영호는 윤옥의 아내를 빼앗아 첩으로 삼은 뒤 아들의 안전을 위해 윤옥의 호적을 빌린 것이다. 학수는 부친이 사이비 종교를 이용하여 신도들의 재물과 목숨을 빼앗고 여성을 유린하는 것을 보고 죄책감을 느낀다. 그는 신천 온천에 들렀다가 그곳에서 동경 유학을 마친 최건영을 만난다. 건영은 학수에게 호감을 느끼고 자기 누이동생 정순과 정혼시키고자 한다. 학수는 건영의 집에 초대받아 갔다가 정순을 만나고, 둘은 서로에게 연정을 느낀다. 그러나 건영의 조부와 부친은 정순을 백백교의 교주에게 바치기로 작정한 터이다. 학수가 건영의 집에 머무는 동안, 건영의 조부는 손자에게 자신이 백백교의 신도라는 점을 밝히며 교에 충실하라고 당부한다. 건영은 집안의 몰락이 백백교 때문임을 알고 분노한다. 둘의 대화를 엿들은 학수는 자기 부친의 죄가 크다고 느끼며 몰래 서울로 돌아온다. 조부가 죽자 건영은 복수를 결심하고 해주로 가 백백교에 대해 몰래 조사한다. 학수는 건영 남매가 서울로 온다는 기별을 받고 그들을 피하기 위해 서울을 떠난다. 그는 건영 남매의 원수 아들인 자기 처지를 한탄한다. 얼마 후 학수는 서울로 돌아온다. 그는 우연히 길에서 정순을 만나 그녀가 자기 부친의 첩이 되었다는 사실을 확인하고 절망한다. 그는 승려가 되기로 결심하고 절로 들어간다. 한편 건영은 신도로 위장하여 조사를 계속한 끝에 교주를 찾아내지만 교주는 도망친다. 얼마 후, 자살한 것으로 보이는 교주의 시체가 발견되고 백백교 관련자들이 모두 체포된다. 학수는 백백교 사건의 전말이 신문에 보도되었다는 소식을 듣자 자결한다.

**【참고】** 연재 지면에 '長篇小說 愚氓 朴泰遠 作' 이라고 표기되어 있다. 이 작품은 《조선일보》 연재 후 1949년 표제를 '금은탑(金銀塔)' 으로 개제하고 내용을 일부 수정하여 한성도서주식회사에서 단행본으로 출간되었다. 1939년 『영창서관 명작전집』 9권으로 출간되었다는 기록이 있으나 확인되지 않는다. 이 소설의 사건은 크게 두 갈래로 진행된다. 하나는 학수를 중심으로 하여 벌어지는 갈등이고, 다른 하나는 복수를 결심한 건영이 신도로 위장하고 백백교 교주의 행방을 추적하는 과정이다. 신도 살해와 금품 갈취 등으로 당대에 큰 사회적 물의를 일으킨 백백교 사건을 소재로 한 소설이다.

## 우수의 뜰/憂愁의뜰 : 유진오. 여성1940.8-12(5회 미완), 신세기1941.4(1회 미완).

**【내용】** '나'는 사랑을 이루지 못한 채 헤어진 연인 향남에게 지난 심경을 술회하는 편지를 쓴

다. 학창 시절 '나'는 데모에 가담한 일로 친구 박대룡과 함께 교원실에 불려간다. '나'는 주모자를 대라는 담임의 요구에 완강히 버티지만 대룡은 겁에 질린 나머지 주동자를 불고 만다. 이 일이 빌미가 되어 '나'는 학교를 그만두고 고생 끝에 소설가가 된다. 십 년 후, '나'는 쇠약해진 건강을 돌보기 위해 몽금포로 갔다가 그곳에서 일본 유학 중 귀국한 대룡과 조우한다. 청년 시절 정열을 바쳐 왔던 신념을 버리고 전향 이후 절망감에 빠져 있던 '나'는 대룡으로부터 여학생 최향남을 소개받고 기쁨을 느낀다. '나'는 대룡 일행의 숙소인 조철 별장에서 향남을 만나 연모의 정을 쌓아 간다. '나'는 향남이 대룡 일행과 함께 지내는 모습에 질투와 불안함을 느끼고, 급기야 늦은 밤 별장 안에 숨어 그들을 염탐한다. 다음 날 '나'는 집으로 찾아온 향남에게 지난밤의 일을 묻고, 대룡이 약혼해 주기를 청하였으나 좋은 말로 거절했다는 그녀의 대답에 안도한다.

**【참고】**《여성》지 연재 지면에 '長篇小說 憂愁의 뜰 玄民 作'이라고 표기되어 있다. 1940년 12월《여성》지의 폐간으로 연재 중단되었다가 1941년 4월《신세기》로 지면을 옮겨 계속 연재되었다.《신세기》 1941년 1월호(3권1호)에 "俞鎭午 氏 小說 「憂愁의 뜰」을 連載한《女性》誌가 昨年 十二月號로 廢刊되였습니다.《女性》지 讀者의 好評을 받던 連載小說 俞鎭午 氏 作 「憂愁의 뜰」을 「新世紀」 二月號부터 連載하게 되었으니 이때까지의《女性》 讀者諸妹는 本誌를 利用하소서"라는 예고가 있다. 그러나 실제 연재 재개는《신세기》 1941년 4월부터이며, 연재 재개 전 작자의 말이 소개되어 있다.《신세기》 4월호 연재분에 이전 줄거리가 첨부되어 있으며, 연재 말미에 '계속' 표기가 있으나《신세기》 5월호가 결호이며 6월호에는 수록되지 않아 전체 6회로 중단되었음을 알 수 있다.

## 우연의 기적 /偶然의奇蹟 : 윤백남. 대중서옥1936(151면).

**【내용】** 야담집. 내용 생략.

**【참고】** 국립중앙도서관 소상 대중서옥본의 겉표지에 '尹白南野談集 偶然의 奇蹟'이라고 표기되어 있다. 전체 5장으로 구성되어 있으며 국한문 혼용체로 쓰였다. 세간에 떠돌아다니는 이야기를 흥미위주로 엮은 야담집이다. 이야기의 주인공은 왕과 양반, 서민 등으로 다양하다. 목차는 다음과 같다. '一. 偶然의 奇蹟, 二. 怪僧信修, 三. 洪允成과 節婦, 四. 憔悴蓮花片, 五. 嘯雲莊漫話' 다섯 편의 이야기는 서로 연관성이 없다.

## 우울한 풍경 /憂鬱한風景 : 이종명. 중외일보1930.4.11-4.25(11회 완).

**【내용】** 희곡작가인 '나'는 아내 영희가 폐병 든 남편과 어린 용이를 두고 가출한 것을 이해할 수 없다. 영희의 가출은 이번이 두 번째이다. 결혼 전 극단에서 인기 있는 여배우였던 영희는 '나'와 결혼한 지 다섯 해 만에 가출한 경험이 있다. 영희의 첫 번째 가출은 식달 만에 집으로 돌아오면서 끝난다. 아무 일 없는 것처럼 생활하는 영희와 달리 '나'는 예전처럼 그녀를 대하지 못한다. 폐병이 심해진 '나'는 점점 신경이 예민해졌고 그러던 중 영희가 두 번째

로 가출을 한 것이다. 용이를 재워 놓고 거리로 나온 '나'는 우연히 '여배우의 부활'이라는 연극에 영희가 출연한다는 광고지를 본다. 카페에 들른 '나'는 술에 잔뜩 취해서 영희를 단도로 찌르는 꿈을 꾼다. 몇 달이 지난 후 '나'는 백화점 앞에서 화려한 옷차림의 영희와 마주친다. 영희는 내게 용이를 보러 가도 괜찮겠냐고 물어보고 '나'는 상관없다고 말한다. 며칠 후 영희가 집으로 찾아와 용이를 본 후 내 건강을 걱정하고 돌아간다. 그로부터 영희는 자주 집에 드나들더니 어느 순간부터 매일 찾아온다. '나'는 영희가 '나'를 우습게 여기기 때문에 이러한 행동을 한다고 생각한다. 어느 날 비가 오는 바람에 영희가 집에서 하룻밤을 자게 된다. '나'는 불현듯 예전에 꾸었던 꿈을 생각하고는 책상 위에 있던 면도칼을 집어들고 영희가 있는 방으로 간다. 깜짝 놀라는 영희에게 칼을 휘두르는 순간, '나'는 의식을 잃고 쓰러진다. 잠에서 깨어나 보니 영희가 곁에서 '나'를 간호하고 있다. 영희는 울음을 터뜨리며 다시는 떠나지 않겠다고 말하고, '나'는 또 마음이 약해질까 봐 두려워 눈을 감는다.

**【참고】** 폐병에 걸려 신경이 극도로 쇠약해진 주인공의 내면을 중심축으로 하여 서사가 전개되고 있다. 주인공의 상상이 현실의 장면처럼 그려지고 있다는 점에서 연극적 요소가 드러난다. 외래어로 표기된 연극 작품명이 빈번하게 등장한다. 작가의 작품 중 비슷한 제목의 「우울한 그들」(1932)과는 내용상 무관한 작품이다. 단편 분량의 소설이다.

## 우정/友情 : 전영택. 가정지우1939.7-10(4회 완).

**【내용】** 수덕리에 사는 성태와 봉호는 가난한 소작농이다. 두 사람은 사립학교에 다니며 동리일을 적극적으로 돌봐 주는 한 선생을 존경한다. 폐읍으로 토박이들만 남은 수덕리는 한 선생이 부임한 후 농사도 잘되고, 형편도 차츰 나아진다. 성태의 부친은 술만 먹으면 살림을 모두 때려 부순다. 성태는 그것이 가난 때문이라고 생각하며 자신도 도시로 나가 돈을 벌어야 되지 않을까 생각한다. 그러던 중 몸이 좋지 않은 봉호가 시름시름 앓다가 죽는다. 학교기금으로 가난한 소작인들을 도왔던 한 선생 또한 수덕리를 떠나 평양으로 간다. 성태는 수덕리에 남아 지도자가 되라는 한 선생의 당부에도 불구하고 살림을 정리해 평양으로 떠난다. 궂은일도 마다하지 않고 열심히 일한 끝에 성태는 얼마간의 돈을 모으지만 술주정뱅이 부친으로 인해 모두 잃고 만다. 성태는 도시에서 돈을 많이 버는 것이 오히려 사람을 망치는 일임을 깨닫고 일 년 만에 다시 수덕리로 돌아와 마을을 지키며 살아갈 것을 다짐한다. 성태는 죽은 봉호를 떠올리며 그의 누이와 모친을 보살피며 살아간다.



**【참고】** 작가가 목사 안수를 받고 기독교 신문사의 주간을 맡는 등 교회와 관련된 활동을 하던 시기의 작품이다. 근대화의 바람 속에서 농촌의 피폐한 상황이 그려지고 있으며, 도시로 나간 주인공의 자기 반성적 태도를 통해 농촌을 향한 작가의 애정 어린 시선을 엿볼 수 있다. 현실 비판을 통해 농촌과 이웃에 대한 사랑을 강조하는 작가의 세계관이 그대로 녹아 있는 작품이다.

## 운명/運命 : 이광수. 1948(미발표 유작).

**【내용】** 일본 M대학 법과에 다니는 김완식은 시모노세키행 기차에서 우연히 동지사대학 영문학과에 다니는 전봉희를 만난다. 완식은 봉희에게 자신의 자리를 내어 주고, 봉희는 호텔의 조반을 사는 것으로 호의에 보답한다. 두 사람은 부산으로 가는 배편에 함께 승선했다가 일본 형사에게 부당한 대우와 모욕을 받는다. 완식은 일본 형사에게 용기 있게 맞서고, 봉희는 자신을 위하여 싸워 준 완식에게 고마움을 느낀다. 두 사람은 부산에서 북경행 급행열차를 타는데, 봉희는 무작정 자신을 따라 대전역에서 내리는 완식의 당돌함에 곤혹스러워한다. 완식이 교량 유실을 핑계로 집까지 따라오자, 봉희는 죽은 부친의 재산을 관리하는 안승우가 이를 알까 근심한다. 넉살 좋은 성격으로 봉희의 집안일을 돕던 완식은 고향인 서울 근처 떡바위골로 온다. 완식은 개울가에서 어린 시절을 회상하다 친구 명복을 만나 회포를 푼다. 그는 명복에게서 군수공장 노동자로 전락한 친구들과 정신대로 끌려간 동네 처녀들의 이야기를 듣고 울분을 느낀다. 완식은 황 무당의 딸 숙희를 만나 결혼을 약속한다.

**【참고】** 1948년경 집필이 시작되었지만 해방 후 반민법에 의한 구속과 한국전쟁 중의 피랍 등으로 말미암아 발표되지 못하고 미완으로 남은 작품이다. 작품 안에 '폭풍우', '첫사랑', '떡바위골' 등의 소제목이 달려 있다. 작품의 전반부에 해당하는 '폭풍우', '첫사랑'은 《새벽》 2호부터 5호에 걸쳐 4회 연재되었다(1954.12-1955.5). 후반부 '떡바위골'은 미발표고로 삼중당판 『이광수 전집』에 실렸는데, 원고지 백 매가량이 낙장되었으며 미완이다.

## 운현궁의 봄/雲峴宮의봄 : 금동.

**조선일보1933.4.26-1934.2.17(197회 완) ; 한성도서1948(446면).**

**【내용】** 흥선대원군 이하응은 역경의 시대에 살아남기 위하여 세도가인 안동 김 씨 일파로부터 받는 온갖 멸시와 수모를 참아 낸다. 그는 김 씨 일족의 연회라면 빠짐없이 찾아가서 갖은 천대를 무릅쓰고 그들에게 비굴한 웃음을 지어 보인다. 그러나 그것은 어쩔 수 없는 그의 호신책인 동시에 후사를 위해 치밀하게 계획된 일이기도 하였다. 헌종 승하 후 사직을 물려받기로 내정되어 있던 덕흥 대원군의 후계자 이하전이 김문 일파에 의해 역모로 몰려 사약을 받을 때 종친의 한 사람인 이하응이 몸을 안전하게 지킬 수 있었던 것도 바로 이러한 그의 연기 덕택이었던 것이다. 하여 흥선은 밖에서는 남의 손가락질을 받는 방탕한 생활을 하면서도 가정에서는 둘째 아들 재황을 제왕으로 만들기 위한 왕자 교육을 시키는 이중적 생활을 한다. 흥선은 승후관 조성하를 통해 김 씨 일파에게 밀려난 왕실의 조 대비를 만나게 되고 그의 환심을 얻는다. 권세를 휘두르는 김문 일파에 대해 좋지 못한 감정을 가지고 있던 조 대비는 철종이 후사가 없이 승하할 시에 흥선군의 둘째 아들 재황을 보위에 올리기로 이하응과 밀약을 맺

는다. 철종이 후사 없이 세상을 떠나자, 드디어 재황은 왕실의 대통을 잇게 된다. 국태공이 되어 나라의 권력을 장악하게 된 홍선대원군은 왕의 위에 군림하여 청정함으로써 안동 김씨 일파의 세를 꺾는다. 또 탐관오리를 숙청하고, 사색당파를 혁파하고, 서원을 철폐하여 유림과 양반의 행패를 척결한다. 그 후, 오랫동안 쓸쓸하던 홍선대원군의 집, 운현궁에 드디어 따사로운 봄이 찾아온다.

**【참고】** 연재 지면에 '野史 雲峴宮의 봄 琴童' 이라고 표기되어 있다. 총 25장으로 구성되어 있으며, 흥선대원군이 죽는 장면으로 서두를 시작하여 그의 집권 과정을 거슬러 서술하는 구조로 되어 있다. 김동인 최초의 장편소설 「젊은 그들」(동아일보1930.9.2-1931.11.10)은 흥선대원군의 몰락을 서사 구조로 한다는 점에서 「운현궁의 봄」의 서사적 구성을 이어 가는 작품이다. 연재 말미에 "본시 이 사화(史話)는 세 편에 나누어서 그 상편은 철종 말년에서 고종 등극까지로 막고 중편은 대원군 섭정의 十年간의 변화 만흔 몽태를 그리고 하편은 대원군의 은퇴와 민중전의 득세로부터 고종의 선위(禪位)까지를 쓰랴는 것이다. 아래편도 이미 노-트는 끗낫지만 필자의 붓이 피곤하여 잠시 쉬이고 이후 긔회를 기다리기로 한다"는 작자의 말이 붙어 있지만, '아래편' 은 발표되지 못했다. 1948년 한성도서주식회사에서 연재 원문을 수록한 단행본이 출간되었다. 작품은 대원군을 주인공으로 하여 민중과 양반의 접촉을 상당한 수준에서 보여 주었다는 점에서 근대적 의미의 역사소설 개념에 근접한 최초의 소설이라는 평가를 받고 있다. 그러나 또 한편으로는 작가가 주장한 역사소설관(시대적 허구성의 형상화, 사료 고증의 확실성, 문학의 대중지향성)에는 미치지 못한다는 평가도 있다.

## 웃고 싶건 웃어라/웃고십건우서라! : 주상. 조선일보1925.8.1-11.7(50회 완).

**【내용】** 대구 화류계를 주름잡던 봉선은 모친과 함께 서울로 상경한다. 그녀는 만만치 않은 서울 생활에 갖은 고생을 겪다 모친이 소개한 늙은 오입쟁이를 통해 근근이 생계를 유지한다. 그러던 중 봉선은 기방에서 만난 호색한 최영준의 끈질긴 구애에 그와 결혼한다. 하지만 영준이 미두와 기생놀음에 빠지면서 두 사람의 결혼 생활에 위기가 찾아온다. 어느 날 영준은 새로운 개간 사업을 시작한다며 만주로 떠나 버린다. 그의 생사조차 모르고 4년을 기다린 봉선은 수소문 끝에 천진에서 인력거를 끌며 살아가는 영준을 만난다. 우여곡절 끝에 화류계에서 성공한 봉선은 그에게 함께 돌아갈 것을 권유하나 영준은 자신의 삶에 만족한다며 이를 거절한다. 봉선은 머리채를 잘라 넣은 편지를 영준에게 남기고 돌아간다.

**【참고】** 연재 지면에 '小說 웃고 십건 우서라! 周相 作' 이라고 표기되어 있다. 염상섭이 '주상(周相)' 이라는 필명으로 발표한 작품이다. 《조선일보》 1925년 8월 1일자 지면에 실린 작가의 말을 빌리자면, '로맨스체로 써 달라는 의뢰' 를 받고 쓴 일종의 연애소설이다.

## 웃는 포사/웃는褒似 : 현진건. 신소설1930.9(1회 미완), 해방1930.12-1931.2(3회 미완).

**【내용】** 주나라 선왕은 오랑캐 정벌에 실패하고 돌아오는 길에 주나라가 망한다는 내용의 동

요를 듣는다. 그는 노랫말에 나온 메뽕나무와 기초전동을 지닌 자를 처벌하라 명하고, 이로 인해 수많은 백성들이 고난을 당한다. 포악한 선왕이 죽자 그의 아들이 왕위에 오른다. 국사에 관심이 없는 유왕은 여색에 탐닉하는 등 방탕한 생활을 한다. 그는 충언을 고하는 포향을 파직하고 옥에 가둔다. 포향의 아들 홍덕은 부친을 구하기 위해 유왕이 좋아할 미녀를 찾아 전국을 떠돌다 포사라는 여인을 만난다. 포사는 궁궐의 법도를 어기고 정을 통한 궁녀와 파수병 사이에서 태어나 버림받은 후 가난한 농부의 손에 자란다. 그녀는 궁궐로 들어와 유왕의 총애를 받는다. 그녀는 호사스러운 궁궐 생활을 경험하며 힘겹게 생활하는 민중의 현실을 떠올린다. 포사는 유왕의 곁에서 그를 보필하는 총비로 살아가면서 민중에 대한 걱정을 놓지 않는다.

**[참고]** 현진건 최초의 역사소설로 평가된다. 잡지 《신소설》에 1회, 《해방》에 2회부터 4회까지 연재된 후 중단되었다. 작가의 다른 역사소설이 국내를 배경으로 한 것과 달리, 이 작품에서는 주나라 말기의 상황이 그려진다. 영웅주의에 경도된 군주, 방탕한 생활에서 헤어나지 못하는 군주 때문에 핍박받는 민중의 고통이 묘사되고 있다. 포사는 주나라의 마지막 왕인 유왕의 총비로서, 주나라의 멸망을 초래한 악녀로 여겨지는 인물이다. 현진건은 기존 인식에서 벗어나서 포사를 지배계층과 민중의 중개자로 새롭게 조명하고 있다. 작품에 나타난 주나라 정세의 난맥상이 일제의 패망을 비유하는 것이라는 평가도 있다.

## 웅철이의 모험 : 주요섭. 소년1937.4-1938.3(10회 완) ; 을유문화사1949.

**[내용]** 웅철이는 친구 애옥의 큰언니에게 옛날이야기를 해 달라고 조른다. 애옥의 큰언니가 '이상한 나라의 앨리스'라는 책을 읽어 주자 웅철이는 토끼가 말을 한다며 비웃는다. 이때 웅철에게 토끼가 나타나 자신을 따라오라고 말한다. 웅철이는 애옥과 애옥의 큰언니도 잊어버리고 토끼를 따라 땅속나라로 들어간다. 땅속나라에서 웅철이는 열심히 콩을 모으는 쥐들을 보게 된다. 게으름을 피우는 인간에 비해 꾸준히 자신이 할 일에 열중하는 쥐들의 모습을 보고 웅철이는 인간의 욕심과 나태함을 반성한다. 또한 그곳에서 웅철이는 풀의 정령을 만나 하찮은 생명이라도 귀중하게 여겨야 함을 배운다. 땅속나라를 떠나 달나라에 도착한 웅철이는 토끼들이 이웃의 불개나라로부터 괴롭힘을 받는 것을 보고 가진 자와 못 가진 자 간에 생기는 불평등한 사회에 대해 생각한다. 웅철이는 말하는 토끼를 놓치고 길을 잘못 들어서 해나라에 도착하게 된다. 그리고 그곳에서 신분이 높은 사람과 낮은 사람의 대조적인 모습을 보고 계급사회에 대한 모순을 깨닫는다. 웅철이는 더 이상 해나라에 있기 싫어서 마침 발견한 로케트를 다고 별나라로 떠난다. 아이들만 사는 별나라는 지금까지 본 나라들과 달리 아름답고 평화롭기만 하다. 별나라에서 신나게 지내던 웅철이는 아이들에게 자신이 타고 온 로케트를 자랑하다가

실수로 로케트를 타고 꿈나라에 도착한다. 꿈나라에서 웅철이는 말하는 토끼와 다시 만나는데, 순간 토끼가 괴물로 변한다. 깜짝 놀란 웅철이가 소리를 지르자 누군가 웅철이를 흔들어 깨운다. 눈을 뜨고 정신을 차려 보니 웅철이 옆에는 애옥과 애옥의 큰언니가 웃고 있다. 모든 것이 꿈이었다는 사실을 알고 난 웅철이는 얼굴이 빨개져서 집으로 뛰어간다.

**【참고】**《소년》 연재 지면의 제목 앞에 '장편동화(長篇童話)' 라고 표기되어 있다. 한국 판타지소설의 효시로 평가되는 작품이다. '웅철' 이라는 소년이 말하는 토끼를 쫓아 땅속 나라, 달나라, 해나라, 별나라를 구경한다는 내용을 담고 있다. 도입부는 '이상한 나라의 앨리스' 에서 모티프를 얻은 것으로 판단되나 내용을 비교해 보면 번역이나 번안작으로 보기는 어렵다. 달나라와 해나라의 이야기에서는 구전되는 설화 등을 통해서 식민 사회의 상황과 계급적 모순에 따른 문제점을 풍자하고 있다.

## 원각촌/圓覺村 : 안수길. 국민문학1942.2 ; 예문당1944.

**【내용】** 산판일을 하며 간도 지방을 돌아다니는 떠돌이 원보는 아내 금녀를 데리고 원각촌으로 들어온다. 작년 겨울에 함께 산판일을 했던 친구 춘삼이가 산에서 내려오면 원각촌에서 농사를 짓자고 제안했기 때문이다. 주민들의 이상촌을 건설한다는 이유로 원각촌에서는 나무를 베어 학교와 법당 짓는 일이 한창이다. 원보는 먼저 자리를 잡고 있는 춘삼이를 따라 나무 베는 일을 시작한다. 그는 다른 사내들로부터 아내 금녀를 지키기 위해 한 마을에서 1년 이상을 머무르지 않는다. 금녀는 만주인에게 백 원 빚에 볼모로 잡혀 있다가 그 빚을 대신 갚아 준 원보를 따라나서 그의 아내가 된 여인이다. 원보에게 금녀는 전 재산이자 나아가 그의 생명과도 같다. 일을 하다가도 원보는 혹시 누군가 금녀를 노리지 않을까 노심초사하며 한시도 그녀에게서 눈을 떼지 않는다. 원보는 방 안에 금녀를 가둬놓고 감시하느라 마을 사람들과 얘기도 하지 않는다. 이 때문에 마을 사람들의 웃음거리가 되기도 하지만 원보는 상관하지 않는다. 원각촌의 실세인 한익상은 지방 정권뿐만 아니라 마적과도 줄이 닿는 인물로, 마을 사람들에게는 저주의 대상이자 공포의 대상이기도 하다. 그는 금녀를 뺏으려는 속셈으로 원보에게 접근하여 그와 친해진다. 결국 원보는 금녀를 겁탈하는 한익상을 도끼로 쳐 죽인다. 처음 원각촌에 들어온 행색 그대로 원보는 금녀를 말에 태우고 원각촌을 떠나 떠돌이 생활을 계속한다.

**【참고】**《인문평론》에서 원고 청탁을 받아 탈고한 작품으로, 《인문평론》이 폐간되는 바람에 《국민문학》에 게재되었다. 1944년 예문당에서 간행된 초기 단편집 『북원』에 수록되었으며, 단편 분량의 작품이다. 작품 말미에 '康德八年十二月' 이라고 하여 탈고 시기(1941년 12월)를 명시하였다. '원각촌' 이라는 공간을 배경으로 만주 조선인 이주민의 생활을 다룬 작품이다. 반동자 한익상이 당대 만주 조선인 이주민 사회의 구조적 모순을 보여 주는 인물이라면, 주인공 원보는 억압 세력으로 인해 뿌리 뽑힐 수밖에 없었던 실향민을 상징하는 인물이다. 생명을 걸고 금녀를 지키려는 원보의 행동을 조선인 이주민의 만주 정착 의지를 드러내는 것으로 보기도 한다. 고려대 도서관 소장 예문당본을 텍스트로 내용을 정리했다.

## 원구/元寇 : 박태원. 매일신보1945.5.17-8.14(76회 미완).

**【내용】** 고려는 거란이 몽고의 추격을 피해 국경을 넘어오자 그들과 연합하여 거란을 물리친다. 몽고는 고려에 무리한 조공을 요구하고, 사신의 피살 사건을 계기로 고려를 침공한다. 무신정권하의 고려는 끊임없이 몽고의 침략에 대항하나 시간이 갈수록 국토는 황폐화된다. 고종이 죽자 몽고에서 돌아온 세자는 왕위에 올라 원종이 된다. 원종은 몽고와 강화를 맺고 항쟁을 도모했던 무신들을 해산한다. 원종의 명령을 무시하고 끝까지 몽고군과 맞서 싸우던 삼별초는 고려와 몽고 연합군에게 궤멸된다. 이후 고려는 몽고가 세운 원나라의 내정 간섭을 받고, 원은 일본과 국교를 맺기 위해 고려를 압박한다. 고려는 국경을 넘어 침입해 온 일본인 도지로, 야지로를 사로잡아 원나라로 보낸다. 두 사람은 원으로 건너가 일본에서 접하지 못한 새로운 체험을 한다. 원 황제는 도지로와 야지로를 통해 일본 문화를 알고 일본과 국교를 맺으려 한다. 고려를 통해 원의 국서를 접한 일본의 집권층 막부는 원의 지배를 받을 수 없다며 국교를 거절한다.

**【참고】** 3장까지 발표된 후 해방으로 연재가 중단된 박태원의 역사소설이다. 이후 단행본으로도 출간되지 않아 미완에 그친 작품이다. 서(序)장은 몽골의 고려 침략과 고려의 항복, 1장은 몽골로부터 내정 간섭을 받는 고려와 일본과 국교를 맺으려는 몽골, 2장은 몽골에 간 두 일본인의 중국 체험, 3장은 몽골과의 국교를 놓고 신중하게 행동하는 일본 집권층의 모습이 그려진다. 고려, 몽골, 일본 등의 역사적 관계에 초점이 맞춰져 있으며, 일본과 몽골이 국교를 맺는 과정을 서술하다가 연재가 중단된다. 고려가 몽골의 침략에 굴복하여 내정 간섭에 시달리는 것과 달리, 일본은 몽골의 국서를 보고 국교를 단호하게 거절하는 것으로 서술되어 있는 점 때문에 이 작품을 친일소설로 보기도 한다.

## 원근춘 : 정비석. 부산일보1946.5.3-6.1(30회).

**【내용】** 미확인 작품.

**【참고】** 현재 확인할 수 있는 《부산일보》 마이크로필름 자료가 1949년 7월 1일부터 시작되어서 확인이 불가하다.

## 원두표/元斗杓 : 김동인. 대중서옥1937.

**【내용】** 광해조 14년, 무능한 왕정에 불만을 품고 개혁을 꿈꾸는 원두표는 존경 받는 학자이자 정치가인 리원익을 찾아간다. 그는 선왕의 다섯째 아들인 정원군의 소생 능양군을 새로운 왕으로 추대할 계획이다. 원익을 만나 담소를 나눈 두표는 그가 자신의 뜻에 동참할 것인지 확실치 않아 생각에 잠긴다. 두표가 잠결에 능양군의 이름을 부르자 원익은 두표의 입을 막는다. 잠에서 깬 두표는 원익의 뜻을 헤아리지 못하고 그의 집을 떠난다. 서울로 온 두표

는 거사가 끝난 후 새로운 시대가 열린다는 생각에 가슴이 벅차오른다. 그러던 찰나 두표의 눈앞에 까마귀 세 마리가 휙 지나간다. 불길한 기운을 느낀 두표는 서둘러 길을 떠나나 포교들에게 잡힌다. 금부로 끌려간 그는 모진 고문을 당하면서도 동료들의 행방을 자백하지 않는다. 사약을 받는 순간 그는 포교를 물리치고 탈출한다. 후일 그는 원익의 도움으로 능양군을 왕으로 추대한다.

**【참고】**「暗雲의 松京」, 「楊洲의 漁翁」, 「調信에 꿈」 등과 함께 『金東仁野談集』(대중서옥1937)에 수록되어 있다. 작품의 끝에 '인조반정, 즉 능양군의 즉위 이면에 있는 이야기'라는 서술로 맺고 있다. 대중서옥판 뒤표지가 찢겨져 연도를 확인할 수 없으나 고려대 도서관 정보에는 '소화 12년'이라고 표기되어 있다.

## 원정대/원졍딕 : 최희송. 신한민보1928.7.5-8.30(9회 완).

**【내용】** 미국 펜실베니아에서 영문학을 전공한 리소셰는 전자공학 공부를 위해 뉴욕으로 온다. 사람 많은 도시인 뉴욕에서 소셰는 펜실베니아와는 전혀 딴판이라는 생각에 어리둥절해 한다. 뉴욕여신상을 구경하러 온 소셰는 그곳에서 성인애와 민정자라는 한국 여성을 만난다. 같은 동포라는 생각에 세 사람은 반갑게 통성명을 하고, 인애는 저녁에 열리는 한인 학생 연극회에 소셰를 초대한다. 연극을 보고 한인 학생들의 모임에 간 소셰는 뉴욕 한인 학생들이 홍청망청하는 모습을 보고 씁쓸함을 느낀다. 뉴욕에서 거대한 힘을 느낀 소셰는 한국은 언제나 이렇게 강력해질까 생각한다. 다음 날 소셰는 예배당에 갔다가 정자를 만나고 애교 있는 그녀에게 호감을 가진다. 그러나 소셰는 정자의 부친이 강계군수를 지냈다는 말을 듣고 깜짝 놀란다. 소셰의 부친은 부자라는 이유로 강계군수인 정자의 부친으로부터 온갖 핍박을 받았고, 이 때문에 두 집안은 원수가 된 것이다. 집안의 문제로 갈등하던 소셰는 원수를 사랑으로 갚으리라 결심하고 정자를 받아들인다. 다음 날 그는 정자에게 아버지 대에 있었던 일들을 고백한다. 정자는 눈물을 흘리며 자신의 전부를 바쳐 소셰를 사랑하겠다고 말한다. 소셰는 정자에게 신혼여행을 어디로 갔으면 좋겠냐고 묻고, 정자는 원정대를 만들어 남미주에 가는 것이 어떻겠냐고 말한다. 이후 두 사람은 결혼식을 올리고 한국인으로 세계를 돌아본다는 사명을 가지고 남미주로 떠난다.

**【참고】** 회차 표기가 없으며, 2회부터 '저작자 최희송'이라고 표기되어 있다. 총 6장으로 나뉘어 있으며, '단편쇼셜 원졍딕'라는 제목으로 연재되었다. 제목 앞에 '단편쇼셜'이라고 표기되어 있고 분량으로 보아도 단편에 해당한다. 제목 다음에 '(사-ㄴ심에게 들임)'이라는 부제가 달려 있다. 미국 뉴욕을 배경으로 유학생들의 사고방식을 묘사하고 있는 작품이다. 지식인으로서의 특별한 사명감이나 뚜렷한 이데올로기가 투영되어 있다고 보기는 어렵다.

## 원치서/元致西 : 이기영. 동아일보1935.3.3-17.

**【내용】** 원치서는 도망간 아내 대신 두 딸 옥분과 금분을 기르면서 살고 있는 빈농이다. 옆집의 광삼이 처는 조동지 작은 손자인 만용의 부탁을 받고 옥분을 만용의 첩으로 들이기 위해 뚜쟁이로 나선다. 치서의 어머니는 돈이 생긴다는 얘기를 듣고 반색을 하지만, 치서는 그 말을 듣고 자기 아버지와 조동지가 친구 사이였는데 감히 옥분을 첩으로 들이느냐며 격분한다. 한편 일이 제대로 될 것 같지 않자 만용은 옥분을 광삼이 집으로 꾀어내어 겁탈한다. 욕을 보고 누워 있는 옥분의 모습을 보고 사연을 파악한 치서는 식칼을 들고 광삼이 집에 쳐들어가 그 처의 자백을 받아 내고, 역시 조동지의 집에 가서 조동지를 끌고 나와 만용으로 하여금 사죄하게 한다.

**【참고】** 부잣집에서 가난한 집의 딸을 첩으로 맞으려는 데서 일어나는 갈등을 그리고 있다. 이기영의 중·단편소설에서 자주 등장하는 모티프이기도 하다. 이에 대해 주인공 원치서는 식칼을 들고 반항하나 그것이 살육으로 이어지지는 않고, 자신이 결국 마을을 떠난다는 점에서 프로문학의 도식적인 결말과는 다른 면을 보인다.

## 원한의 복수/怨恨의復讐 : 방인근. 문연사1949.

**【내용】** 조정태와 우진혁은 한 마을에 사는 친구 사이이다. 이들은 같은 학교를 다니고 있으나 정태는 평범한 가정에서 지내는 데 반해 진혁은 부잣집의 명망 있는 부모의 자제이다. 정태는 미모의 화선을 좋아하였으나 화선에게 거절을 당한다. 얼마 후 화선과 진혁이 결혼을 하자, 정태는 화가 나서 헌병 보조가 된다. 어린 시절부터 진혁을 미워했던 정태는 화선을 빼앗겼다는 상실감 때문에 더욱 분노한다. 삼일운동의 선두에서 지휘를 한 진혁은 헌병의 눈을 피해 인근의 절에 몸을 숨긴다. 정태는 화선을 미행했다가 진혁의 행방을 알게 되고 헌병에게 이를 고한다. 정태는 겉으로는 화선을 돕는 척하면서 실제로는 진혁을 갖가지 고문으로 괴롭힌다. 결국 진혁이 죽기 직전에야 그를 가족의 품으로 돌려보낸다. 진혁은 화선과 아들 성훈을 남겨 두고 목숨을 잃는다. 그 이후 정태는 자신의 정체를 숨기기 위해 헌병 보조를 그만두고 화선에게 의도적으로 접근해 그녀가 받은 유산을 모두 장사에 투자하도록 만든다. 정태는 시간과 공을 들여서 화선을 유혹하여 육체적 관계를 갖는 데 성공한다. 그 일로 인해 화선은 임신하고 온 동네에 소문이 퍼진다. 화선이 잠시 집을 비운 사이 정태는 난주라는 기생을 데리고 화선의 재산을 처분해서 해외로 도망간다. 망연자실한 화선은 갈 곳이 없이 헤매다가, 아들 성훈을 데리고 고향으로 내려간다. 사람들의 냉대를 견디며 화선은 성훈의 학업을 뒷바라지한다. 그러던 중 헌병대 소속이었던 한 사내가 나타나 진혁의 혈서를 화선에게 보여 준다. 이로써 진혁을 죽인 장본인이 바로 정태였던 것이 뒤늦게 밝혀진다. 병에 걸린 화선은 병원 치료 한 번 제대로 받지 않고 버티다가 죽기 직전 아버

지의 죽음에 얽힌 비밀을 성훈에게 폭로하고 세상을 뜬다. 성훈은 원수를 갚을 날만을 기다린다. 조선이 해방되자 만주로 떠났던 정태가 귀국한다. 정태가 무역회사를 만들었다는 소식을 접한 성훈은 정태에게 접근하여 신임을 얻는다. 인상화라는 이름으로 개명한 성훈은 정태의 딸 보금의 약혼자가 되어 정태의 집안일을 돌본다. 어느 날 정태의 부인 난주가 살해당하는 사건이 발생한다. 범인은 정태의 부인뿐 아니라 일가족을 모두 죽일 것이라는 선언문을 남긴다. 탐정 장비호가 사건이 발생한 장소를 탐문하지만, 시간이 지날수록 사건은 미궁에 빠지고 만다. 비호가 보금의 방에 숨어서 며칠 동안 잠복하였다가 드디어 보금을 찾아온 범인을 잡게 된다. 바로 보금의 약혼자 성훈이다. 성훈은 보금과 함께 죽을 것을 각오하고 칼과 독약을 들고 보금을 찾아온 것이다. 보금은 성훈의 이야기를 듣고 그를 용서한다. 성훈은 수감되어 사형 언도를 받았다가 나중에는 무기징역을 선고 받고 복역하는데, 어느 날 간수의 눈을 피해 자살한다. 보금이 성훈의 장례를 정성스럽게 치러 준다. 장례식 날 보금 역시 독약을 먹고 자살한다. 장비호는 고인의 명복을 빈다.

**【참고】** '1.피묻은 칼, 2.장비호의 출현, 3.끈기 있는 탐정, 4.과거로, 5.승방의 비극, 6.억울한 죽음, 7.악마의 유혹, 8.도망, 9.화선의 최후, 10.하늘의 지시, 11.어머니의 원수, 12.아버지의 원수, 13.그들의 고향, 14.최후 수단, 15.벽장 속의 탐정, 16.칼과 독약' 등의 소제목으로 장별 구분되어 있다. 시간의 역순행적 구성으로 이루어져 있다. 작품 말미에 '독자에게 그들의 그 후 소식을 전할 책임을 느껴서 간단히 적어 보려고 한다' 고 밝히고 사건의 후일담을 적고 있다.

## 원효대사/元曉大師 : 춘원. 매일신보1942.3.1-10.31(184회 완) ; 경진사1948(상권:363면, 하권:318면) ; 생활사1948(상권:302면, 하권:335면).

**【내용】** 원효는 진덕여왕의 건강 회복을 기원하는 법회에 참석하여 설법한다. 이 자리에서 진덕여왕은 원효를 향한 사모의 정을 고백하나 원효는 이를 받아들이지 않는다. 진덕여왕 승하 후 김춘수가 왕위에 오른다. 일찍이 원효를 흠모하던 춘추의 딸 요석 공주는 원효에게 적극적으로 자신의 마음을 전한다. 원효는 끝없는 번뇌에서 벗어나기 위해 대안대사를 찾아간다. 그곳에서 그는 실천의 중요성을 깨닫고 좀더 세상에 가까워질 필요가 있음을 절감한다. 원효는 공주의 간절한 연모를 받고, 그녀의 소원을 이루어 주기 위해 요석궁을 찾아 그녀와 사흘 동안 동거한다. 이로 인해 그는 파계를 당하고, 공주는 아들 설총을 낳는다. 이듬해 설총을 데리고 원효를 찾아 나선 공주는 여러 어려움 끝에 무애암에 도착하여 그와 재회한다. 원효는 이들과 백중을 함께 지낸 후 한 거지의 어머니를 장사지내기 위해 떠난다. 원효는 수도 생활 중 도의 힘을 체험하고 거지 무리를 이끈다. 거지들에게 많은 가르침을 주던 원효는 자기를 찾으러 나선 공주 일행이 도적에게 잡혔다는 소식을 듣는다. 원효는 이들을 구출하기 위해 직접 도적 소굴로 찾아간다. 그는 자신을 죽여 공주를 취하려던 우두머리 바람을 계도하고, 그 무리를 개심시킨다. 이후 공주 일행은 평생 원효대사를 따르는 비구니가

되고, 바람은 장군이 되어 후일 삼국통일의 밑거름이 된다.

**【참고】**《매일신보》 연재 지면에 '元曉大師 春園 作' 이라고 표기되어 있다. 이광수가 '춘원' 이라는 필명으로 발표한 작품으로, 1941년 집필을 시작한 것 같다. 184회 말미에 완 또는 끝 표기가 나와 있지 않으나 내용적으로 보아 완결된 것으로 보인다. 1948년 경진사와 생활사에서 각각 상, 하권의 단행본으로 출간되었다. 원효대사의 구도적 삶을 그린 역사소설로, 진덕여왕 8년(654)경부터 무열왕 5년(658년)경까지 5년간을 다루고 있다.

## 월광부/月光賦 : 윤승한. 삼중당1949(466면).

**【내용】** 고구려, 백제, 신라의 삼국은 각자의 문화와 세력을 굳건히 하며 팽팽하게 대립한다. 한족과의 투쟁으로 강대해진 고구려는 한반도에서 한사군 세력을 완전히 몰아내고 고조선의 옛 영토를 회복한다. 백제와 분쟁을 계속하던 신라는 당나라와 연합하여 백제를 멸망시키고 고구려까지 공격한다. 왕위를 둘러싼 내분으로 인해 국력이 극도로 쇠약해진 고구려는 나당연합군에 의해 멸망하고, 이로써 통일신라 시대가 열린다. 이후 궁예가 세운 후고구려, 견훤이 세운 후백제에 의해 통일신라는 다시 후삼국시대로 바뀐다. 궁예는 지방 호족인 왕륭과 손을 잡고 왕건을 신하로 삼아 여러 성을 정복한 끝에 후고구려를 세운다. 비범한 능력과 기상을 지닌 궁예는 나라를 세우고 권력을 잡으면서 차츰 폭력적인 성격으로 변하고 관심법이라는 미신에 경도되어 살생을 저지르는 등 기행을 일삼는다. 왕건은 후백제와의 전쟁에 앞장서 수차례 승리를 이끌며 민심을 얻는다. 궁예의 실성은 갈수록 심해지고 결국 그는 한밤중 미친 듯이 산을 돌아다니다 객사한다. 이후 왕건이 왕위에 올라 국호를 고려라 고치고 태조가 된다. 그는 후백제를 멸망시키고 후삼국을 통일하는 대업을 이룬다.

**【참고】** 국립중앙도서관 소장 삼중당본 겉표지에 '역사소설 월광부 조선삼국지 改題', 속표지에 '歷史小說 月光賦(一名 朝鮮三國志)' 라고 표기되어 있다. '조선삼국지' 라는 제목의 소설이 존재하지 않는 것으로 보아 '조선삼국지' 는 일종의 부제로 보인다. 본문이 시작되기에 앞서 작가는 우리나라가 '分裂을 統一식히려는 最大陣痛期' 에 있다고 하면서 후삼국을 통일한 왕건 장군의 이야기가 시의적절할 것이라고 창작 의도를 밝히고 있다. 왕건에 대한 이야기라고 하지만 작품의 내용은 삼국시대부터 후삼국 통일에 이르는 과정을 담고 있다. 총 20장으로 구성되어 있으며, 삼국의 건국 신화부터 통일신라 시대, 후삼국시대, 고려에 의해 후삼국이 통일되기까지의 역사적 사실이 차례로 서술된다. 서술자의 논평이 상당 부분을 차지하고 있다.

## 유랑/流浪 : 장백산인. 동아일보1927.1.15-31(16회 미완) ; 홍문서관1945 ; 성문당1948.

**【내용】** 만세사건 때 아버지가 총에 맞아 죽고 '나'는 이로 인해 감옥에 갇혀서 지낸다. 그리고 옥에서 나와 아버지를 죽인 등전을 총으로 쏘아 죽인다. 이 사건으로 '나'는 경찰에 쫓기는 몸이 되어 외할머니의 이종사촌이 되는 할머니 집에 동생 영은과 함께 몸을 숨긴다. 그러다

할머니에게 대동강이 얼었다는 말을 듣고 '나'는 동생과 함께 중국행 소금배를 타러 포구로 향한다. '나'는 그곳의 일본 경찰에게 총격을 당하여 오른쪽 팔에 약간의 부상을 입지만 다행히 배에 올라 항해를 하게 된다. 그런데 뚱뚱보 선장이 돈을 바라고 연태가 아닌 대련으로 데려가겠다고 협박하며 선금을 요구한다. 이에 '나'는 도착해서 돈을 주라는 말을 들었기 때문에 대련으로 가자고 오히려 큰소리를 친다. 다소 기가 꺾인 뚱뚱보를 적당히 설득하여 돈 백 원을 먼저 주고 연태로 배의 방향을 돌린다. 그러나 선장은, 승선하다 다리에 총을 맞은 호인의 병원비를 요구하며 다시 배를 멈춘다. 더 이상 참을 수 없던 '나'와 동생은 끝내 뚱뚱보를 죽이고 육혈포를 앞세워 배를 움직이게 한다. 그러자 호인들도 순순히 복종한다. '나'는 선장의 몸에서 나온 이천 오백 원이 넘는 돈을 다섯 명의 선원들에게 나누어 주고, 동생과 함께 무사히 그 배에서 내린다.

**【참고】** 연재 지면에 '流浪 長白山人 作'이라고 표기되어 있다. 《동아일보》 1927년 1월 9일자에 '長白山人 創作 新小說 流浪 十五日부터 揭載'라는 광고와 '현재에 류리하는 우리 동포의 정경을 그린 것으로 일종의 서정시'라는 기사가 나와 있다. 이광수가 '長白山人'이라는 필명으로 16회에 걸쳐 연재하다가 숙환의 재발로 중단한 작품이다. 1948년 성문당에서 '流浪'을 표제로 한 작품집을 간행하였는데, 이 단행본에는 「삼봉이네 집」과 함께 미완의 「유랑」이 수록되어 있다. 주인공 상일 남매가 조선을 탈출하는 장면에서 연재가 중단되어 전체적인 내용을 알 수 없다.

## 유랑/流浪 : 이종명. 중외일보1928.1.5-1.25(21회 완) ; 박문서관1928.

**【내용】** 영진은 5, 6년간 대처를 떠돌다 고향집으로 돌아온다. 그러나 그의 집은 폐허가 돼 있어 망연할 뿐이다. 순이네 아저씨가 그의 집이 모두 북간도로 이사를 갔으며 그 후 소식이 끊겼다고 알려 준다. 영진이 다시 떠나려 하자 순이네 아저씨가 며칠만이라도 묶었다 가라며 그를 잡는다. 영진은 순이가 완연하게 자란 것을 보고 놀란다. 친구인 조상호를 찾아갔던 영진은 마을의 거부 서병조와 그의 하인 박춘식을 만난다. 그들은 상호에게 빚을 갚으라며 난리를 치고 있던 것이다. 춘식은 상호가 짚신을 팔아 겨우 마련한 쌀을 가져가겠다며 소란을 피운다. 영진이 이를 막아서자 병조는 할 수 없이 다음에 오겠다며 물러선다. 상호는 마을의 형편이 전 같지 않다며 한탄한다. 영진은 마을에 학교가 없음을 알고 야학을 세워 아이들을 가르치기 시작한다. 한편 영진은 순이와 가까워져 서로 좋아하

映畫小說
流浪
新刊紹介
天氣豫報

는 사이가 된다. 그런데 춘식이 순이네 아저씨에게 빚 대신 순이를 병조의 아들 윤길과 혼인 시키라며 권한다. 윤길은 정신이 온전치 못한 청년으로 순이네 아저씨는 찬성하지 않는다. 그러나 순이는 별다른 도리가 없어 서 씨 집으로 들어가고, 영진은 말도 없이 가 버린 순이를 원망한다. 서 씨 집안에 들어간 순이는 춘식이 자신을 욕보이려는 속셈을 드러내자 더욱 더 견딜 수 없게 된다. 혼인 전날 순이는 자살을 하려는 마음으로 밤거리를 방황하다 영진과 만나게 된다. 영진은 그길로 순이네 아저씨를 찾아가 자초지종을 설명하고, 셋은 마을을 떠난다. 춘식이 이를 알아채고 쫓아와 몸싸움이 벌어진다. 그때 뜻밖에도 윤길이 나타나 춘식을 쓰러뜨리고, 영진과 순이는 다시 길을 떠난다.

**【참고】** 제목 앞에 '映畵小說'이라고 표기되어 있다. 연재 후 박문서관에서 출간된 작품집 『유랑』에 수록되었다. 박문서관본 신소설 『유랑』(1925)이 광고 목록에서 발견되지만 발행 연도로 미루어 볼 때 동일한 작품은 아닌 것 같다. 《조선문단》에 방인근의 추천으로 등단한 이종명은 현실적인 문제에 관심을 가지고 1920, 1930년대에 많은 작품을 발표하였다. 그는 구인회의 발기에 결정적인 영향을 미친 인물로 거론된다. 이 작품을 원작으로 한 영화 「유랑」은 김유영이 감독하고 임화가 주연을 맡아 1928년 4월 1일 단성사에서 개봉하였다.

## 유린/蹂躪 : 최독견. 상해일일신문1921.

**【내용】** 미확인 작품.

**【참고】** 최독견이 《상해일일신문》에 1921년 연재한 중편소설이며 그의 처녀작이라고 알려져 있으나, 현재 이 작품의 소재와 실체를 확인할 수 없다. 따라서 정확한 연재 기간과 분량도 알 수 없다. 민중서관본 『한국문학전집』(1959) 연보와 『세계문예대사전』(교육출판공사1994)에, 최독견이 《상해일일신문》 기자로 활동하던 당시 관동대지진의 여파로 연재 중이던 일본 작가 佐臟紅綠의 소설이 중단됨에 따라 임시방편으로 약 50여 회의 중편소설을 연재했다는 기록이 있다.

## 유맹/流氓 : 현경준. 인문평론1940.7-8(2회 완) ; 만선일보사출판부1941.

**【내용】** 「도라오는 인생」, 「마음의 금선」 참조.

**【참고】** 《인문평론》에 게재된 이듬해 재만조선인 작품집 『싹트는 대지』(만선일보사출판부1941)에 동일한 제목으로 내용이 약간 수정되어 실렸다. 《인문평론》 1940년 7월호와 8월호 각각 본문이 시작되기에 앞서 "作者의 말—이것은 한 개의 報告文에 불과하다고 생각한다. 作者는 이것을 第一回의 報告로 하고 앞으로 몇 차례고 이 部落의 蘇生狀況을 報告하려 한다. 그리고 여기에 記錄된 것은 至今으로부터 二年前의 狀況이라는 것을 말하여 둔다"라는 부기가 있다. 8월호 제목 다음에 '承前', 본문 끝에 '(完) 庚辰五月於圖們'이라고 표기되어 있다. 《인문평론》 7월호의 목차는 '1.最初의 脫走, 2.部落點描, 3.天國圖, 4.良心의 殘片'이며, 8월호의 목차는 '5.마음의 琴線, 6.地獄으로 가는 길, 7.빛과 어둠'이다. 이후 1941-1942년에 걸쳐 《만선일보》에 '도라오는 인생'이라는 제목으로 작품의

내용이 대폭 수정·확대되어 연재되었다. 또한 1943년 홍문서관에서 '마음의 금선'이라는 제목으로 일부 내용을 확대하여 개작한 것을 출간하기도 하였다. 이 때문에 「유맹」과 「도라오는 인생」, 「마음의 금선」은 상호텍스트성을 지니는 작품으로 평가된다. 연구자에 따라서는 「도라오는 인생」을 「유맹」의 개작으로 보기도 하고, 미완이었던 「유맹」이 「도라오는 인생」에 이르러서야 비로소 완결되었다고 평가하기도 한다. 「유맹」을 미완으로 평가하는 연구자들은 대개 '이것은 한 개의 보고문에 불과'하다는 작가의 말을 들면서 이 작품이 「도라오는 인생」의 전편에 해당한다고 본다. 분량의 차이 때문에 개작 논란이 있기는 하지만, 장편 「도라오는 인생」과 중편 「마음의 금선」으로 재발표될 만큼 작가의 애착이 담긴 작품임에는 틀림없다.

## 유봉이의 승리 : 윤태영. 삼중당1949(160면).

**【내용】** 미확인 작품.

**【참고】**《조선중앙일보》1949년 4월 8일자 광고에 소개되었다. '애국소설'이라고 표기되어 있으며 삼중당에서 단행본으로 출간되었다고 하나, 현재 작품의 소재를 확인할 수 없다.

## 유서/遺書 : 김동인. 영대1924.8-1925.1(5회 완).

**【내용】** 조선의 천재 화가 ○는 아내 봉선이 육촌오빠인 A와 가깝게 지내는 것을 보면서 점차 의처증에 시달린다. 얼마 후, ○는 아내의 부정에 대한 괴로움과 시기심을 예수의 고뇌상이라는 그림으로 표현한다. 한편 ○와 봉선의 중매를 선 '나'는 친구 ○가 그린 그 그림을 보고 큰 충격을 받는다. '나'는 ○를 다시 온전한 예술가로 만들기 위해 아무도 모르게 ○의 의처증을 없애기 위한 작전을 세운다. 친구인 호떡으로 하여금 ○를 동래온천으로 수양 차 보내고, 이 틈을 타서 봉선과 그녀의 육촌오빠인 A의 행동을 암행하여 조사한다. 그 후, 봉선을 교묘한 방법으로 설득하여 동래온천으로 내려보낸다. 한편 이 사실을 안 A는 동래온천으로 내려가기 위한 돈을 마련하기 위해 분주히 뛰어다닌다. '나'는 이를 이용하여 한 가지 계교를 꾸민다. A가 출발할 수 있도록 돈을 빌려주되, 그가 서울역을 떠날 때 부산에서는 ○의 부부가 동시에 올라오게끔 만든 것이다. 그 결과 A는 보기 좋게 헛물을 켜지만 ○의 의처증은 사라지지 않는다. 그러던 어느 날, A가 티푸스에 걸려 위독하게 되어 입원하는 사건이 일어난다. 이에 '나'는 즉시 두 번째 계교를 준비한다. '나'는 ○를 식도원으로 가서 기다리게 하고, 조용히 봉선을 만난다. 그리고 그녀에게 A가 티푸스로 얼마 전에 죽었으니 남편에게 다시 돌아갈 수 있도록 ○에게 유서를 쓰라고 말한다. 당황한 봉선은 '나'가 시키는 대로, 자기의 결백을 증명하기 위하여 죽는 길을 택한다는 유서를 작성한다. '나'는 유서를 다 쓴 봉선의 뒤로 돌아서서, ○의 가운의 허리띠로 그녀의 목을 졸라 숨지게 한다. 조금 후, '나'는 방안을 정리한 뒤에 ○를 만나러 식도원으로 향한다.

**[참고]** 29장으로 구성되어 있다. 일찍이 김동인은 이 작품에 대해 가장 아끼고 또 증오하는 작품이라 말한 바 있다. 작가의 문학적 특징이 잘 드러난 「감자」의 전 단계를 이루는 소설로서 그의 개인사적 취향이나 체취가 짙게 풍기는 작품이라 평가되고 있다.

## 유정/有情 : 이광수. 조선일보1933.9.27-12.31(76회 완) ; 청조사1935.

**[내용]** 최석과 남정임에 대한 사회적 시선이 부당하다고 생각한 '나'는 그동안 석에게 받은 편지들을 소개한다. 교사인 석은 중국에서 독립운동을 하던 친구 남상호가 죽자 북경에 있는 그의 부인과 딸 정임을 집 근처로 데리고 와서 부양하고 있는 중이다. 그러다 석은 기미년에 투옥되었다가 3년 만에 집에 돌아온다. 그러는 사이 상호의 중국인 부인은 죽고, 딸 정임이 자신의 집에 와 있음을 알게 된다. 한편 정임에게 구박을 일삼던 석의 부인은 정임이 처녀티가 나자 석과 정임 사이를 더욱 의심하기 시작한다. 이에 석은 정임을 지키고, 가정의 평화를 되찾기 위해 정임을 일본에 유학 보낸다. 얼마 후, 석은 정임이 병중에 있다는 소식에 일본으로 건너가 그녀를 돌보아 주고 온다. 그러던 어느 날, 석을 사모하는 내용이 담긴 정임의 일기장이 그녀의 친구에 의해 발견되고, 이 일기장으로 인해 석과 정임이 부정한 관계라는 소문이 퍼진다. 이로 인해 석은 교장 자리를 노리는 경쟁자와 학생들로부터 '에로교장'이라는 모함을 받는다. 결국 그는 자신의 교장 직책을 내놓은 후 일본에 있는 정임을 마지막으로 만나고 시베리아로 방랑의 길을 떠난다. 그곳에서 석은 정임에 대한 사랑의 감정을 확인한다. 여기까지가 그의 편지 내용이다. 1년 후, '나'는 석의 편지를 그의 부인에게 전하고, 석의 아내는 자신의 잘못을 뉘우친다. 한편, 석이 병을 얻었다는 소식에 딸 순임과 병중의 정임이 석을 찾아 떠난다. 얼마 후, '나'는 정임은 병 때문에 부친이 머물렀던 바이칼호반 여관에 누워 있고, 자신은 주인 노파와 함께 아버지가 있는 곳으로 떠났다는 순임의 편지를 받는다. 이어 석이 위독하다는 순임의 전보를 받고 '나'는 석을 찾아가 만난다. '나'는 그의 병이 호전되는 것을 보고 정임을 데리러 간다. 하지만 정임과 함께 도착해서는 그의 싸늘한 시신만 목격한다. '나'는 석이 죽은 자리에 정임이 누워 있다는 노파의 편지를 받고, 나중에 그녀가 죽었다는 기별이 오면 둘을 함께 묻어 주겠다고 생각한다.

**[참고]** 연재 지면에 '有情 春園 作' 이라고 표기되어 있다. 액자 구성과 서간체 형식, 여로형 구조를 취하고 있다. 최석에 대한 남정임의 정신적인 사랑을 다룬 작품으로, 도덕적인 애정관을 넘어선 정신지상주의적인 애정관을 제시해 보이고 있다. 《동아일보》 1935년 3월 19, 20일자에 '有情 春園 作 小說 定價 一圓 發行所 靑鳥社' 라는 발간 기사가 나와 있다. モダン日本社(1940.6.25)에서 일본어로 번역되기도 하였다.

## 육체/肉體 : 이약슬. 조선중앙일보1935.12.25-31(6회 미완).

**【내용】** 만수는 반도인쇄소 활판공이다. 그의 형 만호는 10년간 식자공으로 일하다 서부출판 노동조합 사건으로 3년간 복역하고 폐병이 도져 집안에 누워 있다. 인쇄소에서는 작업량이 많아 사고가 빈번하게 일어나지만 근로 환경은 개선되지 않는다. 어느 날 점동이의 팔이 인쇄 기계에 끼이는 사고가 발생한다. 활판공들이 동요하는 가운데 점동이는 병원에 실려 가고, 기계는 곧 다시 돌아간다. 공장 감독 순경이 노동자들을 독려하며 감시한다. 만호의 친구였던 순경은 노동조합 사건에 연루되었다가 홀로 불기소 처분되어 풀려나 감독이 된 후 동료들을 더욱 채근한다. 만수와 동료들은 퇴근 후 병원을 찾아갔다가 회사에서 치료비를 제대로 주지 않아 점동이 치료도 받지 못하고 갔다는 이야기를 듣고 울분을 느낀다. 만수는 동료들과 함께 사장을 찾아가지만 만나지 못하고 돌아온다.

**【참고】** 연재 지면에 '短篇小說 肉體 李約瑟 作'이라고 표기되어 있다. 인쇄소에서 일하는 식자공들의 노동쟁의를 다룬 작품이다. 미완으로 연재가 중단되어 전체 내용을 확인할 수는 없다.

## 은하수/銀河水 : 장덕조. 매일신보1937.7.17-29(164회 완).

**【내용】** 방학을 앞둔 경화보육학교 기숙사에서는 취침 시간이 지나도록 학생들이 떠들고 있다. 명애는 오현경 사감한테 취침 시간을 늦추어 달라고 말했다가 거절을 당하고, 다시 불 꺼진 부엌으로 밤참을 훔치러 간다. 오 사감은 박진에게 구혼의 편지를 받고 잠을 못 이루고 있다가 학생들의 소동으로 뛰쳐나온다. 그녀는 명애의 영악한 행동과 당돌함에 분노를 느끼며 마치 자기의 앞날까지도 방해할 것만 같은 위협을 느낀다. 방학하는 날 명애는 부친이 위독하다는 전보를 받고 고향으로 내려간다. 그의 친구 신영순 또한 방학을 맞아 집으로 내려가지만 첩의 소생이라는 것 때문에 마냥 즐겁지만은 않다. 한편 장 교장에게 정조를 유린당한 명애는 남자들에 대한 복수심을 품고 과감히 여급이 된다. 그녀는 타고난 미색과 총명함으로 장안의 일류 여급이 된다. 그런 명애에게 박진이 열정적으로 구애를 해 온다. 그와 결혼하였던 오 사감은 아이를 낳다가 정신을 잃고 제정신이 아니다. 그런 아내를 내팽개치고 자신에게 구애하는 박진을 명애는 경멸한다. 명애는 그를 피해 카페를 옮기는데 우연히 그곳에서 옛 약혼자 형철과 그의 친구 백인준을 만나게 된다. 한편 영순은 불행한 결혼 생활을 하다 시집에서 쫓겨나 친정에 와 있다. 우연한 기회에 영순은 옛 애인이었던 인준을 만나

게 되고, 오 사감이 정신병원에 입원한 사실을 알게 된다. 오 사감을 만나러 인준의 병원을 찾아간 영순은 명애를 만나 많은 이야기를 나눈다. 영순은 오 사감이 장 교장을 살해하였으며 명애가 여급이 된 것에 충격을 받는다. 영순은 장 교장과 그 심복들이 자신과 명애를 욕하며 여자들은 가르칠 필요가 없는 하찮은 것들이라고 하는 소리를 듣고는 오 사감이 발작을 일으킨 사실을 알고는 또 한 번 놀란다. 인준은 영순이 폐병에 걸린 것을 알고 직접 고쳐주려 한다. 영순이 병에 걸린 것을 알게 된 계모가 그녀를 해주로 보내려 하고, 영순은 계모의 뜻대로 해주행 기차를 탄다. 영순은 기차 안에서 뜻밖에도 오랫동안 헤어져 있던 어머니를 만나게 된다. 한편 인준과 영순은 서로 사랑하지만 선뜻 그 사실을 밝히지 못한다. 영순은 인준이 서백리아로 떠나게 된 사실을 알고는 그를 만나 마음을 확인하려 하나 결국 만나지 못한다. 그러나 영순은 인준 또한 자신을 사랑하고 있으며 3년 후 돌아오면 영순이 건강해져 있길 바란다는 사실을 전해 듣는다. 영순은 은하수가 펼쳐진 밤하늘을 보며 그와 다시 만날 희망을 품는다.

銀河水

**【참고】** 연재 지면에 '銀河水 張德祚 作'이라고 표기되어 있다. 《문장》 제2권 1호(1940.1)에 단행본 발간 준비 중이라고 소개되었으나 단행본은 확인이 되지 않는다. 사제지간이었던 오현경과 김명애, 신영순의 엇갈린 운명과 애증을 그리고 있는 작품이다. 정조를 유린당하고 남자들에 대한 복수심으로 여급이 된 김명애, 첫사랑의 남자와 결혼하였지만 결국 정신병원에 가게 된 오현경, 불행한 결혼생활 끝에 병을 얻은 신영순의 파란만장한 일생을 통해 남성 권력에 피폐화된 여성의 삶을 형상화하였다.

## 을지문덕/乙支文德 : 신정언. 백민1945.12-1946.3(3회 미완).

**【내용】** 고구려 가화압군 강서현 증산향의 가난한 농가에서 한 여인이 난산 끝에 아들을 낳는다. 지나가던 중이 아이의 범상치 않음을 알고 감탄한다. 그 아이가 장차 고구려를 구할 을지문덕이다. 당시 한족은 수시로 고구려에 쳐들어오나 번번이 야욕을 이루지 못하고, 호시탐탐 고구려를 침략할 기회만 엿본다. 마침내 한족은 고구려 영양왕 대에 이르러 야욕을 품고 고구려를 침략한다. 을지문덕은 수양제가 수륙 양면으로 이끄는 대군을 막아내는 공을 세운다. 특히 우문술, 우중문 장군을 농락하고, 살수에 이르

러 수나라 군사들을 크게 무찌른다. 고구려에 패한 수나라는 국운을 다하고 망한다.

**【참고】** 제목 앞에 '歷史小說' 이라고 표기되어 있다. 고구려를 지킨 을지문덕을 그린 작품으로, 그 배경이 되는 고구려 역사와 수나라의 역사에 대해서도 상세하게 정리하고 있다. 영인본으로 1회와 3회만 확인된다. 1956년 숭문사에서 단행본으로 출판되었다. 숭문사본은 '고구려의 발전', '고구려의 성립', '살수의 대회전', '동방의 대변국', '천하대병의 행진' 5부로 구성되어 있다.

## 을지문덕/乙支文德 : 김동인. 태양신문1948.10.1-1949.7.14(미완).

**【내용】** 산골에서 산삼을 캐며 지내던 연파대는 어느 날 굶주린 채로 산길을 헤매는 한 남자를 발견하고 집으로 데려와 보살펴 준다. 이튿날 파대는 남자를 찾아온 관원들을 통해서 그가 평소 자신이 존경하던 을지문덕 승상임을 알게 된다. 을지문덕은 파대가 소년 시절부터 자신에게 주고자 한 산삼 세 뿌리를 받고, 그와 함께 귀경한다. 귀경 후 문덕은 한나라가 멸하고 수나라가 중원을 통일했다는 소식을 듣고 놀란다. 이즈음 고구려의 조정은 한의 진나라를 멸한 수나라로부터 자신들을 따르라는 내용의 새서를 받지만 회답을 미루고 정세를 살핀다. 한편 문덕은 후사를 위해 진나라 황제가 자신에게 보낸 국향 공주를 둘째 부인으로 맞아들인다. 그러던 어느 날, 공주를 흠모하던 진나라 청년 장량이 문덕의 집에 숨어 있다 발각되어 석다산으로 내쫓기는 일이 발생한다. 쫓겨난 장량을 그리워하던 국향은 문덕에게 서신을 남기고 가출하지만 여막에서 홀몸이 아님을 알고는 이내 마음을 고쳐먹는다. 한편 지방 순찰에 나선 문덕은 우연히 국향 모자가 있는 여막에 다다르고, 이들을 데리고 함께 길을 떠난다. 그는 국경 지대의 방적 제일관에서 첩자로 활동하던 계림 소년을 붙잡아 고구려 침략 계획이 적힌 수나라 황제의 비밀문서를 보게 된다. 그러던 어느 날, 문덕은 말갈인 만여 명을 이끌고 요서를 치기 위해 그곳으로 행차한 영양왕을 맞이한다. 왕은 문덕과 상의하여, 요서 땅의 각 태수들에게 귀순하라는 글을 보내고, 이를 알리는 방을 방방곡곡에 붙인다. 그 결과로 고구려는 피를 흘리지 않고 요서 옛 부여 땅을 회복한다. 세월이 흐른 후, 문덕은 자신의 삶에 주어진 사명이 대부분 달성되었다는 생각에 쓸쓸함을 느끼나 국향은 만성을 보호해야 할 큰 의무가 남아 있다며 문덕을 위로한다. 어느 날, 장안의 성문이 열리고 문덕의 죽음이 성 밖에 전해진다. 이에 고구려 만성뿐 아니라 한나라 길손까지도 그의 죽음을 애도한다.

**【참고】** 1944년 7월 《조광》에 발표되었다가 총독부 검열로 중단된 「糞土의 주인」과 1946년 5월에서 9월까지 《신천지》에 4회 연재되다 중단된 「糞土」를 개제한 작품이다. 작가의 병환인 뇌막염으로 인해 연재 중단된 미완의 장편소설로 김동인의 마지막 작품에 해당한다. 현재 신문 자료의 부재로 인해 정확한 연재 정보를 파악하기 어렵다. 소제목을 붙여 가는 방식으로 을지문덕의 일대기를 토막 형식으로 전하고 있다. 김동인 장편소설의 일관된 흐름이기도 한 '신라 중심 사관 극복'이라는 역사관을 담고 있으며, 이는 '고구려 정통론' 으로 구체화된다. 고구려의 웅장한 스케일과 거인의

풍모를 과시하여, 일제 강점하의 침체된 민족혼을 고취시키기 위한 작가적 의도를 엿볼 수 있다.

## 음우/淫雨 : 박태원. 조광1940.10.

**【내용】** '나'는 장마로 집 안에 물이 새는 것을 보며 마음이 심란하다. 아내는 공사를 맡겼던 청부업자에게 연락을 해 보라며 재촉을 하고, '나' 또한 그를 보면 단단히 따지리라 다짐한다. 그러나 청부업자가 약속한 시간과 달리 갑자기 집을 찾아오자 '나'는 어영부영 제대로 따져 묻지 못한다. '나'는 비 때문에 곰팡이 슨 벽을 철거하고 다시 세우자고 하나 청부업자는 그러면 돈이 너무 많이 드니 비가 그친 후 깨끗이 도배를 하면 된다는 말만 남기고 가 버린다. 아내가 청부업자에게 수리를 당부했냐고 묻자 '나'는 제대로 답하지 못하고 칭얼대던 아이에게 화를 낸다. 어수선한 집 안과 밀린 원고로 '나'가 걱정하는 사이 아내는 건넌방을 치우고 책상을 들인다. '나'는 문득 아내가 자신에게 원하는 것은 값 높은 예술 작품이 아니라 얼마 되지 않은 원고료일지도 모른다는 생각이 든다. '나'는 아내가 마련해 준 자리에 앉아 원고를 마무리한다.

**【참고】** 연재 지면에 '淫雨 朴泰遠'이라고 표기되어 있다. 작품 말미에 '「自畵像」 第一話'라고 표기되어 있다. 「偸盜」(자화상 2화), 「債家」(자화상 3화)와 함께 자화상 연작에 포함된다. 작가에 의하면 자화상 연작은 5회까지 언급되고 있으나 현재는 3화까지만 밝혀진 상태다. 생활인으로서 실제 작가의 고뇌와 번민을 엿볼 수 있는 작품이다.

## 읍혈조/泣血鳥 : 이희철. 동아일보1923.6.2-10.28(140회 완).

**【내용】** 서병호는 일본 유학을 결심하지만 주위 사람들은 만류한다. 그러나 그는 일본에만 가면 어떻게든 되겠지 하는 심산으로 고학을 결심하고 일본행 배에 오른다. 일본행 배에서 우연히 만난 하뎐희삼랑의 도움으로 그의 집에 기기하게 된 병호는 이름까시 빈국으로 바꾸고 일본 생활을 시작한다. 뎐뎐대학 법률과에 입학한 민국은 하뎐희삼랑의 딸 률자(17세)와 가까워진다. 률자가 민국의 아이를 밴 것을 알게 된 하뎐희삼랑의 부인은 딸과 민국을 횡빈의 고모 집으로 보낸다. 률자를 따라간 민국은 고모부의 도움으로 무역주식회사에 입사한다. 그러던 어느 날 민국은 김성운이라는 조선인과 싸움을 벌이다 병원에 입원한다. 그는 그곳에서 조선인 유학생 김선희를 우연히 만나 알게 된다. 중학교 졸업 후 일본에 간 선희는 성경학원의 교사인 아다손부인을 만나 그녀의 도움을 받고 있다. 그녀는 3·1 운동과 관련하여 쫓기던 애인 신영각이 걱정되어 일시 귀국한다. 영각은 선희를 강제로 안으려다가 실패하자 그녀에게 이별을 통보한다. 방황하던 선희는 예수교 갈리지를 졸업하고 유학을 준비 중인 홍순일을 만나 그에게 모든 것을 바친다. 그러나 선희가 만세사건으로 투옥되자 순일은 다른 여인과 결혼하여 유학을 가 버리고 만다. 감옥에서 나온 선희는 《신세계》 잡지의

발행을 준비하는 민국을 찾아 도움을 받는다. 노름판을 전전하며 한량 생활을 하던 민국은 륭자의 돈만 믿고 잡지사를 차릴 계획이다. 그는 여기저기 기부금을 모으고 다니며 자신의 아이와 륭자는 돌보지 않는다. 기생 향란의 도움으로 기생 생활을 하게 된 선희는 리긔성과 동거하며 현지 처 노릇을 한다. 우연히 선희와 다시 만나게 민국은 리긔성에게 '동창무역상뎜'을 차리자며 돈 15만 원을 변통한다. 그러나 민국은 이 돈을 홍청망청 노름판에서 써버리고 달아난다. 리긔상은 선희와 민국이 짜고 자신을 농락했다며 선희를 폭행하고, 선희는 목을 매 자살한다. 사흘이 지난 후 만주로 도망갔던 민국이 잡혀 3년 징역형을 받는다.

**【참고】** 연재 지면에 '泣血鳥 李熙喆 作'이라고 표기되어 있다. 1920년대 초반 유학 열풍과 유학생의 근대적 생활을 보여 주는 작품으로 평가받는다. 입신양명과 신성한 연애를 주장하던 청년들이 사기꾼과 기생으로 전락하는 모습을 통해 근대 유학생의 허상을 그리고 있다. 심산 노수현(心汕 盧壽鉉)이 삽화를 그렸다.

## 의원/醫員 : 정청산. 풍림1937.2(2회), 4(4회).

**【내용】** 김 판서는 막내딸 무순이 아파 몸져눕자 푸닥거리를 하지만 효과가 없다. 무순 어미는 마지못해 의원 오철수를 찾는다. 민간요법에 길든 동리 사람들은 양의 철수를 좀처럼 찾지 않는다. 철수가 무순의 맥을 짚고 청진기를 가슴에 대자 무순 어미는 그의 손을 뿌리치고 딸의 옷섶을 정리한다. 무안을 당한 철수는 무지한 사람들을 눈뜨게 하리라 다짐한다. 김 판서 집에 마을 사람들이 모여 썩은 우물물에 대해 토론을 한다. 의견이 분분한 가운데 철수가 필시 우물에 사람이나 짐승이 빠져 죽어 썩고 있을 것이라 하자 사람들이 술렁인다. 우물을 파헤쳐야 된다는 의견이 나온 가운데 사람들은 돌아가고, 김 판서는 생각에 잠긴다.

**【참고】** 제목 앞에 '로망'이라 표기되어 있다. 연재본의 누락으로 2회와 4회만 확인 가능하다. 잘못된 인습에 젖은 마을 사람들의 의식을 개량하려는 의사가 주인공으로 설정된 것을 확인할 수 있을 뿐 전체 내용을 알 수 없다. 《풍림》은 1936년 12월에 창간하여 1937년 5월 통권 6호로 폐간되었으며, 주로 카프 계열의 작가와 평론가들이 작품을 발표한 지면으로 알려져 있다. 홍순열(洪淳烈)이 편집 겸 발행을 맡았다.

## 의지 없는 영혼/依支없는靈魂 : 이무영(서지불명).

**【내용】** 「의지할 곳 없는 청춘」 참조.

**【참고】** 이무영이 '탄금대인(彈琴臺人)'이라는 아호로 1927년 청조사에서 발표한 「依支할 곳 없는 靑春」을 개제한 작품이다. 정확한 개제의 경위와 시기는 확인되지 않는다. 1958년 민중서관 발행 『한국문학전집』 10권 『이무영 선집』의 연보에 개제 기록이 있다.

## 의지할 곳 없는 청춘/依支할곳없는靑春 : 탄금대인. 청조사1927 ; 영창서관1932.

**【내용】** 안기원은 사랑하던 이N순이 다른 사람의 아내가 되자 새 삶을 꿈꾸며 경성으로 올라온다. 기원은 경성에서 H은행 중역을 아버지로 둔 조봉수의 도움으로 H은행의 K동 지점 사무원이 된다. 실연을 극복하기 위해 A동 예배당에 출입하기 시작한 그는 그곳에서 김상규의 아내인 경자를 만난다. 경자는 기원의 아픔을 한눈에 알아보고 위로해 준다. 기원에 대한 마음이 깊어질수록 경자는 남편과의 갈등이 심해지고, 기원 또한 서로의 처지 때문에 선뜻 다가서지 못한다. 그러던 어느 날, 기원은 화가이자 난봉꾼인 친구 오수영으로부터 자신의 신상에 관한 뜻밖의 이야기를 듣게 된다. 오늘 아침에 경자 부부가 자신의 문제로 싸웠고, 그녀의 남편인 상규가 자신을 유인죄로 고발할 작정이라는 것이다. 그러던 그날 밤, 기원이 문 밖의 괴한에게 폭행을 당하여 병원에 입원하는 사건이 발생한다. 한편, 유부녀로서 기원을 만나고 그에게 마음을 주는 것에 죄책감을 느낀 경자는 기원에게 은순이라는 여성을 소개해 준다. 은순은 적극적으로 그에게 다가가나 기원은 그런 은순에게 만날 의향이 없음을 전달한다. 이때 둘의 사이가 가까워질까 봐 조바심을 내던 경자는 질투에 눈이 먼 나머지 기원과 동반자살 할 요량으로 기원의 집을 찾아가나 뜻을 이루지 못하고 돌아온다. 마음을 추스르지 못하고 갈등하던 그녀는 결국 비구니가 되기로 결심하고 절로 떠난다. 기원은 경자의 출가 소식과 옛 애인 N순의 음독자살 소식을 접하고는 충격에 빠진다. 한편, 여성편력이 심한 수영은 봉수의 병세가 점점 악화되는 틈을 타 봉수의 아내인 혜숙을 유혹한다. 이 장면을 목격한 봉수의 동생 정순은 봉수가 죽고 난 후 기원을 찾아가 수영에게 농락당한 사실을 토로하며 수영에 대한 복수를 전하고 떠난다. 이에 기원은 수영의 화실로 급히 달려가고, 그곳에서 총에 맞아 쓰러진 정순을 발견한다. 얼마 후, 그는 정순의 죽음이 정황상 자살로 보인다는 신문 기사를 읽는다.

**【참고】** 국립중앙도서관 소장 청조사본 표지에 '長篇小說 依支할 곳 없는 靑春 彈琴臺人 作'이라고 표기되어 있다. 이무영이 '탄금대인(彈琴臺人)'이라는 아호로 발표한 작품이다. 머리말 끝에 '1927. 3.22日/東京에서 作者'라고 표기되어 있는 것과 판권지에 '著作兼 發行人 盧子泳'으로 기재되어 있는 것으로 보아, 작가가 일본에서 집필한 이후 청조사에 원고를 매절하여 저작권을 넘긴 것으로 보인다. 도일에 필요한 돈을 받고 그 대가로 써 주었다는 설이 있다. 1932년 영창서관에서 같은 표제의 단행본이 발행(저작권 소유자 겸 발행인 강의영)되었다고 하나 현재 확인되지 않는다. 후일 작가에

의하여 '依支 없는 靈魂'으로 개제되었다. 1958년 민중서관 발행 『한국문학전집』 10권 『이무영 선집』의 연보에 개제 기록이 있다. 최근 간행된 『이무영 선집』(전6권)에는 동일한 표제의 작품이 누락되어 있다. 이는 생전에 「반역자」 「두 訓示」를 처녀작이라고 말한 작가의 의사가 반영된 결과로 추측된다. 사랑에 대한 욕망과 그에 따르는 윤리적 파탄을 그린 작품이다.

## 의혹의 흑모/疑惑의黑眸 : 백신애. 중앙1935.8(1회 미완).

**【내용】** 연순은 여자미술전문학생으로 히비야 공원 근처 문화아파트에 살고 있다. 같은 아파트에 연순의 자매 연주와 그의 남편 성수가 함께 살고 있다. 성수는 일대학 정경과를 다니고 있으며, 연주는 피아노 개인교수나 받으며 그의 뒷바라지를 하고 있다. 공원을 자주 산책하던 연순은 언젠가 자신과 부딪혔던 한 신사를 본다. 신사는 누이동생으로 보이는 소녀와 함께 서 있다. 연순은 그의 옆에 있던 소녀에게 아는 척을 하는데 소녀는 혼혈아처럼 보인다. 연순은 자신을 로라라고 소개한 소녀의 외모에 흥미를 느낀다. 가녀린 팔다리는 로라를 소녀처럼 보이도록 하나 성숙한 얼굴은 그녀를 스물다섯가량으로 보이게 한다. 그런데 정작 본인은 열다섯이라 하니 연순은 소녀가 이상하게만 여겨진다.

**【참고】** 제목 앞에 '新連載長篇小說'이라고 표기되어 있다. 《중앙》 영인본의 누락으로 인해 1935년 8월호(1회)만 확인할 수 있어 전체 내용과 정확한 서지사항을 알 수 없다.

## 이름 없는 별들 : 정인택. 소학생1949.10(2회)–1950.4(7회).

**【내용】** 내용 생략.

**【참고】** 자료의 미비로 작품의 연재 시작과 종료를 포함한 전모를 확인할 수 없다. 《소학생》 1950년 4월호 7회 연재 후 다음 호에 계속된다는 공지가 있으나, 5월호 자료를 찾을 수 없고, 6월호에는 수록되지 않았다. 5월호에 8회를 마지막으로 완결했을 가능성이 있다.

## 이별곡/別れの曲 : 김문집. 국민신보1939.11.5(전편), 1939.11.12(후편).

**【내용】** 내용 생략.

**【참고】** 일본어 소설이다. 소설의 무대는 경성이고, 백계(白系) 러시아인이 경영하는 남대문 거리의 호텔에 장기간 투숙하고 있는 민 자작 미망인이 중심인물이다. 그녀는 외교관이었던 남편을 잃은 후 러시아에서 경성으로 돌아와 호텔에서 생활하고 있다. 이야기는 주로 그녀와 귀족들의 구락부에서 발탁해 온 '팡유'라는 소말리랜드 출신의 흑인 청년 운전수와의 관계를 그리고 있다. 이 작품은 1958년 동경의 第二書房에서 출간된 김문집의 창작집 『ありらん峠』에 'グランド·ボヘミアン·ホテル'로

개명되어 실려 있다.

## 이 봄이 가기 전에 : 송영. 매일신보1937.1.1-1937.6.22(160회 완).

**【내용】** 내용 생략.

**【참고】** 송영의 장편소설이다. 연재 지면에 '이 봄이 가기 전 宋影 작' 이라고 표기되어 있다. 《문장》 제2권 1호(1940.1)에 발간 준비 중이라고 소개되어 있으나 단행본은 확인하지 못했다.

이봄이가기전에

## 이선생/E先生 : 염상섭. 동명1922.9.10-12.10(13회 완).

**【내용】** 동경에서 대학을 마친 E선생은 XX중학교에서 동서양사, 일어문법, 조선어작문을 가르친다. 애초 가르치는 일에 뜻이 없던 그가 교사가 된 것은 월간 잡지를 발간하기 위해 진 오백 원가량의 부채를 갚기 위해서이다. 부임 초부터 E선생은 다른 선생들과 사이가 좋지 않다. 지리 선생은 E선생 때문에 자신의 수업시간을 빼앗겼다 여기고, 체조 선생은 생도들 사이에서 E선생의 평판이 좋음을 시기한다. 어느 날 학생들이 체조 선생의 사주로 학교 근처 채소밭을 짓밟는다. 인근 민가를 사들여 기숙사를 세우려던 학교의 계획에 주민들이 응하지 않자 체조 선생이 말썽을 일으켜 민가를 몰아내려 한 것이다. 체조 선생은 잘못을 사과하지 않고 오히려 채소밭 주인에게 집을 팔고 떠나라 한다. 이 일은 E선생의 중재로 마무리되고, 체조 선생은 학교를 그만둔다. E선생은 시험 점수에 연연하는 학생들을 보며 교육이 성공을 위한 수단으로 전락한 데 대해 한탄한다. 그가 시험을 주제로 한 작문을 내자 대부분의 학생들이 시험이 폐지되어야 한다는 식의 작문을 제출한다. 얼마 뒤 학생 둘이 졸업시험을 폐지해야 한다는 청원서를 E선생에게 제출하고, 학생들은 동맹휴업에 들어간다. 체조 선생이 운동부 학생들을 부추기자 이들이 주동이 되어 다른 학생들도 휴업에 동참한다. 이 사건은 E선생과 교감의 사퇴로 마무리된다.

**【참고】** '時事週報' 《동명》 2호부터 15호까지 '想涉' 이라는 이름으로 연재되었으며, 이 가운데 14호는 작가의 사정으로 휴재되었다. 전체 6장으로 구성된 작품은 E선생이 교육계에 머물면서 겪는 좌절을 그리고 있다. 학생들을 사주하여서까지 일을 벌이는 체조 선생의 도구적 이성관은 E선생이 주장하던 인간존중의 정신과 주체 확립의 긍정적 세계관을 무너뜨리는 역할을 한다는 평가가 있다.

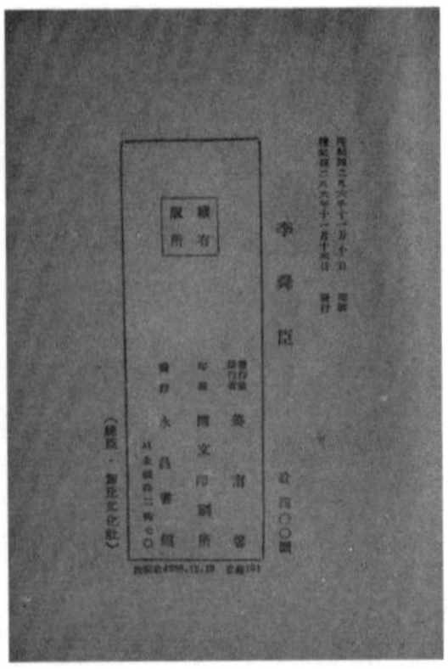

이순신/李舜臣 : 이광수.
**동아일보1931.6.26-1932.4.3(178회 완) ; 문성서림1932 ; 삼문사1939 ; 영창서관1948.**

**【내용】** 전라좌수로 부임한 이순신은 흩어진 병선을 모아 배를 보수하는 한편 거북선을 중수하여 전열을 튼튼하게 정비한다. 그러나 조정에서는 일본이 쳐들어올 것인지 아닌지에 대한 공론으로 세월을 허비한다. 그사이 일본군이 침입해 오고, 부산과 동래에 이어서 상주와 충주 싸움에서도 조선군은 참담하게 패배한다. 순신은 전세의 위급함을 장계로 알리고 출전 준비를 한다. 한편 탄금대 작전에서 신립이 패했다는 급보에 조정대신은 왕의 몽진을 제의하고, 선조는 수만 군중들의 아우성을 외면한 채 몽진 길에 오른다. 왕의 몽진에 분노한 백성들은 노비문서를 관장하는 장예원과 백성을 괴롭히던 형조를 불사른다. 순신은 영남 해안으로 출병하여 옥포해전에서 승리를 이끌어 낸다. 그 후 당포, 한산도, 안골포, 부산 등지에서 연전연승하며 적의 보급로를 완전히 차단하는 데 성공한다. 이런 와중에 압록강을 건너온 명의 원군과 조선군이 연합하여 어렵사리 평양을 회복하고, 전라순찰사 권율과 승장 처영이 행주에서 승전하면서 육전의 양상도 변화한다. 행주산성 공격에 실패한 왜군은 서울에서 총퇴각을 결정하고, 신의주로 피난해 있던 선조의 일행은 환궁한다. 전쟁의 와중에서 명과 일본, 조선과 일본의 강화회의가 진행된다. 하지만 강화가 결렬되자 일본은 정유년에 재차 침략을 기도한다. 한편 그해 순신은 조정의 명을 어겼다는 이유로 파직당한다. 삼도수군통제사가 된 원균은 칠전도 전투에서 대패하며 이순신이 정비하고 조련한 군함과 해군을 모두 잃는다. 삼도수군통제사에 복귀한 순신은 12척의 함선을 이끌고 명량해전을 승리로 이끈다. 그리고 노량바다에서 500여 척의 일본의 함대와 대적하여 200여 척이나 격침시키는 최후의 승리를 거두나, 작전 중 장렬히 전사한다. 그의 유해가 아산 선영에 안장된 후, 왕은 그에게 우의정을 증직하고 선무공신 일등으로 책훈한다.

李舜臣 [1]
春園 作
靑田 畫
거북선 [1]

**【참고】** 당시 《동아일보》 사장이었던 송진우의 권고로 쓴 소설로, 총 19장으로 구성되어 있다. 《동아일보》에 1921년 5월 23일부터 6월 25일까지 '長篇小說 「李舜臣」 春園 作' 연재 예고가 계속 실렸으며, 1932년 9월 29일자 신간 소개에는 '이광수의 「李舜臣」 대성서림 발행 정가 2원' 이라는 광고가 나와 있다. 이 작품의 서사 시간은 이순신의 좌수영 부임에서부터 전사하여 그의 유해가 안장되기까지 약 7년 동안이다. 이광수는 이 작품의 목적에 대해 '古記錄에 나타난 그의 人格을 내 能力껏 具體化하려는 것'(동아일보1931.5.30)이었다고 밝힌 바 있다. 실제로 작가는 많은 부분 「난중일기」의 기록을 충실히 반영하고 있는데, 이 때문에 「이순신」은 '實錄의 번역' 일 뿐이며, 역사적 사건을 설교나 야담 형식으로 전달하고 있을 뿐이어서 본격적인 역사소설의 범주에 넣을 수 없다는 평가를 받기도 한다.

## 이순신 장군 : 박태원.

**주간소학생1946.11.25-1947.4.21(13회) ; 아협1948(111면).**

**【내용】** 임진왜란이 발생하자, 조정은 이순신에게 수군 지휘를 맡긴다. 이순신은 뛰어난 지략과 용맹으로 여러 차례 해전에서 승리를 거둔다. 이순신이 통제사의 지위에 오르자 원균이 그를 시기하여 모함한다. 이순신은 좌천되고 원균이 지휘를 맡지만, 잘못된 전술로 인해 수군이 전멸한다. 이순신은 다시 중책을 맡아 수군을 재건하고 명량해전에서 승리를 거둔다. 명나라의 수군 도독 진린은 왜군의 뇌물을 받고 퇴로를 열어 주자고 이순신에게 제의하지만, 그는 단호히 거절한다. 이순신은 노량해전에서 대승을 거두지만 적의 화살을 맞고 전사한다.

**【참고】** 박태원이 《주간소학생》에 연재한 '역사소설' 이다. 1946년 11월13일자에 "세계에 그 이름을 떨친 충무공 이순신 장군에 대한 빛나는 역사 이야기는, 해방 전까지는 감히 입밖에도 나오지 못했나. 그것은 이 장군에게 여지없이 패하고 말은 사실을 그대로 조선 사람에게 알리기 싫은 왜적들의 간사한 수작이었다. 그러나 이제는 진정한 이 장군의 역사를 알아야 할 때다. 소설가 박태원 선생은 여러분 독자를 위하여 일찍부터 이를 소설로 쓰고저 장군에 대한 실기며 역사를 조사하고 또 붓을 가다듬어 별른 지 반년 만에 이제야 기운차고 통분한 '이순신 장군' 의 한 편을 엮으시었다. 이는 재미있는 소설일 뿐 아니라 또한 역사의 자세한 기록이니 조선의 어린이는 다 같이 반드시 읽어야 할 이야기"라는 연재 예고가 실려 있다. 《아협》 1948년본 표지에 '역사소설 이순신 장군 박태원 지음' 이라고 표기되어 있다. 단행본 전체 111면 중 소설 본문은 102면이며, 나머지 9면은 '어려운 말풀이' 라는 제목으로 단어의 의미를 해설하고 있다. 전체 15장으로 구성되어 있으며, 임진왜란 발발부터 이순신 장군의 죽음까지 장군의 무공에 초점을 맞추어 사건을 순차적으로 서술하고 있다.

## 이심/二心 : 염상섭. 매일신보1928.10.22-1929.4.24(172회 완) ; 박문서관1939.

**【내용】** 박춘경은 고등보통학교에 다니면서 정구 선수로 활동한다. 이창호는 정구 코치로 춘

경을 가르치고 있다. 정구 대회에 참가한 이들은 시합에서 승리한 후 서로 호감을 갖는다. 그러나 이들이 서로 주고받던 사소한 쪽지가 발각되자 학교와 가문의 명예를 더럽힌 죄로 학교와 집에서 쫓겨난다. 두 사람은 동거를 시작하고, 창호는 주의자로 검거된다. 아들 영근을 낳은 춘경은 생활고를 겪다 일인이 경영하는 호텔에 취직한다. 춘경은 호텔 지배인 좌야와 성관계까지 맺는다. 창호가 출옥하자 춘경은 좌야와의 관계를 정리하지만 생계를 해결하기 위해 다시 좌야를 찾는다. 춘경이 창호를 시켜 좌야에게 돈을 꿔 오게 하지만 이 과정에서 창호는 좌야와 춘경의 사이가 범상치 않음을 알게 된다. 창호는 좌야를 폭행하여 또 다시 투옥된다. 춘경은 아들 영근을 위해 좌야와의 관계를 끊지 못하고, 그와 결탁해 미국인 커닝햄과 위장 결혼을 한다. 춘경은 좌야에게 사기를 당해 돈을 뺏기고, 출옥한 창호에 의해 유곽에 팔려 간다. 영근이 죽었음을 안 춘경은 절망하여 수면제를 먹고 자살한다.

**【참고】** 염상섭의 첫 장편소설이라 할 수 있는 「사랑과 죄」(동아일보1927.8-1928.5)의 연재가 성공하자 이에 힘입어 《매일신보》에 발표한 작품이다. 작가는 단행본의 '自序'에서 "이 '二心'으로 말하여도 자기의 머리속에서 이미 곰팡이 난 것 같으니 이것이 제일선에서 활동하시는 여러분의 생신한 최근 작품과 어울릴 것인가 의문이요 더욱이 현재의 자기가 가진 문학에 대한, 인생에 대한, 사회에 대한, 모든 생각과 얼만한 상거가 있을지 알 수 없습니다. 혹은 자기 자신이 십 년 전 이것을 쓸 때에서 한걸음도 더 나가지 못하였다는 점으로 지금의 자기를 표현한 것이나 다름없을지도 모르나 십 년이라는 시간적 거리가 이 작품에 대한 작자 자신의 감격이나 애착을 히박하게 한 것만은 사실이요. 그러함으로 불안을 느끼지 않을 수 없다는 것입니다"라고 밝히고, '소화 己卯 1월 12일 新京에서 저자 識'라고 부기했다. 이를 미루어 보면 단행본 발행 연도는 연재된 지 십 년이 지난 후인 1939년일 것으로 추정된다. 국립중앙도서관 소장 박문서관본의 판권지가 훼손되어 현재 서지사항이 불명확하나 책 앞장의 도서관 인장 날인에도 '소화 14.6.15'로 명기되어 있어 1939년 단행본 출간으로 보는 것이 타당하다. 1937년 『박문서관 장편전집』 2차 3권으로 발행되었다는 기록이 있으나 확인하기 어렵다. 작가는 여주인공 춘경이 타락하게 되는 원인을 '타고난 제 성격', '탕부의 기질'을 가진 춘경 본연의 성격으로 설명하고 있다. 신식 교육을 받은 춘경이 세파에 휘둘리며 여러 남성들을 전전하게 되는 원인을 작품의 내적 필연성보다는 인물의 성격으로 설명하고 있어 우연성과 통속성이 지적되기도 한다. 그러나 또 한편으로는 일본인과 미국인, 한국인 남성 사이에서 고초를 겪는 춘경의 운명을 식민지 조선이 겪는 고통으로 대치하여 보는 연구도 있다.

## 이십일간/二十日間 : 김말봉. 주간서울1949.8.29-1949.11.21(12회 미완).

**【내용】** 서울대학교를 졸업한 정찬영은 약혼녀 김미영과 함께 미국 유학을 준비한다. 미영의 모친은 찬영에게 영어회화를 가르쳐 줄 선생으로 김메리를 소개한다. 메리의 아름다운 모습을 보고 한눈에 반한 찬영은 약혼녀 미영과 메리 사이에서 갈등을 일으킨다. 그러던 중 찬영은 국방부 사무원으로 취직하는 데 보증을 서 달라는 메리의 부탁을 받는다. 찬영은 친구 영범에게 부탁하여 메리를 영범의 부친이 있는 국방부에 취직하도록 도와준다. 어느 날 국방부의 주최로 UN위원단 환영 만찬이 열리고 메리, 찬영, 영범이 참석한다. 그러나 만찬 도

중 메리가 사라지고 찬영은 그녀를 쫓아가다가 경찰에 붙잡히고 만다. 사실 메리는 정부 고정규와 함께 남한을 살피러 온 북의 스파이로, 찬영과 영범을 통해 기밀정보를 빼돌렸던 것이다. 메리와 정규 일당은 끈질기게 추적해 온 형사에게 모두 검거된다. 한편, 찬영의 구속 소식을 들은 미영은 안타까운 마음이 들지만 차마 찾아가지 못한다. 찬영은 메리와의 관계를 추궁하는 형사로부터 모진 고문을 받는다.

**【참고】** 제목 앞에 '連載小說' 이라고 표기되어 있다. 1949년 11월 21일자(12회) 말미에 '(以下次號)'라고 해 놓았지만 이후 더 이상 연재되지 않았다. 남주인공이 절세미인 스파이에게 속아 약혼녀를 버리고 위험한 상황에 처하는 과정이 서술된다. 작품이 완결되지 않아 정확한 내용은 알 수 없으나 남녀의 애정 문제가 중심사건이 되는 것은 추측할 수 있다.

## 이역의 춘몽/이역의츈몽異域의春夢 : 김두식. 기독신보1918.5.29-8.14(8회 완).

**【내용】** 기차가 회령역에 정차하자 농사를 짓기 위해 도착한 빈민들 틈으로 외국인 미쓰 화잇이 지나간다. 그녀는 캐나다에서 온 지 4개월 정도 된 선교사로 조선말을 몰라 애를 먹는다. 그녀는 조선인들에게 그리스도를 전하기 위해 가족과 친구들을 버리고 이곳으로 와 향수병을 앓고 있다. 그녀는 조선어를 배우고 선교 활동에 열심히 참여하고 있으나, 고단함에 포기하고 싶은 마음도 있다. 어느 날 그녀는 시골 농민들에게 선교 활동을 할 것을 권유받고 시골로 간다. 그녀는 낙후된 빈민가의 경제 상황과 극심한 문화적 차이, 조선인들의 무지에 좌절하나, 기독교 사상을 전하러 온 자신의 임무를 상기하려 애쓴다. 교육에 힘을 쏟지 않으면 조선 사회가 망할 것이라고 생각한 그녀는 다시 조선어 회화책을 펼쳐든다.

**【참고】** '異域의 春夢(이역의 츈몽)' 이라고 제목이 표기되어 있다. 2회까지는 본문 앞에 '北間島 金斗植' 이라고 표기되어 있다. 본문의 서두에는 "이 글은 소셜의 죵류인듸 사투리가 잇지마는 그듸로 긔직홈은 그곳 방언은 그러ᄒᆞᆫ거슬 알게 홈이니 그리 아시고 취미 잇게 낡으심을 ᄇᆞ라고 소긔ᄒᆞᄂᆞ이다" 라고 적혀 있다. 포교적인 성격이 강하며, 표현상으로는 북간도의 사투리가 그대로 드러나는 대화체를 구사한 작품이다. 서강대 도서관 소장 《긔독신보》 자료를 텍스트로 내용을 정리했다.

## 이와모토 지원병/岩本志願兵

**장혁주. 每日新聞(日, 석간)1943.8.24-9.9(15회 완) ; 흥아문화출판1944(246면).**

**【내용】** 조선인 지원병 훈련소로 시찰을 나간 '나'는 내지인과 다름없이 훈련을 받는 조선인 청년들을 보면서, 징병제 시행이 '황민화(皇民化)'를 촉진하는 가장 좋은 길이라고 생각한다. 특히 '나'는 岩本이라는 조선 청년이 내선일체를 의심하고 회의하다가 신사 참배를 계기로 각성하고, 일본의 국책에 부응하는 우수한 훈련병으로 변모했다는 사실을 전해 듣고 감격한다. 동경에서 자란 조선인 岩本은 내지의 일본인과 달리 조선인은 황군(皇軍)이 될 수

없다는 사실에 울분과 좌절을 느끼고, 조선인과 일본인이 본래 한 뿌리였다는 동조동근, 내선일체의 논리에 대해서 회의하고 방황하던 청년이었다. 그런 岩本의 생각을 결정적으로 바꿔 놓은 것은 조선인도 일본인처럼 '병정'이 될 수 있다는 사실, 즉 조선인 지원병제와 징병 제도의 시행이라 할 수 있다. 岩本은 '병정이 될 수 있다는 데서 나는 일본인이란 자각이 생겼다'고 말한다. '나'는 岩本의 고백을 들으면서 그와 같은 경로로 황민으로서의 자각을 가지게 될 동포가 많을 것이라고 생각하게 된다. '나'는 岩本을 각성하게 했던 '高麗' 신사를 찾아 옛적에 皇恩을 흠모하고 멀리 바다를 건너온 한인들을 생각하고, 조선동포 전부가 하루라도 빨리 황민화를 완성하기를 기원한다.

**【참고】** 일본어 소설이다. 장혁주가 경성의 지원병 훈련소에 1943년 4월 특별 입소했을 때의 견문을 바탕으로 쓴 작품으로 알려져 있다. 이 작품은 작가 스스로 서문에 밝히고 있듯이, '조선에 징병제가 실시된 것은 비할 바 없는 큰 감격' 이었고 황민화 완성의 기운이 '징병제 실시로 더욱 고조된 것' 을 기리기 위해 일제의 지원으로 출간되었다. 조선의《매일신문》에 '순례' 라는 제목으로 번역되어 1943년 9월 7일부터 22일까지 연재되었다. 2001년 ゆまに書房에서『일본식민지문학정선집』의 일부로 간행되었다.

## 이차돈의 사/異次頓의死

**이광수. 조선일보1935.9.30-1936.4.12(137회 완) ; 한성도서1937.**

**【내용】** 외모도 뛰어나고 무예도 능한 이차돈은 실력자인 무장 거칠마로를 누르고 장원급제를 한다. 과거에 장원급제를 하면 부마가 된다는 관례에 따라 이차돈은 평양 공주의 남편이 될 것을 권고 받는다. 하지만 선마로 이손의 딸 달님과 서로 사랑하는 사이인 이차돈은 죽음을 불사하며 부마의 자리를 거절한다. 다행히 공신인 조부 덕분에 죽음을 면하게 되지만 이 일로 이차돈은 평양 공주의 노여움을 사 고구려로 쫓겨나게 된다. 이차돈은 고구려 제일의 실력자 메주한가를 만나 우의를 다진다. 메주한가는 이차돈에게 자신의 사위가 되어 고구려인이 될 것을 권고하지만 이차돈은 이를 사양한다. 이차돈은 메주한가를 통해 그동안 자신이 좁은 시야를 갖고 있었음을 깨닫게 된다. 오직 신라에 대한 충성심으로 고구려를 적대국으로만 생각했던 이차돈은 '작은 싸움을 버리고 큰 싸움을 할 것'이라는 메주한가의 말에 크게 감동한다. 이후 이차돈은 신라, 고구려, 백제가 모두 하나의 민족이라는 생각을 하게 되고, 민족을 구원하기 위해 불법을 펼 것을 다짐한다. 한편, 이차돈이 신라의 부마가 될 것을 내심 두려워하던 선마로 이손은 거칠마로를 고구려로 보내 이차돈을 죽이려 하지만 실패하고 만다. 이차돈은 고구려의 선승 백봉국사를 만나 불법을 전수 받는다. 그리고 자신을 찾아온 달님과 재회하여 불법을 전수하고자 신

라로 귀국한다. 신라 왕실에 불법을 전하던 이차돈은 선마로 이손의 모함에 빠져 위기에 처한다. 결국 이차돈은 자신의 희생이 불법을 실천하는 길임을 자각하고 담담하게 죽음을 맞이한다.

**【참고】**《조선일보》 연재가 끝난 이듬해 1937년 한성도서에서 단행본으로 출간되었다. 1937년 『박문서관 장편전집』 1차 3권으로 발행되었다는 기록이 있다. 이광수가 불교에 귀의한 후 쓴 첫 작품으로, 신라 최초의 불교 순교자 이차돈이 주인공으로 등장한다. 이차돈, 평양 공주, 달님을 중심으로 한 애정의 삼각관계가 그려지며, 종교 자체보다는 민족의식의 각성에 좀더 무게를 둔 작품이다. 민족의 정신적인 힘을 강조하고 있으나 논리에서 벗어나 관념의 세계로 나갔다는 평을 받기도 한다. 「삼국유사」에 단편적으로 전하는 화랑도의 오기(五伎), 길쌈놀이 등이 생생하게 묘사되어 있다.

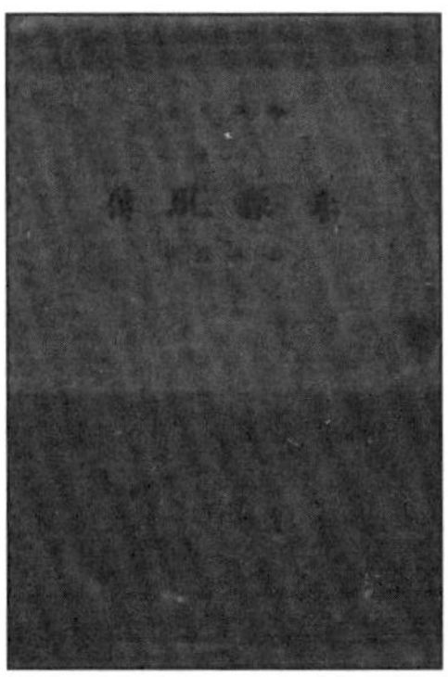

## 이춘풍전/李春風傳 : 김영석. 조선금융조합연합회1947(109면).

**【내용】** 서울 곽석골 사는 이춘풍은 풍채는 늠름하지만 주색잡기에 능해 이마에 늘 개기름이 흐른다. 그는 월향이라는 기생에게 빠져 집안 돈은 물론 안해 김 씨를 통해 처갓집 돈도 끌어다 쓴다. 또한 그는 벼슬을 사려는 부자 박덕만과, 당대의 세도가 최참판 사이에서 거간 노릇을 하여 구문을 챙기기도 한다. 그러나 늘 빚에 허덕이는 춘풍은 목돈을 벌고자 최 참판의 돈 이천 냥을 가지고 평양에서 물건을 사 오는 일을 맡는다. 그런데 그는 평양에서 유추월이라는 기생에 빠져 이천 냥은 물론 자기 돈 오백 냥까지 몽땅 날리고 만다. 빈털터리가 된 춘풍은 서울에 돌아가지 못하고 유추월의 집에서 심부름을 하며 살아간다. 한편 안해 김 씨는 하염없이 춘풍을 기다리다 앞집에 사는 김 정승의 자제가 평양 감사로 부임한다는 소식을 듣는다. 이에 김 씨는 앞집 대부인을 찾아가 자신도 데려가 달라고 청을 하고 승낙을 얻는다. 평양에서 김 씨는 회계 비장으로 변장하여 춘풍과 추월의 죄를 심문한다. 그리고 추월에게 춘풍에게서 빼앗은 돈을 다시 돌려주라고 명한다. 회계 비장의 판결로 춘풍은 최 참판의 돈 이천 냥과 제 돈 오백 냥을 돌려받고 살 길을 얻는다. 하지만 그는 여전히 정신을 못 차리고 평양을 떠나는 마지막 날 하룻밤을 추월과 보낸다. 춘풍이 버릇을 고치지 못한 것을 확인한 김 씨는 다시 회계 비장으로 위장하여 춘풍을 혼낸 뒤, 자신의 정체를 밝힌다. 그에 춘풍은 통렬하게 잘못을 뉘우친다. 하루는 우연히 박덕만을 만나 그의 모친 환갑 잔치에 간 춘풍은 기생 월향을 보고 마음이 동하지만 자신 때문에 고생한 사람들을 생각하며 몰래 술자리를 떠난다.

**【참고】** '金永錫 作'이라고 표기되어 있다. 조선 후기의 소설 「이춘풍전」을 새롭게 쓴 작품이다. 작가는 이 작품의 후기에서 이춘풍을 '봉건적인 낡은 생각과 풍습에 흠씬 젖은 사람'이라고 평가하고, 그를 통해 세력을 가진 몇몇 사람이 백성을 자기 마음대로 다스리는 것이 얼마나 큰 해독인지를 강조하고자 했다고 밝혔다. 조선금융조합연합회에서 농민의 계몽, 학문과 예술의 보편화를 꾀하기 위

해 만든 협동문고(協同文庫) 4-2권이다.

## 인간궤도/人間軌道 : 성북학인. 조선일보1931.3.13-8.14(110회 완).

**【내용】** 기생 옥향의 딸 최영희는 첫사랑 최성묵을 배반하고 문사 류상근과 결혼한다. 결혼 후 영희는 지인 김성호의 소개로 알게 된 부호 이창대와 불륜에 빠지고 상근과 헤어지기로 작정한다. 한편 상근은 창대가 자신의 취직을 빌미로 영희에게 접근하는 것을 보며 굴욕감을 느끼면서도 어쩔 도리가 없다고 자조한다. 상근은 창근이 운영하는 잡지사에서 미스 강이라는 신여성과 문호를 만난다. 상근은 요릿집에서 만난 기생 옥화에게 마음을 주면서부터 집에 안 들어가는 날이 많아진다. 그즈음 창대는 영희를 만나는 것에 싫증을 느끼고 차차로 발길을 끊는다. 어느 날 문호는 잡지사의 일로 사장인 창근과 대립각을 세우고, 문호와 미스 강이 잡지사를 그만두면서 결국 잡지사는 해산된다. 한편 영희는 임신한 자신을 받아들인 상근과 함께 지내다 편지를 남기고 사라진다. 이때 상근은 해외에서 자신을 찾아온 성묵을 함께 따라 나섰다가 체포되어 수감되고, 성호는 병사한다. XX학교 교무주임으로 있던 문호는 횡령사건으로 사직한 후 귀향한다. 한 달 후 영희는 카페의 웨이트리스로 일하며 무명씨로 성묵과 상근을 뒷바라지한다. 창대는 잡지사를 해산한 후에 마작으로 몰락한다. 영희는 창대가 감옥에 있다는 것을 알고 오랜 만에 웃음을 보인다.

**【참고】** 연재 지면에 '映畵小說 人間軌道 城北學人 安碩柱 畵'이라고 표기되어 있다. 안석주(安碩柱)가 '성북학인'이라는 필명으로 발표한 영화소설이다. 《조선일보》 1931년 8월 19일자에 "본보에 련재되여 독자 제씨가 애독하시든 성북학인(城北學人) 안석영(安夕影) 씨의 영화소설 인간궤도를 현성완(玄聖完) 일행이 화조영화동인회(火鳥映畵同人會)의 후원으로 구월 초순부터 촬영에 착수한다"는 내용이 기록되어 있다.

## 인간문제/人間問題 : 강경애. 동아일보1934.8.1-12.22(120회 완) ; 노동신문사1949.

**【내용】** 용연 마을에 사는 선비는 얼굴이 예쁘고 마음씨 고운 처녀다. 선비의 아버지 김민수는 지주인 정덕호 집 하인인데 소작인을 도와주었다는 이유로 덕호에게 맞아 죽는다. 모친마저 여읜 선비는 덕호의 집 몸종으로 들어갔다 결국 덕호에게 순결을 빼앗긴다. 선비를 좋아하는 첫째는 지주인 덕호에게 대들었다가 주재소에서 호되게 당한 후 인천으로 떠난다. 한편 덕호의 딸 옥점은 자신이 좋아하는 대학생 신철이를 집에 데려오는데, 신철이 선비에게 관심을 보이자 선비를 학대한다. 덕호네 식구들의 구박을 견디다 못한 선비는 결국 덕호의 집을 도망쳐 나오고, 덕호의 첩이었다가 쫓겨나 서울로 간 간난이를 찾아간다. 한편 선비를 마음속에 그리던 신철은 돈 때문에 자신을 옥점과 결혼시키려는 아버지와 싸우고 집을 나온다. 그 후 그는 인천에서 노동자들을 조직하는 일을 맡다가 첫째를 만난다. 첫째는

막노동 일을 하다 만난 신철을 통해 계급의식에 눈을 뜬다. 한편 간난이와 함께 인천의 방직 공장에 취직한 선비는 공장 일을 하며 자신의 노동력이 짓밟히고 인격이 유린되는 경험을 한다. 그러던 중 선비는 여공들의 각성에 전력하던 간난이가 조직의 지령에 따라 탈출하는 것을 돕고, 뒷일을 대신 떠맡게 된다. 얼마 후 신철과 첫째 등의 노력으로 파업이 일어나지만 경찰에 의해 해산되고 두 사람은 노동 쟁의를 이끌었다는 혐의로 체포된다. 감옥에서 대학 친구를 만난 신철은 그의 회유에 넘어가 전향서를 쓰게 되고 옥점과 결혼한다. 한편 꿋꿋하게 버티다 출옥한 첫째는 신철이 전향하고, 선비는 폐결핵에 걸려 죽었다는 소식을 듣는다. 첫째는 죽은 선비를 품에 안고 인간 문제를 풀 사람은 신철과 같은 지식인이 아니라 자신과 같은 노동자라는 사실을 깨닫는다.

**【참고】** 연재 지면에 '人間問題 姜敬愛 作'이라고 표기되어 있다. 《동아일보》 1934년 7월 31일자에 연재를 알리는 社告가 나와 있다. 연재 후 《삼천리》 광고란에 『인간문제』 단행본 출판 계획 광고가 실려 있으나 일제의 검열과 열악한 출판 사정 탓에 실제 출간되지는 못하였다. 작가 사후인 1949년 강경애의 남편 장하일이 부주필로 있던 북한 노동신문사에서 단행본으로 출간되었는데, 작가가 퇴고한 것으로 보이는 부분 첨삭이 나타나고 있다. 이후 이 작품은 남한과 북한에서 체제 유지를 위한 목적으로 개작 출판되었다. 북한의 경우 1959년 조선작가동맹출사에서 간행된 『현대조선문학선집』 14권에 실리면서 개작되었다. 혹독한 궁핍 속에서 끼니를 놓고 벌이는 모자간의 다툼 등을 생략하고, 주요 인물들의 적극적인 지하 조직 활동을 첨가함으로써 노동자계급의 주체성과 도덕성을 강화하였다. 남한의 경우 1970년 성음사에서 간행한 문학전집에 실리면서 개작되었다. 자각한 노동자로서의 선비와 첫째의 성격을 약화시키는 대신 두 사람의 사랑 이야기를 부각시키는 데 초점이 놓였다. 전체적으로 일제 식민지 지배 아래 소작농의 딸과 아들이 농촌을 떠나 도시 노동자가 된 후 세계를 변화시킬 수 있는 주체는 바로 노동자 자신임을 깨닫는 과정으로 전개되고 있다. 크게 전반부와 후반부로 나뉘는데 전반부는 가난한 소작농의 자식인 선비와 첫째가 지주의 횡포에 의해 고향을 떠나는 상황, 후반부는 이들이 도시에서 노동자로 겪는 고충을 그리고 있다. 이 작품은 이기영의 「고향」과 함께 한국문학사에서 식민지시대 문학의 걸출한 성과로 평가되고 있다. 1988년 태학사에서 영인한 『한국근대단편소설대계』 2권에는 《동아일보》 연재본이 수록되어 있으며, 1999년 소명출판사에서 간행한 『강경애 전집』은 북한 노동신문사에서 출간한 단행본 초판을 저본으로 하였다.

## 인간수업 / 人間受業 : 이기영. 조선중앙일보1936.1.1-7.28(164회 완) ; 태양사1937 ; 세창서관1941(441면) ; 서울타임스사1946(441면) ; 문우사1948(441면).

**【내용】** 현호는 대학에서 철학을 전공한 지식인으로, 금융계의 거물 현석준의 외아들이다. 부호의 아들이지만 그는 자신의 안락한 환경에 만족하지 못하고 염증을 느낀다. 그는 노름판의 철학을 이용해 실업계에서 성공한 부친과 맹목적인 신앙심과 이기주의로 뭉친 모친, 신여성인 아내를 속물로 여기고, 위대한 철학자의 삶을 꿈꾼다. 가족과 갈등을 겪던 현호는 신경쇠약으로 정신병원에 입원한 후 철학자의 길을 가겠다며 독립을 선언하고 가출한다. 그가 '인간수업'을 하겠다며 세상에 나와 벌이는 일들은 남들에게 웃음거리가 될 뿐인 황당

한 기행들이다. '시간은 생명이다'라는 구호를 붙이고 구식 혼례에 쓰는 사모관대 차림으로 종로 네거리에 나가 설교를 한다거나 낮잠 자는 사람을 깨워 훈계를 한다거나 우연히 만난 학창 시절의 친구를 군중 앞에서 훈계하는 등 그의 행동은 상식 밖의 것이다. 사람들이 그의 기행을 비웃어도 그는 이를 깨닫지 못한다. 그는 또한 「생물학적 발명학적 과학적 역사적 과정의 인생 문제와 손」이라는 논문을 쓰기도 하고, 《자기창조》라는 철학 잡지를 발간하여 노동과 손의 철학을 부르짖으며 짐꾼 노릇과 막노동도 마다하지 않는다. 급기야 그는 조수 천식에게 모든 것을 주고, 노동자들의 합숙소로 들어간다.

**【참고】** 위대한 철학자임을 자처하는 주인공 현호가 생활의 진리와 창조성이 발휘되는 노동의 현장을 발견하기까지 벌이는 갖가지 기행을 희화적으로 그리고 있는 작품이다. 이러한 풍자와 희화성은 지식인이면서 부르주아인 주인공이 노동자로 변신하여 계급적인 자각을 하게 된다는 관념적 주제를 미학적으로 보완하고 있다. 국립중앙도서관에 태양사 1937년본이 소장되어 있다. 1941년 세창서관에서 출간되었고, 1946년 서울타임스사에서 『朝鮮代表作家全集』 제3권으로 출간되었다. 문우사 1948년본은 조선대학교 도서관에 소장되어 있다.

## 인간의 굴레 / 人間の絆 : 장혁주. 河出書房(日)1941(394면).

**【내용】** 작품의 배경은 1930년경의 대구이며, 서자로 태어나 조선의 봉건적인 가족 제도에 비판적인 의식을 가지고 있는 인물들, 소설가이자 교사인 서정영, 엘리트 청년이자 지주인 우신철, 사회주의자 박호길이라는 세 친구들의 이야기를 병행시켜 서술하고 있다. 그중 중심 인물은 서정영으로, 조혼한 아내와의 갈등, 동료 여교사와의 연애, 기독교 광신자인 모친과의 대립 등이 핵심 서사이다. 이 이야기는 모두 장혁주 자신의 청소년기의 경험과 고뇌를 소설화한 것으로 알려져 있다.

**【참고】** 일본어 소설이다. 장혁주의 이른바 '인간의 굴레 3부작' 중의 한 작품이다. '인간의 굴레 3부작'은 「인간의 굴레(人間の絆)」, 「아름다운 억제(美しき抑制)」, 「푸른 북국(緑の北國)」 이상 3편이다. 이 3부작은 같은 등장인물들에 의해 연속된 줄거리로 전개된다. 이 중 「인간의굴레」는 1부에 해당하며 총 12장으로 구성되어 있다. 장혁주가 '실로 오랫동안 저를 떨어지지 않던 생명의 기록'이라 할 정도로 심혈을 기울여 쓴 작품으로 평가된다. '인간의 굴레 3부작'은 장혁주 자신의 청년기가 짙게 투영된 자서전적 소설이며, 봉건적인 당대 조선 사회에 대한 혐오감과 근대화된 일본을 향한 동경이 드러난 작품으로 평가되기도 한다.

## 인간행렬 / 人間行列 : 김송. 정음사1950.

**【내용】** 내용 생략.

**【참고】** 《백민》 1950년 3월호 신간 광고에 '全作長篇小說' 로 소개되어 있다. "우리 文壇의 彗星的 存在인 金松氏에 對하여 새삼스러히 紹介한다 함은 不必要한 일이다. 이미 '男寺黨' 으로 새로운 境地를 開拓하여 文壇의 注視를 이끄러온 이 作家가 보여 주는 第二彈! '人間行列' 은 그대로 久遠한 理想을 안고 志向하는 人間葛藤圖이며, 民族文學의 金字塔인 것" 이라고 서술되어 있다

## 인맥 / 人脈 : 최정희. 문장1940.4.

**【내용】** '나'는 E 전문학교 영문과를 다니다 결혼하여 주부가 된다. 어느 날 친구인 혜봉이 결혼하여 친정에 왔다가 '나'를 만나게 되는데 그 자리에서 '나'는 친구의 남편 허윤을 보게 된다. '나'는 그에게 첫눈에 반하지만 자신이 유부녀이며 허윤이 친구의 남편이라는 사실에 괴로워한다. 그러나 허윤에게 기우는 마음을 주체할 수 없던 '나'는 남편에게 이혼을 요구하고, 허윤에게 자신의 감정을 털어놓는다. '나'는 짐을 털어 버리고 자유롭게 허윤을 사랑하겠다고 말하지만 허윤은 그것은 자유가 아니라 탈선이라며 타이른다. 허윤의 냉담한 태도에 상심한 '나'는 남편이 바쁘다며 부산으로 내려가 버린 사이 충동적으로 허윤의 친구인 김동호와 동거하기로 약속한다. 그러나 '나'는 이를 곧 후회한다. 그때 허윤이 '나'를 찾아와 자신이 순정한 마음으로 '나'를 그리워할 수 있도록 본연의 모습을 찾기를 바란다는 말을 한다. '나'는 허윤도 자신을 줄곧 마음속에 품고 있었다는 고백을 듣고서야 마음을 안정시키고 허윤과의 진정한 사랑을 완성시키기 위해 가정으로 돌아간다. '나'는 사랑하는 사람을 위해 자신의 자리에서 성실하게 살아가고자 마음먹는다. 이후 '나'는 허윤과 혜봉 사이에 태어난 아기 사진을 보며 질투를 느끼기도 하지만 자신의 사랑을 가슴에 품은 채 완전한 여성의 삶을 살기를 택한다. '나'는 한 아이의 엄마가 되어 주부이자 어머니로서의 삶을 살며 자기 자신을 완성시켜 나가고자 한다.

**【참고】** 「지맥」, 「천맥」과 더불어 최정희의 '三脈 연작' 에 속하는 작품이다. '별의 傳說' 이라는 부제가 붙어 있다. 잡지 뒤편에 "이달엔 「地脈」 以後 崔貞熙氏의 二百枚짜리 「人脈」이 나왔다. 女流의 三年不鳴을 깨트리는 喊聲이길 바란다" 는 기록이 있다. 백철은 월평에서 작가의 창작 능력의 향상을 칭찬하면서 한편으로는 '극단의 감상성에 치우친 감정' 을 그리고 있어 공감이 잘 형성되지 않음을 지적하고 있다. 하지만 심리적인 세계를 그리고 있다는 점에 주목하면서 이를 새로이 추구되는 리얼리즘의 방식이라 평하기도 하였다.

## 인면혈전기/印緬血戰記 : 최덕신(崔德新). 영남일보1949.6.19-8.15(38회). 영남일보출판부1959.

**【내용】** 내용 생략.

**【참고】**《영남일보》 영인본의 결호로 인하여 1949년 6월 26일 7회 연재분밖에 확인되지 않는다. 확인되는 연재본의 상태가 좋지 않아 내용 파악은 전혀 안 된다. 59년 단행본의 내용과 연재본 사이의 내용이 얼마나 차이가 나는지는 알 수 없다. 1937년 중일전쟁이 발발하자 손립인이 이끄는 신일군에 들어가 인도, 미얀마 전선에 참전한 최덕신 대령의 수기이다.

## 인본교주/人本敎主 : 우이동인. 비판1935.12(1회 미완).

**【내용】** 평안도 태천청계 산골짜기에 20여 호가 채 안 되는 작은 마을이 있다. 이 마을 주민들은 모두 인본교인들이다. 이들은 찢어지게 가난한 생활을 하면서도 교주 리환의 서양순례를 위해 5원씩 각출하는 데 아무런 이의를 제기하지 않는다. 전교사 김찬승 또한 횟배를 앓는 아들 상인에게 약을 사 먹일 돈은 없어도 헌금은 아까워하지 않는다. 청년회장 리학도가 상인을 걱정하여 약을 사오다 두령 리처두가 온다는 전보를 받는다. 교주의 서양순례 전 거행된 기념식에 다녀온 리처두는 마을 주민들에게 이를 과장하여 설명한다.

**【참고】** 이학인이 '우이동인(牛耳洞人)' 이라는 필명으로 발표한 작품이다. 제목 앞에 '長篇連載' 라 표기되어 있으나 차호 연재 자료를 찾을 수 없다. 사교(邪敎)의 문제점을 다룬 소설인 것 같으나 전체 내용을 확인할 수 없다.

## 인삼/人蔘 : 민병휘. 평문사1943.

**【내용】** 모친과 고모의 손에서 자란 김영준은 평양 소재 중학교를 다니다 퇴학당한 후 서울로 유학을 떠난다. 하지만 진주 출신의 기생 금향에게 빠져 많은 빚을 지고 고향인 개성으로 내려온다. 그러던 어느 날, 영준은 중학 동창 이영철에게 그의 이종사촌 조정숙을 소개받고 교제 끝에 결혼식을 올린다. 결혼 후 정숙은 아이를 갖기 힘들다는 의사의 판정에 절망하고, 영준은 사업 구실로 돈을 끌어다 백천에서 첩 생활을 시작한다. 이 사실에 비애를 느낀 정숙은 친정으로 돌아가 남편의 행복을 비는 편지를 부친다. 고모의 손에 이끌려 집에 돌아온 영준은 아내가 떠났음을 알고 뒤늦은 후회를 한다. 남은 가산으로 인삼 경작을 시작한 그는 친구 정명구의 중매로 그의 누이동생 정옥과 새 가정을 꾸리고 열심히 살아간다. 한편 영준의 모친은 기생 출신으로 천득이라는 어린 아들과 사는 명자가 옆집으로 이사 온 것에 은근히 걱정을 한다. 하지만 볼수록 얌전한 그녀의 언행에 반하여 그녀를 수양딸로 삼는다. 이로 인해 명자와 정옥 사이도 차차 친밀해지고, 영준 또한 명자를 동생으로 아낀다. 그러던 어느 날, 천득의 생부인 창중의 누이들이 명자에게 몰려와 천득을 내놓으라며 소란 피우

는 일이 발생한다. 이에 영준은 명자와 긴 의논 끝에 창중의 집을 찾아 아이를 데려가되 모친의 집에도 자유롭게 출입할 수 있도록 승낙을 받는다. 한편 약재 효능이 있는 인삼가공품을 만들기 위하여 영준은 다른 청년 실업가들과 함께 개성인삼가공제연구소와 조합을 설립한다. 날로 사세를 확장하던 어느 날, 영준은 동경의 한 젊은 의사로부터 인삼조제로 폐결핵 초기의 환자가 완치됐다는 전보를 통보받는다. 대조봉대일 아침, 영준은 직공 전부를 인솔하고 신궁참배를 올린 뒤 하늘에 휘날리는 일장기를 바라보며 더 한층 경건함을 느낀다.

**【참고】** 1943년 평문사에서 간행된 작품집 『인삼』에 수록되었다. 표지에 '實話小說 人蔘', 속지에 '閔丙徽 著 人蔘 平文社' 이라고 표기되어 있다. 판권지에는 '著作兼 發行人 趙容均 인쇄소 한성도서주식회사 발행소 평문사 정가 1원15전' 이라고 표기되어 있다. 본문에 앞서 "人蔘을 쓰기 시작한 것은 소화 15년 5월 초순부터였는데 11월 하순에야 7백 매로 겨우 끝을 마쳤었다. 그런데 부득이 7백 매 원고는 流產되여 바리고 지금 겨우 이런 小冊子로 작품을 내어놓게 되었다"는 작가의 말이 붙어 있다. 본문 중간에 농업 용어에 대한 주석이 달려 있고, 마지막에 백작이 된 후일담이 부록으로 달려 있다. 중편 분량의 작품으로 상·하장으로 구성되어 있다. 식민지 말 일제의 산업 증진에 기여하는 산업보국용사를 새시대의 인물로 형상화한 점에서 친일 색채가 드러나는 작품이다.

## 인생사막 / 人生砂漠 : 엄흥섭. 신세기1940.1-1941.6(9회 미완) ; 학우사1949.

**【내용】** 현대의학강습소 야학반에 다니는 고학생 오세형은 우연히 길에 쓰러진 백은희라는 여성을 구해 준다. 동경에서 성악을 공부한 은희는 세형에게 호감을 느끼고 세형 또한 그녀를 좋아하게 된다. 세형에게는 오랜 친구 황대용과 유영섭이 있는데 이들 중 영섭은 미국 유학을 다녀온 후 서느름을 피우며 술집에 드나드는 인물이다. 어느 날 세형은 우연히 어릴 적 친구 란희를 만난다. 중학교를 마친 란희는 가정형편 때문에 술집 여급이 되어 있다. 세형은 잡지에 두고한 논문이 당선되고 의사 자격증도 취득한다. 세형은 논문 당선 상금을 고향 야학에 기부하고 좋은 직장에 의사로 취직한다. 은희 또한 영화사에 작가로 취직하고 세형과 결혼을 약속하는 등 행복한 나날을 보낸다. 영섭은 은희에게 학비를 대 준 것을 구실로 그녀를 괴롭히고, 그녀가 취직한 영화사의 대주주가 되어 그녀를 농락하려 든다. 그는 의협심 강한 대용의 꾸준하고 진심 어린 충고에 설득 당해 새 사람이 되기로 결심한다. 대용은 영섭이 양도한 주식으로 영화사 중역으로 근무하면서 란희에 대한 사랑을 키워 간다. 함경도 지방에 장질부사가 돌자 세형은 은희와의 결혼을 미루고 의료 봉사에 참가한다. 얼마 후 세형이 위독하다는 전보가 날아와 대용과 은희는 급히 기차를 타고, 이 모습을 본 란희는 두 사람을 오해하여 대용의 곁을 떠난다. 은희의 간호 덕분에 완쾌한 세형은 기쁜 마음으로 그녀와의 결혼을 준비한다. 란희는 모든 오해를 풀고 대용을 찾아간다.

**【참고】** 발표 지면에 《신세기》 1941년 6월호에 실린 9회 연재본에는 소설의 내용이 완결되지 않은 채 '來月號에 完結' 이라는 예고가 있으나 이후 잡지가 폐간됨으로써 연재가 중단되었다. 연재본의

내용은 세형과 은희가 사랑을 키워 가기 시작하는 부분까지이다. 이후 완결되어 1949년 학우사에서 단행본으로 출간되었다. 국립중앙도서관 소장 학우사본을 텍스트로 내용을 정리했다.

## 인생여로 / 人生旅路 : 신태삼. 세창서관1949(441면).

**[내용]** 미확인 작품.

**[참고]** 『해방기 간행도서 총목록』(소명출판, 2009)에서 채록하였다. 국립도서관 소장으로 되어 있으나 자료 분실로 현재 작품은 확인되지 않는다.

## 인생의 향기 / 人生의香氣 : 이광수. 사해공론1936.5-9(3회 미완).

**[내용]** 1회. 뻑꾹새와 그애: '나'는 새소리가 나자 뻐꾸기 소리를 싫어하던 어린 조카를 떠올린다. '나'는 착하고 어린 조카를 화장(火葬)하던 날을 떠올리며 슬픔에 잠긴다. 모르는 여인: 일로전쟁 때 팔십 가까운 조부와 여덟 살 된 누이동생 경애를 남겨 두고 떠났던 '나'는 반년 만에 고향으로 돌아온다. '나'는 경애로부터 보부어미라는 이가 자신의 집일을 수시로 봐줬다는 얘기를 듣는다. '나'는 보부어미에게 인사를 갔다 거북이라는 어린아이를 본다. 거북이가 '나'의 조부를 닮지 않았느냐고 묻는 보부어미의 말에 '나'는 어리둥절해진다. 그러나 이 일은 벌써 사십여 년 전 일로 조부도 죽고, 보부어미와 보부, 거북이가 어떻게 됐는지는 알 길이 없다. 2회. 황해의 여인: 남경, 상해에서 공부한 '나'는 귀국하는 배에서 어린아이를 데리고 심한 멀미로 고생하는 한 미인을 돌본다. 서로에게 끌리는 마음을 누르고 '나'와 여인은 정중한 인사를 나누고 헤어진다. 드문 사람들: 작가인 '나'는 궁핍한 생활 끝에 판권이라도 팔 궁리를 하는데 C씨가 선뜻 '나'를 돕는다. C씨는 자신이 어려웠을 때 L씨가 자신과 동업을 해 주었던 일을 말한다. '나'는 C씨와 L씨가 세상에 드물게 본받을 만한 사람들이라 생각한다. 3회. 육십이 넘도록 자식이 없던 노인은 첫 부인이 이를 한탄하다 자살하자 마지못해 두 번째 부인을 맞는다. 두 번째 부인 김 씨가 아이를 낳고 얼마 안 되어 노인은 죽고, 아들은 유복자처럼 자란다. 서른 중반에 며느리를 본 김 씨 부인은 집안에 드나들던 윤칠과 도망가고, 이웃들이 비웃는 소리에 아들은 옆 동네로 이사 간다. 윤칠과의 사이에서 낳은 아들이 고향으로 돌아가자고 조르자 김 씨 부인은 고향으로 돌아갈 수 없는 사정을 이야기한다. 죄책감에 시달리던 윤칠은 용서를 구할 요량으로 고향으로 내려갔다 노인의 아들에게 발각되어 맞아 죽는다. 이복형이 자신의 부친을 죽인 것을 안 윤칠의 아들이 그를 찾는다. 동생은 모친과 형제들을 죽인 뒤 자살하고, 이어 형 또한 자결한다.

**[참고]** 작가는 1회 연재에 앞서 십수 년 전 어느 잡지에 '자신의 인생에서 잊히지 않는 정다운 또는 슬픈 기억'을 쓴 일이 있었는데, 잡지 휴간으로 중단되었던 것을 《사해공론》에서 연재를 청해 오니

그것을 소재로 하여 10회 분량의 장편소설로 써 보겠다는 연재 의도를 밝히고 있다. 그러나 1936년 5월호에 1회, 6월호에 2회가 연재된 것과 회차 정보 없이 9월호에 실린 것만 확인될 뿐 잡지의 결호로 인하여 전편이 확인되지 않는다. 짧은 에피소드 형식으로 각 작품은 별개의 내용으로 연관성이 없어 장편의 형식으로 보기는 어렵다.

## 인생좌/人生座 : 현경준. 홍문서관1944.

**【내용】** 김철과 민우는 지방 극단 인생좌를 창립한다. 젊고 패기 있는 단원들을 모집한 그들은 순수 연극에 뜻을 두지만 대중들은 이를 외면한다. 계속되는 흥행 실패를 겪으며 지방을 전전하던 극단은 만주까지 간다. 첫 공연이 실패한 후 경제적인 어려움이 가중되고, 좌장 민우마저 고질병이 도져 극단은 해체 위기에 처한다. 철은 B전문학교 동창을 찾아가 도움을 청하고, 경찰서에 근무하던 동창은 극단이 공연을 할 수 있도록 보증을 선다. 이에 사분오열하던 단원들은 안도한다. 민우의 애인이자 극단의 여주인공인 미라 또한 한시름을 놓는다. 철은 연극계 동료이자 촉망 받는 연출가 한인이 이끄는 협동극단이 자신의 작품을 상연한다는 사실을 알게 된다. 한인은 뒤늦게 철을 찾아와 연락처가 없어 양해를 구하지 못했다며 상연료를 준다. 어려움에 처한 극단을 생각하며 철은 말없이 돈을 받는다. 뒤늦게 이 사실을 안 민우는 철과 단원들이 자신을 버리고 다른 극단으로 가려 한다며 울분을 토로한다. 한인은 서울로 올라가 새로운 극단을 만들자고 철을 설득하지만 철은 민우를 버리지 못한다. 그는 협동극단을 도와 공연을 준비한다. 민우는 자신도 무대에 서고 싶다고 말한다. 철은 이를 허락하고, 마침내 어렵게 준비한 공연의 막을 올린다. 그러나 민우가 공연 도중 단도로 자신의 가슴을 찌르고는 미라와 철이 자신을 배신하였다며 오열한다. 철은 막막한 심정이 되어 극장을 나왔다가 민우를 생각하고는 다시 극장으로 돌아온다. 그러나 민우는 무대에 쓰러진 채 마지막 숨을 거둔다.

**【참고】** 홍문서관에서 간행된 창작집 『마음의 금선』에 장편 「마음의 금선」(-233면)과 합철되어 있다. 단행본의 목차에 '中篇小說', 제목 앞에 '中篇'이라 표기되어 있으며 전체 70면 분량(233-304면)이다. 작품 말미에 '昭和十九年四月作'이라 부기되어 있어 작품의 완성 시기가 1944년임을 알 수 있다. 서강대학교 도서관 소장 홍문서관본을 확인한 결과 간기가 누락되어 그 간행 시기가 불명확하나 「인생좌」의 작품 말미에 1944년 작이라 표기되어 있어 1944년판으로 판단된다. 서강대학교 도서관의 서지 정보에 의하면 창작집 『마음의 금선』의 발행 연도가 1943년으로 되어 있으나 1944년 탈고된 「인생좌」가 같이 실린 것으로 보아 이는 오기로 보인다.

## 인생특급/人生特急 : 노춘성. 조선일보1937.10.5-12.31(56회 미완).

**【내용】** 유럽에서 유학한 천재 음악가 오영준은 많은 사람들의 환영을 받으며 경성으로 돌아

온다. 영준의 숙소에 M일보사 사장 류만성의 딸 류경순과 갑부 민영식의 조카 민영순이 찾아온다. 경순과 영순은 동시에 영준을 만찬에 초대하는데, 영준은 영순의 집으로 가고 두 사람은 급속도로 가까워진다. 영순과 꿈같은 나날을 보내는 영준에게 이태리에서 두 통의 편지가 온다. 한 통은 옛 애인 사루나에게서, 한 통은 천재 작가 림순철에게서다. 조선에 오겠다는 사루나를 만류한 영준은 급히 영순과의 여행을 계획한다. 이태리에 체류 중인 작가 순철은 경순의 옛 애인으로, 유부남인 자신과 경순의 연애가 세상에 알려지자 교원 직을 사퇴하고 해외로 떠난다. 영순의 삼촌 영식은 젊은 시절 의기 있는 청년이었으나 거부가 된 후 방탕한 생활에 빠졌고 그의 본부인은 음독자살한 바 있다. 영식은 방탕한 생활을 청산하기로 하고 영준과 영순이 여행을 떠나 있는 동안 전 재산을 조선에 기부하겠다는 기자회견을 연다. 영준과 영순의 여행지에 사루나가 찾아온다. 영준은 온갖 변명으로 어색한 상황을 무마하려 하나 잘되지 않는다.

**【참고】** 노자영이 '노춘성'이라는 필명으로 발표한 작품이다. 1회분에는 '長篇小說 人生特急', 2회분 이후부터는 '中篇小說 人生特急'이라고 표기되어 있다. 최근배(崔根培)의 삽화가 실려 있다. 12월 4일자에 51회('黎明의 아침三')가, 12월 5일자에 53회('黎明의 아침五')가 실려 있어 회차 표기의 착오가 발견된다. 56회 연재분 말미에 "이 「인생특급」은 중편으로 쓰려든 것이 장편으로 되여 우선 이것으로 전편을 끄치고 후편은 다음 기회에 실겠습니다. (작자)"라는 부기가 첨부되어 있다. 사실상 주요 인물들만을 소개하고 주된 스토리는 전개되지 않은 상태에서 연재가 끝난다.

## 인왕동 시대/仁王洞時代 : 장혁주. 河出書房(日)1935(431면).

**【내용】** 「영혼과 육체」, 「고독한 혼」 참조.

**【참고】** 일본어 소설이다. 「인왕동 시대」는 '靈と肉'이라는 제목으로 1934년 11월부터 잡지 《아동》에 연재된 작품이다. 기생의 자식이 뼈대 있는 양반 가문에 들어가 심한 차별과 학대를 겪는다는 내용으로, 작가 자신의 유년 시절이 투영된 작품이라고 평가된다. 특히 이 작품은 풍자적인 묘사로 양반 사회를 신랄하게 비판하고 있다는 점에서 주목된다. 단행본으로 출간되면서 '인왕동 시대'라는 제목으로 변경 수록되었다. 작품집에는 표제작 「인왕동 시대」를 포함하여, 「일일」, 「열정자」, 「십육야에」, 「산견」, 「장식노야노출래사」, 「우열한」 등 총 7편의 작품이 함께 묶여 있다. 「인왕동 시대」는 장편 「孤獨なる魂」으로 증보 개고되어 1942년 三崎書房에서 출간되었다.

## 인조반정/仁祖反正 : 홍효민. 야담1936.6-12(7회 완) ; 성문당1938 ; 광문서림1949.

**【내용】** 광해군이 선대왕의 원자인 영창대군을 죽이고, 인목대비까지 서궁에 가둔 사건을 두고 많은 사람들이 개탄한다. 이러한 민심에 힘입어 이귀를 위시한 8인의 인물들이 광해군을 시해하려고 모의한다. 능양군은 선대왕인 선조대왕이 있을 때의 즐거웠던 어린 시절을 떠올리며 슬픔에 잠긴다. 그는 동생 능창군이 역적으로 몰려 죽고, 울화병으로 아버지마저 죽

은 일 등을 생각하며 광해군에 대한 분노를 삭인다. 한편 서인이라는 이유로 북인들에게 배척을 받고 있던 김류는 광해군이 인목대비를 폐하고 서궁에 감금한 일을 생각하면서, 천하의 추물인 북인의 무리를 쳐야겠다고 마음을 다지게 된다. 광해군의 실정이 더해짐에 따라 김류, 이괄 등이 모여 반정을 모의하고 1623년 3월 21일을 거사일로 정하고 모든 일을 계획한다. 도중에 탄로될 위기에 놓이기도 하지만 예정대로 거사를 단행한다. 훈련대장 이홍립은 무사히 반정군을 데리고 궁궐을 점령한다. 그리고 인목대비의 윤허를 얻어 능양군이 왕위에 오른다. 광해군은 의관 안국신의 집에 피신하였다가 잡혀 강화도로 유배된다. 대북파인 이이첨, 정인홍, 이위경(李偉卿) 등 수십 명은 참수되고, 추종자 200여 명도 유배된다. 반정에 공을 세운 이귀, 김류 등 33명은 정사공신의 호를 받고 권좌의 요직을 차지한다.

**【참고】** 연재본의 말미에 '丙子十月十六日 동구재 아래에서 脫稿'라고 표기되어 있다. 월간《야담》연재 후 1938년 성문당서점에서 본명 홍순준(洪淳俊)으로, 내용을 보충하여 단행본 출간하였다. 1623년 서인 일파가 광해군 및 대북파를 몰아내고 능양군을 왕으로 옹립한 인조반정을 시간의 흐름에 따라 서술한 역사소설이다. 실제 인물인 김류와 이귀, 그리고 장유 등의 인물들이 중심이 되어 서사가 전개되고 있다. 홍효민은 주로 평론 활동을 통해 문학의 사회적 기능을 강조한 작가로 「역사소설의 근대문학적 위치」, 「역사와 역사소설의 기본 이념」 등의 평론을 남겼으며 1930년대 중반 이후에는 역사소설을 발표하며 작가로도 활동하였다. 작품은 그의 대표적인 역사소설로서 충절과 애국심을 고취하는 작가의 이념을 반영하고 있다.

## 인현왕후와 장희빈/仁顯王后와張禧嬪

**홍효민. 새살림1948.2-1949.7(8회 미완) ; 삼중당1949.**

**【내용】** 여양부원군 민유중의 딸 인현왕후는 덕행과 예절이 밝고, 재색이 출중하다. 그녀는 현숙함과 덕행이 알려져 왕비로 책봉되나 늦도록 태기가 없어 걱정한다. 나인 장옥정이 숙종의 눈에 들어 명성왕후 사후 후궁이 된다. 왕자를 출산한 장희빈은 왕비의 자리를 차지하기 위해 인현왕후가 왕자를 독살하려 하고 자신을 저주한다고 모함한다. 숙종이 인현왕후를 폐출하고 장희빈은 왕비가 된다. 갑술환국으로 서인들이 정권을 잡자, 숙종은 인현왕후를 복위시키고 장씨를 희빈으로 강등한다. 희빈은 인현왕후를 독살하기 위해 온갖 음모를 꾸미나 번번이 실패한다. 마침내 인현왕후가 시름시름 앓다 죽자, 숙종의 꿈에 죽은 내시와 왕후가 나타나 취선당을 살펴보라 한다. 이상하게 여긴 숙종이 취선당 서쪽에서 인현왕후를 저주하던 신당을 발견한다. 숙종은 인현왕후를 음해한 장희빈에게 사약을 내리고, 장희빈은 왕에게 악담을 퍼붓다 마지막으로 아들 균을 보여 달라 간청한다. 숙종이 이를 허락하

자 장희빈은 어미가 죽는데 가만히 있냐며 아들의 부자지를 잡아챈다. 이후 장희빈은 사약을 받아 죽고, 균은 고자가 되어 4년 후 죽는다.

**【참고】**《새살림》 연재 시 제목 앞에 '長篇歷史小說' 이라고 표기되어 있다. 《새살림》의 영인본 결호로 인하여 1948년 2월(1회), 48년 4월(2회), 48년 6월(3회), 49년 5월(7회), 49년 7월(8회) 연재분만 확인된다. 8회 말미에 '계속' 이라 하여 연재가 이어질 것을 예고하고 있으나 이후 연재본이 확인되지 않는다. 작가는 《새살림》 연재 당시 '서곡(序曲)' 에서 다음과 같이 작품의 창작 의도를 밝히고 있다. "여자의 질투란 여자가 가진바 본능의 하나라고 할 수 있으나 이를 경계해 온 것이요, 공자의 도덕에는 '칠거지악(七去之惡)' 속에 질투가 그 한 자리를 참예하고 있다. 이 질투가 빚어낸 궁중애화(宮中哀話)가 이제 쓰고자 하는 「인현왕후와 장희빈(仁顯王后와 張禧嬪)」이다. 인현왕후와 같은 어진 성격이 있는가 하면 장희빈과 같은 요부(妖婦)와 독부를 곁들인 성격이 있다." 후덕한 인현왕후를 중심으로 하여 요부 장희빈의 패악을 흥미 위주로 엮은 대중소설 작품이다. 1949년 발행 삼중당 대중문고 단행본 말미에 '1949.6.12 탈고' 기록이 부기되어 있다. 연재본의 누락으로 내용 파악이 어려워 단행본으로 내용을 정리하였다.

## 인형의 집을 나와서 / 人形의집을나와서

**채만식. 조선일보1933.5.27-11.14(140회 완).**

**【내용】** 21세의 임노라는 변호사 현석준과 결혼한다. 노라는 남편의 중병 때문에 요양을 가기 위해 동양은행원이자 고리대금업자인 구재홍에게 돈을 빌리고, 돌아가신 친정아버지의 도장을 위조하여 찍는다. 요양을 하고 돌아온 석준은 건강을 되찾고 운도 트여 동양은행 지배인이 되고, 노라는 세 아이를 낳는다. 어느 날, 석준은 회사 일로 재홍과 대립하고, 재홍은 차용증을 빌미로 석준을 협박한다. 이 문제로 석준과 노라 사이에 불화가 생긴다. 남편의 모욕적인 언사와 부당한 대우에 실망한 노라는 주체적인 삶을 살고자 집을 뛰쳐나온다. 친정으로 내려간 노라는 야학교사로 활동하며 '건강한 주의자' 오병택과 구식 여성 옥순을 만난다. 병택은 노라가 주체적 인간이 될 수 있도록 이끌어 주고, 노라는 그의 영향으로 점차 각성한다. 병택이 경찰에 체포되고, 노라는 경제적 어려움에 직면하여 서울로 돌아온다. 노라를 따라 상경한 옥순은 남편 재권을 만나 그의 이혼 요구에 시달리다 결국 자살한다. 노라는 친구 혜경의 도움으로 가정교사를 시작하나 얼마 못 가 실직하고, 이후 화장품 판매원이 되지만 경제적인 고통은 더욱 심각해진다. 결국 그녀는 카페 여급으로 취직하고, 만취 상태에서 손님에게 강간을 당한다. 그녀는 자살을 기도하나 미수에 그치고, 이후 동료 남식의 도움으로 인쇄소 직공이 된다. 노동자로서의 새 삶을 시작한 노라는 공장에 감독을 온 석준과 재회하고 새로운 대결을 다짐한다.

**【참고】** 채만식 최초의 장편소설로 일명 '노라의 후일담' 이라 불리는 작품이다. "입센의 대작 「인형의 집」은 그 여주인공 노라가 남편의 전제에 반항하고 가정으로부터 뛰어나오는 것으로 끝을 맺었습니다. 그러면 그 뒤의 노라는 어떻게 되었을까?" 로 시작되는 작가의 말에서 알 수 있듯이, 입센의

희곡 「인형의 집」으로부터 많은 영향을 받은 작품이다. 주인공 여성이 남편과 가정으로부터 탈출하여 진정한 정체성을 찾아가는 과정이 중심 내용인데, 그 과정에서 당대 조선 여성이 처한 현실적 문제들이 부각되고 있다. 하지만 노동자의 삶에 대해 각성해 나간다는 결말은 급진적인 작가의식이 과도하게 투영되어 있다는 평가를 받고 있다. 이 작품은 《조선일보》에 연재된 후 단행본으로 출간되지 못하다가, 작가 사후에 『채만식 전집』(창작과비평1987)에 수록되었다. 일부(200자 원고지 70매가량) 개작된 원고가 전집에 수록되었다는 기록이 있다. 《조선일보》 연재본을 참고하여 내용을 정리했다.

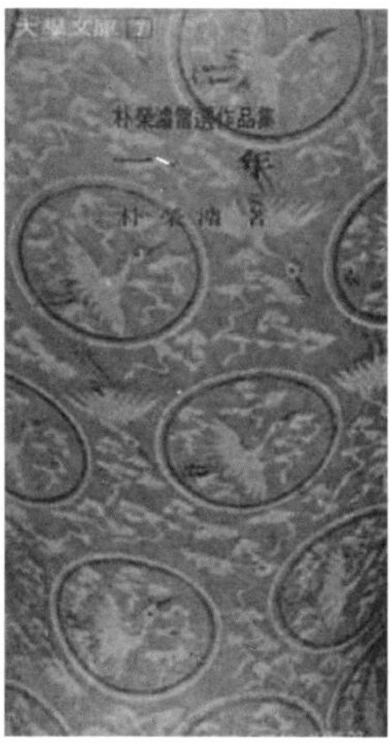

**일년**/一年 : 박영준. 신동아1934.3-12(10회 완).

**【내용】** 성순은 봄이 되자, 보리밭에 거름을 내기 위해 김 참봉 집에 가서 소를 빌려 일을 한다. 그런데 일을 끝내고 돌아오자 김 참봉이 대가를 요구한다. 김 참봉은 마을 농민들의 노동을 착취하면서 성순이 요구하는 보리종자를 주기로 하고선 차일피일 미루는 인물이다. 성순은 요사이 김 참봉에게 좁쌀을 꾸어다 먹는데 가을에 입쌀로 갚을 생각으로 근심이 가득하다. 이에 견디다 못한 성순의 처는 살 길을 찾아 나선다. 얌전이네는 삼 년 전까지만 해도 넉넉한 살림을 하고 있었지만, 금융조합의 세금 관계로 집달리가 몇 번씩 왔다 갔다 하는 바람에 큰 집도 땅도 모두 빼앗기고 소작농으로 전락한다. 한편 최 주사의 고리대에 시달리던 태은은 빚을 갚으라는 독촉장을 받고 걱정이 태산이다. 그는 닭이라도 팔아 빚을 갚으려 하지만 김 참봉네가 일부러 병든 닭을 사다가 자신의 닭을 모두 전염시켜는 통에 애써 키운 닭들을 모두 잃는다. 결국 이농을 할 수밖에 없는 태은은 겸이포 제련소의 직공이 된다. 성순은 죽도록 농사를 지어 봐야 빚을 갚고 나면 손에 쥐는 곡식이 없고, 군청에서는 부역까지 부과하는 현실에 암담함을 느낀다. 설상가상으로 지주인 김 참봉은 아들이 금광을 캐다가 망하자 이를 벌충하기 위해 무리한 소작조건을 내건다. 이에 참다 못한 성순, 진억, 순환 등이 의논을 하고 사람들을 모은다. 세 사람은 동네 소작인들의 도장을 받아 진정서를 쓰기로 하고 다른 동네에서 온 농부들과 함께 김 참봉 집으로 향한다.

**【참고】** 《신동아》 창간 2주년 기념 현상문예 당선작이자 박영준의 등단작이다. 성순이라는 가난한 농민을 중심으로 당시 농민들의 1년간의 생활을 그린 작품으로, 계절 순서에 따라 25장으로 구성되어 있다. 봄 9장, 여름 11장, 가을 2장, 겨울 3장으로 되어 있다. 발표 당시 총독부의 검열로 3분의 1가량 삭제되었다. 작품 중 일곱 번째 항목에 해당하는 '호세' 편이 완전 삭제되고, 그 밖에도 일부가 검열로 삭제되었다. 악덕 지주와 일제의 학정 밑에서 수탈당하는 당대 농촌의 정경과 농민들의 실상이 사실적으로 그려져 있으며, 무지한 농민들이지만 결국 힘을 모아 해결점을 찾으려는 모습이 부각되어 있다. 1950년 이전 단행본 출간 정보를 확인할 수 없다.

## 일년기 /一年記 : 이무영. 조선교육1947.12-1949.2(8회).

**【내용】** 해방 후 권탁은 과거 친일을 했다는 이유로 쫓기는 신세가 된다. 구장이었던 박도선은 다리가 부러지고 한쪽 눈을 실명하였으며, 징용계원이었던 백태복이 도망가자 그의 열 살 난 아들이 맞아 죽었다는 흉흉한 소문을 들으며 그는 괴로워한다. 해방 1년 후 도선이 탁을 찾아와 급히 피하라고 일러준다. D일보 기자였던 탁은 신문이 폐간되자 뒤숭숭한 서울보다는 시골에서 사는 게 낫다고 여겨 안골로 내려왔으나, 마을의 유일한 사상가로 주목 받아 검경의 감시를 받는다. 그는 농사도 짓지 못하고, 변변한 기술도 없어 생계에 곤란을 느낀다. 그러던 차에 보국대에서 그에게 노동 동원에 응하라는 전갈이 오자 그는 주재소 수석을 찾아가 동원을 빼 달라고 사정한다. 그 후 탁은 강연이나 집회가 있을 때마다 불려나간다. 참다 못한 탁이 다시 상경할 요량으로 친구들을 찾지만 사정은 여의치 않다. 그는 우연히 신문사에서 같이 근무했던 손군을 만나 그로부터 중국행을 권유 받는다. 그는 탁을 상해신보 조선판의 편집주임으로 주선하겠다며 호언한다. 탁은 세간을 정리하여 마련한 돈을 손군에게 부치나 그에게서는 아무 연락도 오지 않는다. 탁은 모든 걸 단념하고 안골에 정착하기로 결심하나, 그의 생활은 점점 힘들어진다.

**【참고】** 현재 《조선교육》은 국립중앙도서관과 각 대학에 부분 소장되어 있어 작품의 내용 또한 일부만 확인 가능하다. 현재 《조선교육》 1947년 12월(1회), 1948년 3월(3회), 5월(4회), 10월(6회), 12월(7회)호에서 내용 확인이 가능하다. 한국역사정보통합시스템 사이트에서 원문 정보 없이 서지정보만 확인할 수 있는데, 이 서지 정보에 의하면 1947년 12월부터 1949년 2월(제3권 1호)까지 8회 연재된 것으로 확인된다. 작품의 완결 여부에 관한 기록이 없어 이를 확인할 수 없다. 가난 때문에 어쩔 수 없이 친일을 한 주인공이 해방 후 겪는 고뇌를 그리고 있는 작품이다.

## 일당육미 /一堂六美 : 이보상. 매일신보1937.3.10-12.12(223회).

**【내용】** 내용 생략.

**【참고】** 이보상의 한문현토체 소설이다.

一堂六美
李輔相 作

## 일설 춘향전/一說春香傳 : 이광수. 한성도서주식회사1929.

**【내용】**「춘향」 참조.

**【참고】**《동아일보》에 1925년 9월 30일부터 1926년 1월 3일까지 연재될 당시의 제목은 '춘향(春香)' 이었다. 1925년 9월 26일자 次回 連載小說 예고에 '春園 李光洙 氏 新作—◇春香傳 改作[春香]' 의 광고가 나와 있다. 단행본으로 출간되면서 '일설 춘향전(一說春香傳)' 으로 개제되었다. 《동아일보》 1929년 2월 21일 신간 소개에 '一說 春香傳 春園 李光洙氏 作 定價 金 一圓 漢城圖書株式會社 發行' 이라는 광고가 나와 있다. 소설 말미에 '후세에 춘향의 동포 중에 춘원이라는 사람이 이 노래를 모아 만고 열녀 춘향의 사적을 적은 것이 이 책' 이라는 작가의 기록이 나와 있다.

## 일요일/日曜日 : 이근영. 영창서관1943.

**【내용】**「탐구의 일일」 참조.

**【참고】** 1940년 《동아일보》에 17회 연재되었던 단편 「탐구의 일일」이 1943년 영창서관에서 출간된 작품집 『고향 사람들』(영창서관1943)에 수록되면서 '일요일' 로 개제, 개작되었다. 개작을 통해 부분적으로 내용이 수정되었으나 연재본과 큰 차이는 없나. 부소리한 현실에 맞서서 개인이 취한 최선의 행위가 개인적인 결단에 지나지 않는다는 것을 보여 준다.

## 잃어버린 고향 : 한인택. 동아일보1937.7.17-8.27(36회 완).

**【내용】** 부잣집 아이 용철은 집에서 일하는 노인을 살갑게 대한다. 머슴일을 하는 노인을 '하라범'이라고 부르지 않고 '하라버지'라고 존대한다고 선생님이나 아버지에게 꾸중을 듣기까지 할 정도이다. 용철은 할아버지가 돈이 없어서 사람들에게 천대당하는 것이라 생각하며 안타까워한다. 그러던 어느 날 할아버지가 자취를 감춘다. 용철은 할아버지가 원래 고향 쌍설바위로 떠나갔을 거라 생각하고, 언젠가 찾아가려는 마음을 먹지만 정확한 위치를 알지 못해 계획을 실행에 옮기지 못한다. 한 달의 시간이 지나는 동안 용철의 친구 수돌이 아버지를 잃는다. 아버지가 탄 고깃배가 난파된 것이다. 유일한 가족을 잃은 수돌과 함께 용철은 쌍설바위를 찾아 떠난다. 친구 갑동의 아버지를 통해 쌍설바위가 원산에서 오십 리 떨어진 어촌의 등대 있는 섬이라는 사실을 알게 되었기 때문이다. 기찻삯이 모자라 둘은 영흥역

까지밖에 갈 수 없었다. 영흥에서 정처 없이 걸어가던 용철과 수돌은 사과를 서리하다가 주인에게 걸리는데 용철은 붙잡히고 수돌은 도망간다. 용철이 주인에게 자신의 사연을 밝히자 뜻밖에도 주인이 할아버지를 알고 있었다. 어촌이 고향인 주인은 할아버지가 좋은 사람이며, 며느리가 죽고 아들이 딴살림을 차려 떠나자 손자를 데리고 등대를 떠나 어디론가 사라졌었는데 한 달 전에 다시 돌아왔다는 사실까지 알고 있다. 주인은 용철을 데리고 고향에 가는데, 등대의 불빛이 꺼져 있어서 배를 타고 섬으로 건너간다. 병에 걸린 할아버지는 용철에게 자신의 친손자가 맞으며, 부잣집에 입양된 것이라는 사실을 밝히고 죽는다. 헤어졌던 수돌이 삼일 만에 나타나 용철과 합류하여 고향으로 돌아가지 않고 앞으로 자기들의 힘으로 살아가기로 다짐한다.

**【참고】** 제목 앞에 '幼年小說'이라 표기되어 있어 성인 독자를 대상으로 한 작품이 아니라 어린 연령층의 독자를 대상으로 한 작품임을 짐작할 수 있다. 황금만능주의에 대한 거부감과 소년들의 자립심을 촉구하려는 의도가 부잣집을 떠나 할아버지를 찾아가는 용철의 행동을 통해 표현된 작품이다. 한인택은 「선풍 시대」, 「선풍 이후」 등 성인 독자 대상의 작품으로 주로 알려져 있으나 1935년 발표한 「어화」처럼 소년의 모험을 소재로 한 유년층 독자 대상의 작품들을 남기기도 하였다.

## 임거정전/林巨正傳

**홍벽초. 조선일보1928.11.21-1939.3.11(미완) ; 조광1940.10(미완).**

**【내용】** 연산조 때 유배당한 교리 이장곤은 신분을 숨긴 채 고리 백정의 딸 봉단과 혼인한다. 중종반정으로 이장곤은 복권되고, 봉단의 숙부 양주팔과 봉단의 외사촌 임돌이과 함께 상경한다. 양주팔은 미천한 신분이나 문식이 높아 조광조 등의 양반들과 교우 관계를 맺는다. 양주팔은 임돌의 아들 꺽정이 대장감임을 알고 공부를 가르치고, 꺽정은 한 노인에게 검술을 배워 검객이 된다. 양주팔은 병해대사가 되어 칠장사에서 생불로 추앙받는다. 명종 즉위 후 문정왕후의 수렴청정으로 정쟁이 심화된다. 병해대사는 대왕대비의 신임을 받아 권력을 휘두르던 보우의 위신을 실추시킨다. 그러던 중 왜변이 일어나는데, 꺽정은 출전하려고 하지만 백정 신분 때문에 군에 뽑히지 못하고 홀로 전쟁에 참여하여 공을 세운다. 정쟁으로 인한 모순과 핍박에 견디지 못한 임꺽정과 박유복, 곽오주, 길막봉 등은 세상을 떠난 병해대사의 불상 앞에서 의형제를 맺고 청석골 화적패를 조직한다. 화적패의 대장으로 추대된 꺽정은 서울로 가서 세 여자를 첩으로 삼고 기생 소홍과도 정을 맺다가 다른 두령들의 성화로 귀가한다. 그들은 신임군수 도임행차를 습격하고 군수를 살해하려는 계획을 세우나 서울에서 체포된 서림의 자백으로 5백 명 관원의 습격을 받는다. 화적패는 그들을 모두 물리치나 조정에서 관군이 파견된다는 소문을 듣고 자모산성으로 근거지를 옮긴다. 청석골에 고립된 졸개

들은 관군의 습격 소식을 듣고 동요하여 하나둘 청석골을 버리고 떠난다.

**【참고】** 홍명희가 《조선일보》에 1928년 11월 21일부터 1939년 3월 11일까지 연재한 장편소설이다. 일제 강점기 최장의 신문 연재물로 알려져 있다. 1929년 12월 16일까지 302회분이 연재되고 홍명희의 좌익 활동 혐의에 의한 수감으로 중단되었다가 1932년 12월 1일부터 1934년 9월 4일, 다시 건강상의 이유로 연재를 중단하기까지 541회 연재되고, 1937년 12월 12일부터 연재가 재개되어 《조선일보》의 폐간으로 1939년 3월 11일 228회분에서 다시 중단되었다. 《조광》 1940년 10월호에도 연재되었으나 단 한 회밖에 실리지 못하고 결국 미완으로 끝났다. 처음 연재될 당시에는 '林巨正傳' 이라는 제목이었으나 1937년 12월 12일 연재가 재개되면서 '林巨正' 으로 개제되었다. 명종 14년(1559)에서 명종 17년(1562)까지 3년간에 걸쳐 황해도를 중심으로 일어난 민중반란을 배경으로 하고 있다. 이 반란은 주모자 임꺽정이 1562년 1월 3일 포살당하면서 끝났으나, 조선 중·북부 지역 전반에 파급되어 왕조의 지배 체제를 뒤흔든 사건이다. 15세기 후반부터 16세기에 걸쳐 조선 왕조의 내부적 모순이 심화되었으며, 김막동, 홍길동, 임꺽정 등에 의한 민중봉기가 약 30년의 간격으로 이어졌다. 이 작품은 주인공 임꺽정의 일생에만 초점을 맞추지 않고 연산조의 갑자사화로부터 명종조의 을묘왜변에 이르기까지 50여 년간의 시대 상황을 광범위하게 다루어 '민란의 시대' 를 가능케 했던 지배층과 농민 사이의 갈등을 자세하게 그리고 있다는 특징을 갖고 있다. '봉단편', '피장편', '양반편', '의형제편', '화적편' 으로 이루어진다. '봉단편' 과 '피장편', '양반편' 이 《조선일보》에 먼저 연재되었고, 홍명희의 수감으로 인해서 한동안 이어지지 못했다. 그 이후 '의형제편' 과 '화적편' 의 연재가 재개되었으나, 《조선일보》 폐간으로 인해 결국 미완성으로 남았다. '봉단편' 은 연산조 때 홍문관 교리 이장곤의 신분 하락과 복권의 과정을 다루고 있으며, '피장편' 과 '양반편' 은 중종조에서 명종조까지의 사화로 얼룩진 시대상을 그리고 있다. '의형제편' 과 '화적편' 은 임꺽정이 청석골로 입산하는 과정과 관군과 대치하는 상황이 형상화되고 있다. 주인공 임꺽정은 '피장편' 에서부터 등장한다. 민중항거를 다루고 있으면서도 임꺽정을 투사형 인물로 형상화하지 않았기 때문에 당대의 평자인 이원조, 김남천 등에 의해 '작가 의식이 드러나지 않는다', '전형적 성격의 결여', '플롯의 미약' 등의 근거로 고평 받지 못했나. 노속어의 구사가 뛰어나며, 야담과 민간풍속, 왕조실록과 야사에 실린 여러 이야기들을 풍부하게 실었다.

## 임경업 / 林慶業 : 이보상. 매일신보1934.1.9-10.9(235회).

**【내용】** 내용 생략.

**【참고】** 이보상의 한문현토체 소설이다.

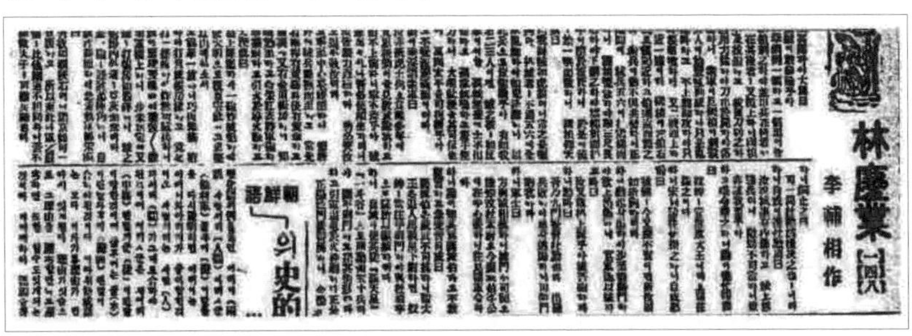
林慶業 (一)
李輔相 作

## 임금/林檎 : 한설야. 신동아1936.3.

**【내용】** 지식인 경수는 식민지 현실이 자신을 무능력자로 만들자 기생 복순의 품에 안겨 현실을 잊고자 한다. 아내는 그런 남편이 못마땅해 바가지를 긁는다. 셋째 아이가 폐렴으로 앓던 밤에도 경수는 복순의 집에서 자고 다음 날에야 들어온 것이다. 아내와 다툰 경수는 집을 나가 천신만고 끝에 돈 오 원을 구해 돌아온다. 막내 길호는 철로교차점에서 사과장수가 떨어뜨린 사과를 주워 먹다가 기차 교통을 방해한다는 이유로 역무원들에게 붙들린다. 연락을 받은 경수는 길호를 데려오면서 그에게 사과를 사 준다. 앙상하게 마른 길호가 사과를 들고 기뻐하는 모습에 경수는 눈물이 난다. 그는 의지를 잃지 않고 앞으로 나아가겠다고 다짐한다.

**【참고】** 《조광》 1936년 6월에 발표한 「철로교차점」의 전편에 해당한다. 한설야가 전주 사건으로 투옥되었다가 풀려난 이후에 쓴 작품으로 그전 작품들과는 현실 묘사나 주제의식에서 차별성을 보인다. 이 작품은 무력한 지식인 경수의 내면보다 외부적 현실을 묘사하는 데 초점을 두고 있으며, 경수의 한 가족이 겪는 가난이 구체적으로 실감나게 그려진다. 작품 말미에 '소화 11년 1.25' 라고 표기되어 있어 탈고일을 짐작케 한다.

## 임진왜란/壬辰倭亂 : 권태익.

**조선문화연구사1948(전편), 광문사1949(후편).**

**【내용】** 김응서는 기생 월향의 도움으로 평양성에 주둔한 왜군 부장을 죽인다. 월향은 살아보았자 왜장의 노리개가 될 신세를 개탄하여 응서에게 자신을 죽여 달라고 청한다. 김응서는 월향의 뜻을 받아들여 그녀를 죽인다. 육상에서는 권율이, 해상에서는 이순신, 원균, 이억기 등이 승전보를 울리고 있을 즈음 명나라 장수 심유경은 혈혈단신으로 평양성에 들어가 왜장과 담판을 벌인 후 명나라로 돌아간다. 조선이 일본과 손을 잡은 것으로 의심하는 의견이 있었으나 조선의 다급한 처지를 구원하자는 의견이 많아 명은 이여송을 장군으로 하여 조선에 원군을 보낸다. 이여송은 첫 전투인 벽제역 전투에서 패하고 여러 구실을 들어 평양으로 퇴군한다. 권율이 행주산성에서 왜군에게 큰 승리를 거두자 이여송은 서둘러 퇴군한 것을 후회한다. 한편 김시민 장군이 없는 진주성은 왜군에게 함락되고 기생 논개는 왜장을 껴안고 남강에 몸을 던진다. 선조는 의주 행궁에서 환도하여 나라의 정사를 수습하고 귀천을 막론하고 인재를 모은다. 이순신은 군사를 일으킬 때를 잃어 도망치는 가등청정을 죽이지 못했다는 죄목으로 처벌을 받는다. 이즈음 정유재란이 일어난다. 원균이 왜군에게 패해 죽자 백의종군한 이순신은 통제사로 임명되어 진도에서 대승리를 거둔다. 일본에 사신으로

간 유경은 기지를 발휘해 풍신수길에게 독약을 먹인다. 독약을 먹은 풍신수길은 전쟁에 영향이 미치지 않게 자신이 죽은 사실을 알리지 말라 유언하고 숨을 거둔다. 그러나 조선에서 데려와 키웠던 풍신수길의 양자인 부하는 그의 부음을 주변에 알린다. 왜군은 철군을 결정하고, 이순신은 도망하는 왜군들의 배를 격퇴하던 중 전사한다. 이로써 칠 년의 병화는 막을 내린다.

**【참고】** 광문사본 본문 첫 장에 '訥人 權泰益 著 歷史小說 壬辰倭亂 後篇 光文社 發行' 이라고 표기되어 있다. 작자는 임진왜란의 원인으로 조정의 당파 싸움과 중국에 대한 지나친 의존을 꼽는다. 그리고 독자에게 민족의 혈맥이 있는 한 왜적에 대한 복수심을 잊지 말자고 당부한다. 작품 곳곳에 외교문서와 공신들에 대한 기록 등 역사적 자료를 싣고 있다. 1948년 조선문화연구사에서 출간되었다는 전편의 원본 자료를 구할 수 없어 후편만 정리했다.

## 임진왜란/壬辰倭亂 : 박태원. 서울신문1949.1.4-12.14(273회 1부 완).

**【내용】** 선조 즉위 이후 사림의 득세로 격화된 붕당정치는 나라를 더욱 혼란에 빠뜨린다. 대신 이이는 왜적의 침입에 대비하기 위하여 10만 양병설을 주장하였으나 배척당하고, 국경 수비는 허술해져만 간다. 그 무렵 일본을 통일한 풍신수길은 명나라를 공격하려는 의도를 가지고 조선 왕조에 수신사 파견을 요청했다가 거절당하자 조선 침공의 의도를 내비친다. 이에 조선 정부는 일본의 상황과 풍신수길의 의도를 살피기 위하여 정사 황윤길, 부사 김성일, 서장관 허성을 통신사로 일본에 보낸다. 풍신수길을 만나고 돌아온 정사와 부사가 서로 다른 의견을 제시하자 조정은 당파에 따라 의견이 갈리고, 결국 동인 김성일의 의견을 좇아 외침에 대한 방비를 소홀히 한다. 그 와중에 이순신은 전쟁에 대비해 배와 거북선을 만든다. 임진년, 일본의 부산 침공으로 동래성이 함락된다. 선조와 지배층은 목숨을 보전하기 위하여 의주로 도피하고, 이순신은 나라를 구하기 위해 싸우다 장렬한 최후를 맞이한다.

**【참고】** 시장을 포함하여 모두 여덟 장으로 구성되어 있다. '작가의 말씀'(서울신문1949.12.14)을 통해 미완임을 밝히면서 후일을 기약하였다. 임진왜란 당시의 기록인 「징비록」, 「선조실록」, 「이충무공일기」 등을 참고하여 창작한 작품으로, 조선 선조 때 일본의 부산 침공으로부터 선조가 의주로 도피하는 과정이 다루어져 있다. 역사적 실증성에 치중한 나머지 기록에 나타나는 지배층의 활동만을 다루었다는 평가를 받았다. 박태원은 월북 후 이 작품을 개작하여 39개 세목으로 된 『임진조국전쟁』(문화예술서적출판사1960)을 발표했다. 개작본에는 민중들의 의병 활동이 중요하게 다뤄지고, 그들의 삶이 주체적으로 묘사되고 있다.

## 입하의 절/立夏의節 : 염상섭. 신천지1950.5-6(2회 미완).

**【내용】** 한일은행 부두취의 아들 종욱은 매일 아침 부친의 차를 빌려 출근한다. 출근하는 길에 같은 은행 지점에서 일하는 은영을 태우고 가는데 그녀는 운전사 영준의 친구 동생이다.

성적으로 방종한 종욱은 유부남임에도 불구하고 은영에게 눈독을 들인다. 이에 은영을 마음에 두고 있던 영준은 불안을 느낀다.

**【참고】** 연재 지면에 '(連載長篇) 立夏의 節 廉想涉'이라고 표기되어 있다. 2회 연재 후 한국전쟁으로 중단되었다. 성적으로 타락한 부잣집 아들이 펼치는 연애담과 그에 얽힌 인물들의 이야기가 전개되는 무렵 연재가 중단되어 내용의 전모를 파악하기 어렵다.

# ㅈ

**잔등**/殘燈 : 허준.

대조1946.1,4(2회 미완) ; 을유문화사1946.

**【내용】** '나'와 방은 해방을 맞아 만주에서 서울로 향하는 길이다. 장춘을 떠나 스물하루 만에 회령에 도착한 나와 방은 회령의 도립병원 인근에서 하룻밤을 묵는다. 다음 날 아침 회령역에서 출발하는 군용열차를 탈 계획이다. 그러나 '나'는 붐비는 사람들 사이를 뚫고 기차에 올라탄 방을 눈 깜짝할 사이에 놓치고 선로에 홀로 남겨진다. '나'는 방이 탔던 열차를 기다려 그를 다시 만나 청진으로 들어갈 계획으로 자동차를 얻어타고 청진 인근의 수성에 도착한다. 그러나 '나'는 곧 방을 찾을 길이 막막하다는 것을 깨닫고 청진을 향해 걸어간다. 갯가에서 잠시 쉬던 '나'는 뱀장어를 잡던 소년과 만난다. 소년은 뱀장어를 잡아 일본인들에게 팔기도 하고, 그들을 감시하는 밀정 노릇을 하기도 한다. 일본인에 대한 강한 적개심을 지니고 있는 소년은 자신이 하고 있는 일에 자부심을 보이며 패망한 일본인들의 상황을 흥분하여 말한다. 소년과 헤어져 청진 시내로 들어온 나는 여관에 여장을 푼다. 해질 무렵 청진역으로 나가 방이 탔던 열차를 기다리다 날이 어두워져 여관으로 돌아오고 만다. 여관에 손님에게서 방이 탔던 열차가 밤늦게야 도착한 사실을 듣고는 역에 다시 나가지만 끝내 방을만나지 못한다. '나'는 수성 거리를 헤매다 낮에 갔던 국밥집에 다시 간다. 국밥집 노파는 남편과 자식을 모두 잃고 혼자 살고 있다. 노파는 패망하여 피난 가는 일본인들에게 동정과 연민을 내비친다. '나'는 억울한 옥살이를 하다 죽은 아들의 원수라고까지 할 수 있는 일본인에 대하여 너그러운 태도를 보이는 노파에게서 인간에 대한 희망을 본다. 다음 날 아침 '나'는 상국밥집 앞에서 극적으로 방과 재회한다. '나'와 방은 그 누이 집에서 이틀간 자고, 사흘째 되는 날 신포동으로 내려오지만 차가 없어 여관에 든다. 그 이튿날 기다렸던 군용 열차를 타고 '나'

와 방은 서울로 향한다.

**【참고】**《대조》 창간호인 1946년 1월호(1권 1호)와 4월호(1권 2호)에 2회 분량을 연재하였으나 중단되었던 것을 완결하여 1946년 9월 을유문화사에서 낸 창작집의 표제작으로 실었다. 창작집에는 「잔등」 외에 「習作室에서」, 「濁流」가 같이 실렸다. 단행본의 내용은 청진의 수성 거리를 헤매다 국밥집의 노파를 만나 그 사정을 듣는 부분부터 시작된다. 주인공 '나'가 장춘에서 회령, 청진을 거쳐 서울로 돌아오는 귀환 과정에서 만나는 군상들이 묘사되는데, 이를 통해 해방 이후 조선의 불안한 미래를 조망하고 있는 것으로 읽힌다. 해방의 환희나 감격으로부터 거리를 두고 해방 공간의 모습을 사실적으로 그리고 있는 작품으로 평가된다.

## 잔촉/殘燭 : 김동인. 신시대1941.2-10(9회 미완).

**【내용】** 공민왕과 신돈의 시녀 반야 사이에서 태어난 우왕은 어수선한 민심을 우려하며 수상 최영의 조언에 의지한다. 이성계, 정도전 등은 우왕이 신돈의 자식이라는 풍설을 운운하며 각료들과 대책 마련을 위한 비밀회의를 연다. 최영과 이색은 왕을 몰아내려는 이성계 일파를 경계하는 한편 땅에 떨어진 고려의 실권을 회복하여 오백 년 왕업을 유지하고자 요동 정벌을 계획한다. 어린 시절부터 왕과 절친한 사이였던 최규는 명을 정복하자는 주장을 내세웠다가 귀양을 가는 바람에 집안이 풍비박산 나고 혈혈단신이 된다. 최영과 우왕은 최규에게 은밀히 요동으로 들어가 명의 관원들을 제거하고 민심을 교란시키라는 임무를 내린다. 이성계는 북벌에 반대하다 마지못해 요동 정벌에 합류하나 위화도에서 회군한다. 그는 최영을 가두고 왕에게 그의 참수를 요구하나 왕은 최영을 유배 보낸다. 요동에서 고려군의 회군 소식을 들은 최규는 망연자실하여 왕을 찾아간다. 우왕은 이성계 일파를 암살하려 하고, 최규는 이를 실천하고자 이성계의 집에 몰래 잠입하였다가 큰 상처를 입고 붙잡힌다. 우왕은 자신을 만나러 온 이성계에게 나라의 위세를 세울 수 있는 기회를 영원히 놓친 것이라며 안타까운 심정을 토로한다. 이성계는 잠시나마 자신의 죄를 뉘우치는 모습을 보인다. 붙잡힌 최규가 탈출하여 그 행방이 묘연해지자 우왕은 그를 찾기 위해 사람들을 보낸다.

**【참고】** 제목 앞에 '歷史長篇小說'이라고 표기되어 있다. 연재 시작 전 '絶筆三年 病院에서 死生間을 彷徨하던 作者 이제 새 健康, 意氣로써 붓을 잡은 得意의 歷史長篇'이라는 서문이 붙어 있다. 고려 말기 스러져 가는 왕조의 운명을 걸고, 요동 정벌을 꾀했던 최영 장군의 의지를 그리고 있다. 작품은 요동 정벌과 위화도 회군이라는 역사적 배경을 바탕으로 하여 우왕, 이성계, 최영, 정도전, 이색 등을 새롭게 조명하며 충의와 충절, 민족의식을 고취하고 있다. 그와 함께 최규라는 허구적 인물의 활약상을 통해 대중성 또한 견지하고 있으나 미완으로 남았다. 《신시대》 영인본 자료에서 1941년 11월호 연재본이 누락되어 완결 여부가 불명확하다. 12월호에는 실리지 않았다.

## 장미의 계절/薔薇의季節 : 정비석. 중앙신문1947.9.9-1948.3.30(152회 완) ; 창광사 · 선문사1949 ; 문성당1950.

**【내용】** 부모를 일찍 여읜 유경온은 배란양재학원의 주임으로 일하며 여동생 경채를 헌신적으로 돌본다. 경온의 뒷바라지에 힘입어 경채는 전문학교를 졸업하고 동양문화사에 사무원으로 취업한다. 경온은 양재학원 경영주로부터 삼십 만원에 학원 인수 제의를 받고, 유산으로 물려받은 황해도 연안의 토지를 팔기 위해 내놓는다. 경온으로부터 매매를 부탁받은 소설가 한태세는 동양문화사를 경영하는 강시웅을 찾아가 매수를 권한다. 유학생 시절 경온을 좋아했던 시웅은 경온 자매에게는 비밀로 할 것을 당부하며 삼십 만원을 내놓는다. 한편 경온은 경영주의 독촉 편지에 무리한 인수를 단념하기로 결심을 굳힌다. 또한 경채를 위해 태세에 대한 연정도 접는다. 경온은 태세에게 인수 포기와 구혼 거절 의사를 전달한다. 그녀는 말없이 돌아서는 태세를 바라보며 자신의 선택을 후회한다. 젊고 아름다운 경채는 같은 사무실에 근무하는 지식인 노인수와 사랑에 빠진다. 재력가 최세근을 좋아하는 이현마는 세근이 경채에게 구혼하자 세근의 사랑을 얻기 위하여 음독자살을 시도한다. 한편 경채는 인수에게 회사 공금 삼십 만원을 융통해 주었다가 인수의 배신으로 공금횡령 공모자가 되자 회사를 사직하고 부산으로 내려간다. 괴로운 나날을 보내던 그녀는 마침 부산에 출장 와 있는 시웅을 찾아가 사죄한다. 경채의 진심 어린 태도에 감복한 시웅은 그녀에게 사랑을 고백한다. 얼마 후 경채는 자신을 끝까지 기다려 주고 믿어 준 시웅과 결혼한다. 이때 월북한다고 알려 온 인수는 그들의 결혼식을 먼발치에서 보다 떠나고, 현마는 경채에게 행복을 비는 진심 어린 편지를 보낸다. 경온은 태세의 두 번째 구애에 행복한 눈물을 흘린다.

**【참고】** 연재 지면에 '長篇小說 薔薇의 季節 鄭飛石 作'이라고 표기되어 있다. 《중앙신문》에 1947년부터 152회 연재 완료되었으며, 선문사, 창광사(1949)와 문성당(1950)에서 단행본으로 출간되었다. 1954년 대조사본에서 작가는 '해방 후 정치의식은 조선 천지를 휩쓸고 있고 너도나도 정치에만 매달려 있어서 자기완성을 위한 꿈의 현실에 노력하는 사람이 더없이 소중할 때'라고 말하면서 그러한 몇 사람의 청춘 남녀와 그 주변을 그려 보려는 것이 창작 의도라고 밝히고 있다. 청춘의 과감한 용기와 열정으로 사랑을 성취한다는 내용의 연애소설이다. 선문사, 창광사에서 1949년 단행본으로 출간된 기록이 있으나 확인되지 않는다.

## 장희빈/張禧嬪 : 차상찬. 조선중앙일보1936.4.29~9.4(104회 미완).

**【내용】** 숙종 원년, 대왕대비전의 인맥으로 궁중에 들어간 장채봉은 숙종의 눈에 띄어 총애를 받게 된다. 그러나 우매한 근성을 버리지 못하고 김 중전을 우습게보며 왕의 비위를 거스른

다. 이것을 알게 된 대왕대비는 크게 노하여 숙종의 만류에도 불구하고 채봉을 궁중에서 쫓아낸다. 채봉이 사가에서 눈물로 세월을 보내고 있을 때 김 중전이 승하한다. 숙종은 민씨를 새 중전으로 책봉한다. 민 중전은 착하고 어질었으나 아기를 낳지 못한다. 이에 채봉이 다시 궁으로 불려 가 숙원으로 봉해지고, 취선당 마마라고 불린다. 그녀는 대왕대비가 죽은 지 얼마 후 왕자를 낳는다. 숙종을 이를 기뻐하여 이듬해 1월 서인들의 반대를 물리치고 채봉의 아들 윤을 원자로, 채봉을 빈으로 봉한다. 채봉은 이제 장희빈이라 불리지만, 그녀는 자신의 지위에 만족하지 않고 그해 2월 기사환국을 일으켜 민 중전을 폐위시킨다. 그 결과 윤이 세자로 책봉되고 장희빈 역시 중전이 된다. 그러나 수년 후 서인들의 영향으로 민씨가 중전으로 복위하고, 채봉은 빈으로 강등된다. 채봉은 이에 앙심을 품고 친정 식구들과 함께 중전을 폐위시킬 음모를 꾸민다. 그러나 계략이 탄로 나고, 채봉은 서인의 탄핵을 받고 사사된다. 이때 채봉 및 남인에게 동정적이었던 남구만·최석정 등의 소론이 몰락하면서 노론이 재집권한다.

**【참고】** 연재 지면에 '張禧嬪 車相瓚 作'이라고 표기되어 있다. 이 작품은 조선왕조 숙종 연간에 있었던 남인과 서인 간의 세력 다툼을, 조선의 양귀비라고 불렸던 장희빈을 중심으로 조명한 일종의 역사소설이다. 작가는 작가의 말(조선중앙1936.4.26)에서 가급적 사실에 준거할 것이며, 결코 당파에 치우치지 않을 것임을 다짐하고 있다. 그리고 이야기의 흐름을 원활히 하고 읽는 데 편하기 위하여 궁중 용어를 꼭 살려 쓰지는 않을 것이라고 밝히고 있다. 희빈 장씨의 이름 '숙정'이 '채봉'으로 달리 표기되어 있다. '일장기 말소 사건'으로 무기한 정간처분을 받은 신문사의 사정에 의해 연재가 104회로 중단되었다. 이후 단행본 출간 사항은 확인되지 않는다.

## 장희빈/張禧嬪 : 윤승한. 일성당1950(474면).

**【내용】** 나이 서른의 현종은 신체가 강건하지 못해 자신의 사후를 걱정한다. 그는 영의정 허적과 우의정 김수항에게 동궁을 부탁하고 세상을 떠난다. 어린 동궁이 즉위하니 이가 숙종이다. 양반 가문의 침모로 일하는 옥순은 남인 측에 속한 역관 윤규의 딸인데, 남인과 서인의 당파 싸움에 휘말려 아버지를 잃는다. 후에 이 사실을 알게 된 옥순은 서인들에게 복수심을 품는다. 그녀는 중인 출신의 거부 장현의 후처로 들어가 옥정이라는 어여쁜 딸을 낳는다. 남인들은 옥정의 미모를 이용해 권력을 획득하려는 야심을 품고 그녀를 궁녀로 들여보낸다. 옥정의 미모는 궁궐에서도 눈에 띄어 왕의 총애를 받는다. 세월이 흘러 왕이 성장하자 호조판서 김만기의 딸이 왕비로 간택되어 들어온다. 그

러나 왕의 마음은 이미 옥정에게 기울어 있어, 왕비 김씨와 옥정 사이에 갈등이 생긴다. 옥정이 왕을 믿고 안하무인으로 행동하자 왕비는 노여워하여 옥정의 잘못을 대왕대비에게 고하고, 옥정은 궁에서 쫓겨난다. 왕비 김씨가 죽고 새로 민씨가 왕비가 되자, 옥정은 재입궁한다. 왕비가 아이를 낳지 못하던 중 옥정이 먼저 왕자를 낳자 왕은 그녀를 총애한다. 이에 그녀는 왕비를 없애고 자신이 중전이 되고자 한다. 옥정의 세력에 힘입어 남인이 득세하고 서인이 몰락한다. 남인과 결탁한 옥정의 모함에 숙종은 결국 왕비 민씨를 내쫓고 옥정을 왕비로 맞아들인다. 옥정의 친정인 장 씨 일가와 남인들은 막대한 권력과 부귀를 누린다. 옥정은 이에 만족하지 못하고 폐비 민씨가 복위될까 두려워한다. 그녀는 갖은 수단과 방법을 동원하여 폐비를 죽이려 하지만 실패하고, 오히려 숙종의 총애를 잃는다. 옥정에게서 마음이 떠난 숙종은 폐비를 섬기던 무수리 최씨와 동침한다. 최씨가 임신하자, 옥정은 그녀를 고문하는 등 악행을 저지른다. 마침내 옥정은 궁에서 쫓겨나고, 폐비 민씨가 복위된다. 옥정이 쫓겨나자 남인이 몰락하고 서인이 다시 득세하지만 서인은 다시 노론과 소론으로 나뉘어 당쟁이 끊이지 않는다. 옥정은 궁에서 쫓겨난 후에도 왕비를 독살하는 등 악행을 거듭하다 사약을 받는다. 옥정의 아들은 후에 자라 경종이 되고, 최씨의 아들은 후에 영조가 된다. 피바람을 일으킨 당파 싸움은 후에 정조 대에 이르러서야 잠잠해진다.

**【참고】** 본문 첫 장에 '尹昇漢 著 歷史小說 張禧嬪 서울 一成堂 書店 發行'이라고 표기되어 있다. 차례 면에 '裝幀 운보 김기창'이라고 표기되어 있다. 1952년에 재판이 발행되었다. 장희빈이 인현왕후를 독살하고 자신의 아들을 불구로 만들려 했다는 등 역사적 근거가 희박한 이야기들을 소설적 흥미를 위해 삽입하고 있다. 장희빈의 삶에만 초점을 맞추지 않고 현종대부터 정조대까지 이르는 역사의 큰 줄기를 풀어내려 시도한 작품이다.

## 재생/再生 : **장백산인. 동아일보1924.11.9-1925.9.28(218회 완) ; 회동서관1926(상·하).**

**【내용】** 신봉구와 김순영은 학생 신분으로 3·1운동을 준비하다 만나 서로 사랑하는 사이가 된다. 운동의 실패로 봉구는 감옥에 들어가고, 순영은 두 달 만에 풀려난 뒤 현실에 순응하는 여성으로 변해 간다. 봉구는 2년 반 동안의 감옥 생활을 마치고 출옥에 앞서 순영에게 자신의 출소를 알리는 편지를 보낸다. 그러나 순영은 그사이 여러 부호들과 어울리며 허영심과 사치가 늘어 있다. 그녀는 오빠의 소개로 만난 부자 백윤희와 동래 온천에 갔다 겁탈당한다. 그녀는 윤희의 부유함에 혹해 그를 계속 만나지만, 봉구의 편지를 받고 죄책감에 괴로워한다. 순영은 출옥한 봉구와 함께 석왕사로 여행 가서 영원한 사랑을 맹세한다. 그러나 얼마 후, 순영은 현실의 유혹을 이기지 못하고 윤희의 첩이 된다. 그녀는 봉구의 아들 모세를 낳지만 윤희의 아들이라고 속인다. 한편 봉구는 순영에 대한 복수심으로 돈을 벌어 부자

가 되겠다고 결심하고 인천의 미두 중매점에 취직한다. 주인집 딸 경주가 그에게 애정을 주지만 그는 받아들이지 않는다. 어느 날 가게 주인 김진영이 살해당하는 사건이 일어나고, 봉구는 용의자로 체포된다. 이에 순영은 법정에 자진 출두하여 봉구가 무죄라고 증언하지만, 곧 세간의 이목을 두려워하여 진술을 번복하는 등 혼란스러운 모습을 보인다. 결국 봉구는 수감된다. 그는 감옥 안에서 자신의 이기심을 반성하고 종교적으로 각성한 후 새로운 사명을 깨닫는다. 살인 사건의 진범이 체포되고, 봉구는 무죄 석방된다. 그는 모친 경주와 함께 시골로 가 농촌 운동에 전념한다. 한편 순영은 윤희와 헤어지고, 자신이 방탕한 생활로 인해 몹쓸 병에 걸렸다는 사실을 깨닫는다. 얼마 후 그녀는 딸을 낳는데, 그녀의 병 때문에 딸은 눈이 먼 채 태어난다. 그녀는 딸을 데리고 어렵게 살아간다. 3년 후, 순영은 죄를 뉘우치고 용서를 구하려 봉구를 찾아오지만, 봉구는 그녀를 받아들이지 않는다. 절망한 그녀는 금강산 구룡폭포에 투신하여 생을 마감한다. 얼마 후 봉구는 유서를 대신한 순영의 편지를 받고 그녀를 찾아가지만, 이미 순영은 세상을 떠난 후이다. 봉구는 순영의 장례를 치르고 무덤에 비목을 세운다.

再生

長白山人 作

**【참고】** 연재 지면에 '再生 長白山人 作'이라고 표기되어 있다. 필명으로 발표된 이광수의 소설로 '상편'과 '하편'으로 나뉘어 게재되었다. 《동아일보》 1925년 6월 30일자 신문에 작가의 신병으로 중단되었던 소설을 7월 1일부터 계속 연재한다는 광고가 나와 있다. 연재 이듬해인 1926년 회동서관에서 상·하편으로 된 단행본이 출간되었다. 순영과 봉구의 재회 장면에서 시작해, 순영의 시체를 봉구가 매장하는 장면으로 끝나는 이 소설의 사건 시간은 대략 4년 정도이지만, 소설 속에 나타난 전체 시간은 약 7년에 달한다. 3·1운동에 가담할 만큼 의지가 굳은 신여성 주인공이 점차 세속적인 욕망에 젖어 자신의 삶을 파국으로 내모는 내용을 다루고 있다. 현실에 끊임없이 타협하는 순영과 종교적이고 실천적인 삶을 깨닫게 되는 봉구의 대비를 통해 재생과 용서, 구원의 문제를 제기하고 있다.

## 재전/再戰 : 최태응(서지불명).

**【내용】** 미확인 작품.

**【참고】** 1940년 민중서관에서 단행본으로 출간되었다는 기록이 있으나, 현재 작품을 확인할 수 없다. 어문각 간 『신한국문학전집』 작품 연보에 따르면, '1941년 중편 「재전(再戰)」을 《문장》에 투고하였으나 원고를 몰수당하다'라는 기록이 있다. 민중서관 간 『한국문학전집』 작품 연보에도 원고를

몰수당했다는 기록이 남아 있다. 어문각 전집의 내용을 신뢰한다면 1940년 출간 기록은 오류일 가능성이 높다.

## 재출발/再出發 : 채규호. 호남평론1937.1-2(2회 완).

**【내용】** 주식은 고보 오학년에 다니던 중 학생 운동으로 수감된다. 그는 감옥에서 사상적으로 반듯하고 똑똑한 곽일을 만난다. 곽일은 감옥에서 나간 후 경성 XX일보사 편집국의 민완 기자로 활동한다. 주식은 출옥 후, 고향으로 돌아와 농촌 운동을 하려고 마음먹는다. 그런데 농촌 사람들은 주식을 보고 코웃음친다. 기껏 공부를 하고서는 감옥살이만 했다는 것이다. 주식은 농촌 사람들의 비겁함과 안일주의에 낙담한다. 그는 경성에 올라가 곽일을 찾아 신문사 취직 자리를 부탁한다. 언론계에 투신하여 현금의 사회상을 비판하는 것이 자신의 할 일이라고 생각했기 때문이다. 그러나 얼마 후 주식은 곽일에게 신문사에 일자리가 없으니 실업 활동에 힘쓰라는 편지를 받는다. 실의에 빠진 주식을 아내 영자가 위로한다. 영자는 농촌 여성들을 모아 농촌의 궁핍을 타개하게 위해서는 협동조합이 필요하다고 역설했고 그에 대해 동의를 모아 일단 계를 시작하게 되었다고 주식에게 말한 것이다. 주식은 영자의 말에 희망을 찾고 농촌 생활에서의 재출발을 다짐한다.

**【참고】** 연재 지면에 '中篇小說 再出發 蔡奎鎬' 라고 표기되어 있다. 이 작품은 구직에 실패한 룸펜 청년이 농촌 운동에 희망을 갖고 참여한다는 내용을 담고 있다. 작중 주인공의 아내가 농촌 부녀를 설득하는 장면이 장황히 펼쳐져 있는데, 당시 농촌 궁핍화 현상에 대한 사회과학적 분석이 서사화되지 않은 채 논설의 형태로 들어가 있다. 작가 채규호는 광주고보 오학년 재학 중 광주학생운동에 참여했다가 수감되었다. 이로 보아 이 작품은 작가의 자전적 요소가 짙은 것으로 판단된다.

## 재출발/再出發 : 전영택. 매일신보1939.7.8-8.18(36회 완).

**【내용】** 지순과 현애는 경성 시내 사립병원 간호부이다. 현애의 외삼촌 원용덕은 배영학원 강습소에서 아이들을 가르치며 틈틈이 신문 잡지에 글을 싣는다. 지순은 용덕을 존경하여 원선생이라 부르며 따른다. 그녀는 부친을 일찍 여의고 모친과 어렵게 살아온 이야기를 그에게 털어놓는다. 한편 현애는 자신의 마음에 들지 않는 남자와 억지로 맺어 주려는 모친을 피해 집을 나와 간호부 견습생이 된 처지이다. 현애가 남자들과 복잡한 애정 관계를 맺자, 지순은 좀더 신중하게 행동하라며 현애를 타이른다. 지순은 환자로 입원한 홀아비 M과 연인 사이가 된다. M은 의학전문학교 졸업반인데, 처가에서 대주던 학비를 받지 못해 공부를 중단한 상태이다. 퇴원 후 둘은 연인이 되고, 지순은 그의 학비를 대준다. 그러나 M은 얼마 후 병원을 차려 주겠다는 다른 여자를 만나자 지순과 헤어진다. 몸이 약한 현애는 간호부를 그만두고 보육과를 가기로 결심하여 동경으로 떠난다. 지순이 만주로 간 M을 찾아가기로 하

자, 원 선생은 세상 돌아가는 것도 알고 지순의 일도 돌보아 줄 겸 함께 만주로 간다. 둘은 만주의 드넓은 대지와 발전된 모습에 감탄한다. 지순은 만주에서 M과 임신 중인 그의 부인을 만난 후 M을 단념한다. 지순은 원 선생과 합류하여 숭정학원을 둘러보고, 봉천의 애생원 이야기를 들으며 불행한 아이들을 위해 살겠다고 결심한다. 만주에서 돌아온 지순이 보육원을 열자, 전에 일하던 S병원 의사 P와 원 선생의 부인도 돕겠다며 나선다. 지순은 P와 결혼하고, 현애는 자신을 따르던 마와 결혼한다. 보름 후 지순과 현애는 동경에서 열리는 여자사회사업대회에 참가하여 새로운 출발을 다짐한다.

短篇小說 再出發 (三)
田榮澤 作
尹喜淳 畫

**【참고】** 제목 앞에 '短篇小說'이라고 표기되어 있다. 연애에 관심을 가지고 평범하게 살아가던 여성들이 아이들을 위한 보육원을 세우고, '여자사회사업대회'에 참가하게 되면서 '재출발'하게 된다는 내용으로 계몽성을 강조하고 있다. 일제 강점기 장려되던 '훌륭한 어머니'와 '일하는 여성'상을 반영하고 있는 작품으로 평가된다.

## 재출발/再出發 : 김기진. 평문사1942.

**【내용】**「전도양양」 참조.

**【참고】** 김기진이 1929년부터 《중외일보》에 97회 연재 완료한 「전도양양」을 개제하여 단행본으로 출간한 책이다. 1929년 9월 24일자 《중외일보》 '新連載小說豫告'에 "나는 어느 때인가 이것을 실디로 영화화하려고 구성하엿든 것임이다. 종래의 조선영화의 '스토리'로써의 결함을 보충하고 새로운 경향을 지여 보려고 하는 것이 나의 목뎍임니다"라는 작가의 창작 의도가 소개되었다. 어려운 성장 시절을 보낸 두 남녀가 사랑과 노동을 통해 앞날에 대한 희망을 발견한다는 내용을 담고 있다. 작중인물의 계급적 인식과 행동보다는 선악의 이분법적 갈등 구도에 기반한 통속적인 측면이 서사의 대부분을 차지하고 있다. 경상대 도서관에 소장되어 있다.

## 저무는 고향/저무는故鄕 : 강노향. 조광1936.8.

**【내용】** 서애는 1년 전 남편을 잃고 홀어머니와 단둘이 살며, 무도장 댄서로 일해 생계를 이어 가고 있다. 그녀는 죽은 남편의 환영을 보며 현실의 우울함을 간신히 이겨 내고 있다. 그녀의 부친은 폭풍을 만나 세상을 떠났고, 남편 역시 집으로 돌아오는 배가 난파하여 사망했다. 그녀는 폐결핵에 걸리고, 향수병에 시달려 결국 모친과 함께 귀국한다. 그러나 고향은 몰라보게 변해 있다. 상윤 한 사람만이 모녀를 반겨 준다. 상윤은 상해 등 여러 곳을 떠돌다 결국 빈손으로 귀향한 뒤, 현재는 야학에서 아이들을 가르치는 중이다.

**【참고】** 이 소설은 「백일몽과 선가」, 「불란서 전야제」 연작 중 마지막으로 발표된 작품이다. 제목 앞에 '短篇小說' 이라고 표기되어 있으나 '「白日夢과 船歌」 完結編' 이라는 부제가 달려 있어 이 작품의 연작의 일부임을 알 수 있다. 또한 세 편이 연속적인 작품이라는 것을 '작가의 말' 을 통해 밝히고 있다. 「백일몽과 선가」에서는 고향을 떠나 상해에서 정착하고자 하는 이주민들의 꿈을 보여 준다. 「불란서 전야제」에서는 그러한 꿈이 좌절되는 과정을 보여 줌으로써 이주민들이 경험한 정착의 어려움을 드러낸다. 끝으로 「저무는 고향」에서는 이주민들이 더 큰 상처를 안고 고향으로 돌아오는 과정을 보여 준다. 연재 당시 《조광》을 보면, 작품 본문의 후반부(330면 이후)가 다른 작품의 본문으로 이어져 있다. 별다른 설명이 없어 작품의 연재가 중단된 것인지 편집자의 실수로 다른 작품과 합본된 것인지는 알 수 없다. 따라서 이 작품의 정확한 결말은 확인할 수 없다.

## 저수지/貯水池 : 이기영. 半島の光1943.5-9(5회 완).

**【내용】** 성거산맥 월봉 산자락에는 농토에 비해 많은 사람들이 살고 있다. 방축을 만들면 마른 땅이 옥도가 될 터이나, 너무 큰 공사라 농민들은 엄누도 내지 못한다. 어느 날 새 군수가 부임하고, 그의 지휘 아래 대대적인 저수지 공사가 시작된다. 공사에 소요되는 비용은 나라와 지주가 부담하고, 부락민들은 노동력을 제공하기로 한다. 그러나 부락민들은 꼭 남의 일을 해 주는 것처럼 손해 보는 느낌을 가진다. 김 첨지와 그의 아들 용이는 방축 공사를 반기지만 마을 사람들은 이 또한 못마땅하게 여긴다. 용이는 저수지 공사가 마을을 위해 꼭 필요한 작업이라 여기고 이에 적극적으로 나선다. 그는 가정 형편 때문에 소학교만 나왔지만 마을 아이들을 위해 야학을 운영하고 있다. 김 첨지는 이런 아들이 대견스러우면서도, 집안을 일으켜야 할 판에 밖으로만 나도는 것이 아닌지 걱정스럽기도 하다. 용이는 농사일과 방축 공사로 바쁜 와중에도 대일본 국민 중학 강의록을 신청하여 독학한다. 부락민들의 참여율이 낮아 방축 공사는 더디게 진행된다. 그해 봄 유난히 비가 자주 와서, 일부 완성된 위쪽 방축에 호수처럼 물이 고인다. 부락민들은 이를 보고 방축의 필요성을 깨닫는다. 그들은 언제 방축 공사를 반대하였나 싶게 공사를 서두르자고 한다. 그들은 가을에 방축이 완성되면 대대적인 준공식을 하리라 떠들며 대풍이 들기를 희망한다.

【참고】 제목 앞에 '連載小說'이라고 표기되어 있다. 생산력 증대와 환경 개선을 위한 방죽 공사의 필요성을 강조하고 공동체 의식의 각성을 촉구하는 내용의 작품이다. 마을 청년 용이를 통해 제국 신민의 모범상을 제시하고 있다. 일제 강점기 식민지 정책의 일환으로 전개되었던 관개공사를 선전하는 작품으로 평가된다.

## 저주받은 운명 /咀呪받은運命 : 박락동. 광업시대1937.11-1938.4(6회 완).

【내용】 김영채는 이화여자전문학교 졸업을 마치고 경성제대 의과를 나온 임학수와 결혼한다. 영채는 남부러울 것 없는 부유한 집안에서 곱게 자란 막내딸이다. 학수는 배제를 다닐 때부터 눈여겨보았던 영채와 혼인하게 되어 기뻐한다. 그는 학교를 졸업하고 낙원동에 의원을 개설한다. 스리대장 리칠복은 우연히 거리에서 보았던 영채에게 마음을 품고 잊지 못한다. 영채는 신혼의 재미를 만끽하지만 학수가 점차 바빠지자 지루한 나날을 보낸다. 그러던 어느 날 학수가 왕진 간 사이 영채는 단성사에서 상영하는 「임자 없는 나룻배」를 보러갔다가 칠복의 속임수에 넘어가 그의 집에까지 끌려간다. 칠복은 영채를 겁탈하고 욕을 보인다. 처음에 반항하던 영채는 점차 그와의 생활에 익숙해지고, 급기야 그와의 생활에 안위까지 느낀다. 될 대로 되라는 마음을 먹은 영채는 집으로 돌아가지 않고, 그의 첩이 되어 버린다. 타락한 생활에 몸을 던진 영채는 점점 칠복에게 의지하게 된다. 그러나 칠복은 영채에게 흥미를 잃고, 봉천의 카페에 여급으로 팔아넘긴다. 영채는 이 모든 것이 운명이라고 생각하면서 남자들과 어울리며 술로 나날을 보낸다. 영채가 집을 나간 후 학수는 아내를 찾아 헤매다가 끝내 그 종적을 알 수 없자 거의 포기한 채였다. 그러던 어느 날 영채가 이화여자전문학교를 다닐 때 알았던 친구 숙자가 봉천 기차역에서 영채를 보았다며 찾아온다. 학수는 수소문 끝에 영채를 찾아내지만 이미 영채는 다량의 아편을 먹고 자살을 기도하여 숨이 끊기기 직전이다. 영채는 학수의 품에서 한 많은 생을 마감한다. 그 시간 이칠복은 전과오범으로 십 년의 징역형을 받는다.

【참고】 '實話小說 咀呪받은 運命 朴洛東作'이라고 표기되어 있다. "이 소설은 일직이 황금을 중심삼고 일어낫든 한때 세상에 선세이슌을 일으키었든 사건을 취재하야 얽어 논 소설입이다. 사건의 내용을 속속들이 폭로한 실화소설인 만큼 회를 거듭할사록 흥미진진한 내용이 세상이 들어나게 될 것입니다"라는 편집자 주가 붙어 있다. 실화를 바탕으로 하였다고는 하나 내적 필연성을 확보하지 못한 채 사건의 선정적인 면만을 부각한 작품이다. 부유한 집안의 막내딸이자 신교육을 받은 주인공 김영채가 겁탈을 당한 일을 계기로 하여 "'싸디즘'이라고 할 만한 알 수 없는 유쾌"를 주는 성의식에 눈뜨고, 스스로 타락의 길에서 벗어나지 못한 채 모든 것을 '운명'으로 돌리는 과정의 개연성이 부족하다.

## 적도/赤道 : 현빙허. 동아일보1933.12.20-1934.6.17(135회 완) ; 박문서관1939.

**【내용】** 김여해와 홍영애는 연인 사이이다. 하지만 영애의 집안이 몰락하면서 두 사람의 관계도 끝이 난다. 여해는 집안을 위해 재산가 박병일과 결혼해야만 하는 그녀를 위해 봉천으로 떠난다. 그러다가 결혼 초야에 영애의 신방에 난입하였다가 경찰에 체포되는 신세가 된다. 이때 병일은 경찰을 돈으로 매수하고, 여해가 독립 자금을 위해 난입한 것처럼 사건을 조작한다. 또 감옥에 수감된 여해에게는 출옥 후 장래를 보장하겠다고 제안한다. 5년 후, 여해가 출옥하자 영애는 남편과 함께 여해를 자신들의 집으로 데려온다. 그러나 여해는 병일 부부에 대한 복수로 그의 여동생 은주를 겁탈하게 된다. 그 후, 신병 치료 차 병원에 입원해 있던 여해에게 병일로부터 재산을 얻어 자신의 삶을 살려고 하는 기생 명화가 찾아온다. 여해는 병일 부부의 결혼과 관련된 과거사를 물어오는 명화에게 사실을 말해 준다. 이때 여해의 병실을 방문한 영애는 여해와 명화의 다정한 모습에 질투를 느끼고 집으로 되돌아온다. 퇴원 후, 명화의 집에 머무르던 여해는 그녀에게 사랑을 고백하나 명화는 그의 사랑을 받아들이지 않는다. 한편 여해에게 여동생이 겁탈당한 사실을 알게 된 병일은 친구 원석호와 의견을 주고받고, 급기야 여동생에게 석호의 후처가 될 것을 종용한다. 오빠의 처사에 큰 충격을 받은 은주는 유서를 남기고 한강에 투신한다. 명화에게 이 사실을 전해 들은 여해는 은주가 뛰어든 한강물에 뛰어들어 그녀를 구해 낸다. 얼마 후, 상해에서 김상렬이 명화를 찾아오고, 명화는 옛 스승이자 연인인 상렬을 맞이한다. 여해는 상렬의 등장으로 명화와의 관계가 소원해지자 그를 당국에 고발하겠다며 난동을 부린다. 하지만 상렬의 숭고한 사랑에 자신의 과오를 뉘우치고, 명화와 은주를 그에게 부탁한다. 상렬, 명화, 은주는 봉천으로 향하는 열차 안에서 신문 기사를 읽고 여해가 재판 중 폭탄 자결한 사실을 확인한다.

赤道 (1)
玄憑虛 作
李青田 畵
출옥 一

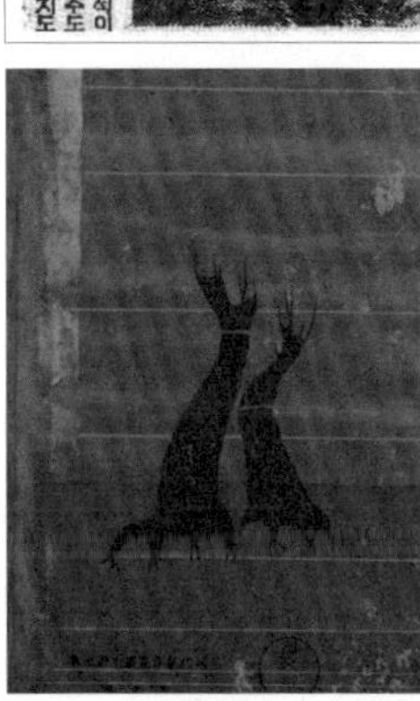

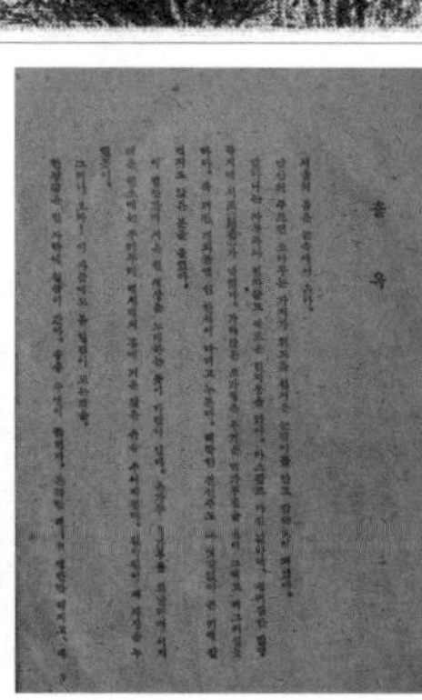

**【참고】** 연재 지면에 '長篇小說 赤道 玄憑虛 作'이라고 표기되어 있다. 발표 당시 현진건이 '憑虛'라는 필명을 사용하였다. 이전에 발표한 「새빨간 웃음」(개벽1925.11)과 「해쓰는 地平線」(조선문단1927.1-3)

이 작품의 전반부에 삽입되어 있다. 1937년 『박문서관 장편전집』 2차 4권으로 간행되었다는 기록이 있으나 현재 확인되는 것은 1939년본이다. 여러 겹의 연애 구도가 얽혀 있는 이 작품은 단행본 출간 당시 '작열하는 애욕의 고민을 묘파' 했다는 광고가 게재되었다. 김여해가 방탕한 개인주의적 삶을 청산하고 자신의 열정을 민족을 위해 쏟는다는 설정은 작가의 민족주의적 의식의 단면을 보여준다.

## 적멸/寂滅 : 박태원. 동아일보1930.2.5-3.1(23회 완).

**【내용】** 소설가인 '나'는 원고가 써지지 않아 고심하다가 집을 나와 종로 네거리를 배회한다. '나'는 첫 번째 들어갔던 카페에서 꾀죄죄한 몰골에 철지난 레인코트를 입은 사내를 보고 놀란다. 그의 두 눈은 정신 나간 사람처럼 광적으로 빛나고 있다. 두 번째 들어간 카페에서도 '나'는 레인코트 입은 사내를 보게 된다. 사람들이 그를 보고 얼마 전 자동차로 사람을 친 정신병자라고 수군대는 소리를 듣는다. '나'는 그곳을 나와 밤거리를 계속 산책하다가 길 옆 카페에 들어갔는데 그곳에서도 또 레인코트 입은 사내를 만난다. 이번에는 사내가 '나'를 아는 체하며 다가온다. 사내는 '나'에게 같이 놀아 달라며 말을 건넨다. '나'는 밤이 깊었음을 깨닫고 사내를 집으로 데리고 온다. 사내는 어렸을 때부터 염세사상에 젖어 매우 어두운 유년 시절을 보냈다고 고백한다. 홀어머니 밑에서 자란 사내는 언제나 죽음을 생각하며 지낸다. 중학을 마친 해 가을 어머니가 돌아가시자 이상하게도 오히려 홀가분한 생각에 자유마저 느끼며 자신을 좀 밝게 변화시켜 보려 한다. 사내는 정신이상자야말로 진정한 자유를 누리는 자라 생각하고, 정신이상자처럼 행동한다. 과장된 행동을 하며 사람들의 멸시를 즐긴다거나 거지들 틈에 일부러 들어가 돈을 주고는, 거짓으로 불구자 흉내를 내는 거지를 찾아낸다든지 바늘을 실에다 꿰어 낚시질을 하는 등 기이한 행동을 일삼는다. 그러던 어느 날 밤거리를 방황하던 사내는 운전수가 잠시 자리를 비운 자동차를 발견하고는 차를 훔쳐 달아난다. 도로를 내달리던 사내는 지나가는 행인을 보고는 살의를 느끼고 치고 지나간다. 경찰에게 체포된 사내가 죽이고 싶은 마음에 행인을 일부러 치어 죽였다고 진술하자 경찰은 그를 정신병원에 보낸다. 사내는 정신병원을 탈출하였고, 거리를 배회하다 '나'를 만나게 된 것이다. 어느덧 아침이 되자 밥이라도 먹고 가라는 '나'의 말을 뿌리치고 사내는 사라진다. '나'는 이듬해 오월까지 통 그의 소식을 들을 수 없어 궁금해한다. 그러다가 작년 가을 병원

短篇小說 寂滅 【一】
泊太苑 作
李靑田 畵

을 탈출하였던 정신병자가 어젯밤에 한강에 투신자살하였는데 낡은 레인코트를 입고 있었다는 신문 기사를 보게 된다. '나'는 안타까운 마음에 이태원에 있는 그의 무덤을 찾아가 보고, 사내의 쓸쓸하고 덧없는 인생을 추모한다.

**【참고】** 제목 앞에 '短篇小說'이라고 표기되어 있다. 박태원이 필명 '泊太苑'으로 연재하였으며 대표작 「소설가 구보 씨의 일일」(1934)보다 4년 앞서 발표한 작품으로, 1인칭 주인공인 소설가의 심리를 그리고 있다. 박태원의 초기 작품으로, 도심의 거리를 산책하는 '구보'와 같은 인물이 등장한다. 그러나 「소설가 구보 씨의 일일」과 같이 '나'의 내면 심리를 의식의 흐름에 따라 그리기보다는 레인코트를 입은 사내의 자전적 고백이 주를 이루고 있다. '나'는 레인코트를 입은 사내의 기이한 생에 대한 관찰자로 등장한다.

## 적멸/寂滅 : 안필승. 매일신보1932.11.15-12.10(26회 완).

**【내용】** 소설가 '나(K)'는 폐병을 앓는 친구 A의 병문안을 갔다가 그의 실연 이야기를 듣게 된다. 어릴 적 시골에서 살았던 A는 면장 딸인 성숙을 매우 좋아하여 가깝게 지낸다. 그러나 그가 서울에 있는 학교로 진학하는 바람에 잠시 성숙과 헤어지게 된다. 서울에서 학교에 다니던 중 그는 성숙의 집안이 몰락했다는 소식을 듣는다. 성숙의 큰오빠가 난봉꾼이어서 가산을 탕진하고 식구들은 뿔뿔이 흩어져 소식이 끊겼다는 것이다. A는 그 소식을 듣고 매우 낙담한다. 어느 날 산책을 하던 그는 우연히 물레방앗간에서 한 처녀를 만난다. 내내 성숙을 그리워하던 그는 잠시 보았을 뿐인 물레방앗간의 처녀가 성숙일 것이라고 생각한다. 그는 그 후로 점점 더 연모하는 마음이 깊어져 밤낮으로 성숙을 생각한다. 폐암에 걸린 그는 자신이 죽는다 해도 계속 성숙을 사랑하겠다고 다짐한다. 병이 깊어진 A는 마침내 세상을 떠난다. '나'는 A의 강한 사랑에 관해 또 다른 친구 P와 이야기를 나눈다.

中篇小說 寂滅 [十]
安必承 作
李杳仁 畫
後篇

**【참고】** 안회남이 본명인 '安必承'으로 발표한 작품이다. 제목 앞에 '중편소설'이라고 표기되어 있지만 중편이라 하기에는 다소 짧다. '나(K)'라는 서술자가 친구 A의 말을 옮겨 적은 전편과, 또 다른 친구 P와 함께 겪은 일을 '나'가 직접 서술하는 후편으로 이루어져 있다.

## 적멸/寂滅 : 전무길. 동아일보1937.6.3-7.6(34회 미완).

**【내용】** 송인애는 아름답고 현숙한 여학생이다. 그녀는 친구 순복과 함께 천도교기념관에서 열린 남녀학생 토론대회를 보러 갔다가 S전문학교 문과학생인 박철의 발표를 듣고 그에게 마음을 빼앗긴다. 인애가 잠시 여행을 떠난 사이, 철이 그녀의 집에 하숙생으로 들어온다. 시간이 흐를수록 철과 인애는 가까워진다. 졸업반이 된 두 사람은 함께 길거리를 걸어가다가 철의 급우인 이춘식과 우연히 마주친다. 춘식은 지역에서 이름난 부호 이웅호의 아들로 허랑방탕한 인물이다. 춘식은 인애에게 반하여 그녀를 따라다니지만, 얼마 후 철과 인애는 결혼한다. 어느 날 철의 친구인 김학수가 그를 찾아온다. 학수는 자신이 의사면허증도 없이 화류병에 걸린 사람들을 상대하면서 돈을 모으고 있다고 말한다. 그는 철의 집에서 하룻밤을 묵고 떠난다. 다음 날 철은 신문에서 학수가 웅호의 집에 침입하여, 만주에서 사용할 활동비 명목으로 이천 원을 훔쳐서 도주했다는 내용의 기사를 읽는다. 학수가 형사에게 붙잡히자, 철은 범죄자를 밤새 숨겨주었을 뿐 아니라 그에게 여비를 줌으로써 범죄 행위를 방조했다는 죄명을 뒤집어쓴다. 그는 형무소에 수감된 후 열악한 환경으로 인해 급격히 건강이 악화된다. 인애는 철의 소식을 듣고 보석금 오백 원을 마련하기 위해 백방으로 찾아다니지만 별 소득이 없다. 결국 인애는 춘식에게 정조를 팔아 보석금을 마련한다. 철은 감옥에서 풀려나지만 이미 목숨이 위태로울 지경에 이른다. 인애는 철에게 수혈을 해 주지만 철은 결국 세상을 떠나고, 인애 역시 무리한 헌혈로 사망한다. 학수는 두 사람의 억울한 죽음을 뒤늦게 알고 출감 후 춘식과 웅호의 악행을 세상에 폭로한다.

寂滅
全武吉 作

**【참고】** 본문 앞에 '寂滅 全武吉 作'이라고 표기되어 있다. 편집자는 연재를 중단한 뒤, 이 작품이 처음에는 '중편소설'로 기획되었다고 밝히고 있다. 여성 인물의 헌신적인 희생에도 불구하고 비극적인 상황으로부터 벗어나지 못하는 인물들의 암담한 현실을 보여 주고 있다.

## 전기성서지부인/傳記聖書之婦人 : 백병민. 부활운동1937.6-12.

**【내용】** 내용 생략.

**【참고】** 이 작품은 성서에 등장하는 여성 인물의 삶을 다루었다. 작자는 성모 마리아로 시작하여 세례 요한의 어머니 엘리사벳, 반우엘의 딸 선지자 안나, 유대인에게 멸시받는 사마리아 여인, 18년 동안 혈루병을 앓다 고침 받은 부인, 시몬의 집에서 예수의 발에 눈물을 뿌리고 머리카락으로 닦으

며 기름을 붓고 입을 맞춘 죄지은 부인, 예수께 치사를 받은 가난한 과부, 정치사상이 강하며 자기 아들만 위하는 살나미, 마르다와 마리아, 막달라 마리아, 사귀 들린 딸의 어머니, 가나안 여인, 자선가 과부 도르가, 자주 장사 두디아, 아굴나의 아내 브리스길나에 대해 다룬다고 밝히고 있다. 일종의 성경 인물 소개서로서 소설 작품으로 보기 힘들다. 《부활운동》에 1937년 6월부터 12월까지 7회 연재한 분량은 확인 가능하나 현재 1938년 출간된 분량을 구할 수 없어 이후의 연재 사항과 총 연재 횟수 확인이 불가능하다.

## 전도양양/前途洋洋 : 김팔봉. 중외일보1929.9.27-1930.1.23(97회 완).

**【내용】** 운희는 어머니 조 씨가 김덕배라는 자와 재혼하면서부터 수난을 겪는다. 덕배는 탐욕스러워 항상 운희에게 돈을 벌어 오라고 한다. 그는 자신이 전에 별장지기를 할 때의 주인이었던 경성 부호 윤일영에게 돈을 받고 운희를 첩으로 팔아넘긴다. 운희는 일영의 아이를 잉태하지만 얼마 후 버림받는다. 그녀는 친정으로 돌아가지만, 덕배의 구박을 이기지 못하고 가출하여 다시 일영의 집으로 간다. 그러나 일영은 그녀를 문전박대한다. 운희는 갈 곳을 잃고 길거리를 헤맨다. 고학생인 신춘호는 운희 모녀를 발견하고 자기 집으로 데려와 돌본다. 그녀는 기력을 회복하지만 딸은 사망한다. 운희의 사정을 안 춘호는 그녀를 돌보아준다. 그러나 이 일로 인해 춘호는 여자 유인죄로 경찰서에 불려 가고, 학교도 그만두게 된다. 시간이 지나고, 운희는 간호 일을 배워 병원에 취직한다. 어느 날, 그녀가 일하는 병원에 술에 취해 쓰러진 일영이 입원한다. 운희는 내키지 않지만 어쩔 수 없이 그의 간호를 담당한다. 일영은 간호부가 운희란 사실을 알고 당황하지만, 이내 그녀의 고운 모습을 보고 그녀를 내친 것을 후회한다. 그는 운희와 단 둘이 있는 기회를 틈타 그녀를 겁탈하려 한다. 같은 시각, 춘호는 운희 모친 조씨와 함께 운희가 일하는 병원으로 온다. 운희는 때맞추어 나타난 춘호의 도움으로 위기를 모면한다. 그 후 춘호는 인천 해상노동조합을 조직하고, 운희는 정미소 여공이 된다. 여름이 되자, 노동조합의 푸른 노동복을 입은 노동자들이 월미도 해수욕장에서 행복한 한때를 보낸다.

**【참고】** 연재 지면에 '映畵小說 前途洋洋 金八峯 作'이라고 표기되어 있다. 1929년 9월 24일자 《중외일보》 '新連載小說豫告'에 "나는 어느 때인가 이것을 실디로 영화화하려고 구성하엿든 것임이다. 종래의 조선 영화의 '스토리'로서의 결함을 보충하고 새로운 경향을 지여 보려고 하는 것이 나의 목뎍임니다"라는 작가의 창작 의도가 소개되었다. 1942년 평문사에서 '再出發'로 개제하여 단행본으로 출간하였다. 어려운 성장 시절을 보낸 두 남녀가 사랑과 노동을 통해 앞날에 대한 희망을 발견한다는 내용을 담고 있다. 작중인물의 계급적 인식과 행동보다는 선악의 이분법적 갈등 구도에 기반한 통속적인 측면이 서사의 대부분을 차지하고 있다.

## 전락/轉落 : 차자명. 조선일보1936.1.24-2.22(24회 완).

**【내용】** 물방아골에는 칠룡이, 얌전이, 총각이 등의 농민들이 모여 농사를 짓는다. 그중 노멀정이는 어여쁜 아내와 함께 단란한 생활을 꾸려가려고 이 마을에 들어왔지만 10여 년이 지난 지금의 삶은 참담할 정도로 고단하기만 하다. 그러던 어느 날 악천후 때문에 농사를 짓는 일 자체가 어려워진다.

**【참고】** 신춘현상 당선작이다. 점차 어려워지는 생활고에 시달리는 농민들의 삶을 그린 것으로 단편 분량의 작품이다.

## 전망/展望 : 백철. 인문평론1940.1

**【내용】** 작가인 '나'는 친구 김형오를 주인공으로 하여 소설을 기획하고 있다. 그러나 형오의 갑작스러운 자살로 인해 소설은 완성되지 못하고, '나'는 괴로워한다. 형오는 동경의 K전문에서 정치를 공부하였으나 자신의 뜻을 펼칠 수 없음에 절망하고는 귀국한 인물이다. 폐병까지 걸린 그는 고독한 생활을 하지만 아들 기영을 생각하며 희망을 가진다. 그러나 기영은 유부녀와의 사이에서 낳은 자식이라, 형오는 그 앞에 떳떳이 나서지 못한다. 어느 정도 건강을 회복한 그는 중일전쟁이 발발하였다는 기사를 본다. 그는 급격하게 변화하는 아시아의 정세를 생각하며 들뜨지만 모든 것이 자신과는 상관없는 일이라는 것을 깨닫고는 시대의 낙오자가 된 것에 절망한다. 밤새 고민하던 그는 폭우로 인해 여자의 집이 휩쓸려 가 버린 것을 알게 된다. 더욱 상심한 그는 자살을 결심한다. '나'는 형오가 자살한 후 멍하게 지내다, 폭우로 인해 집을 잃은 고모네 일가와 같이 지내며 활기를 되찾는다. '나'는 고모의 며느리에게 관심을 가지며 그의 아들인 영철과 사이좋게 지낸다. '나'는 그녀와 결혼할 생각까지 하는데 영철이 어느 날 자신의 아버지라며 사진을 보여 준다. '나'는 사진 속의 인물이 김형오라는 것에 놀라며 그의 아들 기영이 바로 영철이었음을 깨닫는다. '나'는 그녀가 죽은 형오를 잊지 못한다는 것을 알고 마음을 정리한다. '나'는 영특하고 이성적인 영철과 같은 소년들이 동양의 미래가 될 것이라며 희망을 품는다.

**【참고】** 《인문평론》 1939년 12월호의 인쇄 사고로 인하여 1940년 1월호에 350매 전재되었다. 제1편 '殘花瓣', 제2편 '風雲記', 제3편 '少年交友錄'으로 구성되어 있다. 1편과 2편에서 작가인 '나'는 '김형오의 시'라는 부제 아래 김형오의 삶을 소개하고 있으며 '작자의 일기'를 통해 그에 대한 단상을 서술하고 있다. 3편에서는 '나'가 베일에 싸여 있던 김형오의 아들을 만나게 되는 독특한 구성을 보이고 있는 작품이다. 백철은 시대의 낙오자라는 자괴감에 빠져 자살한 김형오를 과거의 인물로 보고, '과학자의 이성과 냉정'을 지닌 그의 아들 영철을 동양의 미래를 책임질 수 있는 새로운 인간상으로 제시하고 있다. 작품은 중일전쟁 이후 더욱 확고하게 자리 잡은 일본의 패권을 인정하며 동양의 미래가 '과학자'에게 달려 있다고 전망한다.

전야/前夜 : 박종화. 조광1940.7-1941.10(15회 완) ; 영창서관1942.

**【내용】** 왕의 나이가 어려 외척들이 득세하자, 탐관오리가 들끓고 백성들은 가난에 허덕인다. 이하응은 나라의 이러한 현실을 안타까워한다. 그는 풍수 보는 지사와 함께 부모의 묏자리를 직접 찾아다니다가, 충청도 덕산 땅에 왕이 난다는 자리를 발견한다. 하응은 그곳에 묘를 쓰려 하지만, 그 땅은 절터인 데다, 탑이 세워져 있다. 그는 세도가인 김좌근의 힘을 빌려 탑을 허물고 부모의 묘를 쓴다. 얼마 후, 헌종이 후사 없이 승하하고, 왕족인 강화도령 원범이 왕위에 오른다. 외척인 안동 김 씨 일파의 세도는 더 강해지고 좌근과 그의 첩 기생 나합은 돈을 받고 벼슬자리를 파는 일을 서슴지 않는다. 하응은 마음속으로 왕권을 탐내면서도, 겉으로는 술과 도박을 즐기고 천민들과 어울리는 등 망나니처럼 행동하여 좌근의 견제를 피한다. 한편 왕실에서는 대왕대비 김씨가 승하하고 조씨가 대왕대비가 된다. 왕비 김씨가 왕자를 낳지만 이내 병으로 죽는다. 왕실의 종친 중 하나가 왕위를 이어야 하는 상황이 되자, 안동 김 씨 일파는 자신들의 세력을 유지하기 위해 왕족 중 뛰어난 사람들을 차례로 제거한다. 조정에서 왕위 다툼을 하는 동안 백성의 원성은 높아 간다. 하응은 마침내 때가 되었다고 판단하고 조 대비를 찾아가 자기 아들로 왕위를 잇고자 하는 뜻을 밝힌다. 조 대비는 하응의 뜻을 받아들여, 훗날을 기약하기로 한다. 하응은 희망을 안고 집으로 돌아와 아내, 계섬월, 친지들과 즐거운 시간을 보낸다.

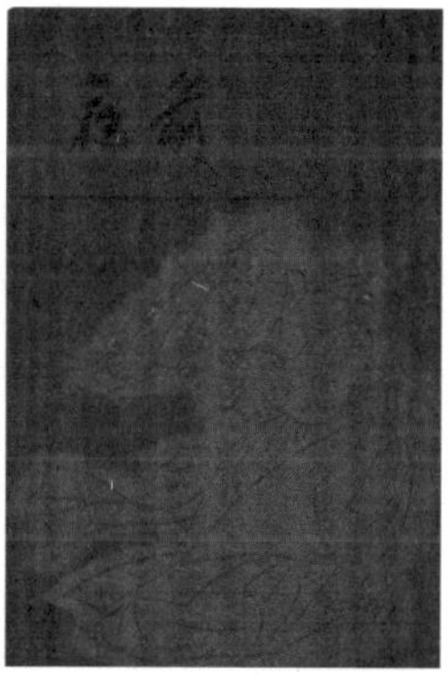

**【참고】** 「전야」는 「여명」, 「민족」과 함께 연작 3부작으로 논의되는 작품이다. 「전야」는 흥선군의 낙척(落拓) 시절을 배경으로 하고 있으며 「여명」은 대원군 집정기 천주교 탄압과 양요 퇴치의 전말을 소재로 민비와의 대립 갈등을 그리고 있다. 해방 이후 창작된 「민족」은 대원군의 실각으로부터 정치적 우여곡절 끝에 한일합방에 이르기까지의 역사를 그 배경으로 하고 있다. 세 작품은 대원군을 중심으로 구한말 격변하는 근세사를 조명하고 있다는 점에서 연작으로 평가된다. 또한 소설 말미에 '上篇終'이라고 표기된 것은 작가가 「전야」를 마무리하기 전에 후편을 기획하고 있었음을 알려 준다. 「전야」 3부작은 생생한 세태풍속의 묘사를 통해 당대 시대상을 실감나게 그려 내었다.

## 전원의 뇌명/田園の雷鳴 : 장혁주. 洛陽書院(日)1940(330면).

**【내용】**「여명기」 참조.

**【참고】** 일본어 소설이다. 이 작품은 1936년 1월 4일부터 8월 27일까지 《동아일보》에 연재했던 한국어 소설 「여명기」를 일본어로 번역·개작한 것이다. 1940년 11월에 낙양서원에서 기획한 개척문예선서(開拓文藝選書) 제1집으로 간행되었다. 경상북도의 산골 마을을 배경으로 유교적 사회를 살아가는 인간 군상의 이기심을 다룬 작품이다. 구태의연한 유교적 관습에서 벗어나지 못하여 쇠락해 가는 양반의 행태와 그 몰락의 과정, 교활한 처세술로 자신의 실속을 차리기 위해 동분서주하는 인물들을 형상화하고 있다. 일본어로 옮기면서 정치적인 내용이 삭제되고 많은 부분이 수정되었다. 국책 문학으로 발간되었지만 일제에 대한 우회적인 저항적 자세를 엿볼 수 있는 설정과 표현이 많아서 친일적인 국책 문학으로 보기 어렵다는 평가도 있다.

## 전쟁과 연애/戰爭과戀愛 : 김동환. 조선일보1928.3.10-11.20(109회 완).

**【내용】** 평양 대성학교에서 서북의 열혈남아를 키우던 이 교장은 만주로 나와 두만강 변 서수라 지역의 조선인 마을에 정착한다. 얼마 후 그는 인재와 돈을 마련하기 위해 시베리아의 알라스카 금광으로 떠난다. 십 년 후 이 교장은 그곳의 동포 사백여 명이 모은 20만 원을 가지고 청년 오세복과 고국에 돌아오지만 두만강 변에서 중국 불한당에게 돈을 빼앗기고 총에 맞아 절명한다. 한편 이 교장의 딸 칠련과 팔련은 총소리가 난 후 세복이 시신을 이고 마을에 나타나자 놀란다. 그들은 그 시신이 자신들의 부친이라는 것을 알고 슬퍼한다. 칠련은 부친의 원수를 갚기 위해 중국 불한당의 뒤를 쫓으려 한다. 하지만 세복은 '원수는 불한당이 아니라 남쪽에 있다'고 말한다. 장례를 치른 날 밤 칠련은 어머니를 모시고 세복과 함께 서울로 향한다. 그들은 재령 금광주 김창재의 농간에 돈을 빼앗기고 수표교 부근 창재의 판잣집에서 기거한다. 그곳에서 지내며 주어진 일을 열심히 하던 세복과 칠련은 자연스레 서로 사랑하는 사이가 된다. 그러던 어느 날, 세가 밀렸다는 이유로 집주인이 판잣집을 철거하려 하자 칠련은 서울 화동 창재의 집에 불을 지르고, 팔련은 창재를 집으로 유인해 중상을 입힌다. 하지만 이 일로 칠련의 모친은 창재의 발길에 차여 죽고, 세복은 감옥에 들어가게 된다. 칠련은 세복을 살리고 돈도 되찾기 위해 결국 창재의 후처로 들어간다. 세복은 그녀가 변심했다고 오해한다. 6개월 후, 세복은 재령 금광에서 만난 팔련을 칠련으로 오인하여 겁탈하고, 팔련은 세복의 아이를 잉태한다. 세복은 팔련에 대한 죄책감에 괴로워한다. 그는 광산의 동지들을 모아 광산 파업을 주도한다. 세월이 흐른 후 세복은 칠련과 재회한다. 그는 여전히 칠련을 오해하여 그녀를 칼로 찌르지만, 그녀의 진심을 알고 동지로 받아들인다. 그 후, 칠련은 전쟁을 위한 연애를 생각하며 세복과 함께 사회변혁 운동에 뛰어든다.

**【참고】**《조선일보》 연재 지면에 '戰爭과 戀愛 金東煥 作'이라고 표기되어 있다. 5월 10일부터 9월 20일까지 휴간한 영향 때문인지, 소설 후반부 내용에 비약이 많다. 작가는 9월 21일 55회 연재를 다

시 시작하면서 '전작까지의 경개'를 밝히고 있다. '전쟁과 연애의 조화로운 이중주'라는 작가의 주제의식에 비해 실제 작품의 구성이나 사건 설정 등이 우연과 과장 등 통속적 요소로 점철되어 있다.

## 젊은 교사/젊은敎師 : 성해. 조선일보1924.12.3-1925.1.18(40회 완).

**【내용】** 영민은 S보통학교 교사로 일하고 있다. 그는 궁벽한 시골 학교에서 3년 동안이나 있었다며 동료 교사인 D에게 한탄한다. 아이들에게 거짓을 가르치는 자신이 싫다는 것이다. 영민과 D의 이야기를 듣고 있던 K는 자신이 5년째 교원 노릇을 하고 있지만 이 생활에 만족한다고 말한다. 영민은 생활에 안주하는 K를 경멸한다. 미묘한 신경전 끝에 K가 자신의 집에서 술을 마시자며 청한다. 술자리에서 영민은 모순에 찬 생활을 정리하고 목숨을 끊겠다며 울먹인다. 술자리에 있던 동료 교사들은 모두 의아해하고, K는 자신의 이야기를 들려준다. 스물두 살 때 사범학교를 마친 K는 북쪽에 있는 보통학교로 발령을 받아 교원 생활을 시작한다. 동료 교원들과 잘 어울리지 못하던 K는 새로 부임 온 여교원과 가까워져 친하게 지낸다. 얼마 후 둘의 사이가 심상치 않다는 소문이 퍼지고, 여교원이 교장한테 불려가 훈계를 듣는 일이 벌어진다. 다음 날 K와 여교원은 학교를 그만두고, 항구 도시에 들어간다. 그러나 가난한 생활을 견디다 못해 고향에 있는 S보통학교에 자리를 잡은 게 5년 전이라는 것이다. 영민은 생활을 위해서는 뭐든 할 수 있다는 K를 다시 보게 된다. 다음 날 중학 동창이 영민을 찾아온다. 동창은 사회주의자가 되어 궁핍한 시골마을까지 찾아다니는 중이다. 영민은 그를 보며 자신의 무료한 생활에 염증을 느낀다. 오직 먹을 것을 위해 일하는 자신과는 다르게 동창은 자신의 뜻을 가지고 있다고 생각한다. 마침 영민의 집에 동료 교사들이 찾아오고 술자리가 벌어진다. 그 자리에서 영민의 동창은 사회주의에 대해 일장연설을 한다. 동료 교사들은 그가 미친 것이 아닌지 실소한다. 며칠 후 교장이 영민을 호출하여 사회주의자 친구와 연락을 하지 말라고 경고한다. 영민이 쓴웃음을 지으며 삐딱한 태도를 보이자 교장은 그가 사회주의자가 되었음이 분명하다고 생각한다. 이후 영민은 검거되었다가 풀려난다. 그는 그 길로 학교를 사직하고 마을을 떠난다. 얼마 후 동료교사들에게 '살기 위해 양심을 속이고 아이들을 가르치는 것이 고통스러웠다, 이 모순된 삶을 멈추는 것은 죽음뿐이며 죽음이 모든 것을 해결해 줄 것이다'라는 영민의 편지가 도착한다. 그러나 이 편지는 동료 교원들 사이에 웃음거리만 될 뿐이다.

**【참고】** 연재 지면에 '젊은 敎師, 星海'라고 표기되어 있다. 이익상이 '星海'라는 필명으로 집필한 것이다. 교직에 뜻을 두었던 젊은 교사가 아이들을 속이는 '모순된 삶'에 회의를 느끼고, 끝내 죽음을 선택하는 과정을 그리고 있으나 '모순된 삶'의 원인을 구체적으로 밝히지는 않고 있다. 아이들을 위한 참교육이 좌절되고, 대의를 실천하며 살기보다는 안일한 일상에 회의를 느끼던 '젊은 교사'의 고뇌가 끝내 웃음거리로 전락하고 만다는 설정을 통해, 당대의 젊은이들이 지향해야 할 가치 있는 삶에 대한 모색 과정을 보여 주고 있다.

## 젊은 그들 : 김동인. 동아일보1930.9.2-1931.11.10(327회 완) ; 영창서관1948.

**[내용]** 대원군이 민비 일파에 의해 실권하자, 대원군의 오랜 지기였던 이활민은 민비 일파로 인해 몰락한 명문가 자제 20명을 모아 활민숙이라는 학당을 차린다. 활민은 그들에게 신학문과 무예를 가르치며 대원군의 재집권을 꾀한다. 그러한 활민숙 숙생들 가운데 이인화는 동료인 안재영이 유년 시절 자신의 정혼자라는 사실도 모른 채, 여자임을 숨기고 비밀스레 활약한다. 한편 재영은 이를 알고 있으면서도 복수를 위하여 그 사실을 드러내지 않는다. 그러던 어느 날, 자객 명인호가 대원군의 생명을 노리고 운현궁에 침입했다가 재영에게 붙잡히는 사건이 발생한다. 이때 인화는 명인호가 부모가 맺어 준 정혼자라 착각하고 재영을 외면한다. 이에 상심한 재영은 심리적 반발로써 기생 연연이와 가깝게 지낸다. 그 후 재영은 어영대장 민겸호 집의 원앙각에서 열리는 비밀회의에 잠입했다가 식객인 최 진사에게 신분이 발각되어 총살형을 당할 위기에 놓이나 연연의 도움을 받아 구사일생으로 빠져나온다. 그동안 인화는 스승을 통하여 재영이 자신의 정혼자라는 사실을 알게 되고, 살아 돌아온 재영과 사랑에 빠진다. 한편 민씨 일파가 군인에게 지급해야 할 군량에 모래를 섞어 지급한 일이 발단이 되어 임오군란이 일어난다. 이에 대원군이 다시 권력을 장악하자 활민숙 숙생들도 활기를 되찾는다. 그러나 대원군이 청나라에 납치되고 청국의 지원을 받은 민씨 일파가 다시 득세함에 따라 이활민과 활민숙 숙생들은 독배를 마시고 자결한다. 재영과 인화도 한강의 배 위에서 함께 독배를 마시고 비극적 운명을 마친다. 연연은 재영의 아이를 낳아 아이와 더불어 살아간다.

**[참고]** 연재 지면에 '젊은 그들 金東仁 作'이라고 표기되어 있다. 김동인의 최초의 장편소설로, 임오군란 전후의 시대를 배경으로 대원군의 재집권을 위한 그의 추종자들의 활약을 다루고 있다. 《동아일보》 1930년 4월 16일자에 '長篇 젊은 그들 金東仁 作'의 連載小說豫告가 실려 있다. 작가 자신은 이 작품에 대해 "일본에 있어서의 시대물과 같은 것으로서 조선에서의 첫 시험이었다. 배경은 역사에 두고 가상의 인물을 중요한 줄거리에 집어넣었다. 그러나 역사소설은 아니요, 거기 나오는 인물은 대원군 그 밖 1, 2인을 제외하고는 죄 가공인물이었다"고 술회한 바 있다. 여기에서 말하는 '시대물'이란 1920년 전후에 일본에서 유행했던 일종의 통속적인 역사소설을 말한다. 예컨대 에도 시대를 배경으로 한 무사들의 의리와 무용담을 그린 작품들을 일컫는데, 이 소설의 내용은 그러한 일본 시대물의 형식인 복수 위주의 활극과 흥미로운 연애담 그리고 집단적 자살이라는 구성을 따르고 있다. 그런 관점에서 작가 자신은 「젊은 그들」을 신문소설로서의 통속소설이라 지칭하였다. 1930년 3차 정간(4.17-9.1) 해제 후 속간된 9월 2일자에 연재본 첫 회가 실렸다.

## 젊은 꿈/젊은삶 : 이광수. 박문서관1926.

**【내용】** 상해에서 독감으로 고생하던 '나(임보형)'는 청나라 옷을 입은 어떤 여인에게 간호를 받는다. 몸이 완쾌된 '나'는 간호를 해 준 여인을 찾지만 이미 그녀는 떠난 뒤다. '나'는 책상 서랍에서 '김일련'이라는 이름이 적힌 편지를 발견하고, 간호를 한 사람이 예전에 짝사랑했던 여인임을 알게 된다. 6년 전 동경 유학 중이던 '나'는 친구 김일홍의 누이 김일련에게 사랑을 느낀다. '나'는 결혼한 처지임에도 불구하고 일련에게 구애를 하지만 거절당한다. 실의에 빠진 '나'는 방황을 거듭하다가 상해까지 이르게 된다. 얼마 후 '나'는 블라디보스톡으로 향하던 의용함대에서 일련과 다시 만난다. 일련은 어느 대학생과 열렬한 사랑을 하다가 그가 병으로 죽자 베를린으로 유학을 가던 중이다. 항해 도중 배가 수뢰에 부딪쳐 난파되고 '나'는 극적인 순간에 일련을 구조해 낸다. 설원을 가르는 기차에 동승한 일련과 '나'는 한 치도 예측할 수 없는 미래를 생각하며 정처 없이 길을 떠난다.

**【참고】** 이광수의 단편소설 「어린 벗에게」(청춘, 제9호,1917)를 고친 것으로, 작품집 『젊은 삶』에 수록되어 있다. 작품집에 수록된 이 작품은 활자본 86면으로 꽤 많은 분량이다. 작품집 『젊은 삶』에는 이 작품 외에도 「어느 日曜日부터 月曜日까지」, 「血書」, 「엇던 아츰」, 「H君을 생각하고」가 실려 있다. 작품집의 서문에서 작가는 이 작품에 대해 다음과 같이 설명하였다. "머리편인 「젊은 삶」은 一九一四년에 써서 《靑春》이라는 잡지에 발표하엿던 것이다. 一九一四년은 내가 스물네 살 적이요, 일년 동안 지나와 시베리아에 방랑의 길을 것고 돌아와 시골학교에서 다시 아희들을 가르치는 일을 할 쌔다. 이것은 그쌔에 내 젊은 가슴에 잇던 삶의 자최다. 나는 처음에는 이것을 「어린 벗에게」라고 불럿다. 그것은 이 니야기가 전부엇던 사랑하는 벗에게 보내는 편지투로 되엇던 까닭이다." 이광수의 동경 유학 시절 경험을 바탕으로 쓴 소설로, 주인공 '나' 와 한 여인에 대한 이야기가 서간문 형식으로 서술되었다. 「어린 벗에게」가 국한문혼용체로 쓰인 것에 반해 「젊은 꿈」은 순한글로 쓰였으며, 내용과 구성 면에서 크게 달라진 것은 없다. 국립중앙도서관 소장 박문서관본을 텍스트로 내용을 정리했다.

## 젊은 날의 한 구절/젊은날의한句節 : 채만식. 여성1940.5,7-8,10-11(5회 미완).

**【내용】** 안국동 골목에 있는 조그만 하숙집에 여학생 소진과 금융조합 이사견습생 강윤달, 사립 전문 졸업반에 다니는 박도영, 인쇄소에서 교정 일을 하는 한두식이 하숙을 하고 있다. 이 하숙집의 주인인 강 씨 노인은 집을 나간 큰딸을 대신하여 외손주 병순과 말괄량이 어린 딸 남수를 키우고 있다. 소진은 어린 남수를 곧잘 돌봐 주며 살갑게 대한다. 고학을 한 윤달은 중학을 마친 후 4년 동안 회사를 다니며 저축하여 그 돈으로 전문을 마치고 금융조합의 이사 후보로 취직이 된 성실한 청년이다. 벽 하나를 사이에 두고 윗방에는 도영과 두식이 머물고 있다. 도영은 두둑한 뱃심을 가진 청년이고, 두식은 책읽기에 미쳐 낙제를 수시로 하던 문학청년이다. 그는 부친의 고리대금업을 돕다 뛰쳐나와 신문기자니 잡지사 기자니 쫓아다니기도 했고, 지금은 인쇄소에 다닌다. 유복녀로 자란 소진은 돌이 겨우 지났을 때 어

머니마저 여의고 고아로 자라 언제나 가족들의 따뜻한 정을 그리워한다. 윤달은 다소곳하고 검소한 소진과 사귀고 싶어 하고, 도영과 두식 또한 은근히 소진을 마음에 두고 있다. 어느 날 이들은 다함께 나가 점심을 사먹고 창경원에 놀러간다. 청년들은 어울려 술을 마시러 가고, 소진은 남수를 데리고 먼저 집으로 오는데 낯선 남자가 하숙집에 와 있다. 소진의 방에서 10년 동안 머물렀다는 전창선은 소진과 통성명을 하고, 소진은 그의 잘생긴 외모에 반한다. 같이 나갔던 청년들이 술에 취해 들어와 왁자지껄하게 창선을 반긴다. 그들은 창선과 다시 어울리며 막막한 현실에 답답함을 토로한다. 만주 진출이 실현된다는 얘기 등 세상 돌아가는 이야기를 나누던 이들은 자신들 모두 소진에게 마음을 두고 있음을 알게 된다. 그들은 창선이 결코 만만한 상대가 아님을 깨닫고 불안해한다.

**【참고】** 전체 5장으로 구성되어 있다. 《여성》 1940년 5월호에 '1.五月의 하늘처럼' 이라는 장 제목이 보이나 7월호에는 소제목도 없고 몇 장인지도 표시되어 있지 않다. 1940년 8월호는 순서상 3회이나 제목 앞에 '連載小說(第2回)' 로 잘못 표기되었다. 그러나 '3.第四人物' 이라 하여 장 제목이 보인다. 1940년 10월호에는 '4.紅潮의 口實', 11월호에는 '5.사나이들만의 세계' 라 하여 장 제목이 붙어 있으나 6회로 회차가 잘못 표기되었다. 5회 말미에 '三五頁 繼續' 이라 되어 있으나 다음 연재분 없이 미완으로 중단되었다. 여학생 소진에게 관심을 갖는 청년들 앞에 새로운 청년이 등장하여 소진의 마음이 흔들리는 장에서 끝나고 있어 장편소설의 도입부로 보이나 전체 내용을 확인할 수 없고, 따라서 전체적으로 평가하기도 어렵다. 그러나 작은 하숙집에 든 청년들의 왁자지껄한 일상 속에 비친 우울한 정서는 식민지시대 청년들의 답답한 심정을 반영하고 있는 것으로 보인다.

## 젊은 아내 /젊은안해 : 방인근. 매일신보1939.11.5-12.27

**【내용】** 유명한 화가인 소당은 상처한 후 자신의 모델이었던 송희라는 젊고 아름다운 여자를 후처로 맞는다. 송희는 소당에게 점차 싫증을 느끼며 남편의 젊은 제자인 호월에게 호감을 갖는다. 호월에게는 순진하고 아름다운 애련이라는 애인이 있지만, 송희는 아랑곳하지 않고 호월을 유혹한다. 송희와 호월은 밀회를 계속하다가 애련에게 들킨다. 애련은 호월을 설득하려 하지만 호월은 송희의 유혹에서 벗어나지 못한다. 마침내 송희는 소당과 이혼하고 호월과 함께 지내게 된다. 촉망받는 젊은 화가였던 호월은 송희와 동거를 시작하면서 그림을 버리고 방탕한 생활을 한다. 애련과 소당은 이들을 가련하게 여겨 익명으로 도와준다.

連載小說
젊은안해 (5)
方仁根 作
尹喜淳 畵

송희는 호월과의 동거 생활이 불행한 데다가 깊은 병에 걸리자 절망하여 음독자살한다. 호월은 송희가 자살하자 자신의 방탕한 삶을 뉘우치고 다시 그림을 그리겠다고 다짐한다. 한편 호월과 송희의 관계 때문에 소당 집에 드나들던 애련은 소당에게 끌리게 된다. 소당은 애련의 감정을 알면서도 애련과 자신의 나이 차 때문에 고민한다. 그러나 소당은 결국 애련의 사랑을 받아들이고 다시 한 번 젊은 아내를 맞이한다. 애련은 살림에 재미를 붙여 가며 행복한 결혼 생활을 시작하지만 나이 차이가 많이 나는 소당에게 차츰 불만을 갖는다. 그러던 중 취미로 성악 공부를 시작한 애련은 젊고 멋진 성악 선생 김준석과 연애를 시작한다. 애련이 불륜을 저지른다는 것을 알게 된 소당은 낙심하여 만주에 있는 딸의 집으로 가 버린다. 그곳에서 소당은 진심으로 반성하고 있으며 소당이 돌아오기만을 기다린다는 애련의 편지를 받는다. 소당은 고민하다가 결국 애련을 용서하기로 마음먹고 집으로 돌아간다.

**【참고】** 연재 지면의 제목 앞에 '短篇小說' 이라고 표기되어 있으나 1942년 남창서관에서 출간된 단행본의 표제 앞에는 '長篇小說' 이라고 표기되어 있다. 나이 많은 화가 소당이 젊은 아내를 두 번이나 맞게 되면서 겪는 애정갈등을 흥미 위주로 그리고 있어 통속성이 강한 작품으로 평가된다.

## 젊은 어머니 : 박화성 외. 신가정1933.1-5(5회 완).

**【내용】** 현우희는 음식점을 하며 아들 진웅과 딸 유광을 키우고 있다. 남편은 사상 사건에 연루되어 육 년 전 집을 떠났다가 죽은 지 2년여가 되어 간다. 아직 젊고 아름다운 우희 곁에는 남편의 친구였던 채 주사와 김 선생이 수시로 드나들며 아는 체를 하고 있다. 그리고 또 한 명, 남편이 죽은 지 얼마 안 되어 들어온 요리사 민상이 있다. 과거를 알 수 없는 수수께끼 같은 인물인 민상은 사상 쪽에 관련된 책도 부지런히 읽으며 범상치 않은 기색을 보인다. 우희는 조용하고 믿음직한 민상에게 마음을 두고 있다. 민상도 우희를 좋아하지만 자신의 가난한 처지를 생각하며 선뜻 우희를 받아들이지 못한다. 그러던 어느 날 채 주사가 우희에게 청혼을 해 온다. 우희는 이를 고민하다가 민상에게 상의하려 한다. 그러나 민상은 우희의 말을 채 듣지 않고 밖으로 나간다. 술이 취해 밤늦게 들어온 민상은 만신창이가 되어 있다. 우희는 그를 걱정하는데 다음 날 신문에 어떤 괴한이 ○○은행과 은행 지배인인 채 주사의 집에 폭탄을 투척했다는 기사가 실린다. 민상과 우희는 서로의 애틋한 마음을 확인하지만 민상은 체포되어 구금된다. 얼마 후 우희는 그가 남편과 함께 사상운동을 하였던 동지였다는 것을 알게 된다. 우희는 남편이 집을 떠나며 아이들에게 힘찬 어머니가 되어 달라고 부탁하던 것을 떠올린다. 민상과 관련된 사건 때문에 음식점을 못하게 된 우희는 재봉 일로 생계를 이어 가는 동시에 무산아동들을 위하여 야학을 연다.

**【참고】** 제목 앞에 '連作小說' 이라고 표기되어 있다. 1회 박화성, 2회 송계월, 3회 최정희, 4회 강경애, 5회 김자혜 순으로 연재하였다. 《신가정》 1933년 8월호에 '연작소설 '젊은 어머니' 에 대한 촌평' 이

라는 제목으로 박화성이 각 연작에 대한 평을 실었다. 여러 작가들의 연작이라 인물들의 성격이 일관되지 못하며 사건의 개연성 또한 떨어지는 작품이다. 박화성 또한 이를 작품의 큰 결점으로 지적하고 있다. 사적 욕망에 흔들리던 '젊은 어머니' 우희는 결국 무산아동들의 어머니로서의 삶을 선택하는데 이러한 '힘찬 어머니' 상은 혼란한 시대와 남성 권력이 당대의 여성들에게 요구하던 삶이다.

## 젊은 용사들/젊은勇士들 : 신정언. 소년1939.7-12(6회 미완).

**【내용】** 창해국의 상대부로 있는 여방은 진나라의 시황이 장생불사의 명약이라며 사방으로 산삼을 찾고 있다는 소문을 듣는다. 그는 산삼이 많은 창해국에 혹시 진나라 무리가 들어올까 걱정한다. 또한 중대부 도전각이 그의 동생 여해를 참소한 사건으로 인해 안팎으로 골머리를 앓고 있다. 마침내 여해가 옥에 갇히게 되자 여방은 아들 여민옹을 시켜 동생을 몰래 탈옥시킨다. 그는 동생에게 진나라로 들어가 그 정세를 살펴 운신의 기회를 노리라 한다. 한편 창해국 개골산에 서복이라는 자가 약초를 캐며 근근이 생활을 이어 가고 있다. 그는 시황의 횡포를 피해 망명한 한족으로 시황이 산삼을 찾는다는 말에 자신이 산삼을 찾아 시황에게 바치고 창해국의 제후가 되어 보겠다고 결심한다. 요행 끝에 산삼을 얻은 서복은 시황을 만나 산삼을 더 찾아오겠다며 동남동녀 각각 오백과 삼 년간의 말미를 얻어 다시 창해국으로 들어온다. 중대부 도전각을 매수하여 창해국의 임금을 만난 서복은 시황의 뜻이라며 삼 년간 창해국에서 산삼을 캐겠다고 한다. 임금은 그가 뇌물로 가지고 온 비단과 진의 위세를 생각하여 이를 허락한다. 금란동에 자리 잡은 서복과 동남동녀들은 점차 그 세를 불려 가며 무기 등도 만들어 장만하는 한편 산삼을 찾는다며 온 나라의 산을 파헤치며 돌아다닌다. 어느 날 산삼을 찾기 위해 제를 올리던 서복은 제단 앞에 나타난 장승이 진나라로 빨리 돌아가라며 호통 치는 것을 듣고는 크게 놀란다. 또한 금란동에 괴물이 나타나 무기 등을 죄 부순 사실을 알고 기겁하여 도망갈 궁리를 한다. 이는 모두 여민옹과 그의 친구가 발휘한 꾀였다. 제단 앞에 나타난 장승은 여민옹이었으며 무기를 없앤 괴물은 그의 친구 허비였다.

**【참고】** 외세를 물리치기 위해 슬기를 발휘한 소년들을 주인공으로 하여 민족의식을 고취하고 있는 작품이다. 앞부분에 진나라가 세워지기까지의 중국 정세와 한반도의 정세를 비교적 길게 소개하여 진의 위세와 약소국 창해국의 역사적 배경을 설명하고 있다. 그러나 작품은 진시황의 동아시아 정복의 야욕을 표현하기보다는 도전각과 서복의 도덕적 타락과 개인적 욕망이 한 나라의 운명을 좌지우지하는 힘으로 작용할 수 있음을 강조하고 있으며, 이를 물리치는 소년들의 슬기를 내세워 교훈적인 메시지를 전하는 데 주력하고 있다.

## 젊은이들/若い人 : 이경수. 국민신보1940.1.28, 2.4,11,18(4회 완).

**【내용】** 내용 생략.

**【참고】**《국민신보》 현상소설 가작 당선작이다. 일본어 소설이다. '중편소설' 이라고 표기되어 있다.

## 젊은이의 봄 : 신서원. 영창서관(연도불명, 239면).

**【내용】** 김대영은 젊은 나이에 이혼하여 홀로 된 누이동생 옥영을 매우 아낀다. 옥영은 대영의 친구인 민병주에게 호감을 가지고 있다. 병주는 사업 차 원산으로 떠나기 전 옥영이 지내는 인천 별장으로 와 대영, 옥영과 즐거운 시간을 보낸다. 그러던 중 옥영에게 전 남편 이종일의 지인이 찾아와 병에 걸린 종일의 치료비를 요구한다. 종일을 찾아간 옥영은 그가 심각한 병에 걸렸음을 알고 마음이 흔들린다. 결국 옥영은 대영을 속이고 집을 나와 종일의 곁에 머문다. 종일은 옥영의 간호를 받으며 건강을 회복하지만, 글 쓰는 일이 잘 되지 않자 술을 마시고 옥영에게 화풀이를 한다. 그러던 어느 날 종일이 외출한 사이 옥영이 교통사고를 당한다. 대영은 신문에서 옥영의 사고 소식을 접한 후 그녀를 찾아오고, 자초지종을 듣고 동생을 고생시킨 종일을 원망한다. 대영의 극진한 간호 덕분에 옥영은 차츰 건강을 회복한다. 대영은 옥영이 퇴원한 후 자신의 집에 머물기를 바라지만, 옥영은 종일과 대영 사이에서 어쩔 줄을 몰라 고민한다. 결국 옥영은 편지를 써 놓고 두 사람 모르게 퇴원하여 외삼촌댁으로 향한다. 한편, 옥영의 행방을 몰라 애태우고 있는 대영과 종일에게 원산에서 돌아온 병주가 나타난다. 병주는 남대문 정류소에서 옥영이 어떤 사내와 함께 있는 것을 보았다고 말한다. 종일은 급히 남대문 정류소로 향하고, 그곳에서 외삼촌과 함께 있는 옥영을 만난다. 결국 대영은 옥영과 종일의 결혼을 승낙하고, 두 사람은 신의주로 가서 새로운 삶을 시작한다. 종일은 신문에 글을 실어 유명인사가 되고 옥영은 행복한 나날을 보낸다. 그러나 얼마 지나지 않아 종일은 폐병이 재발해 쓰러져 숨을 거두고 만다. 옥영은 예전 별장으로 돌아와 혼자 살아가야 할 자신의 운명을 실감한다.

**【참고】** 숙명여대 도서관 소장 영창서관본 표지에 '젊은이의 봄 羅彬 作', 속표지에 '長篇小說 젊은이의 봄 永昌書館', 본문 첫 장에 '젊은이의 봄 曙園 作' 이라고 표기되어 있다. 판권지 유실로 발행 연도를 확인할 수 없다. 나도향의 초기 단편 「별을 안거든 우지나 말걸」, 「十七圓五十錢」, 「녯날꿈은 蒼白하더이다」, 「젊은이의 시절」, 「銀貨, 白銅貨」, 「春星」, 「撞着」 등 일곱 작품과 합철되어 있다. 그러나 '서원' 혹은 '신서원' 은 나도향의 필명이 아니다. 신서원은 1930년《동아일보》 신춘문예에 희곡 「물방앗간」으로 당선된 작가이다. 신서원의 작품 「젊은이의 봄」이 나도향의 작품과 합철된 이유는 알 수 없다. 본문에 앞서 "愛의 赤魂에는 무엇을 쓰고자 하엿나? 두말할것 업시 나의 靑春期에 經驗한 것 부듸친 것의 모든 것이다" 라는 서문이 붙어 있다. '序' 의 끝에 '申曙園識' 라고 표기되어 있다.

## 점경 /點景 : 박태원. 家庭の友1940.11-1941.2(4회 완).

**【내용】** 실연의 상처를 안은 영식은 문득 어렸을 적 자신을 키워 주었던 유모가 생각나 그를

찾아간다. 팔송으로 가는 차를 놓쳐 칠십 리 거리를 걸어갈 양으로 길을 나서지만 채 십리도 못가 지친 영식은 지나가는 트럭을 세워 얻어 탄다. 한창 차를 달려가던 중 길가에서 손을 흔들던 여자를 운전수가 안면이 있는 듯 태워 준다. 운전수와 대화를 나누는 여자는 여염집 아낙처럼은 보이지 않는다. 영식은 그 여인이 어릴 적 친구 정순이인 것 같으나 아는 체하지 않는다. 팔송에서 내린 영식은 물어물어 자신의 어릴 적 유모 집을 찾아간다. 십 년 만에 찾은 마을은 모든 것이 바뀌어 있다. 마을의 개울가에서 영식은 어릴 적 친구인 옥히와 우연히 만난다. 마을 장을 구경 나온 영식은 잠시 옥히의 선물을 살까 고민하다 그만둔다. 길을 배회하던 영식은 정순이 있을 법한 식당을 발견하고 들어간다. 그곳에서 우연히 운전수를 다시 만난 영식은 그와 술자리를 함께 한다. 영식은 정순이 작부가 된 것을 알게 된다. 술자리가 제법 무르익었을 때, 나갔다던 정순이 들어와 술을 따르며 영식을 아는 체한다. 정순은 작부가 된 자신을 확인하려고 왔냐며 비꼬아 말한다. 영식은 무안한 마음에 정순이 안쓰러워진다. 그는 늦은 시각 술자리를 파하고 돌아오며 단순한 호기심에 옛 동무들을 잠시나마 마음속으로 재 보았던 자신의 태도를 반성하고, 내일 아침 집으로 돌아가 새로운 출발을 하리라 생각한다.

**【참고】** 제목 앞에 '長篇小說'이라 표기되어 있고 4회 연재되었으나 중편 정도의 분량이다. 농촌의 처녀들인 옥히와 정순을 제 마음대로 재 보았던 것을 반성하는 도시 청년 영식의 모습을 그리고 있다. 일제 말기 관변잡지인 《家庭の友》는 1936년 12월 조선총독부 산하 조선금융조합연합회가 《家庭之友》로 창간하였으나 1938년 8월 제13호부터 '국어 보급'을 이유로 '家庭の友'로 제호를 바꾸었다. 이후 《家庭の友》는 1941년 4월 다시 '半島の光'으로 제호를 변경한다. 농촌 부인을 대상으로 한 잡지의 특성상 주로 의생활, 식생활, 보건·의료, 오락·문화, 부인 문제, 농촌 생활 개선 등의 기사를 실었다.

## 정/情 : 안영섭. 남창서관1943.

**【내용】** 미확인 작품.

**【참고】** "이 작품은 목사이며 지금은 변호사인 임성학과 그를 둘러싼 여성들 간의 애정 갈등을 다루었다. 한편으로 작품 곳곳에 충만한 주인공의 연설적인 어투는, 시국에 임하는 국민의 정신적 자세를 논한 것으로 볼 수 있다. 그가 당면한 목표는, 묵시록의 '올바른 해석'을 통해 현재 정세를 올바르게 파악하고, 도래해야 할 세계가 일본 정신으로 지도되어야 할 것임을 깨닫게 하는 것, 그리고 이에 입각한 교회의 개혁이었다. 기독교와 불교와 국가주의를 뒤섞어 놓은 논리가 주인공의 성실해 보이는 입에서 나오는 것을 보면 묘한 느낌이 드는 것을 금할 수 없다. 그러나 이것도 원래 사회에 봉사하려는 주인공의 정신에서 출발하고 있다. 이 작품에서도 주인공 임성학의 일은 벽촌의 교회에서 교육에 종사하는 데에서부터 시작한다. 즉 이러한 말단의 대중소설 속에서조차 사회와 문화의 개혁과 봉사라는 주제가 반복적으로 저변에 흐르고 있다는 사실을 주목한다." 『한국문학연구』(베틀북2000, 560면)에서 정보를 얻었다.

## 정거장 근처/停車場近處 : 채만식. 여성1937.4-10(7회 완).

**【내용】** 덕쇠는 정거장 근처에서 지게벌이로 생계를 이어 가는 청년이다. 그는 평소 가정에 충실하지 못한 남편이고, 그의 아내 이뿐이는 덕쇠에게 시집온 첫날부터 모진 시어머니 밑에서 가혹한 시집살이를 하고 있다. 덕쇠는 우락부락하게 생긴 외모에 성격도 우직하여 현실적인 판단을 내리기보다는 언제나 감정이 앞서는 인물이다. 그는 곧잘 집을 나가서 날을 새고 들어오기 일쑤이며, 노름에 빠져 세월 가는 줄을 모른다. 밥 굶기를 예사로 하던 어느 날 덕쇠는 술장수인 춘삼의 후대를 받게 된다. 그리고 춘삼에게서 묘한 제의를 받게 되는데 덕쇠의 아내 이뿐이를 1년만 자기에게 맡기면 장사밑천으로 백 원을 대주겠다는 것이다. 덕쇠는 춘삼의 제의를 수락한다. 백 원으로 장사만 잘하면 가난도 벗고 아내도 되찾으리라 믿었던 것이다. 덕쇠에게 목돈이 들어오자 돈의 소유권을 놓고 노모와 싸움이 벌어지기도 한다. 그러나 덕쇠는 노름꾼들의 꼬임에 빠져 돈을 몽땅 노름판에서 잃게 된다. 정거장 주변에는 오래 전부터 시장이 형성되어 있다. 그 시장 바로 건너편은 분광업자들이 삼삼오오 모여 금을 캐는 금전판이다. 덕쇠는 백 원을 모두 날리고 허탈해하다가 금광 노동자로 나선다. 금전판 일꾼으로 일하던 어느 날 그는 자기가 캐낸 것도 아닌 노다지를 삼켜 버린다. 그 값으로 그는 졸경만 치르고 결국 금광에서도 쫓겨나게 된다. 그러는 사이 아내는 다른 사내와 눈이 맞아 달아나 버리고 만다. 살 길이 막막하던 덕쇠는 노모와 만주행 기차에 오른다.

**【참고】** 제목 앞에 '中篇小說'이라고 표기되어 있다. 금전판에서 술장사로 한몫을 보고 있는 춘삼의 탐욕스러운 제안과 배고픔으로 인해 덕쇠는 아내마저 걸고 일생일대의 내기를 하지만 결국 실패하고 모든 것을 잃은 채 조국을 떠나게 된다. 식민지시대 가난한 노동자들의 궁핍한 생활상과 하층민의 몰락을 사실적으로 풍자한 작품으로 평가받는다. 일제의 산금장려정책으로 인한 골드러시가 벌어지던 상황에서 재만식이 직접 경험한 금광 체험이 작품에 영향을 미쳤을 것이라는 논의가 있다.

## 정열/情熱 : 김동인. 대조1946.1-7.

**【내용】** 「정열은 병인가」 참조.

**【참고】** 《조선일보》에 연재 중단된 「정열은 병인가」를 다시 개제·개작한 작품이다. 영인본의 결호로 인하여 현재 《대조》 1946년 1월호에 연재된 1회밖에 확인이 되지 않는다. 따라서 전체적인 개작의 폭도 확인할 수 없다.

## 정열기/情熱記 : 엄흥섭. 조광1936.11-1937.2(4회 완) ; 한성도서주식회사1950.

**【내용】** H학원의 교사인 김영세는 월사금을 수합하는 데에만 관심이 있는 원장과 자신의 영달만 꿈꾸는 동료 교사들 사이에서 외로움을 느낀다. 그는 아이들의 삶을 개선할 수 있는 진정한 교육을 꿈꾸지만, '불온사상'을 가진 자들과 어울렸다 하여 교원 자격증조차 발급받지

못한 자신의 처지에서 한계를 느낀다. 무식하지만 강직한 성품을 가진 학원의 사환 문 서방은 영세를 물심양면으로 도와준다. 영세는 학원에서 개최하는 운동회를 성공적으로 수행하고 싶어 하지만 아무런 도움을 받을 수 없어 곤란해한다. 그 와중에 채영이라는 여선생이 새로 부임해 와서 숨통이 트인다. 자신과 같은 사명감을 가지고 있는 채영에게 영세는 곧 호감을 느끼고, 문 서방의 개입으로 둘은 이내 사랑하는 사이가 된다. 채영의 도움으로 운동회는 성황리에 막을 내린다.

**【참고】**《조광》 1936년 11월호부터 1937년 2월까지 연재된 중편 분량의 작품이다. 1938년 3월부터 8월까지 같은 지면에 속편 「명암보」가 발표된다. 이 두 작품을 합쳐 단행본 『정열기』가 된다. '정열기' 라는 제목으로 연재된 부분에서는 갈등이 두드러지지 않고 젊은 남녀 선생 두 명이 의기투합하여 성공리에 학교 행사를 치르는 데 초점이 맞추어져 있다. 그러나 「명암보」에서 두 사람은 외부 환경에 의해 결국 좌절하고 마는 구조를 이룬다.

## 정열기/情熱記 : 이기영. 성문당서점1948(282면).

**【내용】**「생활의 윤리」 참조.

**【참고】** 1942년 성문당서점에서 간행한 『생활의 윤리』(515면) 중 앞 9장까지의 내용만을 수록하여 출간한 작품이다. 1942년 간행된 『생활의 윤리』는 李駿烈이 발행자로 되어 있는 반면, 1948년 간행된 『정열기』는 저작 겸 발행자가 李鐘壽로 되어 있다. 이기영의 월북 시점이 1945년임을 감안할 때 「정열기」를 이기영이 직접 개제한 것이라고 보기는 어렵다. 어떤 이유에서 '정열기' 로 개제되었는지에 관해서는 밝혀지지 않았다. 1938년 《동아일보》에 연재되었던 이기영의 「신개지」 또한 1941, 1950년 세창서관에서 '순정' 으로 개제, 출판된 바 있는데, 이들은 모두 당시 어지러운 출판사 형편에 의해 생긴 기현상이라고 본다. 계명대 도서관에 소장되어 있다.

## 정열은 병인가/情熱은病인가 : 김동인. 조선일보1939.3.14-4.18(27회 미완).

**【내용】** 작가 서구는 인기가 많아 주변에 항상 여자들이 모인다. 그 또한 여자들과 가볍게 만나며 지내지만 아내 보현에 대한 애정만은 변함이 없다. 보현 또한 그런 서구를 이해하며 내조에 성심을 다한다. 서구에게는 여자전문학교 음악과 최상급에 다니는 여동생 연이가 있다. 연이의 친구 채옥은 서구를 사모하여 따르지만 서구는 채옥을 점잖게 타이르며 거리를 둔다. 보현은 채옥의 신랑감으로 서구의 친구이자 의사인 선우를 생각하고 있다. 서구 또한 여동생의 배필로 선우만 한 이가 없다고 생각하지만 김여경이라는 여성이 그를 따라다니는 것을 알게 된다. 서구는 선우의 병원에 들렀다가 우연히 여경을 본다. 기골이 장대한 여경은 여성미라고는 찾아볼 수 없으나 그 심성만은 착해 보인다. 선우는 서구에게 여경의 인상이 어떤지 물어본다. 서구는 선우의 배필로 여경은 어울리지 않다고 생각하며 자신의 여동

생 연이나 채옥이 정도가 그의 짝이 되었으면 한다. 서구는 연이와 선우를 맺어 주기는 쉬운 일이나, 채옥이 자신을 단념하지 않는 이상, 그녀가 선우와 맺어지 쉽지 않을 것같다는 생각을 한다.

**【참고】** 1939년 4월 19일자 《조선일보》에는 작품이 금일 휴재된다는 기사가 실렸으나 이후 연재가 중단되었다. 작가인 서구가 자신의 친구인 선우와 누구를 어떻게 맺어 줄지 흥미롭게 진행되나 미완으로 남아 그 전체 내용을 확인할 수 없다. 해방 후 《대조》에 「정열」로 개제하였으나 이 작품 또한 일부만 확인된다. 1939년 5월 2일자 《조선일보》에 김남천의 「바다로 간다」가 연재 시작되기 전 편집부는 다음과 같은 사고를 실어 「정열은 병인가」의 중단 이유를 알렸다. "만천하 독자의 절찬 속에 계속 되어 오던 이전의 연재소설 金東仁 作 「情熱은 病인가」는 그동안 씨가 황군 위문 차로 북지로 건너가는 등 여려 가지 작자의 사정으로 부득이 當分間 休載할 수박 게 없는 형편에 이르럿다. 이에 그 대신으로 金南天 氏의 短篇小說 「바다로 간다」를 연재하기로 되엇는데 작자는 이전에 장편 「大河」를 세상에 내노흔 후 계속해서 창작에 돌진하는 터로서 전 문단의 신망을 일신헤 걸머진 중견의 한 사람이다. 여기 연재될 이 일편은 점점 난숙해 가는 씨의 역량을 남김엇시 기우린 역작으로서 첫여를 문단에 보내는 신선한 선물일 것은 물론 또 반드시 만천하 독자의 절찬을 바들 것을 기대한다."

## 정열의 낙랑공주/情熱의樂浪公主 : 윤백남. 삼중당1949(115면).

**【내용】** 미확인 작품.

**【참고】** 『해방기 간행도서 총목록』(소명출판2009)에서 채록하였으나, 현재 작품은 확인되지 않는다.

## 정열의 도시/情熱의都市 : 박팔양. 조선중앙일보1934.1.11-5.6(103회 완).

**【내용】** 보통학교 학생인 김준일은 교비 장학생으로 일본에 유학을 간다. 그는 사회운동에 열성적인 정인수와 방탕한 생활을 하는 안유갑 등을 알게 된다. 그리던 중 원산 해수욕장에서 우연히 알게 된 안순자가 동경으로 준일을 찾아온다. 순자는 계모가 자신을 갑부의 아들과 강제로 결혼시키려 하자 일본으로 도망 온 것이다. 준일은 그녀를 사랑하지만 선뜻 그녀를 데리고 살 수도, 조선으로 돌려보낼 수도 없는 상황에 괴로워한다. 교비 장학생으로 일본에 있는 처지에 여자와 같이 살 수는 없는 노릇이라고 생각한 준일은 수완이 뛰어난 인수에게 순자의 일자리를 부탁한다. 인수는 그런 준일을 금전에 구속되어 자유를 잃고 있다며 비웃는다. 사회 활동이 개인의 연애보다 우ㅁ선한다고 생각하는 인수는 준일을 소부르주아 이데올로기를 청산하지 못한 사람이라며 비난하고, 참된 연애가 있는 곳에 건전한 사회 발전이 있다고 생각하는 준일은 인수를 사회 지상주의 또는 사회병자라며 비난하며 길등한다. 한편 정인수는 농민들을 계몽하기 위해 《건설자》라는 잡지를 발간한다. 그는 퇴폐적 생활을 하며 쾌락만을 좇는 안유갑에게 린치를 가하기도 한다. 폭행을 당한 유갑을 위문하기

.위해 그의 학비를 대준 부호 진학인이 부인 오혜원과 함께 동경으로 온다. 그런데 동경에 온 진학인이 괴 단체에 의해 납치되는 사건이 발생한다. 진학인이 납치된 상황인데도 불구하고 유갑과 혜원은 육체적 쾌락에 탐닉하여 서로 어울린다. 혜원은 심지어 준일에게 추파를 던지기도 한다. 한편 조선의 거물급 인사가 납치되자 일본 경찰들이 광범위한 수사를 벌인다. 이 과정에서 인수를 비롯한 유학생들이 의심을 받고 대거 검거된다. 인수와 같은 하숙에 묵고 있는 준일 역시 유치장 신세를 지게 된다. 준일은 그곳에서 조선인을 가혹하게 고문하고 이유도 없이 죄를 뒤집어씌우려는 일본 경찰의 강압적인 태도를 목격하고는 더 이상 일본에 머물 필요를 느끼지 못한다. 그는 출감한 다음 날 조선으로 압송되는 인수 일행과 귀국한다. 그는 귀국한 뒤 취직을 하려 하지만 여의치 않자 생각을 바꾸어 육체노동을 택한다. 마침내 준일은 양말 공장에 취직하고, 그의 아내가 된 순자는 고무공장에 들어간다. 그곳에서 둘은 가난하고 무지한 노동자들을 계몽하려는 목적으로 공우회를 조직하는 등 적극적인 사회 활동을 벌이게 된다.

(10) 情熱의 都市

**【참고】** 개인의 사사로운 일상보다 사회 활동이 우선시되어야 한다는 정인수와 개인 생활과 사회 활동이 조화를 이뤄야 된다는 김준일의 갈등을 중심축으로 하고, 안유갑, 오혜원 등 방탕한 생활을 하는 젊은이들을 대비하여 비판적으로 형상화한 작품이다. '정열의 도시' 건설을 위한 젊은이들의 행보를 계몽적으로 서술한 작품으로 평가받는다. 개인의 행복과 사회 활동을 조화시켜야 한다는 김준일을 긍정적으로 묘사하고 있으며 귀국 후 그의 사회 활동을 적극적으로 형상화하여 작가의 계몽 의도를 표현했다.

## 정열 지대/情熱地帶 : 함대훈. 비판1939.4-1940.1(6회 미완).

**【내용】** 심성채는 연극배우가 되고 싶어 일파 선생의 소개로 창작좌에 들어간다. 같은 극단의 김정훈이라는 배우에게 첫눈에 반한 성채는 그에게 점점 마음이 끌린다. 정훈 또한 성채에게 좋은 인상을 받는다. 성채는 답답한 생활 속에서 벗어나 연극에서 탈출구를 찾고자 한다. 그러나 집안에서는 약혼자가 있는 성채가 바깥으로 도는 것을 반대한다. 한편 다음 공연으로 춘향전이 정해져 성채가 춘향 역을, 정훈이 이 도령 역을 맡게 된다. 성채의 오빠인 성모는 일파 선생에게 누이가 연극을 하는 것을 막아 달라고 부탁한다. 성채는 가출을 단행하고, 자신이 주인공을 맡은 춘향전만 끝내게 해 달라며 오빠를 설득한다. 가족들은 할 수 없이 이를 허락한다. 성채는 공연이 끝나면 정훈을 다시 보지 못할 것 같아 서운해한다. 정

훈 또한 성채를 좋아하게 되지만 공연이 끝나면 집안에서 정하여 준 약혼자와 결혼할 것이라는 것을 알고 괴로워한다. 그는 사립전문학교를 중퇴하고 배우를 하는 자신의 처지를 생각하며 과감하게 성채에게 다가가지 못한다. 그러던 어느 날 성채와 정훈은 서로의 사랑을 확인하게 된다. 그러나 성채는 가족의 극구 반대를 우려하여 그와의 만남을 숨기려 한다. 정훈은 머리를 식히겠다며 남원으로 내려간다. 성채는 어머니를 따라갔던 온양온천에서 뜻밖에도 약혼자인 민건중을 만난다. 건중과 대화를 나누던 성채는 풍부한 문화적 소양을 갖춘 그의 인품에 놀란다. 그녀는 열정적으로 자신을 사랑한다며 고백해 오는 건중에게 마음이 흔들리지만 이내 건중을 뿌리치고 남원에 있는 정훈을 찾아가기로 결심한다. 성채가 떠난 것을 알고 초조해하던 건중은 마침 성채 앞으로 온 정훈의 편지를 받아 이를 맘대로 뜯어본다.

**[참고]** 《비판》 1940년 1월호에 6회가 연재되었으나 1940년 2월호의 영인본 누락으로 결말을 확인할 수 없다. 1940년 3월호에 연재분이 실리지 않은 것으로 보아 2월호에 마지막 회가 실렸을 것으로 추정된다. 연극이라는 예술을 통해 자아를 찾고자 하는 신여성의 자유연애를 소재로 한 작품이다.

## 정조와 여학생/**情操와女學生 : 방인근. 중앙출판사1949(131면).**

**[내용]** 미확인 작품.

**[참고]** 『해방기 간행도서 총목록』(소명출판2009)에서 채록하였으나, 현재 작품은 확인되지 않는다.

## 정조원/**貞操怨 : 백신애. 삼천리1936.8, 1937.1(2회 미완).**

**[내용]** 경순과 인섭은 서로 사랑하는 사이이지만 손조차 잡지 못하고 있다. 이는 혼전 순결을 지켜야 한다는 경순의 뜻에 따른 것이다. 그러던 어느 날 저녁, 뒷동산에서 인섭을 기다리던 경순은 어둠 속에 무서움을 느끼다가 갑자기 나타난 인섭의 품에 얼결에 안기게 된다. 경순은 잠시나마 인섭의 품에 안긴 것에 순결을 잃은 것처럼 치욕을 느끼고 인섭과 다시는 만나지 않으려 한다. 당황한 인섭은 경순의 친구인 명주에게 부탁을 해 볼 요량이었으나 명주의 묘한 시선을 받고 포기하고 만다. 인섭은 마지막 희망을 가지고 간호부 옥순 편에 경순에게 편지를 보내려 한다. 그러나 옥순은 경순이 금융조합에 다니는 김영준이라는 자와 이미 혼인하였음을 알린다. 인섭은 무언가에 얻어맞은 듯 충격을 받는다.

**[참고]** 1929년 1월 《조선일보》 신춘문예에 당선된 백신애는 신춘문예 최초의 여성 당선자로 알려져 있다. 정조에 대한 결벽증적인 강박관념에 사로잡힌 여성을 주인공으로 하여 사랑하는 남녀의 엇갈린 운명을 그리려 한 것으로 보이나 미완으로 남은 작품이다.

## 정포은 : 고한승. 어린이1948.10-1949.3(5회 미완).

**【내용】** 고려 말 노국 공주가 죽은 이후 공민왕은 정사를 돌보지 않고 시름에 빠져 지낸다. 그 사이 신돈이 정사를 어지럽히고, 홍두적이 난립하여 고려의 정세는 크게 기운다. 이때 경상도 경주부 영일현에서 포은 정몽주가 태어난다. 스물네 살 때 과거 급제하여 정계에 나온 정몽주는 명의 사신으로 활동하여 우왕의 신임을 얻는다. 민심이 혼란하자 우왕은 문하시중 팔도 도통사인 최영에게 그 원인을 묻는다. 최영은 이성계 장군을 경계해야 된다고 말한다. 그는 이성계에게 요동 정벌을 명한 후 그가 싸움에 지고 돌아오면 그 책임을 물어 사직시켜야 된다고 고한다. 이에 우왕이 이성계에게 4만의 병사를 주고 요동 정벌을 명한다. 고심하던 이성계는 늙은 최영이 우왕을 꾀었다는 소문을 퍼뜨려 군사들을 설득시킨 후 위화도에서 회군한다. 우왕은 성균관 대사성으로 정포은을 올리고, 이색 등을 등용하여 정부를 정비한다. 그러나 이성계가 회군하여 돌아와 최영을 고봉현으로 귀양살이 보내고, 정세는 이성계 일파의 손에 넘어간다.

**【참고】** 절의의 상징인 포은 정몽주에 대해 그리려고 한 작품이나 고려 말 우왕, 최영, 이성계 등이 암투하며 벌였던 혼란한 정치 배경만 앞부분에 제시하고 정작 포은에 대한 이야기는 시작하지 않은 상태에서 미완으로 중단된 작품이다. 《어린이》라는 잡지의 특성상 비교적 간결하고 쉬운 문체로 구성되었다.

## 정화/淨化 : 최독견. 중외일보1928.8.7-1929.11.30(326회 미완).

**【내용】** 한 남작은 보광전문학교의 교주이다. 교육 사업에는 전혀 뜻이 없던 한은 친구인 윤철호가 교육 사업을 하면 명성을 얻을 수 있다고 설득하자 학교를 설립한다. 한 남작 부친의 도움으로 일본에 유학까지 다녀온 철호는 한 남작의 비위를 맞춰 가며 어영부영 학교의 교장 직에 오른다. 학교에는 아무런 관심이 없는 한 남작과 윤 교장은 기생집에 어울려 다니며 허랑방탕하게 세월을 보낸다. 한 남작에게는 명구, 진구 두 아들이 있다. 영등포에서 공장을 경영하는 명구는 아버지를 닮아 여자관계가 복잡하다. 딸 같은 아이를 넘보기도 하고, 마음에 드는 여자를 얻기 위해 강간까지 서슴지 않는다. 반면 진구는 점잖은 성격으로 명구와는 딴판이다. 그는 한 남작이 기생에게서 낳은 아들이다. 진구는 자신이 기생의 아들이라는 것에 콤플렉스를 가지고 있다. 그는 자신과 같은 처지를 가진 하층민들에게 동정을 보이며 마르크스 이론 같은 사회 비판 이론에도 관심을 갖는다. 한편 보광전문학교 학생인 정숙은 어머니가 몸져눕자 생계를 이어 가기 위해 기생이 된다. 한 남작은 정숙이 자신의 학교 학생임에도 불구하고 정숙에게 치근거리며 접근한다. 정숙은 기생이었던 어머니가 한 남작과 관계가 있었고, 그의 아들 명구에게 강간당한 적이 있어 한 남작을 멀리한다. 그러나 어머니의 치료비가 모자라자 막막한 심정이 되어 마음이 흔들린다. 또한 애인 창일이 자신의 어머니 치료비를 대기 위해 도둑질까지 하다가 감옥에 갇히자 그를 돕기 위해 한 남작에게

자신을 허락하려 한다. 한편 진구는 자신의 집에 심부름꾼으로 와 있는 복순을 좋아하게 된다. 가난한 집의 딸인 복순은 명구가 공부를 시켜 주겠다며 데리고 온 아이이다. 그러나 실상 명구는 딸 같은 복순에게 엉큼한 마음을 품고 있다. 명구의 공장에서 일하는 복순의 오빠 영순은 복순을 명구의 집에서 빼내려고 하지만 공부 욕심이 있는 복순이 그의 말을 따르지 않는다. 영순은 가난하고 억압받는 현실에 부당함을 느끼며 공장에서 파업을 계획하고, 파업에 필요한 비용을 대기 위해 한 남작 집의 돈을 훔치게 된다.

**【참고】**《중외일보》 영인본의 12월분 누락으로 인해 완결된 날짜를 확인할 수 없다. 사회 고위층 인사들의 문란한 성풍속도와 탐욕, 그에 대한 사회 하층민들의 분노를 형상화한 소설이다. 그러나 등장인물이 많고, 인물들의 관계가 유기적으로 그려지지 못한 채 나열되어 있어 어지럽고 산만한 구성을 보이는 작품이라는 평가를 받기도 한다. 최독견은 1925년 12월《신민》에 동명의 단편소설 「淨化」를 발표하였는데 내용상 본 작품과는 관계가 없다.

## 제방공사/堤防工事 : 이석성. 신동아1934.10-12(3회 미완).

**【내용】** 이동수는 X군에 있는 X강에 인도교를 놓고, 제방공사를 하는 공사지에서 일하고 있다. 감기를 앓고 있지만 멀리 떨어져 있는 처자의 생계를 위해 하루도 쉴 수 없는 처지이다. 비슷한 처지의 골마치영감, 막봉이, 군일이, 성철이 등이 그의 동료이다. 소야 십장과 일본인 관리가 이들에게 가혹한 할당량을 떠넘기며 구타를 일삼고 행패를 부린다. 동수는 당장에라도 십장을 때려눕히고 싶지만 선뜻 나서지 못한다. 그러나 언제까지 부당한 현실 앞에 눈감고 지낼 수만은 없다고 생각한다. 복순이네에서 같이 하숙을 하는 동료들이 새벽같이 출근한 어느 날, 일본인 관리자들을 기다리던 그는 왜 우리가 못사는지 아느냐며 동료들을 독려한다. 동료들 또한 자신의 처량한 신세를 한탄한다. 그는 자신이 앞으로 할 중대한 일을 생각하며 지부와 공포를 느낀다.

**【참고】** 연재 지면에 '堤防工事, 李石城'이라고 표기되어 있다. 이창신(李昌信)이 '이석성(李石城)'이라는 필명으로 발표한 작품이다. 이창신은 《신동아》에 「제방공사」가 가작 당선되어 등단한 카프 계열의 작가로 알려져 있다. 노동 운동과 계급의식의 각성을 주제로 한 작품이나 총독부의 검열로 인해 연재분의 많은 부분이 복자 처리되어 발표되었다.

## 제삼노예/第三奴隷 : 이근영. 동아일보1938.2.15-6.26(96회 완) ; 아문각1949.

**【내용】** 나약한 룸펜 지식인 허일은 폐병 말기의 부잣집 딸과 결혼해 주면 땅을 주겠다는 제안을 받는다. 이 같은 제안을 알려 준 것은 하숙집 주인 강은엽으로, 그녀는 중매를 통해 허일에게 밀린 하숙비를 받으려고 한다. 수치를 느낀 허일은 스스로를 단련시키고자 노동숙

박소를 찾아가고, 그곳에서 순수한 노동의 가치를 깨닫는다. 그러던 중 허일은 자신에게 중매가 들어왔던 부잣집 딸이 예전 자신이 짝사랑했던 희경임을 알고는 연민을 느껴 그녀와 결혼한다. 그는 재산을 대가로 결혼한 것이 마음에 걸렸지만 희경을 위한 것이라며 애써 자위한다. 그 무렵 허일은 우연히 같은 고향 출신이자 스승의 딸인 김의순을 만나게 된다. 의순은 청년운동의 지도자인 아버지가 옥고를 치른 후 변절하자 집을 나와 간호사로 일하는 의지적인 여성이다. 허일은 똑똑하고 당찬 의순의 모습에서 호감을 느낀다. 얼마 후 희경은 병이 악화되어 세상을 떠나고 허일은 재산을 받고서 그녀의 집에서 나온다. 희경과의 결혼생활을 하면서도 의순을 마음에 두고 있었던 자신이 부끄러워 방황하던 허일에게 하숙집 주인이자 과부인 은엽이 다가온다. 무기력한 그는 자포자기하는 심정으로 은엽의 동거 제안을 받아들인다. 허일은 자신의 선택에 대해 끊임없이 방황하고 회의하지만 그때마다 자기도피적인 변명으로 일관한다. 그러던 중 예전의 노동숙박소에서 보았던 노동자들의 순수한 땀을 떠올린다. 심한 부끄러움을 느낀 허일은 안일하게 살아온 자신의 삶을 반성하며 자살을 시도하지만 실패하고 만다. 깨어난 허일은 의순의 간호를 받으며 그간 자신의 노예적 행동을 뼈저리게 뉘우친다. 그리고 의순과 함께 노동자들처럼 새로운 삶을 살리라고 다짐한다.

中篇小說
第三奴隸 (1)
李箕永 作
盧壽鉉 畫

**【참고】** 1949년 아문각에서 출간된 단행본 후기에 일제의 검열 때문에 해방 후 출간하게 되었다는 작가의 설명이 있다. 단행본에는 주인공 허일이 노동숙박소에서 운동가 문성진을 만나 노동의 신성한 가치에 대해 깨달음을 얻게 된다는 내용이 추가되었다.

## 제삼노예/第三奴隸 : 박완. 청수사1949.

**【내용】** 내용 생략.

**【참고】** 겉표지에 '小說 第三奴隸 朴完 著', 속표지 제목 아래 '(어느 勞働者의 手記)' 라고 표기되어 있다. 저자가 해방 전 함북 금생 탄광에서 체험한 기록을 소설화한 작품이다. 제목이 '第三奴隸' 인 이유는 "帝國主義國家나 資本主義國家에 있어서 勞働을 하고 있는 勞働者들의 人苦費는 人權費가 아니고 하나의 商品에 不過하기 때문에—그것은 近代的으로 形態만 變化된 하나의 奴隸"가 되기 때문이라고 밝혔다. 그리고 저자는 "이러한 拙作이나마 記錄文學과의 一聯된다면 나로서는 이 以上 기쁨이 없다고 생각하겠다"며 후기를 마무리하고 있다.

## 제삼로/第三路 : 이북명(미발표).

**【내용】** 미발표 작품.

**【참고】** 카프의 기관지 《우리들》(1934.3) 광고에 "본지는 지금까지 힘을 다하여 버젓한 연재소설을 하나도 못 실었습니다. 그리하여 「질소비료공장」으로 많은 찬사를 받은 이북명 씨의 손을 빌려서 이에 「제삼로」라는 장편을 싣게 되었습니다. 이북명 씨의 가슴을 찌르는 듯한 필치와 또한판화로 써 이미 정평 있는 이상춘 씨의 삽화는 더욱더 빛날 것 같습니다"라는 말과 함께 예고되었다. 다음과 같은 작자의 말이 게재되어 있다. "우리는 거짓말 없는 소설 그 무엇을 배울 수 있는 소설을 요구하여야 할 것이 아닌가? 1933년 11월부터 부득한 사정 때문에 2개월 동안이나 붓을 던졌다. 그러나 「제삼로」만은 그냥 두기에 작자로서는 너무나 원통한 일이라고 생각하여 추운 밤에서 몸을 떨면서 다시 붓을 들었다. 그러다가 수일 전에야 붓을 떼게 되었다. 용이만 하면 내놓을 수 있을 것이다라는 자신이 생겨서 여기에 발표하게 되는 것이다. 주인공 추영자는 아버지 돌아간 후 공장의 거리에서 어떻게? 제삼의 길이란 무엇인가? (…) 작자는 「제삼로」 일편을 종래의 공상적 가공적 비현실적 사탕수를 마시는 듯한 소설의 동부를 만들고 싶지 않다는 커다란 야심 밑에서 썼다는 것을 고백하여 둔다." 1934년은 2차 검거 등으로 《우리들》의 간행도 어려운 상태였기 때문에 예고가 실현되지는 못했던 것으로 보인다. 일제에 의해 원고를 압수당했다는 기록이 있다.

## 제삼의 세계/第三의世界 : 시몽루인. 과학조선1940.7-8·9합본(2회 미완).

**【내용】** 바다의 여왕이라 불리는 여객선 브리텐호는 뉴욕을 떠나 불란서 셸부-르 항에 이틀 후 도착할 예정이다. 이 배에는 김대길이라는 조선 소년이 보이로 일하고 있다. 순항하던 브리텐호 주변에 갑자기 연어의 떼가 몰려들고, 선원들은 연어를 잡아 요리하여 승객들에게 나눠 준다. 그날 저녁 여덟 시 이십 분에 선한 통신을 끝으로 브리텐호는 실종된다. 브리텐호를 찾기 위해 여러 척의 구축함이 대서양으로 향한다. 그중에는 유명 탐정인 스미쓰 경부도 타고 있다. 스미쓰 경부에게 총감은 대서양 방면에서 괴상한 전파가 가끔 온다는 이야기를 들려준다. 스미쓰 경부가 타고 있던 메-멜호의 에릿히 선장은 스미쓰와 협력하여 브리텐호를 찾으려 한다. 수색을 하는 중 메-멜호 근처에서 표류하고 있는 대길이 구조된다. 스미스 경부는 대길이 정신을 차리자 그에게 브리텐호의 행방에 대해 물어보려 한다.

**【참고】** 발표 당시 지면에 '連載 科學小說'이라고 표기되어 있다. 소설의 말미에 과학자가 등장하여 독일군이 적병의 귀를 멀게 하고 신경쇠약에 걸리게 하기 위해 강력한 음파를 보냈을 것이라는 내용을 덧붙이고 있다. 1,2회 연재된 두 편만 확인할 수 있으며 이후의 내용은 《과학조선》의 유실로 확인할 수 없다. 시몽루인(詩夢樓人)이 누구인지 확인할 수 없다.

## 제성대/帝星臺 : 김동인. 조광1938.5-1939.4(9회 완).

**【내용】** 견훤은 백제 마지막 태자의 직계 후손으로 신라에서 태어난다. 견훤은 백제 왕조를

부흥시키기 위해 어린 나이에 집을 나와 떠돌아다니다 훗날 궁예가 되는 행자 선종을 만난다. 견훤과 선종은 스승을 찾아다니던 중 도선사라는 명승을 만나지만 선종이 절이 싫다며 떠나 견훤만 남는다. 도선사에게서 오 년 동안 가르침을 받은 견훤은 병법 등을 더 배우기 위해 당나라로 향한다. 견훤은 다시 신라에 돌아와 옛 백제의 땅 완산주에 정착하여 주변 정세를 살핀다. 마침 변방 지역에 자주 창궐하는 도둑을 잡기 위해 조정에서 군졸을 모집하자 견훤은 군에 지원한다. 오합지졸이 모인 군에서 견훤은 능력을 인정받아 벼슬이 점점 높아져 비장의 신분이 된다. 견훤은 변방으로 천 명의 병사를 인솔해 가다가 이십여 년 만에 부모를 만나러 고향에 들른다. 그러자 곧 새로운 왕이 등극한다는 소문이 퍼지고, 견훤은 고향 근처에 새 나라를 건설한다. 이후로 참모이자 심복인 원노와 함께 견훤은 구 년 동안 나라의 기틀을 마련하고 북진하여 후백제라는 국호를 발표한다. 한편 궁예는 나라의 이름을 태봉이라고 고친 뒤 스스로를 미륵불이라 일컬으며 왕후와 왕자를 죽이는 등 점점 폭군이 되어 간다. 이에 왕건이 궁예를 내몰고 즉위하여 고려를 건국하고 도읍을 송악으로 옮긴다. 견훤은 궁예가 몰락하고 왕건이 즉위했다는 소식을 듣고 왕기가 송악에 보인다고 예언했던 도선사의 말을 떠올린다. 아울러 견훤은 자식 운이 좋지 않다는 도선사의 예언을 기억하고는 맏아들 신검 대신 셋째 아들에게 왕위를 물려주려 한다. 이를 눈치챈 신검이 반란을 일으켜 스스로 왕위에 오른다. 견훤은 유폐 생활을 하다 왕건의 계략으로 고려에 끌려간다. 고려에서 생활하던 어느 날 견훤은 전쟁 중에 투항하고 잡혀 온 신검과 대면한 뒤 백제 왕조를 부흥시키려던 자신의 꿈이 좌절되었음을 깨닫는다.

**【참고】**《조광》 연재 후 '견훤'으로 개제하여 1940년 박문서관에서 단행본으로 출간하였다. 1936년《매일신보》에 22회로 연재 중단한 「거목이 넘어질 때」와 내용상 연결된다. 김동인은 주인공 견훤을 영웅으로 만들고자 이 작품을 썼다고 밝히고 있는데, 이를 위해 견훤을 고귀한 집안의 장자로 상정하여 그의 후백제 건국을 정당화하고 있다. 역사를 기존의 시각과 다르게 해석하려는 작가의 의식이 드러난 소설로, 이광수의 「마의태자」와 대척되는 지점에 서 있는 작품이라고 평가된다.

## 제야/除夜 : **염상섭. 개벽1922.2–6(5회 완).**

**【내용】** 첩의 자식인 '나'는 여고를 졸업하고 육 년 동안 동경에서 공부한다. 졸업 후 귀국하여 모교의 교사가 된 '나'는 유학생 시절부터 주창한 자유연애를 내세우며 여러 남자들과 서슴없이 지낸다. 잡지 발행인 E를 만난 '나'는 그의 부유한 배경을 가졌다는 것과 곧 독일로 유학을 떠난다는 사실을 알고는 그와 사귄다. E의 아이를 갖게 된 '나'는 유부남인 E가 이혼하고 자신에게 와 주리라 기대하지만 E는 오히려 냉담한 반응을 보인다. '나'는 부친의 뜻에 의해 강제로 결혼해야만 할 처지에 놓인다. 그때 동경에서 공부하고 돌아와 회사에 다니는 A의 후처로 혼담이 들어온다. 고민하던 나는 A와 결혼한다. 그러나 결혼한 지 얼마 안 되어 다른 남자의 아이를 임신한 사실이 발각된다. 집에서 쫓겨난 '나'는 몇 달 후 모든 것을 용서

하겠다는 A의 편지를 받는다. 그러나 며칠 뒤 제야에 '나'는 자살을 결심하고 A에게 모든 것을 고백하는 유서 형식의 편지를 쓴다.

**【참고】** 작품은 작중인물 '나'가 중매결혼의 상대자인 A에게 보내는 편지 형식으로 고백체의 성격을 띠고 있다. '나(최정인)'는 '생활을 사랑한다'는 미명 아래 여러 남자들과 자유연애를 즐기지만 결국 자신의 방종한 생활로 인해 파국을 맞게 된다. 작품은 성의 자유를 통해 자아를 찾고자 한 신여성 '나'가 결국 남성 중심적 사회의 인습에 의해 파괴되는 모습을 그림으로써 구습의 도덕적 가치를 비판적으로 재검토하고 있다. 작가는 또한 이러한 사회의 모순을 비판하는 동시에 신여성 '나'의 왜곡된 자유연애 실천의 문제점도 비판적으로 검토하고 있다.

## 제이의 밀실/第二의密室 : 신경순. 조광1935.10,12, 1936.1(3회 미완).

**【내용】** 신문기자인 '나'는 국제은행 대금고 안에서 변사체가 발견되었다는 제보를 받고 현장에 출동한다. 은행 지배인인 리해진을 탐문하던 '나'는 범인이 피해자를 알아볼 수 없을 정도로 얼굴에 흠집을 냈다는 것을 알게 된다. 또한 현장에 찢겨진 트렁크가 있었으나 훔쳐간 것이 아무것도 없다는 것을 발견한다. '나'는 현장 주변을 살피다가 우연히 콤팩트의 깨진 거울 조각을 발견한다. '나'는 이를 수상히 여기고 주위를 더 살피던 중 비상문 뒤로 누군가 침입한 흔적을 발견하고, 사건을 맡은 권 검사에게 알린다. 그러나 '나'는 거울 조각에 대해서는 함구한다. 사건 발생 한 달쯤 후 남대문께 고물상 밀집 지역에 트렁크만 사들이는 사내가 나타난다. '나'는 행랑아범이 우연히 그의 짐꾼 노릇을 하고 얻어온 가죽 오래기를 보고, 그것이 찢겨진 트렁크의 조각이라는 것을 알아챈다. '나'는 살인 사건 현장에서 보았던 찢겨진 트렁크를 떠올리며 의구심을 갖는다. '나'는 며칠 동안 행랑아범이 집에 돌아오지 않자 안절부절못한다. 그러던 어느 날 행랑아범이 돌아와 그 의문의 사내에게서 돈 오 원씩을 받고 일을 해 줬다는 해명을 듣는다. 일을 시킨 지 사흘째 되던 날 얼굴을 다쳤다며 붕대를 칭칭 감고 나타난 사내가 행랑아범에게 트렁크 하나를 내주며 중임리 근처 산속에 갖다 놓으라고 했다는 것이다. 그런데 뒤에 오겠다던 사내가 끝내 나타나지 않아 행랑아범이 트렁크를 이고 집으로 돌아온 것이다. 행랑아범이 가지고 온 트렁크를 서에 가지고 가 열어 보니 뜻밖에도 사십 전후의 남자 변사체가 들어 있다. 변사체는 바로 행랑아범에게 일을 내주던 사내라는 것이 판명된다.

**【참고】** 제목 앞에 '長篇探偵小說'이라고 표기되어 있다. 알아볼 수 없을 정도로 사체의 얼굴이 손상되었다거나 사체가 트렁크 안에서 발견되었다는 등 흥미진진하게 도입부를 시작하고 있으나 3회 연재 후 중단되어 전체 내용을 확인할 수 없다. 사체의 신원을 파악하기 위해 해부를 한다거나 가해자의 침입 경로를 조리 있게 추리하는 과정이 나타나 있어 탐정소설의 면모를 확인할 수 있다.

## 제이의 운명/第二의運命

**이태준. 조선중앙일보1933.8.25-1934.3.23(201회 완) ; 한성도서1937(상권:296면, 하권:301).**

**【내용】** 고학생 윤필재는 심천숙의 집에 기거하며 천숙과 가까워진다. 필재는 박 자작의 후원으로, 천숙은 오빠의 도움으로 동경에서 유학 생활을 한다. 두 사람은 경제적으로 어려운 형편에도 서로 사랑하며 학업에 열중하는데 박 자작의 아들인 순구가 천숙을 탐하여 세 사람 사이에 갈등이 일어난다. 순구는 동료인 강수환과 계교를 꾸며 결국 천숙과 결혼을 하고, 필재는 고학으로 학업을 마치고 귀국한다. 그 후 필재는 여고보 교사가 되고, 미모의 여선생 남마리아와 가까워진다. 마리아는 서양 부인이 운영하는 일본의 학교에서 가사를 배우고 귀국해 조선 학생들을 가르치고 있다. 그러던 어느 날 필재가 주목받는 것에 질투심을 느낀 수환은 음모를 꾸며 필재를 모함한다. 무고한 필재는 학교에 사표를 쓰고, 대신 폐교 위기에 놓인 강원도의 관동의숙에 들어가서 학생들과 농민들을 가르친다. 또한 낙후된 용담마을의 계몽 활동을 하면서 모금운동을 벌인다. 마리아는 필재를 도와 관동의숙의 재정을 마련하기 위해 이곳저곳을 뛰어다니다가 원산의 실업가 주기헌을 찾아간다. 마리아는 기헌의 위협적인 행동을 피하려다가 깨진 술병으로 그의 몸을 찌르고 만다. 경찰에 체포된 마리아는 취조 중에 급성 폐렴으로 세상을 떠난다. 필재는 마리아의 장례를 치른 뒤 새로운 출발을 다짐하며 관동의숙을 떠난다.

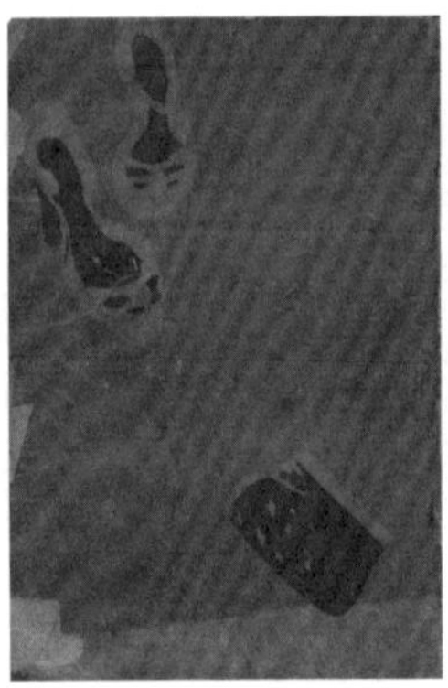

**【참고】** 이태준이 발표한 첫 장편소설이다. 본문의 서두에 '첫사랑을 하듯 자신의 온 정열을 바쳐서' 쓴다는 작가의 말이 있다. 이 작품은 인간이 갖고 있는 순정한 이상이 타락한 주변 세계에 의해 어떻게 파괴되는지, 그럼에도 불구하고 개인은 자신의 순정을 어떻게 보존하려고 노력하는지를 보여 준다. 애정의 삼각 구도를 서사의 구성 원리로 삼으면서 민족주의적 계몽성을 중시하는 점은, 이후에 발표된 장편소설에서도 발견되는 작가적 특성이다. 경제적인 성공보다 정신적인 지향점을 중요하게 여기는 태도 역시 이태준 장편소설의 중요한 특징 중의 하나이다. 《조선중앙일보》 1934년 3월 23일까지 201회 연재 완료되었으며, 3월 24일부터 새로운 작품의 연재가 시작된다. 1937년 6월 『박문서관 장편전집』 1차 4권으로 간행되었다는 기록이 있다.

## 제칠공주/第七公主 : **박흥민. 동아일보1939.5.17-7.12(40회 완) ; 성문당서점1944(357면).**

**【내용】** 아들 없이 딸 여섯을 둔 임금은 중전이 또다시 딸을 낳자 몹시 화가 나 정 판서에게 그

딸을 내다 버리라고 명령한다. 정 판서가 갓난아기인 일곱째 공주를 산에 버리려 하자 까치 떼가 몰려온다. 정 판서는 상서로운 조짐이라고 판단하고 다시 일곱째 공주를 궁에 데리고 온다. 자초지종을 전해 들은 임금은 일곱째 공주를 바다에 버리라고 명령한다. 정 판서는 옥함을 만들어 그 안에 일곱째 공주를 넣고 바다에 버린다. 정 판서가 돌아오는 길에 하늘에서는 천둥번개가 치고 그는 죄책감을 느낀다. 한편 거북이들이 옥함을 가라앉지 않게 밑에서 받쳐서 옥함은 별하라버지, 별할머니가 사는 바닷가에 떠내려 온다. 별하라버지, 별할머니는 옥함 속에 담긴 아기를 '바리'라 이름 짓고 고이 키운다. 세월이 흘러 궁전의 임금과 중전은 죽을병에 걸리고 만다. 백방을 수소문하여 병 고칠 방도를 찾는 중, 어떤 사람이 와서 약은 저승 무장심이 갖고 있으며, 임금의 딸인 공주가 가면 찾을 수 있다는 말을 한다. 이에 여섯 공주는 모두 손사래를 쳐, 임금은 마지막 방법으로 바다에 버린 일곱째 공주를 찾는 방을 붙인다. 별하라버지는 그 방을 보고 바리를 궁에 데리고 간다. 바리는 임금과 중전을 위해 약을 구하러 저승에 가겠다고 말하고 남장을 한 채로 길을 떠난다. 시간을 아끼기 위해 잠도 자지 않고 길을 가던 바리는 도중에 산골 노인을 만나 어려운 일을 당할 때 도움을 준다는 꽃을 얻는다. 마침내 저승문의 사자, 무장심을 만난 바리는 자신을 어느 임금의 일곱 번째 왕자라고 거짓으로 소개한다. 바리는 비록 죽지 않았지만 저승에서 거짓말을 했다는 죄로 지옥에 간다. 타는 불구덩이에서 노인이 준 꽃을 던지자 지옥문이 열려 바리는 물론이고 지옥에 있던 사람들이 모두 나온다. 다시 바리 앞에 나타난 무장심은 약을 얻으려면 자신을 위해 물을 삼 년 길어 주고 불을 삼 년 때 주고 밥을 삼 년 지으라고 바리에게 말하고 바리는 이를 따른다. 그로부터 아홉 해가 흐르자 무장심은 바리를 산으로 데리고 가서 지옥으로 향하는 배와 극락으로 향하는 배를 보여 준다. 그리고 산에 핀 꽃이 임금과 중전을 고칠 수 있는 약이라고 말한다. 한편, 바리가 약을 구하러 가는 동안 궁에서는 임금의 후사를 세울 계획으로 첫째, 둘째, 셋째 공주의 혼사를 치른다. 세 부마들은 임금의 뒤를 이으려고 다툼을 벌이고 임금은 바리가 떠난 지 9년 되던 해에 아무런 유언 없이 숨을 거둔다. 무장심이 준 말을 타고 달려온 바리가 죽은 임금과 중전의 몸에 꽃을 대니 임금과 중전이 살아난다. 임금은 바리 공주에게 왕위를 물려준다고 공포한다.

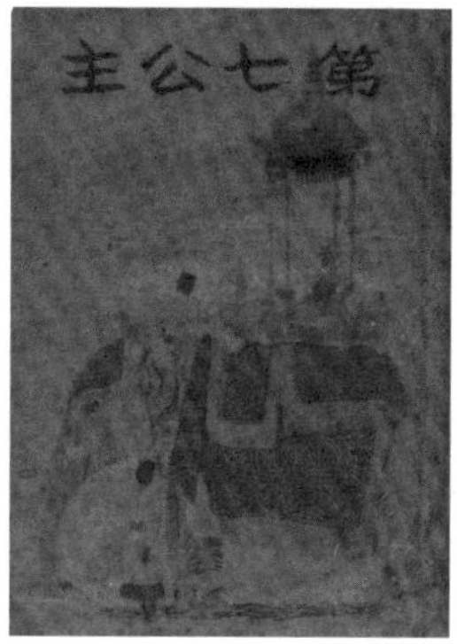


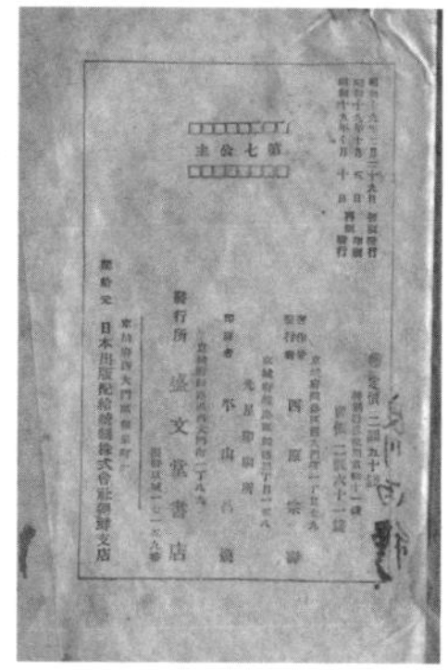

第七公主

**【참고】** 성문당점본 표지에 '第七公主' 속표지에 '佛教小說 第七公主 朴興珉 作 京城 盛文堂書店 版' 이라고 표기되어 있다. '바리데기 설화' 를 소설화한 작품이다. 경어체이며 《동아일보》 연재 시에는 제목 앞에 '長篇童話' 라고 표기되어 있다.

## 제힘 : 김은경. 조선일보1932.4.26-5.31(33회 미완).

**【내용】** 학교를 졸업한 백성진은 의학 공부를 하기 위해 유학을 가고 싶으나 여의치 않아 고심한다. 예수교회의 목사인 부친이 자신을 계속 공부시킬 형편이 아니기 때문이다. 학교의 허드렛일을 보는 아저씨의 아들인 해룡과 알고 지내던 성진은 그와 앞일을 이야기하며 제힘으로 공부할 수 있는 날을 꿈꾼다. 고모네 집에서 기거하던 성진은 어느 날 집주인인 윤무성을 만나게 된다. 무성은 집세를 재촉하러 왔다가 성진을 보고 마음에 두게 된다. 그는 성진의 유학 비용을 대주겠다며 고모를 설득하지만 성진은 그의 호의가 달갑지 않고 의심만 생길 뿐이다. 성진이 그의 돈을 받지 않겠다고 거절하자 고모는 이참에 부자인 무성과 성진을 연결시켜야겠다고 생각하고 성진의 아비인 인호를 설득한다. 결국 인호는 딸의 장래를 위해 무성의 호의를 받아들이고, 성진은 일본으로 유학을 떠난다. 성진은 아버지가 마련해 준 돈을 모른 척 받았지만 그 돈이 무성에게서 나온 것이며, 그의 호의가 순수하지 않다는 것을 알면서도 자신은 유학을 택할 수밖에 없었다는 전후 사정을 편지에 적어 해룡에게 전한다. 평소 자신의 신분을 괘념치 않고 스스럼없이 자신과 사귀어 준 성진을 생각하며 해룡은 마음이 편치 않다. 해룡 또한 유학을 가고 싶으나 형편이 여의치 않기 때문이다. 한편 평소 알고 지내던 안 선생이 러시아에서 젊은 인재를 찾는다며 러시아 영사관에게 해룡을 소개시켜 준다.

**【참고】** 제목 앞에 '二等當選長篇小說' 이라고 표기되어 있다. 1931년 《조선일보》에서 현상장편소설을 공모하여 1등 한 편과 2등 두 편을 뽑았는데 그중 2등으로 당선된 작품이다. 1등에는 한인택의 「선풍 시대(旋風時代)」가 당선되었고, 또 다른 2등 작품은 전명선의 「풍년토(豊年土)」이다. '제힘' 으로 공부하고, '제힘' 으로 앞날을 개척하고자 하는 젊은이들의 고뇌를 그린 작품이나 1932년 6월 1일부터 6월 15일자까지의 《조선일보》 결호로 인해 33회 이후의 내용과 결말을 알 수 없다.

## 조국의 산성/祖國의產聲 : 이북명(서지불명).

**【내용】** 미확인 작품.

**【참고】** 《조선문학》 1949년 6월호 광고 지면에 소개된 작품이다. '李北鳴著 長篇小說 祖國의 產聲' 이라고 표기되어 있다.

## 조선삼국지/朝鮮三國志 : 김동인(미발표).

**【내용】** 「을지문덕」 참조.

**【참고】** 1944년 7월 《조광》에 발표되었다가 총독부 검열로 중단된 「糞土의 주인」과 1946년 5월부터 9월까지 《신천지》에 4회 연재 중단된 「糞土」, 1948년 《태양신문》에 연재 도중 중단된 「을지문덕」과 하나의 계열체를 이루는 작품이다. 1947년 8월 《大潮》(제2권 제2호) '近刊豫告' 란에 '金東仁著 朝鮮三國志 企待하라 이 大家의 三國史記의 小說化를!' 이라는 광고가 실려 있다. 김동인의 차남 김동명은 특별기고 「나의 아버지 김동인을 말한다」(대산문화2011.봄)에서 "해방이 되어 집필 활동이 자유로워지자 아버지는 야심적인 시도를 시작하셨다. 「삼국지」보다 더 규모가 크고 자랑스러운 '우리 민족의 삼국지' 를 쓰겠다고 자료들을 모으기 시작하였다. 그것이 「을지문덕」이었는데 아쉽게도 집필을 시작한 지 얼마 되지 않아 병을 얻게 되어 두루뭉술하게 마감하셨다" 라고 술회하고 있다. 그의 진술에 따르면, 《대조》에 近刊豫告된 「조선삼국지」는 《태양신문》에 연재된 「을지문덕」과 동일한 작품으로 보여지며, 병을 얻어 「조선삼국지」의 출간에 차질을 빚자 차후 《태양신문》에 「을지문덕」을 연재한 것으로 추정된다.

## 조선의 아내/朝鮮의안해 : 양고봉. 이문당1933(115면).

**【내용】** 김옥균의 개혁이 실패로 끝난 후 완도로 유배를 떠난 홍판서는 아이들을 가르치며 생활한다. 이듬해 홍판서 부부는 어린 아들만 남겨 두고 사라진다. 어부 홍순보는 아이를 거두어 '홍판쇠'라는 이름을 붙여 주고 기른다. 세월이 흘러 열여섯이 된 판쇠는 홍순보와 함께 장사를 시작한다. 판쇠는 이웃 처녀 영순에게 한눈에 반하고, 홍순보는 판쇠와 영순을 결혼시킨다. 판쇠와 홍순보가 바다에 나간 후, 판쇠의 배가 부서졌다는 소식이 들려온다. 미친 듯이 울며 집을 나간 영순은 목포까지 흘러가고, 그곳에서 예수교를 믿는 여인의 수양딸이 된다. 영순은 자신에게 접근하는 남자들을 피해 서울 의붓오빠 경호의 집에 머물며 학교에 다닌다. 한편, 가까스로 구조된 판쇠는 아내가 집을 나가고 아버지가 죽었다는 소식에 절망한다. 판쇠는 뜻하지 않은 싸움에 휘말려 감옥에서 7년을 보내게 되는데, 그러는 사이 공부를 하여 운동가로 변신한다. 출소 후, 개혁운동을 하던 판쇠는 경찰에 붙잡혀 사형 선고를 받는다. 우연히 신문에서 판쇠의 소식을 알게 된 영순은 그 충격으로 미쳐서 집을 나간다. 며칠 후 경호는 영순의 싸늘한 시체를 발견한다.

**【참고】** 표지에 '朝鮮의 안해' 라고 표기되어 있다. 「조선의 안해」가 시작되기에 앞서 「세루두르막이」, 「안해」라는 두 개의 단편이 소개되는데, 각각의 내용은 다음과 같다. 「세루두르막이」: 아내를 여의고 딸 순옥이와 살고 있는 봉구의 처지를 딱하게 여긴 김 목사 부부는 봉구를 돕는다. 봉구를 사모하는 김 목사 집의 식모 영주는 세루두루마기를 지어 봉구에게 전한다. 봉구는 그런 영주가 고맙지만 선뜻 마음을 받아들이기 어렵다. 김 목사 부부는 둘을 이어 주려 하지만 봉구는 영주와 의남매를 맺으려 한다. 실의에 빠진 영주는 집을 나가고 봉구는 자신의 행동을 후회한다. 「안해」: 어느 날, 친구 김군의 아내 마리아가 찾아와 갈 데가 있다고 '나' 를 이끈다. '나' 는 며칠 전 마리아로부터 김군이 다른 세상에 있다고 들은 것을 떠올린다. 서대문에서 내린 마리아는 '나' 를 어느 집안으로 인도

한다. 허름한 방 안에 있는 김군의 얼굴은 온통 수염으로 가득하다. 김군이 있다던 다른 세상이 이런 것이었나 하는 생각에 '나'는 마음이 무겁다. 「조선의 안해」에서 본격적인 스토리가 전개되기 이전에 '나의 동지(同志) 오군이 벌서 십 년 전에 들니어준 이야기'라는 저자의 서술이 보인다. 모두 18장으로 구성되어 있으며 각 장에는 제목이 달려 있다. 남주인공이 개혁운동가로 설정되어 있지만 정치적 상황이 자세히 그려지지 않고 있다.

## 조신의 꿈/調信의꿈 : 김동인. 월간야담1935.6.

**【내용】** 낙산사의 불승인 조신은 세달사의 농장을 감독하기 위해 마을에 내려온다. 그는 우연히 복사나무 아래서 만난 성주 댁 소저 김랑에게 마음이 빼겨 그가 자신의 아내가 되게 해달라며 부처에게 기도를 올린다. 그렇게 4년여가 흐르지만 바람도 헛되이 김랑이 출가하였다는 소문을 듣고 조신은 낙망한다. 낙산사로 들어간 조신은 부처에게 한탄하며 통곡하다 잠이 든다. 누군가 자신을 깨우는 소리를 듣고 잠에서 깬 조신은 꿈에도 그리던 김랑이 앞에 있는 것에 놀란다. 김랑은 자신도 조신을 그리워하며 지내다 억지 결혼하여 지금 도망쳐 나왔다고 말한다. 조신은 기쁨 마음에 그와 함께 자신의 고향으로 향한다. 조신은 김랑과 살림을 차리고 꿈같은 세월을 보낸다. 그러나 세월은 흘러 사랑만으로는 견디기 힘든 가난이 이들을 괴롭힌다. 그렇게 어느덧 사십여 년이 흘러 늙은 내외는 자식 다섯을 키우며 어렵게 살아간다. 결국 그들은 궁핍한 생활을 견디다 못해 고향을 떠나기로 하는데 가던 길에 큰아들을 잃는다. 우여곡절 끝에 우곡현에 행장을 풀지만 내외가 모두 몸져눕게 된다. 어쩔 수 없이 조신은 큰딸을 구걸 보내는데 구걸 나갔던 큰딸마저 개에게 물려 죽고 만다. 결국 조신은 오십 년간의 부부 생활을 접고 김랑과 헤어지기로 결심한다. 북으로 떠나는 초라한 아내의 뒷모습을 보며 조신은 슬픔에 북받친다. 문득 잠에서 깬 조신은 그 모든 것이 꿈이었음을 깨닫고 안도한다. 그는 부처의 큰 뜻에 감복하며 절을 올린다.

**【참고】** 《삼국유사》에 실린 조신 설화를 바탕으로 한 작품이다. 김동인의 역사 소설은 당대의 문제를 투영하지 못했다는 점에서 야담으로 분류되어 비판적으로 검토되었다. 이 작품 또한 그가 한창 야담에 주력하던 시기 《월간야담》에 실은 작품이다.

## 조양홍/朝陽虹 : 윤승한. 동아일보1940.2.6-8.11(160회 미완).

**【내용】** 대원군과 대원 부인은 여덟 살에 부모를 잃은 화숙을 며느리로 삼으려 한다. 대원군은 외척 세력의 득세를 막기 위해 대원 부인의 동생인 민승호를 화숙의 집에 양자로 보내 대를 잇게 한다. 화숙은 용모와 태도가 중전의 자리에 어울리지 않지만 대원군의 간교로 중전에 간택된다. 고종은 중전이 된 민비 대신 궁인 이연연을 사랑하여 왕자 선을 얻는다. 민비는 대원군이 왕자 선을 원자로 책봉할 것이라는 이야기를 듣고 시기심을 갖게 된다. 게다가

대원군이 자신을 도와주기 위해서가 아니라 외척의 난립을 막기 위해 왕비로 책봉했다는 사실을 알게 되자 대원군에 대한 원망은 더욱 높아간다. 민비는 아들을 낳기 위해 조 궁인의 말을 따라 무녀 대머리만신에게 36개의 수놓은 괴불주머니를 몸에 지닌다. 교태전을 출입하지 않던 고종이 갑자기 찾아오자 민비는 주술의 효과를 신봉한다. 민비는 국정에 대해 이야기하여 고종의 마음을 돌리고, 이후로 정사를 조언한다. 왕자를 낳은 민비는 조 궁인을 통하여 만신에게 왕자 선을 저주하게 하고, 후궁 이씨의 궁인도 만신에게 민비 소생의 왕자를 저주토록 한다. 민비와 후궁 양쪽의 사주를 받은 대머리만신의 사기극이 민승호의 하녀 시월이에 의해 드러나고, 붙잡힌 만신과 그 일당은 민승호의 위협을 받고 중전의 아들을 저주하게 시킨 것이 대원군이라고 거짓으로 고백한다. 이에 아들을 갑자기 잃은 민비는 대원군에 대한 증오를 키워 나간다. 민비는 다시 왕자를 얻으려 무녀 신령군과 이 도사를 만나 조선 왕조의 번창을 빌고, 왕자 탄생을 빌기 위해 전국 곳곳에 절을 세우는 데 힘쓴다. 민비가 사용하는 돈이 모두 민승호의 이름으로 벼슬을 팔아 얻은 부당한 재물에서 충당되면서 민승호에 대한 백성들의 원성이 점점 높아간다. 민비는 신령군에게 동자부처를 얻고, 곧 태몽을 꾼 뒤 임신을 하게 되자 신령군을 더욱 신뢰한다. 그러던 어느 날 민비가 동자부처를 잃어버리자 조 궁인은 동자부처를 발견한 묘향산에서 동자부처에 대한 내력을 전해 듣는다.

**【참고】** 민비와 대원군의 대립을 소재로 한 미완성의 작품이다. 대궐 내 여인들의 갈등과 무속에 관련된 소재들이 상세히 묘사되어 있다.

## 종두/種痘 : 한설야. 문장1939.8.

**【내용】** 경구는 박색에 우둔한 아내가 마음에 들지 않는다. 아내는 아내대로 돈벌이에 서툰 경구가 불만이다. 아내는 사는 게 힘드니 부부 사이라도 화목해야 한다는 생각을 갖고 있지만, 경구가 가장 구실을 제대로 못하자 점점 그가 못나 보인다. 경구는 경구대로 성격이나 외모 모든 것이 자신과 정반대인 아내를 보면 성이 난다. 경구에게는 세 아들이 있는데 이름은 원섭, 형섭, 이섭이다. 형섭과 이섭은 외모가 꼭 닮은 쌍둥이인데, 홍역을 앓은 이섭은 열 때문에 왼쪽 눈이 멀게 된 후로 밝은 귀염상의 형섭과 다르게 어둡고 굳은 표정의 얼굴이 된다. 경구와 아내는 그런 이섭을 안쓰럽게 여긴다. 어느 날 이섭이 두 살 위의 철이라는 아이와 싸운 뒤 얼굴이 부은 채로 양복에 코피를 잔뜩 묻히고 온다. 철이 학교에 가고 싶어 하는 이섭에게 외눈박이는 입학할 수 없다고 말해 싸움이 벌어진 것이다. 철은 포악한 성격으로 동네 애를 종종 때리는데, 돈 많은 엄마 때문에 아무도 그를 제지하지 못한다. 경구의 아내는 이섭이 철의 엄마에게도 맞았다는 이야기를 듣고 항의하기 위해 집을 뛰쳐나간다. 경구는 자신의 미온적 태도와 대비되는 아내의 분노한 얼굴을 보며 그것이 현실을 진정으로 살

아가는 모습이 아닐까 생각한다.

**【참고】** 소설 말미에 '-14, 6, 12,-於 京城客舍' 라고 표기되어 있다. 소화 14년, 즉 1939년을 의미하는 것으로 보인다. 3장에서 이섭의 이름이 철로 표기된 것은 오기로 보인다. 현실의 금권력 앞에 무력하며 실제 저항의 행동 대신에 아이에게 눈이 나을 수 있다고 거짓 위안을 주는 남편과 현실을 받아들이고 아이의 외눈이 나을 수 없다는 사실을 인정하지만 분노와 저항의 의식을 잃지 않는 아내가 대비되는 점이 주목된다

## 좌평성충/佐平成忠 : 김동인. 월간야담1935.7.

**【내용】** 백제 의자왕 16년 춘삼월, 백성들은 국왕의 방탕과 신라의 기세에 근심으로 지낸다. 태종무열왕과 명장 김유신이 있는 신라는 호시탐탐 백제를 노리지만 왕은 주지육림에 빠져 정사를 돌보지 않는다. 이를 걱정하던 좌평 성충이 임금에게 마지막 간청을 드리기 위해 입궐한다. 그러나 의자왕은 잠든 채 하며 성충을 보려 하지 않는다. 임금을 걱정하던 성충이 눈물을 흘리다가 그 눈물이 왕의 얼굴에 떨어진다. 이에 왕이 노하여 성충을 옥에 가둔다. 옥에 갇힌 성충은 임금에게 마지막으로 정사를 돌보라는 간청을 하기 위해 단지를 한 후 그 피로써 상소문을 써 올린다. 왕은 피로 쓴 성충의 편지를 더럽다며 읽지 않는다. 계백장군이 뒤늦게 옥에 갇힌 성충을 찾지만 그의 몸은 이미 굳은 후이다.

**【참고】** 백제 무왕의 아들인 의자왕은 즉위 후 강력한 통치력을 바탕으로 정권을 안정시켰으며, 대외적으로는 당과 화친하고 고구려와 연합하여 신라를 압박한 성군이었다. 그러나 집권 15년을 넘기면서 방탕한 기질을 드러내는데 작품은 이러한 역사적 사실을 바탕으로, 성충이라는 인물을 통해 충의와 민족의식을 강조하고 있다. 작품의 분량은 중편을 넘지 않는 정도이다.

## 죄악의 씨/罪惡의씨 : 최연택. 문창사1922(65면).

**【내용】** 김철수는 돈을 벌기 위해 고향을 떠난다. 아내 오정자는 홀로 남아 늙은 시부모를 봉양한다. 어느 날 오정자는 품팔이를 갔다가 강화도 유수(留守)인 민영철에게 강간을 당하고 아이를 낳는다. 이 사실을 알게 된 김철수는 집으로 돌아와 오정자를 용서하고 민영철의 아이 명식이를 자신의 자식처럼 기른다. 김철수는 오정자에게 일어난 일이 민영철이라는 개인의 잘못이 아니라 민영철의 권력과 지위 때문에 일어난 일이라고 생각하고 복수를 하지 않는다. 세월이 흘러 김철수는 잘못된 세상을 바로잡겠다며 다시 집을 나간다. 오정자는 명식이를 민영철에게 보내고 자신은 절에 들어간다. 명식은 민영철의 토지를 몰래 팔아 돈을 마련하려다가 사기 사건에 휘말린다. 이 사건으로 명식은 징역을 살고 나와 죽는다. 민영철은 재산과 아내를 잃고 거리를 헤매는 걸인이 된다. 한편 집을 떠난 김철수는 러시아에 머물 때 알게 된 무정부당(無政府黨)에 관심을 갖고 조선 사회에서 실행해 보려 한다. 그러

나 황의경 목사를 만나 기독교 신자가 되면서 종교 활동에만 전념한다. 아내 오정자와 함께 전도와 강연회 등으로 바쁜 나날을 보내던 김철수는 거리에서 걸인이 된 민영철을 만난다. 김철수는 민영철을 용서하고 그를 구제하여 준다.

**【참고】** 겉표지에는 제목이 '사회소설(社會小說) 罪惡의 씨'라고 표기되어 있고, 책의 서두 부분에는 '罪惡의 種子'라고 적혀 있다. 권력자와 위정자에 대한 비판으로 시작된 소설이 후반부에서 기독교 신앙을 갖게 된 인물에 초점을 맞춘다. 원수에게 복수하는 대신 용서해 준다는 결말을 통해 기독교 사상을 강조하고 있다.

## 죄와 벌/罪와罰 : 유서성. 광업조선1937.10(1회 미완).

**【내용】** 림준승은 전 재산을 투자하여 황해도에 있는 광산을 사들였지만 황무지 땅이나 다름없어 형편이 말이 아니다. 풍재광산에도 투자하였으나 재미를 못보고, 광업대리인으로 보낸 김형진마저 야반도주하여 소식이 없자 낙심한다. 그런데 뜻밖에도 형진이 돌아와 광산에 문제가 생겼다고 알린다. 최광주라는 자가 광산이 자신의 소유라고 주장하며 난리를 피운다는 것이다. 준승은 자신에게 광산을 판 상련을 찾아가지만 그도 모르고 있던 사실이라며 난감해한다. 준승이 나흘째 집에 돌아오지 않자 가족 모두가 걱정한다. 마침내 그에게서 일을 해결하여 볼 테니 집안일을 부탁한다는 안부의 편지가 온다. 그의 아들 영식은 아버지가 대체 어떻게 할지 걱정이 앞선다.

**【참고】** 《광업조선》의 목차에는 '小說 罪와 罰, 劉犀星'이라고 표기되어 있고, 본문에는 '罪와 罰, 犀星記'라고 표기되어 있다. 영인본의 결호로 인하여 1회만 확인 가능한 작품이다.

## 주리야/朱利耶 : 이효석. 신여성1933.3-1934.3(10회 완).

**【내용】** 성진에 사는 김영애는 소지주의 딸이다. 일찍 아버지를 여의고 오빠 밑에서 자란 영애는 원치 않는 결혼을 시키려는 집안의 뜻을 거스르고 집을 나온다. 그는 유물론 강연을 들었던 주화를 찾아가 그에게 자신의 사정을 얘기하고 그와 같이 지낸다. 황당해하던 주화는 영애에게 계속 귀향을 권하지만 점차 그의 매력에 빠져든다. 영애는 주화의 주자를 따서 성으로 삼고, 좋아하는 소설 주인공의 이름인 리야를 따서 주리야로 개명한다. 주리야는 주화의 동지인 민호와 가까워지고 그에게 관심을 갖는다. 그러던 어느 날 주리야의 오빠와 약혼자가 그의 거처를 알아내 찾아온다. 주리야는 몰래 집을 빠져나와 민호를 찾아간다. 그는 민호와 인천 월미도로 피신할 작정을 한다. 월미도의 여관에 묵은 두 사람은 같이 밤을 보낸다. 다음 날 주리야는 민호를 탓하는데

민호는 월미도에 온 것이 자신의 뜻이 아니라 주리야의 주장이었음을 상기시킨다. 주화를 사랑하면서도 민호와 하룻밤을 보낸 주리야는 후회와 부끄러움에 몸둘 바를 모른다. 서울로 돌아온 주리야는 주화에게 민호와 있었던 일을 고백하려 하지만 때를 찾지 못한다. 불미스러운 사건에 연루되어 주화와 그의 친구들이 경찰에 연행되고, 주화와 주리야도 얼마 있지 않아 검거된다. 며칠 뒤 주리야만 풀려나온다. 몸에 이상을 느낀 주리야는 병원을 찾게 되고 자신이 임신했다는 사실을 알게 된다. 고향으로 내려가기로 결심한 주리야는 반년 동안의 서울 생활을 돌아보며 앞으로의 새로운 생활을 기약한다.

**【참고】** 연재 시 회차 정보가 있으며 1933년 3월부터 1933년 10월까지 7회가 순서대로 연재되었다. 그러나 1933년 11월 《신여성》지가 확인되지 않으며 1933년 12월호에는 8회 연재분이 수록되지 않았다. 1934년 1월호에 9회가 연재된 것으로 보아 1933년 11월호에 8회가 실렸을 것으로 추측된다. 1934년 3월호(2·3월 합병 특별호)의 10회를 마지막으로 작품이 완결되었다. 10회 말미에 "주리야의 반둥건둥의 성장과도 같이 작품 「주리야」도 이만콤 길너서 위선 여긔서 섯을 막고 붓을 가라 「주리야」 후일담을 쓸 날을 독자제현과 가티 기다릴 작정이다"라는 작자 후언이 붙어 있다. 작품은 인습의 굴레에서 벗어나 자신의 정체성을 찾고자 한 주리야의 일대기를 그리고 있다. 등장인물 모두 직간접으로 사회주의 운동에 관련되어 있으며 주리야 또한 사회주의 의식의 각성을 보여 준다. 그러나 작품은 주인공의 정체성 찾기와 의식 성장보다는 남성들 사이에서 방황하는 한 여성의 성적 욕망의 추이에 집중하고 있어 흥미 위주의 서사 구조를 보이고 있다.

## 죽음 : 한용운. 1924(미발표).

**【내용】** 경성 계동의 최 선생은 기미년 삼일운동에 참여하지 못한 것을 부끄러워한다. 그러던 중에 어떤 사람의 소개로 상해 조선 혁명당의 비밀 연락책을 맡게 된다. 하지만 부인의 부주의로 종로 경찰서에 불려갔다가 유치장에서 목을 매어 자결한다. 고등보통학교에 다니던 영옥은 자신이 건네준 수건으로 부친이 자살하자 회한의 눈물을 흘린다. 이때 호색한으로 유명한 유부남 정성열이 영옥의 미모를 탐하고 그녀에게 접근을 시도한다. 영옥은 재물로 사랑을 얻으려는 성열보다 훌륭한 인격을 가진 남자와 결혼하기로 결심을 굳힌다. 어느 날, 영옥은 조선 여자청년회의 임시 총회에서 보성전문학교 법과생인 김종철을 알게 되고, 그의 인품에 이끌려 그와 후일을 약속한다. 한편 종철은 자신과 영옥 사이를 음해하는 기사가 신문에 실리자 그 불만으로 경성신문사에 폭탄을 던진다. 그는 공판에서 3년 형을 구형받지만 범죄 동기와 결과 등이 고려되어 그날로 출옥한다. 한편 경성신문사 주필이던 성열은 심복 상훈으로부터 종철이 미국 유학을 원한다는 말을 듣고 미국에서 그를 없앨 계략을 꾸민다. 종철은 상훈과 미국에 당도하지만 그곳에서 상훈에게 죽임을 당한다. 영옥은 종철이 죽었다는 전보를 받고 혼절한다. 얼마 후 영옥은 성열이 상훈에게 종철의 교사를 지시한 편지를 우연히 발견하고는 이들에 대한 복수를 계획한다. 한편 여관에서 금전꾼의 아내를 능욕하다 그 남편에게 걸린 상훈은 이튿날 시체로 발견된다. 두 달 후, 영옥은 종철의 아들을 낳

는다. 그녀는 친구 봉순에게 아들을 부탁하는 유서를 남기고 성열을 만나기 위해 한강 철교로 향한다. 성열에게 독이 든 포도주를 건넨 후에 영옥은 종철의 사진을 가슴에 품고 강물에 뛰어든다. 이튿날 교사를 지시한 성열의 편지가 유품으로 발견되어 그의 죄상이 세상에 알려진다.

**【참고】** 1924년 씌어졌지만 미발표 작품으로 1973년 『한용운 전집』(6권)에 수록되었다. 부친의 죽음과 애인의 죽음으로 삶이 위협받는 상황 속에서도 꿋꿋한 의지로 난관을 극복해 보고자 노력하는 여성 인물의 운명을 그리고 있다.

## 지맥/地脈 : 최정희. 문장1939.9 ; 赤塚書房(日)1940.

**【내용】** 동경 M대학에서 문학을 전공하는 은영은 방학을 맞아 귀국했다가 홍민규를 만나 그와 사랑에 빠진다. 학교를 중퇴하고 그와 동거를 시작한 후 민규가 불미스러운 일로 수감되고 이어 민규의 아내 되는 여인이 은영을 찾아온다. 은영의 어머니가 죽고 수감되었던 민규마저 세상을 떠난다. 생활고에 직면한 은영은 두 아이를 억지로 떼어 놓고 친구 하순의 소개로 기생 김연화의 침모 겸 가정부로 들어간다. 연화는 그녀를 멸시하고 업신여긴다. 이후 그녀는 교양이 높은 부용이라는 여자의 집으로 옮겨 간다. 부용은 아들 하나만을 낳아 주고 남편에게 버림받은 여자인데, 은영을 언니처럼 여기며 믿고 따른다. 우연히 민규의 친구이자 그녀의 이전 애인이었던 이상훈을 만난 은영은 아이들의 교육비가 필요했던 탓으로 그에게 도움을 청한다. 상훈은 그녀를 연모하는 마음을 내비치고 은영은 이를 뿌리친다. 가까스로 방 한 칸을 마련해 아이들을 불러오지만, 유일한 의지처였던 하순이 출가를 결심함에 따라 은영이 도움을 청할 곳도 없다. 은영은 하순의 출가와 상훈의 끝없는 구애에 대한 번민을 씻기 위해 해주로 향하는 차에 오른다.

**【참고】** 연재 지면에 '地脈 崔貞熙' 라고 표기되어 있다. 「인맥」, 「천맥」과 더불어 최정희의 '三脈 연작'에 속하는 작품이다. 목차에 작품의 분량이 '200매' 로 표기되어 있다. 1인칭 소설로 '나(은영)' 의 불우한 생활을 통해 비정한 사회를 고발하고 있으며, 부조리에 맞서 스스로 자립하려는 한 여성의 정체성 찾기를 긍정적으로 그린 작품이다. 임화는 《인문평론》 창간호(1939.10), 「단편소설의 조선적 특성」에서 이 작품에 대해 "주인공이 남편의 사후 자녀를 버리고 떠나는 장면, 기생집 침모살이, 첩의 집 가정부 생활, 옛 애인과의 해후 등 각각의 화소들이 단편으로 독립될 수 있는 작품이나 이것을 굳이 장편으로 만든 것으로 인해 소설에 요구되는 집약성과 사건의 주체성 구조의 구심력이 획득되지 못한 결함을 안고 있다. 그러나 통속화의 길을 가지 않고 순수 일로로 전편을 일관한 성실에 의의"가 있다고 평하였다. 1940년 동경 赤塚書房에서 간행된 『조선문학선집』은 총 3권으로 구성되어 있는 책으로, 최정희의 「지맥」을 비롯하여 유진오의 「김 강사와 T교수」, 이효석의 「메밀꽃 필 무렵」, 이광수의 「무명」, 김동인의 「발가락이 닮았다」, 염상섭의 「자살미수」 등이 일본어로 번역되어 수록되어 있다. 편집 책임은 장혁주, 유진오와 일본인 무라야마 토모요시 등이 담당하였다.

## 지붕 밑의 신추/집웅밑의新秋 : 강노향. 신인문학1936.1-3(2회 미완).

**【내용】** 이상련과 오창세는 실업가가 되어 돈을 벌겠다는 꿈을 안고 상해로 건너온다. 이들은 육 년 동안 이런저런 일을 해 보지만 어느 것 하나 성공하지 못하고, 현재는 끼니조차 잇기 어려운 처지에 놓여 있다. 두 사람은 집세 낼 돈이 없어 이리저리 옮겨 다니다, 식비를 따로 내고 끼니를 제공받는 조건으로 김유성이라는 조선인 집에 세를 든다. 유성은 누이동생셋을 집 옆의 댄스홀로 내보내 돈을 벌게 하고 자신은 편하게 놀고먹는 자다. 상련과 창세는 각기 취직해서 일을 하지만 보수는 신통치 않다. 유성의 생일날, 세입자들은 모두 모여 축하연을 벌이지만, 창세는 고향에 두고 온 노모가 별세했다는 소식에 슬퍼한다. 설상가상으로 창세는 자신의 식비를 지불하지 못해 부끄러워한다. 상련은 창세를 도와주고 싶지만 그 자신도 빈털터리라 어쩌지 못한다. 얼마 후 창세가 말없이 사라진다. 유성은 창세가 처음부터 식비를 떼어먹으려 작정한 것이라 여기지만, 상련은 그가 순수하기 때문에 부끄러워 도망친 것이라 추측한다. 며칠 후, 상련은 유성과 함께 냉면집에 갔다 창세와 마주친다. 유성이 빈정거리자 상련은 창세가 그 자리에서 벗어나게 해 주려 한다. 그러나 창세는 알아차리지 못하고 오히려 상련이 자신을 멸시한다고 오해한다.

**【참고】** 연재 지면에 '長篇小說 집웅 밑의 新秋 姜鷺鄕'라고 표기되어 있다. 2회 말미 '作家附記'에 '작가의 신변에 여러 가지 일이 생겨 이번 회는 짧게 줄이고 다음 회에 만전을 기하겠다'고 적혀 있으나, 이후 연재 사항은 발견되지 않는다. 본래 장편소설로 계획했던 것으로 보이나, 단 2회 연재 후 중단되었기 때문에 작품의 전체적인 면모를 파악하기는 어렵다. 다만 등장인물과 배경 설정으로 보아 중국으로 이주한 조선인들의 삶을 그리려 한 작품이라고 추측할 수 있다.

## 지새는 안개 : 현진건. 개벽1923.2-10(9회 미완) ; 박문서관1925(223면).

**【내용】** 이정애와 김영숙, 박화라는 여학교 동기로 동물원 구경을 가기로 하였지만 비가 와서 가지 못한다. 집에 있던 정애는 발신인이 영숙으로 되어 있는 편지를 받는다. 편지는 영숙의 사촌오빠인 김창섭이 보낸 것이다. 창섭은 열세 살 때 집안에서 맺어준 여섯 살 연상의 여자와 결혼한 유부남이다. 그는 동경 유학 중 집안 사정 때문에 귀국한 후 경성의 영숙 집에서 머물며 영화와 문학 공부를 하고 있다. 두 달 전에 영숙과 함께 집에 놀러온 정애를 본 창섭은 영애에게 반하여 연애편지를 쓴 것이다. 그러나 창섭을 짝사랑하던 이는 화라이다.

신성한 연애주의자인 정애는 창섭의 편지에 아무런 반응도 보이지 않는다. 화라는 정애한테 온 창섭의 편지를 빼앗아 읽고는 마음의 상처를 받는다. 화라는 창섭을 그리는 마음에 정애 명의로 답장을 보낸다. 화라가 대신하여 편지를 썼다는 것을 알지 못하는 창섭은 행복에 겨워 다시 답장을 보내 자신의 사랑을 전한다. 그러나 정애는 여전히 아무런 반응을 보이지 않는다. 정애로부터 계속 별다른 반응이 없자 처음에 낙담했던 창섭은 오해가 깊어져 그녀를 미워하게 된다. 한편 삼촌인 영숙 아버지가 그에게 반도일보사에 기자로 취직할 것을 권유한다. 평소 기자라는 직업을 동경하였던 그는 막상 기자가 되자 신문사 직원들의 무능하고 위선적인 면모에 실망과 환멸을 느낀다. 자신의 마음에 대한 정애의 대답을 기다리는 데 지친 그는 새로운 안식처를 찾아 방황한다. 결국 그는 정애와 닮은 설향이라는 기생을 만난다.

**【참고】** 연재 당시 전체 6장으로 구성되었다. 9회 연재 말미에 "此號로 前編의 씃치 남과 함께 本誌의 連載는 고만두고 後編이 完成되기를 기다려 혹 單行本으로 發刊할가 한다"라는 부기가 있는데 작가는 이를 실천하여 후편의 내용을 더해 단행본으로 완간하였다. 유부남인 창섭과 정애의 애정 갈등을 중심으로 하여 조혼의 폐단과 자유연애의 문제를 심도 있게 그리고 있는 작품이다. 《개벽》 연재분을 텍스트로 내용을 정리했다. 박문서관 발행 단행본은 현재 개인 소장으로 원본 확인이 힘든 상태이다. 40% 정도가 새로 창작되었다는 연구가 있다.

## 지옥의 봄/地獄의봄 : 윤백남. 주간서울1949.8.22-1950.1.23(23회 미완).

**【내용】** 하남촌 사는 이덕유는 안동 민 승지의 은덕을 입어 별감 자리까지 얻는다. 승지의 딸이 숙종비로 간택되자 이 별감은 진심으로 중전을 위한다. 간악한 인물로 궁중에서 내쫓긴 장녀는 착한 중전의 마음을 이용하여 다시 궁중으로 들어온다. 장녀는 입궐 후 화려한 미모를 내세워 숙종의 마음을 사로잡고 중전을 음해하기 시작한다. 한편, 별감은 평소 안면이 있는 홍녀로부터 부인과 이혼하라는 시달림을 받는다. 별감은 홍녀를 불러 타이르다가 실랑이를 벌이다가 실수로 그녀를 벼랑에서 밀게 된다. 홍녀의 죽음으로 괴로워하던 별감은 홍녀가 장녀와 불법적인 관계에 있음을 알고는 중전을 위해서라도 장녀를 없애야 한다고 생각한다. 장녀에 의해 중전이 폐출을 당한다는 소문을 듣고 격분한 별감은 장녀를 죽이고 자신도 죽을 결심을 한다. 병석에 있는 아내 곁에 있던 별감은 문득 홍녀의 망령을 보고 정신없이 칼을 휘두른다. 정신을 차린 별감은 자신이 망령에 홀려 아내를 죽였음을 깨닫는다. 별감은 미친 사람처럼 입궐하여 장녀를 찾는다. 그러나 별감은 장녀를 찾기 전에 붙잡혀 죽음을 맞이한다. 한편, 중전을 폐위시킨 숙종은 깊이 후회하고 방자한 장녀에게 염증을 내기 시작한다. 어느 날 숙종은 후원을 거닐다 무수리 최를 보고 마음에 둔다. 얼마 후 최는 숙종의 아이를 갖는다.

**【참고】** 제목 앞에 '現代小說'이라고 표기되어 있다. 첫 회에 앞서 '作家의 말'이 소개되고 있는데 내용은 다음과 같다. "천당과 지옥은 얇은 벽 하나가 놓여 있을 뿐이다. 천당에 봄이 온다면 지옥에도 봄은 있는 것이다. (…) 나는 이조 중세에 있어서 도적으로 유명한 일지매의 이제껏 사람의 입에 오르지 못한 한편 모습과 기괴한 인간의 숙명을 그리어 보고자 한다. 그의 일생에서 나는 지옥에 피는 꽃과 봄을 느끼었다는 것이다." 23회까지의 내용을 살펴보면 작가의 말과 달리 일지매에 관한 것이 아닌, 숙종과 민 중전 그리고 장희빈의 이야기를 담고 있다. 23회 연재분 끝에 '차호 계속'이라고 표기되어 있으나 이후 연재분을 찾을 수 없다.

## 지옥의 시/地獄의詩 : 박계주. 민성1949.8-11(3회 완).

**【내용】** '나'는 태평양전쟁이 한참이던 1944년 5월 황국위문사절단의 일원으로 화북 전선에 가게 된 소설가 석천으로부터 중국으로 탈출을 시도한다는 편지를 받는다. '나'는 그를 보기 위해 역으로 뛰어나가지만 만나지 못하고 쓸쓸히 되돌아온다. '나'는 그의 심경을 알아보려 하지도 않고 상대를 오해한 자신의 어리석음을 자책하며 이미 떠난 석천의 무사귀환을 축원한다. 한 달 뒤, 귀국한 황군위문사절단에 석천 부부가 없는 것에 안타까움을 느끼던 '나'는 연안에서 귀국한 시인 K군으로부터 석천이 스파이의 혐의를 받고 어디로 달아났다는 소식을 듣는다. 해방 후, '나'는 석천과 동향인인 S씨로부터 그가 고향에 있다는 소식을 듣고, 그가 유숙한다는 친척집을 찾는다. 하지만 서울로 떠난 뒤라 만나지 못하고 대신 그가 묵던 방에서 일기를 발견한다. '나'는 그의 일기를 통하여 그간 궁금했던 석천의 행적과 심경을 알게 된다. 이튿날, 석천의 일기를 가지고 서울로 올라온 '나'는 백방으로 그들 부부를 찾지만 실패하고, 대신 석천의 일기를 여러 달에 걸쳐 잡지에 연재한다.

**【참고】** 1959년 발행 박영사본 지면에 '地獄의 詩 朴啓周' 라고 표기되어 있다. 화자인 '나' 가 친구인 석천의 편지와 일기를 소개하는 형식으로 되어 있는 작품이다. 제목 앞에 '長篇小說' 이라고 표기되어 있다. 한국근현대잡지자료 목록에 연재 정보에 관한 기록이 나와 있으나 원본 자료를 구할 수 없다.

## 지축을 돌리는 사람들/地軸을돌리는사람들

이무영. 동아일보1933.8.5-9.22(43회 완).

**【내용】** 같은 학교의 교원인 상수, 강식, 혜경은 은밀히 사회주의 운동을 추진하고 있다. 경찰은 이들의 행적을 감시한다. 고아로 자란 상수는 중학 시절 옆 자리에 앉았던 인연으로 강식의 집 사랑에 머물며 학교를 다녔다. 이 인연으로 상수와 강식은 둘도 없는 친구가 된다. 그런데 이들 사이에 혜경이 끼어들면서 우정에 금이 가기 시작한다. 상수와 강식은 사회주의 운동을 함께 도모하고자 하지만 혜경을 사이에 두고 연적이 되면서부터 갈등이 빚어져 일은 뒷전이 되고 만다. 그러나 정작 혜경은 애정 문제보다는 일을 중시한다. 그러던 중 상수의 행적이 묘연해진다. 일, 우정, 사랑 사이에서 갈등하던 상수가 선배인 영문학자 K에게 갈등을 토로하고는 잠적해 버린 것이다. K는 이들의 삼각관계를 해결하기 위해 자신이 공연하는 연극 '유아나'에 셋 모두를 초대한다. 공연장에서 우연히 전문학교 동창생인 백성자를 만난 혜경은 성자를 이용해서 자신을 두고 암투를 벌이는 강식과 상수의 갈등을 해결해 보고자 한다. 혜경은 성자를 강식에게 소개하고 두 사람이 좋은 관계로 발전하길 기대한다. 혜경의 뜻대로 성자와 강식은 가까워지고, 강식은 성자의 유혹에서 벗어나지 못한 채 일도 제대로 하지 못하게 된다. 강식은 성자와 가까워진 자신을 멀리하려는 혜경의 태도를 눈치채고, 성자와의 결별을 결심한다. 그러나 성자는 강식 일행을 경찰에 신고하겠다고 협박하

며 강식과 헤어지려 하지 않는다. 이를 알게 된 혜경은 자신들의 일이 수포로 돌아갈지도 모른다는 두려움에 싸여 성자를 죽이고 만다. 한편 은둔 생활을 청산한 상수는 다시 일에 몰두한다. 그는 비밀모임의 자리에 갑자기 나타난 혜경을 통해 강식이 경찰에 잡혀갔음을 전해 듣는다. 혜경은 자신이 대의를 위해 성자를 죽였다고 상수에게 고백한다. 강식이 경찰에서 풀려나 다시 모임에 복귀하고, 셋은 전처럼 다시 뭉쳐 사회주의 운동을 도모한다.

**【참고】** 1933년 8월 5일 첫 회 연재 당시 '신진작가 이무영씨의 중편소설을 연재한다'는 광고 기사가 실렸다. 9월 22일 마지막 회 말미에 '1933년 9월 20일'이라 하여 탈고 일자를 부기하였다. 청년 상수, 강식, 혜경이 우정과 애정 사이에서 갈등하며 방황하는 삼각관계를 기본 구도로 삼고 사회주의 운동을 낭만적으로 형상화했다는 평가를 받는다.

## 지평선/地平線 : 손소희. 여성1949.10-?

**【내용】** 미확인 작품.

**【참고】**《문예》 1949년 10월호의 《여성》 창간호 광고 지면에 목차가 실려 있는데, 여기에 '連載小說'이라고 소개된 작품이다. 현재 《여성》지 자료는 확인할 수 없다.

## 지하촌/地下村 : 강경애. 조선일보1936.3.12-4.3(17회 완).

**【내용】** 칠성이는 동냥을 마치고 돌아오는 길에 아이들에게 놀림을 받는다. 아이들은 팔과 다리가 불구인 칠성이를 병신이라 놀리며 소똥을 묻힌다. 칠성이가 집에 오니 동생인 칠운이가 막내인 정애를 업고 있다가 사탕을 달라고 조른다. 칠성이는 이웃집의 맹인 소녀인 큰년이를 좋아해서 그녀에게 선물할 옷감 살 돈을 모으고 있다. 어머니가 집으로 돌아와 큰년이가 돈에 팔려 시집가게 되었다는 소식을 전한다. 다음 날 큰년이를 찾아간 칠성이가 소문에 관해서 묻자, 그녀는 아버지 소관이라고 말하면서 낙담하는 빛을 보인다. 이틀 후에 칠성이는 마을에서 육리나 떨어져 있는 송화읍에 동냥을 나선다. 마을 부잣집의 집을 찾아갔다가 집주인이 풀어놓은 개에 물려 피를 흘린다. 돌아오는 길에 거지 사내를 만나는데, 사내는 자신이 공장에서 일하다가 기계에 다리를 잃었노라고 말한다. 보상도 못 받고 그 일로 가정마저 파탄이 나고 만 사내는, 우리가 이 꼴이 된 건 하늘 탓이 아니라고 말한다. 집에 돌아오니 어머니가 때마침 내린 큰비에 동이 터져서 동네논이 다 쓸려 갔다고 한탄하며 운다. 막내 역시 자지러지게 운다. 머리에 종기가 났는데, 누가 쥐 가죽이 좋다고 하여 어머니가 쥐를 잡아 가죽을 머리에 붙였던 것이다. 가죽 벗겨진 자리를 보니, 피를 먹은 구더기가 득시글하다. 비는 모질게 퍼붓는데, 칠성이는 묵묵히 하늘을 노려 본다.

**【참고】** 일제 강점기에 가난과 질병에 시달리는 인물들의 모습을 통해 인간적인 삶을 살지 못하는 비

참한 삶의 공간을 형상화하고 있다. 인물들은 대체로 신체적 불구자로 설정되어 있으며 인간 이하의 처참한 취급을 당하면서 산다. 작가는 인물의 입을 통해서 가난이 개인의 문제가 아니라 사회 제도적인 문제라는 비판적 의식을 드러낸다.

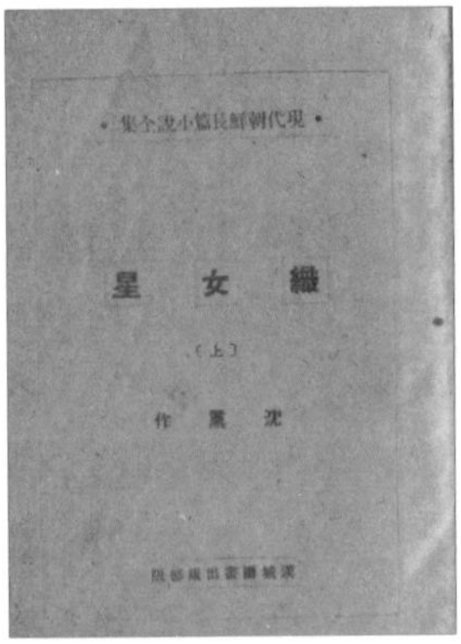


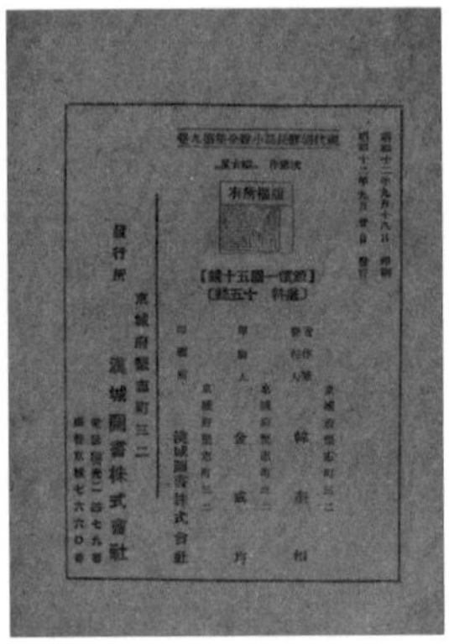

## 직녀성/織女星

**심훈. 조선중앙일보1934.3.24-1935.2.26 (313회 완) ; 한성도서1937.**

**【내용】** 이한림의 막내딸 인숙은 열네 살의 나이로 열두 살 난 윤 자작의 아들 봉환과 결혼한다. 어린 인숙은 혹독한 시집살이를 하게 된다. 한편 그의 오빠 경직은 자신의 아내를 친정으로 내쫓은 후 집을 나가 색주가에서 셋방살이를 한다. 이에 충격을 받은 아버지가 자살을 시도하고 위독한 상태에 이른다. 그러나 시조모가 근친을 허락하지 않아 인숙은 아버지의 임종을 보지 못한다. 봉환이 중학교에 들어간 첫해 인숙은 그와 처음 한 방에서 밤을 지새우지만 어른들의 눈치로 인해 각방 생활을 한다. 이에 불만을 품은 봉환이 밤마다 도화라는 기생과 어울린다. 그 사실을 알게 된 인숙이 몰래 친정으로 가버린다. 그제야 시집 어른들은 봉환이 인숙의 방에서 지내도록 허락한다. 그 후 삼 년 동안 인숙과 봉환은 행복한 시간을 보낸다. 미술에 재주가 있는 봉환은 인숙의 초상화를 그려 미술 전람회에서 입선하고, 인숙이 몰래 만들어 준 돈을 가지고 일본으로 유학을 떠난다. 한편 인숙도 사립 여학교 고등과에 입학한다. 일본에 있던 봉환은 자신을 견우성, 인숙을 직녀성이라고 부르며 여름 방학에 돌아와 만날 것을 편지로 다짐한다. 그러나 막상 방학이 되어도 봉환은 돌아오지 않는다. 마침내 일본에서 봉환이 돌아오지만 그림의 모델이었던 여성과 사귀며 집에는 손님처럼 들렀다 갈 뿐이다. 봉환은 자신의 친구와 모델이었던 여성이 어울리는 현장을 목격한 후 낙심하여 집으로 돌아온다. 그간 봉환의 동생 봉희는 자신이 사랑하던 고학생 박세철이 사상 문제로 관에 붙잡혀 가자 이를 고민하다가 자살을 기도하지만 실패한다. 윤 자작 또한 중풍으로 쓰러져 가세가 급격하게 기운다. 인숙은 남편 때문에 성병에 걸리지만 봉환은 오히려 인숙의 외도를 의심한다. 봉환의 의심은 깊어지고 인숙은

친정으로 피신한다. 그녀는 삯바느질로 생계를 이어 가며 학교에 다시 다닌다. 한편 봉희는 세철과 비밀리에 결혼한다. 시집과 관계를 끊은 인숙이지만 봉희와는 친밀한 관계를 유지한다. 인숙은 우수한 성적으로 학교를 졸업하고 봉환의 아들 일남을 낳는다. 그러나 봉환은 일남을 자기 아들이라고 인정하지 않는다. 여학교 교사가 된 봉환은 음악 선생과 약혼하고, 인숙에게 이혼을 요구한다. 이를 보다 못한 봉희가 인숙의 누명을 벗기지만 일남이 감기에 걸려 앓다가 죽는다. 실의에 빠진 인숙이 자살을 기도하지만 실패한다. 그 후 인숙은 봉환과 이혼하고 유치원 보모가 되어 아이들을 돌보는 일에 매진한다.

**【참고】** 남편의 외도와 아들의 죽음 등의 고통을 극복하고, 남편과 이혼한 후 교육 사업에 매진하는 여성 인물 인숙을 통해 봉건적 관습의 굴레에서 벗어나 정체성을 찾아가는 여성의 자립 과정을 그리고 있다. 1937년 9월 『박문서관 장편전집』 1차 9권, 10권에 상·하 2권으로 나뉘어 출판되었다.

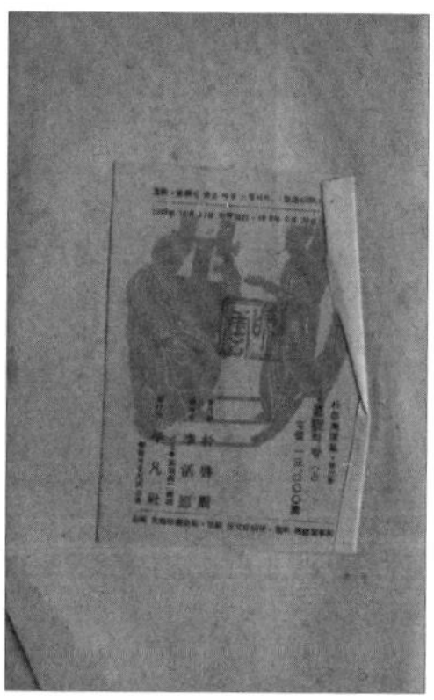

## 진리의 밤 /眞理의밤 : 박계주.

**경향신문1948.10.1–49.4.23(163회 완) ; 평범사1949 ; 경향신문사문화부1949(하권:568면).**

**【내용】** 지운은 일찍 부모를 여의고 기독교 고아원에서 자란다. 운은 농민복음학교 신 교장의 원조로 미술대학에 진학한 후 조각가가 되고, M여자대학에 강의를 나간다. 어느 날 누드모델을 구한다는 신문광고를 보고 소녀와 여인이 운의 화실에 찾아온다. 하지만 운을 좋아하던 소녀는 운의 사무적인 말투에 눈물을 흘리며 뛰쳐나가고, 여인은 모델이 정해졌다는 말에 질투심을 누르고 돌아간다. 얼마 후에 두 여성의 편지를 받은 운은 소녀의 이름은 임한녀, 여인의 이름은 지설영이라는 사실을 알게 된다. 어느 날 그는 한 움막에서 쫓겨나는 한녀를 우연히 목격하고 화실로 데려오지만 그녀는 메모를 남긴 채 사라진다. 그날 밤, 술에 취한 설영이 화실을 찾아온다. 설영은 그에게 적극적인 애정 공세를 퍼붓다가 화실 조각상을 깨뜨린다. 고고한 예술가를 농락하려던 설영은 그의 언행에 깊은 감명을 받고 화실을 나온다. 이튿날, 운은 한녀의 메모와 설영이 보낸 돈뭉치를 받고는 안일과 명예를 추구해 온 자기 태도에 부끄러움을 느낀다. 그는 기독교적 사랑에 삶의 진리가 있음을 자각하고 설영을 찾아 창기구제기관인 마리아의 집의 필요성을 역설한다. 운은 설영의 이름으로 당국에 허가 신청을 낸 다음 여자경찰서에 있는 창녀를 데려온다. 어느 날 운은 마리아의 집 운영에 불만을 가진 헌수와 기석에게 폭행을 당하여 병원에 입원하게 된다. 얼마 후 한녀가 운의 병실을 찾아오고, 운은 한녀를 마리아의 집으로 데려온다. 한녀의 등장에 불안함을 느낀 설영은 늦은 밤 운을 찾아가지만 그의 냉정한 태도에 발걸음을 되돌린다. 한편 이 상황

을 우연히 목격한 기석은 지운과 설영의 추문을 만들어 각 신문에 알린다. 한녀는 이를 오해하고 마리아의 집을 떠난다. 운은 한녀가 자기를 버린 것이라 생각하고 괴로워한다. 그러나 설영을 통해서 진실을 확인하고 자신이 속단하였음을 후회한다. 얼마 뒤, 운과 한녀는 하객들의 축복을 받으며 YMCA강당에서 결혼식을 올리고 설영은 혼자 밖으로 나온다.

**【참고】** 사랑하는 사람을 따르려는 의지와 그에 따른 윤리적 파탄을 그림으로써 참된 인생의 낙원이 어디인지를 보여 주려는 작품이다. 자기애와 애정의 윤리 사이에서 고뇌하는 젊은이의 모습을 담았다.

## 진정 마음이 만나서야말로/心相觸れてこそ : 이광수. 녹기1940.3-7(5회 미완).

**【내용】** 의학 공부를 하는 김충식은 인수봉을 등반하는 도중 암벽에서 추락한 일본인 학생 타케오와 그의 여동생 후미오를 발견하고 그들을 구조한다. 이를 계기로 김충식과 타케오는 서로의 가정을 오가며 우정을 나누고, 마침내 충식의 여동생 석란과 타케오가 조선인과 내지인의 벽을 넘어 내선결혼을 한다.

**【참고】** 춘원 최초의 본격적인 일본어 친일 장편소설이다. 이 소설은 조선인 남녀와 일본인 남녀의 사랑과 연애, 결혼 이야기를 중심으로 내선일체와 대동아공영의 이념을 설파하고 있다. 이 소설은 노골적으로 일선동조론을 주장하고 있으며, 일본인과 조선인은 전혀 다른 것이 없고 두 민족의 차이는 '사랑'으로 극복할 수 있음을 강조한다 '작자의 말'에 "이 작고 변변치 않은 이야기가 내선일체의 대업에 티끌만 한 공헌이라도 될 수 있다면, 나의 바람은 이루어진 것입니다"라고 적혀 있다. '기이한 인연', '마음의 만남', '꽃필 무렵', '하나의 길', '출발', '적을 찾아서' 등의 장으로 진행되다 중단되었다.

## 진주는 주었으나/眞珠는주엇스나 : 염상섭. 동아일보1925.10.17-1926.1.17(86회 완).

**【내용】** 경성제국대학에 재학 중인 김효범은 매형인 진형식의 집에 얹혀살고 있다. 변호사인 진형식은 전처의 조카딸인 조인숙을 성적으로 농락하는 파렴치한이다. 사업 자금 마련에 어려움을 겪던 그는 미두장이인 리근영에게 돈 이만 원을 받고 인숙을 넘기려고 한다. 이를 알게 된 효범이 누이의 후배인 정문자와 함께 인숙을 피신시키고, 이 과정에서 근영은 봉변을 당한다. 이러한 사건의 배후에 효범이 있다는 것을 알게 된 형식은 그를 집에서 내쫓고 인숙을 찾는 수색원을 경찰에 낸다. 인숙과 형식의 관계를 의심하던 신영복은 이 사건을 신

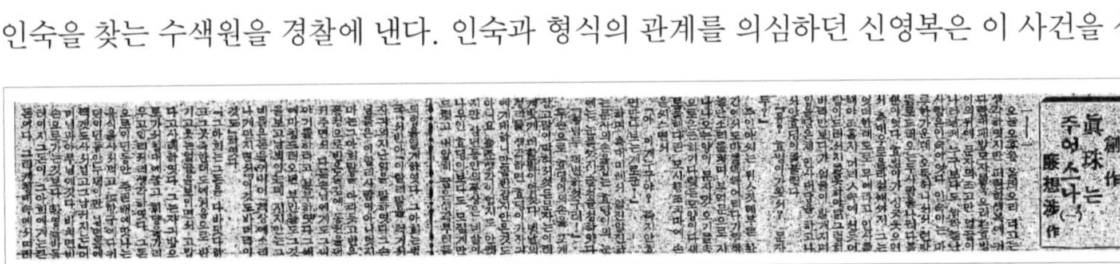
眞珠는 주엇스나 創作
廉想涉 作
(一)

문에 보도한다. 그러나 형식은 신문사 사장을 매수하여 사건을 은폐시키고 사실과 다른 내용으로 정정 기사가 실리도록 한다. 이 기사로 인하여 효범과 문자가 오히려 사건을 조작한 인물로 매도된다. 우여곡절 끝에 근영과 인숙이 결혼식을 올리게 되는데 이 자리에 효범이 나타나 근영을 비난한다. 영복 또한 부인과 첩을 두고도 다시 중혼을 하는 근영의 비윤리적 행태를 비판하며 일장연설을 한다. 자본의 논리로 매도되는 삶에 회의를 느낀 효범은 월미도 앞바다에서 문자와 동반 자살을 기도한다. 그러나 그들을 뒤쫓던 형사에 의해 문자는 구조되는데 효범은 끝내 정신을 차리지 못한다. 다음 날 신문에는 근영의 결혼식과 효범의 정사 사건이 보도된다.

**【참고】** 작가가 「해바라기」, 「너희들은 무엇을 얻었느냐?」를 연재한 뒤 곧바로 《동아일보》에 연재한 중편소설이다. 비윤리적인 기성세대의 행태와 자본주의 사회의 권력과 금력의 횡포를 폭로하는 소설로 평가받는다. 진형식과 리근영으로 대표되는 기성세대의 황금만능주의는 결국 불의에 맞서던 젊은이 김효범의 세계를 무너뜨리고 만다. 사건 전개 과정에서 보도기사, 유서, 편지 등이 자주 인용된다.

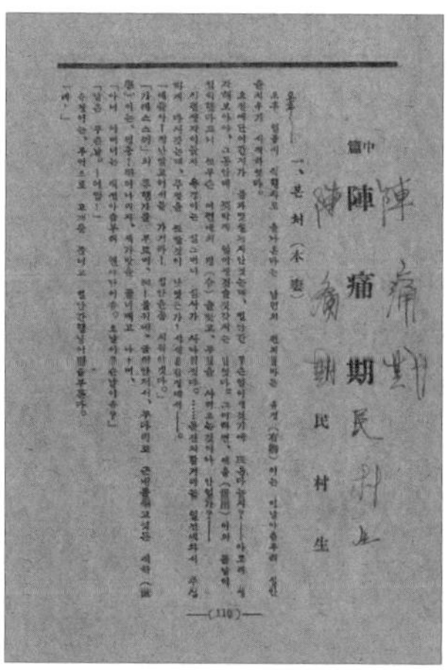
中篇 陣痛期 民村生

## 진통기/陣痛期 : 민촌생. 조선문학1939.1-6(6회 미완).

**【내용】** 거부인 김동호의 아들 세출의 돌잔치 준비가 한창이다. 넷째 첩 추옥이는 아이를 여러 번 낳았으나 번번이 백일을 못 넘기더니, 이번에 비로소 돌잡이를 하게 된 것이다. 동네 사람들은 경사를 맞이해서 논이라도 조금 더 얻을까 하는 기대루 저마다 선물을 갖고 오고, 은행 지점장이 사회를 보며 돌잔치가 성대하게 개막된다.

**【참고】** 연재 지면에 '中篇 陣痛期 民村生'이라고 표기되어 있다. '民村生'이라는 필명으로 연재한 이기영의 작품이다. 부잣집 돌잔치의 풍경을 세밀하게 묘사하면서 당대의 풍속을 그리려고 했다. 그러나 《조선문학》의 폐간으로 연재가 완료되지 못했다.

## 집 : 채만식. 춘추1941.6.

**【내용】** 소설가인 '나'는 지난 4월 중순 가형의 소개와 도움으로 개성에서 안양으로 이사를 왔다. '나'가 이사한 집은 하천변에 위치한 270원짜리 다섯 칸 초가로, 마을에서 가장 작은 집이다. '나'는 주기 인징을 바라는 사형의 권유와 그 집의 세입자인 고향 친구 득수의 중개로 많은 빚을 지고 집을 산다. 전원 생활의 운치와는 거리가 멀긴 하지만 '나'와 아내는 내 집을 가졌다는 사실에 흐뭇해한다. 아내는 주변의 네모반듯한 돌을 가져와 장독대를 만들고, 꽃

밭을 가꾸는 등 집안 꾸미기에 정성을 다한다. '나'는 나대로 요모조모 새로 고치고, 밭을 일구는 등 집안 손질에 매진한다. 그러던 7월 초, 한 달 넘어 내린 비로 집이 물에 잠겨 '나'와 아내는 이웃 종씨네로 세간을 옮기고 피신을 하게 된다. 3일 후 물이 빠진 집에 돌아오지만 일주일 만에 다시 하천 물이 넘쳐 또다시 물난리를 겪는다. 두 번째 물난리 때 '나'는 세간을 옮길 삯꾼을 구할 요량으로 득수를 찾는다. 하지만 득수는 자기 집 세간만을 옮기고는 물이 몰려드는 판에 생뚱맞은 마루 걸레질을 할 뿐이다. '나'는 그에게 야속함과 배신감을 느낀다. 결국 천변에 위치한 집은 그해 여름 세 번의 물난리를 겪으면서 폐허가 되고, '나'는 300권에 이르는 책을 분실하고 만다. '나'와 아내는 물이 빠진 후 폐허가 된 집을 보며 낙망한다. 집 안에서 아내는 물난리 통에도 몇 가닥의 실뿌리로 살아남은 한 포기 나팔꽃을 발견한다. '나'는 손끝으로 꽃의 뿌리를 다독이며 눈물짓는 아내의 모습을 짐짓 외면한다.

**【참고】** 발표 지면에 '집 蔡萬植'이라고 표기되어 있다. 작가의 자전적 요소가 짙은 작품이다. 빚으로 산 집이 홍수로 폐허가 된다는 내용을 다루고 있다. 『채만식 전집』에는 단편으로 분류되어 있지만 중편 분량의 작품이다. 도입부에 "사람은 집에서 낳고 집에서 죽는다. 그런 의미에서, 집이란 가장 편리한 발명의 하나일 것이다. 그러나 사람이 집에서 낳고 집에서 살고 집에서 죽고 하게만 마련인 것은 가장 불편한 생리의 하나일 것이다"라는 작가의 말이 실려 있다. 끝부분에 '7절부터는 부친의 위급을 듣고 쓴 부분'인 것을 독자가 양지하여 주기 바라는 작가의 부기가 실려 있다. 일부 단어의 경우 한글로 일본어의 발음을 병기하고 있다.

## 짓밟힌 진주 / 짓밟힌眞珠 : 이익상. 동아일보1928.5.5-11.27(177회 완).

**【내용】** 작가인 김희병은 잡지의 편집 일을 하고 있다. 그는 신문기자인 친구 장명식이 장난으로 소개해 준 여배우 이소정을 사랑하게 된다. 고독한 생활을 하던 희병은 소정과의 사랑에 집착한다. 명성회에서 올린 연극이 그녀의 과거 연애사를 토대로 만들어진 것임을 알게 되지만 그는 더욱 소정에게 빠져든다. 소정 역시 순진한 희병의 사랑을 받아들인다. 어느 날 희병은 같은 여관에 묵고 있는 여선생 이혜원이 낯선 남자에게 시달리는 것을 보고는 동정과 연민에 이끌려 다툼에 끼어든다. 혜원을 위협한 남자는 그녀의 남편 김천수로 아편 중독자이다. 혜원은 그와 어렸을 때 결혼하여 아이까지 낳았지만 아편에 중독된 남편에게 시달리다 못해 아이마저 떼놓고 도망 나온다. 천수는 아이를 빌미로 혜원을 협박하러 왔다가

짓밟힌眞珠
李益相 作
李靑田 畵

희병에게 구타당한 것이다. 천수는 희병과 혜원을 고소하고, 사건은 기사화된다. 신문에는 남편이 아내의 정부에게 구타당하고, 둘을 고소했다는 잘못된 기사가 실린다. 이로 인해 희병은 사직한다. 소정은 희병과 같이 있던 혜원을 보고 둘 사이를 오해한다. 그녀는 서울을 떠나 석왕사에 왔다가 기생 초선을 만난다. 명식을 좋아하던 초선은 그의 근황을 알고 싶다며 희병에게 편지를 보낸다. 초선의 편지로 소정의 거처를 알게 된 희병은 명식과 함께 석왕사로 향한다. 석왕사에서 지내던 소정은 우연히 혜원과 그녀의 아들을 보고는 희병과 혜원의 사이를 더욱 의심하게 된다. 혜원은 자기 때문에 희병과 소정의 관계가 소원해진 것을 눈치채지만 소정에게 둘의 관계를 해명하지 않는다. 그녀는 다정하고 정의로운 성격을 가진 희병을 흠모하게 되었기 때문이다. 희병의 애원에도 불구하고 소정은 희병에게 냉담한 태도를 보인다. 명식이 둘의 갈등을 중재하려고 하지만 결국 희병과 소정은 관계를 회복하지 못하고 따로 서울을 향해 떠난다. 한편 석왕사에 홀로 남겨진 혜원은 사랑이 아닌 어머니로서의 삶을 다짐하면서 희병과 명식에게 의지하려 했던 자신을 반성한다.

**【참고】** 이익상은 박영희, 안석영, 김형원, 김기진, 김복진, 연학년 등과 함께 카프의 모태가 된 파스큘라(PASCULA)을 조직하였고, 카프 결성 이후에도 그 구성원으로 활동한 신경향파 작가이다. 서른다섯 살에 요절한 그는 프로문학적인 성격을 띤 작품을 다수 발표하였으나 이 작품은 남녀 애정 갈등을 주제로 하여 흥미 본위로 연재한 작품이다.

## 찔레꽃/찔레꽃

**김말봉. 조선일보1937.3.31-10.3(129회 완) ; 인문사1939 ; 합동사서점1948.**

**【내용】** 아름답고 지적인 안정순과 총명하고 준수한 용모의 청년 이민수는 약혼한 사이다. 정순은 아버지가 병으로 입원하자 생계를 잇기 위해 은행 두취 조만호 집에 가정교사로 취직한다. 만호는 정순의 미모에 반해 그녀를 차지할 기회를 노린다. 민수는 부친이 저당잡힌 땅의 경매를 연기시켜 달라고 부탁하기 위해 만호를 찾아간다. 이런 사정을 알게 된 정순 역시 만호에게 경매를 연기시켜 달라고 간청한다. 만호가 민수와 어떤 관계냐고 묻자, 정순은 사실대로 말하지 못하고 외사촌이라고 둘러댄다. 만호의 아들 경구와 딸 경애는 정순과 민수가 애인 사이라는 사실을 모른 채 각각 정순과 민수에게 애정을 느낀다. 정순은 조만호 부자의 구애와 만호 처의 의심 때문에 힘들어하면서도 생계를 위해 가정교사 자리를 지킨다. 민수는 정순과의 관계를 밝히지 않고 경애가 적극적으로 구애하도록 방치하는 한편, 경애의 말만 듣고 정순과 경구 사이를 의심한다. 만호의 처가 병사하자, 만호는 정순을 후처로 삼고자 하여 침모에게 중매를 부탁한다. 정순이 거절하자, 침모는 재산을 탐내어 자기 딸 영자를 정순인 척하여 만호와 동침시킨다. 민수는 정순과 만호가 동침했다는 소문을 듣고 정순을 증오하며 경애와 약혼한다. 한편 만호가 결혼을 약속한 바 있던 기생 옥란 역시 이 소문을 듣는다. 배신감에 분노한 그녀는 조만호의 방에 숨어들어, 정순으로 위장한 영자를

칼로 찌른 후 자수한다. 영자의 죽음으로 정순에 대한 모든 오해가 풀린다. 민수는 경애와 파혼하겠다며 정순에게 잘못을 빌지만, 정순은 그를 받아들이지 않는다.

**【참고】** 연재 지면에 '찔레꽃 金末峰 作' 이라고 표기되어 있다. 1935년 《동아일보》에 연재되었던 김말봉의 첫 번째 장편소설 「밀림」이 큰 인기를 얻자, 이에 자극받은 《조선일보》 편집국장 이은상이 작가에게 연재를 요청하여 발표된 작품이다. 신문 연재 당시에 독자들의 많은 호응을 얻었을 뿐 아니라, 1939년 인문사에서 단행본으로 출간된 이후 이듬해 초에 3쇄를 발행할 정도로 대중적 인기를 누렸다. 임화는 「세태소설론」에서 「밀림」과 함께 이 작품을 가리켜 '성격과 환경의 통일을 보여준 작품으로, 신변소설의 영역을 넘어섰다' 고 평가한 바 있다. 등장인물 대부분이 복잡한 애정 관계로 얽혀 있는 가운데, 갈등의 원인이 되는 것은 '금전' 과 '오해' 이다. 여성 인물의 수난이 정조의 훼손이나 구식 결혼 제도 등 인습에 의한 것이 아니라, 돈과 계급적 조건에 의해 비롯된다는 점이 특징이다.

# ㅊ

## 참말로 있던 처녀들의 동맹휴학/참말로잇든處女들의同盟休學

**작자미상. 매일신보1926.4.4-9.19(19회 완).**

**【내용】** 서양인 여선교사가 교장으로 있는 학교의 학생인 최순자와 나순애, 정희 등은 유능한 서 선생과 한 선생을 매우 따른다. 이들은 어느 날 학교 당국이 파벌에 얽매여 우수 교원인 한 선생과 서 선생을 내보내려 하자 학교의 장래를 위하여 동맹휴학을 선언하고 등교를 거부한다. 학교의 이사인 이 목사는 두 선생을 해임시키기 위하여 학생들이 배척하는 호 선생에게 동맹휴학한 진상을 조사케 한다. 호 선생은 한 선생과 서 선생 때문에 동맹휴학이 일어났으며, 학생들이 자신에게 두 선생의 해임을 요구한 것처럼 허위로 사실을 꾸며 보고한다. 이를 기대한 이 목사는 즉시 두 교사를 해임시킨다. 한편 이사회에 참석하지 못했던 KY목사는 학생들과의 대면에서 사건의 진상을 파악하고는 깜짝 놀란다. 이튿날, KY목사의 요청으로 다시 이사회가 열리고 기존의 안이 전부 무용 처리된다. 학생회는 전날의 결과를 학생들에게 알리고 동맹휴학의 중단과 함께 등교를 결정한다. 학생의 등교를 일종의 굴복이라 생각한 교상은 이전보다 압박을 강화한다. 학교의 회답을 믿었던 학생들은 다시 눈물을 흘리고, 그중의 여러 학생은 다른 학교로 전학 가고, 십여 명의 학생은 퇴학을 당한다.

**【참고】** 연재 지면에 '참말로 잇든 處女들의 同盟休學'이라고 표기되어 있다. 작자 미상의 작품이다. 학교 당국의 부당한 처사에 대해 동맹휴학으로 맞선 여학생들의 이야기를 다루고 있다. 교장인 서양인 여선교사를 보수적 성향의 인물로 그리고 있다. 총 19회 연재된 단편 분량의 소설이다.

## 창/窓 : 이선희. 서울신문1946.6.26-7.20(15회 완) ; 서울신문사인쇄국1948.

**【내용】** 김사백은 가난한 농부의 장남으로 자란다. 어려서부터 가난이 뼛속에 밴 사백은 일찌감치 학교 선생이 되기로 뜻을 세운다. 그리하여 스무 살이란 젊은 나이에 명성학원 교사가 된다. 그는 자기의 가난과 불행을 정복하기 위하여 책을 열심히 읽었고, 그때부터 사회주의자니 공산주의자니 하는 명칭을 얻어 가며 세 번이나 감옥에 다녀온다. 하지만 교사의 박한

봉급으로는 가난을 극복하기 어려움을 깨닫자 밤마다 아내와 함께 노존(방에 까는 자리) 짜기를 시작한다. 그 노력의 결과로 그들 부부는 십 년이 못 가서 행길 옆에 닷 마지기의 논을 장만한다. 8·15 해방을 맞이한 사백은 누구보다 조선의 독립을 반기며 즐거워한다. 하지만 해방 이후 북조선에서 단행한 토지개혁으로 땅을 빼앗기고, 가슴에 붉은 헝겊을 단 새로운 애국자와 정치가들이 무리지어 다니는 것을 보면서 모든 일에 흥미를 잃고 만다. 사백은 결국 행길 옆 논에서 자결한다. 사백의 장사가 지나간 날 저녁, 그의 동생 사연은 밤길을 거닐다가 학원 창문에 비치는 불빛을 발견한다. 그는 누가 켠지도 모르는 그 창문의 빛처럼 어둡기만 한 앞날도 다시 밝아지리라 생각하며 오던 길을 되돌아간다.

**【참고】** 연재 지면에 '窓 李善熙 作'이라고 표기되어 있다. 1948년 12월 25일 서울신문사인쇄국에서 발행된『解放文學選集』1권에 수록되었으며, 판권지에 450원이라는 정가가 나와 있다. 단행본에 실린 작품 본문 말미에 '一九四六年 七月 十五日'이라는 탈고 일자가 나와 있다. 단편 분량의 작품이다.

## 창공/蒼空 : 이효석. 매일신보1940.1.25-1940.7.28(148회 완) ; 박문서관1941.

**【내용】** 문화사업가 천일마는 현대신문사의 후원으로 하얼빈교향악단의 초청 교섭을 위해 하얼빈으로 간다. 여배우 단영은 일마를 짝사랑하여 그를 따라가나 일마에게 냉대를 당하자 일마의 사랑을 얻기 위해 무엇이든 하겠다고 다짐한다. 일마의 첫사랑이었던 남미려는 거부인 만해와 결혼함으로써 애정 없는 권태로운 생활을 지속하다가 문화 사업에 뛰어들 생각을 하게 된다. 미려는 교향악단이 초청된다는 사실을 알게 되자 남편 유만해에게 음악회의 후원을 권유한다. 하얼빈에서 일마는 예전부터 알고 지내던 러시아 여성 댄서 나아자와 사랑에 빠진다. 단영만이 일마를 따라다니며 귀찮게 할 뿐 일마는 여러 가지 행운을 얻고 교향악단의 초청에도 성공하여 나아자와 함께 조선으로 돌아온다. 한편 미려는 만해가 광산 사업에 실패한 뒤 기생 청매와 상해로 사랑의 도피를 떠나자 이혼한다. 미려는 일마를 다시 떠올리다가 일마 부부의 행복한 생활을 목격한 뒤 자신의 욕망을 포기하고 음악원을 조직하는 일에 나선다. 단영은 자신의 집착을 포기하지 않고 일마에게 약을 먹인 뒤 그를 유혹하는 데 성공한다. 단영은 끝내 일마의 사랑을 얻지 못하자 자살을 시도하나 다시 살아나자 새로운 삶을 계획한다. 단영은 미려와 함께 음악원을 만들 준비를 하면서 자신을 짝사랑하던

蒼空
李孝石 作
尹喜淳 畵

소설가 훈과 연인이 된다. 일마와 나아자 부부 역시 행복한 생활을 설계한다.

**【참고】**《매일신보》 연재 후 1941년 박문서관에서 단행본으로 간행될 때 '벽공무한(碧空無限)'으로 개제되었다. 애정의 성취를 둘러싼 인물 사이의 갈등이 주된 서사를 이루고 있다. 작품 곳곳에 등장인물들이 관람한 영화에 대한 요약적 서술이 제시되어 있다. 하얼빈을 배경으로 러시아의 문물, 서양 음악, 유럽의 예술 등에 대해 구체적으로 서술하여 이국적 정서를 표현한 작품이다.

## 채가/債家 : 박태원. 문장1941.4.

**【내용】** 소설가인 '나'는 딸 설영의 유치원 입학시험을 위해 새옷 등을 장만하여 준다. 올해는 지원하는 아이들이 많아 시험을 봐야 하는데 입성이라도 변변해야 된다는 생각에 무리를 한 것이다. 집으로 돌아와 보니 집안일을 보는 어멈이 신당정에서 온 사람이 빚 독촉을 하더라는 말을 전한다. '나'는 무리하게 여기저기서 빚을 내어 집을 지었으나 돈을 마련하지 못해 궁지에 몰린다. '나'는 새집을 지어 얼마간의 이문이라도 남겨 판 후 빚을 갚을 요량이었으나 집이 뜻대로 팔리지 않자 고심하다가 애꾸눈 브로커 최를 통해 신당정에 사는 사람에게 돈을 빌린다. 새로운 채무자를 만나 비굴해질 자신이 싫어 '나'는 그를 만나는 것을 내심 꺼린다. '나'는 만만한 최를 통해 이자를 치르는 것을 다행으로까지 생각한다. 그러나 최가 두 달치 이자를 떼어먹어 채무자에게서 당장 이자를 내지 않으면 새집을 팔아넘기겠다는 독촉을 받게 된다. 안절부절못하던 '나'는 우선 최를 찾아가 어떻게 된 영문인지 알아보려 한다. 그러나 최는 만나지 못하고, 최의 아내에게서 자신들의 형편이 여의치 않아 그렇게 되었다며 다시는 이런 일이 없을 것이라는 사정을 듣는다. '나'는 이번 달치 이자마저 최의 부인에게 맡기고 온다. 그러나 돈은 전해지지 못하고, '나'는 다시 채무자에게 독촉을 받는다. 아내는 '나'에게 사람이 똑똑치 못하다며 잔소리를 해댄다. '나'는 설영의 입학시험이 있던 날, 채무자를 찾아가 브로커 최에게 영수증을 받았으니 자신은 무고하다며 그와 옥신각신한다. 채무자는 앞으로 성실히 이자를 내면 받지 못한 석 달치 이자는 언제까지고 연기해 주겠다며 한 발 물러선다. 그나마 다행이라 생각하며 집으로 돌아온 '나'는 딸이 벌써 유치원에 갈 만큼 자란 것에 기쁨을 느낀다.

**【참고】** 작품 말미에 '「自畵像」 第三話' 라고 표기되어 있다. 「淫雨」(자화상 1화), 「偸盜」(자화상 2화)와 함께 자화상 연작에 포함된다. 자존심 강한 소설가의 우유부단한 일상을 자조적 필치로 그리고 있는 작품으로, 작품 중간에 「음우」와 「투도」가 언급되고 있다. 자화상 연작은 5화까지 언급되고 있으나 현재는 3화까지만 밝혀진 상태다. 자화상 연작은 소설가인 화자가 서울의 변두리에 집을 마련하고 겪는 생활상을 그리고 있는 작품으로 실제 박태원의 모습이 희화적으로 반영된 작품이라고 평가받는다.

## 채석장의 소년 : 염상섭. 소학생1950.1-6(6회 미완).

**【내용】** 내용 생략.

**【참고】** 염상섭이 아동잡지 《소학생》에 발표한 '장편연재소설'이다. 1950년 6월 이후 잡지 발간이 중단됨과 함께 미완 상태에서 연재가 끝났다.

## 처/妻 : 춘원. 해방1930.12-1931.1(2회 미완).

**【내용】** 남정순과 백옥희는 여학교 동기생으로 사이가 좋다. 옥희는 정순의 집에 자주 놀러가게 되면서 점차 정순의 오빠 정호를 좋아하게 되고, 정호는 아내가 있음에도 불구하고 어린 그녀와 사랑에 빠진다. 그러던 어느 날, 학감 홍영식이 옥희를 희롱한 일로 학교에서 쫓겨났다가 옥희와 함께 일본으로 달아나는 일이 발생한다. 정순의 부친은 정순의 학교 출입을 금하게 되고 결국 정순의 학년은 폐지된다. 한편 옥희를 잊지 못하던 정호는 부친의 친구인 허 참령에게 돈을 빌려 부친 몰래 정순과 함께 일본으로 향한다. 동경에서 한 달 동안 옥희를 찾아 헤맨 그는 요요기 근처에서 옥희의 집을 어렵게 찾아낸다. 정호의 갑작스러운 방문에 옥희는 깜짝 놀라고, 정호는 반가움에 눈물을 글썽인다. 한편 정호의 출현이 달갑지 않던 영식은 정호를 훈계하여 내쫓아 버릴 요량으로 어린 그에게 술을 권한다. 하지만 거듭되는 건배에 영식과 정호 모두 취하게 되고, 두 사람은 취한 상태에서 악을 쓰다 함께 쓰러진다. 옥희는 그 자리에 쓰러진 영식을 잘 눕히고는 정호를 자신의 침실에 눕힌다. 그녀는 술에 취해 잠든 정호를 바라보며 자신의 행복을 생각한다. 한참 후, 잠에서 깬 정호는 옥희가 자신의 옆에 누워 있는 것에 놀라고 옥희는 정호를 힘껏 안는다.

**【참고】** 2회 미완으로 중단된 작품이다. 여섯 여학생들의 우정과 사랑을 다루고 있는 내용으로 보이나 이야기가 본격적으로 전개되는 부분에서 중단되어 결말을 짐작하기가 어렵다.

## 처녀 시절/處女時節 : 월견초. 동아일보1925.2.23-5.24(29회 미완).

**【내용】** 절세미인으로 유명한 현애는 미남자이면서 문학에 취미를 가진 남자에 관심이 많다. 하지만 자신의 부모가 상처한 유부남 Y중학의 영어교사 K와의 혼사 자리를 추진하자 평양에서 하숙집을 운영하는 고모 집으로 피신한다. 그곳에서 만난 Y중학의 박군에게 관심을 보이던 현애는 그가 문학도란 사실을 알고 그를 사랑하게 된다. 고모의 소개로 가까워진 두 사람은 서로 사랑을 고백하고 하룻밤을 같이 보낸다. 겨울방학이 되어 떠나기 전, 박군은

현애에게 부모의 강요로 조혼했지만 이혼할 것을 맹세하고, 현애는 그의 연락을 애타게 기다린다. 그러던 어느 날, 그녀는 '부모의 뜻대로 살 수 없어 홀로 신의주로 떠나니 자신을 잊으라'는 박군의 편지를 받고 정신을 잃는다. 일주일 만에 정신을 차린 현애는 그가 죄인이기 때문에 나를 속인 것처럼 이제부터는 나도 나를 위하여 남을 속이자고 결심한다. 얼마 후, 그녀는 자신을 찾아온 모친과 혼사 문제로 다시 분란이 일자 한동네에서 자란 유몽을 떠올리고 신의주행 열차에 오른다. 유몽과 그의 애인 혜숙은 그녀를 따뜻하게 맞아 주는 한편 박군과의 재회를 기대하는 현애에게 남성에게 속지 말 것을 충고한다. 혜숙은 현애에게 자신의 처녀 시절을 기록한 '여성모욕'이라는 원고를 건네고, 현애는 100매 분량의 원고를 천천히 읽는다.

**【참고】** 연재 지면에 '處女時節 月見草'라고 표기되어 있다. '月見草'가 누구인지는 확인되지 않는다. 1인칭 화자인 '나(현애)'의 이야기 속에 3인칭 화자 혜숙의 이야기가 들어 있는 액자 구성을 취하고 있다. 단편 분량의 작품이다.

## 처녀의 윤리 /処女の倫理 : 장혁주. 국민신보1939.4.3-8.13(20회 완).

**【내용】** 내용 생략.

**【참고】** 일본어 소설이다. 《국민신보》 창간호에서 20호까지에 걸쳐 실렸다. 민족과 혼혈의 갈등을 이상적인 결혼으로 극복한다는 내용을 담고 있다. 1930년대의 대구를 배경으로 한·일 혼혈로 태어났거나 조선에서 성장한 일본인 여성의 지난한 삶을 통해 일제의 조선 통합으로 발생된 사회적 갈등 양상을 그려 내는 데 초점을 맞추고 있다. 그러나 이 작품 역시 이와 같은 갈등 양상의 형상화를 통해 일제의 식민 지배를 비판하려는 의식은 찾아보기 어렵고 오히려 식민지인들의 내지인들에 대한 굴종을 당연한 것처럼 그려 냄으로써 기왕에 하나 된 국가의 체제 유지에 기여하려는 집필 태도가 엿보인다는 점에서 그 한계를 지적하지 않을 수 없다. '아름다운 결혼(美しき結婚)'으로 개제되어 1939년 赤塚書房에서 출간되었다.

## 처녀지 /處女地 : 강노향. 조선문학1937.6.

**【내용】** 소설가 윤성민은 애인 영실이 오빠를 따라 북만으로 떠나자 실의의 나날을 보낸다. 성민은 하숙집 옆방에 살고 있는 폐병환자 혜순이 천국으로의 재생을 꿈꾸는 모습을 보고 비애를 느낀다. 설상가상으로 예전 하숙집 딸 복희가 인생의 목표를 잃고 음독자살하자 성민은 삶의 비정함에 몸서리를 친다. 어느 날 저녁 그는 신문기자 겸 소설가인 친구 H의 방문을 받는다. 성민은 H로부터 다른 문인의 자살 소식을 전해 듣고 술에 흠뻑 취한다. 얼마 후 성민은 경제적 지원을 해 주던 친구 영식이 심장마비로 죽었다는 소식을 전해 듣는다. 더 이상 물러날 곳이 없는 성민은 인생의 '처녀지'를 개척할 각오를 다진다.

**【참고】** 발표 지면에 '長篇小說 處女地(全載) 姜鷺鄕' 이라고 표기되어 있다. 장편소설이라고 표기되어 있으나 중편 분량에 가까운 작품이다. 본문 말미에 '丁丑四月二十四日 作' 이라고 창작 시기를 밝히고 있다.

## 처녀지/處女地 : 이기영. 삼중당서점1944.

**【내용】** 의학도인 남표는 애인인 선주가 자신과 파혼하고 돈 많은 남자와 결혼하자 졸업까지 한 해 남은 학교를 그만두고 만주로 가기로 결심한다. 그러나 만주에 간 남표는 방황을 거듭하며 술에 빠져 지낸다. 그러던 어느 날 신경에 있는 대동병원의 조수로 들어가게 된 남표는 그곳에서 간호부 신경아를 만나 점차 안정을 되찾는다. 무의촌인 정안둔에서 온 정애나가 병원에 입원하고, 남표는 그를 통해 정안둔에 의사가 필요하다는 것을 알게 된다. 친구의 소개로 신가진에 있는 병원에 가려던 남표는 마음을 바꾸어 정안둔으로 향한다. 그는 애나의 아버지 정해관으로부터 환대를 받고, 개척문학가를 꿈꾸는 애나의 약혼자 현림 등을 만난다. 가난한 사람들을 위해 무료 진료소를 열게 된 남표는 농촌 개발에 뜻을 두게 된다. 야학 운영과 병원 건립, 농법 개량 등을 주도적으로 이끌던 그는 점차 마을 사람들의 신뢰를 얻게 된다. 그러던 어느 날 선주가 그를 찾아온다. 선주는 불행한 결혼 생활에 염증을 느끼고 옛 애인이었던 남표를 다시 찾은 것이다. 그러나 남표와 경아가 사랑하는 사이라는 것을 알게 된 선주는 절망하여 자살을 택한다. 이 일로 남표와 경아는 평신 독신으로 지내자며 서로를 단념한다. 그러던 중 마을에 페스트가 유행한다. 페스트 환자를 수술하던 남표는 환자를 살리고, 자신이 페스트에 감염된다. 그는 자신의 병원과 토지 등의 재산을 마을 청년 일성에게 준다며 그를 훌륭한 의사로 키워 줄 것을 마을 사람들에게 부탁하는 유언을 남기고 숨을 거둔다. 그의 곁에서 임종을 지키지 못한 경아는 남표의 유지를 지켜 나갈 것을 다짐한다.

**【참고】** 상·하로 분권되어 상권은 1-374면, 하권은 375-739면으로 구성된 전작(全作) 장편이다. 북만주 정안둔을 배경으로 만주 개척 사업을 그리고 있는 소설로, 이기영이 해방 전 쓴 마지막 장편소설이다. 논자에 따라서 남표와 선주, 경아의 삼각관계를 중심축으로 하는 통속소설로 보는 견해도 있으며, 남표의 성장 과정에 주목하여 식민지 조선 청년의 성장소설로 보는 견해도 있다. 또한 만주 개척의 필요성과 정당성을 강조하고, 일제 식민지 정책을 적극적으로 홍보하는 친일 성향의 작품으로 평가되기도 한다. 상권은 계명대 도서관에, 하권은 울산대, 연세대 도서관에 소장되어 있다.

## 처의 설계/妻의設計 : 이선희. 매일신보1940.11.17-12.30(37회 완).

**【내용】** 청재와 소라는 동경 유학길에 만나 결혼한 지 오 년째 접어드는 부부다. 이들은 신혼살림조차도 주변 사람들에게 구걸을 해서 마련할 정도로 궁색하지만 룸펜 생활을 고집한다. 그러나 생활이 점점 어려워지자 이들은 돈 많은 독신녀 려순옥을 이용하여 자금을 얻어

카페를 차릴 계획을 세운다. 청재와 소라는 의도적으로 순옥에게 접근하고, 순옥은 청재의 지적인 면모에 호감을 느낀다. 순옥은 사업자금을 내주는 조건으로 청재와 여홍을 즐기고, 시간이 지날수록 둘의 사이는 깊어지게 된다. 소라는 카페를 차릴 욕심 때문에 청재와 순옥의 관계를 묵인한다. 그러나 카페를 열기로 했던 계획이 틀어지면서 소라는 청재에게 불만을 노골적으로 표시한다. 청재와 순옥이 함께 온천 여행을 떠난 것을 알게 된 소라는 뒤쫓아 가지만 허탕을 치고 돌아온다. 여행에서 돌아온 청재는 소라와 크게 싸우고 소라는 분통한 마음에 친정으로 내려간다. 청재의 고향 친구 초석이 소라를 찾아와 설득하자 소라는 마음을 바꿔 집으로 돌아오고 청재와 화해한다.

**【참고】** 극심한 생활고 속에서도 허영을 버리지 못한 젊은 부부의 부도덕한 행위가 그려진다. 룸펜 부부의 모습을 통해 지식인의 안일하고 기만적인 태도를 희화화하고 있다.

## 천구백사십오년 팔일오/1945년8·15

**김남천, 자유신문1945.10.15.–1946.6.28.(165회 미완)**

**【내용】** 박문경과 박무경 남매는 망명 중인 임시정부 주요 인사 박일산의 자제이다. 문경과 무경은 해방 직후 아버지가 돌아올 것을 기대하며 젊은이로서의 사명의식을 강하게 지니고 있다. 문경은 독립운동으로 옥살이를 하다 풀려난 김지원에게 이성적 호감을 갖고 있다. 김지원은 옥중 생활 막바지에 장질부사를 앓고 회복기에 놓여 있다. 투철한 민족의식을 가진 지식인 청년 지원은 노동운동을 하는 황성묵과 건국준비위원회를 조직한다. 문경도 이에 가담하려고 하나 아버지의 뜻을 받들어 대한 공화당 측에서 활동을 하려고 하는 무경에게 공산주의자로 비판을 받는다. 무경은 대한 공화당 측 인사인 김광호의 처 이경희와 내연의 관계를 맺고 있다. 문경은 무경과의 논쟁에서 '혈연보다 이론의 옳고 그름이 더 중요하다'는 말을 하고 김지원과의 활동에 뜻을 굳힌다.

**【참고】** 1945년 10월 5일 창간된 《자유신문》에 연재되었다. 삽화는 이인성이 맡았다. 해방 이후 연재된 최초의 장편소설로 알려져 있다. 연재에 앞서 "남쪽, 북쪽이 갈리고 정당이 45개나 생기고 네가 옳다 내가 옳다 떠들어 대고, 도무지 어찌된 일인지 머리가 뒤숭숭하다고 사람들은 곧잘 말한다. 더구나 젊은 학생이나 청년들에게서 이런 말은 더 자주 듣게 된다. 혼란! 그러나 이 복잡하고 뒤숭숭한 현상의 포말 밑에 굳세게 흘러내리고 있는 역사의 커다란 진행에 대해서 우리는 고요히 귀를

기울일 필요가 있지 않을까. 젊은이들이여! 어디로 가려는가? 청년의 불타는 정열과 냉철한 진리를 안고 그대들은 어디로 향하려는가? 이 소설은 이 물음에 대한 하나의 대답이다. 혼란 가운데서 가장 진실한 그러나 가장 곤란한 길을 걷고 있는 젊은이들의 이야기다. 이 소설을 꾸미면서 나 자신도 다시 한 번 20대의 청년이 되고 싶다"는 작가의 말이 연재에 앞서 게재되었다. 등장인물의 독백과 대화를 통해 당대 다양한 담론의 각축 양상을 자세히 보여 주고 있다. 작품 후반부에는 중심인물인 박문경의 일기를 통해 한층 직접적으로 당대 상황을 전달하고 있다. 작가의 월북으로 연재가 중단되었다.

## 천당과 지옥/天堂과地獄 : 방인근. 여시1928.6(1회 미완).

**【내용】** 서울 조선극장에서 연극 '춘향전'이 공연된다. 극장 안은 춘향 역을 맡은 절세미인 배우 최영자를 보기 위해 몰려든 남성 관객들로 가득하다. 영자의 미모에 넋이 빠진 부호의 아들 조성태는 수하 배상만을 시켜 영자와 만날 수 있는 자리를 마련케 한다. 연극이 끝나고 영자는 동료들과 헤어져 영도사로 향한다. 상만이 성태와 영자를 만나게 하기 위해 조용한 영도사로 영자를 불러들인 것이다. 영자는 바람둥이처럼 보이는 성태가 썩 맘에 들지 않지만 그가 부호라는 것 때문에 상냥하게 대한다. 한창 술을 마시며 분위기가 무르익을 무렵, 밖에서 영자를 부르는 남자의 목소리가 들린다. 당황한 영자는 성태에게 양해를 구하고 남자를 따라 나간다. 남자는 영자에게 부자를 만났으니 큰돈을 달라고 하고 영자는 얼마간의 돈을 주어 그를 보내려 한다. 남자는 영자에게 강제로 키스를 하려다 거부당하자 칼을 꺼내 그녀를 협박한다. 할 수 없이 남자와 진한 키스를 한 영자는 진저리를 치며 돌아서는데 남자가 그녀를 계속 좇아온다.

**【참고】** 제목 앞에 '長篇連載小說'이라고 표기되어 있다. 1회는 5장으로 구성되어 있는데, 각 장마다 '여배우', '부호', '영도사', '검은 사람', '황금과 키쓰' 등의 소제목이 붙어 있다. 1회 이후 영인본을 찾을 수 없어 회차 및 작품의 완결 여부를 확인하기 어렵다. 확인된 내용만으로 미루어 볼 때 절세미인 여배우와 그녀를 둘러싼 남성들의 복잡한 애정 관계가 진행될 것으로 추측된다.

## 천맥/天脈 : 최정희. 삼천리1941.1-4(2회 완) ; 수선사1948.

**【내용】** 근대 교육을 받은 연이는 사랑하는 상수와 결혼하지만 이내 사별하고 만다. 홀로 아들 진호를 키우던 연이는 어느 노파의 주선으로 의사 허진영과 재혼한다. 진영은 혈통주의를 철저하게 고수하는 가부장적인 남성으로, 자신의 핏줄이 아닌 진호를 학대하고 떼어놓으려 한다. 연이는 진호를 인정하지 않는 진영의 모습에 속이 상하고, 진호는 집안과 학교생활에 모두 적응하지 못한 채 방황의 시간을 보낸다. 재혼한 것을 후회한 연이는 진호와 함께 집을 나와서 옥수동 보육원에 들어간다. 그곳에서 아이들에게 헌신적으로 대하는 성우선생을 본 연이 모자는 점차 안정을 되찾아 나간다. 연이는 상처를 가진 보육원 아이들의 어

머니가 되어 주기로 결심한다. 진호는 보육원 아이들과 어울리면서 점차 주체성을 찾아간다. 성우 선생은 모성으로 아이들을 감싸는 연이에게 고마움을 느끼고, 연이는 진호의 변화에 크게 기뻐한다.

**【참고】** 연재 지면에 '天脈 崔貞熙' 라고 표기되어 있다. 「지맥」, 「인맥」과 더불어 최정희의 '三脈 연작'에 속하는 작품이다. 여주인공을 중심으로 연애, 이혼, 재혼 등 당대 애정관의 단면을 보여 주고 있다. 임화는 이 연작에 대해 "남편 사후 자녀를 버리고 떠나는 장면, 기생집 침모살이, 첩의 집 가정부 생활, 옛 애인과의 해후 등 각각의 화소들이 단편으로 독립될 수 있는 작품이나 이것을 굳이 장편으로 만든 것으로 인해 소설에 요구되는 집약성과 사건의 주체성, 구조의 구심력이 획득되지 못한 결함을 안고 있다. 그러나 통속화의 길을 가지 않고 순수 일로로 전편을 일관한 성실에 의의가 있다"고 평하였다.

## 천변풍경/川邊風景 : 박태원. 조광1936.8-10(3회) ; 조광1937.1-9(9회 완) ; 박문서관1938.

**【내용】** 청계천변 주민 삼십여 명의 일상사가 빨래터와 이발소를 중심으로 펼쳐진다. 사법서사인 민 주사는 나이 오십이 된 사람으로, 본처 외에 스물다섯 살 된 첩 안성집을 두고 있다. 민 주사는 마작에 빠져 돈을 잃고, 안성집이 젊은 학생과 불륜인 것을 알게 되고, 경성 부회 의원 선거에서 떨어지며 우울해한다. 늘 중산모자를 위태롭게 쓴 채 천변을 지나다니는 포목전 주인은 민 주사와 달리 안정된 삶을 살고 있는 가정적인 인물로 다소간의 허영기와 속물근성이 있는 성공한 자영업자이다. 한약국 아들 내외는 모두의 부러움을 받고 있는 대상이다. 동경에서 사립대학 영문과를 졸업한 아들과 이화학교를 나온 신식 여자인 부인은 연애결혼을 한 뒤 행복하게 살고 있다. 이와 대조적으로 불행한 결혼 생활을 지속하는 인물들이 있다. 홀어머니 밑에서 자란 이쁜이는 전매국의 직공과 결혼하지만 남편의 바람기 때문에 불행해진다. 한약국에서 행랑살이를 하는 만돌어멈은 남편의 바람기와 폭력 때문에 결국 남편과 헤어진다. 평화카페의 여급 하나꼬는 약사 사이상과 결혼하지만 신분이 다른 시집 식구들과의 갈등, 남편의 바람으로 괴로워한다. 금순이는 어린 신랑과 결혼하지만 남편이 죽자 시어머니의 히스테리와 시아버지의 욕망을 피해 자살하려다가 사기꾼에게 속아 서울로 올라온다. 금순이는 기미꼬의 도움으로 함께 살다가 삼 년 전에 헤어졌던 동생 순동이를 만난다. 순동이는 당구장 '한양 구락부'에서 일하는 게임도리로, 함께 일하는 다른 아이들에 비해 성실하게 살아간다. 순동이와 비슷한 또래인 재봉이는 이발소에

서 일한다. 이발사인 김 서방과 갈등하기도 하지만 재봉이는 자신의 생활에 만족해하며 살아간다. 그러나 한약국집에 일하러 가평에서 상경한 창수는 '시골 소년'에서 점점 도시의 아이가 되어 허황된 삶을 좇아 게임도리로 일하게 된다.

**【참고】** 1936년 《조광》에 '川邊風景' 이라는 제목으로, 1937년 《조광》에 '續川邊風景' 이라는 제목으로 연재되었고, 이후에 장편으로 개작되어 1938년 박문서관에서 '川邊風景' 이라는 단행본으로 출간되었다. 작가는 1936년 3회 연재를 마치면서 이 소설을 수년 전부터 계획해 온 장편의 일부로 시험해 보았다면서 기회를 보아 장편 「속천변풍경」을 제작하겠다고 밝히고 있다. 1937년 연재 마지막 회에 다음과 같은 후기가 실려 있다. "「川邊風景」 三回 十四折, 「續川邊風景」 九回 三十六折, 總十二回 五十折로 이야기를 爲先 이곳에서 끝여둡니다. 誤記와 誤植 以外에도 作者自身 새로히 加筆하고 싶은 箇所가 적지 아니 있으나 그것은 달은 機會를 기다릴밖에 없습니다. 끝으로 오랜동안 愛讀하여 주신 여러분께 삼가 謝禮를 들입니다. 七月十二日" 1930년대 어느 해 2월부터 다음 해 정월까지 청계천변에 사는 사람들의 일상을 그리고 있는 소설로, 특별한 주인공 없이 50개의 절로 이어진 개별 삽화가 나열되고 있다. 발표 당시 작가의 주관을 배제한 채 영화의 카메라와 같이 대상 세계를 그려 내어 '리얼리즘의 확대' 를 가져온 작품이라는 평과, '세태소설' 적 경향의 정점에 있는 작품으로, '본격소설' 의 결여 형태라는 부정적 평가를 받았다.

## 천사/天使 : 춘성. 청조사1925.

**【내용】** 박영진은 스물여섯 살 된 천재라 칭송받는 청년 화가이다. 그는 석왕사에 머물며 그림을 그리던 중 천사 같은 여성을 목격한다. 영진은 친구를 통해 그 여성이 '서울 三美人'으로 불리는 세 사람 중 하나인 유금순이란 사실을 알게 된다. 금순은 일본에서 여자대학에 다니는 학생으로 신문이나 잡지에 글도 발표하는 등 재주가 뛰어난 사람인데, 현재 신경병에 걸려 요양하느라 석왕사에 와 있다는 것이다. 영진은 금순을 본 순간부터 한시도 그녀를 잊지 못한다. 며칠 후, 영진은 달구경하러 갔다가 우연히 금순을 만나 인사를 교환한다.

**【참고】** 노자영이 '춘성' 이라는 필명으로 발표한 작품이다. 단행본 『무한애의 금상』(189-260면)에 수록되어 있다. 작품 말미에 '一九二四, 九, 五日, 석왕사에서' 라고 표기되어 있다. 한 청년이 아름다운 여성을 보고 느끼는 감정에 주목한 소설이다.

## 천사/天使 : 박계주. 학생월보1947.4-5(2회 미완).

**【내용】** 소설가인 '나'는 소재를 찾기 위해 영홍만 섬에 있는 어느 감화원을 방문한다. 그곳에서 근무하는 송 선생은 원장이 출타 중이니 며칠 기다리라고 권유한다. '나'는 감화원 아이들 중 혼자 돌아다니는 어떤 소년에게 눈길이 간다. 이마에 큰 혹을 가지고 있는 소년은 부모에게 버림받고 거리를 떠돌다 감화원에 온 것이다. 송 선생의 부탁으로 아이들 앞에서 강연을 하게 된 '나'는 중국 제나라 숙류녀 이야기를 들려준다. 얼굴에 혹을 달고 태어난 숙류

녀가 진심 어린 마음으로 왕의 마음을 감동시켜 입궐한다는 내용이다. 이야기를 끝낸 후 '나'는 미소 짓는 소년의 얼굴을 본다. 다음 날 '나'는 감화원에 돌아온 원장으로부터 근처 섬에 있는 등대지기에 관한 이야기를 듣는다. 세상을 등지고 등대지기가 되었다는 남자를 찾아간 '나'는 그의 과거사를 들려 달라고 부탁한다. 남자는 자신의 이야기를 꺼내는 대신 어떤 사람의 이야기라며 일기장을 건네준다. 일기장에는 다음과 같은 이야기가 적혀 있다. 술집 작부 어머니를 둔 영일은 어머니와 동거하는 사내로부터 구박을 받으며 자란다. 폭행에 시달리면서도 사내와 헤어지지 못하는 어머니가 영일은 원망스럽다. 어느 날 영일이 집에 돌아오니 어머니가 피투성이가 된 채 쓰러져 있다. 영일을 중국인에게 팔아먹으려는 사내와 싸우다가 그만 칼에 찔린 것이다. 영일이 어머니를 흔들어 보지만 끝내 어머니는 숨을 거두고 만다.

**【참고】** 목차에는 제목 앞에 '連載小說', 본문에는 제목 앞에 '長篇小說'이라고 표기되어 있다. 첫 회 연재에 앞서 "이 소설은 八·一五 前에 「愛情無限」이라는 題로 某誌에 四回를 連載하고는 五回부터 總督府檢閱官의 손에 세 번이나 全文削除를 당하고 그만 中止해 버렸던 것을 다시 改作하여 發表하기로 한다"라는 작가의 말이 실려 있다. 일인칭 화자 '나'가 소설 재료를 찾기 위해 읽은 이야기가 소개되는 액자 구성의 형식을 취하고 있다. 2회를 끝으로 더 이상 연재되지 않아 정확한 줄거리를 파악하기 어렵다.

## 천상물어/天上物語 : 김성민. 녹기1941.3,6,8,9,10(5회 미완) ; 태양1943.7,9(미완).

**【내용】** '나'는 북선(北鮮) 지방의 작은 간이역에서 근무하는 역무원이다. 경성에서 역무원 생활을 하다가 내선(內鮮) 문제로 일인 상사와 다투고 좌천되었다. 인텔리 여성과의 결혼을 포기하고 부모의 뜻에 따라 시골 출신의 무지한 여인 영숙을 아내로 맞았으나 별거를 해야 할 만큼 결혼 생활이 평탄하지 못하다. 아내와의 마찰과 불균형한 생활 속에서도 '나'는 바이올린을 켜고 문학 클럽과 영화 제작을 꿈꾸는 단체에 관계하는 등 예술가적 삶을 지향한다. 우연히 알게 된 동경의 여류시인 相良志智子와 편지를 주고받음으로써 내선인 간의 교류가 시작되고 相良의 권유로 일본어 창작과 번역에 손을 댄다. 작품 「나루터」가 우수한 국어력과 또 금후의 내선관계에 중대한 시사를 준다는 이유로 일등 당선하였고 번역은 相良의 주선으로 활자화된다. 이 무렵 '나'는 본국 영업과의 遠藤由紀子를 알게 되는데 유기자는 단풍구경을 하러 '나'의 근무지로 왔다가 서로 교류한다. 그리고 그날 이후 그녀가 병이 들고 그 소식을 접한 '나'는 문병 갈 준비를 한다.

**【참고】** 일본어 소설이다. 작가의 건강 문제로 연재 중단된 미완의 장편이다. 《녹기》 연재 4회부터 김성민에서 宮原惣一로 창씨개명하였다. 작가의 자전적 경험 등을 토대로 작성된 작품으로, 예술가로서의 삶을 지향하는 인물의 이야기를 다루고 있다. 《녹기》의 중단사(中斷辭1941.12)에 의하면 주인공은 미구에 동경 문단에서 작가로 출발하고 相良志智子를 만나는 내용으로 전개될 예정이었다. 다

른 조선인 작가들의 작품과 달리 내선일체를 전면적으로 표방하지 않고 통속적인 이야기와 시국의 문제를 결합시켜 서술했다는 점에서 특징적이다.

## 천아성/天鵝聲 : 민태원. 매일신보1934.1.1-4.23(109회 완).

**【내용】** 중병을 앓던 동궁은 믿고 의지하던 중전과 대왕대비가 죽자 상심이 깊어진다. 상감은 방황하는 동궁을 못마땅하게 여겨 엄하게 대하고, 동궁과 상감의 사이는 점점 악화된다. 동궁은 정신이 이상해져 내인들을 함부로 죽이고, 옷을 태운 뒤 여러 벌을 다시 만들게 하는 등 기이한 행동을 한다. 이를 전해 들은 상감은 동궁을 엄하게 대하는 것을 삼가겠다고 하지만 오래가지 못한다. 한편 중전의 빈자리를 대신하여 김한구의 여식이 국모에 오른다. 동궁은 자신보다 세손을 더욱 귀여워하는 상감을 보며 외로움을 느낀다. 그러던 중 상감은 윤급의 집 하인인 라경언으로부터 동궁이 부왕을 시해하려 한다는 상소를 받는다. 동궁이 장사패들과 연락하고 군기와 제물을 빼돌려 거사를 준비하고 있다는 것이다. 상감은 동궁을 친국하려 하고 동궁은 분기탱천하여 라경언의 동생 상언을 데려다가 죽인다. 동궁은 자신의 무고함을 주장하지만 아무도 믿지 않자 병세가 더욱 심해진다. 상감은 동궁의 문제를 고민하다가 조정대계를 위하여 세자를 처분하라는 영빈의 충고를 받아들인다. 그는 결국 동궁을 뒤주에 감금하고, 아흐레가 되던 날 동궁은 숨을 거둔다. 상감은 동궁이 죽은 후에도 의심을 버리지 못하지만, 세손을 생각하며 동궁의 장례를 후하게 치른다. 세손이 왕위에 오른 후 사도세자의 묘소는 수원 화성으로 옮겨진다.

**【참고】** 연재 지면에 '天鵝聲, 閔牛步 作'이라고 표기되어 있다. 민태원이 1934년 6월 사망하기 바로 전에 발표한 신문 연재물로, 사도세자의 일화를 소재로 한 역사소설이다. 엄격한 아버지 영조에 의해 눈도 채 감지 못하고 죽은 사도세자를 연민의 시선으로 그리고 있다.

## 천안기/千眼記 : 이광수. 동아일보1926.1.5-3.6(61회 미완).

**【내용】** '나'는 황 대감 집에 놀러갔다가 사랑에서 깜빡 잠이 든다. 한참 자다가 이마가 간지러워 잠이 깬 '나'는 말하는 파리를 보고 놀란다. 황 대감 집에 사는 파리는 '나'에게 황 대감네 가족 이야기를 들려주고, '나'는 파리의 관찰력과 묘사력에 탄복한다. '나'는 파리가 시키는 대로 마을에서 죽은 영감의 비문을 짓는다. 비문에 감탄한 황 대감이 '나'에게 서울신문사 자리를 알아봐 주고, '나'는 파리와 함께 서울로 향한다. 이튿날, '나'는 A신문사의 편집국장으로부터 출근 지시를 받아 정리부에 들어간다. 신문사 사람들과 대면을 한 후 '나'는 서양요리점 태서관에 들어간다. 거기서 '나'는 동창과 그의 애인이자 여류 시인인 부평초를 만난다. 부평초의 초대로 '나'는 그녀의 집에 놀러갔다가 철학자 강우덕, 시인 한상달, 화가이자 허무주의자인 무명씨, 사회주의자 마혁명 등을 만난다. 인생에 대해 열띤 설전을 벌이던 이

들이 하나 둘씩 자리를 뜰 즈음 부평초가 '나'에게 남기를 권한다. 술을 권하던 그녀는 '나'에게 신세 한탄을 하며 자신을 괴롭히던 사내들의 편지와 사진을 보여 준다. 그중에는 '나'가 잘 아는 K목사도 있다. 그녀는 K목사에게 정조를 빼앗기고 학교와 집에서 쫓겨나 접대부 일을 시작했다고 고백한다. 밤이 깊어지자 부평초는 '나'에게 자고 가라고 말하고, '나'는 가까스로 유혹을 이겨 낸다. 이에 실망한 부평초가 뺨을 때리자 '나'는 그녀를 찾지 않겠다고 다짐하지만 다음 날 또다시 그녀를 찾는다.

小說 千眼記 春園 作

시작 (一)

**[참고]** 《동아일보》의 정간 처분으로 연재가 중단된 작품이다. 1인칭 서술자 '나'와 세상의 인정세태를 들려주는 파리가 주인공으로 등장하는 풍자우화 소설이다. 그러나 '나'가 서울로 올라온 이후 아무런 설명 없이 파리가 등장하지 않고, '나'가 만난 여러 군상들만 보여 주고 있다. 전반부에서는 파리를 통해 부자와 권력가에 대한 풍자가 이뤄지나, 파리가 등장하지 않는 후반부에서는 부평초라는 작부와 '나'의 연애가 중점적으로 그려지고 있다. 일부를 개작하고 새로 써서 《조선문단》(1927.4-11)에 8회에 걸쳐 재발표했다는 기록이 있으나, 《조선문단》 영인본 결호로 확인이 불가하다.

## 천하태평춘/天下太平春 : 채만식. 조광1938.1-9(9회 완).

**[내용]** 윤 직원 영감은 일꾼이나 하인이란 상전을 섬기고 대가는 바라지 말아야 한다고 생각한다. 그는 인력거 삯을 깎고, 나이 어린 기생을 데리고 다니면서 아무것도 해 주지 않을 만큼 수전노이다. 윤 직원은 소작인들에게 땅을 부칠 수 있게 하는 것이 자선사업이나 되는 것처럼 위세를 부린다. 그는 자신의 아버지가 구한말 화적들의 습격을 받아 죽은 것에 분개하며 일본인들이 들어와 나라가 태평해졌다고 말한다. 돈을 벌기 위해서는 무엇보다 권력과의 결탁이 중요하다는 사실을 깨달은 윤 직원은 경찰서 무도장을 짓는 데 아낌없이 기부를 하고 양반의 족보를 사들인다. 그는 족보에 도금을 한 것으로도 모자라 손자 종수와 종학이 군수와 경찰서장이 되어 가문을 빛낼 것을 기대한다. 그러나 아들 창식은 집안을 돌보지 않고 노름으로 가산만 탕진하고, 군수를 시키려던 손자 종수는 아버지의 첩 옥화와 정을 통하는 불륜을 저지른다. 며느리나 손자며느리도 고분고분하지 않고, 딸마저도 시댁에서 소박을 맞는다. 윤 직원은 마지막으로 손자 종학에게 기대를 걸지만, 사상 관계로 종학이 경시청에 피검되었다는 전보를 받고 충격에 빠진다.

**[참고]** 《조광》 1회 연재 시 제목이 '天下平春'이었다가 2회부터 '天下太平春'으로 바뀌었다. 2회 연

재 말미에 "전번 제1회분의 표제가 '천하평춘'으로 된 것은 '천하태평춘'의 잘못이기로 정정합니다"라는 작자의 부기가 붙어 있다. 1940년 같은 제목으로 『三人長篇全集』(명성출판사)에 수록되었고, 1948년 동지사(同志社)에서 '태평천하'로 개제하여 재출간되었다. 1949년 중앙출판사에서 '황금광 시대'로, 1958년 대동사에서 '애정의 봄'으로, 같은 해 중앙출판사에서 '꽃다운 청춘'으로 개제하여 단행본으로 출간하였다. 개제 이유는 아직까지 밝혀진 바가 없으며, 이들 작품을 「태평천하」의 해적판으로 보는 시각도 있다. 몰락하는 지주 계층의 위선적인 모습을 풍자적으로 형상화한 작품으로, 식민지시대를 부정하고 현실에 기생하여 살아가는 인간들을 비판적으로 그렸다는 평가를 받는다. 또한 작중 화자의 진술 방식이 판소리 사설의 양식을 수용하며 풍자적인 효과를 극대화하는 데 기여한다고 평가된다. 일제 식민지가 된 상황을 '태평천하'라고 믿는 윤 직원 영감은 끝내 손자 종학의 행동을 이해하지 못하는데, 작가는 이를 통해 식민지 현실을 바로 보지 못하고 지배 질서에 순응하는 삶을 통렬하게 비판하고 있다.

## 철도연선/鐵道沿線 : 김기림. 조광1935.12-1936.2(2회 완).

**【내용】** 기차 안에서 한 노인이 앞에 앉은 승객에게 자신의 마을에 기찻길이 생길 때의 일들을 들려준다. 함경도 산골 마을에 기찻길이 생기면서 인부들과 그들을 따라온 색주가 처녀들이 산촌으로 들어온다. 박종의 영감과 아들 명식은 삼십 호 되는 작은 마을에 음식점이 생기고 각 지방의 사투리가 떠들썩거리는 것을 보면서 뒤숭숭함을 느낀다. 하지만 명식의 아들 재수를 비롯한 젊은이들은 철로판 일을 하며 알게 된 인부들을 통해 개화된 남쪽 이야기를 듣고 그 세계를 동경한다. 산골에서 나고 자란 명식의 부인 윤 씨는 옆집에 기거하던 인부들의 떠드는 소리에 마음이 떨린다. 윤 씨는 어느 새벽 우물가에서 마주친 안경 쓴 십장을 떠올리고 마음을 진정치 못한다. 그날 이후 그녀는 우물터에서 만난 십장에게 물을 떠다 주는 등 관심을 보이고, 급기야 몸을 허락하기에 이른다. 명식은 점점 삐딱해져 가는 윤 씨의 언행에 불만이 쌓여 가다가 그녀에게서 부정의 기미를 알아채고 격분한다. 이튿날, 그는 정신을 놓고 일을 하다가 그만 돌 더미에 깔려 죽는다. 얼마 후, 기찻길이 완성되고 인부들과 재수는 마을을 떠난다. 그들이 떠나가던 날 마을에 있는 젊은 처녀들은 남몰래 눈물을 흘린다. 종의 영감은 구장으로부터 개통식 초대를 받지 못해 집으로 돌아왔다가 며느리 윤 씨가 십장을 따라 달아난 것을 알고 황망해한다. 이야기를 들려준 노인은 목적지에 도착하자 승객에게 자신을 김 참봉이라 말하고 기차에서 내린다.

**【참고】** 《조광》 1935년 12월호와 1936년 2월호에 분재되었다. 발표 지면에 '중편소설'이라고 표기되어 있다. 액자 구성의 형식을 취하고 있으며, 시골 마을에 기찻길 부설로 야기된 비극적 사건을 다루고 있다.

## 철로교차점/鐵路交叉點 : 한설야. 조광1936.6.

**【내용】** 경수는 S강 제방공사장에서 한 달째 일하고 있다. 그는 월급을 받아 집으로 돌아가는

길에 다섯 살배기 아이가 죽었다는 소식을 듣고 혹시 자신의 아이가 아닐까 걱정한다. 그러나 경수는 막벌이를 하러 평안도에서 온 박 서방의 아이가 기차에 치였다는 사실을 알게 된다. 피투성이가 된 아이를 안고 우는 박 서방의 모습을 보고 경수는 하루빨리 회사에 '후미끼리방'이 설치되어야 한다고 생각한다. 그는 참변을 당한 박 서방을 위문하고 다음 날 동네 사람들을 모아 조철회사에 항의하러 간다. 경리과장이 예산 문제로 후미끼리방을 언제 만들지 모르겠다고 하자 경수는 박 서방의 사고를 얘기하며 따진다. 과장은 다른 회사와의 경쟁 때문에 사정이 어렵다며 슬그머니 문제를 피하려고 한다. 회사의 입장을 확인한 경수는 이를 해결하기 위해서는 주민 전체의 힘이 필요하다고 생각한다. 집으로 돌아온 경수는 죽은 아이의 꿈을 꾸고 박 서방에게 아이가 살았다고 외치다가 잠에서 깨어난다. 몇 달 후 조철회사에 후미끼리방이 설치된다. 경수는 '후미끼리방 마하리쇼(見張所)'를 보면서 창자가 나온 채 피투성이가 된 아이를 받아들던 박 서방을 떠올린다. 그는 조그만 성과를 위해 엄청난 희생이 요구되는 현실을 생각하며 비애를 느낀다.

**【참고】** 제목 옆에 '(후미끼리)-「林檎」의 속편' 이라고 표기되어 있다. 소설 말미에 '2, 19' 라는 표기가 있다. 1936년 3월 《신동아》에 발표한 「임금」의 속편으로, 전작에서 미래에 대한 의지를 잃고 주색에 빠져 있던 경수가 생각을 바꿔 현실과 싸워 나가기로 결심한 이후의 이야기를 그리고 있다.

## 철민/哲民 : 한적선. 농민생활1934.5-1935.12(17회 완).

**【내용】** 털민은 평양 X전문에 다니는 학생이다. 동창들은 모두 고생 모르고 자란 모던보이들이지만, 고학생인 그는 졸업 후 고향으로 내려가 농촌을 부흥시킬 꿈을 갖고 있다. 그러나 털민은 애인 혜은을 빈궁한 농촌으로 데려갈 수 있을지 확신하지 못한다. 혜은은 털민의 친구 인호의 동생인데, 집안에서는 그녀를 다른 곳에 시집보내려 한다. 졸업 후 털민은 귀농하여 성실하게 자신의 꿈을 키워 나가지만 혜은은 아버지의 뜻에 따라 정훈과 약혼한다. 혜은은 파혼을 결심하지만 정작 털민과 함께 농촌 생활을 하는 것에 대해서는 실감하지 못한다. 고민하던 혜은은 집안의 반대를 우려해 오빠와 함께 일본으로 유학을 가겠다고 부모님께 말한다. 혜은은 인호와 함께 유학을 가게 되는데 정훈도 그를 따라 일본에 오게 된다. 유학 생활에서 외로움을 느끼던 혜은은 밤늦게 찾아온 정훈과 함께 시간을 보낸다. 여름 방학을 맞아 귀국길에 오른 혜은은 털민을 찾아가지만 농군으로 변한 그의 모습에 놀란다. 털민 또한 아무런 말도 하지 못한 채 혜은을 떠나보낸다. 얼마 후 혜은은 정훈과 결혼하여 아들을 낳는다. 그러나 혜은은 정훈의 한량 기질에 환멸을 느끼고 불행한 결혼 생활을 한다. 그러던 중 혜은은 우연히 인호를 찾아온 털민과 해후한다. 모종의 사건에 연루된 털민이 도피 자금을 구하러 인호를 찾은 것이다. 혜은은 자신이 진정 털민을 사랑하고 있음을 깨닫고 그와 함께 가기로 결심한다.

**【참고】** 제목 앞에 '長篇小說 哲民, 韓笛仙 作' 이라고 표기되어 있다. 연재 마지막 회에 '작품을 쓰는 동

안 농촌에 있는 여러 사람들과 친하게 된 것에 감사하다'는 작자의 말이 붙어 있다. 주인공 철민의 선각자적인 면모와 함께 농촌계몽을 향한 젊은이의 의지를 그린 작품이다.

## 철쇄/鐵鎖 : 정인택. 실업조선1947.8.

**【내용】** 기수와 정원은 산골 소읍 학교에서 학생들을 가르치는 선생이다. 기수는 일본에서 온 친구로부터 일본이 곧 망한다는 소식을 듣고 정원에게 전한다. 기수는 곧 해방이 된다는 것과 정원하고의 사랑이 조금씩 발전해 간다는 사실이 마냥 기쁘다. 드디어 해방이 되고 기수는 학교 사무 정리로 정신없이 바쁘다. 잠잘 시간이 없을 만큼 바쁘지만 해방된 조국에서 일한다는 마음으로 기수는 즐겁기만 하다. 그즈음 청년들이 친일파를 찾아내어 린치를 가하는 일이 자주 발생한다. 기수는 일본에 부역했던 면장이나 순사들이 마땅한 벌을 받는다고 생각하는 한편으로, 자신은 혹시 친일파가 아니었는가 하고 자문한다. 그동안 아이들에게 그릇된 사상을 심어 준 죄 또한 가볍지 않다고 느끼기 때문이다.

**【참고】** 제목 앞에 '連載小說'이라고 표기되어 있다. 《중앙신문》 1947년 11월 28일자에 잡지 《실업조선》 광고가 실렸는데, 그 광고 속에 '鐵鎖'가 연재 중이라고 되어 있다. 이후 단행본으로 출판된 것으로 보이지만 텍스트를 확인할 수 없다. 《실업조선》 5호만 확인할 수 있어 연재 1회 줄거리만 정리했다. 1회 연재 말미에 '(계속)' 표기가 있으나 이후 연재분을 확인할 수 없어 전체 내용과 연재 횟수를 알 수 없다. 해방공간을 배경으로 한 지식인의 자기반성과 새 나라에 대한 희망을 담은 작품이다.

## 철인도/鐵人都 : 문일. 박문서관1930.

**【내용】** 아랫마을과 윗마을 사람들은 서로 사이가 좋지 않아 자주 다툰다. 윗마을에 사는 개고기(介古器)는 회당의 주인 서 목사의 딸 마리아를 좋아한다. 그런데 아랫마을에 사는 탄갱부(炭坑伕) 두목 원 십장도 마리아를 쫓아다닌다. 원 십장은 싸움 대장 경칠성을 시켜 개고기를 없애려고 온갖 흉계를 꾸민다. 어느 날 서 목사가 개고기를 찾아와 새벽에 어떤 사람들이 마리아를 납치해 갔다며 그를 의심한다. 개고기는 누명을 벗기 위해 진상을 알아보다가 원 십장이 마리아를 절로 납치했다는 사실을 알게 된다. 개고기는 마리아를 구출해서 자신의 거처로 데려오지만, 그녀가 자신을 보고 놀라자 다시는 마리아를 보지 않으려고 다짐한다. 개고기는 원 십장이 밀수상자를 상해에 팔아넘기려는 것을 알고 이를 가로채는데 뜻밖에도 상자에는 마리아가 들어 있다. 개고기는 마리아를 피신시킨 후 원 십장의 사주를 받은 광부들에게 쫓긴다. 그러나 마음을 돌이킨 칠성이 개고기를 도와서 광부들을 물리친다. 이후 개고기와 칠성은 야학에 입학하여 윗마을과 아랫마을 사람들을 화해시키고 생활 개선을 위해 노력한다. 개고기는 졸업 후 학교 선생이 되어 아이들을 가르친다.

【참고】 국립중앙도서관 소장 박문서관본 표지에 '映畵小說 鐵人都 ○□△社 第二回作品 羅雲奎씨 原作', 본문 첫 장에 '○□△社 第二回作品 羅雲奎 씨 原作映畵 鐵人都 文一 作'이라고 표기되어 있다. 작가는 "영화를 연구하려는 분과 영화 해설을 연구하려는 분을 위하여 쓴 것이다. 영화는 본 그대로서 그 읽는 맛이 다르며 영화 각본도 대강 어떻게 된다는 것도 스스로 알게 될 것이다. 많은 이해를 바란다"는 머리말을 붙였다. 영화 「철인도」는 나운규프로덕션 해체 이후 일본에 갔던 나운규가 재기를 노리며 만든 액션 활극이었으나 흥행에는 실패하였다. 이후 나운규는 「금강한」, 「남편은 경비대로」 등을 만들었으나 좋은 반응을 얻지 못하고 이규환의 「임자 없는 나룻배」로 재기한다. 판권지가 누락되어 국립중앙도서관의 서지 정보를 참고하였다.

## 첫사랑 : 함대훈. 조광1935.11.

【내용】 X전문학교 작곡가요 교수인 상철은 카페 아리랑에서 우연히 첫사랑 성경희를 만난다. 그는 L군과 결혼한 경희가 카페 여급이 된 것에 적잖이 놀란다. 상야음악학교 성악과에 다니던 상철은 피아노과에 다니던 경희와 사귀었지만, 남선 연주 여행에서 만난 피아니스트 S와 우연히 하룻밤을 보내고 그녀와 결혼한 것이다. 경희는 상철이 S와 결혼하자 홧김에 L과 결혼하였지만, L의 방종한 생활을 견디지 못하고 집을 나와 자포자기의 심정으로 카페 여급이 되었다고 말한다. 상철은 죄책감과 측은한 마음에 다시 경희를 찾지만 그녀는 이미 종적을 감추어 버린 후다. 카페를 전전하며 경희를 찾는 상철이 매일 술에 취해 들어오자 S는 닦달한다. 그러던 중 S는 경희에게서 온 편지를 내보이며 상철을 추궁하고, 상철은 아내가 잠든 사이 편지를 읽는다. 편지에는 상철이 이태리로 가서 음악 공부를 계속하길 바란다는 내용이 적혀 있다. 다음 날 상철은 자신의 사무실로 찾아온 경희를 보고 놀란다. 경희는 그간의 일이 모두 꾸민 것이며, 자신에게 상처를 준 상철의 마음을 알고 싶어 연극을 해 본 것이라 말한다. 상철이 자신을 잊지 못하고 살아온 것을 확인한 경희는 다시 볼 수 있어 좋았다며 그와 악수를 나누고 헤어진다.

【참고】 제목 앞에 '中篇小說'이라고 표기되어 있다. 1회분으로 끝맺음된 작품으로 중편으로 보기에는 분량이 짧다. 첫사랑의 상처를 잊지 못하고 지내던 남녀가 다시 만나 애틋한 마음을 확인하는 내용이지만, 그 만남이 극적이고 작위적이어서 개연성이 부족하다.

## 첫사랑 : 현경준. 문장1940.9.

【내용】 인호는 교사 남순을 친누이처럼 따르며 좋아한다. 그는 남순이 부탁한 대로 상급학교에 진학하기 위해 열심히 공부한다. 그러나 점점 시험일자가 다가오자 상급학교에 진학하면 남순을 볼 수 없다는 생각에 괴로워한다. 결국 인호는 남순에게 상급학교 진학을 포기하겠다고 말한다. 이튿날 그는 등굣길에 만난 여학생 숭옥이 어떤 일이 있어도 상급학교에 가겠다고 말하는 것에 놀라고 자신을 되돌아본다. 그날 밤 인호는 해결책을 구하는 심정으로

남순의 하숙집을 찾지만, 그녀가 어떤 청년과 함께 있는 것을 보고 발길을 돌린다. 그러던 어느 날, 남순은 시내 청년회 창립대회에서 읽은 축사의 내용이 문제가 되어 교원의 지위를 잃게 된다. 인호는 교사를 그만둔 남순이 청년들과 활발히 운동하는 모습을 보면서 밤마다 한숨으로 지낸다. 얼마 후 인호는 담임선생님의 전송을 받으며 시험장으로 향하는 배에 오른다. 인호는 남순에게 보내지 못한 편지를 힘없이 바다에 놓아 버리고 부두를 바라보며 모든 것에 작별인사를 고한다.

**【참고】** 제목 옆에 '첫사랑 少年錄 第二章' 이라는 부제가 달려 있다. 《문장》 제1권 7집(1939.7)에 실린 '少年錄' 과 이야기의 내용이 연결되는 연작소설이다. 사춘기 소년 주인공의 성장기를 다룬 성장소설이다. 작품 말미에 "앞으로 나는 少年의 이야기를 機會 있는 대로 계속하여 쓸 作定이다. 昨年 文學臨時增刊號에 실린 少年錄과 아울러 읽어 주면 多幸이겠다"라는 작가의 부기가 실려 있다.

## 첫사랑 : 최독견. 국문사1949(260면).

**【내용】** 미확인 작품.

**【참고】** 『해방기 간행도서 총목록』(소명출판2009)에서 채록하였으나, 현재 작품은 확인되지 않는다.

## 첫사랑값 : 주요섭. 조선문단1925.9-1927.3(5회 미완).

**【내용】** '나'는 친구 리유경이 죽었다는 뜻밖의 소식에 놀란다. 유경의 고향집에 들른 '나'는 그가 마지막으로 머물렀다는 방을 둘러보다가 유서와 일기장을 발견한다. 일기장에는 유경의 다음과 같은 이야기가 담겨 있다. 상해 모 대학에 유학을 하던 유경은 중국 여학생 N에게 첫눈에 반한다. 하지만 유경은 외국인이며 부잣집 딸인 N에게 쉽게 다가가지 못한다. 그러던 중 중국인 학생이 영국조계에서 총살당하는 일을 계기로 유경이 다니는 대학이 동맹파학에 들어가게 된다. 학생회 회계부장을 맡은 유경은 회계부원인 N과 가까워지지만, 주변 환경으로 인해 도망치듯 학교를 그만두고 고향으로 돌아온다. 유경은 선을 보라는 부모의 성화에 S유치원 교사 K를 만난다. 그는 N을 잊어버리기 위해 K와의 결혼을 결심한다.

**【참고】** 1925년 9월부터 11월까지 《조선문단》에 3회가 연재된 후 휴간으로 연재가 중단되었다가 1927년 2월부터 다시 연재되었다. 연재가 재개되기에 앞서 "이 작품 「첫사랑값」은 원작자가 年前에 朝鮮文壇에 三回까지 發表하다가 中止된 것인데 이제 同誌가 繼刊됨에 際하여 編者와 讀者의 要求가 잇슴으로 나의 手中에 保管되어 잇던 下半을 다시 실리게 하엿스나 其間原作者의 創作態度가 或시나 變遷됨이 잇스면 이 作品을 續載키를 願치 아늘런지도 모를 것이매 掲載의 全責을 原稿保管者인 나로서 지게 되는 것을 附記하는 바며 또 讀者諸位의 便宜를 爲하야 前三回의 大略을 附述하노라"라는 편집자 주요한의 말이 붙어 있다. 3월호 마지막에 '차호완' 이라고 하여 한 회 분량이 남은 듯하나, 《조선문단》이 재차 휴간하여 마지막 회 내용을 확인할 수 없다. 1인칭 관찰자 '나' 가 리유경의 일기를 소개하고, 일기 속 내용이 다시 1인칭 주인공 시점으로 전개되는 액자소설의 형식을 갖추고 있다.

## 첫사랑의 시절 : 박루월. 박문서관1930.

**【내용】** 미확인 작품.

**【참고】** 『철인도』(박문서관1930) 권말 광고에 제목과 장르(영화소설), 정가(40전) 등이 기록되어 있다. 현재 작품의 소재를 확인할 수 없다. '주인공 임영일, 옥희의 첫사랑은 부모가 반대해서 생기는 비운' 이라는 간략한 설명을 덧붙였다.

## 첫 전투 : 이태준. 문학예술1948.12 ; 평양문화전선사1949.

**【내용】** 10월 인민항쟁 때 춘천의 철도 파업을 주동했던 권판돌은 당시의 동지이자 지금은 옥중에 있는 경수 동무의 아우인 셋째를 보살피며 유격대원들인 황, 남, 장 그리고 농촌 출신 서 동무와 지도부 연락원을 이끌고 K군 S면 지구로 잠복 근무차 출동한다. 최후 잠복거점에 도달한 판돌은 도당 동무와 접촉하여 작전 시일이 촉박하다는 사실을 통보받는다. 한편 일제의 앞잡이인 정운조에게 쫓겨 유격대원이 되었다가 고향에 돌아온 서 동무는 감회에 젖어 복수의 칼을 간다. 기습 공격은 성공적으로 수행된다. 그러나 셋째는 권총을 갖고 싶은 마음에 섣불리 나섰다가 부상을 입는다. 한편 서 동무는 전투에 제대로 참여하지 못하고 되돌아가게 되자 운조를 붙잡는다. 그는 마을 주민들이 보는 마당 한가운데서 운조를 처단하는 인민재판을 연다. 총소리를 듣고 달려온 판돌은, 부상을 입고 신음하는 셋째에게 반들반들한 권총을 쥐어 준 후에 일행을 이끌고 퇴각한다.

**【참고】** 1948년 12월 《문학예술》 제4호에 발표된 후 1949년 평양 문화전선사에서 간행된 작품집 『첫 전투』에 수록되었다. 원고지 200매 정도 분량의 작품이다. 권판돌이라는 인물의 첫 전투 경험을 바탕으로 당의 명령에 충실히 복종하는 유격대원을 그리고 있다.

## 청기와집 /青瓦の家 : 이무영. 부산일보1942.9.8-43.2.7 ; 新太陽社(日)1943(370면).

**【내용】** 이 소설은 '청기와집'이라 불리는 양반 가문인 권 대감 집안을 무대로 여주인공 안미연을 둘러싼 남녀 관계를 그리고 있다. 청기와집은 구습과 구권력의 상징이며, 당대의 관점에서 쇄신되어야 할 조선의 나태와 악습의 전형적인 공간으로 묘사되고 있다. '지나'의 '사대사상'에 의해 전통과 구습을 지키고자 하는 권 대감, 미국에서 돌아와 '영미 제일주의'를 신봉하는 권 대감의 아들 수봉, 도쿄에서 유학하고 돌아와 조부와 아버지의 가치관을 비판하면서 일제의 신민으로 충성을 다할 것을 주장하는 수봉의 아들 인철, 이들 삼대의 서로 다른 신념이 갈등하고 충돌하는 과정이 이 소설이 실질적인 중심 내용이라 할 수 있다. 지나사변, 태평양전쟁, 일본의 홍콩 점령 등, 일련의 다변하는 정치적 시대 변화 속에서 안미연, 유해성, 권인철 등 소설의 젊은 주인공들의 선택은 결국 '국가존망의 대전쟁'을 치르고 있는 일제의 충용한 신민이 되어야 한다는 것으로 귀결되고 있다.

**【참고】** 일본어 소설이다. 조선에서 조선인 작가가 일본어로 쓴 최초의 일간신문연재소설로 주목받았다. 신문 연재 후, 1943년 일본의 '新太陽社'에서 단행본으로 출간되었다. 단행본으로 나올 때 일부 표제어와 어구, 등장인물의 이름 일부가 수정되었다. 발표 당시 유진오, 박영희, 최정희 등이 추천문을 쓰기도 했는데, 이무영은 작가의 말에서 '황민으로서 조선동포가 가야 하는 역사적 도정'을 보여 주려 했다고 창작 동기를 밝히고 있다. 이 책으로 이무영은 신태양사에서 주관하는 제4회 '조선예술가문학상'을 수상했다. 조선예술상은 일제가 일본의 문화 발전을 위해 조선에서 활동하는 각 방면의 예술가들에게 수여하는 표창이었다. 구시대의 상징인 권 대감이 죽고, 태평양전쟁이 개전되자 영미제일주의자였던 수봉마저 조선 신궁을 참배하는 장면에 이르면, 작가가 말하는 '황민으로서 조선동포가 가야 할 역사적 도정'의 향방이 분명하게 드러난다. 연재 종료 시점은 단행본의 해제에 의해 작성한 것이다. 2001년 ゆまに書房에서 『일본식민지문학정선집』 조선편 5권으로 출간되었다.

## 청년/青年 : 이기영. 삼천리1938.8-12(4회 미완).

**【내용】** 경식은 가난을 이기지 못하고 생일잔치가 끝난 김 참사의 집에 숨어들어 권총으로 그를 위협하여 돈을 약탈한다. 김 참사는 내부자의 소행이라는 의심을 버리지 못하고 식구들을 닦달한다. 김 참사의 아들 택수는 아버지가 조바심을 내며 수선을 떠는 것을 못마땅해하고 있다가 그 화살이 자신의 처 난옥에게까지 향하는 것을 보고 불만이 극에 달한다. 한편 경식은 범인이 잡혔다는 소문을 듣고 불안해한다.

**【참고】** 1938년 8월호에 1회, 10월 2회, 11월 3회, 12월 4회로 회차 표기되어 있다. 식민지의 막막한 현실에서 출구를 찾지 못하고 강도로 돌변하게 된 청년의 위기와 계급 갈등을 다루려고 하였으나 연재 중단되어 전체 내용은 확인되지 않는다.

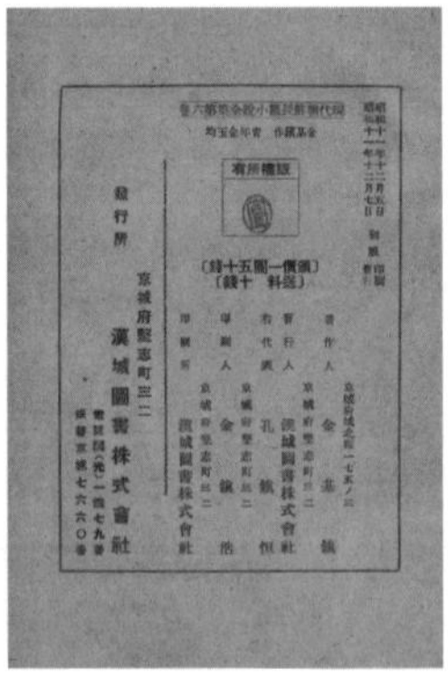

## 청년 김옥균/青年金玉均

김기진. 한성도서1936.

**【내용】** 「심야의 태양」 참조.

**【참고】** 1934년 5월 3일부터 9월 19일까지 《동아일보》에 「심야의 태양(深夜의太陽)」으로 연재된 작품이다. 《동아일보》 연재 당시 실린 작가 부기에는 「심야의 태양」이 「청년 김옥균」의 전편이라고 소개되어 있어 후편도 기획된 듯하나 후편은 연재되지 않았다. 이후 전편으로 마감 '청년 김옥균'으로 개제하여 단행본으로 출간되었다. 1936년 한성도서에서 『청년 김옥균』으로, 1952년 한성도서에서 『심야의 태양』으로 출판되었고, 1954년 한성도서에서 다시 『청년 김옥균』으로 출간되었다. 1936년 12월 『박문서관 장편전집』 1차 6권으로 발행되었다는 기록이 있다.

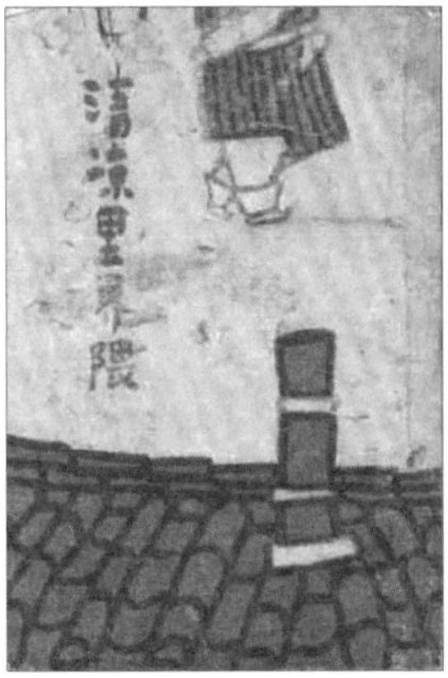

## 청량리계외/淸涼里界隈

**정인택. 국민문학1941.11 ; 동도서적주식회사1943 ; 조선도서출판1944.**

**【내용】** 청량리로 이사온 '나'는 마치 귀양을 온 듯 불안한 마음을 감추지 못하고, '나'의 아내는 인근 학교의 아이들이 무시로 '나'의 집을 드나들며 놀이터처럼 사용하자 불만을 터뜨린다. 그런 아내를 달래 가며 '나'는 청량리의 아이들이 책상도 의자도 없고, 수도 시설도 없는 폐옥처럼 초라한 교실에서 열심히 공부하는 모습을 눈물겹게 바라본다. 우연한 기회에 아내는 청량리 애국반 반장이라는 직함을 얻게 되고, '국민총력'과 '정보' 등의 시국 관련 잡지를 열심히 읽고 애국반 활동에 적극적으로 참여하면서 가난한 아이들과 인근 주민에 대해 따뜻한 시선을 가진 인물로 변모한다. '나'는 그런 아내와 더불어 아이들이 제대로 교육을 받을 수 있는 좋은 학교로 만들 방안을 모색한다.

**【참고】** 일본어 소설이다. 이 작품은 《매일신보》에 4회 연재(1937.6.26-7.2)된 수필을 소설화한 것이다. 《국민문학》에 처음 발표된 이후, 조선문인협회에서 편찬한 『조선국민문집』(동도서적주식회사 1943)에 수록되었고, 조선도서출판주식회사에서 발간한 『청량리계외』라는 작품집에도 실렸다. 소설은 표면적으로 청량리 교외로 이사를 온 주인공 '나'와 아내가 가난하고 누추한 그곳의 일상에 적응해 가는 과정을 그리고 있다. 아내의 의식적 성장을 지켜보는 '나'의 따뜻한 시선을 통해서 협력, 헌심, 희생이라는, 일제가 종용한 소위 애국반 정신을 고양하고 있다. 이런 측면에서 이 작품은 태평양전쟁이 발발하기 직전 국민총력조선연맹에서 만들어 독려하던 부인회의 활동을 성실하게 추종한 소설로 평가되기도 한다.

## 청춘/靑春 : 나도향. 조선도서주식회사1927.

**【내용】** 스무 살의 미남 유일복은 안동의 한 은행에 근무하고 있다. 그는 어렸을 적 은행 지배인의 딸 정희와 정혼하였지만 그녀에게 애정을 느끼지 못한다. 어느 날 일복은 영호루에 올랐다가 주막집 딸 양순을 보고 첫눈에 반한다. 양순에 대한 자신의 진실한 사랑을 깨달은 일복은 정희와 헤어지고 양순과 결혼하려 한다. 정희는 일복이 자신을 떠나려 하자 비관하여 자살을 결심한다. 그러나 자살하려던 정희를 여승이 구해 주고, 정희는 그 여승을 따라 절로 들어간다. 사람들은 실종된 정희가 죽은 줄 알고 일복의 비정함을 욕한다. 양순 어미는 돈 백 원을 받고 양순을 장돌뱅이의 후처로 보내고자 한다. 일복이 이를 따지자 양순 어미는 정희의 자살 사건을 이야기하며 그런 비정한 사내에게 자신의 딸을 줄 수 없다고 말한다. 돈에 눈이 멀어 딸을 팔아넘기려는 양순 어미의 처사에 분노한 일복은 양순의 오빠 영록을 죽이고 절망에 휩싸여 양순마저 죽인 후 집을 불태워 버린다. 그 과정에서 엄영록의 칼에 맞은 일복은 친구 김우일이 있는 절로 찾아간다. 일복은 그곳에서 우연히 정희와 재회한다. 정희

가 마지막으로 자신을 아내라고 불러 달라고 애원하지만 일복은 그런 어리석은 짓은 할 수 없다고 말하며 숨을 거둔다.

**【참고】** 표지에 '羅稻香 著, 靑春', 본문 첫 장에 '靑春, 稻香 羅彬 作'이라고 표기되어 있다. 작품의 배경이 안동인 점으로 미루어 나도향이 1920년 안동에서 교원으로 1년간 체류할 당시 쓴 작품으로 알려져 있다. 그러나 나도향이 정확히 어느 학교에서 얼마 동안 교원 생활을 하였는지 그 기록이 남아 있지 않고, 안동에 체류한 기간이 모호하여 작품의 탈고 시기 또한 명확하지 않다. 애정 없이 이뤄지는 정혼을 문제시하며 유교적 구습을 비판하는 동시에 물질적인 욕구와 욕망 사이에서 갈등하다 파국으로 치닫는 군상들을 형상화한 후기 작품으로 평가된다.

## 청춘/靑春 : 설정식. 민교사1949(400면).

**【내용】** 이곳은 늙고 어린 주검이 실려 와서 영원히 묻히는 곳이다. 이곳이 좀더 푸릇푸릇한 생명의 동산이 되었으면 좋겠다. 너는 더 이상 봉건주의 앞에서 안경을 벗을 필요도 없고 피우던 담배를 황급하게 끌 필요도 없다. 너희 세대는 모든 권위와 존엄에 실컷 항거해도 좋다. 부친의 세대는 죽었으니 체면도 위신도 살필 필요가 없다. 어느 누구도 사랑할 수 있다. 너는 완전히 해방된 것이다. 이때 그의 모친이 그의 이름을 부른다. 그는 그제야 신발을 벗고 그의 아들이 묻힌 봉분 앞에 선다. 그의 모친은 아들의 서러움을 조금이라도 덜어 주기 위해 이때까지 울음소리를 내지 않고 있다가, 그의 모습을 보고 나서 주저앉아 손주를 위해 울기 시작한다.

**【참고】** 《신세대》 1948년 5월호 신작 광고에 소개되었으나, 국립중앙도서관 소장 중 유실되어 내용을 확인할 수 없다. 《조선중앙》 1949년 1월 27일자 광고에 '장편소설'이라고 소개되어 있고, "五百三十六年 동안 封建과 日帝에 억눌려 몸부림치던 靑春이 8·15를 맞이하여 華麗하게 꽃피었다. 이 民族的 敍事詩를 적의 詩人 薛貞植氏가 長篇小說로 表現했다. 過去 三年 동안에 詩集을 세 권이나 내어 民族詩人으로서 彗星같이 光彩를 發揮한 氏의 最初의 小說일 뿐 아니라 朝鮮民族의 靑春을 그 躍動하는 姿態를 송두리째 이렇게 리얼하게 小說化한 것도 朝鮮에서 처음일 것이다(金東錫)"라고 설명을 덧붙였다. 설정식이 쓴 『葡萄』라는 시집에 「氾濫하는 너의들의 世代 —'靑春' 中의 一節」라는 제목으로 소설 「청춘」의 한 절이 수록되어 있어 그 내용을 요약하였다. 아버지가 죽은 아들에게 말을 건네는 독백의 형식으로 기술되었다. '너'가 죽은 아들을 가리킨다고 볼 수도 있고, 어린 세대를 가리킨다고 볼 수도 있다. 시집에 붙은 「跋」에는, 작가 자신도 모르는 사이 산문 세계로 들어가 '小說의 한 조각을 대견스럽게 詩集에 넣는 外道'를 하게 되었다고 밝히고 있다.

## 청춘곡/靑春曲 : 전영택. 매일신보1936.1.1-5.17(127회 완).

**【내용】** 평양 기생 월화는 부잣집 아들 순구를 만나 딸 한실을 낳는다. 그러나 순구가 월화를 책임지지 않고 떠나 버려 월화는 한실을 홀로 키운다. 한실은 어려서부터 영특하여 천재라

는 소리까지 듣지만 공부에는 관심이 없고 화려한 생활을 하는 기생을 동경하여 기생학교에 가기를 원한다. 급기야 한실은 월심이라는 이름을 얻어 기생 생활을 시작하고, 곧 미모와 기예로 유명해진다. 그녀는 윤영준이라는 가난한 학생을 사랑하게 되지만 월화는 영준을 못마땅하게 여겨 둘을 강제로 떼어놓는다. 영준은 낙망하여 외국으로 떠나 버린다. 월심은 안주의 부잣집 잔치에 불려갔다가 기생을 헐뜯는 소리를 듣고 회의에 빠진다. 그녀는 돌아오는 기차 안에서 송인명이라는 신사를 만나는데 그는 월심에게 공부할 것을 권한다. 월심이 안주에서 돌아온 후, 파산하고 처에게 버림받은 순구가 월화를 찾아온다. 월화는 순구를 구박하지만 월심은 정성껏 아버지를 돌본다. 우연히 기차 안에서 만난 인명이 아버지의 친구라는 사실을 알게 된 월심은 공부할 결심을 굳힌다. 아버지가 병으로 세상을 뜨자, 월심은 가출하여 서울로 온다. 월심은 은애라고 이름을 바꾸고, 인명을 찾아가 그가 교사로 있는 여학교에 입학한다. 은애는 교육자로 덕망이 높은 인명을 믿고 따르며 공부에 매진하지만 때로 화류계에 몸담았던 옛일을 잊지 못하고 남자들과 어울려 놀고 싶은 충동을 느낀다. 은애의 미모에 반한 남자들 또한 그녀를 가만 놔두지 않고, 결국 그녀는 공부를 그만두게 된다. 그 와중에 은애는 인명과 사랑에 빠진다. 인명은 진심으로 은애를 아끼지만 은애는 인명을 속이고 다른 남자들과 어울린다. 결국 은애와 인명은 헤어진다. 일본으로 건너가 여급이 된 은애는 인명에게 편지를 보내고, 인명은 일본으로 건너가 그녀를 설득하여 조선으로 데리고 들어온다. 그러나 둘의 앞날은 순탄치 않아 인명은 그동안 쌓았던 지위와 명예, 가족, 재산 등을 모두 잃고, 은애는 성병에 걸려 회복할 수 없는 몸이 된다. 결국 인명과 은애는 약을 먹고 자살을 시도한다. 그러나 은애만 죽고 인명은 간신히 살아난다. 은애의 장례식이 끝나고, 은애의 첫사랑 영준이 귀국하여 인명을 찾아온다. 인명은 영준과 함께 은애의 무덤을 돌아본 후 낙향하여 농사를 짓는다.

靑春曲
田榮澤 作
李用雨 畵
(4)

**[참고]** 《창조》의 동인이었던 전영택의 초기 소설은 자연주의와 기독교적인 인도주의를 바탕으로 하며, 사랑과 용서, 죽음과 구원, 약자에 대한 관심이 일관된 주제로 드러난다. 이 작품은 그의 후기 장편소설로서 한실이라는 여인의 삶을 통해 사랑과 구원의 주제를 폭넓게 다루고자 하였으나 통속성이 한계로 지적된다. 여주인공 한실은 신분이 바뀔 때마다 월심, 은애로 개명하며 자신의 정체성을 찾고자 하지만 결국 화류계 생활과 남성들과의 복잡한 연애 관계로 인해 스스로 파탄에 이르게 되는 인물이다.

## 청춘극장/靑春劇場 : 김래성. 태양신문1949.5.1-? ; 청운사1949-1952.

**【내용】** 평양의 중학을 갓 졸업한 백영민, 장일수는 학창 시절 일본인 선생을 쫓아다니던 최달근 패거리와 대동강 변에서 충돌한다. 싸움에서 이긴 영민은 달근에게 '권력은 짧고 정의는 길다'고 큰소리로 꾸짖는다. 만주로 간 일수는 독립단원이 되어 독립운동을 하고, 달근은 관동군에 들어가 독립군을 색출하는 헌병이 된다. 영민은 부친이 자신을 독립운동가의 딸 허운옥과 결혼시키려 하자 이를 피해 일본 유학을 떠난다. 그는 와세다 대학에서 만난 친일 부호의 딸 오유경과 사랑에 빠지고 유경은 영민의 아이를 임신한다. 한편 운옥은 영민과 유경이 함께 돌아오자 영민의 곁을 떠나 병원의 간호원으로 일한다. 운옥은 의사 김준혁의 구애를 받지만 영민에 대한 마음을 버리지 못한다. 한편 독립운동에 관여하다 다쳐 운옥의 병원을 찾게 된 일수는 일본 헌병 박준길의 마수에서 운옥을 구해 준다. 그리고 일수는 달근과 준길, 그리고 나미에라는 여간첩에게 쫓기는 신세가 된다. 한편 일제의 학도병으로 끌려갔던 영민 또한 부상을 입고 운옥의 병원에 입원하게 된다. 영민은 그곳에서 운옥의 순정을 이해하고 그녀를 사랑하게 된다. 그러는 사이 운옥은 영민이 만주로 탈출할 수 있도록 도와주고, 일수를 찾아 나선다. 하지만 자신을 쫓던 준길에게 잡혀 실랑이를 벌이다 그를 살해하고 만다. 해방이 되어서 운옥은 풀려난다. 유경은 아들이 폐렴에 걸려 죽자 스스로 목숨을 끊는다. 유경의 죽음으로 허탈감에 빠진 영민은 그녀의 무덤 앞에서 자살한다.

**【참고】** 이 작품은 《한국일보》의 전신인 《태양신문》에 1949년부터 한국전쟁 전까지 1부-3부가 연재되었다는 기록이 있으나, 현재 자료를 확인할 수 없다. 1952년 5부로 완결되었다. 1부인 '靑春의 傳說'은 청운사에서 1949년 12월에 단행본으로 출간되었다. 《동아일보》 1949년 12월 27일자 신간 소개란에 계용묵의 '김래성 著 「청춘극장」을 읽고'라는 기사와 판권 정보(청운사, 750원)가 나와 있다. 2부 '사랑의 生理', 3부 '民族의 悲劇'은 연재 완료 후 동 출판사에서 1950년 2월, 4월에 각각 단행본으로 출간되었다. 《동아일보》 1950년 2월 17일자 신간 소개란에 판권 정보(청운사, 800원)가 나와 있다. 4부 '風雲의 歷史', 5부 '大地의 審判'은 1951년 9월, 1952년 3월에 각각 단행본으로 출간되었다. 《동아일보》 1952년 3월 5일자 신간 안내에 '당일 오후 5시 반 출판기념회를 국제구락부에서 거행'한다는 기사가 실려 있다. 이에 앞서 《백민》 1947년 5월호에 실린 「여인애사」는 「청춘극장」의 전편으로, 1회 연재 후 중단되었다. 연재 지면에 '장편소설 女人哀詞'라고 표기되어 있다. 주인공 백영민의 중학 졸업식과 동경 유학 떠나기 전까지의 도입부가 수록되어 있다. 「청춘극장」은 식민지 말기에서 해방까지를 배경으로 한국, 일본, 만주를 넘나들며 펼쳐지는 젊은이들의 이야기를 5부에 걸쳐 그려 내고 있다. 많은 젊은이들 사이에서 복잡하게 얽히는 연애 사건이 서사의 중심축을 이루고 있다. 당대의 현실을 충실히 재현한 작품은 아니지만 흥미진진한 구성과 예기치 못한 사건들로 인해 당시 독자들의 많은 관심을 받았다. 전쟁 중 피난지에서 1만 부 이상 팔릴 정도로 높은 인기를 얻으며, 1959년과 1967년 두 차례에 걸쳐 영화화되기도 하였다.

## 청춘기/靑春期 : 한설야. 동아일보1937.7.20-11.29(129회 완).

**【내용】** 김태호는 동경 유학 후 서울에서 일자리를 구하다가 친구 정우선을 통해 신문사에 입사한다. 태호는 어느 전시회에서 친구 철수와 닮은 여인을 발견한다. 철수는 과묵하지만 사람들을 이끄는 힘을 가진 태호의 친구인데, 오래전 헤어져 찾을 길이 없다. 태호는 철수와 닮은 여인이 철수의 여동생 철주일 거라고 믿어 버린다. 한편 박용이라는 자가 태호에게 접근한다. 용은 다른 사람이 쓴 글의 문장만 고쳐서 자기 글처럼 출판하는 것으로 악명이 높다. 태호와 용이 만나는 자리에, 태호가 철주라고 생각했던 여인이 나타난다. 그녀는 철주가 아니라 용의 여동생 은희다. 그날 이후 태호와 은희는 서로 가까워진다. 한편 은희는 거부의 아들이며 의사인 홍명학의 지원을 받아 의대를 졸업하게 된다. 명학의 동생인 명순이 태호에게 점차 호감을 갖게 된다. 용은, 명학이 유부남임에도 불구하고 처의 병세가 악화되었다는 것을 알고는, 동생 은희가 그와 결혼해서 집안에 도움을 주기를 바란다. 얼마 후 명학의 처가 죽자 용은 은희에게 명학과 결혼할 것을 종용한다. 그러나 은희는 태호를 향한 마음을 포기하지 않는다. 은희의 마음이 움직이지 않자, 용은 명순을 찾아가 태호가 은희에게 보낸 편지를 보여 준다. 태호가 자신을 좋아하는 줄로 알고 있던 명순은 배신감에 분노한다. 명순은 용과 합심해서 태호와 은희를 갈라놓을 계획을 세운다. 명학과 결혼하라는 용의 재촉이 심해지는 상황에서 단호히 결심한 은희는 명순과 명학에게 태호와 자신이 약혼을 했다고 거짓말한다. 명순 때문에 태호는 신문사에서 쫓겨난다. 그때 용이 태호를 찾아와 은희가 명학과 결혼해서 독일로 떠날 예정이라고 거짓말을 한다. 태호는 그 사실을 곧이 믿고, 은희에게 절교를 선언한다. 은희는 태호가 실직당했다는 것을 알고 자신도 병원에 사직서를 제출한다. 은희는 마음을 담은 편지를 태호에게 보내고 답장을 기다린다. 그러나 답장은 끝내 오지 않는다. 낙향한 태호는 친구 철수를 만나 운동에 참여하였다가 경찰에게 붙잡힌 것이다. 뒤늦게 그 소식을 들은 은희는 태호를 기다리며 꿋꿋하게 버티리라 마음먹는다.

靑春記 (1)
韓雪野 作
洪得順 畫

**【참고】** 「청춘기」는 한설야가 상당한 자부심을 갖는 작품이라고 알려져 있다. 1960년 평양의 조선작가동맹출판사에서 발간된 『한설야 선집』 14권에 수록되었다. 선집의 작품 후기에 "조선 현실의 본질은 더욱 장성 강화되는 노동계급의 운동과 맑스레닌주의가 결부되는 과정에서 보다 앙양된 방향에로의 전진을 보이고 있었다"라는 작자의 언급이 있어, 강한 이념성을 토대로 당대 현실을 그리려고 했던 한설야의 의도를 엿볼 수 있다. 당대의 풍속도를 생동감 있게 그려 내는 데 성공한 작품으로 평가된다.

## 청춘무성/青春茂盛

**이태준. 조선일보1940.3.12-8.10(127회 미완) ; 박문서관1940.**

**【내용】** 원치원은 동경에서 신학을 전공하고 돌아온 젊은 목사로 고보의 교목을 맡고 있다. 그는 감수성이 풍부하고 아름다운 여학생인 고은심과 연인 사이이다. 은심의 친구인 최득주는 어려운 가정형편 때문에 학교에 다니지 못한다. 어느 날 우연히 전당포에서 득주를 만난 치원은 그의 곤궁한 형편에 대해서 알게 된다. 오빠가 집을 나가고 소식이 없자 눈이 멀게 된 어머니, 생활력이 없는 아버지와 몸이 불편한 할머니, 가족의 생계를 위해 기생인 된 언니를 보며 득주는 울먹인다. 그녀는 또한 생활비를 담보로 충청도 부자에게 정조를 팔아야 하는 자신의 신세를 한탄한다. 치원은 절망에 빠진 득주를 위로하며 학교를 다시 다니라고 설득한다. 득주는 치원의 따뜻한 위로에 반해 그를 사모한다. 그러나 친구인 은심과 치원이 연인인 것을 알게 된 득주는 질투심에 북받쳐 치원과 자신이 불순한 관계라며 치원에게 누명을 씌워 학교에서 쫓겨나도록 만든다. 치원과 은심은 끝내 헤어지고, 치원은 동경으로 건너가 번역 일을 하며 생계를 이어 간다. 그러던 어느 날 치원은 한국계 미국인 쪼오지 함과 결혼하기 위해 미국으로 가던 은심과 만난다. 재회한 은심과 치원은 서로의 사랑이 식지 않았음을 확인하고 함께 서울로 돌아온다. 그러나 치원은 은심의 약혼자 함이 자신들의 사랑을 위해 순순히 물러나 준 배려를 생각하며 자신이 비겁했음을 깨닫는다. 치원은 은심에게 약혼자에게 돌아가라고 말하며 이별을 선택한다. 이후 치원은 수리사업과 광산업으로 재벌이 되고, 은심은 모교의 교사가 된다. 치원에게 용서를 구한 득주는 치원의 도움으로 카페 여급들의 복리를 위한 사회 활동에 참여한다.

**【참고】** 전반부는 삼각관계를 중심으로 한 통속적인 애정 갈등을 다루고 있으며 후반부는 사회 참여 활동을 강조하고 있는 작품이다. 《문장》(1940.9)의 광고에 "조선일보에 연재되어 독자를 열광시키다가 아깝게도 중단된 「청춘무성」이 10월 중순에 완성된 형태로 박문서관 제2기 장편소설전집 제1회 配本으로 세상에 나오게 되었습니다. 파란중첩한 사건과 주인공들은 과연 어떻게 해결되고 어떠한 방향을 찾았나 발표되는 날을 손꼽아 기다리십시오"라고 소개된 후 단행본으로 완결되어 1940년 11월 박문서관에서 출간되었다.

## 청춘보/青春譜 : 함대훈. 동방출판사·경향출판사1947.

**【내용】** 러시아 문학을 전공하는 곽성식은 공산주의 사상에 경도된 지식인이다. 그는 일본이 전쟁에서 불리하다는 소식을 듣는다. 성식은 러시아의 '붉은 군대'가 조선으로 내려와 일본군을 몰아내 주길 기대한다. 공산주의 강연을 하고 운동에 참여하다가 일본 헌병에게 잡혀간 성식은 그 다음 날 광복이 되어 풀려나온다. 성식은 조국의 광복이 감격스러우면서도,

좌우가 협력할 수 있을지에 대해 불안감을 느낀다. 기다리던 붉은 군대가 조선에 주둔하고, 성식은 삼십육 년의 일제 지배의 상처를 씻어 낼 것을 기대한다. XX도에 인민위원회가 조직되자, 성식은 위원 16명 중 14명이 공산당 계열인 데 대해 부정적인 발언을 한다. 그 발언 때문에 성식은 공산당을 전복하려 한다는 혐의를 받고 육십사 일간 감옥에 갇힌다. 무죄가 입증되어 방면된 후, 그는 민주당 대표로 일한다. 1945년 12월 28일 모스크바 삼상회의에서 신탁통치가 제안되고 공산당 측에서는 그것을 지지한다. 성식을 비롯한 민주당 측에서는 반대운동을 벌이고 신탁통치 지지 기념회에도 불참한다. 그 때문에 이들은 간부 검거령을 받게 된다. 성식은 조만식이 탁치에 대한 의견 표명을 하지 않아 평양 고려호텔에 유폐 생활을 하고 있단 말을 듣고 그를 만나러 간다. 민주당도 괴뢰화되고 있으니 서울로 가서 일을 하라는 조만식의 조언을 듣고, 성식은 월남한다. 1948년, 서울에서 성식은 옛 연인 혜영과 재회한다. 현재는 둘 모두 각자의 가정을 꾸리고 있다. 혜영은 상식이 러시아로 유학 간 후에 원치 않는 결혼을 했으며 성식을 잊은 적이 없다고 고백한다. 한 달 뒤 성식은 동생 성심의 부탁을 받고 부인회를 대상으로 공산주의에 대한 강연회를 개최한다. 그 자리에 참석한 혜영은 북한의 실상을 듣고 민족을 위한 일에 쓰라며 백만 원을 기부하기로 한다. 민주청년동맹원들이 성식을 찾아와 북으로 가서 조국 통일을 위한 조직을 만들겠다고 그에게 지원금을 요청하고, 성식은 백만 원을 지원하겠다고 약속한다. 혜영을 만나 백만 원을 받으면서 그는 38세의 미망인이 된 혜영이 조선의 비극적인 모습과 닮은 것 같다는 생각을 한다. 성식은 그를 사랑한다 말하는 혜영을 꼭 안아 주고 싶지만 그렇게 하지 못한다. 그들은 침묵 속에서 갈라진 남북처럼 헤어진다.

**【참고】** 소설 말미에 '一九四七年二月二日 於 南山麓 아래 秋聲莊에서' 라고 표기되어 탈고일을 진작케 한다. 광복 때의 정경과 상황이 자세히 묘사되어 있다. 특이한 점은 서울은 실제 지명이 거론되지만 주인공의 과거사가 전개되는 이북은 XX도라 익명으로 표기되는 점이다. 주인공 곽성식을 통해 공산주의에 대한 비판적인 시각을 표현하고 있다. 주인공이 감옥에 갇힌 시기가 초반부에서는 삼 개월로 서술되나 후반부에서 육십사일로 바뀌고, 광주학생운동이 일어난 시점이 1930년 시월 삼일로 잘못 기록되는 등 약간의 오류가 있다. 내용 정리에 참조한 경향출판사본에는 단행본 맨 뒤에 跋이 덧붙여져 있다. 그 내용은 이 작품이 해방 후 처음 쓴 작품이며, "周邊에서 일어난 한 개의 革命過程"을 주제로 하였다고 한다. 직업을 가지고 나서 쓴 작품의 후반부가 부족하다고 느껴 순수하게 창작 활동에만 몰두하고 싶다는 언급과, '作品을 빚어내는 건 結局 피로 얽힌 血心의 紀錄' 이며 '後半生 동안에 한 개 紀念碑的作品을 내놓기 위해 努力' 하겠다는 다짐을 남겼다.

## 청춘산맥/青春山脈 : 정비석. 경향신문1950.1.1-6.25(147회 미완).

**【내용】** 김경란은 대학 교육까지 마친 엘리트 여성으로, 여학교를 졸업하던 때에 우연히 알게 된 유부남 신준호를 사모해 왔다. 그러나 경란은 부모의 성화와 절망적 감정의 반동으로 무역회사의 젊은 사장인 이홍태와 마음에 없는 결혼을 한다. 그녀는 자신의 사랑을 숨기고 원치 않는 부부 생활을 유지하려고 애쓰지만, 난봉꾼인 이홍태는 외방 여자의 정조를 유린하며 가정에 등한시한다. 그러던 어느 날, 홍태는 경란의 친구 노영혜로부터 정조 유린에 대한 위자료 청구 소송을 당하자 고문 변호사를 찾아간다. 이 일에 인격적 모욕을 느낀 경란은 판사인 준호를 찾아가 남편과 이혼할 생각이라는 말을 꺼내고, 준호는 그러한 그녀를 간곡히 타일러 돌려보낸다. 한편 아내의 핸드백에서 준호가 보낸 결혼 축전을 발견한 홍태는 경란의 배반을 의심하고는 분노한다. 이튿날 오후, 그는 자신의 사건 담당 판사로 선임된 준호를 찾아 둘 사이의 관계를 추궁하고 이를 구실로 소송이 취하되도록 협박을 가한다. 하지만 준호는 여성인 원고의 명예가 더 손상될 우려가 있다 생각하고, 영혜에게 사건을 취하하는 것이 좋겠다는 의견을 개진한다. 남편과 별거 중이던 경란은 예기치 않던 임신에 고민하다가 어느 날 밤, 이 소식을 알리기 위해 남편을 찾는다. 그러나 그곳에서 남편과 식모 명순의 정사 장면을 목격하게 된 경란은 남편을 향해 권총을 발사하고, 같은 시각 준호는 병원에서 아내를 잃는다. 장지에서 돌아온 준호는 경란의 살인미수 사건을 접하고는 언젠가 그녀에게 최후의 불행에 닥쳤을 때 생명을 걸고서라도 도와주겠노라고 맹세한 약속을 떠올린다. 얼마 후, 준호는 판사 직을 사임하고 공판장에 변호사로 나서고, 경란은 살인미수로 3년 형을 언도받는다. 그 뒤 얼마 지나지 않아 6·25가 일어나자 준호는 위험을 무릅쓰고 아이들과 함께 서대문 형무소로 향했다가 풀려나오는 경란과 함께 나룻배를 타고 남으로 내려간다.

**【참고】** 젊은 남녀간의 사랑과 증오를 둘러싼 미묘한 심리 변화를 그렸다. 고려대 도서관 소장 1954년간 이론사본 앞머리에 '경향신문 지상에 연재하다가 6·25로 인하여 미완으로 중단되었는데, 이듬해 출판사의 요청에 의하여 오백 매가량을 새로 집필하여 완결하였다'는 작가의 말이 나와 있다. 끝머리에는 1951년 7월 1일 대구여관에서 탈고했다는 기록이 있다. 새로 집필된 내용은 후일담 부분이다. 1957년 산호장에서 한 번 더 출판되었다.

## 청춘송/青春頌 : 박태원. 조선중앙일보1935.2.27-5.18(78회 미완).

**【내용】** 오향훈은 혼사 문제로 부친과 다투고 집을 나온다. 향훈은 유학을 떠나는 연인 리남수를 정거장에서 배웅하고 친구인 김명숙을 찾아간다. 향훈은 명숙에게 신세를 한탄하며 눈물 흘리고 명숙은 향훈을 위로한다. 이때 향훈의 오빠인 재수가 동생을 찾아 명숙의 집에 온다. 명숙은 향훈이 오지 않았다는 거짓말로 재수를 돌려보낸 후 향훈을 설득한다. 누이를 걱정하던 재수는 향훈이 명숙과 함께 돌아오자 명숙에게 고마워한다. 명숙은 밝은 곳에서 마주한 재수가 이 년 전 동경에서 인사를 나누었던 사람이었음을 확인하고 떨리는 감정을

느낀다. 어느 날, 명숙은 재수가 어떤 여자와 다정히 걸어가는 모습을 목격한다. 명숙이 그 여인에 대해 알아보기 위해 집을 나서는 순간, 친구 숙경이 그녀를 찾아온다.

**【참고】** 연재 지면에 '青春頌 朴泰遠 作'이라고 표기되어 있다. 1935년 2월 25일에 '약간 화려하고 또 퍽으나 평범한 표제를 걸고 이 소설을 시작합니다'라고 연재 시작을 알리는 작자의 말이 실려 있다. 독자들의 냉담한 반응 때문에 연재를 중단하였다는 말이 있다.

## 청춘승리/青春勝利

**박종화. 자유신문1947.9.1–12.27(109회 완) ; 수선사1947.**

**【내용】** 서울의 한 변두리 가난한 집 딸인 옥란은 정신여학교 학생이다. 옥란의 어머니 김 씨는 남편이 죽은 뒤에 딸만을 뒷바라지하며 살아가고 있다. 한식날이 돌아오자 모녀는 아버지 묘소를 찾기 위해 제사상을 준비한다. 상차림을 준비하던 옥란은 어머니에게 옛이야기를 해 달라고 조른다. 어머니는 박영효가 옥란의 외할아버지라고 밝히고 태극기의 유래 등을 설명하며 애국심을 강조한다. 그러나 때가 때이니만큼 왜경들의 감시가 심하니 말이 집밖으로 돌지 않도록 주의한다. 10년 후 열아홉 살이 된 옥란은 외삼촌의 도움으로 광주여자고등보통학교에 다니게 된다. 옥란이 기차를 타고 통학하던 중, 일본인 학생들이 조선인 학생들에게 행패를 부리는 사건이 일어난다. 그 과정에서 일본인 학생이 옥란의 얼굴에 침을 뱉는 모욕을 준다. 이를 본 조선인 학생 박재후와 임일파가 일본인 학생들과 언쟁하게 된다. 옥신각신하던 옥란 일행은 일본인 경찰에게 끌려가 취조를 받고, 그로 인해 학교에서 퇴학을 당한다. 이 사실이 광주 시내에 알려지자 조선인 학생들은 분노하고 동맹 휴학을 결의한다. 이후 옥란은 서울의 경성근화학교로 옮겨 와 일파와 함께 독립을 위해 힘쓸 것을 결심한다. 한편 옥란의 친구인 주랑이 일파를 보고 사랑에 빠진다. 옥란도 일파를 마음에 품고 있지만 친구를 위해 제 사랑을 포기하기로 결심한다. 그러나 주랑은 병에 걸려 얼마 후 일파와의 사랑을 이루지 못하고 죽고 만다. 몇 년 후 옥란과 일파는 결혼하지만 일파가 X당 사건에 연루되어 5년 형을 받고 수감된다. 동료 장천의 배신으로 옥란마저 감옥에 갇힌다. 옥란의 동생 경찬은 일본인들에 대한 폭탄 테러를 감행하고, 장천을 암살한 후 붙잡혀 죽을 날을 기다린다. 이 사이 일본은 패망하고 조선에 해방이 찾아온다.

**【참고】** 1929년 '광주학생항일운동'을 소재로 하여 식민지 조선 청년들의 애국심과 항일 운동, 애정 갈등 등을 격정적으로 그리고 있는 작품이다. 해방 후 얼마 되지 않아 발표된 작품으로 생생한 현장감과 사실감을 느낄 수 있다.

## 청춘애사/青春哀史 : 정은성. 신인문학1934.8(1회 미완).

**【내용】** 서울 여학교에 다니고 있는 은숙은 가슴이 답답해 밤길을 거닐던 중 친구 순옥을 만난다. 순옥은 약혼자 김철호와 함께 집으로 돌아가던 중이다. 은숙은 순옥과 철호 두 사람의 모습을 보자 안쓰러운 마음에 눈물을 흘린다. 두 사람이 약혼하게 된 경위를 잘 알고 있기 때문이다. 한때 은숙과 순옥은 학교 농구선수였고 철호는 농구부 코치였다. 그러다 순옥과 철호가 사귄다는 소문이 나자 철호는 학교에서 나가게 되었고, 이에 순옥의 아버지가 두 사람의 약혼을 서두르는 것으로 마무리된 것이다. 순옥과 헤어져 집으로 돌아온 은숙은 과거 친하게 지냈던 인수를 떠올린다. 조그만 시골에서 보통학교에 다니던 은숙은 학교 설립자의 아들 인수를 만나 단짝이 된다. 그러나 은숙의 집이 서울로 이사를 가게 되는 바람에 두 사람은 헤어진다. 인수는 은숙에게 자신이 보통학교를 졸업하고 서울로 가겠다고 약속하지만, 은숙은 서울 생활에 적응하면서 차츰 인수를 잊는다.

**【참고】** 제목 앞에 '長篇'이라고 표기되어 있다. 1회 이후 연재가 중단되어 전체 내용을 파악할 수 없다. 현재에서 과거의 사건으로 서사가 진행되는 시간의 역전 구조를 취하고 있다.

## 청춘의 광야/青春의曠野 : 춘성. 청조사1924 ; 한성도서주식회사1924 ; 양문당1929.

**【내용】** 불멸의 진리 : 박경신은 동경고등사범학교를 졸업하고 S학교의 선생으로 재직 중인 미모의 재원이다. 어느 여름날, 경신은 부친인 박 목사와 함께 원산해수욕장으로 피서를 갔다가 이순영을 우연히 만난다. 서울로 돌아온 순영과 경신은 강연회나 음악회를 다니며 만남을 이어 가고, 두 사람의 관계는 연인 사이로 발전한다. 어느 날, 경신은 순영이 사랑을 위하여 하나님을 버릴 것을 요구하자 갈등에 빠진다. 며칠 후 결심을 굳힌 경신은 순영을 찾아가 모든 것을 버리겠다고 대답한다. 한편 박 목사는 경신의 태도가 이전과 다름을 알고 약혼자와의 결혼을 강행한다. 그날 밤 집을 빠져나온 경신은 순영과 급행열차 편으로 중국을 거쳐 독일로 떠난다. 다음 날 장안에 목사의 딸인 신부가 달아났다는 소문이 퍼진다. 박 목사는 목사직을 그만두고 동대문 밖에서 과수원을 시작한다. 8년 후, 순영은 훌륭한 음악가가 되고, 경신은 불어와 독일어로 '세계의 혼'이라는 장편소설을 50여 판 넘게 발행한 작가가 되어 조선에 돌아온다는 전보가 도착한다. 자살자의 수기 : 박준식은 H고등보통학교를 졸업하고 일본에 건너가 동경미술학교에 입학한다. 하지만 부친의 사망으로 귀국하여 그동안 가정을 등한시한 아내와 이혼한다. 비감에 빠져 있던 그는 경성 모 보통 중학교의 교사가 되고, 교원 R양과 교제하면서 점차 활력을 되찾는다. 그러나 믿었던 R양이 다른 사내와 동경으로 달아나자 자포자기의 심정으로 기차에 뛰어든다. 다음 날 사고 현장에서 준식의 명함 한 장과 원고 '자살자의 수기' 등이 유품으로 발견된다. 연이어 그의 노모마저 양잿물을 먹고 죽는 사건이 발생한다. D신문에 준식의 기사가 실리고 '자살자의 수기'가 게재된다. 10년

후, 동경으로 달아났던 R양이 준식의 무덤을 찾아 눈물을 떨어뜨린다. 며칠 후, R양의 시체가 그의 무덤가에서 발견된다.

**【참고】** '青春의 曠野'는 1924년 한성도서주식회사와 노자영이 경영하던 청조사에서 동시 간행되었다. 국립중앙도서관 소장 한성도서본 책표지에는 '春城 作 青春의 曠野'라고, 판권지에는 '저작자 노자영'이라고 표기되어 있다. 역시 국립중앙도서관에 소장되어 있는 청조사본에도 '저작자 노자영'이라고 표기되어 있다. '춘성(春城)'은 노자영의 아호인데, 그의 기존 작품 연보에는 이러한 제목의 작품이 없다. 또 1929년 양문당서점에서 간행된 '青春의 曠野'에는 '저작자 양천호'라고 표기되어 있다. 이를 보아 '春城 作'은 노자영이 판권의 저작 겸 소유자를 나타내는 표기일 뿐 실제로 노자영의 작임을 명기한 표기는 아닐 가능성이 있다. 소설 두 편과 함께 저자의 일기, 수필, 기행, 시극, 동화 등이 실려 있는 작품집이다.

## 청춘의 노래/青春의노래 : 정비석. 실업조선1947.1-5(3회 미완).

**【내용】**「애련기」 참조.

**【참고】** 1947년 《실업조선》에 '청춘의 노래'로 연재되다가 4회부터 '애련기'라는 제목으로 개제되었다. 1949년 보문서관에서 '애련기'라는 제목으로 단행본이 출간되었다. 보문서관 판본에 실린 작가의 말로는, 공장 생활을 배경으로 쉽고 재미난 이야기를 써 달라는 선배의 청탁을 받고 쓰게 된 소설이라고 한다. 《실업조선》 1947년 1월호가 결호여서 연재 시작을 확인할 수 없으나, 《실업조선》이 1947년 1월 창간되었고 같은 해 2월호에 '連載小說 青春의 노래 제2회'라고 표기되어 있는 것으로 보아 1947년 1월에 연재가 시작된 것이 분명하다. 《실업조선》 1권 4호(1947년 6월호) 제4회에 '連載小說 哀戀記(青春의 노래의 改題)'로 표기되어 있으며, 삽화가가 김웅초(金熊超)로 바뀌었다.

## 청춘의 윤리/青春의倫理 : 정비석. 평범사1943 ; 매일신보사1944.

**【내용】** 장현주는 미국 신교사 부인의 비서로 있었으나, 태평양전쟁으로 미국인이 한반도를 떠나자 직장을 잃는다. 현주는 지친 심신을 추스르기 위해 동해안의 요양원에 머무르다가 그곳의 젊은 의사 주성호와 가까워진다. 한편 출판계 사업가인 최영득은 선교사가 경영하던 자선 단체 '성애원'을 이십만 원에 인수한다. 영득은 누이동생 영옥을 내세워 현주에게 '성애원'의 일을 위탁하고, 현주는 국가와 민족을 위해 보람 있는 일을 하겠다는 일념으로 성애원에 헌신한다. 한편 영득 모친의 방해로 영득을 떠났던 임정희는 가명으로 성애원에 찾아와 영득의 아이 정세를 낳는다. 어느 날, 동대문에서 영득과 마주친 정희는 급히 달아나고, 그것을 본 영득은 그녀가 다른 사람과 결혼했기 때문이라고 짐작한다. 그날 밤 정희는 현주에게 정세를 부탁하는 편지를 남기고, 노동 현장으로 떠난다. 현주는 정희의 편지를 읽으며 그녀가 사랑하지만 함께할 수 없는 사람이 있다는 이야기를 떠올린다. 한편 방에만 있는 자신을 자책하던 성호는 부상병들을 돌보기 위해 일선의 병원에 가기로 결심한다. 그

는 현주 대신 영옥과 결혼하기로 마음먹고, 영옥에게 자신과 함께 일선 병원에서 일해 줄 것을 부탁한다. 한편 현주와 약혼한 영득은 우연히 병석에 있는 정희를 만나 그녀가 자신의 아이를 낳은 것을 알게 된다. 영득은 현주에게 이 사실을 알리고 헤어지자고 말한다. 현주는 세 사람을 위해서 자신이 희생하기로 결심한다. 하지만 정희는 현주에게 영득과 결혼해 주기를 부탁하고 숨을 거둔다. 영득이 오열하는 가운데 현주는 정세를 끌어안고 뜨거운 눈물을 흘린다.

**【참고】** 표지에 '長篇小說 靑春의 倫理 鄭飛石 著 平凡社 刊'이라고 표기되어 있다. 작가의 한 저서 『나비야 청산가자』(신원문화사1988)에 의하면, 이 작품은 그가 《매일신보》 기자로 활동하던 1941년 초 매일신보사 출판부장 양제기의 권유에 의해 창작한 것이라고 한다. 또 기존의 작가 연보에 의하면, 1941년에 발표한 것으로 알려져 있다. 하지만 동 기간에 《매일신보》에는 연재된 기록이 없으며, 매일신보사에서 1942년 단행본을 발간했다는 정보도 확인이 되지 않는다. 매일신보사간 단행본의 경우 1944년 10월 4일 발간되었다는 신문 기록이 있다. 위에 언급한 작가의 저서에는 "초판 3천 부가 판매되고, 2쇄 3천 부도 한 달 만에 매진되어 쇄을 거듭했다. 이어 유치진이 주재하는 극단 '신협'에서 이광래 각색, 유치진 연출로 연극 '靑春의 倫理'가 부민관에서 상연되었다"는 기록이 있다. 이 소설은 '성애원'을 배경으로 얽혀 있는 네 남녀의 애정 갈등과 이상을 그리고 있다. 당대 젊은이들에게 청춘의 꿈이 아니라 식민권력의 지배 이데올로기가 요구하는 윤리를 좇아야 한다고 역설한다는 점에서 친일적 성향이 드러난 작품이다.

## 청춘의 정열/靑春의情熱 : 이윤성. 계몽사1950(250면).

**【내용】** 내용 생략.

**【참고】** 『해방기 간행도서 총목록』(소명출판2009)에서 채록하였으나, 현재 작품은 확인되지 않는다.

## 청춘의 죄/靑春의罪 : 최독견. 문예공론1929.5-6(2회 미완).

**【내용】** 황세창은 일본에서 천엽의학전문학교를 가까스로 졸업하고 선진의학을 배운다는 구실로 독일 백림으로 향한다. 그러나 세창은 독일의 삼류 대학 의과에서 청강생 신분으로 삼 년의 세월을 허비하다 외국인에게 수여하는 명예학위를 받고 귀국한다. 그는 귀국하여 개원한 이후 정신병학의 독보적 권위자로 이름을 알린다. 그러던 어느 날, 그는 미치지 않았음을 강변하는 23세의 젊은 여성을 반 강제로 정신병동에 감금한다.

**【참고】** 제목 앞에 '장편 연재 대중소설'이라고 표기되어 있으며, 1회 연재 말미에 "소생이 부득이한 사정으로 이 달에는 겨우 발단만을 쓰다 만 것을 독자 제씨와 편집자에게 사뢰옵고 차호에는 좀 길게 쓸 것을 약속하여 둡니다"라는 작자의 말이 나와 있다. 작가의 변과는 달리 이 작품은 2회 미완으로 중단되었기 때문에 소설의 전모를 파악하기가 어렵다.

## 청춘항로/靑春航路 : 염상섭. 중앙1936.6-9(4회 미완).

**【내용】** 윤종호는 동경의 미술학교를 갓 졸업한 젊은 화가다. 종호는 백화점 여종업원인 김남희와 경희루에 놀러갔다가 서양인과 함께 온 미모의 일본인 여성을 보고 강한 인상을 받는다. 그 여자 역시 말쑥한 종호에게 관심을 보인다. 그녀는 종호에게 경희루를 소개해 달라고 부탁한다. 며칠 후 종호는 미술전에 낼 그림의 구도를 잡기 위해 여의도 비행장에 간다. 그리고 우연히 일본 여성을 다시 만나게 된다. 종호는 그제야 그녀의 이름이 미사꼬이며 황금정 D상회 주인인 E.조지의 부인이라는 것을 알게 된다. 이후 종호의 그림이 특선으로 당선되어 고가에 팔리고, 그것을 산 사람이 미국 사람이라는 것을 알게 된 종호는 서슴지 않고 미사꼬에게 감사 전화를 한다. 이 일로 둘은 가까워지고 미사꼬의 남편이 장사 일로 요코하마에 가 있는 동안 더욱더 가까워진다. 미사꼬는 남편과 헤어진 후 시드니에서 박물관을 경영하는 달튼 영감이 귀국할 때 자기도 같이 가겠다는 말을 하면서 종호에게는 파리 유학을 권한다. 미사꼬는 종호와의 인연을 계속 이어 가고 싶어 하고, 종호 또한 미사꼬를 잡고 싶은 마음이 생긴다. 미사꼬가 달튼과 떠나기 전, 미사꼬의 소개로 달튼을 만난 종호는 그의 온화한 인품에 안심이 된다. 미사꼬를 만나고 돌아오던 길 종호는 남희를 만나서 백화점에 간다. 남희는 뽀로통한 표정으로 종호를 맞는다.

**【참고】** 제목 앞에 '長篇戀愛小說'이라고 표기되어 있다. 장편소설로 연재가 시작되었으나 1936년 9월 잡지가 폐간되면서 연재 중단되었다. 염상섭이 1930년대에 즐겨 쓴 일련의 통속소설과 맥락을 같이 한다. 그러나 연재된 횟수가 4회에 그치고 있어서 작품에 대해 해석하거나 평가하기는 어렵다.

## 청충홍충/靑蟲紅蟲 : 안석영. 조선일보1929.6.11-7.11(25회 미완).

**【내용】** 상공계의 거부 김재풍의 아들 창일은 리경애와 함께 살 문화주택에 들른나. 신혼의 단꿈에 부푼 경애는 피아노 앞에 앉아 연주를 시작하고, 창일은 그녀의 연주를 듣는다. 그때 창일의 부모와 누이동생이 찾아와 이들의 행복한 시간을 방해한다. 그들은 경애네 집안이 몰락한 것을 핑계 삼아 사사건건 경애를 트집 잡고, 이로 인해 그녀는 실의에 빠진다. 그러나 경애를 사랑한 창일은 가족의 반대를 무릅쓰고 그녀와 결혼을 강행한다. 두 사람은 어려운 환경 속에서도 사랑의 힘으로 행복한 결혼 생활을 한다. 한편 경애의 오빠인 영철은 동경에서 대학을 나온 유학파이지만 변변한 직장을 구하지 못한 상태이다. 영철은 경애를 찾아와 능력 있는 처남이 자신의 취업에 대해서 별 관심이 없는 것에 통분해한다.

**【참고】** 연재 지면에 '靑蟲紅蟲 安夕影 作'이라고 표기되어 있다. 작중인물들의 퇴폐적 향락과 순정한 사랑이 대비적으로 그려져 있는 미완의 작품이다.

## 청포도/靑葡萄 : 정인택. 자유신문1950.5.5-6.24(43회 미완).

**【내용】** 외국에 있다 얼마 전 귀국한 김 박사는 정치가로 활동하기 위해 국회의원 선거에 입후보한다. 하지만 연설과 유세로 바쁜 일정을 보내는 다른 후보와 달리 그는 이육사의 시 '청포도'를 암송하며 고국에 돌아온 기분을 만끽하는 데 여념이 없다. 그 결과 김 박사는 자신을 따르는 청년 윤창희의 도움에도 불구하고 선거에서 낙선하고 만다. 한편 미모의 여성 은숙은 자신을 짝사랑하는 윤환에게 겁탈당할 상황에서 가까스로 탈출하여 알고 지내던 김 박사를 찾아간다. 은숙의 처지를 동정한 김 박사는 은숙에게 새로운 도피처를 마련해 주고, 은숙은 그가 시키는 대로 이사를 한 후에 삶의 의욕을 불태운다. 김 박사의 차남 택주는 연모하던 정숙이 다른 남자와 다정하게 걸어가는 모습을 우연히 목격하고 상심에 빠진다. 오빠로부터 친구 정숙의 일을 전해 들은 마리는 정숙에게 비밀이 생겼음을 직감하고 친구 영애와 이를 알아보기 위하여 집을 나선다.

**【참고】** 연재 지면에 '靑葡萄 鄭人澤 作'이라고 표기되어 있다. 1950년 6월 25일 전쟁 발발로 신문 간행이 중단되면서 미완으로 연재 종료된 것으로 추정된다. 첫 회 도입부에 이육사의 시 「청포도」가 실려 있다.

## 초련/初戀 : 염상섭. 조선문단1926.3,5(2회 미완).

**【내용】** 동경 유학생인 문수는 향도에 꽃놀이를 갔다가 그곳에 놀러온 상호와 친구가 된다. 그 후로 문수는 상호와 우정을 나누며 이전부터 알던 여학생 텰자와 함께 어울려 다닌다. 그러나 문수는 텰자가 상호의 하숙에 자주 드나드는 것을 목격한 뒤 상호에게 불만을 느끼게 된다.

**【참고】** 연재 지면에 '初戀 廉想涉'이라고 표기되어 있다. 동경 유학생들의 연애를 다루고 있는 작품이나, 미완 상태로 남아 전모를 알기 어렵다. 현존 《조선문단》 영인본은 1926년 7월부터 12월까지의 자료가 빠져 있어 정확한 연재 정보를 확인하기 어렵다. 이듬해 신년호에는 「초련」이 연재되지 않았고, 염상섭의 작품으로는 「밥」이 실려 있다.

## 초연수첩/初戀手帖 : 현경준 외. 만선일보1939.?-1939.12.29(25회 미완).

**【내용】** 정애는 오빠 진호를 설득하여 방학 동안 친구 순옥의 고향 원산으로 해수욕을 간다. 정애는 원산에서 예전에 우연히 만나 호감을 느꼈던 성호와 재회한다. 성호는 순옥 아버지 친구의 아들로, 수송동보통학교의 교원이다. 성호와 정애는 원산에서 가까워져 결혼을 약속한다. 진호와 어머니는 성호와 결혼을 약속했다는 정애의 이야기를 듣고 놀란다. 한편 정애는 성호가 만주에 있는 철녕보통학교장으로 전근 명령을 받고 떠나자 그를 그리워한다. 정애 어머니는 죽음을 앞두고 진호가 쫓아낸 며느리 윤 씨를 찾는다. 정애 어머니는 진호에

게 전처와 재결합하고 정애를 성호와 결혼시키라는 유언을 남긴 뒤 임종한다. 진호는 전처 윤 씨가 어머니의 목숨을 살리려고 손가락을 자른 것을 보고 약혼녀 인순과 헤어지기로 결심한다. 진호는 정애에게 만주로 가서 성호와 결혼할 것을 권유하며 자신 역시 만주로 떠나겠다고 다짐한다. 정애는 진호의 뜻에 따라 만주로의 이주를 결심한다.

**【참고】**《만선일보》에 연재된 미완의 소설이다. 연재 당시 지면에 '連作小說 初恋手帖'이라고 표기되어 있다. 한 작품을 錦南, 金貴, 李範稙, 韓贊淑 네 작가가 6회 내지 7회 정도 분량으로 나누어 맡아서 차례로 서술한 연작소설이다. 현경준이 '금남(錦南)'이라는 필명으로 '바다는 부른다'라는 소제목하에 연재를 시작하였는데,《만선일보》의 유실로 1939년 12월 1일 4회 연재분부터 겨우 확인이 가능하다. 각 작가의 연재 마지막 부분에는 '次回 金貴', '次回 李範稙', '次回 韓贊淑'이라고 표기하여 다음 회부터 집필할 작가를 알리고 있다.《만선일보》 영인본에서 현경준이 '바다는 부른다'라는 소제목으로 6회, 김귀가 '솟필 무렵'이라는 소제목으로 6회, 이범직이 '愛의 輓歌'라는 소제목으로 6회, 한찬숙이 '관대한 마음'이라는 소제목으로 7회 연재한 내용을 확인할 수 있다. 주인공 진호가 만주를 '왕도락토'로 지칭하면서 만주 이주 결심을 밝히는 부분에서 연재가 중단되어 이후의 내용은 확인되지 않는다.

## 초향/草鄕 : 한설야. 박문서관1941.

**【내용】**「마음의 향촌」 참조.

**【참고】**「초향」의 원제는 '마음의 향촌'이다.「마음의 향촌」은 1939년 7월 19일부터 12월 7일까지《동아일보》에 140회 연재되었던 작품이다. 연재 이후 단행본으로 출간되면서 주인공의 이름을 딴 '초향'으로 개제되었다. 1958년 4월 10일 북한의 조선작가동맹출판사에서 재간행될 당시 일부 내용이 개작되었다. 개작본에서는 초향의 오빠인 상기의 해외 활동 무대를 백두산 저편의 지명으로 고치고, 초향의 아버지인 '이후작'을 '리판서'로 고치는 등의 변화가 나타난다.

## 촉규화/蜀葵花 : 이보상. 매일신보1939.8.29-1940.5.16(242회).

**【내용】** 내용 생략.

**【참고】** 이보상의 한문현토체 소설이다.

## 최리의 딸/崔理의딸 : 김동인. 백민문화사1947.

**【내용】** 내용 생략.

**【참고】** 『백민』 1947년 8·9월호 광고에 김동인의 소설집 《광화사》가 소개되어 있는데, 그 속에 수록되어 있는 중편소설 작품이다. '崔理의 딸(中篇, 好童王子의 이야기)' 라고 기재되어 있다.

## 최후의 복수 : 김진복. 중앙출판사1946(96면).

**【내용】** 미확인 작품.

**【참고】** 김진복의 사회소설이라는 정보 이외에는 아무것도 확인할 수가 없다. 『해방기 간행도서 총목록』(소명출판2009)에서 채록하였다. 현재 작품은 확인되지 않는다.

## 최후의 악수/最後의握手

홍난파. 매일신보1921.4.29-6.7(40회 완) ; 박문서관1922(67면).

**【내용】** 홍슈와 화봉, 진셥은 소학교 동창이다. 홍슈와 화봉이 성장하여 연인 관계가 되면서 진셥은 두 사람 사이의 중재자 역할을 한다. 화봉이 홍슈를 진심으로 사랑하는 것에 비해 홍슈는 화봉을 자신의 소유물 정도로 생각한다. 이런 홍슈에게 진셥은 여러 가지의 충고와 조언을 한다. 한편 화봉의 부모는 딸을 부유한 김 백작의 아들과 결혼시키려 하고, 이에 화봉과 홍슈는 고민한다. 진셥이 나서서 화봉의 아버지를 찾아가 홍슈와 화봉의 관계를 얘기하지만, 화봉의 아버지는 듣지 않는다. 부모님의 허락을 기다리겠다는 홍슈를 설득하고 화봉을 잠시 피신시킨 진셥은 자신이 또다시 중재자로 나서려고 한다. 그러나 화봉의 아버지가 보낸 사람이 진셥을 미행하여 화봉의 피신처를 알게 되면서 진셥과 홍슈의 계획은 물거품이 된다. 부모가 외출한 사이 몰래 집을 나선 화봉은 홍슈를 찾아가 죽을 결심을 했다고 말한다. 홍슈도 동조하며 약을 건넨다. 약의 실체는 포도주로, 홍슈는 화봉을 시험할 생각이었던 것이다. 이 사실을 안 화봉은 홍슈에게 이별을 고하고 떠난다. 뒤늦게야 자신의 잘못을 깨달은 홍슈도 고백의 글을 남기고 떠난다.

**【참고】** 《매일신보》의 마지막 연재분에 작가는 원래 이 소설을 70회가량으로 연재할 계획이었으나 소설의 재료가 부족하여 40회로 마치며 이후에 단행본으로 출간할 때 수정하겠다는 말을 덧붙이고 있다. 그러나 이후에 박문서관에서 간행된 단행본의 내용은 수정한 사항 없이 신문 연재 당시의 것과 동일하다. 단행본은 표지에 '最後의 握手 최후의 악슈' 라고 표기되어 있으며, 본문 마지막 면에 '一九二一年五月作' 이라고 표기되어 있다. 국립중앙도서관 원문 DB로 정리.

## 추풍령/秋風嶺 : 윤백남. 신동아1933.6-8,10-11, 1934.2(6회 미완).

**【내용】** Y전문학교 야구부는 라이벌인 M전문학교 야구부와의 정기전에서 완승을 거둔다. 3연패의 설욕을 가능케 한 것은 투수로 역투하고 석 점 홈런까지 친 박영주 덕분이다. 친구들은 영주를 위해 카페 코스모폴리탄에 모이고 술집 여급 마쓰꼬가 영주와 자리를 함께 한다. 마쓰코의 고향이 추풍령 인근인 것을 알게 된 영주는 그녀에게 호감을 느낀다. 대구에 살고 있는 영주의 모친 곽 씨는 서울에 유학 보낸 아들에게 큰 기대를 하고 있다. 영주는 유학을 오기 전 혼례를 올리지만 아내에게는 아무런 애정도 느끼지 못한다. 영주는 카페에 다녀온 후 내내 마쓰꼬에 대한 상념에서 벗어나지 못하다가 우연히 마쓰꼬와 마주친다. 마쓰꼬는 백양극단의 여배우가 되었다며 영주에게 초대권을 건네고, 영주는 사흘 후 제일극장을 찾는다. 마쓰꼬는 유난영이라는 예명으로 막간극에 양귀비로 출연하고 있다. 여러 날 극장 출입을 하던 영주는 사무원의 안내를 받아 난영의 분장실에 초대된다. 난영은 영주에게 친구가 되어 주기를 청한다. 이후 영주는 극장에서 살다시피 하며 물심양면으로 난영을 후원한다. 난영은 타고난 사교성과 재능으로 극장의 간판 여배우가 된다. 난영을 위한 영주의 씀씀이가 커져 가고, 영주는 급기야 고향에 거짓 편지까지 보내 돈을 청하기에 이른다. 그러던 어느 날 영주의 모친 곽 씨 부인이 난영을 찾아온다. 곽 씨 부인은 난영에게 자신의 인생 역정과 집안의 어려운 형편, 아들인 영주를 향한 염려 등을 차분한 어조로 털어놓는다. 난영은 아들을 생각하는 곽 씨 부인의 모성과 안타까운 처지에 동정과 연민을 느낀다. 그는 곽 씨 부인에게 영주와 절연할 것을 약속한다. 이후 며칠 동안 난영은 영주를 의도적으로 피하며 매정하게 대한다. 그는 일부러 자신에게 수작을 걸어 오던 K와 화신 백화점에서 식사를 한다. 이를 목격한 영주는 분개하며 어리석은 자신을 탓한다. M전문학교와의 정기전을 목전에 두고도 영주가 연습마저 오랫동안 거르자 동료들은 영주의 무책임을 탓한다. 응원단장인 R이 대표로 영주의 하숙을 찾지만 만취해서 쓰러져 있는 그를 보고 대책 없이 돌아간다. 술에서 깨어난 영주는 마지막으로 난영의 본심을 알아보기 위해 극장으로 향한다.

**【참고】** 제목 앞에 '大衆小說'이라고 표기되어 있다. 연극과 영화 다방면에서 활동하였던 윤백남은 소설 창작에도 열의를 가지고 40여 편의 작품을 남겼다. 「대도전」을 비롯한 그의 소설은 대중소설로 평가되는데 이 소설 또한 청춘 남녀의 애정 관계를 그린 대중소설이라고 볼 수 있다. 남주인공의 직업이 야구선수로 그려지고 있어 이채롭지만 조혼을 한 남주인공이 새로운 여인을 만나 딜레마에 빠진다는 전개는 통속소설에서 흔히 보아 오던 주제이며 그나마 미완으로 되어 있어 본격적인 논의가 이뤄지지 못한 작품이다.

## 춘몽/春夢 : 방인근. 조광1936.9-12(4회 완).

**【내용】** 동경에서 공부하던 '나'는 방학을 보내기 위해 R과 함께 조선에 돌아온다. '나'는 친구들의 청을 다 거절하고 강 서방의 아내인 복녀를 찾는다. '나'는 전보다도 더 애교가 능란해

진 복녀에게 매혹되면서도 복녀가 친구인 오영태와 계속 만남을 유지하는 것에 질투를 느낀다. '나'는 복녀와의 짧은 만남을 뒤로하고 얼마 지나지 않아 동경으로 건너간다. 무료한 일상을 보내던 '나'는 R이 동경 역에 도착한다는 전보에 기쁜 마음으로 마중을 나간다. 하지만 고단한 여로에 쇠약해진 R은 바로 병원에 입원하고, '나'는 그녀의 병실에서 간호에 힘쓴다. R의 병세가 더 나빠지자 '나'는 R의 집에 급전을 띄운다. 이틀 후, R은 부친과 언니가 보는 가운데 숨을 거두고, '나'는 죽은 R을 떠올리며 인생이 꿈같다는 생각을 한다. 이듬해 '나'는 조선으로 나와 결혼을 하고 얼마 뒤 서울로 이사한다. 어느 겨울 날 '나'는 친구인 M군의 집에 가기 위해 염춘교를 건너다 우연히 군고구마를 파는 강 서방을 만난다. '나'는 강 서방으로부터 복녀가 재산을 빼돌려 영태와 청국으로 달아났다는 소식을 듣고 인생이 일장춘몽임을 절감한다. 이듬해 봄 '나'는 R의 무덤을 찾아 과거의 모든 잘못을 참회하고 가벼운 마음으로 산에서 내려온다.

**【참고】** 연재 지면에 '長篇小說 春夢 方仁根 作' 이라고 표기되어 있다. 말미에 '과거의 여러 가지 봄꿈 가운데 발표할 수 있는 정도의 것을 골라 기회 있는 대로 쓰려고 한다' 는 작가의 부기가 있다.

## 춘몽곡/春夢曲 : 윤기정. 사해공론1937.1-4(2회).

**【내용】** 김정희와 이승호는 집안에서 정혼한 사이이다. 정희는 서울에서 은행에 다니는 재산가 김허식의 무남독녀이다. 승호는 여러 사업에서 성공을 거두어 경성 실업계의 부호가 된 이대석의 아들이다. 세상 사람들의 부러움 속에서 실업가의 아들 승호와 은행가의 딸 정희가 교제한다는 소문이 널리 퍼진다. 그러던 어느 날 대석이 투자한 광산에서 폭발 사고가 나고 대석은 은행 부도를 막지 못해 파산할 위기에 처한다. 대석은 투자자들이 자신에게 등을 돌렸다는 것을 깨닫고 절망하여 음독자살한다. 장례를 마친 승호는 어머니가 인천에 사는 큰누이와 함께 지내게 되자 하숙을 하며 공부를 마치기로 한다. 승호의 식구들은 그가 학업을 무사히 마치고 집안을 일으키기를 바란다. 승호는 외로움을 견디면서 공부에 전념하기로 마음먹는다. 한편 광산 개발에 투자했던 허식 역시 큰 손해를 입는다. 허식은 승호의 집안이 파산한 후 정희와 승호의 만남을 반대한다. 승호는 정희에 대한 그리움과 원망으로 공부에 집중하지 못한다. 허식은 정희를 얼마 전 은행에 부임한 서무과장 류의선과 결혼시키려고 한다. 의선은 좋은 집안에서 자란 전도유망한 은행가이다. 허식은 승호에게 공부를 마칠 때까지 연애 감정은 잊으라면서 대신 학비를 대 주겠다고 한다. 그러나 허식의 속셈을 알고 있는 승호는 정희를 원망하면서 눈물을 머금고 돌아선다.

**【참고】** 제목 앞에 '長篇映畵小說 悲戀과 그 후에 오는 이얘기' 라고 표기되어 있다. 《사대공론》 1937년 1월호에 1회, 4월호에 2회분이 실렸다. 그 외에는 결호 등의 이유로 확인할 수 없다. 『윤기정 전집』에 수록된 「춘몽곡」에도 1회, 2회분이 수록된 것을 볼 때 연재가 중단되었을 가능성도 있다. 『윤기정 전집』에는 '《사해공론》, 1927년 1월, 5월' 이라고 밝히고 있으나 그 기록은 《사해공론》이

1935년 5월 1일 창간된 월간 문예지라는 점에서 오류이다. 윤기정은 영화 평론과 소설 평론을 주로 하다가 1927년 《문예시대》에 「새살림」을 발표하면서 소설 창작 활동을 시작하였으며, 카프 계열 작가로 아나키즘을 격렬하게 비판한 작가로 알려져 있다. 하지만 이 작품은 전체 내용을 확인할 수 없으므로 작가의 의도를 예측하기 어렵다.

## 춘소/春宵 : 이석훈. 매일신보1940.3.30-5.11(38회 완).

**【내용】** 홍아상사에 다니는 박성수는 평양에서 서울로 근무지를 옮긴다. 성수는 아내를 잃은 후 홀로 아들을 키우며 살고 있다. 성수는 서울 지사 환영회에서 취향이라는 기생과 어울리는데, 그날 취향은 성수의 지적인 면모에 반한다. 성수의 고향 친구인 유영민은 문단에 데뷔할 목표로 글을 쓰면서 뜨내기 생활을 한다. 영민은 고향 선배의 소개로 홍신소에서 일하면서 유한부인인 최씨를 만난다. 최씨는 영민에게 남편 김태호의 뒷조사를 의뢰한다. 일화건축사의 전무인 태호는 취향에게 빠져서 가정을 등한시한다. 영민은 태호의 뒤를 밟다가 우연히 성수와 조우한다. 어느 날 취향의 옆집에서 방화 사건이 일어난다. 한민세라는 청년이 부모의 반대 때문에 여배우 차혜련과의 결혼이 무산되자, 부모에게 반감을 품고 자기 집에 불을 지른 것이다. 민세의 누이인 민숙 역시 부모의 극심한 반대 때문에 가출하여 무작정 살림을 차렸으나, 결혼 생활에 실패하고 지금은 술집을 경영하고 있다. 성수와 영민은 민숙의 술집에 갔다가 그곳에서 일하기 시작한 혜련을 만난다. 혜련은 영민과 성수에게 연극계의 어려움을 토로한다. 태호는 영민의 회유로 가정으로 돌아가지만 최씨는 별거를 결심한다. 그러던 어느 날 성수의 아들 형우가 실종되어 온 집안이 발칵 뒤집힌다. 최씨가 우연히 만난 길 잃은 아이를 자신의 집에서 보살펴 주는데, 그 아이가 바로 성수의 아들이다. 성수는 최씨에게 고마움을 표하고, 최씨는 성수의 정성스러운 행동에 호감을 느낀다. 성수는 최씨에게 연극 공연 사업을 함께 할 것을 제안한다. 최씨가 경제적으로 지원하여 성수, 영민, 혜련, 민숙이 하던 일을 그만두고 연극 사업에 뛰어든다. 혜련과 영민은 성수의 주선으로 결혼식을 올린다.

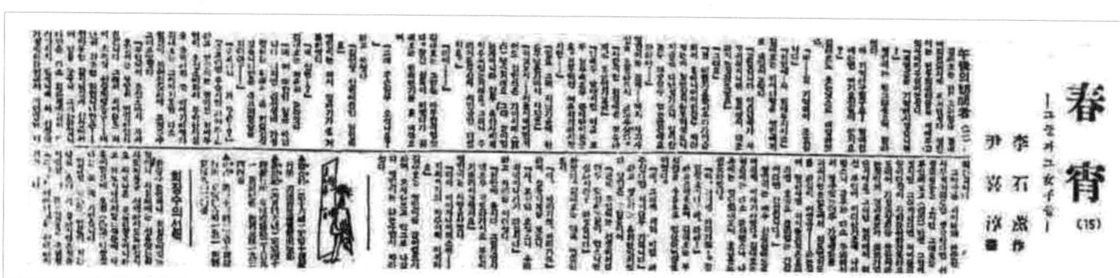
春宵 (15)
李石薰 作
尹喜淳 畵

**【참고】** 제목 뒤에 '그들과 그 女子들'이라는 부제가 달려 있다. 봄밤의 정취를 의미하는 표제가 암시하고 있듯, 네 명의 젊은이들의 연애 감정이 서사의 중심축을 이룬다. 작가는 긍정적인 연애와 부정적인 연애를 대비적으로 보여 주는데, 충동적이고 감정적인 연애는 실패하는 반면 이성적인 교감에서 비롯된 연애는 성공한다. 젊은이들의 자유분방한 연애 방식과 세태가 다소 부정적인 시각에서 서술되고 있다.

## 춘풍/春風 : 안석영. 조선일보1935.2.10-4.14(55회 완).

**【내용】** 하숙을 하며 고등학교에 다니는 박태식은 하숙집 딸 영옥과 좋아하는 사이다. 그러나 태식이 졸업 후 동경으로 유학을 가게 되면서 두 사람은 이별한다. 영옥은 부모가 병으로 별세한 후 경성으로 올라와 간호보조원, 백화점 판매원 등을 하며 살아간다. 그러다 경제적으로 힘겨워지자 댄스홀에 취직하여 김종호라는 남자와 동거한다. 종호가 밀수 혐의로 수배되어 영옥은 다시 혼자가 된다. 동경 유학을 다녀와 조그만 회사에 다니던 태식은 우연히 영옥과 재회한다. 그간의 사정을 들은 태식은 영옥을 혼자 두지 않겠다고 다짐하고 영옥 또한 태식의 마음을 받아들인다. 두 사람은 점점 가까워지고 급기야 태식은 영옥의 집으로 거처를 옮긴다. 어느 날 태식은 동창 명환과 함께 기생집에 놀러갔다가 채영화라는 기생을 만난다. 영화는 태식의 점잖은 행동에 반하지만 우연히 그가 영옥과 함께 걸어가는 모습을 보고 고민한다. 갈등하던 영화는 영옥을 찾아가 속마음을 털어놓고, 영옥은 자신과 비슷한 심정의 영화를 이해한다. 그러던 중 경찰에 쫓기던 종호가 영옥을 찾아온다. 영옥은 태식을 사촌오빠라고 둘러대지만 종호는 거짓임을 눈치채고 태식과 육탄전을 벌인다. 때마침 경찰이 들이닥쳐 종호는 체포되고, 영옥은 상해로 떠나 새 출발을 하기로 결심한다. 영옥을 배웅하고 돌아선 태식은 명환과 함께 뜻있는 일을 하리라 다짐한다.

**【참고】** 나도향의 「환희」 등 연재소설의 삽화가로 잘 알려진 안석영(본명 안석주)이 '夕影' 이라는 필명으로 연재한 작품이다. 이 작품 이후로 영화계로 옮겨가서 시나리오 작가 및 영화감독으로 활동하였다. 남녀의 애정 관계를 중심으로 사건이 진행되며, 남성보다는 여성 인물이 좀더 적극적인 태도를 보인다.

## 춘향/春香 : 춘원. 동아일보1925.9.30-1926.1.3(96회 완).

**【내용】** 단옷날 이몽룡은 방자와 함께 광한루로 나간다. 정자에 앉아 시 한 수를 지으려던 몽룡은 그네에 올라 있는 춘향을 보고 한눈에 반한다. 그는 곧장 방자를 보내 춘향에게 만날 것을 청한다. 이때 춘향은 누구에게 오라마라 하느냐고 나무라며 방자를 돌려보낸다. 이 이야기를 전해 들은 몽룡은 마음을 담아 시 한 수를 보낸다. 몽룡에 대해 별 관심을 보이지 않던 춘향은 그의 기품 있는 시에 반하여 내방을 허락한다. 깊은 밤 춘향의 집에 도착한 몽룡은 춘향에게 청혼을 하고 그 언약으로 치마폭에 글을 남긴다. 춘향모인 월매는 둘의 혼약을 반기며 좋아한다. 그날 이후로 두 사람의 사랑은 깊어 간다. 그러던 어느 날, 몽룡은 부친인 이 부사가 이조판서로 내직됨에 따라 춘향과 이별을 하게 된다. 몽룡이 떠난 후 월매는 춘향을 여기저기 시집보낼 궁리를 하지만 춘향은 몽룡을 생각하며 마음을 다잡는다. 한편, 남원 부사로 도임한 변학도는 수청을 거절한 죄로 춘향을 옥에 가둔다. 춘향 모녀는 몽룡을 기다리며 고통의 나날을 보낸다. 한편 과거에 장원급제하여 암행어사가 된 몽룡은 변복 차림을 하고 남원에 내려와 옥에 갇힌 춘향을 만나고, 춘향은 변치 않는 사랑을 보여 준다. 이튿날

몽룡은 생일잔치에 빠져 있는 변학도 앞에 나타나 그의 잘못된 치정을 꾸짖고는 암행어사 출도를 행한다. 춘향은 어사가 되어 돌아온 몽룡을 뒤늦게 알아보고 기쁨의 눈물을 흘린다. 춘향의 정절에 감복한 이 판서 내외는 몽룡과 춘향의 결혼을 허락한다. 두 사람은 아들 삼형제를 낳고 행복하게 살아간다.

春香 春園

**【참고】** 연재 지면에 '春香 春園 作'이라고 표기되어 있다. 1929년 한성도서주식회사에서 단행본으로 출간하면서 '일설 춘향전'으로 개제하였다. 기존의 작품이 지니고 있는 근본적인 뼈대와 사상은 유지하면서 근대적 대중의 입맛에 맞게 각색한 작품으로, 기존의 작품을 재창조한 「허생전」과 유사한 성격을 지니고 있다. 소설 말미에 '후세에 춘향의 동포 중에 춘원이라는 사람이 이 노래를 모아 만고 열녀 춘향의 사적을 적은 것이 이 책'이라는 작가의 기록이 나와 있다. 독자층을 확보하기 위해 흥미 본위로 재해석한 일종의 대중소설이라는 평가가 지배적이다.

## 충노 만석전/忠奴萬石傳 : 이보상. 매일신보1936.1.12-10.17(183회 완).

**【내용】** 내용 생략

**【참고】** 연재 지면에 '忠奴萬石傳 李輔相 作'이라고 표기되어 있다. 한문 어순에 국문 조사를 혼용한 한문현토체로 서술되어 있다.

忠奴萬石傳 李輔相 作

## 충의송/忠義訟 : 윤승한. 야담1944.5-1945.2(9회 미완).

**【내용】** 제1부 : 현종의 성품은 인자 유덕하였으나 심신이 유약한 까닭에 재위 14년 내내 환후가 끊이질 않는다. 갑인년에 이르러 환후가 더욱 침중해진 현종은 가장 신임하는 영의정 허적과 우의정 김수항에게 왕자를 부탁하는 고명의 유촉을 전하고 빈천의 길을 떠난다. 어린 왕자는 고명유촉을 받든 두 정승의 보좌로 임금의 자리에 오르고, 숙종대왕이라 일컬어진다. 제2부 : 현종 말, 역관 장현은 동지사를 수행하였나 일이 잘못되어 정인 윤운규 모양으로 형벌을 입고 죽는다. 남인 진영에서는 서인들이 남인을 배경으로 하는 장현을 얽어매 죽였다는 소문이 돌고, 장현의 아내인 윤성녀와 딸 옥란은 서인을 원수로 삼게 된다. 이

때 윤성녀와 가깝게 지내던 남인 조사석과 동평군은 궁중 내정을 살피기 위하여 조 대비에게 미모가 뛰어난 옥란을 내인으로 천거한다. 대왕대비전의 인맥으로 궁중에 들어간 옥란은 숙종의 눈에 띄어 한몸에 총애를 받는다. 그러나 나라의 국모인 김 중전을 우습게 여기고 왕의 체통을 손상한 죄목으로 사가로 쫓겨난다. 동평군을 위시한 남인들은 장 씨의 환궁을 위해 대왕대비를 찾고 서인들 사이에서 대립이 일어나도록 갈등을 조장한다. 제3부 : 기골이 장대하고 풍채가 아름다우며 재주가 비상한 남이는 충용무쌍한 공훈을 세우며 소년장수로 두각을 나타낸다. 그는 예종 대왕 즉위 후 금위대장에 오르지만 유자광의 모함으로 28세의 나이에 하옥 참수된다. 김종직의 제자인 사관 김일손은 그때 일을 직필하였다가 유자광과 이극돈의 모함을 받아 극형에 처해지고 김종직은 부관참시당한다. 연산조 4년 유자광은 김종직을 따르는 무리들을 참살하는 무오사화를 일으키고, 이후 사대부들의 반목과 화변은 현종 때까지 이른다.

**【참고】** 연재 지면에 '長篇連載 忠義頌 윤승한' 이라고 표기되어 있다. 1945년 2월 통권 110호로 잡지 발간이 끝남에 따라 9회 미완으로 종료되었다. '충의송' 이라는 제목 아래 내용이 다른 이야기가 각 부로 나뉘어 서술되어 있다. 과거의 당쟁과 사화에 관한 이야기를 흥미 본위로 기록한 글이다.

## 치인정토/痴人浄土 : 장혁주. 福岡日日新聞(日)1937.6.16-11.6(68회 완) ; 赤塚書房(日)1939.

**【내용】** 佐太郎는 계모와 이복형제들의 괴롭힘과 일본 사회의 냉대를 피해 조선으로 건너온다. 그는 농사에 관심이 많은 우직한 소년으로 조선에서 농장을 경영하고 있는 小田 숙부의 양자로 들어간다. 佐太郎은 농업보습학교에 입학해 성실하게 공부하면서 숙부의 가업을 잇기 위해 노력한다.

**【참고】** 일본어 소설이다. 장혁주가 福岡日日新聞社의 청탁으로 일본의 신문에 처음으로 연재한 소설이다. 열아홉 살의 일본인 소년 사타로(佐太郎)가 조선으로 건너와 겪는 애환과 적응 과정을 그린 작품이다. 이 소설은 식민지 조선에 사는 일본인들의 생활 묘사를 통해 민족적 차별의 문제점을 지적하고 있지만, 조선인과의 우호를 위해 노력하는 佐太郎의 모습에는 '내선일체' 를 강조하던 일제의 국책적 논리가 깔려 있다. 1941년에 '白日の路' 이라는 제목으로 개고되어 출간되었다.

## 칠 년의 폭풍/七年の嵐 : 장혁주. 洛陽書院(日)1941(608면).

**【내용】** 「카토기요사마」 참조.

**【참고】** 일본어 소설이다. '悲壮の戦野' 라는 부제가 달려 있다. 총 26장으로 구성된 장편이다. 제1장에서 14장까지는 1939년에 출간한 「가등청정」의 내용과 동일하고, 15장에서 26장까지 추가 집필된 소설이다. 「칠 년의 폭풍」은 원래 4부작으로 계획되었으며, 이 작품은 제1부에 해당한다. 왜장 가등청정(加藤清正)을 주인공으로 임진왜란 당시의 전쟁 상황을 주로 다뤘다. 특히 가등청정과 그

병사들의 비장한 기분과 분위기를 잘 묘파한 작품이다. 이들을 통해 전쟁의 참상을 부각시키기보다는 왜장 가등청정의 인간미를 강조하려는 경향이 두드러진다는 해석도 제기되었다. 소서행장(小西行長)을 중심인물로 다룬 「화전 어느 쪽도 불사하다(和戰何れも亂世ず)」가 제2부에 해당한다. 후기에서 작가는 조선의 명장인 이순신을 주인공으로 한 3부, 중국의 심유경(沈惟敬)을 주인공으로 4부를 합쳐 임진왜란의 전모와 당시 동아시아 세 민족의 문화까지 종합적이고 입체적으로 다룰 예정이라고 밝히고 있다. 후기에 덧붙인 설명에 의하면, 「칠 년의 폭풍」 4부작은 1부 '悲壮の戦野', 2부 '智者の悩み', 3부 '義將の最後', 4부 '驕れる使者' 라는 부제가 예정되어 있었다. 실제로는 3부와 4부는 쓰지 않아 결국 「칠 년의 폭풍」 4부작은 완결되지 못했다.

## 칠칠단의 비밀/七七團의秘密 : 북극성. 어린이1926.4-1927.12(13회 완).

**【내용】** 열일곱 살의 소년은 자신의 출신조차 모른 채 일본인 단장이 이끄는 곡마단에서 힘겨운 생활을 하고 있다. 그가 유일하게 믿고 의지하는 이는 두 살 아래 여동생이다. 곡마단이 경성에서 공연을 하던 어느 날 한 노인이 소년을 찾아온다. 노인은 소년을 보자마자 여동생이 있는지 묻고는 자신의 조카 상호라며 반긴다. 노인과 같이 온 한긔호라는 학생이 조선말을 모르는 상호를 위해 통역을 해준다. 노인은 여동생의 이름이 순자라며 그들이 자신의 누이가 잃어버린 아이들이라고 설명한다. 아이를 잃어버린 누이는 시름시름 앓다가 죽고, 상심한 매형은 그 후 소식을 알 수 없다는 것이다. 상호는 어리둥절하지만 반가운 마음이 앞선다. 그러나 반가움도 잠시 일본인 단장은 노인을 경계하며 상호를 데리고 들어간다. 그러더니 다음 날 계획되었던 공연도 접은 채 중국으로 떠나려 한다. 상호는 몰래 곡마단을 빠져나오려다가 미처 여동생을 데려오지 못하고 만다. 황망하게 거리를 헤매던 상호는 다음 날 변장을 하고 곡마단이 묵고 있는 여관 앞에 갔다가 노인과 긔호를 다시 만난다. 여동생을 구해야겠다는 상호를 돕기 위해 긔호가 함께 한다. 곡마단이 황급히게 중국으로 간 사실을 알게 된 상호와 긔호는 여동생을 찾아 중국으로 떠난다. 곡마단 패가 숨어 있던 여관을 알아낸 상호는 변장을 하고 그들의 소굴에 몰래 잠입하는 데 성공한다. 상호는 그들이 단순한 곡마단 패가 아니라 아편과 총을 밀수하는 밀매꾼이라는 것을 알게 된다. 상호는 잔꾀를 내어 여관을 수선스럽게 만든 후 그 틈을 타 순자를 구출하려 하다가 그만 밀매꾼들에게 잡히고 만다. 밖에서 망을 보던 긔호는 안절부절못하다가 한인협회에 도움을 청하러 간다. 일의 자초지종을 듣고 있던 한인회장은 상호와 순자가 바로 자신의 잃어버린 아이들이라는 것을 직감한다. 곧 건장한 한인들이 모여 아이들을 구출하고, 일당을 서에 넘긴다. 아버지를 만난 상호와 순자는 조선으로 돌아온다.

**【참고】** 방정환이 '북극성'이라는 필명으로 발표한 작품이다. 《어린이》에 부정기적으로 연재되어 1927년 12월에 13회로 연재 완료되었다. 전체 33장으로 구성된 작품이다. 상호라는 소년이 일본인 단장이 이끄는 곡마단에서 탈출하여 동생 순자를 구출하는 과정을 그린 모험담이다. 납치된 여동생을 찾기 위한 오빠의 모험담을 그리고 있는 「동생을 차즈려」(어린이1925.1-10)와 내용이 흡

사하나 이국적인 풍경과 긴박감을 더해 전작보다 흥미진진한 모험담을 만들어 내고 있다. 기미독립 사건 이후 침체된 사회 분위기 속에서 청소년들에게 애국심과 용기를 불어넣어 준 작품이라는 평가도 있다. 《어린이》 1926년 6월호 목차에는 제목이 '대탐정 칠칠단의 비밀' 이라고 표기되어 있다.

## 칠현금/七絃琴 : 김사량. 문학예술1949.6.

**【내용】** 문학동맹 중앙위원회에 소속된 작가 S는 공장 근로자의 소설을 읽고 감동받는다. 그 작가 지망생은 윤남주라는 불구의 노동자이다. 식민지 시절, 제철소에서 부상을 입었으나 보호시설이나 안전장치도 없이 방치된 탓에 평생 불구로 살게 된 것이다. 작가 S는 남주를 만나기 위해 병원을 찾아갔다가 남주의 몸 상태를 보고 크게 놀라고 그의 창작열에 다시 감화된다. 그러나 남주는 스스로를 무용한 존재로 여긴다. S는 남주에게 고통을 이겨 낸 위대한 작가들의 이야기를 전하면서 그를 격려한다. 이에 남주는 더욱 열심히 습작에 매달린다. 일본의 패전 소식이 전해지고 남주는 삶에 대한 의욕을 되찾는다. 그러던 중 소련의 군의관이 남주를 수술해 주겠다고 나선다. '칠현금을 나에게 다오'라는 시구가 적힌 하이네의 시를 읽으며, 남주는 희망을 갖는다. 또한 헌신적으로 그에게 위안을 주는 신 간호사 덕분에 생의 의지를 갖는다. 수술이 성공적으로 끝나고 남주는 새 삶을 시작한다. S는 남주의 갱생 과정을 바라보며 노동자의 작품에서 문예적 싹을 키워 내겠다는 작가로서의 소임을 되새긴다.

**【참고】** 완결 여부는 표기되어 있지 않으나 더 이상 연재된 내용이 없으며 내용상 완결로 볼 수 있다. 기성작가인 S가 청년작가이자 불구의 노동자인 남주를 바라보는 시선을 통해 작가로서의 책임감을 엿볼 수 있다. 그것은 역사적 책임감이기도 한데, 청년작가의 불구성은 식민체제가 남긴 역사적 상처를 상징하기 때문이다. 인물의 갱생의 과제는 역사적 상처를 극복하는 민족적 과제를 의미한다. 작가 김사량의 본명은 시창으로 재일 조선인의 정체성 문제를 중점적으로 다룬 대표적인 재일조선 문학자이다. 김사량은 1949년 황해도 송림제철소에 현지 파견되어 반년 가까운 시간을 보내면서 「칠현금」을 창작하고, 6월에 《문학예술》에 게재하였다고 알려져 있다.

# ㅋ

## 카토키요마사/加藤淸正 : 장혁주. 文藝1939.1(미완) ; 改造社(日)1939(401면).

**【내용】** '가등청정'을 주인공으로 하여 임진왜란을 다룬 작품이다. 내용 생략.

**【참고】** 작가가 일본으로 귀화하여 쓴 일본어 소설이다. 동경 《문예》 7권 1호에 일부 게재되었다가, 7장에서 14장까지 새로 덧붙여 개조사에서 단행본으로 출간되었다. 가등청정을 주인공으로 하여 임진왜란을 다룬 작품이다. 장혁주는 이에 속편을 덧붙여 1941년 4월에 '七年の嵐 ― 悲壯の戰野' 라는 제목으로 출간한다. 원래 「七年の嵐」은 제1부는 가등청정(加藤淸正), 제2부는 소서행장(小西行長), 제3부는 이순신(李舜臣), 제4부는 심유경(沈惟敬)을 각각 주인공으로 한, 4부작으로 계획된 소설이었다 한다. 작가에 의하면 '칠 년 전후의 전모와 당시의 동아삼민족(東亞三民族)의 문화를 종합적으로 그리려' 했으나, 실제로 이 중 3부와 4부는 쓰지 못했다. 「가등청정」은 《文藝》에 발표 당시 동시에 《삼천리》 11권 1호와 4호(1939.1, 4)에 한국어로도 실렸다.

## 코스모스 피는 정원/코스모스피는庭園 : 이태준. 여성1937.3-7(5회 완).

**【내용】** 의학박사인 장치영은 사십이 되도록 독신이다. 젊었을 적 선주를 마음에 두었으나 그녀는 친구 익수에게 시집을 가게 되었고, 이후 치영은 그녀에 대한 마음을 가슴속에 묻는다. 옥담은 선주와 익수의 딸이다. 그녀는 서울에 있는 여학교에 입학하여 치영의 집에서 신세를 지게 된다. 옥담은 우연히 치영의 옛날 영어사전 속에서 엄마의 사진을 발견하고 치영이 자기 엄마를 사랑했다는 것을 알게 된다. 옥담은 그 이후로 치영을 아버지라고 부르면서 평생 '헬퍼'로 곁에 있겠다고 다짐한다. 치영은 그런 옥담을 언젠가는 보내야 할 거라고 생각하지만, 자신과 함께 있는 옥담이 싫지 않다. 그러던 어느 날 옥담의 태도가 달라진다. 이혼 전력이 있는 김병식과 사랑에 빠진 것이다. 치영은 병식이 경박하고 옥담에게 마땅한 남자가 아니라고 생각하지만, 이미 둘의 관계가 사랑이라 굳게 믿고 있는 옥담의 마음을 돌릴 수 없다. 옥담과 병식은 결혼식을 치르고, 치영은 옥담의 행복을 기원하기로 한다. 그러나 결혼 후 병식은 옥담을 내버려 두고 술집 여자들과 놀아나고, 옥담은 가끔씩 밤중에 울면서 치영을 찾아온다. 어느 날, 병식이 신혼집에 옥담이 있는데도 상관 않고 술집 여자를 끌

어들였다는 이야기를 듣고 격분한 치영은 병식을 폭행하고, 경찰서에 잡혀간다. 치영은 경찰서에서 풀려난 이후 옥담과 마치 아버지와 딸처럼 행복하게 지낸다.

**【참고】** '왜 그 딸하구 아버지하구 동무처럼 밤낮 손목 잡고 산보 나오는 집 말야' 라는 대화지문에서 볼 수 있듯 치영과 옥담의 관계는 부녀지간으로 포장된 뒤틀린 남녀 관계임이 암시되어 있다. 육체적 관계가 배제된 그들의 사랑은 신성한 것으로 미화된다.

## 키 잃은 범선/키일흔帆船 : 이익상. 조선일보1927.1.1-7.19(183회 전편 완).

**【내용】** 창호와 인순 남매는 서울로 가던 중 우연히 인경을 만나 동행하게 된다. 인경은 김창재라는 부호 밑에서 노리개처럼 지내다 도망치는 길이다. 그녀는 처음 보는 이들과 동행할 만큼 당차고 과감한 성격을 지니고 있다. 한편 창호는 혜경과 함께 서울로 가고자 했으나 연락이 닿지 않아 함께하지 못한다. 서울에 올라온 창호는 우연히 혜경과 친자매처럼 지내는 혜숙을 통해 혜경을 다시 만나게 된다. 혜경은 병 때문에 창호와 함께 서울로 가고자 했던 약속을 지키지 못했던 것이다. 창호 남매는 인경과 함께 같은 집에 살게 되고, 혜경은 창호네 집을 찾는 일이 잦아진다. 혜경은 인경과 창호가 가깝게 지내는 것을 보며 질투를 느낀다. 그러던 어느 날 인경을 수소문하던 김창재의 의뢰로 순사들이 찾아온다. 창호에게 폐가 될 것을 걱정한 인경은 그의 집을 떠난다. 한편 창호와 인순은 뒤늦게 인경을 찾아온 그의 어머니에게서 가난하고 힘겹게 살았던 두 모녀의 과거를 듣게 된다. 빈 몸으로 창호의 집을 나온 인경은 여직공으로 취직한다. 창호는 혜경을 좋아하지만 인경 역시 마음에 두고 있어 괴로워한다. 결국 창호는 조선을 떠나겠다고 하는 혜경을 붙잡지 못하고, 인경을 찾아 나서게 된다. 간신히 인순이 인경을 찾지만 인경은 폐병을 앓고 있다. 창호와 인순은 인경을 극진히 간호한다. 인경은 풍파 없는 생활만이 행복한 게 아니라 풍파를 헤쳐 가는 생활도 행복할 수 있다고 느낀다.

**【참고】**《조선일보》 183회 연재 말미에 '前編을 마치고 작자로부터' 라 하여 작가 후기가 붙어 있다. 작가는 "엇잿든 이 뒤에 긔회 잇는 때에 다시 「키일흔 범선」의 속편을 쓰기로 합니다. 이 소설의 전편에 잇서서는 작중인물에 완전한 질뎡을 주지 못하엿으나 속편에서는 완전 해결도 우리가 볼 수 있겟습니다. 좌우간 뒤 긔회를 독자 여러분과 함께 기다리는 바입니다"라고 밝혀 후편을 기획하였으나 후편 연재는 이뤄지지 못하였으며 183회로 전편만 연재 완료된 작품이다. 김팔봉, 박영희 등과 함께 파스큘라를 조직한 이익상은 《조선일보》와 《동아일보》, 《매일신보》 등에서 일한 언론인 출신이다. 작품은 가난 때문에 자신의 몸까지 팔아야 했던 인경이 사랑을 통해 상처를 치유하는 과정을 그리고 있다.

# ㅌ

## 타락/墮落 : 염상섭(서지불명).

**【내용】** 미확인 작품.

**【참고】** 염상섭의 장편소설 중 작품을 구할 수 없는 것 중의 하나다. 장편소설로 보는 연구가 있으나 (김종균, 『염상섭연구』, 고려대출판부1974), 게재 정보나 창작 연도 등에 대한 자료가 없어 확신하기 어렵다.

## 타락자/墮落者

빙허생. 개벽1922.1-4(4회 완) ; 조선도서주식회사1922.

**【내용】** 2년 전 일본에서 유학을 하던 '나'는 오촌 당숙이 죽게 되어 당숙모의 외아들로 입후된다. 조선으로 나와 어른들을 모시고 ○○사에 다니던 '나'는 늘 관습에 얽매이는 것을 답답해한다. 평소 기생에 관심이 많던 '나'는 어느 날 동료와 함께 기방 명월관에 갔다가 춘심을 처음 만난다. '나'는 비색에 반해 춘심과 사랑에 빠지게 되고, 애틋한 정을 편지로 교환한다. 아내는 이런 '나'의 행동을 처음 몇 번은 대수롭지 않은 듯 넘어가 준다. 하지만 시간이 흐를수록 '나'의 마음이 더더욱 춘심에게로 쏠리자 아내도 투정을 부리기 시작한다. 그때마다 '나'는 춘심을 그만 만나겠다고 아내에게 다짐하지만 며칠도 못 가서 다시 춘심의 집으로 발길을 돌린다. '나'는 춘심을 통해 성병에 감염되지만 조금도 그녀를 원망치 않는다. 그러던 어느 날, '나'는 춘심을 찾아갔다가 그녀가 이미 다른 사람과 살림을 차려 나갔다는 소식을 듣는다. 집에 돌아온 '나'는 춘심의 사진이 찢어져 있는 것을 발견하고 화가 치밀어 오른다. 이 일로 아내와 다투던 '나'는 임신한 아내가 요강에 앉아 다리를 후들거리는 것을 목격하고, 아내가 자신 때문에 몹쓸 병을 얻었음을 알게 된다.

**【참고】** 현진건이 '빙허생(憑虛生)'이라는 필명으로 발표한 작품으로, 타락자와 기녀의 연애 관계를

다루고 있다. 젊은 시절 작가가 대구에서 기생 춘심의 유혹을 받아 한때 사랑놀음에 빠졌었던 일을 그대로 재현한 작품으로 알려져 있다. 연재 말미에 '작자의 오입한 광고' 라고 하여, 작가는 물론 편집자까지 꾸짖는 항의가 있었다는 기록이 남아 있다. 한편 월탄은 이 작품에 대하여 문장의 기교와 표현의 사실성이 돋보인다는 월평을 피력하였다. 《동아일보》1922년 12월 2일자 신간 소개에 '墮落者(玄鎭健 作)' 라는 책 표제와 '貧妻, 술 勸하는 社會, 墮落者, 「墮落者」 뒤에 쓰노라 등의 內容을 有한 文藝創作書(一冊定價六十錢 發行所 朝鮮圖書株式會社)' 라는 내용을 담은 광고가 게재되어 있다. 《개벽》 연재본을 텍스트로 내용을 정리했다.

## 탁류/濁流 : 최독견. 중외일보1930.1.9-5.31(87회 미완).

**【내용】** 박형근 내외는 가난을 견디지 못해 딸 소숙이를 부잣집 이호근의 재취 자리로 시집보낸다. 그런데 부부 생활에 만족을 느끼지 못한 소숙이는 이복오빠 만갑이와 사랑에 빠지고 그사이에서 아이 금동을 낳는다. 호근은 금동이를 자신의 아들인 줄 알고 애지중지 키운다. 부잣집 도령으로 버릇없이 자라난 금동 역시 소숙과 마찬가지로 색을 탐한다. 금동은 열한 살에 장가를 들지만, 이내 다른 여자 영애와 사랑에 빠진다. 이에 불만이 쌓인 금동의 처는 유학생 영철에게 욕정을 느끼는데, 동시에 금동이의 어머니인 소숙도 영철에게 마음이 끌려 시어머니와 며느리 사이에 삼각관계가 발생한다. 소숙은 영철을 차지하기 위해 곧 며느리를 내쫓는다. 금동은 성욕에 눈이 먼 어머니를 가엾게 여기지만 그것도 잠시뿐, 다시 자신의 욕망을 해소하는 데 정신이 없다.

**【참고】** 제목 '탁류' 는 이 소설에 등장하는 인물들 간에 벌어지는 문란한 이성관계를 상징하고 있다. 배다른 오누이 간의 사랑과 출산, 그리고 며느리와 시어머니가 한 남자를 놓고 쟁투를 벌이는 등의 설정은 매우 파격적이어서 이 작품을 일반적 통속소설로 분류하는 것을 주저하게 한다. 등장인물의 애정 관계가 얽히면서 전개되는 과정에서 연재가 중단되고 만다.

## 탁류/濁流 : 한설야.

**【내용】** 「홍수」, 「부역」, 「산촌」 참조.

**【참고】** 「홍수」, 「부역」, 「산촌」을 아울러 흔히 한설야의 '탁류 3부작' 이라고 칭한다. 1부인 「홍수」는 《조선문학》 1936년 5월, 2부 「부역」은 《조선문학》 1937년 6월, 3부 「산촌」은 1938년 11월 《조광》에 발표되었다. 일본어로 '탁류 3부작' 전체를 압축하여 '하얀 개간지(白い開墾地)' 라는 제목으로 일본잡지 《문학안내》(1937.2)에 게재한 것이 1990년 발굴되기도 하였다. 원본과 역본의 줄거리나 사건은 거의 같고, 전체적으로 단어 수준의 표현에 차이가 있는 정도이다.

 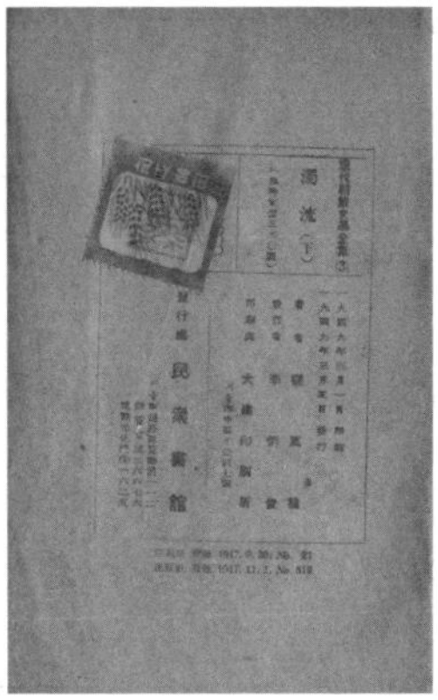

## 탁류/濁流

**채만식. 조선일보1937.10.12-1938.5.15 (196회 완) ; 민중서관1949.**

**【내용】** 정 주사는 신구학문을 고루 익히고 군청에선 일하던 인물이나 당시 유행하던 미두에 빠져 가산을 탕진한다. 그에게는 초봉과 계봉이라는 두 딸이 있었는데, 초봉은 예쁜 용모로 뭇 남자들의 시선을 한 몸에 받는 처녀이다. 초봉은 기울어지는 가세 때문에 약국에 취직을 하지만, 약국 주인 박제호와 은행원 고태수에게 추근거림을 당한다. 초봉의 마음은 비교적 건실한 청년인 승재에게 향하지만, 둘 사이에는 많은 장애물이 가로놓인다. 태수 역시 미두 때문에 재산을 거의 탕진하는데, 곱사등이 형보를 통해 초봉과의 혼인을 추진한다. 형보는 간악한 인물로 태수를 간계에 빠뜨린 다음 초봉을 차지할 꾀를 꾸민다. 결국 태수는 간통 현장에서 정부와 함께 맞아 죽고, 초봉은 결국 제호를 거쳐 결국 형보와 억지로 살림을 하게 된다. 그 와중에 초봉은 아버지가 누구인지도 모르는 딸을 낳아 송희라는 이름을 지어 준다. 형보가 딸을 자꾸 괴롭히자 초봉은 형보를 독살하려는 계획을 세우다가 순간 분을 참지 못해 그를 맷돌로 눌러 죽여 버린다. 결국 초봉은 승재와 계봉의 권유로 자수한다.

**【참고】** 초봉의 기구한 삶을 통해 당대의 세태를 소상하게 그리고 있는 작품이다. 「태평천하」와 함께 채만식의 대표작으로 꼽힌다. 표면적으로는 여성 인물의 수난을 중심으로 진행되는 서사지만, 미두와 같은 당대의 식민지 수탈을 드러내는 풍속과 연애관 등이 소상하게 묘파되어 있다. 연재 예고에서 채만식은 '생활을 중심으로 시방 세태의 아주 작은 몇 귀탱이를 그린 게 이 소설'이라고 밝히고 있다. 소설의 결말은 비극적이지만, 온건한 사회주의자와 주체적인 성격을 갖고 있는 계봉을 통해 희망적인 전망을 보여 주고 있어 리얼리즘 소설로서의 가치도 높다는 평가를 받는다.

## 탁류를 헤치고/濁流를헤치고 : 안회남. 인문평론1940.4-5(2회 완) ; 영창서관1942.

**【내용】** 경성에서 술집 여급 생활을 하는 순은 만주 목단강 주변으로 이주를 한 동료에게서 안부 편지를 받는다. 순은 소설가인 광과 사랑하는 사이이나, 광에게는 이미 아내와 두 자식이 있다. 순은 광을 인생의 남자로 믿고 의지하려고 하지만 가정을 가진 광의 태도는 뜨뜻미지근하기만 하다. 광은 우유부단한 남자로 자신의 물건을 챙겨서 선물하는 순의 마음을 모르는 바 아니나 이렇다 할 결단을 보이지 못한다. 언제 다시 보러 오느냐는 순의 말에 '썩은 나무에 움이 트면', '까마귀 머리가 하얘지면'이라는 농을 섞어 대답할 뿐이다. 김은 홀아비로 순이를 방문하며 지속적으로 청혼을 하였는데, 끝끝내 순의 마음이 돌아서지 않자 미

리 말했다면 아까운 돈을 쓰지 않았겠느냐며 탓을 한다. 순은 그것을 비열하다고 느낀다. 순은 광의 아이를 배나, 광이 아버지의 자격이 없다는 생각에 알리지 않는다. 김과 광 같은 남자들에게 넌더리를 느낀 순은 이윽고 만주 목단강 주변으로 이주하여 동료 여급에게 자신이 이전에 받았던 편지와 똑같은 내용의 안부를 전한다.

**【참고】**《인문평론》에 2회 연재된 중편소설이다. 이 작품과 「병원」을 발표하면서 안회남의 작품 세계가 현실 문제에 관심을 기울이는 방향으로 변모되었다고 평가된다. 여급의 입장에서 구혼과 자유연애 사이의 갈등을 형상화한 것이 특징이다. 순의 내면적 갈등을 묘사하는 데 많은 지면을 할애하고 있다. 동일한 내용의 편지가 소설의 앞과 끝을 차지하는 수미쌍관법을 사용하고 있다. 안회남 창작집 『田園』(고려문화사1946)의 권말에 작가의 기존 간행물을 소개하고 있는데, 「兄」, 「봄이 오면」, 「病院」, 「벼」, 「病든 少女」, 「다음에 오는 것」, 「愛人」, 「動物集」, 「어둠 속에서」, 「少年」과 함께 창작집 『濁流를 헤치고』에 수록된 것으로 기록되어 있다.

## 탁류 속에서 /濁流속에서 : 김송. 신조사1950(400면).

**【내용】** 미확인 작품.

**【참고】** 『해방기 간행도서 총목록』(소명출판2009)에서 채록하였다. 가톨릭대 도서관에 소장 정보가 있으나 자료 분실로 인해 확인되지 않는다.

## 탄실이와 주영이 : 김명순. 조선일보1924.6.14-7.15(27회 미완).

**【내용】** 김탄실은 일찍 부친을 여의고 모친의 손에 자란다. 그녀는 원치 않는 혼인을 피해 어린 나이에 일본으로 향한다. 일본 시부야 지역의 상반여학교에 다니던 그녀는 학비 때문에 어려움을 겪는다. 탄실은 집안 사정이 어려워 돈을 보낼 수 없으니 속히 돌아오라는 모친의 편지를 받고 난감해한다. 이런 와중에 그녀는 자신을 매우 아껴 주는 일본인 김창령 부인의 도움을 받아 그 집에 머물게 된다. 탄실은 일본인 부인을 모친처럼 따르고, 부인 또한 그녀를 여러 사람에게 소개해 주는 등 서로 사이좋게 지낸다. 그러던 어느 날, 부인이 조카인 일본인 여학생을 집에 데려온다. 부인의 조카가 탄실을 음해하자, 탄실은 눈물을 흘리며 그 집을 나온다. 얼마 후, 그녀는 졸업을 하지 못하고 학생명부에서 삭제된다. 그 후 이복형제 김정택이 탄실을 찾으러 온다. 그녀는 정택을 따라 서울로 돌아온 뒤 그가 운영하는 광제병원에서 머문다.

**【참고】** 미완의 소설로 단편 정도의 분량에서 연재가 중단된 작품이다. 27회 연재된 것으로 확인되나 실제 확인 가능한 연재 횟수는 18회 정도이다. 제목에는 '탄실'과 '주영' 두 사람의 이름이 나오지만, 주영의 이야기는 작품에 거의 나오지 않는다.

## 탈출/脫出 : 박계주. 가정지우1940.1(1회 미완).

**【내용】** 종섭은 북간도에서 망나니처럼 산다. 남의 술자리에 함부로 끼어서 술을 마시고 행패를 부리는 것이 그의 일과다. 그는 기생 계월이 때문에 중국인 공안 취 순사를 심하게 때린 후 도망친다. 도중에 홍 서방의 아내를 겁탈하려 하지만, 홍 서방에게 발각된다.

**【참고】** 연재 지면에 '現代小說脫出'이라고 표기되어 있다. 시작 부분에 다음과 같은 작가의 말이 부기되어 있다. "이 소설의 무대는 백두산 동북으로 뻐든 장백산맥의 산곡인 夾皮溝鑛山. 때는지금으로부터 십 년 전인 만주국이 건립되기 전 이야기임을 여기에 말하여 둔다."《가정지우》1940년 신년호에 1회가 실렸으나 이후 연재가 지속되지 않았다. 구할 수 있었던 자료만으로 내용을 정리하였다.

## 탈춤 : 심훈. 동아일보1926.11.9-12.16(34회 완).

**【내용】** 오일영과 강홍렬, 임준상 세 명은 아름다운 용모를 가진 이혜경을 사랑하고 있다. 이혜경은 그중 일영에게 호감을 느낀다. 그러나 일영은 사랑 없는 관계라지만 이미 아내가 있는 몸으로 둘 사이는 쉽게 진전되지 못한다. 홍렬은 의협심 강한 청년으로, 아버지에게 물려받은 거액의 돈으로 여염집 여성들의 신세를 망치는 준상의 행각을 방해한다. 이때마다 그는 가면으로 자신의 정체를 숨긴다. 준상은 혜경을 겁탈할 요량으로 여러 번 그녀를 자신의 저택으로 꾀어 들이지만 번번이 홍렬의 방해로 실패한다. 그러던 중 혜경이 폐결핵에 걸리고, 혜경의 아버지는 돈이 있는 준상의 집에 그녀를 의탁하려 한다. 준상의 흑심을 모르는 일영도 강권하여 마지못해 준상의 집에 들어간 혜경은 결국 그에게 정조를 빼앗기고 결혼하게 된다. 홍렬이 결혼식에 난입하여 혜경을 구해 오지만, 결국 그녀는 숨을 거두고 만다.

**【참고】** 심훈의 영화소설이다. 당시 신문에 연재되었던 영화소설들이 그렇듯 실사로 촬영된 영화의 스틸(삽화)이 포함되어 있다. 삽화에 말풍선을 이용하여 상황을 설명하는 문구가 들어간 것이 특징이다. 남궁운, 나운규, 김정숙 등이 각각 오영일, 강흥렬, 이혜경으로 분했다. "결혼식까지 하게 되기 전에 어러 가지 층절이 있이 보다 세밀힌 묘사를 해야 할 것이나 '스틸'이 부족해서 부득이 겅정겅정 뛸 수밖에 없이 되었고 결혼식 장면은 전문용어만 쓰지 않고 원 영화 각본을 꾸미는 체로 시험삼아 써 봅니다"라는 연재 중간에 밝힌 작자의 변이 있다. 이후부터는 소설보다는 시나리오에 가까운 형식으로 진행된다.

## 탐구의 일일/探求의一日 : 이근영. 동아일보1940.4.9-5.7(17회 완).

**【내용】** 사립학교 교사인 현우는 부당한 현실에 대해서 참지 못하는 성격을 지니고 있으면서도 지식인의 나약한 자의식에서 헤어 나오지 못하는 인물이다. 현우는 경제적인 이득을 기준으로 학생을 입학시키는 학교의 부패한 행정정책에 큰 불만을 갖는다. 한편으로는 생활고 때문에 중도에 학업을 포기해야 할 처지에 있는 고학생을 외면하지 못한다. 결국 현우는

사직서를 쓰고 학교를 나온다.

**【참고】** 제목 앞에 '短篇小說'이라고 표기되어 있다. 작품집 『고향 사람들』에 수록되면서 '일요일'이라는 제목으로 개제, 개작된 바 있다. 개작을 통해 부분적으로 내용이 수정되었으나 연재본과 큰 차이는 없다. 부조리한 현실에 맞서서 개인이 취한 최선의 행위가 개인적인 결단에 지나지 않는다는 것을 보여 준다.

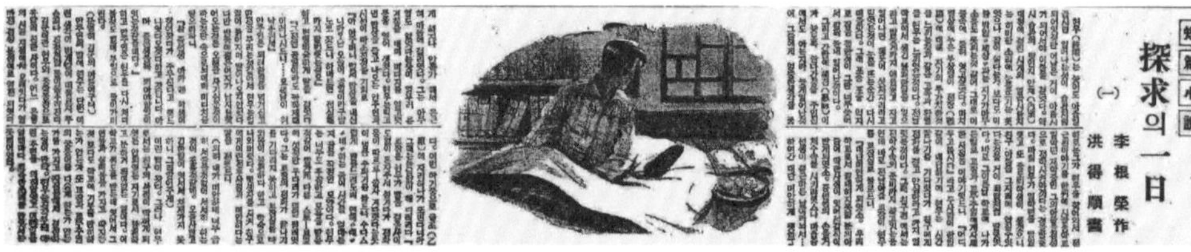
短篇小說
探求의 一日 (一)
李根榮 作
洪得順 畫

## 탐기루만화/耽奇樓漫話 : 윤백남. 동아일보1930.9.11–12.17(85회 완).

**【내용】** 미확인 작품.

**【참고】**《동아일보》 1930년 9월 10일 연재 예고에는 제목이 '耽奇樓漫談'이라고 표기되어 있으나 실제 연재 지면에는 제목이 '耽奇樓漫話'로 수정되어 있다. 席을 단위로 하여 모두 열두 개의 야담 및 일화를 모은 작품이다.

耽奇樓漫話 (一)
尹白南 文
李青田 畫

## 탑/塔 : 한설야. 매일신보1940.8.1–1941.2.14 (157회 완) ; 매일신보사1942.

**【내용】** 박 진사는 구한말 부패 관료와 결탁하여 부를 축적한 인물이다. 그는 러일전쟁이 일어나자 두메산골로 피난을 갔다가 전후 가족과 함께 고향인 H읍으로 돌아온다. 그의 둘째 아들 우길은 장터에서 신문물을 접하고는 점차로 집안의 전통적인 구습에 대하여 의구심을 갖는다. 한편 박 진사의 집 여종 게섬은 박 진사의 장남 수길의 결혼에 질투를 느끼고 손님으로 와 있던 상제와 사랑을 나누고 아이를 잉태한다. 그러나 그녀는 곧 우길의 할머니에게 아이를 뺏기고는 산후통을 앓다가 죽는다. 우길은 어릴 적 동무였던 게섬의 주검이 놓여 있는 방을 들여다보고 정신적 충격을 받는다. 이후 우길은 유학 간 서울에서 만난 정순을 통해 영화 구경 및 다양한 독서 체험을 가지며 연정을 불태우다 실연을 당한다. 한편 박 진사는

신흥 자본가 송병교의 양반 신분을 확인해 주고 그 대가로 돈을 빌려 개간 사업을 시작한다. 하지만 홍수로 인하여 개간 사업이 실패하고 광산 시세마저 떨어지자 곤경에 처한다. 송병교는 빚을 미끼로 박 진사의 딸 이순을 자신의 아들과 결혼시킬 계획을 꾸민다. 돈의 위력에 눌린 박 진사는 어쩔 수 없이 딸의 결혼을 추진한다. 이순은 부친의 일방적

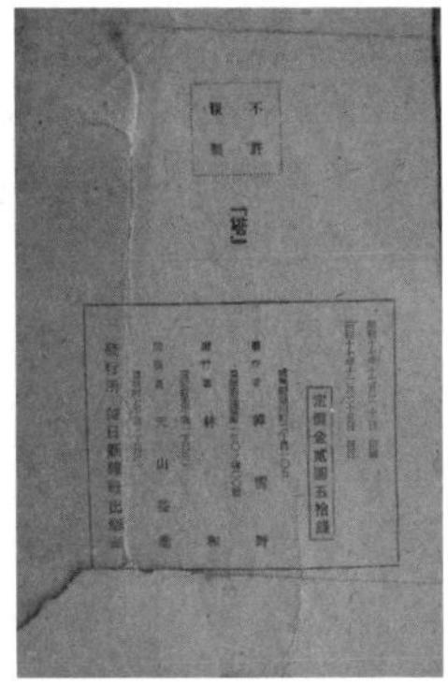

혼약에 완강히 저항하며 작은오빠인 우길에게 도움의 편지를 보낸다. 우길은 누이인 귀순에 이어 동생 이순마저 부친의 정략적 결혼에 희생당할 사태에 이르자 이순을 데리고 몰래 도망친다. 서울에 온 이순은 공부를 하고 우길은 사상운동에 뛰어든다. 이로 말미암아 우길은 경찰서에 잡혀가고, 이 소식을 듣고 찾아온 아버지와 끝내 결별한다.

**【참고】** 해방 이전에 발표된 한설야의 마지막 장편소설이다. 《매일신보》 연재 이듬해인 1942년 매일신보사 출판부에서 단행본으로 간행되었는데, 이 단행본은 154회 이후 3회분이 누락되어 있다. 그 후 1956년 10월 15일 조선작가동맹출판사에서 재간행되면서 개작되었다. 개작본의 경우는 본래 13장이었던 것이 18장으로 늘어났으며, 우리 고유의 풍속과 전통을 강조하는 설화나 민요, 굿노래, 동요 등이 서사의 전면에 새롭게 추가되었다. 김남천에 의해 제기된 가족사 연대기 소설의 양식을 취하여 새로운 창작의 출구를 모색한 작품으로 평가된다. 함경도 양반 집안의 아들 우길의 성장 과정을 중심으로 봉건적 사회제도의 멸망과 새롭게 떠오르는 자본주의 세력의 성장을 보여 주고 있다.

## 태랑의 모험/太郎の冒險 : 김해상덕. 성문관서점1944(181면).

**【내용】** 태랑은 토끼의 안내를 받아 토끼나라에 가서 개미와 전쟁을 하기도 하고, 달나라에 가서 거북에게 마라톤에서 진 죄로 오천 년간 쉬지 않고 절구질을 하고 있는 토끼를 만나기도 한다. 또한 호전적인 개들의 나라에 가서 괴물로 오인받아 죽을 지경에 처하기도 하나 용의 도움으로 목숨을 건진다. 온통 그림자뿐이고 삭막한 태양의 나라에 갔다가 그곳에서 태워 주는 로켓을 타고 별의 나라에 가기도 한다. 별의 나라는 태양의 나라와는 달리 무척 아름다운 이상의 공간이다. 그곳은 순수한 아이들만 있고 때리는 어른도 없고 자유로이 놀 수 있는 아이들의 나라이다. 반면 지구의 어린이는 배고프고, 슬픔도 괴로움도 많고, 어른들에게 구타를 당하기도 하는 것이다. 이런 지구의 어린이들을 위해 별나라의 어린이들은 힘들어도 밤마다 지구를 향해 횃불을 밝히고 있다. 마지막으로 태랑은 로켓을 타고 꿈의 나라로 가서 돌아가신 할머니를 만나고, 꿈을 먹고 사는 무서운 '맥(貘)'에 쫓겨 꿈에서 깨어난다.

**【참고】** 일문 장편동화이다. 제목 그대로 소년 태랑이 동화 속의 나라로 여행하면서 겪는 다양한 모

험을 그리고 있다. 제1편 '地下の國の巻', 2편 '月の國の巻', 3편 '太陽の國の巻', 4편 '星の國の巻'으로 구성되어 있다. 金海相德은 김상덕의 창씨명이다. 김상덕은 여러 권의 동화책을 저술했고 해방 후에도 활발히 활동한 동화작가이다.

## 태백산맥/太白山脈 : 김사량. 국민문학1943.2-4,6-10(8회 미완)

**【내용】** 윤천일 부자는 갑신정변이 실패하고 역적으로 몰리자 태백산맥 깊은 산 속으로 들어가 화전민으로 살아간다. 백성들이 청일전쟁으로 어지러운 세상을 피해 그곳으로 도망 오면서, 윤천일 부자를 중심으로 한 화전민촌의 생활이 전개된다. 윤천일 부자는 동학교도와 대립하면서 화전민들을 구제하고 새로운 땅으로 이주시킬 계획을 세운다. 결국 윤천일은 동학교인들과 싸우다가 목숨을 잃고 장남 윤일동은 화전민을 이끌고 새로운 땅으로 이동하며, 차남 윤월동은 한양에 잡혀간 김옥균을 구출하러 떠난다.

**【참고】** 일본어 소설이다. 한일합병 전후를 배경으로 갑신정변에 패퇴한 윤천일 부자의 화전민 생활이 주된 내용이다. 이 소설에는 특히 사이비 종교로 전락한 동학이 화전민을 현혹하여 그들의 재산과 생명을 농락하는 것으로 그려진다. 난세를 살아가는 사람들의 삶에 대한 의지와 젊은이들의 사랑과 정의감, 당대의 시대적 분위기가 투영된 화적들과 사교도들에 대한 묘사 등이 잘 드러나며, 향토에 대한 강한 애정이 저변에 깔려 있는 작품이다. 이 장편은 비록 일어로 쓰였지만 친일 작품으로 단정하기 어렵고, 오히려 일본 정신의 선전에만 급급하던 그 시대의 다른 작품들과는 대비되는 소설이라 할 수 있다.

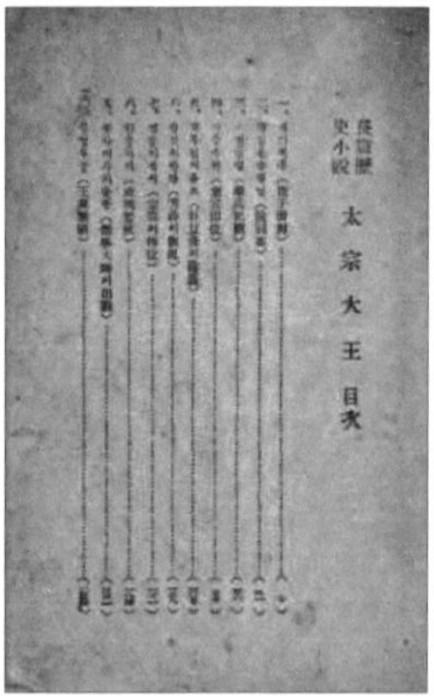

## 태종대왕/太宗大王 : 홍효민. 대성출판사1948.

**【내용】** 태조가 왕업을 개창하고 난 뒤 세자 책봉 문제로 궁궐은 시끄러워진다. 신하들은 방원을 추천하지만, 신덕왕후 정씨는 방석이나 방번을 책봉하기를 희망했기 때문이다. 갈등이 심화되자 정도전을 위시한 신하들이 나이 어린 방석을 책봉해 달라 요청한다. 그러나 갑자기 신덕왕후가 별세하고 방석의 후원자는 사라지고 만다. 방원의 오른팔 역을 자처하였던 하륜은 방원에게 정도전을 제거하도록 충고한다. 이에 방원은 반란을 일으켜 도성을 점령하고 방석을 세자에서 폐하며 영안대군을 즉위시킨다. 태조는 상심하여 함흥으로 떠난다. 이에 방간이 난을 일으키지만 무학도사의 도움을 받는 방원은 사태를 수습하고 왕위에 오른다.

**【참고】** 전 10장으로 되어 있는 장편역사소설로 태종 이방원의 세자 책봉에서부터 왕위 등극까지의 과정을 소설화하였다. '제1장 세자책봉, 제2장 뜻깊은 송별연, 제3장 거병범궐, 제4장 정종즉위, 제5장 박두언의 음모, 제6장 방간의 반란, 제7장 정종의 전위, 제8장 함흥차사, 제9장 무학대사의

출동, 제10장 왕업무궁' 으로 각 장에 소제목이 붙어 있다. 홍효민은 비평가로서 문단 활동을 하였으나 「태종대왕」, 「인조반정」과 같은 역사소설을 창작하기도 하였다.

## 태평관 사람들/太平官사람들 : 이무영. 조선일보1945.5.4-6.14(34회).

**【내용】** 내용 생략.

**【참고】** 연재 지면에 '단편소설' 이라고 표기되어 있으나, 2000년 국학자료원간 전집 6권 목록에는 중편으로 분류되어 있다.

## 태평성대/太平聖代 : 박태원. 경향신문1946.11.14-12.31(11회 완).

**【내용】** 대원군은 경복궁 중건을 명한다. 피폐한 국력에 감당할 수 없는 역사라 하여 백성들의 원망이 크다. 김좌근, 이경재를 제외한 대부분의 대신들은 대원군의 뜻을 지지한다. 공사비를 충당하기 위해 전국 사민들에게 원납금을 걷는다. 이때 경복궁의 우물 속에서 네모진 돌이 나온다. 그것에는 경복궁 중건을 해야 한다는 요지의 예언적 글귀가 적혀 있다. 그러나 이는 경복궁 중건에 정당성을 부여하기 위해 하늘의 뜻을 빌리려 했던 대원군의 수작이라는 것이 소문나고, 이에 대원군은 심복인 포도대장 이경하를 시켜 입을 함부로 놀리는 자들을 가혹하게 탄압한다. 사람들은 집을 잃고 서울로 와 노역에 동원된다. 그들을 맞아 한몫 챙기려는 사람들이 공사터 앞에 난장을 차린다. 부역꾼들은 놀이판을 구경하며 괴로움을 잠시 잊고 웃는다. 이를 본 대원군이 태평성대라며 만족한다.

**【참고】** 대원군을 소재로 하고 있으나 역사적인 사실에 중점을 두기보다는 권력자의 모순적인 태도를 풍자한 작품이다. 분량상 단편에 가까우며, 최근에는 비문학잡지 《연인》(2009.겨울)에 단편소설이라는 소개와 함께 수록된 바 있다.

## 태평천하/太平天下 : 채만식. 명성사1940 ; 동지사1948.

**【내용】** 「천하태평춘」 참조.

**【참고】** 1938년 《조광》 연재 당시 제목은 '天下太平春' 이었고 첫 단행본 『三人長篇全集』(명성출판사 1940)에도 같은 제목이었으나, 1948년 동지사(同志社)에서 단행본으로 출간할 때 처음 '태평천하' 로 개제되었다. 1949년 중앙출판사에서 '황금광 시대' 로, 1958년 대동사에서 '애정의 봄' 으로, 같은 해 중앙출판사에서 '꽃다운 청춘' 으로 개제하여 단행본으로 출간하였다. 개제의 이유에 대해서는 아직 밝혀진 바가 없으며, 이들 작품을 「태평천하」의 해적판으로 보는 시각이 있다. 풍자소설이자 리얼리즘 소설로서 높은 평가를 받아 「탁류」와 함께 채만식의 2대 장편으로 꼽힐 뿐 아니라 일제 강점기의 대표적 장편으로도 자주 언급된다. 식민지배 체제와 반봉건제가 결합되어 형성된 당

대의 독특한 '식민지주' 계급을 역사의식이 결여되어 있고 윤리적으로 타락한 인물의 구체적 일상사를 통해 효과적으로 형상화했다. 반어적 아이러니에 기초한 풍자성을 전면에 드러낸 대표적인 작품으로 꼽히며, 이러한 풍자성이 판소리나 탈춤의 사설을 연상시키는 독특한 문체와 어우러져 미학적 완성도를 높인 것으로 평가된다. 지주 계급의 역사적 몰락을 암시하고 있다는 점에서 이 작품을 사회주의적 리얼리즘의 관점에서 바라보는 논의도 존재한다.

## 태평행/太平行 : 김동인. 문예공론1929.6(1회 미완),중외일보1930.5.30-9.23(50회 미완).

**【내용】** 청일전쟁의 승리로 온 일본이 환희에 젖어 있을 때, 범나비 한 마리가 태어나서 여행을 시작한다. 이 나비를 잡으려고 뛰던 어린 소년은 화로를 차고 넘어져 기절을 한다. 아이는 결국 삼일째에 죽어 버린다. 이 아이의 아버지는 기차의 기관사였는데, 실의에 빠져 운전을 부주의하게 하다가 탈선 사고를 낸다. 이 사고로 청일 교섭의 임무를 띤 대관을 비롯한 재계의 거두, 그리고 많은 조선인들이 죽어 버린다. 범나비의 움직임이 이후 역사를 바꿀 정도로 큰 영향을 미친 것이다.

**【참고】** 《문예공론》 제2호에 실렸으나 잡지의 폐간으로 연재가 중단되었다. "단편은 단편인 만치 재료며 구상에 힘든 것과 마찬가지로 장편에는 또한 '의무의 연속' 이라 하는 것이 있다. 그 작품이 완료될 때까지는 집필하여야 할 의무와 책무가 있다. 나는 그것이 싫다. 그러나 인제는 싫어도 할 수 없으니 《문예공론》이 계속되는 한에서 나는 이 「태평행」을 끝막을 의무를 지기로 결심하였다. 나의 버릇이 버릇인지라, 때때로 한 호씩 휴재될지는 모르나, 지금의 결심으로는 끝끝내 씩움을 하여 볼 자신이 있다"는 내용의 작자의 변이 실려 있다. 연재된 부분은 '서편' 에 해당하는 것으로, 본격적인 이야기는 전개되지 않았다.

## 태풍/颱風 : 김래성. 매일신보1942.11.21-1943.5.2(160회 완) ; 매일신보사1944.

**【내용】** 백상도는 달안섬 지주의 아들이다. 그러나 쌍둥이 동생 백문도와 소작인의 아들 홍만호 및 마약밀수에 관여하는 스파이 브라운 선교사 등의 계략에 빠져 인도양 상 백골도에 감금된다. 그동안 재산은 백문도가 차지하고, 연인이었던 신음전은 홍만호와 결혼해 버린다. 천신만고 끝에 백골도를 탈출하여 귀국한 백상도는 복수를 다짐한다. 한편 권위 있는 과학자인 강영제 박사는 일순에 런던과 뉴욕을 불바다로 만들 수 있는 파괴광선의 개발에 성공한다. 이 파괴광선을 탈취하기 위해 영미의 스파이단이 조직적으로 활동하는데, 브라운 선교사도 이 중 한 명이다. 백상도는 브라운 선교사에 대한 복수를 실현하는 과정에서 사태의 전말을 파악하고, 조선인 탐정 유불란, 그리고 일본인 대위 아키야마 등과 협력하여 이 암행을 저지한다. 백상도는 '대동아주의자'라는 닉네임을 쓰고 스파이단 박멸 활동을 하며, 이 과정에서 영국과 미국에 핍박을 받던 인도인과 중국인도 합세한다.

**【참고】** 김래성의 대표 장편이며, 1940년대 최고의 베스트셀러 작품 중 하나로 알려져 있다. 1944

년 매일신보사에서 단행본으로 간행되었는데, 초판 8천 부가 한 달이 채 안 되어 매진되었고, 이 작품의 인세 수입으로 김래성이 성북동에 집을 샀다는 기록이 남아 있다. 김래성이 창조한 탐정 유불란이 이 작품에서도 등장한다. 「암굴왕」과 「철가면」의 모티프가 혼종적으로 사용되고 있다. 대동아공영권의 영향이 이 작품에 깊이 투영되어 있는데, 악의 세력으로 표상된 영미의 세력과 문화에 대동아가 맞서는 구조를 보이고 있다.

## 통곡하는 대지/慟哭하는大地 : 최인준. 사해공론1936.3(1회),6(3회).

**【내용】** 1회 : 상호와 그의 아우 상만은 농사를 지으며 살아가고 있다. 늙은 부친과 상호 내외, 상호의 일곱 자식, 그리고 상만까지 열한 명의 식구들이 모여 살고 있다. 상만은 아침 일찍 일어나 비료를 만들어 밭에 뿌린다. 상호와 상만뿐 아니라 터꼴 사람들은 농사일을 하여 생계를 꾸리는 농민들이다. 모내기철이 다가오면 뻘에서 물을 끌어오느라 물싸움이 난다. 상호는 뻘에 나가 물을 끌어온다. 형은 오지 않고, 같은 동네의 사십 대 조 선달이 들어온다. 조 선달은 상만이 정혼한 진옥의 외삼촌으로 인심이 좋은 호인이다. 조 선달은 상만이네 소를 빌려 달라고 하고, 그 대신 상만네 모내기 때 돕기로 한다. 저녁이 되어 상호가 집으로 돌아오지만, 그의 표정은 어둡기만 하다. 3회 : 상만, 소리를 잘하는 첫손꼽이, 조 선달, 김 서방은 땀을 흘리며 농사일을 하고 있다. 멀리서 점심밥을 챙겨 온 진옥과 상호의 큰딸 큰년이의 모습이 보인다. 상만과 진옥은 약혼한 사이이다. 상만은 진옥이 고생하는 것을 볼 수 없어서 진옥을 돕고 진옥은 그런 상만에게 애틋한 마음을 느낀다. 이 둘은 다른 사람들에게 부러움의 대상이다.

**【참고】** 연재 지면에 '中篇 創作 慟哭하는 大地'(1회), '中篇 慟哭하는 大地'(3회)라고 표기되어 있다. 연재를 시작하면서, 작가는 "될 수 있는 대로 속임 없는 그대로의 한 農村의 산 現實을 좀더 眞實한 態度를 가지고 그려 볼려고 애를 썼읍니다"라는 '작가의 말'을 부기하였다. 《사해공론》 3월호와 6월호만 확인할 수 있었다. 9월호부터는 다른 장편이 연재를 시작하므로 8월 이전에 연재 종료되었을 것이라고 추측할 수 있을 뿐이다. 최인준은 6·25 때 월북한 작가로 알려져 있다. 비료 만드는 법이 자세히 기술되는 등, 농촌 현실을 구체적으로 기술하려는 작가의 노력이 엿보인다. 이 작품은 힘들게 생활하는 농민들의 애환을 담고 있는 것으로 예측할 수 있을 뿐 전체적 내용을 파악할 수는 없다.

## 투도/偸盜 : 박태원. 조광1941.1.

**【내용】** '나'와 아내는 장마철이 다가오자 집안 곳곳 물이 새는 것을 보며 걱정한다. 어느 날 집안에 도둑이 들어 '나'의 양복을 모두 훔쳐 간다. 아내는 집안일을 하는 할멈을 시켜 파출소에 신고하지만 파출소에서는 도난계를 써 오라며 할멈을 돌려보낸다. 아내는 '나'에게 도난계를 쓸 것을 재촉하고, '나'는 머뭇거리며 이를 작성한다. '나'는 양복만을 훔쳐 간 도둑에

게도 무슨 사정이 있지 않을까 하며 내심 도둑을 걱정한다. 아내가 문단속을 하며 잠자리에 들 때만 해도 분합을 닫지 말라 호언하던 '나'는 두려움에 잠을 이루지 못한다. 문밖에서 수상한 인기척 소리가 들리는 듯하자 '나'는 도둑이 훔쳐 간 것이 단지 양복만이 아니라 '나'의 평화라며, 내일은 방망이라도 준비해야겠다는 다짐을 한다.

**【참고】** 제목 앞에 '全作中篇小說'이라고 표기되어 있다. 작품 말미에 '「自畵像」 第二話'라는 표기가 있다. 「淫雨」(자화상 1화), 「債家」(자화상 3화)와 함께 자화상 연작에 포함된다. 자화상 연작은 소설가인 화자가 서울의 변두리에 집을 마련하고 겪는 여러 에피소드들을 다루고 있으며 실제 박태원의 일상과 밀접하게 연결되어 있는 작품으로 평가되고 있다.

## 티일보사/T日報社 : 김남천. 인문평론1939.11.

**【내용】** 평안남도의 작은 고을에서 은행원 노릇을 하던 김광세는 출세하겠다는 야망을 품고 상경한다. 그는 친구의 추천으로 T일보사에 취직한다. T일보는 얼마 전까지 사회운동을 지원하던 신문이었지만, 지금은 자금난에 시달려 몰락해 가고 있는 상황이다. 취직 임명장을 받는 자리에서 광세는 신문사 간부들이 자신의 외모만을 보고서 멸시하는 것을 느끼자 거금을 들여 고급 장신구와 옷가지를 마련한다. 그러나 광세가 신문사에서 맡은 일은 일개 판매부원의 일이었다. 그러던 어느 날, T일보사의 실질적인 자금원이었던 부사장이 자본금을 회수하고 물러나는 사태가 발생한다. 부채를 갚지 못하면 부도 처리될 급박한 상황에서 광세는 자신의 돈으로 회사를 구한다. 그 결과 그는 편집국 지방부장으로 승진한다. 그러나 광세는 그 정도의 지위는 성공이라 여기지 않는다. 그는 성공은 돈이 가지고 있는 힘에서 나온다는 사실을 깨닫고, 가지고 있는 돈을 전부 투자하여 천금을 얻으려 한다. 때마침 광세가 투자한 주식은 상한가로 치솟고, 그는 거금을 마련한다. 광세는 그 돈으로 자금줄이 사라진 T일보사를 인수하고 부사장 자리에 오른다.

**【참고】** 발표 지면에 'T日報社 金○天'이라고 표기되어 있다. 한 회로 종결되었으나 작품 분량은 중편에 가깝다. 말미에 '九月 二十八日' 탈고했다는 기록이 있다. 소설은 성공과 출세에 대한 편집광적인 집착을 가진 인물을 통하여 자본주의에 의해 파생된 왜곡된 인간상을 그려 내고 있다. 김광세는 자본주의 시대의 욕망으로 왜곡된 인간상을 대표한다. 그러나 작품 내의 자본주의적 현실이 식민지 현실의 전형적 상황은 아니라는 점에서 일정한 한계를 지닌다.

# ㅍ

## 파경/破鏡

**박화성 외. 신가정1936.4-9(6회 완); 중앙인서관1939.**

**【내용】** S전문학교 졸업생인 현애는 운동가인 상호와 결혼한다. 어느 날 그녀는 남편이 어떤 사건에 연루되어 옥중에 수감되었다는 소식을 접한다. 현애는 옥중에 있는 남편을 구하기 위해 예전부터 자신에게 구애를 해 오던 스승 M교수를 찾아가 도움을 요청한다. M교수는 그녀에 대한 야심을 숨기고 자기 일처럼 도와준다. 그러나 상호는 끝내 7년 형의 판결을 받는다. 얼마 후, 현애는 상호의 아들 윤식을 낳지만 그로 인해 병석에 눕게 된다. 그녀는 늙은 시모와 어린 자식을 두고 죽을 수 없다는 생각에 M교수에게 도움의 편지를 쓰고, 그의 주선으로 병원에 입원하게 된다. 하지만 그녀는 병실에서 M교수에게 겁탈을 당하고, 원치 않는 아이를 잉태하기에 이른다. 우여곡절 끝에 M교수와 함께 살게 된 현애는 애정 없는 동거 생활로 인해 힘겨운 나날을 보낸다. M교수는 그녀의 마음을 얻기 위해 노력을 기울이나 돌아오는 것은 냉대뿐이고, 결국 태도를 바꾸어 그녀를 육체적, 정신적으로 학대하기 시작한다. 두 사람의 갈등은 날로 심해지고, 현애는 결국 M교수 모르게 집을 나와 친구 근영의 집에 몸을 숨긴다. 한편 그녀의 행방을 수소문하던 M교수는 얼마 지나지 않아 그녀를 잊고 기생과 새살림을 시작한다. 현애는 근영과 남편 친구인 영철의 도움으로 점차 안정을 되찾고 직장도 구하여 건강한 생활을 이어 간다. 그러던 어느 날 그녀는 상호가 죽기 전에 보낸 한 통의 속달 편지를 받고, 정신을 잃는다. 삼일 후, 화장장에서 돌아오는 현애의 발자국에 피눈물이 맺힌다.

**【참고】** 연재 지면에 '連作小說 破鏡'이라고 표기되어 있다. 본문 앞에 '連作小說에 대하야' 설명하는 편집자의 언급이 나와 있다. 1936년 4월부터 9월까지 6개월간 동아일보사 잡지 《신가정》에 연재 발표된 작품으로, 6인의 작가(박화성, 엄흥섭, 한인택, 이무영, 강경애, 조벽암)가 공동 창작한 연작 장편소설이다. 1939년 중앙인서관에서 단행본이 출간되었다. 1988년 태학사에서 영인한 『한국

근대단편소설대계』 1권에 중앙인서관본 텍스트가 수록되어 있다. 당시로서는 새로운 기획 의도로 이루어진 연작소설로서 주목할 만하다. 여섯 명의 작가가 각각 한 회씩을 맡아 써 나가는 형식이다. 소설 연재에 앞서 실린 편집자의 변에 의하면, 발표 당시에는 해당 회를 쓴 작가가 누구인지 밝히지 않고 연재가 끝날 때 작가를 밝힐 예정이니, 독자가 작가를 맞추어 보라고 되어 있다. 여주인공 현애의 인생 역정과 그 과정에서 겪는 육체적, 정신적 고초와 갈등을 그린 작품이다.

## 파도/波濤 : 한설야. 인문평론1940.11(1회 완).

**【내용】** 명수는 선배 C의 소개로 아내를 만난다. 명수도 아내도 초혼이 아니지만 그는 선배 C가 아내를 어떻게 알게 되었는지 의심스러워 아내에게 옛이야기를 캐묻는다. 명수는 아내가 C에게 호의를 보이자 알 수 없는 충동에 사로잡혀 아내를 괴롭히기 시작한다. 결국 명수는 아내와 결혼 뒤 인간관계를 끊고 외진 곳에 살림을 차린다. 춘식은 그러한 명수가 결혼 뒤에도 유일하게 교류를 끊지 않은 친구이다. 어느 날 춘식이 명수를 찾아온다. 명수는 춘식과 함께 술을 마시던 도중 아내가 춘식에게 관심을 보이자 춘식의 매력이 무엇인지 궁금해하면서도 아내와 춘식의 사이를 점점 의심하기 시작한다. 결국 명수는 가까이하던 그마저 멀리하게 된다. 어느 날 명수는 춘식의 소개로 준을 만난다. 준은 정치, 경제, 시사, 철학, 문학, 예술 등 모든 분야에 박식하고, 내외국의 사정에도 밝은 사람이다. 준에게 호감이 생긴 명수는 그와 술집으로 향한다. 하지만 술집에서 마리꼬가 준 옆을 떠나지 않자 서운해하며 자신이 마리꼬와 가까워지고 싶은 것인지 준과 가까워지고 싶은 것인지 헷갈린다. 명수는 춘식이나 준을 주인공으로 한 소설을 쓰고 싶다고 생각하고, 문득 준의 성이 자신의 성과 같은 박 씨라는 것을 깨닫는다. 얼마 후 명수는 춘식을 데리고 다시 준을 찾아가지만 술집에서 만난 준은 명수를 피한다.

**【참고】** 연재 지면에 '波濤 韓雪野'이라고 표기되어 있다. 카프가 해체되고 일제의 식민지배가 강화되는 상황에서 작가가 느끼는 절망적인 현실인식과 자폐적 자기인식이 의처증 등의 소재를 통해 표현되었던 작품이다. 김윤식은 소설 속에 등장하는 '박준'이라는 인물이 임화라고 보았다. 작자는 소설을 통해 막막한 현실에 능숙하게 대처하는 임화와 같은 자들에게 느꼈던 이중적 심경을 표현한 것으로 보인다.

## 파도/波濤 : 정비석. 대조사1946.

**【내용】** 서른다섯 살의 현운세는 한 가정의 가장이다. 그는 병에 걸려 입원한 S병원에서 간호사 은경을 만난다. 그는 은경에게 개인 간호를 부탁하고 병원을 나와 서해안의 한 섬에 틀어박힌다. 운세는 자신을 성심껏 간호하는 은경에게 사랑을 느끼지만 아내 순임을 두고 바람을 피울 수 없다고 생각한다. 그의 숨겨진 호감은 폭력적인 방법으로 드러난다. 등산을 가

서 은경의 팔을 우악스럽게 잡아채거나, 배를 타고 물놀이를 나갔다가 바다에 빠뜨리겠다고 위협한다거나, 축음기에 레코드판을 멋대로 바꾸어 넣었다고 뺨을 때리거나 하는 일이 그것이다. 은경은 그런 운세가 밉지만 측은하게 느껴지기도 한다. 견디다 못한 그녀는 섬으로 순임을 부르는 편지를 쓴다. 순임과 아이들이 별장에 와서 단란한 가족 간의 시간을 보내자 은경은 자신의 자리가 없어지는 기분이 든다. 은경은 몰래 섬을 떠난다. 배를 타고 바다를 건너는 은경의 머릿속에 운세의 얼굴이 기억나지 않는다.

**【참고】** 1946년 8월 5일자 《자유신문》과 8월 6일자 《동아일보》 신간 소개에 출간 광고가 게재되었다. 1946년 대조사에서 간행된 『파도』라는 단편집에 첫 번째로 실린 작품이다. 애증의 사이에서 갈등하는 두 인물을 통해 사랑에 대한 사람의 복잡한 심리를 표현하려 하였다. 단편 분량의 작품이다.

## 파도/波濤 : 김영수. 경향신문1949.4.24-12.31(229회 완).

**【내용】** 주리애는 잡지사에서 교정보는 일을 한다. 그녀는 백부의 소개로 오택수라는 남자를 만나는데, 그는 돈은 많지만 주색을 즐기는 난봉꾼이다. 리애는 그와 몇 번 만났으나 서로 맞지 않는다고 생각한다. 그러던 참에 술집 여급인 김영옥이 그녀를 찾아온다. 데이아나 따아빈을 닮은 영옥은 자신을 택수의 부인이나 마찬가지인 여자라고 소개하며 그의 아이를 가졌다는 이야기를 전한다. 리애는 택수가 좋지 않은 인간이라고 판단하고, 구애하는 그에게 진심으로 좋아하는 남자가 따로 있다고 말한다. 택수는 리애의 백부를 이용해 그녀를 범하려 하지만 실패하자 어쩔 수 없이 영옥과 같이 살게 된다. 한편 리애와 교제 중인 작가 노단의 시나리오가 영화화되자 영옥은 데이아나 따아빈을 닮았다는 이유로 주연 배우에 선정된다. 영옥이 주연을 맡은 것이 단과의 불륜 때문이라 의심한 택수는 그녀에게 폭력을 휘두르고, 견디다 못한 영옥은 택수를 떠난다. 한창 촬영이 진행되던 중, 영옥의 출산일이 다가오고 촬영을 할 수 없는 상황이 된다. 결국 영화 제작이 부산되고 택수가 자금을 대어 단의 시나리오와 유사한 내용의 영화를 제작한다는 소식이 들려오자, 단과 영옥은 미래에 대한 강한 불안감을 느낀다. 그러던 중 단은 영옥의 불쌍한 삶에 동정을 느끼고 리애와 영옥 사이에서 갈등한다. 사랑과 동정을 혼동하는 자신의 모습에 환멸을 느낀 단은 리애의 곁을 떠난다. 자혜고아원에 일자리를 구한 리애는 자신의 내부에 자리한 강렬한 삶의 의지를 느끼게 되고, 단을 찾아 나서게 된다. 그러다가 어느 인쇄소의 교정부에 노정팔이라는 가명으로 일하고 있던 단과 재회한다. 택수는 자금 유용 관련의 사기죄로 경찰에 잡혀가고, 단과 리애는 결혼한다. 사랑을 잃은 영옥은 뒤에서 조용히 그들을 축복한다.

**【참고】** 김영수는 「광풍」, 「동맥」과 같은 희곡으로 1934년에 등단한 극작가이지만, 단편소설과 장편소설도 여러 편 창작하였다. 「파도」는 영화계를 배경으로 남녀간의 사랑을 그린 대중적인 장편소설이다.

## 파악/把握 : 유진오. 조선지광1927.7-9(3회 완).

**【내용】** 신태호는 집안 대대로 종노릇을 하던 대감의 집에 상노로 채용되면서 매달 오원의 월급을 약속받는다. 태호는 그 돈으로 중등교육을 마친다. 갖은 노동과 모주 중독 때문에 몸이 망가진 아버지가 죽자 그는 누이를 먹여 살리기 위해 시골 교원이 된다. 태호는 동리 참봉의 딸 김희순과 결혼하고 교원 생활을 하다가 일본 경찰에게 쫓기는 제자 영식을 숨겨 준다. 태호는 억울한 일을 당하고도 오히려 경찰에게 쫓기는 영식을 도와줄 힘이 없는 자신의 모습에 회의를 느껴 퇴직한다. 그는 소작농이 되어 작물을 심는다. 그러나 땅도 거칠고 흉년이라 농사는 잘되지 않는다. 상경한 태호는 옛 친구 H로부터 새로운 운동을 제안 받는다. 좌파에 기반하되 우파도 껴안을 수 있는 이념 운동을 하자는 것이다. 그는 운동을 하는 데 있어 현실과 돈 문제를 무시할 수 없음을 생각한다.

**【참고】** 검열에 의한 복자와 삭제로 인해 많은 부분 해독이 불가능하다. 《조선지광》 연재 말미에 "第八章은 다른 章도 그럿치만 아조 簡單한 抽象論가치 되고 말엇습니다. 그러나 이럿케라도가 아니면 처음 意圖하엿든 곳을 그나마도 써 보지 못하겟슴으로 하는 수 업시 이럿케 되고 말엇습니다"라는 작자의 말과 작품을 원본 그대로 "낼 수가 업슴으로 하는 수 업시 긋에 와서 削除를 하얏슴은 作者와 讀者에게 未安한 일임니다"라는 편자의 말이 기록되어 있다. 작품 속에 종종 등장하는 태호의 일기는 「젊은 날의 자화상」(유진오, 『구름 위의 만상』, 일조각1966)에 실린 작자의 일기와 동일한 내용이 많다.

## 팔호기설/八豪奇說 : 윤백남. 만몽일보1937.?-1939.?(미완).

**【내용】** 내용 생략.

**【참고】** 연재 지면에 '八豪奇說 上篇 尹白南 作'이라고 표기되어 있다. 12회(1937.7.1) 연재부터 100회(1939.12)까지 부분적으로 확인할 수 있다. 1937년 8월 이후에도 결호가 많을 뿐 아니라, 100회 이후 자료를 찾을 수 없어, 전체 내용을 확인할 수 없다. 조선시대 기자룡이라는 주인공이 조선의 개혁을 위해 중국에 들어가서 활약하는 내용을 담고 있다. 무사가족의 후손인 주인공이 선조의 뜻을 받들기 위해 힘을 키우는 과정이 연재 내용의 주를 이룬다. 여덟 호족의 격투 장면이 상세하게 묘사되어 있어 무협소설의 성격을 보여 준다. 《만몽일보》는 《만선일보》의 전신이다. 《만선일보(滿鮮日報)》는 일제 강점기 말기에 만주에서 한국어로 발간된 일간 신문으로, 1937년 10월 21일에 만주국의 수도 신징에서 《만몽일보》와 《간도일보》를 통합하여 창간되었다. 일제 강점기 말기, 다수의 한국어 신문이 폐간된 상황에서 한국어로 발간되었다는 측면에서, 민족문학을 계승한다는 긍정적인 평가도 있다. 반면 《만선일보》가 한국어 신문으로 유지할 수 있었던 이유가 한국민에게 자주성을 부여하기 위해서가 아니라 재만 한국인에 대한 만주국의 계몽적 필요성 때문이라는 반론도 있다. 진학문과 최남선이 《만선일보》 고문직을 역임한 바 있고, 편집국장으로 염상섭, 홍양명, 기자로 안수길, 박팔양, 이석훈 등 유명 언론인과 문인들이 참여했다. 후반기로 가면서 고위직에는 일본인이 임명되었다. 1945년 태평양전쟁 종전으로 후원자인 일본 제국이 패망하면서 폐간되었다. 《만몽일보》는 연세대에 소장되어 있다.

## 폐어인/肺魚人 : 최명익. 조선일보1939.2.5-25(14회 완).

**【내용】** 현일은 M학교가 폐교되어 직업을 잃고 아내의 삯바느질로 생계를 유지한다. 그는 실직에 따른 초조함으로 잠을 이루지 못한다. 그는 새로 설립되는 H학교에 취직하기 위해 H학교 창립 사무소가 되어 버린 M학교를 찾아간다. 그곳에서 현일은 교직원의 인선을 맡은 중늙은이를 만난다. 그 늙은이는 현일의 병약한 몸을 걱정하여 다른 직업을 구하라고 넌지시 권한다. 면담 후 거리로 나선 현일은 자신의 과거를 떠올리고 자기 운명을 원망한다. 그는 홀어머니 밑에서 보통학교를 마치고, 간신히 모은 돈으로 대학 철학과를 졸업한 후 시간제 교사로 학생들을 가르치다, 이듬해 독학으로 영어자격 검정 시험에 합격해 M학교의 교원이 되었다. 그러나 얼마 후 폐병에 걸린 데다 직장마저 문을 닫았고, 새 학교에 취직하는 것마저 거절당한 것이다.

**【참고】** 연재 지면의 작품 제목 앞에 '신인단편'이라고 표기되어 있다. 폐어로 비유되는 지식인 현일의 무기력하고 절망적인 삶을 묘사함으로써 전망을 찾을 수 없는 당대 현실 상황을 드러내고 있는 작품이다.

## 폐읍의 사람들/廢邑の人々 : 최윤수. 경성일보(조간)1928.5.22-6.27.

**【내용】** 수상은 소위 지식인으로 어린 아들과 부인을 데리고, 부인의 생가가 있는 연일에 가기 위해 기차를 탄다. 수상의 부인은 연일에서 태어나 사진만으로 선을 본 수상과 결혼하였고, 신여성과 연애하면서 본처를 버리는 남성이 많은 당시의 세태 때문에 남편과의 결혼을 기쁘게 생각하면서도 늘 두려움과 걱정을 안고 산다. 그들은 기차에서 내려 형상강에서 배를 타고 연일로 가는 도중에 풍랑을 만나 곤혹을 치르기도 한다. 연일 사람인 뱃사공은 딸을 팔아 밭을 샀으나 수장되어 버렸다고 한탄한다. 마침내 연일에 도착하여 그곳의 메마른 분위기를 보면서 수상은 그의 아내가 마치 연일의 상징적인 유물처럼 느껴진다. 메마른 민둥산 지대만이 있는 황폐한 연일에는 '게으른 백성들, 성질이 급한 어미'들과 돈에 팔려 가면서도 그것을 출세라고 여기는 딸들이 살고 있다. 수상은 그곳에서 인간의 존엄성을 던져버린 왜곡된 인간 군상을 목격하고 "아, 폐읍 그리고 폐국이며, 폐족이여"라고 비판한다. 한편 수상은 연일에서 신여성 복화를 만나 연정을 품게 되고, 처자식이 있는 자신의 처지 때문에 갈등한다. 그는 괴테가 사랑하는 소녀로부터 도망쳐 이탈리아로 여행을 떠나듯 연일을 떠나고자 한다. 그러던 중 복화의 결혼 소식을 듣게되고, 수상은 그녀의 결혼을 축복하면서 떠나보낸다.

**【참고】** 일본어 소설이다. 총독부 기관지인 《경성일보》에 26회에 걸쳐 연재된 중편이다. 《경성일보》는 1906년 9월에 이토 히로부미가 《한성신보》와 《대동신보》를 합병하여 통감부 기관지로 창간한 신문이며 1910년 한일합병 이후 총독부 기관지로 변경되어 1945년 10월 31일 폐간된다. 이 소설의 배경은 경상북도 연일이다. 작가 최윤수(崔允秀)는 이 소설을 발표할 당시 작품의 배경인 경

상북도 연일공립보통학교의 훈도였다. 이 작품 외에 희곡 「극약(劇藥)」(문교의조선1928.3)과 소설 「의사 이학우(醫師李學雨)」(혜성1932.4.15) 등의 작품이 있는 것으로 알려져 있으나, 작가와 작품에 대한 연구는 전무하다.

## 폐허의 울음/廢墟의울음 : 이용구. 청조사1928.

**【내용】** 이십 대 청년들인 강호, 문수, 낙삼은 C지역에서 어렸을 때부터 함께 자라 온 절친한 친구 사이다. 강호는 부잣집 아들로서 인생은 즐기는 것이란 생각을 가졌으며, 문수는 조선의 현실 문제에 대해 관심을 가지고 꿈을 품고 사는 이상주의자, 낙삼은 세태를 비관하며 우울한 성격을 지닌 염세주의자이다. 셋은 모였다 하면 자신들의 진로와 세상 문제를 가지고 열띤 토론을 펼친다. 그러나 매번 결론 없이 논쟁은 끝나고 마음에는 헛헛함만 남을 뿐이다. 그러던 어느 날. 셋은 길에서 일본인에게 얻어맞고 있는 조선 여성을 목격한다. 그들은 그 참경에 충격을 받고 공리공담을 하기보다는 실제로 세상을 위해 일을 해야겠다고 생각한다. 그래서 강호는 자신의 집을 제공하고, 낙삼은 교사가 되어 노동자를 위한 야학을 시작한다. 한편 강호와 문수는 낙삼의 여동생 현선을 사랑한다. 현선은 두 사람 중에서 놀기 좋아하는 강호보다는 생각이 깊은 문수를 선택한다. 그런데 현선의 부모는 딸을 부잣집 아들인 김일선과 결혼시키려고 한다. 일선에게는 이미 약혼녀 량선이 있었지만 그에게 싫증이 나 현선에게 관심을 두던 차이다. 강호는 현선이 방탕한 일선과 결혼하는 것보다는 친구인 문수와 결혼하는 것이 낫다고 생각하여, 스스로 현선을 단념하고 문수와 현선과의 결혼을 지지한다. 야학 운영비를 감당하기 위해 낮에 인력거를 끌던 낙삼은 실신하여 절벽 낭떠러지 아래로 떨어진다. 낙삼은 사고 후, 병실에서 친구 문수와 여동생 현선을 맺어 주라는 유언을 남기고 죽는다. 그러나 현선의 부모는 여전히 현선과 문수의 혼인을 반대한다. 현선은 이에 반감을 품고, 종종 밤에 문수를 찾아가 잠자리를 같이하고 온다. 그러던 중, 문수는 모 신문에 낙삼의 죽음에 관련한 글을 싣는데, 그 글이 불온하다 하여 일 년 삼 개월의 징역을 언도받는다. 그리고 현선의 아버지 홍 참봉도 공금 횡령죄로 수감될 지경에 이른다. 잇따른 불행에 현선은 자살을 결심하나 강호가 돈을 가져다주어, 아버지의 수감만은 막는다. 그로부터 보름이 지난 후, 현선은 강호와 함께 만주행 열차를 탄다. 그리고 북경으로 가 그곳에서 '스위트홈'을 차린다. 다시 팔 개월 후, 문수가 쓰던 책상 서랍 속에는 문수와 닮은 갓난아기 사진이 남겨진다.

**【참고】** 양장본이다. 속표지 첫 장에 '李龍九 作 長篇小說 廢墟의 울음', 본문 첫 장에 '廢墟의 울음 彈琴臺人 作'이라고 표기되어 있다. 이용구의 본명은 이무영이다. 사회주의적인 내용이나 정사(情事)와 관련된 대목에서 복자가 빈출하고 있다. 발표 당시의 필명 이용구 및 탄금대인으로 이무영은 두 편의 장편소설을 발표했는데, 그 하나는 「의지할 곳 없는 청춘」이고, 다른 하나가 이 작품이다. 이 책을 출판한 '청조사'는 시인 노자영이 경영한 것으로서, 노자영 작으로 전해지는 동일 제목의 작품

도 그 때문에 발생한 착오이다.

## 포낭기/布囊記 : 신정언. 조선일보1936.4.30-12.2(174회 완).

**【내용】** 내용 생략.

**【참고】** 신정언(申鼎言)의 야담 모음이다. 삼국시대부터 조선시대에 이르기까지 정사에 기록되지 않은 이야기들을 병렬식으로 소개하고 있다. 제목 앞에 '連載野談'이라고 표기되어 있다. 연재에 앞서 '作者의 말슴'에서 "소설도, 문학도, 역사도 아닌 야담을 특별히 연재하는 까닭"에 대해 "조선의 야사, 그것은 분명히 우리 손으로 맨들어진 우리의 물건"이며, "야담의 그 속을 들추어 보면 반드시 우리의 수양의 재료가 잇고 취미의 재료가 잇습니다"라고 하여 야담의 중요성을 설명하고 있다. 수록된 이야기의 제목과 연재횟수는 다음과 같다. '불탄 금가락지(11회), 머슴 살든 임검(15회), 그 미인의 눈물(13회), 이 잔만은 사양(11회), 북을 찟는 그 칼(26회), 신의 잇는 련애(31회), 마를 캐든 총각(27회), 마저 죽기 소원(33회).' 주로 왕이나 귀족과 관련된 이야기들이 소개된다.

## 폭풍우 지난 후/暴風雨지난後 : 이파촌. 조선일보1934.1.1-5.14(115회 완).

**【내용】** 경성에서 교원 생활을 하는 민정순은 아버지가 세상을 떠나자 동생 정애를 집으로 데려온다. 정순 부친의 담당의였던 강상수는 아내가 있음에도 불구하고 정순을 흠모한다. 정순은 약혼자인 고희경과 석왕사에 놀러갔다가 우연히 상수를 만나고 점차 그에게 호감을 느낀다. 희경과 상수 사이에서 갈등하던 정순은 상수를 택하고 그에게 이혼을 종용한다. 이 일로 상수의 아내가 자살하는 일이 생기고, 정순은 학교에서 곤란한 입장에 처한다. 그런데 정순은 동료 교사인 성은혜가 학교를 그만두면서 자신과 상수의 일을 소문냈다고 오해한다. 사실 은혜는 자신의 연인이자 사회운동가인 황철과 함께 만주로 가기 위해 학교를 그만둔 것이다. 심란한 정순에게 희경이 다가와 매달리지만, 정순은 이를 뿌리치고 상수와 평양으로 떠난다. 두 사람의 결혼식 날, 희경은 몰래 식장에 잠입해 정순에게 칼을 휘두르고 감옥에 들어가게 된다. 그곳에서 희경은 정순의 오빠이자 사회운동을 하는 민현철을 만나 새 사람이 된다. 한편, 상수와 아이를 낳고 사는 정순은 우연히 부상당한 철을 구하게 된다. 철을 간호하면서 그에게 연정을 품게 된 정순은 사랑을 고백하지만, 철은 이를 거절하고 길을 떠난다. 점점 히스테릭하게 변한 정순은 집을 나와 철의 행방을 알기 위해 은혜를 찾아간다. 그러나 정순은 두 사람의 관계가 깊은 신뢰를 바탕으로 하고 있음을 깨닫고, 그간 자신의 행동을 뉘우치게 된다. 방황하던 정순은 결국 유서를 쓰고 강물에 몸을 던지지만 다행히 병원에서 깨어난다. 이때 소식을 듣고 찾아온 상수와 아들에게 정순은 용서를 구한다. 새로운 사람이 되어 농촌 사업에 한평생을 바치기로 결심한 정순은 은혜와 정애, 가족들로부터 위로와 용기를 얻는다.

**【참고】**《조선일보》 '천원현상장편소설' 공모에서 가작 1석(현상금 오백 원)에 뽑힌 작품이다. 제목 앞에 '顯賞當選小說' 이라고 표기되어 있다. 허영심 많고 히스테릭한 성격의 여주인공이 사회운동을 하는 주변인물에게 감화되어 변모하는 과정이 그려진다. '巴村' 은 필명으로 보이나 작가의 본명을 알 수 없으며, 이 작품 이후로 활동한 이력 또한 찾을 수 없다.

## 폭풍 전야/暴風前夜 : 함대훈. 조선일보1934.11.6.-1935.4.28(149회 완) ; 세창서관1949.

**【내용】** 성희는 시를 좋아하는 교사이다. 어느 날 그녀는 친구 혜숙의 오빠인 최인석을 소개받는다. 성희는 인석의 두 아이들을 좋아하여 친절히 대한다. 인석은 성희가 아이들을 아끼는 모습을 보고, 아내가 있는 처지임에도 불구하고 그녀에게 남몰래 연정을 품는다. 한편 성희는 리철이라는 내과 의사와 약혼한다. 그러나 리철은 친구인 상호의 손에 이끌려 화류계에 출입하게 되고, 향란이라는 여성에게 마음을 빼긴다. 이 사실을 안 성희는 배신감을 느끼고 철과 관계를 끊으려 한다. 철이 화류계 출입을 끊겠다며 용서를 빌자, 성희는 그를 믿고 기다리기로 한다. 신민이라는 청년이 구애하지만 성희는 철을 믿고 결혼하기로 한다. 그러나 철은 그녀를 배신하고 뜻밖의 여성과 결혼해 버린다. 성희는 그 충격으로 바다에 뛰어들지만, 인석이 그녀를 구한다. 기력을 회복한 성희는 계속 자신을 사랑해 온 신민의 마음을 받아들이고, 그와 함께 강원도로 내려가 열심히 일하며 살기로 결심한다.

**【참고】** 폭풍전야의 고요한 풍경처럼 앞날을 예측할 수 없는 젊은 남녀의 사랑과 불안한 현실을 그린 소설으로, 남녀의 연애를 제재로 한 통속성이 강한 작품이다. 함대훈은 유치진 등과 함께 '극연좌' 에 소속되어 「흑경정」, 「황해」, 「낙화암」 등의 희곡을 주로 창작하였던 작가다.

## 푸른 북국/緑の北国 : 장혁주. 河出書房(日)1941(361면).

**【내용】** 서정영은 경성의 《문단》지에 소설이 추천작 후보로 뽑히지만, 안은희라는 여교사와 간도로 도망가서 아이를 낳고 학교 교사가 된다. 부친의 사망 소식을 듣고 귀국하나 모친, 아내와 싸우고 다시 가출한다.

**【참고】** 일본어 소설이다. '인간의 굴레(人間の絆) 삼부작' 중에서 제3부에 해당한다. 총 11장으로 구성되어 있다. 1부 「인간의 굴레(人間の絆)」, 2부 「아름다운 억제(美しき抑制)」에 이어서, 소설가이자 교사인 주인공 서정영의 이야기를 그린다. 이 소설은 실제로 연애 사건에 휘말려 일본행을 택하기도 했던 작가 자신의 연애에 대한 소망을 간도로 배경을 옮겨 소설화했다는 평가를 받는다.

## 푸른 하늘 : 백신애. 소년중앙1935.4-7(4회 완).

**【내용】** 열두 살 명학은 어머니와 두 동생 명룡, 명우와 함께 살면서 이 년 전에 사라진 아버지

를 그리워한다. 명학은 아버지가 반야월 장터에 있다는 이야기를 어머니에게서 들은 뒤, 홀로 반야월로 간다. 그곳에서 명학은 아버지를 알고 있다는 사당패의 거짓말에 속아 따라갔다가 그들에게 붙잡힌다. 명학은 감시가 소홀한 틈을 타 석돌이라는 아이와 함께 도망친다. 삼 년 후, 명학은 비단 짐을 빼앗으려는 도둑과 격투를 벌이다가 도둑의 하수인이 된 석돌을 다시 만난다. 그는 도둑에게 비단을 나눠준 뒤 석돌과 함께 돌아온다. 명학이 도둑을 만난 이야기를 하자, 주인은 명학의 행동을 칭찬한다. 명학은 석돌과 함께 고향집을 찾아 어머니와 두 동생과 재회한다.

**【참고】** 2회와 3회 연재분은 확인할 수 없고, 1회와 4회의 내용만 확인할 수 있다. 4회에서 이후 명학의 이야기는 뒷날로 미루겠다는 서술자의 진술을 참고하면 총 4회로 연재를 마친 것으로 추측된다. 『백신애 선집』(현대문학2009) 연보에서는 이 소설을 '장편소년소설' 로 분류하고 있다.

## 풍년토/**豐年土 : 전명선(서지불명).**

**【내용】** 미확인 작품.

**【참고】**《조선일보》 현상소설공모의 2등 당선작이다. 1931년 11월 6일자 《조선일보》에 다음과 같은 광고가 실려 있다. "懸賞小說當選發表 一等 賞金 參百圓 「旋風時代」 韓仁澤, 二等 賞金 各一百圓 「제힘」 金殷卿, 「豐年土」 全明善. 明日부터 連載" 1931년 11월 10일자 신문에 당선자 세 명의 사진과 함께 소감이 실려 있다. 한인택의 「선풍 시대」는 1931년 11월 7일부터 이듬해 4월 23일까지 연재가 완결되었으며, 김은경의 「제힘」은 1932년 4월 26일부터 5월 31일까지 연재된 후 미완의 상태로 연재가 중단되었다.

## 풍속/**風俗 : 안회남·조광1943.12-1944.2(3회 미완).**

**【내용】** 무수리의 부락 이사장이던 박도영은 양반 행세를 하며 횡포를 일삼아 마을 사람들의 신임을 잃는다. 신임 이사장으로 공주에서 이사 온 야쓰모도가 취임하는 날, 구 이사장 박도영의 집에 불이 난다. 박도영 스스로 집에 불을 낸 것이다. 홧김에 마을을 떠난 박도영은 막내딸의 집엘 들렀다가 두 아들이 있는 서울로 가지만 만나 보지도 못한 채 초라한 행색으로 돌아온다. 업무 인수인계를 못해 초조해하던 야쓰모도는 돌아온 박도영을 찾아내고, 두 사람이 이야기를 나누던 중 동네 사람에게서 박도영의 아내가 양잿물을 마셨다는 이야기를 듣는다.

**【참고】** 안회남의 미완 장편소설이다. 연재 지면에 '長篇小說 風俗 安懷南' 이라고 표기되어 있다. 해방 후 발행된 안회남의 작품집 『전원』(고려문화사1946)에 수록된 단편 「풍속」과는 다른 작품이다. 3회분이 연재된 《조광》 1944년 2월호의 본문 말미에 '계속' 이라고 표기되 있으나 더 이상 연재되지 않았다. 쇠붙이 공출에 농민들이 기꺼이 협력한다는 내용으로 시작되는 등 일제 말기 전시 총동

원 체제에 협력하는 소설로 판단된다. 연재 중단가지의 내용은 양반 행세를 하는 구 이사장 박도영와 새 이사장 야쓰모도의 신분의식에 관한 갈등이 주를 이룬다.

## 풍운아/風雲兒 : 문일. 박문서관1930(36면).

**【내용】** 부잣집 아들인 안재덕은 기생 강혜옥을 따라다닌다. 혜옥은 재덕을 만나고 있긴 하지만, 어릴 적부터 알고 지낸 김창호와 연인 사이이다. 창호는 혜옥을 기적에서 빼내고 싶지만 돈이 없어 절망한다. 재덕의 세 번째 부인 영자는 남편에게 혜옥을 만나지 말라고 하지만 소용없다. 그녀는 우연히 니콜라이 박을 알게 된다. 그는 조선에서 태어나 만주에서 자랐고, 러시아 용병으로 전쟁에 참가하여 독일에 포로로 잡혀간 적도 있는 풍운아이다. 그는 여기저기 떠돌다 여비가 떨어져 귀국한 후 마땅히 할 일이 없어 막막하게 지내는 중이다. 영자는 재덕의 질투를 유발할 작정으로 니콜라이가 자신의 간부라고 속인다. 어느 날 영자는 그와 함께 영도사로 놀러갔다가 재덕의 차에 치인 창호를 구한다. 창호와 니콜라이는 의기투합하여 세탁소를 차린다. 니콜라이는 세탁물을 걷으러 다니다 상해에서 알고 지냈던 곽철산을 만난다. 철산은 그에게 세관에 빼앗긴 아편을 찾아 달라고 부탁하지만 그는 거절한다. 영자는 그에게 함께 도망가자고 애원하고, 마음이 흔들린 그는 마지막이라 생각하고 철산에게서 총을 받아든다. 한편 재덕은 영자와 니콜라이의 관계를 알고 이를 빌미로 영자를 내쫓고 혜옥을 데려오려 한다. 그는 혜옥을 강제로 집으로 끌고 온 후, 뒤쫓아온 창호에게 돈이 없으면 물러나라고 한다. 영자가 가출했다는 것을 안 니콜라이는 그녀가 자살을 결심했다고 생각한다. 그는 이 모든 것이 돈 때문에 벌어진 일이라며 분개한다. 그는 철산에게서 돈을 받아 혜옥을 구하기로 결심하고, 만주로 떠난다는 쪽지를 남긴 후 집을 나선다. 뒤늦게 그를 찾아와 이 쪽지를 본 영자는 니콜라이가 두고 간 총을 들고 재덕의 집으로 달려간다. 그녀는 창호와 재덕이 격투를 벌이는 것을 보고 재덕을 쏜 후 자살한다. 한편 니콜라이는 철산에게 자신이 아편 일을 맡겠다고 하고 선금을 받아 도망친다. 그는 돈을 가지고 혜옥을 찾아오지만, 뜻밖에 영자가 죽은 것을 보고 절망한다. 니콜라이는 모든 것을 뒤로한 채 봉천행 기차에 오른다.

**【참고】** 「아리랑」의 성공 이후 제작된 영화 「풍운아」를 저본으로 하여 작가 문일(文一)이 서술체로 옮긴 영화소설이다. 작자는 후기에서 '원작의 정신을 그대로 표현치 못하게 되어 있는 것, 페이지 관계로 마음껏 붓을 놀리지 못하여 원작 하신 분과 독자 여러분께 적지 않은 불안을 느끼게 한 것'에 대해 양해를 구하고 있다. 「풍운아」의 내용은 실제 '나운규가 소년 시절 연해주 방면에서 하루에 2,30전의 삯전과 헐레벌(러시아 농민이 먹는 빵)에 고용병 노릇했던 체험'(조선일보1938.11.16)을 바탕으로 하였다고 전해진다.

## 피난성/避難城 : 방인근. 신세기1939.8(3회).

**【내용】** 태일은 매부인 경수를 설득하여 온천 경영에 투자하기로 하고 같이 서울로 올라간다. 고향에 남게 된 영애는 옛사랑이었던 정훈을 만난다. 그녀는 정훈이 자신과 헤어지고 학업도 포기한 채 고향에 머물고 있는 것이 안타깝기만 하다. 둘은 서로를 향한 마음을 확인하지만 현실의 벽을 넘지 못한다. 경수는 고향 땅을 저당잡혀 돈을 마련하여 사업에 투자한다. 그 후 영애는 한 달이 넘도록 소식이 없던 경수에게서 빨리 서울로 올라오라는 전갈을 받고 심란해진다. 서울로 올라가는 영애를 배웅 나온 정훈은 언제든 필요하면 편지를 하라는 당부를 남긴다.

**【참고】** 《신세기》 영인본 결호로 인하여 1939년 8월호에 실린 3회밖에 확인되지 않는다. 연재 시작과 종료 시점 및 전체 내용을 파악할 수 없다.

## 피눈물 : 기월. (상해)독립신문1919.8.21-9.27(11회 완).

**【내용】** 3월 1일 독립운동 이후 일인들은 조선인을 죄인이나 견마와 같이 취급한다. 윤섭은 순사에게 위협당하는 여인을 구해 주고 집으로 돌아온다. 그의 형은 부상당했고 여동생은 어디로 갔는지 알 수 없다. 어머니는 윤섭에게 자리를 떠 몸을 숨기라고 말한다. 한편 정희의 집안도 어머니와 할머니, 정희만 남기고 가족들이 순사들에게 끌려가 풍비박산이 났다. 윤섭에게 박엄이 찾아온다. 그들은 대한민국 국기 이천 장을 인쇄한 후 그중 천 장을 산에 붙여 일경의 시선을 끈 후 다른 곳에서 독립운동을 시행할 계획을 세운다. 날이 밝자 북악산과 남산과 인왕산에 태극기가 날리고, 가정집에서도 국기가 날린다. 일병들이 북악산의 태극기를 내리고 발로 짓밟으며 침을 뱉는 동안 대한문 앞에서 사람들이 모여 태극기를 휘두르며 목소리를 높인다. 일경과 헌병들이 달려와 무저항으로 만세를 부르는 사람들에게 칼과 몽둥이를 휘두른다. 제중원으로 실려 온 환자들의 참혹한 상황은 이루 말할 수 없다. 큰 부상을 입은 청년들이 죽고 가족들은 그 곁에서 오열한다. 사망자들을 묻은 공동묘지에서 만세소리가 울려 퍼진다.

**【참고】** 상해판 《독립신문》은 1919년부터 1926년까지 대한민국임시정부가 발행한 신문이다. 1919년 8월 21일자 《독립신문》 자료가 훼손되어 연재 첫 날짜를 확인하지 못했으나 상해판 《독립신문》이 그날부터 간행되었고 그 다음 간행된 26일자에 2회가 실린 것으로 보아 1919년 8월 21일이 연재 개시일이라 판단된다. 3·1운동이 끝난 뒤 쓰인 소설로 작가 기월(其月)의 울분이 직접적으로 토로된 부분이 많다.

## 피는 물보다 진하다 : 이무영. 태양신문1946.?

**【내용】** 1945년 8월 일본이 항복한다. 시모노세키 역은 고국으로 돌아가려는 조선인들로 인산인해를 이룬다. 한홍수의 딸 명주는 동경으로 유학 왔다가 졸업을 며칠 앞두고 연락선에 오른다. 그곳에서 손발이라는 독립투사가 8년 동안 감옥에 투옥당한 내력을 이야기하자 그의 말을 듣는 조선인들은 모두 하나가 된 듯한 느낌을 받는다. 명주는 부산항에 내려서 온양으로 가면서 아버지에 대한 반감을 추스르려고 노력한다. 친일파 거두인 홍수는 체면을 위해 아들 규홍을 학도병으로 보냈다가 아들이 뼛가루가 되어 돌아오게 만든 장본인이다. 온양에서 명주는 숙경 가족을 만나 말동무가 된다. 숙경은 성심병원 원장 장인태의 부인으로 슬하에 두 아이를 두고 있다. 명주는 서울 집으로 돌아오지만 그곳은 친일파를 응징하려는 사람들로 북새통을 이룬다. 얼마 후 명주는 손발이 상해에서 감옥살이 하던 시절 동지인 최일을 찾고 있다는 소식을 듣는다. 명주는 최일이 출감할 때 성심병원의 모 부인이 마중 나왔다는 이야기를 듣고, 직감적으로 그녀가 바로 숙경임을 알아차린다. 명주는 좌익 단체가 모이는 자리에서 당의 최고 지휘자로 있는 최일을 만난다. 명주는 그를 통해 숙경과 재회한다. 최일은 숙경의 오빠인 철수의 동창으로, 장성인 철주권을 찾는 일에 함께 나선 바 있다. 이후 철수는 민족주의자가 되어 독립운동을 하다 감옥에서 죽고, 최일은 공산주의자가 되어 상해에서 수감되었다 풀려난 것이다. 최일은 사람들을 모아 신탁통치에 반대하는 시위를 벌이기로 한다. 그런데 시위가 열리는 날, 그는 신탁 반대 시위를 찬성 시위로 바꾸라는 소련 측의 지시를 받는다. 시위를 위해 모인 사람들이 실망하고 돌아가려 하자 최일은 이들을 강제로 시위에 참여시키려고 한다. 이 사건을 계기로 공산당은 소련에게 조종당하는 폭력배라는 인식이 퍼지기 시작한다. 한편 3년 전에 죽은 줄로 알았던 규홍이 살아서 돌아온다. 그는 도망치다가 한쪽 팔을 잃은 것인데 죽은 것으로 잘못 보고된 것이다. 홍수는 아들이 살아 돌아오자 큰잔치를 벌이지만, 죄책감에 시달리다 스스로 목숨을 끊는다. 그 후 규홍은 명주가 소개한 여인과 결혼하여 가정을 꾸린다. 공산당의 세력이 커져 가면서 공동체 내부에서 갈등이 심해지더니, 결국 좌익 단체는 둘로 나뉜다. 봄이 되자 규홍 부부와 명주가 섬으로 여행을 떠난다. 명주는 외부의 간섭 없이 우리의 정부가 스스로 설 민족의 봄을 기다린다.

**【참고】** 《한국일보》의 전신인 《태양신문》에 1946년 연재된 작품이다. 이후 사상계사에서 1956년 단행본으로 출간되면서 제목이 '삼년'으로 바뀌었다. 이 작품은 해방 직후 한국 사회에서 벌어진 이데올로기의 대립 양상을 보여 준다. 소설 속에서 민족주의자와 공산주의자는 극명하게 갈등하는 양상을 보인다. 이들은 각기 자신들의 이념을 통해 국가의 통치 질서를 세우려고 노력한다. 온건한 우익 지지자로 설정된 주인공은 주둔 미군의 모습을 보면서 나라의 정권이 우리의 손으로 지켜지지 못함을 통탄한다. 인물을 통해, 일제로부터 해방되었지만 실상은 주권을 확고히 되찾지 못하고 그 지배권이 다른 이에게 넘겨진 것에 불과하다는 것을 알게 되었을 때의 비참함을 형상화하고 있다.

「삼년」은 해방 이후 삼 년간(1945-1947)의 상징적인 기간을 통해서 주권을 상실하고 미국과 소련의 군정통치를 받았던 해방 직후의 무정부 상태의 한국 사회를 보여 주는 작품으로 평가된다. 해방 이후의 친일파 청산에 실패한 남한의 사회의 모습, 남한에서 점차 자리를 굳혀 가는 극우 세력과 좌익의 대립, 미군정하의 한국의 사회상 등이 그려진다. 《태양신문》 원본 자료를 찾을 수 없어 단행본을 읽고 내용을 정리했다.

## 피보다 붉은 것 : 김말봉. 여성1949.10-?

**【내용】** 미확인 작품.

**【참고】** 《문예》 1949년 10월호의 《여성》 창간호 광고 지면에 목차가 실려 있는데, 여기에 '連載小說'이라고 소개된 작품이다. 현재 《여성》지 자료는 확인할 수 없다.

## 피안의 태양/彼岸의太陽 : 이규희. 동아일보1937.6.3-10.23(122회 완).

**【내용】** 명호의 가족은 바다 한가운데에서 갑작스럽게 폭풍을 만난다. 그들은 인성의 도움으로 가까스로 구출된다. 인성은 서울에서 전문학교를 마치고 이 섬으로 들어와서 부친의 어선사업을 이어받을 준비를 하고 있다. 명근과 명호 형제는 인성이 세운 야학에서 마을 사람들을 가르치는 일을 돕는다. 명호는 총명하고 성실하여 학업 성적도 뛰어나지만 병약한 형을 보살피기 위해 중도에 학업을 그만두었다. 명호는 야학에서 일하는 동안 명민함과 어진 인품으로 마을 사람들의 신임을 얻는다. 그러던 어느 날 그는 보배라는 처녀에게 마음을 빼앗긴다. 같은 동네에 사는 오상규 역시 보배를 좋아한다. 상규는 보배를 차지하기 위해 야학당 사업을 방해한다. 한편 상규의 아버지 오 주사는 청년회총회가 소집되어 마을 사람들이 분주한 틈을 타, 명근의 아내 금홍을 능욕한다. 명근이 뒤늦게 그 사실을 알고 칼을 들고 오 주사의 집으로 달려가지만 도리어 그 집 사람들에게 몰매를 맞고 돌아온다. 그 후 명근은 지병의 악화로 세상을 떠나고, 그의 처 역시 죄책감을 견디지 못하고 자살한다. 이후 극심한 생활고에 시달리던 보배는 돈에 팔려 간다. 명호는 야학당을 지키기 위해 빚을 지고 집까지 빼앗긴다. 명호는 누이동생 순이와 조카 남매를 데리고 섬을 떠나 농촌으로 간다. 한편 인성은 명호와 순이를 배신하고 서울 여자와 결혼하지만 불행한 결혼 생활을 지속하다

가 결국 감옥에 갇힌다. 명호와 순이는 인성이 출감하기를 기다리고, 인성이 돌아오자 야학 운동을 새롭게 시작하기로 다짐한다.

**【참고】** 제목 앞에 '當選小說' 이라고 표기되어 있다. 1937년 《동아일보》 현상당선소설이다. 궁핍한 삶과 참담한 현실 속에서도 희망을 버려서는 안 된다는 주제를 담고 있다. 올바른 교육을 위해 고군분투하는 주인공의 삶을 형상화하여 다가올 미래가 밝음을 보여 준다는 점에서 계몽적이고 교훈적인 작품의 성격이 드러난다.

# ㅎ

## 하얀 개간지/白い開墾地 : 한설야. 文學案內(日)1937.2.

**【내용】**「홍수」,「부역」,「산촌」 참조.

**【참고】** 한설야의 '탁류 3부작' 으로 알려진「홍수」,「부역」,「산촌」을 일본어로 압축하여 쓴 작품이다.

## 하얀 쪽배 : 정인택. 소학생1949.1·2-6 ; 신대한도서1949.

**【내용】** 내용 생략.

**【참고】**《어린이나라》1949년 9월호에 "잡지《소학생》에 연재하여 많은 독자들의 가슴을 조이게 하던 정인택 선생이 지으신 장편소녀소설「하얀 쪽배」가 이제 아름다운 책으로 되어 나왔습니다. 어린 소녀이 몸으로 마차를 끌어 병든 어머니와 늙으신 아버지를 봉양하던 가련한 경애, 하로아침에 어머니를 잃고, 아버지마저 영영 집에 돌아오시지 않게 되자, 불상한 경애는 과연 이 세상을 어떻게 씩씩하게 싸워 나갔을까요. 모두 눈물 없이는 읽을 수 없는 아름답고 슬픈 이야기"라는 신대한도서 신간 광고 기사가 실려 있다. 연재 당시 '소녀소설' 이라고, 광기 기사에는 '장편소녀소설' 이라고 표기되어 있다.

## 한류의 어족/寒流의魚族 : 박영준. 부인신보1948.9.23-12.31(76회 미완).

**【내용】** 조선이 해방된 후 조성희는 의사인 오빠 석환과 함께 산다. 만주로 갔던 성희의 언니 명희와 형부 종태가 오성욱이라는 남자와 함께 돌아온다. 성희와 식구들은 그들의 무사 귀환을 축하하고 성욱에게 감사를 표한다. 학병으로 만주의 전쟁에 참전한 성욱이 명희와 종태를 도왔고, 그 인연으로 모두 함께 귀국한 것이다. 어느 날 성희는 사귀던 경수에게 유부남이라는 고백을 듣는다. 성희는 경수가 일 년 이상 그 사실을 숨겨 온 것에 충격을 받는다. 한편 성욱은 아내 정순길이 자신의 귀국 열흘 전에 자살했다는 사실을 알고 괴로워한다. 그녀는 성욱이 만주로 간 사이 생계를 꾸리기 위해 공장에 서기로 취직했다가 공장 사장에게

겁탈을 당하는데, 그가 성욱의 아버지라는 것을 알고 자살한 것이다. 성욱은 어머니와 자신을 버리고 게다가 자신의 아내까지 죽게 한 아버지에 대한 원한과 복수심으로 갈등한다. 성희와 성욱은 서로의 상처를 돌아보며 서로에게 점점 호감을 갖지만, 마음을 쉽사리 정하지 못한다. 성욱은 복수를 위해, 아버지가 추진한 결혼식 당일 불참한다. 한편 종태는 불법적인 방법으로 공장을 운영하는 등 점점 속물적으로 변해 간다. 명희는 종태와 이혼을 결심하고 성욱에게 호감을 느낀다. 그러나 동생 성희와 성욱이 서로 호감을 갖고 있다는 것을 알고는 둘을 맺어 주려 한다. 한편 성희는 성욱과 경수 사이에서 고민하다가 자동차 사고로 한쪽 다리를 잃고 폐인이 된 경수를 위해 자신을 희생하기로 결심한다.

**【참고】**《부인신보》에 1948년부터 연재가 되다가 신문의 정간과 함께 연재가 중단되었고, '부인신문' 으로 신문의 이름이 바뀌어 발간된 1950년에도 연재가 재개되지 않았다. 1948년 9월 23일자《부인신보》에 실린 연재 예고에는 작가의 말이 있는데, 그 내용은 '젊은 여성들의 애정 문제', 즉 '부인 있는 남자와의 애정, 첩을 가진 남편과의 갈등' 을 중심으로 당대인들이 '처해 있는 세태를 그려 보려' 했다는 것이다. 원본을 찾을 수 없었던 부분의 내용 정리는 창우문화사판(1983) 단행본을 참고하였다.

## 한양성/漢陽城 : 박태원. 여성문화1945.12,1946.8(2회 미완).

**【내용】** 도요토미 히데요시가 정권을 잡고 조선을 침략하겠다는 뜻을 비치자 조선의 고관들은 저마다 의견을 내놓으며 언쟁을 한다. 혼란한 국정을 틈타 왜군이 부산에 침입하여 파죽지세로 북진한다.

**【참고】** 연재 지면에 '連載小說 漢陽城' 이라고 표기되어 있다. 잡지의 결호로 인하여 2회 분량만 확인할 수 있어 정확한 연재 기록을 알 수 없다. 전체적인 작품의 줄거리도 파악하기 어렵다.

## 항우/項羽 : 윤백남. 조선중앙일보1933.4.1-8.11(133회 완).

**【내용】** 내용 생략.

**【참고】** 제목 앞에 '長篇大衆小說 楚漢軍談' 이라 표기되어 있다. 윤백남 자신의 작품인 「十二夜話」에 이어 연속 게재한 작품으로 항우의 영웅담을 그리고 있다.

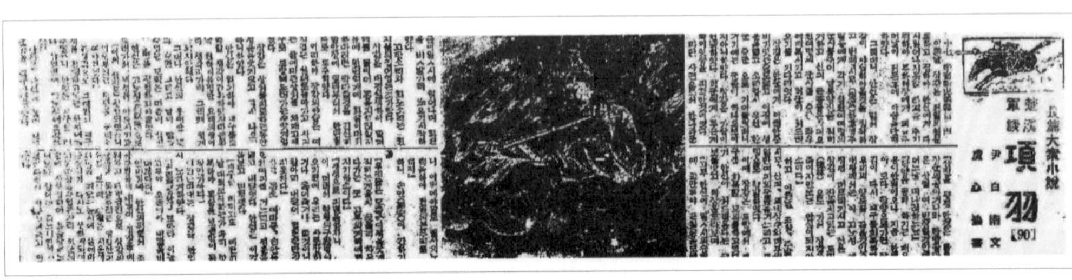
長篇大衆小說
楚漢軍談
項羽
【90】

## 해는 지평선에/해는地平線에 : 김동인. 매일신보1932.9.30-1933.5.14.

**【내용】** 내용 생략.

**【참고】** 죽은 왕비를 그리워하며 나랏일에는 신경을 쓰지 않는 임금의 폐정에 분노한 젊은이들이 임금을 폐위시키기 위해 거사를 도모하는 과정을 그리고 있는 작품이다. 시대와 배경은 독자의 상상력에 맡긴다는 작자의 말이 붙어 있다. 특정한 역사적 사건을 소재로 하였던 김동인의 후기 역사장편소설들과 조금 달리 시공간을 불분명하게 처리하여 독자들의 상상력을 자극하고 있어 대중성이 더욱 강화된 작품이다. 나라를 생각하는 젊은이들의 의기와 우국정신이 강조되고 있으나 통속성을 벗어나지 못한 작품으로 평가된다.

해는 地平線에
金東仁 作
李承萬 畫

## 해당화/히당화 : 작자미상. 신한민보1940.9.26-1941.12.11(40회).

**【내용】** 뉴욕과 시카고에서 유랑하던 최경식은 10여 년의 외국 생활을 마치고 고향으로 돌아온다. 그러나 그사이 아버지는 돌아가시고 자신의 아내는 재가하여 친구인 춘선이와 함께 살고 있는 상황이었다. 이에 경식은 어머니를 모시고 몽금포를 떠나 평안도 재령으로 이주하기로 결심하고 춘선을 찾아간다. 본디 경식은 결혼하여 부모님과 함께 몽금포에서 작은 땅이라도 마련하여 행복하게 사는 것이 꿈이었다. 그러나 점점 살기가 어려워지자 개발회사의 공고를 보고 하와이 이주를 결심하였던 것이다. 경식은 미국에서 하와이, 콜로라도 등으로 옮겨 다니며 철공장과 석유 사업에 성공하여 큰돈을 모을 수 있었다. 경식은 춘선을 찾아가 예전 아내에게 전해 달라며 거금 2,500원을 전하고 재령으로 이주하여 사업을 하며 살아가게 된다. 또한 기생에게 빠져서 집을 나갔던 동생 경삼이 내외도 불러들여 함께 행복하게 살아간다. 그러던 어느 날, 춘선이에게 옛 아내가 죽었다는 소식을 듣고 몽금포를 찾아간다. 그곳에서 아내가 죽는 날까지 자신을 사랑했다는 사실과 춘선의 동생인 확실이가 현재는 자신을 흠모하고 있다는 사실을 알게 된다. 경식은 춘선과 함께 아내의 장례를 성대히 치러 주고 다시 재령을 향해 돌아간다.

**【참고】** 연재 지면에 '직미 한인의 이정 히당화'라고 표기되어 있다. 작가는 표기되어 있지 않다. 《신한민보》는 미국 시카고에서 발행된 교민신문이니까, 작자는 미국에 거주하는 교민 중의 누군가일 것이다.

## 해동염사/海東艶史 : 차상찬. 한성도서1937(321면).

**【내용】** 내용 생략.

**【참고】** 고려대 도서관 소장 한성도서본 표지에 '車相瓚 著', 판권지에 '著作 兼 發行 漢城圖書株式會社 右代表 韓奎相'이라고 표기되어 있다. 조선의 정사, 야사, 문집 등 역사적 기록물에 나타난 여성 인물에 관하여 전해 내려오는 이야기를 엮은 책이다. 본문이 시작되기에 앞서 '海東艶史序'에 다음과 같은 내용이 실려 있다. "아즉것 이렇다 할 만한 女子本位의 史冊은 完成된 것이 없으니 엇지 遺憾이라 안이할 수 있으리요 나는 거긔에 恒常痛感한 바가 있어서 平素史冊을 읽을 때에 女子에 關한 記錄이 있으면 그것을 抄出하야 機會 있는 대로 各誌에 發表하였고 그 發表하였던 것을 여러 해 동안 모와서 이제 한 冊을 또 編成하였으니 이른바 이 海東艶史이다." 서문에 이은 '海東艶史凡例'의 내용을 요약하면 다음과 같다. "一, 이 글은 우리 조선의 정사(正史), 야사(野史), 문집(文集), 전설(傳說), 그외 여러 긔록 중에서 특히 이름이 난 녀자들의 사적만 뽑아서 편술하였음으로 특히 '海東艶史=해동염사'라 이름하였다. 一, 이 글은 남녀로소를 물론하고 누구나 읽기에 가장 편하고 흥미를 부치게 하기 위하야 전문을 주로 조선글로 쓰고 문장은 가장 쉽고도 취미를 중심하야 썼다. 一, 이글은 일반독자가 인물을 구분하기에 편리키 위야 제일편 후비, 녀왕, 공주, 궁인(第一編 后妃, 女王, 公主, 宮人), 제이편 명부인, 명첩(第二編 名婦人, 名妾), 제삼편 렬녀, 효녀(第三編 烈女, 孝女), 제사편 투부, 추부(第四編 妬婦, 醜婦), 제오편 명긔(第五編 名妓), 제륙편 전설, 가요, 괴담, 만담, 희담(第六編 傳說, 歌謠, 怪談, 漫談, 戱談) 등으로 구별하였다." 여성 독자층을 염두에 두고 책을 간행했음을 짐작할 수 있다.

## 해뜨는 지평선/해쓰는地平線 : 빙허. 조선문단1927.1-3(3회 미완).

**【내용】** '나'는 기미년 이듬해 XX신문의 기사를 떠올리고, 그중 박병래와 윤애경의 결혼 초야에 벌어진 혈극에 관한 부분을 모아 하나의 이야기를 구상하려 한다. 기사의 요점은 박병래를 찌르고 도망친 범인 김활해가 얼마 후 자수하여 4년 형을 언도 받았으며, 공판 중 윤애경이 혼절하여 입원하는 소동이 벌어졌다는 내용이다. '나'는 당시 기사들을 다시 읽으며, 이 사건의 이면을 조사한다. 활해와 애경은 연인이었으나, 애경은 집안이 망하자 부호 병래와 결혼한다. 활해는 애경의 처지를 이해하나 울분을 참지 못해 병래를 찌르고 수감된다. 애경은 출옥하는 활해를 기다려 자신들의 집으로 데려간다.

**【참고】** 현진건이 '憑虛'라는 필명으로 《조선문단》에 연재하던 도중 휴간으로 중단하였다가 이후 장편 「적도」의 일부로 계승되었다. 1회와 2회는 '신문긔사'라는 소제목으로 이루어졌으며, 3회는 「적도」의 초반부 '출옥'의 내용과 거의 동일하다. 「해뜨는 지평선」의 '김활해', '박병래', '윤애경'이 「적도」에서 '김여해', '박병일', '홍영애'로 바뀌어 가필되었다.

## 해뜨는 화원/해뜨는花園 : 윤승한. 야담사1943.

**【내용】** 병조판서인 증조부와 병사수사를 지낸 조부를 둔 박병식은 명망 높은 집안의 자손이

다. 병식은 동래수세위원이라는 직책을 맡아 무사히 임기를 마치고 삼 년 만에 귀향길에 오른다. 서울로 올라오던 중 우연히 대구에 들렀다가 진주 기생 매향을 만난 병식은 그녀의 뛰어나 미모에 반해 살림을 차린다. 그러나 아편 중독자였던 매향으로 인해 병식 또한 아편에 중독되어 건강이 악화된다. 병식은 서울에서 기다리는 가족들과 아들 윤희는 안중에도 없이 재산을 모두 탕진한다. 그러던 어느 날 수세위원으로 재직할 당시 어업권을 몰래 빼돌렸던 것이 뒤늦게 발각되어 병식은 3년 형을 받고 감옥에 수감된다. 병식의 아들 윤희는 우수한 성적으로 고등학교를 졸업하고 한성외국어학교에 입학하여 동경으로 유학할 결심을 한다. 집안 형편 때문에 유학을 망설이던 윤희는 병식이 수감된 사실을 알고 더욱 괴로워한다. 그러던 중 삼촌의 도움을 받았던 일본인 가도라는 남자가 윤희의 학업을 지원해 주겠다고 나선다. 가도와 함께 동경에 간 윤희는 명치대학 법학부에 진학한다. 윤희는 동갑내기인 가도의 딸 하나코와 가깝게 지내며 호감을 느낀다. 그는 내선일체 사상에 경도되어 조선민족을 대표하는 한 사람으로서 일본을 위해 종군하겠다고 결심한다. 기무라다께기지(木村武吉)로 개명한 윤희는 전쟁에 참전한다. 전장에서 돌아온 윤희는 하나코와 결혼하여 함께 조선으로 돌아온다. 윤희는 한성법학전문학교 교수가 되고, 화자라는 조선 이름으로 개명한 하나코는 동경여자사범대학 교수가 된다. 그사이 병식은 극도로 건강이 쇠약해져서 죽는다. 윤희 내외는 정덕학교 재단을 세워 민족을 개화하고, 선진 교육 제도를 정착시키는 데 앞장선다. 일한신협약이 체결되고 조선에 통감부가 설치되며 조선지원병제도가 실시된다. 윤희는 아들에게 일본 국민으로서 병역의 의무를 할 것을 권유한다. 윤희는 아들의 송별회를 열고 정덕학교 학생들은 모두 감동의 눈물을 흘린다.

**【참고】** 전체 96쪽의 분량이며 본문 첫 장에 '中篇小說 해뜨는 花園'이라고 표기되어 있다. 서사의 전반부에서는 권세가문의 몰락 과정을 통해 부패한 조선의 현실이 비판적으로 그려진다. 그와 대조적으로 서사의 후반부는 '나라는 각각이라도 민족은 처음부터 한민족'(42면)이라며 일본의 선진화된 문화 수준을 예찬하고 조선과 일본이 한민족임을 강조하는 등 친일적인 성향의 내용이 주를 이루고 있다. 작가는 소설 속에서, 조선인이 무지했던 과거를 버리고 일본 국민으로 새롭게 태어나야 한다는 점을 누차 강조한다. 전대를 부정적으로 평가하고 후세의 앞날을 희망적으로 바라보는 작가의 태도가 표제를 통해 드러난다.

## 해바라기 : **염상섭. 동아일보1923.7.18-8.26(40회 완).**

**【내용】** 동경여자대학 문과 출신의 영희는 결혼식이 사회적인 구습이며 허영심의 발현이라고 생각한다. 그녀의 약혼자 순택이 신식 결혼식을 주장하자 이에 못 이겨 식을 치르지만 마음 한편으로는 불만을 느낀다. 순택과 영희는 피로연이 끝나고 폐백을 드리러 신랑 집으로 향한다. 구식 결혼을 하지 않고 호텔에서 신식 결혼을 한 것 때문에 영희의 시아버지가 역정을 내자 영희는 당황한다. 영희는 결혼식에 참석하지 못해 미안하다는 S의 전보를 받고, S의

형 홍수삼을 떠올린다. 그녀는 수삼을 사랑했으나 경제적인 이유로 순택과의 결혼을 선택한 것이다. 총독부 토목과 촉탁이라는 순택의 지위와 지고지순한 그의 사랑에 영희의 마음이 움직였다. 영희와 순택은 각자의 집을 들른 후 신혼여행을 떠난다. 여행 일정을 결정한 영희는 목포로 향한다. 삼 년 전 수삼이 폐병으로 세상을 떠난 H군을 찾아 보려는 것이다. 그 사실을 뒤늦게 알게 된 순택은 분노의 감정을 느끼나 영희의 모습에 그 감정을 가라앉힌다. 두 사람은 수삼의 묘를 찾아가고, 묘 앞에서 표정이 어두워지는 영희를 보자 순택은 다시 질투의 감정이 솟아난다. 돈을 내어 수삼의 비문을 만들어 준 영희는, 비문 앞에서 과거에 수삼과 주고받았던 편지와 일기를 태우고, 그 재를 자신의 사진과 함께 상자에 담아 그 아래에 묻는다. 순택은 그 상자 안에 무엇이 들어 있는지 알 수 없다는 사실에 허탈함을 느낀다. 순택은 영희의 마음을 알 수가 없다.

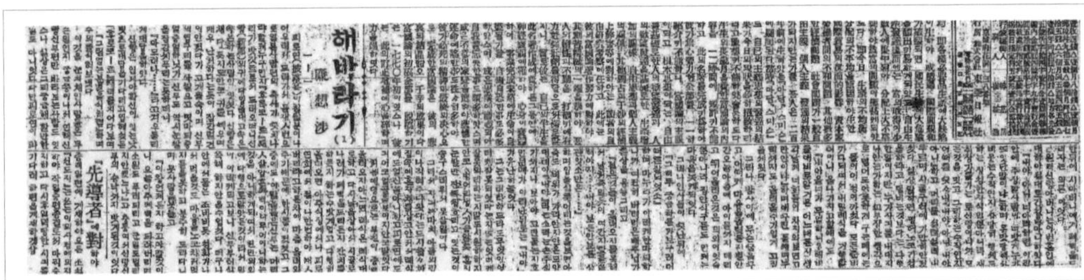
해바라기 (1)

**【참고】** 이 작품은 1948년에 '신혼기'로 개제하여 금룡도서에서 단행본으로 간행되었다. 당시 문인이자 화가였던 실존인물 나혜석을 모델로 했다는 설이 있다. 현실과 사랑의 관념 사이에서 갈등하는 여성 주인공의 복잡하고 미묘한 심리를 염상섭 특유의 문체로 표현한 작품이라고 평가된다. 「신혼기」는 「해바라기」에 비해 홍수삼을 잊고자 하는 영희의 심사가 더 강조되어 있다.

## 해방/解放 : 설정식. 신세대1948.5.

**【내용】** 미확인 작품.

**【참고】**《신세대》 1948년 5월호 목차에 '連載 解放(第三回) 薛貞植'이라고 표기되어 있으나 작품 수록 지면이 유실되어 확인할 수 없다. 같은 호 신작 광고에 설정식의 「靑春」이 소개되었으나 이 작품 역시 국립중앙도서관 소장 중 유실되어 확인할 수 없다.

## 해방/解放 : 박철. 동문사1948(72면).

**【내용】** 더운 여름 한낮, 수동은 영이의 놀림을 받는다. 수동의 형이 병신 흉내를 내면서 징용에 안 가려고 했기 때문이다. 결국 수동의 형 수철은 서에 잡혀갔다. 수동의 둘째 형 수복이 영이와 수동의 싸움을 말리고 동생을 데리고 집으로 돌아온다. 수동과 수복 형제는 어머니와 함께, 서에 잡혀간 형과 형을 빼내려고 백방으로 노력하고 있는 아버지가 돌아오기를 기

다리고 있다. 다음 날, 순사가 수복의 집 앞에서 인구 조사를 하고 돌아간다. 수복의 식구는 피땀 흘려 보리농사를 지었지만, 그 성과는 고스란히 땅주인에게 빼앗겨야 하는 처지이다. 아무리 열심히 일해도 살림은 나아질 기미조차 보이지 않는다. 수복은 큰형 수철을 생각하면 왈칵 눈물이 솟는다. 얼마 후 수철이 일본으로 징용 갔다는 사실이 전해진다. 한편 농번기가 돌아와 돌이 형과 김 선달이 풍물패들과 어울려 한바탕 두레놀이를 펼친다. 농민들은 '일본 놈들'과 싸워야 한다고 입을 모은다. 이튿날 허가 없이 풍물놀이를 했다는 이유로 김 선달과 돌이 형이 고등계 형사에게 잡혀간다. 심한 공출과 부역 때문에 나날이 힘들어지는 조선 농민들은 일본의 패망을 빌고 있다. 그러던 중 미국 비행기가 하늘을 날아간다. 수복은 지주들이 자기 땅을 늘리는 데에만 힘을 들이는 것과 '우리 정부는 시대의 변환을 모르고 서로 세력다툼만' 일삼는 것을 비판한다. 얼마 후 대동아전쟁이 터지고 일본의 패망 소식이 전해진다. 수복은 역사에 대한 자긍심을 갖는다. 여기저기서 '조선 독립 만세'를 외치는 소리가 들려온다. 농악이 울리고 사람들은 감격의 눈물을 흘린다. 무사히 돌아온 돌이 형이 건국 준비위원을 맡고 마을 사람들의 계몽 사업에 앞장선다. 수복은 마을 어린이들을 모아 소년 치안대를 조직한다. 사람들은 조국에 대한 애정을 확인하고 다함께 애국가를 부르며 태극기를 휘날린다.

**【참고】** 표지에 '少年小說 解放 第一回懸賞當選作品', 본문에 '少年小說 解放 朴哲'이라고 표기되어 있다. 일제 말 농민들의 현실과 독립의 감격을 그리는 중편 분량의 소년소설이다. 조국에 대한 애정과 독립의 소중함을 강조하는 결말을 통해 독자에게 교훈을 전달하려는 의도를 드러내는 작품이다. 소설 말미에 '1946년 9월 12일 끝'이라고 표기되어 있다.

## 해방/解放 : 김동리. 동아일보1949.9.1-1950.2.16(156회 안).

**【내용】** 어느 날 우익 청년 단체인 '대한청년회'의 지도인사인 우성근이 암살당한다. 우성근의 절친한 친구였던 이장우는 신철수와 함께 암살범의 정체를 밝히려고 노력한다. 철수는 간사한 인물로 허울뿐인 신문사를 차려 놓고 좌익과 우익을 넘나들며 여성 동맹원을 겁탈하기도 하고, 친일파였던 인사를 협박하여 돈을 뜯어내기도 한다. 우성근의 장인 심재영은 친일 행위로 축재를 했던 인물이다. 이장우는 암살범의 정체를 밝히기 위해 심재영의 집안

長篇小說 解放 【1】

金東里 作

南宜齋 畵

에 드나들면서 그 딸 양애에게 호감을 느낀다. 암살범의 정체는 좌익 청년 단체에서 활동하던 하기철이었는데, 그의 여동생 미영과 우연히 만난 장우는 그녀에게도 호감을 느껴 삼각관계가 형성된다. 철수는 먼저 암살범의 정체를 파악하고 이를 빌미로 미영을 겁탈하려다 실패한다. 결국 철수의 밀고로 좌익 단체의 거처를 급습하는 도중에 총격전이 발생하여 두 명이 죽는다. 결국 기철은 체포되고, 취조를 받던 중 심장마비로 죽는다. 희생자가 나온 것에 책임을 지기 위해 장우는 경찰서로 향한다.

**【참고】** 김동리의 첫 장편이나 작가 자신에 의해 언급된 경우도 많지 않고, 전집에도 수록되지 않아 외면 받았던 작품이다. 1950년 2월 《국도신문》에 수록된 작품평에서 백철은 '인간성을 중시하지만 그 인간과 인간성에 대한 해석이 넓지 못하고', '현실의 여러 사정에 눈이 어두운 이 작가가' 현실을 다룸으로써 '작품 전체가 관념적인 위험을 범하게 된 것은 불가피한 결과' 라고 평했다.

## 해방의 날/解放의날 : 강금종. 청년문화사1946(116면).

**【내용】** 순일은 아버지가 병으로 돌아가신 후 누이동생 순희와 함께 일본으로 유학을 떠난다. 순일의 어머니는 가난한 살림이지만 순일, 순희 남매의 뒷바라지를 위해 헌신한다. 순일에게는 두 명의 누나가 있지만 모두 출가한 후로 소식이 끊어진 상태다. 일본에 도착한 순일은 낮에는 잡지사에서 근무하고 밤에는 대학에 다니며 열심히 공부한다. 순희 또한 고등여학교에 다니며 공부를 게을리하지 않는다. 세월이 흘러 순일, 순희 남매는 어느 정도 일본 생활에 적응하게 된다. 어느 날 순일에게 둘째 누나 순옥이 찾아오고, 세 남매는 어머니를 일본에 모셔 오기로 한다. 그러나 갑자기 순일에게 어머니가 돌아가셨다는 전보가 날아온다. 세 남매는 귀국하여 눈물로 어머니의 장사를 치르고 다시 일본으로 돌아온다. 어머니의 죽음 이후 순일은 점차 냉정하고 이지적으로 변모한다. 그리고 조금씩 조선인을 핍박하는 일본 정책의 모순을 깨닫게 된다. 순일은 대학에서 함께 공부하던 병수, 봉일 등과 함께 계림동지회를 조직하여 본격적으로 민족해방운동을 벌인다. 그러던 중 순일은 일본 제국에 체포되어 수감되고, 3년에 걸친 옥 생활을 하게 된다. 순일의 수감 소식을 듣고 큰누나 순실이 찾아온다. 15년 만에 한자리에 모인 순일, 순희, 순실, 순옥은 그동안의 일들을 떠올리며 눈물을 흘린다. 3년이 지난 후 순일은 석방되고 얼마 지나지 않아 해방을 맞이한다. 고향으로 돌아오는 배 안에서 순일은 조선 동포들 앞에서 희망에 찬 연설을 한다.

**【참고】** 본문이 시작되기에 앞서 추천인의 '서문'과 작가의 '머리ㅅ말'이 실려 있다. "과거의 생애를 위선(僞善) 아닌 진성(眞聲)으로 쓴 것이 즉 강(姜)군의 「解放의 날」"이며, "나는 이 짤다른 글로써 독자와 사회 여러분께 강군을 소개하는바"라고 하는 추천사 말미에 '洪鍾遠'이라는 추천인의 이름이 표기되어 있다. 작가의 서문에 해당하는 '머리ㅅ말'에서 "내 동지들과 내 신변을 모델로 해서 거짓없는 사실을 토로한 것만은 틀님없다"고 밝히고, 글의 말미에 '단군4278. 2월 강금종'이라고 저자를 명시하고 있다. 독립을 위한 주인공의 활약보다는 일본에 건너가 고생 끝에 가족과 상봉하는 고

생담이 주를 이룬다. 국립중앙도서관 소장 청년문화사본을 텍스트로 내용을 정리했다.

## 해방 전후/解放前後 : 이태준. 문학1946.8.

**【내용】** 일제 말기 시국에 대해 소극적이고 가급적 협조를 않던 작가 현은 살던 집을 세놓고 강원도 산읍으로 들어간다. 창씨개명이나 친일 작품 혹은 일어 창작을 거부했지만 그렇다고 대동아 전기의 번역만은 거절하지 못하던 그였다. 감시의 눈을 피해 낚시로 소일하던 그는 그곳에서 김 직원을 만나 교유한다. 그러던 중 문인궐기대회에 참석하지 않을 수 없게 되는데 자신이 연설할 차례가 되자 대회장을 빠져나오고, 주재소에서는 현에게 시국집회에 참석하지 않았음을 경고한다. 전국유도대회와 관련하여 김 직원이 잡혀 들어가고, 친구의 전보를 받고 상경하던 현은 일제의 패망과 조선의 독립 소식을 듣는다. '조선문화건설중앙협의회'를 찾은 그는 좌익 문인 단체의 선언문에 서명하고, 좌익 문인 단체에서 활동을 한다. 좌익과 우익, 찬탁과 반탁 데모로 어수선한 가운데 김 직원이 상경하여 논쟁을 벌이고 서로 이념적인 화해를 할 수 없게 되자 김 직원은 서울을 떠난다.

**【참고】** '한 작가의 수기' 라는 부제가 붙어 있다. 1946년 6월《문학》에 발표하고, 이 작품으로 그해 '제1회 해방문학상' 을 수상했다. 해방 직후 이태준은 조선문학건설본부 중앙위원장을 맡고, 전국문학자대회 공동의장으로 회의를 주재한 바 있다. 작품의 주인공 현과 대립하는 인물로 김 직원이라는 노인을 설정했다. 노인은 삼일운동 때 옥고를 치른 경력이 있으며, 항일적 기개는 모진 풍상에도 끝끝내 꺾이지 않는다. 인품이 고결하고 주관이 뚜렷한 애국자이지만 완고한 성격 때문에 해방 후 상황에서 무용의 구물로 퇴장한다. 구시대의 인물이 물러날 수밖에 없는 대신 현은 해방 직후의 어수선한 상황에서 새로움을 보색하는 모습을 이 소설은 주목하고 있다. 해방 전 상황에서 최소한의 가치를 지켜 내기 위한 분투 맞은편에, 혼돈과 변혁의 해방 직후 상황에서 적절하고 정당한 방향을 모색하는 신세대 인물을 설정한 것이다.

## 해조곡/海鳥曲 : 윤백남. 동아일보1931.11.18-1932.2.9(78회 완).

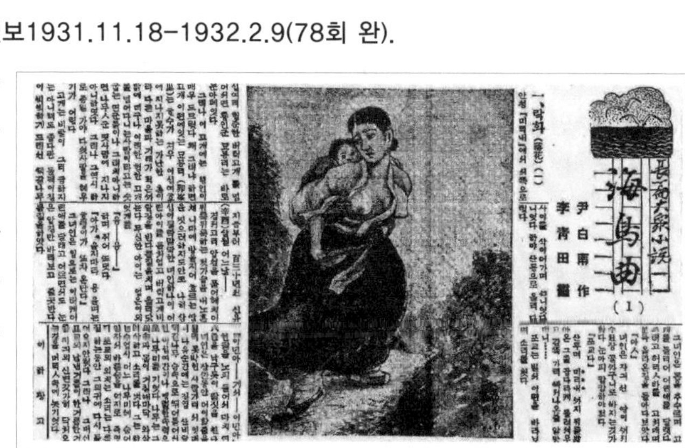
長篇大衆小說

海鳥曲

尹白南 作

李青田 畵

(1)

**【내용】** 평범한 상인이었던 해룡은 서학의 이념에 공명하여 독실한 신자가 된 형 백순의 죽음을 계기로 역시 신자가 된다. 백순은 사악한 그의 아내에게 살해되었는데, 이 사건의 전모를 보고 해룡은 현실 사회에 대한 염증을 느낀다. 결국 지배층의 보수적 이념에

반발하는 집단적이고 조직적인 항거를 위해 해적단을 만든다. 한편 경순은 남편을 여의고 독실한 오빠의 슬하에 있으면서 서학을 믿게 된다. 그녀는 신유박해 때 잡혀간 오빠 부부를 대신해 조카를 맡아 청국으로 피신하던 중 갖가지 고초를 겪으나 해적단에 의해 구출되면서 그 일원이 된다. 해룡이 토벌을 나온 관선의 계략에 패퇴하여 실종되자 경순은 여두목의 직책을 맡아 해적단을 수습하고 해룡을 찾아내어 가약을 맺는다. 그러던 중 해룡은 순교자들의 사적을 기록한 백서를 북경 천주당에 전하러 가던 황사영의 체포 소식을 듣는다. 해룡은 산적 두목 악일과 의기투합하여 황사영의 구출을 시도하지만 실패한다. 황사영의 백서 사건은 조정에 큰 충격을 주어 교인 탄압을 심화시키는 계기가 된다. 그러나 종교적 신앙심에 바탕을 둔 인간 평등 사상은 계속 확산될 뿐이다.

**【참고】** 천주교 탄압을 배경으로 하여 지배층의 보수성을 비판하고 인간평등사상을 역설하는 주제를 뚜렷이 드러내는 작품이다. 정부의 박해에 항거하는 해적단의 활동을 서사의 중심축으로 놓은 것이 특징이다. 해적단의 항거는 결국 실패로 돌아가지만 그것과 관계없이 평등사상이 확산될 수밖에 없음을 역설하는 낙관적인 전망을 보이고 있다.

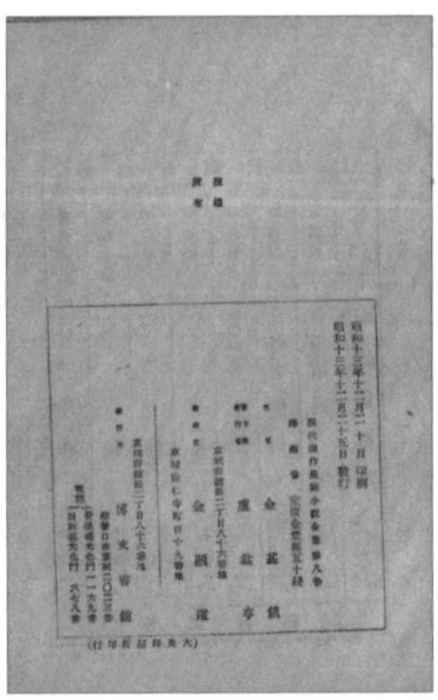

## 해조음/海潮音

김기진. 조선일보1930.1.25-7.25(114회 완) ; 박문서관1938.

**【내용】** 함경남도 신창항에서 가까운 어촌에서 정어리 공장을 운영하는 조 노인은 조선인 자본가이나 자금난에 몰려 일본인에게 금전적인 도움을 받게 된다. 그는 건실하고 선량한 인물이었으나 일본인의 자금을 쓰는 바람에 공장 경영을 자신의 뜻대로 하지 못하여 공장 노동자들과의 갈등의 골이 깊어진다. 신창항에서 술을 파는 여인 북청집의 본명은 남수인데, 그는 조 노인의 공장과 거래하는 배의 선주 만돌이와 정을 통하고 동거하게 된다. 그러나 둘은 사실 사촌지간이었고, 이 사실을 알게 된 북청집은 결국 물에 뛰어들어 목숨을 끊는다. 조 노인은 조선인 노동자를 착취하는 일본인 자본가의 수족 역할만 하다 결국 공장을 빼앗기게 된다. 조 노인의 아들 관식은 깨인 생각을 갖고 있는 인물로, 조 노인의 공장이 일본 자본가의 손에 넘어간 후 어민조합의 결성을 주동하여 투쟁의 준비를 갖춘다.

**【참고】** 함경남도 신창항 가까운 어촌을 주된 무대로 삼아서 조선인의 자본과 노동력이 일본인 자본가에게 착취되는 과정을 보여 주고 있다. 실제 정어리 공장 경영에 관여했던 작가의 경험을 바탕으

로 현장의 상황을 구체적으로 묘사하는 데 성공한 작품이다. 특히 조 노인의 타락을 통해 자본자가 노동자를 착취하게 되는 과정이 개인적 성품이 아니라 구조적 모순에 있다는 것을 날카롭게 묘파하는 데 성공했다. 사상적으로 깨우친 인물이 등장하여 조합을 결성하는 낙관적 전망을 제시했다는 점에서 당시 리얼리즘 소설의 전형성을 드러내고 있다. 당시 김기진은 프로 문학에도 대중을 끌어들이기 위해 통속적인 내용을 가미해야 한다는 것을 골자로 하는 '대중소설론'을 제창했다. 작품의 주제를 드러내는 데 도움이 되지 않는 북청집과 만돌이의 통속적 사랑 이야기의 삽입은 이 '대중소설론'의 창작적 실천의 일환으로 보아야 할 것이다. 『박문서관 장편전집』 2차 7권으로 발행되었다는 기록이 있다.

## 행로/行路 : 현민. 개벽1934.11-1935.1(3회 완).

**【내용】** 한숙희에게는 병약한 오빠가 있다. 숙희의 아버지는 오빠더러 항상 동네의 모범생이자 우등생인 김종혁을 본받으라고 한다. 그러나 오빠는 뜻을 펴기도 전에 어린 나이에 숨을 거두고, 숙희는 종혁이 괜스레 밉다. 시간이 흘러 S여자고등보통학교 3학년이 된 숙희는 여름방학 때 강연을 하는 종혁의 모습을 보고 반한다. 동경 유학생이던 종혁은 여름방학을 이용해 고국 순회강연단의 일원으로 조선에 온 것이다. 강연이 끝나기 전 종혁은 경찰들에게 끌려가고, 이후 안부를 확인하러 종혁이 머무는 곳으로 찾아간 숙희의 적극성에 두 사람의 인연이 시작된다. 종혁과 숙희는 고향의 강가에서 만나기로 하지만 종혁이 모종의 사건에 연루되어 다시 검거되는 바람에 둘은 만나지 못한다. 한참 후에야 사실을 알게 숙희는 더욱 종혁을 잊지 못한다. 이후 감옥에서 나온 종혁은 여성동우회원 원순과 러시아인 소냐와 함께 지낸다. 숙희는 방학을 맞이해서 꿈에 그리던 종혁을 만나고, 그를 사이에 두고 세 여자가 묘한 경쟁을 한다. 어느 날 저녁 S라는 사람이 나타나 종혁, 소냐, 숙희 셋이 함께 있는 여관에 쳐들어온다. S는 종혁을 여자들에게 정신을 빼긴 색마라고 꾸짖으며 운동에 뜻이 없다고 비난한다. S는 종혁을 때려 코피를 쏟게 한다. 종혁과 숙희가 어쩔 줄 몰라 하는 사이 소냐가 나서자 종혁은 소냐를 자신의 애인이라고 말한다. 숙희는 그 후 종혁을 찾지 않는다. 종혁은 또다시 감옥에 들어가게 되고, 소냐는 외국으로 떠난다. 9년이 흘러 학교 선생이 된 숙희에게 폐인이 된 종혁이 찾아온다. 숙희는 옛일을 떠올리며 그때 그 정열적이던 사람들은 다 어디로 갔을까 생각한다.

**【참고】** 유진오가 '현민(玄民)'이라는 필명으로 개벽에 연재한 작품이다. 1934년 12월호에 "이번 號에는 끝을 막으랴 햇든 것인데 身邊에 疊出하는 家庭的 不幸으로 因하야 또다시 來月號로 미루게 되엇슴을 讀者와 編者께 사과합니다. (作者)"라는 부기가 있는 것으로 보아 원래 작가는 2회 연재를 계획한 것으로 보인다. 결국 총 3회로 연재를 마치게 되었으며, 2회 연재분은 '以下X行不得已略'이라는 표기와 한께 몇 줄이 생략되어 있어 건열에 의한 삭제로 추정된다.

## 행복/幸福 : 엄흥섭. 영창서관1941.

**【내용】** '해동공론'이라는 잡지사 편집주임인 김성철은 동생 성숙과 함께 금강산으로 여행 갔다가 손보경이라는 젊은 여성 화가를 만난다. 여관이 만원이라 성철 남매와 보경은 한 방에 묵게 된다. 여관에 있는 동안 사내 둘이 보경을 찾아오지만 보경은 그들을 피하게 해 달라고 성철에게 부탁한다. 알고 보니 그녀는 억지 결혼을 피하기 위해 가출하여 금강산으로 온 것이다. 보경이 동경서 미술 학교에 다닐 때 황승일이라는 자에게 학비를 보조받은 적이 있는데, 승일은 이를 빌미로 그녀를 첩으로 삼으려 하는 것이다. 갈 곳 없는 보경은 성철 남매를 따라 서울로 와서 그들의 집에 묵는다. 어느 날 성철의 친구 최만식이 놀러 왔다 보경을 만난다. 두 사람은 과거 연인 사이였으나 만식의 배신으로 헤어진 것이다. 성철은 점차 보경을 사랑하게 되지만, 그녀가 친구인 만식과 과거 연인 관계였다는 사실을 알고는 둘의 재결합을 권할 뿐 자신의 마음을 고백하지 못한다. 보경의 오빠 재호는 미국 유학을 다녀온 인텔리이면서도 자신의 이익을 위해 누이를 황승일에게 내주려 갖은 계략을 세운다. 그러나 보경에 대한 자신의 태도를 뉘우친 만식의 활약과 성철의 도움으로 보경은 승일의 손아귀를 벗어난다. 성철은 승일을 설득하여 개과천선하도록 한다. 만식은 승일과 보경의 문제를 해결한 후, 방탕했던 과거를 뉘우치며 귀농을 단행한다. 성철과 보경은 서로의 애정을 확인한다. 한편 성철이 다니는 회사의 사장은 수지타산이 안 맞는다는 이유로 잡지를 폐간하려 한다.

**【참고】** 표지에 '幸福 嚴興燮 著'라고 표기되어 있다. 전체 8장으로 구성되어 있다. 삼각관계의 중첩, 사랑을 둘러싼 암투와 행복한 결말 등 남녀간의 복잡한 애정 관계를 그려 내는 데 치중한 작품이다. 영창서관 발행 단행본에 「행복」 외에도 「구혼행」, 「순정」, 「유한청년」 등 세 편의 단편이 함께 수록되어 있다. 1939년 『영창서관 명작전집』 7권으로 간행되었다는 정보가 있다. 태학사에서 영인한 영창서관 1949년본을 텍스트로 내용을 정리했다. 판권지의 초판 기록은 1941년이다.

## 행복에의 흰손들/幸福에의흰손들 : 이태준. 조광1942.1-1943.1(12회 완) ; 박문서관1945.

**【내용】** 민화옥, 유소춘, 차순남은 중학 동창생이다. 화옥의 집안은 대가족이다. 그녀는 자신만의 공간을 가지려면 결혼을 하는 방법밖에 없다는 것을 깨닫고 한탄한다. 수줍음 많고 겸손한 성격의 소춘은 소설가가 되기를 꿈꾸는 문학도이다. 활달한 성격의 순남은 C일보사의 여기자로서 여성의 자립에 대해서 많은 관심을 가지고 있다. 순남은 사회 생활을 통해, 가정이 여성을 위한 울타리가 아니듯 조직사회도 역시 여성을 위한 처소가 아님을 깨닫는다. 한편 소춘은 은행원 황순필과 선을 보고 결혼을 결심한다. 소춘의 결혼식 전날, 순남과 화옥은 소춘에게 신혼일기를 쓰라며 공책을 선물한다. 소춘은 전근 발령을 받은 남편 순필을 따라 개성으로 옮겨 가고, 그날부터 신혼일기를 쓴다. 그러나 꿈 같은 신혼 생활도 잠시, 순필이 술을 마시고 늦게 들어오는 날이 잦아진다. 순필은 소춘의 정숙한 성격에 진저리가 난다면서 술주정을 부린다. 소춘은 남편의 잦은 외박과 방탕한 생활을 견디지 못하고 홀로 강

경해 순남의 도움으로 C일보사 기자로 취직한다. 한편 화옥은 결혼하여 시어머니 밑에서 호된 시집살이를 겪는다. 화옥은 스스로 가정사를 개척하리라 결심하고 시어머니를 설득해 나간다. 마침내 남편이 외과를 개업하여 분가하게 된 화옥은, 신식 주부가 되어 살림을 꾸려간다. 소춘은 장편소설 「여인기행」이 현상공모에 당선되어 소설가의 꿈을 이룬다. 순남 또한 신문사의 전무와 결혼하여 '여성문화사'를 차리고 사업가로 활약한다.

**【참고】** 1942년 《조광》 연재 후 단행본 출간되었다. 연재 당시에는 '長篇連載 幸福에의흰손들' 이라는 표제로 소개되었다. 『행복에의 흰손들』(박문서관1945), 『세 동무』(범문사1946), 『新婚日記 — 一名 세 동무』(광문서림1949) 세 판본 모두 이명동작 관계의 단행본이다. 세 명의 여성이 서로에 대한 우정을 유지하며 자신의 인생을 개척해 나가는 과정을 그린 소설이다. 화옥은 결혼 후 가정 내에서 구습을 깨뜨리고 삶을 개선하려고 노력한다. 이혼을 선택한 소춘은 사회 속의 여성 문제에 대해 눈을 뜬다. 순남은 여성들의 사회의식을 일깨우기 위해 노력한다. 작가는 세 명의 여성을 통해 가정과 사회에서 관습화된 여성의 이미지를 비판하고 주체적인 여성상을 제시한다.

## 행복의 위치/幸福의位置 : 김래성. 부인1946.6-12(3회 완); 백조사1947; 해왕사1949.

**【내용】** 백화점 직원 영주는 사랑과 행복을 가져다줄 남자를 기다린다. 제약회사 선전부에서 일하는 영주의 오빠 영식은 동생의 꿈이 지나치게 허황되다며 걱정한다. 늙은 어머니도 영주를 얼른 시집보내고 싶어 하자 영식은 동료인 허성철을 동생에게 소개해 주려 한다. 성철은 백화점에서 우연히 영주를 보고 일 년째 짝사랑 중이다. 이를 알게 된 영식은 영주가 자기 여동생이라는 사실을 숨긴 채 성철에게 영주에게 다가갈 방법을 일러준다. 성철은 영주에게 만년필을 사면서 부러 책보를 흘리고 간다. 책보 속에는 '행복의 위치'와 '자살의 의의'라는 책이 들어 있다. 영주는 그 속에서 편지를 발견하고 성철이 돈 많고 낭만적인 청년이라 상상한다. 영주는 성철이 다시 찾아오기를 기다린다. 다시 나타난 성철에게 영주는 적극적으로 다가가고 둘은 가까워진다. 성철은 영주에게 청혼하고, 영주는 들뜬 밤을 보낸다. 그러나 성철은 양심의 가책을 이기지 못하고 자신이 가난한 월급쟁이라는 사실을 영주에게 밝힌다. 뛰쳐나가려는 영주를 붙잡은 영식은 돈이 행복한 삶의 전부가 아니라고 타이른다.

**【참고】** 해방 이후 발표된 소설이지만 시대적 배경은 독립 이전 일제시대를 바탕으로 하고 있다. 남녀의 연애를 다룬 통속소설에 가깝다. 신데렐라를 꿈꾸는 신여성들에게 교훈적인 주제를 전달하고자 하는 작가의 취지가 뚜렷이 드러나는 작품이다. 《부인》 1권 2호(1946.6), 3호(10), 5호(12)에 총 3회 연재되었다가 후에 창작집 『행복의 위치』에 수록된 작품이다.

## 행복한 백성/幸福の民 : 장혁주. 開拓(日)1942.5-8(4회 미완) ; 南方書院(日)1943(288면).

**【내용】** 내용 생략.

**【참고】** 일본어 소설이다. 애초에 이 소설은 《開拓》에 1942년 5월부터 8월까지 4회에 걸쳐 17장까지 연재했다가 후에 5장 분량을 추가 집필하여 총 22장의 단행본으로 출간되었다. 장혁주는 1942년 조선 총독부 척식과의 주선으로 만주의 개척촌을 탐방하고, 그때 취재한 내용을 바탕으로 장편소설 「개간」과 「행복한 백성」을 집필했다. 「행복한 백성」은 1940년 무렵의 용정 부근의 집합이민촌을 배경으로, 창씨명 이와무라(岩村順道)라는 경상북도 청년이 가난을 이기지 못해 만주로 이주해 온 뒤 여러 가지 문제를 착실하게 해결해 가면서 황민으로 거듭난다는 내용을 그린 소설이다. 특히 이 소설은 만주를 희망과 개척의 땅으로 묘사하는 한편, 조선의 이주민과 일본의 이주민들이 서로 힘을 합쳐 난관을 극복함으로써 내선일체를 이루어 가는 과정을 강조해서 그리고 있다. 소설 서두에 이른바 국민총력운동과 황국신민화를 독려하는 '대동아문학'으로서 의의가 큰 작품이라고 고평하는 국민총력조선연맹선전부장 쓰다(津田剛)의 '추천의 말'이 실려 있다.

## 향가/鄕歌

**이무영. 매일신보1943.5.3-9.6(122회 완) ; 동방문화사1947(840면) ; 민중서관1949.**

**【내용】** 충주 팔선동의 윗마을은 대지주 성낙중을 중심으로 토박이들이 살고, 아랫마을은 영남에서 살길을 찾아 넘어온 사람들이 터를 잡고 있다. 엄달근은 무식하나 심지가 굳고 성실한 농군으로, 외지인을 반대하는 낙중에 대항해 영남 사람들이 팔선동 아랫마을에 자리 잡는 것을 돕는다. 이 때문에 낙중과 달근은 원수지간이 되고 민심은 달근에게 기운다. 낙중에게는 명옥이라는 딸이 있고, 달근에게는 자식들 중 가장 똑똑한 아들 준섭이 있다. 준섭은 만주에서 이주민들을 상대로 계몽운동을 꾀하나 여의치 않자 고향으로 돌아온다. 팔선동 나루터에서 그는 우연히 명옥과 만난다. 명옥은 서울에서 전문학교를 마치고 고향으로 내려온 참이다. 두 사람의 만남을 두고 동네에 좋지 않은 소문이 퍼지자 낙중은 명옥을 혼낸다. 한편 준섭은 장자늪을 개간해 농토로 만들려던 달근의 계획이 낙중의 훼방으로 중지되었다는 것을 알고는 분노한다. 명옥은 아버지와는 달리 춘궁기에 시달리는 마을 사람들에게 쌀을 나누어 주는 성품을 지니고 있다. 낙중은 이런 명옥이 준섭과 어울릴 것을 걱정하며 천석꾼 조 참봉의 아들 영훈에게 시집보내려 한다. 명옥

은 장자늪을 개간해 자작 농지를 만들고 강습소를 열어 국어를 교육하는 뜻이 우선이라며 영훈과의 혼례를 거절한다. 영훈은 명옥의 큰 뜻에 감격하여 금융조합 이사로 있는 친구 윤중태를 통해 몰래 개간 비용을 지원한다. 장자늪 개간 사업이 순조롭게 진행되자 조 참봉과 낙중은 그 땅을 욕심낸다. 마을 사람들의 투표로 개간지는 조 참봉의 소유가 되고, 낙중은 첩이 재산을 훔쳐 달아나는 등 불운한 일이 겹쳐 재산을 대부분 잃고 소작인과 다름없는 처지가 된다. 명옥은 그것이 아버지의 죄과라고 생각한다. 영훈은 아버지를 설득하여 이십 년 무변으로 사람들에게 자작 농지를 나누어 주게 한다.

**【참고】**《매일신보》에 연재된 후 일부 개작되어 동방문화사에서 1947년 11월 간행되었다. 개작본에서는 황국사관이나 일본 지배를 정당화하는 부분이 삭제되고 민족의식을 강조하는 내용으로 바뀌었으며, 일본어 교육을 강조하는 부분도 한국어 교육을 강조하는 것으로 변경되었다.《중앙신문》 1947년 11월 30일자 광고에 동방문화사판 단행본이 소개되었다.

## 향약촌/鄕約村 : 현경준. 비판1936.6-10(4회 완).

**【내용】** 가난한 농군의 아들인 박금석은 보통학교 모범 지도생으로 학교 업무를 맡아보면서 청년훈련회와 진흥회, 향약 사업에도 헌신적으로 참여하고 있다. 아무런 보수도 주어지지 않는 자리지만 후에 면사무소 서기나 금융조합 서기가 될 희망을 품고 일에 헌신한다. 그의 아버지 박대동은 금석의 열성이 못마땅하지만 내심으로는 대견해하며 그가 면사무소나 금융조합의 서기가 되기를 고대한다. 그의 누이인 금순은 출가한 지 얼마 되지 않아 남편과 사별한다. 사회주의 운동에 연루되어 도망을 다니던 남편이 병을 얻어 객사한 것이다. 금석은 실의에 빠진 누이를 틈틈이 돕는다. 향약 사업을 주관하는 약장과 마을 구장은 때마다 주민들을 모아놓고 향약 사업의 이점과 시행 규칙에 대해 설명한다. 그러나 주민들은 향창을 만들 것을 주장하는 약장과 구장의 의견에 반대한다. 해마다 추수기에 일정량의 곡식을 가구별로 각출하여 비축하였다가 이자를 받고 곡식을 빌려 주자는 것이 향창의 목적이지만 이자를 내기 위해서는 보증인이 필요한 데다 호구책이 변변치 않은 주민들에게는 이자를 갚을 능력도 없고, 추수기에 내놓을 곡식도 여유롭지 않기 때문이다. 그러나 구장과 약장의 주장에 따라 결국 향창이 만들어진다. 금석은 구장의 막내딸 입분이를 흠모하나 빈한한 가세 때문에 고백을 망설인다. 두 집안 사이에 혼삿말이 오가기도 하지만 구장은 선뜻 승낙을 하지 않고 금석은 초조하기만 하다. 그러던 중 약장의 아들이 일본 유학에서 돌아와 입분이와 정혼하고 금석이 고대하던 금융조합 서기 자리도 차지해 버린다. 입분이에 대한 연정으로 구장의 악행을 참아 왔던 금석은 결국 모든 일을 접고 김유사의 정어리 공장에 취직하기로 결심한다. 한편 금순의 죽은 남편과 뜻을 같이했던 필수와 승호, 주석, 동필 등은 마을 사람들의 눈을 피해 자주 금순의 집에 모여든다. 평소 이들을 못마땅해하던 구장은 염탐하다

주재소에 밀고한다. 금순을 비롯한 이들은 모두 주재소에 잡혀가고, 이 사실을 안 금석은 구장의 집으로 달려간다. 분을 이기지 못한 금석이 구장의 멱살을 잡지만 누군가에 의해 맞아 쓰러지고 만다. 이 일이 있은 지 반날도 못가서 마을에 폭풍이 닥치고, 이튿날 모든 것이 휩쓸려 간 마을을 보며 구장과 약장은 만족한 듯 웃는다.

**【참고】** 제목 앞에 '長篇'으로 표기되어 있으나 분량상 중편이다. 농민을 구제하고 풍기를 단속한다는 명목으로 만들어진 향약이 오히려 가난한 농민들에게 이중의 고통을 주는 실상을 통해 몰락하는 농촌의 현실을 사실적으로 그리고 있는 작품이다. 고려대 도서관 소장 《비판》의 1936년 10월호를 참고하였으며, 간기에 표기된 발행일은 10월 20일이다. 태학사에서 영인한 『한국근대단편소설대계』 33권에도 최종회가 '36.10'으로 표기되어 있다. 국립중앙도서관 DB에는 최종회가 실린 것이 1936년 11월호라고 기록되어 있으나 표지가 유실되어 있고, 정황상 10월 연재 마감이 정확한 정보인 것으로 판단된다.

## 향원염사/香園艶史 : 최독견. 조선일보1928.10.29-1929.10.20(235회 완).

**【내용】** 정순은 14세 때 야학선생 변영철과 연애 사건을 일으켜 영철이 학교에서 쫓겨나게 만든다. 그 후 스무 살이 된 정순은 평양으로 유학 갔다가 기숙사 친구 경애의 약혼자 김영환을 유혹하여 경애와 헤어지게 한다. 이 와중에 정순은 우연히 영철을 다시 만나게 되고, 그와 관계를 이어 간다. 정순은 유부남인 영철의 아이를 임신하게 되자 위장 출산을 위해 고장일과 결혼한다. 장일이 정순의 임신에 대해 의심하자 정순은 그의 반일운동 문건을 고발하여 감옥에 보낸다. 그녀는 아이마저 버리고 영철과 상해로 도피한다. 정순은 상해에 머물며 영어 회화를 배우다가 교사 스미스에게 강간당한다. 그녀는 잠시 괴로워하지만 나중에는 스미스에게 돈을 받고 자신의 몸을 내어 주는 매춘까지 하게 된다. 퇴폐적인 생활을 이어 가던 정순은 영철이 직장을 잃자 그와 헤어진다. 집을 나온 정순은 중국인 은행가 탕의 호의로 그의 집에 머물게 된다. 정순은 자신을 유혹하는 탕과 탕의 아들 백린 사이에서 묘한 삼각관계를 이루다 결국 탕의 집을 나와 백린과 동거한다. 신문을 통해 우연히 아들 정남의 소식을 알게 된 정순은 귀국한다. 아들을 치료하던 의사 백 박사와도 연애를 하게 된 정순은 상해에서 만났던 진국이 귀국한 것을 알고 그와도 다시 만난다. 아들 정남이 죽고 백 박사와 진국 사이에서 갈등하던 정순은 진국을 따라 상해로 간다. 그러나 상해행 배에서 인생의 허무함과 무상함을 깨닫고 진국과 함께 자살할 마음을 먹는다.

**【참고】** 「승방비곡」과 함께 대표적인 최독견의 대중소설 중 하나로 꼽히는 작품이다. 육체적 욕망을 위해 여러 남성들과 관계를 맺는 여주인공의 일탈적 성격과 문제적 행동이 화제를 낳은 작품이다. 채호석은 이 작품이 여성의 성적 방종과 그에 대한 고백이라는 두 가지 요소가 결합된 성격을 지닌다고 보았다. 결말의 파국은 「향원염사」의 대중소설적 성격을 생각할 때 방종한 여성에 대한 응징으로서 필연적인 사건으로 보인다. 연재 작품 말미에는 부득이한 사정으로 빈번하게 휴재한 것을 사과하는 작가의 말이 실려 있다.

## 허생전/許生傳 : 장백산인. 동아일보1923.12.1-1924.3.21(111회 완).

**【내용】** 과거를 볼 생각은 없이 글공부만 하던 허생은 아내의 성화로 가출한다. 허생이 서울 장안의 대부호 변 진사를 찾아가 돈 만 냥을 부탁하자 변 진사는 두말없이 돈을 내어 준다. 허생은 몸종 돌이와 함께 안성장의 과일을 모두 사들인다. 그는 과일 흉년으로 과일 값이 천정부지로 오르자 비싼 값에 되파는 방법으로 십만 냥을 번다. 그는 벌어들인 십만 냥 가운데 삼천 냥은 도적떼에게, 육천 냥은 가난한 자들에게 나눠주고 구만 냥은 안성읍의 류 진사에게 맡긴다. 강경에서 배를 사들여 이문을 남긴 허생은 돈에 미쳐 아비의 시신과 처를 팔려 하는 사람들에게 돈을 나눠주고 말총을 사러 일행과 함께 제주도로 향한다. 제주도에 도착한 그는 제주 목사의 비행과 부패상을 발견하고 그를 쫓아내고 제주의 논밭과 배를 백성들에게나 나눠준다. 허생은 일본과의 교역으로 옷감, 종이 등의 물자를 사들이고, 때마침 흉년이 든 조선 본토에 총물을 판매하여 큰 수익을 얻는다. 어느 날 그는 일행들과 함께 남쪽으로 떠났다가 풍랑으로 미지의 섬인 '장기도'에 도착하는데, 그곳에서 임란 때부터 머물던 조선인을 만난다. 얼마 후 그곳은 반상구별이 없고 모두 자기 맡은 바 일을 부지런히 하는 살기 좋은 별천지가 된다. 삼 년째 되던 해에 허생은 글을 깨친 오십여 명을 데리고 조선으로 돌아가다가 풍랑 때문에 헤어졌던 배 여덟 척의 소식을 알게 된다. 조곰보가 그들을 데리고 새로운 육지에 나라를 세웠는데 자신과 측근만 부유하게 살며 나머지는 폭정에 시달리고 있다는 것이다. 이에 허생은 조곰보를 퇴치한 뒤에 과부를 아내로 맞이한 돌이와 헤어져 조선으로 향한다. 변 진사를 찾아 십만 냥을 되돌려주고, 허생은 변 진사의 소개로 훈련대장 이완과 교류한다. 허생은 북벌의 계책을 묻는 이완에게 5년간 곡식을 백성에게 나누어 주고, 무기를 녹여 농기구로 만들고, 명문거족의 사세를 보아야 한다고 주장한다. 이완에게 조언한 북벌의 계책이 효종에 의해 채택되자 허생은 자취를 감춘다.

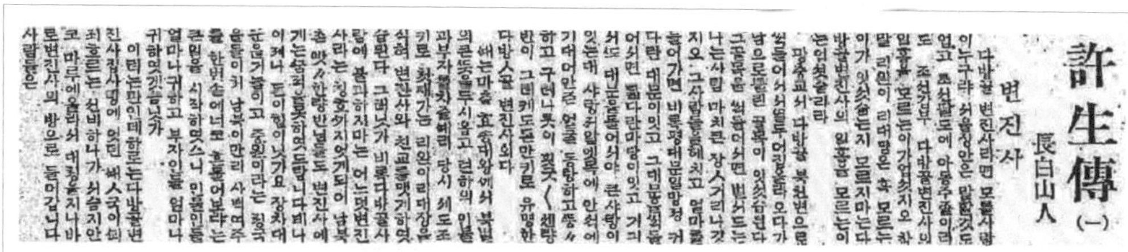
許生傳 (一)
長白山人
변진사

**【참고】** 이광수가 '장백산인'이라는 필명으로 연재한 작품이다. 박지원의 「허생전」을 기반으로 작가가 일부 화소를 추가했다. 효종대왕이 허생의 말을 받아들이는 점에서 원작과 차이가 있다. 이광수에 의해 추가된 내용 중, 조선인이 임진왜란 때 일본병을 살려 주고 지내다 일본 장기에 같이 건너와 살게 되었다는 부분이 있어 친일적 성향을 엿볼 수 있다.

## 허생전/許生傳 : 채만식. 조선금융조합연합회1946.

**【내용】** 허생은 서른이 되는 동안 이십오 년을 글만 읽었으나, 과거 볼 생각을 하지 않는다. 그는 부인 고 씨의 성화에 글공부를 중지하고 부자 변 진사에게 돈 만 냥을 빌린다. 그는 예전에 종으로 있다가 속량시켜 준 먹쇠를 만나 함께 여행한다. 허생은 안성장에서 과일을 모조리 사들였다 비싼 값에 되파는 방법으로 만 냥을 십만 냥으로 불린다. 그는 도적을 만나 그들의 사정이 딱한 것을 알고 신천지를 약속한다. 허생은 도적과 그들이 데려온 사람들 사천 명가량을 데리고 제주도 조천 땅으로 간다. 악행을 일삼던 탐관오리 제주목사 김아무와 이방 송삼복은 허생의 계략으로 쫓겨나고 제주도는 관리의 손아귀에서 벗어나 반상구별이 없고 모두 자기 맡은 바 일을 부지런히 하는 살기 좋은 별천지가 된다. 허생은 목적을 달성한 후 서울로 돌아가는데, 변 진사가 훈련대장 이완을 소개하여 교류하게 된다. 이완은 허생이 큰 인물인 것을 깨닫고 벼슬자리를 제의한다. 허생은 그를 거절하며 이완과 조정에서 준비하는 북벌에 대해 자신의 견해를 피력한다. 훗날 이완이 변 진사와 다시 허생을 찾아갔을 때 그는 이미 사라진 뒤였다.

**【참고】** 조선금융조합연합회본(1947,110면) 표지에 '蔡萬植 作'이라고 표기되어 있다. 초판은 1946년 발행되었다. 채만식은 박지원의 「허생전」과 이광수의 「허생전」(동아일보1923.12-1924.3), 설화를 참고하여 작품을 지었다고 밝혔다. 1946년 9월 16일 탈고되었다. 허생을 돕는 먹쇠나 매화 등의 인물이 삽입되어 이야기의 현실성과 구체성이 강화되었다고 평가된다. 조선금융조합연합회에서 농민의 계몽, 학문과 예술의 보편화를 꾀하기 위해 만든 협동문고(協同文庫) 4-1권이다.

## 허영/虛榮 : 난파생. 매일신보1919.9.3-11.18(60회 완) ; 박문서관1922(117면).

**【내용】** 옥지는 연인 김우식이 미국으로 유학을 떠나자 정절을 지키겠다고 약속한다. 옥지는 우식이 준 다이아몬드 반지의 답례로 신약전서를 준다. 신약전서 안에는 옥지의 동생 옥미와 관련된 편지가 들어 있다. 편지는 옥미의 어머니가 옥지의 어머니에게 보낸 것으로, 귀족의 딸인 옥미를 잘 길러 달라는 내용을 담고 있다. 한편 옥지는 어머니가 임종하는 자리에서 동생인 옥미가 백작의 딸임을 알게 된다. 옥지는 옥미에게 사실을 알리지 않고 자신이 백작의 딸인 것으로 가장한다. 옥지는 우식과의 약속을 저버리고 백작의 후계자인 리셕구와 결혼하려 한다. 백작을 비롯하여 하인들, 셕구까지 옥지보다는 옥미의 인품을 사랑하게 되자 옥지는 질투심에 휩싸인다. 옥지는 옥미를 구박하며 셕구와의 결혼을 서두른다. 그러던 어느 날 우식이 미국에서 돌아와 옥지를 찾아온다. 우식은 마음이 변한 옥지를 설득하지만 옥지는 자신의 뜻을 굽히지 않는다. 이에 우식은 신약전서 속의 편지로 옥지를 협박한다. 우식은 옥지가 자신을 속이고 결혼을 감행하려 하자 결국 옥지를 살해한다. 우식이 사실을 이야기하여 백작과 옥미는 부녀지간임을 알게 된다. 옥미는 셕구와 혼인한다.

**【참고】**《매일신보》 연재 지면과 단행본 본문 첫 장의 저자 표기는 '蘭坡生'이다. 판권지의 저작자 표기는 '洪永厚'이다. 귀족의 딸로 살고 싶은 욕망 때문에 양심과 언약을 저버리고 파멸하는 여주인공의 모습을 그리고 있는 소설이다. 여주인공의 허영으로 인한 배신을 작품의 제재로 삼고 있다. 작가는 악한 주인공을 악마와 요부로, 선한 주인공을 천신과 선녀로 표현한 뒤 악한 주인공의 파멸을 제시하면서 권선징악을 강조한다.

## 허영녀의 독백/虛榮女의獨白 : 전무길. 대조1930.5-8(3회 완).

**【내용】** 송도 출신인 '나'는 평양으로 이사 온 후 여학교에 다닌다. '나'는 정구대회에서 어린 시절부터 친분이 있던 K를 우연히 만나 연인 사이가 되어 결혼하려 하지만, K 집안의 반대로 헤어진다. 이후 '나'는 빼어난 용모와 말솜씨를 무기로 많은 남성들과 염문을 뿌린다. 서울로 와 상급학교에 진학한 후에도 '나'의 남성 편력은 계속된다. 졸업할 날은 다가오는데 장래가 불투명하자, '나'는 신학자로 명망 높은 학교 교수 B 박사를 유혹하여 결혼한다. B 박사는 명예 때문에, '나'는 물질적 안락함 때문에 애정 없는 결혼 생활을 유지한다. 어느 날 학생들이 동맹휴학을 하자, 그 처분을 가지고 '나'와 B 박사는 의견을 달리한다. '나'는 B 박사의 언행이 위선적이고 표리부동하다고 공격한 후 집을 나온다. '나'는 평양으로 내려와 공장 직공으로 취직한다.

**【참고】** 연재 지면에 '虛榮女의 獨白 全武吉'이라고 표기되어 있다. 서술자인 '나'가 자신의 과거를 회상하는 1인칭 소설이다. 3회 끝에 실린 '作者附記'에, '여러 가지 사정으로 인하여 원래의 계획을 변경하여 짧게 끝마치게 되어 순조롭지 못한 부분이 많다'는 것과 '작중인물의 실제 모델이 있냐는 질문이 많으나 순전히 작자의 상상으로 창조해 낸 것'이라는 점을 밝히고 있다. '1930, 7, 10, 大潮社에서 脫稿'라는 기록이 적혀 있다.

## 혁명/革命 : 방인근. 기독신보1931.9.30-1932.10.20(49회 미완).

**【내용】** 무역회사를 경영하는 김현국의 딸 숙희는 고학생 철호와 사랑하는 사이이다. 현국은 소작인의 아들 철호와 숙희의 관계를 알고 아들 영호를 시켜 둘을 떼어놓는다. 회사 경영이 어려워지자 현국은 영호의 친구 창규로부터 자금을 조달받는 대신 숙희와의 결혼을 허락한다. 숙희가 배신했다고 오해한 철호는 속상한 마음에 송 목사를 찾아간다. 송 목사는 젊은 이들과 함께 일심회를 조직하여 사회운동을 벌이는 사람으로, 숙희의 친구 명애의 부친이기도 하다. 어느 날 철호는 후배 경주와 함께 독창회에 갔다가 창규와 함께 있는 숙희를 본다. 숙희는 다른 여자와 함께 있는 철호를 보고 홧김에 창규에게 결혼하자고 말한다. 한편, 창규 소유의 은행에서 근무하는 오윤식은 창규가 공금을 제멋대로 쓰는 것을 못마땅해한다. 윤식은 노동자를 위한 세상을 만들고 싶은 생각에 송 목사가 이끄는 일심회에 들어가 사

회운동을 벌인다. 창규와 애정 없는 결혼 생활을 하던 숙희는 명애와 함께 원산해수욕장에 놀러갔다가 경주와 함께 온 철호를 만난다. 심란한 숙희는 밤에 산책을 나갔다가 비를 맞고 쓰러진다. 명애는 숙희가 깨어나지 않자 철호를 부르고 철호의 간호 덕분에 숙희는 눈을 뜬다. 철호는 자신을 좋아하는 경주 때문에 숙희 곁에 머물지 못한다. 일도, 사랑도 뜻대로 되지 않자 철호는 죽을 결심을 하는데, 마침 철호의 친구이자 사회운동을 하는 최운이 나타난다. 최운은 철호에게 어떤 일에 동참할 것을 은밀하게 제안한다.

**【참고】** 작품이 연재되기에 앞서 1931년 9월 16일자 《기독신보》에 '長篇小說 革命' 연재 예고가 실려 있다. 연재 예고 기사 내의 '作家의 말'에 다음과 같이 설명하고 있다. "이 제목과 내용으로 소설을 쓰랴 할 때 여러 가지 란관이 많아서 주저하엿습니다. 위선 혁명을 그리랴면 그릇된 암흑면도 폭로시켜야 할 터인데 이것이 오해를 사기 쉬운 것입니다. 그러나 필자는 이 소설이 해독을 끼치지 안코 '쇽크'를 주며 똑바른 혁명을 주워 우리의 생활이 보담 더 향상되여지이다 하고 묵묵히 긔도하며 끗까지 이 붓대가 정의(正義)의 칼이 되기를 빌어 마지안겟습니다." 49회를 끝으로 연재가 중단되었다. 《기독신보》 1932년 10월 26일자부터 같은 작가의 「무명조의 노래」가 연재되기 시작했다. 「무명조의 노래」 1회 말미에 '小說 革命 連載中止'라는 제목을 달고 다음과 같이 설명하고 있다. "그동안 변변치 아니한 「革命」을 애독하여 주신 것을 감사합니다. 그러나 이번 부득이한 사정으로 갑자기 중지하게 된 것을 미안하게 생각합니다. 그 부득이라는 사정은 여기에 말하고 십지 아니합니다." 작가의 말과 작품의 내용으로 미루어 볼 때 외부 영향에 의해 연재가 중단되었음을 짐작할 수 있다.

## 혁명가의 아내/革命家의안해

**이광수. 동아일보1930.1.1-2.4(31회 완) ; 삼천리사1930 ; 숭문사1946.**

**【내용】** 혁명가 공산(孔産)은 폐병에 걸려 공산(共産) 이념을 실천해 보지도 못하고 앓아누워 있다. 한때 그의 진취적 성격에 이끌려 옛 애인을 버리고 그와 결혼한 정희는 그런 남편을 혁명가답지 못하다고 구박하고, 남편의 치료를 맡은 의사 오성과 불륜의 관계에 빠진다. 그녀는 정조를 지키는 것은 봉건적인 사상이고, 부르주아 근성이라 여기며 자신의 불륜을 혁명가다운 용기로 합리화한다. 공산이 죽은 후 정희와 동거에 들어간 오성이 임신한 정희를 다툼 끝에 발로 찬다. 정희는 유산 후유증으로 죽게 된다. 옛 혁명가 동지들은 정희가 남편의 간호를 하다 병을 얻은 것으로 오해하고 정희를 남편 옆에 묻어 준다. 이로써 그녀도 혁명가의 대열에 서게 된다.

群像 (1)
春園 李光洙 作
靑田 李象範 畫
혁명가의안해(一)

**【참고】**「사랑의 다각형」,「삼봉이네 집」과 더불어 '군상 3부작' 중 1부에 해당하는 작품이다. 혁명가 공산과 그의 아내 정희를 통해 사회주의·공산주의 이념을 실천하려는 운동가들의 허위를 조롱하는 작품이다. 주인공의 이름이 공산주의의 '共產'과 동음어인 '孔產'인 것에서부터 알 수 있듯이 풍자적인 수사법을 동원하고 있다. 이기영 등의 문인들은 이 작품이 계급문학에 대한 악의적인 중상모략이라고 비판했으며, 이기영은 이 작품에 대한 비판적 패러디로 '민족'이라는 이름을 가진 인물을 주인공으로 하는「변절자의 안해」를 발표하기도 했다.

## 혁명가의 일생/革命家의一生 : 방인근. 삼팔사1949.

**【내용】** 독립운동을 하는 강혁에게는 부인 한은숙과 어린 아들이 있다. 삼일 만세운동을 주도한 강혁은 경찰들을 피해 고향으로 내려간다. 그는 같은 고향 출신인 양명희와 함께 그곳에서도 만세운동을 주도하다 일경에게 잡힌다. 모진 고문 끝에 서울로 압송된 혁은 구금된다. 은숙은 잡혀간 남편을 걱정하며 가족의 생활을 돌보기 위해 부자인 황민석의 비서 일을 하게 된다. 3년간 옥고를 치르고 출소한 혁은 소학교에 다니는 아들 철과 출산도 지켜보지 못한 네 살 난 딸 영이를 보며 감격에 젖는다. 그러나 이도 잠시 그는 일경의 감시를 피해 만주로 간다. 그는 만주에 있는 무관학교를 찾지만 그 옹색한 경관에 실망한다. 그러나 그는 희망을 잃지 않고 자유롭게 국기를 내걸고 애국가를 부르는 것으로 만족하며 앞일을 도모한다. 열악한 환경 속에서 6년이나 만주에서 지내던 혁은 독립 단체들의 재정 확보를 위해 서울에 들어갔다가 일경들에게 발각되어 다리에 총상을 입는다. 산속을 헤매던 혁은 간신히 압록강을 건너 병영에 도착한다. 혁은 일본군의 감시를 피해 만주를 떠나 상해로 들어간다. 임시정부 요인들과 혁명 운동자들을 만나며 생활하던 혁은 강연회에서 만난 박사라와 친밀한 사이가 된다. 그러나 사라가 일본 영사관으로 들어가는 것을 본 혁은 그녀가 밀정이 아닌지 의심하게 된다. 혁이 이를 추궁하자 사라는 어쩔 수 없는 선택이었다며 그길로 밀정 노릇을 그만둔다. 이후 사라는 혁의 뒷바라지를 하며 같이 지낸다. 임시정부의 재정 곤란과 여러 운동 단체들의 자금 부족을 해결하기 위해 혁은 조선으로 들어가 군자금을 마련하고자 한다. 서울로 들어온 혁은 우선 옛집을 찾지만 가족들의 행방은 묘연하여 찾을 길이 없다. 다음 날부터 혁은 부자들의 집을 돌며 군자금을 모으지만 곧 일경에게 쫓기는 신세가 된다. 쫓기던 그는 어느 가정집 광에 숨는데 그곳에서 혁은 우연히 명희와 재회한다. 감옥에서 나온 명희는 취직도 할 수 없이 기생이 되었고 어머니와 단둘이 살고 있었던 것이다. 혁은 명희가 집을 잡혀 마련한 돈을 가지고 상해로 들어가 임시정부와 여러 단체에 나눠준다. 혁과 사라는 상해사변, 일지사변, 대동아전쟁 등을 거치며 15년 이상 독립운동에 투신한다. 이후

조선의 해방으로 조국에 돌아온 혁과 사라는 동지들과 재회하고 장성한 아들, 딸을 만난다. 혁은 3년 전 죽은 아내 은숙의 묘를 찾아보고, 죽을병을 앓고 있다는 명희를 찾아 마지막으로 얼굴을 본다. 고향으로 돌아온 혁은 사라에게 청혼한다.

**【참고】**『해방기 간행도서 총목록』(소명출판2009)에 따르면 1949년 삼팔사에서 단행본으로 출간되었다고 하나, 현재 이 단행본이 확인되지 않아 국립중앙도서관 소장 1957년 발행 평범사 재판본(1953 초판)을 텍스트로 내용을 정리하였다. 작가는 서문에서 "이 소설을 구상하기는 解放後 얼마 않되어서다. 그것을 이제야 쓰게 되었으니 難産이라고 할 수 있다"라고 부기하였다. 특히 '拳銃靑年'이라는 제목의 11장이 "約二十年前「東亞日報」紙上에「怪靑年」이라고 連載小說을 쓰다가 內容이 獨立運動의 宣傳이요 不穩하다고 警務局에서 新聞까지 押收하여 中止되었던 것을 이번에 그 一部를 따서 插話로 넣은 것이다"라고 밝히고 있다. 삼일만세운동이 전개된 1919년부터 해방까지를 배경으로 독립운동가 강혁의 파란만장한 삶을 그리고 있다.

## 현대풍경/現代風景 : 이기영. 중앙일보1931.11.27-1932.4.27(151회 미완).

**【내용】** 193X년 전조선 여자 정구대회가 열리는 날 순정은 대회가 열린 학교 운동장에서 전 남편 장곤의 모습을 발견한다. 대회 열기가 고조되고 혼란스러운 분위기 속에서 삐라가 살포된다. 금융조합 서기를 사직한 뒤 고학원 선생을 하는 강훈은 사회운동가로서 이 사건에 연루된다. 몇 달 후 삐라 사건으로 사람들이 검거되지만 강훈은 미리 도피하고 아내 정 씨가 취조를 당하나 무식한 그녀는 내막을 알지 못해 풀려난다. 순정은 신문사 기자인 남편 도원에게 전 남편 장곤을 본 사실을 말한다. 그녀는 천석꾼의 아들 장곤에게 첩살이를 하다 아들을 낳았으나 가출하여 도원과 재혼한 사람이다. 도원 또한 초혼이 아니라, 조혼으로 만난 아내와 이혼하고 순정과 결혼한 것이다. 두고 온 아들에 죄의식을 느끼고 가난한 생활에 불만인 아내와, 그런 생각은 고리타분한 것이라는 도원 사이에 갈등이 있다. 강훈은 경찰을 피해 도원의 집에 머물고 있었는데, 봉건의식에서 벗어나 가난을 물리칠 수 있는 사명감이 우선적으로 필요하다며 순정을 설득한다. 순정은 장곤과의 사이에 낳은 아들 장발후가 사회운동 단체의 연락망 역할을 하는 것을 알고 마음을 고쳐먹는다. 강훈은 이후 서울 근교 농촌의 박 서기 집에 은신한다. 장발후가 장발이라는 별명으로 강훈을 방문한 며칠 후 맹휴사건이 일어난다. 강훈의 딸 금숙은 맹휴 사건으로 퇴학을 당하자 뜻을 품고 제사공장에 취직한다. 감옥 같은 공장 기숙사에서 목사는 공장 경영자의 입장을 지지하는 설교를 하고, 공장 직공들은 신자와 비신자로 나뉘어 의견이 분분하다. 금숙은 종교보다 노동자의 정신이 중요하다는 생각으로 여공들을 계몽하려 한다. 한편 강훈을 만나면서 금숙과 가까워진 장발은 집을 떠나 본격적으로 운동에 참여할 결심을 알리고 둘은 서로 미묘한 감정을 가진다. 하지만 금숙은 사랑보다는 자기 일을 우선시하고, 결심 끝에 며칠 후 공장 여공들에게 공장신문을 배포하여 여공들의 의식을 일깨운다. 어느 날, 복순은 약 사러간다는 핑계를 대고

공장을 빠져나와 모임 장소로 찾아간다.

**【참고】** 이기영 최초의 장편소설이다. 1932년 4월 30일자 《중앙일보》에 휴재를 알리는 언급이 있으며, 검열로 인해 연재가 중단된 것으로 보인다. 이후 《중앙일보》 또한 휴간되었다. 등장인물들의 사회운동이 실천적으로 시작·전개되려는 과정에서 끝나 전체적인 줄거리를 파악하기 어렵다.

## 혈루록/血淚錄 : 무명생. 신동아1933.11-1934.7(9회 완).

**【내용】** '나'는 고보를 졸업한 후 대학 진학을 위해 숙부가 있는 만주로 갔다가 나병 진단을 받는다. '나'는 숙부의 주선으로 선교사의 소개 편지를 갖고 조선으로 돌아오나 경성역에서 가방을 도둑맞아 편지와 돈을 모두 잃어버린다. 막막한 상황에 놓인 '나'는 거리에서 우연히 나병 환자 박명재를 만나 명재의 친구가 가 있다는 병원으로 떠난다. 병원에 도착한 '나'는 문지기로부터 환자가 만원이라 입원할 수 없다는 말을 듣는다. '나'와 명재는 입원을 기다리는 환자들의 움막에서 생활하면서 미국인 후원자가 오기를 기대하지만, 병에 걸린 후원자는 끝내 오지 않는다. '나'는 명재와 헤어지고 우연히 만난 박춘수라는 사람과 함께 입원표를 준다는 포 목사를 찾아 군산으로 간다. 포 목사는 '나'와 춘수에게 입원표를 더 이상 줄 수 없다며 돈을 준다. 자포자기한 '나'는 고향에서 자신을 기다리는 설애를 떠올리며 홀로 이별을 고한다.

**【참고】** 1933년 《신동아》에 '혈루록(血淚錄)'이라는 제목으로 연재되었다가 1953년 정음사에서 '낙화유수(落花流水)'로 개제한 단행본이 나왔다. 저자는 '무명생(無名生)'으로 표기되어 있는데, 단행본 말미에 발행인이 저자를 1950년에 만나서 알고 있으나 그의 성명을 알려 줄 수 없다고 밝히고 있다. 전도가 양양하던 청년이 나병에 걸려 희망을 잃고 고난을 겪는 과정을 그리고 있는 자전적 수기 형식의 소설이다. 심숭의 「애생금」과 더불어 초기 나문학의 대표작으로 꼽힌다. 「혈루록」의 저자 무명생을 「애생금」의 저자 심숭(이은상)과 동일 인물로 보는 연구가 있다. 가톨릭대 도서관 소장 『낙화유수』(정음사1953)를 참고하여 내용을 정리했다.

## 혈서/血書 : 홍효민. 삼중당1948(75면).

**【내용】** 조선 선조 시대, 유자신의 아들 희분은 동무들과 함께 동소문 밖 신흥사로 산놀이를 간다. 그곳에서 희분은 자신의 신발 안에 붉은 피로 '차군만리행(嗟君萬里行)'이라고 적혀 있는 글귀를 발견한다. '슬프다, 그대가 만리를 가는구나'라는 뜻의 시구를 보고 당황한 희분은 집에 돌아와 신을 태운다. 칠 년의 시간이 흘러 희분은 좌의정인 외조부 덕분에 광릉의 참봉이 된다. 임진왜란이 일어나자 희분은 세조의 영정과 위패를 가시고 선소가 있는 의수로 가다가 왜병의 총에 맞는다. 희분을 구해 주고 보살펴 준 것은 한양 다방골에서 유명한 기생이었던 명옥이다. 희분과 명옥은 사랑에 빠지나 희분이 미관말직이라는 이유로 명옥의

부모가 반대한다. 이에 허분은 상처가 채 회복되기 전에 왕에게 가고, 전쟁이 끝나자 집으로 돌아가 과거 공부에 몰두한다. 대과에 장원 급제를 한 뒤에야 허분은 명옥을 찾아가 그녀를 첩으로 들인다. 허분의 누이가 광해군에게 시집가고 광해군이 왕으로 즉위하자 허분의 집안은 번영한다. 허분은 권세를 키워 가면서 사치스럽고 방탕한 생활을 지속한다. 그러던 어느 날부터 허분의 집에서 잔치를 할 때면 아무도 없는 허공에서 손뼉치는 소리, 깔깔거리는 웃음소리, '너무 심하구나'라는 말소리까지 들리지만 허분은 자신의 집안이 번영하려는 징조라고 여길 뿐이다. 허분과 함께 권세를 잡고 있던 이이첨이 역모가 계획되고 있다는 계략을 꾸며 능창군이 귀양을 떠나고 관련자들이 죽는다. 능창군의 형 능양군이 동생을 구하기 위해 허분의 둘째 첩 매화에게 뇌물을 주는 등 허분과 만나기 위해 동분서주한다. 그러나 허분은 능양군을 만나 주지 않는다. 인조반정이 일어나 허분은 처형되고, 처형장에서 옛날에 자신이 받은 혈서를 떠올린다. 명옥이도 허분이 죽자 대들보에 목을 매 자살한다.

**【참고】** 『혈서』는 삼중당에서 대중문고의 시리즈로 나온 책으로 「혈서」와 「흙 한 덩이」 두 편의 소설이 실려 있다. 「혈서」는 본문 첫 장에 '歷史小說 血書' 라고 표기되어 있으며 60여 페이지 분량의 중편소설이다. 광해군의 처남으로 권력을 누리며 횡포를 자행했던 유희분의 일생을 다룬 작품으로, 인물에 대한 직접적인 논평 없이 소설 중간에 유희분의 몰락을 예고하는 징조가 제시되어 있다. 「흙 한 덩이」는 진나라 문공이 진나라를 떠나 유랑하던 때의 일화를 다룬 단편소설이다.

## 형 /兄 : 유진오. 조선지광1931.1-5(5회 완).

**【내용】** 형이 출옥하여 칠 년 만에 집으로 돌아온다는 소식을 받은 '나'와 집안 식구들은 모두 형을 맞이할 준비에 분주하다. '나'는 형을 반갑게 기다리는 아버지가 자신보다 형을 더 사랑하는 것 같아 질투심이 인다. '나'는 형수와 머슴 삼봉이와 함께 형을 마중 나간다. 아버지는 집으로 돌아온 형을 보자 죽은 아내를 떠올리곤 눈시울을 붉힌다.

**【참고】** 《조선지광》에 5회 연재되었으나, 단편 분량의 작품이다. 《조선지광》에 1931년 1월부터 5월까지 5회 연재되었다는 기록이 있으나 현재 확인이 가능한 것은 1회분뿐이다.

## 형제 /兄弟 : 김사영. 신시대1942.11-1943.3(5회 완)

**【내용】** 벽촌의 교사인 이현은 목원가(木原家)의 하인 길장(吉藏)을 만난 후 추억 속의 형을 느낀다. 아버지와 관계한 일본 여자가 아들 一郎을 데리고 찾아왔다가 주위의 냉대로 가출한 지, 20년의 세월이 흘렀던 것이다. 길장도 어쩐지 현을 예사로 안보는 눈치였다. 목원가의 안주인이 난산하던 날 길장은 현과 함께 의사를 청해 오다가 언덕에서 미끄러져서 눈 속에 거꾸로 처박힌다. 기절한 길장을 구원하면서 현은 드디어 '형' 하고 부르고 만다. 길장도

과거를 용서하라면서 빈사의 상태를 방황한다. 두 사람은 형제였다. 20년 만에 이 벽촌에서 해후한 것인데, 목원가에서 새 생명이 태어난 얼마 후 길장은 마침내 숨을 거둔다. 고아처럼 자라며 악의 구렁에서 목원의 손으로 구제된 길장은 현을 만난 후의 심경을 수기로 남기고 있었다. 현은 그 수기를 보며 형 길장의 기구한 생애에 눈물짓는다. 형이 불행했던 원인을 생각하면서 이현은 새로운 열정을 느낀다.

**【참고】** 창씨명이 清川士郎인 김사영(金士永)의 일본어 소설이다. 조선문인협회 현상모집 입선작이다. 이 소설이 실린 《신시대》는 일제 말에 창간된, 친일적인 색채가 강한 한글·일어 혼합 잡지였다. 「형제」는 내선인(内鮮人) 간의 가정 비극을 통하여 민족 감정의 청산과 내선일체의 완성을 주장한 친일적 중편이다. "당시 조선에 고루하게 응결되어 있던 봉건적 인습과 민족적인 감정 속에 있었다. 지금 생각하면 그것은 얼마나 불행한 맹목적 고루였던가. 그 소승적인 犬儒性 때문에 얼마나 많은 길장 같은 인물이 비극의 길을 강요당했던 것일까", "이웃 사방 모두 형이 아니고 동생 아닌 자가 있겠"는가 등의 친일적 서술이 눈에 띈다.

## 형제/兄弟 : 김만선. 동지사1948.

**【내용】** 신문사에 다니는 박경수는 일곱 식구의 생계를 책임지는 소시민이다. 경수의 동생 수는 국대안 시위에 가담했다가 유치장 신세를 지고 나온다. 경수는 그러한 수에게 미안함을 느끼면서도 유치장에서 만난 이(李)와 장빈에 대해 섣불리 말하는 동생의 태도를 나무란다. 이튿날, 장빈이 경수의 집으로 수를 찾아온다. 그는 경수에게 서울대 학생으로 국대안 투쟁에 가담했고 ○○당 중앙준비위원으로 있다고 자신을 소개하지만 수는 장을 신뢰하지 않는다고 말한다. 장빈은 내일 오후 2시 화신에서 자신을 만나 보면 알 것이라 대답하고 돌아간다. 그날 오후 경수는 친구이자 서울대 교수인 김으로부터 장빈이 거짓말을 일삼는 악질 밀고자이며 학생 진영을 분열시키려는 책동과 관련되어 있을 것이라는 말을 듣는다. 다음 날 학생들의 테러가 무서워 맹휴 사건의 후문을 다시 쓰라는 국장의 명령에 경수는 곤혹스러워하다 약속 장소로 향하나 장빈은 나타나지 않는다. 이튿날 경수는 장빈이 동네를 어정거리다가 여러 젊은 패들에게 두들겨 맞고 쫓겨났다는 아내의 말을 들으며 잠이 든다.

**【참고】** 1948년 동지사에서 간행된 창작집 『압록강』에 수록되었다. 8·15 직후의 상황과 1946년 7월부터 반대 투쟁이 본격화되었던 국대안(국립서울대학교 설립안) 사건을 소설 내용으로 다룬 점으로 미루어 보아 만주에서 귀국한 이후 시기인 1947년을 전후에 창작된 것으로 추정된다. 작품 후반부가 8쪽이나 누락돼 있어 어떠한 결말을 맺었는지 알 수가 없다. 앞의 사건 내용으로 유추할 때 주인공이 중립적인 태도에서 벗어나 현실에 좀더 적극적으로 대응하는 입장을 취할 것으로 추측된다.

## 혜련물어/惠蓮物語 : 궁원총일. 新元社(日)1941(295면).

**【내용】** 내용 생략.

**【참고】** 일본어 소설이다. 宮原惣一은 창씨명이고 본명은 김성민(金聖珉)이다. 이 소설은 조선인 남성과 일본 여성의 연애를 소재로 당대 문학의 시류적 테마였던 내선 연애와 내선 결혼의 문제를 다룬 작품이다. 글자를 읽지 못하는 아내에게 일본어를 가르칠 목적으로 아내를 카페에 취직시켰다가 마담인 일본 여성과 연애 관계를 맺게 되는 조선인 남성의 이야기이다. 일본 여성이 자신이 사랑했던, 지금은 조선 여성과 결혼해서 살고 있는 조선 남성에게 고백하는 액자 구조 형식으로 되어 있다. 책머리에 '提津也子夫人さ さ ぐ' 라고 적혀 있다.

## 혜월나운/蕙月蘿雲 : 이보상. 매일신보1940.5.18-1941.6.18(290회).

**【내용】** 내용 생략.

**【참고】** 이보상의 한문현토체 소설이다.

蕙月蘿雲 【285】
李輔相 作
香隣 畫

## 호외 시대/號外時代 : 최서해. 매일신보1930.9.20-1931.8.1(303회 완).

**【내용】** 갑부 홍재훈은 대감집 머슴이었으나 화재가 났을 때 그 집 며느리를 구한 공로가 인정되어 논과 밭을 하사받고 면천된다. 그는 그 후로도 열심히 일하여 50대에는 유명한 거부로 거듭난다. 그는 인쇄소를 세우고 사립 보통학교를 설립하여 사회사업에 힘쓴다. 양두환 역시 사회에 보탬이 되려는 꿈을 가진 인물로 재훈 집에서 기숙한다. 재훈에게는 두환과 동갑내기인 아들 찬형이 있었는데, 그는 금권을 믿고 난봉을 부리는 인물이나, 자신의 죄를 덮어 주는 두환의 인품에 감복하여 그의 동지가 된다. 그러나 투자가 실패하여 재훈의 집은 몰락한다. 두환은 송금 사기 사건을 통해 재훈의 가문을 일으키려 했으나, 오히려 경찰에 적발되고 건전한 사상을 가진 동지들이 무더기로 체포되는 결과를 얻는다. 두환은 자수하려 결심했으나 찬형이 그 죄를 대신 뒤집어쓰고 옥에 갇히고, 결국 몸이 쇠약해져 요절한다.

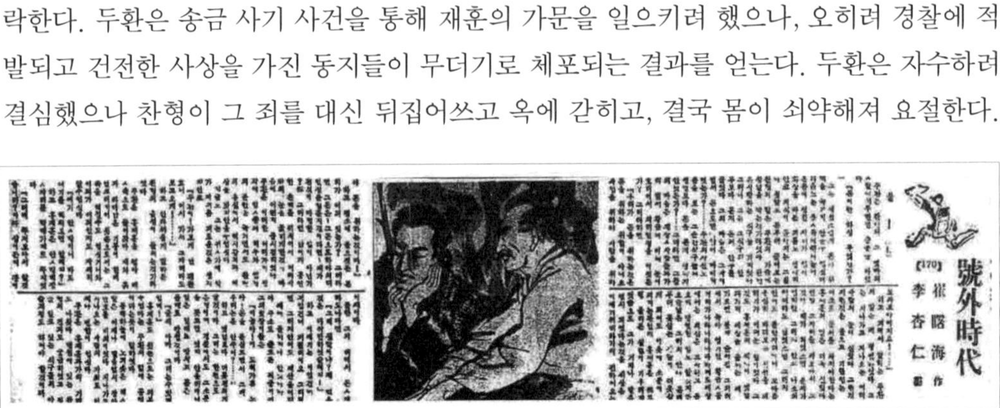
號外時代 【170】
崔曙海 作
李杏仁 畫

재훈의 막내딸 경애는 허영에 빠져 몸을 망쳤고, 찬형은 죽었지만, 두환은 그의 무덤 앞에서 새로운 재기의 희망을 다짐한다.

**【참고】** 최서해의 유일한 장편소설이자 마지막 발표 작품이다. 발표 당시의 평은 좋지 못해서 김동환에게 '일세의 냉소를 살 만큼'의 범작이라고 혹평당하기도 했다. 돈이 세상을 지배하는 세태를 묘파하면서도 이상적이고 자기희생적인 인물들을 내세워 그것을 극복하려 했기 때문에 낭만성을 극복하지 못했다는 점에서 이 작품의 한계가 여러 번 지적된 바 있다. 그러나 이러한 낭만성과 통속성에도 불구하고 당대 현실의 일면을 날카롭게 묘파하는 데 성공했다는 것은 논자들의 의견이 일치하는 지점이다.

## 혼/魂 : 정마부. 한성도서1920.

**【내용】** 경상남도 소백산에 사는 왕건에게는 예쁜 네 딸과 아들 기성이 있다. 양반 출신의 왕건은 가난하지만 부인과 함께 열심히 살아간다. 어느 날, 노모의 장례 치를 돈이 없어 고민하는 왕건에게 이왜간이라는 노파가 접근한다. 이왜간은 왕건에게 돈을 빌려주는 대신 왕건의 큰딸 순애를 수양딸로 삼는다. 순애는 이왜간이 끼고 있는 반지에 현혹되어 부모의 만류에도 불구하고 이왜간을 따라간다. 사실 이왜간은 기생을 관리하는 포주로, 왕건의 딸들을 기생으로 만들려는 속셈을 가지고 있다. 이왜간이 순애에게 손님 시중을 들게 하자 이를 본 기성이 몽둥이로 이왜간과 손님을 내리친다. 쫓기는 몸이 된 기성은 가족과 헤어져 집을 떠나 몸을 숨긴다. 왕건 부부가 병들어 죽자 이왜간은 왕건의 네 딸들을 데리고 서울로 올라간다. 네 자매는 각각 도화, 목단, 월화, 앵화라는 기명을 받고 기생 노릇을 한다. 허영심이 많은 도화를 제외한 나머지 자매들은 서로 의지하며 이왜간의 구박 속에서 힘겨운 나날을 보낸다. 17년이라는 세월이 지난 어느 날, 동물원 구경을 나간 세 자매는 우리에 갇힌 짐승들을 보며 동병상련을 느낀다. 목단은 동생들을 데리고 탈출할 것을 결심한다. 늦게 귀가했다는 이유로 이왜간이 매질을 가하자 도화는 그간의 행동을 후회한다. 도화는 세 자매의 탈출을 도와주다가 이왜간에게 심한 매질을 당한다. 간신히 탈출에 성공한 목단은 상해로 떠나고 월화와 앵화는 고향으로 내려간다. 그러나 부모님 산소를 찾아간 월화와 앵화는 예전 술손님에게 붙잡히게 되고 결국 이왜간의 집으로 끌려가고 만다.

**【참고】** 정마부의 본명은 '정연규(鄭然圭)'이다. 1920년에 초판이 발행되었으며 1924년 발행된 고려대 도서관 소장 재판본(225면, 1원30전)을 텍스트로 내용을 정리했다. 표지에 '魂 鄭馬夫 作', 본문 첫 장에 '長篇小說 魂 馬夫 作'이라고 표기되어 있다. 모두 35회로 구성된 국한문 혼용체 소설이다. 기성이 가족과 헤어지는 장면, 도화와 나머지 자매들이 헤어지는 장면 등에서 등장인물의 심리를 반영하는 노랫말이 삽입되어 있다. 선악의 구분이 뚜렷한 등장인물의 이름에서 항일적 성격이 드러난다. 노랫말이나 서술 부분에서 검열에 의해 삭제된 것으로 보이는 복자 표기가 있다. 당시 '독립운동 소설'로 분류되어 치안을 방해한다는 이유로 작품이 압수되고 정연규가 추방되었다는 이야기가 전한다. 결말 부분의 "상해로 달아나 목단이는 죽었는지 살았는지, 오빠 기성은 어디 있는

지, 우리는 무엇을 구하고 누구를 찾는가" 등 서술로 인해 작품의 비극적인 분위기가 고조된다.

## 홍경래/洪景來 : 박종화. 동아일보1948.10.1-1949.8.24(273회 완).

**【내용】** 평안도 용강 출신인 홍경래는 향시에 합격하지만, 돈과 권력이 없어 과거에서 낙방한다. 아버지가 죽고 장례를 마친 뒤 그는 어머니와 아내를 위한 약간의 농토만을 남기고 나머지 재산을 동리의 가난한 사람들에게 분배한다. 고향을 떠나 금곡을 찾아가는 도중 홍경래는 죽마고우인 두팔이 이끄는 도적떼와 만난다. 두팔의 권유로 홍경래는 도적떼에 가입하여 부패한 아전과 고을의 원에게 반란으로 도전한다. 도적 떼는 파죽지세로 청북의 일곱 읍을 석권한다. 그러나 관군의 토벌은 점점 거세지고, 정주성을 사수하던 홍경래는 관군의 계략에 빠져 전사하고 그의 혁명도 막을 내린다.

長篇小說 洪景來 (一)

朴鍾和 作

安夕影 畫

**【참고】** 해방 후에 발표된 박종화의 역사소설이다. 작품 전반에 걸쳐 조선 후기의 제도적 모순과 탐관오리들의 학정을 소상하게 묘사하고 있다. 조선 정치가 무력화되는 과정을 묘사함으로써 나라를 빼앗길 수밖에 없었던 것에 대한 민족적 울분을 드러내고 있는 작품이라고 평가된다.

## 홍경래전/홍경내전洪景來傳

이명선. 조선금융조합연합회1947(125면).

**【내용】** 순조 11년 9월, 홍경내는 늙은 어머니를 버리고 공부하겠다고 집을 떠난 지 십 년 만에 고향인 평안도 용강군 화장곡에 돌아왔다. 경내는 집에 돌아온 지 얼마 안 되어서 가족들을 데리고 집을 떠나간다고 하며 잔치를 벌인 후 다복동으로 이사를 간다. 경내는 스무 살 전후에 과거 시험을 몇 차례 보았지만 연거푸 낙방한다. 그리고 자신은 실력 때문이 아니라 과거 제도의 불평등과 서북 사람들에 대한 차별 때문에 시험에 합격할 수 없다는 사실을 깨닫는다. 그는 부패한 정부에 대한 불만을 가슴에 품고 평안도를 중심으로 하여 일대

반란을 일으킬 계획을 세운다. 그리고 우군측, 이히저, 김창시 등 글은 읽었으나 뜻을 이루지 못한 사람들과 홍총각, 이제초, 김사용 등 용맹한 무인들을 자신의 편으로 끌어들인다. 마침내 경내는 신미년 12월 18일, 반군을 남군과 북군으로 나누어 거사를 도모한다. 가산군을 시작으로 하여 박천, 정주 등을 점령하며 반군은 기세를 올린다. 그러나 부하들 간의 잦은 의견 충돌과 반역자의 속출 등으로 인해 반군은 사기를 잃고 한 달 만에 정주성에서 농성하는 처지가 된다. 정주성 농성은 관군에 둘러싸인 고립무원의 싸움이었지만 반군은 혁명군의 정신으로 싸워 넉 달을 버틴다. 결국 임신년 4월 19일에 정주성은 함락되고 경내는 그 싸움에서 유명을 달리한다.

**【참고】** '李明善 著' 라고 작가가 표기되어 있다. 작자는 이 작품을 쓰기 위해 현상윤이 1932년 7월 12일부터 8월 20일까지 《동아일보》에 연재한 「洪景來傳」과 일인 소전성오(小田省吾)가 쓴 「辛未洪景來亂의 硏究」를 주로 참고했다고 밝히고 있다. 특히 현상윤의 작품에 대해 '귀중한 자료며, 내용도 혁명 정신이 줄기차게 흘러 있어 매우 진보적' 이라고 상찬한다. 홍경래에 대해 쓰려면 용강, 다복동, 정주 같은 지방에 가서 자료를 수집해야 하지만 사정이 그것을 허락지 않아 준비 없이 썼다고 했는데 이는 분단 상황을 염두에 두고 말한 듯하다. 양반 출신 반군의 신중하다 못해 우유부단한 계략을 조소하고 평민 출신 반군의 상황 판단을 추어 주는 서술자의 시각이 작품 곳곳에 보인다. 조선금융조합연합회에서 농민의 계몽, 학문과 예술의 보편화를 꾀하기 위해 만든 협동문고(協同文庫) 4-3권이다.

## 홍길동전/洪吉童傳 : 창랑인. 만선일보1940.3.20-10.31(270회).

**【내용】** 내용 생략.

**【참고】** 고전 「홍길동전」을 풀어쓴 작품이다.

## 홍길동전/洪吉童傳 : 박태원. 조선금융조합연합회1947.

**【내용】** 내용 생략.

**【참고】** 조선금융조합연합회에서 농민의 계몽, 학문과 예술의 보편화를 꾀하기 위해 만든 협동문고(協同文庫) 4-4권이다.

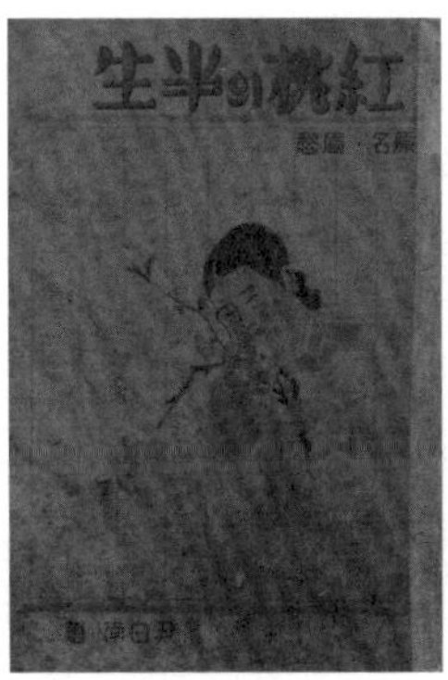

## 홍도의 반생/紅桃의半生

**윤백남. 대중서옥1937 ; 덕흥서림1947.**

**【내용】** 「미수」 참조.

**【참고】** 1935년 《동아일보》 연재 당시에는 '미수眉愁' 라는 제목이었으나, 1937년 단행본 출간 시 '홍도의 반생' 으로 개제되었다. 남편을 위해 희생을 감수하는 홍도의 모습을 통해 여성의 정절과 부덕을 강조하고 있다.

## 홍수/洪水 : 이기영. 조선일보1930.8.21-9.3(12회 완).

**【내용】** 7년 동안의 일본 생활을 정리하고 고향 T촌으로 돌아온 주인공 박건성은 부지런히 농사일을 하는 한편 야학을 개설하여 동리 사람들을 가르친다. 일본에 있던 7년 동안 그는 학대와 과로에 시달리며 노동자 생활의 참담함을 피부로 느꼈다. 그가 돈도 모으지 못한 채 고향으로 돌아온 것은 쟁의에 가담하였다가 구속된 후 복직하는 것이 불가능해진 탓이었다. 그는 고향에서, 자본주의의 마수가 노동 현장뿐 아니라 농촌에도 빈틈없이 침입하였음을 확인한다. 떠날 때보다 더욱 악화된 고향 사람들의 생활 속에 건성은 자기 한몸을 던지기로 마음먹는다. 야학을 통해 건성이 가르치는 것은 농민을 끝없는 나락으로 밀어넣는 당대의 현실이 부조리하며, 농민들의 단합된 힘만이 비관적인 현실을 개선시킬 수 있다는 생각에서다. 서로에 대한 불신, 혼자 잘살려는 이기심, 도박과 주색에의 탐닉 등이 남아 있는 한 희망은 없다고 건성은 사람들에게 강조한다. 사람들의 건성에 대한 신뢰가 쌓여 가고 있을 무렵 마을에는 홍수가 닥치고 K강이 범람한다. 집과 재산을 송두리째 잃고 말, 생존에 대한 위협 속에서 건성을 중심으로 단결한 농민들은 오히려 위기를 기회로 바꾸는 지혜를 발휘한다. 천막을 치고 공동생활을 하면서 부서진 마을을 복구하고 마침내는 조합을 결성하기 이른 것이다. 농민조합의 결성은 추수기에 소작료 면제 투쟁으로 이어지고, 주동자로 몰린 건성은 검속되고 만다.

**【참고】** 연재 지면에 '洪水 李箕永 作 安夕影 畵' 라고 되어 표기되어 있다. 총 12회 연재되었는데, 매회 회차 정보가 기록되어 있는 동시에 내용상 구분으로 보이는 장, 절, 구분이 되어 있다. 12회 마지막 연재분은 '六-五' 라고 표기되어 있다. 분량으로 따져 볼 때 마지막 6장이 전체 길이의 40% 정도를 차지한다. 작가는 농민들 속에 이미 조합이 뿌리를 내려 앞으로 흔들리지 않을 것이라는 서술을 통해 농민의 잠재력에 대한 신뢰를 나타낸다. 자본주의의 위세에 눌려 점더 궁핍해지고 원래의 공동체적 미덕마저 사라져 가는 당시 농촌 현실을 건성이라는 인물의 눈을 통해 고발하는 것이다. 농민의 단결과 농민조합의 필요성을 강조하고 있으나, 농민 속에 투기한 스스로의 소명을 의식하고 자신에게 들어온 혼담을 남에게 미루어 성사시키는 에피소드에서 볼 수 있듯 작가는 주인공 건성을 지나치게 이상화시켜 놓았다.

## 홍수/洪水 : 한설야. 조선문학1936.5.

**【내용】** 기술이 살고 있는 마을에 비가 많이 와서 홍수가 난다. 이 마을의 주민들은 대개 타처

에서 이주한 사람들이다. 십오 년 전 기술 일가는 살던 곳이 일본의 군용지로 편입되자 고향을 떠나 이곳에 왔다. 이후 생계의 어려움으로 고향을 등진 사람들이 점차 모여들어 지금의 마을을 이룬 것이다. 마을 사람들은 거의 다 지주 김갑산의 논을 소작하고 있다. 홍수가 난 이유는 사사키 논의 높은 방축 때문이다. 방축 때문에 김갑산동의 물길의 가로막혔고, 비가 많이 오면 물이 빠지지 못한 채 논으로 흘러 들어오기 때문이다. 최근 김갑산은 금광의 실패로 인해 토지를 저당잡힌 상태이다. 인근의 보통학교 교장인 일본인 사사키는 이 기회를 이용하여 김갑산동을 헐값에 사려 한다. 그러나 뜻대로 되지 않자 그는 김갑산동 바로 아래 땅을 사서 새로 논을 만든다. 김갑산과 사사키의 힘겨루기에 피해를 보는 것은 힘없는 소작인들이다. 마을 사람들은 벼농사가 잘 되도록 날씨가 좋기만을 바란다. 지금 비가 온다면 일껏 지은 농사를 망치기 때문이다. 그러나 주민들의 소망과는 반대로 비가 내리기 시작한다. 비는 그칠 줄 모르고, 마을 사람들은 홍수가 날까 봐 걱정한다. 사시키 논의 방축 때문에 김갑산동의 물은 계속 불어난다. 주민들은 합심하여 방축을 지키는 데 온 힘을 쏟는다. 그러나 비가 계속 내려 범람 위기가 다가오자, 마을 사람들은 법이야 어찌됐든 아랫동의 방축을 터야 한다고 생각한다. 그러나 그들이 사사키동의 방축을 트려 할 때 김갑산동의 방축이 무너진다. 김갑산동은 물바다가 된 반면, 사사키동은 김갑산동으로 물이 퍼진 덕택에 오히려 물이 빠진다. 농사를 망쳐 버린 김갑산의 작인들은 살아갈 길이 막막해진다. 한편, 모범경작생을 선발된 사사키 수하의 사람들이 마을에 들어와 사사키의 논을 경작하기 시작한다.

**【참고】** 「홍수」는 「부역」 「산촌」과 함께 흔히 한설야의 '탁류' 라고 불리는 연작소설의 1부이다. 김갑산과 사사키의 다툼은 일인의 토지겸병으로 인한 식민지 농촌 경제의 재편 과정을 보여 준다. 김갑산과 사사키의 다툼으로 김갑산동 농민들이 피해를 입는 과정을 통해, 일제의 의한 자본 친탈과 이로 인한 이농, 농민의 파산 문제를 상세하게 다루고 있다. 한설야는 애초에 1928년 1월 2일부터 6일까지 단편소설 「홍수」를 《동아일보》에 발표한 적이 있다. 그리고 1936년 5월 《조선문학》 속간 1호에 디시 같은 이름의 좀 긴 단편을 발표했다. 2부인 「부역」은 1937년 6월 《조선문학》에 발표되었으며, 3부인 「산촌」은 1938년 11월 《조광》에 발표되었다. '탁류 3부작' 전체를 압축하여 일본어로 '하얀 개간지(白い開墾地)' 라는 제목으로 일본 잡지 《文學案内》(1937.2)에 게재한 것이 1990년 발굴되기도 하였다. 양자의 줄거리나 사건은 거의 같고, 전체적으로 단어 수준의 표현에 차이가 있는 정도이다.

## 홍운백운/紅雲白雲 : 방인근. 매일신보1935.7.20-12.27(149회 완) ; 덕흥서림1949.

**【내용】** 장민걸과 이재현은 숙영을 사랑하는데, 숙영은 민걸에게 마음이 기운다. 재현과 숙영은 서울의 중학교에 입학을 하지만 민걸은 가난 때문에 고향에 남는다. 몇 년 후 민걸은 동경으로 유학 간 숙영을 찾아가 하룻밤을 보내게 된다. 하지만 그동안 숙영이 재현과 동거하고 있음을 알게 되어 만주로 떠난다. 그곳에서 마적단의 대장이 된 민걸은 마을을 약탈하다가 림화실이라는 조선 여자를 만나 그녀와 결혼식을 치른다. 한편 숙영은 민걸의 아이를 임

신한 채로 재현과 결혼하여 큰딸인 명애를 낳고 뒤이어 재현의 아들인 경철과 경호를 출산한다. 세월이 흘러 숙녀로 자란 명애는 폐병에 걸린 고학생 준식을 사랑하게 된다. 하지만 그녀는 재현의 회사에 출자를 약속한 돈 많은 회사원 윤태성과 원치 않는 결혼을 한다. 태성은 결혼 후, 약속한 돈을 재현에게 내주지 않는다. 재현은 재산을 차압당하자 사라지고, 명애는 간청해도 도와주지 않는 태성을 떠난다. 명애는 가족을 먹여 살리기 위해 아씨꼬라는 이름으로 카페 여급 생활을 한다. 재현은 자살하고, 숙영은 명애가 카페 여급이라는 사실을 알게 된다. 한편 조선으로 도망친 화실을 좇아 경성에 오게 된 민걸은 우연히 숙영과 재회하고, 숙영은 민걸에게 명애가 그의 친딸이라는 것을 알린다. 민걸은 명애가 카페에 빚진 돈 백 원을 갚아 주고, 숙영은 명애에게 친아버지가 민걸이라는 사실을 알린다. 민걸과 명애는 서로를 받아들이고, 명애는 옛사랑 준식을 찾아 그의 고향으로 내려간다. 준식에게 과거를 털어놓고 잘못을 용서받은 명애는 준식을 서울로 데려와 수술을 받게 해 주고 극진히 간호한다. 얼마 후, 준식은 명애에게 청혼하고, 두 사람은 농촌으로 내려가 행복한 미래를 꿈꾼다.

紅雲白雲
方仁根

**【참고】**《매일신보》 석간에 연재되었다. 2대에 걸쳐 복잡하게 얽힌 남녀의 이야기를 시간을 역전시켜 가며 대중적으로 그려 낸 작품이다. 작자는 연재 예고에서, 두셋 조선 가정의 이야기를 들려주겠다는 의도로 창작했다고 말하였다. 동경과 만주, 조선을 공간적 배경으로 파란만장한 인물들의 여정이 긴장감 있게 서술되어 있다.

## 홍한녹수/紅恨綠愁 : 최학송 외. 매일신보1926.11.14-12.19(6회 완).

**【내용】** 책을 팔아 학비를 마련하여 서울로 올라온 운경은 도회의 화려한 문화에 빠진다. 그러다가 청량리에서 만났던 한손이라는 남자의 편지를 받고 그를 찾아가 만난 후로, 새로운 사람으로 거듭나겠다는 마음을 먹는다. 애인 사이가 된 두 사람은 낙향하여 농사를 지으면서 사람답게 살아 보자고 계획을 세우지만, 운경이 임신하게 되어 그 계획이 틀어진다. 운경은 병원에서 임신 삼 개월이라는 이야기를 듣게 되는데, 한손과 만난 지는 한 달밖에 되지 않아 그 아이가 다른 남자의 자식이라는 사실을 알게 된 것이다. 그녀는 한손에게 사실을 말하고 문제를 상의하려 하지만, 한손은 그 아이를 길러주겠다고 약속하고 복수하듯 운경의 몸을 탐하고 떠난 후로 돌아오지 않는다. 후에 신의주에서 한손에게 미안하다는 편지가 오고, 운경은 가난 속에서 아이를 유산한다. 그리고 술집 여자가 되어 하루하루를 살아간다.

**【참고】** 첫 회 신문 연재본의 제목 위에 연작소설이라 표기되어 있다. 《매일신보》가 실험적으로 시도한 연작소설로 여러 명의 작가가 번갈아 가면서 썼다. 집필자는 "제1회 최학송 씨, 제2회 최승일 씨, 제3회 김명돈 씨, 제4회 이익상 씨, 제5회 이경손 씨, 제6회 고한승 씨"라고 명기되어 있다. '일요부록' 이라는 난을 마련하여 매주 일요일 연재가 되었으며, 매 회 다음 회 집필할 작가에 대한 간략한 소개가 실렸다.

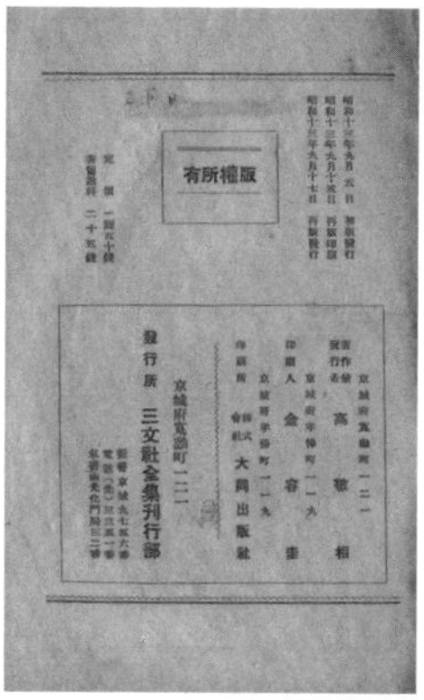

## 화관/花冠 : 이태준.

**조선일보1937.7.29-1937.12.22(130회 완) ; 삼문사1938(469면).**

**【내용】** 임동옥은 마지막 여름 방학을 맞아 요양 중인 어머니를 보기 위해 삼방 약수터로 내려간다. 가는 길에 동창생 황정희를 만난 동옥은 송전 해수욕장을 찾게 된다. 그곳에서 정희의 약혼자인 배일현과 정희의 친척오빠인 재하를 만난다. 보통학교 영어교원 자격을 가진 결혼 적령기의 여성 임동옥은 궁합과 문벌을 중요시하는 구시대적 결혼관에 반대하는 신여성이다. 어머니의 결혼관을 부정하는 동옥은 어머니에게 몸만을 물려받았을 뿐 '시대부터 보호가 없이 저 혼자 꾸려나가야 할 고독한 운명아'라고 여긴다. 동옥은 지성과 미모로 인해 뭇 남성들의 구애를 받는다. 재하는 동경에서 댄스 강습 자격증을 따 온 '모던뽀이'로 바닷가 행락객들에게 댄스를 가르친다. 재하는 동옥에게 댄스 시범을 보이도록 하고 그 실력을 칭찬하면서 그녀를 향한 자신의 관심을 은밀하게 전한다. 어느 날 익사할 뻔한 동옥을 우연히 구출한 재하는 그녀에게 자신의 애욕을 드러낸다. 동옥은 재하와 논쟁을 벌임으로써 그와의 육체적인 관계를 거부한다. 한편 동옥에게 구애하는 이들 중에는 정희의 약혼자인 일현도 포함되어 있다. 일현은 주식 투자로 큰돈을 모은 사업가인데, 동옥에게 마음을 빼겨 자신의 사업마저 정리하고 그녀에게 매달린다. 일현은 동옥의 가짜 혼담을 조작하는가 하면, 사설탐정을 고용해 그녀를 감시하도록 한다. 그러나 동옥은 일현의 노골적인 구애 작업에 무서움과 압박을 느낀다. 한편 동옥이 호감을 느끼는 상대는 박인철이라는 청년이다. 인철은 개인 생활이 아니라 민족과 사회를 위해 일해야 한다고 역설한다. 동옥은 인철의 사상에 동경심을 갖는다. 한편 인철은 동옥을 만나기 전 기울어 가는 가세 때문에 학업을 계속 할 수 없게 되자 기생 출신이자 '부자 늙은이의 첩'인 조숙자의 도움을 받는다. 동옥과 인철의 사랑이 결실을 맺을 즈음, 인철은 숙자로 인해 살인 사건에 휘말리고 감옥에 갇히게 되고, 결국 두 사람은 이별한다. 한편 동옥은 학교 사은회에서 화관을 쓰고, 그것이 '하나님이 나에게 주신 가시관'일지도 모른다는 깨달음을 얻는다. 이후 그는 형편이 어려운 동

료에게 중학교 교사 자리를 양보하고 원산으로 떠나 그곳에서 소학교 선생과 야학을 병행하면서 헌신적인 삶을 산다. 인철 때문에 그 집안이 몰락했다는 것을 알게 된 동옥은 월급을 털어 인철의 동생 인봉의 학비를 내주고 학생들에게 학용품을 사 준다. 인철이 연루된 살인 사건이 해결되고 얼마 후 인철과 동옥은 재회한다. 동옥은 인철의 문화 사업을 위해 돈을 구하러 다니면서도, 인철의 사랑을 받아들이지 못한다. 이들의 사랑이 세속적인 연애와 결혼으로 변절될지도 모른다는 불안 때문이다. 인철에게 동옥이 마음을 표하기 전에, 인철은 다시 사라지고 만다.

**【참고】** 여자 주인공이 자아를 정립하는 과정을 그린 작품이다. 주인공이 감당하는 고난은 세속적인 성취를 위한 것이 아니라 헌신적이고 실천적인 지식인이 되기 위한 의무로 제시되고 있다. 따라서 표제 '화관'은 여자 주인공 동옥의 학업 성취와 지식인으로서의 완성을 상징하는 것으로 해석된다.

## 화랑도/花郎徒 : 김동인. 한성도서1949.

**【내용】**「아기네」 참조.

**【참고】**《동아일보》에 1932년 3월 1일부터 10월 31일까지 203회 연재된 「아기네」를 '화랑도'로 개제해 단행본으로 출판했다. 전체 18장으로 나뉘어 있다. 화랑 이야기뿐 아니라 한국의 삼국시대 일화를 소개하거나 「알리바바와 사십 인의 도적」을 번역해 싣는 등 아이들에게 교훈을 주고 삶의 지침을 제시할 수 있는 내용으로 구성되어 있다.

## 화랑의 정열/花郎의情熱 : 신정언. 성문당서점1938.

**【내용】** 선덕여왕과 그녀를 짝사랑한 지귀, 고구려 봉상왕, 호동 왕자와 낙랑 공주, 백제 무왕의 이야기.

**【참고】** 삼국시대의 야담 몇 편을 모아 놓은 야담집이다. '作者의말슴'이 책 전반부에 수록되어 있다. 야담의 의미와 특성을 설명하고 있으며, 민족의 야담을 아는 것은 현재의 수양과 교훈의 획득에 기여한다고 강조하였다. 본문의 내용은 선덕여왕과 그녀를 짝사랑한 지귀, 고구려 봉상왕, 호동 왕자와 낙랑 공주, 백제 무왕의 이야기 등으로 구성되어 있다.

## 화려한 지옥/화려한地獄 : 김말봉. 부인신보1947.7.1-1948.5.8(108회 미완).

**【내용】** 오채옥은 공창 기생이다. 문과를 다니는 대학생 황영빈의 아이를 뱄다는 사실이 알

려지자 포주의 마누라는 채옥에게 낙태를 종용한다. 채옥은 공창에서 달아나지만 흑인에게 겁탈당하는 등 고난 끝에 국밥집 식모로 일하게 된다. 라디오에서 5월 17일부로 공창제가 폐지되었다는 것을 알리는 방송이 나오지만 배운 게 없는 채옥은 그게 자신의 일인지도 모른다. 한편 영빈은 고향에 약혼한 여인 은숙을 두고도 백송희라는 여대생과 열애 중이다. 그는 손성묵이라는 자 밑에서 일하는데 성묵은 일제시대에는 친일파로 돈을 벌다가 해방 후에는 아편을 팔아 억대 부자가 된 사람이다. 그는 그 뒷감당을 위해 모 정당에 백만 원을 기부하고 그 명목으로 한자리 얻으려고 한다. 그러나 청년부장 우현석이 부정한 돈을 받을 수 없다며 완강히 거절하여 그 계획은 무산된다. 한편 공창은 폐지되었으나, 갈 곳 없는 창기들이 성접대를 하거나 사창으로 가는 상황이 이어진다. 이에 그들에게 현실적인 도움을 주기 위해 공창폐지위원회가 제정된다. 성묵은 정당 대신 그곳에 기부하고 위원장 정민혜와 결혼하려는 흑심을 품지만 오래전 자신을 버리고 떠난 딸과 부인의 등장으로 실패한다. 한편 영빈은 송희와 관계한 후부터 그녀에게 흥미를 잃는다. 송희는 매독에 걸리고 설상가상으로 은숙의 존재까지 알게 되어 상심한다. 자신을 겁탈하려던 국밥집 주인의 남편을 피해 국밥집을 나온 채옥은 사창가에 잡혀가 수난을 당하다가 민혜에게 구조된다. 그 후 채옥은 공창폐지위원회에서 송희를 만나게 된다. 영빈과 약혼한 송희는 채옥이 가진 아이가 영빈의 아이라는 이야기를 듣는다. 화가 난 송희는 영빈을 권총으로 쏘아 죽인 후 자결하려 하지만 병원으로 실려가 죽음을 면한다. 그 자리에 함께 있던 채옥이 권총 살인 사건의 용의자가 되어 사형 선고를 받는다. 그 와중에 선천 매독으로 아이를 사산한 채옥은 기독교 신앙의 힘으로 고통을 감내한다. 목숨이 위중하던 송희는 자신이 살인 사건의 진범임을 자백하고 숨을 거둔다. 이에 채옥은 무죄로 방면된다. 공창폐지위원회에서는 창기들에게 교육을 시켜서 사회에 적응할 수 있도록 지원하는 희망원을 개원한다. 채옥은 희망원에 들어가 열심히 봉사하다가 의사와 결혼한다.

**【참고】** 1951년 발행된 문연사판 표지에 '화려한 지옥' 이라고 표기되어 있으며, 서문에 '화려한 地獄(一名, 카인의 市場)' 이란 저자의 서술이 있고, 소설의 첫 시작 부분에 '카인의 시장' 이라고 표기되어 있다. 「佳人의 市場」이라는 제목으로 《부인신보》에서 연재되었으나 완결되지 않았다. 김말봉은 작자의 말에서 "조선 여인들의 의도와 발분으로 부녀신보가 탄생하니 〔…〕 내 분명코 조선 여인의 한 사람으로 〔…〕 웨치고 싶은 사회 비극의 한 토막을 소설"화하였다고 말한다. 여성의 권익을 위해 공창제 폐지 운동을 벌였던 작가의 의식이 담겨 있는 작품이다. 각종 논문에서 단행본의 초판 간행 시기를 1952년이라 하고 있으나 실제 문연사판 간기에는 단기 4284년, 즉 1951년에 간행되었다고 기록되어 있다. 다음은 문연사판 단행본에 실린 작자 서문이다. "序文 찔레꽃을 쓰고 붓을 던진지 십여 년 만에, (해방 이듬해) 첫 번으로 붓을 든 것이, 화려한 地獄(一名, 카인의 市場)이다. 삼 년 전에 출판사에 맡긴 것이, 출판사의 사정으로, 또 六·二五事變 等等으로 해서 너무 늦게야 나왔다. 지금 이 苛酷한 戰時下에 色다른 雰圍氣의 作品인 체로 참된 人間性을 强調할려는 作者의 意慾을 알어주기를 부탁한다. 女人은 人間이면서도 弱하고 弱하면서도 善하고 그리고 어느 意味 男子보다 훨씬 强한 一面이 있는 것이다. 讀者諸賢의 能한 展望을 빌면서. 四二八四年七月 日 佐川洞, 避難所에서 著者."

**화분**/花粉 : 이효석. 인문사1939 ; 범문사1946.

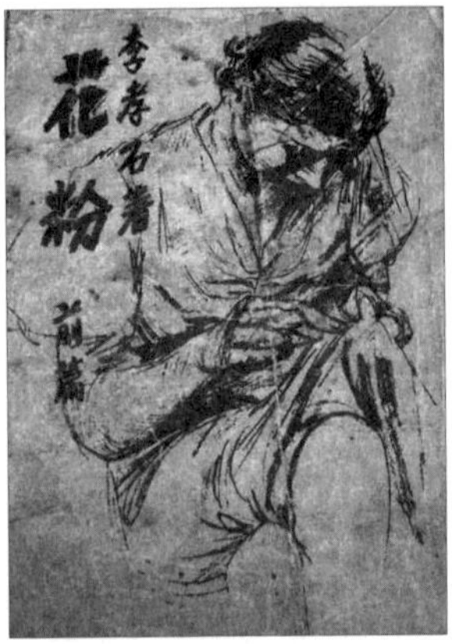



**【내용】** 현마는 경성에서 영화사를 경영하는 재력가이자 사업가이다. 어느 날 그의 집에 친구 단주가 찾아와 기숙하게 된다. 현마의 집에는 세란, 미란 자매를 비롯한 몇 명의 여인들이 함께 지내고 있다. 그녀들은 미소년과 같은 단주의 외모를 보고 단번에 마음을 빼앗겨 그를 가운데 두고 애정의 암투를 벌인다. 한편 현마는 자매지간인 미란과 세란을 번갈아 만나면서 유희를 즐긴다. 현마와 미란은 함께 음악회를 보고 난 후 동경의 한 악기점에 들어갔다가 그곳에서 영훈을 우연히 만나게 된다. 영훈은 음악교사이면서 사설연구소를 운영하는 피아니스트이다. 영훈은 '빈민굴과 같은' 조선의 예술적 현실을 개탄한다. 미란은 영훈의 말과 행동을 보면서 그를 천재적인 예술가라고 여기고 그를 마음속으로 동경한다. 한편 미란은 현마, 단주 그리고 영훈의 애정을 한몸에 받는다. 그러던 어느 날 술에 취한 현마가 미란을 겁탈하는 사건이 벌어진다. 미란은 수치심과 분노를 참지 못하고 영훈의 연구소를 찾아가 몸을 숨기고 그곳에서 은둔 생활을 한다. 미란은 영훈과 함께 지내면서 서로의 사랑을 확인하고 '예술의 완성'을 위해 '구라파 음악의 전통'이 살아 있다는 하얼빈으로 여행을 떠난다. 영훈과 미란이 조선을 떠난 뒤 현마는 세란과 사투를 벌인다.

**【참고】** 애정 문제를 둘러싼 인물들 간의 갈등이 중심 서사를 이루는 작품이다. 인물들은 자신의 욕망을 충족시키기 위해 도덕적 패륜을 불사한다. 자신의 욕망을 위해서라면 어떤 행위도 마다 않는 극단적인 인물을 내세운다는 점에서 흥미 위주의 사건이 소설의 주를 이룬다는 비판이 있다. 하얼빈은 「화분」을 비롯하여 이효석의 또 다른 작품들인 「벽공무한」, 「합이빈」 등의 작품에서도 등장하는 장소이다. 이효석의 작품 속 하얼빈은 진정한 자아 찾기의 가능성을 상징하는 공간으로 해석된다. 「화분」의 말미에서 인물들이 예술을 창조하기 위해 하얼빈으로 떠난다는 설정은 조선을 벗어나 새로운 삶을 탐색하고자 하는 식민지 지식인의 욕망을 보여 주는 것이다.

**화상보**/華想譜 : 유진오. 동아일보1939.12.8-1940.5.3(140회 완) ; 한성도서주식회사1941.

**【내용】** 장시영은 중등 실업학원 교사로 일하면서 식물학 연구에 여념이 없는 청년으로, 연인 김경아와의 결혼을 기다리고 있다. 경아는 동경의 음악학교에서 성악을 전공한 뒤 베를린, 뮌헨 등의 서양 무대에서 '동양의 꾀꼬리'라는 칭송을 받은 뒤 사 년 만에 귀국한다. 시영은 경아를 마중하러 역에 나갔다가 경아가 후원자 안상권과 함께 귀국하여 화려한 예술인들의 환영을 받는 장면을 목격한 뒤 자신의 처지에 초라함을 느낀다. 경아가 동경에서 상권의 후원을 받으며 생활하는 동안 시영은 사망한 부친의 빚을 갚기 위해 수원 고농을 중퇴한 뒤 교사로 취직한 것이다. 재회한 경아와 시영은 거리감을 느끼고, 상권의 후원에 따라 경아가

호텔에 머무르자 둘의 사이는 더욱 멀어진다. 백만장자의 아들인 상권은 서울과 동경을 드나들며 유명 인사들과의 사교를 일삼다가 경아의 후원자로 나선 인물이다. 상권은 이혼을 불사하며 경아와 결혼하려 하고, 오해가 거듭되는 동안 시영과 경아는 헤어지고 만다. 그러나 결혼을 앞두고 경아는 상권의 전처를 만나 상권의 과거와 불륜 사실을 알게 되고, 그와 헤어질 것을 결심한다. 한편 시영은 근무하는 학교 교주의 딸 이영옥이 자신을 짝사랑하는 것을 알지만 그녀에게 냉정한 태도를 보인다. 영옥은 부친이 사망한 뒤 오빠가 나이 든 홀아비 변호사의 재취가 될 것을 강요하자 가출하여 투신자살을 시도한다. 이 사실을 알게 된 시영은 영옥의 마음에 감동하여 그녀와 결혼한다. 시영이 발표한 논문이 일본에서 화제를 일으켜 그는 고농의 조수를 거쳐 강사에 이르는 파격적인 대우를 받는다. 시영 부부는 학회 발표를 위해 일본을 방문하는 길에 그사이 황폐해진 경아와 만난다. 시영은 경아에게 과거의 일에 대해 사과하고 경아는 재기를 위해 베를린으로 떠난다.

**【참고】** 작가는 연재 예고에서 '사람은 어떻게 살아야 할 것인가, 나는 이번 소설에서 이 문제를 쳐들어보려 한다' 며 1930년대 후반기 지식인의 모습을 다루려는 의도를 표명하고 있으나, 남녀의 연애 문제가 중심이 되는 다분히 통속적 경향의 소설이다.

## 화심 /花心 : 방인근. 한성도서1935.

**【내용】** 영재와 금숙과 금희는 남매지간이다. 영재는 금년 전문학교를 졸업한 회사원이고, 큰딸 금숙은 동경의 여자대학에 재학 중이며, 금희는 보육학교에 재학 중이다. 금숙과 금희 자매는 8월 한참 더위에 해수욕을 가기로 약속하고 백화점에 수영복을 사러 간다. 그곳에서 금숙의 동경 유학 친구인 최상필을 만난다. 마침 원산이 고향인 최상필과 그녀들은 함께 해수욕을 떠나기로 약속한다. 원산 송도원 해수욕장에서 금숙과 금희는 모두 상필에게 호감을 느낀다. 그중 금희는 상필에게 금숙과 자신은 친자매가 아닌 사촌지간임을 밝히고 부모가 계시지 않는다는 이야기도 털어놓고 서로 사랑의 감정을 확인한다. 금숙은 그런 금희를 미워하여 어떻게든 둘 사이를 떼어 놓으려 하고 동경에서 거짓말을 동원하여 금희를 모함하고 상필의 마음을 얻는 데 성공한다. 영재를 짝사랑하는 직장 동료 주화는 함께 의정부로 여행을 떠나 그에게 접근한다. 차가 끊긴 상황 속에서 주화는 영재의 마음을 얻는 데에 성공하고 둘은 연애 감정을 키워 간다. 그러나 주화는 본래 성적 욕망이 강한 여자여서 영재에게 만족하지 못하고 직장 동료인 준풍과 밀애 관계를 유지한다. 영재는 그 장면을 목격하고 떠나고, 주화는 준풍의 아이를 임신하지만 결국 버림받는다. 금숙과 상필의 결혼식 전날, 금희는 집을 떠나 주화의 집으로 가고, 이를 통하여 한 극단의 여배우로 들어간다. 주화는 결국 준풍의 아이를 유산하고 만다. 금희는 극단에서 자리를 잡아 주목받는 배우로 성장하지만, 극단의 주인인 윤세가 겁탈하려 하자 동료 배우인 명호의 도움으로 도망친다. 그러

나 빌린 돈을 빌미로 금희는 윤세에게 억압을 당하고 그녀는 결국 '윤화심'으로 개명하여 기생이 된다. 금희는 그런 자신의 신세 때문에 결국 독약을 먹고 자살하고, 주화와 영재만이 다시 만나 예전의 사랑을 확인한다.

**【참고】** 방인근의 통속 장편이다. 1935년 초판이 발행되었다. 1949년 한성도서본(308면)을 텍스트로 하여 내용을 정리하였다.

## 화전민/火田民 : 이북명. 매일신보1940.1.31-2.23(23회 완).

**【내용】** 화전 마을인 은신골의 유돌 일가는 홍수로 인해 읍내로 들어오게 된다. 유돌은 도시의 풍물을 부정적으로 여기지만, 유순에게는 호기심의 대상이 된다. 그러나 갑작스러운 홍수로 인해 이들의 삶은 몰락을 피하지 못한다.

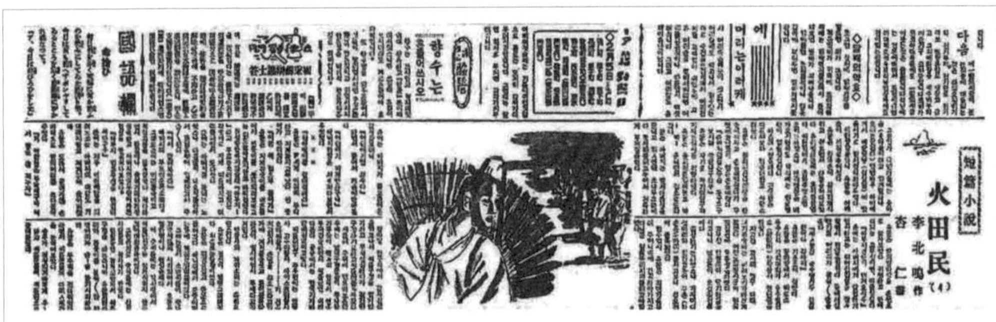
短篇小說
火田民

**【참고】** 제목 앞에 '短篇小說'이라고 표기되어 있다. 작가는 1939년 7월호 《조선문학》에 게재한 「창작일기」에 "5월 X일 문장사에 보낼 창작 중편 「화전민」을 쓰다가 정경 묘사의 심각한 장면이 얼른 머리에 떠오르지 않기에 그 소재를 찾아 용골로 간 것"이라고 언급한 바 있다.

## 화전 어느 쪽도 불사하다/和戰何れも亂世ず : 장혁주. 大観堂(日)1942(456면).

**【내용】** 임진왜란 2년 전 일본의 상황을 일본의 관점에서 서술한 이야기.

**【참고】** 일본어 소설이다. 실질적으로 「칠 년의 폭풍(七年の嵐)」 제2부에 해당하지만, 제1부의 표지와 달리 '7년의 폭풍'이라는 제목은 표기되어 있지 않다. 임진왜란 직전인 2년간의 상황을 도요토미 히데요시(豊臣秀吉)의 부하인 코니시 유키나가(小西行長)에 초점을 맞춰서, 긴박한 외교 협상과 세계정세에 몰이해한 폭군 도요토미 히데요시 밑에서 고뇌하는 모습을 잘 그리고 있다. 특히 기독교인으로서의 유키나가의 입장이 강조된다. 전체 10장으로 구성된 내용 중에 4장까지 선교사들의 활동과 유키나가가 세례를 받게 된 과정 및 주변에의 영향 등을 그려 내고 있다. 임진왜란을 다룬 장혁주의 소설 중 가장 뛰어난 작품으로 평가받는다. 야소교도(耶蘇敎徒)와 천도교(天道敎) 사절까지 등장하는 규모가 큰 이야기이다. 주로 외교 교섭의 측면에서 개전 시의 상황을 그린 이 작품은 인간의 내면 통찰이나 인간관계의 복잡성 등에 대한 뛰어난 묘사력을 보여 준다. 친일, 국책적인 색채가 전

혀 없는 작품으로 평가된다. 2001년 ゆまに書房에서 『일본식민지문학정선집』으로 출간되었다.

## 화풍/花風 : 정비석. 매일신보1940.8.17-11.16(90회 완).

**【내용】** 채영은 동양제약주식회사의 여사장이다. 그녀는 부잣집 재취로 들어가 늙은 남편이 죽자, 유산을 물려받아 회사를 경영하고 있다. 명호는 그 회사의 지배인으로 역시 일찍 아내를 잃은 홀아비이다. 채영은 자연스레 명호에게 호감을 갖게 된다. 그러나 명호는 인애라는 여성에게 마음을 두고 있다. 명호와 인애는 서로 사랑하는 관계로 발전하고, 결국 인애는 명호의 아이를 갖게 된다. 채영은 둘을 갈라놓기 위해 인애에게 자신이 명호의 아내라고 거짓말한다. 인애는 중국 신경으로 떠나고, 명호는 채영의 회사를 그만두어 버린다. 그러나 채영은 그러한 명호에게 끈질기게 구애하고, 결국 명호는 채영의 사랑을 받아들여 회사의 사장이 된다. 한편 인애는 중국에서 출산하여 아이를 아버지 민적에 올려 달라고 부탁한다. 그러나 명호는 채영의 눈치를 보며 그것을 거절한다. 명호는 양심의 가책으로 괴로워하고, 채영은 여전히 명호에게 미련이 남아 있음을 알고 지금이라도 인애를 선택하라고 말한다. 그 말에 명호는 선뜻 결단을 내리지 못한다. 채영은 결국 명호의 우유부단함으로 인해, 자신과 인애 모두 불행에 빠지게 되었다고 생각한다. 인애는 명호의 민적에 아이의 이름을 올리는 것을 포기하고, 아이를 위해서만 살기로 결심한다. 그리고 자신의 아이처럼 키우겠다고 다짐하는 원식과 결혼하기로 한다.

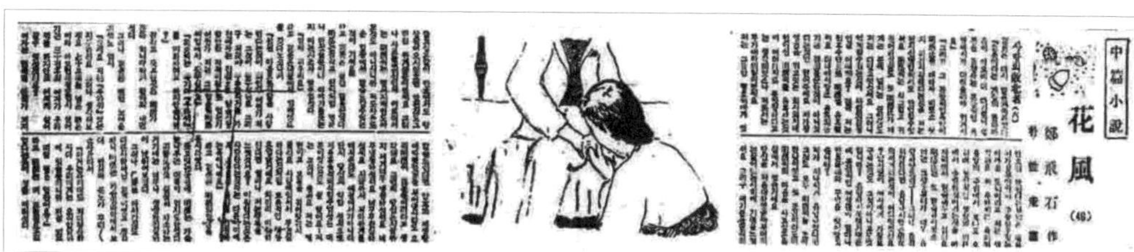
中篇小說
花風

**【참고】** 남녀의 삼각관계를 서사의 중심축으로 삼고 있는 작품이다. 남자 주인공 명호의 우유부단함에 초점이 맞춰져 있는 만큼 심리묘사가 세밀하게 이루어지고 있다.

## 환무곡/幻舞曲 : 최금동. 동아일보1937.1.1.

**【내용】** 「애련송」 참조.

**【참고】** 제1회 《동아일보》 '영화소설 현상공모당선작'(1937.1.1)이다. 그러나 연재 도중에 '애련송'으로 개제되었다. 「애련송」은 1939년 영화화되었다.

## 환희/幻戲

**나도향. 동아일보1922.11.21-1923.3.21(117회 완) ; 북성당1935 ; 박문서관1939.**

**【내용】** 재산가로 유명한 이상국은 아내에게서 아들 영철을, 소실에게서 딸 혜숙을 낳았다. 그는 사후에 대한 문제로 고민하다가 기독교 신자가 되었고, 과학적 사고를 토대로 신을 부정하면서 진화론을 신봉하는 아들 영철이와 충돌한다. 이에 영철은 서모집에서 생활한다. 영철은 혜숙에게 자신의 친구인 일본 유학생 김선용을 소개해준다. 그러나 선용은 혜숙이 선망하던 멋쟁이가 아니었기 때문에 혜숙은 실망한다. 한편 중앙은행 사장의 아들이며 멋쟁이인 백우영이 혜숙에게 호감을 드러내지만, 혜숙이는 선용에 대해서 관심을 보이기 시작한다. 선용이 다시 일본으로 돌아간 뒤, 우영은 혜숙의 환심을 사려고 애를 쓰고, 혜숙의 마음도 점점 우영에게 기울어지기 시작한다. 어느 날 혜숙은 우영에게서 초대를 받고 어머니와 오빠가 말리는데도 몰래 그를 방문한다. 결국 우영과 혜숙은 결혼하게 되고, 이 소식을 들은 선용은 자살을 기도하나 실패한다. 혜숙은 우영의 방종한 생활 때문에 결혼을 후회하고 실의에 빠져 폐병을 앓는다. 영철은 혜숙의 치료를 위해 아버지에게 돈을 빌린다. 그러나 아버지는 그것이 기방 출입을 위한 돈이라고 오해하고, 영철은 그 오해를 풀지 않고 뛰쳐나간다. 기생 설화는 영철을 사랑하여 돈을 변통하는 등 그를 도와주지만, 둘 사이를 떼어 놓으려는 혜숙을 보고 실망하여 우영과 함께 술을 마신다. 이 광경을 영철이 목격하자 설화는 자살해 버린다. 일본으로 돌아가는 선용, 부여로 휴양 가는 혜숙, 그리고 그를 부축하는 영철은 같은 기차를 타고 가다 대전에서 쓸쓸히 헤어진다. 그날 밤 영철은 설화의 자살을 알고 비통해하며, 혜숙은 설화를 죽게 하고 오빠를 슬픔에 몰아넣은 죄책감, 이루지 못한 사랑에 대해 슬퍼하다 자살한다.

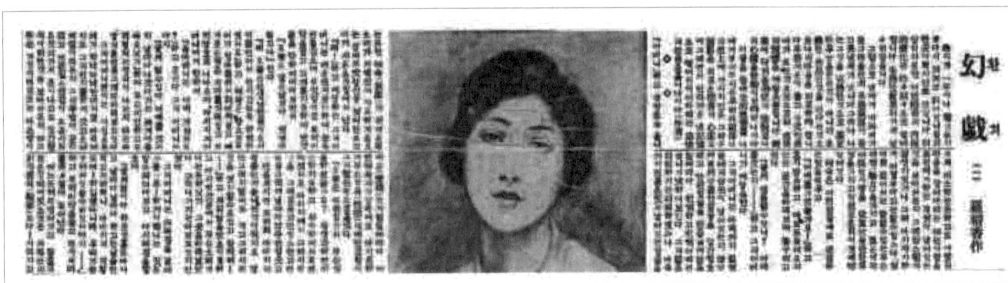

**【참고】** 나도향이 19세 때 《동아일보》에 연재한 작품이다. 중심 사건 대부분이 등장인물의 자살로 해결되는 등 초기 근대 장편소설로서의 한계를 뚜렷하게 안고 있는 작품이다. 나도향 자신도 연재에 앞서 '터잡지 못한 어린 도향'이라 자신을 지칭했고, '미숙한 작품인 것을 안다는 것으로 나의 마음을 위로하려 한다'고 밝히고 있다. 그러나 어린 나이에 큰 무리 없이 100회가 넘는 장편을 일간신문에 연재했다는 사실만으로도 그의 천재성이 드러나는 작품이라고 평가받기도 한다.

## 활민숙/活民塾 : 김동인. 수문사1950.

**【내용】**「젊은 그들」 참조.

**【참고】**『해방기 간행도서 총목록』(소명출판2009)에서 채록하였다. 현재 작품은 확인되지 않으나, 오영식 목록에 '활민숙—젊은 그들'로 표기된 것으로 보아 1930년부터 《동아일보》에 연재한 김동인의 「젊은 그들」의 개제임이 분명하다. '활민숙'은 「젊은 그들」의 주인공 활민이 만든 학당이다.

## 황금과 장미/黃金과薔薇 : 안회남. 중앙1935.5(1회).

**【내용】** 화려한 미모와 맵시로 뭇 남성들의 시선을 한몸에 받는 버스 안내양 강봉자는 연애를 그만두고 결혼을 하기로 결심한다. 버스 안내양으로 일하는 것도 피곤하고 부잣집 남자와 결혼해서 편히 살고 싶은 마음이 들었기 때문이다. 봉자는 예전부터 자신을 좇아다니는 이대길과 늦은 밤 결혼식을 올린다. 유부남인 대길은 미모가 뛰어난 봉자를 어떻게든 자신의 손아귀에 넣을 요량으로 봉자를 속이고 거짓 결혼을 한 것이다. 대길의 동생 대영은 애정 없는 결혼 생활을 하면서 다른 여자와 놀아나는 형을 못마땅하게 여긴다. 대영은 형과 달리 자신은 반드시 사랑하는 경애와 결혼하리라 다짐한다. 그러나 대영의 부모는 백화점 점원인 경애와 대영이 사귀는 것을 달가워하지 않는다. 한편 봉자에게서 더 이상 흥미를 느끼지 못한 대길은 백화점에 들렀다가 우연히 경애를 보고 그녀에게 치근덕댄다. 경애는 대영에게 이 같은 사실을 말하고 대영은 대길을 만나 봉자와의 관계를 정리하라고 말한다. 결국 대길은 자신의 행동을 뉘우치고 봉자와 헤어져 아내에게 돌아간다. 대영과 경애 그리고 대길 부부는 창경원으로 놀러가 행복한 시간을 보낸다.

**【참고】** 제목 앞에 '特別全載 長篇小說'이라고 표기되어 있으나 단편 분량의 작품이다. 본문 말미에 '完' 표시는 없고, '乙亥年 四月六日'이라고 날짜가 명시되어 있다. '밤마다 오는 男子, 暗夜의 結婚, 봄의 表情, 戀愛問答, 가을의 表情, 누가 속엿느냐, 永遠의 盟誓'와 같은 소제목이 붙어 있다. 바람둥이 형과 지고지순한 동생의 사랑에 관한 상반된 태도를 중점적으로 다룬 애정소설이다.

## 황금광 시대/黃金狂時代 : 채만식. 중앙출판사1949(302면).

**【내용】**「천하태평춘」 참조.

**【참고】**《조광》에 1938년 1월부터 9월까지 9회 연재하였던 「天下太平春」은 1940년 같은 제목으로 『三人長篇全集』(명성출판사)에 수록되었고, 1948년 동지사(同志社)에서 '태평천하'로 개제하여 재출간되었다. 이후 1949년 중앙출판사에서 '황금광 시대'로, 1958년 대동사에서 '애정의 봄'으로, 같은 해 중앙출판사에서 '꽃다운 청춘'으로 개제하여 단행본으로 출간하였다. 개제의 이유에 대해서는 아직 밝혀진 바가 없으며, 이들 작품을 「태평천하」의 해적판으로 보는 시각이 있다. 「천하태평춘」의 '윤 직원'이 '윤 장의'로 변경된 것 이외에 목차나 내용상의 변화가 거의 없다. 작가 서문에

서, “지나간 소화 十三년 잡지 조광의 지면을 빌려 전 1월호부터 9월호까지 연재 발표했던 것을 이제 다시 한 편의 책자로서 간행을 하는 것이다. 그리고 집필은 그 전년 가을에 전편을 완료했던 것인데, 그러므로 작품에 내용된 시대는 이미 과거한 소화 12년대에 속하는 것임을 말해 둔다. 작품의 내용상, 또는 발표 당시의 오교정 등으로 하여 일단 손을 대느라고 대기는 했으나 구작을 전체적으로 수정하기는 지난한 노릇인지라, 약간의 자구를 교정하는 데 끊졌을 뿐이다. 끝으로 간행에 임하여 두터운 우정과 斡旋을 해 준 명성사의 경우 정래동 형에게 깊은 소감을 표해 마지않는다. 단기 4273년 3월 6일”이라고 밝히고 있다. 이는 『삼인장편집』(명성사1940)에 수록된 서문과 동일한 것이다.

## 황금굴/黃金窟 : 김래성. 동아일보1937.11.1-12.31(55회 완) ; 조선출판사1944 ; 평범사1945.

**【내용】** 학준은 일곱 살 때부터 고아원에서 살고 있다. 그는 원장 선생님께 모범생이라는 말을 들을 정도로 착한 아이이다. 한 달 전, 백희라는 열네 살의 귀여운 여자 아이가 고아원에 들어왔다. 학준은 백희를 친동생처럼 잘 대해 준다. 백희는 불상(佛像)을 갖고 있는데, 그것은 아버지가 히말라야 여행 중 어느 인도 여인을 구해 주고 그녀에게 받은 것이라 한다. 불상 안에는 황금굴이 있는 곳이 암호로 표시된 지도가 있다. 백희의 아버지는 평생 그 암호를 풀려고 했지만 실패하고 생을 마감한 것이다. 원장 선생님은 유불란 탐정을 불러 사실을 말하고, 유불란 탐정은 암호를 해독하여 황금굴이 있는 곳을 알아낸다. 학준을 비롯한 고아원 아이들을 데리고 인천항에서 배를 타, 황금굴이 있는 곳으로 향한다. 이때 정체 모를 외국인들도 불상을 훔쳐 가 암호를 푼 다음, 황금굴로 향한다. 갖은 고초 끝에 학준과 유불란 탐정 일행이 황금굴을 찾고, 그곳에서 왕관을 발견한다. 학준과 백희는 그 왕관을 팔아 받는 돈의 반은 국방 헌금으로 하고, 반은 고아들을 위해 쓰기로 한다.

**【참고】** 《동아일보》의 원고 청탁을 받아 연재한 작품으로 아동 청소년 대상의 추리 모험소설이다. 본문 앞에 ‘探偵小說 黃金窟’ 이라 표기되어 있으며, 소년 독자들에게 이야기 내용을 소개하는 삽화가 연재분과 함께 실려 있다. 단행본으로 출판되는 과정에서 내용 일부가 개정되었다. 조선의 고아들인 학준 일행이 인도인 해적들의 추격과 난파의 위험을 무릅쓰고 도착한 보물섬인 인도의 계룡도에서 황금굴을 찾는다는 이야기이다.

## 황야조/荒野鳥 : 박남호. 농민생활1936.3-7.

**【내용】** 내용 생략.

**【참고】** 향학열을 불태우며 언젠가는 고향으로 돌아가 봉사하고자 하는 학생들의 이야기를 그리고 있다. 연재지의 유실로 전체 내용의 확인이 불가능하다. 고려대 귀중본 서고에 《농민생활》 1936년 3·4월 합호(8권3호)와 1936년 7월호(8권 6호)가 소장되어 있어 2회 분량만 확인 가능하다. 3·4월 합호에 ‘1회 순정’, 7월호에 ‘4회 미지수 사랑’ 이라 하여 회차와 부제가 표기되어 있다.

## 황원의 비곡/荒原의悲曲 : 함효영. 영화시대1932.2(2회).

**【내용】** 동수는 일본에서 대학을 졸업한 뒤 귀국했으나 일자리를 얻지 못하고 있다. 취직난으로 지식인들이 일자리를 얻지 못하고 있을 때 마침 조선박람회가 개최되면서 몇몇 회사에서 일시적으로 사원을 구한다. 동수는 박람회 기간 동안 사원을 모집하는 Y·X회사에 입사 지원서를 내러 간다. Y·X회사의 지배인은 동수와 같은 C대학을 졸업한 사람으로, 동수가 취직하는 데 도움을 준다. Y·X회사의 직원 순영은 지원서를 내러 왔던 동수의 초라한 모습을 보고 비웃지만 지배인에게 동수가 대학을 졸업한 학사라는 이야기를 듣고 자신의 허영심을 뉘우친다. 마침내 동수가 Y·X회사에 취직하여 처음으로 출근한 날, 순영은 손수 동수의 옷깃에 꽃을 달아 주며 호감을 표현한다. 동수는 회사에서 유학 시절에 알던 친구 윤응규를 만나 반가워한다. 한편 순영은 점점 더 동수를 좋아하기 시작한다.

**【참고】** 연재 당시 지면에 '장편영화소설'이라고 표기되어 있다. 《영화시대》 1932년 2월호에 2회 연재분이 실렸으나 《영화시대》 1월호와 3월호를 구할 수 없어 더 이상의 연재 정보는 확인할 수 없다.

## 황원행/荒原行 : 최독견 외. 동아일보1929.6.8-10.21(131회 완).

**【내용】** '시국표방설교강도'의 출현으로 서울이 술렁거리고, 홍면후 형사과장이 사건 수사를 총지휘한다. 까페 백마정 종업원 이애라는 설교강도인 이철호의 정체를 모르고 사랑을 고백하나 거절당한다. 그런 철호에게 홍한경이 청혼하고, 그 만남을 목격한 애라는 철호에게 복수를 다짐한다. 한경이 춘천으로 떠난 동안 애라는 철호에게 적극적으로 접근한다. 사이

荒原行

荒原行

가 가까워지면서 애라는 철호의 정체를 눈치채지만, 사랑 때문에 고발하지 못한다. 끝까지 마음을 받아 주지 않는 철호에게 원망을 느낀 애라는 면후를 돕기로 한다. 그러나 곧 마음을 고쳐먹고 철호를 만주로 빼돌려 함께 살 계획을 한다. 면후는 철호, 한경, 애라의 관계를 파헤치려 하나 결국 수면제를 먹고 그를 놓친다. 철호는 한경과 피신하고 애라는 둘의 관계를 질투하지만 결국 죄를 뒤집어쓰고 체포당한다.

**【참고】**《동아일보》의 기획으로 최독견, 김팔봉, 염상섭, 현진건, 이익상 등 당대의 대표적 작가 5인에게 돌아가면서 창작을 맡긴 연작소설이다. 삽화도 안석주, 노수현, 이상범, 이승만, 이용우 등 당대의 대표적 화가들이 번갈아 가며 맡았다. 1회부터 25회 최독견, 26회부터 50회 김기진, 51회부터 75회 엽상섭, 76회부터 100회까지 현진건, 그 이후부터 이익상이 맡았다고 김기진에 의해 술회되었다. 당시 《동아일보》 학예부장이었던 이익상이 이 기획을 주도한 것으로 보이며, 이야기를 마무리할 수 있는 마지막 부분의 저술을 그가 맡은 것도 이와 무관하지 않은 것으로 보인다. 원래 125회로 기획되어 있었으나, 이익상이 6회분을 초과하여 131회로 끝을 맺었다. '방황하는 모던 여성을 중심으로 삼아 애욕의 갈등, 불합리의 세상, 제도의 결함 등을 5작가의 특수한 필체로' 그려내는 작품이라는 광고가 나갔으나, 김기진의 술회에 의하면 인물의 죽음, 스토리 전개 등은 전적으로 담당 작가의 재량에 맡겼던 것으로 보인다. 상이한 성격을 지닌 작가 다섯 명에 의해 창작되었기 때문에 광고에서 예고되었던 대로 당대의 사회상을 제대로 그리는 데는 어려움을 겪었으며, 형사와 범인의 쫓고 쫓기는 이야기를 서술하는 데 초점이 맞추어질 수밖에 없었다.

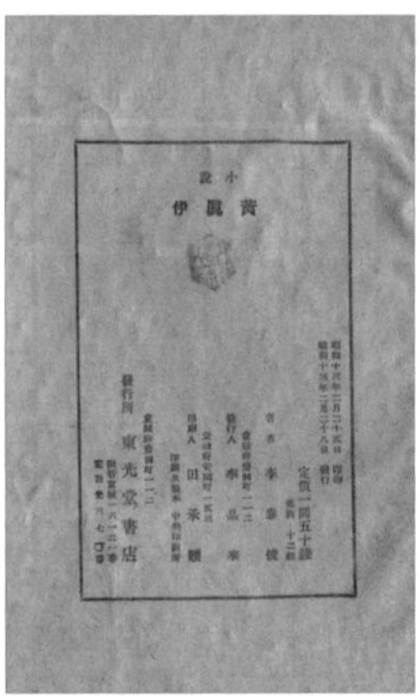


## 황진이/黃眞伊

**이태준. 조선중앙일보1936.6.2-9.4(77회 미완) ; 동광당서점1938.**

**【내용】** 송도 황 진사의 서녀로 태어난 진이는 어머니 현금 밑에서 자라며 여러 기예를 배운다. 혼기에 이른 그녀는, 한양의 양반 자제와 혼담이 오가나 서녀라는 이유로 몇 차례 거절당하자, 자신의 신분적 결함을 통탄한다. 이런 와중에 진이를 보고 상사병에 걸렸다가 죽은 이웃 총각의 상여가 그녀의 집 앞에 멈추는 사건이 발생한다. 이에 진이가 죽은 총각을 위해 자신의 적삼을 상여에 내어 주자 그제야 상여가 움직인 것이다. 진이는 망자의 원혼을 위로하고, 고민 끝에 기생이 되기로 결심한다. 송도 유수가 베푸는 꽃놀이에 간 진이는 처녀 시절 혼담이 오갔던 김지학의 부친 김 참판을 만나고, 자신이 당한 무안을 되돌려 주리라 마음먹는다. 한편 기생이 된 진이를 농락할 기회를 엿보던 김 참판은 시회를 핑계로 그녀를 집으로 부른다. 김 참판이 보내온 백마를 타고 시회에 가던 그녀는 우연히 지학을 만난다. 진이는 시회에 가는 대신 그를 유혹하여 잠자리를 같이 하고 새벽 일찍 그를 김 참

판의 집으로 돌려보낸다. 이후 그녀는 대제학을 지낸 학자 소세양을 만나 한 달의 동거 생활에 들어갔다가 떠나려던 그를 주저앉히고, 여자에 대하여 벽을 쌓았다고 자부하는 벽계수를 유혹하여 훼절시킨다. 또한 20년 수도했다는 지족선사를 유혹하여 그의 면벽수도를 공염불로 만드는 등 당대 명사들을 미색으로 굴복시킨다. 그런가 하면 당대 도학군자로서의 칭송이 높은 서경덕을 찾아 유혹하다 실패하자 그와 사제 관계를 맺고 교유한다. 그 후 천수원에서 만난 이사종과 송도에서 삼 년, 한양에서 삼 년을 같이 지내다 각자의 길을 가기로 하고 헤어진다. 6년 만에 지족선사를 찾은 진이는 헌화가를 불러 주고 그와 하루를 보낸 뒤, 이미 고인이 된 경덕의 묘를 찾아 예를 올리고 금강산으로 향한다.

**【참고】** 1936년 6월 2일부터 9월 4일까지 총 77회에 걸쳐 《조선중앙일보》에 발표되다가 신문의 휴간으로 연재 중단되었다. 상편(33회), 중편(43회), 하편(1회)으로 나뉘어 연재되었다. 1938년 2월 동광당서점에서 단행본 『황진이』가 출간되었으며, 1946년 8월 같은 출판사에서 재출간된다. 1988년 태학사에서 영인한 『한국근대장편소설대계』 20권에 동광당서점본 텍스트가 수록되어 있다. 황진이라는 실존 인물에 얽힌 이야기를 중심으로 그가 기생이 된 원인, 여러 인물들과 벌이는 연애담 외에 김 참판 부자와의 세부적인 사건을 덧붙여 흥미롭게 재구성한 장편소설이다.

## 황해의 탄식 /黃海の嘆き : 정연규. 魂(日)1936.5-8,10,11.

**【내용】** 내용 생략.

**【참고】** 皇道主義 戀愛小說이다.

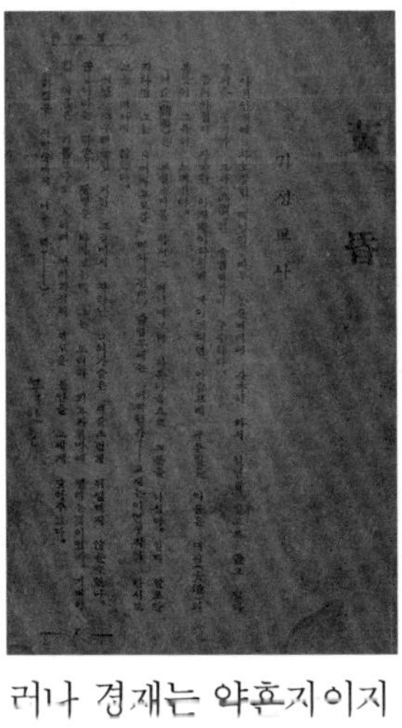
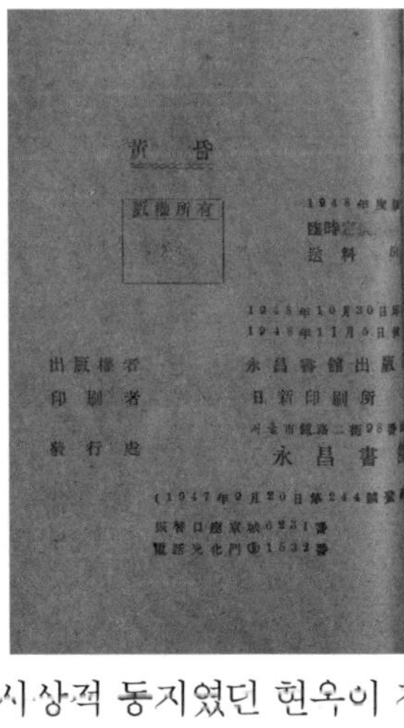

## 황혼 /黃昏 : 한설야.

조선일보1936.2.5-10.28(206회 완) ; 영창서관1939.

**【내용】** 박여순은 서울에 올라와 자본가 김재당 집에서 가정교사 노릇을 하면서 학업을 계속하고 있다. 이 무렵 김재당은 사업이 파산지경에 빠지자 금광으로 갑부가 된 안중서에게 방직 공장을 넘기는 한편, 안중서의 딸 현옥과 자신의 아들 경재의 결혼을 서두른다. 그러나 경재는 약혼자이지 사상적 동지였던 현옥이 점차 물질적 향락을 좇는 속물이 되어 가는 것을 보면서 상대적으로 건실한 모습을 간직한 가정교사 여순에게 호감을 보인다. 한편 여순은 졸업 후 가정교사에서 쫓겨날 위기에 처하지만 경재의 주선으로 안중서가 경영하는

방직 공장의 개인 비서로 취직하게 된다. 이 일을 계기로 두 사람은 더욱 가까운 사이가 된다. 이런 와중에 여순은 사장 안중서에게 겁탈당할 뻔한 사건을 겪는데, 그 후 경재가 보여준 미온적인 태도와 주위의 압력 등에 의해 경재를 떠나간다. 여순과의 결합이 수포로 돌아가자 경재는 자포자기 상태에서 현옥과의 결혼을 받아들이고 현실순응주의자가 되어간다. 여순은 안중서 방직 공장의 노동자가 된 동향 친구 준식의 주선으로 회사 직공으로서 새 삶을 시작한다. 안중서는 여순을 회유하여 노동자의 동태를 탐지하려고 하나 여순은 이를 거절한다. 한편 조직적인 노동 활동을 선도하며 노조 지도자로서 위치를 굳힌 준식은 낙범, 기태, 형철 등과 힘을 합쳐 생산력 증강과 산업합리화 방안을 내세워 감원을 실시하려는 회사와 대항할 계획을 세운다. 그 대립은 감원을 위해 실시하려던 건강 진단을 계기로 마침내 폭발한다. 준식, 여순, 형철은 회사 측의 부당한 처사에 항의하고 담판을 짓기 위해 사장실로 몰려온다. 경재는 사장실로 들어오는 이들과 마주친 후 어두워 가는 황혼에 선 자신을 떠올린다.

**【참고】** 한설야가 '카프 신건설사 사건'으로 구속되었다가 출옥하여 쓴 첫 장편소설이다. 연재 지면에 '黃昏 韓雪野 作'이라고 표기되어 있다. 1936년 2월 5일부터 동년 10월 28일까지 총 206회에 걸쳐 《조선일보》에 연재 발표되었다. 1937년에 『영창서관 명작전집』 4권으로 간행되었다는 기록이 있으나 확인할 수 있는 현전 텍스트는 1939년본이다. 영창서관에서의 단행본으로 간행 이후 1955년 3월 25일 조선작가동맹출판사에서 재간되면서 개작되었다. 1999년 국학자료원에서 펴낸 김병걸 편 「황혼」에 개작본 텍스트가 실렸다. 개작본의 경우는 상대적으로 경재와 현옥, 여순 사이의 삼각 연애 관계에 대한 내용을 축소한 대신 경재와는 다른 삶의 지평에 서 있는 준식과 형철의 역할 비중을 확대하고, 이념형 인물 박상훈을 추가하여 노동자계급의 주체성과 이념성을 강화하였다. 전체적으로 이 작품은 1930년대 친일 자본가와 노동자 사이의 대립을 기본 갈등 축으로 하고 있다. 중요 인물들의 관계나 계급 간의 갈등에 따라 크게 전반부와 후반부로 나눌 수 있는데, 전반부는 경재와 여순 그리고 현옥을 중심으로 그들의 연애 사건을 그리고 있고, 후반부는 노동자가 된 여순과 준식을 중심으로 공장에서의 노·사 대립을 그리고 있다. 《조선일보》 연재본을 텍스트로 하여 내용을 정리했다.

## 황혼의 노래/黃昏의노래 : 이석훈. 신동아1933.6-12 ; 한성도서주식회사1936 ; 조선출판사1947.

**【내용】** 유복한 집안에서 태어난 철은 고향의 보통학교에서 교편을 잡고 있는 혜염에게 청혼을 했다가 거절당한다. 이에 상처를 받은 철은 그녀에게 절교를 선언하고 동경으로 유학을 간다. 그러나 부친의 깐샤어선 사업이 여의치 않자 고향으로 되돌아온다. 고향에 돌아온 철에게 어느 날 혜염이 접근하여 그의 마음을 흔들어 놓는다. 한편 철과 같이 유학을 갔으나 학비 문제로 먼저 귀향한 박은 돌아온 철을 만나 농민들과 함께 지내며 학문을 가르치겠다는 결심을 전하고 농촌으로 내려간다. 철이 혜염과의 연애 문제로 갈등하는 사이, 숙모의 집과 밭뙈기들이 전당포를 운영하는 나까무라에게 차압당하는 일이 발생한다. 철은 숙모와

어머니를 데리고 아버지가 있는 S섬으로 가지만 S섬의 사정도 어렵기는 마찬가지이다. 철은 힘든 상황을 극복하기 위해 청년 단체를 만들고, 무산아동에게 학문을 가르친다. 섬에서 철은 혜염을 잊고 보패라는 순수한 처녀를 만나 결혼까지 결심한다. 그러나 철의 부친은 어려워진 가세를 일으켜 줄 집안의 여성과 결혼할 것을 종용한다. 철은 집안 상황 때문에 보패와 결혼하겠다는 주장을 하지 못한다. 이듬해 봄, 깐샤가 잘 잡혀서 왕포(생선이나 새우들을 가공하는 창고 겸 공장)가 그득해지지만, 왕포에 불이 나 모든 것이 다 타 버린다. 불에 탄 왕포를 바라보는 아버지의 얼굴이 흙빛이다. 얼마 후 철은 보패와의 결혼 의사를 밝히고, 노발대발한 아버지에 의해 어머니와 같이 쫓겨난다. 철은 어머니와 보패와 함께 농사를 지으며 야학을 연 박의 일을 돕기로 한다. 철은 해맑게 웃는 보패와 함께 마을 사람들의 환송을 받으며 육지를 향하여 나아가기 시작한다.

**【참고】** 내용 중에 브나로드 운동과 동양척식회사가 나오는 것으로 보아 이 소설의 현실인식을 짐작케 한다. 주인공인 철의 시각을 통해 첩의 자식을 차별하는 처첩 제도와 미신적 관습을 강도 높게 비판하고 있다. 이 소설은 힘겨운 당대 현실을 지식인들의 계몽의식과 노동자의식의 결합으로 극복할 것을 주장하고 있다. 《매일신보》 1936년 5월 20일자 신간 소개에 '黃昏의 노래 李石薰 著'(302면)에 대한 출간 소식이 나와 있으며, 1936년 6월 30일자 《조선중앙일보》에는 김문집의 '북·레뷰'가 실리는 등 화제가 되었던 작품이나, 한성도서주식회사 판본은 확인되지 않는다. 「황혼의 노래」는 1943년 「봉도물어」로 개작되어 《국민문학》에 연재된다. 조선출판사본을 참고하여 내용을 정리하였다.

## 회천기 /回天記 : 윤백남. 자유신문1949.4.10-9.23(139회 완).

**【내용】** 전라도 고부 근처의 한 주막에 옥매라는 주모가 있다. 그녀는 원래 여염집 규수로 태어났으나 부모가 관료들의 탐학에 억울하게 죽은 후 주모 일을 하며 동학당에 사람들을 연결시켜 주고 있다. 어느 날 행색이 초라한 한 사내가 주막을 찾아오고, 옥매는 그가 범상치 않은 인물임을 알아본다. 그는 자신의 이름을 전봉준이라 말한다. 옥매의 소개로 동학당에 들어간 봉준은 각지에서 농민 세력들을 규합하여 군대를 조직하고 양반과 관료들의 탐학을 처단해 나간다. 전주 입성 후에 동학군은 정부군의 포격에 패퇴한다. 이때 조정에서 부탁한 청나라의 원병이 조선에 들어오고, 그것을 빌미로 일본군도 조선에 진주한다. 양국 간의 갈등이 깊어져 청일전쟁이 발발한다. 청일전쟁에서 승리한 일본군은 관료들보다 더 심하게 조선인들을 학대하고 괴롭힌다. 전봉준은 백성들의 고생을 지켜보면서 자신의 기병(起兵)을 후회한다. 그는 싸움을 지속할수록 백성들의 고통만 커진다고 생각하여 전투를 거부하고 순창의 작은 마을에 머물며 자신의 최후를 기다린다. 어느 날 새벽 관군들이 전봉준을 잡기 위해 들이닥치고, 순순히 오라를 받은 전봉준은 압송되기에 이른다. 며칠 뒤 옥매는 자결하고 전봉준은 서울에서 참수당하여 생을 마감한다.

**【참고】** 1949년 4월 2일자 《자유신문》에 '新連載 小說 回天記'에 대한 연재 예고와 "동학당 사건은 혁명을 일으키기에 가장 적합한 모든 조건을 갖추었으나 전봉준의 회천대업(回天大業)은 실패하고 말았으니 오늘의 의미에서 다시금 모자란 붓을 들게 된 것은 '인간 전봉준'을 그리어 보자는 의미에서 나온 것"이라는 '作者의 말'이 실려 있다. 연재 지면에 '長篇小說 回天記 尹白南 作'이라고 표기되어 있다. 동학 혁명 당시 녹두장군 전봉준의 일대기를 소재로 한 장편소설이다. 동학 혁명의 발발과 부패한 양반에의 징치 과정, 청일전쟁의 발발과 기울어 가는 동학당의 모습 등을 담고 있으며, 전봉준이 죽음에 이르는 과정까지를 세세하게 다루고 있다.

## 효무/曉霧 : 현빙허. 조선일보1921.5.1-5.30(28회 완).

**【내용】** 이정애와 김영숙, 박화라는 여학교 동창이다. 그들은 휴일에 동물원 구경을 가기로 하였지만 비가 와서 가지 못한다. 집에 있던 정애는 발신인이 영숙으로 되어 있는 편지를 받는다. 편지는 영숙의 사촌오빠로서 동경 유학 중 집안 사정으로 돌아와 영숙의 집에 머물고 있는 김창섭이 보냈다. 창섭은 조혼한 처지였으나 자유 혼인에 의지를 갖고 용기를 내어 정애에게 연서를 쓴 것이다. 창섭을 짝사랑하던 화라는 마침 정애의 집에 찾아왔다가 정애에게 온 편지를 빼앗는다. 그리고 그 편지가 창섭에게서 왔다는 사실을 알고 곧 정애의 이름으로 남산 공원에서 저녁 일곱 시에 만나자는 답장을 창섭에게 보낸다. 창섭은 답장을 뒤늦게 확인하여 약속을 지키지 못하고 화라는 바람을 맞는다. 한편 창섭은 정애가 자신에게 마음이 있다는 것을 확인하고 기뻐한다. 그리고 다음 날 다시 남산 공원에서 만나자는 편지를 정애에게 보낸다. 정애는, 그 전날에 약속 장소에 나오지 못해 미안하며 다시 약속을 정해 만나자는 창섭의 편지를 받고 어리둥절해한다. 하지만 곧 화라가 중간에 개입하여 일을 벌였음을 짐작한다. 정애는 화라가 자신에게 온 사랑을 가로챌 것이라고 생각하고 창섭을 만나러 남산 공원에 간다. 남산 공원에서 만난 창섭과 정애는 사랑의 감정으로 두 손을 잡고 눈물을 흘린다. 화라는 먼발치에서 그 광경을 바라보고 분해한다.

**【참고】** 젊은 남녀의 사랑을 연애편지를 둘러싼 일련의 사건을 통해 아이러니 수법으로 다룬 작품이다. 마지막 회 말미에 '작자의 사정에 의ᄒᆞ와 유감될 만이지만은 여긔서 붓을 멈춥니다'라고 기재되어 있다. 후에 지식인의 삶으로서 창섭의 이야기가 보충되어 「지새는 안개」(개벽1923.2-10)로 발표되었다.

## 효풍/曉風 : 염상섭. 자유신문1948.1.1-11.13(200회 완).

**【내용】** 병직은 일제하 도의원을 지냈고 해방 후에도 양조장을 하면서 미국과의 사업을 통해 돈을 버는 동시에 정계에 손을 뻗쳐 한몫 잡으려는 정상배 박종렬의 아들이다. 그는 아버지가 걷는 길과 다르게 남북좌우의 분열을 막고 우리 민족이 단결하여 외세의 영향력에서 벗

어나 통일국가를 수립해야 한다고 생각한다. 그는 여름까지만 해도 미군정을 비판하여 좌익으로 알려진 신문사에 근무하였으나 지금은 좌우합작을 지지하는 신문사로 옮겨 기자 생활을 하면서 애인인 혜란과 더불어 새생활을 꿈꾼다. 하지만 좌파에서 완전히 떼지 못하고 못하고 있는 탓에 확신에 차서 좌파의 길을 걷고 있는 화순과 애정 문제로까지 얽혀 갈등한다. 이미 약혼한 혜란과 통일 후 행복하게 살겠다는 생각을 하면서도, 화순에 대해서는 동지애 이상의 무엇으로 끌리는 것이다. 그러나 박병직은 화순의 이북행과 자신의 감옥행을 계기로 이전의 혼란을 정리하고 새로운 길에 나설 것을 결심한다. 병직은 국수주의는 반대하면서도 애국주의를 지지함으로써 남북 좌우의 혼선 속에서 외세에 빌붙지 않고 민족적 자결성을 유지하면서 외국과의 협조하에 자주적 통일 국가를 세우려는 의지를 공고히 한다.

**【참고】** 염상섭은 연재에 앞서 게재된 '작자의 말'에서 '새벽바람은 모질고 어지럽되 개동의 여명은 희망의 빛이요 간밤의 피로와 악몽을 씻어줄 새 힘의 줄기'라고 언급하면서 제목의 의미와 창작의 의도를 밝히고 있다. 당대 극심했던 좌우 합작과 대립의 문제를 희망적인 시선으로 다루고 있는 작품이다. 1947년 크리스마스이브에 일어난 일을 첫 장면으로 그리고 있다는 것은 이 소설이 그만큼 당대의 사정을 실제적으로 보여 주려고 했음을 의미한다. 염상섭은 좌우합작을 천명하는 《신민일보》의 창간에 적극적으로 관여했을 정도로 좌우합작에 기반을 둔 자주 통일의 필요성을 주장해 왔다. 당시 작가의 정치의식이 가장 분명하게 드러나 있는 작품이다.

## 후예의 가/後裔의街 : 김달수. 東京文藝出版社(日)1948 ; 東京世界評論社(日)1949.

**【내용】** 내용 생략.

**【참고】** 金達壽의 일본어 소설이다. 일제의 식민치하에서 부자유하게 살아가는 조선 지식인들의 정신적 고뇌가 절박하게 묘사되고 있다. 이 작품은 1940년과 1943년 두 번에 걸친 작가의 경성 체험을 바탕으로 창작되었고, 패전 직진 일제의 탄압이 가장 혹독하게 행해지던 시기를 배경으로 하고 있다. 일본인과 다름없는 재일조선인을 주인공으로 설정하여 식민지 조선의 현실과 문제를 다룸으로써, 객관적 시각을 확보하고 나름의 설득력을 얻고 있다. 20여 년간 고국과 무관한 삶을 살아온 고창윤이 일제의 지배 아래 놓인 조국 방문을 계기로 조선이 처한 민족적 상황을 체득하면서 조선인임을 각성해 가는, 그 의식의 변화가 중점적으로 다루어져 있다.

## 후회/後悔 : 한용운. 조선중앙일보1936.6.27-9.4(55회 미완).

**【내용】** 「박명」 참조.

**【참고】** 1936년 6월 25일자 《조선중앙일보》에 '신연재장편소설 後悔 노대가의 심혈을 기울린 걸작 韓龍雲 作'이라는 연재 예고가 나와 있다. 연재 지면에 '後悔 韓龍雲 作'이라고 표기되어 있다. 1936년 6월부터 《조선중앙일보》에 연재하던 중 신문 폐간으로 중단되었다가 1938년 《조선일보》에 '박명'으로 개제하여 연재 완료한 작품이다. 한용운은 당시 삼천리사 주최 장편작가회의에서 다음과

같이 밝히고 있다. "「후회」는 현대의 세상에서도 최근의 조선의 현실을 취재 표현하는 것이다", "「후회」는 모델이 있다. 사직공원에 갔다가 아편장이요 소경인 남편을 매일 동냥하며 뒷바라지하는 광경을 유심히 보고 감격을 받았다." 이는 실제 모델을 바탕으로 당시 조선의 현실을 그리려는 작가의 의도를 드러내고 있다.

後悔 (1)
韓龍雲 作
盧壽鉉 畫

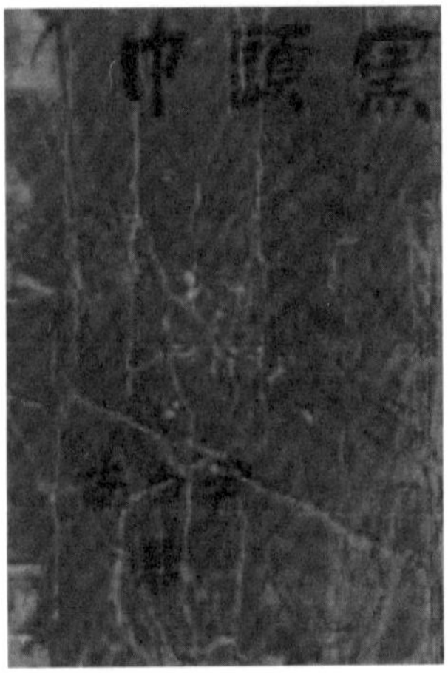


## 흑두건/黑頭巾 : 윤백남. 동아일보1934.6.10-1935.2.16 (226회 완) ; 삼문사1939 ; 영창서관1948.

**【내용】** 서얼이라는 이유로 호부호형을 못하거나 사랑하는 여인과의 결혼에 실패하는 등의 사연이 있는 박응서와 심우영, 이경준 등은 무륜당이라는 도적단을 조직한다. 그들은 서울의 유명한 금은세공업자 고명섭을 죽이고 돈을 빼앗는다. 이때 가까스로 살아남은 명섭의 종 춘상은 도적들을 미행하여 그들의 산채를 관아에 신고한다. 한편 영창대군 일파를 밀어내고 집권에 성공한 광해군 일파는 붙잡혀 온 무륜당 당수 박응서를 회유, 도적질이 영창대군의 외조부 김제남의 지시였음을 발설하도록 시킨다. 그 결과 김제남은 도적단을 만들어 나라를 어지럽힌 누명을 쓰고 사형당한다. 일파의 기둥과 같던 김제남이 죽자 영창대군 또한 힘없이 강화도로 귀양을 가게 된다. 잡혀간 당원 중 혼자서만 살아남게 된 박응서는 광해군 일파인 이이첨이 약속한 상금을 타서 옥에서 나온다. 무륜당의 또 다른 우두머리 박치의는 당원들을 버리고 혼자 빠져나온 박응서를 꾸짖는다. 그때 이이첨은 비밀을 지키기 위해 박응서를 살해하려 하나 뜻대로 되지 않자 박치의의 도움으로 박응서를 처단한다. 한편 시간이 지날수록 광해군의 광기가 날로 심해져 백성들이 동요하기 시작한다. 광해군은 대비를 죽이려 암살자들을 보내나 박치의가 중간에서 그들을 제거한다. 대비가 살아남기 위해 실성한 척을 하자 광해군은 더 이상 대비를 해치려 하지 않는다. 이때 김류와 심기원 등의 서인들은 선조대왕의 다섯째 왕자인 정원군의 아들 이종을 내세우려는 반정을 계획한다. 광해군이 궐 안에서 기생인 난정을 옆에 두고 북인들과 질펀한 술잔치를 벌이고 있을 때 서인파가 능양군 이종을 새로운 왕으로 옹립하여 반정을 일으킨다. 조선에 새로운 시대가 다가온다.

**【참고】** 1934년 6월 9일자 《동아일보》에 '小說豫告 明日夕刊부터 黑頭巾 尹白南 作'이라는 연재 예고와 "흑두건(黑頭巾) 일편은 사회의 인습과 겁욕의 마귀와 같은 권세가들에게 구축된 반역아 칠판인의 기구한 생활, 의도 그리고 피 흐르는 의리의 권화(權化)인 그들의 파란 많은 반생을 그리어내는 데서 그 시대의 정치적 배경과 군신의 알력 그리고 왕을 중심삼아 골육상쟁의 실상을 엿보고자 합니다"라는 '作者의 말'이 실려 있다. 연재 지면에 '黑頭巾 尹白南 作'이라고 표기되어 있다. 「흑두건」은 윤백남이 《동아일보》에 「대도전」, 「해조곡」, 「봉화」를 연재한 데 이어 네 번째로 발표한 장편 역사소설이다. 홍효민이 『백남문학과 민중』, 『행동지성과 민족문화』(일신출판사1980)에서 '「흑두건」이 역사소설 같으면서도 역사소설이 아니다'라고 평한 것은, 이 작품이 정사의 사실적 재연보다 흥미에 더 초점을 두고 있기 때문으로 보인다.

黑眞珠

(一)

-(1)-

## 흑진주/黑珍珠 : 박용환. 매일신보1921.7.22-1922.2.5(200회 완) ; 조선서관·동양서원1922 ; 북성당1935.

**【내용】** 정희는 고귀한 혈통으로 심 남작의 자손인데, 어머니가 모함을 받고 죽어 힘들게 성장하게 된다. 아버지가 어머니에게 준 흑진주로 만든 반지가 그녀의 혈통을 증명해주는 유일한 증거일 뿐이다. 정희는 매우 아름다운 용모를 가지고 있었는데, 그것 때문에 자신이 일하던 요릿집에서 청국 사람에게 팔려갈 처지에 놓인다. 처남 매부 사이인 변영과 이업은 딱하게 여겨 그를 자신의 집으로 들여온다. 변영의 동생 연마는 사악한 인물로 반지의 비밀을 알아내고 그것을 뺏으려 한다. 결국 연마는 정희를 궁지에 빠뜨리고 반지를 빼앗아 자신이 정희인 것처럼 꾸며 심 남작의 집으로 들어간다. 정희에게는 그녀가 돌아오기만을 기다리던 약혼자 춘수가 있었는데, 연마는 이업과 흉계를 꾸며 그를 해치려고 하지만, 변영에게 마각이 드러나 실패한다. 간신히 자신의 지위를 되찾은 정희는 죽은 부모를 생각하며 눈물을 흘린다.

**【참고】** 귀족의 가문을 배경으로 혈통을 둘러싼 갈등을 그리는 작품이다. 선한 인물과 악한 인물이 명확하게 분류되는 권선징악형 서사라는 점에서 신소설에서 근대소설로 이행하는 과도기에 위치한 작품이라고 평할 수 있다.

## 흑치상지/黑齒常之 : 현진건. 동아일보1939.10.25-1940.1.16(52회 미완).

**【내용】** 백제 의자왕이 나당 연합군에게 항복하자, 장군인 흑치상지는 잠시 피신하였다가 때를 보아 당나라 군사를 치기로 한다. 그는 자신의 군사를 이끌고 산속 요새로 가다가, 당나라 군대에게 끌려가는 한 무리의 백제 유민을 구해 준다. 백성들은 모두 그를 따르겠노라 하는데, 그중 아름답고 기품 있는 한 젊은 여인이 자기는 다른 곳으로 가겠다고 한다. 그 여자

의 이름은 창화로, 좌평 벼슬을 한 임자의 처이다. 그녀는 끌려가는 도중 당나라 장수에게 교태를 부려 백성들의 미움을 샀지만, 한편으로는 나라를 팔아먹은 남편을 꾸짖는 등 범상치 않은 태도를 보인 터이다. 그녀는 흑치상지에게 작별을 고하고 어디론가 사라진다. 흑치상지는 그 길로 맡있산에 주둔하고 군대를 정비한다. 소문을 들은 백성들이 모여들어 그의 군대는 점점 강해진다. 어느 날, 정체 모를 청년이 흑치상지를 찾아와 허리띠에 적힌 창화의 편지를 전해 준다. 그녀는 항복한 것으로 가장하고 당나라 진영에 들어가, 그들의 내부 사정을 염탐하여 흑치상지에게 알려 준 것이다. 흑치상지 군은 창화의 정보 덕에 당나라 군대와 싸워 크게 이긴다. 승전한 날 밤, 창화가 흑치상지를 찾아와 자신의 내력을 이야기한다. 본래 양민의 딸이었던 그녀는 수진이라는 청년과 사랑하는 사이였지만, 방탕한 재상 임자의 눈에 띄어 첩으로 끌려간 것이었다. 그녀는 그 후로 남자를 짐승처럼 여기며 살아왔지만, 흑치상지를 만난 후 그런 생각을 버렸노라 고백한다.

歷史小說 黑齒常之

**【참고】** 연재 지면에 '歷史小說 黑齒常之 玄鎭健 作'이라고 표기되어 있다. 백제 유민을 이끌었던 장군 흑치상지를 주인공으로 한 역사소설이다. 《동아일보》에 연재되었으나, 중단된 채 미완으로 남았다. 백제의 멸망과 유민들의 항쟁을 통해, 식민지 조선의 상황과 거족적 항일투쟁을 암시적으로 표현한 민족의식이 담긴 작품으로 평가받고 있다.

## 흑풍/黑風 : 한용운. 조선일보1935.4.9-1936.2.1(241회).

**【내용】** 청나라 말기 소작인의 아들 왕한은 혁명당 조직과 연결되어 활동을 한다. 중국과 미국을 오가며 혁명에 힘쓰던 왕한은 정부의 탄압으로 혁명운동이 침체되자 모든 사회적 꿈을 접고 개인적 사랑에 안주하려 한다. 창순은 남편 왕한이 혁명 운동에 동참할 것을 설득하기 위해 자살한다. 왕한은 창순의 진심을 깨닫고 사회적 사랑이야말로 개인적인 사랑을 넘어서는 가치라고 여기고 다시 혁명 활동의 길로 나아간다.

**【참고】** 중국 청조 말을 배경으로 정치적 부패와 혼란을 극복하기 위해 혁명 전선에 뛰어든 주인공 왕한의 삶을 통해 당대 현실을 비판한 작품이다. 일제에 대한 우리 민족의 애국적 독립투쟁 운동을 우회적 방법으로 독려한 작품으로서 당시 일제 검열을 피하기 위해 시간과 무대를 다른 나라의 과거로 설정했다.

**흙** : 춘원. 동아일보1932.4.12-1933.7.10(291회 완).

**【내용】** 궁벽한 농촌 살여울 출신인 허숭은 보성전문학교 법학과를 고학으로 졸업한다. 그는 조선의 개화와 농촌계몽에 힘쓰는 민족주의자 한민교 선생과 교우하며 농촌 운동에 자신의 생을 바치기로 결심한다. 그는 자신이 서울에서 몸을 의탁하고 있던 윤 참판 집 큰아들이 죽자 참판의 신임을 얻어 가계를 돌보는 책임을 맡는다. 같이 기거하던 김갑진은 동경제대를 졸업한 수재이나 민중을 업신여기는 방탕아다. 결국 고등문관 시험에 갑진은 떨어지고 숭만 합격하여 변호사가 된다. 허숭은 농촌 운동을 실천하는 데 유리할 거라는 판단에 살여울에서 정을 나누었던 유순을 버리고 윤 참판의 딸 정선과 혼인한다. 그러나 곱게 자라난 정선은 허숭이 부귀영화를 버리고 농촌 운동에 매진하는 것을 이해할 수 없고, 갈등이 심화되자 허숭은 정선을 두고 살여울로 내려가 마을을 몰라보게 발전시킨다. 그동안 정선은 갑진과 배가 맞아 그의 아이를 잉태한다. 이 사실을 안 허숭은 절망하지만 기차에 몸을 던져 한 쪽 다리를 잃은 정선과 그 아이를 받아들여 극진히 보살핀다. 이에 정선은 지난 일을 뉘우치고 허숭을 도와 농촌 운동에 매진하게 되고, 허숭의 태도에 감복한 갑진도 마음을 고쳐먹는다. 마을의 악덕 지주인 유산장의 아들 정근이 살여울로 돌아와 이간질을 시작하면서 숭의 노력은 위기를 겪는다. 허숭과 유순이 부정한 관계라고 모함을 하여 유순은 남편에게 맞아 죽고, 숭과 그를 돕던 작은갑 등이 독립운동 혐의로 옥살이를 한다. 먼저 출소한 작은갑이 정근을 칼로 위협하여 정근에게 넘어갔던 마을의 이권을 찾아오고, 정근도 그 과정에서 개과천선한다.

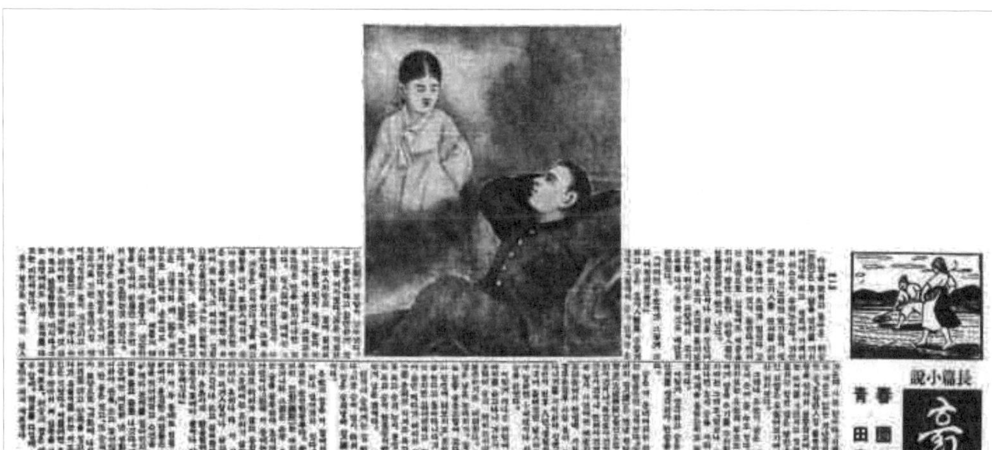


**【참고】** 당시 《동아일보》 주도로 이루어졌던 농촌 혁신 운동인 '브나로드' 운동의 정신을 소설로 형상화시킨 대표적 작품으로 손꼽힌다. 다양한 연애의 삼각관계가 얽히고 풀리는 동안 모든 인물이 농촌 혁신 운동으로 투신하게 되는 결말로 나아가는 서사적 구조를 가지고 있다. 삼각관계를 통해 계몽적 주제를 형상화하는 것은 「무정」에서부터 드러나는 이광수의 전형적인 서사 구성방식이다. 등장인물은 크게 세 부류로 나누어진다. 허숭과 한민교와 같은 선각자적 계몽 운동가, 김갑진, 윤정

선, 유정근 등 이기적이고 농민을 업신여기는 지주 계급, 그리고 자신들이 착취되고 있다는 사실을 깨닫지 못하는 유순, 작은갑 등의 농민 계급이 그것이다. 이 세 부류의 인물들이 소설의 결말에서는 모두 개과천선하거나 조선의 현실에 눈을 떠 농촌 혁신 운동에 의기투합하게 된다.

## 흙과 인생/흙과人生 : 이기영. 예술1935.7(1회),1936.1(2회 미완).

**【내용】** 동네 사람들은 부역으로 차출되어 방죽을 파고 있다. 무던한 성격들이지만 계속되는 부역에 지치고 신경이 날카로워져 있다. 그런데 면장은 부역에 불만을 가지고 태만한 사람은 우매한 백성이라면서 마을 사람들을 독려한다. 김 첨지는 자신의 유일한 재산이었던 산을 동네 부자인 김 부위에게 헌납해 버린다. 김 첨지는 산을 가꿀 능력이 안 되니 대신 돌보아준다는 감언이설에 넘어간 것이다. 그런데 몇 년 후 열일곱 살 먹은 김 첨지의 아들 용이가 그 산에서 나뭇가지를 주워 왔다고 김 부위는 김 첨지를 불러다가 크게 역정을 낸다. 자신의 아들이 일등을 도맡아하는 용이에게 밀려 일본으로 유학을 가게 된 사실에 앙심을 품고 있었던 것이다. 김 첨지는 자신의 땅을 거저 얻어간 김 부위가 악의를 갖고 생색을 내는 것을 깨닫고 분개한다.

**【참고】** 당시 조선에 살던 평민들이 부역에 끌려 나가 박해를 받는 장면을 자세히 묘사하고 있다. 평민의 소유였던 산을 묘목 값이 많이 든다는 거짓말로 지주가 빼앗아 가는 사건이 서사의 주된 갈등을 형성하고 있으나 소설의 연재는 발단 부분에서 중단되고 말았다.

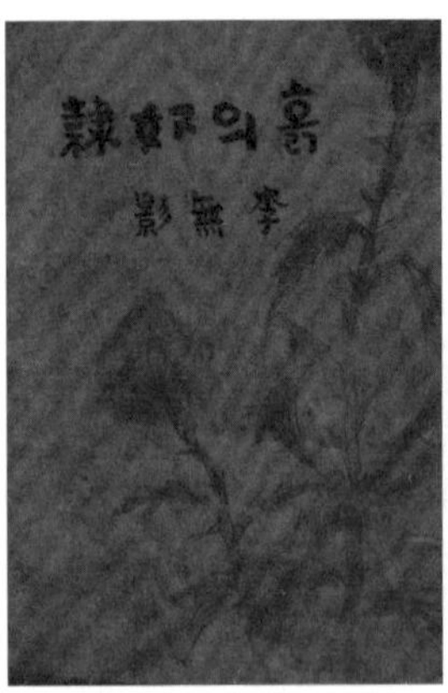


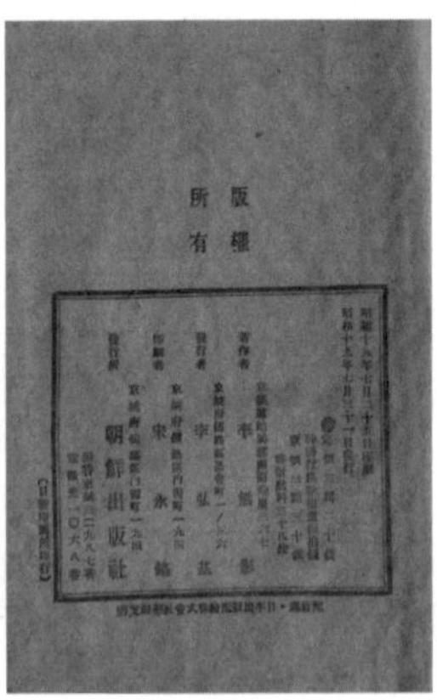

## 흙의 노예/흙의奴隷

**이무영. 인문평론1940.4 ; 조선출판사1946.**

**【내용】** 동경 유학생 출신으로 서울에서 신문기자를 하던 김수택은 어느 날, 자기 식의 농촌 설계를 꿈꾸며 고향으로 내려온다. 그러나 첫해 가을의 추수가 끝난 직후, 한 해의 수확과 살림 비용을 계산하고는 허탈에 빠진다. 이를 계기로 수택은 그동안 자신의 농촌 설계가 얼마나 허황되고 비현실적이었는가를 절실히 깨닫는다. 그날 저녁 그는 일찍이 고아가 되어 빈농의 삶을 살아온 부친 김 영감으로부터 논의 소작권이 내년에 없어진다는 이야기를 듣는다. 그 후 수택은 진짜 농민으로서 살기를 다짐한다. 그는 농군들의 봉놋방에 가서 그들과 함께 애환을 나누는 동시에 원고료로 작은 밭이나마 마련하고자 부지런히 글을 쓴다. 그러던 차에 수택

은 야경을 돌다가 우연히 야학당에 들르게 되고, 그곳에서 실로 의외의 기분에 잠긴다. 젊었을 때 야학을 맡아 본 적이 있었지만, 아직도 그것이 계속되리라고는 생각지 못했던 까닭이다. 수택은 야학을 맡고 있는 김 소년이 부담하던 분필 값과 기타의 비용만은 자신이 떠맡기로 약속한다. 한편 수택의 처는 농사에 필요한 돈을 마련하기 위하여 소중히 여기던 자개장과 시골 생활에 불필요한 세간을 처분한다. 그리고 다른 시골 여자들과 함께 담배 재배에 적극 나서며 남편의 농촌 생활에 힘을 보탠다. 김 영감은 이미 남의 땅이 되어 버린 소작논의 서류를 보며 안타까이 숨을 거두고, 수택은 장례를 마치자마자 아버지가 장만했던 땅을 찾기로 결심한다. 얼마 후, 수택은 집을 매매하여 얻은 현금과 그동안 모은 돈을 가지고 면사무소로 향한다.

**【참고】** 연재 지면에 '흙의 奴隷 續「第1課 第1章」李無影'이라고 표기되어 있다.「흙의 奴隷」와「第一課 第一章」의 연관을 강조하는 작가 부기가 말미에 나와 있다. 가난한 농부의 일대기를 중심으로 작품 안에 이농 문제, 소작농의 실태, 야학, 고리대금업자의 횡포 등이 간접적으로 제시되고 있다. 궁핍한 농촌 현실에서 자기 생활을 창조해 가는 농민의 모습을 다루었다는 점에서「第一課 第一章」에서 보다 진전된 농촌 문제의 핵심을 다룬 작품으로 평가되고 있다. 1946년 조선출판사에서 간행한 작품집『흙의 노예』에 수록되었다.

## 흙의 풍속/흙의風俗 : 이근영. 춘추1943.5-9(4회 미완).

**【내용】** 홍철, 명호, 민하는 작은 마을에서 함께 성장한 죽마고우이다. 홍철은 성실한 인물로 중학교를 자퇴하고 농군이 되어 지내고 있다. 명호는 동경에서 대학을 졸업하고 고등문관 시험에 합격하여 재판장이 될 준비를 하고 있다. 민하는 마을 갑부집 아들로 지주이며, 도회의원에 피선되어 지방의 유력자가 된다. 민하는 돈과 권력을 이용하여 세도를 부리기 시작하는데, 평소에 존경하던 명호의 부친이 이에 결탁하는 것을 보고 홍철은 크게 실망한다. 그리고 출세한 명호도 거기에 합세할까 걱정한다. 명호는 순사까지 굽신대는 자신의 지위와 암담한 고향의 현실에 대해서 괴리를 느낀다. 그리고 세 명의 죽마고우 사이에 갈등이 일어날 것임을 예견한다.

**【참고】** 당대의 계급적 지위가 인간관계를 변화시키는 양상을 그리고 있다. 돈과 권력으로 변질되는 인물들을 그들을 걱정스럽게 지켜보는 홍철의 시선을 중심으로 서술하고 있다. 세 명의 죽마고우 간에 벌어지는 갈등이 서사의 중심축이 될 것이었지만, 본격적으로 서사가 진행되기 전에 연재가 중단되었다.

## 희망의 계절 : 함대훈. 경향출판사1948.

**【내용】** 미확인 작품.

**【참고】**『해방기 간행도서 총목록』(소명출판2009)에서 채록하였으나, 현재 작품을 확인할 수 없다.

## 희망의 꽃다발 : 최병화. 민교사1949.

**【내용】** 미확인 작품.

**【참고】** 아동잡지《진달래》1949년 5월호에 '새로 나올 책' 지면에 소년장편소설 전집 기획을 소개하고 최병화와『희망의 꽃다발』이 5월 중 근간될 것임을 광고하고 있다. 단행본은 현재 확인되지 않는다.

# 부록

# 작품 목록(가나다순)

**가**

가면행진곡/假面行進曲 : 노자영.
신인문학1934.12-1935.1.
가상 범인/假想犯人 : 김래성.
조선일보1937.2.13-3.21.
가족/家族 : 이주홍.
여성공론1946-대중일보1948.
각선화/脚線禍 : 이기백. 매일신보1931.9.2-27.
감정의 풍속/感情의風俗 : 임서하.
동방문화사1948.
강감찬전/姜邯贊傳 : 이보상.
매일신보1935.4.1-1936.1.10.
개간/開墾 : 장혁주. 中央公論社(일본)1943.
개동/開東 : 염상섭(서지불명)
개척자/開拓者 : 이광수.
매일신보1917.11.10-1918.3.15.
개화풍경/開化風景 : 김남천. 조광1941.5.
거리의 목가/거리의牧歌 : 이효석.
여성1937.10-1938.4.
거목이 넘어질 때/巨木이넘어질때 : 김동인.
매일신보1936.1.1-2.29.
거인은 움직이다/巨人은움즈기다 : 김동인.
개벽1935.1-3.
건설/建設 : 정인택.
半島の光1943.10-1944.3.
검사와 여선생/檢事와女先生 : 김춘광.
한흥출판사1947.
격랑/激浪 : 김영석.
조선중앙일보1948.2.17-4.15.
견훤/甄萱 : 김동인. 박문서관1940.
결혼 전후/結婚前後 : 방인근. 영창서관1939.
경영/經營 : 김남천. 문장1940.10.
곁쇠/겻쇠 : 단정학. 신민1929.11-1931.12.
계절/季節 : 안회남. 동아일보1939.5.24-6.14.
고독한 혼/孤獨なる魂 : 장혁주.
三崎書房(일본)1942.
고민/苦悶 : 엄흥섭. 신동아1935.2-8.
고아/孤兒 : 윤승남. 백두산1930.10, 1931.5-6.
고아/孤兒 : 이마무라에이지.
신천지(신경)1939. 4-5,7.
고아들/孤兒たち : 장혁주. 萬里閣(일본)1946.
고요한 폭풍/靜かな嵐 : 목양.
국민문학1941.11(1부),1942.5-6(2부).
고운/孤雲 : 양백화. 중앙1936.3-4.
고원/故苑 : 정비석. 정양사1946.
고향/故鄕 : 이기영.
조선일보1933.11.15-1934. 9.21.
고향 없는 사람들/고향업난사람들 : 박하성.
신한민보1937.2.11-4.1.
고향의 봄 : 정비석. 계몽사1950.
곡간의 정열/谷間의情熱 : 장혁주.
사해공론1936.1-9.
곡마단 : 이동규. 신소년1931.1-5.
골목 안 : 박태원. 문장1939.7.
공민왕/恭愍王 : 이광수. 조선일보1937.5.28-31.
공장가/工場街 : 이북명. 중앙1935.4.
과도기/過渡期 : 채만식. 1923(미발표).
과도기/過渡期 : 만년설. 조선지광1929.4.
과도기/過渡期 : 전무길.
조선일보1932.4.12-5.27.
광명을 찾아서 : 현덕. 동지사아동원1949.
광명한 세계에/光明한世界에 : 동원.
매일신보1921.10.7-1922.1.9.
광분/狂奔 : 염상섭.

조선일보1929.10.3-1930. 8.2.

광산촌/鑛山村 : 이기영. 매일신보1943.9.23-11.5.

광야에 외치다/曠野에웨치다 : 장덕조. 주간서울 1947.?-1948.?

광야의 처녀/曠野の乙女 : 장은. 南方書院(일본)1941.

괴시체/怪屍體 : 방인근. 영인서관1946.

괴인/恠人 : 김운정. 중앙1933.11-1935.1.

괴적인왕산 : 유한수. 아동구락부1950.6.

괴청년/怪青年 : 방인근. 동아일보1931.10.8-10.27.

구름을 잡으려고 : 주요섭. 동아일보1935.2.17-8.4.

구름이 말하기를 : 김남천. 조광1942.6-11.

구부러진 평행선/꾸부러진平行線 : 이무영. 동아일보1935.3.20-4.14.

구역지/區域誌 : 정인택. 조광1941.4.

구원의 여상/久遠의女像 : 이태준. 신여성1931.1-1932.8.

구원초/久遠草 : 엄흥섭. 사해공론1936.10-1937.4, 1939.1.

국보와 괴적/國寶와怪賊 : 방인근. 1948(발행소불명).

국제 살인 사건/國際殺人事件 : 이우영. 우신상사출판부1946.

군맹/群盲 : 현덕. 매일신보1940.2.2-3.29.

군상/群像 : 이광수. 한성도서주식회사1939.

군상/群像 : 박태원. 조선일보1949.6.15-1950.2.2.

귀향/歸鄕 : 한설야. 야담1939.2-7.

귀향/歸鄕 : 이동규. 명문당1945.

그날 밤 : 목성. 개벽1920.12-1921.2.

그늘진 기록/그늘진記錄 : 곽영호. 신여성1934.1-3.

그들은 어디로/그들은어대로 : 이성해. 매일신보1931.10.3-1932.9.29.

그들의 사랑 : 이광수. 신시대1941.1-3.

그림자를 밟는 사람들/影お踏む人々 : 전동림. 四條書房(일본)1941.

그 여자를 누가 죽였나 : 방인근. 영화시대1949.6.

그 여자의 사랑/그女子의사랑 : 방인근. 동명문화사1950.

그 여자의 운명/그女子의運命 : 염상섭. 중앙1935.2.

그 여자의 일생/그女子의一生 : 춘원. 조선일보1934.2.18-1935.9.26.

그와 감방/그와監房 : 나일. 동아일보1929.10.22-11.16.

그의 자서전/그의自敍傳 : 장백산인. 조선일보1936.12.22-1937.5.1.

금강석/金剛石 : 박용환. 조선일보1921.4.24-5.12.

금단의 유역/禁斷의流域 : 정비석. 조광1939.7-12.

금삼의 피/錦衫의피 : 박종화. 매일신보1936. 3.20-12.29.

금십자가/金十字架 : 이광수. 동아일보1924.3.22-5.12.

금은탑/金銀塔 : 박태원. 한성도서주식회사1949.

금의 정열/金의情熱 : 채만식. 매일신보1939.6.19-11.19.

금척의 꿈/金尺의꿈 : 조일재. 매일신보1934.7.23-1935.12.28.

기계/機械 : 최명익. 조선문학1947.12(1회), 문학예술1948.4(2회).

기우/杞憂 : 박연빙. 일심사1949.

길은 멀다 : 홍구범. 협동1950.1-5.

김연실전/金姸實傳 : 김동인. 문장1939.3.5-1941.2.

김유신/金庾信 : 윤승한. 야담사1941.

김유신/金庾信 : 이동규. 명문당1944.

김유신/KIMYUSIN : 주요섭. The Mutual Publishers·相互出版社發行1947.

김일성 장군/金日成將軍 : 한설야. 신생사1947.

깨어진 물동이/깨여진물동이 : 김동인. 대중서옥1936.

꽃과 뱀 : 김말봉. 문연사1949.

꽃피는 고향/꽃피는故鄕 : 최병화.
박문출판사1949.
꽃피는 시절/꽃피는時節 : 이종실.
학생월보?-1950.2.
꽃피는 처녀/꽃피는處女 : 노자영. 청조사1925.
꽃필 때까지 : 방기환. 소년1948.8-1949.11.
꿀벌 마아야의 모험 : 조우호.
주간소학생1946. 9.2-23.
꿈 : 이광수. 면학서보1947.
꿈에 다니는 길 : 정인택.
어린이나라1949.9-1950.3.
꿈에 보는 얼굴 : 최병화. 새동무1947.7-9호.
꿈에 보이는 얼굴 : 최병화. 소년1940.9-12.
꿈은 아니언만 : 유엽. 신민1927.6-9.

## 나

나 : 이광수. 생활사1947.
나그네 : 김일평. 매일신보1937.6.23-7.16.
나는 기생년이야요/나는긔생년이야요 : 郁山樵夫.
신흥영화1932.6.
나라 없는 사랑 : 김광주. 선문사1947.
낙왕성추야담/落王城秋夜譚 : 김동인. 중앙1935.1.
낙원/樂園 : 방산신월. 호남평론1936.8-1937.1.
낙조/落照 : 방인근. 조선일보1930.9.18-10.28.
낙조/落照 : 박태원. 매일신보1933.12.8-29.
낙조/落照 : 김사량. 조광1940.2-1941.1.
낙타/駱駝 : 안회남. 신천지1947.7.
난영/亂影 : 최독견.
조선일보1927.9.30-1928.3.7.
남녀전/男女戰 : 방인근. 월간매신1934.2-7.
남매/男妹 : 승효탄. 신소년1933.2-3.
남충서/南忠緖 : 염상섭. 동광1927.1-2.
남풍/南風 : 박노갑. 조광1939.1-6.
남한산성/南漢山城 : 임경일. 한풍출판사1942.
낭랑/浪浪 : 박노갑. 동아일보1940.6.5-8.7.
낭비/浪費 : 김남천. 인문평론1940.2-1941.2.
네가 가는 길 : 양기철. 매일신보1939.1.10-4.8.
내정비화/內庭秘話 : 이광천. 신민1930.5-11.
냉동어/冷凍魚 : 채만식. 인문평론1940.4-5.
너희들은 무엇을 얻었느냐/
너희들은무엇을어덧느냐 : 염상섭.
동아일보1923.8.27-1924.2.5.
네거리의 순이/네거리의順伊 : 김영수.
소년1939.8-1940.8.
노동일가/勞動一家 : 이북명. 조선문학1947.9.
노래를 잊어버린 이들/노래를이저버린이들 :
전영택. 조선일보1933.12.7-1934.1.31.
노마만리/駑馬萬里 : 김사량.
민성1946.1-1947.7.
노선생/老先生 : 박일 외. 별나라1933.6-1934.2.
녹기연맹/綠旗聯盟 : 김성민.
羽田書店(일본)1940.
녹두장군 : 이성표. 어린이1949.6-12.
녹색의 탑/綠色の搭 : 이효석.
국민신보1940.1.7-4.28.
녹성좌/綠星座 : 현덕. 조선일보1939.6.16-7.26.
논개의 환생/論介의還生 : 김동인. 동광1932.5-8.
농막 선생/農幕先生 : 이기영.
조소문화협회중앙본부1950.
농민의 비애/農民의悲哀 : 안회남. 문학1948.4.
농촌행진곡/農村行進曲 : 김홍희. 실생활1932.1-8.
농토/農土 : 이태준. 삼성문화사1948.
누나를 찾아서 : 방기환. 문화당1948.
눈물에 젖는 사람들/눈물에젓는사람들 : 이서구.
매일신보1927.11.24-1928.2.16.
눈을 겨우 뜰 때/눈을겨우뜰때 : 김동인.
개벽1923.7-11.
늙은 절도범/늙은竊盜犯 : 이광수.
신세기1939.2-1940.4.

## 다

다각애/多角愛 : 이상수. 정문사1925.
다난보/多難譜 : 최정희.
매일신보1933.10.10-11.25.
다정불심/多情佛心 : 박종화.
매일신보1940.11.16-1941.7.23.
단종사화/端宗史話 : 오상근. 영창서관1938.
단종애사/端宗哀史 : 이광수.

동아일보1928.11.30-1929.12.11.
단종혈사/端宗血史 : 현병주.
거문당(삼문사)1936.
닭이가리 : 한수한. 신동아1933.3-5.
당산제/堂山祭 : 이근영. 비판1939.1.
대도전/大盜傳 : 윤백남.
동아일보1930.1.16-3.24(전편),
1931.1.1-7.13(후편).
대륙/大陸 : 한설야. 국민신보1939.6.4-9.24.
대수양/大首陽 : 김동인. 조광1941.2-12.
대원군/大院君 : 윤승한. 삼중당1942.
대지의 아들/大地의아들 : 이기영.
조선일보1939.10.12-1940.6.1.
대춘부/待春賦 : 박종화.
매일신보1937.12.1-1938.12.25.
대탕지 아주머니/大湯地아주머니 : 김동인.
여성1938.10-11.
대하/大河 : 김남천. 인문사1939.
대호전/大豪傳 : 윤백남.
대성당서점1940(상), 세창서관1941(하).
도깨비감투 : 김래성.
어린이신문1946.1-9, 어린이세계1947.4·5-?
도박/賭博 : 이기영. 동광당서점1937.
도회의 정열/都會의情熱 : 정비석.
신인1947.10·11.
독방/獨房 : 박영희. 1935(미발표).
독와사/毒瓦斯 : 김운정.
매일신보1932.12.13-1933.5.30.
돌쇠/乭釗 : 이기영. 형상1934.2-4.
돌아오는 인생/도라오는人生 : 현경준.
만선일보1941.11.1-1942.3.3.
동맥/動脈 : 이동규. 신소년1934.2-?
동맥/動脈 : 김남천.
신문예1946.7,10-노동1947.2,3,5,6.
동무 : 김동인. 동화1936.5-11.
동방/東方 : 장본시화.
기독교신문1942.11.11-1943.8.25.
동방의 새봄/東方의새봄 : 방인근.
조선공업도서출판사1949.
동방의 애인/東方의愛人 : 심훈.
조선일보1930.10.29-12.10.
동방의 애인/東方의愛人 : 김남천.
예술통신1946.11.5-12.14.
동방춘/東方春 : 방인근.
매일신보1942.7.11-11.20.
동생을 찾으려/동생을차즈려 : 북극성.
어린이1925.1-10.
동양 여걸 서태후/東洋女傑西太后 : 비백산인.
매일신보1935.9.6-1936.7.11.
동연/冬燕 : 이주홍. 비판1938.8-1939.2.
동요/動搖 : 정인택. 문장1939.7.
동정의 탄식/동졍의탄식/同情의嘆息 : 목양싱.
청년1922.3-4.
동지사비화/冬之司秘話 : 조일재.
매일신보1940.5.22-11.15.
동천홍/東天紅 : 이기영. 춘추1942.2-1943.3.
동화/童話 : 채만식. 여성1938.3.
두 목숨 : 이영섭. 진생1928.9-1929.6.
두 사람 : 경식. 신여성1926.8-10.
두 출발 : 염상섭. 현대평론1927.4-7.
두포전 : 김유정·현덕. 소년1939.1-5.
등불 드는 여인/灯を持つ女 : 한무숙.
신시대1942.
딸 삼형제/딸三兄弟 : 이태준.
동아일보1939.2.5-7.17.
땅 : 이기영. 조선인민출판사1948.
떠돌이의 하늘(정처 없는 하늘가)/さすらひの空 :
정연규. 宣傳社(일본)1923.
떠오르는 아침해/써오르는아츰해 : 박백련.
중명1933.5-8.
똘똘이 : 이무영. 동아일보1936.2.9-5.20.

**마**

마도의 향불/魔都의香불 : 방인근.
동아일보1932.11.4-1933.6.12.
마을의 이동/마을의移動 : 박노갑.
조선중앙일보1936.1.31-4.10.
마음의 금선/마음의琴線 : 현경준.

홍문서관1944.
마음의 봄 : 최상덕.
매일신보1934.12.20-1935.7.18.
마음의 태양/마음의太陽 : 현경준.
조선일보1934.5.28-9.15.
마음의 향촌/마음의鄕村 : 한설야.
동아일보1939.7.19-12.7.
마음이 옅은 자여/마음이여튼자여 : 김동인.
창조1919.12-1920.5.
마의태자/麻衣太子 : 이광수. 동아일보1926.
5.10-10.2(상), 1926.10.11-1927.1.9(하).
마인/魔人 : 김래성. 조선일보1939.2.14-10.14.
마적굴의 조선소년/馬賊窟의朝鮮少年 : 박계주.
소년1940.3-12.
마지막 노래 : 홍구. 문학월보1933.9-?
만가의 집/輓歌의집 : 강노향. 중앙1935.6-7.
만고명장 김유신/萬古名將金庾信 : 윤승한.
숭문사1948.
만세전/萬歲前 : 염상섭.
신생활1922.7-8, 시대일보1924.4.6-6.7.
만향/晩香 : 복면자.
동아일보1937.12.1-1938.7.19.
망부석/望夫石 : 김웅초.
조선일보1935.5.3-7.12.
매국노/賣國奴 : 김래성. 신시대1943.7-1944.4.
매국노 암살 사건/賣國奴暗殺事件 : 이원규.
한흥출판사·영인서관1946.
매부 : 조용만. 조광1941.10.
맥/麥 : 김남천. 춘추1941.2.
맥추/麥秋 : 이기영. 조광1937.1-2.
먼동이 틀 때 : 이무영. 동아일보1935.8.6-12.30.
명랑한 전망/明朗한展望 : 박태원.
매일신보1938.4.5-5.21.
명암/明暗 : 현경준. 조선일보1935.4.17-5.5.
명암보/明暗譜 : 엄흥섭. 조광1938.3-8.
명일/明日 : 최독견.
조선일보1932.11.23-1933.3.4.
명일/明日 : 채만식. 조광1936.10-12.
명일의 포도/明日의鋪道 : 이무영.
동아일보1937.6.3-12.25.
모란꽃 필 때/모란쏫필때 : 염상섭.
매일신보 1934.2.1-7.8.
모색/摸索 : 한설야. 인문평론1940.3.
몽상록/蒙喪錄 : 김동인.
조선중앙일보1934.11.5-12.16.
몽중록/夢中錄 : 다몽생.
조선중앙일보1947.12.10-1948.2.15.
묘지/墓地 : 염상섭. 신생활1922.7-8.
무궁화/無窮花 : 월파. 중앙출판사1949.
무기 없는 민족/武器없는民族 : 김송.
백민문화사1947.
무명/無明 : 이광수. 문장1939.2.
무명씨전/無名氏傳 : 이광수. 동광1931.3-6.
무명조의 노래/無名鳥의노래 : 방춘해.
기독신보1932.10.26-1933.7.19.
무사/無邪 : 이무영. 민성1948.5.
무엇이 그 여자를 그렇게 만들었나?/
무엇이그여자를그럿케맨들엇나? :
박루월(서지불명).
무영탑/無影塔 : 현진건.
동아일보1938.7.20-1939.2.7.
무정/無情 : 이광수. 매일신보1917.1.1-6.14.
무지개 : 장혁주. 동아일보1933.9.20-1934.5.1.
무풍지대/無風地帶 : 함대훈. 조광1937.7-1938.1.
무한애의 금상/無限愛의金像 : 노자영.
청조사1925.
무현금/無絃琴 : 염상섭. 개벽1934.11-1935.3.
무화과/無花果 : 염상섭.
매일신보1931.11.13-1932.11.12.
미녀도/美女圖 : 박태원. 조광1939.7-12.
미수/眉愁 : 윤백남. 동아일보1935.4.1-9.20.
미완성/未完成 : 주요섭. 조광1936.9-1937.6.
미정고 장편/未整稿長篇 : 나도향. 문장1940.12.
민요/民謠 : 유진오(서지불명).
민족/民族 : 박종화.
중앙신문1945.11.5-1946.7.22.
민족의 죄인/民族의罪人 : 채만식.
백민1948.10-11.

민촌/民村 : 이기영. 조선지광1925.12.
밀림/密林 : 김말봉.
동아일보1935.9.26-1936.8.27(전편),
1937.11.1-1938.2.7(속편),
1938.7.1-12.25(후편).

**바**

바다로 가는 사람 : 윤백남.
사해공론1936.11-1937.1.
바다로 간다 : 김남천. 조선일보1939.5.2-6.15.
바다에의 글/海への書 : 이무영.
京城日報(夕刊) 1944.2.29-3.9,
京城日報(朝刊) 1944.4.25-8.31.
바다의 노래 : 김사량.
매일신보1943.12.14-1944.10.4.
바닷가의 농촌/바다ㅅ가의農村 : 윤철.
신소년1932.6.
바보 길동/바보吉童 : 안준식. 별나라1933.2-4·5.
박명/薄命 : 백대진.
매일신보1919.11.21-1920.1.25.
박명/薄命 : 한용운.
조선일보1938.5.18-1939.3.12.
박복한 무리들 : 이광수.
문장1939.2(발표 당시 '무명').
박쥐우산 : 작자미상. 조선일보1920.7.14-9.5.
박 첨지의 죽음/박첨지의죽엄 : 김동인.
삼천리1931.10.
반년간/半年間 : 박태원.
동아일보1933.6.15-8.21.
반도의 독수리 다케야마 대위/半島の陸鷲 武山大尉:
정인택. 매일신보사1944.
반려/伴侶 : 박영희. 삼천리1936.11-1937.1.
반역자/叛逆者 : 이무영.
조선일보1931.5.8-22, 비판1931.12-1932.12.
반항/反抗 : 춘성. 신민공론사1923.
밥 : 박승극. 남선경제신문1948.10.1-11.6.
방랑의 가인/放浪의歌人 : 방인근.
매일신보1933.6.10-11.17.
방랑자/放浪者 : 이광수. 중앙출판사1949.
방물장수 늙은이 : 이태준. 신가정1934.2-7.
방파제/防波堤 : 함대훈.
광업조선1937.12(1), 1938.1(2),
조광1938.12-1939.11.
방화 살인 사건/放火殺人事件 : 방인근.
호남문화사1949.
밭 가는 사람들/耕す人々の群 : 青木洪(홍종우).
第一書房(일본)1941.
배나무/梨の木 : 최병일. 盛文堂書店1944.
백가면/白假面 : 김래성. 소년1937.6-1938.5.
백가면과 황금굴/白假面과黃金窟 : 김래성.
한성도서1938.
백구/白鳩 : 염상섭.
조선중앙일보1932.10.31-1933.6.13.
백년연운/百年煙雲 : 이보상.
매일신보1938.10.22-1939.8.28.
백두산의 보굴/白頭山의寶窟 : 계영철.
소년1940.1-8.
백련유전기/白蓮流轉記 : 윤백남.
동아일보1936.2.22-8.28.
백마강/白馬江 : 김동인.
매일신보1941.7.24-1942.1.30.
백무선/白茂線 : 윤세중.
인문평론1940.11-1941.4.
백의인/白衣人 : 이경손.
조선일보1927.1.20-4.27.
백일몽과 선가/白日夢과船歌 : 강노향.
조광1936.6.
백일의 길/白日の路 : 장혁주.
南方書院(일본)1941.
백장미/白薔薇 : 함대훈. 사해공론1936.10.
백장미 부인/白薔薇夫人 : 이석훈. 조광1940.1-6.
백정의 아들/白丁의子 : 마황촌. 신흥영화1932.6.
백화/白花 : 박화성. 동아일보1932.6.7-11.22.
법은 그렇지만/法은그러치만 : 이태준.
신여성1933.3-1934.4.
벼 : 안수길. 만선일보1941.11.15-12.25.
벽공무한/碧空無限 : 이효석. 박문서관1941.
별과 같이 살다 : 황순원. 정음사1950.

별과 달의 우정 : 정비석. 민교사1949.
별은 창마다/별은窓마다 : 이태준. 신시대1942.1-1943.6.
병이 낫거든/病이낫거든 : 채만식. 조광1941.7.
보리방아 : 채만식. 조선일보1936.7.4-18.
복수/復讐 : 방인근. 문운당1948.
봄 : 이기영. 동아일보1940.6.11-8.10, 인문평론1940.10-1941.2.
봄의 노래 : 향산광랑. 신시대1941.9-1942.6.
봄의 노래 : 정인택. 소학생1948.7-12.
봄이 오면 : 안회남. 정음사1948.
봉도물어/蓬島物語 : 목양. 국민문학1943.9.
봉뚝섬 : 김복진. 소년1937.8-12.
봉선화/鳳仙花 : 방기환. 문화당1948.
봉화/烽火 : 윤백남. 동아일보1933.8.25-1934.4.18.
봉화/烽火 : 엄흥섭. 성문당서점1943.
부역/賦役 : 한설야. 조선문학1937.6.
부침/浮き沈み : 장혁주. 河出書房(일본)1943.
북국낙화/北國落花 : 김철주. 해동공론1946.12.
북국에 봄이 오면/北國에봄이오면 : 박루월. 어린이1931.8-9.
북국의 여명/北國의黎明 : 박화성. 조선중앙일보1935.4.1-12.4.
북국의 여인/北國의女人 : 지봉문. 조선문학1937.1-6.
북풍의 정열/北風의情熱 : 함대훈. 조선출판사1943.
북향보/北鄕譜 : 안수길. 만선일보1944.12.1-1945.4.7.
분토/糞土 : 김동인. 신천지1946.5-7,9.
분토의 주인/糞土의主人 : 김동인. 조광1944.7.
불그림자 : 홍구범. 혜성1950.1-5.
불란서 전야제/佛蘭西前夜祭 : 강노향. 조광1936.7.
불멸의 함성/不滅의喊聲 : 이태준. 조선중앙일보1934.5.15-1935.3.30.
불사조/不死鳥 : 심훈. 조선일보1931.8.16-12.29.
불사조/不死鳥 : 이태준. 현대일보1946.3.28-7.27.
불여의/不如意 : 홍일오. 중외일보1930.1.24-5.31.
불연속선/不連續線 : 염상섭. 매일신보1936.5.18-12.30.
불탄 촌/불탄村 : 태영선 외. 신소년1930.5-8.
비둘기 : 민소천. 경향출판사1948.
비련/悲戀 : 방인근. 중앙1936.7-9.
비밀의 문/秘密의門 : 김래성. 해왕사1949.
비시의 화/非時の花 : 石田耕造. 국민문학1944.5-8.
비오는 밤 : 홍구범. 여성1949.10-?
비탈 : 박화성. 신가정1933.8-12.
비탈길 : 최정희. 문예1949.8-9.
비화원/秘花苑 : 김문집. 국민신보1935.5.21(1), 1939.5.28(2).
빈사의 백조/瀕死의白鳥 : 함대훈. 여성1936.4-9.

## 사

사냐 생이냐/死냐生이냐 : 고도. 대성서림1924.
사라진 무지개 : 계훈. 중앙1935.4-7.
사랑 : 이광수. 박문서관1938(상), 1939(하).
사랑과 결혼/사랑과結婚 : 방인근. 경향출판사1948.
사랑과 죄 : 염상섭. 동아일보1927.8.15-1928.5.4.
사랑의 다각형/사랑의多角形 : 이광수. 동아일보1930.3.27-11.2.
사랑의 수족관/사랑의水族館 : 김남천. 조선일보1939.8.1-1940.3.3.
사랑의 죄/사랑의罪 : 이광수. 문연사1950.
사변 전후/事變前後 : 윤백남. 매일신보1937.1.1-1938.5.2.
사상의 월야/思想의月夜 : 이태준. 매일신보1941.3.4-7.5.
사선을 넘어서/死線을넘어서 : 안회남. 협동1947.1-6.
사슬이 풀린 뒤 : 오기영. 신천지1946.3-6.

사십 년/四十年 : 향산광랑. 국민문학1944.1-3.
사십 년/四十年 : 박노갑. 육문사1948.
사충서원/四忠書院 : 임경일. 한풍출판사1942.
사형제/四兄弟 : 한흑구.
농민생활1935.10-1936.6.
산가/山家 : 이무영. 신동아1935.2.
산중화/山中花 : 심천풍. 매일신보1917.4.3-9.19.
산촌/山村 : 한설야. 조광1938.11.
살인/殺人 : 방춘해. 조선문단1924.12-1925.3.
살인마/殺人魔 : 방인근. 조선공업도서1948.
살인예술가/殺人藝術家 : 김래성. 조광1938.3-5.
삼곡선/三曲線 : 장혁주.
동아일보1934.9.26-1935.3.2.
삼대/三代 : 염상섭. 조선일보1931.1.1-9.17.
삼봉이네 집 : 이광수.
동아일보1930.11.29-1931.4.24.
삼색화/三色花 : 최병화.
아이생활1940.1-1941.3.
삼인우달/三人友達 : 이태준. 남창서관1943.
상록수/常綠樹 : 심훈.
동아일보1935.9.10-1936.2.15.
상사의 사/相思의死 : 김심무.
매일신보1922.2.6-5.7.
새나라로 : 오경호. 신소년1931.8·9.
새나라를 찾아서/새나라를차져서 : 방인근.
기독신보1929.9.4-1931.7.29.
새 동무 : 양미림. 새동무1947.7-9호.
새로운 생활/새로운生活 : 김우철.
우리들1934.1-2.
새로운 성/새로운城 : 박영만. 학예사(상권:1948).
금룡도서주식회사(하권:1949).
새벽 : 안수길. 만선일보1941.2.1-3.1.
새벽 : 최상덕. 서울신문1949.12.15-1950.4.6.
새벽길 : 구름. 신한민보1934.1.11-6.21.
새벽길 : 방인근. 매일신보1938.6.4-10.29.
새벽바람 : 김영수. 조선일보1940.6.4-8.10.
새 생명/새生命 : 민태원.
매일신보1934.4.24-6.22.
새 세상 사람들 : 유엽.
조선일보1927.7.20-1928.5.9.
새 주인/새主人 : 추호. 조선일보1934.4.3-6.9.
새 출발 : 방인근. 남창서관1942.
색시 : 강노향. 조선중앙일보1935.11.5-12.24.
생명선/生命線 : 이기영. 가정지우1941.3-8.
생명의 봄/生命의봄 : 늘봄. 창조1920.3-7.
생의 반려/生의伴侶 : 김유정. 중앙1936.8-9.
생의 비극/生의悲劇 : 방인근. 문운당1949.
생활의 윤리/生活의倫理 : 이기영.
성문당서점1942.
서라벌/徐羅伐 : 김동인.
1948(발행소불명), 태극사1953.
서울 : 이광수. 태양신문1950(연재일자불명)
서화/鼠火 : 이기영. 조선일보1933.5.30-6.30.
석양홍/夕陽虹 : 윤승한.
동아일보1939.2.21-10.24.
선구 시대/先驅時代 : 현경준.
만선일보1939.5.12-12.1.
선도자/先導者 : 이광수.
동아일보1923.3.27-7.17.
선악 일대 : 윤백남.
만선일보1940.11.1-1941.3.25.
선풍 시대/旋風時代 : 한인택.
조선일보1931.11.7-1932.4.23.
선풍 이후/旋風以後 : 한인택. 신동아1935.4-?
선혈/鮮血 : 방인근. 조광1937.12-1938.3.
선화공주/善花公主 : 현진건. 춘추1941.4-9.
성군/星群 : 안석영. 조선일보1932.2.19-5.31.
성녀 씨/姓女씨 : 웅초. 조선일보1936.11.7-12.15.
성모/聖母 : 이태준.
조선중앙일보1935.5.27-1936.1.20.
성암의 길/聖巖의길 : 김동인. 조광1944.8-12.
성 이차돈의 최후/聖異次頓의最後 : 김태흡.
대중서옥1936.
성화/聖畵 : 이효석. 조선일보1935.10.11-10.31.
세기의 딸/世紀의딸 : 이무영.
동아일보1939.10.10-1940.8.11.
세기의 애인/世紀의愛人 : 엄흥섭. 광한서림1939.
세기의 창 : 박계주. 신민일보1948.2.10-4.17.

세기의 화문/世紀의花紋 : 김남천. 여성1938.3-10.
세 동무 : 이태준. 범문사1946.
세로/世路 : 한설야. 춘추1941.4.
세 번째의 신호/세번재의信號 : 민우보. 매일신보1933.5.18-10.7.
세일즈걸/쎌스껄 : 포외생. 신가정1933.5-11.
세조대왕/世祖大王 : 이광수. 박문서관1940.
소금 : 강경애. 신가정1934.5-10.
소년록/少年錄 : 현경준. 문장1939.7.
소년 사천왕/少年四天王 : 북극성. 어린이1929.12-1930.12.
소년 삼국지/少年三國志 : 박태원(서지불명).
소년 삼태성/少年三台星 : 북극성. 어린이1929.1.
소년은 자란다 : 채만식. 1949(미발표). 월간문학1972.9.
소년 임꺽정 : 이성표. 아동구락부1950.1-3.
소년 장사/少年장사 : 방인근. 동화1936.창간호-11.
소년 탐정단 : 박태원. 소년1938.6-12.
소년 홍의장군 : 이성표. 어린이나라1949.9-1950.4·5.
소련기행/蘇聯紀行 : 이태준. 문학1946
소설가 구보 씨의 일일/小說家仇甫氏의一日 : 박태원. 조선중앙일보1934.8.1-9.19.
소영웅/小英雄 : 방인근. 아희생활1934.1-1935.12.
속요/俗謠 : 김남천. 광업조선1940.1-5.
속천변풍경/續川邊風景 : 박태원. 조광1937.1-9.
수난/受難 : 전탁. 우리들1934.3.
수난의 기록/受難의記錄 : 유진오. 삼천리문학1938.1,4-삼천리1938.10-12.
수선탁덕 김대건/首先鐸德金大建 : 유영근. 천주교회1942.
수양대군/首陽大君 : 김동인. 숭문사1948.
수우/愁雨 : 안석영. 조광1936.6-12.
수평선/水平線 : 엄흥섭. 고려시보1937.10-1939.3.
수평선 너머로/水平線넘어로 : 김동인. 매일신보1934.7.10-12.19.
순애보/殉愛譜 : 박진. 매일신보1939.1.2-6.17.
순정/純情 : 운정. 세창서관1941.
순정기/純情記 : 김송. 일성당1948.
순정해협/純正海峽 : 함대훈. 조광1936.1-8.
술/酒 : 박승극. 비판1939.4-7,9, 1940.1,3.
스러지는 그림자 : 이인하. 조선도서주식회사1924.
스무 살 고개/스므살고개 : 이광수. 생활사1948.
슬픈 해결/슬픈解決 : 방인근. 여성1938.11-1939.3.
승리자/勝利者 : 독견. 철필1937.8.
승방비곡/僧房悲曲 : 최독견. 조선일보1927.5.10-9.11.
시월/十月 : 김남천. 광명일보1947.7.1-8.14.
시의 화/時의花 : 기봉. 조선일보1923.6.27-9.5.
신개지/新開地 : 이기영. 동아일보1938.1.19-9.8.
신라의 별 : 이성표. 어린이나라1949.1-8.
신성/新星 : 홍기원. 기독신보1921.2.23-12.21.
신통여행/신통려힝神通旅行 : 동오. 긔독신보1927.1.26-6.22.
신혼기/新婚記 : 염상섭. 금룡도서1948.
신혼일기/新婚日記 : 이태준. 광문서림1949.
실명/失明 : 엄흥섭. 백수사1948.
심문/心紋 : 최명익. 문장1939.6.
심봉사 : 채만식. 신시대1944.11-1945.2.
심야의 태양/深夜의太陽 : 김기진. 동아일보1934.5.3-9.19.
심연의 사람/深淵の人 : 장혁주. 文學案內(일본)1936.9.
심원의 장한/深苑의長恨 : 소운거사. 월간야담1938.1-1939.11.
심판/審判 : 전무길. 조선지광1929.9-1930.1.
십이월 십이일/十二月十二日 : 이상. 조선1930.2-12.
십자로/十字路 : 장덕조 주간서울1950.1.23-5.1.
십자성의 비밀 : 최병화. 어린이나라1949.7-1950.3.
쌍미합벽/雙美合璧 : 이보상.

매일신보1934.10.10-1935.4.10.
쌍영/雙影 : 박영준.
만선일보1939.12.2-1940.8.17.
쌍홍무/雙虹舞 : 방인근.
조선일보1936.9.29-1937.4.27.
씨름 : 만년설. 조선지광1929.8.

## 아

아기네 : 김동인. 동아일보1932.3.1-10.31.
아내/안해 : 안석영. 여성1936.11-1937.4.
아내/안해 : 장혁주. 신세기1940.11-1941.6.
아들의 원수 : 이광수. 신소설1929.12-1930.5.
아름다운 결혼/美しき結婚 : 장혁주.
赤塚書房(일본)1939.
아름다운 새벽 : 채만식.
매일신보1942.2.10-7.10.
아름다운 새벽 : 정인택. 아동구락부1950.1-6.
아름다운 억제/美しき抑制 : 장혁주.
河出書房(일본)1941.
아리랑 : 문일. 박문서관1929.
아리랑 고개/ありらん峠 : 김문집. 박문서관1938.
아사/餓死 : 이기영. 조선지광1927.2.
아세아의 여명/亞細亞의黎明 : 박태원.
조광1941.2.
악마/惡魔 : 박태원. 조광1936.3-4.
악마/惡魔 : 방인근. 문운당1949.
악마의 저주/惡魔의咀呪 : 김백악. 서울1920.4.
악몽/惡夢 : 함대훈. 한성도서주식회사1937.
암류/暗流 : 최인준. 신동아1934.9-12.
압록강을 건너서1/鴨綠江을건너서 : 박루월.
(서지불명).
압록강을 건너서2/압녹강을건너서/
鴨綠江을건너서 : 작자미상(서지불명).
애/愛 : 방인근. 신여성1932.10-12.
애경/愛經 : 박태원. 문장1940.1-9,11.
애국자/愛國者 : 방인근.
대동신문1946.2.21-5.20.
애국자/愛國者 : 임서하. 어린이1949.1,2-12.
애련기/哀戀記 : 정비석. 실업조선1947.1-6.
애련송/愛戀頌 : 최금동.
동아일보1937.10.5-12.14.
애로역정/愛路歷程 : 박계주. 매일신보사1941.
애생금/哀生琴 : 심숭. 신천지1946.5-1947.4.
애욕의 금렵구/愛慾의禁獵區 : 이태준.
중앙1935.3.
애욕의 피안/愛慾의彼岸 : 이광수.
조선일보1936.5.1-12.21.
애욕지옥/愛慾地獄 : 이종명.
매일신보1933.12.29-1934.1.30.
애의 승리/愛의勝利 : 목양생.
청년1922.5-1923.9.
애인/愛人 : 안회남. 여성1939.6-1940.2.
애정/愛情 : 김송. 야담1943.3-10.
애정/愛情 : 방인근. 숭문사1947.
애정무한/愛情無限 : 박계주. 신시대1943.3-4.
애처의 밀계/愛妻의密計 : 최하성.
명성출판사1950.
야광주/夜光珠 : 이기영. 중앙1936.9.
야숙/野宿 : 강노향. 조광1937.7-9.
야한기/夜寒記 : 허준. 조선일보1938.9.3-11.11.
야화/夜花 : 이주홍. 사해공론1936.10-1937.5.
약산과 의열단/若山과義烈團 : 박태원.
백양당1947.
약탈자/掠奪者 : 윤일파.
조선일보1931.10.14-12.27.
약탈자/掠奪者 : 박태원. 조선주보1946.1.8.
약한 자의 슬픔 : 김동인. 창조1919.2-3.
약혼/約婚 : 김기진. 시대일보1926.1.2-6.21.
약혼 전말/約婚顚末 : 이무영. 혜성1931.10-12.
양귀비/楊貴妃 : 홍효민. 삼중당1948.
양녕과 정향/讓寧과丁香 : 김동인. 중앙1935.6.
양녕대군 만유기/讓寧大君漫遊記 : 유추강.
삼중당1950.
양반전/兩班傳 : 박지원. 이석구 역.
조선금융조합연합회1947.
양산도/梁山道 : 민소천. 경향출판사1947.
양주의 어옹/楊洲의漁翁 : 김동인. 대중서옥1937.
어디로 갔나/어대로갓나 : 서병수. 매일신보

1926.2.21(상), 3.7(중), 3.21(하), 4.4(종).
어머니 : 나도향. 시대일보1925.1.5-4.30.
어머니 : 이기영. 조선일보1937.3.30-10.11.
어머니 : 채만식. 조광1943.3-6, 8-10.
어머니를 찾아서/어머니를찾어서 : 채만식. 소년1937.4-8.
어머니와 딸/어머니와딸 : 강경애. 혜성1931.8-1932.4-제일선1932.7-10.
어머님의 마음 : 송창근. 신한민보1928.4.5-6.28.
어사 박문수/御史朴文秀 : 노성산인. 중외일보1927.8.1-12.30.
억지춘향전/억지春香傳 : 김규택. 조광1941.2-7.
억지춘향전/억지春香傳 : 웅초. 주간서울1949.8.22-1950.5.1.
여걸 민비/女傑閔妃 : 홍효민. 삼중당1948.
여명/黎明 : 박종화. 매일신보1943.6.17-12.13.
여명기/黎明期 : 장혁주. 동아일보1936.1.4-8.27.
여승 김염주/女僧金念珠 : 방인근. 실화1939.7-9.
여신/女神 : 방인근. 과학조선1940.4-6.
여심/女心 : 김영수. 조선중앙일보1935.1.22-2.17.
여인/女人 : 김동인. 별건곤1929.12-1930.12-혜성1931.3-11.
여인 명령/女人命令 : 이선희. 조선일보1937.12.18-1938.4.5.
여인 성장/女人盛裝 : 박태원. 매일신보1940.8.1-1942.2.9.
여인애사/女人哀詞 : 김래성. 백민1947.5.
여인 전기/女人戰記 : 채만식. 매일신보1944.10.5-1945.5.17.
여인 초상/女人肖像 : 장혁주. 매일신보1940.5.13-8.15.
여자 대학생/女子大學生 : 방인근. 신세기사1940.
여자의 길/녀자의길 : 효성. 부인1922.8.
여자의 일생/女子의一生 : 채만식. 서울타임스사1947.
여장 소년/女裝少年 : 양백화. 야담1937.7-1938.7.
여학생/女學生 : 강진두. 한성도서주식회사1936.
여학생의 정조/女學生의貞操 : 방인근. 영인서관1946.
여화고사/餘花故事 : 이규희. 동아일보1939.8.20-10.22.
역사/歷史 : 석인해. 백민1946.6-1947.1.
역사는 흐른다/歷史는흐른다 : 한무숙. 국제신보1948.
연산군/燕山君 : 김동인. 만선일보1937.1.1-1939.2.20.
연안망명기/延安亡命記 : 김사량. 민성1946.1-1947.7.
연애비상선/戀愛非常線 : 최독견. 조선중앙일보1935.12.7-1936.5.27.
연애의 청산/戀愛의淸算 : 현진건 외. 신동아1931.11-1932.3.
연옥순례/련옥순례/煉獄巡禮 : 지원. 천주교회보1928.11.1-1929.9.1.
열세 동무 : 노양근. 동아일보1936.7.2-8.28.
열풍/熱風 : 한설야. 1944(미발표).
염마/閻魔 : 서동산. 조선일보1934.5.16-11.5.
영원의 미소/永遠의微笑 : 심훈. 조선중앙일보1933.7.10-1934.1.10.
영원의 여자/永遠の女 : 목양. 경성일보1942.10.28-12.7.
영주화월/瀛洲花月 : 이보상. 매일신보1936.10.20-1937.2.2.
영혼과 육체/靈と肉 : 장혁주. 兒童(일본)1934.11-1935.3.
오마리 : 현경준. 조선문학1939.5.
오빠와 누나/옵바와누나 : 엄흥섭. 별나라1931.4-9.
오산홍등/五山紅燈 : 이보상. 매일신보1941.6.20-1942.1.14.
오색의 꼬리별/五色의꼬리별 : 계명성. 매일신보1930.10.28-1932.3.20.
오전기채/五轉奇釵 : 이보상. 매일신보1937.12.13-1938.10.21.
옥랑사/玉娘詞 : 채만식. 1948(미발표).

옥토끼/玉톡기 : 이승근. 1930(서지불명).
옥희/玉姬 : 엄흥섭. 백수사1948.
와룡동/臥龍洞 : 서오봉. 신동아1934.4-9.
왕부의 낙조/王府의落照 : 김동인. 매일신보사1941.
왕자의 최후/王子의最後 : 김동인. 야담1935.12.
왕자 호동/王子好童 : 이태준. 매일신보1942.12.22-1943.6.16.
외로운 사람들 : 망양초. 조선일보1924.4.20-5.31.
요람/搖籃 : 김말봉. 신가정1935.10-1936.2.
우리 아버지는 장님이다 : 안운파. 별나라1931.7·8-10·11.
우맹/愚氓 : 박태원. 조선일보1938.4.7-1939.2.24.
우수의 뜰/憂愁의뜰 : 유진오. 여성1940.8-12.
우연의 기적/偶然의奇蹟 : 윤백남. 대중서옥1936.
우울한 풍경/憂鬱한風景 : 이종명. 중외일보1930.4.11-25.
우정/友情 : 전영택. 가정지우1939.7-10.
운명/運命 : 이광수. 1948(미발표).
운현궁의 봄/雲峴宮의봄 : 금동. 조선일보1933.4.26-1934.2.17.
웃고 싶건 웃어라 : 주상. 조선일보1925.8.1-11.7.
웃는 포사/웃는褒似 : 현진건. 신소설1930.9-해방1930.12-1931.2.
웅철이의 모험 : 주요섭. 소년1937.4-1938.3.
원각촌/圓覺村 : 안수길. 국민문학1942.2.
원구/元寇 : 박태원. 매일신보1945.5.17-8.13.
원근춘 : 정비석. 부산일보1946.5.3-6.1.
원두표/元斗杓 : 김동인. 대중서옥1937.
원정대/원졍ᄃᆡ : 최희송. 신한민보1928.7.5-8.30.
원치서/元致西 : 이기영. 동아일보1935.3.3-17.
원한의 복수/怨恨의復讐 : 방인근. 문연사1949.
원효대사/元曉大師 : 춘원. 매일신보1942.3.1-10.31.
월광부/月光賦 : 윤승한. 삼중당1949.
유랑/流浪 : 장백산인. 동아일보1927.1.15-31.
유랑/流浪 : 이종명. 중외일보1928.1.5-1.25.
유린/蹂躪 : 최독견. 상해일일신문1921.
유맹/流氓 : 현경준. 인문평론1940.7-8.
유봉이의 승리 : 윤태영. 삼중당1949.
유서/遺書 : 김동인. 영대1924.8-1925.1.
유정/有情 : 이광수. 조선일보1933.9.27-12.31.
육체/肉體 : 이약슬. 조선중앙일보1935.12.25-31.
은하수/銀河水 : 장덕조. 매일신보1937.7.17-12.29.
을지문덕/乙支文德 : 신정언. 백민1945.12-1946.3.
을지문덕/乙支文德 : 김동인. 태양신문1948.10.1-1949.7.14.
음우/淫雨 : 박태원. 조광1940.10.
읍혈조/泣血鳥 : 이희철. 동아일보1923.6.2-10.28.
의원/醫員 : 정청산. 풍림1937.2, 4.
의지 없는 영혼/依支없는靈魂 : 이무영(서지불명).
의지할 곳 없는 청춘/依支할곳없는靑春 : 탄금대인. 청조사1927.
의혹의 흑모/疑惑의黑眸 : 백신애. 중앙1935.8.
이름없는 별들 : 정인택. 소학생1949.10-1950.4.
이별곡/離別曲 : 김문집. 국민신보1939.11.5(전), 1939.11.12(후).
이 봄이 가기 전에 : 송영. 매일신보1937.1.1-6.22.
이선생/E先生 : 염상섭. 동명1922.9.10-12.10.
이순신/李舜臣 : 이광수. 동아일보1931.6.26-1932.4.3.
이순신 장군 : 박태원. 주간소학생1946.11.25-1947.4.21.
이심/二心 : 염상섭. 매일신보1928.10.22-1929.4.24.
이십일간/二十日間 : 김말봉. 주간서울1949.8.29-11.21.
이역의 춘몽/異域의春夢 : 김두식. 기독신보1918.5.29-8.14.
이와모토 지원병/岩本志願兵 : 장혁주.

每日新聞(일본, 석간)1943.8.24-9.9.

이차돈의 사/異次頓의死 : 이광수. 조선일보1935.9.30-1936.4.12.

이춘풍전/李春風傳 : 김영석. 조선금융조합연합회1947.

인간궤도/人間軌道 : 성북학인. 조선일보1931.3.13-8.14.

인간문제/人間問題 : 강경애. 동아일보1934.8.1-12.22.

인간수업/人間受業 : 이기영. 조선중앙일보1936.1.1-7.28.

인간의 굴레/人間の絆 : 장혁주. 河出書房(일본)1941.

인간행렬/人間行列 : 김송. 정음사1950.

인맥/人脈 : 최정희. 문장1940.4.

인면혈전기/印緬血戰記 : 최덕신. 영남일보1949.6.19-8.15.

인본교주/人本教主 : 우이동인. 비판1935.12.

인삼/人蔘 : 민병휘. 평문사1943.

인생사막/人生砂漠 : 엄흥섭. 신세기1940.1-1941.6.

인생여로/人生旅路 : 신태삼. 세창서관1949.

인생의 향기/人生의香氣 : 이광수. 사해공론1936.5-9.

인생좌/人生座 : 현경준. 홍문서관1944.

인생특급/人生特急 : 노춘성. 조선일보1937.10.5-12.31.

인왕동 시대/仁王洞時代 : 장혁주. 河出書房(일본)1935.

인조반정/仁祖反正 : 홍효민. 야담1936.6-12.

인현왕후와 장희빈/仁顯王后와張禧嬪 : 홍효민. 새살림1948.2-1949.7.

인형의 집을 나와서/人形의집을나와서 : 채만식. 조선일보1933.5.27-11.14.

일년/一年 : 박영준. 신동아1934.3-12.

일년기/一年記 : 이무영. 조선교육1947.12-1949.2.

일당육미/一堂六美 : 이보상. 매일신보1937.3.10-12.12.

일설 춘향전/一說春香傳 : 이광수. 한성도서주식회사1929.

일요일/日曜日 : 이근영. 영창서관1943.

잃어버린 고향 : 한인택. 동아일보1937.7.17-8.27.

임거정전/林巨正傳 : 홍벽초. 조선일보1928.11.21-1939.3.11.

임경업/林慶業 : 이보상. 매일신보1934.1.9-10.9.

임금/林檎 : 한설야. 신동아1936.3.

임진왜란/壬辰倭亂 : 권태익. 조선문화연구사1948(전), 광문사1949(후).

임진왜란/壬辰倭亂 : 박태원. 서울신문1949.1.4-12.14.

입하의 절/立夏의節 : 염상섭. 신천지1950.5-6.

### 자

잔등/殘燈 : 허준. 대조1946.1-4.

잔촉/殘燭 : 김동인. 신시대1941.2-10.

장미의 계절/薔薇의季節 : 정비석. 중앙신문1947.9.9-1948.3.30.

장희빈/張禧嬪 : 차상찬. 조선중앙일보1936.4.29-9.4.

장희빈/張禧嬪 : 윤승한. 일성당서점1950.

재생/再生 : 장백산인. 동아일보1924.11.9-1925.9.28.

재전/再戰 : 최태응(서지불명).

재출발/再出發 : 채규호. 호남평론1937.1-2.

재출발/再出發 : 전영택. 매일신보1939.7.8-8.18.

재출발/再出發 : 김기진. 평문사1942.

저무는 고향/저무는故鄕 : 강노향. 조광1936.8.

저수지/貯水池 : 이기영. 半島の光1943.5-9.

저주받은 운명/咀呪받은運命 : 박락동. 광업시대1937.11-1938.4.

적도/赤道 : 현빙허. 동아일보1933.12.20-1934.6.17.

적멸/寂滅 : 박태원. 동아일보1930.2.5-3.1.

적멸/寂滅 : 안필승. 매일신보1932.11.15-12.10.

적멸/寂滅 : 전무길. 동아일보1937.6.3-7.6.
전기성서지부인/傳記聖書之婦人 : 백병민. 부활운동1947.7.1-8.14.
전도양양/前途洋洋 : 김팔봉. 중외일보1929.9.27-1930.1.23.
전락/轉落 : 차자명. 조선일보1936.1.24-2.22.
전망/展望 : 백철. 인문평론1940.1.
전야/前夜 : 박종화. 조광1940.7-1941.10.
전원의 뇌명/田園の雷鳴 : 장혁주. 洛陽書院(일본)1940.
전쟁과 연애/戰爭과戀愛 : 김동환. 조선일보1928.3.10-11.20.
젊은 교사/젊은敎師 : 이성해. 조선일보1924.12.3-1925.1.18.
젊은 그들 : 김동인. 동아일보1930.9.2-1931.11.10.
젊은 꿈/젊은꿈 : 이광수. 박문서관1926.
젊은 날의 한 구절/젊은날의한句節 : 채만식. 여성1940.5, 7-8, 10-11.
젊은 아내/젊은 안해 : 방인근. 매일신보1939.11.5-12.27.
젊은 어머니 : 박화성·송계월·최정희·강경애·김자혜 연작. 신가정1933.1-5.
젊은 용사들/젊은勇士들 : 신정언. 소년1939.7-12.
젊은이들/若い人 : 이경수. 국민신보1940.1.28, 2.4, 11, 18.
젊은이의 봄 : 신서원. 영창서관(연도불명).
점경/點景 : 박태원. 가정지우1940.11-1941.1.
정/情 : 안영섭. 남창서관1943.
정거장 근처/停車場近處 : 채만식. 여성1937.4-10.
정열/情熱 : 김동인. 대조1946.1-7.
정열기/情熱記 : 엄흥섭. 조광1936.11-1937.2.
정열기/情熱記 : 이기영. 성문당서점1948.
정열은 병인가/情熱은病인가 : 김동인. 조선일보1939.3.14-4.18.
정열의 낙랑공주/情熱의樂浪公主 : 윤백남. 삼중당1949.
정열의 도시/情熱의都市 : 박팔양. 조선중앙일보1934.1.11-5.6.
정열 지대/情熱地帶 : 함대훈. 비판1939.4-1940.1.
정조와 여학생/情操와女學生 : 방인근. 중앙출판사1949.
정조원/貞操怨 : 백신애. 삼천리1936.8, 1937.1.
정포은 : 고한승. 어린이1948.10-1949.3.
정화/淨化 : 최독견. 중외일보1928.8.7-1929.11.30.
제방공사/堤防工事 : 이석성. 신동아1934.10-12.
제삼노예/第三奴隷 : 이근영. 동아일보1938.2.15-6.26.
제삼노예/第三奴隷 : 박완. 청수사1949.
제삼로/第三路 : 이북명(미발표).
제삼의 세계/第三의世界 : 시몽루인. 과학조선1940.7-8.
제성대/帝星臺 : 김동인. 조광1938.5-1939.4.
제야/除夜 : 염상섭. 개벽1922.2-6.
제이의 밀실/第二의密室 : 신경순. 조광1935.10, 12, 1936.1.
제이의 운명/第二의運命 : 이태준. 조선중앙1933.8.25-1934.3.23.
제칠공주/第七公主 : 박홍민. 동아일보1939.5.17-7.12.
제힘 : 김은경. 조선일보1932.4.26-5.31.
조국의 산성/祖國의産聲 : 이북명(서지불명).
조선삼국지/朝鮮三國志 : 김동인(미발표).
조선의 아내/朝鮮의안해 : 양고봉. 이문당1933.
조신의 꿈/調信의꿈 : 김동인. 월간야담1935.6.
조양홍/朝陽虹 : 윤승한. 동아일보1940.2.6-8.11.
종두/種痘 : 한설야. 문장1939.8.
좌평성충/佐平成忠 : 김동인. 월간야담1935.7.
죄악의 씨/罪惡의씨 : 최연택. 문창사1922.
죄와 벌/罪와罰 : 유서성. 광업조선1937.10.
주리야/朱利耶 : 이효석. 신여성1933.3-1934.3.
죽음 : 한용운. 1924(미발표).
지맥/地脈 : 최정희. 문장1939.9.

지붕 밑의 신추/집웅밑에新秋 : 강노향. 신인문학1936.1-3.
지새는 안개 : 현진건. 개벽1923.2-10.
지옥의 봄/地獄의봄 : 윤백남. 주간서울1949.8.22-1950.1.23.
지옥의 시/地獄의詩 : 박계주. 민성1949.8-11.
지축을 돌리는 사람들/地軸을돌리는사람들 : 이무영. 동아일보1933.8.5-9.22.
지평선/地平線 : 손소희. 여성1949.10-?
지하촌/地下村 : 강경애. 조선일보1936.3.12-4.3.
직녀성/織女星 : 심훈. 조선중앙일보1934.3.24-1935.2.26.
진리의 밤/眞理의밤 : 박계주. 경향신문1948.10.1-1949.4.23.
진정 마음이 만나서야말로/心相觸れてこそ : 이광수. 녹기1940.3-7.
진주는 주었으나/眞珠는주엇으나 : 염상섭. 동아일보1925.10.17-1926.1.17.
진통기/陣痛期 : 민촌생. 조선문학1939.1-6.
집 : 채만식. 춘추1941.6.
짓밟힌 진주/짓밟힌眞珠 : 이익상. 동아일보1928.5.5-11.27.
찔레꽃/찔레꼿 : 김말봉. 조선일보1937.3.31-10.3.

## 차

참말로 있던 처녀들의 동맹휴학/참말로잇든處女들의同盟休學 : 미상. 매일신보1926.4.4-9.19.
창/窓 : 이선희. 서울신문1948.6.27-7.20.
창공/蒼空 : 이효석. 매일신보1940.1.25-7.28.
채가/債家 : 박태원. 문장1941.4.
채석장의 소년 : 염상섭. 소학생1950.1-6.
처/妻 : 춘원. 해방1930.12-1931.1.
처녀 시절/處女時節 : 월견초. 동아일보1925.2.23-5.24.
처녀의 윤리/処女の倫理 : 장혁주. 국민신보1939.4.3-8.13.
처녀지/處女地 : 강노향. 조선문학1937.6.
처녀지/處女地 : 이기영. 삼중당서점1944.
처의 설계/妻의設計 : 이선희. 매일신보1940.11.17-12.30.
천구백사십오년 팔일오/1945년8·15 : 김남천. 자유신문1945.10.15-1946.6.28.
천당과 지옥/天堂과地獄 : 방인근. 여시1928.6.
천맥/天脈 : 최정희. 삼천리1941.1-4.
천변풍경/川邊風景 : 박태원. 조광1936.8-10, 1937.1-9.
천사/天使 : 춘성. 청조사1925.
천사/天使 : 박계주. 학생월보1947.4-5.
천상물어/天上物語 : 김성민. 녹기1941.3,6,8,9,10-태양1943.7-9.
천아성/天鵝聲 : 민태원. 매일신보1934.1.1-4.23.
천안기/千眼記 : 이광수. 동아일보1926.1.5-3.6.
천하태평춘/天下太平春 : 채만식. 조광1938.1-9.
철도연선/鐵道沿線 : 김기림. 조광1935.12-1936.2.
철로교차점/鐵路交叉點 : 한설야. 조광1936.6.
철민/哲民 : 한적선. 농민생활1934.5-1935.12.
철쇄/鐵鎖 : 정인택. 실업조선1947.8.
철인도/鐵人都 : 문일. 박문서관1930.
첫사랑 : 함대훈. 조광1935.11.
첫사랑 : 현경준. 문장1940.9.
첫사랑 : 최독견. 국문사1949.
첫사랑값 : 주요섭. 조선문단1925.9-1927.3.
첫사랑의 시절 : 박루월. 박문서관1930.
첫 전투 : 이태준. 문학예술1948.12.
청기와집/青瓦の家 : 이무영. 부산일보1942.9.8-1943.2.7.
청년/青年 : 이기영. 삼천리1938.8-12.
청년 김옥균/青年金玉均 : 김기진. 한성도서1936.
청량리계외/淸涼里界隈 : 정인택. 국민문학1941.11.
청춘/青春 : 나도향. 조선도서주식회사1927.
청춘/青春 : 설정식. 민교사1949.

청춘곡/青春曲 : 전영택. 매일신보1936.1.1-5.17.
청춘극장/青春劇場 : 김래성. 태양신문1949.5.1-?
청춘기/青春期 : 한설야.
동아일보1937.7.20-11.29.
청춘무성/青春茂盛 : 이태준.
조선일보1940.3.12-8.10.
청춘보/青春譜 : 함대훈. 동방출판사1947.
청춘산맥/青春山脈 : 정비석.
경향신문1950.1.1-6.25.
청춘송/青春頌 : 박태원.
조선중앙일보1935.2.27-5.18.
청춘승리/青春勝利 : 박종화.
자유신문1947.9.1-12.27.
청춘애사/青春哀史 : 정은성. 신인문학1934.8.
청춘의 광야/青春의曠野 : 춘성. 청조사1924.
청춘의 노래/青春의노래 : 정비석.
실업조선1947.1-5.
청춘의 윤리/青春의倫理 : 정비석. 평범사1943.
청춘의 정열/青春의情熱 : 이윤성. 계몽사1950.
청춘의 죄/青春의罪 : 최독견. 문예공론1929.5-6.
청춘항로/青春航路 : 염상섭. 중앙1936.6-9.
청충홍충/青蟲紅蟲 : 안석영.
조선일보1929.6.11-7.11.
청포도/青葡萄 : 정인택.자유신문1950.5.5-6.24.
초련/初戀 : 염상섭. 조선문단1926.3,5.
초연수첩/初戀手帖 : 현경준 외.
만선일보1939.? -12.29.
초향/草鄕 : 한설야. 박문서관1941.
촉규화/蜀葵花 : 이보상.
매일신보1939.8.29-1940.5.16.
최리의 딸/崔理의딸 : 김동인. 백민문화사1947.
최후의 복수 : 김진복. 중앙출판사1946.
최후의 악수/最後의握手 : 홍난파.
매일신보1921.4.29-6.7.
추풍령/秋風嶺 : 윤백남.
신동아1933.6-8,10-11,1934.2.
춘몽/春夢 : 방인근. 조광1936.9-12.
춘몽곡/春夢曲 : 윤기정. 사해공론1937.1-4.
춘소/春宵 : 이석훈. 매일신보1940.3.30-5.11.
춘풍/春風 : 안석영. 조선일보1935.2.10-4.14.
춘향/春香 : 춘원. 동아일보1925.9.30-1926.1.3.
충노 만석전/忠奴萬石傳 : 이보상.
매일신보1936.1.12-10.17.
충의송/忠義頌 : 윤승한. 야담1944.5-1945.2.
치인정토/痴人浄土 : 장혁주.
福岡日日新聞(일본)1937.6.16-11.6.
칠 년의 폭풍/七年の嵐 : 장혁주.
洛陽書院(일본)1941.
칠칠단의 비밀/七七團의秘密 : 북극성.
어린이1926.4-1927.12.
칠현금/七絃琴 : 김사량. 문학예술1946.6.

## 카

카토기요마사/加藤清正 : 장혁주.
文藝(일본)1939.1.
코스모스 피는 정원/코스모스피는庭園 : 이태준.
여성1937.3-7.
키 잃은 범선/키일흔帆船 : 이익상.
조선일보1927.1.1-7.19.

## 타

타락/墮落 : 염상섭(서지불명).
타락자/墮落者 : 빙허생. 개벽1922.1-4.
탁류/濁流 : 최독견. 중외일보1930.1.9-5.31.
탁류/濁流 : 한설야.
「홍수」, 「부역」, 「산촌」을 합한 작품명.
탁류/濁流 : 채만식.
조선일보1937.10.12-1938.5.15.
탁류를 헤치고/濁流를헤치고 : 안회남.
인문평론1940.4-5.
탁류 속에서/濁流속에서 : 김송. 신조사1950.
탄실이와 주영이 : 김명순.
조선일보1924.6.14-7.15.
탈출/脫出 : 박계주. 가정지우1940.1-?
탈춤 : 심훈. 동아일보1926.11.9-12.16.
탐구의 일일/探求의一日 : 이근영.
동아일보1940.4.9-5.7.
탐기루만화/耽奇樓漫話 : 윤백남.

동아일보1930.9.11-12.17.
탑/塔 : 한설야. 매일신보1940.8.1-1941.2.14.
태랑의 모험/太郎の冒險 : 김해상덕.
성문당서점1944.
태백산맥/太白山脈 : 김사량.
국민문학1943.2-4,6-10.
태종대왕/太宗大王 : 홍효민. 대성출판사1948.
태평관 사람들/太平館사람들 : 이무영.
조선일보1949.5.4-6.14.
태평성대/太平聖代 : 박태원.
경향신문1946.11.14-12.31.
태평천하/太平天下 : 채만식. 명성사1940.
태평행/太平行 : 김동인.
문예공론1929.6-중외일보1930.5.30-9.23.
태풍/颱風 : 김래성.
매일신보1942.11.21-1944.5.2.
통곡하는 대지/慟哭하는大地 : 최인준.
사해공론1936.3,6.
투도/偸盜 : 박태원. 조광1941.1.
티일보사/T日報社 : 김남천. 인문평론1939.11.

## 파

파경/破鏡 : 박화성 외. 신가정1936.4-9.
파도/波濤 : 한설야. 인문평론1940.11.
파도/波濤 : 정비석. 대조사1946.
파도/波濤 : 김영수. 경향신문1949.4.24 12.31.
파악/把握 : 유진오. 조선지광1927.7-9.
팔호기설/八豪奇說 : 윤백남.
만몽일보1937.?-1939.?
폐어인/肺魚人 : 최명익. 조선일보1939.2.5-25.
폐읍의 사람들/廢邑の人々 : 최윤수.
경성일보(朝刊)1928.5.22-6.27.
폐허의 울음/廢墟의울음 : 이용구. 청조사1928.
포낭기/布囊記 : 신정언. 조선일보1936.4.30-12.2.
폭풍우 지난 후/暴風雨지난後 : 이파촌.
조선일보1934.1.1-5.14.
폭풍 전야/暴風前夜 : 함대훈.
조선일보1934.11.6-1935.4.28.
푸른 북국/緑の北国 : 장혁주.
河出書房(일본)1941.
푸른 하늘 : 백신애. 소년중앙1935.4-7.
풍년토/豐年土 : 전명선(서지불명).
풍속/風俗 : 안회남. 조광1943.12-1944.2.
풍운아/風雲兒 : 문일. 박문서관1930.
피난성/避難城 : 방인근. 신세기1939.8.
피눈물 : 기월. 독립신문(상해)1919.8.21-9.27.
피는 물보다 진하다 : 이무영. 태양신문1946.?-?
피보다 붉은 것 : 김말봉. 여성1949.10-?
피안의 태양/彼岸의太陽 : 이규희.
동아일보1937.6.3-10.23.

## 하

하얀 개간지/白い開墾地 : 한설야.
문학안내(일본)1937.2.
하얀 쪽배 : 정인택. 소학생1949.1·2-6.
한류의 어족/寒流의魚族 : 박영준.
부인신보1948.9.23-12.31.
한양성/漢陽城 : 박태원.
여성문화1945.12, 1946.8.
항우 : 윤백남. 조선중앙일보1933.4.1-8.1.
해는 지평선에 : 김동인.
매일신보1932.9.30-1933.5.14.
해당화 : 작자미상.
신한민보1940.9.26-1941.12.11.
해동염사/海東艶史 : 차상찬. 한성도서1937.
해뜨는 지평선/해뜨는地平線 : 빙허.
조선문단1927.1-3.
해뜨는 화원/해뜨는花園 : 윤승한. 야담사1943.
해바라기 : 염상섭. 동아일보1923.7.18-8.26.
해방/解放 : 설정식. 신세대1948.5.
해방/解放 : 박철. 동문사1948.
해방/解放 : 김동리.
동아일보1949.9.1-1950.2.16.
해방의 날/解放의날 : 강금종. 청년문화사1946.
해방 전후/解放前後 : 이태준. 문학1946.8.
해조곡/海鳥曲 : 윤백남.
동아일보1931.11.8-1932.2.9.
해조음/海潮音 : 김기진.

조선일보1930.1.25-7.25.
행로/行路 : 현민. 개벽1934.11-1935.1.
행복/幸福 : 엄흥섭. 영창서관1941.
행복에의 흰손들/幸福에의흰손들 : 이태준.
조광1942.1-1943.1.
행복의 위치/幸福의位置 : 김래성.
부인1946.6-12.
행복한 백성/幸福の民 : 장혁주.
開拓(일본)1942.5 -8.
향가/鄕歌 : 이무영. 매일신보1943.5.3-9.6.
향약촌/鄕約村 : 현경준. 비판1936.6-10.
향원염사/香園艶史 : 최독견.
조선일보1928.10.29-1929.10.20.
허생전/許生傳 : 장백산인.
동아일보1923.12.1-1924.3.21.
허생전/許生傳 : 채만식.
조선금융조합연합회1946.
허영/虛榮 : 난파생. 매일신보1919.9.3-11.18.
허영녀의 독백/虛榮女의獨白 : 전무길.
대중1930.5-8.
혁명/革命 : 방인근.
기독신보1931.9.30-1932.10.20.
혁명가의 아내/革命家의안해 : 이광수.
동아일보1930.1.1-2.4.
혁명가의 일생/革命家의一生 : 방인근.
삼팔사1949.
현대풍경/現代風景 : 이기영.
중앙일보1931.11.27-1932.4.27.
혈루록/血淚錄 : 무명생. 신동아1933.11-1934.7.
혈서/血書 : 홍효민. 삼중당1948.
형/兄 : 유진오. 조선지광1931.1-5.
형제/兄弟 : 김사영. 신시대1942.11-1943.3.
형제/兄弟 : 김만선. 동지사1948.
혜련물어/恵蓮物語 : 김성민(宮原惣一).
新元社(일본)1941.
혜월나운/蕙月蘿雲 : 이보상.
매일신보1940.5.18-1941.6.18.
호외 시대/號外時代 : 최서해.
매일신보1930.9.20-1931.8.1.
혼/魂 : 정마부. 한성도서1920.
홍경래/洪景來 : 박종화.
동아일보1948.10.1-1949.8.24.
홍경래전/洪景來傳 : 이명선.
조선금융조합연합회1947.
홍길동전/洪吉童傳 : 창랑인.
만선일보1940.3.20-10.31.
홍길동전/洪吉童傳 : 박태원.
조선금융조합연합회1947.
홍도의 반생/紅桃의半生 : 윤백남. 대중서옥1937.
홍수/洪水 : 이기영. 조선일보1930.8.21-9.3.
홍수/洪水 : 한설야. 조선문학1936.5.
홍운백운/紅雲白雲 : 방인근.
매일신보1935.7.20-12.27.
홍한녹수/紅恨綠愁 : 최학송 외.
매일신보1926.11.14-12.19.
화관/花冠 : 이태준. 조선일보1937.7.29-12.22.
화랑도/花郎徒 : 김동인. 한성도서주식회사1949.
화랑의 정열/花郎의情熱 : 신정언.
성문당서점1938.
화려한 지옥/화려한地獄 : 김말봉.
부인신보1947.7.1-1948.5.8.
화분/花粉 : 이효석. 인문사1939.
화상보/華想譜 : 유진오.
동아일보1939.12.8-1940.5.3.
화심/花心 : 방인근. 한성도서1935.
화전민/火田民 : 이북명.
매일신보1940.1.31-2.23.
화전 어느 쪽도 불사하다/和戰何れも亂世ず :
장혁주. 大観堂(일본)1942.
화풍/花風 : 정비석. 매일신보1940.8.17-11.16.
환무곡/幻舞曲 : 최금동. 동아일보1937.1.1.
환희/幻戲 : 나도향.
동아일보1922.11.21-1923. 3.21.
활민숙/活民塾 : 김동인. 수문사1950.
황금과 장미/黃金과薔薇 : 안회남. 중앙1935.5.
황금광 시대/黃金狂時代 : 채만식.
중앙출판사1949.
황금굴/黃金窟 : 김래성.

동아일보1937.11.1-12.31.

**황야조**/荒野鳥 : 박남호. 농민생활1936.3-7.

**황원의 비곡**/荒原의悲曲 : 함효영. 영화시대1932.2.

**황원행**/荒原行 : 최독견 외. 동아일보1929.6.8-10.21.

**황진이**/黃眞伊 : 이태준. 조선중앙일보1936.6.2-9.4.

**황해의 탄식**/黃海の嘆き : 정연규. 魂(일본)1936. 5-8,10,11.

**황혼**/黃昏 : 한설야. 조선일보1936.2.5-10.28.

**황혼의 노래**/黃昏의노래 : 이석훈. 신동아1933.6-12.

**회천기**/回天記 : 윤백남. 자유신문1949.4.10-9.23.

**효무**/曉霧 : 현빙허. 조선일보1921.5.1-30.

**효풍**/曉風 : 염상섭. 자유신문1948.1.1-11.13.

**후예의 가**/後裔의街 : 김달수. 東京文藝出版社1948.

**후회**/後悔 : 한용운. 조선중앙일보1936.6.27-9.4.

**흑두건**/黑頭巾 : 윤백남. 동아일보1934.6.10-1935.2.16.

**흑진주** : 박용환. 매일신보1921.7.22-1922.2.5.

**흑치상지**/黑齒常之 : 현진건. 동아일보1939.10.25-1940.1.16.

**흑풍**/黑風 : 한용운. 조선일보1935.4.9-1936.2.1.

**흙** : 춘원. 동아일보1932.4.12-1933.7.10.

**흙과 인생**/흙과人生 : 이기영. 예술1935.7, 1936.1.

**흙의 노예**/흙의奴隸 : 이무영. 인문평론1940.4.

**흙의 풍속**/흙의風俗 : 이근영. 춘추1943.5-9.

**희망의 계절** : 함대훈. 경향출판사1948.

**희망의 꽃다발** : 최병화. 민교사1949.

# 연도별 작품 목록

1917
개척자/開拓者 : 이광수.
매일신보1917.11.10-1918.3.15.
무정/無情 : 이광수. 매일신보1917.1.1-6.14.
산중화/山中花 : 심천풍.
매일신보1917.4.3-9.19.

1918
이역의 춘몽/異域의春夢 : 김두식.
기독신보1918. 5.29-8.14.

1919
마음이 옅은 자여/마음이여튼자여 : 김동인.
창조1919.12-1920.5.
박명/薄命 : 백대진.
매일신보1919.11.21-1920.1.25.
약한 자의 슬픔 : 김동인. 창조1919.2-3.
피눈물 : 기월. 독립신문(상해)1919.8.21-9.27.
허영/虛榮 : 난파생. 매일신보1919.9.3-11.18.

1920
그날 밤 : 목성. 개벽1920.12-1921.2.
박쥐우산 : 작자미상. 조선일보1920.7.14-9.5.
생명의 봄/生命의봄 : 늘봄. 창조1920.3-7.
악마의 저주/惡魔의咀呪 : 김백악. 서울1920.4.
혼/魂 : 정마부. 한성도서1920.

1921
광명한 세계에/光明한世界에 : 동원.
매일신보1921.10.7-1922.1.9.
금강석/金剛石 : 박용환.
조선일보1921.4.24-5.12.
신성/新星 : 홍기원. 기독신보1921.2.23-12.21.
유린蹂躪 : 최독견. 상해일일신문1921.
효무/曉霧 : 현빙허. 조선일보1921.5.1-30.
흑진주 : 박용환. 매일신보1921.7.22-1922.2.5.
최후의악수/最後의握手 : 홍난파.
매일신보1921.4.29-6.7.

1922
동정의 탄식/동경의탄식/同情의嘆息 : 목양싱.
청년1922.3-4.
만세전/萬歲前 : 염상섭.
신생활1922.7,8-시대일보1924.4.6-6.7.
묘지/墓地 : 염상섭. 신생활1922.7-8.
상사의 사/相思의死 : 김심무.
매일신보1922.2.6-5.7.
애의 승리/愛의勝利 : 목양생.
청년1922.5-1923.9.
여자의 길/녀자의길 : 효성. 부인1922.8.
이선생/E先生 : 염상섭. 동명1922.9.10-12.10.
제야/除夜 : 염상섭. 개벽1922.2-6.
죄악의 씨/罪惡의씨 : 최연택. 문창사1922.
타락자/墮落者 : 빙허생. 개벽1922.1-4.
환희/幻戲 : 나도향.
동아일보1922.11.21-1923.3.21.

1923
너희들은 무엇을 얻었느냐/너희들은무엇을어덧느냐
: 염상섭. 동아일보1923.8.27-1924.2.5.
눈을 겨우 뜰때/눈을겨우뜰때 : 김동인.
개벽1923.7-11.
떠돌이의 하늘(정처 없는 하늘가)/さすらひの空
: 정연규. 宣傳社(일본)1923.

반항/反抗 : 춘성. 신민공론사1923.
선도자/先導者 : 이광수. 동아일보1923.3.27-7.17.
시의 화/時의花 : 기봉. 조선일보1923.6.27-9.5.
읍혈조/泣血鳥 : 이희철. 동아일보1923.6.2-10.28.
지새는 안개 : 현진건. 개벽1923.2-10.
해바라기 : 염상섭. 동아일보1923.7.18-8.26.
허생전/許生傳 : 장백산인.
동아일보1923.12.1-1924.3.21.

1924
금십자가/金十字架 : 이광수.
동아일보1924.3.22-5.12.
사냐 생이냐/死냐生이냐 : 고도. 대성서림1924.
살인/殺人 : 방춘해. 조선문단1924.12-1925.3.
스러지는 그림자 : 이인하. 조선도서주식회사1924.
외로운 사람들 : 망양초. 조선일보1924.4.20-5.31.
유서/遺書 : 김동인. 영대1924.8-1925.1.
재생/再生 : 장백산인.
동아일보1924.11.9-1925.9.28.
젊은 교사/젊은教師 : 이성해.
조선일보1924.12.3-1925.1.18.
죽음 : 한용운. 1924(미발표).
청춘의 광야/青春의曠野 : 춘성. 청조사1924.
탄실이와 주영이 : 김명순.
조선일보1924.6.14-7.15.

1925
꽃피는 처녀/쏫피는處女 : 노자영. 청조사1925.
다각애/多角愛 : 이상수. 정문사1925.
동생을 찾으려/동생을차즈려 : 북극성.
어린이1925.1-10.
무한애의 금상/無限愛의金像 : 노자영.
청조사1925.
민촌/民村 : 이기영. 조선지광1925.12.
어머니 : 나도향. 시대일보1925.1.5.-4.30.
웃고 싶건 웃어라 : 주상.
조선일보1925.8.1-11.7.
진주는 주었으나/眞珠는주엇스나 : 염상섭.
동아일보1925.10.17-1926.1.17.
처녀 시절/處女時節 : 월견초.
동아일보1925.2.23-5.24.
천사/天使 : 춘성. 청조사1925.
첫사랑값 : 주요섭. 조선문단1925.9-1927.3.
춘향/春香 : 이광수.
동아일보1925.9.30-1926.1.3.

1926
두사람 : 경식. 신여성1926.8-10.
마의태자/麻衣太子 : 이광수.
동아일보1926.5.10-10.2(상),
1926.10.11-1927.1.9(하).
약혼/約婚 : 김기진. 시대일보1926.1.2-6.21.
어디로 갔나/어대로갓나 : 서병수. 매일신보
1926.2.21(상), 3.7(중), 3.21(하), 4.4(종).
젊은 꿈/졂은쑴 : 이광수. 박문서관1926.
참말로 있던 처녀들의 동맹휴학/
참말로잇든處女들의同盟休學 : 미상.
매일신보1926.4.4-9.19.
천안기/千眼記 : 이광수. 동아일보1926.1.5-3.6.
초련/初戀 : 염상섭. 조선문단1926.3, 5.
칠칠단의 비밀/七七團의秘密 : 북극성.
어린이1926.4-1927.12.
탈춤 : 심훈. 동아일보1926.11.9-12.16.
홍한녹수/紅恨綠愁 : 최학송 외.
매일신보1926.11.14-12.19.

1927
꿈은 아니언만 : 유엽. 신민1927.6-9.
난영/亂影 : 최독견.
조선일보1927.9.30-1928.3.7.
남충서/南忠緖 : 염상섭. 동광1927.1-2.
눈물에 젖는 사람들/눈물에젓는사람들 : 이서구.
매일신보1927.11.24-1928.2.16.
두 출발 : 염상섭. 현대평론1927.4-7.
백의인/白衣人 : 이경손.
조선일보1927.1.20-4.27.
사랑과 죄 : 염상섭. 동아일보1927.8.15-1928.5.4.
새 세상 사람들 : 유엽.

조선일보1927.7.20-1928.5.9.
승방비곡/僧房悲曲 : 최독견.
조선일보1927.5.10-9.11.
신통여행/신통려힝神通旅行 : 동오.
긔독신보1927.1.26-6.22.
아사/餓死 : 이기영. 조선지광1927.2.
어사 박문수/御史朴文秀 : 노성산인.
중외일보1927.8.1-12.30.
유랑/流浪 : 장백산인. 동아일보1927.1.15-31.
의지할 곳 없는 청춘/依支할곳없는青春 : 탄금대인.
청조사1927.
청춘/青春 : 나도향. 조선도서주식회사1927.
키 잃은 범선/키일흔帆船 : 이익상.
조선일보1927.1.1-7.19.
파악/把握 : 유진오. 조선지광1927.7-9.
해뜨는 지평선/해뜨는地平線 : 빙허.
조선문단1927.1-3.

1928
단종애사/端宗哀史 : 이광수.
동아일보1928.11.30-1929.12.11.
두 목숨 : 이영섭. 진생1928.9-1929.6.
어머님의 마음 : 송창근. 신한민보1928.4.5-6.28.
연옥순례/련옥순례煉獄巡禮 : 지원.
천주교회보1928.11.1-1929.9.1.
원정대/원정딕 : 최희송.
신한민보1928.7.5-8.30.
유랑/流浪 : 이종명. 중외일보1928.1.5-1.25.
이심/二心 : 염상섭.
매일신보1928.10.22-1929.4.24.
임거정전/林巨正傳 : 홍벽초.
조선일보1928.11.21-1939.3.11.
전쟁과 연애/戰爭과戀愛 : 김동환.
조선일보1928.3.10-11.20.
정화/淨化 : 최독견.
중외일보1928.8.7-1929.11.30.
짓밟힌 진주/짓밟힌眞珠 : 이익상.
동아일보1928.5.5-11.27.
천당과 지옥/天堂과地獄 : 방인근. 여시1928.6.
폐읍의 사람들/廢邑の人々 : 최윤수.
경성일보(朝刊)1928.5.22-6.27.
폐허의 울음/廢墟의울음 : 이용구. 청조사1928.
향원염사/香園艶史 : 최독견.
조선일보1928.10.29-1929.10.20.

1929
결혼 전후/結婚前後 : 방인근.
기독신보1929.9.4-1931.7.29.
결쇠 : 단정학. 신민1929.11-1931.12.
과도기/過渡期 : 한설야. 조선지광1929.4.
광분/狂奔 : 염상섭.
조선일보1929.10.3-1930.8.2.
그와 감방/그와監房 : 나일.
동아일보1929.10.22-11.16.
새나라를 찾아서/새나라를차져서 : 방인근.
기독신보1929.9.4-1931.7.29.
소년 사천왕/少年四天王 : 북극성.
어린이1929.12-1930.12.
소년 삼태성/少年三台星 : 북극성.
어린이1929.1.
심판/審判 : 전무길. 조선지광1929.9-1930.1.
씨름 : 만년설. 조선지광1929.8.
아들의 원수 : 이광수. 신소설1929.12-1930.5.
아리랑 : 문일. 박문서관1929.
여인/女人 : 김동인.
별건곤1929.12-1930.12-혜성1931.3-11.
일설 춘향전/一說春香傳 : 이광수.
한성도서주식회사1929.
전도양양/前途洋洋 : 김팔봉.
중외일보1929.9.27-1930.1.23.
청춘의 죄/青春의罪 : 최독견. 문예공론1929.5-6.
청충홍충/青蟲紅蟲 : 안석영.
조선일보1929.6.11-7.11.
태평행/太平行 : 김동인.
문예공론1929.6-중외일보1930.5.30-9.23.
황원행/荒原行 : 최독견 외.
동아일보1929.6.8-10.21.

1930

낙조/落照 : 방인근. 조선일보1930.9.18-10.28.
내정비화/內庭秘話 : 이광천. 신민1930.5-11.
대도전/大盜傳 : 윤백남.
동아일보1930.1.16-3.24(전),
1931.1.1-7.13(후).
동방의 애인/東方의愛人 : 심훈.
조선일보1930.10.29-12.10.
불여의/不如意 : 홍일오.
중외일보1930.1.24-5.31.
불탄 촌/불탄村 : 태영선 외. 신소년1930.5-8.
사랑의 다각형/사랑의多角形 : 이광수.
동아일보1930.3.27-11.2.
삼봉이네 집 : 이광수.
동아일보1930.11.29-1931.4.24.
십이월 십이일/十二月十二日 : 이상.
조선1930.2-12.
오색의 꼬리별/五色의꼬리별 : 계명성.
매일신보1930.10.28-1932.3.20.
옥토끼/玉톡기 : 이승근. 1930(서지불명).
우울한 풍경/憂鬱한風景 : 이종명.
중외일보1930.4.11-25.
웃는 포사/웃는褒似 : 현진건.
신소설1930.9-해방1930.12-1931.2.
적멸/寂滅 : 박태원. 동아일보1930.2.5-3.1.
젊은 그들 : 김동인.
동아일보1930.9.2-1931.11.10.
처/妻 : 춘원. 해방1930.12-1931.1.
철인도/鐵人都 : 문일. 박문서관1930.
첫사랑의 시절 : 박루월. 박문서관1930.
탁류/濁流 : 최독견. 중외일보1930.1.9-5.31.
탐기루만화/耽奇樓漫話 : 윤백남.
동아일보1930.9.11-12.17.
풍운아/風雲兒 : 문일. 박문서관1930.
해조음/海潮音 : 김기진.
조선일보1930.1.25-7.25.
허영녀의 독백/虛榮女의獨白 : 전무길.
대중1930.5-8.
혁명가의 아내/革命家의안해 : 이광수.
동아일보1930.1.1-2.4.
호외 시대/號外時代 : 최서해.
매일신보1930.9.20-1931.8.1.
홍수/洪水 : 이기영. 조선일보1930.8.21-9.3.

1931

각선화/脚線禍 : 이기백.
매일신보1931.9.2-9.27.
고아/孤兒 : 윤중남. 백두산1931.5-6.
곡마단 : 이동규. 신소년1931.1-5.
괴청년/怪靑年 : 동아일보1931.10.8-10.27.
구원의 여상/久遠의女像 : 이태준.
신여성1931.1-1932.8.
그들은 어디로/그들은어대로 : 이성해.
매일신보1931.10.3-1932.9.29.
무명씨전/無名氏傳 : 이광수. 동광1931.3-6.
무화과/無花果 : 염상섭.
매일신보1931.11.13-1932.11.12.
박 첨지의 죽음/박첨지의죽엄 : 김동인.
삼천리1931.10.
반역자/叛逆者 : 이무영.
조선일보1931.5.8-22, 비판1931.12-1932.12.
북국에 봄이 오면/北國에 봄이 오면 : 박루월.
어린이1931.8-9.
불사조/不死鳥 : 심훈.
조선일보1931.8.16-12.29.
삼대/三代 : 염상섭. 조선일보1931.1.1-9.17.
새나라로 : 오경호. 신소년1931.8·9.
선풍 시대/旋風時代 : 한인택.
조선일보1931.11.7-1932.4.23.
우리 아버지는 장님이다 : 안운파.
별나라1931.7·8-10·11.
약탈자/掠奪者 : 윤일파.
조선일보1931.10.14-12.27.
약혼 전말/約婚顚末 : 이무영. 혜성1931.10-12.
어머니와 딸/어머니와딸 : 강경애.
혜성1931.8-1932.4-제일선1932.7-10.
연애의 청산/戀愛의淸算 : 현진건 외.
신동아1931.11-1932.3.

오빠와 누나/옵바와누나 : 엄흥섭.
별나라1931.4-9.
이순신/李舜臣 : 이광수.
동아일보1931.6.26-1932.4.3.
인간궤도/人間軌道 : 성북학인.
조선일보1931.3.13-8.14.
해조곡/海鳥曲 : 윤백남.
동아일보1931.11.8-1932.2.9.
혁명/革命 : 방인근.
기독신보1931.9.30-1932.10.20.
현대풍경/現代風景 : 이기영.
중앙일보1931.11.27-1932.4.27.
형/兄 : 유진오. 조선지광1931.1-5.

1932

과도기/過渡期 : 전무길.
조선일보1932.4.12-5.27.
나는 기생년이야요/나는긔생년이야요 : 郁山樵夫.
신흥영화1932.6.
논개의 환생/論介의還生 : 김동인. 동광1932.5-8.
농촌행진곡/農村行進曲 : 김홍희.
실생활1932.1-8.
독와사/毒瓦斯 : 김운정.
매일신보1932.12.13-1933.5.30.
마도의 향불/魔都의香불 : 방인근.
동아일보1932.11.4-1933.6.12.
명일/明日 : 최독견.
조선일보1932.11.23-1933.3.4.
무명조의 노래/無名鳥의노래 : 방인근.
기독신보1932.10.26-1933.7.19.
바닷가의 농촌/바다ㅅ가의農村 : 윤철.
신소년1932.6.
백구/白鳩 : 염상섭.
조선중앙일보1932.10.31-1933.6.13.
백정의 아들/白丁의子 : 마황촌. 신흥영화1932.6.
백화/白花 : 박화성.
동아일보1932.6.7-1932.11.22.
성군/星群 : 안석영. 조선일보1932.2.19-5.31.
아기네 : 김동인. 동아일보1932.3.1-10.31.
애/愛 : 방인근. 신여성1932.10, 12.
적멸/寂滅 : 안필승. 매일신보1932.11.15-12.10.
제힘 : 김은경. 조선일보1932.4.26-5.31.
해는 지평선에 : 김동인.
매일신보1932.9.30-1933.5.14.
황원의 비곡/荒原의悲曲 : 함효영.
영화시대1932.2.
흙 : 춘원. 동아일보1932.4.12-1933.7.10.

1933

고향/故鄕 : 이기영.
조선일보1933.11.15-1934.9.21.
괴인/恠人 : 김운정. 중앙1933.11-1935.1.
낙조/落照 : 박태원. 매일신보1933.12.8-29.
남매/男妹 : 승효탄. 신소년1933.2-3.
노래를 잊어버린 이들/노래를이저버린이들
: 전영택. 조선일보1933.12.7-1934.1.31.
노선생/老先生 : 박일 외. 별나라1933.6-1934.2.
다난보/多難譜 : 최정희.
매일신보1933.10.10-11.25.
닭이가리 : 한수한. 신동아1933.3-5.
떠오르는 아침해/써오르는아츰해 : 박백련.
중명1933.5-8.
마지막 노래 : 홍구. 문학월보1933.9-?
무지개 : 장혁주. 동아일보1933.9.20-1934.5.1.
바보 길동/바보吉童 : 안준식. 별나라1933.2-4·5.
반년간/半年間 : 박태원.
동아일보1933.6.15-8.21.
방랑의 가인/放浪의歌人 : 방인근.
매일신보1933.6.10-11.17.
법은 그렇지만/法은그러치만 : 이태준.
신여성1933.3-1934.4.
봉화/烽火 : 윤백남.
동아일보1933.8.25-1934.4.18.
비탈 : 박화성. 신가정1933.8-12.
서화/鼠火 : 이기영. 조선일보1933.5.30-6.30.
세 번째의 신호/세번재의信號 : 민우보.
매일신보1933.5.18-10.7.
세일즈걸/쎌스껄 : 포외생. 신가정1933.5-11.

애욕지옥/愛慾地獄 : 이종명.
매일신보1933.12.29-1934.1.30.
영원의 미소/永遠의微笑 : 심훈.
조선중앙일보1933.7.10-1934.1.10.
운현궁의 봄/雲峴宮의봄 : 금동.
조선일보1933.4.26-1934.2.17.
유정/有情 : 이광수. 조선일보1933.10.1-12.31.
인형의 집을 나와서/人形의집을나와서 : 채만식.
조선일보1933.5.27-11.14.
적도/赤道 : 현빙허.
동아일보1933.12.20-1934.6.17.
젊은 어머니 :
박화성·송계월·최정희·강경애·김자혜 연작.
신가정1933.1-5.
제이의 운명/第二의運命 : 이태준.
조선중앙1933.8.25-1934.3.23.
조선의 아내/朝鮮의안해 : 양고봉. 이문당1933.
주리야/朱利耶 : 이효석. 신여성1933.3-1934.3.
지축을 돌리는 사람들/地軸을돌리는사람들 :
이무영. 동아일보1933.8.5-9.22.
추풍령/秋風嶺 : 윤백남.
신동아1933.6-8, 10-11, 1934.2.
항우 : 윤백남. 조선중앙일보1933.4.1-8.1.
혈루록/血淚錄 : 무명생. 신동아1933.11-1934.7.
황혼의 노래/黃昏의노래 : 이석훈.
신동아1933.6-12.

## 1934

가면행진곡/假面行進曲 : 노자영.
신인문학1934.12-1935.1.
그늘진 기록/그늘진記錄 : 박영호.
신여성1934.1-3.
그 여자의 일생/그女子의一生 : 춘원.
조선일보1934.2.18-1935.9.26.
금척의 꿈/金尺의꿈 : 조일재.
매일신보1934.7.23-1935.12.28.
남녀전/男女戰 : 방인근. 월간매신1934.2-7.
돌쇠/乭釗 : 이기영. 형상1934.2-4.
동맥/動脈 : 이동규. 신소년1934.2-?
마음의 봄 : 최상덕.
매일신보1934.12.20-1935.7.18.
마음의 태양/마음의太陽 : 현경준.
조선일보1934.5.28-9.15.
모란꽃 필 때/모란쏫필째 : 염상섭.
매일신보1934.2.1-7.8.
몽상록/蒙喪錄 : 김동인.
조선중앙일보1934.11.5-12.16.
무현금/無絃琴 : 염상섭. 개벽1934.11-1935.3.
방물장수 늙은이 : 이태준. 신가정1934.2-7.
불멸의 함성/不滅의喊聲 : 이태준.
조선중앙일보1934.5.15-1935.3.30.
삼곡선/三曲線 : 장혁주.
동아일보1934.9.26.-1935.3.2.
새로운 생활/새로운生活 : 김우철.
우리들1934.1-2.
새벽길 : 구름. 신한민보1934.1.11-6.21.
새 생명/새生命 : 민태원.
매일신보1934.4.24-6.22.
새 주인/새主人 : 추호. 조선일보1934.4.3-6.9.
소금 : 강경애. 신가정1934.5-10.
소설가 구보 씨의 일일/小說家仇甫氏의一日 :
박태원. 조선중앙일보1934.8.1-9.19.
소영웅/小英雄 : 방인근.
아희생활1934.1-1935.12.
수난/受難 : 전탁. 우리들1934.3.
수평선 너머로/水平線넘어로 : 김동인.
매일신보1934.7.10-12.19.
심야의 태양/深夜의太陽 : 김기진.
동아일보1934.5.3-9.19.
쌍미합벽/雙美合璧 : 이보상.
매일신보1934.10.10-1935.4.10.
암류/暗流 : 최인준. 신동아1934.9-1934.12.
염마/閻魔 : 서동산. 조선일보1934.5.16-11.5.
영혼과 육체/靈と肉 : 장혁주.
兒童(일본)1934.11-1935.3.
와룡동/臥龍洞 : 서오봉. 신동아1934.4-9.
인간문제/人間問題 : 강경애.
동아일보1934.8.1-12.22.

일년/一年 : 박영준. 신동아1934.3-12.
임경업/林慶業 : 이보상. 매일신보1934.1.9-10.9.
정열의 도시/情熱의都市 : 박팔양.
조선중앙일보1934.1.11-5.6.
제방공사/堤防工事 : 이석성.
신동아1934.10-12.
직녀성/織女星 :심훈.
조선중앙일보1934.3.24-1935.2.26.
천아성/天鵝聲 : 민태원.
매일신보1934.1.1-4.23.
철민/哲民 : 한적선. 농민생활1934.5-1935.12.
청춘애사/青春哀史 : 정은성. 신인문학1934.8.
폭풍우 지난 후/暴風雨지난後 : 이파촌.
조선일보1934.1.1-5.14.
폭풍 전야/暴風前夜 : 함대훈.
조선일보1934.11.6-1935.4.28.
행로/行路 : 현민. 개벽1934.11-1935.1.
흑두건/黑頭巾 : 윤백남.
동아일보1934.6.10-1935.2.16.

1935

강감찬전/姜邯贊傳 : 이보상.
매일신보1935.4.11-1936.1.10.
거인은 움직이다/巨人은음즈기다 : 김동인.
개벽1935.1-3.
고민/苦悶 : 엄흥섭. 신동아1935.2-8.
공장가/工場街 : 이북명. 중앙1935.4.
구름을 잡으려고 : 주요섭.
동아일보1935.2.17-8.4.
구부러진 평행선/꾸부러진平行線 : 이무영.
동아일보1935.3.20-4.14.
그 여자의 운명/그女子의運命 : 염상섭.
중앙1935.2
낙왕성추야담/落王城秋夜譚 : 김동인.
중앙1935.1
독방/獨房 : 박영희. 1935(미발표).
동양 여걸 서태후/東洋女傑西太后 : 비백산인.
매일신보1935.9.6-1936.7.11.
만가의 집/輓歌의집 : 강노향. 중앙1935.6-7.
망부석/望夫石 : 김규택. 조선일보1935.5.3-7.12.
면동이 틀 때 : 이무영. 동아일보1935.8.6-12.30.
명암/明暗 : 현경준. 조선일보1935.4.17-5.5.
미수/眉愁 : 윤백남. 동아일보1935.4.1-9.20.
밀림/密林 : 김말봉.
동아일보1935.9.26-1936.8.27.
북국의 여명/北國의黎明 : 박화성.
조선중앙일보1935.4.1-12.4.
비화원/秘花苑 : 김문집.
국민신보1935.5.21(1), 1939.5.28(2).
사라진 무지개 : 계훈. 중앙1935.4-7.
사형제/四兄弟 : 한흑구.
농민생활1935.10-1936.6.
산가/山家 : 이무영. 신동아1935.2.
상록수/常綠樹 : 심훈.
동아일보1935.9.10-1936.2.15.
색시 : 강노향. 조선중앙일보1935.11.5-12.24.
선풍 이후/旋風以後 : 한인택. 신동아1935.4-?
성모/聖母 : 이태준.
조선중앙일보1935.5.27-1936.1.20.
성화/聖畵 : 이효석. 조선일보1935.10.11-10.31.
애욕의 금렵구/愛慾의禁獵區 : 이태준.
중앙1935.3.
양녕과 정향/讓寧과丁香 : 김동인. 중앙1935.6.
여심/女心: 김영수. 조선중앙일보1935.1.22-2.17.
연애비상선/戀愛非常線 : 최독견.
조선중앙일보1935.12.7-1936.5.27.
왕자의 최후/王子의最後 : 김동인. 야담1935.12.
요람/搖籃 : 김말봉. 신가정1935.10-1936.2.
원치서/元致西 : 이기영. 동아일보1935.3.3-17.
육체/肉體 : 이약슬. 조선중앙일보1935.12.25-31.
의혹의 흑모/疑惑의黑眸 : 백신애. 중앙1935.8.
이차돈의 사/異次頓의死 : 이광수.
조선일보1935.9.30-1936.4.12.
인본교주/人本教主 : 우이동인. 비판1935.12.
인왕동 시대/仁王洞時代 : 장혁주.
河出書房(일본)1935.
제이의 밀실/第二의密室 : 신경순.
조광1935.10, 12, 1936.1.

조신의 꿈/調信의꿈 : 김동인. 월간야담1935.6.
좌평성충/佐平成忠 : 김동인. 월간야담1935.7.
철도연선/鐵道沿線 : 김기림.
조광1935.12-1936.2.
첫사랑 : 함대훈. 조광1935.11.
청춘송/青春頌 : 박태원.
조선중앙일보1935.2.27-5.18.
춘풍/春風 : 안석영. 조선일보1935.2.10-4.14.
푸른 하늘 : 백신애. 소년중앙1935.4-7.
홍운백운/紅雲白雲 : 방인근.
매일신보1935.7.20-12.27.
화심/花心 : 방인근. 한성도서1935.
황금과 장미/黃金과薔薇 : 안회남. 중앙1935.5.
흑풍/黑風 : 한용운. 조선일보1935.4.9-1936.2.1.
흙과 인생/흙과人生 : 이기영. 1935.7, 1936.1.

## 1936

거목이 넘어질 때/巨木이넘어질때 : 김동인.
매일신보1936.1.1-2.29.
고운/孤雲 : 양백화. 중앙1936.3-4.
곡간의 정열/谷間의情熱 : 장혁주.
사해공론1936.1-9.
구원초/久遠草 : 엄흥섭.
사해공론1936.10-1937.4, 1939.1.
그의 자서전/그의自敍傳 : 장백산인.
조선일보1936.12.22-1937.5.1.
금삼의 피/錦衫의피 : 박종화.
매일신보1936.3.20-12.29.
깨어진 물동이/깨어진물동이 : 김동인.
대중서옥1936.
낙원/樂園 : 방산신월. 호남평론1936.8-1937.1.
단종혈사/端宗血史 : 현병주.
거문당(삼문사)1936.
동무 : 김동인. 동화1936.5-11.
똘똘이 : 이무영. 동아일보1936.2.9-5.20.
마을의 이동/마을의移動 : 박노갑.
조선중앙일보1936.1.31-4.10.
명일/明日 : 채만식. 조광1936.10-12.
미완성/未完成 : 주요섭. 조광1936.9-1937.6.
바다로 가는 사람 : 윤백남.
사해공론1936.11-1937.1.
반려/伴侶 : 박영희. 삼천리1936.11-1937.1.
백련유전기/白蓮流轉記 : 윤백남.
동아일보1936.2.22-8.28.
백일몽과 선가/白日夢과船歌 : 강노향.
조광1936.6.
백장미/白薔薇 : 함대훈. 사해공론1936.10.
보리방아 : 채만식. 조선일보1936.7.4-18.
불란서 전야제/佛蘭西前夜祭 : 강노향.
조광1936.7.
불연속선/不連續線 : 염상섭.
매일신보1936.5.18-12.30.
비련/悲戀 : 방인근. 중앙1936.7-9.
빈사의백조/瀕死의白鳥 : 함대훈. 여성1936.4-9.
생의 반려/生의伴侶 : 김유정. 중앙1936.8-9.
성녀 씨/姓女씨 : 웅초. 조선일보1936.11.7-12.15.
성 이차돈의 최후/聖異次頓의最後 : 김태흡.
대중서옥1936.
소년 장사/少年장사 : 방인근.
동화1936.창간호-11.
수우/愁雨 : 안석영. 조광1936.6-12.
순정해협/純正海峽 : 함대훈. 조광1936.1-8.
심연의 사람/深淵の人 : 장혁주.
文學案內(일본)1936.9.
쌍홍무/雙虹舞 : 방인근.
조선일보1936.9.29-1937.4.27.
아내/안해 : 안석영. 여성1936.11-1937.4.
악마/惡魔 : 박태원. 조광1936.3-4.
애욕의 피안/愛慾의彼岸 : 이광수.
조선일보1936.5.1-1936.12.21.
야광주/夜光珠 : 이기영. 중앙1936.9.
야화/夜花 : 이주홍. 사해공론1936.10-1937.5.
여명기/黎明期 : 장혁주. 동아일보1936.1.4-8.27.
여학생/女學生 : 강진두. 한성도서주식회사1936.
열세 동무 : 노양근. 동아일보1936.7.2-8.28.
영주화월/瀛洲花月 : 이보상.
매일신보1936.10.20-1937.2.2.
우연의 기적/偶然의奇蹟 : 윤백남. 대중서옥1936.

인간수업/人間受業 : 이기영.
조선중앙일보1936.1.1-7.28.
인생의 향기/人生의香氣 : 이광수.
사해공론1936.5-9.
인조반정/仁祖反正 : 홍효민. 야담1936.6-12.
임금/林檎 : 한설야. 신동아1936.3.
장희빈/張禧嬪 : 차상찬.
조선중앙일보1936.4.29-9.4.
저무는 고향/저무는故鄕 : 강노향. 조광1936.8.
전락/轉落 : 차자명. 조선일보1936.1.24-2.22.
정열기/情熱記 : 엄흥섭. 조광1936.11-1937.2.
정조원/貞操怨 : 백신애. 삼천리1936.8, 1937.1.
지붕 밑의 신추/집웅밑의新秋 : 강노향.
신인문학1936.1-3.
지하촌/地下村 : 강경애.
조선일보1936.3.12-4.3.
천변풍경/川邊風景 : 박태원.
조광1936.8-10, 1937.1-9.
철로교차점/鐵路交叉點 : 한설야. 조광1936.6.
청년 김옥균/靑年金玉均 : 김기진. 한성도서1936.
청춘곡/靑春曲 : 전영택.
매일신보1936.1.1-5.17.
청춘항로/靑春航路 : 염상섭. 중앙1936.6-9.
춘몽/春夢 : 방인근. 조광1936.9-12.
충노 만석전/忠奴萬石傳 : 이보상.
매일신보1936.1.12-10.17.
통곡하는 대지/慟哭하는大地 : 최인준.
사해공론1936.3,6.
파경/破鏡 : 박화성 외. 신가정1936.4-9.
포낭기/布囊記 : 신정언.
조선일보1936.4.30-12.2.
향약촌/鄕約村 : 현경준. 비판1936.6-10.
홍수/洪水 : 한설야. 조선문학1936.5.
황야조/荒野鳥 : 박남호. 농민생활1936.3-7.
황진이/黃眞伊 : 이태준.
조선중앙일보1936.6.2-9.4.
황해의 탄식/黃海の嘆き : 정연규.
魂(일본)1936.5-8,10,11.
황혼/黃昏 : 한설야. 조선일보1936.2.5-10.28.
후회/後悔 : 한용운.
조선중앙일보1936.6.27-9.4.

1937

가상 범인/假想犯人 : 김래성.
조선일보1937.2.13-3.21.
거리의 목가/거리의牧歌 : 이효석.
여성1937.10-1938.4.
고향 없는 사람들/고향업난사람들 : 박화성.
신한민보1937.2.11-4.1.
공민왕 : 이광수. 조선일보1937.5.28-31.
과도기/過渡期 : 채만식. 문학사상1937.8-9.
나그네 : 김일평. 매일신보1937.6.23-7.16.
대춘부/待春賦 : 박종화.
매일신보1937.12.1-1938.12.25.
도박/賭博 : 이기영. 동광당서점1937.
만향/晩香 : 윤승한.
동아일보1937.12.1-1938.7.19.
명일의 포도/明日의鋪道 : 이무영.
동아일보1937.6.3-12.25.
무풍지대/無風地帶 : 함대훈. 조광1937.7-1938.1.
방파제/防波堤 : 함대훈
광업조선1937.12(1), 1938.1(2),
조광1938.12-1939.11.
백가면/白假面 : 김래성. 소년1937.6-1938.5.
봉뚝섬 : 김복진. 소년1937.8-12.
부역/賦役 : 한설야. 조선문학1937.6.
북국의 여인/北國의女人 : 지봉문.
조선문학1937.1-6.
사변 전후/事變前後 : 윤백남.
매일신보1937.1.1-1938.5.2.
선혈/鮮血 : 방인근. 조광1937.12-1938.3.
속천변풍경/續川邊風景 : 박태원. 조광1937.1-9.
수평선/水平線 : 엄흥섭.
고려시보1937.10-1939.3.
승리자/勝利者 : 독견. 철필1937.8.
악몽/惡夢 : 함대훈. 한성도서주식회사1937.
애련송/愛戀頌 : 최금동.
동아일보1937.10.5-12.14.

야숙/野宿 : 강노향. 조광1937.7-9.
양주의 어옹/楊洲의漁翁 : 김동인. 대중서옥1937.
어머니 : 이기영. 조선일보1937.3.30-10.11.
어머니를 찾아서/어머니를찾어서 : 채만식.
소년1937.4-8.
여인 명령/女人命令 : 이선희.
조선일보1937.12.18-1938.4.5.
여장 소년/女裝少年 : 양백화.
야담1937.7-1938.7.
연산군/燕山君 : 김동인.
만선일보1937.1.1-1939.2.20.
오전기채/五轉奇釵 : 이보상.
매일신보1937.12.13-1938.10.21.
웅철이의 모험 : 주요섭. 소년1937.4-1938.3.
원두표/元斗杓 : 김동인. 대중서옥1937.
은하수/銀河水 : 장덕조.
매일신보1937.7.17-12.29.
의원/醫員 : 정청산. 풍림1937.2, 1937.4.
이 봄이 가기 전에 : 송영.
매일신보1937.1.1-1937.6.22.
인생특급/人生特急 : 노춘성.
조선일보1937.10.5-12.31.
일당육미/一堂六美 : 이보상.
매일신보1937.3.10-12.12.
잃어버린 고향 : 한인택. 동아일보1937.7.17-8.27.
재출발/再出發 : 채규호. 호남평론1937.1-2.
저주받은 운명/咀呪받은運命 : 박락동.
광업시대1937.11-1938.4.
적멸/寂滅 : 전무길. 동아일보1937.6.3-7.3.
정거장 근처/停車場近處 : 채만식.
여성1937.4-10.
죄와 벌/罪와罰 : 유서성. 광업조선1937.10.
찔레꽃/찔레꼿 : 김말봉.
조선일보1937.3.31.-10.3.
처녀지/處女地 : 강노향. 조선문학1937.6.
청춘기/青春期 : 한설야.
동아일보1937.7.20-11.29.
춘몽곡/春夢曲 : 윤기정. 사해공론1937.1-4.
치인정토/痴人净土 : 장혁주.
福岡日日新聞(일본)1937.6.16-11.6.
코스모스피는 정원/코스모스피는庭園 : 이태준.
여성1937.3-7.
탁류/濁流 : 채만식.
조선일보1937.10.12-1938.5.15.
팔호기설/八豪奇說 : 윤백남.
만몽일보1937.?-1939.?
피안의 태양/彼岸의太陽 : 이규희.
동아일보1937.6.3-10.23.
하얀 개간지/白い開墾地 : 한설야.
文學案內(일본)1937.2.
해동염사/海東艷史 : 차상찬. 한성도서1937.
홍도의 반생/紅桃의半生 : 윤백남. 대중서옥1937.
화관/花冠 : 이태준. 조선일보1937.7.29-12.22.
환무곡/幻舞曲 : 최금동. 동아일보1937.1.1.
황금굴/黃金窟 :김래성.
동아일보1937.11.1-12.31.

1938

단종사화/端宗史話 : 오상근. 영창서관1938.
대탕지 아주머니/大湯地아주머니 : 김동인.
여성1938.10-11.
동연/冬燕 : 이주홍. 비판1938.8-1939.2.
동화/童話 : 채만식. 여성1938.3.
명랑한 전망/明朗한展望 : 박태원.
매일신보1938.4.5-5.21.
명암보/明暗譜 : 엄흥섭. 조광1938.3-8.
무영탑/無影塔 : 현진건.
동아일보1938.7.20-1939.2.7.
박명/薄命 : 한용운.
조선일보1938.5.18-1939.3.12.
백가면과 황금굴/白假面과黃金窟 : 김래성.
한성도서1938.
백년연운/百年煙雲 : 이보상.
매일신보1938.10.22-1939.8.28.
사랑 : 이광수. 박문서관1938(상), 1939(하).
산촌/山村 : 한설야. 조광1938.11.
살인예술가/殺人藝術家 : 김래성. 조광1938.3-5.
새벽길 : 방인근. 매일신보1938.6.4.-10.29.

세기의 화문/世紀의花紋 : 김남천. 여성1938.3-10.
소년 탐정단 : 박태원. 소년1938.6-12.
수난의 기록/受難의記錄 : 유진오. 삼천리문학1938.1,4,10-12.
슬픈 해결/슬픈解決 : 방인근. 여성1938.11-1939.3.
신개지/新開地 : 이기영. 동아일보1938.1.19-9.8.
심원의 장한/深苑의長恨 : 소운거사. 월간야담1938.1-1939.11.
아리랑 고개/ありらん峠 : 김문집. 박문서관1938.
야한기/夜寒記 : 허준. 조선일보1938.9.3-11.11.
우맹/愚氓 : 박태원. 조선일보1938.4.7-1939.2.24.
제삼노예/第三奴隷 : 이근영. 동아일보1938.2.15-6.26.
제성대/帝星臺 : 김동인. 조광1938.5-1939.4.
천하태평춘/天下太平春 : 채만식. 조광1938.1-9.
청년/青年 : 이기영. 삼천리1938.8-12.
화랑의 정열/花郎의情熱 : 신정언. 성문당서점1938.

1939

계절/季節 : 안회남. 동아일보1939.5.24-6.14.
고아/孤兒 : 이마무라에이지. 신천지(신경) 1939.4-5, 7.
골목 안 : 박태원. 문장1939.7.
군상/群像 : 이광수. 한성도서주식회사1939.
귀향/歸鄕 : 한설야. 야담1939.2-7.
금단의 유역/禁斷의流域 : 정비석. 조광1939.7-12.
금의 정열/金의情熱 : 채만식. 매일신보1939.6.19-11.19.
김연실전/金姸實傳 : 김동인. 문장1939.3, 5-1941.2.
남풍/南風 : 박노갑. 조광1939.1-6.
내가 가는 길 : 양기철. 매일신보1939.1.10-4.8.
네거리의 순이/네거리의順伊 : 김영수. 소년1939.8-1940.8.
녹성좌/綠星座 : 현덕. 조선일보1939.6.16-7.26.
늙은 절도범/늙은竊盜犯 : 이광수. 신세기1939.2-1940.4.
당산제/堂山祭 : 이근영. 비판1939.1.
대륙/大陸 : 한설야. 국민신보1939.6.4-9.24.
대지의 아들/大地의아들 : 이기영. 조선일보1939.10.12-1940.6.1.
대하/大河 : 김남천. 인문사1939.
동요/動搖 : 정인택. 문장1939.7.
두포전 : 김유정·현덕. 소년1939.1-5.
딸 삼형제/딸三兄弟 : 이태준. 동아일보1939.2.5-7.17.
마음의 향촌/마음의鄕村 : 한설야. 동아일보1939.7.19-12.7.
마인/魔人 : 김래성. 조선일보1939.2.14-10.14.
미녀도/美女圖 : 박태원. 조광1939.7-12.
바다로 간다 : 김남천. 조선일보1939.5.2-6.15.
박복한 무리들 : 이광수. 문장1939.2(발표 당시 '무명').
사랑의 수족관/사랑의水族館 : 김남천. 조선일보1939.8.1-1940.3.3.
석양홍/夕陽虹 : 윤승한. 동아일보1939.2.21-10.24.
선구 시대/先驅時代 : 현경준. 만선일보1939.5.12-12.1.
세기의 딸/世紀의딸 : 이무영. 동아일보1939.10.10-1940.8.11.
세기의 애인/世紀의愛人 : 엄흥섭. 광한서림1939.
소년록/少年錄 : 현경준. 문장1939.7.
순애보/殉愛譜 : 박진. 매일신보1939.1.2-6.17.
술/酒 : 박승극. 비판1939.4-7,9, 1940.1,3.
심문/心紋 : 최명익. 문장1939.6.
쌍영/雙影 : 박영준. 만선일보1939.12.2-1940.8.17.
아름다운 결혼/美しき結婚 : 장혁주. 赤塚書房(일본)1939.
애인/愛人 : 안회남. 여성1939.6-1940.2.
여승 김염주/女僧金念珠 : 방인근. 실화1939.7-9.
여화고사/餘花故事 : 이규희.

동아일보1939.8.20-10.22.
오마리 : 현경준. 조선문학1939.5.
우정/友情 : 전영택. 가정지우1939.7-10.
이별곡/離別曲 : 김문집.
국민신보1939.11.5(전), 1939.11.12(후).
재출발/再出發 : 전영택. 매일신보1939.7.8-8.18.
젊은 아내/젊은안해 : 방인근.
매일신보1939.11.5-12.27.
젊은 용사들/젊은勇士들 : 신정언.
소년1939.7-12.
정열은 병인가/情熱은病인가 : 김동인.
조선일보1939.3.14-4.18.
정열 지대/情熱地帶 : 함대훈.
비판1939.4-1940.1.
제칠공주/第七公主 : 박홍민.
동아일보1939.5.17-7.12.
종두/種痘 : 한설야. 문장1939.8.
지맥/地脈 : 최정희. 문장1939.9.
진통기/陣痛期 : 민촌생. 조선문학1939.1-6.
처녀의 윤리/処女の倫理 : 장혁주.
국민신보1939.4.3-8.13.
초연수첩/初戀手帖 : 현경준 외.
만선일보1939.?-12.29.
촉규화/蜀葵花 : 이보상.
매일신보1939.8.29-1940.5.16.
카투키요마사/加藤清正 : 장혁주. 文藝1939.1.
티일보사/T日報社 : 김남천. 인문평론1939.11.
폐어인/肺魚人 : 최명익. 조선일보1939.2.5-25.
피난성/避難城 : 방인근. 신세기1939.8.
화분/花粉 :이효석. 인문사1939.
화상보/華想譜 : 유진오.
동아일보1939.12.8-1940.5.3.
흑치상지/黑齒常之 : 현진건.
동아일보1939.10.25-1940.1.16.

1940

견훤/甄萱 : 김동인. 박문서관1940.
경영/經營 : 김남천. 문장1940.10.
군맹/群盲 : 현덕. 매일신보1940.2.2-3.29.
꿈에 보이는 얼굴 : 최병화. 소년1940.9-12.
낙조/落照 : 김사량. 조광1940.2-1941.1.
낭랑/浪浪 : 박노갑. 동아일보1940.6.5-8.7.
낭비/浪費 : 김남천. 인문평론1940.2-1941.2.
냉동어/冷凍魚 : 채만식. 인문평론1940.4-5.
녹기연맹/緑旗聯盟 : 김성민.
羽田書店(일본)1940.
녹색의 탑/緑色の搭 : 이효석.
국민신보1940.1.7-4.28.
다정불심/多情佛心 : 박종화.
매일신보1940.11.16-1941.7.23.
대호전/大豪傳 : 윤백남.
대성당서점1940(상), 세창서관1941(하).
동지사비화/冬之司秘話 : 조일재.
매일신보1940.5.22-11.15.
마적굴의 조선 소년/馬賊窟의朝鮮少年 : 박계주.
소년1940.3-12.
모색/摸索 : 한설야. 인문평론1940.3.
미정고 장편/未整稿長篇 : 나도향. 문장1940.12.
백두산의 보굴/白頭山의寶窟 : 계영철.
소년1940.1-8.
백무선/白茂線 : 윤세중.
인문평론1940.11-1941.4.
백장미 부인/白薔薇夫人 : 이석훈. 조광1940.1-6.
봄 : 이기영. 동아일보1940.6.11-8.10,
인문평론1940.10-1941.2.
삼색화/三色花 : 최병화
아이생활1940.1-1941.3.
새벽바람 : 김영수. 조선일보1940.6.4-8.10.
선악 일대 : 윤백남.
만선일보1940.11.1-1941.3.25.
세조대왕/世祖大王 : 이광수. 박문서관1940.
속요/俗謠 : 김남천. 광업조선1940.1-5.
아내/안해 : 장혁주. 신세기1940.11-1941.6.
애경/愛經 : 박태원. 문장1940.1-9,11.
여신/女神 : 방인근. 과학조선1940.4-6.
여인 성장/女人盛裝 : 박태원.
매일신보1940.8.1-1942.2.9.
여인 초상/女人肖像 : 장혁주.

매일신보1940.5.13-8.15.
여자 대학생/女子大學生 : 방인근.
신세기사1940.
우수의 뜰/憂愁의뜰 : 유진오.
여성1940.8-12, 신세기1941.4.
유맹/流氓 : 현경준. 인문평론1940.7-8.
음우/淫雨 : 박태원. 조광1940.10.
인맥/人脈 : 최정희. 문장1940.4.
인생사막/人生砂漠 : 엄흥섭.
신세기1940.1-1941.6.
전망/展望 : 백철. 인문평론1940.1
전야/前夜 : 박종화. 조광1940.7-1941.10.
전원의 뇌명/田園の雷鳴 : 장혁주.
洛陽書院(일본)1940.
젊은 날의 한 구절/젊은날의한句節 : 채만식.
여성1940.5, 7-8, 10-11.
젊은이들/若い人 : 이경수.
국민신보1940.1.28, 2.4, 11, 18.
점경/點景 : 박태원. 가정지우1940.11-1941.1.
제삼의 세계/第三의世界 : 시몽루인.
과학조선1940.7-8·9합본.
조양홍/朝陽虹 : 윤승한.
동아일보1940.2.6-8.11.
진정 마음이 만나서야말로/心相觸れてこそ :
이광수. 녹기1940.3-7.
창공/蒼空 : 이효석. 매일신보1940.1.25-7.28.
처의 설계/妻의設計 : 이선희.
매일신보1940.11.17-12.30.
첫사랑 : 현경준. 문장1940.9
청춘무성/青春茂盛 : 이태준.
조선일보1940.3.12-8.10.
춘소/春宵 : 이석훈. 매일신보1940.3.30-5.11.
탁류를 헤치고/濁流를헤치고 : 안회남.
인문평론1940.4-5.
탈출/脫出 : 박계주. 가정지우1940.1.
탐구의 일일/探求의一日 : 이근영.
동아일보1940.4.9-5.7.
탑/塔 : 한설야. 매일신보1940.8.1-1941.2.14.
태평천하/太平天下 : 채만식. 명성사1940.
파도/波濤 : 한설야. 인문평론1940.11.
해당화/히당화 : 작자미상.
신한민보1940.9.26-1941.12.11.
혜월나운/蕙月蘿雲 : 이보상.
매일신보1940.5.18-1941.6.18(290회).
홍길동전/洪吉童傳 : 창랑인.
만선일보1940.3.20-10.31.
화전민/火田民 : 이북명.
매일신보1940.1.31-2.23.
화풍/花風 : 정비석. 매일신보1940.8.17-11.16.
흙의노예/흙의奴隷 : 이무영. 인문평론1940.4.

1941

개화풍경/開化風景 : 김남천. 조광1941.5.
고요한 폭풍/靜かな嵐 : 목양.
국민문학1941.11(1부), 1942.5-6(2부).
광야의 처녀/曠野の乙女 : 장은.
南方書院(일본)1941.
구역지/區域誌 : 정인택. 조광1941.4.
그들의 사랑 : 이광수. 신시대1941.1-3.
그림자를 밟는 사람들/影お踏む人々 : 전동림.
四條書房(일본)1941.
김유신/金庾信 : 윤승한. 야담사1941.
대수양/大首陽 : 김동인. 조광1941.2-12.
돌아오는 인생/도라오는人生 : 현경준.
만선일보1941.11.1-1942.3.3.
매부 : 조용만. 조광1941.10.
맥/麥 : 김남천. 춘추1941.2.
밭 가는 사람들/耕す人々の群 : 청목홍(홍종우).
第一書房(일본)1941.
백마강/白馬江 : 김동인.
매일신보1941.7.24-1942.1.30.
백일의 길/白日の路 : 장혁주.
南方書院(일본)1941.
벼 : 안수길. 만선일보1941.11.15-12.25.
벽공무한/碧空無限 : 이효석. 박문서관1941.
병이 낫거든/病이낫거든 : 채만식. 조광1941.7.
봄의 노래 : 향산광랑. 신시대1941.9-1942.6.
사상의 월야/思想의月夜 : 이태준.

매일신보1941.3.4-7.5.
새벽 : 안수길. 만선일보1941.2.1-3.1.
생명선/生命線 : 이기영. 가정지우1941.3-8.
선화공주/善花公主 : 현진건. 춘추1941.4-9.
세로/世路 : 한설야. 춘추1941.4.
순정/純情 : 운정. 세창서관1941.
아름다운 억제/美しき抑制 : 장혁주.
河出書房(일본)1941.
세아의 여명/亞細亞의黎明 : 박태원. 조광1941.2.
애로역정/愛路歷程 : 박계주. 매일신보사1941.
오산홍등/五山紅燈 : 이보상.
매일신보1941.6.20-1942.1.14.
왕부의 낙조/王府의落照 : 김동인.
매일신보사1941.
인간의 굴레/人間の絆 : 장혁주.
河出書房(일본)1941.
잔촉/殘燭 : 김동인. 신시대1941.2-10.
집 : 채만식. 춘추1941.6.
채가/債家 : 박태원. 문장1941.4.
천맥/天脈 : 최정희. 삼천리1941.1-4.
천상물어/天上物語 : 김성민.
녹기1941.3,6,8,9,10-태양1943.7-9.
청량리계외/淸涼里界隈 : 정인택.
국민문학1941.11.
초향/草鄕 : 한설야. 박문서관1941.
칠 년의 폭풍/七年の嵐 : 장혁주.
洛陽書院(일본)1941.
투도/偸盜 : 박태원. 조광1941.1.
푸른 북국/緑の北国 : 장혁주.
河出書房(일본)1941.
행복/幸福 : 엄흥섭. 영창서관1941.
혜련물어/恵蓮物語 : 김성민(宮原惣一).
新元社(일본)1941.

1942

고독한 혼/孤獨なる魂 : 장혁주.
三崎書房(일본)1942.
구름이 말하기를 : 김남천. 조광1942.6-11.
남한산성/南漢山城 : 임경일. 한풍출판사1942.
대원군/大院君 : 윤승한. 삼중당1942.
동방/東方 : 장본시화(張本時華).
기독교신문1942.11.11-1943.8.25.
동방춘/東方春 : 방인근.
매일신보1942.7.11-11.20.
동천홍/東天紅 : 이기영. 춘추1942.2-1943.3.
등불 드는 여인/灯を持つ女 : 한무숙.
신시대1942.
별은 창마다/별은窓마다 : 이태준.
신시대1942.1-1943.6.
사충서원/四忠書院 : 임경일. 한풍출판사1942.
새 출발 : 방인근. 남창서관1942.
생활의 윤리/生活의倫理 : 이기영.
성문당서점1942.
수선탁덕 김대건/首先鐸德金大建 : 유영근.
천주교회1942.
아름다운 새벽 : 채만식.
매일신보1942.2.10-7.10.
영원의 여자/永遠の女 : 목양.
경성일보1942.10.28-12.7.
왕자 호동/王子好童 : 이태준.
매일신보1942.12.22-1943.6.16.
원각촌/圓覺村 : 안수길. 국민문학1942.2.
원효대사/元曉大師 : 춘원.
매일신보1942.3.1-10.31.
재출발/再出發 : 김기신. 영문사1942.
청기와집/青瓦の家 : 이무영.
부산일보1942.9.8-1943.2.7.
태풍/颱風 : 김래성.
매일신보1942.11.21-1944.5.2.
행복에의 흰손들/幸福에의흰손들 : 이태준.
조광1942.1-1943.1.
행복한 백성/幸福の民 : 장혁주.
開拓(일본)1942.5-8.
형제/兄弟 : 김사영. 신시대1942.11-1943.3.
화전 어느 쪽도 불사하다/和戰何れも亂世ず :
장혁주. 大観堂(일본)1942.

1943

개간/開墾 : 장혁주. 中央公論社(일본)1943.
건설/建設 : 정인택. 半島の光1943.10-1944.3.
광산촌/鑛山村 : 이기영.
매일신보1943.9.23-11.5.
매국노/賣國奴 : 김래성. 신시대1943.7-1944.4.
바다의 노래 : 김사량.
매일신보1943.12.14-1944.10.4.
봉도물어/蓬島物語 : 목양. 국민문학1943.9.
봉화/烽火 : 엄흥섭. 성문당서점1943.
부침/浮き沈み : 장혁주. 河出書房(일본)1943.
북풍의 정열/北風의情熱 : 함대훈.
조선출판사1943.
삼인우달/三人友達 : 이태준. 남창서관1943.
애정/愛情 : 김송. 야담1943.3-10.
어머니 : 채만식. 조광1943.3-6,8-10.
여명/黎明 : 박종화. 매일신보1943.6.17-12.13.
이와모토 지원병/岩本志願兵 : 장혁주.
每日新聞(일본)1943.8.24-9.9.
인삼/人蔘 : 민병휘. 평문사1943.
일요일/日曜日 : 이근영. 영창서관1943.
저수지/貯水池 : 이기영. 半島の光1943.5-9.
정/情 : 안영섭. 남창서관1943.
청춘의 윤리/青春의倫理 : 정비석. 평범사1943.
태백산맥/太白山脈 : 김사량.
국민문학1943.2-4,6-10.
풍속/風俗 : 안회남. 조광1943.12-1944.2.
해뜨는 화원/해뜨는花園 : 윤승한. 야담사1943.
향가/鄉歌 : 이무영. 매일신보1943.5.3-9.6.
흙의 풍속/흙의風俗 : 이근영. 춘추1943.5-9.

1944

김유신/金庾信 : 이동규. 명문당1944.
마음의 금선/마음의琴線 : 현경준. 홍문서관1944.
바다에의 글/海への書 : 이무영.
京城日報1944.2.29-3.9.
반도의 독수리 다케야마 대위/半島の陸鷲 武山大尉 : 정인택. 매일신보사1944.
배나무/梨の木 : 최병일. 盛文堂書店1944.
북향보/北鄕譜 : 안수길.
만선일보1944.12.1-1945.4.7.
분토의 주인/糞土의主人 : 김동인. 조광1944.7.
비시의 화/非時の花 : 石田耕造.
국민문학1944.5-8.
사십 년/四十年 : 향산광랑. 국민문학1944.1-3.
성암의 길/聖巖의길 : 김동인. 조광1944.8-12.
심봉사 : 채만식. 신시대1944.11-1945.2.
여인 전기/女人戰記 : 채만식.
매일신보1944.10.5-1945.5.17.
열풍/熱風 : 한설야. 1944(미발표).
인생좌/人生座 : 현경준. 홍문서관1944.
처녀지/處女地 : 이기영. 삼중당서점1944.
충의송/忠義頌 : 윤승한. 야담1944.5-1945.2
태랑의 모험/太郎の冒險 : 김해상덕.
성문당서점1944.

1945

귀향/歸鄉 : 이동규. 명문당1945.
민족/民族 : 박종화.
중앙신문1945.11.5-1946.7.22.
원구/元寇 : 박태원. 매일신보1945.5.17-8.13.
을지문덕/乙支文德 : 신정언.
백민1945.12-1946.3.
천구백사십오년 팔일오/1945년8·15 : 김남천.
자유신문1945.10.15-1946.6.28.
한양성/漢陽城 : 박태원.
여성문화1945.12, 1946.8.

1946

가족 : 이주홍. 여성공론1946.
고아들/孤兒たち : 장혁주. 萬里閣(일본)1946.
고원/故苑 : 정비석. 정양사1946.
괴시체/怪屍體 : 방인근. 영인서관1946.
국제 살인 사건/國際殺人事件 : 이우영.
우신상사출판부1946.
꿀벌 마아야의 모험 : 조우호.
주간소학생1946.9.2-23.
노마만리/駑馬萬里 : 김사량. 민성1946.1-1947.

도깨비감투 : 김래성.
어린이신문1946.1-9, 어린이세계1947.4·5-?
동맥/動脈 : 김남천.
신문예1946.7,10-노동1947.2,3,5,6.
동방의 애인/東方의愛人 : 김남천.
예술통신1946.11.5-12.14.
매국노 암살 사건/賣國奴暗殺事件 : 이원규.
한흥출판사·영인서관1946.
북국낙화/北國落花 : 김철주. 해동공론1946.12.
분토/糞土 : 김동인. 신천지1946.5-7,9.
불사조/不死鳥 : 이태준. 현대일보1946.3.28-7.27.
사슬이 풀린 뒤 : 오기영. 신천지1946.3-6.
세 동무 : 이태준. 범문사1946.
소련기행/蘇聯紀行 : 이태준. 문학1946.
애국자/愛國者 : 방인근. 대동신문1946.2.21-5.20.
애생금/哀生琴 : 심숭. 신천지1946.5-1947.4.
약탈자/掠奪者 : 박태원. 조선주보1946.1.
여학생의 정조/女學生의貞操 : 방인근.
영인서관1946.
역사/歷史 : 석인해. 백민1946.6-1947.1.
연안망명기/延安亡命記 : 김사량.
민성1946.1-1947.7.
이순신 장군 : 박태원.
주간소학생1946.11.25-1947.4.21.
잔등/殘燈 : 허준. 대조1946.1-4.
정열/情熱 : 김동인. 대조1946.1-7.
최후의 복수 : 김진복. 중앙출판사1946.
칠현금/七絃琴 : 김사량. 문학예술1946.6.
태평성대/太平聖代 : 박태원.
경향신문1946.11.14-12.31.
파도/波濤 : 정비석. 대조사1946.
피는 물보다 진하다 : 이무영. 태양신문1946-?
해방의 날/解放의날 : 강금종. 청년문화사1946.
해방 전후/解放前後 : 이태준. 문학1946.8.
행복의 위치/幸福의位置 : 김래성.
부인1946.6-12.
허생전/許生傳 : 채만식.
조선금융조합연합회1946.

**1947**

검사와 여선생/檢事와女先生 : 김춘광.
한흥출판사1947.
광야에 외치다/曠野에웨치다 : 장덕조.
주간서울1947.?-1948.?
기계/機械 : 최명익.
조선문학1947.12(1회), 문학예술1948.4(2회).
김유신/KIMYUSIN : 주요섭.
The Mutual Publishers·相互出版社1947.
김일성 장군/金日成將軍 : 한설야. 신생사1947.
꿈 : 이광수. 면학서보1947.
꿈에 보는 얼굴 : 최병화. 새동무1947.7-9호.
나 : 이광수. 생활사1947.
나라 없는 사랑 : 김광주. 선문사1947.
낙타/駱駝 : 안회남. 신천지1947.7.
노동일가/勞動一家 : 이북명. 조선문학1947.9.
도회의 정열/都會의情熱 : 정비석.
신인1947.10·11.
몽중록/夢中錄 : 다몽생.
조선중앙일보1947.12.10-1948.2.15.
무기 없는 민족/武器없는民族 : 김송.
백민문화사1947.
사선을 넘어서/死線을넘어서 : 안회남.
협동1947.1-6.
새 동무 : 양미림. 새동무1947.7-9호.
시월/十月 : 김남천. 광명일보1947.7.1-8.14.
애련기/哀戀記 : 정비석. 실업조선1947.1-6.
애정/愛情 : 방인근. 숭문사1947.
약산과 의열단/若山과義烈團 : 박태원.
백양당1947.
양반전/兩班傳 : 박지원. 이석구 역.
조선금융조합연합회1947.
양산도/梁山道 : 민소천. 경향출판사1947.
여인애사/女人哀詞 : 김래성. 백민1947.5.
여자의 일생/女子의一生 : 채만식.
서울타임스사1947.
이춘풍전/李春風傳 : 김영식.
조선금융조합연합회1947.
일년기/一年記 : 이무영.

조선교육1947.12-1949.2.
장미의 계절/薔薇의季節 : 정비석.
중앙신문1947.9.9-1948.3.30.
전기성서지부인/傳記聖書之婦人 : 백병민.
부활운동1947.7.1-8.14.
천사/天使 : 박계주. 학생월보1947.4-5.
철쇄/鐵鎖 : 정인택 .실업조선1947.8.
청춘보/靑春譜 : 함대훈. 동방출판사1947.
청춘승리/靑春勝利 : 박종화.
자유신문1947.9.1-12.27.
청춘의 노래/靑春의노래 : 정비석.
실업조선1947.1-5.
최리의 딸/崔理의딸 : 김동인. 백민문화사1947.
홍경래전/洪景來傳 : 이명선.
조선금융조합연합회1947.
홍길동전/洪吉童傳 : 박태원.
조선금융조합연합회1947.
화려한 지옥/화려한地獄 : 김말봉.
부인신보1947.7.1-1948.5.8.

1948

감정의 풍속/感情의風俗 : 임서하.
동방문화사1948.
격랑/激浪 : 김영석.
조선중앙일보1948.2.17-4.15.
국보와 괴적/國寶와怪賊 : 방인근.
1948(발행소불명).
꽃필 때까지 : 방기환. 소년1948.8-1949.11.
농민의 비애/農民의悲哀 : 안회남. 문학1948.4.
농토/農土 : 이태준. 삼성문화사1948.
누나를 찾아서 : 방기환. 문화당1948.
땅 : 이기영. 조선인민출판사1948.
만고명장 김유신/萬古名將金庾信 : 윤승한.
숭문사1948.
무사/無邪 : 이무영. 민성1948.5.
민족의 죄인/民族의罪人 : 채만식.
백민1948.10-11.
밥 : 박승극. 남선경제신문1948.10.1-11.6.
복수/復讐 : 방인근. 문운당1948.
봄의 노래 : 정인택. 소학생1948.7-12.
봉선화/鳳仙花 : 방기환. 문화당1948.
비둘기 : 민소천. 경향출판사1948.
사랑과 결혼/사랑과結婚 : 방인근.
경향출판사1948.
사십 년/四十年 : 박노갑. 육문사1948.
살인마 : 방인근. 조선공업도서1948.
새로운 성/새로운城 : 박영만.
학예사1948(상), 금룡도서주식회사1949(하).
서라벌/徐羅伐 : 김동인.
1948(발행소불명), 태극사1953.
세기의 창 : 박계주. 신민일보1948.2.10-4.17.
수양대군/首陽大君 : 김동인. 숭문사1948.
순정기/純情記 : 김송. 일성당1948.
스무 살 고개/스므살고개 : 이광수. 생활사1948.
신혼기/新婚記 : 염상섭. 금룡도서1948.
실명/失明 : 엄흥섭. 백수사1948.
양귀비/楊貴妃 : 홍효민. 삼중당1948.
여걸 민비/女傑閔妃 : 홍효민. 삼중당1948.
역사는 흐른다/歷史는흐른다 : 한무숙.
국제신보1948.
옥랑사/玉娘詞 : 채만식. 1948(미발표).
옥희/玉姬 : 엄흥섭. 백수사1948.
운명/運命 : 이광수. 1948(미발표).
을지문덕/乙支文德 : 김동인.
태양신문1948.10.1-1949.7.14.
인현왕후와 장희빈/仁顯王后와張禧嬪 : 홍효민.
새살림1948.2-1949.7.
임진왜란/壬辰倭亂 : 권태익.
조선문화연구사1948(전). 광문사1949(후).
정열기/情熱記 : 이기영. 성문당서점1948.
정포은 : 고한승. 어린이1948.10-1949.3.
진리의 밤/眞理의밤 : 박계주.
경향신문1948.10.1-1949.4.23.
창/窓 : 이선희. 서울신문1948.6.27-7.20.
첫전투 : 이태준. 문학예술1948.12.
태종대왕/太宗大王 : 홍효민. 대성출판사1948.
한류의 어족/寒流의魚族 : 박영준.
부인신보1948.9.23-12.31.

해방/解放 : 설정식. 신세대1948.5.
해방/解放 : 박철. 동문사1948.
혁명가의 일생/革命家의一生 : 방인근.
삼팔사1949.
혈서/血書 : 홍효민. 삼중당1948.
형제/兄弟 : 김만선. 동지사1948.
홍경래/洪景來 : 박종화 .
동아일보1948.10.1-1949.8.24.
효풍/曉風 : 염상섭. 자유신문1948.1.1-11.13.
후예의 가/後裔의街 : 김달수.
東京文藝出版社1948.
희망의 계절 : 함대훈. 경향출판사1948.

1949
광명을 찾아서 : 현덕. 동지사아동원1949.
군상/群像 : 박태원.
조선일보1949.6.15-1950.2.2.
그 여자를 누가 죽였나 : 방인근. 영화시대1949.6.
금은탑/金銀塔 : 박태원. 한성도서주식회사1949.
기우/杞憂 : 박연빙. 일심사1949.
꽃과 뱀 : 김말봉. 문연사1949.
꽃피는 고향/꽃피는故鄕 : 최병화.
박문출판사1949.
꿈에 다니는 길 : 정인택.
어린이나라1949.9-1950.3.
녹두장군 : 이성표. 어린이1949.6-12.
동방의 새봄/東方의새봄 : 방인근.
조선공업도서출판사1949.
무궁화/無窮花 : 월파. 중앙출판사1949.
방랑자/放浪者 : 이광수. 중앙출판사1949.
방화 살인 사건/放火殺人事件 : 방인근.
호남문화사1949.
별과 달의 우정 : 정비석. 민교사1949.
비밀의 문/秘密의門 : 김래성. 해왕사1949.
비오는 밤 : 홍구범. 여성1949.10-?
비탈길 : 최정희. 문예1949.8-9.
새벽 : 최상덕. 서울신문1949.12.15-1950.4.6.
생의 비극/生의悲劇 : 방인근. 문운당1949.
소년은 자란다 : 채만식. 1949(미발표).
소년 홍의장군 : 이성표.
어린이나라1949.9-1950.4·5.
신라의 별 : 이성표. 어린이나라1949.1-8.
신혼일기/新婚日記 : 이태준. 광문서림1949.
십자성의 비밀 : 최병화.
어린이나라1949.7-1950.3.
악마/惡魔 : 방인근. 문운당1949.
애국자/愛國者 : 임서하. 어린이1949.1.2-12.?
억지춘향전/억지春香傳 : 웅초.
주간서울1949.8.22-1950.5.1.
원한의 복수/怨恨의復讐 : 방인근. 문연사1949.
월광부/月光賦 : 윤승한. 삼중당1949.
유봉이의 승리 : 윤태영. 삼중당1949.
이름 없는 별들 : 정인택. 소학생1949.10-1950.4.
이십일간/二十日間 : 김말봉.
주간서울1949.8.29-11.21.
인면혈전기/印緬血戰記 : 1949.6.19-8.15.
인생여로/人生旅路 : 신태삼. 세창서관1949
임진왜란/壬辰倭亂 : 박태원.
서울신문1949.1.4-12.14.
정열의 낙랑공주/情熱의樂浪公主 : 윤백남.
삼중당1949.
정조와 여학생/情操와女學生 : 방인근.
중앙출판사1949.
제삼노예/第三奴隸 : 박완. 청수사1949.
지옥의 봄/地獄의봄 : 윤백남.
주간서울1949.8.22-1950.1.23.
지옥의 시/地獄의詩 : 박계주. 민성1949.8-11.
지평선/地平線 : 손소희. 여성1949.10-?
청춘/青春 : 설정식. 민교사1949.
청춘극장/青春劇場 : 김래성.
태양신문1949.5.1-?
태평관 사람들/太平館사람들 : 이무영.
조선일보1949.5.4-6.14.
파도/波濤 : 김영수. 경향신문1949.4.24-12.31.
피보다 붉은 것 : 김말봉. 여성1949.10-?
하얀 쪽배 : 정인택. 소학생1949.1·2-6.
해방/解放 : 김동리.
동아일보1949.9.1-1950.2.16.

화랑도/花郎徒 : 김동인. 한성도서주식회사1949.
황금광 시대/黃金狂時代 : 채만식.
중앙출판사1949.
회천기/回天記 : 윤백남.
자유신문1949.4.10.-9.23.
희망의 꽃다발 : 최병화. 민교사1949.

**1950**

고향의 봄 : 정비석. 계몽사1950.
괴적인왕산 : 유한수. 아동구락부1950.6.
그 여자의 사랑/그女子의사랑 : 방인근.
동명문화사1950.
길은 멀다 : 홍구범. 협동1950.1-5.
꽃피는 시절/꽃피는時節 : 이종실.
학생월보?-1950.2.
농막 선생/農幕先生 : 이기영.
조소문화협회중앙본부1950.
별과 같이 살다 : 황순원. 정음사1950.
불그림자 : 홍구범. 혜성1950.1-5.
사랑의 죄/사랑의罪 : 이광수. 문연사1950.
서울 : 이광수. 태양신문1950(연재일자불명).
소년 임꺽정 : 이성표. 아동구락부1950.1-3.
십자로/十字路 : 장덕조. 주간서울1950.1.23-5.1.
아름다운새벽 : 정인택. 아동구락부1950.1-6.
양녕대군 만유기/양영대군만유기/讓寧大君漫遊記
: 유추강. 삼중당1950.
인간행렬/人間行列 : 김송. 정음사1950.
입하의 절/立夏의節 : 염상섭. 신천지1950.5-6.
장희빈/張禧嬪 : 윤승한. 일성당서점1950.
채석장의 소년 : 염상섭. 소학생1950.1-6.
청춘산맥/青春山脈 : 정비석.
경향신문1950.1.1-6.25.
청춘의 정열/青春의情熱 : 이윤성. 계몽사1950.
청포도/靑葡萄 : 정인택. 자유신문1950.5.5-6.24.
탁류 속에서/濁流속에서 : 김송. 신조사1950.
활민숙/活民塾 : 김동인. 수문사1950.

**연도 및 서지 미상, 미발표**

개동/開東 : 염상섭(서지불명).
무엇이 그 여자를 그렇게 만들었나?/
무엇이그여자를그럿케맨들엇나? :
박루월(서지불명).
민요/民謠 : 유진오(서지불명).
소년 삼국지少年三國志 : 박태원(서지불명).
압록강을 건너서1/鴨綠江을건너서 : 박루월
(서지불명).
압록강을 건너서2/압녹강을건너서
/鴨綠江을건너서 : 작자미상(서지불명).
의지 없는 영혼/依支없는靈魂 : 이무영(서지불명).
재전/再戰 : 최태응(서지불명).
젊은이의 봄 : 신서원. 영창서관(연도불명).
제삼로/第三路 : 이북명(미발표).
조국의 산성/祖國의産聲 : 이북명(서지불명).
조선삼국지/朝鮮三國志 : 김동인(미발표).
타락/墮落 : 염상섭(서지불명).
탁류/濁流 : 한설야.
「홍수」, 「부역」, 「산촌」을 합한 작품명.
풍년토/豐年土 : 전명선(서지불명).

# 작가별 작품 목록

**가**

강경애
소금 : 신가정1934.5-10.
어머니와 딸/어머니와딸 :
　혜성1931.8-1932.4, 제일선1932.7-10.
인간문제/人間問題 : 동아일보1934.8.1-12.22.
지하촌/地下村 : 조선일보1936.3.12-1936.4.3.

강금종
해방의 날/解放의날 : 청년문화사1946.

강노향
만가의 집/輓歌의집 : 중앙1935.6-7.
백일몽과 선가/白日夢과船歌 : 조광1936.6.
불란서 전야제/佛蘭西前夜祭 : 조광1936.7.
색시 : 조선중앙일보1935.11.5-12.24.
야숙/野宿 : 조광1937.7-9.
저무는 고향/저무는故鄕 : 조광1936.8.
지붕 밑의 신추/집웅밑의新秋 :
　신인문학1936.1-3.
처녀지/處女地 : 조선문학1937.6.

강진두
여학생/女學生 : 한성도서주식회사1936.

경식
두 사람 : 신여성1926.8-10.

계영철
백두산의 보굴/白頭山의寶窟 : 소년1940.1-8.

계훈
사라진 무지개 : 중앙1935.4-7.

고도
사냐 생이냐/死냐生이냐 : 대성서림1924.

고한승
성모은 : 어린이1948.10-1949.3.

구름
새벽길 : 신한민보1934.1.11-6.21.

권태익
임진왜란/壬辰倭亂 :
　조선문화연구사1948(전), 광문사1949(후).

기봉
시의 화/時의花 : 조선일보1923.6.27-9.5.

기월
피눈물 : 독립신문(상해)1919.8.21-9.27.

김광주
나라 없는 사랑 : 선문사1947.

김규택(웅초)
억지춘향전/억지春香傳 :
　주간서울1949.8.22-1950.5.1.
망부석/望夫石 : 조선일보1935.5.3.-7.12.
성녀 씨/姓女씨 : 조선일보1936.11.7-12.15.
억지춘향전/억지春香傳 : 조광1941.2-7.

김기림
천도연선/鐵道沿線 : 조광1935.12-1936.2.

김기진(김팔봉)
심야의 태양/深夜의太陽 :
　동아일보1934.5.3-9.19.
약혼/約婚 : 시대일보1926.1.2-6.21.
재출발/再出發 : 평문사1942.
전도양양/前途洋洋 :
　중외일보1929.9.27-1930.1.23.
청년 김옥균/靑年金玉均 : 한성도서1936.
해조음/海潮音 : 조선일보1930.1.25-7.25.

김남천
개화풍경/開化風景 : 조광1941.5.
경영/經營 : 문장1940.10.
구름이 말하기를 : 조광1942.6-11.
낭비/浪費 : 인문평론1940.2-1941.2.
대하/大河 : 인문사1939.
동맥/動脈 : 신문예1946.7,10-노동1947.2,3,5,6.

동방의 애인/東方의愛人 :
예술통신1946.11.5-12.14.
맥/麥 : 춘추1941.2.
바다로 간다 : 조선일보1939.5.2-6.15.
사랑의 수족관/사랑의水族館 :
조선일보1939.8.1-1940.3.3.
세기의 화문/世紀의花紋 : 여성1938.3-10.
속요/俗謠 : 광업조선1940.1-5.
시월/十月 : 광명일보1947.7.1-8.14.
천구백사십오년 팔일오/1945년8·15 :
자유신문1945.10.15-1946.6.28.
티일보사/T日報社 : 인문평론1939.11.

**김달수**

후예의 가/後裔의街 : 東京文藝出版社1948.

**김동리**

해방/解放 : 동아일보1949.9.1-1950.2.16.

**김동인**

거목이 넘어질 때/巨木이넘어질때 :
매일신보1936.1.1-2.29.
거인은 움직이다/巨人은음즈기다 : 개벽1935.1-3.
견훤/甄萱 : 박문서관1940.
김연실전/金姸實傳 : 문장1939.3,5-1941.2.
깨어진 물동이/깨여진물동이 : 대중서옥1936.
낙왕성추야담/落王城秋夜譚 : 중앙1935.1.
논개의 환생/論介의還生 : 동광1932.5-8.
눈을 겨우 뜰 때/눈을겨우뜰째 : 개벽1923.7-11.
대수양/大首陽 : 조광1941.2-12.
대탕지 아주머니/大湯地아주머니 :
여성1938.10-11.
동무 : 동화1936.5-11.
마음이 옅은 자여/마음이여튼자여 :
창조1919.12-1920.5.
몽상록/蒙喪錄 : 조선중앙일보1934.11.5-12.16.
박 첨지의 죽음/박첨지의죽엄 : 삼천리1931.10.
백마강/白馬江 : 매일신보1941.7.24-1942.1.30.
분토/糞土 : 신천지1946.5-7,9.
분토의 주인/糞土의主人 : 조광1944.7.
서라벌/徐羅伐 : 1948(발생소불명).
성암의 길/聖巖의길 : 조광1944.8-12.
수양대군/首陽大君 : 숭문사1948.
수평선 너머로/水平線넘어로 :
매일신보1934.7.10-12.19.
아기네 : 동아일보1932.3.1-10.31.
약한 자의 슬픔 : 창조1919.2-3.
양녕과 정향/讓寧과丁香 : 중앙1935.6.
양주의 어옹/楊洲의漁翁 : 대중서옥1937.
여인/女人 :
별건곤1929.12-1930.12-혜성1931.3-11.
연산군/燕山君 : 만선일보1937.1.1-1939.2.20.
왕부의 낙조/王府의落照 : 매일신보사1941.
왕자의 최후/王子의最後 : 야담1935.12.
운현궁의 봄/雲峴宮의봄 :
조선일보1933.4.26-1934.2.17.
원두표/元斗杓 : 대중서옥1937.
유서/遺書 : 영대1924.8-1925.1.
을지문덕/乙支文德 :
태양신문1948.10.1-1949.7.14.
잔촉/殘燭 : 신시대1941.2-10.
젊은 그들 : 동아일보1930.9.2-1931.11.10.
정열/情熱 : 대조1946.1-7.
정열은 병인가/情熱은病인가 :
조선일보1939.3.14-4.18.
제성대/帝星臺 : 조광1938.5-1939.4.
조선삼국지/朝鮮三國志 : 미발표.
조신의 꿈/調信의꿈 : 월간야담1935.6.
좌평성충/佐平成忠 : 월간야담1935.7.
최리의 딸/崔理의딸 : 백민문화사1947.
태평행/太平行 :
문예공론1929.6-중외일보1930.5.30-9.23.
해는 지평선에 : 매일신보1932.9.30-1933.5.14.
화랑도/花郎徒 : 한성도서주식회사1949.
활민숙/活民塾 : 수문사1950.

**김동환**

전쟁과 연애/戰爭과戀愛 :
조선일보1928.3.10-11.20.

**김두식**

이역의 춘몽/異域의春夢 :
기독신보1918.5.29-8.14.

**김래성**

가상 범인/假想犯人 : 조선일보1937.2.13-3.21.

도깨비감투 :
어린이신문1946.1-9, 어린이세계1947.4·5-?
마인/魔人 : 조선일보1939.2.14-10.14.
매국노/賣國奴 : 신시대1943.7-1944.4.
백가면/白假面 : 소년1937.6-1938.5.
백가면과 황금굴/白假面과黃金窟 :
한성도서1938.
비밀의 문/秘密의門 : 해왕사1949.
살인예술가/殺人藝術家 : 조광1938.3-5.
여인애사/女人哀詞 : 백민1947.5.
청춘극장/靑春劇場 : 태양신문1949.5.1.-?
태풍/颱風 : 매일신보1942.11.21-1944.5.2.
행복의 위치/幸福의位置 : 부인1946.6-12.
황금굴/黃金窟 : 동아일보1937.11.1-12.31.

김만선
형제/兄弟 : 동지사1948.

김말봉
꽃과 뱀 : 문연사1949.
밀림/密林 : 동아일보1935.9.26-1936.8.27.
요람/搖籃 : 신가정1935.10-1936.2.
이십일간/二十日間 : 주간서울1949.8.29-11.21.
찔레꽃/찔레꽃 : 조선일보1937.3.31-10.3.
피보다 붉은 것 : 여성1949.10-?
화려한 지옥/화려한地獄 :
부인신보1947.7.1-1948.5.8.

김명순(망양초)
외로운 사람들 : 조선일보1924.4.20-5.31.
탄실이와 주영이 : 조선일보1924.6.14-7.15.

김문집
비화원/秘花苑 :
국민신보1935.5.21(1), 1939.5.28(2).
아리랑 고개/ありらん峠 : 박문서관1938.
이별곡/離別曲 :
국민신보1939.11.5(전), 1939.11.12(후).

김환(백악)
악마의 저주/惡魔의咀呪 : 서울1920.4.

김복진
봉뚝섬 : 소년1937.8-12.

김사량
낙조/落照 : 조광1940.2-1941.1.
노마만리/駑馬萬里 : 민성1946.1-1947.7.
바다의 노래 : 매일신보1943.12.14-1944.10.4.
연안망명기/延安亡命記 : 민성1946.1-1947.7.
칠현금/七絃琴 : 문학예술1946.6.
태백산맥/太白山脈 : 국민문학1943.2-4, 6-10.

김사영
형제/兄弟 : 신시대1942.11-1943.3.

김성민(궁원총일宮原惣一)
천상물어/天上物語 :
녹기1941.3,6,8,9,10-태양1943.7-9.
녹기연맹/綠旗聯盟 : 羽田書店(일본)1940.
혜련물어/惠蓮物語 : 新元社(일본)1941.

김송
무기없는민족/武器없는民族 : 백민문화사1947.
순정기/純情記 : 일성당1948.
애정/愛情 : 야담1943.3-10.
인간행렬/人間行列 : 정음사1950.
탁류 속에서/濁流속에서 : 신조사1950.

김심무
상사의 사/相思의死 : 매일신보1922.2.6-5.7.

김영석
격랑/激浪 : 조선중앙일보1948.2.17-4.15.
이춘풍전/李春風傳 : 조선금융조합연합회1947.

김영수
네거리의 순이/네거리의順伊 :
소년1939.8-1940.8.
새벽바람 : 조선일보1940.6.4-8.10.
여심/女心 : 조선중앙일보1935.1.22-2.17.
파도/波濤 : 경향신문1949.4.24-12.31.

김우철
새로운 생활/새로운生活 : 우리들1934.1-2.

김운정(김정진)
괴인/怪人 : 중앙1933.11-1935.1.
독와사/毒瓦斯 :
매일신보1932.12.13-1933.5.30.

김유정
두포전 : 김유정·현덕, 소년1939.1-5.
생의 반려/生의伴侶 : 중앙1936.8-9.

김은경
제힘 : 조선일보1932.4.26-5.31.

김일평
나그네 : 매일신보1937.6.23-7.16.

김철주
북국낙화/北國落花 : 해동공론1946.12.

김춘광
검사와 여선생/檢事와女先生 : 한홍출판사1947.

김태흡
성 이차돈의 최후/聖異次頓의最後 :
대중서옥1936.

김해상덕
태랑의 모험/太郎の冒險 : 성문당서점1944.

김홍희
농촌행진곡/農村行進曲 : 실생활1932.1-8.

**나**

나도향
미정고 장편/未整稿長篇 : 문장1940.12.
어머니 : 시대일보1925.1.5-4.30.
청춘/青春 : 조선도서주식회사1927.
환희/幻戲 : 동아일보1922.11.21-1923.3.21.

나일
그와 감방/그와監房 : 동아일보1929.10.22-11.16.

노성산인
어사 박문수/御史朴文秀 :
중외일보1927.8.1-12.30.

노양근
열세 동무 : 동아일보1936.7.2-8.28.

노자영(노춘성)
가면행진곡/假面行進曲 :
신인문학1934.12-1935.1.
꽃피는 처녀/꼿피는處女 : 청조사1925
무한애의 금상/無限愛의金像 : 청조사1925.
인생특급/人生特急 : 조선일보1937.10.5-12.31.

**다**

다몽생
몽중록/夢中錄 :
조선중앙일보1947.12.10-1948.2.15.

단정학
결쇠 : 신민1929.11-1931.12.

동오
신통여행/신통려힝神通旅行 :
긔독신보1927.1.26-6.22.

**마**

마황촌
백정의 아들/白丁의子 : 신흥영화1932.6.

목양(목양싱)
봉도물어/蓬島物語 : 국민문학1943.9.
영원의 여자/永遠の女 :
경성일보1942.10.28-12.7.
동정의 탄식/동졍의탄식/同情의嘆息 :
청년1922.3-4.

무명생
혈루록/血淚錄 : 신동아1933.11-1934.7.

문일
아리랑 : 박문서관1929.
철인도/鐵人都 : 박문서관1930.
풍운아/風雲兒 : 박문서관1930.

민소천(민정호)
비둘기 : 경향출판사1948.
양산도/梁山道 : 경향출판사1947.

민태원(계명성, 민우보)
오색의 꼬리별/五色의꼬리별 :
매일신보1930.10.28-1932.3.20.
새 생명/새生命 : 매일신보1934.4.24-6.22.
세 번째의 신호/세번재의信號 :
매일신보1933.5.18-10.7.
천아성/天鵝聲 : 매일신보1934.1.1-4.23.

**바**

박계주(박진)
마적굴의 조선 소년/馬賊窟의朝鮮少年 :
소년1940.3-12.
세기의 창 : 신민일보1948.2.10-4.17.
순애보/殉愛譜 : 매일신보1939.1.2-6.17.
애로역정/愛路歷程 : 매일신보사1941.
지옥의 시/地獄의詩 : 민성1949.8-11.
진리의 밤/眞理의밤 :
경향신문1948.10.1-1949.4.23.

천사/天使 : 학생월보1947.4-5.
탈출/脫出 : 가정지우1940.1-?

박남호
황야조/荒野鳥 : 농민생활1936.3-7.

박노갑
남풍/南風 : 조광1939.1-6.
낭랑/浪浪 : 동아일보1940.6.5-8.7.
마을의 이동/마을의移動 :
　조선중앙일보1936.1.31-4.10.
사십 년/四十年 : 육문사1948.

박락동
저주받은 운명/咀呪받은運命 :
　광업시대1937.11-1938.4.

박루월
무엇이 그 여자를 그렇게 만들었나?/
　무엇이그여자를그럿케맨들엇나? : 서지불명.
북국에 봄이 오면/北國에봄이오면 :
　어린이1931.8-9.
압록강을 건너서1/鴨綠江을건너서 : 서지불명.
첫사랑의 시절 : 박문서관1930.

박백련
떠오르는 아침해/써오르는아츰해 : 중명1933.5-8.

박승극
밥 : 남선경제신문1948.10.1-11.6.
술/酒 : 비판1939.4-7,9, 1940.1,3.

박영만
새로운 성/새로운城
　학예사1948(상), 금룡도서주식회사1949(하).

박연빙
기우/杞憂 : 일심사1949.

박영준
쌍영/雙影 : 만선일보1939.12.2-1940.8.17.
일년/一年 : 신동아1934.3-12.
한류의 어족/寒流의魚族 :
　부인신보1948.9.23-12.31.

박영호
그늘진 기록/그늘진記錄 : 신여성1934.1-3.

박영희
독방/獨房 : 1935(미발표)/
반려/伴侶 : 삼천리1936.11-1937.1.

박완
제삼노예/第三奴隷 : 청수사1949.

박용환
금강석/金剛石 : 조선일보1921.4.24-5.12.
흑진주 : 매일신보1921.7.22-1922.2.5.

박일 외
노선생/老先生 : 별나라1933.6-1934.2.

박종화
금삼의 피/錦衫의피 : 매일신보1936.3.20-12.29.
다정불심/多情佛心 :
　매일신보1940.11.16-1941.7.23.
대춘부/待春賦 : 매일신보1937.12.1-1938.12.25.
민족/民族 : 중앙신문1945.11.5-1946.7.22.
여명/黎明 : 매일신보1943.6.17-12.13.
전야/前夜 : 조광1940.7-1941.10.
청춘승리/青春勝利 : 자유신문1947.9.1-12.27.
홍경래/洪景來 : 동아일보1948.10.1-1949.8.24.

박철
해방/解放 : 동문사1948.

박춘양
무궁화/無窮花 : 중앙출판사1949.

박태원
골목 안 : 문장1939.7.
군상/群像 : 조선일보1949.6.15-1950.2.2.
금은탑/金銀塔 : 한성도서주식회사1949.
낙조/落照 : 매일신보1933.12.8-29.
명랑한 전망/明朗한展望 :
　매일신보1938.4.5-5.21.
미녀도/美女圖 : 조광1939.7-12.
반년간/半年間 : 동아일보1933.6.15-8.21.
소년 삼국지/少年三國志 : 서지불명.
소년 탐정단 : 소년1938.6-12.
소설가 구보 씨의 일일/小說家仇甫氏의一日 :
　조선중앙일보1934.8.1-9.19.
속천변풍경/續川邊風景 : 조광1937.1-9.
아세아의 여명/亞細亞의黎明 : 조광1941.2.
악마/惡魔 : 조광1936.3-4.
애경/愛經 : 문장1940.1-9,11.
약산과 의열단/若山과義烈團 : 백양당1947.
약탈자/掠奪者 : 조선주보1946.1.

여인 성장/女人盛裝 :
매일신보1940.8.1-1942.2.9.
우맹/愚氓 : 조선일보1938.4.7-1939.2.24.
원구/元寇 : 매일신보1945.5.17-8.13.
음우/淫雨 : 조광1940.10.
이순신 장군 : 주간소학생1946.11.25-1947.4.21.
임진왜란/壬辰倭亂 : 서울신문1949.1.4-12.14.
적멸/寂滅 : 동아일보1930.2.5-3.1.
점경/點景 : 가정지우1940.11-1941.1.
채가/債家 : 문장1941.4.
천변풍경/川邊風景 : 조광1936.8-10, 1937.1-9.
청춘송/青春頌 : 조선중앙일보1935.2.27-5.18.
태평성대/太平聖代 : 경향신문1946.11.14-12.31.
투도/偸盜 : 조광1941.1.
한양성/漢陽城 : 여성문화1945.12, 1946.8.
홍길동전/洪吉童傳 : 조선금융조합연합회1947.

박팔양
정열의 도시/情熱의都市 :
조선중앙일보1934.1.11-5.6.

박화성
고향 없는 사람들/고향업난사람들 :
신한민보1937.2.11-4.1.
백화/白花 : 동아일보1932.6.7-11.22.
북국의 여명/北國의黎明 :
조선중앙일보1935.4.1-12.4.
비탈 : 신가정1933.8-12.
젊은 어머니 :
박화성·송계월·최정희·강경애·김자혜 연작.
신가정1933.1-5.
파경/破鏡 :
박화성·엄흥섭·한인택·이무영·강경애·조벽암.
신가정1936.4-9.

박흥민
제칠공주/第七公主 : 동아일보1939.5.17-7.12.

방기환
꽃필 때까지 : 소년1948.8-1949.11.
누나를 찾아서 : 문화당1948.

방인근
결혼 전후/結婚前後 :
기독신보1929.9.4-1931.7.29.
괴시체/怪屍體 : 영인서관1946.
국보와 괴적/國寶와怪賊 : 1948(발행소불명).
그 여자를 누가 죽였나 : 영화시대1949.6.
그 여자의 사랑/그女子의사랑 : 동명문화사1950.
낙조/落照 : 조선일보1930.9.18-10.28.
남녀전/男女戰 : 월간매신1934.2-7.
동방의 새봄/東方의새봄 :
조선공업도서출판사1949.
동방춘/東方春 : 매일신보1942.7.11-11.20.
동생을 찾으려/동생을차즈려 : 어린이1925.1-10.
마도의 향불/魔都의香불 :
동아일보1932.11.4-1933.6.12.
무명조의 노래/無名鳥의노래 :
기독신보1932.10.26-1933.7.19.
방랑의 가인/放浪의歌人 :
매일신보1933.6.10-11.17.
방화 살인 사건/放火殺人事件 : 호남문화사1949.
복수/復讐 : 문운당1948.
비련/悲戀 : 중앙1936.7-9.
사랑과 결혼/사랑과結婚 : 경향출판사1948.
살인/殺人 : 조선문단1924.12-1925.3.
살인마 : 조선공업도서1948.
새나라를 찾아서/새나라를차져서 :
기독신보1929.9.4-1931.7.29.
새벽길 : 매일신보1938.6.4-10.29.
새 출발 : 남창서관1942.
생의 비극/生의悲劇 : 문운당1949.
선혈/鮮血 : 조광1937.12-1938.3.
소년 장사/少年장사 : 동화1936.창간호-11.
소영웅/小英雄 : 아희생활1934.1-1935.12.
슬픈 해결/슬픈解決 : 여성1938.11-1939.3.
쌍홍무/雙虹舞 : 조선일보1936.9.29-1937.4.27.
악마/惡魔 : 문운당1949.
애/愛 : 신여성1932.10-12.
애국자/愛國者 : 대동신문1946.2.21-5.20.
애정/愛情 : 숭문사1947.
여승 김염주/女僧金念珠 : 실화1939.7-9.
여신/女神 : 과학조선1940.4-6.
여자 대학생/女子大學生 : 신세기사1940.
여학생의 정조/女學生의貞操 : 영인서관1946.

원한의 복수/怨恨의復讐 : 문연사1949.
젊은 아내/젊은안해 : 매일신보1939.11.5-12.27.
천당과 지옥/天堂과地獄 : 여시1928.6.
춘몽/春夢 : 조광1936.9-12.
피난성/避難城 : 신세기1939.8.
혁명/革命 : 기독신보1931.9.30-1932.10.20.
혁명가의 일생/革命家의一生 : 삼팔사1949.
홍운백운/紅雲白雲 : 매일신보1935.7.20-12.27.
화심/花心 : 한성도서1935.

방정환(북극성)
그날 밤 : 개벽1920.12-1921.2.
소년 사천왕/少年四天王 :
어린이1929.12-1930.12.
소년 삼태성/少年三台星 : 어린이1929.1.
칠칠단의 비밀/七七團의秘密 :
어린이1926.4-1927.12.

백대진
박명/薄命 : 매일신보1919.11.21-1920.1.25.

백병민
전기성서지부인/傳記聖書之婦人 :
부활운동1947.7.1-8.14.

백신애
의혹의 흑모/疑惑의黑眸 : 중앙1935.8.
정조원/貞操怨 : 삼천리1936.8, 1937.1.
푸른 하늘 : 소년중앙1935.4-7.

백철
전망/展望 : 인문평론1940.1

비백산인
동양 여걸 서태후/東洋女傑西太后 :
매일신보1935.9.6-1936.7.11.

## 사

신서원
젊은이의 봄 : 영창서관(연도불명).

서동산
염마/閻魔 : 조선일보1934.5.16-11.5.

서병수
어디로 갔나/어대로갓나 : 매일신보
1926.2.21(상), 3.7(중), 3.21(하), 4.4(종).

서오봉
와룡동/臥龍洞 : 신동아1934.4-9.

석인해
역사/歷史 : 백민1946.6-1947.1.

설정식
청춘/靑春 : 민교사1949.
해방/解放 : 신세대1948.5.

성북학인
인간궤도/人間軌道 : 조선일보1931.3.13-8.14.

소운거사
심원의 장한/深苑의長恨 :
월간야담1938.1-1939.11.

손소희
지평선/地平線 : 여성1949.10-?

송영
이 봄이 가기 전에 : 매일신보1937.1.1-6.22.

송창근
어머님의 마음 : 신한민보1928.4.5-6.28.

순산초부
나는 기생년이야요/나는긔생년이야요 :
신흥영화1932.6.

승효탄
남매/男妹 : 신소년1933.2-3.

시몽루인
제삼의 세계/第三의世界 :
과학조선1940.7-8·9합본.

신경순
제이의 밀실/第二의密室 :
조광1935.10, 12, 1936.1.

신정언
을지문덕/乙支文德 : 백민1945.12-1946.3.
젊은 용사들/젊은勇士들 : 소년1939.7-12.
포낭기/布囊記 : 조선일보1936.4.30-12.2.
화랑의 정열/花郞의情熱 : 성문당서점1938.

신태삼
인생여로/人生旅路 : 세창서관1949.

심송
애생금/哀生琴 : 신천지1946.5-1947.4.

심천풍
산중화/山中花 : 매일신보1917.4.3-9.19.

심훈
동방의 애인/東方의愛人 :
조선일보1930.10.29-12.10.
불사조/不死鳥 : 조선일보1931.8.16-12.29.
상록수/常綠樹 : 동아일보1935.9.10-1936.2.15.
영원의 미소/永遠의微笑 :
조선중앙일보1933.7.10-1934.1.10.
직녀성/織女星 :
조선중앙일보1934.3.24-1935.2.26.
탈춤 : 동아일보1926.11.9-12.16.

## 아

안석영
성군/星群 : 조선일보1932.2.19-5.31.
수우/愁雨 : 조광1936.6-12.
아내/안해 : 여성1936.11-1937.4.
청충홍충/靑蟲紅蟲 : 조선일보1929.6.11-7.11.
춘풍/春風 : 조선일보1935.2.10-4.14.

안수길
벼 : 만선일보1941.11.15-12.25.
북향보/北鄕譜 : 만선일보1944.12.1-1945.4.7.
새벽 : 만선일보1941.2.1-3.1.
원각촌/圓覺村 : 국민문학1942.2.

안영섭
정/情 : 남창서관1943.

안운파
우리 아버지는 장님이다 : 별나라1931.7·8-10·11.

안준식
바보 길동/바보吉童 : 별나라1933.2-4·5.

안회남(안필승)
계절/季節 : 동아일보1939.5.24-6.14.
낙타/駱駝 : 신천지1947.7.
농민의 비애/農民의悲哀 : 문학1948.4.
사선을 넘어서/死線을넘어서 : 협동1947.1-6.
애인/愛人 : 여성1939.6-1940.2.
적멸/寂滅 : 매일신보1932.11.15-12.10.
탁류를 헤치고/濁流를헤치고 :
인문평론1940.4-5.
풍속/風俗 : 조광1943.12-1944.2.
황금과 장미/黃金과薔薇 : 중앙1935.5.

양고봉
조선의 아내/朝鮮의안해 : 이문당1933.

양기철
내가 가는 길 : 매일신보1939.1.10-4.8.

양미림
새 동무 : 새동무1947.7-9호.

양백화
고운/孤雲 : 중앙1936.3-4.
여장 소년/女裝少年 : 야담1937.7-1938.7.

엄흥섭
고민/苦悶 : 신동아1935.2-8.
구원초/久遠草 :
사해공론1936.10-1937.4, 1939.1.
명암보/明暗譜 : 조광1938.3-8.
봉화/烽火 : 성문당서점1943.
세기의 애인/世紀의愛人 : 광한서림1939.
수평선/水平線 : 고려시보1937.10-1939.3.
실명/失明 : 백수사1948.
오빠와 누나/옵바와누나 : 별나라1931.4-9.
옥희/玉姬 : 백수사1948.
인생사막/人生砂漠 : 신세기1940.1-1941.6.
정열기/情熱記 : 조광1936.11-1937.2.
행복/幸福 : 영창서관1941.

염상섭(주상)
개동/開東 : 서지불명.
광분/狂奔 : 조선일보1929.10.3-1930.8.2.
그 여자의 운명/그女子의運命 : 중앙1935.2
남충서/南忠緖 : 동광1927.1-2.
너희들은 무엇을 얻었느냐/
너희들은무엇을어덧느냐 :
동아일보1923.8.27-1924.2.5.
두 출발 : 현대평론1927.4-7.
만세전/萬歲前 :
신생활1922.7-8, 시대일보1924.4.6-6.7.
모란꽃 필 때/모란꼿필쌔 :
매일신보1934.2.1-7.8.
묘지/墓地 : 신생활1922.7-8.
무현금/無絃琴 : 개벽1934.11-1935.3.
무화과/無花果 :
매일신보1931.11.13-1932.11.12.

백구/白鳩 :
조선중앙일보1932.10.31-1933.6.13.
불연속선/不連續線 : 매일신보1936.5.18-12.30.
사랑과 죄 : 동아일보1927.8.15-1928.5.4.
삼대/三代 : 조선일보1931.1.1-9.17.
신혼기/新婚記 : 금룡도서1948.
웃고 싶건 웃어라 : 조선일보1925.8.1-11.7.
이선생/E先生 : 동명1922.9.10-12.10.
이심/二心 : 매일신보1928.10.22-1929.4.24.
입하의 절/立夏의節 : 신천지1950.5-6.
제야/除夜 : 개벽1922.2-6.
진주는 주었으나/眞珠는주엇스나 :
동아일보1925.10.17-1926.1.17.
채석장의 소년 : 소학생1950.1-6.
청춘항로/青春航路 : 중앙1936.6-9.
초련/初戀 : 조선문단1926.3, 5.
타락/墮落 : 서지불명.
효풍/曉風 : 자유신문1948.1.1-11.13.
해바라기 : 동아일보1923.7.18-8.26.

오경호
새나라로 : 신소년1931.8·9.

오기영
사슬이 풀린 뒤 : 신천지1946.3-6.

오상근
단종사화/端宗史話 : 영창서관1938.
조선야담대해/朝鮮野談大海 : 영창서관1941.

우이동인
인본교주/人本敎主 : 비판1935.12.

월견초
처녀 시절/處女時節 : 동아일보1925.2.23-5.24.

유서성
죄와 벌/罪와罰 : 광업조선1937.10.

유엽(유춘섭)
꿈은 아니언만 : 신민1927.6-9.
새 세상 사람들 : 조선일보1927.7.20-1928.5.9.

유영근
수선탁덕 김대건/首先鐸德金大建 :
천주교회1942.

유진오
민요/民謠 : 서지불명.

수난의 기록/受難의記錄 :
삼천리문학1938.1, 4, 삼천리1938.10-12.
우수의 뜰/憂愁의뜰 :
여성1940.8-12, 신세기1941.4.
파악/把握 : 조선지광1927.7-9.
형/兄 : 조선지광1931.1-5.
화상보/華想譜 : 동아일보1939.12.8-1940.5.3.

유추강
양녕대군 만유기/양영대군만유기/讓寧大君漫遊記 :
삼중당1950.

유한수
괴적인왕산 : 아동구락부1950.6.

윤기정
춘몽곡/春夢曲 : 사해공론1937.1-4.

윤백남
백련유전기/白蓮流轉記 :
동아일보1936.2.22-8.28.
대도전/大盜傳 : 동아일보1930.1.16.-3.24(전),
1931.1.1-7.13(후).
대호전/大豪傳 :
대성당서점1940(상), 세창서관1941(하).
미수/眉愁 : 동아일보1935.4.1-9.20.
바다로 가는 사람 : 사해공론1936.11-1937.1.
봉화/烽火 : 동아일보1933.8.25-1934.4.18.
사변 전후/事變前後 : 매일신보1937.1.1-1938.5.2.
선악 일대 : 만선일보1940.11.1-1941.3.25.
우연의 기적/偶然의奇蹟 : 대중서옥1936.
정열의 낙랑공주/情熱의樂浪公主 : 삼중당1949.
지옥의 봄/地獄의봄 :
주간서울1949.8.22-1950.1.23.
추풍령/秋風嶺 :
신동아1933.6-8, 10-11, 1934.2.
탐기루만화/耽奇樓漫話 :
동아일보1930.9.11-12.17.
팔호기설/八豪奇說 : 만몽일보1937.?-1939.?
항우 : 조선중앙일보1933.4.1-8.1.
해조곡/海鳥曲 : 동아일보1931.11.8-1932.2.9.
홍도의 반생/紅桃의半生 : 대중서옥1937.
회천기/回天記 : 자유신문1949.4.10-9.23.
흑두건/黑頭巾 : 동아일보1934.6.10-1935.2.16.

윤세중
백무선/白茂線 : 인문평론1940.11-1941.4.

윤승한
김유신/金庾信 : 야담사1941.
대원군/大院君 : 삼중당1942;1944;1948.
만고명장 김유신/萬古名將金庾信 : 숭문사1948.
만향/晩香 : 동아일보1937.12.1-1938.7.19.
석양홍/夕陽虹 : 동아일보1939.2.21-10.24.
월광부/月光賦 : 삼중당1949.
장희빈/張禧嬪 : 일성당서점1950.
조양홍/朝陽虹 : 동아일보1940.2.6-8.11.
충의송/忠義頌 : 야담1944.5-1945.2.
해뜨는 화원/해뜨는花園 : 야담사1943.

윤일파
약탈자/掠奪者 : 조선일보1931.10.14-12.27.

윤증남
고아/孤兒 : 윤증남. 백두산1930.10, 1931.5-6.

윤철
바닷가의 농촌/바다ㅅ가의農村 : 신소년1932.6.

윤태영
유봉이의승리 : 삼중당1949.

이경손
백의인/白衣人 : 조선일보1927.1.20-4.27.

이경수
젊은이들/若い人 : 국민신보1940.1.28, 2.4, 11, 18.

이광수
군상/群像 : 한성도서주식회사1939
개척자/開拓者 : 매일신보1917.11.10-1918.3.15.
공민왕 : 조선일보1937.5.28-31.
그들의 사랑 : 신시대1941.1-3.
그 여자의 일생/그女子의一生 :
조선일보1934.2.18-1935.9.26.
그의 자서전/그의自敍傳 :
조선일보1936.12.22-1937.5.1.
금십자가/金十字架 : 동아일보1924.3.22-5.12.
꿈 : 면학서보1947.
나 : 생활사1947.
늙은 절도범/늙은竊盜犯 : 신세기1939.2-1940.4.
단종애사/端宗哀史 :
동아일보1928.11.30-1929.12.11.
마의태자/麻衣太子 : 동아일보1926.5.10-10.2(상),
1926.10.11-1927.1.9(하).
무명/無明 : 문장1939.2.
무명씨전/無名氏傳 : 동광1931.3-6.
무정/無情 : 매일신보1917.1.1-6.14.
박복한 무리들 : 문장1939.2(발표 당시 '무명').
방랑자/放浪者 : 중앙출판사1949.
봄의 노래 : 신시대1941.9-1942.6.
사랑 : 박문서관1938(상), 1939(하).
사랑의 다각형/사랑의多角形 :
동아일보1930.3.27-11.2.
사랑의 죄/사랑의罪 : 문연사1950.
사십 년/四十年 : 국민문학1944.1-3.
삼봉이네 집 : 동아일보1930.11.29-1931.4.24.
서울 : 태양신문1950(연재일자불명)
선도자/先導者 : 동아일보1923.3.27-7.17.
세조대왕/世祖大王 : 박문서관1940.
스무 살 고개/스므살고개 : 생활사1948.
아들의 원수 : 신소설1929.12-1930.5.
애욕의 피안/愛慾의彼岸 :
조선일보1936.5.1-12.21.
운명/運命 : 1948(미발표).
원효대사/元曉大師 : 매일신보1942.3.1-10.31.
유랑/流浪 : 동아일보1927.1.15-31.
유정/有情 : 조선일보1933.9.27-12.31.
이순신/李舜臣 : 동아일보1931.6.26-1932.4.3.
이차돈의 사/異次頓의死 :
조선일보1935.9.30-1936.4.12.
인생의 향기/人生의香氣 : 사해공론1936.5-9.
일설 춘향전/一說春香傳 :
한성도서주식회사1929.
재생/再生 : 동아일보1924.11.9-1925.9.28.
젊은 꿈/젊은꿈 : 박문서관1926.
진정 마음이 만나서야말로/心相觸れてこそ :
녹기1940.3-7.
처/妻 : 해방1930.12.12-1931.1.
천안기/千眼記 : 동아일보1926.1.5-3.6.
춘향/春香 : 동아일보1925.9.30-1926.1.3.
허생전/許生傳 : 동아일보1923.12.1-1924.3.21.
혁명가의 아내/革命家의안해 :

동아일보1930.1.1-2.4.
흙 : 동아일보1932.4.12-1933.7.10.

이광천
내정비화/內庭秘話 : 신민1930.5-11.

이규희
여화고사/餘花故事 : 동아일보1939.8.20-10.22.
피안의 태양/彼岸의太陽 :
동아일보1937.6.3-10.23.

이근영
당산제/堂山祭 : 비판1939.1.
일요일/日曜日 : 영창서관1943.
제삼노예/第三奴隷 : 동아일보1938.2.15-6.26.
탐구의 일일/探求의一日 : 동아일보1940.4.9-5.7.
흙의 풍속/흙의風俗 : 춘추1943.5-9.

이기백
각선화/脚線禍 : 매일신보1931.9.2-9.27.

이기영(운정)
고향/故鄕 : 조선일보1933.11.15-1934.9.21.
광산촌/鑛山村 : 매일신보1943.9.23-11.5.
농막 선생/農幕先生 :
조소문화협회중앙본부1950.
대지의 아들/大地의아들 :
조선일보1939.10.12-1940.6.1.
도박/賭博 : 동광당서점1937
돌쇠/乭釗 : 형상1934.2-4.
동천홍/東天紅 : 춘추1942.2-1943.3.
땅 : 조선인민출판사1948.
민촌/民村 : 조선지광1925.12.
봄 : 동아일보1940.6.11-8.10,
인문평론1940.10-1941.2.
생명선/生命線 : 가정지우1941.3-8.
생활의 윤리/生活의倫理 : 성문당서점1942.
서화 : 조선일보1933.5.30-6.30.
순정/純情 : 세창서관1941.
신개지/新開地 : 동아일보1938.1.19-9.8.
아사/餓死 : 조선지광1927.2.
야광주/夜光珠 : 중앙1936.9.
어머니 : 조선일보1937.3.30-10.11.
원치서/元致西 : 동아일보1935.3.3-17.
인간수업/人間受業 : 조선중앙일보1936.1.1-7.28.
인생항로/人生航路 : 학우사1949.
저수지/貯水池 : 半島の光1943.5-9.
정열기/情熱記 : 성문당서점1948.
진통기/陣痛期 : 조선문학1939.1-6.
처녀지/處女地 : 삼중당서점1944.
청년/青年 : 삼천리1938.8-12.
현대풍경/現代風景 :
중앙일보1931.11.27.-1932.4.27.
홍수/洪水 : 조선일보1930.8.21-9.3.
흙과 인생/흙과人生 : 1935.7, 1936.1.

이동규
곡마단 : 신소년1931.1-5.
귀향/歸鄕 : 명문당1945.
김유신/金庾信 : 명문당1944.
동맥/動脈 : 신소년1934.2-?

이동원
광명한 세계에/光明한世界에 :
매일신보1921.10.7-1922.1.9.

이마무라 에이지
고아/孤兒 : 신천지(신경)1939.4-5, 7.

이명선
홍경래전/洪景來傳 : 조선금융조합연합회1947.

이무영
구부러진 평행선/꾸부러진平行線 :
동아일보1935.3.20-4.14.
똘똘이 : 동아일보1936.2.9-5.20.
먼동이 틀 때 : 동아일보1935.8.6-12.30.
명일의 포도/明日의鋪道 :
동아일보1937.6.3-12.25.
무사/無邪 : 민성1948.5.
바다에의 글/海への書 : 경성일보1944.2.29-3.9.
반역자/叛逆者 :
조선일보1931.5.8-22, 비판1931.12-1932.12.
산가/山家 : 신동아1935.2.
세기의 딸/世紀의딸 :
동아일보1939.10.10-1940.8.11.
약혼 전말/約婚顚末 : 혜성1931.10-12,
의지 없는 영혼/依支없는靈魂 : 서지불명.
의지할 곳 없는 청춘/依支할곳없는青春 :
청조사1927.

일년기/一年記 : 조선교육1947.12-1949.2.
지축을 돌리는 사람들/地軸을돌리는사람들 :
동아일보1933.8.5-9.22.
청기와집/青瓦の家 : 부산일보1942.9.8-1943.2.7.
태평관 사람들/太平館사람들 :
조선일보1949.5.4-6.14.
피는 물보다 진하다 : 태양신문1946.?-?
향가/鄕歌 : 매일신보1943.5.3-9.6.
흙의 노예/흙의奴隷 : 인문평론1940.4.

이보상
강감찬전/姜邯贊傳 :
매일신보1935.4.11-1936.1.10.
백년연운/百年煙雲 :
매일신보1938.10.22-1939.8.28.
쌍미합벽/雙美合璧 :
매일신보1934.10.10-1935.4.10.
영주화월/瀛洲花月 :
매일신보1936.10.20-1937.2.2.
오산홍등/五山紅燈 :
매일신보1941.6.20-1942.1.14.
오전기채/五轉奇釵 :
매일신보1937.12.13-1938.10.21.
일당육미/一堂六美 : 매일신보1937.3.10-12.12.
임경업/林慶業 : 매일신보1934.1.9-10.9.
촉규화/蜀葵花 : 매일신보1939.8.29-1940.5.16.
충노 만석전/忠奴萬石傳 :
매일신보1936.1.12-10.17.
혜월나운/蕙月蘿雲 :
매일신보1940.5.18-1941.6.18.

이북명
공장가/工場街 : 중앙1935.4.
노동일가/勞動一家 : 조선문학1947.9.
제삼로/第三路 : 미발표.
조국의 산성/祖國의産聲 : 서지불명.
화전민/火田民 : 매일신보1940.1.31-2.23.

이상
십이월 십이일/十二月十二日 : 조선1930.2-12.

이상수
다각애/多角愛 : 정문사1925.

이서구
눈물에 젖는 사람들/눈물에젓는사람들 :
매일신보1927.11.24-1928.2.16.

이석구
양반전/兩班傳 : 조선금융조합연합회1947.

이석성
제방공사/堤防工事 : 신동아1934.10-12.

이석훈(목양, 목양생)
고요한 폭풍/靜かな嵐 :
국민문학1941.11(1부), 1942.5-6(2부).
백장미 부인/白薔薇夫人 : 조광1940.1-1940.6.
애의 승리/愛의勝利 : 청년1922.5-1923.9.
춘소/春宵 : 매일신보1940.3.30-5.11.
황혼의 노래/黃昏의노래 : 신동아1933.6-12.

이선희
여인 명령/女人命令 :
조선일보1937.12.18-1938.4.5.
창/窓 : 서울신문1948.6.27-7.20.
처의 설계/妻의設計 : 매일신보1940.11.17-12.30.

이성표
녹두장군 : 어린이1949.6-12.
소년 임꺽정 : 아동구락부1950.1-3.
소년 홍의장군 : 어린이나라1949.9-1950.4·5.
신라의 별 : 어린이나라1949.1-8.

이승근
옥토끼/玉톡기 : 1930(서지불명).

이약슬
육체/肉體 : 조선중앙일보1935.12.25-12.31.

이영섭
두 목숨 : 진생1928.9-1929.6.

이용구
폐허의 울음/廢墟의울음 : 청조사1928.

이우영
국제 살인 사건/國際殺人事件 :
우신상사출판부1946.

이원규
매국노 암살 사건/賣國奴暗殺事件 :
한흥출판사·영인서관1946.

이익상(이성해)
그들은 어디로/그들은어대로 :

매일신보1931.10.3-1932.9.29.
젊은 교사/젊은敎師 :
조선일보1924.12.3-1925.1.18.
짓밟힌 진주/짓밟힌眞珠 :
동아일보1928.5.5-11.27.
키 잃은 범선/키일흔帆船 :
조선일보1927.1.1-7.19.

이인하

스러지는 그림자 : 조선도서주식회사1924.

이종명

애욕지옥/愛慾地獄 :
매일신보1933.12.29-1934.1.30.
우울한 풍경/憂鬱한風景 :
중외일보1930.4.11-25.
유랑/流浪 : 중외일보1928.1.5-1.25.

이종실

꽃피는 시절/꽃피는時節 : 학생월보?-1950.2.

이주홍

가족 : 여성공론1946, 대중일보1948.
동연/冬燕 : 비판1938.8-1939.2.
야화/夜花 : 사해공론1936.10-1937.5.

이태준

박물장사 늙은이 : 신가정1934.2-7.
구원의 여상/久遠의女像 : 신여성1931.1-1932.8.
농토/農土 : 삼성문화사1948.
딸 삼형제/딸三兄弟 : 동아일보1939.2.5-7.17.
방물장수 늙은이 : 신가정1934.2-7.
법은 그렇지만/法은그러치만 :
신여성1933.3-1934.4.
별은 창마다/별은窓마다 : 신시대1942.1-1943.6.
불멸의 함성/不滅의喊聲 :
조선중앙일보1934.5.15-1935.3.30.
불사조/不死鳥 : 현대일보1946.3.28-7.27.
사상의 월야/思想의月夜 :
매일신보1941.3.4-7.5(상).
삼인우달/三人友達 : 남창서관1943.
성모/聖母 : 조선중앙일보1935.5.27-1936.1.20.
세동무 : 범문사1946.
소련기행/蘇聯紀行 : 문학1946.
신혼일기/新婚日記 : 광문서림1949.
애욕의 금렵구/愛慾의禁獵區 : 중앙1935.3.
왕자 호동/王子好童 :
매일신보1942.12.22-1943.6.16.
제이의 운명/第二의運命 :
조선중앙1933.8.25-1934.3.23.
첫 전투 : 문학예술1948.12.
청춘무성/青春茂盛 : 조선일보1940.3.12-8.10.
코스모스 피는 정원/코스모스피는庭園 :
여성1937.3-7.
해방 전후/解放前後 : 문학1946.8.
행복에의 흰손들/幸福에의흰손들 :
조광1942.1-1943.1.
화관/花冠 : 조선일보1937.7.29-1937.12.22.
황진이/黃眞伊 : 조선중앙일보1936.6.2-9.4.

이파촌

폭풍우 지난 후/暴風雨지난後 :
조선일보1934.1.1-5.14.

이홍기

조선전설집/朝鮮傳說集 : 조선출판사1944.

이효석

거리의 목가/거리의牧歌 : 여성1937.10-1938.4.
녹색의 탑/緑色の搭 : 국민신보1940.1.7-4.28.
벽공무한/碧空無限 : 박문서관1941.
성화/聖畵 : 조선일보1935.10.11-10.31.
주리야/朱利耶 : 신여성1933.3-1934.3.
창공/蒼空 : 매일신보1940.1.25-7.28.
화분/花粉 : 인문사1939.

이희철

읍혈조/泣血鳥 : 동아일보1923.6.2-10.28.

임경일

남한산성/南漢山城 : 한풍출판사1942.
사충서원/四忠書院 : 한풍출판사1942.

임서하

감정의 풍속/感情의風俗 : 동방문화사1948.
애국자/愛國者 : 어린이1949.1.2-1949.12.

## 자

작자미상

괴청년 : 동아일보1931.10.8-10.27.
박쥐우산 : 조선일보1920.7.14-9.5.

압록강을 건너서2/압녹강을건너서/
鴨綠江을건너서 : 서지불명.
참말로 있던 처녀들의 동맹휴학/
참말로잇든處女들의同盟休學 :
매일신보1926.4.4-9.19.
해당화/히당화 :
신한민보1940.9.26-1941.12.11.

장덕조

광야에 외치다/曠野에웨치다 :
주간서울1947.?-1948.?
십자로/十字路 : 주간서울1950.1.23-5.1.
은하수/銀河水 : 매일신보1937.7.17-12.29.

장본시화

동방/東方 : 기독교신문1942.11.11-1943.8.25.

장혁주

개간/開墾 : 中央公論社(일본)1943.
고아들/孤兒たち : 萬里閣(일본)1946.
곡간의 정열/谷間의情熱 : 사해공론1936.1-9.
광야의 처녀/曠野の乙女 : 南方書院(일본)1941.
무지개 : 동아일보1933.9.20-1934.5.1.
백일의 길/白日の路 : 南方書院(일본)1941.
부침/浮き沈み : 河出書房(일본)1943.
삼곡선/三曲線 : 동아일보1934.9.26-1935.3.2.
심연의 사람/深淵の人 : 文學案內(일본)1936.9.
아내/안해 : 신세기1940.11-1941.6.
아름다운 결혼/美しき結婚 :
赤塚書房(일본)1939.
아름다운 억제/美しき抑制 :
河出書房(일본)1941.
여명기/黎明期 : 동아일보1936.1.4-8.27.
여인 초상/女人肖像 : 매일신보1940.5.13-8.15.
영혼과 육체/靈と肉 :
兒童(일본)1934.11-1935.3.
이와모토 지원병/岩本志願兵 :
每日新聞(일본)1943.8.24.-9.9.
인간의 굴레/人間の絆 : 河出書房(일본)1941.
인왕동 시대/仁王洞時代 : 河出書房(일본)1935.
전원의 뇌명/田園の雷鳴 : 洛陽書院(일본)1940.
처녀의 윤리/処女の倫理 :
국민신보1939.4.3-8.13.
치인정토/痴人浄土 :
福岡日日新聞(일본)1937.6.16-11.6.
칠 년의 폭풍/七年の嵐 : 洛陽書院(일본)1941.
카토키요마사/加藤清正 :
文藝1939.1, 改造社(일본)1939.
푸른 북국/緑の北国 : 河出書房(일본)1941.
행복한 백성/幸福の民 : 開拓(일본)1942.5-8.
화전 어느 쪽도 불사하다/和戰何れも亂世ず :
大観堂(일본)1942.
고독한 혼/孤獨なる魂 : 三崎書房(일본)1942.

전동림

그림자를밟는사람들/影お踏む人々 :
四條書房(일본)1941.

전명선

풍년토/豊年土 : 서지불명.

전무길

과도기/過渡期 : 조선일보1932.4.12-5.27.
심판/審判 : 조선지광1929.9-1930.1.
적멸/寂滅 : 동아일보1937.6.3-7.6.
허영녀의 독백/虛榮女의獨白 : 대중1930.5-8.

전영택

노래를 잊어버린 이들/노래를이저버린이들 :
조선일보1933.12.7-1934.1.31.
새 주인/새主人 : 조선일보1934.4.3-6.9.
생명의 봄/生命의봄 : 창조1920.3-7.
우정/友情 : 가정지우1939.7-10.
재출발/再出發 : 매일신보1939.7.8-8.18.
청춘곡/青春曲 : 매일신보1936.1.1-5.17.

전탁

수난/受難 : 우리들1934.3.

정비석

고원/故苑 : 정양사1946.
고향의 봄 : 계몽사1950.
금단의 유역/禁斷의流域 : 조광1939.7-12.
도회의 정열/都會의情熱 : 신인1947.10·11.
별과 달의 우정 : 민교사1949.
애련기/哀戀記 : 실업조선1947.1-6.
원근춘 : 부산일보1946.5.3-6.1.
장미의 계절/薔薇의季節 :
중앙신문1947.9.9-1948.3.30.

청춘산맥/青春山脈 : 경향신문1950.1.1-6.25.
청춘의 노래/青春의노래 : 실업조선1947.1-5.
청춘의 윤리/青春의倫理 : 평범사1943.
파도/波濤 : 대조사1946.
화풍/花風 : 매일신보1940.8.17-11.16.

정연규(정마부)
떠돌이의 하늘(정처 없는 하늘가)/さすらひの空 : 宣傳社(일본)1923.
혼/魂 : 한성도서1920.
황해의 탄식/黃海の嘆き : 魂(일본)1936.5-8,10,11.

정은선
청춘애사/青春哀史 : 신인문학1934.8.

정인택
구역지/區域誌 : 조광1941.4
꿈에 다니는 길 : 어린이나라1949.9-1950.3.
동요/動搖 : 문장1939.7.
반도의 독수리 다케야마 대위/半島の陸鷲 武山大尉 : 매일신보사1944.
봄의 노래 : 소학생1948.7-12.
아름다운 새벽 : 아동구락부1950.1-6.
이름 없는 별들 : 소학생1949.10-1950.4.
철쇄/鐵鎖 : 실업조선1947.8.
청량리계외/清涼里界隈 : 국민문학1941.11.
청포도/青葡萄 : 자유신문1950.5.5-6.24.
하얀 쪽배 : 소학생1949.1·2-6.

정청산
의원/醫員 : 풍림1937.2(2), 1937.4.

조용만
매부 : 조광1941.10.

조우호
꿀벌 마아야의 모험 : 주간소학생1946.9.2.-23.

조일재
금척의 꿈/金尺의꿈 : 매일신보1934.7.23-1935.12.28.
동지사비화/冬之司秘話 : 매일신보1940.5.22-11.15.

주요섭
구름을 잡으려고 : 동아일보1935.2.17-8.4.
김유신/KIMYUSIN : The Mutual Publishers·相互出版社1947.
미완성/未完成 : 조광1936.9-1937.6.
웅철이의 모험 : 소년1937.4-1938.3.
첫사랑값 : 조선문단1925.9-1927.3.

지봉문
북국의 여인/北國의女人 : 조선문학1937.1-6.

지원
연옥순례/련옥순례煉獄巡禮 : 천주교회보1928.11.1-1929.9.1.

## 차

차상찬
장희빈/張禧嬪 : 조선중앙일보1936.4.29-9.4.
해동염사/海東艶史 : 한성도서1937.

차자명
전락/轉落 : 조선일보1936.1.24-2.22.

창랑인
홍길동전/洪吉童傳 : 만선일보1940.3.20-10.31.

채규호
재출발/再出發 : 호남평론1937.1-2.

채만식
과도기/過渡期 : 문학사상1973.8-9.
금의 정열/金의情熱 : 매일신보1939.6.19-11.19.
냉동어/冷凍魚 : 인문평론1940.4-5.
동화/童話 : 여성1938.3.
명일/明日 : 조광1936.10-12.
민족의 죄인/民族의罪人 : 백민1948.10-11.
병이 낫거든/病이낫거든 : 조광1941.7.
보리방아 : 조선일보1936.7.4-18.
소년은 자란다 : 1949(미발표), 월간문학1972.9.
심봉사 : 신시대1944.11-1945.2.
아름다운 새벽 : 매일신보1942.2.10-7.10.
어머니 : 조광1943.3-6, 8-10.
어머니를 찾아서/어머니를찾어서 : 소년1937.4-8.
여인 전기/女人戰記 : 매일신보1944.10.5-1945.5.17.
여자의 일생/女子의一生 : 서울타임스사1947.
옥랑사/玉娘詞 : 1948(미발표).
인형의 집을 나와서/人形의집을나와서 :

조선일보1933.5.27-11.14.
젊은 날의 한 구절/젊은날의한句節 :
여성1940.5, 7-8, 10-11.
정거장 근처/停車場近處 : 여성1937.4-10.
천하태평춘/天下太平春 : 조광1938.1-9.
탁류/濁流 : 조선일보1937.10.12-1938.5.15.
태평천하/太平天下 : 명성사1940.
허생전/許生傳 : 조선금융조합연합회1946.
황금광 시대/黃金狂時代 : 중앙출판사1949.

최금동
애련송/愛戀頌 : 동아일보1937.10.5-12.14.
환무곡/幻舞曲 : 동아일보1937.1.1.

최덕신
인면혈전기/印緬血戰記 :
영남일보1949.6.19-8.15.

최독견
난영/亂影 : 조선일보1927.9.30-1928.3.7.
명일/明日 : 조선일보1932.11.23-1933.3.4.
승리자/勝利者 : 철필1937.8.
승방비곡/僧房悲曲 : 조선일보1927.5.10-9.11.
연애비상선/戀愛非常線 :
조선중앙일보1935.12.7-1936.5.27.
유린/蹂躪 : 상해일일신문1921.
정화/淨化 : 중외일보1928.8.7-1929.11.30.
청춘의 죄/青春의罪 : 문예공론1929.5-6.
탁류/濁流 : 중외일보1930.1.9-5.31.
향원염사/香園艶史 :
조선일보1928.10.29-1929.10.20.
황원행/荒原行 : 최독견 외.
동아일보1929.6.8-10.21.

최명익
기계/機械 :
조선문학1947.12(1회), 문학예술1948.4(2회).
심문/心紋 : 문장1939.6.
폐어인/肺魚人 : 조선일보1939.2.5-25.

최병일
배나무/梨の木 : 盛文堂書店1944.

최병화
꽃피는 고향/꽃피는故鄕 : 박문출판사1949.
꿈에 보는 얼굴 : 새동무1947.7-9호.
꿈에 보이는 얼굴 : 소년1940.9-12.
삼색화/三色花 : 아이생활1940.1-1941.3.
십자성의 비밀 : 어린이나라1949.7-1950.3.
희망의 꽃다발 : 민교사1949.

최상덕
마음의 봄 : 매일신보1934.12.20-1935.7.18.
새벽 : 서울신문1949.12.15-1950.4.6.

최서해
호외 시대/號外時代 :
매일신보1930.9.20-1931.8.1.

최연택
죄악의 씨/罪惡의씨 : 문창사1922.

최윤수
폐읍의 사람들/廢邑の人々 :
경성일보(朝刊)1928.5.22-6.27.

최인준
암류/暗流 : 신동아1934.9-12.
통곡하는 대지/慟哭하는大地 : 사해공론1936.3,6.

최재서(석전경조石田耕造)
비시의화/非時の花 : 국민문학1944.5-8.

최정희
다난보/多難譜 : 매일신보1933.10.10-11.25.
비탈길 : 문예1949.8-9.
인맥/人脈 : 문장1940.4.
지맥/地脈 : 문장1939.9.
천맥/天脈 : 삼천리1941.1-4.

최춘렬(방산신월)
낙원/樂園 : 호남평론1936.8-1937.1.

최태응
재전/再戰 : 서지불명.

최학송
홍한녹수/紅恨綠愁 : 최학송 외.
매일신보1926.11.14-12.19.

최희성
원정대/원정딕 : 신한민보1928.7.5-8.30.

춘성
반항/反抗 : 신민공론사1923.
천사/天使 : 청조사1925.
청춘의 광야/青春의曠野 : 청조사1924.

### 타

**태영선 외**

불탄 촌/불탄村 : 신소년1930.5-8.

### 파

**포외생**

세일즈걸/쎌스껄 : 신가정1933.5-11.

### 하

**한무숙**

등불 드는 여인/灯を持つ女 : 신시대1942.

역사는 흐른다/歷史는흐른다 : 국제신보1948.

**한설야(만년설)**

과도기/過渡期 : 조선지광1929.4

귀향/歸鄕 : 야담1939.2-7.

김일성 장군/金日成將軍 : 신생사1947.

대륙/大陸 : 국민신보1939.6.4-9.24.

마음의 향촌/마음의鄕村 :
동아일보1939.7.19-12.7.

모색/摸索 : 인문평론1940.3.

부역/賦役 : 조선문학1937.6.

산촌/山村 : 조광1938.11.

세로/世路 : 춘추1941.4.

씨름 : 조선지광1929.8.

열풍/熱風 : 1944(미발표).

임금/林檎 : 신동아1936.3.

종두/種痘 : 문장1939.8.

철로교차점/鐵路交叉點 : 조광1936.6.

청춘기/青春期 : 동아일보1937.7.20-11.29.

초향/草鄕 : 박문서관1941.

초향 : 박문서관1941.

탁류/濁流 : 「홍수」, 「부역」, 「산촌」을 합한 작품명.

탑/塔 : 매일신보1940.8.1-1941.2.14.

파도/波濤 : 인문평론1940.11.

하얀 개간지/白い開墾地 : 文學案內(일본)1937. 2.

홍수/洪水 : 조선문학1936.5.

황혼/黃昏 : 조선일보1936.2.5-10.28.

**한수한**

닭이가리 : 신동아1933.3-5.

**한용운**

박명/薄命 : 조선일보1938.5.18-1939.3.12.

죽음 : 1924(미발표).

후회/後悔 : 조선중앙일보1936.6.27-9.4.

흑풍/黑風 : 조선일보1935.4.9-1936.2.1.

**한인택**

선풍 시대/旋風時代 :
조선일보1931.11.7-1932.4.23.

선풍 이후/旋風以後 : 신동아1935.4-?

잃어버린 고향 : 동아일보1937.7.17-8.27.

**한적선**

철민/哲民 : 농민생활1934.5-1935.12.

**한흑구**

사형제/四兄弟 : 농민생활1935.10-1936.6.

**함대훈**

무풍지대/無風地帶 : 조광1937.7-1938.1.

방파제/防波堤 : 광업조선1937.12, 1938.1,
조광1938.12-1939.11.

백장미/白薔薇 : 사해공론1936.10.

북풍의 정열/北風의情熱 : 조선출판사1943.

빈사의 백조/瀕死의白鳥 : 여성1936.4-9.

순정해협/純正海峽 : 조광1936.1-8.

악몽/惡夢 : 한성도서주식회사1937.

정열 지대/情熱地帶 : 비판1939.4-1940.1.

첫사랑 : 조광1935.11.

청춘보/青春譜 : 동방출판사1947.

폭풍 전야/暴風前夜 :
조선일보1934.11.6-1935.4.28.

희망의 계절 : 경향출판사1948.

**함효영**

황원의 비곡/荒原의悲曲 : 영화시대1932.2.

**허준**

야한기/夜寒記 : 조선일보1938.9.3-11.11.

잔등/殘燈 : 대조1946.1-4.

**현경준**

돌아오는 인생/도라오는人生 :
만선일보1941.11.1-1942.3.3.

마음의 금선/마음의琴線 : 홍문서관1944.

마음의 태양/마음의太陽 :
조선일보1934.5.28-9.15.

명암/明暗 : 조선일보1935.4.17-5.5.

선구 시대/先驅時代 : 만선일보1939.5.12-12.1.

소년록/少年錄 : 문장1939.7.

오마리 : 조선문학1939.5.

유맹/流氓 : 인문평론1940.7-8.

인생좌/人生座 : 홍문서관1944.

첫사랑 : 문장1940.9.

초연수첩/初戀手帖 : 만선일보1939.?-12.29.

향약촌/鄕約村 : 비판1936.6-10.

현덕

광명을 찾아서 : 동지사아동원1949.

군맹/群盲 : 매일신보1940.2.2-3.29.

녹성좌/綠星座 : 조선일보1939.6.16-7.26.

현민

행로/行路 : 개벽1934.11-1935.1.

현병주

단종혈사/端宗血史 : 거문당(삼문사)1936.

현진건(빙허)

무영탑/無影塔 : 동아일보1938.7.20-1939.2.7.

선화공주/善花公主 : 춘추1941.4-9.

웃는 포사/웃는褒似 :
신소설1930.9, 해방1930.12-1931.2.

적도/赤道 : 동아일보1933.12.20-1934.6.17.

지새는 안개 : 개벽1923.2-10.

타락자/墮落者 : 개벽1922.1-4.

팔리는몸 : 조선일보1921.5.1-30.

해뜨는 지평선/해쓰는地平線 :
조선문단1927.1-3.

흑치상지/黑齒常之 :
동아일보1939.10.25-1940.1.16.

연애의 청산/戀愛의淸算 :
신동아1931.11-1932.3.

홍구

마지막 노래 : 문학월보1933.9-?

홍구범

비오는 밤 : 여성1949.10-?

불그림자 : 혜성1950.1-5.

길은 멀다 : 협동1950.1-5.

홍기원

신성/新星 : 기독신보1921.2.23-12.21.

홍난파(영후, 난파생)

최후의 악수/最後의握手 :
매일신보1921.4.29-6.7.

허영/虛榮 : 매일신보1919.9.3-11.18.

홍명희(홍벽초)

임거정전/林巨正傳 :
조선일보1928.11.21-1939.3.11.

홍일오

불여의/不如意 : 중외일보1930.1.24-5.31.

홍종우

밭 가는 사람들/耕す人々の群 :
第一書房(일본)1941.

홍효민

양귀비/楊貴妃 : 삼중당1948.

여걸 민비/女傑閔妃 : 삼중당1948.

인조반정/仁祖反正 : 야담1936.6-12.

인현왕후와 장희빈/仁顯王后와張禧嬪 :
새살림1948.2-1949.7.

태종대왕/太宗大王 : 대성출판사1948.

혈서/血書 : 삼중당1948.

환원

서시/西施 : 원작미상(번안). 만몽일보1939.7.1-27.

황순원

별과 같이 살다 : 정음사1950.

효성

여자의 길/녀자의길 : 부인1922.8.

# 작가 간략 소개

**가**

**강경애**(姜敬愛, 1906-1944) : 姜가마.
황해도 송화 출생. 1936년 간도 용정에서 안수길, 박영준 등과 함께 《북향》 동인으로 시작 활동. 1931년 1월 《조선일보》 문예란에 단편 「파금」을 투고한 이래 「젊은 어머니」, 「채전」, 「축구전」, 「유무」, 「모자」, 「원고료 이백 원」, 「해고」, 「번뇌」, 「파경」, 「산남」, 「어둠」, 「마약」, 「검둥이」 등의 단편소설을 발표.

**강금종**(姜金鍾, 1917-?) : 素凡.
제주시 삼양동 출생. 니혼 대학 법과 중퇴. 1948년 「어린 천사」 발표 이후 주로 50-60년대 활동한 작가.

**강노향**(姜鷺鄕, ?-?) : 聖九.
1935년 《개벽》에 수필 「잃어버린 요람」, 1935년 《중앙》에 「만가의 집」을 발표하며 작품 활동 시작. 「백일몽과 선가」, 「묘림」, 「어둠과 낭만파」, 「백구를 죽인 황혼」, 해방 후 「종상」, 「세월」, 「화인」 등 발표.

**경식**
본편 「두 사람」(신여성1926.8-10, 3회 미완)에서 처음 발견되었으나 더 이상 신원을 확인할 수 없다.

**계영철**
본편 「백두산의 보굴」(소년1940.1-8, 6회 완)에서 처음 발견되었으나 더 이상 신원을 확인할 수 없다.

**계용묵**(桂容默, 1904-1961) : 河泰鏞.
평북 선천 출생. 1945년 정비석과 함께 《대조》 발행. 1948년 김억(金億)과 함께 출판사 수선사 창립. 1925년 《조선문단》에 「상환」으로 등단. 이후 「최 서방」, 「인두지두」, 「백치 아다다」, 「병풍에 그린 닭이」, 「마부」, 「신기루」 등 50여 편의 단편소설 발표.

**계훈**(桂薰, ?-?)
본편 「사라진 무지개」(중앙1935.4-7)에서 처음 발견. 이서향과 함께 당시 동양극장에서 연출을 맡았던 계훈과 동일 인물로 추정되지만 더 이상 신원을 확인할 수 없다.

**고도**(孤島, ?-?)
본편 「사나 생이냐」(대성서림1924;1928)에서 처음 발견되었으나 더 이상 신원을 확인할 수 없다.

**고한승**(高漢承, 1902-1950)
경기 개성 출생. 일본 도쿄 유학 중 신극연구단체인 '극예술협회' 창립 회원으로 활약. 귀국 후 연극 활동을 하였으나 1923년 방정환과 '색동회' 조직. 이후 동화집 『무지개』 등을 펴내며 동화 작가로 활약. 해방 직후 《개벽》에 근무하면서 잡지 《어린이》 복간. 「장구한 밤」, 「4인 남매」 등 발표.

**구름**
본편 「새벽길」(신한민보1934.1.11-6.21)에서 처음 발견되었으나 더 이상 신원을 확인할 수 없다. 《신한민보》는 미국에서 우리 교민들이 발행한 교민신문인데, 연재 지면에 '미쉬칸 구름'이라고 적혀 있는 것으로 보아 미시간 주에 거주하는 우리 교민 중 한 사람일 것으로 추정된다.

**권태익** : 訥人.
1948년 조선문화연구사에서 발행한 『임진왜란』의 저자. 정확한 신원은 확인할 수 없다. 1948년 8·9월

號《민주조선》에 「李朝黨爭槪史」 등의 역사 논문을 게재한 바 있다. 《민주조선》은 과도정부 공보부 여론국 교육과의 기관지이다. 이 잡지는 1948년 8월 대한민국 정부의 수립과 함께 발행이 금지되었다.

기봉(箕峯. ?-?)
본편 「시의 화」(조선일보1923.6.27-9.5)에서 처음 발견. 더 이상 신원을 확인할 수 없다.

기월(其月, ?-?)
본편 「피눈물」(독립신문1919.8.21-9.27, 11회 완)에서 처음 발견. 신원확인 불가. 《독립신문》은 1919년 상해에서 발간된 신문이다. 작품의 내용으로 보아 작가는 3·1운동을 생생하게 체험했으며 항일운동을 위해 상해로 망명한 인물로 보인다.

김영수(金永壽, 1911-1977) : 萍.
서울 출생. 일본 와세다 대학 영문과 중퇴. 1934년 《조선일보》에 희곡 「광풍」, 《동아일보》에 「동맥」이 당선되어 극작가로 데뷔. 1939년에는 소설 「용녀」(후에 「소복」으로 게재)가 《동아일보》에 당선되어 소설가로도 활동. 「코」, 「밤」, 희곡 「단층」, 해방 후 「파도」, 「여성회의」, 「화려한 성좌」 등 발표.

김광주(金光洲, 1910-1973)
경기 수원 출생. 중국 난양대학교 의학부 중퇴. 1933년 「밤이 깊어 갈 때」 이후 「포도의 우울」, 「파혼」 등을 발표하며 본격적인 작품 활동. 《경향신문》 문화부장 역임. 「북평서 온 영감」, 「악야」 등 발표.

김규택(金奎澤, 1906-1962) : 熊超.
경상남도 출생. 일본 가와바다 미술학교 졸업. 1930년대 만화계의 선구자. 「모던춘향전」(만화만문)을 1932년 11월부터 잡지 《제일선》에 연재. 「벽창호」 1933년 6월 1일부터 《조선일보》 연재. 1933년 《조선일보》에 연재된 이광수 「유정」의 삽화 담당. 1935년 유머소설 「망부석」 집필 및 삽화 게재. 단행본 만화 대표작 『망부석』, 『억지춘향』 등 발표.

김기림(金起林, 1908-?) : 片石村.
함경북도 성진 출생. 니혼 대학 문학예술과, 도호쿠 대학 영문과 졸업. 1931년 《조선일보》 기자로 있으면서 시 「고대」, 「날개만 도치면」을 발표하며 등단. 1933년 이효석, 정지용 등과 함께 구인회 결성. 「어떤 인생」, 「번영기」, 「철도연선」 등 단편소설.

김기진(金基鎭, 1903-1985) : 八峯 외 다수.
충청북도 청원 출생. 릿쿄 대학 영문학부 중퇴. 《매일신보》, 《시대일보》, 《중외일보》 기자 역임. 1922년 박승희, 이서구, 등과 '토월회'를 조직. 1923년 박영희, 이익상, 김복진 등과 함께 '파스큘라'를 결성. 1923년 《백조》에 「애련모사」를 발표하며 시작활동. 「붉은 쥐」, 「불이야 불이야」, 「젊은 이상주의자 의사」, 「몰락」, 「본능의 복수」, 「봄이 오기 전」, 「언덕 위에서」 등 단편소설.

김남천(金南天, 1911-1953) : 孝植.
평남 성천 출생. 일본 호세이 대학 졸업. 임화, 안막, 이북만 등과 함께 카프 도쿄 지부가 발행한 기관지 《무산자》에 참가. 1931년 희곡 「파업 조정안」, 「공장신문」, 「공우회」를 발표. 이후 「물」, 「생의 고민」, 「문예구락부」, 「남매」, 「처를 때리고」, 「소년행」, 「춤추는 남편」, 「제퇴선」, 「가애자」, 「누나의 사건」, 「미담」, 「맥」 등 발표. 1945년 임화와 함께 '조선문학건설본부' 설립. 1946년 '조선문학가동맹' 서기장. 월북.

김낭운(金浪雲, ?-?)
1925년 김형원, 김석송 등과 함께 문예지 《생장》 창간. 「귀향」, 「어느 회사원」, 「첫날밤」 등 발표. 1927년 모리스 르브랑의 「최후의 승리」 번안.

김단정(金丹鼎, ?-?)
본편 「괴적」(중외일보?-1927.6.12)에서 처음 발견되었으나 더 이상 신원을 확인할 수 없다.

김달수(金達壽, 1919-1997)
경상남도 창원 출생. 니혼 대학 예술학과 졸업. 10

세 때 도일 재일교포 작가로 일본에서 활약. 1949년 「후예의 집」으로 등단. 60년대 일본에서 활동한 재일교포 대표 작가. 《민주조선》 창간. 「현해탄」, 「박달의 재판」 등 발표.

김동리(金東里, 1913-1995) : 金始鍾.
경상북도 경주 출생. 1934년 《조선일보》 신춘문예에 시 「백로」가 당선되며 등단. 1935년 《중앙일보》 신춘문예에 「화랑의 후예」, 1936년 《동아일보》 신춘문예에 「산화」 당선. 이후 「바위」, 「무녀도」, 「황토기」 등을 발표.

김동인(金東仁, 1900-1951) : 琴童.
평양 출생. 일본 메이지 학원, 가와바다 미술학교 수학. 1919년 주요한, 전영택, 김환 등과 함께 《창조》 발간. 창간호에 「약한 자의 슬픔」을 발표한 이후 「마음이 옅은 자여」, 「배따라기」, 「태형」, 「목숨」 등 발표. 1923년 《영대》 발간. 「명문」, 「감자」, 「시골 황 서방」, 「광화사」, 「광염 소나타」, 「발가락이 닮았다」, 「붉은 산」 등 발표. 1935년 《야담》 발간.

김동환(金東煥, 1901-?) : 巴人.
함경북도 경성 출생. 도요 대학 영문학과 중퇴. 1924년 《금성》에 시 「적성을 손가락질하며」가 추천됨. 1925년 한국 최초의 서사시 「국경의 밤」 발표. 《조선일보》, 《동아일보》 등 기자로 활동. 1929년 월간지 《삼천리》 창간. 1938년 《삼천리문학》 발간. 시인이나 「추격」, 「밋천」, 「재판장 과코」 등 단편소설도 발표.

김두식(金斗植, ?-?)
본편 「이역의 춘몽」(기독신보1918.5.29-8.14)에서 처음 발견되었으나 더 이상 신원확인 불가. 북간도에서 활동하던 기독교인으로 보인다. 연재 지면에 '北間島 金斗植'으로 소개되었고 《동아일보》 1922년 8월 26일자에 용정에서 예수교 장로파가 개최한 강연회에 연사로 참석했다는 기사가 있다.

김래성(金來成, 1909-1958) : 雅人.
평남 대동 출생. 와세대 대학 독문과 졸업. 1935년 일본의 탐정소설 전문 잡지 《부로후이루(Profile)》에 「타원형의 거울」 발표. 이후 여러 신문에 탐정소설과 번안 소설을 발표하며 추리소설가로 활약. 「시유리」, 「백사도」, 「광상 시인」 등 단편소설.

김만선(金萬善, 1915-?)
서울 출생. 1935년 《조선중앙일보》 기자. 1940년 《조선일보》 신춘문예에 「홍수」가 당선되어 등단. 해방 후 조선문학가동맹 가담. 「절름발이 돌쇠」, 「압록강」, 「한글강습회」, 「해방의 노래」, 「대설」, 「이혼」, 「귀국자」, 「노래기」, 「어떤 친구」, 「형제」, 「이중 국적」 등 단편소설.

김말봉(金末峰, 1901-1962)
부산 출생. 도시샤 대학 영문과 졸업. 1932년 《중앙일보》 신춘문예에 「망명녀」가 당선되어 등단. 「고행」, 「편지」 등 발표. 이후 「밀림」, 「찔레꽃」 등 신문 연재소설로 주목받음. 해방 이후 「카인의 시작」, 「화려한 기억」, 「태양의 권속」, 「파도에 부치는 노래」, 「새를 보라」, 「바람의 향연」, 「푸른 날개」, 「옥합을 열고」, 「찬란한 독배」, 「생명」, 「길」, 「사슴」, 「장미의 고향」 등 발표.

김명순(金明淳, 1896-?) : 彈實.
평안남도 평양 출생. 1917년 잡지 《청춘》 현상 공모에 「의심의 소녀」가 당선되어 등단. 1919년 《창조》 동인으로 참여. 1939년 도일 후 정신병원에서 객사. 「칠면조」, 「탄실이와 주영이」, 「돌아다볼 때」, 「꿈 묻는 날 밤」, 「손님」, 「나는 사랑한다」, 「모르는 사람같이」 등 발표.

김문집(金文輯, 1909-?) : 花豚.
경북 대구 출생. 도쿄 제국대학 문과 중퇴. 1936년 《동아일보》에 「전통과 기교 문제」, 《조선문학》에 「문학비예술론자의 독백」 발표하며 비평 활동 시작. 최재서, 백철, 김용제 등과 대립하며 비평의 예술성을 강조하였으나 1941년 일본 귀화. 콩트 「동정의 낭만파」, 일본어 소설「아리랑 고개」 등 발표.

김복진(金復鎭, 1901-1941) : 井觀.
충청북도 청주 출생. 동생 김기진. 도쿄 우에노 미술학교 졸업. 1922년 박승희, 이서구, 김기진 등과 함께 '토월회' 결성. 1923년 파스큘라 참가, 1925년 '조선프로예맹' 창립 참여. 1926년《문예운동》 발행. 최초의 조소작가, 미술비평가, 문예운동가로 활약.《개벽》에「조선미술의 윤관」 등을 발표하며 평론가로 활동.

김사량(金史良, 1914-1950) : 時昌.
평안남도 평양 출생. 도쿄 제국대학 독문과 졸업. 1936년 동인지《제방》발간. 처녀작「토성랑」발표.《문예수도》 동인으로「기자림」,「산의 신들」 발표. 1940년「빛 속에서」가 아쿠타가와상 후보에 오름. 해방 후 귀국. 인민군 종군기자로 한국전쟁에 참전, 전사.「유치장에서 만난 사나이」,「지기미」,「칠현금」,「천마」,「무궁일가」,「물오리섬」 등.

김사영(金士永, 1915-?)
경상북도 상주 출생. 1935년 대구사범학교 졸업. 1940년《매일신보》신춘문예에「춘풍」당선. 1941년《국민문학》과 조선문인협회가 주관한 현상소설 모집에「형제」입선.

김상용(金尙鎔, 1902-1951) : 月坡.
경기도 연천 출생. 릿쿄 대학 영문과 졸업. 1926년《동아일보》에 시「일어나거라」를 발표하며 시작 활동. 수필집『무하선생방랑기』. 하디의「아내를 위하여」 번역.

김성민(金聖珉, 1916-?)
평남 평양 출생. 평양고보 졸업. 1948년 시나리오「심판자」 발표 후「운명의 손」,「인생 역마차」 등 발표. 연출가로 활약.

김송(金松, 1909-1988) : 凡山. 본명 金玄松.
함경남도 함주 출생. 니혼 대학 예술과 중퇴. 1940년《인문평론》에 희곡「농월」로 등단.「국경의 주막」,「추계」 등 희곡 발표. 해방 이후《백민》 창간.《자유문학》 주간을 역임하며 소설가로 활동.「만세」,「무기 없는 민족」,「고향 이야기」,「정임이」,「순정기」,「남사당」 등 단편소설.

김심무(金心畝, ?-?)
본편「상사의 사」(매일신보1922.2.6-5.7)에서 처음 발견되었으나 더 이상 신원을 확인할 수 없다.《신천지》 편집장을 역임했으며 金種燮과 함께 목포 지역의 월간 잡지《曉鐘社》를 설립했다.

김영석(金永錫, ?-?)
1938년《동아일보》 신인문학 콩쿠르에「비둘기의 유혹(誘惑)」이 당선되어 등단. 1940년《인문평론》에 유진오의 추천으로「월급날 일어난 일들」을 발표한 이후「형제」,「신혼」,「상인」,「좀」 등 발표. 해방 후「혜란의 수기」,「코」,「지게꾼」,「금전 문제」,「전차 운전수」,「지하로 뚫린 길」,「가방」,「폭풍」 등 발표. 월북.

김영수(金永壽, 1911-1977)
서울 출생. 와세다 대학 영문과 중퇴. 1934년 이해랑, 김동원 등과 함께 '도쿄학생예술좌' 창립. 1934년《조선일보》 신춘문예에「광풍」,《동아일보》 신춘문예에「동맥」이 당선되어 극작가로 데뷔. 1939년《조선일보》신춘문예에「용녀」(이후「소복」으로 게재)가 당선되어 소설가 데뷔.「생리」,「밤」 등 단편 발표.

김우철(金友哲, 1915-?)
평안북도 의주 출생. 1929년 신의주 고보를 중퇴하고, 아동청소년잡지《별나라》,《신소년》 등에 관여하며, 계급주의적 관점에서 아동문학에 대한 평론 및 소설 발표.「등피알 사건」,「상호의 꿈」,「오월의 태양」,「공장이 파한 뒤」,「야학의 연필 사건」 등 동화 발표.

**김유정**(金裕貞, 1908-1937)
강원도 춘천 출생. 휘문고보 중퇴. 1933년 구인회 참가. 「산골 나그네」, 「총각과 맹꽁이」 발표. 1935년 《조선일보》 신춘문예에 「소낙비」, 《중앙일보》에 「노다지」가 당선되어 본격적인 문단 활동. 이후 「두꺼비」, 「금 따는 콩밭」, 「만무방」, 「봄봄」, 「옥토끼」, 「슬픈 이야기」, 「동백꽃」, 「따라지」, 「정분」, 「땡볕」 등 발표.

**김은경**
본편 「제힘」(조선일보1932.4.26-5.31)에서 처음 발견. 더 이상 신원을 확인할 수 없다.

**김일평**(金一平, ?-?)
본편 「나그네」(매일신보1937.6.23-7.16)에서 처음 발견. 더 이상 신원을 확인할 수 없다.

**김정진**(金井鎭, 1886-1936) : 雲汀.
서울 출생. 1920년 《동아일보》에 「사인의 심리」를 발표하며 극작 시작. 이후 윤백남의 민중극단에 전속작가로 참여. 《경성일보》, 《시대일보》 기자로 활동. 조선방송협회 근무. 「기적 불 때」, 「십오분간」, 「찬웃음」 등 희곡 발표.

**김철주**(金錶舟, ?-?)
본편 「북국낙화」(해동공론1946.12)에서 처음 발견되었으나 더 이상 신원을 확인할 수 없다.

**김춘광**(金春光, 1900-1949) : 본명 金肇盛.
황해도 평산 출생. 메이지 대학 연극창작과 수학. 1930년 우미관 주임변사로 활약. 대표작 「검사와 여선생」.

**김태흡**(金泰洽, 1899-1989) : 본명 金龍業. 호 素荷. 창씨명 金山泰洽. 필명 金華山人.
서울 출생. 1905년 심원사에서 출가. 일본에 유학하여 인도철학과 종교학 전공. 1935년 8월부터 1944년 4월 15일까지 《佛教時報》를 발행하는 동안 친일 활동. 시, 창가, 시조, 소설, 희곡 등 문학의 전 장르에 걸쳐 불교를 주제로 한 다수의 작품.

**김해상덕**(金海相德, ?-?) : 본명 相德.
본편 「太郎の冒險」(성문당서점1944)에서 처음 발견되었으나 더 이상 신원을 확인할 수 없다. 『半島名作童話集』(成文堂書店1943), 『朝鮮古典物語』(成文堂書店1945) 등 일본어 서적 발간. 동요동극 연극단체 '두루미회'에 참여하고 1938년 아동극 「즐거운 원족」, 「매미와 아이들」 등을 발표한 金相德과 동일인물로 보인다. 金相德은 『안해의 결심』(홍문서관1944)과 『어머니의 승리』(경성동심원1944) 등을 편집·발간했다.

**김홍희**(金鴻熙, ?-?)
본편 「농촌행진곡」(실생활1932.1-8)에서 처음 발견되었으나 더 이상 신원을 확인할 수 없다. '조선물산장려회', '東亞商工時報社' 등에서 활동. 1931년 8월 《실생활》에 단편소설 「비밀」 발표.

**김환**(金煥, ?-?) : 白岳.
김동인과 함께 《창조》 동인으로 활동. 《학지광》 편집위원. 「악마의 저주」, 「신비의 막」, 「자연의 자각」 등 발표.

## ㉯

**나도향**(羅稻香, 1902-1926) : 彬. 본명 慶孫.
서울 출생. 경성의학전문학교 중퇴. 1922년 현진건, 홍사용, 이상화, 박종화, 박영희 등과 함께 《백조》 동인 참여. 창간호에 「젊은이의 시절」을 발표하며 문단 활동 시작. 「별을 안거든 우지나 말걸」, 「옛날의 꿈은 창백하더이다」, 「은화백동화」, 「17원 50전」, 「행랑자식」, 「자기를 찾기 전」, 「벙어리 삼룡」, 「물레방아」, 「뽕」 등 발표.

**나일**
본편 「그와 감방」(동아일보1929.10.22-11.16)에서 처음 발견되었으나 더 이상 신원을 확인할 수 없다.

**노성산인**(老星山人, ?-?)
본편 「어사 박문수」(중외일보1927.8.1-12.30)에서 처음 발견되었으나 더 이상 신원을 확인할 수 없다.

**노자영**(盧子泳, 1898-1940) : 春城.
황해도 장연 출생. 니혼 대학 수학. 1922년 《백조》 동인으로 가담하면서 본격적인 작품 활동을 시작. 청조사를 경영하며 《신인문학》을 주재, 1937년부터 《조광》 편집. 1920년 2월 《서광》에 「誰의 課」를 발표한 이래 「정조」, 「표백」, 「청묘」, 「아버지」, 「가면행진곡」, 「봄날의 꿈」, 「산촌」, 「폐인」, 「누님」, 「홍장미」, 「산향기」, 「산사」, 「비가」, 「탄식의 문」, 「인생특급」, 「불멸의 진리」, 「애사」, 「호도 속에 든 염서」 등 단편소설.

**다몽생**(多夢生, 1901-?) : 본명 溫樂中.
전라북도 김제 출생. 와세다 대학을 졸업하고 귀국하여 중앙고등보통학교 교사. 1926년 12월 박헌영, 김단야, 임원근, 조봉암 등이 결성한 사회주의 청년단체인 '고려공산청년회'에 가입하여 중앙집행위원에 선임되었으며 이듬해 조선공산당에 입당. 1948년 조선중앙일보사에서 북한을 방문하여 느낀 생각을 기록한 『북조선기행』 발간.

**다**

**단정학**(丹頂鶴, ?-?)
본편 「곗쇠」(신민1929.11-1931.12)에서 처음 발견되었으나 더 이상 신원을 확인할 수 없다.

**동오**(東吾, 1872-1939) : 본명 申洪植, 申弘植.
충청북도 청주 출생. 1904년경 기독교에 입교하여 신앙 활동 시작. 3·1 독립운동 민족대표 33인 중 한 사람. 1929년 조선야소교서회에서 단편소설을 포함한 문집, 『長壽翁 An Old Christian's Story』 발간.

**동해수부**(1880-1951) : 본명 洪宗杓, 洪焉.
서울 출생. 1904년 하와이로 이민. 1911년 이후 《신한민보》에 '동해수부' 등의 필명으로 시, 시조, 소설, 희곡, 전기, 수필 등 다양한 장르의 작품 발표. 미주 한인단체인 '국민회' 역사 정리에 심혈을 기울여 1944년부터 1년간 《신한민보》에 「국민회약사」 연재.

**마**

**마황촌**(馬篁村, ?-?) : 본명 馬春曙.
본편 「백정의 아들」(신흥영화1932.6)에서 처음 발견되었으나 더 이상 신원을 확인할 수 없다. 馬春曙는 《신흥영화》의 편집인이며 1926·27년 《매일신보》에 「개고리 왕자」, 「처녀의 한」, 「백련왕비」, 「님은 가더이다」, 「어엽뿐 희생」, 「톡기의 뿔」 등 동화를 발표한 바 있다. 문필 경력과 이름의 처음이 '馬'인 점으로 보아 馬篁村은 馬春曙의 필명으로 보인다.

**목양**(牧羊, 1908-?) : 본명 李錫薰. 호 琴南.
평안북도 정주 출생. 와세다 대학 노문과에서 수학. 《대판매일신보》 통신원, 《경성일보》 특파원, 1932년 《개벽》 근무, 1933년 경성방송국 제2방송 아나운서, 1936년 평양방송국 주임 등으로 활동. 1929년 10월, 「아버지를 찾아서」를 발표한 이래, 「이주민 열차」, 「그들 형제」, 「궐녀의 인생철학」, 「궐녀의 길」, 「한몽」, 「동Q의 실연」, 「눈물의 산문시」, 「광인기」, 「가난병」, 「결혼」, 「동Q의 구직」, 「사잎 클로버의 꿈」, 「Q군과 밤차」, 「회색행」, 「정부」, 「초련」, 「제수」, 「질투」, 「퀘이트의 젊은 미망인」, 「여자의 불행」, 「카이제르와 이발사」, 「만춘보」, 「만추」, 「라일락 시절」, 「폭풍우의 밤」, 「바다의 탄식」, 「하르빈의 비밀」, 「부채」, 「유랑」, 「재출발」, 「애견가의 수기」, 「선령」, 「야」, 「생활의 발견」, 「정향화 필 때」, 「하늘의 영웅」, 「北の族」, 「기쁨의 날」, 「돈추유희」, 「혈연」, 「母の告白」, 「고향 찾는 사람들」 등 단편소설.

**문일**(文一, ?-?)
본편 「아리랑」(박문서관1929)에서 처음 발견되었으나 더 이상 신원을 확인할 수 없다. 「풍운아」, 「철인도」 등 주로 나운규의 영화를 소설화하였다.

**민병휘**(閔丙徽, ?-?)
1926년《시대일보》를 통해 평론 활동 시작. 1931년 프로연극단체 '대중극장' 창립 주도. 광복 후 조선문학가동맹에 가담. 월북. 「인삼」 등 단편소설.

**민소천**(閔素泉, ?-?)
본편 「양산도」(경향출판사1947)에서 처음 발견되었으나 더 이상 신원을 확인할 수 없다. 1943년 9월《조광》에 일제 식민지 정책에 부합하는 단막극 「촛불」을 발표했다.

**민태원**(閔泰瑗, 1894-1934) : 牛步.
충청남도 서산 출생. 와세다 대학 정치경제학부 졸업. 1917년 7월《청춘》에 수필 「화단에 서서」를 발표하며 작품 활동. 1920년대에《매일신보》 기자,《동아일보》 사회부장·정치부장,《조선일보》 편집국장,《중외일보》 편집국장을 역임하며 언론인으로 활동. 수필과 번안소설 등 다양한 분야의 작품을 발표. 1920년 7월《폐허》에 단편 「어느 小女」를 투고한 이래 「音樂會」, 「황야의 나그네」, 「寂寞의 伴奏者」, 「어느 사람들의 회화」, 「薄命의 지사 김옥균」 등 발표.

## 바

**박계주**(朴啓周, 1913-1966) : 曙雲. 필명 朴進.
간도 용정 출생. 용정중학 졸업. 1929년《간도일보》 신춘문예에 「적빈」이 입선. 1938년《매일신보》 장편소설 현상모집에 「순애보」가 당선되어 본격적인 작품 활동.《박문》,《삼천리》,《신시대》 편집부장.《민성》 주간,《한성일보》의 취체역 겸 편집고문 역임. 한국전쟁 중 백마고지·지리산전투 종군. 「예수 광인 김예근」, 「화성인」, 「인간 제물」, 「올양합」, 「아라사 처녀」, 「육표」, 「오리온 성좌」, 「향토」, 「천사」, 「어머니」, 「개」, 「그도 사람이다」, 「귀향」, 「예술가 K씨」, 「유민」, 「지옥의 시」, 「파고다의 소녀1」, 「다방 육체」, 「어머니」 등 단편소설.

**박남호**
본편 「황야조」(농민생활1936.3-7)에서 처음 발견되었으나 더 이상 신원을 확인할 수 없다.

**박노갑**(朴魯甲, 1905-1951) : 島村.
충남 논산 출생. 휘문고보 졸업. 일본 호세이(法政) 대학 법문학부 수학. 도쿄 유학 시절 무산자사에 가입하여 사회주의 문학 운동에 관여. 해방 이후에 '조선문학가동맹'에 가담. 1951년 숙명여고에 출근한 후 소식 두절. 1933년 단편 「안해」를 발표한 이래 「금가락지」, 「헛된 희생」, 「洪水」, 「오뉘」, 「고향 친구」, 「봄」, 「연긔」, 「방」, 「朴 선생」, 「둑이 터지든 날」, 「洋襪」, 「초사흘」, 「春甫의 得失」, 「꿀」, 「꿈」, 「고양이」, 「青莎記」, 「美人圖」, 「안해의 승리」, 「이랑이」, 「청춘」, 「長命酒」, 「노다지」, 「三人行」, 「거울」, 「명순이」, 「蒼空」, 「春顔」, 「金井」, 「秋風引」, 「芳魂」, 「横說」, 「朗朗」, 「飽說」, 「어머니의 마음」, 「먼동이 트기 前에」, 「百年今日」, 「未完說」, 「눈 오든 날 밤」, 「墓地」, 「春眠」, 「麥浪」, 「谷間」, 「他心」, 「白日」, 「消暢」, 「새벽」, 「歷史」, 「歡」, 「種」, 「갈매기」, 「沙上」 등 단편소설.

**박락동**(朴洛東, ?-?)
본편 「저주 받은 운명」(광업시대1937.11-1938.4)에서 처음 발견. 더 이상 신원을 확인할 수 없다.

**박루월**(朴淚月, ?-?) : 본명 박유영.
딱지본 대중소설의 작가, 대중가요 작사자, 영화평론가, 영화제작자로 활동. 단성사의 주인이자 영화제작자 겸 배급자였던 박승필의 조카. 영화잡지《영화시대》 편집장 역임. 1900년 이후 출생하여 1920년대 후반부터 활동한 것으로 추정.

**박백련**
본편 「떠오르는 아침해」(중명1933.5-8)에서 처음 발견되었으나 더 이상 신원을 확인할 수 없다.

**박승극**(朴勝極, 1909-?)
경기도 수원 출생. 배재고보 수료. 니혼 대학 정경과에 입학하였으나 사상 관계로 출학. 1929년 6월《조선지광》에 「농민」을 발표하면서 작품 활동 시작. 이후 해방되기까지 수필, 시, 문학평론 발표. 1948년 가족과 함께 월북한 후 조선민주주의인민공화국 최고인민회의 대의원, 문화선전성예술부장을 역임. 1970년 조선작가동맹 개성시 지부장을 지낸 것을 끝으로 이후의 행적 확인 불가. 「재출발」, 「풍진」, 「그 여인」, 「색등 밑에서」, 「화초」, 「평범한 이야기」, 「풍경」, 「추야장」, 「백골」, 「눈」, 「항간사」, 「떡」, 「사랑」, 「길」, 「별도 성내다」 등 단편소설.

박영만(朴英晩, 1914-1981) : 花溪.
평안남도 안주 출생. 1929년 진남포공립상공학교 3학년 재학 시 광주학생운동에 가담하였다가 퇴학. 1937년 『조선전래동화집』 및 『선구자』를 저술. 1940-1942년 이광수, 최재서 등의 친일문인을 공격하는 유인물을 문인들에게 배포하다가 일본 경찰에게 발각되어 중국 산시성(山西省) 극난파(克難坡)로 망명하여 광복군에 입대. 대한민국임시정부 선전부 선전위원. 광복군총사령부 선전과장. 「蜀花」, 「金九」, 「주춧돌」, 「暴風의 노래」 등의 단편소설.

박연빙
본편 「기우」(일심사1949)에서 처음 발견되었으나 더 이상 신원을 확인할 수 없다.

박영준(朴榮濬, 1911-1976) : 晩牛.
평안남도 강서 출생. 연희전문학교 문과 졸업. 1934년 《조선일보》 신춘문예에 단편소설 「모범경작생」이 당선되어 등단. 이어 콩트 「새우젓」과 장편소설 「일년」이 《신동아》에 당선. 1938년 만주로 이주하였다가 해방 직후 귀국. 「시골 교원의 하로」, 「쫓기어난 남편」, 「소녀공」, 「중독자」, 「생호래비」, 「도시의 잔회」, 「딸과 개」, 「어머니」, 「밭에서 우는 처녀」, 「지 박사」, 「아버지의 꿈」, 「약국」, 「새 신념」, 「눈오던 밤」, 「목화씨 뿌릴 때」, 「교유 부인」, 「한성격」, 「동정」, 「국수집」, 「쥐구넝」, 「교수의 성장기」, 「임정호」, 「사위」, 「효자」, 「꿈속의 고향」, 「고양이」, 「청사기」, 「남풍」, 「의수」, 「유랑」, 「무화지」, 「봄은 온다」, 「피난행」, 「환향」, 「악수」, 「배신」, 「과정」, 「민족」, 「아내도 돌아오다」, 「담배값」, 「추석」, 「두딸」, 「물쌈」, 「고양이」, 「고향 없는 사람」, 「부로커」, 「창공」, 「새로운 애정」, 「색맹」, 「풍설」, 「생활의 파편」, 「강아지」, 「여과」, 「셋집 풍경」, 「교수와 여학생」, 「회심기」, 「진통」, 「자살미수」, 「윤락설」, 「푸른 들」 등 단편소설.

박영호(朴英鎬, 1911-1953) : 필명 處女林.
강원도 통천 출생. 1930년대 초에 극작가로 등장. '태평레코드'와 '시에론레코드' 문예부장을 역임하며 대중가요 작사가로 활동. 1930년대 중반 동양극장 전속 극작가로 활동. 광복 이후 프로연극동맹을 주도하다가 1946년 월북.

박영희(朴英熙, 1901-?) : 懷月.
서울 출생. 배재고보 수료. 일본 도쿄 세이소쿠(正則) 영어학교에서 수학. 《신청년》, 《장미촌》, 《백조》 동인으로 활동. 1924년 10월 신경향파 문학단체 '파스큘라' 결성. 1925년 카프가 조직되자 지도적인 이론가로 활약. 1934년 전향 선언. 한국전쟁 때 납북된 이후 행적 불명. 「生」, 「結婚前日」, 「愛의 換歌」, 「二重病者」, 「戰鬪」, 「同情貞順이의 설움」, 「산양개」, 「피의 舞臺」, 「事件」, 「徹夜」, 「地獄巡禮」, 「出家者의 便紙」, 「春夢」, 「伴侶」, 「葡萄園에서」, 「明暗」 등 단편소설.

박완
본편 「제삼노예」(청수사1949)에서 처음 발견되었으나 더 이상 신원을 확인할 수 없다.

박용환(朴容奐, ?-?) : 호 隱坡.
본편 「흑진주」(매일신보1921.7.22.-1922.2.5, 조선서관·동양서원1922)에서 처음 발견되었으나 더 이상 신원을 확인할 수 없다. 1920년대 기자들의 모임인 '無名會'에 백대진, 오상근 등과 함께 간사로 활동. 《매일신보》 기자를 역임했던 것으로 보인다.

박일(朴一, ?-?) : 芽枝.
동화 작가. 본편 「노선생」(별나라1933.6-1934.2)

에서 처음 발견되었으나 더 이상 신원을 확인할 수 없다. 《동아일보》1930년 신춘문예에 동화 「동생을 차즈려」로 '선외입선' 하였다.

박종화(朴鍾和, 1901-1981) : 月灘.
서울 출생. 휘문의숙 졸업. 1921년에 《장미촌》의 동인이 되어 시 「오뇌(懊惱)의 청춘」, 「우유빛 거리」 등을 발표하며 활동. 1922년 1월 홍사용, 이상화, 나도향, 박영희 등과 함께 《백조》 창간호를 발행. 활동 초기에는 주로 시인으로 활동. 1935년 《매일신보》에 장편소설 「금삼의 피」를 연재하면서 역사소설 창작에 몰두. 「목매이는 여자」, 「이년 후」, 「아버지와 아들」, 「여명」, 「시인」, 「三絶賦」, 「浮世」, 「윤씨」, 「국사범」, 「조수루(釣水樓)기담」, 「은애전」, 「아랑의 정조」, 「민족」, 「논개」 등 단편소설.

박철
본편 「해방」(동문사1948)에서 처음 발견되었으나 더 이상 신원을 확인할 수 없다.

박춘양
본편 「무궁화」(중앙출판사1949)에서 처음 발견되었으나 더 이상 신원을 확인할 수 없다.

박태원(朴泰遠, 1909-1986) : 丘甫.
서울 출생. 일본 도쿄 법정대학 중퇴. 1930년 《신생》에 단편 「수염」을 발표하며 본격적으로 문단에 등장. 1933년 구인회에 가입하여 이태준, 정지용, 김기림, 이상 등과 함께 활동. 1946년 남로당 계열 문학 단체 '조선문학가동맹'의 중앙집행위원에 취임. 1948년 보도연맹에 가입하여 전향성명서에 서명. 한국전쟁 중 서울에 온 이태준, 안회남을 따라 월북. 「꿈」, 「행인」, 「회개한 죄인」, 「옆집색시」, 「사흘 굶은 봄ㅅ달」, 「피로—어느 反日의 기록」, 「누이」, 「오월의 薰風」, 「식객 오참봉」, 「딱한 사람들」, 「애욕」, 「길은 어둡고」, 「제비」, 「전말」, 「舊痕」, 「거리」, 「철책」, 「悲凉」, 「방란장 주인」, 「李箱哀史」, 「진통」, 「최후의 억만장자」, 「천변풍경」, 「報告」, 「향수」, 「여관주인과 여배우」, 「성군」, 「수풍금」, 「성탄제」, 「염천」, 「여백을 위한 잡단」, 「만인의 행복」, 「최노인 전초록」, 「陰雨」, 「그의 感傷」, 「淫雨」, 「재운」, 「춘보」 등 단편소설.

박팔양(朴八陽, 1905-?) : 필명 麗水.
경기도 수원 출생. 경성법전 졸업. 정지용, 박제찬 등과 《요람》 동인. 1923년 《동아일보》 신춘문예에 시 「신의 酒」가 당선되어 등단. 《동아일보》, 《조선일보》, 《중외일보》 기자를 거쳐 《만선일보》 사회부장·학예부장 역임. 카프, 조선문학가동맹 가담. 1946년 월북. 「正午 여섯時」, 「放浪의 水夫와 異國계집아이」, 「情熱의 都市」 등 단편소설.

박화성(朴花城, 1904-1988) : 素影. 본명 景順.
전라남도 목포 출생. 니혼 여자대학(日本女子大學) 영문과 3학년 수료. 1925년 이광수가 《조선문단》에 「추석 전야」를 추천하여 등단. 1932년 이광수가 《동광》에 「하수도 공사」를 추천하여 작가 생활 재개. 「팔삭동」, 「떠나려가는 유서」, 「젊은 어머니」, 「두승객과 가방」, 「논 갈 때」, 「찾은 봄 잃은 봄」, 「헐어진 청년회관」, 「신혼여행」, 「눈오든 그 밤」, 「이발사」, 「홍수 전후」, 「한귀」, 「중구ㅅ날(重陽節)」, 「불가사리」, 「고향 없는 사람들」, 「파경」, 「춘소(春宵)」, 「온천장의 봄」, 「시드른 월계화」, 「호박」, 「봄안개」, 「파라솔」, 「광풍 속에서」, 「활화산」 등 단편소설.

박흥민(朴興珉, 1922-?)
서울 출생. 아동문학가. 1938년 《동아일보》에 「과잣병」을 발표한 이래 「잉어」, 「새양복」, 「잉어」, 「고양이와 윤선이」, 「운동복」, 「길 잃은 윤선이」, 「월사금」, 「신문배달」, 「선생님을 울린 일」, 「흉잽혓네」, 「도라온 벳쨍이」, 「말 안 듣는 공치」, 「욕심쟁이 쥐」, 「나물장사 어머니」 등 아동문학 발표.

방기환(方基煥, 1923-1993)
서울 출생. 1947년 어린이 잡지 《소년》 창간. 1944년 극단 청춘좌의 현상모집에 희곡이 당선되어 활동을 시작한 이래 「뱀딸기」(1950) 등 단편소설.

**방인근**(方仁根, 1899-1975) : 春海.
충청남도 예산 출생. 배재고보 졸업. 일본 아오야마 학원(青山學院) 중등부를 거쳐 주오 대학(中央大學) 독문과 수학. 1923년《신생명》에 시「하늘과 바다」를 발표하며 등단했으나 이후에는 소설 창작에 몰두. 1924년《조선문단》창간.《문예공론》,《신생》,《시조》편집장 역임. 해방 후에는 영화에 간여하며 '춘해(春海) 프로덕션' 사장 역임.「눈오는 밤」,「분투」,「어머니」,「비오는 날」,「살인」,「금붕어」,「죽지 못하는 사람들」,「자동차 운전수」,「마지막 편지」,「외로움」,「노총각」,「최 박사」,「강신애」,「자기를 찾은 자」,「남자의 마음」,「순간의 낙원」,「반동」,「살인방화」,「백의인농민」,「어떤 여자의 편지」,「금비녀」,「목사딸 연애」,「여류음악가」,「행진곡」,「낙조」,「괴청년」,「두처녀」,「신비」,「울며 세배받는 이」,「눈물 지팡이」,「바다를 건너서」,「모뽀이 모껄」,「사랑」,「평화로운 봄」,「박철」,「그 후의 방랑의 가인」,「모녀」,「거미」,「바다의 여인」,「가슴에 심은 화초」등 단편소설.

**방정환**(方定煥, 1899-1931) : 小波.
서울 출생. 도요 대학(東洋大學) 철학과 졸업. 청년운동 단체인 '청년구락부' 조직. 1921년 한국 최초의 아동잡지《어린이》창간. 아동문화운동 단체인 '색동회'를 조직하고 그해 5월 1일을 어린이날로 지정.《신청년》,《신여성》,《학생》편집·발간.「유범」,「그날 밤」,「절영도 섬 너머」,「만년셔츠」,「하나에 하나」,「숨은 명예」,「금시계」,「소년 삼태성」등 단편소설.

**백대진**(白大鎭, 1892-1967) : 필명 雪園 외 10개 이상의 아호를 사용.
서울 출생. 한성사범학교 졸업.《신문계》,《반도시론》,《매일신보》기자,《신천지》주간으로 활동. 해방 후《대동신문》취체역 회장, 홍익대 신문학과 강사 역임.「金賞牌」,「異鄕의 月」,「南柯一夢」,「嗚呼薄命」(上),「愛兒의 出發」,「因果」,「黃金?」,「愛! 愛!」,「나의 日記로부터」,「絶交의 書翰」,「三十萬圓」,「老處女」,「良人의 祈禱」,「金剛의 夢」,「옥동춘(玉洞春)」,「小說의 小說」,「과모의루」등 단편소설과「自然의 刑罰」,「夜半의 警鐘」,「人生!」등의 번역소설이 있다.

**백병민**(白炳敏, ?-?) : 본명 炳旻.
본편「전기성서지부인」(부활운동1937.6-12)에서 처음 발견되었다. 용암포 교회 목사를 역임했다.

**백신애**(白信愛, 1908-19439) : 본명 白武岑.
경상북도 영천 출생. 경북사범학교 졸업. 경성여자청년동맹, 조선여성동우회에 가입하여 여성 운동 시작. 1929년《조선일보》신춘문예에 박계화(朴啓華)라는 필명으로 투고한 소설「나의 어머니」가 당선된 이래「꺼래이」,「복선이」,「彩色橋」,「赤貧」,「낙오」,「멀리 간 동무」(소년소설).「푸른 하늘」(소년소설),「顎富者」,「정현수」,「학사」,「食因」,「어느 전원의 풍경」,「광인수기」,「小毒婦」,「일여인」,「混冥에서」등 단편소설.

**백악춘사**(白岳春史, 1880-1950) : 필명 白岳春史. 본명 張應震.
황해도 장련 출생. 도쿄 고등사범학교 졸업.《태극학보》편집인. 1909년 윤치호·최남선·최광옥·박중화 등과 함께 '청년학우회' 조직. 대성학교, 휘문고등보통학교, 보성전문학교, 경성여자고등보통학교 재직.「多情多恨」,「春夢」,「月下의自白」,「魔窟」등 신소설 발표.

**백주**(白洲, 1904-1982) : 白洲. 본명 金泰秀.
전라북도 부안 출생. 1924년 11월《조선문단》에 단편소설「과부」가 이광수의 추천을 받아 등단한 이래「처녀 시대」,「백주」,「한야」,「살인미수범의 고백」,「황혼에 서서」,「구두장이」,「인도주의자와 자전거」등 단편소설.

**백철**(白鐵, 1908-1985) : 필명 白鐵. 본명 白世哲.
평안북도 의주 출생. 도쿄 고등사범학교 영문과 졸업. NAPF와 KAPF 가담.《개벽》기자를 거쳐《매일신보》학예부장, 중앙대 교수로서 평론가. 중편소설 「전망」 발표.

비백산인(鼻白山人, ?-?)
본편 「동양 여걸 서태후」(매일신보1935.9.6-1936.7.11)에서 처음 발견되었으나 더 이상 신원을 확인할 수 없다.

사

신서원(申曙園, ?-?)
본편 「젊은이의 봄」(영창서관)에서 처음 발견되었으나 더 이상 신원을 확인할 수 없다. 1930년 2월 《동아일보》 신춘문예에 희곡 「물방아ㅅ간」을 발표했다.

서동산(徐東山, ?-?)
본편 「염마」(조선일보1934.5.16-11.5)에서 처음 발견되었으나 더 이상 신원을 확인할 수 없다. 채만식이 '서동산'이라는 이름을 사용한 적이 있다는 점과 채만식 소설과 「염마」의 문체가 유사함을 들어 서동산을 채만식이라고 보는 견해가 유력하다.

서병수
본편 「어대로 갓나」〔매일신보1926.2.21(上); 3.7(中); 3.21(下);4.4(終)〕에서 처음 발견되었으나 더 이상 신원을 확인할 수 없다.

서오봉(徐五峰, ?-?)
본편 「와룡동」(신동아1934.4-9)에서 처음 발견되었으나 더 이상 신원을 확인할 수 없다.

석영 ☞ 안석주

석인해(石仁海, 1911-1990)
평안북도 정주 출생. 니혼 대학(日本大學) 법문학부 졸업. 1933년 《조선일보》 신춘문예에 「아들의 소식」이 당선되어 등단. 1936년 《조선중앙일보》에 「아들의 마음」을 발표하며 본격적으로 창작 활동. 해방 이후, 북한에서 문학 활동. 「國境의 밤」, 「愛怨境」, 「路傍草」, 「七夕」, 「彷徨」, 「海愁」, 「文身」, 「割耕」, 「山花」, 「甫人」, 「再生」, 「漂流記」, 「家寶」, 「歸去來」, 「歷史」, 「꽃피였던 섬」, 「력사」 등 단편소설.

설정식(薛貞植, 1912-1953) : 梧園.
함경남도 단천 출생. 1929년 11월 광주학생사건에 가담했다는 이유로 경성공립농업학교 퇴학. 만주 봉천에서 학업 지속. 1932년 1월 《중앙일보》 현상모집에 희곡 「중국은 어디로」가 1등으로 당선. 연희전문학교 문과에 입학. 일본 메지로(目白) 상업학교에 편입하여 졸업. 1939년 미국 마운트유니언 대학에서 영문학사로 졸업. 컬럼비아 대학에서 연구생으로 셰익스피어를 공부. 해방 이후 미 군정청 여론국장과 입법의원 부비서장으로 재직하는 한편 '조선문학가동맹'에 가담. 1948년 영자신문 《서울타임스》의 주필 겸 편집국장 역임. 1949년에 보도연맹에 가입한 후 번역에 몰두하여 「햄릿」의 한국어 번역본 최초로 출간. 「단발」, 「청춘」, 「프란씨쓰 두셋」, 「척사제조자」, 「해방」, 「한 화가의 최후」 등 단편소설.

성북학인 ☞ 안석주

소운거사(1858-1939) : 호는 雲庭. 본명 尹孝定.
경기도 양주 출신. 1894년 갑오경장 이후 탁지부 주사로 근무하였고, 1898년 독립협회 간부로 활동할 때 고종 양위 음모 사건에 관련되어 일본 거류지에 잠복하여 있다가 일본으로 망명하였다. 고베(神戶)에서 박영효(朴泳孝)·우범선(禹範善) 등과 조일의숙(朝日義塾)을 세워 우리나라 유학생을 수용하였다. 1906년 장지연(張志淵) 등과 헌정연구회를 토대로 대한자강회(大韓自强會)를 조직하였다. 대한협회의 총무로서 이 회의 기관지인 《대한협회회보》, 《대한민보》를 간행하여 일제의 통감정치와 친일매국단체인 일진회(一進會)를 규탄, 공격하였다. 1931년부터 《동아일보》에 「풍운한말비사」를 연재하였으며, 1930년대에는 홍만자회(紅卍字會)한국지부의 일을 맡아보았다.

송영(宋影, 1903-1979) : 본명 宋武鉉. 송동냥.

서울 출생. 배재고보 중퇴. 1917년 박세영, 이용곤 등과 소년문예구락부를 조직하고 《새누리》 간행. 1925년 카프 참여. 동양극장 문예부장으로 극작 활동. 1946년 월북. 1925년 《개벽》 현상문예에 소설 「늘어가는 무리」가 3등으로 당선되어 등단. 등단 시에는 '송동냥'이라는 아호를 사용함. 「南南對戰」, 「선동자」, 「용광로」, 「석공조합대표」, 「群衆停留」, 「인도병사」, 「기쁜 날 저녁」, 「석탄 속의 부부들」, 「우리들의 사랑」, 「다섯 해 동안의 조각편지」, 「이 봄이 가기 전에」, 「곱추 이야기」, 「백색 여왕」, 「교대시간」, 「지하촌」, 「호미를 쥐고」, 「오수향」, 「노인부」, 「야학선생」, 「그 뒤의 박승호」, 「남녀폐업」, 「오전 9시」, 「기도」, 「오마니」, 「노고산」, 「눈썹달」, 「복순이」, 「월파 선생」, 「능금나무 그늘」, 「아버지」, 「솜틀거리에서 나온 소식」, 「숙수치마」, 「蠅群」, 「여사무원」, 「인왕산」, 「춘몽」, 「성묘」, 「음악교원」, 「鏡臺」, 「문서」, 「여승」, 「금화」, 「泥濘」, 「고민」, 「운동화」, 「푸른 잉크, 붉은 마음」, 「의자」, 「촌뜨기 색시」, 「경대」, 「군중정류」 등 단편소설.

송창근(宋昌根, 1898-1950) : 晩雨.
함경북도 경흥 출생. 미국 덴버 대학 박사. 목사로 활동하며 성빈학사를 설립하여 사회·장학사업. 해방 후 조선신학교 교장. 한국전쟁 때 납북.

순산초부(郇山樵夫, ?-?)
본편 「나는 귀생년이야요」(신흥영화1932.6)에서 처음 발견되었으나 더 이상 신원을 확인할 수 없다.

승효탄(昇曉灘, ?-?)
동화 작가. 본편 「남매」(신소년1933.2-3)에서 처음 발견되었으나 더 이상 신원을 확인할 수 없다.

시몽루인(詩夢樓人, ?-?)
본편 「제삼의 세계」(과학조선1940.7-8합본)에서 처음 발견되었으나 더 이상 신원을 확인할 수 없다.

신경순(申敬淳, 1904-1970) : 丹丁.
언론인. 《조선일보》 기자, 편집고문 역임. 1930년 8월 《철필》에 「환상쌍주곡」을 발표한 이래 「피무든 수첩」, 「식인 사건의 심판」, 「삼천리 기밀실」, 「암굴의 혈투」, 「'미까도'의 地下室」 등 단편소설.

신정언(申鼎言, 1902-?)
충청남도 공주 출생. 일제 강점기 야담가. 라디오 방송국에 전속되어 야담 강연 활동. 한국, 중국, 일본의 역사를 소재로 한 대중소설 집필. 야담 월간지 《야담》 및 《월간야담》의 집필자로 활동. 한국전쟁 때 납북.

신태삼(申泰三, 1908-1984)
경기도 화양리 출생. 14살 때 외숙 강의영이 경영하던 영창서관에 취직. 1930년대에 서점 겸 출판사인 세창서관 창업. 척독(尺牘, 편지)·창가집(唱歌集)·고소설류 출판.

심숭(沈崧, 1911-1960) : 본명 이은상.
전라남도 여천 출생. 16세 때 한센병 발병. 한센병원 애양원에서 생활. 1933년 11월 《신동아》에 장편소설 「혈루록」을 '무명생(無名生)'이라는 이름으로 연재.

심천풍(沈天風, 1890-1946) : 본명 沈友燮.
서울 출생. 휘문의숙 졸업. 소설가 심훈의 형으로 언론인이자 방송인으로 활동. 《계명》 주간, 《매일신보》 기자로 재직. 초기에는 심천풍이라는 필명으로 《매일신보》에 소설을 발표하며 작가로 활동. 신소설 「술」, 「형제」 등 발표.

심훈(沈熏, 1901-1936) : 본명 沈大燮.
서울 출생. 1915년 경성 제일고등보통학교에 입학했으나 3·1운동에 가담하여 퇴학. 1920년 중국의 항주 지강(之江)대학에 입학해 연극 공부. 귀국하여 신극 연구단체인 '극문회(劇文會)' 조직. 《동아일보》 기자로 입사한 뒤 철필구락부 사건으로 퇴사. 한국 최초의 영화소설 「탈춤」을 '훈'이라는 필명으로 《동아일보》에 연재. 「먼동이 틀 때」를 각색, 감독하여 단성사에서 개봉. 1935년 《동아일보》 창간 15주년 특별 공모에 「상록수」가 당선. 「찬미가에 싸인 원혼」, 「奇男의 모험」, 「黃公의 최후」 등 단편소설.

**아**

안석영(安夕影, 1901-1950) : 본명 安碩柱.
서울 출생. 휘문고보 졸업. 도쿄 혼고(本鄕) 양화연구소에서 미술 수업. 삽화가, 문필인, 영화인으로 활동. '토월회'에 가입하여 신극운동. 《백조》 동인 활동을 하며 작품 발표. 1925년 김복진, 이승만 등과 함께 조선만화가 구락부 조직. 《조선일보》 학예부장. 「심청전」을 감독하고 시나리오작가와 영화연출가로 활동. 「명랑성의 그 여성」, 「춘풍」, 「그 녀자와 나—사생아의사랑」, 「靑蟲紅蟲」, 「여사무원」, 「그 여자의 딸」, 「아카시아」, 「불구자」, 「천국의 여자의 것」, 「산타마리아」, 「허물어진 화원」 등 단편소설.

안수길(安壽吉, 1911-1977) : 南石.
함경남도 함흥 출생. 와세다 대학교 중퇴. 간도 용정에서 천청송, 이주복, 김국진과 함께 문예동인지 《北鄕》 간행. 《간도일보》, 《만선일보》 기자. 1935년 《조선문단》 현상문예에 단편소설 「적십자병원장」과 콩트 「붉은 목도리」가 당선된 이래 「함지쟁이영감」, 「새벽—어떤 청년의 수기」, 「富億女」, 「四號室」, 「車中에서」, 「한여름밤」, 「새마을」, 「벼」, 「圓覺村」, 「토성」, 「牧畜記」, 「바람」, 「旅愁」, 「凡俗」, 「密會」 등 단편소설.

안영섭
본편 「정」(남창서관1943)에서 처음 발견되었으나 더 이상 신원을 확인할 수 없다.

안준식(安俊植, ?-?) : 필명 安雲波. 호 平原.
1927년 유도순, 최병화, 주요한 등과 함께 아동문학가 모임인 '꽃별회' 창립. 월간 어린이 잡지 《별나라》의 주간, 월간 문학지 《문학창조》의 편집 겸 발행인. 「물대기」, 「호떡선생」, 「임간학교」 등 동화 발표.

안회남(安懷南, 1909-?) : 본명 安必承.
서울 출생. 휘문고보 중퇴 후 《개벽》 근무. 1931년 《조선일보》 신춘문예에 「髮」이 3등 당선되어 등단. 1944년 9월 일본 기타규슈(北九州) 탄광에 징용당함. 1945년 귀국하여 '조선문학건설본부'에 가담. 1948년 월북. 「차용증서」, 「그들 부부」, 「애정의 비애」, 「칠성의 버릇」, 「처녀」, 「나와 옥녀」, 「병든 소녀」, 「연기」, 「안해의 탄식」, 「황금과 장미」, 「상자」, 「악마」, 「고향」, 「우울」, 「향기」, 「황혼」, 「장미」, 「화원」, 「가을밤」, 「명상」, 「소년과 기생」, 「망량」, 「남풍」, 「일허진 지평선」, 「사진과 양화」, 「그날 밤에 생긴 일」, 「에레나裸像」, 「등잔」, 「기차」, 「愁心」, 「온실」, 「계절」, 「기계」, 「鬪鷄」, 「겸허—김유정전」, 「번민하는 '잔룩' 씨」, 「길」, 「전원」, 「탁류를 헤치고」, 「다음에 오는 것」, 「어둠 속에서」, 「병원」, 「소년」, 「노인」, 「형」, 「벼」, 「봄이 오면」, 「흙의 향기」, 「동물집(소,개,닭,배암,돼지)」, 「아버지의 승리」, 「帽子」, 「늑대」, 「풍속」, 「汚辱의 거리」, 「탄갱」, 「철쇄 끊어지다」, 「말」, 「그 뒤 이야기」, 「섬」, 「별」, 「학병의 죽엄」, 「쌀」, 「소」, 「봄」, 「밤」, 「불」, 「死線을 넘어서」, 「폭풍의 역사」, 「낙타」, 「농민의 비애」 등 단편소설.

애니 베어드(Annie Laurie Adams Baird, 1864-1916) : 애니로리. 한국 이름 安愛理.
미국 인디애나주 출생. 하노버 대학 졸업. 선교사로 부임한 남편 윌리엄 베어드와 1891년에 한국에 정착. 배부인(裵夫人), 배위량 부인(裵緯良 夫人), 안애리(安愛理)라는 이름으로 여러 분야의 책을 저술하고 발간. 교과서와 찬송가를 한국어로 번역하고 창가 모음집 등 편찬. 1897년에 남편과 함께 숭실학당 개설. 신소설 「고영규전」, 「부부의 모본」 등 발표.

양고봉(梁孤峰, ?-?)
엄흥섭, 박아지 등과 함께 1928년 충청남도 공주에서 발행한 《백웅》의 동인으로 활동. 1928년 11월 「세두누두막」을 발표한 이래 「염서」 등 단편소설, 동화 「새로운 주인」 등 발표.

양기철

본편 「내가 가는 길」(매일신보1939.1.10-4.8)에서 처음 발견되었으나 더 이상 신원을 확인할 수 없다.

양미림(楊美林, ?-?)

동화작가. 본편 「새 동무」(새동무1947.7-9호)에서 처음 발견되었으나 더 이상 신원을 확인할 수 없다.

양백화(梁白華, 1889-1954) : 본명 梁建植.

경기도 양주 출생. 한성관립학교 졸업. 소설, 수필, 평문, 야담, 번역 등 다양한 장르의 글 발표. 1921년 입센의 「인형의 집」을 박계강과 함께 번역하여 《매일신보》에 연재. 1915년 《불교진흥회월보》에 단편소설 「석사자상」을 발표한 이래 「迷의 夢」, 「歸去來」, 「閑日月」, 「我의宗教」, 「슬픈 矛盾」, 「悟」, 「도야지 주둥이」, 「꼭지의 딸」, 「출발」, 「斷橋奇聞」, 「海怪」, 「독서」, 「青丘叢談」, 「書架 아페서」, 「行路難」, 「카페의 一夜」, 「못된 여호」, 「少年月世界巡遊記」, 「醜女찻기」, 「永夜閑談」, 「황주먹」 등 단편소설.

엄흥섭(嚴興燮, 1906-1987) : 필명 嚴響.

충남 논산 출생. 경남도립사범학교 졸업. 진주에서 교원 생활을 하면서 《습작시대》, 《백능》, 《신시단》 편집 동인으로 활동. 1927년 《백웅》에 시 「바다」와 단편소설 「갈등에 얽매인 무리」를 발표하며 문단 활동 시작. 1929년 상경하여 카프에 가담하고 《조선문예》에 시 「세 거리로」를 발표. 엄향(嚴響)이란 필명으로 아동잡지 《별나라》에 동화, 동시, 동극 등을 발표. 한성도서주식회사에서 근무. 해방 직후 '조선문학가동맹' 가담. 동란 중 월북. 「국밥」, 「흘러간 마을」, 「파산 선고」, 「꿈과 현실」, 「지옥 탈출」, 「출범 전후」, 「그대의 힘은 약하다」, 「온정주의자」, 「숭어」, 「絶緣 아내에게 주는 편지」, 「유모」, 「방울 속의 참소식」, 「허물어진 未練塔」, 「좀먹는 단층」, 「우울의 궤도」, 「안개 속의 춘삼이」, 「惡戱」, 「순정」, 「고민」, 「윤락녀」, 「老學者」, 「새벽바다」, 「가책」, 「조그만 시련」, 「過歲」, 「힘」, 「그들의 간 곳」, 「久遠草」, 「정열기」, 「길」, 「아버지 소식」, 「명암보」, 「숙직사원」, 「女優志望者」, 「패배 아닌 패배」, 「유한청년」, 「노청년」, 「여명」, 「인생사막」, 「조그만 쾌감」, 「실명」, 「인생사막(속)」, 「그들의 전업」, 「새로운 아침」, 「청동화로」, 「귀환일기」, 「빙야」, 「소도적」, 「관리공장」, 「쫓겨온 사나이」, 「악수」, 「자존심」, 「봄 오기 전」, 「산에 사는 사람들」 등 단편소설.

염상섭(廉想涉 1897-1963) : 横步. 본명 廉尙燮.

서울 출생. 경도부립제2중학교 졸업. 경응대 문과 예과에 입학하였으나 자퇴. 1919년 「암야」의 초고 작성. 《삼광》에 작품 기고. 《동아일보》 기자. 남궁벽, 김억, 오상순 등과 함께 《폐허》 동인 결성. 오산학교 교사로 근무. 1931년 《조선일보》 학예부장으로 재직하며 「삼대」 연재. 《매일신보》 정치부장, 《만선일보》 주필 겸 편집국장, 《경향신문》 편집국장 역임. 1921년 《개벽》에 「표본실의 청개구리」를 발표한 이후 「闇夜」, 「除夜」, 「E선생」, 「죽음과 그림자」, 「잊을 수 없는 사람들」, 「금반지」, 「난어머니」, 「전화」, 「고독」, 「검사국 대합실」, 「윤전기」, 「악몽」, 「유서」, 「조그만 일」, 「南忠緖」, 「미해결」, 「밥」, 「女客」, 「두 출발」, 「숙박기」, 「조그만 복수」, 「똥파리와 그의 아내」, 「세 식구」, 「추락」, 「질투와 밥」, 「구두」, 「奇禍」, 「불똥」, 「어떤 날의 여급」, 「曉頭의 沙邊停駕」, 「실직」, 「첫걸음」, 「엉덩이에 남은 발자욱」, 「영감가꽤와 돌쇠」, 「모략」, 「삼팔선」, 「離合」, 「그 초기」, 「바쁜 이바지」, 「재회」, 「혼란」, 「盜難難」, 「허욕」, 「임종」, 「화투」, 「두 파산」, 「일대의 유업」 등 단편소설.

오경호(吳庚昊, ?-?)

동화작가. 본편 「새나라로」(신소년1931.8)에서 처음 발견되었으나 더 이상 신원을 확인할 수 없다.

오기영(吳基永, 1909-?) : 東田.

황해도 배천 출생. 배재고보 중퇴. 1928년 《동아일보》 기자 생활. 1937년 안창호 등과 함께 수양동우회사건에 연루되어 퇴사. 해방 이후 경성전기주식회사에 근무하면서 《조선일보》, 《신천지》 등에 다수의 글을 기고. 1947년 평론집 『민족의 비원』을 출간. 1949년 초 월북.

오상근(吳尙根/吳祥根, 1883-?)
충북 진천 출생. 1909년 신민회 계열의 항일비밀 청년결사단체인 '대동청년단'을 조직, 천도교와 기독교의 연합을 위해 노력. 조선청년인연합회의장을 지냈으며, 『조선야담대해』(영창서관1941)를 출간.

오천영(吳天泳, 1886-1969) : 아명 吳天卿. 필명 학인.
황해도 해주 출생. 와세다 대학, 숭실대학 문과를 졸업한 후 정신여학교에서 교사로 재직. 1924년 평양 장로회 신학교를 졸업하고 안동교회 목사로 시무하며, 『천로역정』 등 기독교 서적 저술.

이학인(李學仁, ?-?) : 牛耳洞人.
1935년 「인본교주」 연재. 동년 《조선문단》 복간. 평론 「상징시에 대하야」, 시 「세 검정에서」, 「설날」 등 발표. 「돈과 사람」, 「내가 아는 여자」, 「가난방이와 미친 여자」, 「한글선생」 등 단편소설.

월견초(月見草, ?-?)
본편 「처녀 시절」(동아일보1925.2.23-5.24)에서 처음 발견되었으나 더 이상 신원을 확인할 수 없다. 1925년 2월 《동아일보》에 단편소설 「꿈」 발표.

유엽(柳葉, 1902-1975) : 華峰. 본명 春燮.
전북 전주 출생. 일본 와세다 대학에서 2년간 수학. 1923년 《금성》 창간호에 시 「낙엽」을 발표하며 등단. 양주동, 손진태, 백기만 등과 함께 활동함. 시집 『임께서 나를 부르시니』, 수필집 『화봉섬어(華峰譫語)』 등. 불교의 선(禪)을 구현하려는 것이 작품 세계의 특징. 《서울신문》 논설위원을 지냈으며, 해방 이후 불가에 귀의.

유서성(劉犀星, ?-?)
본편 「죄와 벌」(광업조선1937.10)에서 처음 발견되었으나 더 이상 신원을 확인할 수 없다. 동일 작가의 이름으로 1938년 4월호 《광업조선》에 「鑛山王 元胤洙와 氏의 事業全貌」라는 글이 실린 것으로 보아 《광업조선》의 기자이거나 광산업과 관련 있는 인물인 것으로 보인다.

유진오(兪鎭午, 1906-1987) : 玄民.
서울 출생. 경성제대 법문학부 졸업. 이효석과 사귀면서 창작에 몰두, 1927년 이후 《조선지광》, 《현대평론》 등에 단편을 발표. 해방 후 문단을 떠나 법학자로 대한민국 헌법을 기초하고 초대 법제처장, 고려대학 총장, 신민당 당수 등을 역임. 「스리」, 「파악」, 「갑수의련애」, 「삼면경」, 「넥타이의 침전」, 「오월의 구직자」, 「가정교사」, 「귀향」, 「송군 남매와 나」, 「여직공」, 「열네 살 때에」, 「형」, 「밤중에 거니는 자」, 「상해의 기억」, 「전별」, 「오월제전」, 「김강사와 T교수」, 「황률—도회의 한 스케취」, 「어떤 부처」, 「수술」, 「치정」, 「창랑정기」, 「이혼」, 「봄」, 「산울림」, 「젊은 안해」, 「마차」, 「남곡선생」, 「정선달」, 「신경」 등 단편소설.

유추강(庾秋岡, 1886-1954)
경성 성서학원과 일본 교토 대학 졸업. 경성방송국 전속 방송야담가. 야담에 대한 강연을 활발히 하였으며 야담 소설도 창작. '광학서포' 사장 유석조(庾錫祚)의 사촌형.

유한수
동화 작가. 본편 「괴적인왕산」(아동구락부1950.6 미완)에서 처음 발견되었으나 더 이상 신원을 확인할 수 없다.

윤기정(尹基鼎, 1903-?) : 曉峰.
서울 출생. 1922년 9월에 결성된 염군사에서 활동. 1924년 '서울청년회'에 소속되어 최승일, 송영, 박영희 등과 더불어 '염군사'와 '파스큘라'를 단일 조직으로 만들기 위해서 노력. 1925년 조선 '프로예맹'의 서기국장과 중앙위원을 역임하였고 1927년 카프의 아나키스트와의 논쟁에 참여. 1931년과 1934년에는 두 차례의 카프 검거 사건으로 검거되었다가 각각 기소유예와 집행유예로 식방. 해방 후 송영, 한설야, 이기영 주도의 '조선프롤레타리아예술동맹'의 서기장으로 활동하다가 월북. 「새살림」, 「밋치는 사람」, 「압날을 위하야」, 「의외」, 「양회굴둑」, 「자화상」, 「사생아」, 「적멸」, 「거부」, 「이십원」, 「거울을 꺼리는 사나이」, 「어머니와 아들」, 「공사장」, 「아씨와 안잠이」, 「천재」 등 단편소설.

윤백남(尹白南, 1888-1954) : 본명 教重.
충남 공주 출생. 극작가이자 영화감독. 와세다 대학 정경과. 《매일신보》 기자로 들어가 문필 생활 시작. 1912년 조일재와 함께 신파극단 '문수성(文秀星)'을 창단하여 배우로도 활약. 1913년 《매일신보》 편집국장을 거쳐 반도문예사 설립, 월간잡지 《예원》 발간. 1916년 이기세(李基世)와 함께 신파극단 '예성좌(藝星座)'를 조직, 1917년 '백남프로덕션'을 창립하여 영화 제작 및 감독. 우리나라 최초의 극영화 「월하의 맹서」 각본과 감독. 조선키네마에 입사하여 「운영전」을 감독. 「수호지」의 번역 및 최초의 대중소설 「대도전」 연재. 「몽금」 등 단편소설 발표.

윤세중(尹世重, 1912-1966)
충남 논산 출생. 1925년 간도 대성중학 중퇴. 월북 전까지 '문학가동맹'의 일원이었으며, 월북 후 북한에서뿐만 아니라 소련에서 '천재 조선 예술가'로 불릴 정도로 높이 평가됨. 「그늘밑사랑」, 「명랑」, 「노변」, 「투견기」, 「선화리」, 「안골동네」 등 단편소설.

윤승한(尹昇漢, 1909-1950)
경기 양주 출생. 독립협회, 대한자강회에서 활동한 윤효정(尹孝定, 1858-1939)의 아들. 아버지 윤효정이 왜놈 글은 가르치지 않겠다고 하여 정규 교육을 받지 못하고 한학 수학. 《동아일보》와 《조선일보》에 역사소설을 주로 연재. 의자왕 삼천궁녀설은 윤승한의 소설 「김유신」(1941)에서 비롯되었다고 한다.

윤일파(尹一波, ?-?)
본편 「약탈자」(조선일보1931.10.14-12.27)에서 처음 발견되었으나 더 이상 신원을 확인할 수 없다. 당시 독립운동가, 윤명호(尹明浩. 1895-?)가 '윤일파'라는 이명을 사용했는데 동일 인물인지는 확인할 수 없다.

윤증남
본편 「고아」(백두산1931.5-6)에서 처음 발견되었으나 더 이상 신원을 확인할 수 없다.

윤철(尹鐵, ?-?)
동화작가. 본편 「바닷가의 농촌」(신소년1932.6)에서 처음 발견되었으나 더 이상 신원을 확인할 수 없다.

윤태영(尹泰榮, 1908-?)
서울 출생. 동화작가. 동덕국민학교장 역임. 저서에 『사육신 이야기』, 『글짓기 이야기』 등이 있음.

이경손(李慶孫, 1905-1978)
서울 출생. 소설가이자 시나리오 작가, 영화감독, 배우. 1920년 현철이 세운 예술 학원의 연구부원으로 연극활동 시작. 여기에서 만난 김정원, 유수준, 김두현 등과 도쿄 유학생 등을 모아 무대예술연구회를 조직. 《동아일보》에 동요, 동시도 발표. 「결혼 신청」, 「정조」, 「돌아온 아버지」, 「부활」, 「시인의 가정」 등 연출. 조선키네마주식회사에 들어가 「해의 비곡」, 「운영전」 출연. 고려키네마 창립, 「개척자」 연출. 1926년 영화소설 「백의인」을 《조선일보》에 연재. 1929년 '이경손프로덕션' 설립.

이광수(李光洙, 1892-1950) : 春園.
평북 정주 출생. 1905년 메이지학원 유학. 시와 평론 등을 발표. 1916년 와세다 대학 철학과 입학. 1917년 장편소설 「무정」을 시작으로 본격적인 문학 활동. 1919년 조선청년독립단선언서를 기초하고 상하이로 탈출. 임시정부 기관지 《독립신문》 주간. 《동아일보》, 《조선일보》 등에서 문필 활동. 1937년 수양동우회 사건으로 투옥. 「어린 희생」, 「헌신자」, 「금경」, 「소년의 비애」, 「어린 벗에게」, 「방황」, 「윤광호」, 「할멈」, 「가실」, 「거룩한 죽음」, 「혈서」, 「H군을 생각하고」, 「어떤 아침」, 「사랑에 주렸던 이들」, 「아들의 원수」, 「처」, 「수암의 일기」, 「모르는 여인」, 「상근령의 소녀」, 「길놀이」, 「육장기」, 「난체조」, 「옥수수」, 「김씨 부인전」, 「그들의 사랑」, 「봄의 노래」, 「나의 고백」 등 단편소설.

이광천(李光天, ?-?)
본편 「내정비화」(신민1930.5-11)에서 처음 발견되었으나 더 이상 신원을 확인할 수 없다. 「섯달금음날」, 「북어장사」, 「억울한 창길」, 「동사체」, 「잉태」, 「솜사탕」 등 단편소설 발표. 1930년 1월 「조선급만주」에 일본어로 조선의 문화에 대한 글 발표. 기자 출신으로 《동아일보》 금산 지국장 역임.

이규희(李圭熹, ?-?)
본편 「피안의 태양」(동아일보1937.6.3-10.23)에서 처음 발견되었으나 더 이상 신원을 확인할 수 없다. 「구월의 고소」, 「외로운 사람들」, 「여화고사」, 「차창」 등 단편소설.

이근영(李根榮, 1910-?)
전북 옥구 출생. 1934년 보성전문학교 졸업. 《동아일보》 근무. 1935년 《신가정》 10월호에 단편 「금송아지」를 발표함으로써 등단. 농민, 빈민, 소시민 등을 주인공으로 하는 작품을 주로 발표. 「금송아지」, 「과자상자」, 「농우」, 「말하는 벙어리」, 「제삼노예」, 「당산제」, 「이발사」, 「탐구의 일일」, 「최고집 선생」, 「고독의 변」, 「고향 사람들」, 「밤이 새거든」, 「소년」, 「추억」, 「장날」, 「고구마」, 「안노인」, 「탁류 속을 가는 박 교수」 등 단편소설.

이기백(李岐伯, ?-?)
본편 「각선화」(매일신보1931.9.2-9.27)에서 처음 발견되었으나 더 이상 신원을 확인할 수 없다.

이기영(李箕永, 1895-1984) : 民村.
충남 아산 출생. 1924년 《개벽》 창간 4주년 기념 현상작품 모집에 단편소설 「오빠의 비밀 편지」 당선. 1925년 《조선지광》 근무. 카프에 가입. 1931년 제1차 검거로 구속. 1945년 '조선프롤레타리아예술연맹'의 창립에 주도적 역할을 하였으며, 월북 후 본격적인 작품활동을 함. 「오빠의 비밀편지」, 「농부정도룡」, 「현대풍경」, 「부역」, 「진통기」, 「남생이와 병아리」, 「맥추」, 「어머니」, 「청년」, 「대지의 아들」, 「봄」, 「생명선」, 「광산촌」, 「실진」, 「금일」, 「해녀」, 「종이 뜨는 사람들」, 「홍수」, 「민촌」, 「제지공장촌」, 「가난한 사람들」 등 단편소설 발표.

이동각
본편 「김유신」(명문당1944)에서 처음 발견되었으나 더 이상 신원을 확인할 수 없다. 김동인, 주요한, 전영택, 김환, 오천석 등과 함께 '소장문학파' 문학운동을 주도했다.

이동규(李東珪, 1911-1952) : 鐵兒.
서울 출생. 1932년 카프 기관지 《집단》에 소설 「게시판과 벽소설」을 발표하면서 등단. 극작가 송영, 시인 박세영 등과 아동문학지 《소년문학》 창간. 임화, 윤기정, 박팔양 등과 《문학건설》 창간. 1934년 '신건설 사건'으로 박영희, 윤기정 등과 구속. 해방 이후 '조선프롤레타리아작가동맹'과 '조선문학가동맹'에 참여. 윤기정, 안막, 한효 등과 1946년 월북. 「우박」, 「여름」, 「어느 노인의 주검」, 「전차 타는 여인」, 「신경쇠약」, 「죄의 낙인」, 「어느 소녀사」, 「가난의 초상」, 「그 전날 밤」 등 단편소설.

이동원(李東園, ?-?) : 본명 一.
본편 「광명한 세계에」(매일신보1921.10.7-1922.1.9)에서 처음 발견되었으나 더 이상 신원을 확인할 수 없다. 1920년 6월 《서울》에 단편소설 「마음이 약한 자여」를 발표했으며 시인과 비평가로도 활동했다.

이만석
「애련 시대」(조선문단1934.3-5)를 발표. 더 이상 신원을 확인할 수 없다.

이명선(李明善, 1914-1950)
충청북도 괴산 출생. 고전문학·중국문학 연구자.

문학사가. 소설가. '조선문화건설중앙협의회' 문학 분과에 참여. 1946년 서울대학교 조교수 임용. 1946년 선문사에서 중국 현대 단편소설 선집『맨발』발간. 1948년 조선문학사에서 유물사관에 입각하여 집필한『조선문학사』발간. 1950년 월북 도중 사망. 단편소설로서 미발표작「빵떡」이 있음.

이무영(李無影, 1908-1960) : 본명 龍九.
충북 음성 출생. 1925년 도일, 세이죠중학 재학 중 작가 가토 다케오 문하에서 수학. 1926년 장편「의지 없는 영혼」을 발표, 이듬해 장편「폐허」출간. 1932년 장편「지축을 돌리는 사람들」을《동아일보》에 연재. 1934년《동아일보》학예부 기자, 1936년부터《조선문학》주재.「착각애」,「팔년간」,「노파」,「착각의 질투」,「안해」,「미남의 최후」,「오열」,「반역자」,「결혼 전말」,「파탄」,「두훈시」,「세창침」,「조그만 반역자」,「루바슈카」,「산장소희」,「오도령」,「노동」,「궤도」,「아저씨와 그 여인」,「나는 보아 잘안다」,「탈출기」,「거미줄을 타고 세상을」,「건느려는 B녀의 소묘」,「우심」,「남해와 금반지」,「S부인과 그 후 이야기」,「야시삽화」,「농부」,「노래를 잊은 사람」,「용자소전」,「취향」,「타락녀의 이야기」,「아름다운 풍경」,「산가」,「오도령」,「만보노인」,「수인의 안해」,「이뿌던 닭」,「편지」,「우정」,「노농」,「타락녀」,「유모」,「오열」,「분묘」,「취향」,「낚시질」,「일요일」,「적」,「구호병실」,「화경」,「전설」,「제1과 제1장」,「전설」,「도전」,「어떤 안해」,「지옥의 문」,「추수기」,「이름 없는 사나이」,「민권」,「안달소전」,「원주ㅅ댁」,「승부」,「문서방」,「귀소」,「대자」,「토룡」,「향가」,「용답」,「역전」,「굉장소전」,「향가」,「수염」,「일년기」,「석전기」,「산정의 삽화」등 단편소설.

이보상(李輔相, ?-?)
작품 창작 활동 경력에 비해 신원이 밝혀져 있지 않은 작가이다.「伊太利少年」(중앙서관1908)을 역술한 이래《매일신보》에 1930-40년대에 걸쳐 10여 편의 한문현토 소설을 집중적으로 발표했다.

이북명(李北鳴, 1910-?) : 본명 순익(淳翼).
함남 함흥 출생. 함흥고보를 졸업하고 흥남질소비료공장에서 근무했으며, 1932년《조선일보》에「질소비료공장」을 발표하여 등단. 자신이 실제로 경험한 흥남질소비료공장 노동자들의 생활을 배경으로 그들의 의식 성장을 그렸으며, 최초의 노동자 작가로 불림. 해방 후 '조선프롤레타리아예술가동맹'에 가담, 1948년 '북조선문학예술총동맹' 중앙상무위원을 역임.「출근 정지」,「여공」,「공장가」,「암모니아 탱크」,「구제 사업」,「도피행」등 단편소설.

이상(李箱, 1910-1937) : 본명 金海卿.
서울 출생. 시인, 소설가. 1921년 신명학교를 거쳐 1926년 동광학교, 1929년 경성고등공업학교 건축과 졸업. 총독부 내무국 건축과 기사로 근무하면서 조선건축회지《조선과건축》의 표지도안 현상모집에 당선. 1934년 구인회에 가입. 1930년《조선》에 첫 장편소설「12월 12일」연재를 시작으로「날개」,「지주회시」,「동해」,「봉별기」,「종생기」등 단편소설.

이상수(李相壽, 1897-?) : 極星, 갓별.
경북 대구 출생. 와세다 대학 수학. 유학 중, 학우회, 고학생 동우회 활동. 실천여학교 설립.「사랑과 설음」,「귀신탑」등 번역소설 저술. 후에 교육자로 활동.

이서구(李瑞求, 1899-1982) : 孤帆. 창씨명 牧山瑞九.
경기도 안양 출생. 극작가 겸 연출가.《동아일보》,《조선일보》기자. 1922년 도쿄 니혼 대학 예술과 중퇴. 1923년 박승희, 김기진 등 유학생들과 도쿄에서 극단 '토월회(土月會)'를 창립. 1923년 12월《동아일보》에「누흔」을 발표한 이래,「회한」,「박연행」,「룸펜 대장 출세담」,「거인구락부」,「유선형 부부도」,「구쓰와 영애와 여급」,「결혼태평기」,「공포광 시대」,「행복의 운화」,「마음의 달」등 단편소설. 일제 말엽에는 친일어용단체였던 조선연극문화협회(朝鮮演劇文化協會) 초대 이사장을, 1949년에는 한국무대예술원 원장을 역임. 라디오드라마와

TV드라마 창작. 「동백꽃」, 「폐허에 우는 충혼」, 「배소의 월색」, 「서광 삼천리」, 「어머니의 힘」 등 희곡 발표.

이석성(李石城, ?-?) : 본명 李昌信.
본편 「제방공사」(신동아1934.10-12)에서 처음 발견되었으나 더 이상 신원을 확인할 수 없다.

이석훈(李石薰, 1908-) : 창씨명 牧羊. 본명 錫壎.
평북 정주 출생. 일본 와세다 고등학원 문과 졸업. 1933년 중편 「황혼의 노래」를 「신동아」에 발표하면서 작품 활동 시작. 1935년 극예술연구회에 가담. 《개벽》, 《조선일보》 근무. 《조광》의 편집을 맡음. 1943년 만주의 신경으로 이주하여 해방을 맞음. 1940년 이후 일본어 소설 「광인기」, 「이주민 열차」, 「방랑아」, 「애증」, 「범인」, 「결혼」, 「카이제르와 이발사」, 「유랑」, 「질투」, 「고향 찾는 사람들」, 「그 여자의 죽음」, 「사비루의 달밤」 등 단편소설.

이선희(李善熙, 1911-?)
함남 함흥 출생. 이화여전 수학. 1934년 《개벽》 기자로 근무. 단편 「불야여인—가등」을 《중앙》 12월호에 발표, 1936년 《신가정》 6월호에 「오후 11시」를 발표하면서 문단 생활 시작. 1947-1948년 사이 월북 「계산서」, 「탕자」 등 단편소설.

이성표(李性杓, ?-?)
본편 「녹두장군」(어린이1949.6-12)에서 처음 발견되었으나 더 이상 신원을 확인할 수 없다.

이승근(李承根, ?-?)
본편 「옥토끼」(신생1930.3.광고)에서 처음 발견되었으나 더 이상 신원을 확인할 수 없다.

이약슬(李約瑟, ?-?)
본편 「유체」(조선중앙일보1935.12.25-12.31)에서 처음 발견되었으나 더 이상 신원을 확인할 수 없다. 「출가」, 「화수분 이야기」, 「평산이와 옥돌」, 「매암이」, 「길용이와 메구귀신」, 「풍운만리」 등 단편소설.

이영섭(李映燮, ?-?)
본편 「두 목숨」〔진생1929.3(7회), 6(8회)〕에서 처음 발견되었으나 더 이상 신원을 확인할 수 없다. 1926년 2월 「결혼만세」를 발표한 이래 「처녀와 왕벌」, 「육친」 등 단편소설 발표. 《진생》은 '기독청년면려회(基督青年勉勵會)'에서 발행한 기관지이다. 기독청년면려회는 주로 전도 활동과 교육사업, 독립운동 등의 활동을 하였다.

이우영(李宇榮, ?-?)
본편 「국제 살인 사건」(우신상사출판부1946)에서 처음 발견되었으나 더 이상 신원을 확인할 수 없다.

이원규(李元珪 ?-?)
본편 「매국노 암살 사건」(한흥출판사·영인서관 1946;1948)에서 처음 발견되었으나 더 이상 신원을 확인할 수 없다. 아동문학가. 《소년세계》, 《새벗》 등 아동잡지에 관여. 1925년 무산소년운동단체 '오월회' 설립.

이익상(李益相, 1895-1935) : 星海.
전북 전주 출생. 보성고보를 마치고 니혼 대학 신문과 졸업. 《조선일보》, 《동아일보》 등의 기자를 거쳐 《동아일보》 학예부장, 《매일신보》 편집국장·이사 등을 역임. 일본 유학 시절 '조선고학생동우회'의 활동에 참가하였고, '파스큘라' 동인, 카프의 발기인으로 참여. 「낙오자」, 「번민의 밤」, 「생을 구하는 마음」, 「3호실의 반신상」, 「험집」, 「연의서곡」, 「젊은 교사」, 「남극의 가을밤」, 「어촌」, 「광란」, 「흙의 세례」, 「구속의 첫날」, 「열풍」, 「위협의 채찍」, 「쫓기어가는 이들(移鄕)」, 「망령의 난무」, 「홍한록수」, 「다시는 안 보겠소」, 「그믐날」, 「어여쁜 악마」, 「대필연서」, 「남자 없는 나라」, 「가상의 불량소녀」, 「유산」, 「옛보금자리」 등 단편소설.

이인하(李仁夏, ?-?)
본편 「스러지는 그림자」(조선도서주식회사1924)에서 처음 발견되었으나 더 이상 신원을 확인할 수 없다.

이종명(李鍾鳴, ?-?)

1933년 8월 김기림, 이효석, 김유영 등과 '구인회' 창립. 1925년 7월《조선일보》에 「노름군」을 발표한 이래, 「주림에 헤매이는 사람들」, 「놀음꾼」, 「두남매」, 「기아」, 「오전백동화」, 「십육원」, 「삼월」, 「우정」, 「사자생」, 「배신자」, 「조그만 희열」, 「윤락한 사람들」, 「시네마의 노파」, 「우울한 그들」, 「두 젊은이」, 「최박사의 양심」, 「방황하는 사람들」, 「머던데카메론」, 「명암」, 「순이와, 나와」, 「아마와 양말」, 「의안기담」, 「소설가의 안해」 등 단편소설.

이종실(李鍾實, ?-?)

본편 「꽃피는 시절」(학생월보?-1950.2)에서 처음 발견되었으나 더 이상 신원을 확인할 수 없다. 1949년 6월《민성》에 「고무신」을 발표한 이래 「조망」 등 단편소설 발표.

이주홍(李周洪, 1906-1987) : 向破.

경남 합천 출생. 1925년《신소년》에 동화 「뱀새끼의 무도」를 발표하고, 1929년《조선일보》에 첫 단편소설 「가난과 결혼」으로 등단.《신소년》,《풍림》,《신세기》 등의 편집에 관여. 동화, 동시, 동요, 희곡, 소설 등 다방면의 작품 발표. '조선문학가동맹' 아동문학부 위원. 「산가」, 「여운」, 「야광」, 「하이네의 안해」, 「완구상」, 「하숙매담」, 「비판」, 「제수」, 「제과공장」, 「동연」, 「화방도」, 「한 사람의 관객」, 「아들 삼형제」, 「비각 있는 외딴집」, 「내산아」, 「지옥 안내」, 「청일」, 「가족」, 「명암」, 「거문고」 등 단편소설.

이태준(李泰俊, 1904-1956) : 尙虛.

강원도 철원 출생. 1921년 휘문고보에 입학했으나 1924년 동맹휴교 주모자로 퇴학. 1927년 도쿄 조치 대학(上智大學) 예과 중퇴. 1925년《조선문단》에 「오몽녀」가 입선되어 작품 활동 시작.《개벽》기자, 이화여자전문학교 강사,《조선중앙일보》학예부장 등을 역임. 1933년 '구인회' 동인으로 활동, 1939년부터《문장》주관. 1941년 제2회 조선예술상 수상. 1945년 문화건설중앙협의회 조직에 참여, 1946년 조선문학가동맹 부위원장으로 활동하면서 「해방 전후」로 조선문학가동맹이 제정한 제1회 해방기념 조선문학상 수상. 1946년 홍명회와 함께 월북. 「오몽녀」, 「아무 일도 없소」, 「불우선생」, 「꽃나무는 심어 놓고」, 「달밤」, 「손거부」, 「가마귀」, 「복덕방」, 「패강냉」, 「농군」, 「밤길」, 「무연」, 「돌다리」, 「어떤 날 새벽」, 「색시」, 「실낙원 이야기」, 「장마」, 「고향길」, 「사냥」 등 단편소설.

이파촌(李巴村, ?-?)

본편 「폭풍우 지난 후」(조선일보1934.1.1-5.14)에서 처음 발견되었으나 더 이상 신원을 확인할 수 없다.

이홍기(李弘基, ?-?)

본편 「조선전설집」(조선출판사1944)에서 처음 발견되었으나 더 이상 신원을 확인할 수 없다.

이효석(李孝石, 1907-1942) : 可山.

강원도 평창 출생. 경성제일고등보통학교를 거쳐 1930년 경성제국대학 법문학부 영문학과를 졸업. 1925년《매일신보》신춘문예에 시 「봄」이 선외가작(選外佳作)으로 뽑힘. 1928년《조선지광》에 「도시와 유령」을 발표한 후 정식으로 문학 활동 시작. 초기 경향문학 작품들을 발표하다가 구인회 활동을 전후로 점차 향토적이고 이국적인 성향으로 변모. 「여인(旅人)」, 「나는 말 못했다」, 「달의 파란 우숨」, 「노인의 죽엄」, 「주리면」, 「도시와 유령」, 「행진곡」, 「기우」, 「노령근해」, 「깨뜨려지는 홍등」, 「추억」, 「상륙」, 「대종공론」, 「마작철학」, 「북극사신」, 「초설」, 「출범 시대」, 「오후의 해조」, 「시월에 피는 임금꽃」, 「돈」, 「수탉」, 「마음의 의장」, 「일기」, 「수난」, 「계절」, 「성수부」, 「성화」, 「덧상」, 「산」, 「분녀」, 「들」, 「천사와 산문시」, 「인간산문」, 「석류」, 「고사리」, 「모밀꽃 필 무렵」, 「낙엽기」, 「성찬」, 「인정」, 「마음에 남는 풍경」, 「쇄사」, 「삽화」, 「개살구」, 「겨울 이야기」, 「막」, 「공상구락부」, 「부록」, 「소라」, 「해바라기」, 「가을과 산양」, 「성서」, 「산정」, 「황제」, 「향수」, 「일표의 공능」, 「여수」, 「합이빈」, 「薊の章」, 「라오코왼의 후예」, 「산협」, 「풀닢」, 「일요일」, 「서한」,

「만보」 등 단편소설.

이희철(李熙喆, ?-?) : 필명 오산인.
작가의 구체적인 신원에 대해서는 확인할 수 없다. 다만 여러 자료를 참조한 연구에 따르면 이광수의 오산학교 제자이며 「무정」의 '리희경'의 모델이 되었던 인물이다.

임경일(林耕一, ?-?)
본편 「남한산성」(한풍출판사1942;1949, 백민문화사 1946)에서 처음 발견되었으나 더 이상 신원을 확인할 수 없다.

임서하(任西河, ?-?)
해방 직후 '조선청년문학가협회'에 참여. 한국전쟁 때 월북. 1941년 3월 《문장》에 「덕성」을 발표한 이래 「산으로 가는 사람」, 「성서」, 「봄」, 「주막」, 「고행」, 「노년」, 「신생서장」, 「요람」, 「교착」, 「태문」, 「동자상」, 「소」, 「미행」 등 단편소설.

## 자

장덕조(張德祚, 1914-2003)
경북 경산 출생. 배화여고보 졸업, 이화여전 중퇴 1932년 《제일선》에 단편 「저회(低徊)」를 발표하여 등단. 주로 여성소설과 역사소설 창작. 《평화신문》 기자와 문화부장, 《영남일보》 문화부장, 《대구매일신문》 문화부장과 논설위원을 역임. 「어떤 여자 부부도」, 「해바라기」, 「아내」, 「인간문제」, 「한교훈」, 「어미와 딸」, 「정청궁한야월」, 「함성」, 「창백한 안개」 등 단편소설.

장본시화(張本時華, ?-?)
본편 「동방」(기독교신문1942.11.11-1943.8.25)에서 처음 발견되었으나 더 이상 신원을 확인할 수 없다.

장혁주(張赫宙, 1905-1997) : 일본명 野口稔, 혹은 野口赫宙. 본명 張恩重.
경상북도 대구 출신. 무정부주의자인 박동극, 이규옥, 김동진 등과 습작회(習作會)를 조직, 합평회를 하며 문학수업. 1930년 10월, 가토 가즈오(加藤一夫)가 주재하는 잡지 《大地に立つ》에 일본어 단편 「白楊木」을 게재하면서 창작활동 시작. 본편에 수록된 장편 외에도 「餓鬼道」, 「迫田農場」, 「追われる人々」, 「兄の足を截る男」, 「奮い起つ者」, 「權という男」, 「山犬」, 「愚劣漢」, 「山男」, 「愛怨の園」, 「路地」, 「李さん」, 「朝鮮傀儡部隊の最後」, 「悲しい魂」 등 단편소설 다수. 1936년부터 도쿄로 건너가 살았으며, 1942년 창씨개명하고 해방이 되어도 돌아오지 않았다.

전동림
본편 「그림자를 밟는 사람들(影お踏む人々)」(四條書房1941)에서 처음 발견되었으나 더 이상 신원을 확인할 수 없다.

전명선(全明善, ?-?)
1931년 2월 《조선일보》 현상소설 3등으로 「豊年土」 당선. 1947년 2월 《문학》에 단편소설 「방아쇠」 발표.

전무길(全武吉, 1905-?) : 默庵.
황해도 재령 출생. 1930년대 《대조》를 주재하며 활동. 1929년 2월 《조선지광》에 「미로」를 발표한 이래 「소생」, 「선악의 피안」, 「토향의 사람들」, 「울분」, 「역경」, 「어떤 사형수」, 「퇴폐」, 「시드는 꽃」, 「에치오피아혼」, 「자괴」 등 단편소설.

전영택(田榮澤, 1894-1967) : 늘봄. 秋湖.
평안남도 평양 출생. 1919년 1월, 김동인, 김억, 주요한 등과 함께 《창조》 발간. 1919년 2월 《창조》에 「혜선의사」를 발표한 이래 「천치? 천재?」, 「운명」, 「독약을 마시는 여인」, 「흰닭」, 「사진」, 「바람부는 저녁」, 「화수분」, 「백련과 홍련」, 「순복이 소식」, 「어머니는 잠드셨다」, 「후회」, 「크리스마스 전야」, 「오무니」, 「여자도 사람인가」, 「하늘을 바라보는 여인」 등 단편소설 발표.

**전탁**(錢啄, ?-?) : 본명 成慶麟.
동화작가. 태영선, 이동규와 연작동화 「불탄 촌」 발표. 1932년 8월 《신소년》에 「단계」를 발표한 이래, 「경순의 병」, 「제일보」, 「아버지의 마음」 등 단편소설 발표.

**정비석**(鄭飛石, 1911-1991) : 본명 瑞竹.
평안북도 의주 출생. 일본 니혼 대학 문과에서 수학, 귀국하여 소설 창작 시작. 1936년 1월 《동아일보》 신춘문예에 「졸곡제」 입선 후, 「성황당」, 「해춘부」, 「운무」, 「거문고」, 「애증도」, 「저기압」, 「눈오는 날 밤」, 「제신제」, 「고고」, 「한월」, 「만월」, 「모색」, 「운명」, 「수난자」 등 단편소설.

**정연규**(鄭然圭, 1899-?) : 馬夫.
경상남도 거창 출생. 「이상촌」에 이은 장편 「혼」을 검열에 의해 압수당하고 도일. 주로 일본에서 일본어로 소설을 쓰며 활동. 1922년 「藝術戰線」에 「血戰の前夜」를 게재한 이래 「光子の生」, 「大沢子爵の遺書」, 「彼」 등 일본어 단편소설.

**정은선**
본편 「청춘애사」(신인문학1934.8)에서 처음 발견되었으나 더 이상 신원을 확인할 수 없다.

**정인택**(鄭人澤, 1909-?)
서울 출생. 《매일신보》와 《문장》 기자를 역임. 1930년 1월 《중외일보》 현상 2등 당선. 6월 《매일신보》에 「나그네 두 사람」을 발표한 이래 「시계」, 「불효자식」, 「눈보라」, 「촉루」, 「준동」, 「못다 핀 꽃」, 「상극」, 「미로」, 「감정의 정리」, 「계절」, 「범가족」, 「천사하강」, 「혼선」, 「업고」, 「헛되인 우상」, 「우울증」, 「착한 사람들」, 「여수」, 「단장」, 「말상관의 봄」, 「청량리계외」, 「행복」, 「농무」, 「검은 흙과 흰 얼굴」, 「고드름」, 「동창」, 「不肖の子」, 「かえりみはせじ」, 「해변」, 「봉익」, 「각서」, 「병아리」, 「황조가」, 「향수」 등 단편소설 발표. 동란 중 월북.

**정청산**(鄭青山, ?-?)
카프 계열 아동문학가. 1932년 7월 《신소년》에 「고만두자」를 발표한 이래 「이동음악대」, 「쩌나간아들」, 「평화촌」 등 동화 발표.

**정홍교**(丁洪教, 1903-1978) : 一天.
서울 출생. 양정고보, 일본 정칙학교 졸업. 현실주의에 입각한 사회주의 무산 소년운동 전개. 1927년 '조선소년연합회' 중앙집행위원 겸 선전조직부장 맡음. 1924년 《소년주보》, 1927년 《소년조선》 창간. 1926년 5월 동화 「금광석과 돌」 발표 이래, 「적은 것」, 「작은사람의 나라」, 「큰사람의 나라」, 「혹불이 색시」, 「은혜갑흠」, 「늙은 아버지」 등 발표.

**조우호**
동화 작가. 본편 「꿀벌 마아야의 모험」(주간소학생 1946.9.2-23)에서 처음 발견되었으나 더 이상 신원을 확인할 수 없다.

**주요섭**(朱耀燮, 1902-1972) : 餘心.
평안남도 평양 출생. 중국 상해 후장(滬江)대학에서 영문학사, 미국 스탠퍼드 대학에서 영문학 석사학위를 받음. 1921년 5월 「치운 밤」을 《개벽》에 발표한 이래 「인력거꾼」, 「사랑 손님과 어머니」, 「醜物」, 「아네모네의 마담」, 「북소리 두둥둥」, 「개밥」, 「추물」, 「奉天驛食堂」, 「죽마지우」, 「낙랑고분의 비밀」, 「代書」, 「입을 열어라」, 「눈은 눈으로」, 「극진한 사랑」, 「대학교수와 모리배」 등 단편소설.

**지봉문**(池奉文, ?-?)
충청북도 충주 출생. 1935년 정호승, 이무영과 함께 《조선문학》 운영. 1946년 김기림, 현덕 등과 함께 '조선문학가동맹' 활동. 1947년 1월 《백제》에 단편소설 「의형제」 발표.

**지원**(志園, 1898-1984) : 達城山人. 본명 金九鼎. 세례명 이냐시오.
경상북도 대구 출생. 월간 《가톨릭조선》 주간 및 《가톨릭연구》 편집 담당. 훗날 《가톨릭연구》에 「양제궁선의 가을」과 「동방의 새벽」 연재.

## 차

**차상찬**(車相瓚, 1887-1946) : 靑吾 외 필명이 29개.
강원도 춘성군 출생. 《개벽》의 창간 동인으로 참여하여 폐간 때까지 주도적으로 활동. 그 외 《부인》, 《신인간》, 《별건곤》, 《혜성》 등의 잡지 발간에 관여했을 뿐만 아니라 기자로서, 시인으로서, 소설가로서, 편집자로서, 논객으로서, 지사로서, 사학자로서, 민속학자로서 신문·잡지에 글을 기고.

**차자명**(車自鳴, ?-?)
《조선일보》 신춘문예에 「전락」이 당선되어 문단에 데뷔. 그 후의 작품은 거의 찾아볼 수 없고 평론과 수필이 몇 편 남아 있음.

**창랑인**(滄浪人, ?-?)
본편 「홍길동전」(만선일보1940.3.20-10.31)에서 처음 발견되었으나 더 이상 신원을 확인할 수 없다. 《만선일보》에 소설을 게재하며 활동한 것으로 보인다.

**채규호**(蔡奎鎬, 1909 1950)
전라남도 무안 출생. 광주고등보통학교 5학년 재학 중 광주학생운동에 참여했다 수감됨. 본편 「재출발」(호남평론1937.1-2)은 그때의 경험을 담은 작품이다.

**채만식**(蔡萬植, 1902-1950) : 白菱.
전라북도 옥구 출생. 중앙고보 졸업. 《별건곤》, 《혜성》, 《제일선》 등을 편집하고 《동아일보》, 《조선일보》에서 기자로 활동. 1924년 12월 「세길로」를 발표한 이래 「불효자식」, 「生命의 遊戱」, 「산적」, 「그 뒤로」, 「병조와 영복이」, 「앙탈」, 「山童이」, 「蒼白한 얼굴들」, 「貨物自動車」, 「암소를 팔아서」, 「農民의 會計報告」, 「팔려간 몸」, 「애달픈 죽엄」, 「레디메이드 人生」, 「보리방아」, 「소복 입은 영혼」, 「貧…第一章第二課」, 「젖」, 「얼어죽은 모나리자」, 「生命」, 「어머니를 찾아서」, 「黃金怨」, 「童話」, 「痴叔」, 「두 純情」, 「쑥국새」, 「이런 處地」, 「龍洞宅의 경우」, 「小妾」, 「정자나무 있는 揷話」, 「敗北者의 무덤」, 「斑點」, 「摸索」, 「興甫氏」, 「颱風」, 「이런 男妹」, 「上京半折記」, 「車안의 風俗」, 「巡公 있는 日曜日」, 「회」, 「近日」, 「四號一段」, 「집」, 「병이 낫거든」, 「종로의 주민」, 「해후」, 「차중에서」, 「덕원 이선생」, 「고약한 사돈」, 「鄕愁」, 「妻子」, 「善良하고 싶던 날」, 「實의功」, 「神軍」, 「孟巡査」, 「歷路」, 「미스터 方」, 「논 이야기」, 「도야지」, 「落照」, 「民族의 罪人」, 「아시아의 運命」, 「淸流」, 「歷史」, 「늙은 極東選手」 등 단편소설 발표.

**최금동**(崔金童, 1916-1995) : 琴桐.
전라남도 함평 출생. 1937년 《동아일보》의 제1회 영화소설 현상공모에 「환무곡」으로 당선되어 영화와 인연을 맺음. 연재시 제목 '환무곡'을 '애련송'으로 개제했다.

**최덕신**(崔德新, 1914-1989)
평안북도 의주 출생. 1936년 중국 황푸 군관학교를 졸업. 군인·정치인·종교인으로 활동. 중일전쟁에 참전하여 그 경험을 담은 수기 『인면혈전기』 발간.

**최독견**(崔獨鵑, 1901-1970) : 본명 象德.
황해도 신천 출생. 1921년 중국 상하이의 혜령전문학교 중문과 졸업. 배구자·홍순언 부부와 함께 한국 최초의 연극전용극장인 '동양극장'을 설립. 1925년 12월 《신민》에 「정화」를 발표한 이래 「정화」, 「소작인의 딸」, 「유모」, 「푸로수기」, 「남자」, 「홍군」, 「책략」, 「벌금」, 「단발 미인 의사」, 「고구마」, 「바보의 진노」, 「화부의사」, 「무엇 때문에」, 「조고만 심판」, 「낙원이 부서지네」, 「황혼」, 「오잔」, 「유린」, 「환원」, 「푸레센트」, 「연애시장」, 「승리자」, 「연애시장」, 「사형수」, 「눈 오는 밤」, 「구혼」, 「두번재ㅅ 남자」 등 단편소설.

**최명익**(崔明翊, 1903-?) : 柳坊.
평안남도 평양 출생. 평양고보 재학중에 홍종인, 김재광, 한수철 등과 함께 문학동인 《백치》에 참여. 1936년 「戱戀時代」를 발표한 이래, 「처의 화장」,

「비오는 날」, 「무성격자」, 「역설」, 「장삼이사」 등 단편소설 발표.

최병일(崔秉一, 1915-2005)
1940년대 전반기에 주로 일본어로 소설을 썼다. 1943년 1월 《동양지광》에 「어느 날 밤」을 발표한 이래, 「진정한 고백」, 「소식」, 「배나무」, 「풍경화—소품삼제」, 「안서방」, 「마을사람」, 「나그네」 등 단편소설.

최병화(崔秉和, 1905-1951) : 孤蝶.
서울 출생. 아동잡지 《별나라》 편집동인으로 활동하며 아동예술 연구단체 '호동원(好童園)'과 아동극단 '호동(好童)'을 조직. 「옥수수가 익을 때」, 「참된 우정」, 「꽃피는 희망」, 「선생님 이발사」, 「대담한 소년」, 「봄과 어린이」, 「이름없는 풀」 등 단편동화.

최상덕 ☞ 최독견

최서해(崔曙海, 1901-1932) : 본명 鶴松.
함경북도 성진 출생. 《청춘》과 《학지광》 등 잡지를 읽으며 문학수업. 1924년 1월 《동아일보》에 「토혈」을 발표한 이래 「고국」, 「십삼원」, 「탈출기」, 「살려는 사람」, 「향수」, 「박돌의 죽음」, 「기아와 살육」, 「방황」, 「보석반지」, 「기아」, 「큰물 진 뒤」, 「설날밤」, 「폭군」, 「의사」, 「오원 칠십전」, 「그 찰라」, 「백금」, 「소살」, 「해돋이」, 「그믐맘」, 「담요」, 「금붕어」, 「누가 망하나」, 「만두」, 「농촌야화」, 「팔개월」, 「저류」, 「동대문」, 「이역원혼」, 「홍한녹수」, 「미치광이」, 「무서운 인상」, 「돌아가는 날」, 「아내의 자는 얼굴」, 「쥐 죽인 뒤」, 「전아사」, 「홍염」, 「낙백불우」, 「서막」, 「가난한 아내」, 「이중」, 「갈등」, 「폭풍우 시대」, 「용신란」, 「부부」, 「전기」, 「인정」, 「경계선」, 「물벼락」, 「육가락방팡관」, 「수난」, 「주인 아씨」, 「젊은 시절의 로맨스」, 「무명초」, 「같은 길을 걷는 사람들」, 「누이동생을 따라」, 「K화상의 눈」, 「담요」 등 단편소설.

최연택(崔演澤, ?-?) : 綠東.
본편 「죄악의 씨」(문창사1922)에서 처음 발견되었으나 더 이상 신원을 확인할 수 없다. 기독교 활동가. 《동아일보》에 기독교 관련 내용의 글을 종종 기고했다.

최윤수(崔允秀, ?-?)
본편 「폐읍의 사람들(廢邑の人々)」(경성일보1928. 5.22-26, 29-30)에서 처음 발견되었으나 더 이상 신원을 확인할 수 없다. 1932년 4월 《혜성》에 「의사 이학우」를 발표했다.

최인준(崔仁俊, 1912-?) : 崔哲.
평안남도 평양 출생. 엄흥섭, 현경준 등과 함께 작가로 활동. 1926년 《조선농민》에 「대간선」을 발표한 이래 「폭풍우 전」, 「형제」, 「양돼지」, 「황소」, 「구질구질한 인생」, 「폭양 아래서」, 「안해」, 「상투」, 「이년후」, 「며느리」, 「밤」, 「수술」, 「이른봄」, 「여점원」, 「춘잠」, 「잊혀지지 않는 소녀」, 「약질」, 「종국」, 「우정」, 「셰퍼드 주인」, 「두 어머니」, 「호박」, 「만장」, 「제고양지묘예혜」 등 단편소설. 단편 「형제」(조선농민1930.6)를 발표할 시에는 '최철(崔哲)'이라는 필명을 사용함.

최재서(崔載瑞, 1908-1964) : 石耕牛.
황해도 해주 출생. 《인문평론》의 편집과 발행을 맡으면서 주지주의 문학론을 펼치다 일제의 압력에 굴복하여 친일문학지 《국민문학》을 주재. 1943년 7월 《국민문학》에 「報道練習班」을 발표한 이래 「非詩の花」, 「民族の結婚」 등 단편소설.

최정희(崔貞熙, 1912-1990)
함경남도 단천 출생. 1930년 일본에서 유치진·김동원 등과 함께 '학생극예술좌'에 참가했으며, 제2차 카프 검거 때 수감, 한국전쟁 중에는 '창공구락부'에 참가. 1931년 10월 《삼천리》에 「정당한 스파이」를 발표한 이래 「램프」, 「성좌」, 「푸른 지평선」, 「남포등」, 「젊은 어머니」, 「명일의 식대」, 「흉가」, 「정적기」, 「산제」, 「곡상」, 「장미의 집」, 「야국」, 「풍류잡히는 마을」, 「버갯모」, 「청량리역근경」, 「고추」, 「점례」, 「수탉」, 「지류」, 「꽃피는 계절」 등 단편소설.

최춘렬(崔春列, ?-?) : 필명 廣山新月.
본편 「낙원」(호남평론1936.8-1937.1)에서 처음 발견되었으나 더 이상 신원을 확인할 수 없다. 호남 지방에서 활동한 인물로 보인다.

최희성
본편 「원정대」(신한민보1928.7.5-8.30)에서 처음 발견되었으나 더 이상 신원을 확인할 수 없다.

춘성 ☞ 노자영

**타**

태영선
동화 작가. 본편 「불탄 촌」(신소년1930.5-8, 3회 완)에서 처음 발견되었으나 더 이상 신원을 확인할 수 없다. 「불탄 촌」은 이동규, 성경린과 연작으로 쓴 작품이다.

**하**

학인 ☞ 오천영

한무숙(韓戊淑, 1918-1993) : 香庭.
서울 출생. 1942년 장편소설 「등불 드는 여인」이 《신시대》에 당선되어 등단. 1949년에 《민성》에 「람프」를 발표한 이래 「내일 없는 사람들」, 「수국」 등 단편소설.

한설야(韓雪野, 1900-?) : 본명 韓秉道.
함경남도 함흥 출생. 북청고보 학술강습소(후의 대성학교)에서 강사 생활을 하며 습작. 1925년 만주 무순으로 이주하면서 프롤레타리아 문학에 관심을 두었고, 1927년 귀국하여 카프에 가담하여 본격적인 문단활동 시작. 1925년 1월 《조선문단》에 「그날 밤」을 발표한 이래 「그 전야」, 「뒷걸음질」, 「합숙소의 밤」, 「인조폭포」, 「과도기」, 「새벽」, 「한길」, 「씨름」, 「사방공사」, 「개답」, 「삼백육십오일」, 「교차선」, 「추수 후」, 「소작촌」, 「태양」, 「임금」, 「딸」, 「홍수」, 「철로교차점」, 「부역」, 「강아지」, 「산촌」, 「귀향」, 「이녕」, 「보복」, 「술집」, 「종두」, 「태양은 병들다」, 「모색」, 「파도」, 「숙명」, 「아들」, 「유전」, 「두견」, 「세로」, 「혈」, 「影」, 「젖」, 「모자」, 「혈로」 등 단편소설.

한수한
본편 「닭이가리」(신동아1933.3-5)에서 처음 발견되었으나 더 이상 신원을 확인할 수 없다. 1932년 10월 《신동아》에 단편소설 「금산」 발표.

한용운(韓龍雲, 1879-1944) : 아명 유천. 호적명 정옥. 계명 봉완. 법호 만해. 호 成北學人.
충남 홍성 출생. 1896년 설악산 백담사 오세암에 은거하여 수년간 머무르며 불경을 공부하는 한편, 근대적인 교양서적을 읽어 서양의 근대사상을 접함. 1925년 시집 『님의 침묵』을 간행하여 문단에 큰 파문을 일으켰고, 장편소설과 상당수의 한시, 시조를 남김. 1937년 3-4월에 단편소설 「철혈미인」 발표.

한인택(韓仁澤, 1903-1939)
함경남도 이원 출생. 《전선》 편집기자 역임. 1931년 11월 《조선일보》에 장편소설 「선풍 시대」를 발표한 이래 「개」, 「불구자의 고민」, 「직공의 아내」, 「적은 여공」, 「청산」, 「고향」, 「문인과거지」, 「월급날」, 「굽으러진 평행선」, 「상흔」, 「노선생」, 「불우여인」, 「마희」, 「파륜」, 「잃어버린 여호」, 「해직사령」, 「파경」, 「오빠」, 「흑점」, 「자매」, 「그 남자의 반생기」, 「탈출 이후」, 「무덤」, 「크러취의 비가」, 「귀향」, 「어화」, 「앵도나무」, 「과세」, 「뻐꾹새」, 「염마」, 「춘원」, 「보리밭 삽화」, 「재원」, 「분류」, 「천재와 악희」, 「괴로운 즐거움」, 「여사감과 송서방」 등 단편소설.

한적선(韓笛仙, ?-?)
1935년 도쿄 유학생들의 문예동인지 《창작》 1호의 편집 겸 발행인. 이 해 황순원과 함께 《삼사문학》에 참여. 1934년 4월 《농민생활》에 번역소설 「닭알만 한쌀한알」을 발표한 이래 단편소설 「더벙타리」 1편 발표.

**한흑구**(韓黑鷗, 1909-1979) : 본명 韓世光.
평안남도 평양 출생. 1934년 《태평양》을 창간·주재하였으며, 문예지 《백광》의 편집국장 역임. 시, 평론, 소설 등 다양한 분야에서 활동. 「호텔콘」, 「어떤 젊은 예술가」, 「쏘크라테스와 독배」, 「금비녀」, 「암흑 시대」, 「이국의 비가」, 「인간이기 때문에」, 「황혼의 비가」, 「이민일기」, 「죽은 동무의 편지」 등 단편소설.

**함대훈**(咸大勳, 1907-1949) : 一步.
황해도 송화 출생. 1926년 도쿄 외국어학교 노어과 재학 중에 이하윤, 김진섭, 손우성, 정인섭 등과 더불어 해외문학연구회를 조직. 1933년 9월 《신동아》에 「전향」을 발표한 이래 「봄·사랑·죽엄」, 「다방 「시베리아」, 「첫사랑」, 「인생극장」, 「악몽」, 「우정」, 「항구」, 「전향」, 「호반」, 「자연(紫煙)」, 「묘비」, 「성애」, 「비련」, 「암운」 등 단편소설.

**함효영**(咸孝英, 1905-?)
황해도 재령 출생. 1932년 홍난파의 가곡 「사공의 노래」를 작사. 1934년 마해송, 유치진, 윤복진과 함께 재일본 도쿄 한인문인 월간문예지 《조선문인》을 발간. 1933년 10월 《조선중앙일보》에 단편소설 「토막의 야경」.

**허준**(許俊, 1910-?)
평안북도 용천 출생. 해방 전에는 자아의 내면심리를 그려낸 작품들을 발표했으나 해방 후 '조선문학가동맹'에 참여. 1936년 2월 《조광》에 「탁류」, 「습작실에서」, 「한식일기」, 「속·습작실에서」, 「평때 저울」, 「역사」 등 단편소설 발표.

**현경준**(玄卿駿, 1909-?) : 錦南.
함경북도 명천 출생. 간도의 공립 백봉국민우급학교(白鳳國民優給學校)를 졸업. 1935년 1월 《동아일보》에 「격랑」을 발표한 이래, 「젊은 꿈의 한 토막」, 「귀향」, 「탁류」, 「명일의 태양」, 「그늘진 봄」, 「향약촌」, 「저물어 가는 거리」, 「별」, 「출범」, 「청담일기」, 「사생첩」, 「밀수」, 「벤또바고 속의 금괴」, 「배회」, 「오마니」, 「급료일」, 「퇴조」, 「야우」, 「길」 등 단편소설.

**현덕**(玄德, 1912-?)
서울 출생. 「달에서 떨어진 토끼」, 「고무신」 등의 동화 작가로 작품 활동 시작. 1938년 《조선일보》에 「남생이」를 투고한 이래 「驚蟄」, 「층」, 「두꺼비가 먹은 돈」, 「이놈이 막내올시다」, 「골목」, 「잣을 까는 집」 등 단편소설.

**현민** ☞ 유진오

**현병주**(玄丙周, ?-1938) : 翎仙, 玄虛舟子.
1922년 『批難鄭鑑錄眞本』(朝鮮 京城 友文館 藏版), 『朝鮮八道秘密地誌』를 편집·발행. 1927년 『(松都末年) 不可殺爾傳』(友文館) 지음.

**현진건**(玄鎭健, 1900-1943) : 憑虛.
경상북도 대구 출생. 1915년 이상화, 백기만, 이상백 등과 함께 동인지 『거화』 발간. 《조선일보》, 《동아일보》에서 기자로 활동. 1920년 11월 《개벽》에 「희생화」를 발표한 이래 「희생화」, 「빈처」, 「술 권하는 사회」, 「영춘류」, 「유린」, 「우편국에서」, 「할머니의 죽음」, 「사공」, 「까막잡기」, 「그립은 흘긴 눈」, 「발(簾)」, 「운수 좋은 날」, 「불」, 「B사감과 러브레터」, 「새빨안 웃음」, 「조선의 얼골」, 「그의 얼굴」, 「사립 정신병원장」, 「해뜨는 지평선」(미완), 「신문지와 철창」, 「정조와약가(樂歌)」, 「웃는 포사」, 「서툴은 도적」 등 단편소설.

**호외생**(號外生, ?-?)
본편 「쎌스걸」(신가정1933.5-11)에서 처음 발견되었으나 더 이상 신원을 확인할 수 없다. 같은 필명으로 1933년 11월 《별건곤》에 「레코-드의 열광시대 경쟁의 한토막 이약이」라는 글을 실었다.

**홍구**(洪九, 1908-?) : 본명 洪振福.
서울 출생. 1931년 카프에 가입한 뒤 문학 활동 시작. 소년지 《신소년》에서 동화 작가로도 활동.

1933년 《신동아》에 「마차의 행렬」을 발표한 이래 「코뿔선생」, 「잊어버린 자장가」, 「젊은이의 고민」, 「서분이」, 「종달새」, 「여」, 「목마」, 「자웅」, 「앵무」, 「별을 안고」, 「조그만 애사」, 「뒷골방천 사람들」, 「꽃」 등 단편소설 발표.

**홍기원**(洪基援, ?-?) : 雲波.
본편 「신성」(기독신보1921.2.23-12.21)에서 처음 발견되었으나 더 이상 신원을 확인할 수 없다. 기독교계 소설 작가로 보인다.

**홍난파**(洪蘭坡, 1897-1941) : 본명 洪永厚.
경기도 화성 출생. 1917년 도쿄 음악학교 입학 이후 음악·문학·미술 등 세 가지 분야에 걸쳐 잡지 발간 등의 문예활동에 주력. 1919년 2월 《삼광》에 「바람과 빛」을 발표한 이래 「처녀혼」, 「비겁한 자」, 「만종」, 「물거품」 등 단편소설.

**홍명희**(洪命熹, 1888-1968) : 碧初.
충청북도 괴산 출생. 1906년 도쿄 다이세이 중학에 입학하여 최남선, 이광수와 함께 수학. 1927년 《시대일보》 사장으로 있으면서 신간회 결성에 주도적인 역할. 오산학교 교장, 연희전문학교, 중앙불교전문학교 교수 역임. 해방 후 '조선문학가동맹' 중앙집행위원장으로 추대. 월북 후 북한 초대 내각의 부수상 지냄. 1928년 《조선일보》에 「임거정전」을 연재했으나 미완으로 머무름. 1926년 1월 《문예운동》에 「신흥문예의 운동」을 발표한 이래 「대톨스토이의 인물과 작품」, 「언문소설과 명청소설의 관계」 등 평론 발표.

**홍일오**(洪一吾, ?-?)
1931년 11월 「고우」를 《문예월간》에 발표한 이래 「글공부」, 「진맥」, 「사엽 클로-버」, 「낚시질」 등 단편소설.

**홍종우**(青木洪, ?-?)
본편 「밭 가는 사람들(耕す人々の群)」(第一書房 1941)에서 처음 발견되었으나 더 이상 신원을 확인할 수 없다.

**홍효민**(洪曉民, 1904-1975) : 본명 淳俊.
경기도 연천 출생. 1927년 조중곤, 김두용, 이북만 등과 함께 《제3전선》을 발행하고 조선프롤레타리아예술가동맹의 한 축을 이룬 제3전선파 형성. 주로 평론 활동을 통해 문학의 사회적 기능을 강조. 「인조반정」, 「여걸 민비」 등 1930년대 중반 이후 역사소설을 발표하며 소설가로도 활동.

**환원**
본편 「서시」(만몽일보1939.7.1-27)의 번안자다. 더 이상 신원을 확인할 수 없다.

**황순원**(黃順元, 1915-2000) : 晩岡.
평안남도 대동 출생. 도쿄 유학 시절 김동원, 이해랑과 함께 극예술 연구 단체인 '학생예술좌' 창립. 《삼사문학》, 《단층》 동인으로 활동. 1937년 7월 《창작》에 「거리의 부사」를 발표한 이래 「돼지계」, 「별 「저녁놀」, 「병든 나비」, 「그늘」, 「애」, 「머리」, 「기러기」, 「세레나데」, 「노새」, 「늦가을」, 「눈」, 「집」, 「황소들」, 「암골」, 「술」, 「곰」, 「아버지」, 「두꺼비」, 「담배 한 대 피울 동안」, 「목넘이 마을의 개」, 「청산가리」, 「여인들」, 「검부러기」, 「솔개와 고양이와 매」, 「산골 아이」, 「맹산 할머니」, 「황노인」, 「노새」 등 단편소설.

**효성**
본편 「여자의 길」(부인1922.8)에서 처음 발견되었으나 더 이상 신원을 확인할 수 없다.

# 작품 찾아보기

# 한국현대장편소설사전

초판발행 2013년 2월 5일
초판 2 쇄 2015년 3월23일
편저자 송하춘
펴낸곳 고려대학교출판부
www.kupress.com
kupress@korea.ac.kr
136-701 서울특별시 성북구 안암로 145
02-3290-4230, 4232
Fax 923-6311
찍은곳 한국컴퓨터인쇄정보

ISBN 978-89-7641-797-8 91810

값 45,000원